Jutta Ecarius (Hrsg.)

Handbuch Familie

Jutta Ecarius (Hrsg.)

Handbuch Familie

VS VERLAG FÜR SOZIALWISSENSCHAFTEN

Bibliografische Information Der Deutschen Nationalbibliothek
Die Deutsche Nationalbibliothek verzeichnet diese Publikation in der Deutschen Nationalbibliografie; detaillierte bibliografische Daten sind im Internet über <http://dnb.d-nb.de> abrufbar.

1. Auflage Mai 2007

Lektorat: Stefanie Laux

Der VS Verlag für Sozialwissenschaften ist ein Unternehmen von Springer Science+Business Media.
www.vs-verlag.de

Umschlaggestaltung: KünkelLopka Medienentwicklung, Heidelberg
Satz: ITS Text und Satz Anne Fuchs, Bamberg
Druck und buchbinderische Verarbeitung: Krips b.v., Meppel
Gedruckt auf säurefreiem und chlorfrei gebleichtem Papier
Printed in the Netherlands

ISBN 978-3-8100-3984-2

Inhaltsverzeichnis

Einleitung der Herausgeberin 9

A Familienstrukturen

Burkhard Fuhs
Zur Geschichte der Familie 17

Rüdiger Peuckert
Zur aktuellen Lage der Familie 36

François Höpflinger / Beat Fux
Familien – intereuropäische Perspektive 57

Marc Szydlik
Familie und Sozialstruktur 78

Barbara Rendtorff
Geschlechteraspekte im Kontext von Familie 94

Franz Hamburger / Merle Hummrich
Familie und Migration 112

B Familienformen

Jutta Ecarius
Familienerziehung 137

Gabriele Gloger-Tippelt
Eltern-Kind- und Geschwisterbeziehung 157

Barbara Friebertshäuser / Michael Matzner / Ninette Rothmüller
Familie: Mütter und Väter 179

Anna Brake / Peter Büchner
Großeltern in Familien 199

Jutta Ecarius
Verwandtschaft 220

Andreas Lange
Kindheit und Familie 239

Richard Münchmeier
Jugend und Familie 260

Cornelia Schweppe
Alter und Familie 270

C Familie und Bildungsinstitutionen

Lilian Fried
Familie und Elementarerziehung 285

Maria Fölling-Albers / Friederike Heinzel
Familie und Grundschule 300

Susann Busse / Werner Helsper
Familie und Schule 321

Jürgen Wittpoth
Familie und Weiterbildung 342

Martin R. Textor
Familienbildung 366

D Familie: Differentielle Felder

Ludwig Stecher / Jürgen Zinnecker
Kulturellere Transferbeziehungen 389

Carola Groppe
Familiengedächtnisse und Familienstrategien 406

Kathrin Audehm / Christoph Wulf / Jörg Zirfas
Rituale 424

Karin Richter
Literatur 441

Burkhard Schäffer
Medien 456

Stephan Sting
Gesundheit 480

Ulrich Schwab
Religion 500

E Familie und sozialpädagogische Arbeitsfelder

Britta Tammen
Familienrecht 521

Johanna Mierendorff / Thomas Olk
Kinder- und Jugendhilfe 542

Mechthild Seithe
Hilfen zur Erziehung 568

Heinz Schattner
Sozialpädagogische Familienhilfe 593

Petra Bauer / Christine Wiezorek
Zwischen Elternrecht und Kindeswohl 614

Kai-D. Bussmann
Gewalt in der Familie 637

Stefan Schmidtchen
Familie, Familientherapie und Beratung 653

Markus Höffer-Mehlmer
Erziehungsratgeber 669

Stichwortverzeichnis 688

Die Autorinnen und Autoren 697

Einleitung der Herausgeberin

Die Erziehungswissenschaft hat Familie erst in den letzten Jahren als einen eigenen Gegenstand empirischer und theoretischer Forschung entdeckt. Sie ist vor allem über die Erforschung der Erziehungsstile und Erziehungseinstellungen vor dem Hintergrund der sich wandelnden Moderne in den Blick geraten. Die Feststellung, dass die Familie sich in ihren Interaktionsstrukturen und Erziehungsmustern, in den Generationsbeziehungen zwischen Älteren und Jüngeren und im Verständnis über Kindheit als eigenständige Lebensphase gewandelt hat, hat vielfältige Untersuchungen hervorgerufen und eine neuartige Auseinandersetzung aus erziehungswissenschaftlicher Sicht evoziert. Mit dem Handbuch „Familie" wird erstmalig versucht, einen Überblick über die neueren Forschungen zu Familie zu geben, zentrale Ansätze systematisch zu bündeln und pädagogische Fragestellungen aufeinander zu beziehen.

Mit der Konzeption des Handbuches wurde schnell deutlich, dass zum einen Teildisziplinen wie beispielsweise die Schulforschung oder Weiterbildung eigene thematische Schwerpunkte setzen, Konzepte von Erziehung und Bildung in pädagogischen Institutionen entwickeln und ein je spezifisches theoretisches Verständnis vom Kind, Jugendlichen oder Erwachsenen als handelndes Subjekt präferieren, nach denen Lern- und Bildungsprozesse angeregt werden können und entsprechende pädagogische Voraussetzungen zu schaffen sind. Aber die Familie als eine der zentralen Interaktions- und Lebensorte fließt weitgehend nicht in diese pädagogischen Debatten ein, auch wenn sie eine anerkannte Position als primäre Sozialisationsinstanz unhinterfragt geniest und auch bewusst ist, dass diese pädagogischen Felder immer mit der Familie, den privaten Lebensbedingungen und biografischen Handlungsmustern, die in Familien erworben werden, konfrontiert sind.

Andere Themenfelder wie Gesundheit, Medien, Migration oder auch sozialpädagogische Bereiche wie die Jugendhilfe entdeckten die Familie erst in jüngster Zeit als eine nicht marginalisierbare Größe, denn zu sehr ragt sie als wichtige Einflussgröße in ihre pädagogischen Felder hinein, beeinflusst indirekt Theoretisierungen und empirische Untersuchungen. Aber hier steht die Forschung noch am Anfang.

Dagegen kristallisierte sich in erziehungswissenschaftlichen Themenfeldern wie bspw. im Elementarbereich oder der Grundschulforschung in den letzten zehn Jahren die notwendige Einsicht heraus, in ihre theoretischen Debatten über Erziehung und Bildung und ihr Professionsverständnis Familie einzubeziehen: Elternarbeit, familiale Milieus und Bildungsstand der Kinder, Lesekultur der Kinder und Familie etc. sind einige der Resultate. Dennoch bewegt sich die erziehungswissenschaftliche Familienforschung als eine Disziplin, die unterschiedliche Bereiche miteinander verbindet (Weiterbildung und Familie, Schule und Familie etc.) eher im Zwischenbereich erziehungswissenschaftlicher Themenfelder. So fehlt beispielsweise auch in der Deutschen Gesellschaft für Erziehungswissenschaft eine Sektion oder Kommission Erziehungswissenschaftliche Familienforschung.

Die Familie erbringt in Generationenbeziehungen im Binnenverhältnis zentrale gesellschaftliche Aufgaben und Leistungen: Personale Autonomie, Identitätsentwicklung, das Erlernen kultureller Handlungsmuster und die soziale und gesellschaftliche Reproduktion. Egal nun, an welchen Bereichen die Erziehungswissenschaft ansetzt, sich für Erziehung und Bildung, Altenbildung oder Elternbildung interessiert, sich mit Medien oder Religion auseinandersetzt und pädagogische Überlegungen anstellt, sie ist damit konfrontiert, ein eigenes Verständnis von Familie zu entwickeln. Dieses Verständnis bedarf einer theoretischen und empirischen Fundierung über familiale Interaktion, plurale Lebensformen, Rituale oder Familienerziehung. So hat die Erziehungswissenschaft begonnen, sich zunehmend empirisch und theoretisch mit der Vielfalt privater Lebensführung, der Leistungen für den Motivationsaufbau eines Kindes oder der Erziehungsleistungen einer Stiefmutter, Mutter oder eines Vaters auseinanderzusetzen. In den pädagogischen Teildisziplinen werden gegenwärtig mehr und mehr Überlegungen angestellt, an welchen theoretischen Modellen anzusetzen ist, welche empirischen Kenntnisse vorliegen und was dies jeweils für die Jugendhilfe, für Elternbildung, Generation oder die Lebensphase Kindheit und Jugend bedeutet. Hierbei stellt die Erziehungswissenschaft im Unterschied zur Soziologie andere Fragen an die private Lebensführung und entdeckt andere Themen. Der Fokus richtet sich auf das Verhältnis von familialer Erziehung sowie Sozialisation und professionelle Erziehung und Bildung.

Dies alles bedurfte für das Handbuch einer eigenen Konzeption aus erziehungswissenschaftlicher Sicht. Damit waren aber auch die Autoren und Autorinnen aufgefordert, die prominent ihre erziehungswissenschaftlichen Teildisziplinen vertreten, das entsprechende Themengebiet mit Familie zu konfrontieren, nach Zusammenhängen zu fragen und theoretische Überlegungen anzustellen. Bei manchen Themen war es nötig, den erziehungswissenschaftlichen Gegenstand gewissermaßen „gegen den Strich zu bürsten", um Zusammenhänge stärker zu konturieren, eine Aufgabe, die einer intensiven Auseinandersetzung bedurfte. Insofern ist auch hier schon den Autoren und Autorinnen für ihre vielfältigen Bemühungen zu danken, das eigene Forschungsgebiet aus der Perspektive von Familie aufgearbeitet, Bezüge zu Familie herausgestellt und sie verdeutlicht zu haben. Der Anspruch, erziehungswissenschaftliche Felder mit dem Fokus Familie „gegen den Strich zu bürsten" und um diese Thematik zu erweitern, hatte dann auch Konsequenzen für die Beiträge. Diese sind ausführlich und differenziert, geben Überblicke, zeigen den Stand der Forschung auf und verdeutlichen implizite Zusammenhänge. Daher sind die Beiträge relativ umfassend und haben den Anspruch, Grundlegendes zu analysieren und Forschungsansätze differenziert vorzustellen.

Das Buch gliedert sich in fünf große Themenbereiche und versucht – ohne einen Anspruch auf Vollständigkeit – all jene erziehungswissenschaftlichen Themen zu fokussieren, die zentral von Familie berührt sind oder sie betreffen.

Eingeleitet wird in das Forschungsfeld Familie mit dem ersten Themenkomplex **Familienstrukturen**. Dieser Bereich behandelt grundlegende Themen ***Zur Geschichte der Familie*** (*Burkhard Fuhs*) und ***Zur aktuellen Lage der Familie*** (*Rüdiger Peuckert*), die einen Überblick über vergangene und gegenwärtige private Lebensformen geben, aber auch die Mythen von und über Familie thematisieren. Daran schließt eine Diskussion von ***Familie aus intereuropäischer Perspektive*** (*François Höpflinger / Beat Fux*) über Muster der privaten Lebensführung, des Heiratens und der Familiengründung an, um bundesdeutsche Familienmuster im europäischen Raum und im internationalen Vergleich vergleichbar verorten zu können. Dann wird zu grundlegenden Fragen sozial-struktureller Kategorien moderner Gesellschaften übergegangen. Der Beitrag ***Familie und Sozialstruktur*** (*Marc Szydlik*) diskutiert Strukturen sozialer Ungleichheit von Familien, nicht nur aus der Perspektive von sozialen Milieus, sondern untersucht werden Muster der Vererbung von sozialem, kulturellem und ökonomischen Kapital zwischen Generationen in Familien auf der Grundlage einer theoretischen Komposition. Die Thematik ***Geschlechteraspekte im Kontext von Familie*** (*Barbara Rendtorff*) theoretisiert Familie als einen Ort der Reproduktion geschlechtsspezifischer Strukturen und zeigt empirische Ergebnisse der familialen Reproduktionsleistung auf. Zu den zentralen sozial-strukturellen Kategorien moderner Gesellschaften gehören zudem ***Familie und Migration*** (*Franz Hamburger / Merle Hummrich*). Die theoretischen und empirischen Ergebnisse der Migrationsforschung werden aus der Perspektive von Familie und Migrationsbedingungen diskutiert, um dann den komplexen Zusammenhang von Migration, Familie, Kultur, Bildung und Benachteiligung aus der Perspektive pädagogischer Generationsbeziehungen herauszuarbeiten.

Der zweite Themenkomplex umfasst Beiträge zum Bereich **Familienformen.** Hier wird der Blick stärker auf konkrete Handlungsformen, familiale Interaktionsmuster in der Familie gelenkt. Eingeleitet wird dieser Komplex mit dem erziehungswissenschaftlichen Gegenstand ***Familienerziehung*** (*Jutta Ecarius*). Der Stand der Forschung und die empirischen Ergebnissen informieren über den Wandel der Muster familialer Erziehung im letzten Jahrhundert bis zur Gegenwart vor dem Hintergrund einer Theoretisierung über Familienerziehung, Familienstile und familiale Erziehungskonzepte. Anschließend werden spezielle Aspekte näher beleuchtet: ***Eltern-Kind- und Geschwisterbeziehungen*** (*Gabriele Gloger-Tippelt*) fokussieren den innerfamilialen Interaktionsbereich und verdeutlichen über den Stand der Forschung die unterschiedlichen Beziehungsstrukturen in Familien, die innerfamilialen Entwicklungsaufgaben für Kinder und Eltern sowie den Familienzyklus. Der Beitrag ***Familie, Väter und Mütter*** (*Barbara Friebertshäuser / Michael Matzner / Ninette Rothmüller*) richtet den Blick auf die relative junge Väter- und Mutterforschung. Ein weiterer Fokus ist gerichtet auf ***Großeltern in Familien*** (*Anna Brake / Peter Büchner*), mit dem die engen Verbindungen von Kindern zu Großeltern, die erzieherischen Leistungen der Großeltern in Familien sowie die vielfältigen Aufgaben in kultureller, sozialer und auch ökonomischer Sicht präzisiert werden und der mittlerweile breite Forschungsstand mit seinen theoretischen Fundierungen dargestellt wird. Der nächste Beitrag präzisiert ***Verwandtschaft*** (*Jutta Ecarius*), ein bisher vernachlässigtes Feld – nicht nur – erziehungswissenschaftlicher Forschung. Analysiert werden die rechtlichen, sozio-biologischen und kulturellen Definitionen von Familie und Verwandtschaft, die in den Kontext empirischer Forschung gestellt werden. Daran schließt ein Bereich an, der Lebensphasen im Lebenslauf im Kontext von Familie fokussiert: ***Kindheit und Familie*** (*Andreas Lange*), ***Jugend und Familie*** (*Richard Münchmeier*) und ***Alter und Familie*** (*Cornelia Schweppe*). Die Kindheits-, Jugend- und Altersforschung sind eigenständige Disziplinen, für die Familie nicht im Zentrum der Forschung steht. Hier werden die jeweiligen Bezüge vor dem Hintergrund der Kindheits-, empirischen Jugend- und Altersforschung herausgearbeitet.

Der dritte Themenkomplex behandelt **Familie und Bildungsinstitutionen**, pädagogische Bildungsinstitutionen, die Familie betreffen und die gestaltend auf sie einwirken. Der Beitrag ***Familie und Elementarerziehung*** (*Lilian Fried*) fokussiert den Zusammenhang von pädagogischer Institution und Konzeption, Eltern-Initiativen, Elternarbeit sowie Elementarerziehung aus der Sicht der Eltern und arbeitet Formen der Zusammenarbeit wie solche der Konflikthaftigkeit heraus. Daran schließt das Thema ***Familie und Grundschule*** (*Maria Fölling-Albers / Friederike Heinzel*) an, pädagogische Theorieansätze und empirische Forschungsergebnisse der Grundschulpädagogik werden historisch wie aktuell vorgestellt und es werden Problematiken der Zusammenarbeit, aber auch Trennung bis hin zur Entgrenzung der Institutionen Grundschule und Familie diskutiert. Auch das Thema ***Familie und Schule*** (*Susann Busse / Werner Helsper*) bedarf einer Verhältnisbestimmung historisch wie aktuell, um die Professionalisierung des Lehrerberufs und die Etablierung der schulischen Bildung nachvollziehen zu können. Der theoretische Diskurs und die empirischen Ergebnisse werden im Spannungsverhältnis von Familie und Schule thematisiert. An die schulische Bildung schließt das Thema ***Familie und Weiterbildung*** (*Jürgen Wittpoth*) an, Bereiche und Theorieansätze werden vorgestellt und dann im Kontext von Familie als Ressource, als Form und als Ziel diskutiert. Abgerundet wird der Themenkomplex mit dem Bereich ***Familienbildung*** (*Martin R. Textor*) als präventive und unterstützende Maßnahme, wobei die rechtlichen Grundlagen und die Ziele der Familienbildung, deren Methoden und Einsatzbereiche vorgestellt werden.

Im vierten Themenkomplex werden spezielle Aspekte unter dem Stichwort **Familie: differentielle Felder** aufgegriffen, die um Familie ranken und das Feld der Familie inhaltlich ausdifferenzieren. Die Familie ist ein Ort ***kultureller Transferbeziehungen*** (*Ludwig Stecher / Jürgen Zinnecker*) von Generationen, wobei in materielle, monetäre Transfers, Transfers handwerklicher persönlicher Dienstleistungen, psychosozialer persönlicher Dienstleistungen und kulturelle Transferbeziehungen theoretisch wie empirisch unterschieden wird. Der Beitrag ***Familiengedächtnisse und Familienstrategien*** (*Carola Groppe*) greift diese Thematik aus historischer Perspektive auf, theoretisiert und analysiert Familiengedächtnisse und Familienthemen, die transportiert und über Feste, Rituale, Gegenstände und Räume aktualisiert werden. Daran schließt eine Diskussion über ***Rituale*** (*Kathrin Audehm / Christoph Wulf / Jörg Zirfas*) in Familien an. Präzisiert wird der Begriff des Rituals theoretisch als kollektiv geteiltes symbolisches Wissen, das sich in performativen Selbstdarstellungen und Reproduktionsleistungen der familiären Ordnung bestätigt, um dann empirische Analysen vorzustellen. An den Komplex von kulturellen Transferbeziehungen, Familiengedächtnisse und Rituale schließen weitere differentielle Felder an. Die Beiträge ***Literatur*** (*Karin Richter*), ***Medien*** (*Burkhard Schäffer*), **Gesundheit** (*Stephan Sting*) und ***Religion*** (*Ulrich Schwab*) fokussieren theoretisch und empirisch den Stand der Forschung im Verhältnis zu Familie, arbeiten theoretische Ansätze auf, führen in empirische Untersuchungen ein und analysieren Problematiken der Forschungsbereiche heraus.

Im fünften Themenkomplex **Familie und sozialpädagogische Arbeitsfelder** stehen professionelle Handlungsfelder zur Diskussion, die den Bereich der Familie und die sie gestaltenden Interventionen betreffen. Eröffnet wird der Komplex mit dem Thema ***Familienrecht*** (*Britta Tammen*), der in die historischen Entwicklungen des Familienrechts, die verfassungsrechtlichen Grundlagen und die gegenwärtige Gesetzgebung kritisch einführt. Darauf folgt der Beitrag ***Kinder- und Jugendhilfe*** (*Johanna Mierendorff / Thomas Olk*), der historisch sechs Phasen der Kinder- und Jugendhilfe herauskristallisiert, die jeweiligen Debatten und Gesetzgebungen aufzeigt und die pädagogischen Handlungskonzepte vorstellt. Thematisch schließt daran der Beitrag ***Hilfen zur Erziehung*** (*Mechthild Seithe*) an, der die historischen und aktuellen gesetzlichen Entwicklungen diskutiert, die Leistungsangebote der Jugendhilfe verdeutlicht, die Freiwilligkeit herausstellt und in die unterschiedlichen pädagogischen Handlungsfelder und pädagogische Konzeptionen der Hilfen zur Erziehung einführt. Vertiefend folgen die Themen ***Sozialpädagogische Familienhilfe*** (*Heinz Schattner*) und ***Zwischen Elternrecht und Kindeswohl*** (*Petra Bauer / Christine Wiezorek*), in denen die sozialpädagogische Familienhilfe sowie die Dichotomisierung des Verhältnisses von Familie und Jugendhilfe über gesetzliche Grundlagen und pädagogische Konzeptionen einer kritischen Analyse unterzogen werden. Daran schließen spezielle Themen an. Der Beitrag ***Gewalt in der Familie*** (*Kai-D. Bussmann*) analysiert Statistiken von Gewalt in Partnerschaft und Familie und problematisiert Definitionen von Gewalt, das Viktimisierungsrisiko und Gewaltanwendungen gegenüber Kindern, um Ursachen und theoretische Erklärungen zu diskutieren. Das Thema ***Beratung und Familientherapie*** (*Stefan Schmidtchen*) arbeitet die Differenzen theoretisch wie in den Behandlungsmethoden heraus und geht auf psychische und psychosomatische Beschwerden von Familienmitgliedern ein. Abgerundet wird der Abschnitt mit dem Beitrag ***Erziehungsratgeber*** (*Markus Höffer-Mehlmer*), der einen historischen Überblick seit der Aufklärung gibt, Familienleitbilder analysiert und das Verhältnis von Erziehungsratgebern und Erziehungswissenschaft problematisiert.

Das vorliegende Handbuch legt keine Theorie der Familie vor, aber zeigt die unterschiedlichen Themenbereiche von Familie und Erziehungswissenschaft auf, die empirischen, theoretischen und methodischen Befunde in historischer wie aktueller Perspektive, diskutiert pädagogische und sozialpädagogische Handlungsfelder.

Zu danken ist vor allem den Autorinnen und Autoren für die Kooperation und Zusammenarbeit. Mit ihren vielfältigen Diskussionen und Anmerkungen hat sich die Struktur des Handbuches verwirklicht. Mit zuverlässiger Unterstützung haben Katrin Wahl, Thorsten Fuchs und Evelyn Brabec zur Verwirklichung des Handbuches maßgeblich beigetragen, auch ihnen gilt mein besonderer Dank.

Jutta Ecarius

A Familienstrukturen

Zur Geschichte der Familie

Burkhard Fuhs

1. Einleitung

Die Auseinandersetzung mit der Familie hat für die Pädagogik eine lange Tradition. Die Vorstellungen über Familie und das, was Familie aus pädagogischer Sicht sein soll, sind ebenso vielfältig wie die Formen der Familien und deren historische Veränderungen. Das Verhältnis der Pädagogik zur Familie kann als im höchsten Maße ambivalent angesehen werden, und die Familie ist – trotz zahlreicher Publikationen der soziologischen und historischen Familienforschung – für die Erziehungswissenschaften ein schwieriges, ja „unbewältigtes" Forschungsfeld.

Wenn es stimmt, dass jede Zeit ihr eigenes Geschichtsbild entwirft und entwerfen muss (zu den Geschichtsbildern vgl. Jeggle 1994), so lässt sich auch von der Geschichte der Familie sagen, dass sie immer wieder neu gemäß den Bedingungen der Gesellschaft, für die ein bestimmtes Geschichtsbild geschrieben wird, konstruiert wird. Diese Familiengeschichtsbilder unterscheiden sich nicht nur in der Bewertung der „harten" historischen Fakten, sondern auch in der Frage, welche Quellen als Grundlage der Geschichte der Familie akzeptiert werden.[1]

Die folgenden Überlegungen teilen sich in drei Kapitel. Zunächst sollen die Geschichtsbilder, also die Entwürfe über die Geschichte der Familie, im Mittelpunkt stehen. In einem zweiten Kapitel werden dann ausgesuchte Aspekte der Geschichte von Familie untersucht. Das dritte Kapitel thematisiert schließlich die Widersprüche, die die Auseinandersetzung der Pädagogik mit der Geschichte der Familie begleiten.

2. Historische Konstruktionen von Familie

2.1 Familienmythen

Fragt man nach der Geschichte der Familie stellt sich zunächst das Problem, wie das Thema eingegrenzt werden kann. Zu viele Zugänge, Fragestellungen, Fakten und Theorieansätze versperren die Sicht auf das, was leichthin als „Geschichte der Familie" bezeichnet wird, als dass man sich dem Thema mit einer naiven Aufzählung von Fakten begegnen könnte. Wenn man die Geschichte der Familie entwerfen möchte, setzt dies etwa voraus,

1 An dieser Stelle sei etwa an Johann Jakob Bachofens (1975) Arbeit zum Mutterrecht erinnert, wo die Frühgeschichte der Familie als eine Kulturstufe der Herrschaft der Mütter beschrieben wird. Danach sei diese gynaikratische Kultur – so Bachhofen – erst in späteren historischen Epochen durch das Vaterrecht abgelöst worden (vgl. Bachofen 1975, S. 1ff.). Diese Entwicklung wurde als Fortschrittshypothese von einem naturhaften zu einem kulturellen Zustand gedacht (zur Kritik an Bachofen vgl. Filser 1978, S. 122-126).

dass es ein tertium comparationis, ein vergleichbares Drittes, zwischen zwei historischen Zeiträumen gibt. Nur wenn es die Familie als eine Institution gibt, die Elemente beinhaltet, die sich über einen Zeitraum hinweg beobachten lassen, kann von der Geschichte der Familie gesprochen werden. Die Familie als anthropologische Konstante, als Anfang und Grundlage menschlicher Kultur, ist eine Denkfigur, die das gesamte 19. Jahrhundert beschäftigt hat, und auch heute noch dient nicht selten die These von der grundsätzlichen Vergleichbarkeit der Familie als Ausgangspunkt des Verständnisses historischer Sozialformen, die Ehe und Elternschaft umfasst.

Als Illustration könnte eine Szene im ägyptischen Museum zu Berlin dienen (Feldnotiz des Verfassers, Berlin 2000). Vor einer Plastik, die einen ägyptischen Pharao, seine Frau an der Seite und ein Kind auf den Knien zeigt, bleiben die Besucher stehen und freuen sich am „Bild" einer Kleinfamilie. Die Reaktionen sind oft unmittelbar und von Ausrufen wie „schau mal!" oder „wie schön!" begleitet. Obwohl aus einer ganz anderen Kultur und viele tausend Jahre alt, scheint die ägyptische Plastik unmittelbar verständlich, kennen doch viele Besucher eine solche „Familienidylle" aus eigener Anschauung oder zumindest eigener Sehnsucht. Die Familie als Urform menschlicher sozialer Existenz als universale Institution, die sich in allen Räumen, Kulturen und Zeiten findet, ist eine der Mythen moderner Gesellschaften.

Für Karl Lenz und Lothar Böhnisch gehört die „Entlarvung der Vorstellungsmythen" über Familie zu den zentralen Aufgaben der Familienforschung (vgl. Lenz/Böhnisch 1997, S. 11). Das heißt, die Geschichte der Familie kann nicht einfach entlang historischer Fakten entworfen werden, vielmehr scheint es notwendig, sich mit den schon vorhandenen, sehr emotional besetzten Geschichtsbildern über Familie auseinander zu setzen und sie einer kritischen Prüfung zu unterziehen. Lenz und Böhnisch (ebd.) sprechen dabei von einem dreifachen Mythos, der die Familie heute umgibt und den Blick auf diese Sozialform verstellt: erstens den *„Harmoniemythos"*, die „Vorstellung, dass das Familienleben in der Vergangenheit durch Harmonie und Eintracht" gekennzeichnet gewesen sei und die heutige Familie mit ihren Konflikten und Problemen eine Art Verfallserscheinung darstellt; zweitens der *„Größenmythos"*, der besagt, dass die Familie früher aus drei und mehr Generationen bestanden habe und drittens der *„Konstanzmythos"*, der die Vorstellung umfasst, „dass Familien als Gefühlsgemeinschaft eine Naturkonstante sei, die immer und überall ... vorhanden ist" (ebd., S. 11).

2.2 Geschichte der Familie als Geschichte der Forschung über Familie

Die Entstehung von Familienmythen hängt eng mit der Geschichte der Familienforschung zusammen. Die jeweiligen Familienbilder, die seit dem 19. Jahrhundert entworfen wurden, sind selber jeweils Ausdruck historischer Entwicklungen und stehen in spezifischen kulturellen, sozialen und politischen Kontexten. So ist beispielsweise Wilhelm Heinrich Riehl (1855) nur vor dem Hintergrund der Industrialisierung des 19. Jahrhunderts zu verstehen. Der „konservative" Theoretiker und Empiriker Riehl sieht in der Familie ein Garant für den Erhalt der traditionellen Ordnung gegen die Modernisierung. Mit seinem Buch „Die Familie" verteidigt er folgerichtig die Idee des „ganzen Hauses" gegen „die kapitalistischen ... Produktionsverhältnisse und gegen die auf diesen Tatbestand reagierenden sozialistischen Ideen und Bestregungen" (Filser 1978, S. 51). Für Riehl ist die Familie ein „Heiligtum": „Durch die leibliche und sittliche Verbindung von Persönlichkeiten der beiden Geschlechter (...) entsteht die Familie. Denn mit jener Wiederherstellung des ganzen Menschen ist zugleich die Fortpflanzung des Menschengeschlechtes gegeben, und die drei Elemente der Familie: Vater, Mutter und Kinder sind in ihr bereits vollständig vorausgesetzt" (ebd.).

„Die Familie ist darum der erste und engste Kreis, in welchem wir unser ganzes menschliches Wesen wieder finden ... und bei uns selbst daheim fühlen. Sie ist die ursprünglichste, urälteste menschlich-sittliche Genossenschaft, zugleich eine allgemein menschliche; denn mit der Sprache und dem religiösen Glauben finden wir die Familie bei allen Völkern der Erde wieder" (Riehl 1858, S. 113f.). Die Familie stellt für Riehl eine Ordnung der drei Elemente dar, die die Familie ausmachen: Vater, Mutter und Kind werden als Teil einer hierarchischen Machtstruktur gedacht, die als „natürlich" und „gottgewollt" legitimiert wird. „Die Familie steht unter der natürlichen Obervormundschaft der Eltern und speciell des Familienvaters. Diese Obervormundschaft ist ein Urrecht, in der Natur der Sache gegeben. Weil Vater und Mutter die Auctores, die Urheber der Familie sind, darum besitzen sie von selber auch die Auctoritas, die Macht der Autorität. Weil aber die Autorität die Gewalt des Urhebers ist, so ist sie andererseits gegründet auf die natürliche Liebe und Aufopferung des Erzeugers für sein Kind. (...) Ebenso steht der Mann zu seiner Frau in dem aus der Liebe hervorwachsenden Verhältnis der Autorität. Nicht gezwungen durch äußere Unterdrückung, sondern weil sie es ihrer Natur nach gar nicht anders kann und mag, tritt die Frau unter die Autorität des Mannes. So war es seit die Welt stehet und so wird es bleiben" (Riehl 1858, S. 116).

Mit dem Entwurf einer Geschichte der Familie geht also immer auch eine Legitimation oder ein Angriff auf die herrschenden Machtverhältnisse in einer Gesellschaft einher. Für Riehl leitet sich das Patriarchat in der Familie und damit in allen gesellschaftlichen Bereichen aus der Natur der Geschlechter ab. Neben der Macht der Männer wird als zweites Machtgefüge zu dem die Vorherrschaft der älteren Generation über die jüngere als unumstößliches Naturgesetz behauptet. Die Erhöhung und Idealisierung der Familie durch Riehl muss also als Reaktion auf den gesellschaftlichen Wandel verstanden werden, eine Reaktion, die von einer bestimmten sozialen und politischen Position aus geschieht.

Dass die Diskussion um die Familie, dass ein Entwurf der Geschichte der Familie immer auch die gesamte Entwicklung der Gesellschaft und ihre theoretische Erfassung und Bewertung umschließt, wird an vielen Stellen der Familienforschung deutlich. So entwickelt etwa Friedrich Engels an der Geschichte der Familienformen, die Entstehung des Privateigentums, der Herrschaft des Mannes über die Frau, der Errichtung von Gesellschaften, die auf Sklaverei beruhen. „Das Wort familia" – so Engels – „bedeutet ursprünglich nicht das aus Sentimentalität und häuslichem Zwist zusammengesetzte Ideal des heutigen Philisters; es bezieht sich bei den Römern anfänglich gar nicht einmal auf das Ehepaar und dessen Kinder, sondern auf die Sklaven allein. Famulus heißt ein Haussklave, und familia ist die Gesamtheit der einem Mann gehörenden Sklaven" (Engels 1953, S. 58). Insofern die Familie Ausdruck der ökonomischen Verhältnisse ist, kann sie im Sinne Engels auch nicht als widerständige Institution gegen die Moderne gesehen werden – wie Riehl dies tut –, sondern auch die moderne Familie ist eine Form der Unterdrückung, die erst mit dem Verschwinden des Privateigentums von einer herrschaftsfreien Form abgelöst wird.

An den Zugängen von Riehl und Engels lassen sich zwei grundlegende Betrachtungsweisen von Familie erkennen. Einmal wird Familie bei Engels als Teil der Gesamtgesellschaft verstanden (in diesem Beispiel ist sie Ausdruck der ökonomischen Verhältnisse), auf der anderen Seite ist die Familie eine Gruppe von Personen, die sich mit ihrer Lebenswelt auch gegen die gesellschaftliche Entwicklung stellen kann, da die Familie nicht vollständig in der Makrostruktur aufgeht, sondern eine Eigenständigkeit und auch Widerständigkeit (einen Eigensinn) entwickeln kann (vgl. König 1976). Die Familie (als Institution, die zwischen Individuum und Gesellschaft gespannt ist) ist so immer auch Ausdruck der Widersprüche einer Gesellschaft.

Die „wissenschaftliche“ Konstruktion der Geschichte der Familie muss stets auch als Geschichte der Familienforschung und als Auseinandersetzungen um die zentralen Werte und Normen einer sich wandelnden Gesellschaft verstanden werden. Dabei haben wir es mit einer Doppelung der Familiengeschichte zu tun, einer Geschichte, die stets aus zwei Perspektiven entworfen wird, die sich indes nur schwer voneinander lösen lassen. Zunächst haben wird es immer mit (durchaus auch umstrittenen) Fakten der Veränderung von Familie zu tun und wir haben es mit Familienbildern zu tun, mit Vorstellungen und vor allem mit emotionalen Bewertungen des Wandels. Familienforschung kann vor diesem Hintergrund als Reaktion auf die Erschütterungen der Lebensverhältnisse durch die Modernisierung seit dem 19. Jahrhundert verstanden werden, und der Mythos von der Gefühlsgemeinschaft Familie, die immer und überall besteht und alles überdauert, wäre eine Reaktion auf die Beunruhigungen durch den gesellschaftlichen Wandel.

2.3 Historische Leitbilder von Familie und Familienrealitäten

Vor dem Hintergrund der herrschenden Familienmythen müssen alle Entwürfe, die versuchen über große Zeitspannen und Räume hinweg die Familie und ihre Veränderungen zu entwerfen, mit großer Vorsicht betrachtet werden. Vor allen muss das Familienleitbild einer Zeit und einer Kultur deutlich von den existierenden Familien unterschieden werden (vgl. Vaskovics 1997). So wird – um ein Beispiel anzuführen – für das 18. und 19. Jahrhundert von einer Entwicklung der Familie gesprochen, die durch die Auflösung der „großen Haushaltsfamilie“ und der Entstehung der „bürgerlichen Kleinfamilie“ gekennzeichnet sei. Während in der großen Haushaltsfamilie vor allem eine Wirtschaftsgemeinschaft war, entstanden nun mit der Trennung von Familie und Beruf, mit der neuen Definition der Frau als Mutter und „züchtige“ Hausfrau und mit der Entstehung der Kindheit als pädagogischer Raum, ein Familientyp, der als privater Binnenraum gekennzeichnet wird. Familie entwickelte sich so zu einer emotionalen Gemeinschaft eines Ehepaares und ihrer Kinder (vgl. Wild 1990, S. 54). Dass es sich bei diesem neuen Familientyp vor allem um ein Leitbild handelt und nicht um den Normalfall der existierenden Familien des 19. Jahrhunderts wird deutlich, wenn man sich vor Augen führt, dass der neue Familientyp immer wieder in der Literatur (vgl. Matt 1989, S. 105) beschworen wird. Gleichwohl lässt sich feststellen, dass sich die Emotionen in den Familien in den letzten 300 Jahren deutlich in Richtung einer „Erwärmung des familialen Binnenklimas“ (vgl. Shorter 1977) verändert haben.

Das Leitbild der Familie und die existierenden Familien fallen also oftmals auseinander. So war zwar die Großfamilie ein wichtiges Leitbild der vorindustriellen Zeit, aber dennoch war diese Familie keineswegs der Familientyp, der am häufig vorgekommen ist (vgl. Mitterauer 1978). Vielmehr kommt der Kleinfamilie historisch eine Bedeutung zu, die bisher unterschätzt worden ist (vgl. Ehmer 1997). Es lässt sich für die moderne Gesellschaft von einem öffentlichen Diskurs über Familie und Familienleitbilder sprechen. Dieser umfasst nicht nur die Politik, sondern auch Alltagsbereiche wie etwa die Werbung (vgl. Weber-Kellermann 1976, S. 290).

2.4 Kulturpessimismus in der Familienforschung

Der gesellschaftliche Diskurs über Familie war während des gesamten 20. Jahrhunderts vor allem durch einen Kulturpessimismus geprägt, der die Familie als gefährdete, schützenswerte Institution ansah. Seit den 1920er Jahren lässt sich dieser Trend zu einer verstärkten Sorge um die Familie beobachten. So führten die sozialen Veränderungen in Europa nach dem Ersten Weltkrieg „zu einer ausgesprochen skeptischen und sogar negativen Bewertung der Chancen von Familie und Ehe im 20. Jahrhundert" (König 1976, S. 1).

Lange Zeit war auch Familienpolitik von diesem Pessimismus geleitet, und es wurde von der Politik erwartet, dass sie die Familie vor den zerstörerischen Einflüssen der Modernisierung retten sollte. So heißt es etwa im Artikel 6 Abs. 1 GG: „Ehe und Familie stehen unter dem besonderen Schutze der staatlichen Ordnung." Lange Zeit war vom Ende der Familie, von der Desorganisation der Familie und vom Funktionsverlust der Familie die Rede und erst der Aufschwung der empirischen Familienforschung seit den 1950er Jahren hat allmählich deutlich werden lassen, dass die Familie keineswegs verschwindet oder immer mehr Aufgaben verliert, sondern dass von einem Funktionswandel der Familie gesprochen werden kann (von der ökonomischen Haushaltsgemeinschaft zur emotionalen Kleingruppe) und dass eine Vielzahl neuer Familienformen entstanden sind. Befragungen von Jugendlichen (vgl. etwa die letzten Shell-Studien) machen zudem deutlich, dass Ehe und Familie immer noch zentrale Werte auch der jüngeren Generation sind.

Gleichwohl sind – neben der empirischen Neugier auf die neuen Lebensformen – auch heute noch viele Diskussionen um die Familie von Ängsten und von Pessimismus geleitet. So trug der dritte Fachkongress der Stadt Lünen zur Sozialarbeit 1996 den Titel „Ist die Familie noch zu retten?", und Klaus-Dieter Gebauer fasste die Sorgen um die Familie wie folgt zusammen: „Im Zusammenhang mit der Familie stellt sich die Frage, ob diese als ‚Auslaufmodell' bezeichnet werden kann ...?" Aber bevor noch im Laufe der Tagung Antworten auf diese Frage gegeben wurden, wendeten sich die Teilnehmer dem Rettungsgedanken und der Frage „Was kann getan werden, um die Institution ‚Familie' zu stärken?" zu (Gebauer/Junghans-Schmidt/Korte 1996, S. 11). Für die Familie, so der damalige Staatssekretär Wolfgang Bodenbender im Grußwort der Landesregierung, gäbe es keine Alternative, da sie den Staat um geschätzte 15 Billionen Mark entlaste. Und die Familie vermittele „Werthaltungen und Haltungsorientierungen", schaffe Freiräume „für persönliche und soziale Entwicklung", sie gäbe „Nähe, Geborgenheit und Zuwendung wie keine anderen Institution" und vermittle „Daseinskompetenzen" (ebd., S. 19).

Ein genauer Blick auf die Tagung offenbart einen Widerspruch, der die gesamte Familienpolitik durchzieht. Eben noch steht die Frage im Raum, was sich denn an der Familie verändert habe und wie dieser Wandel zu bewerten sei, und im nächsten Augenblick werden schon sozialpädagogische Maßnahmen diskutiert. Diese große Differenz zwischen Analyse der Moderne und der pädagogischen Reaktion auf die Moderne könnte als ein zentrales Problem der Erziehungswissenschaft entwickelt werden. Der Handlungsdruck und die emotionalen Bewertungen erschweren oder verhindern die sachliche Auseinandersetzung in der Pädagogik. Dabei gehen die Bilder über die Geschichte der Familie in hohem Maße mit der Bewertung der Moderne einher und Wünsche, Hoffnungen, Ängste und Schrecken treiben die Diskussion um Familie voran.

2.5 Bilder vom Wandel der Familie

Festzuhalten ist, dass das Thema „Geschichte der Familie“ kein Sonderthema neben aktuellen Zugängen zur Familie ist. In dem Maße, wie die Bewertung des Wandels von Familie stets im Mittelpunkt der Auseinandersetzung um Familie war und ist, haben wir es auch bei neuen Diskussionen um Familie immer mit Geschichtsbildern zu tun. Dies wird nicht immer deutlich, da der historische Entwurf im öffentlichen Diskurs oftmals nur indirekt angesprochen wird. Wenn etwa in den Medien gesagt wird, dass es eine Tendenz der Enttraditionalisierung, der Pluralisierung oder der Individualisierung von Familie gäbe oder dass Familie viele ihrer alten Funktionen verloren habe, so werden mit diesen Aussagen Modelle des historischen Wandels entworfen: Die heutige Familie wird beschrieben im Kontrast zu einer früheren Familienform (nicht selten als Verlustentwicklung). Drei Dinge fallen bei dieser typischen Geschichtskonstruktion von Familie auf:

1. Die heutige Familie wird in der Figur eines *Entwicklungstrends* beschrieben. Das heißt, wir haben es mit einer kontinuierlichen Veränderung zu tun, die aus der Vergangenheit stammt und auch in die Zukunft noch anhalten soll. Grundlage dieser Entwicklungsmodelle sind oftmals ein Aspekt von Familie, zum Beispiel die Intimität zwischen den Familienmitgliedern, der sich linear verändert: Die Familie soll – so eine These – in einem Prozess immer emotionaler geworden sein. Dieses Modell kann noch eine Zuspitzung erfahren, wenn die Historizität der Familie bipolar gedacht wird: Früher – so eine These – war die Familie ein ökonomischer Verband, heute ist sie eine emotionale Gemeinschaft. Damit werden die frühere Familie und die heutige Familie im Kontrast konstruiert, ein Vorgehen, das pessimistische Bilder begünstigt. Gemeinsam ist den linearen Entwicklungsmodellen, dass sie der Figur der Fortschrittsgeschichte folgen.
2. Das Modell der linearen Entwicklung von Familie kennt *keinen früheren Vergleichspunkt*. Der heutige Zustand wird als ein Punkt in einem fortschreitenden Prozess gedeutet, dessen Anfangs- und Referenzpunkt im Dunklen bleibt. So geht etwa die Annahme vom Funktionsverlust der Familie davon aus, dass die Familie irgendwann sehr viele Funktionen gehabt habe (wirtschaftliche, soziale, erzieherische, politische, kulturelle), die nach und nach vom Staat übernommen worden seien (etwa durch Altersversorgung, Schule oder Sozialsysteme). René König macht indes darauf aufmerksam, dass dieses Geschichtsmodell der Familie höchst problematisch ist, da der behauptete Trend der Veränderung sich stets auf die heute dominante Kernfamilie (bestehend aus Vater, Mutter, Kind) beziehe. Man verliere mit dieser Frage nach dem Funktionsverlust aus dem Auge, ob denn die Kernfamilie wirklich heute weniger Funktionen als früher habe. In Wahrheit „betrifft der Funktionsverlust ausschließlich alle Formen der erweiterten Familie, während man von der Kernfamilie ... annehmen kann, dass sie ... früher wie heute gleich wenig (oder gleich viel) Funktionen ausgeübt hat“ (König 1976, S. 53).
3. Die Trendmodelle historischer Entwicklung vereinfachen nicht nur die historische Analysedimension (früher – heute), sondern vereinfachen auch die Familienmodelle.

So wird nur wenig Bezug genommen zu den vielfältigen regionalen, sozialen und historischen Familienformen. Es werden vielmehr allgemeine Aussagen über alle Familien hinweg getroffen und nicht selten fallen Gegenmodelle aus der Beschreibung heraus.

Trotz dieser Einwände ist das Modell der Entwicklung von Familie eine der wichtigsten Vorstellungen zur Geschichte dieser sozialen Institution. Ein anderer Zugang, der ebenso häufig anzutreffen ist, ist die Betonung der „einzigartigen" Historizität von Familie. Familie wird nicht aus der Dynamik ihrer Veränderung beschrieben, sondern als zeitlich, räumlich, kulturell und sozial einmalig definiert. Dies geht davon aus, dass es letztendlich nicht möglich ist, Familie allgemein und jenseits der jeweiligen historischen Zeitbezüge zu bestimmen. Familie, so eine Konsequenz etwa aus ethnologischen Ergebnissen, kann nur aus dem jeweiligen Kontext verstanden werden, je nach Kultur, nach sozialräumlicher Verortung und nach den historischen Bezügen. Stellt sich Familie anders dar, können etwa auch Phänomene, die sich ähneln, sozial etwas anderes bedeuten. Eine solche Sicht auf die Geschichte verbietet, all zu schnell große allgemein gültige Entwicklungslinien zu entwerfen, sondern verlangt eine historisch genaue und empirische abgesicherte Betrachtungsweise.[2]

Problem dieses Entwurfes der Geschichte von Familie kann indes sein, dass der Wandel der Familie aus dem Blick gerät, und dass die Familie für eine bestimmte Epoche als konstante Institution entworfen wird. Etwa in dem Sinne, dass man feststellt, die Familie im Biedermeier sei ein Rückzugsort ins Privat-Beschauliche gewesen. Auch zeigt sich, dass die Familie nicht immer den Epochen der politischen Geschichtsschreibung folgt, so sind die Familienformen der Kaiserzeit keineswegs nach 1920 schlagartig verschwunden, und auch die Familien der DDR haben sich zwar nach der Wende verändert, stellen aber für die Familienmitglieder so etwas wie eine Konstanz in sich rasch verändernden Zeiten dar. Die Geschichte der Familien – so eng sie mit den ökonomischen, politischen und kulturellen Bezügen einer historischen Gesellschaftssituation verbunden sind, kann eigenen Logiken folgen. Wandel und Kontinuität bilden also in der Familiengeschichte ein enges Geflecht (vgl. Nave-Herz 2002), und einer raschen und tiefgreifenden Modernisierung stehen nicht selten Mentalitäten und Familienkulturen gegenüber, die eine überraschende Kontinuität aufweisen, sodass auch immer Fragen einer „longue durée" für die Geschichte der Familie von Bedeutung sein können (vgl. Braudel 1977).

Die Vielzahl der Ansätze, Modelle, Zugänge und Theorien zur Geschichte der Familie, die jeweils nach den Definitionen von Familie und der Perspektive auf Geschichte unterschiedliche Entwürfe vorlegen, macht einen monokausalen Zugang zum Thema schwierig. So sind etwa die Leitbegriffe der Moderne „Individualisierung" und „Pluralisierung" auch für die Beschreibung der Geschichte der Familie „beinah schon zur abgegriffenen Münze des Alltagsgeredes oder zur ‚soziologischen Gebetsmühle' verkommen" stellt etwa Robert Hettlage (2000, S. 72). In einer kritischen Bilanz nimmt Hettlage die Rhetorik vom Ende und vom Zerfall der Familie unter die Lupe und kommt zu dem Schluss, dass die Auflösung der Familie und der Wertefall als Thema zwar von der öffentlichen Meinung begierig aufgenommen werden, die empirischen Forschungen zur Familiensoziologie diese Entwicklung bisher nicht bestätigten. Wir haben es offensichtlich mit einer Doppelung des Geschichtsbildes zu tun. Während in der Medienöffentlichkeit anhand von Scheidungsra-

2 So lassen sich bestimmte Familienformen jeweils nur im Kontext ihrer Zeitgeschichte erklären, etwa die Adelsfamilie des Mittelalters, die Bürgersfamilie des 19. Jahrhunderts oder die Kleinfamilie des 20. Jahrhunderts und es ist größte Vorsicht geboten, wenn etwa die süddeutsche Bauernfamilie mit der norddeutschen gleichgesetzt wird.

ten und Fallbeispielen von neuen Familien und Ein-Eltern-Familien eine dramatische Entwicklung gezeichnet wird, stellt sich das Bild aus der Familienforschung ganz anders dar. „Das zweifellos gegebene Anwachsen alternativer Lebensstile bewegt sich nämlich in Größenordnungen, die es nicht rechtfertigen, diese Phänomene zu zentralen Formen des Zusammenlebens jenseits der Familie aufzuwerten“ (Hettlage 2000, S. 72). Wenn man den Schlussfolgerungen Hettlages folgt, haben wir es mit einem neuen Mythos von Familie zu tun, einem Mythos, der die Umbrüche der Familie in einem Bedrohungsszenario dramatisiert und die große Stabilität der Familie als Wert und Lebensleitbild auch der jüngeren Generation übersieht. Die Entwürfe über Familie sind immer mit den Erfahrungen, Sehnsüchten und Befürchtungen derjenigen eng verbunden, die sich über Familie äußern, und viele Geschichtsbilder erzählen ebenso viel oder sogar noch mehr über die heutige Gesellschaft als über die vergangene. Festzuhalten bleibt, dass die eigene Familienerfahrungen und die eigenen Familienbilder kein guter Weg sind, Familien fremder Kulturen oder vergangener Zeiten zu verstehen.

Angesichts der immer wieder neuen Entstehung von Familienmythen kommt der empirischen Familienforschung, die akribisch Daten über die Familie und ihre Veränderungen zusammenträgt und analysiert, eine besondere Bedeutung zu. René König sieht den Beginn der empirischen Familienforschung im 19. Jahrhundert (E. Durkheim) und misst den frühen Ethnologen wie Bronislaw Malinowski, Richard Thurnwald oder auch A.R. Radcliffe-Brown und Margarete Mead bei der Entwicklung der Familienforschung eine große Bedeutung zu (vgl. König 1976, S. 21).

3. Familien im Plural: Ausgesuchte Aspekte der Geschichte der Familie

Angesichts derartiger Vorbehalte, der mythischen Besetzung von Familie und einer Doppelung des Diskurses in einer öffentlich-massenmedialer Pessimismus-Kultur, verbietet es sich, einen neuen vereinfachenden Entwurf der Geschichte der Familie vorzulegen. Vielmehr sollen im Folgenden einige ausgewählte Mosaiksteine der historischen Familienforschung mit dem Ziel nachgezeichnet werden, die Geschichte der Familie als Entwurf von Geschichtsbildern noch einmal deutlich vor Augen zu führen.

3.1 Definitionsprobleme

Wichtigste Feststellung bei der Erforschung von Familie ist die Erkenntnis, dass Familie nicht als eine homogene Institution verstanden werden darf. Schon bei der Suche nach einer ethnologisch allgemein gültigen Familiendefinition stößt man auf große Schwierigkeiten. Huber (1979) führt aus, dass man lange Zeit problemlos die Kernfamilie aus Vater, Mutter und Kind „als Elementareinheit der Gesellschaft betrachtet und sie entsprechend auch ‚Elementarfamilie‘“ genannt habe: Die Ethnologen – so Huber (1979) – interpretierten zunächst „die Polygam- und Großfamilie als bloße Erweiterung der Kernfamilie und diese Letztere als Basis für jegliche Verwandtschaftsstruktur. Nach neueren Überlegungen wird aber diese fundamentale These ... nicht zu Unrecht angefochten. An Stelle der Triade Vater/Mutter/Kind(er) haben verschiedene Autoren als noch elementarere Einheit die

Dyade Mutter/Kind(er) gesehen. ... R.T. Smith hat ... von dieser Mutter/Kinder Gruppe als Grundeinheit ... gesprochen und dafür den Terminus ‚Matrifokalität' geprägt". Dieses Zitat rüttelt nochmals aus ethnologischer Sicht am weit verbreiteten Mythos der universellen Kleinfamilie als anthropologische Konstante und mahnt den genauen kulturellen (regionalen und historischen) Blick auf die Familie an.

Statt *die Familie* zu untersuchen, geht es vielfach zunächst darum *Familie im Plural* zu sehen. Wir haben es also mit sehr unterschiedlichen Familien zu tun, die sich historisch verändert haben. Als besondere Komplikation kommt hinzu, dass Familien regional sehr unterschiedlich sein können (vgl. Bauereiß/Bayer/Bien 1997) und dass auch die interkulturelle Perspektive auf Migrantenfamilien in Deutschland einen wichtigen und komplexen Aspekt des Wandels von Familie darstellt (vgl. Familien ausländischer Herkunft in Deutschland 2000). Wir haben also bei der Geschichte der Familie mit einem Nebeneinander von Ungleichzeitigkeiten und mit unterschiedlichen Formen der Moderne zu tun. Ausgangspunkt sind dabei unterschiedliche Definitionen der Familie, die heute nebeneinander bestehen (vgl. Petzold 2004). So etwa die familienrechtliche Definition, die Ehe und Familie in einem engen Zusammenhang sieht, und aus dieser Perspektive die Kleinfamilie als Grundlage des Familienrechtes bestimmt. Wobei – Klaus A. Schneewind hat darauf hingewiesen – die Familie des Grundgesetzes eng mit Vorstellungen der traditionellen bürgerlichen Familie durchwoben ist. In seiner Kritik der vollständigen auf der Ehe basierenden Kleinfamilie wird deutlich, „dass in der öffentlichen Diskussion mit Bezug auf das Grundgesetz zu dieser Definition häufig noch weitere Implikationen hinzukommen, nämlich die lebenslange Permanenz der Ehe, Heterosexualität (und zwar exklusiv!) sowie die Dominanz des Mannes als primärer Ernährer" (Petzold 2004). Andere gängige Definitionen von der Familie sind die der Blutsverwandtschaft, der statistischen Definition von Familie als „Haushalt mit Kindern" oder einer psychologischen Definitionen der Familie als eine Sozialform besonderer Bindungsqualität. Hinzu kommt, dass unter Familie einmal die Verwandtschaft und ein anderes Mal eine Gemeinschaft, die in einem Haushalt zusammenlebt, verstanden wird (vgl. Gestrich/Krause/Mitterauer 2003, S. 160).

Alle diese Definitionen haben ihre Stärken und Schwächen und zeigen wichtige Aspekte der Familie auf, führen aber auch an Grenzen. So hat der Blick auf die Familie als Haushaltsgemeinschaft von Personen, die unter einem Dach leben und gemeinsam wirtschaften, lange Jahre die große Bedeutung der Großeltern versperrt. Heute mit dem Blick auf die multilokale Mehrgenerationenfamilie ist deutlich geworden, dass Eltern- und Großelterngeneration zwar in der Regel keinen gemeinsamen Haushalt führen, dass aber die ökonomischen, sozialen, kulturellen und emotionalen Transfer- und Unterstützungsleistungen zwischen den Generationen eine wichtige Bedeutung für die moderne Familie hat. War man noch vor einiger Zeit der Meinung, die traditionelle Großfamilie sei durch die Kleinfamilie dergestalt abgelöst worden, dass die Großeltern kaum noch Bedeutung haben (vgl. Shorter 1977), ist heute ein neues Verständnis des Generationenverhältnisses in der Familie entstanden (vgl. Bien 1996). Das enge emotionale Zusammenleben von Großeltern, Eltern und Enkel ist keineswegs eine vergangene Familienform, sondern vielfach durch die Intimisierung der Familie und durch die höhere Lebenserwartung der älteren Generation erst historisch möglich geworden. Heute ist die Wahrscheinlichkeit, dass Kinder ihre Großeltern kennen lernen und dass sie eine enge Bindung zu ihnen aufbauen, größer als etwa im 19. Jahrhundert.

Und noch eines lässt sich aus den neueren Ergebnissen der Familienforschung ableiten. Die sozialwissenschaftlichen Definitionen und Einteilungen von Familie sind keineswegs immer deckungsgleich mit den Familiendefinitionen der Mitglieder von Familien (vgl. Bertram 1997). So sind die selbstgegründete Familie und die Herkunftsfamilie, in die man geboren wird, nicht immer streng getrennt und neben weiteren Verwandten können auch Paten oder Freunde zur Familie zählen. Insbesondere Kinder haben eigene Vorstellungen von Familie, die sich von denen der Erwachsenen unterscheiden können und einer ganzen Reihe von Kindern ist es offensichtlich wichtig zu betonen, dass die Heimtiere, die im Haushalt leben (Hunde, Katzen, Meerschweinchen, Vögel oder Kaninchen), auf jeden Fall zur Familie gehören.[3]

Das Online-Familienhandbuch schlägt zur Bändigung der Unübersichtlichkeit der Familienformen vor, sieben Lebensformen systematisch zu kombinieren, um die Vielfalt der Familientypen jenseits des klassischen Vater-Mutter-Kind-Bild ordnen zu können (vgl. Petzold 2004). Grundlage der sieben Typen sind wiederum zwölf Merkmale, von denen Petzold annimmt, dass sich mit ihnen heutige Familienformen umfassend beschreiben lassen.

„Ökopsychologische Merkmale der Familie"

A. Gesellschaftliche Rahmenbedingungen (Makrosystem)
- ehelich oder nichteheliche Beziehung
- gemeinsame oder getrennte wirtschaftliche Verhältnisse
- Zusammenleben oder getrennte Wohnungen

B. Soziale Verpflichtungen (Exosystem)
- Verpflichtungen durch Verwandtschaft oder Ehe
- Selbstständigkeit oder Abhängigkeit des Anderen
- kulturell/religiös gleich oder unterschiedlich ausgerichtet

C. Kinder (Mesosystem)
- mit oder ohne Kind(er)
- leibliche(s) oder adoptierte(s) Kind(er)
- leibliche oder stiefelterliche Kindbeziehung

D. Partnerschaftsbeziehung (Mikrosystem)
- Lebensstil als Single oder in Partnerschaft
- hetero- oder homosexuelle Beziehung
- Dominanz des einen oder Gleichberechtigung (Petzold 2004).

Diese zwölf Merkmale zur Beschreibung von Familie führen bei den Analyse von Familie zu über 100 unterschiedlichen Familientypen, die von Petzold zu sieben Kategorien zusammengefasst werden. Trotz der möglichen Kritik an diesem Entwurf von Familie, der im Wesentlichen nur auf der Kleinfamilie und ihren Varianten beruht, zeigt sich das Problem der Unübersichtlichkeit und einer gewissen Beliebigkeit bei der Konstruktion von Familie. Für eine historische Untersuchung zur Familie ist dieses Schema gänzlich ungeeignet, weil es moderne Vorstellungen über Familie auf historische Gegebenheiten übertragen würde, ohne dass die mögliche Fremdartigkeit und Andersartigkeit historischer Familienformen überhaupt in den Blick geraten.

3 Ergebnis einer Befragung, die von Studierenden im Rahmen eines Seminars. Universität Erfurt WS 2002/03.

Es kann allerdings festgehalten werden, dass Familie im Plural gedacht werden muss. Andreas Lange (1994, S. 6) spricht in diesem Zusammenhang von einer doppelten Pluralität, die einerseits die Vielzahl der empirischen Familienformen und anderseits die Vielzahl der Konzepte von Familie umfasst. Ohne dass hier die einzelnen Begriffe erläutert und diskutiert werden sollen, zeigt schon die Aufzählung von Andreas Lange, dass heute intensiv über Familie nachgedacht und auch gestritten wird: „Verhandlungsfamilie auf Zeit“ (Beck 1986), „Von der Eltern- zur Kindfamilie“ (Beck-Gernsheim 1988), „Patchworkfamilie“ (Bernstein 1990), „Serial marriages“ (Brody u. a. 1988), „Antifamilie-Familien“ (Buchholz u. a. 1989), „Minimal family“ (Dizard/Gadlin 1990). „Matrixfamily“ (Dychtwald/Flawer1989), „Sukzessivehen“ (Furstenberg 1988), „Zweitfamilie“ (Giesecke 1985), „Werkstattfamilie“ (Glaser 1988), „Multiple Elternschaft“ (Groß/Hohner 1990), „Hybridfamilien“ (Hoffman-Nowotny 1989), „Fragmentierte Elternschaft“ (Hoffman-Riem 1988), „Fortsetzungsfamilie“ (Ley/Borer 1992), „Commuter-Ehe“ (Peuckert 1989), „Postmoderne Familie“ (Shorter 1989), „Neue Haushaltstypen“ (Spiegel 1986), „Temporäre Schwiegerfamilie“ (von Trotha 1990) (vgl. Lange 1994, S. 5). Diese Aufzählung ist keineswegs vollzählig, so fehlt etwa die Typisierung der Veränderung von Familie als Wandel der Generationenbeziehungen (der Haushaltsformen) von du Bois-Reymond (1994), wo nach „situativen Verhandlungshaushalt“, „regelgeleiteteten Verhandlungshaushalt“, „modernisierten Befehlshaushalt“, „traditionellen Befehlshaushalt“ und „ambivalenten Haushalt“ unterschieden wird.

Die losen Aufzählungen modischer Familiendefinitionen und Schlagworte machen dreierlei deutlich. Erstens haben wir es in der Familienforschung mit einer neuen Unübersichtlichkeit zu tun, da die einzelnen Diskussionsstränge zur Familie nur lose zusammenhängen. Zweitens lassen sich die 1980er Jahre als einen historischen Höhepunkt der Diskussion und Definition von Familie ausmachen. Zu diesem Zeitpunkt scheint der Wandel der Familie, die wissenschaftliche Erklärung der Ursachen und eine Prognose der Zukunft der Gesellschaft „ohne Familie“ besonders dringend gewesen zu sein. Drittens imponiert die geringe Systematik der Familienforschung: es scheint, als würden die Forscher und Forscherinnen einzelnen empirischen Ergebnissen *öffentlichkeitswirksame Label* verpassen, die sich nicht oder wenig auf den wissenschaftlichen Diskussionszusammenhang beziehen und insofern kaum einen Überblick ermöglichen. Hier ist der bilanzierende Beitrag von Andreas Lange (1994) positiv hervorzuheben.

3.2 Familiengeschichte: Geschichte als Geschichte von Familien

Die europäische Geschichte ist in weiten Teilen eine Familiengeschichte, da zentrale Mechanismen der Macht an Familie geknüpft waren. Neben der Eroberung und Stabilisierung von Macht durch (militärische) Gewalt, ist die Errichtung von erblicher Herrschaft die Grundlage der europäischen Zivilisation. Während Zeiten der Umbrüche durch Kriege und Neuverteilung von Land und Herrschaft gekennzeichnet waren, stellen sich die Friedenszeiten zumeist als Phasen der Erbdynastien da. Die Legitimation des europäischen Adels durch Geburt als dem zentralen Faktor der (gottgewollten) natürlichen Ordnung der ständischen Gesellschaft rückt die Familie als politische Instanz in den Mittelpunkt der Geschichte. Zwei Aspekte sind für die familiale Machtstruktur kennzeichnend. Erstens die aristokratische Ehe, die selbst ein politischer Akt höchsten Ranges war und durchaus dem Krieg als einem Mittel zur Befestigung und zur Ausdehnung von Herrschaft ebenbürtig war, wie der Spruch vom glücklichen Österreich deutlich macht, das genügend herrschafts-attraktive Töchter hatte, um Heiratspolitik statt Kriegpolitik zu betreiben. Die Trennung von Liebe/Erotik und Heirat/Politik, die ein wichtiges Merkmal adliger Kultur war, stößt im 19. Jahrhundert mit einer bürgerlichen Familienauffassung scharf zusammen, die die Liebesheirat zumindest als Leitnorm propagiert, auch wenn die realen Ehen zumeist ebenfalls den Machtinteressen der Familien entsprachen. Die adlige Trennung von Ehe und Sexualität, die in der Kultur der Mätressen des 18. Jahrhunderts und in der Figur des adligen Verführers unschuldiger Bürgertöchter seinen Ausdruck finden, ist in der klassisch-romantischen Phase um 1800 ein zentraler Angriffspunkt der Bürger auf die adligen Kultur, die als unmoralisch und falsch gebranntmarkt wurde (vgl. Matt 1989).

Dieser Konflikt zwischen bürgerlicher und adliger Kultur macht deutlich, dass durchaus in einer Epoche sehr unterschiedliche Familienvorstellungen nebeneinander bestehen konnten und dass Familie nicht nur aus ihrer soziologischen Struktur (klein, groß, erweitert) verstanden werden kann, sondern auch Ausdruck der Normen der jeweiligen Kultur war, der sie angehörte. Der Ehe, in ihrer monogamen Form, kommt hier eine zentrale Bedeutung zu, da sie die Instanz der legitimen und illegitimen Nachkommenschaft darstellt und damit ein Filter und Ordnungsprinzip für die Reihenfolge der Nachfolger garantiert. Die Bindung der Weitergabe von Macht durch legitime Nachfolger, die – so die Norm – selbstgezeugt aus gültiger Ehe hervorgehen, ist allerdings ein Idealbild, das nicht immer zur Herrschaftssicherung eingesetzt wurde. Neben der Adoption von Kindern bei Kinderlosigkeit der Ehe, die stets die Herrschaft bedrohte, finden sich blutige Auseinandersetzungen unter den Verwandten um die Herrschaft ebenso wie die Verstoßung von Kinder oder von Ehefrauen. Die Intrigen und gewaltsamen Familiendramen (etwa im Umfeld der englischen Herrschaftsgeschichte mit Elisabeth I und Maria Stuart oder Heinrich VIII und seinen acht Frauen) der europäischen Adelsgeschichte sind ein beredtes Beispiel für die leitenden Normen der erblichen Familienmacht und deren Umgehen oder Aussetzung. Immerhin ist das Prinzip der Legitimation von Herrschaft aus der Familie mittels (monogamer) Ehe und leiblicher Nachfolgerschaft anerkannt gewesen, sodass es als Grundprinzip der Entstehung von Dynastien und Herrschergeschlechter angesehen werden kann Die Habsburger, die Hohenzollern, die Wittelsbacher, die Medici sind Beispiel des Erfolgs europäischer Familienherrschaft, wobei eine Untersuchung der Brüche und Abweichungen vom Prinzip der Erbfolge sehr interessant für das Verständnis von Familie wäre.[4]

So betont etwa Montaigne (1998, S. 190), dass es selbstverständliches Recht der Eltern (des Vaters) sei, zu beurteilen, ob ein Kind geraten oder missraten sei. Hier scheint als patriachale Machtstruktur die Frage auf, ob denn das **Erbrecht** bestimmter Kinder, etwa des Erstgeborenen, ein automatisches Recht ist oder ob nicht die herrschenden Männer letztendlich das Recht der Bestimmung ihrer Nachfolge haben. Zweierlei wird an den Ausführungen Montaignes deutlich. Erstens ist das Prinzip der Erbnachfolge mit monogamer Ehe und leiblicher Kindschaft an eine Eheform gebunden, die patriarchalisch organisiert ist, das heißt, der Mann ist Herrscher über Frau und Kinder. Diese Geschlechterordnung ist bis in die 50er Jahre des 20. Jahrhunderts nicht nur Grundprinzip der Ehe, sondern als göttliches, natürliches Recht Grundprinzip der Gesellschaft. So gilt für monarchistische Gesellschaften, dass sich die Herrschaft Gottes über den Kaiser und seine Stellvertreter bis in die Macht des Familienvaters fortsetzt. Die Auflösung der Familie konnte daher – etwa

4 Vgl. etwa die Herrschafts- und Familiengeschichte der Habsburger, aus der eine Vielzahl von Kaisern hervorgegangen ist (vgl. Körber 2002, S. 66).

von Riehl, auf den oben schon verwiesen wurde – als Auflösung der gesamten „heiligen" Ordnung verstanden werden.

Und ein Zweites machen die Überlegungen Montaignes über das Verhältnis des Vaters zu seinen Kindern deutlich. Obwohl in der ständigen Gesellschaft des Ancien Régime sehr unterschiedliche Familienformen und Leitbilder neben- und gegeneinander bestehen, ist allen Gesellschaftsgruppen, die über Macht und Besitz verfügen, das familiale Prinzip der leiblichen Erbfolge (zur Weitergabe der Macht) ein wichtiger Wert. So finden sich nicht nur Herrscherfamilien (bis hin zum Landadel), die über mehrere Generationen ihre Macht über die Familie (und damit immer auch über Erziehung) befestigen. Beispiele von familialer Machtkontinuität durchziehen ebenfalls die Geschichte des Handels, des Handwerkes, der Künste, der Industrie und der Landwirtschaft.[5]

Gerade bei den Bauern lässt sich gut zeigen, wie sehr die rechtlichen Verhältnisse auf dem Lande, die Familie und ihre Macht bestimmt. Die Familien waren nicht nur über das patriachale System in die gesamte Gesellschaft eingebunden, ebenso bestimmten die jeweiligen regionalen Rechtsverhältnisse die Struktur und Entwicklung der Familien. So gab es in einigen deutschen Regionen drastische Heiratsbeschränkungen, etwa im süddeutschen Raum, wo Heiratsverbote armen Bevölkerungsschichten nicht ermöglichten zu heiraten und so eine legitime Familie zu bilden. Diese Ehebeschränkungen, die es etwa in Preußen, England oder Frankreich nicht gab, hielt etwa in den süddeutschen Staaten teilweise bis 1871 an (vgl. Gestrich/Krause/Mitterauer 2003, S. 429ff.). So sehr also die Macht an die Familie als Kombination von Elternschaft in legitimer Ehe geknüpft war, darf eine Geschichte der Familie also keineswegs die Ehe als notwendige Voraussetzung für die Familie setzen, weil dies bedeutet, dass die historischen Machtstrukturen, die sich etwa in Ehebeschränkungen äußern, in die heutige Analyse unkritisch verlängert werden. Vielmehr muss davon ausgegangen werden, dass es neben legalen Familien eine Vielzahl von nicht-legitimierten Familien gab, die aber gleichwohl der herrschenden Leitnorm der Familie folgten.

Eine weitere rechtliche Grundbestimmung der ländlichen Familie ist im Erbrecht zu sehen. Noch heute lassen sich je nach regionalem Erbrecht Unterschiede etwa zwischen norddeutschen und süddeutschen Landkulturen ausmachen, da das Erbrecht die gesamte Entwicklung einer Region maßgeblich und dauerhaft bestimmen konnte. So führte etwa die Realteilung, wie sie im süddeutschen Raum üblich war, zu einer immer weiteren Zersplitterung des Besitzes und zu immer kleineren Feldern. Das Land wurde in der Realteilung unter allen Kindern aufgeteilt, was zur Konsequenz hatte, dass es zu einer Verarmung der Familien kam und die Bauern gezwungen wurden, neben der Landwirtschaft auf neue Erwerbszweige etwa in der Heimindustrie auszuweichen. Anders das Anerbrecht, das sich vor allem in Norddeutschland nachweisen lässt. Diese Erbform sah vor, dass der gesamte Besitz an ein Kind, zumeist an den ältesten Sohn, weitergeben wurde, ohne dass die anderen Kinder anteilig ausgezahlt werden mussten. Das Anerbrecht, das die Wahrung und Vergrößerung des Besitzes zum Ziel hatte, führte dementsprechend zu einer ganz anderen Struktur der Landwirtschaft. Je nach Erbrecht gestaltete sich natürlich auch das gesamte Familienleben und die Erziehung der Kinder vollständig anders, da es ein großer Unterschied war, ob alle Kinder im Bewusstsein gleicher Chancen auf Erbschaft aufwachsen oder ob ein Sohn als zukünftiger Erbe und Hofnachfolger erzogen wird, dem sich die Geschwister unterordnen müssen.

5 Familien wie Fugger, Bach, Krupp oder Rotschild sind nur einige Beispiele. Auch die städtischen Patrizier, die Handwerker und die (landbesitzenden) Bauern waren in der Regel als familiale Machtfolge organisiert.

Im Laufe des 19. Jahrhunderts mit der allmählichen oder auch gewaltsamen Auflösung der Ständegesellschaft und der Entstehung einer bürgerlichen Ordnung verändert sich auch der enge, fast mechanische Zusammenhang zwischen Familie, Erbfolge, Macht und Reproduktion der jeweiligen gesellschaftlichen Stellung. So konstituierte sich die Macht und der Erfolg des Bildungsbürgertum nicht durch die Geburt in eine Familie, sondern durch Bildung und persönlichen Erfolg (vgl. Kocka 1987). In der Folge des Auf- und Abstieges von gesellschaftlichen Gruppen, der immer auch der Auf- oder Abstieg von Familien war, wie Thomas Mann für das 19. Jahrhundert mit seinen Buddenbrook in gültiger Form entworfen hat, entstehen nicht nur Risiken, sondern auch neue Chancen für die Einzelnen, sich außerhalb der Familie durch wirtschaftlichen, künstlerischen oder sozialen Erfolg zu etablieren. Dies bedeutet aber keineswegs, dass die Familie ihre Bedeutung bei der Zuteilung, Reproduktion und Gewinnung gesellschaftlicher Macht und gesellschaftlichen Status verloren hätte. Die hohe Wertschätzung der Familie, die nun als intime Gemeinschaft zwischen Eltern und Kindern idealtypisch entworfen wird, zeigt vielmehr, dass die Familie eine neue Schlüsselstellung in der Generationenfolge einzunehmen beginnt. In dem Maß, wie sich die Familie als Erziehungs- und Bildungsort etablieren konnte, blieb sie weiterhin die zentrale Instanz sozialer Ungleichheit. Allerdings stehen nicht mehr die direkte Ungleichheit durch die Geburt im Vordergrund, sondern durch familial vermitteltes Bildungskapital. Dass die Familienmacht der Generationenfolge über Bildung bis heute erfolgreich ist, zeigen auch die Ergebnisse der PISA-Studie. Dass die Geschichte der Familie als Machtgeschichte von Familien aber für den Einzelnen durchaus ambivalent sein konnte, zeigen nicht zuletzt Biografien von Menschen aus mächtigen Familien, die durchaus Leidensgeschichten sein konnten, weil sich der Einzelne den Machterfordernissen der Herrschaft von Haus und Hof, von Thron und Kontor unterwerfen musste. Der Flüchtling aus wohlhabender Familie (Joni Mitchell) ist so eine feste Figur abendländischer Familiengeschichte.

Die Weitergabe von Macht und Besitz über die Familie ist ein zentraler Aspekt abendländischer Geschichte. Allerdings gibt es auch Gegenmodelle: Kirchliche Ordnungen zum Beispiel ziehen ihre Stabilität eben nicht aus dem „Egoismus" der Verlängerung der eigenen Macht in die eigenen Kinder, sondern sind im Gegenteil strikt gegen Familie und erbliche Macht gerichtet. Die Ehelosigkeit in der katholischen Kirche und die Einsetzung in das Amt durch die Kirche ermöglichen erst eine streng hierarchische Struktur, die, anders als im Lehnswesen, nicht immer wieder in erbpolitische Partikularinteressen zu verfallen droht.

Analysiert man die Geschichte der Familie, so wird deutlich, dass Familie kein sozialer Raum ist, der von der übrigen Gesellschaft getrennt gedacht werden darf. Familie ist vielmehr immer auch ein Ausdruck der sozioökonomischen Bedingungen der Gesellschaft, wie schon Heidi Rosenbaum Ende der 1970er Jahre herausgestellt hat. Etwa spiegeln regionale und soziale Unterschiede sich in der Familie wider. Arbeiterfamilien unterscheiden sich von Adels- oder Bürgerfamilien. Bäuerliche Familiengemeinschaften haben wieder eine andere Struktur als etwa städtische Handwerksfamilien.

Neben den ökonomischen Faktoren sind es vor allem die sozialen Beziehungen, die Familie verändert haben. So bestehen moderne Familien in der Regel aus unterschiedlichen sozialen Systemen, etwa der Ehe (oder der Partnerschaft nicht verwandter Erwachsener), der Elternschaft und komplexer Verwandtschafts- und Generationenbeziehungen wie zum Beispiel Großeltern, Tanten und Onkel. Ehe und Elternschaft sind heute keineswegs so eng gekoppelt wie sie es traditioneller Weise waren, und die Veränderungen zwischen den

Geschlechter sowie neue Formen von Kindheit schlagen sich in der Familie und in den Familienvorstellungen nieder. So hat Rosemarie Nave-Herz die Folgen des Wandels der Familienstrukturen (etwa bei allein Erziehenden) für die heutige Erziehung untersucht (vgl. Nave-Herz 2002). Die Geschichte der Familie ist vor diesem Hintergrund immer auch die Geschichte der Rollen ihrer Mitglieder. Ein verändertes Verständnis von der Mutter- oder Vaterrolle, andere Formen der Ehe oder ein neues Verständnis von der Kinder- oder Großelternrolle[6] verändern jeweils auch die Familie. Wobei in den letzten Jahrzehnten die tiefgreifendsten Veränderungen vom Wandel der Frauenrollen ausgegangen sein dürfte. Ein weiterer wichtiger Aspekt ist die demografische Entwicklung der Gesellschaft (vgl. Hubbard 1983) und gerade heute angesichts der Probleme in den Sozialsicherungssystemen tritt dieser Aspekt der Geschichte der Familie (etwa die Geburtenrate) wieder dringender ins Blickfeld.

Familie lässt sich aber nicht nur über die sozioökonomische Struktur verstehen und begreifen. Soziale Unterschiede, Arm und Reich, Machtverhältnisse zwischen Kinder und Erwachsenen, Männern und Frauen sind eine Perspektive auf die Geschichte von Familie. Schon Ingeborg Weber-Kellermann (1976) hat darauf aufmerksam gemacht, dass Familie auch ein kulturelles Phänomen ist. Familie lässt sich auch als Familienkultur mit jeweils historischen Formen des Lebens (etwa des Wohnens), unterschiedlichen Familientraditionen und Familienritualen beschreiben. Hochzeiten, Geburtstage, Formen der Familienmahlzeiten und der Familienkommunikation sind wichtige Indikatoren für den Wandel von Familie, ebenso wie viel über die Familie aus Musik, Kunst und Literatur zu erfahren ist (vgl. Sozialkultur der Familie 1982).

Eine kulturwissenschaftliche Betrachtung macht deutlich, dass sich die Lebensformen in der Familie verändert haben. Insbesondere haben sich die Lebensbereiche zwischen Kindern und Erwachsenen stärker getrennt, wie Tamara K. Hareven und Michael Mitterauer (1996) nicht ohne Sorge vermerken. Allerdings ist auch in den letzten Jahren deutlich geworden, dass die Familie stabiler ist als in den 1970er Jahren angenommen wurde (vgl. Hettlage 2000), sodass mit Blick auf die Kontinuitäten nicht nur über das Ende (vgl. Nave-Herz 2002), sondern wieder vermehrt über die Zukunft der Familie gesprochen wird (vgl. Hettlage 1996; Beck-Gernsheim 2000).

4. Pädagogische Blicke auf Familie: Ein schwieriges Kapitel

Pädagogik als ein (mehr oder minder systematisch-professionelles) Nachdenken und Handeln über Bildung, Erziehung und Lernen steht in einem Spannungsverhältnis zu allen privaten, nicht-professionellen Bemühungen um die lernende Veränderung von Menschen. Historisch standen etwa alle pädagogischen Großprojekte – wie sie in sozialistischen Staaten oder von Kirchen vorangetrieben wurden – in einem Konkurrenzverhältnis zur privaten Welt der Familie. Zwar bemüht sich die Erziehungswissenschaft beispielsweise anhand von Sozialisationstheorien oder über biografische oder ethnografische Zugänge informelle Lernprozesse in den Blick zu nehmen, aber solange als Ziel die Planbarkeit von Bildungsprozessen im Vordergrund steht, bleiben jene Bereiche problematisch, die nicht

6 Zur Bedeutung der Generationenbeziehungen für die Familie vgl. etwa Lüscher/Schultheis (1993). Eine Abnahme der Mehrgenerationenhaushalte (vgl. Peuckert 2002) bedeutet nicht, dass die Großeltern unwichtiger geworden seien (vgl. auch Lange/Lauerbach 2000).

oder nur schwer von den Pädagogen zu kontrollieren sind. Dies sind in den letzten Jahrzehnten immer mehr die medialen Lern- und Bildungsprozesse. Zu Beginn der akademischen Pädagogik war es vor allem die Familie, die für die neue Profession schwierig war. Die Pädagogik hat als Projekt der Aufklärung auf diesen nicht von ihr planbaren Bereich von Bildung und Erziehung auf sehr unterschiedliche Weise reagiert. Die Spanne reicht von der Idealisierung der Familie über die Kritik an der Familie bis zur Ignorierung familialer Einflüsse. Als typisch kann eine Mischung aus theoretischer Überhöhung der Familie und einer Distanzierung von der Familie in der Praxis angesehen werden.

Schon bei Rousseau zeigt sich diese Ambivalenz, die vielfach das Verhältnis der Pädagogik zur Familie bestimmt hat, eine Ambivalenz, die sich in allen gesellschaftlichen Bereichen wieder finden und die die Geschichte der Familie deutlich geprägt hat. So stellt Rousseau etwa im Gesellschaftsvertrag fest, dass die Familie „die älteste und die einzig natürlich Gesellschaft ist" (Rousseau 1995, S. 62). „Die Familie ist sozusagen das erste Muster der politischen Herrschaft", fährt Rousseau im Weiteren fort, indem er die patriachale Ordnung als natürlich erklärt. „Der Herrscher steht für den Vater, das Volk für die Kinder" (Rousseau 1995, S. 63). Dass die Kinder dem Vater Gehorsam schulden gilt allerdings für Rousseau nur solange, wie sie von diesem abhängig sind, danach werden beide Generationen wieder „unabhängig", und ein Weiterbestehen der Familie beruht nun nur noch auf der freiwilligen Vereinbarung der Mitglieder. So wichtig die Familie für die Theorie des Staates ist, so gering ist für Rousseau ihre Rolle in der Erziehung (vgl. Rousseau 2001). Im „Emile" beispielsweise entwirft Rousseau eine philosophisch-pädagogische Theorie der Erziehung, die ganz ohne die Familie auskommt. Abgeschieden von der Gesellschaft und von den Städten wird Emilie auf dem Lande in und von der Natur erzogen, nur begleitet von seinem Erzieher. Dieser hat weder Familie noch eine Frau, auch Geschwister lassen sich nicht finden. So steht am Beginn des aufklärerischen Denkens über Erziehung ein Modell, das den Zögling und den Erzieher isoliert. Dieses pädagogische Verhältnis, das eine Beziehung ohne und jenseits der Familien von Zögling und Erzieher entwirft, sollte lange Zeit und teilweise bis heute ein pädagogisches Ideal bleiben. Die unterschiedlichen Entwürfe einer pädagogischen Provinz von Goethe über Makarenko bis A.S. Neill sind nicht nur agrarromantische Träume, sondern auch Modelle einer familienfernen und familienfreien Erziehung (vgl. Fuhs 1997). Seit dem 19. Jahrhundert sind pädagogisch verdichtete Räume entstanden, die zur Entstehung von Kindheit separat von der Familie geführt haben. Fröbels Kindergarten, Montessoris vorbereitete Umgebung, Pestalozzis Anstalt sind nicht nur pädagogisch hoch kontrollierte Räume, verdichtete Orte des Lernens und Lehrens, sie sind immer auch Orte mit eigenen Regeln, Orte, in denen die Familie außen vor bleiben muss oder zumindest vor bleiben soll. Auch die staatlichen Schulen sind Abgrenzungen spezieller Kindheitsräume von der Familie. Vielfach nicht ohne Widerstand der Eltern, gerade in ländlichen Gebieten, wo die Kinder beispielsweise zur Feldarbeit benötigt wurden, mussten im 19. und 20. Jahrhundert die Schulräume gegen die Familie mit staatlichem Schulzwang durchgesetzt. Noch heute sehen sich viele Lehrer in Konflikt mit den Eltern. So werden viele Probleme, die die Schule heute hat, als Probleme mangelnder Erziehung im Elternhaus gesehen. Mit der Errichtung pädagogischer Sonderräume ist seit dem 19. Jahrhundert eine Dreiteilung der Kindheit in Schulkindheit, Familienkindheit und in die Kindheit der Peergroup entstanden. Gleichzeitig hat die staatliche Intervention, also die Planung des Lernens durch Schulpläne zu einem Funktionswandel der Familie geführt. War es für wohlhabende Familien im 19. Jahrhundert noch üblich, dass die Bildung der Kinder in der Familie durch Hauslehrer erfolgte, müssen seit 1920 alle Kinder in die Grundschule gehen. Dabei ist es erklärtes Ziel von Bildungspolitik, dass der Einfluss der Familie auf die Bildungslaufbahn zurückgedrängt werden soll. Ein Ergebnis von PISA, das in Deutschland mit großer Betroffenheit aufgenommen wurde, war ja gerade die Feststellung, dass Familie und soziale Herkunft immer noch einen großen Einfluss auf die schulische Laufbahn der Kinder haben. Gleiche Chancen bedeuten vor dem Hintergrund familialer Ungleichheit in der Regel, dass die Aufgabe der Schule so verstanden wird, dass familiale Nachteile im Unterricht auszugleichen seien. Familie als nicht kontrollierbarer Bereich stellt ein zentrales Problem für die pädagogischen Räume dar, da die pädagogische Wirkung stets auf die Familie aufbauen muss und von dieser begleitet wird.

Eine Möglichkeit des Umgangs ist, dass die Familie von der Pädagogik weitgehend ignoriert wird, dass sich die Pädagogen und Pädagoginnen auf ihren Sonderraum zurückziehen. Dies geschieht – trotz Anmahnung von Elternarbeit – oftmals in der Schule durch die Lehrer. Vielfach bleibt den Pädagogen nichts anders übrig als die familialen Bedingungen, unter denen sie arbeiten müssen, zu akzeptieren. Gleichzeitig wird die „unkontrollierbare" Familie vielfach von der Pädagogik verklärt. Johann Friedrich Herbart etwa betont die große Bedeutung der Familie für die Pädagogik, wenn er 1804 schreibt, dass es oft gesagt und hoffentlich allgemein anerkannt sei, „dass die zärtliche Sorge der Mutter, der freundliche Ernst des Vaters, die Verkettung der Familie, die Ordnung des Hauses vor den unbefangenen Blicken des Kindes in aller Reinheit und Würde dastehen müssen, weil es nur beurteilt, was es bemerkt, ja weil das, was es sieht, ihm das einzige Mögliche und das Muster seiner Nachahmung ist" (Herbart 1986, S. 76). Bevor also die systematische Pädagogik beginnt, stehen für Herbart die Eltern und die Familie im Mittelpunkt kindlicher Welt. Die Eltern sind das erste und wichtigste Vorbild für die Kinder. Im Weiteren beschäftigt sich Herbart allerdings nicht mehr mit der Familie. Für die Pädagogik beginnt die Aufgabe da, wo die Familie endet. Die nötigen Grundbedingungen familialer Erziehung werden als gegeben vorausgesetzt. Familie ist somit für die Pädagogik wichtige Grundlage, aber danach bedeutungslos. Die Schule muss in diesem Konzept darauf hoffen, dass die Eltern ihre Aufgabe gut erfüllen, kann aber in die Familie nicht eingreifen.

Andere Pädagogen des 19. Jahrhunderts gehen mit dem Grunddilemma der Pädagogik – Kinder erziehen zu müssen, die zuvor aus nicht beeinflussbaren Familien kommen – offensiver um. Christian Gotthilf Salzmann setzt sich in seinen Schriften für eine bessere Erziehung in der Familie ein (vgl. etwa Salzmann 1967). Und auch Pestalozzi (1966) versucht das Volk zu einer besseren Erziehung der Kinder durch seine Schriften etwa in „Lienhard und Gertrud" zu erziehen. Die Kritik an der Familie ist hier noch getragen von dem aufklärerischen Gedanken der Verbesserung der Zustände durch Bildung und Erziehung. Anfang des 20. Jahrhunderts verschärft sich die Kritik an der Familie. Ellen Key kritisiert 1902 nicht nur die Schule und die Kinderarbeit, sie klagt auch diejenigen Eltern an, die von der Welt des Kindes nichts verstehen (vgl. Key 1978). Mit der Psychoanalyse und der Erkenntnis, welche weitreichenden Folgen die ersten Lebensjahre für ein Kind haben, gerät die Familie weiter in den kritischen Blick. Die Arbeiten von Adorno und Horkheimer über den autoritären Charakter zeigen den Zusammenhang von Familie und Politik auf (vgl. Horkheimer 1936). In Folge der 1968er Jahre ist die Kritik an der Familie in vielfacher Weise aufgegriffen und weitergeführt worden. Etwa in Titeln wie „Eltern, Kind und Neurose" von Horst E. Richter. Auch die Geschichte der Kindheit wurde in Teilen als eine Geschichte der Gewalt in der Familie geschrieben, etwa bei Lloyd de Mause (1977). Die Familie ist unter sozialpädagogischen Gesichtspunkten immer auch eine Gefahrenquelle für Kinder gewesen. Schläge, Missbrauch, Vernachlässigung sind nur ein Teil des Spektrums der Grausamkeiten in der Familie. Zudem machte die Frauenforschung die Familie auch als einen Ort der Gewalt gegen Frauen aus. An dieser Stelle ließe sich beispielsweise an den Märchen der Brüder Grimm die Ambivalenz der Familie für die Entwicklung der Kinder nachweisen. In den Märchenfamilien werden die Kinder fast immer von schlechten Familien behandelt, und das Versagen der Familie scheint eine Vorrausetzung für die Kinder zu sein, ihren eigenen Weg zu gehen (vgl. Cordes 1987). Es bleibt die Frage, ob nicht die Kritik an der Familie wiederum die Familie idealisiert und eine Familie entwirft, die nicht realistisch ist.

Gleichzeitig entstanden mit der Kritik an der Familie, die immer auch eine pädagogische Kritik war, immer auch neue alternative Familienkonzepte, die in der Familie eine neue Hoffnung auf Veränderung sahen. Die Rückbesinnung auf die Familie ist eine der Ambivalenzen, mit der die Pädagogik heute konfrontiert ist. Insgesamt lässt sich sagen, dass immer neue Mythen über Familie entstehen, keine Lebensform ist mit mehr persönlichen Hoffnungen, Erwartungen, aber auch Enttäuschung verbunden. Aus der Sicht der Pädagogik scheint es daher notwendig, eine Geschichte der Familie nicht nur als Wandel der Familienstrukturen zu verstehen, sondern die Familienbilder genauer in den Blick zu nehmen und sich empirisch den vielfältigen Familienwirklichkeiten zu nähern.

Literatur

Bachofen, J.J., 1975: Das Mutterrecht. Frankfurt am Main.

Bauereiß, R./Bayer, H./Bien, W., 1997: Familien-Atlas II: Lebenslagen und Regionen im vereinten Deutschland. Karten und Zahlen. Opladen.

Beck-Gernsheim, E., 2000: Was kommt nach der Familie? Einblicke in neue Lebensformen. München.

Bertram, H. (Hrsg.), 1995: Das Individuum und seine Familie. Lebensformen, Familienbeziehungen und Lebensereignisse im Erwachsenenalter. Opladen.

Bien, W. (Hrsg.), 1996: Familie an der Schwelle zum neuen Jahrtausend. Wandel und Entwicklung familialer Lebensformen. Opladen.

Braudel, F., 1977: Geschichte und Sozialwissenschaften. Die „longue durée". In: Bloch, M./Braudel, F./Febvre, L. u. a.: Schrift und Materie der Geschichte. Vorschläge zur systematischen Aneignung historischer Prozesse. Frankfurt am Main, S. 47-85.

Cordes, R. (Hrsg.), 1987: Vater, Mutter, Schwester, Brüder – Familie, wie sie im Buche steht. Schwerte.

de Mause, L., 1977: Hört ihr die Kinder weinen. Frankfurt am Main.

Du Bois-Reymond, M., 1994: Kinderleben. Modernisierung von Kindheit im interkulturellen Vergleich. Opladen.

Ehmer, J. (Hrsg.), 1997: Historische Familienforschung. Ergebnisse und Kontroversen. Michael Mitterauer zum 60. Geburtstag. Frankfurt am Main.

Engels, F., 1953: Der Ursprung der Familie, des Privateigentums und des Staates. Im Anschluss an Lewis H. Morgans Forschungen. Berlin.

Ewers, H.-H./Wild, I. (Hrsg.), 1999: Familienszenen. Die Darstellung familialer Kindheit in der Kinder- und Jugendliteratur. Weinheim/München.

Familien ausländischer Herkunft in Deutschland: Empirische Beiträge zur Familienentwicklung und Akkulturation. In: Materialien zum 6. Familienbericht. Band I. Opladen 2000.

Familien ausländischer Herkunft in Deutschland, 2000. Materialien zum 6. Familienbericht. Band II. Opladen.

Filser, F., 1978: Einführung in die Familiensoziologie. Paderborn. München/Wien.

Fuhs, B., 1997: Von der pädagogischen Provinz zur erziehungswissenschaftlichen Peripherie. Zum Wandel ländlicher Bildungs-Räume. In: Ecarius, J./Löw, M. (Hrsg.): Raumbildung – Bildungsräume. Über die Verräumlichung sozialer Prozesse. Opladen, S. 167-196.

Gebauer, K.-D./Junghans, H./Korte, F., 1996: Ist die Familie noch zu retten? Herausforderungen für Politik und Soziale Arbeit – Tagungsreader –. [ISS Berichte und Materialien aus Wissenschaft und Praxis: 4/1996]. Frankfurt am Main.

Gestrich, A./Krause, J.-U./Mitterauer, M., 2003: Geschichte der Familie. Stuttgart.

Greiffenhagen, M. (Hrsg.), ^{2}1991: Das evangelische Pfarrhaus. Eine Kultur- und Sozialgeschichte. Stuttgart.

Hareven, T.K./Mitterauer, M., 1996: Entwicklungstendenzen der Familie. Wiener Vorlesungen. Wien.
Herbart, J.F., 1986: Systematische Pädagogik. Stuttgart.
Hettlage, R., 2000: Individualisierung, Pluralisierung, Postfamilisierung. Dramatische oder dramatisierte Umbrüche im Modernisierungsprozess der Familie? In: Zeitschrift für Familienforschung, 12. Jg., H. 1, S. 72-97.
Hettlage, R., 1998: Familienreport. Eine Lebensform im Umbruch. München.
Horkheimer, M., (1936) 1987: Studien über Autorität und Familie. Forschungsberichte aus dem Institut für Sozialforschung. (Reprint d. Ausg. Paris 1936). Lüneburg.
Hubbard, W.H., 1983: Familiengeschichte. Materialien zur deutschen Familie seit dem Ende des 18. Jahrhundert. München.
Huber, H., 1979: Familie: Ein euro-zentrischer Begriff? www.unifr.ch/spc/UF/95fevrier/huber.html (ursprünglich in: Perrez, M. (Hrsg.): Krise der Kleinfamilie? Bern u. a.).
Jeggle, U., 1994: Geschichtsbilder. Eigentümlichkeiten unseres historischen Gedächtnisses. In: Rolshoven, J./ Scharfe, M. (Hrsg.): Geschichtsbilder. Ortsjubiläen in Hessen. Marburg, S. 9-24.
Key, E., 1979: Das Jahrhundert des Kindes. Königstein/Ts.
Kocka, J. (Hrsg.), 1987: Bürger und Bürgerlichkeit im 19. Jahrhundert. Göttingen.
König, R., 1976: Soziologie der Familie. In: König, R. (Hrsg.): Handbuch zur empirischen Sozialforschung. Band 7: Familie, Alter. Stuttgart.
Körber, E.-B., 2002: Habsburgs europäische Herrschaft. Von Karl V. bis zum Ende des 16. Jahrhunderts. Darmstadt.
Lange, A., 1994: Veränderungen der Familie: Entwicklungen der Familienforschung: ein Trendbericht. Arbeitspapiere Universität Konstanz, Sozialwissenschaftliche Fakultät, Forschungsschwerpunkt „Gesellschaft und Familie“: Nr. 9 (Oktober 1994). http://www.ub.uni-konstanz.de/ kops/volltexte/2000/392/html (30.5. 2003).
Lange, A./Lauterbach, W. (Hrsg.), 2000: Kinder in Familie und Gesellschaft zu Beginn des 21sten Jahrhunderts. Stuttgart.
Lenz, K./Böhnisch, L., 1997: Zugänge zu Familien – ein Grundlagentext. In: Böhnisch, L./Lenz, K. (Hrsg.): Familien. Eine interdisziplinäre Einführung. Weinheim/München, S. 9-63.
Lüscher, K./Schultheis, F. (Hrsg.), 1993: Generationenbeziehungen in „postmodernen“ Gesellschaften. Analysen zum Verhältnis von Individuum, Familie, Staat und Gesellschaft. Konstanz.
Matt, P. v., 1989: Liebesverrat. Die Treulosen in der Literatur. München/Wien.
Mitterauer, M., 1978: Der Mythos von der vorindustriellen Großfamilie. In: Rosenbaum, H. (Hrsg.): Seminar: Familie und Gesellschaftsstruktur. Frankfurt am Main, S. 128-152.
Montaigne, M. de, 1998: Essais. Frankfurt am Main.
Nave-Herz, R., 2002: Wandel und Kontinuität der Familie in Deutschland. Stuttgart.
Nave-Herz, R., 2002: Familie heute. Wandel der Familienstrukturen und Folgen für die Erziehung. Darmstadt.
Petzold, M., 2004: Familien heute. Sieben Typen familialen Zusammenlebens. www.familienhandbuch.de/ cmain/f_Fachbeitrag/a_Familienforschung/s 379.html (08.02.2004).
Peuckert, R., 2002: Familienformen im sozialen Wandel. Opladen.
Rousseau, J.-J., 2001: Emile oder Über die Erziehung. Stuttgart.
Rousseau, J.-J., 1995: Vom Gesellschaftsvertrag. In: Rousseau, J.-J.: Politische Schriften. Paderborn/München.
Pestalozzi, J.H., 1966: Lienhard und Gertrud. Ein Buch für das Volk. Bad Heilbrunn.
Pross, H. (Hrsg.), 1979: Familie wohin? Reinbek bei Hamburg.
Riehl, W.H., 1858: Die Familie (Die Naturgeschichte des Volkes als Grundlage einer deutschen Social-Politik: Band 3). Stuttgart/Augsburg.
Reinhartz, A., 2003: Die „Glückliche Heilige Familie“ in den Jesus-Filmen. In: lectio difficilior. Europäische elektronische Zeitschrift für Feministische Exegese. 2/2002 (30.9.2003).
Richter, H.E., 1969: Eltern, Kind und Neurose. Die Rolle des Kindes in der Familie. Reinbek bei Hamburg.
Rosenbaum, H. (Hrsg.), 1978: Seminar: Familie und Gesellschaftsstruktur. Frankfurt am Main.
Sachverständigenkommission 6. Familienbericht (Hrsg.), 2000: Materialien zum 6. Familienbericht. Gesamtwerk in drei Bänden. Opladen.
Salzmann, C.G., 1967: Krebsbüchlein oder Anweisung zu einer unvernünftigen Erziehung der Kinder. Bad Heilbrunn.
Shorter, E., 1977: Die Geburt der modernen Familie. Reinbek bei Hamburg.
Sozialkultur der Familie. Hessische Blätter für Volks- und Kulturforschung, Neue Folge, 13/1982.
Vaskovics, L.A. (Hrsg.), 1997: Familienbilder und Familienrealitäten. Opladen.
Weber-Kellermann, I., 1976: Die Familie. Geschichte, Geschichten und Bilder. Frankfurt am Main.
Wild, R., 1990: Aufklärung. In: Wild, R. (Hrsg.): Geschichte der deutschen Kinder- und Jugendliteratur. Stuttgart, S. 45-99.

Zur aktuellen Lage der Familie

Rüdiger Peuckert

1. Einleitung

„Familie" bezeichnet allgemein eine Lebensform, die mindestens ein Kind und ein Elternteil umfasst und einen dauerhaften und im Inneren durch Solidarität und persönliche Verbundenheit charakterisierten Zusammenhang aufweist. Viele andere Merkmale dessen, was gemeinhin als Familie gilt (z. B. gemeinsames Wohnen, gemeinsame Produktion), sind hingegen soziokulturell variabel. Unter der *„modernen Kleinfamilie"* als einer spezifischen Familienform wird die auf der Ehe gründende Gemeinschaft der Eltern mit ihren leiblichen Kindern verstanden. Ihr herausragendes Merkmal gegenüber früheren Familienformen ist die enorme Bedeutungszunahme von Liebe, Emotionalität und affektiver Solidarität. Die Jahre zwischen 1955 und 1965 gelten als Blütezeit von Ehe und Familie (*golden age of marriage*). Die moderne Kleinfamilie – teilweise in Form der *„bürgerlichen Kleinfamilie"* mit komplementärer Rollenteilung zwischen den Geschlechtern, dem Mann als Alleinversorger und der Frau als Hausfrau und Mutter – war eine kulturelle Selbstverständlichkeit und wurde von der überwältigenden Mehrheit der Bevölkerung auch unhinterfragt gelebt (so genannte *Normalfamilie*). 95 % der Bevölkerung haben irgendwann in ihrem Leben geheiratet. Ehescheidungen waren selten; nur jede(r) Zehnte blieb kinderlos, und weit über 90 % der minderjährigen Kinder lebten mit beiden leiblichen Eltern zusammen (vgl. ausführlicher Peuckert 2005). Diese Situation hat sich seit Mitte der 1960er Jahre mit der Individualisierung der Lebensführung und der Pluralisierung der Lebensformen grundlegend gewandelt. Die moderne Kleinfamilie ist zu Beginn des 21. Jahrhunderts nur noch eine unter mehreren Familienformen, wenn auch die bedeutsamste.

2. Der Wandel der Familienstruktur aus demografischer Sicht

Die Krise der *Normalfamilie* ist besonders deutlich an den ***demografischen Wandlungsprozessen*** seit 1965 – insbesondere an der Entwicklung der Geburtenzahlen, der Heiratshäufigkeit und der Zahl der Ehescheidungen – ablesbar.

2.1 Generatives Verhalten: Stagnation auf niedrigem Niveau

Deutschland weist in Europa seit Jahren neben Italien und Spanien das niedrigste *Geburtenniveau* auf. Im Jahr 2005 wurden – die folgenden Angaben beruhen, soweit nicht anders angegeben, auf offiziellen Zahlen des Statistischen Bundesamtes (vgl. Engstler/Menning 2003; Statistisches Bundesamt 2005) – 685.795 Kinder lebend geboren, womit sich der rückläufige Trend im Geburtenverhalten fortgesetzt hat. Mit dem Eintritt der schwächer besetzten Geburtenjahrgänge der 1970er Jahre ins geburtenintensive Alter wird, eine relativ konstante Geburtenneigung vorausgesetzt, die absolute Zahl der Geburten weiter sinken. Die *Nettoreproduktionsrate* – d. h. die mittlere Anzahl der Mädchengeburten einer Frau im Laufe ihres Lebens unter Berücksichtigung der gegebenen Fruchtbarkeits- und Sterblichkeitsverhältnisse – liegt heute bei 0,66. Im früheren Bundesgebiet werden nur noch etwas mehr als zwei Drittel der Kinder geboren, in den neuen Ländern noch wesentlich weniger, die nötig sind, um den derzeitigen Umfang der Bevölkerung ohne Zuwanderung langfristig zu gewährleisten.

Der wichtigste Grund für die Geburtenflaute in Westdeutschland bis in die 1980er Jahre hinein war der starke Rückgang *kinderreicher Familien* (drei und mehr Kinder). Seitdem spielt die wachsende *Kinderlosigkeit* die bedeutsamere Rolle. 15 % der Frauen und 26 % der Männer zwischen 20 und 39 Jahren geben an, sich keine Kinder zu wünschen, und voraussichtlich wird nahezu jede dritte Frau kinderlos bleiben (vgl. Dorbritz u. a. 2005). Die sinkende Kinderzahl und die gestiegene Lebenserwartung bedeuten, dass heute nach dem Auszug der Kinder aus dem Elternhaus noch eine durchschnittlich drei Jahrzehnte dauernde *„nachelterliche Phase"* bleibt. Die eigentliche Familienphase, d. h. die Zeit der Pflege und Versorgung von Kindern macht nur noch durchschnittlich ein Viertel der gesamten Lebenszeit aus.

Das von den Medien suggerierte Bild von der heute angeblich vorherrschenden und weiter expandierenden *Ein-Kind-Familie* lässt sich empirisch nicht aufrecht erhalten. Zwar sind in Querschnittsbetrachtung 51 % aller Familien mit minderjährigen Kindern Ein-Kind-Familien, 37 % sind Zwei-Kinder-Familien und 12 % sind kinderreiche Familien. Doch sind in einem Teil dieser Familien die Geschwister noch nicht geboren oder sie haben den elterlichen Haushalt bereits verlassen. Der Anteil *dauerhafter Ein-Kind-Familien* beläuft sich nur auf knapp ein Drittel aller Familien. Aus der Perspektive der Kinder betrachtet, fällt die Geschwisterlosigkeit noch wesentlich niedriger aus: Nur 24 % aller Minderjährigen lebten 2002 als *Einzelkinder.* 48 % wohnten mit einem Bruder oder einer Schwester zusammen, 19 % hatten zwei Geschwister, und 9 % teilten sich den Haushalt mit mindestens drei Geschwistern. Die heutige Frauengeneration verzichtet also immer häufiger entweder ganz auf Kinder oder sie entscheidet sich für mindestens zwei Kinder.

Der Geburtenrückgang fällt mit einer Zunahme *später Mutterschaft* zusammen. Im Jahr 2004 betrug das durchschnittliche Alter verheirateter Frauen bei der Geburt des ersten Kindes auf Grund verlängerter Bildungs- und Ausbildungszeiten 29,6 Jahre – mit weiter steigender Tendenz (vgl. Herlyn/Krüger 2003). Gleichzeitig hat die Bildungsexpansion eine zunehmende *Altersstreuung* bei der Geburt des ersten Kindes bewirkt. Trotz eines kontinuierlichen Anstiegs nichtehelicher Geburten seit Mitte der 1960er Jahre sind Elternschaft und Ehe in Westdeutschland immer noch eng gekoppelt. Im Jahre 2005 wurde im früheren Bundesgebiet jedes fünfte Kind *nichtehelich* geboren. In den Neuen Ländern fanden sogar 60 % aller Geburten außerhalb der Ehe statt. Mit der Änderung des Kindschaftsrechts und der Gleichstellung nichtehelicher und ehelicher Kinder ist mit einem weiteren Anstieg der Nichtehelichkeit zu rechnen.

Mehrere gesamtgesellschaftliche Prozesse haben zum Rückgang der Geburten beigetragen (vgl. Peuckert 2005). Auf Grund der *Optionssteigerung* gerät die Entscheidung für ein Kind, da sie eine langfristige, irreversible biografische Festlegung bedeutet, immer stärker in Konkurrenz zu anderen, nicht kindzentrierten Lebensstilen. Elternschaft ist zu *einer* Option unter anderen geworden, was erst durch eine entsprechende Planbarkeit (bessere

Methoden der Empfängnisverhütung) ermöglicht wurde. Die höchste Erklärungskraft unter den von Schneider u. a. (1998) ermittelten zentralen Motiven für *gewollte Kinderlosigkeit* hatte der Faktor *erwachsenenzentrierter Lebensstil*. Man entscheidet sich gegen Kinder, da man seine Unabhängigkeit und Flexibilität nicht aufgeben möchte. An zweiter Stelle stand eine hohe *Berufs- und Karriereorientierung*, wobei Elternschaft als karrierehemmend angesehen wird. Die Erweiterung der Handlungsoptionen betrifft besonders die *junge (qualifizierte) Frauengeneration*, die immer weniger auf das Hausfrauen- und Mutterdasein festgelegt ist und eine Vereinbarkeit von Familie und Beruf anstrebt. Die Realisierung des Kinderwunsches wird immer häufiger zeitlich hinausgeschoben, bis es irgendwann nur noch für ein Kind reicht, oder bis man sich an einen nicht kindorientierten Lebensstil gewöhnt hat und ganz auf Kinder verzichtet.

2.2 Sinkende Heiratsneigung: Hat die Ehe ausgedient?

Die Institution Ehe hat in den letzten Jahrzehnten einen erheblichen Attraktivitätsverlust erlitten. Im Jahr 2005 haben in Deutschland 388.451 Paare geheiratet. Damit hat sich die seit Anfang der 1990er Jahre rückläufige Tendenz fortgesetzt. Halten die gegenwärtigen Trends an, so werden von den heute lebenden jüngeren Männern und Frauen in West- und Ostdeutschland etwa 30 % bzw. 40 % zeitlebens ledig bleiben (vgl. Meyer 2002b). Der Attraktivitätsverlust der Ehe lässt sich auch anhand von Einstellungsmessungen nachweisen. Laut ALLBUS 2002 vertreten in Westdeutschland nur 39 % der 18- bis 30-Jährigen und 44 % der 31- bis 45-Jährigen (Ostdeutschland: 27 % bzw. 44 %) die Ansicht, „dass man heiraten sollte, wenn man mit einem Partner auf Dauer zusammenlebt“ (Habich/Noll 2004). Das durchschnittliche *Erstheiratsalter* hat sich bis 2005 bei den Männern auf 32,6 und bei den Frauen auf 29,6 Jahre erhöht.

Die mit der Eheschließung verbundenen Vorteile haben abgenommen, und das Alleinwohnen und das unverheiratete Zusammenleben als Paar sind als Folge verlängerter Ausbildungszeiten, der Wohlstandsentwicklung und der veränderten Sexualmoral kulturell akzeptabler geworden. Vor allem sind heute immer weniger Frauen auf eine Versorgung durch einen Partner angewiesen. Auch die *These von der „kindorientierten Ehegründung“* von Nave-Herz (2002) – also einer Heirat wegen einer Schwangerschaft, weil man sich Kinder wünscht oder wegen des Vorhandenseins von Kindern – trifft immer weniger zu. In den Altersgruppen 18 bis 30 Jahre und 31 bis 45 Jahre vertreten 2002 in Westdeutschland nur noch 39 % bzw. 37 % und in Ostdeutschland sogar nur 27 % bzw. 22 % die Ansicht, „dass ein Kind ein Grund für eine Heirat ist“ (Habich/Noll 2004). Zum Rückgang der Eheschließungsneigung hat sicherlich auch beigetragen, dass sich die *Grundlagen von Liebesbeziehungen* gewandelt haben. An die Stelle der romantischen Liebe, die eine lebenslange Verbindung impliziert, treten nach Giddens (1993) immer häufiger *reine (intim-expressive) Beziehungen*, deren Hauptzweck die emotionale Befriedigung der Partner ist und die nur um ihrer selbst Willen begründet und aufrecht erhalten werden (vgl. kritisch Jamieson 2003). Die auf Lebenslänglichkeit angelegte Ehe ist für diese Art befristeter Beziehungen eher hinderlich. Heiraten als biografische Selbstverständlichkeit findet sich heute ausgeprägt nur noch im ländlichen Milieu und im Arbeitermilieu (vgl. Burkart u. a. 1992).

2.3 *Wachsendes Scheidungsrisiko: Folge überhöhter Ansprüche an die Partnerschaft?*

Die Zahl der *Ehescheidungen* hat 2004 mit 213.691 Ehen einen neuen Höchststand erreicht. Unter den gegenwärtigen Scheidungsverhältnissen werden etwa 40 % der in den letzten Jahren geschlossenen Ehen früher oder später in einer Scheidung enden. In jeder zweiten geschiedenen Ehe lebten Kinder unter 18 Jahren. Insgesamt waren 168.859 minderjährige Kinder von der Scheidung ihrer Eltern betroffen. Schätzungen gehen davon aus, dass etwa jedes fünfte eheliche Kind eines Tages zum *„Scheidungswaisen"* wird. In nahezu drei Viertel aller Fälle ergingen die Scheidungsurteile mit dem Einverständnis beider Partner nach einjähriger Trennung (*einverständliche Scheidung*). Eine Scheidung gilt heute immer weniger als moralische Verfehlung, sondern eher als legitime Form ehelicher Konfliktlösung. Eine Häufung von Scheidungen findet um das vierte und fünfte Ehejahr statt. Aber inzwischen zeichnet sich auch das Verhaltensmuster der späten Scheidung (zwischen dem 20. und 30. Ehejahr) ab. Kinder unter fünf Jahren wirken besonders „ehestabilisierend".

Die Scheidungsentwicklung zeigt, einmal in Gang gesetzt, einen Drang zur Expansion, sie verstärkt und beschleunigt sich quasi ständig von innen her. Zu dieser *„Eigendynamik der Scheidungsentwicklung"* („Scheidungsspirale") trägt die *intergenerationale Scheidungstradierung* bei. Wer als Kind die Scheidung seiner Eltern erlebt hat, dessen „Chance" verdoppelt sich, selbst geschieden zu werden. In Ehen, in denen beide Partner in ihrer Kindheit oder Jugend die Scheidung ihrer Eltern erlebt haben, ist das Scheidungsrisiko sogar dreimal so hoch wie in Ehen, in denen nur ein Partner die Elternscheidung erlebt hat (vgl. Diefenbach 1999). Steigende Scheidungszahlen in der Elterngeneration führen somit automatisch zu weiter steigenden Ehescheidungen in der Kindergeneration.

Als wichtigste Ursache für den Anstieg der Ehescheidungen gelten die *gestiegenen Ansprüche an die Qualität der Partnerbeziehung*. Die subjektiven Sinnzuschreibungen an die Ehe und damit die Gründe für das Scheitern der Ehe haben sich im Generationenvergleich verändert (vgl. Bodenmann u. a. 2002). Enttäuschte bzw. unerfüllte Erwartungen, ein Auseinanderleben der Partner sowie Störungen in den Partnerbeziehungen sind bedeutsamer geworden. Finanzielle Probleme, Gewalt, Alkoholismus und sexuelle Untreue spielen heute eine eher untergeordnete Rolle. Die gestiegenen Ansprüche an eine bestimmte Qualität der ehelichen Partnerschaft führen häufiger und schneller zu unerfüllten Bedürfnissen und damit zu Spannungen in den ehelichen Beziehungen, sodass das Scheitern der Ehe häufig geradezu „vorprogrammiert" ist. Nave-Herz u. a. (1990, S. 55) ziehen auf Grund ihrer Datenanalyse das Fazit: „Gerade weil die Beziehung zum Partner so bedeutsam für den Einzelnen geworden ist, und gerade weil man die Hoffnung auf Erfüllung einer idealen Partnerschaft nicht aufgibt, löst man die gegebene Beziehung – wenn sie konfliktreich und unharmonisch ist – auf. Der zeitgeschichtliche Anstieg der Ehescheidungen ist also kein Zeichen für einen ‚Verfall' oder für eine ‚Krise' der Ehe, sondern für ihre enorme psychische Bedeutung für den Einzelnen".

Esser (2002) weist anhand der Daten der Mannheimer Scheidungsstudie nach, dass der Anstieg der Scheidungsraten ganz wesentlich mit der zunehmenden Sensibilität der Ehen und ihrer dadurch vergrößerten Anfälligkeit für Krisen zu tun hat. Über die Haltbarkeit einer Verbindung entscheidet in der Regel schon die Einstellung, mit der die Partner in sie hineingehen. Komplett scheidungsimmun sind Ehen, deren gedanklicher und emotionaler *„Rahmen"* völlig intakt ist. Unzertrennliche Paare verfügen schon bei der Heirat über eine ganz bestimmte Kombination von Eigenschaften: a) eine religiöse und eher konservative Orientierung, b) den Wunsch nach mindestens zwei Kindern und c) eine sehr gute Passung (gleicher Geschmack, harmonierende Einstellungen und Werte). 7 % der in den 1990er Jahren geschlossenen Ehen sind fest „gerahmt“ und somit immun gegen Scheidung. Auf 18 % trifft dies weitgehend zu, 8 % sind „scheidungsgeweiht“ und 13 % sind ziemlich scheidungsgefährdet. Bei den übrigen 50 % hängt es vor allem von den „Barrieren“ und „Alternativen“ ab, ob die Partner zusammenbleiben.

Die Ehen sind also deshalb scheidungsanfälliger geworden, weil schwach gerahmte Ehen zugenommen haben. Es gibt immer weniger eine bedingungslose Loyalität der Partner füreinander mitsamt der Orientierung an der Ehe als einer unverbrüchlichen Institution. Der Anteil der „individualistischen Selbstverwirklicher“ hat sich erhöht. Erschwerend kommt hinzu, dass es heute mehr *Alternativen* gibt – es sind mehr potenziell andere Partner „auf dem Markt“ – und dass die *Barrieren* gegen Trennungen gesunken sind (vgl. Esser 2002). So vermindern die Scheidungsbarrieren „mindestens ein gemeinsames Kind“ und „gemeinsames Wohneigentum“ das Scheidungsrisiko um 40 % bzw. 54 % (vgl. Wagner/Weiß 2003). Jemand, für den eine Scheidung eine Option ist, wird prinzipiell kritischer mit dem Partner umgehen – was auf viele jüngere Paare zutrifft. Tauchen Probleme auf, so wird dies schneller als früher als Ehekrise definiert.

3. Pluralisierung und Individualisierung der Lebensformen

Die beschriebenen demografischen Trends schlagen sich in einer wachsenden Vielfalt familialer und nichtfamilialer Lebensformen nieder. Die moderne Kleinfamilie hat ihren Monopolcharakter verloren. Einem wachsenden *Nicht-Familiensektor* (Alleinwohnende, kinderlose nichteheliche Lebensgemeinschaften, getrennt Zusammenlebende, kinderlose Ehepaare) steht ein schrumpfender *Familiensektor* (Ehepaare mit Kindern, Ein-Eltern-Familien, Nichteheliche Lebensgemeinschaften mit Kindern, Stieffamilien) gegenüber, wobei die Größenordnung zwischen beiden Gruppen heute etwa ein Drittel (Nicht-Familiensektor) zu zwei Drittel (Familiensektor) beträgt (vgl. Peuckert 2005).

■ *Alleinwohnende (1-Personen-Haushalte)*

Im Jahr 2004 wohnten in Deutschland rund 14,57 Millionen Menschen – das sind 17 % der Bevölkerung, jede fünfte Frau und jeder siebte Mann – allein. Die zahlenmäßig stärkste Gruppe der Alleinwohnenden sind nach wie vor mit nunmehr 5,36 Millionen Menschen die über 65-Jährigen – zu 81 % Frauen. Doch seit den 1960er Jahren bestimmen unter den Alleinwohnenden immer mehr die jüngeren Altersgruppen das Bild. Die unter 25-Jährigen (1,25 Mio.), die 25- bis 45-Jährigen (4,46 Mio.) und die 45- bis 65-Jährigen (3,50 Mio.) haben deutlich zugelegt. Hauptursachen für den Anstieg sind die Alterung der Bevölkerung (insbesondere die höhere Lebenserwartung der Frauen), die zeitliche Entkoppelung zwischen dem Auszug aus dem Elternhaus und dem Zusammenziehen mit einem(r) festen Partner(in), die sinkende Stabilität der Paarbeziehungen und der Anstieg der Zahl Partnerloser (vor allem Männer). Obwohl *Singles* als Vorreiter einer zunehmenden Individualisierung der Gesellschaft gelten, ist das Singledasein als freiwillig gewählte, auf Dauer angelegte Lebensform mit einem Anteil von weniger als 1 % der Bevölkerung ein ausgesprochenes Minderheitenphänomen (vgl. Hradil 2003). So bezeichneten sich von den von Küpper (2002) befragten *Partnerlosen zwischen 25 und 45 Jahren* nur 37 % als freiwillige „Singles". Nicht ein Einziger betrachtete die derzeitige Lebenssituation als erstrebenswerten Dauerzustand. Und auch die seit jeher ambivalente Wahrnehmung und Beurteilung von Singles hat sich nach einer „Hoch-Zeit" in den 1970er und 1980er Jahren in letzter Zeit wieder gewandelt: Singles sind von Leitbildern zu „Leidbildern" geworden (vgl. ebd.).

■ *Kinderlose Ehen*

Mit der Zunahme kinderloser Ehen zeigt ein Handlungsmuster Auflösungstendenzen, das einst als untrennbar galt – die Koppelung von Partnerschaft und Elternschaft. Für westdeutsche Ehen, die in den 1980er Jahren geschlossen wurden, wird ein Anteil dauerhaft *kinderloser Ehen* von 14 % errechnet. Schätzungen nach zu urteilen, bleiben heute 8 % der Ehen gewollt und 3 % unfreiwillig kinderlos. Bei 3 % ist der Verzicht auf Kinder die Folge eines wiederholten Aufschubs der Familiengründung auf Grund des Problems der Vereinbarkeit von Familie und Beruf, antizipierter ökonomischer Einbußen und des befürchteten Verzichts auf Freizeit (vgl. Carl 2002; Onnen-Isemann 2003).

■ *Getrenntes Zusammenleben („living apart together")*

Nach Angaben des Familiensurveys 2000 leben in Deutschland etwa 8 % der Bevölkerung zwischen 18 und 61 Jahren in einer Partnerschaft mit zwei Haushalten (vgl. Schneider/Ruckdeschel 2003). Über die Hälfte (58 %) dieser *„living apart together"-Beziehungen,* so die Daten der Studie „Berufsmobilität und Lebensform" von Schneider u. a. (2002), werden aus beruflichen bzw. Ausbildungsgründen von jungen, ledigen und kinderlosen Personen gebildet, die sich meist nur am Wochenende sehen und hierin eher eine Notlösung sehen, die dem eigenen Partnerschaftsideal nicht entspricht und sobald wie möglich aufgegeben werden soll. Dieser größeren Gruppe steht eine kleinere Gruppe (ca. 29 %) von älteren Personen gegenüber, die nahe zusammen wohnen und sich mindestens jeden zweiten Tag sehen. Sie haben diese Lebensform unabhängig von beruflichen Zwängen längerfristig auf der Grundlage eines auf Unabhängigkeit hin ausgerichteten Beziehungsideals als optimale Lebensform begründet und wollen diese aufrechterhalten. Die restlichen 13 % sind infolge beruflicher Erfordernisse entstanden, werden nun aber auf Grund individueller Präferenzen weitergeführt.

■ *Nichteheliche Lebensgemeinschaften*

Im April 2004 wurden in Deutschland 2,47 Millionen nichteheliche Lebensgemeinschaften (davon 773.000 mit minderjährigen Kindern) registriert. Repräsentativerhebungen ermittelten sogar eine um etwa 50 % höhere Zahl. Laut Familiensurvey 2000 leben 9 % der Bevölkerung zwischen 18 und 61 in dieser Lebensform (vgl. Schneider/Ruckdeschel 2003). Am verbreitetsten in den alten Bundesländern sind ledige kinderlose Paare (53 %) und kinderlose nacheheliche Lebensformen (26 %). In den neuen Bundesländern leben hingegen – wie zu DDR-Zeiten – in fast jeder zweiten Gemeinschaft Kinder. Bei nur etwa 28 % aller nichtehelichen Lebensgemeinschaften in Deutschland handelt es sich um ein Äquivalent, um eine Alternative zur Ehe. Verbreiteter ist mit 33 % die nichteheliche Lebensgemeinschaft als Vorstufe zur Ehe (mit erklärtem Ehewillen) und mit 38 % als Probeehe, als Prüfstadium vor der Ehe. Heute gibt es nur noch wenige, die ohne vorheriges Zusammenwohnen eine Ehe eingehen. Bei der (kinderlosen) nichtehelichen Lebensgemeinschaft handelt es sich um ein funktional auf Liebe und Emotionalität spezialisiertes Partnerschaftssystem. Im Zentrum steht das Paar, die Qualität der Beziehung. In der Repräsentativumfrage „Wilde Ehen in Deutschland" bezeichneten Ende 1999 jeweils über 70 % als größte Vorteile „wilder Ehen", dass man den Partner und den Bestand der Gefühle erst einmal gründlich testen bzw. dass man sich unkomplizierter ohne gegenseitige Verpflichtungen trennen kann (vgl. Floren 2002).

■ *Gleichgeschlechtliche Lebensgemeinschaften*

Kaum eine Lebensform ist in der öffentlichen Diskussion derzeit so präsent wie die *„Homo-Ehe"* oder die *lesbische bzw. schwule Elternschaft*, wozu sicherlich auch das am 1.8.2001 in Kraft getretene familienrechtliche Institut der „Eingetragenen Lebenspartnerschaft" beigetragen hat, das in einigen Rechtsbereichen eine Gleichstellung gleichgeschlechtlicher Lebensgemeinschaften mit ehelichen Lebensformen bewirkt hat. Im Mikrozensus 2004 bekannten sich rund 56.000 Paare offen als gleichgeschlechtliche Lebensgemeinschaften (vgl. Statistisches Bundesamt 2005). Mithilfe eines Schätzverfahrens gelangt man sogar auf eine Anzahl (Obergrenze) von 160.000 gleichgeschlechtlichen Partnerschaften. In 54 % sind beide Partner männlich, in 46 % beide weiblich. Bei etwa jedem achten gleichgeschlechtlichen Paar (13 %) wuchsen ledige Kinder auf. Insgesamt zogen die gleichgeschlechtlichen Paare rund 11.500 Kinder groß, darunter 9.500 minderjährige Kinder, die fast immer aus früheren heterosexuellen Partnerschaften stammen. Neueren US-Befunden zufolge lassen sich im Hinblick auf die intellektuelle, emotionale und soziale Entwicklung keinerlei Unterschiede zwischen Kindern von homo- und heterosexuellen Eltern feststellen (vgl. Savin-Williams/Esterberg 2000). Nach der neuesten Auswertung internationaler Befunde durch Stacey und Biblarz (2001) verhalten sich aber, was die längerfristige Entwicklung betrifft, Kinder gleichgeschlechtlicher Eltern weniger traditionell geschlechtskonform und sie sind offener für homoerotische Beziehungen als Kinder heterosexueller Eltern. Auch sind sie, vermutlich als Folge gesellschaftlicher Stigmatisierung, toleranter und einfühlsamer und lernen einen partnerschaftlicheren Umgangsstil kennen als Kinder in heterosexuellen Familien.

■ *Ein-Eltern-Familien (Allein Erziehende)*

Unter allein Erziehenden werden hier Väter und Mütter verstanden, die ohne Ehe- oder LebenspartnerIn mit ihren minderjährigen Kindern in einem Haushalt zusammen leben. Im Jahr 2004 gab es in Deutschland 1,6 Millionen Ein-Eltern-Familien mit 2,2 Millionen minderjährigen Kindern – das sind ca. 14 % aller Minderjährigen. Ein-Eltern-Familien sind vorwiegend kleine Familien, zu zwei Dritteln Ein-Kind-Familien. 88 % der Ein-Eltern-Familien sind *Mutterfamilien*, die restlichen Vaterfamilien, die, relativ gesehen, am schnellsten wachsende Familienform. Nach Familienstand differenziert, stellen Geschiedene und verheiratet Getrenntlebende die Hauptgruppe (61 %), gefolgt von den Ledigen (31 %) und Verwitweten (8 %). Ein-Eltern-Familien zeichnen sich gegenüber Normalfamilien durch eine sozio-ökonomisch deprivierte soziale Lage (niedriges Einkommen, hohes Armutsrisiko) aus (vgl. Schneider u. a. 2001). Im Jahr 2002 lag die Sozialhilfequote bei 15 %. Die Zunahme der Ein-Eltern-Familien bis 1980 war vorwiegend eine Folge der gestiegenen Zahl von Ehescheidungen und Trennungen; der Anstieg seit den 1980er Jahren geht primär auf die Zunahme lediger Mütter zurück.

In qualitativen Studien mit kleinen Fallzahlen finden sich zwar vereinzelt Beispiele für einen Typus *„neuer allein Erziehender"*. Die nichteheliche Elternschaft als bewusst geplante „unbemannte Mutterschaft" ist aber selten. In der Studie von Schneider u. a. (2001), die einen weiten Begriff von „freiwillig allein erziehend" wählen, fallen hierunter 31 % der 130 befragten allein Erziehenden. Es handelt sich um vorwiegend ledige allein Erziehende, die sich noch während der Schwangerschaft oder kurz nach der Geburt vom Vater des Kindes getrennt haben. Die Schwangerschaft war zwar so gut wie nie bewusst geplant. Doch die ledigen Mütter haben sich nach ihrem eigenen Empfinden weitgehend selbstbestimmt und aktiv für diese Lebensform entschieden.

Lange Zeit galt die Ein-Eltern-Familie als eine defizitäre und für die Persönlichkeitsentwicklung der Kinder riskante Lebensform. Erst mit der Ausbreitung (der *Normalisierung*) dieser Lebensform hat ein Bedeutungswandel stattgefunden. Anfang der 1990er Jahre können es über 80 % der deutschen Frauen zwischen 20 und 39 Jahren „gutheißen, wenn eine Frau ein Kind alleine haben und erziehen will, aber keine dauerhafte Beziehung mit einem Mann eingehen möchte" (Dorbritz/Fux 1997, S. 53). Das Konzept der *„unvollständigen" Familie*, das die negativen Effekte des Aufwachsens in einer Ein-Eltern-Familien betont (z. B. Häufung psychischer Störungen, höhere Raten von Delinquenz, Alkoholismus, Suizid), wurde abgelöst durch das Konzept der *„Nachscheidungsfamilie"*, das die sozialen Anpassungsprozesse in der Zeit nach der Scheidung/Trennung in den Vordergrund rückt (vgl. Walper/Schwarz 1999).

Der Prozess der Neuorganisation des Familiensystems wird dabei ganz entscheidend von der sozio-ökonomischen Situation, dem Ausmaß der erfahrenen sozialen Unterstützung und dem Aufbau eines binuklearen Familiensystems (Zwei-Haushalte-Familie) bestimmt. Von einem intakten *binuklearen Familiensystem* spricht man, wenn es den geschiedenen Eltern gelingt, ihre gescheiterte Partnerbeziehung zu beenden und gleichzeitig die gemeinsame Elternrolle, im Sinne einer am Wohl des Kindes orientierten kontinuierlichen elterlichen Kooperation, neu zu bestimmen. Napp-Peters (1995) hat Scheidungsfamilien über zwölf Jahre wissenschaftlich begleitet. Nur 22 der 109 Familien gelang es, ein intaktes binukleares Familiensystem aufzubauen. In den übrigen Familien wurde der nicht-sorgeberechtigte Elternteil – meist der Vater – ausgegrenzt. Längerfristig zeigten diejenigen Kinder die geringsten Verhaltensauffälligkeiten, deren Eltern nach der inzwischen zwölf Jahre zurückliegenden Scheidung ihre Elternrolle gemeinsam oder in Absprache miteinander wahrgenommen haben. Aber generell sagt Vater- oder Mutterabwesenheit per se nichts über die zu erwartende Richtung des Sozialisationsprozesses der Kinder aus (vgl. Walper 2002). Der Mehrzahl der Kinder gelingt es, zumindest innerhalb von zwei Jahren das Scheidungsgeschehen ohne wesentliche Beeinträchtigung ihrer Entwicklung zu bewältigen.

Seit dem *Kindschaftsrechtsreformgesetz von 1997* besteht bei Trennung bzw. Scheidung das *gemeinsame Sorgerecht* einfach fort (vgl. Schwab 2002). Letztendlich handelt es sich aber nur um eine *partielle Sorge*, denn der nicht betreuende Elternteil hat nur in solchen Angelegenheiten ein Mitbestimmungsrecht, deren Regelung für das Kind von erheblicher Bedeutung ist. Ansonsten ist er auf ein *Umgangsrecht* beschränkt. Wer das *alleinige Sorgerecht* will, muss den Richter davon überzeugen, dass die Aufhebung der gemeinsamen Sorge und die Übertragung des Sorgerechts gerade auf ihn dem Wohl des Kindes am besten entspricht. Nach einer im Auftrag des Bundesjustizministeriums in Deutschland durchgeführten Studie begünstigt ein gemeinsames Sorgerecht die Kooperation und Kommunikation der Eltern und mindert schädliche Trennungsfolgen für das Kind (vgl. Proksch

2002). Allerdings kann bei mangelnder Kooperation und hohem Konfliktpotenzial der Eltern, so die Ergebnisse einer neuen US-Langzeitstudie, die gemeinsame Sorge auch zu schweren Belastungen für das Kind führen (vgl. Spiegel 5/2003). Der US-Psychologe Robert Bauserman (2002) hat 33 Studien ausgewertet, in denen untersucht wurde, welche Folgen die Art des Sorgerechts (für die insgesamt 2.660 Kinder) hatte. Sein Fazit: Kindern geht es besser, wenn sich die geschiedenen Eltern das Sorgerecht teilen. Die Unterschiede zwischen den Kindern bei gemeinsamem und alleinigem Sorgerecht ließen sich auch nicht auf das Maß der elterlichen Konflikte zurückführen – weder auf Konflikte zurzeit der Scheidung noch auf Konflikte zurzeit der jeweiligen Untersuchung. Unter den rund 35.000 von Proksch (2002) angeschriebenen Scheidungseltern haben mittlerweile drei von vier getrennten Paaren das gemeinsame Sorgerecht für ihr Kind. Über ein Drittel der Befragten wollte sich ursprünglich nicht auf ein gemeinsames Sorgerecht einlassen und wurde von Richtern dazu verpflichtet, was sich klar zum Vorteil für Kinder wie Eltern ausgewirkt hat. Konflikte und Kontaktabbrüche sind wesentlich seltener geworden.

■ *Stieffamilien (Fortsetzungsfamilien)*

Immer häufiger fallen biologische und soziale Elternschaft auseinander; die Blutsverwandtschaft zwischen Eltern und Kindern löst sich ab von der familialen Lebensgemeinschaft (so genannte *fragmentierte Elternschaft*). Etwa jedes vierte minderjährige Kind in der Bundesrepublik ist mit den sozialen Eltern nur noch zur Hälfte oder gar nicht mehr leiblich verwandt. Da Scheidung zu einem Massenphänomen geworden ist und die Zahl der Wiederverheiratungen hoch ist, hat sich besonders die Zahl der *Stieffamilien* beträchtlich erhöht. Bei Stieffamilien (oder „rekonstituierten Familien") handelt es sich um das quantitativ gesehen bedeutsamste Beispiel von *gebrochener Filiation;* biologische und soziale Elternschaft fallen teilweise auseinander. Mit dem Begriff Stieffamilie werden eine Vielzahl heterogener Familientypen bezeichnet, denen eines gemeinsam ist: Zu den beiden *leiblichen* Elternteilen tritt mindestens ein *sozialer* Elternteil hinzu oder ein verstorbener Elternteil wird durch einen sozialen ersetzt.

Die einzige repräsentative Studie über Stieffamilien und Stiefkinder in Deutschland wurde 1999 vom Deutschen Jugendinstitut durchgeführt (vgl. Bien u. a. 2002). Anders als in den Medien verbreitet, sind (eheliche) *Stieffamilien* in Deutschland mit rund 400.000 vergleichsweise selten. Ihr Anteil an allen Familien mit minderjährigen Kindern liegt bei 5,4 %. Von den 12,5 Millonen minderjährigen Kindern in Deutschland, die bei verheirateten Eltern leben, sind 535.000 (= 4,3 %) *Stiefkinder.* Der Anteil in den alten Bundesländern liegt mit 3,4 % weit unter dem Anteil in den neuen Ländern (8,9 %). Legt man eine weite Definition von Stieffamilien zu Grunde und berücksichtigt auch Kinder in nichtehelichen Lebensgemeinschaften und in Partnerschaften mit getrennten Haushalten, dann gibt es in Deutschland 885.000 Stieffamilien. Das sind 9,5 % aller Familien mit minderjährigen Kindern.

Die (vorwiegend klinische) Forschung über Stieffamilien hat sich hauptsächlich mit den strukturell induzierten Belastungen und *typischen Konfliktpotenzialen* dieser Familienform befasst (vgl. Peuckert 2005):

- Ein wesentlicher Konfliktherd resultiert aus der fehlenden gemeinsamen Geschichte der Mitglieder der neukonstituierten Familie. Besonders in der Gründungsphase ist die Entwicklung der Partnerbeziehung wegen der gleichzeitigen Anforderungen an die Partner als Eltern stark belastet.

- Stieffamilien zeichnen sich durch eine besonders hohe Rollenambiguität (und Verunsicherung) aus.
- Für die Kinder bedeutet die Wiederverheiratung zudem meist den Verlust (oder befürchteten Verlust) einer besonders engen Eltern-Kind-Beziehung.
- Stiefkinder verweigern häufig die Beziehung zum Stiefelternteil, um nicht in Loyalitätskonflikte mit dem außerhalb lebenden Elternteil zu geraten.
- Auch die Verarbeitung der „Andersartigkeit" der Stieffamilien in den Außenbeziehungen und gegenüber dem Kind kann erhebliche Probleme bereiten. Die häufig gewählten Strategien, die eigene familiale Andersartigkeit nach außen geheim zu halten und wie eine „normale" Familie zu erscheinen („Normalisierung als ob"; vgl. Hoffmann-Riem 1989) und den außenstehenden Elternteil gegenüber dem Kind möglichst nicht zu thematisieren, erschweren eine konstruktive Auseinandersetzung mit anfallenden Problemen und wirken sich eher nachteilig auf die Persönlichkeitsentwicklung der Kinder aus.

In den meisten (internationalen und nationalen) Studien hatten Stiefkinder mehr Anpassungsprobleme als Kinder in „Normalfamilien" (vgl. Hetherington/Stanley-Hagan 2000). Sie zeigten – auch längerfristig – häufiger Verhaltensprobleme, erbrachten schlechtere Schulleistungen und wiesen ein geringeres Selbstwertgefühl auf. Die Unterschiede sind aber eher moderat und mit der Ausbreitung von Stieffamilien geringer geworden. Der Prozess der Restabilisierung dauert in der Regel fünf bis sieben Jahre. Die Trennung der leiblichen Eltern und die Gründung der Stieffamilie werden dann am ehesten erfolgreich bewältigt, wenn das Kind jünger als zwei Jahre ist oder sich im Kindergarten- und Vorschulalter befindet.

- *Adoptivfamilien*

Eine zahlenmäßig weniger bedeutsame Form fragmentierter Elternschaft ist die Adoptivfamilie. Durch die *Adoption* erlangt das Kind die rechtliche Stellung eines ehelichen Kindes der annehmenden Eltern. Auch im Jahr 2005 hat sich in Deutschland mit nur noch 4.762 adoptierten Kindern die seit Jahren rückläufige Zahl von Adoptionen fortgesetzt (vgl. Schneider 2002). Gegenwärtig leben in der Bundesrepublik etwa 136.000 adoptierte Kinder unter 18 Jahren zusammen mit einem oder zwei nicht leiblichen Elternteilen. Bei etwa jeder zweiten Adoption (54 %) handelt es sich um eine Adoption durch ein Stiefelternteil, bei 39 % um Fremdadoptionen und bei etwa 7 % um Verwandtenadoptionen. Auf ein zur Adoption vorgemerktes Kind entfallen heute zwölf Adoptionsbewerber.

Die fehlende biologische Verortung von Adoptivkindern wirft eine Reihe von Fragen und Problemen auf (vgl. Kasten 2000). Im Verhältnis zur Außenwelt wird auch hier häufig eine Strategie der „Normalisierung als ob" gewählt, doch bekennen sich in den letzten Jahren Adoptiveltern häufiger zu ihrer Andersartigkeit und „leben diese offen aus" („Normalisierung eigener Art"; vgl. Hoffmann-Riem 1984). Die Frage der Aufklärung des Kindes bzw. Jugendlichen über die biologische Herkunft wird selten thematisiert und löst, besonders wenn sie ungeplant über Dritte erfolgt, häufig einen Vertrauensbruch zwischen dem Adoptierten und seinen Adoptiveltern aus und kann zu beträchtlicher Verunsicherung und zu Identitätsproblemen führen. Die meisten Studien konnten langfristig keine wesentlichen Unterschiede zwischen adoptierten und nicht adoptierten Kindern im Hinblick auf Selbstbild, soziale, emotionale und kognitive Entwicklung feststellen (vgl. Lansford u. a. 2001).

■ *Heterologe Inseminationsfamilien*

Auf Grund der Entwicklung neuer Reproduktionstechnologien – Samen- und/oder Eispende – kann die für die Menschheitsgeschichte bisher gültige *„biologisch-soziale Doppelnatur" der Familie* abgeschwächt oder ganz aufgehoben werden. Das einzige in Deutschland zulässige Verfahren ist die künstliche Befruchtung einer Frau mit *Spendersamen*. Es handelt sich hierbei um artifizielle Familien, die von ihrer biologischen Struktur her der Stieffamilie ähneln. Das Verbot der Eispende wird mit der „Verdoppelung" der Mutterschaft und den hiermit (angeblich) einher gehenden Gefahren für das Kindeswohl begründet. In Deutschland sind seit Anfang der 1970er Jahre mindestens 50.000 Kinder mit der Eizelle der Mutter und Spendersamen gezeugt worden (vgl. Psychologie Heute 1/2003).

Auf Grund der asymmetrischen biologischen Beziehung beider Eltern zum Kind stellt sich das Problem der *Verarbeitung der „Andersartigkeit"* – der doppelten Vaterschaft – durch die betroffenen Familien. Aufseiten des sozialen Vaters sind besondere Anstrengungen erforderlich, um das Kind als eigenes Kind zu definieren und den Samenspender nicht ins Bewusstsein treten zu lassen. Nach internationalen Befunden wollen zwischen 80 % und 90 % der Eltern ihre Kinder nicht über ihre biologische Abstammung aufklären, um sie vor gesellschaftlicher Stigmatisierung und persönlicher Verunsicherung zu schützen (vgl. Bernat 2002). Die damit einhergehende Angst vor Aufdeckung und die Schwierigkeiten, die Täuschung über Jahre aufrecht zu erhalten – nach Hoffmann-Riem (1989) muss „die Fiktion der gemeinsamen biologischen Elternschaft ständig neu inszeniert werden (z. B. bei Themen wie Ähnlichkeit und Vorfahren)" –, wirken sich leicht nachteilig auf den Umgang mit Interaktionspartnern aus. Der Fortpflanzungsmediziner Katzorke berichtet allerdings, dass es in seiner langjährigen Praxis mit Tausenden von Paaren noch kein einziges Paar gegeben habe, das die Entscheidung für die Fremdinsemination bereut habe und dass er keine Identitätskrisen und psychogenen Störungen habe erkennen können (vgl. Psychologie Heute 1/2003). Und auch die Kinder haben, solange sie nicht zufällig oder von Außenstehenden aufgeklärt werden, kein Problem mit ihrer Zeugungsart, wie eine 2000 veröffentlichte Studie belegt, in der 16 mittlerweile Erwachsene Auskunft gaben.

■ *Drei- und Mehrgenerationenhaushalte*

Zu den schon länger zu beobachtenden Entwicklungen in Deutschland gehört der Rückgang der Drei- und Mehrgenerationenhaushalte, insbesondere solcher Haushalte, in denen Großeltern, Eltern und Kinder gemeinsam wohnen und wirtschaften. Heute leben nur noch etwa 2 % der Bevölkerung (etwa 1,5 Mio. Menschen) in dieser Haushaltsform. Von der geringen Verbreitung dieser Lebensform darf aber nicht ohne Weiteres auf eine *soziale Isolation älterer Menschen* geschlossen werden. Neue Studien zeigen übereinstimmend, dass enge emotionale Beziehungen, häufige soziale Kontakte und umfangreiche Transferbeziehungen auch in der „Empty nest-Phase" bis zum Tod der Eltern bestehen (vgl. Szydlik 2000). Der Anteil der Beziehungsabbrüche liegt bei nur 2 %; entfremdete Familiengenerationen sind eher die Ausnahme (vgl. ebd. 2002). Nahezu drei Viertel (72 % bzw. 1,44 Mio.) der *Pflegebedürftigen* – 69 % sind Frauen – werden zu Hause versorgt. Hauptpflegepersonen sind vorwiegend Ehefrauen und Töchter (vgl. Engstler/Menning 2003).

Monetäre Transfers fließen überwiegend von den Großeltern an ihre Kinder und Enkel. Dem *öffentlichen Generationenvertrag* – der Umverteilung von den Erwerbstätigen zu den Rentnern – entspricht also ein privater Transfer in der umgekehrten Richtung. Die häufig beschworene *„Sandwich-Generation"* – Frauen zwischen 40 und 60, die auf Grund der Kumulation von Erwerbstätigkeit, Pflege der Eltern und Kinderbetreuung besonders stark belastet sind – ist eine eher seltene Konstellation, ein „gerontologischer Mythos" (vgl. Künemund 2002). Bertram (2002) hat zur Kennzeichnung der intensiven Beziehungen zwischen den getrennt wohnenden Generationen den Begriff der *„multilokalen Mehrgenerationenfamilie"* geprägt. Diese kommt in optimaler Weise den Präferenzen der Familienmitglieder entgegen, da sie eine gewisse innere Stufung des Intimitätscharakters erlaubt. Gefragt ist „Intimität auf Abstand" bzw. „innere Nähe durch Distanz".

Wesentlich weiter verbreitet als Mehrgenerationen-Haushalte sind *Hausfamilien*, bei denen mehrere Generationen eines Familienverbandes zwar in separaten Wohnungen, aber unter einem Dach, in einem Haus zusammen wohnen (vgl. Fuchs 2003). Deutschlandweit findet man einen Anteil von 6,9 % Hausfamilien, in denen 13,1 % der Bevölkerung leben. Hausfamilien mit ihrer starken Verwandtenorientierung treten vor allem in einem traditionalen Milieu auf, das von konfessioneller Bindung und konservativer politischer Orientierung geprägt ist. Etwa jeder Zweite nennt aber auch wirtschaftliche Gründe für das Zusammenleben unter einem Dach; nur 4 % bezeichnen die Hausfamilie als Zwangsgemeinschaft. Fuchs charakterisiert Hausfamilien zusammenfassend als „Familienverbände, innerhalb derer sich gewisse Grenzen individueller Autonomie und selbstständigen Haushaltens realisieren lassen. Trotz getrennter Wohnungen finden wir beträchtliche alltägliche soziale Vernetzungen und Hilfeleistungen zwischen den Teilhaushalten und Personen einer Hausfamilie. Hausfamilien repräsentieren diesbezüglich eine Mischform – halb individualisierte Lebensform, halb Interdependenz und Abhängigkeit der Mitglieder –, die unabhängig von konkreten Notsituationen gebildet wird" (ebd., S. 245f.).

Insgesamt haben sich nichtkonventionelle Lebensformen mit und ohne Kinder (jenseits der Normalfamilie) ausgebreitet und an Akzeptanz gewonnen. Vergleicht man die Haushaltsstrukturen, in denen Menschen gegenwärtig leben und vor 30 Jahren gelebt haben, so zeichnet sich eine *Polarisierung der Lebensformen* in einen *Familiensektor* und einen *Nicht-Familiensektor* ab. Einem kleineren, aber wachsenden Teil der Bevölkerung, der nicht heiratet und keine Kinder bekommt, steht ein schrumpfender Bevölkerungsteil gegenüber, der sich für Ehe und Kinder entscheidet. Zu dieser sozialen Differenzierung zwischen familialem und nichtfamilialem Sektor hat besonders das Anwachsen der Gruppe der *hoch qualifizierten Frauen* beigetragen. „Während sich die Mitglieder der alternativen, kinderlosen Privatheitsformen durch einen gehobenen Schicht- und Bildungsstatus auszeichnen, entwickeln sich Mitglieder der sozialen Unterschichten zur Trägerschaft herkömmlicher Privatheitsformen" (Meyer 2002b, S. 428). Ihnen sind die besonders belasteten und benachteiligten traditionalen Lebensformen innerhalb des ohnehin benachteiligten Familiensektors vorbehalten, sodass inzwischen von einer „Infantilisierung" und „Familiarisierung" von Armut die Rede ist. Kinder sind einem doppelt so hohen *Armutsrisiko* ausgesetzt wie die Gesamtbevölkerung, und auch das Risiko, längere Zeit in Armut zu leben, ist bei ihnen deutlich erhöht (vgl. Becker/Lauterbach 2002). Jede vierte junge Familie hat sich hochgradig verschuldet.

Bei der Pluralisierung der Lebensformen („Pluralität in Grenzen") handelt es sich weniger um die Entstehung neuer Lebensformen als darum, dass *neben* der Normalfamilie andere Privatheitsformen an Gewicht gewonnen haben. Die Pluralisierung betrifft vor allen Dingen die *nichtfamilialen Lebensformen.* Aber auch die Struktur familialer Lebensformen hat sich durch die steigende Anzahl von nichtehelichen Lebensgemeinschaften mit Kindern, allein Erziehenden und Stieffamilien zulasten der „Normalfamilie" pluralisiert (vgl.

Alt 2003). Laut Mikrozensus 2005 lebten von den 14,4 Millionen minderjährigen Kindern in Deutschland:

	Früheres Bundesgebiet	Neue Länder/Berlin-Ost
bei verheiratet zusammen lebenden Eltern	81 %	62 %
bei einer nichtehelichen oder gleichgeschlechtlichen Lebensgemeinschaft	5 %	16 %
bei einem allein erziehenden Elternteil	14 %	22 %

Die weitaus größte Zahl aller minderjährigen Kinder in Westdeutschland (aber nicht in Ostdeutschland) wächst demnach immer noch in einer Normalfamilie auf. Dabei handelt es sich aber nicht nur um gemeinsame Kinder, sondern bei 3 % bis 4 % (West) bzw. 9 % (Ost) auch um Stiefkinder. Querschnittsdaten sagen auch nichts darüber aus, wie hoch das Risiko eines Kindes ist, die *Volljährigkeit* als Waisenkind, Scheidungskind, nichteheliches Kind oder als Stiefkind zu erleben. So macht der Anteil der volljährigen Kinder, die bei allein Erziehenden und nicht in einer „vollständigen Familie" leben, in West- wie in Ostdeutschland 21 % aus.

4. Binnenfamiliale Wandlungsprozesse

Es hat nicht nur eine Pluralisierung und Polarisierung der Privatheitsformen stattgefunden. Auch das Familienleben selbst hat insbesondere auf Grund des Wandels der Frauenrolle tiefgreifende Wandlungsprozesse durchgemacht.

4.1 Familienalltag zwischen Erwerbstätigkeit, Kinderbetreuung und Haushaltsführung

Noch bis in die 1960er Jahre hinein waren die Lebensentwürfe junger Frauen primär familienorientiert. Der *Wandel der Frauenrolle* lässt sich in den alten Bundesländern an der gestiegenen weiblichen Erwerbsbeteiligung, insbesondere der *Erwerbsbeteiligung von Müttern,* ablesen. Im April 2004 gab es in Deutschland rund 5,7 Mio. *erwerbstätige Mütter mit minderjährigen Kindern.* Die Erwerbstätigenquote (einschließlich vorübergehend Beurlaubte) lag damit bei 63 % (West: 62 %; Ost: 70 %). Aufgegliedert nach dem Alter des jüngsten Kindes bietet sich 2003 das folgende Bild (vgl. Engstler/Menning 2003):

- Die relativ hohe Erwerbstätigenquote von *Müttern mit Kleinkindern* (unter drei Jahren) von 51 % (West: 50 %; Ost: 57 %) täuscht, da sie einen hohen Anteil von Müttern im Erziehungsurlaub/Elternzeit enthält. Die Quote der *aktiv erwerbstätigen* Mütter mit Kleinkindern – d. h. abzüglich der Mütter in der Elternzeit – betrug lediglich 32 % (West: 30 %, darunter 21 % in Teilzeit; Ost: 43 %, darunter 20 % in Teilzeit). Der Anteil der Väter unter den Eltern mit Kleinkindern in *Elternzeit* hat sich mittlerweile auf knapp 5 % erhöht.
- 5 % der Mütter mit Kleinkindern (West: 3 %; Ost: 15 %) waren *erwerbslos.*

- Der Anteil der Mütter mit Kleinkindern, die weder eine Erwerbstätigkeit ausüben noch suchen (= *Nicht-Erwerbspersonen*), betrug 44 % (West: 47 %; Ost: 28 %).
- Mehr als die Hälfte (57 %) aller *Frauen mit Kindern zwischen drei und fünf Jahren* im Haushalt war aktiv erwerbstätig (West 55 %; Ost: 66 %).
- Auf Frauen mit jüngstem Kind zwischen *sechs und 14 Jahren* traf dies sogar auf 70 % (West: 69 %; Ost: 74 %) zu.
- Weitgehend unabhängig von der Zahl und dem Alter ihrer Kinder und der Erwerbsbeteiligung der Mütter gingen in beiden Landesteilen 80 % bis 90 % der *Väter* einer Erwerbstätigkeit nach, davon nur ein knappes Zehntel mit reduzierter Arbeitszeit.

Die Ergebnisse zum Wandel der Frauenrolle belegen, dass in Deutschland das (mit dem Instrument Elternzeit geförderte) *Drei-Phasen-Modell* zur sukzessiven Vereinbarkeit von Familien- und Erwerbsarbeit von der Mehrheit der Mütter – im Westen noch häufiger als im Osten – gelebt wird. Auf die Vollzeitbeschäftigung folgt mit der Geburt des ersten Kindes ein Zeitraum der Beurlaubung bzw. der Reduktion der Erwerbstätigkeit. Anschließend gewinnt, besonders in den alten Bundesländern, mit zunehmendem Alter des Kindes immer mehr die Erwerbstätigkeit in Form von Teilzeitbeschäftigung an Bedeutung (Modell der *„Zuverdienerin-Ehe*"). Von den im Familiensurvey 2000 befragten Frauen, die Kinder haben oder sich Kinder wünschen, würden 30 % als Mütter mit Kindern im Schulalter präferieren, nicht berufstätig zu sein (1987: 70 %); 60 % hielten eine Teilzeitbeschäftigung für die attraktivste Möglichkeit (1987: 20 %). Nur ein Zehntel der Mütter würde Vollzeittätigkeit bevorzugen (Hullen 2002). Neben mehr Möglichkeiten zur Teilzeitarbeit und flexibleren Arbeitszeiten wünscht man sich ein verbessertes Angebot außerhäuslicher Kinderbetreuung, insbesondere bei der Mittags-, Nachmittags- und Ferienbetreuung (vgl. Engelbrech/Jungkunst 2001).

Seit Jahrzehnten wird die Frage erörtert, wie sich die Berufstätigkeit von Müttern auf die *Entwicklung des Kindes* auswirkt. Hoffman zieht auf Grund der neuesten Ergebnisse der Michigan-Studie, an der Ende der 1990er Jahre 400 Familien teilnahmen, folgendes Fazit: „Die hier vorgestellten Forschungsergebnisse bieten wenig Halt für die einst vorherrschende Sichtweise, dass der Eintritt junger Mütter in den Arbeitsmarkt eine Bedrohung für das Wohlergehen der Kinder darstellt. (...) Tatsächlich verhält es sich so, dass entsprechend dem Großteil der Forschungsergebnisse aus den letzten 50 Jahren, und insbesondere entsprechend der aktuellen Forschung, Kinder berufstätiger Mütter bessere Schulleistungen als Kinder von Hausfrauen zeigen und dass Jungen aus der Arbeiterschicht sowie Mädchen – unabhängig von der sozialen Schicht – eine bessere soziale Anpassung aufweisen" (Hoffman 2002, S. 87f.).

Insgesamt befinden sich junge Frauen heute in einer *widersprüchlichen Situation*, denn ein einheitliches Lebensmodell besteht nicht mehr. Die gestiegene Berufsorientierung hat kaum etwas an dem zentralen Stellenwert von Familie und Kindern geändert. In beiden Teilen Deutschlands geht es nicht um ein *„entweder* Familie *oder* Beruf", sondern es wird – im Osten noch stärker als im Westen – nach Möglichkeiten einer Vereinbarkeit von Familie und Beruf gesucht. Dem steht die *strukturelle Rücksichtslosigkeit* der gesellschaftlichen Verhältnisse entgegen, vor allem ungenügende Maßnahmen zur besseren Vereinbarkeit von Familien- und Erwerbstätigkeit. Aber auch *stereotype Vorstellungen* über die optimalen Entwicklungsbedingungen eines Kindes können Frauen an der Ausübung ihres Berufs hindern oder sie zumindest verunsichern. Einerseits meinen im Jahr 2003 87 % der Deutschen, „dass eine erwerbstätige Mutter eine genauso herzliche und enge Beziehung zu ihren Kindern haben kann wie eine nicht erwerbstätige Mutter" (Dorbritz u. a. 2003). Andererseits wird nach Ansicht von 48 % „ein Vorschulkind wahrscheinlich unter der Berufstätigkeit seiner Mutter leiden".

4.2 Wandel der Partnerbeziehungen

Eine weitere bedeutsame binnenfamiliale Veränderung betrifft den Wandel der *Beziehungsgestaltung* zwischen den Partnern. Nach de Singly (1994) war die auf lebenslange Dauer angelegte Familie der Vergangenheit vorwiegend *„aufgabenorientiert"*, während die heutige Familie primär *„beziehungsorientiert"* ist. Die Balance zwischen partnerschaftlicher Einheit und individueller Autonomie hat sich, besonders in höheren Sozialschichten, in Richtung Autonomie verschoben, wobei die Erwartungen immer anspruchsvoller geworden sind (vgl. Schneider 2002).

Dabei sind die Partnerbeziehungen, was die *Aufgabenteilung zwischen den Geschlechtern* betrifft, im Wesentlichen nur auf der Einstellungsebene ausgeglichener geworden. Zahlreiche Erhebungen kommen bei allen Unterschieden in den Erhebungsmethoden und der Stichprobenauswahl stets zum gleichen Ergebnis: Die zeitliche Belastung von Frauen durch Hausarbeit und Kinderbetreuung liegt deutlich über der Belastung der Männer (vgl. Peuckert 2005; Klaus/Steinbach 2002). Auch in der im Frühsommer 2000 durchgeführten Studie von Walter und Künzler (2002), in der 3.001 zufällig ausgewählte Personen im Alter zwischen 20 und 50 Jahren befragt wurden, ergaben sich deutliche Unterschiede im wöchentlichen Zeitaufwand von Müttern und Vätern für Kinderbetreuung, Hausarbeit und Erwerbsarbeit:

	wöchentliche Zeitaufwendung der Frauen (in Stunden)	**wöchentliche Zeitaufwendung der Männer (in Stunden)**
Kinderbetreuung	28	18
Hausarbeit	40	16
Erwerbstätigkeit	18	52
Insgesamt	86	86

Die Gesamtarbeitszeit von Müttern und Vätern ist identisch. Aber immer noch fällt der Frau die Haushalts- und Familienarbeit zu, und der Mann versieht vorrangig die Rolle des Ernährers. Überraschenderweise sind die Unterschiede im *parentalen Engagement* zwischen Hausfrauenehen und Zweiverdiener-Paaren nur minimal. Der Grundbedarf an Kinderbetreuung wird generell durch die Mütter als Zeitbudgetmanagerinnen abgedeckt. Die Männer als Haupternährer engagieren sich nur dann stärker, wenn es ihren Präferenzen entspricht. Und auch die Hauptverantwortung für das alltägliche Funktionieren des familialen Zusammenlebens sowie die „unsichtbare" Beziehungsarbeit in der Familie, die Harmonisierung widersprüchlicher Ansprüche der Familienmitglieder und die Herstellung alltäglicher Gemeinschaft obliegen immer noch den Frauen. Bestenfalls ein Fünftel der bundesdeutschen Männer können als *„neue Männer"* bezeichnet werden, wollen ein aktiver Vater sein (vgl. Döge/Volz 2002). Die Zahl der vielbeschworenen *Hausmänner* beläuft sich Mitte der 1980er Jahre nur auf einige zehntausend. Nach den Ergebnissen von Fthenakis u. a. (2002) ist allerdings das geringe väterliche Engagement zumindest zum Teil auch ein Resultat der Steuerung durch die Mütter auf Grund ihrer Überwachung, Kontrolle und Kritik des vermeintlich inkompetenten Vaters.

Zahlreiche Studien belegen, dass sich die geschlechtsspezifische Rollenverteilung nach der *Geburt des ersten Kindes* noch verschärft. Die Frauen verdoppeln ihren Anteil an traditional frauentypischen Tätigkeiten im Haushalt und übernehmen auch ganz überwiegend die Kinderbetreuung. Die *Traditionalisierung* ist unabhängig davon, ob die Mütter voll- oder teilzeitbeschäftigt sind, und mit der Geburt eines zweiten Kindes ist ein weiterer Traditionalisierungsschub verbunden (vgl. Quaiser-Pohl 2001). Fthenakis u. a. (2002), die die gleichen Tendenzen in der LBS-Familien-Studie „Übergang zur Elternschaft" feststellen, sprechen in diesem Sinne von einer „Gleichberechtigungsfalle" beim Übergang zur Elternschaft.

Dabei nimmt eine wachsende Zahl von Frauen die benachteiligte Situation nicht mehr hin. Die häusliche Arbeitsteilung wird immer mehr zur Quelle von *Irritationen, Spannungen und Auseinandersetzungen* in der Partnerschaft. In der Längsschnittstudie von Reichle (2002), in der 190 junge Eltern in einem Zeitraum von fünf Jahren drei Mal befragt wurden, hat über die Hälfte der jungen Eltern das Ende der zuvor annähernd praktizierten Egalität der Arbeitsteilung nicht vorhergesehen. Vor allem Eltern mit höherer Schulbildung reagieren mit Ärger, Enttäuschung, Streit, Vorwürfen und vermehrtem Rückzug. Fthenakis u. a. (2002) berichten von einer kontinuierlichen Abnahme der partnerschaftlichen Kommunikation und Partnerschaftsqualität, einer Zunahme der Häufigkeit und Destruktivität von Auseinandersetzungen und einem starken Rückgang beim Austausch von körperlichen Zärtlichkeiten/Sexualität und dem verbalen Ausdruck von Zuneigung und Wertschätzung nach der Geburt eines Kindes.

4.3 Veränderungen in den Eltern-Kind-Beziehungen

In den vergangenen Jahrzehnten sind die Umgangsformen zwischen Eltern und ihren Kindern egalitärer und die Wahrnehmung der Elternrolle ist anspruchsvoller und schwieriger geworden. Die Machtverhältnisse zwischen Eltern und Kindern haben sich zugunsten der Kinder verschoben (vgl. Schütze 2002). Das traditional-autoritäre Erziehungsleitbild *Gehorsam und Unterordnung* wird 2000 nur noch von 5 % als wichtigstes Erziehungsziel angegeben (vgl. Floren 2002). „Selbstständigkeit und freier Wille" nimmt mit 55 % die Spitzenposition ein. Die klassischen bürgerlichen Erziehungsideale „Ordnungsliebe und Fleiß" werden relativ unverändert häufig (40 %) genannt. Der Wandel der Erziehungsleitbilder spiegelt sich auch im tatsächlichen Umgang von Eltern und Kindern wider. Krüger hat das elterliche *Erziehungsverhalten* aus der Sicht von 10- bis 15-jährigen Jugendlichen festgehalten: „Unsere Daten zeigen, dass sich die moderne Leitnorm der Erziehung zur Selbstständigkeit (gemessen an der hohen Respektierung kindlicher Interessenäußerungen und an der geringen Zustimmung zur Anwendung elterlichen Strafen) als dominantes Muster für moderne Eltern-Kind-Beziehungen in über zwei Dritteln der Familien vor allem aus höheren Sozialgruppen durchgesetzt hat. Umgekehrt ist eine deutlichere Elternzentriertheit der Eltern-Kind-Beziehungen und eine vergleichsweise größere Distanz zwischen Eltern und Kindern nur noch in etwa ein Drittel der Familien zu finden, die eher aus niedrigen sozialen Statusgruppen kommen" (Krüger 1996, S. 226). Das *„Erziehungsverhältnis"* zwischen Eltern und Kindern ist zu einem *„Beziehungsverhältnis"* transformiert worden. Es hat, in den Worten von du Bois-Reymond u. a. (1994), ein historisch kultureller Übergang von einem *„Befehlshaushalt"* zu einem *„Verhandlungshaushalt"* stattgefunden. Kinder nehmen heute häufiger am Familiengeschehen als gleichberechtigte Partner teil, und die Eltern setzen sich im Konfliktfall nicht mit Strafen durch, sondern beide Parteien reden miteinander, suchen nach Kompromissen und fühlen sich für das Gelingen eines angenehmen Familienlebens mitverantwortlich. Auflagen und Verhaltenserwartungen an Kinder (und erst recht an Jugendliche) müssen begründet und gerechtfertigt werden. „Verlangt wird – unter weitgehendem Verzicht auf autoritäre Maßnahmen –, die diffizile Balance zwischen zugestandenen Freiräumen und legitimen Geboten, zwischen Autonomieprojekten der Kinder und Entwicklungsprojekten der Eltern herzustellen“ (Meyer 2002a, S. 44).

Die veränderte Stellung des Kindes zeigt sich auch am *gestiegenen Eigenwert des Kindes.* Kinder dienen heute stärker als Sinnstifter und Quelle emotionaler Bedürfnisbefriedigung (vgl. Schütze 1988). Da gleichzeitig von den Eltern – insbesondere den Müttern – ständige Zuwendung und kindgerechte Umgangsformen erwartet werden und der Druck auf die Eltern gestiegen ist, die Entwicklung des Kindes, seine Fähigkeiten und seine Eigenständigkeit optimal zu fördern und für möglichst gute Ausbildungschancen des Kindes zu sorgen, ist die Ehe – vor allem in den höheren Sozialschichten – zu einem primär *„kindorientierten Privatheitstyp“* geworden (vgl. Meyer 1992) und der Eigenwert der Paarbeziehung ist in den Hintergrund getreten.

Für breite Kreise der modernen, gebildeten Mittelschichten, besonders für die Mütter, ist die Ausgestaltung der Elternrolle umfangreicher, anspruchsvoller, widersprüchlicher und konfliktreicher geworden (vgl. ebd. 2002a). Nach der These von der *„vorverlagerten Elternschaft“* sind werdende Eltern heute immer mehr mit wissenschaftlichen Standards konfrontiert, denen zufolge Schwangerschaft und Geburt Risikofaktoren darstellen, für die die Eltern verantwortlich sind. 70 % bis 80 % aller Schwangerschaften werden von ärztlicher Seite als kontrollbedürftige Risikofälle definiert. Neben einer intensiven medizinischen Überwachung auch solcher Kinder, die eigentlich nicht besonders gefährdet sind, sollen die Mütter schon vor der Geburt eine Beziehung zum Kind aufbauen. Der neu entstandene *Normkomplex der „verantworteten Elternschaft“* (vgl. Kaufmann 1995) verlangt, dass man keine Kinder in die Welt setzen soll, für die man nicht die Erziehungsverantwortung übernehmen kann. Gefordert wird die bestmögliche Förderung der kindlichen Entwicklung vom ersten Tag an unter Respektierung der kindlichen Bedürfnisse und Wünsche. Professionalisierte Elternschaft verlangt ständigen Einsatz der Mütter. Aufgeklärte Eltern müssen als Folge der Verwissenschaftlichung der Erziehung erhebliche *„Informationsarbeit“* leisten. Dabei ist die Mutter ständig mit Botschaften im Fernsehen, in der Schule, in Zeitschriften konfrontiert, dass eine Nichtbeachtung der kindlichen Bedürfnisse zu Schädigungen und Leistungsversagen führt, dass es an ihr selbst liegt, optimale Bedingungen zu schaffen. Die Norm der verantworteten Elternschaft hat häufig handlungsleitenden Charakter speziell für das Timing von Geburten, bietet aber auch die Legitimation zur eigenen Kinderlosigkeit.

Nach Meyer (2002a) ist die Grenze zwischen der Familie und ihrer sozialen Umwelt immer durchlässiger geworden. Außerfamiliale Organisationsprinzipien und Wertsysteme dringen immer mehr in den Privatbereich ein. Dazu haben folgende Trends beigetragen:

- Bei immer mehr Fragen zu Schwangerschaft, Geburt und Erziehung wird auf das Wissen von Ratgebern und Experten zurückgegriffen, womit die private Lebenswelt ihres überlieferten Traditions- und Sinnzusammenhangs entkleidet wird (*„vorverlagerte“* und *„professionalisierte Elternschaft“*). Die Norm bestmöglicher Förderung verpflichtet die Eltern, ihren Kindern vom ersten Tag an Wettbewerbsvorteile im kulturellen Konkurrenzkampf zu verschaffen.

- Das familiale Binnenleben wird immer mehr durch Termine und Zeitregeln kontrolliert, gestaltet sich zunehmend rationaler und arbeitsförmiger. Kindheit und Jugend sind immer weniger ein Schonraum („*organisierende Elternschaft*").
- Über die Verschulung der Familie haben immer stärker ein Erfolgs- und Leistungsdruck sowie Sach- und Rationalitätslogiken vom Inneren der Familie Besitz ergriffen („*bildungsengagierte Elternschaft*"). Schulische Probleme sind zum beherrschenden Thema des Familienlebens geworden. Fast jedes vierte Kind zwischen neun und 14 nennt die Schule als Hauptstreitpunkt mit den Eltern (vgl. LBS-Initiative Junge Familie 2003).
- Mit dem Abbau familialer Machtstrukturen und dem Übergang vom traditionalen Befehls- zum modernen Verhandlungshaushalt haben Gleichheits- und Mitbestimmungsprinzipien in der Privatheit Einzug gehalten („*kommunikative Elternschaft*").
- Über die Expansion moderner Massenmedien wird der Familienalltag immer mehr zum Medienalltag, findet eine *„Fiktionalisierung von Wirklichkeit"* statt. Gleichzeitig wird der familiale Alltag zunehmend durch *moderne Techniken* geprägt, die neuartige Beziehungen knüpfen, Handlungen ermöglichen und Wahrnehmungsmöglichkeiten verändern (vgl. Tully 2003).

Familie kann demnach heute immer weniger als Inbegriff von Privatheit verstanden werden, als Gegenprinzip der rationalen und instrumentell orientierten Organisationswelt der Öffentlichkeit. Der Wandel der Elternschaft bedeutet, dass „mehr und mehr [...] Organisationsprinzipien und Wertsysteme in die intimen Verhältnisse der Privatheit ein[dringen], die man traditionell als sinnfremd für das Familien- und Erziehungsleben bezeichnet hätte" (Meyer 2002a, S. 46). Wie sich diese Tendenzen auf die Persönlichkeitsentwicklung der Kinder und Jugendlichen auswirken, darüber kann beim jetzigen Wissensstand nur spekuliert werden. Gleichzeitig gibt es auch Hinweise auf Bewegungen in die umgekehrte Richtung. So diagnostiziert Richard Sennett (1983) in seinem modernen Klassiker „Verfall und Ende des öffentlichen Lebens" eine Intimisierung und Verpersönlichung des öffentlichen Lebens und einen „Terror der Intimität". Und Hochschild (2003) zeigt in seiner bahnbrechenden Studie aus den USA anhand von Fallstudien, wie Eltern immer mehr Zeit am Arbeitsplatz verbringen und das Familienleben unter Zeitdruck gerät und taylorisiert wird. Arbeit wird für viele Beschäftigte zum Zuhause, während die Familie immer mehr zum Arbeitsplatz mutiert.

5. Familialer Wandel als Ergebnis eines Individualisierungsprozesses

Die beschriebenen Wandlungsprozesse können als Ergebnis eines langfristig stattfindenden Individualisierungsprozesses interpretiert werden (vgl. Beck 1986; Junge 2002). *Individualisierung* wird dabei als „universalistisch ausgerichteter Prozess verstanden, nämlich als Herausbildung von Fähigkeit, Freiheit und Notwendigkeit zur eigenen Entscheidung für alle Individuen" (Burkart/Kohli 1989, S. 407). Die Menschen sind immer mehr gezwungen, sich selbst zum Zentrum ihrer eigenen Lebensplanung zu machen. Seit Mitte der 1960er Jahre hat der Individualisierungsprozess auf Grund der Bildungsexpansion und der damit verbundenen revolutionären Angleichung der Bildungschancen junger Frauen auch auf den *weiblichen Lebenszusammenhang* übergegriffen. In den Lebensentwürfen zahlreicher Frauen ist die Berufskarriere als konkurrierender Wert zur Familie immer wichtiger geworden. Im Hinblick auf den familialen Wandel bedeutet dies, dass nun verstärkt die Vorstellungen *zweier selbstständiger Individuen* – Mann und Frau – mit jeweils eigenen Lebensplänen koordiniert werden müssen, neue Arrangements von Familie und Beruf, neue Formen des Umgangs miteinander gefunden werden müssen, wobei die Anforderungen des modernen Arbeitsmarktes ganz auf Individuen bezogen sind, der Rationalität des Marktes und nicht den Bedürfnissen der Familie folgen. Die Partner müssen aushandeln, wessen Pläne und Vorstellungen Priorität besitzen, welcher Kompromiss tragfähig erscheint. Dabei geht der Druck, neue Lebensformen auszuprobieren, stärker von den *Frauen* aus, denen Lebensstile und Beziehungsformen außerhalb der Ehe einen erhöhten Verhandlungsspielraum gegenüber dem Partner versprechen. Auch verläuft die Individualisierung in unterschiedlichen Sozialschichten und sozialen Milieus mit unterschiedlicher Geschwindigkeit. Personen mit niedriger Bildung heiraten häufiger und früher als Personen mit hoher Bildung. 40 % der unteren, aber nur 25 % der höheren Sozialschichten leben in einer Hausfrauenehe (vgl. Meyer 2002b). Und auch der Verzicht auf Kinder ist ein typisches Mittelschichtphänomen. Trotzdem kann von einer wachsenden Bindungslosigkeit nicht die Rede sein. Die abnehmende Eheschließungsbereitschaft wird weitgehend kompensiert durch die Zunahme nichtehelicher Lebensgemeinschaften, und mit fortschreitender Individualisierung wird sich das Bedürfnis nach Intimität und emotionaler Absicherung vermutlich noch erhöhen. Die Menschen werden „in den ausgedünnten Sozialbeziehungen in die Zweisamkeit, in die Suche nach dem Partnerglück hineingetrieben. Das Bedürfnis nach geteilter Innerlichkeit ... wächst mit den Verlusten, die die Individualisierung als Kehrseite ihrer Möglichkeiten beschert“ (Beck 1990, S. 37).

Literatur

Alt, C., 2003: Wandel familialer Lebensverhältnisse minderjähriger Kinder in Zeiten der Pluralisierung. In: Bien, W./Marbach, J.H. (Hrsg.): Partnerschaft und Familiengründung. Opladen, S. 219-244.

Bauserman, R., 2002: Child Adjustment in Joint-Custody Versus Sole-Custody Arrangements: A Meta-Analytic Review. In: Journal of Family Psychology, 16. Jg., S. 91-102.

Beck, U., 1986: Risikogesellschaft. Auf dem Weg in eine andere Moderne. Frankfurt am Main.

Beck, U., 1990: Freiheit oder Liebe? In: Beck, U./Beck-Gernsheim, E.: Das ganz normale Chaos der Liebe. Frankfurt am Main, S. 20-64.

Becker, R./Lauterbach, W., 2002: Familie und Armut in Deutschland. In: Nave-Herz, R. (Hrsg.): Kontinuität und Wandel der Familie in Deutschland. Stuttgart, S. 159-182.

Bernat, E., 2002: Der anonyme Vater im System der Fortpflanzungsmedizin. In: Walter, H. (Hrsg.): Männer als Väter. Gießen, S. 257-286.

Bertram, H., 2002: Die multilokale Mehrgenerationenfamilie. In: Berliner Journal für Soziologie, 12. Jg., S. 517-529.

Bien, W. u. a. (Hrsg.), 2002: Stieffamilien in Deutschland. Opladen.

Bodenmann, G. u. a., 2002: Scheidungsursachen und -verlauf aus der Sicht der Geschiedenen. In: Zeitschrift für Familienforschung, 14. Jg., S. 5-20.

Bois-Reymond, M. du u. a., 1994: Die moderne Familie als Verhandlungshaushalt. In: Bois-Reymond, M. du u. a.: Kinderleben. Opladen, S. 137-219.

Burkart, G./Kohli, M., 1989: Ehe und Elternschaft im Individualisierungsprozess: Bedeutungswandel und Milieudifferenzierung. In: Zeitschrift für Bevölkerungswissenschaft, 15. Jg., S. 405-426.

Burkart, G. u. a., 1992: Liebe, Ehe, Elternschaft. München.

Carl, C., 2002: Gewollt kinderlose Frauen und Männer. Frankfurt am Main.

Diefenbach, H., 1999: Geschichte wiederholt sich nicht? Der Zusammenhang von Ehescheidung in der Eltern- und in der Kindgeneration. In: Klein, T./Kopp, J. (Hrsg.): Scheidungsursachen aus soziologischer Sicht. Würzburg, S. 91-118.

Döge, P./Volz, R., 2002: Wollen Frauen den neuen Mann? Sankt Augustin.

Dorbritz, J./Fux, B. (Hrsg.), 1997: Einstellungen zur Familienpolitik in Europa. München.

Dorbritz, J. u. a., 2005: Einstellungen zu demographischen Trends und zu bevölkerungsrelevanten Politiken. Wiesbaden.
Emmerling, D., 2002: Ehescheidungen 2000/2001. In: Wirtschaft u. Statistik, H. 12, S. 1056-1064.
Engelbrech, G./Jungkunst, M., 2001: Erwerbsbeteiligung von Frauen. Wie bringt man Beruf und Kinder unter einen Hut? (IAB-Kurzbericht Nr. 7). Nürnberg.
Engstler, H./Menning, S., 2003: Die Familie im Spiegel der amtlichen Statistik. Lebensformen, Familienstrukturen, wirtschaftliche Situation der Familien und familiendemographische Entwicklung in Deutschland. Berlin/Bonn (u. aktualis. Tabellen Nov. 2004).
Esser, H., 2002: Ehekrisen: Das (Re-)Framing der Ehe und der Anstieg der Scheidungsraten. In: Zeitschrift für Soziologie, 31. Jg., S. 472-496.
Floren, F.J., 2002: Sozialstruktur – soziale Ungleichheit – sozialer Wandel. Paderborn.
Fthenakis, W.E. u. a., 2002: Paare werden Eltern. Die Ergebnisse der LBS-Familien-Studie. Opladen.
Fuchs, M., 2003: Hausfamilien. Opladen.
Giddens, A., 1993: Wandel der Intimität. Frankfurt am Main.
Habich, R./Noll, H.-H., 2004: Objektive Lebensbedingungen und subjektives Wohlbefinden im vereinten Deutschland. In: Statistisches Bundesamt (Hrsg.): Datenreport 2004. Bonn, S. 449-668.
Heidenreich, H.-J./Nöthen, M., 2002: Der Wandel der Lebensformen im Spiegel des Mikrozensus. In: Wirtschaft und Statistik, H. 1, S. 26-38.
Hetherington, E.M./Stanley-Hagan, M., 2000: Diversity among Stepfamilies. In: Demo, D.H. u. a. (Hrsg.): Handbook of Family Diversity. New York/Oxford, S. 173-196.
Hochschild, A.R., 2003: Work-Life-Balance. Keine Zeit. Wenn die Arbeit zum Zuhause wird und zu Hause nur Arbeit wartet. Opladen.
Hoffman, L.W., 2002: Berufstätigkeit von Müttern: Folgen für die Kinder. In: Fthenakis, W.E./Textor, M.R. (Hrsg.): Mutterschaft, Vaterschaft. Weinheim/Basel, S. 71-88.
Hoffmann-Riem, C., 1984: Das adoptierte Kind. München.
Hoffmann-Riem, C., 1989: Elternschaft ohne Verwandtschaft: Adoption, Stiefbeziehung und heterologe Insemination. In: Nave-Herz, R./Markefka, M. (Hrsg.): Handbuch der Familien- und Jugendforschung. Band 1: Familienforschung. Neuwied/Frankfurt am Main, S. 389-411.
Hradil, S., 2003: Vom Leitbild zum „Leidbild". Singles, ihre veränderte Wahrnehmung und der „Wandel des Wertewandels". In: Zeitschrift für Familienforschung, 15. Jg., S. 38-54.
Hullen, G., 2002: Lebensentwürfe von Frauen. In: BiB-Mitteilungen 4, S. 19-24.
Jamieson, L., 2003: Intimität im Wandel? Eine kritische Betrachtung der „reinen Beziehung". In: Lenz, K. (Hrsg.): Frauen und Männer. Weinheim/München, S. 279-297.
Junge, M., 2002: Individualisierung. Frankfurt am Main.
Kasten, H., 2000: Scheitern von Adoptiv- und Pflegeverhältnissen. In: Paulitz, H. (Hrsg.): Adoption – Positionen, Impulse, Perspektiven. München, S. 157-184.
Kaufmann, F.-X., 1995: Zukunft der Familie im vereinten Deutschland. München.
Klaus, D./Steinbach, A., 2002: Determinanten innerfamilialer Arbeitsteilung. In: Zeitschrift für Familienforschung, 14. Jg., S. 21-43.
Knothe, H., 2002: Junge Frauen und Männer zwischen Herkunftsfamilie und eigener Lebensform. In: Cornelißen, W. u. a.: Junge Frauen – junge Männer. Opladen, S. 89-134.
Krüger, H.-H., 1996: Wege aus der Kindheit in Ost- und Westdeutschland. In: Büchner, P. u. a. (Hrsg.): Vom Teddybär zum ersten Kuss. Opladen, S. 225-235.
Künemund, H., 2002: Die „Sandwich-Generation" – typische Belastungskonstellation oder nur gelegentliche Kumulation von Erwerbstätigkeit, Pflege und Kinderbetreuung? In: Zeitschrift für Soziologie der Erziehung und Sozialisation, 22. Jg., S. 344-361.
Küpper, B., 2002: Sind Singles anders? Ein Vergleich von Singles und Paaren. Göttingen u. a.
Lansford, J.E. u. a., 2001: Does Family Structure Matter? A Comparison of Adoptive, Two-Parent Biological, Single-Mother, Stepfather, and Stepmother Households. In: Journal of Marriage and the Family, 63. Jg., S. 840-851.
Linssen, R. u. a., 2002: Wachsende Ungleichheit der Zukunftschancen? Familie, Schule und Freizeit als jugendliche Lebenswelten. In: Deutsche Shell (Hrsg.): Jugend 2002. Frankfurt am Main, S. 53-90.
Meyer, T., 1992: Modernisierung der Privatheit. Opladen.
Meyer, T., 2002a: Moderne Elternschaft – neue Erwartungen, neue Ansprüche. In: Aus Politik und Zeitgeschichte, B 22-23, S. 40-46.
Meyer, T., ^{2}2002b: Private Lebensformen im Wandel. In: Geißler, R.: Die Sozialstruktur Deutschlands. Wiesbaden, S. 401-433.
Napp-Peters, A., 1995: Scheidungsfamilien. Stuttgart u. a.
Nave-Herz, R., ^{2}2002: Familie heute. Darmstadt.
Nave-Herz, R. u. a., 1990: Scheidungsursachen im Wandel. Bielefeld.

Onnen-Isemann, C., 2003: Kinderlose Partnerschaften. In: Bien, W./Marbach, J.H. (Hrsg.): Partnerschaft und Familiengründung. Opladen, S. 95-137.
Peuckert, R., [6]2005: Familienformen im sozialen Wandel. Wiesbaden.
Proksch, R., 2002: Rechtstatsächliche Untersuchung zur Reform des Kindschaftsrechts. Köln.
Quaiser-Pohl, C., 2001: Deutsche Eltern im interkulturellen Vergleich. In: Nickel, H./Quaiser-Pohl, C. (Hrsg.): Junge Eltern im kulturellen Wandel. Weinheim, S. 301-310.
Reichle, B., 2002: Partnerschaftsentwicklung junger Eltern: wie sich aus der Bewältigung von Lebensveränderungen Probleme entwickeln. In: Schneider, N.F./Matthias-Bleck, H. (Hrsg.): Elternschaft heute. Opladen, S. 75-93.
Savin-Williams, R.C./Esterberg, K.G., 2000: Lesbian, Gay, and Bisexual Families. In: Demo, D.H. u. a. (Hrsg.): Handbook of Family Diversity. New York/Oxford, S. 197-215.
Schneider, N.F., 2002: Zur Lage und Zukunft der Familie in Deutschland. In: Gesellschaft, Wirtschaft, Politik, 51. Jg., S. 511-544.
Schneider, N.F./Ruckdeschel, K., 2003: Partnerschaften mit zwei Haushalten: Eine moderne Lebensform zwischen Partnerschaftsideal und beruflichen Erfordernissen. In: Bien, W./Marbach, J.H. (Hrsg.): Partnerschaft und Familiengründung. Opladen, S. 245-258.
Schneider, N.F. u. a., 1998: Nichtkonventionelle Lebensformen. Opladen.
Schneider, N.F. u. a., 2001: Alleinerziehen – Vielfalt und Dynamik einer Lebensform. Weinheim/München.
Schneider, N.F. u. a., 2002: Berufsmobilität und Lebensform. Berlin.
Schütze, Y., 1988: Zur Veränderung im Eltern-Kind-Verhältnis seit der Nachkriegszeit. In: Nave-Herz, R. (Hrsg.): Wandel und Kontinuität der Familie in der Bundesrepublik Deutschland. Stuttgart, S. 95-114.
Schütze, Y., 2002: Zur Veränderung im Eltern-Kind-Verhältnis seit der Nachkriegszeit. In: Nave-Herz, R. (Hrsg.): Kontinuität und Wandel der Familie in Deutschland. Stuttgart, S. 71-97.
Schwab, D., 2002: Grundzüge und Folgen des neuen Kindschaftsrechts. In: Schneider, N.F./Matthias-Bleck, H. (Hrsg.): Elternschaft heute. Opladen, S. 181-200.
Sennett, R., 1983: Verfall und Ende des öffentlichen Lebens. Die Tyrannei der Intimität. Frankfurt am Main.
Singly, F. de, 1994: Die Familie der Moderne. Konstanz.
Stacey, J./Biblarz, T.J., 2001: (How)Does the Sexual Orientation of Parents Matter? In: ASR 66, S. 159-183.
Statistisches Bundesamt (Hrsg.), 2005: Leben und Arbeiten in Deutschland. Ergebnisse des Mikrozensus 2004. Wiesbaden.
Szydlik, M., 2000: Lebenslange Solidarität? Generationenbeziehungen zwischen erwachsenen Kindern und Eltern. Opladen.
Szydlik, M., 2002: Wenn sich Generationen auseinander leben. In: Zeitschrift für Soziologie der Erziehung und Sozialisation, 22. Jg., S. 362-373.
Tully, C.J., 2003: Aufwachsen in technischen Welten. In: Aus Politik und Zeitgeschichte, B 15, S. 32-40.
Wagner, M./Weiß, B., 2003: Bilanz der deutschen Scheidungsforschung. Versuch einer Meta- Analyse. In: Zeitschrift für Soziologie, 32. Jg., S. 29-49.
Walper, S., 2002: Einflüsse von Trennung und neuer Partnerschaft der Eltern – ein Vergleich von Jungen und Mädchen in Ost- und Westdeutschland. In: Zeitschrift für Soziologie der Erziehung und Sozialisation, 22. Jg., S. 25-46.
Walper, S./Schwarz, B. (Hrsg.), 1999: Was wird aus den Kindern? Weinheim/München.
Walter, W./Künzler, J., 2002: Parentales Engagement: Mütter und Väter im Vergleich. In: Schneider, N.F./Matthias-Bleck, H. (Hrsg.): Elternschaft heute. Opladen, S. 95-119.

Familien – intereuropäische Perspektive

François Höpflinger / Beat Fux

1. Einleitung

Ein intereuropäischer Vergleich familialen Wandels lässt gleichermaßen gemeinsame Trends – wie etwa den Durchbruch von Klein- und Kleinstfamilien – als auch bedeutsame Unterschiede – etwa in Zeitpunkt und Form der Familiengründung – erkennen (vgl. Pinnelli u. a. 2001; Roussel 1992). Diese Kombination von gesamteuropäischen Entwicklungen und nationalen Differenzen ist mit der Tatsache verknüpft, dass familialer Wandel nicht allein von sozioökonomischen Faktoren, sondern in bedeutsamer Weise auch von sozio-kulturellen Werten und Traditionen bestimmt wird. Noch mehr als andere Lebensbereiche sind die europäischen Familienverhältnisse durch ein Nebeneinander traditioneller und moderner Werthaltungen und Strukturmerkmale charakterisiert (vgl. Höpflinger 1997; Kuijsten 1996). Zudem haben familiale Strukturen in vielen europäischen Ländern bisher nur eine partielle Modernisierung erfahren. Damit variiert das Ausmaß, in dem sich neue familiale und außerfamiliale Lebensformen entwickelt haben, intereuropäisch stark, namentlich im Vergleich nord- und südeuropäischer Länder. Ein intereuropäischer Vergleich von Familienstrukturen stellt die Aussagekraft simpler modernisierungstheoretischer Ansätze zur Erklärung familialen Wandels teilweise infrage. Gleichzeitig wird damit die Bedeutung nationaler Entwicklungen – welche nationale Forschungsdiskussionen zu Familienfragen dominieren – relativiert.

In einem ersten Schritt werden wichtige Gemeinsamkeiten und Unterschiede im Bereich der Familiengründung – wo sich die stärksten Veränderungen nachweisen lassen – aufgeführt. In einem zweiten Schritt werden ausgewählte Aspekte familialer Strukturen verglichen, um in einem dritten Schritt kurz eine Gesamtperspektive vorzustellen.

2. Familiengründung im intereuropäischen Vergleich

In den letzten Jahrzehnten lassen sich in den meisten europäischen Ländern drei allgemeine Wandlungen der Familiengründung festhalten: Zum Ersten kam es in vielen Ländern zu einer Entbündelung oder sogar Auflösung des christlich-bürgerlichen Ehe- und Familienmodells, welches eine klare Verknüpfung von Sexualität, Zusammenleben, Kinder haben innerhalb einer definierten Lebensform – der Ehe – vorsah. Zum Zweiten kam es in vielen europäischen Ländern zu einer Verzögerung der Familiengründung, wobei sich dabei teilweise eine vorfamiliale Lebensphase junger Erwachsener verankert hat. Zum Dritten erfuhren die europäischen Länder einen Rückgang der Geburtenhäufigkeit, wodurch sich die demografische Alterung europäischer Bevölkerungen verstärkte. In einigen, wenn auch nicht in allen europäischen Ländern erhöhte sich auch der Anteil kinderlos bleibender Frauen und Männer.

Tabelle 1: Erstheiratsraten von Frauen und Geburten außerhalb der Ehe

	Erstheiratsraten pro 100 ledige Frauen*				**Nichteheliche Geborene, in % aller Lebendgeborenen**				
	1970	1980	1990	2001	1960	1970	1980	1990	2001
Nordeuropäische Länder									
Dänemark	82	53	60	70	8	11	33	46	45
Finnland	94	67	58	59	4	6	13	25	40
Norwegen	96	65	58	51	4	7	15	39	50
Schweden	62	53	55	47	11	19	40	47	56
Estland	104	94	79	40	14	14	18	27	56
Lettland	87	97	92	41	12	11	13	17	42
Litauen	114	94	99	53	7	5	6	7	25
Großbritannien	104	76	63	54	5	8	12	28	40
Irland	108	84	70	59	2	3	5	15	31
Westeuropäische Länder									
Belgien	98	77	72	51	2	3	4	12	17
Deutschland	98	69	64	56	8	7	12	15	23
Frankreich	92	71	56	63	6	7	11	30	43
Luxemburg	88	66	64	48	3	4	6	13	22
Niederlande	106	68	66	54	1	2	4	11	27
Österreich	91	68	58	46	13	13	18	24	33
Schweiz	87	66	74	58	4	4	5	6	11
Mittel- und Osteuropa									
Polen	91	90	91	57	5	5	5	6	13
Ungarn	97	89	77	44	6	5	7	13	30
Tschechische Republik	91	90	99	47	5	5	6	9	24
Slowenien	96	79	51	43	9	9	13	25	39

	Ersttheiratsraten pro 100 ledige Frauen*				Nichteheliche Geborene, in % aller Lebendgeborenen				
Südeuropäische Länder									
Griechenland	106	87	73	52	1	1	2	2	4
Italien	101	78	69	58	2	2	4	7	10
Portugal	121	90	88	68	10	7	9	15	24
Spanien	101	76	69	59	2	1	4	10	18
Bulgarien	97	97	90	51	8	9	11	12	42
Kroatien	87	79	70	67	7	5	5	7	9
Rumänien	84	99	92	62	–	–	–	–	27

* Synthetischer Index der Ersttheiratshäufigkeit lediger Frauen bis 50 Jahre. Ein Wert von mehr als 100 weist auf eine Vorverschiebung der Ersttheiraten hin (Tempo-Effekt). Auch tiefe Werte können durch Tempo-Effekte (Verzögerung von Ersttheiraten) beeinflusst werden.

Quelle: Council of Europe (2003).

Der Prozess einer Entinstitutionalisierung der Ehe spiegelt sich sowohl in erhöhten Scheidungsraten wider als auch in einer vermehrten Häufigkeit vorehelicher Sexualität, nichtehelichen Zusammenlebens, außerehelicher Geburten sowie gesunkener Erstheiratsraten. Dieser Prozess hat weniger zu einer klaren wertmäßigen Ablehnung von Ehe und Familie geführt als dazu, dass klassische Eheauffassungen (Ehe als einzige mögliche Lebensform, Ablehnung vorehelicher Beziehungen und der Ehescheidung) deutlich an Boden einbüßten. Im intereuropäischen Vergleich wird deutlich, „dass die Persistenz der christlich-bürgerlichen Ehemoral in einem Land umso stärker ist, je ausschließlicher die Ehe in früheren Zeiten die einzig legitime Lebensform war" (Höllinger 1992, S. 214). Deshalb sind einige der traditionellen Nord-Süd-Unterschiede im Heiratsverhalten bis heute sichtbar geblieben.

In vielen europäischen Ländern hat sich die Heiratsneigung im Verlauf der letzten Jahrzehnte verringert, was zu reduzierten Erstheiratsraten geführt hat (vgl. Tabelle 1). Am Ende des 20. Jahrhunderts kannten von den 27 berücksichtigten europäischen Ländern nur noch zwei Länder (Griechenland, Portugal) eine weibliche Erstheiratsrate von mehr als 70 Prozent. In sechs Ländern (Schweden, Estland, Lettland, Ungarn, Tschechische Republik und Slowenien) liegt die weibliche Erstheiratsrate unter 50 Prozent. Während in Schweden – dem Vorreiter außerehelicher Lebensformen (vgl. Fridlizius 1979; Granström 1997) – der Rückgang der Erstheiratshäufigkeit im Wesentlichen durch die zunehmende Verbreitung nichtehelicher Lebensgemeinschaften zu erklären ist, ist in den Ländern des ehemaligen Ostblocks – analog zur Entwicklung in den neuen deutschen Bundesländern – auch die mit dem sozial-wirtschaftlichen Umbruch einhergehende Verschiebung des Heiratsalters für tiefe Erstheiratsraten verantwortlich.

Insofern die „Unehelichenquote" einen Hinweis auf die institutionelle Bedeutung der Eheschließung darstellt, lässt sich in den meisten europäischen Ländern eine Entinstitutionalisierung der Ehe beobachten.[1] Die intereuropäischen Unterschiede sind allerdings auch in dieser Hinsicht ausgeprägt, und der Anteil nichtehelicher Geburten variiert zwischen 4 % (Griechenland) und 55 % (Schweden).[2] Während in Dänemark und Schweden auf Grund des frühzeitigen Aufkommens nichtehelicher Lebensgemeinschaften schon 1980 viele außereheliche Geburten gezählt wurden, hat sich in anderen Ländern der Trend zu außerehelichen Geburten erst seit den 1980er Jahren verstärkt. Dies betrifft beispielsweise Länder wie Norwegen, Estland oder Frankreich, Großbritannien sowie Bulgarien, wogegen der Trend in Deutschland oder den Niederlanden weniger markant ausfiel. Einen geringen Anteil von außerehelichen Geburten von weniger als zehn Prozent findet sich heute nur noch in Griechenland, Kroatien und Italien.

Über die Zeit hinweg zeichnet sich eine rasche Erhöhung der Akzeptanz nichtehelicher Geburten ab. So zeigen die „Population Policy Acceptance Surveys", die anfangs der 1990er Jahre in zehn europäischen Ländern durchgeführt wurden folgende Befunde: Auf die Frage „How do you rate the increase in the number of births outside marriage?" äußerten sich in Österreich 58 %, in Tschechien 38 %, in Ungarn 27 %, in Italien 38 %, in

1 Im Gegensatz zu amerikanischen Großstädten ist die zunehmende „Unehelichenquote" in Europa – mit Ausnahme einiger französischer und englischer urbaner Regionen – weniger mit Aspekten wirtschaftlicher Verarmung und sozialer Desintegration verknüpft, sondern primär Ausdruck eines Wertewandels.

2 Der relative Anteil außerehelicher Geburten weist im interregionalen Vergleich eine gewisse historische Kontinuität auf. Die Korrelation zwischen der Unehelichenquote von 1960 und 1999/2000 beträgt r: .55 (N: 26 Länder). Im intereuropäischen Vergleich lässt sich zudem eine negative Korrelation von r: –.51 (N = 27 Länder) zwischen der Unehelichenquote 1999 und den Erstheiratsraten von Frauen 1999 festhalten.

Tabelle 2: Familiale Werthaltungen in ausgewählten Ländern (1997)

	Akzeptanz außerehelicher Geburten*			**Kinder als Lebenssinn****		
	Ja	Nein	k. M.	Ja	Nein	k. M.
Deutschland	90 %	9 %	1 %	49 %	45 %	6 %
Frankreich	91 %	8 %	1 %	73 %	26 %	1 %
Großbritannien	73 %	25 %	2 %	57 %	41 %	2 %
Litauen	75 %	16 %	9 %	82 %	10 %	8 %
Spanien	73 %	21 %	6 %	60 %	35 %	5 %
Ungarn	81 %	16 %	3 %	94 %	6 %	–
Zum Vergleich:						
Kanada	72 %	25 %	3 %	59 %	37 %	4 %
USA	50 %	47 %	3 %	46 %	51 %	3 %

* Do you think it is, or is not, morally wrong for a couple to have a baby if they are not married?

** For you personally, do you think it is necessary or not necessary to have a child at some point in your life in order to feel fulfilled.

Quelle: Gallup Poll „Global Study of Family Values", (Feb.-Mai 1997), vgl. http://www.hi-ho.ne.jp/taku77/refer/valupoll.htm.

den Niederlanden 71 %, in Spanien 53 % und in der Schweiz 55 % indifferent oder zustimmend (vgl. Dorbritz/Fux 1997). Auch die in Tabelle 2 aufgeführten Umfrageergebnisse deuten in den erfassten europäischen Ländern auf eine hohe Akzeptanz außerehelicher Geburten hin, welche in Europa ausgeprägter erscheint als etwa in den USA.

Die verstärkte Ausbreitung nichtehelicher Formen des Zusammenlebens in einer ganzen Reihe europäischer Länder gehört – neben der zunehmenden Zahl von Einpersonenhaushaltungen – zu den öffentlich stark beachteten Wandlungen der Haushalts- und Lebensformen der letzten Jahrzehnte. Allerdings kam es europaweit bisher allerdings nicht zur Konvergenz in der Verbreitung nichtehelichen Zusammenlebens, und es bestehen weiterhin klare Divergenzen in Verbreitung und Form nichtehelicher Lebensgemeinschaften zwischen verschiedenen europäischen Ländern (vgl. Höpflinger 1999). Es ist unbestreitbar, dass der moderne bzw. postmoderne Trend zum nichtehelichen Zusammenleben junger Erwachsener zuerst in skandinavischen Ländern einsetzte, namentlich in Schweden und Island, gefolgt von Dänemark. Etwas später und bis vor kurzem weniger ausgeprägt erfolgte der Trend zum nichtehelichen Zusammenleben in Norwegen und Finnland. In mitteleuropäischen Ländern gewann das nichteheliche Zusammenleben erst in den späten 1980er und frühen 1990er Jahre eine verstärkte Verbreitung, wobei sich sowohl ein Trend zeigte, vermehrt unverheiratet zusammen zu leben als auch länger unverheiratet zu verbleiben. So erhöhte sich beispielsweise in Frankreich der Anteil der nichtehelichen Lebensgemeinschaften, welche nach zehn Jahren noch bestehen blieben (keine Auflösung und keine Heirat) von 4 % (Kohorte 1968-72), auf ca. 30 % (Kohorte 1988-92) (vgl. Toulemon 1996). Weitaus weniger Verbreitung findet das nichteheliche Zusammenleben bisher in Irland und den südeuropäischen Ländern. In Ländern wie Italien oder Spanien sind dafür allerdings nicht nur kulturelle Ehe- und Familiennormen verantwortlich, sondern auch wirtschaftliche Faktoren. So hat namentlich die hohe Jugendarbeitslosigkeit in manchen südeuropäischen Regionen dafür gesorgt, dass junge Frauen und Männer ihr Elternhaus erst vergleichsweise spät verlassen (vgl. Tabelle 3).

In einigen osteuropäischen Ländern hingegen haben sozio-ökonomische Umwälzungen nicht allein zu einer markanten Reduktion der Heiratsraten, sondern teilweise auch zur

Tabelle 3: Alter beim Verlassen des Elternhauses von Geburtskohorten um 1960

	Auszug aus Elternhaus: Medianwerte	
	Männer	Frauen
Belgien	23.3	21.5
Deutschland (Ost)	22.4	20.6
Deutschland (West)	22.4	20.8
Finnland	21.7	19.8
Frankreich	21.5	19.8
Großbritannien	22.4	20.3
Italien	26.7	23.6
Lettland	24.1	21.3
Litauen	20.3	19.8
Niederlande	22.5	20.5
Norwegen	21.4	19.8
Österreich	21.8	19.9
Polen	25.8	22.5
Portugal	24.3	21.8
Schweden	20.2	18.6
Schweiz	21.5	19.2
Slowenien	20.9	20.5
Spanien	25.7	22.9
Tschechische Republik	23.8	21.2
Ungarn	24.8	21.3

Quelle: Billari/Philipov/Baizán (2001).

Anmerkung: Berechnungen auf der Basis von Kaplan-Meier Schätzungen. Die Daten geben das exakte Alter wieder (mit Dezimalstelle).

vermehrten Verbreitung außerehelichen Zusammenlebens beigetragen. Dies ist etwa in Ungarn der Fall, wodurch sich auch der Anteil außerehelicher Geburten deutlich erhöhte. Weniger eindeutig ist der Trend im katholisch geprägten Polen, wo die Ausbreitung nichtehelicher Formen des Zusammenlebens relativ selten blieb (vgl. Holzer/Kowalska 1997).

Bei der Beurteilung nichtehelicher Lebensgemeinschaften sind vier Aspekte zentral: Erstens ist der Anteil von nichtehelichen Lebensgemeinschaften mit Kindern außerhalb Schwedens vielfach gering geblieben. So lebten 58 % der schwedischen Frauen des Geburtsjahrgangs 1959 bei der Geburt ihres ersten Kindes in einer nichtehelichen Lebensgemeinschaft, verglichen mit 26 % der norwegischen Frauen und 8 % der niederländischen Frauen desselben Geburtsjahrgangs (vgl. Granström 1997; Latten/de Graaf 1997; Noack u. a. 1996). Die Ausbreitung nichtehelicher Lebensgemeinschaften hat den Trend zu wenig oder spät geborenen Kindern in verschiedenen europäischen Ländern zusätzlich verstärkt. Zweitens liegt das „Scheidungsrisiko" einer nichtehelichen Lebensgemeinschaft über demjenigen verheirateter Paare gleichen Alters und gleicher Kinderzahl (wie etwa englische Kohortendaten belegen, vgl. Berrington/Diamond 1999). Das Aufkommen nichtehelicher Formen des Zusammenlebens hat die Dynamisierung der Lebens- und Familienbiografien zusätzlich beschleunigt. Dies gilt selbst für Länder wie Schweden, in denen nichteheliche Paare sozusagen die Normsituation darstellen (vgl. Meisaari-Polsa 1997; Olah 2000). Drittens hat sich die Ausbreitung nichtehelicher Paarbeziehungen (sei es in Form langjähriger Partnerbeziehungen, sei es in Form vorehelichen Zusammenlebens) als weitaus weniger innovativ erwiesen als ursprünglich angenommen. Zwar existieren für einige Zeitperioden und/oder einige Länder (für Deutschland vgl. Meyer/Schulze 1988) Hinweise darauf, dass ein nichteheliches Zusammenleben vorherrschende Geschlechtsrollennormen und geschlechtsspezifische Formen der Verteilung von Hausarbeit aufweicht, doch ist insgesamt vor allem bemerkenswert, wie eheähnlich sich viele nicht verheiratete Paare verhalten. Entsprechend fand sich in neueren multivariaten Analysen deutscher Paare kein Beleg dafür, dass die Arbeitsteilung in nichtehelichen Lebensgemeinschaften weniger traditionell ist als in Ehen (vgl. Künzler 1999). Ein vierter Aspekt kann darin gesehen werden, dass vielfach der Entscheid zur Elternschaft, also die Verwirklichung des Kinderwunsches, Partner zur Formalisierung der Beziehung motiviert (vgl. Fux/ Baumgartner 1998).

Vorfamiliale Paarbeziehungen, aber auch eine verlängerte Phase des Alleinlebens bei jungen Frauen und Männern sowie in einigen Ländern in den 1990er Jahren ein längeres Verbleiben junger Menschen im Elternhaus[3] haben in den meisten europäischen Ländern zu einer Verzögerung der Familiengründung geführt. Dies wird insbesondere in einer Erhöhung des durchschnittlichen Alters von Frauen bei der Geburt eines ersten Kindes sichtbar, wie die Angaben in Tabelle 4 verdeutlichen.

Gegenwärtig zeigt sich nur noch in vier europäischen Ländern (Estland, Litauen, Bulgarien, Rumänien) ein durchschnittliches Erstgeburtsalter von unter 24 Jahren. In allen übrigen aufgeführten Ländern hat sich die Familiengründung klar verzögert, wobei neben westeuropäischen Ländern – wie Deutschland, Frankreich, Niederlande, Schweiz – heute auch einige südeuropäische Länder (Italien, Spanien) ein hohes Erstgeburtsalter von über 28 Jahre kennen.

Die Ursachen der verzögerten Familiengründung variieren allerdings je nach Region, untersuchter Zeitperiode und sozialem Milieu. Vereinfacht dargestellt lassen sich primär folgende Hauptelemente für eine verzögerte Familiengründung beobachten: So ist die spätere Familiengründung eindeutig mit der Bildungsexpansion der letzten Jahrzehnte, und namentlich dem Ausbau der Bildungschancen junger Frauen assoziiert, wie dies beispielsweise Blossfeld u. a. (1989, 1992) für Deutschland und Italien illustrieren. Gleichzeitig ist die verzögerte Familiengründung speziell in wohlhabenden urbanen Regionen bzw. Milieus mit dem Aufkommen einer „verlängerten Jugendphase" in Verbindung zu bringen. Junge Erwachsene erleben vor der Familiengründung oft eine mehr oder weniger ausgedehnte Lebensphase, in der zwischen verschiedenen Haushalts- und Lebensformen gewechselt wird (vgl. Manting u. a. 1993). Dieses Muster einer verlängerten „Jugend" (selbstständiges Leben ohne familiale Verantwortung) findet sich primär in den höheren sozialen Schichten urbaner Gebiete. Am stärksten durchgesetzt hat sich das Muster „verlängerter Jugend" bzw. einer Post-Adoleszenz (vgl. Béjin 1988) bisher in den nord- und westeuropäischen Ländern, wogegen es in Irland und manchen südeuropäischen Regionen seltener auftritt. In diesem Rahmen hat neben der nichtehelichen (kinderlosen) Lebensgemeinschaft auch ein temporäres Alleinleben junger Erwachsener an Bedeutung gewonnen. In großstädtischen Verhältnissen ist das Alleinleben junger Erwachsener teilweise mit dem subkulturellen Signet einer Singlebewegung versehen (vgl. Gräbe 1994; Kaufmann 1994; Hradil 1995). Andererseits haben auch steigende Wohnkosten und massive Jugendarbeitslosigkeit zu einer Verschiebung der Familiengründung beigetragen, dies gilt etwa für süd- und osteuropäische Länder sowie für untere Sozialschichten etwa in Frankreich und Großbritannien. Speziell in den 1990er Jahren ist die verzögerte Familiengründung somit nicht

3 Dies ist insbesondere in südeuropäischen Ländern der Fall. So lebten 1996 44 % der Frauen im Alter 25-29 J. in Griechenland, Italien und Spanien noch mit ihren Eltern, verglichen mit 11 % in Frankreich, Deutschland und Großbritannien (vgl. Pinnelli 2001, S. 59).

Tabelle 4: Durchschnittliches Alter von Frauen bei Geburt eines ersten Kindes

	Durchschnittliches Alter von Frauen bei der Geburt eines ersten Kindes					
	1980	1985	1990	1995	2001	Def.
Nordeuropäische Länder						
Dänemark	24.6	25.7	26.4	27.4	–	RB
Finnland	25.6	25.9	26.5	27.2	27.5	RB
Norwegen	–	–	25.6	26.4	27.0	RB
Schweden	25.3	26.1	26.3	27.2	28.2	RB
Estland	23.2	23.3	22.9	23.0	24.0	RB
Lettland	22.9	23.0	23.0	23.3	24.6	RB
Litauen	23.8	24.1	23.2	23.1	24.1	RB
Großbritannien	–	–	27.3	28.3	29.1	RM
Irland	25.5	26.1	26.6	27.3	28.0	RB
Westeuropäische Länder						
Deutschland	25.0	26.1	26.6	27.5	28.2	RM
Frankreich	25.0	25.9	27.0	28.1	28.7	RM
Luxemburg	–	–	–	27.9	28.3	RM
Niederlande	25.7	26.6	27.6	28.4	28.6	RB
Österreich	–	24.3	25.0	25.6	26.5	RB
Schweiz	26.3	27.0	27.6	28.1	28.8	RM
Mittel- und Osteuropa						
Polen	23.4	23.5	23.3	23.8	24.8	RB
Ungarn	22.4	22.8	23.1	23.8	25.3	RB
Tschechische Republik	22.4	22.4	22.5	23.3	25.3	RB
Slowenien	22.8	23.1	23.7	24.9	29.1	RB
Südeuropäische Länder						
Griechenland	24.1	24.5	25.5	26.6	27.3	RB
Italien	25.0	25.9	26.9	28.0	–	RB
Portugal	24.0	24.2	24.9	25.8	26.7	RB
Spanien	25.0	25.8	26.8	28.4	29.1	RB
Bulgarien	21.9	21.9	22.2	22.4	23.1	RB
Kroatien	22.8	23.6	24.1	25.0	25.5	RB
Rumänien	22.4	22.6	22.6	23.0	23.6	RB

RM: 1. Geburt innerhalb aktueller Ehe,
RB: 1. Geburt insgesamt, unabhängig vom Ehestatus.
Quelle: Council of Europe (2003).

in allen Regionen bzw. Sozialmilieus als Ausdruck post-materialistischer Werthaltungen zu interpretieren, sondern es handelt sich dabei auch um eine intergenerationelle Anpassung an wirtschaftliche Notlagen junger Menschen in Ländern mit wenig ausgebauter Familienpolitik (vgl. Flaquer 2000).

Eine späte Familiengründung sowie der Durchbruch des Modells der Kleinfamilie mit höchstens zwei bis drei Kindern haben europaweit zu tiefen Reproduktionsraten geführt, wodurch alle europäischen Länder eine klare demografische Alterung erfahren bzw. erfahren werden. Momentan ist die Netto-Reproduktionsrate einzig in Albanien höher als zur demografischen Bestandserhaltung notwendig ist. Vergleichsweise hohe Fertilitätsraten (von mehr als 1.70) weisen neben Irland – einem traditionell kinderreichen Land – auch einige skandinavische Länder (Dänemark, Finnland, Norwegen) sowie Frankreich auf.[4] Sehr tiefe Fertilitätsraten (von weniger als 1.25) weisen hingegen Italien, Spanien sowie Lettland, Slowenien und die Tschechische Republik auf.

Je nach Region spiegeln die geringen Fertilitätsraten einerseits den Durchbruch post-materialistisch geprägter Werthaltungen zu Familien und Kindern wider, andererseits aber auch die Folgewirkungen sozialer und wirtschaftlicher Umbrüche, welche eine Familiengründung erschweren. In osteuropäischen Ländern sanken die Geburtenraten vor allem nach dem Zusammenbruch des Ostblocks und den damit einhergehenden sozialen und wirtschaftlichen Umbrüchen. In den wohlhabenderen Regionen Europas ist das geringe Geburtenniveau hingegen eher mit veränderten Wahrnehmungen der Vor- und Nachteile von Kindern assoziiert. Aspekte wie emotional-affektive Beziehung, Intimität und Stimulation gehören zu den Werten, die betont werden, wenn junge Eltern nach den „Vorteilen" von Kindern gefragt werden (vgl. Fux/Höpflinger 1992). Diese post-materialistischen Motive für Kinder sind auch Motive, welche mit zur zahlenmäßigen Einschränkung der Familiengröße beitragen. Der Trend zu wenig Kindern wird zudem durch die hohen direkten und indirekten ökonomischen Kosten von Kindern weiter gefestigt.

Wie die Angaben in Tabelle 2 aufzeigen, variieren die Werthaltungen gegenüber Kindern auch innerhalb Europas, wie der Vergleich zwischen Deutschland und Frankreich illustriert: Während in Frankreich 73 % der befragten Bevölkerung den Wert von Kindern als Lebenssinn bejahen, sind es in Deutschland nur 49 %. Die unterschiedlichen Werthaltungen finden ihre Entsprechung nicht nur in unterschiedlichen Fertilitätsraten, sondern auch in bedeutsamen Unterschieden der Kinderlosigkeit: Während um die 24 % der 1960 geborenen Frauen in Deutschland kinderlos bleiben, sind dies in Frankreich nur 10 % (vgl. Pinnelli u. a. 2001). Im intereuropäischen Vergleich fällt auf, dass Deutschland – zusammen mit der Schweiz – die höchste endgültige Kinderlosigkeit aufweist (vgl. auch Prioux 1993). In anderen europäischen Ländern – Niederlande, Großbritannien, Schweden – lässt sich zwar ebenfalls feststellen, dass die neueren Geburtsjahrgänge häufiger kinderlos verbleiben, aber der Trend zur endgültigen Kinderlosigkeit ist in diesen Ländern weniger ausgeprägt. Während der Trend zu wenig Kindern bzw. der Durchbruch der Kleinfamilie ein europaweiter Trend darstellt, ist der Trend zu einer Abkehr von Familie (im Sinne einer selbstgewählten Kinderlosigkeit) länderspezifisch geprägt.[5]

3. Familienstrukturen – einige intereuropäische Vergleiche

Während die institutionellen Aspekte von Ehe und Familie eine Einbuße erlebten, gewannen die privaten, intimen und affektiven Aspekte familialen Lebens weiter an Bedeutung. Europaweit kam es zu einer Verschiebung von der „Institution Familie" zur verstärkten Gewichtung der individuellen Teilbeziehungen zwischen Familienmitgliedern; ein Prozess, der eng mit dem Trend zu partnerschaftlichen Familienstrukturen verknüpft ist.[6] Bezüg-

4 Schweden erlebte zu Beginn der 1990er Jahre einen „Baby Boom", und in Frankreich zeichnet sich 2003 ein „Baby-Boom" ab.

5 Ein Faktor, der diesbezüglich mitspielt, sind ausgeprägte Unvereinbarkeiten von Berufs- und Familienleben, etwa aufgrund mangelhafter familienexterner Kinderbetreuung. Entsprechend kann eine Zunahme der Kinderlosigkeit in einigen Ländern ein vorübergehender Trend sein, bis Sozialpolitik und Arbeitswelt stärker auf die Interessen junger Mütter Rücksicht nehmen.

6 Die wirtschaftlichen Umbrüche der 1990er Jahre haben allerdings einige institutionelle Aspekte von Fami-

lich familialer Strukturveränderungen sind vor allem drei Trends anzuführen: Erstens erhöhte sich namentlich in west- und südeuropäischen Ländern die Frauenerwerbstätigkeit – und damit vielfach auch die Erwerbstätigkeit von Müttern –, womit familial-berufliche Vereinbarkeitsfragen und Formen außerfamilialer Kinderbetreuung an Aktualität gewannen. Zweitens wurden patriarchale Familiennormen zurückgedrängt, wobei jedoch Ungleichheiten der geschlechtsspezifischen familialen Arbeitsteilung weiterhin ausgeprägt blieben. In einem gewissen Sinn ergab sich ein asymmetrischer familial-beruflicher Rollenwandel, da die erhöhte Erwerbstätigkeit von Familienfrauen nicht von einer parallelen Erhöhung familialer Arbeiten seitens von Männern begleitet war. Drittens erhöhte sich in nahezu allen europäischen Ländern die Scheidungshäufigkeit, wodurch auch Ein-Eltern- und Fortsetzungsfamilien bedeutsamer wurden. Sachgemäß unterliegen diese familialen Strukturwandlungen milieu- und regionalspezifischen Differenzen, die auch in nationalen Unterschieden sichtbar werden.

Alle west- und südeuropäischen Länder erfuhren in der einen oder anderen Form steigende weibliche Erwerbsquoten, wobei das Familienmodell mit vollberuflicher Hausfrau und Mutter seltener wurde. Allerdings ist auch eine vollständig gleich bleibende Erwerbsarbeit – unabhängig von Kinderzahl – noch kaum die Norm. Sehr häufig sind vielmehr diskontinuierliche Erwerbsverläufe, bei denen Frauen ihre Erwerbsarbeit zeitweise zu Gunsten der Haus- und Familienarbeit unterbrechen oder zumindest zeitlich einschränken (vgl. Kempeneers/Lelièvre 1993). Die aktuelle europäische Lage ist sowohl durch eine Vielfalt unterschiedlicher familial-beruflicher Frauenbiografien innerhalb eines Landes als auch durch interregionale Variationen der Erwerbstätigkeit von Müttern mit jüngeren Kindern charakterisiert. In skandinavischen Ländern beispielsweise ist eine kontinuierliche Erwerbstätigkeit von Frauen mit Kleinkindern sehr häufig, wobei der Anteil der Teilzeitarbeit auch in dieser Region je nach Land stark variiert.[7] In Deutschland, Frankreich, Schweiz oder Italien wird die Erwerbsarbeit beim Vorhandensein eines Kleinkindes weiterhin häufig unterbrochen oder massiv eingeschränkt.

Die Angaben in Tabelle 5 verdeutlichen die Unterschiede im Erwerbsverhalten je nach Haushaltstyp: Alleinlebende Frauen oder Frauen in einem kinderlosen Paarhaushalt sind – mit Ausnahme von Griechenland – großmehrheitlich erwerbstätig. Aufgrund unterschiedlicher familien- und sozialpolitischer Unterstützung variiert hingegen die Erwerbsquote allein erziehender Mütter; ein Unterschied, der etwa im Vergleich von Frankreich und Deutschland auffällt. In Ländern wie Deutschland, Finnland oder der Schweiz sind auch Frauen mit Kindern im Alter von 7 Jahren und älter zumeist erwerbstätig, wenn auch teilweise in Teilzeitarbeit. Die Erwerbstätigkeit von Frauen mit kleineren Kindern (jünger als 7 Jahre) liegt – mit Ausnahme Portugals – klar unter dem Niveau kinderloser Frauen. Dies gilt namentlich für Deutschland, Frankreich, Italien und Griechenland. Eine niederländische Studie deutet darauf hin, dass eine geringe Erwerbsquote junger Mütter das kombinierte Ergebnis wirtschaftlichen Wohlstands (erleichtert die Existenz von Ein-Verdiener-Familien) als auch bürgerlicher Familiennormen (Betonung der Mutterpflichten) darstellt (vgl. Henkens u. a. 1993). So gesehen spiegelt eine relativ geringe Muttererwerbstätigkeit eine Übergangsphase wider, in welcher wirtschaftlicher Wohlstand die Verwirklichung des klassischen bürgerlichen Familienmodells (mit vollberuflicher Mutter) ermöglicht, bevor

lienbeziehungen – namentlich soziale Absicherung und Unterstützung – wiederum verstärkt, vor allem in Ländern, welche einen Abbau sozialstaatlicher Sicherung erfuhren.

7 So ist beispielsweise der Anteil teilzeitlich erwerbstätiger Frauen in Finnland wesentlich geringer als jener in Schweden oder Norwegen.

Tabelle 5: Frauenerwerbsquoten nach Haushaltstypen im Vergleich europäischer Länder 1998 bis 2000

A) Frauen ohne und mit Kindern 1998 bis 2000			
	%-Anteil erwerbstätig		
	Frauen* ohne Kinder im Alter 0-5 Jahre	Mindestens 1 Kind im Alter bis 5 J.*	Teilzeitarbeit in % aller erwerbst. Frauen*
Belgien	66 %	67 %	33 %
Deutschland	74 %	50 %	36 %
Frankreich	73 %	57 %	32 %
Griechenland	55 %	50 %	11 %
Großbritannien	79 %	55 %	45 %
Irland	60 %	46 %	30 %
Italien	53 %	46 %	14 %
Luxemburg	62 %	49 %	23 %
Niederlande	73 %	61 %	68 %
Österreich	76 %	67 %	30 %
Portugal	74 %	72 %	17 %
Spanien	48 %	41 %	17 %

* Frauen im Alter von 25 bis 49 Jahren

B) Detailliertere Betrachtung 1998 bis 2000					
	Haushaltstypus von 20- bis 50-jährigen Frauen:				
	Allein-lebend	Allein-erziehend	Paar ohne Kinder	Paar mit Kind –7 J.*	Paar mit Kind +7 Jahre
%-erwerbstätig:					
Deutschland	97 %	89 %	95 %	53 %	82 %
Finnland	85 %	83 %	93 %	63 %	95 %
Frankreich	91 %	66 %	80 %	55 %	59 %
Griechenland	86 %	61 %	60 %	39 %	44 %
Italien	–	–	88 %	57 %	60 %
Niederlande	92 %	67 %	77 %	61 %	58 %
Portugal	80 %	79 %	73 %	73 %	74 %
Schweiz	94 %	88 %	90 %	63 %	76 %

* Paar mit mindestens einem Kind unter sieben Jahren.

Quellen: OECD (2000), Richter (2001), Strub/Bauer (2002), Willemsen (2001).

der mit Wohlstand einhergehende sozio-kulturelle Wandel eine verstärkte Erwerbsorientierung von Frauen stimuliert.

Die erhöhte weibliche Erwerbstätigkeit – und speziell die Erwerbstätigkeit von Müttern – hat das Problem einer Doppelbelastung und von Zeit- und Rollenkonflikten für viele Familienfrauen verschärft. Auch dies wirkt als Motiv, die Familiengründung zu verzögern und wenig Kinder zu haben. Der Effekt zunehmender weiblicher Erwerbstätigkeit auf die familialen Strukturen ist allerdings umstritten. Eine Erwerbstätigkeit der Ehefrau kann einerseits ihre Unabhängigkeit stärken und einen relativen Machtverlust des Ehemannes implizieren. Andererseits ergibt sich auf Grund des zusätzlichen Einkommens ein Wohlstandsgewinn, welcher die Qualität des Familienlebens zu erhöhen vermag. Die zunehmende Erwerbstätigkeit von Ehefrauen und Müttern ist damit sowohl Ursache als auch Folge eines Wandels zu neuen Familienbeziehungen.

Allerdings hat sich trotz erhöhter Frauenerwerbstätigkeit und einem Trend zu partnerschaftlichen Familienmodellen die innerfamiliale Arbeitsteilung weniger rasch geändert als erwartet. Zwar hat die relative Mithilfe von Männern an den Haus- und Familienarbeiten vor allem in Nord- und Mitteleuropa in den letzten zwei Jahrzehnten allmählich zugenommen, aber die Angleichung der familialen Arbeitsteilung verlief in allen Ländern nur langsam (vgl. Künzler 1995). Partnerschaftliche Familien, in denen sich Frau und Mann in egalitärer Weise Familien- und Hausarbeit teilen, sind weiterhin eine Minderheit, namentlich außerhalb Skandinaviens. Selten ist auch eine familiale Rollenumkehr (Frau ist erwerbstätig, Mann kümmert sich vollberuflich um Haushalt und Kinder). Noch zu Beginn der 1990er Jahre betrug der Anteil der Frauenarbeit an der unbezahlten Haus- und Familienarbeit Europas 70 % bis 80 %, wobei der Wert der unbezahlten Haushaltsproduktion auf zwischen 30-50 % des offiziell ausgewiesenen Bruttosozialproduktes geschätzt wurde (vgl. Chadeau 1992). In den 1990er Jahren erhöhte sich der relative Anteil von Männern an der Kinderbetreuung teilweise. Gleichzeitig wurde in verschiedenen Ländern die außerfamiliale Kinderbetreuung ausgebaut (vgl. Kaufmann u. a. 2002).

Die Daten in Tabelle 6 illustrieren, dass auch gegen Ende der 1990er Jahre der Zeitaufwand von Müttern für die Kinderbetreuung deutlich über dem Zeitaufwand der Väter lag, namentlich in der Familienphase mit Kleinkindern. In allen berücksichtigten europäischen Ländern übernehmen Mütter weiterhin das 1.7fache bis 2fache der Väter. In Familien mit Schulkindern gleichen sich die Verhältnisse etwas an, primär, weil der gesamte Zeitaufwand für Kinderbetreuung durch schulische Betreuung reduziert wird.

Tabelle 6: Zeitaufwand für Kinderbetreuung im Vergleich europäischer Länder 1998 bis 2000

	Zeitaufwand für Kinderbetreuung (Stunden pro Woche, aufgerundete Zahlen)					
	Paar mit mindestens 1 Kind –7 Jahre			Paar mit Kind(ern) + 7 Jahre		
	Frauen	Männer	F/M	Frauen	Männer	F/M
Deutschland	38	23	1.7	21	16	1.3
Finnland	32	17	1.9	7	5	1.4
Frankreich	26	13	2.0	7	6	1.2
Griechenland	37	20	1.9	15	11	1.4
Italien	36	20	1.8	7	7	1.0
Niederlande	26	13	2.0	9	5	1.8
Portugal	22	12	1.8	4	2	2.0
Schweiz	24	14	1.7	9	8	1.1

F/M: Verhältnis Frauenarbeit zu Männerarbeit.

Quellen: Strub/Bauer (2002), Willemsen (2001).

4. Familienauflösung, Ein-Eltern- und Fortsetzungsfamilien

Eine Entwicklung, welche die Entinstitutionalisierung der Ehe und den damit zusammenhängenden familialen Wandel in besonders deutlicher Weise markiert, ist die erhöhte Scheidungshäufigkeit. Faktisch alle europäischen Länder erfuhren in den letzten Jahrzehnten eine markante Zunahme der Scheidungshäufigkeit, wobei der Anstieg der Scheidungshäufigkeit in verschiedenen Ländern schon vor den entsprechenden Gesetzesrevisionen einsetzte (vgl. Sardon 1986). In nordeuropäischen Ländern, aber auch in Großbritannien überschritt die Scheidungshäufigkeit schon Ende der 1980er Jahre den Wert von 40 %, um sich in den 1990er Jahren teilweise weiter zu erhöhen oder zumindest auf einem hohen Niveau zu stabilisieren. In den mitteleuropäischen Ländern erfolgte der Anstieg der Scheidungshäufigkeit leicht später, aber gegenwärtig liegt die Scheidungshäufigkeit sowohl in Belgien, Frankreich, den Niederlanden als auch in Deutschland, Österreich, Ungarn und der Schweiz bei 40 % oder höher. Geringer – gut 20 % – ist die Scheidungshäufigkeit in Polen, Slowenien, aber auch in Spanien, Portugal, Bulgarien und Rumänien. Eine weiterhin geringe Scheidungshäufigkeit (10 %) zeigt sich in Griechenland und Italien.[8] Wie in anderen familialen Bereichen zeigt sich auch bei der europäischen Scheidungsentwicklung weiterhin ein gewisser Nord-Süd-Unterschied. Dabei sind kirchlich-religiöse Faktoren – wie Kirchenbesuch – und die historische Entwicklung von Ehe- und Scheidungsregelungen für die Akzeptanz von Scheidungen bis heute relevant geblieben (vgl. Gelissen 2002). Im intereuropäischen Vergleich lassen sich deshalb die höchsten Scheidungsziffern insgesamt in den europäischen Ländern beobachten, in denen der Durchbruch neuer Lebens- und Familienformen am stärksten war.[9]

Aus soziologischer Perspektive ist ein wesentlicher Faktor der erhöhten Scheidungshäufigkeit der grundlegende Wandel des Ehe- und Familienmodells: Anstelle eines institutionell geprägten Ehe- und Familienmodells trat ein partnerschaftliches Ehe- und Familienmodell, das primär die gegenseitige, aber individualisierte Intimität und Solidarität der Familienangehörigen (Paar, Kinder) betont. Insofern gegenseitige Liebe und Verständnis als die Basis der modernen Zweierbeziehung betrachtet werden, impliziert das Verschwinden der emotional-affektiven Basis die grundsätzliche Möglichkeit einer Trennung dieser Beziehung. Gleichzeitig hat der allgemeine Rückgang bindender Werte die Idee einer Unauflöslichkeit der Ehe aufgebrochen. Während Frauen vormals bei schlechten Eheverhältnissen ihre Hoffnung aufgaben, halten sie heute „an ihren Hoffnungen fest – und geben die Ehe auf" (Beck-Gernsheim 1986, S. 224). So betrachtet ist die erhöhte Scheidungshäufigkeit kein Hinweis auf einen Bedeutungsschwund von Paarbeziehungen, sondern „in der Hauptsache ein indirektes Kompliment an das Ideal der modernen Ehe und gleichermaßen ein Zeugnis für deren Schwierigkeiten" (Berger/Berger 1984, S. 202). Neben Wertewandel haben in den 1990er Jahren auch wirtschaftliche Krisen und soziale Desintegrationsprozesse in verschiedenen sozialen Milieus zu den Eheauflösungen beigetragen.

Neuere Untersuchungen (vgl. Prskawetz u. a. 2002) zeigen, dass auch die Bildung von Fortsetzungsfamilien eng mit dem Scheidungsverhalten verknüpft ist. Die höchsten Wiederverheiratungsanteile nach einer Scheidung werden in Schweden, gefolgt von Estland und Lettland beobachtet. Aber auch in Norwegen, der Schweiz, Finnland und Österreich sind Zweitehen häufig. In Belgien sowie den südeuropäischen Ländern aber auch in Polen sind Fortsetzungsfamilien selten. In Tabelle 7 werden die „union progression ratios" wiedergegeben. Die erste Kolonne stellt den Anteil der Fortsetzungsfamilien in Relation zu allen Erstehen dar. Die zweite Kolonne illustriert die Wiederverheiratungsquote der geschiedenen Erstehen. Die Prävalenz für Fortsetzungsehen ist somit einerseits in Schweden und andererseits in einigen der ehemaligen Ostblockländer hoch.

8 In Italien fällt allerdings auf, dass viele Ehepaare getrennt leben. Werden die getrennt lebenden Paare zu den geschiedenen Paaren hinzugezählt, kann die „faktische Scheidungshäufigkeit" auf gegen 20 bis 25 % geschätzt werden.

9 So zeigt sich im intereuropäischen Vergleich (N = 26) eine Korrelation von r: 0.53 zwischen dem Anteil außerehelicher Geburten und dem Index der Scheidungshäufigkeit.

Tabelle 7: Indikatoren des Übergangs von Erst- zu Zweitehen bis zum Alter 35 für die Geburtskohorten 1952-1959

	Anteil derjenigen, die bis zum Alter 35 eine zweite Lebensgemeinschaft eingehen:	
	Bezogen auf alle, die eine Erstehe eingegangen sind:	Bezogen auf alle, welche die Erstehe aufgelöst haben
Estland	25	73
Finnland	17	67
Lettland	21	62
Litauen	9	40
Norwegen	18	66
Schweden	28	77
Belgien	7	53
Frankreich	13	61
Deutschland (West)	16	68
Deutschland (Ost)	16	67
Österreich	16	64
Schweiz	17	63
Italien	2	37
Spanien	4	48
Polen	4	43
Slowenien	8	69
Tschechische Republik	16	71
Ungarn	15	61

Quelle: Prskawetz u. a. (2002).

Die Folgen einer Scheidung sowie einer eventuellen Wiederverheiratung der Eltern für die Kinder hängen von verschiedenen Faktoren ab (soziale Akzeptanz einer Scheidung, Art und Weise des Familienkonfliktes vor der Scheidung, Alter der Kinder bei der Scheidung, soziale und sozialpolitische Unterstützung allein erziehender Mütter usw.). In allen europäischen Ländern liegt das Armutsrisiko von allein Erziehenden und ihrer Kinder wesentlich höher als bei Paarfamilien (vgl. Rainwater/Smeeding 1994). Scheidung gehört zumindest kurzfristig, teilweise aber auch langfristig zu den signifikanten Armutsrisiken in europäischen Gesellschaften. Das Ausmaß der Einkommensverschlechterung auf Grund einer Scheidung variiert allerdings je nach den sozial- und familienpolitischen Rahmenbedingungen. So ist die relative wirtschaftliche Lage allein erziehender Mütter (und ihrer Kinder) in skandinavischen Ländern, aber auch in Österreich dank ausgebauter sozialstaatlicher Unterstützung deutlich besser als etwa in Großbritannien, Italien und Deutschland; drei Länder, in denen selbst erwerbstätige allein Erziehende relativ hohe Armutsquoten aufweisen (vgl. Förster 2000).

Entsprechend der erhöhten Scheidungshäufigkeit hat sich sachgemäß auch das Risiko von Kindern erhöht, bis zur Volljährigkeit mindestens zeitweise getrennt vom Vater zu leben (vgl. Heuveline/Timberlake 2002). Dies illustriert beispielsweise auch eine französische Studie: Waren von den 1966-70 geborenen Kinder nur ein Sechstel von diesem Schicksal betroffen, trifft es bei den in den 1980er Jahren geborenen Kindern jedes vierte Kind (vgl. Festy 1994).

An Bedeutung gewonnen haben auch Fortsetzungsfamilien. Allerdings sind die statistischen Angaben zu Fortsetzungsfamilien lückenhaft, da ein bedeutender Teil der zweiten Beziehungen nicht durch eine Heirat formalisiert wird. Zudem sind Fortsetzungsfamilien in ihrer Form, Zusammensetzung und den gegenseitigen Verwandtschaftsbeziehungen sehr vielfältig. Daher sind rekonstituierte Familien – in denen biologische und soziale Elternschaft zumindest für einen Elternteil auseinander fallen – in besonderem Maße durch das Fehlen klarer Normen und Regeln gekennzeichnet (vgl. Meulders-Klein u. a. 1998). Heute sind Fortsetzungsfamilien primär die Folge einer Scheidung. Damit erlebt der überwiegende Teil der heutigen „Stiefkinder" nicht den physischen Verlust eines Elternteils – wie es die ursprüngliche Wortbedeutung[10] nahe legt, im Gegenteil: es wird zu einem „elternreichen" Kind, welches häufig Problemen einer doppelten Loyalität unterliegt (z. B. Loyalität zum sozialen vs. biologischen Vater, Loyalität zu Großeltern väterlicherseits bzw. Großeltern seitens des Stiefvaters usw.).

Tabelle 8 vermittelt einige (Querschnitts-)Informationen zur Verteilung von Familien auf diverse Familienformen in verschiedenen europäischen Ländern.

Tabelle 8: Verteilung von Zwei-Eltern-, Ein-Eltern-, Stief- und Pflegefamilien

	Zwei-Eltern-Familien	Ein-Eltern-Familien		Stief-familien	Pflege-familien
		mit Mutter	mit Vater		
Griechenland	86	10	1	1	2
Großbritannien	78	14	2	6	1
Irland	89	8	1	1	1
Lettland	76	15	1	6	2
Niederlande	91	6	1	2	0
Norwegen	81	11	2	5	1
Österreich	81	13	1	3	2
Portugal	86	8	1	2	3
Slowenien	90	7	1	2	0
Tschech. Rep.	85	9	1	5	1
Ungarn	89	6	0	4	1

Quelle: Hampden-Thompson/Pong (2002).
Anmerkung: Alle Angaben sind gewichtet.

Insgesamt hat die erhöhte Scheidungshäufigkeit den Trend zu kleinen Lebens- und Haushaltseinheiten weiter verstärkt, da auch Fortsetzungsfamilien das Modell einer Kleinfamilie nur selten durchbrechen. Assoziative Gruppierungen von Erwachsenen und Kindern zu größeren Familieneinheiten oder umfassenderen Eltern-Kind-Gruppen sind in allen europäischen Ländern selten geblieben. Neben „sekundär Alleinlebenden" (d. h. Alleinlebende nach Scheidung) hat sich insbesondere die Zahl von Ein-Eltern-Familien und – auf Grund der Neugruppierung von Familienkernen – auch die Zahl von Fortsetzungsfamilien in unterschiedlichen Formen europaweit erhöht.

Wie kein anderer familialer Wandel hat die erhöhte Scheidungshäufigkeit und ihre Folgen (mehr Ein-Eltern- und Fortsetzungsfamilien sowie mehr Alleinlebende) zur Diversifikation von Lebens- und Familienverläufen und zur Relativierung der Vorstellung einer „Normalfamilie" geführt. Entsprechend zeigt sich daher in einigen, aber nicht in allen europäischen Ländern[11] eine gewisse Pluralisierung von Lebensformen, wobei diese „Pluralisierung" häufig das Ergebnis unfreiwilliger Prozesse darstellt. „Die größte Heterogenität in

10 „Stief" kommt vom Mittelhochdeutschen und hatte ursprünglich die Bedeutung von „beraubt".
11 Gemäß der Analyse von Wagner u. a. (2001, S. 71) ist beispielsweise in Deutschland die „Pluralität der Lebensformen in den 90er-Jahren kaum höher als in den 70er-Jahren."

den Lebensformen kann für Großbritannien bzw. Dänemark, die größte Konzentration auf bestimmte Lebensformen für Irland und Spanien nachgewiesen werden" (Wagner u. a. 2001, S. 71).

5. Spätere Phasen des Ehe- und Familienlebens

Die späteren Phasen des Ehe- und Familienlebens wurden in der Familienforschung lange Zeit eher vernachlässigt. Entsprechend sind intereuropäische Vergleiche zu späten Familienphasen bzw. zu intergenerationellen Beziehungen im späteren Leben dünn gesät, obwohl diese Thematik auf Grund der steigenden demografischen Alterung immer bedeutsamer wird, etwa bezüglich der Gestaltung der Alterspflege (vgl. Kendig u. a. 1992). Wie in anderen familialen Phasen sind auch in späteren Familienphasen, namentlich bei den verwandtschaftlichen Generationenbeziehungen, sozio-kulturelle Unterschiede innerhalb Europas weiterhin sichtbar. So ist die Enge der intergenerationellen verwandtschaftlichen Beziehungen in südeuropäischen und teilweise auch in osteuropäischen Ländern etwas ausgeprägter als in nordeuropäischen Ländern (vgl. Höllinger/Haller 1990). Das im Rahmen des deutschen Alterssurvey 1996 festgestellte Muster der „Intimität auf Abstand" (gute soziale Beziehungen zwischen den Generationen, aber zumeist getrenntes Haushalten) (vgl. Kohli u. a. 2000; Szydlik 2000) findet sich zwar auch in südeuropäischen Ländern, allerdings sind in diesen Ländern Mehrgenerationen-Haushalte noch häufiger. So lebten in Italien Mitte der 1990er Jahre gut 30 % der unverheirateten älteren Frauen mit bzw. bei ihren Kindern (vgl. Tomassini/Wolf 1999). Analoges zeigt sich in Spanien, wo 1998 um die 37 % der über 65-jährigen Bevölkerung mit bzw. bei ihren Kindern wohnten (vgl. Meil Landwerlin 2002). Im Vergleich dazu leben in Deutschland und der Schweiz maximal 10 % aller älteren Menschen im gleichen Haushalt wie eines ihrer Kinder (vgl. Höpflinger/Stuckelberger 1999; Nave-Herz 2002).

Auf dem Hintergrund unterschiedlicher sozio-kultureller Traditionen verwandtschaftlicher Beziehungen erfuhren allerdings alle europäischen Länder auf Grund der erhöhten Lebenserwartung und reduzierten Geburtenhäufigkeit analoge Wandlungen der familialen Generationenstrukturen: Während sich die horizontalen Verwandtschaftsbeziehungen eher verdünnen, erhöhte sich in vertikaler Hinsicht die gemeinsame Lebensspanne von Familiengenerationen. Damit vergrößerte sich unter anderem auch das Potenzial für aktive Beziehungen zwischen Enkelkindern und Großeltern, und die Großelternrolle scheint eine der familialen Rolle des späteren Lebens zu sein, welche auf dem Hintergrund einer langen sozio-kulturellen Tradition so etwas wie eine post-moderne Aufwertung erfährt (vgl. Attias-Donfut/Segalen 2001; Höpflinger/Hummel/Hugentobler 2006; Smith/Drew 2002).[12] Großeltern sind nicht nur häufig „familiale Helfer" in Krisen (vgl. Fabian 1994), sondern immer häufiger auch „kameradschaftliche Bezugspersonen der Enkelkinder", wobei die „Relativierung der Lebensalter von der älteren und der jüngeren Generation gleichzeitig vorangetrieben wird" (Ecarius/Krüger 1997, S. 156).

Europaweit ist schlussendlich die Tatsache, dass auf Grund der höheren Lebenserwartung von Frauen die weiblichen Familienbeziehungen oftmals länger überdauern als die

12 Seit April 2002 besteht ein europaweites Netzwerk zur Untersuchung und Unterstützung von Großelternschaft: RTN Network Project „Grandparenthood and Intergenerational Relationships in Aging European Populations" (vgl. www.gold.ac.uk/research/rtn).

Tabelle 9: Spätere Formen der Eheauflösung – Verwitwung

Land	**%-verwitwet im Alter von 60 + Jahren 1995/96**		**Durchschnittliche Lebenserwartung 1996***	
	Frauen	Männer	Frauen	Männer
Belgien	42 %	13 %	81	74
Bulgarien	43 %	17 %	75	67
Dänemark	42 %	15 %	81	74
Deutschland	49 %	14 %	79	73
Estland	51 %	14 %	74	63
Frankreich	46 %	14 %	82	74
Griechenland	45 %	10 %	81	76
Großbritannien	43 %	14 %	79	74
Irland	43 %	13 %	78	73
Italien	43 %	12 %	81	75
Österreich	52 %	15 %	80	73
Niederlande	41 %	12 %	81	75
Norwegen	40 %	12 %	81	75
Polen	50 %	14 %	76	68
Ungarn	52 %	16 %	74	64
Schweden	38 %	11 %	81	76
Schweiz	38 %	12 %	81	75
Spanien	39 %	11 %	82	75

* Durchschnittliche Lebenserwartung ab Geburt (Querschnittsbetrachtung)
Quelle: Höpflinger (2000).

männlichen Familienbeziehungen. Gekoppelt mit traditionellen Mustern familialer Arbeitsteilung führt dies dazu, dass spätere Familienphasen (inkl. familiale Alterspflege) in starker Weise durch „matriarchale Elemente" charakterisiert sind. Das Alter – und damit auch die späten Familienphasen – sind primär weiblich geprägt. Umgekehrt erfahren vor allem Frauen im späteren Leben eine Verwitwung, wie die Daten in Tabelle 9 in aller Eindrücklichkeit belegen. Von den 60-jährigen und älteren Frauen sind je nach europäischem Land zwischen 40 % bis 50 % verwitwet, im Vergleich zu 10 % bis 15 % bei den gleichaltrigen Männern. Darin spiegeln sich sowohl geschlechtsspezifische Unterschiede in der Lebenserwartung als auch kulturell stark verankerte geschlechtsspezifische Unterschiede im Heiratsverhalten wider (Männer wählen häufig eine jüngere Partnerin, und sie heiraten nach einer Verwitwung häufiger). In späteren Lebensphasen fallen weibliche und männliche Lebens- und Haushaltsformen immer stärker auseinander.

6. Familienwandel im europäischen Vergleich – Gesamtperspektive

Die Wandlungen von familialen und außerfamilialen Lebensformen können mit dem Konzept eines „zweiten demografischen Übergangs" theoretisch integriert werden (vgl. Lesthaeghe 1992; Pinnelli u. a. 2001; van de Kaa 1994). Damit wird auch der Tatsache Rechnung getragen, dass der Geburtenrückgang im Rahmen des ersten demografischen Übergangs gegen Ende des 19. Jahrhunderts und zu Beginn des 20. Jahrhunderts in Europa einer anderen Faktorenstruktur unterlag als der nach 1965/66 einsetzende Geburtenrückgang. Der erste demographische Wandel fand während einer Periode wachsenden institutionellen Einflusses des Staates (im Rahmen der Nationenbildung) statt, gekoppelt mit einer verstärkten Differenzierung öffentlicher und privater Lebenssphären. In der Privatsphäre setzte sich allmählich das Modell bürgerlicher Lebens- und Familienformen durch. Die verstärkte Autonomie des „Bürgers" in seinem privaten Lebensbereich „manifestierte sich selbst in einer wichtigen demographischen Variablen (im Rückgang der ehelichen Fertilitiät), doch der ‚Akt des Widerspruchs' vollzieht sich in vollkommener Abgeschiedenheit. Der erste demographische Übergang vollzog sich in der Stille" (Lesthaeghe 1992, S. 319). Der zweite Übergang hingegen war und ist stärker öffentlich, was etwa in öffentlich geführten Auseinandersetzungen zur Rolle und Stellung der Frauen, über die Bedeutung individueller Autonomie gegenüber kollektiven Ansprüchen des Staates oder anderen institutionellen Einrichtungen zum Ausdruck kommt. „Der zweite Übergang entspricht einer weiteren, wesentlich öffentlicheren Erscheinungsform individueller Autonomie. Er ist auch umfassender, da er gegen jegliche Art äußerer institutioneller Autorität gerichtet ist" (Lesthaeghe 1992, S. 319). Von entscheidender Bedeutung sind die Veränderungen in der Stellung der Frauen (erhöhte Bildung und Erwerbstätigkeit, Betonung von Partnerschaft und Gleichberechtigung). Gemäß der international vergleichenden empirischen Analyse von Ron Lesthaeghe (1992, S. 345) ist der Wandel in der Stellung von Frauen für die Entwicklung der sozio-demographischen Variablen (Geburtenrückgang, Verzögerung der Familiengründung) wesentlich wichtiger als sozio-ökonomische Veränderungen.

Als bedeutsame, inhaltlich verknüpfte Wandlungen des zweiten demografischen Übergangs können folgende Aspekte betont werden (vgl. Lesthaeghe 1992; van de Kaa 1994):

a) Ein Wandel in der gesellschaftlichen Akzeptanz von Sexualität, inkl. Akzeptanz vorehelicher Sexualität und homosexueller Beziehungen.
b) Die Verfügbarkeit hochwirksamer Empfängnisverhütungsmittel und eine verstärkte Kontrolle der Frauen über Fortpflanzungsentscheidungen.
c) Eine Verminderung der sozialen Kontrolle durch gesellschaftliche Institutionen oder, alternativ dazu, eine größere individuelle Autonomie, gekoppelt mit einer stärkeren Ausrichtung auf Märkte.
d) Eine verstärkte Betonung der persönlichen Bedürfnisse in Bezug auf Lebensgemeinschaften (inkl. Ehe) und eine höhere Wertschätzung partnerschaftlichen Austausches. Dies impliziert die Möglichkeit alternativer Lebensformen wie auch die Auflösung unbefriedigender Lebensgemeinschaften (Scheidung).
e) Eine verstärkte Verknüpfung von beruflichen und familialen Orientierungen auch bei Frauen an Stelle eines Modells „getrennter Lebenswelten".
f) Die „Entdeckung" der Opportunitätskosten von Kindern und eine ausgeprägte Entkoppelung der Altersversorgung von familialen Entscheiden.
g) Eine erhöhte gemeinsame Lebenszeit familialer Generationen, welche in Kombination mit geschlechtsspezifischen Unterschieden von Lebenserwartung und Partnerschaftsverhalten zu einer ausgeprägt weiblichen Prägung später Familienphasen führt.

Es verbleiben allerdings – wie eine Faktoranalyse von 29 europäischen Ländern aufzeigt – klare intereuropäische Unterschiede bestehen (vgl. Pinelli 2001, S. 80ff.). Die skandinavischen Länder bilden ebenso ein Cluster wie die südeuropäischen Länder, auch wenn sich einige dieser Länder (Italien, Spanien) dem Muster westeuropäischer Länder, wie Frankreich und Deutschland, angenähert haben. Auf Grund ihrer spezifischen sozio-ökonomischen Geschichte bilden auch die osteuropäischen Länder ein spezifisches Cluster, namentlich bezüglich weiblicher Erwerbstätigkeit bzw. Unterbeschäftigung. In diesen Ländern sind tiefe Fertilitätsraten und verzögerte Familiengründung weitaus weniger mit postmodernen Werthaltungen als mit sozio-ökonomischen Umbrüchen und Schwierigkeiten assoziiert. Ein Zeitvergleich 1970, 1980 und 1994 lässt keine klare intereuropäische Konvergenz sozio-demographischer und familialer Unterschiede erkennen, auch wenn sich ähnliche familiale Wandlungen nahezu europaweit nachweisen lassen.

Bis Ende der 1980er Jahre war der zweite demografische Übergang primär ein Merkmal nord- und westeuropäischer Länder. In den 1990er Jahre änderte sich das Bild (vgl. Surkyn/Lesthaeghe 2002), und analoge Prozesse (Verzögerung der Familiengründung, mehr außereheliche Geburten und nichteheliche Lebensgemeinschaften sowie postmoderne Werthaltungen bezüglich Lebens- und Familienformen) setzten auch in südeuropäischen Ländern (namentlich Spanien und Italien) sowie mittel- und osteuropäischen Ländern durch. Europaweit ist zudem auch der Trend zu einer langen gemeinsamen Lebensspanne der Familiengenerationen und eine auf Grund der demografischen Alterung notwendige Neuorientierung intergenerationeller Familienbeziehungen.

Literatur

Attias-Donfut, C./Segalen, M. (Hrsg.), 2001: Le siècle des grands-parents: une génération phare, ici et ailleurs. Paris: Ed. Autrement.

Beck-Gernsheim, E., 1986: Von der Liebe zur Beziehung? Veränderungen von Mann und Frau in der individualisierten Gesellschaft. In: Berger, J. (Hrsg.): Die Moderne – Kontinuitäten und Zäsuren (Soziale Welt: Sonderband 4). Göttingen, S. 200-233.

Béjin, A., 1988: Ehe ohne Trauschein und Post-Adoleszenz: Anmerkungen zu einigen Mythen des ‚Nicht-Überganges'. In: Lüscher, K./Schultheis, F./Wehrspaun, M. (Hrsg.): Die ‚postmoderne' Familie. Familiale Strategien und Familienpolitik in einer Übergangszeit. Konstanz, S. 180-190.

Berger, P.L./Berger, B., 1984: In Verteidigung der bürgerlichen Familie. Frankfurt am Main.

Berrington, A./Diamond, I., 1999: Marital Dissolution Among the 1958 British Birth Cohort: The Role of Cohabitation. In: Population Studies, 53. Jg., H. 1, S. 19-38.

Billari, F.C./Philipov, D./Baizán, P., 2001: Leaving Home in Europe: The Experience of Cohorts Born Around 1960 (Max-Planck Institute für Demographische Forschung: Working Paper 2001-014). Mai 2001.

Blossfeld, H.-P./Huinink, J., 1989: Die Verbesserung der Bildungs- und Berufschancen von Frauen und ihr Einfluss auf den Prozess der Familienbildung. In: Zeitschrift für Bevölkerungswissenschaft, 15. Jg., S. 383-404.

Blossfeld, H.-P./de Rose, A., 1992: Educational Expansion and Changes in Entry into Marriage and Motherhood. The Experience of Italian Women. In: Genus, XLVIII. Jg., S. 73-93.

Chadeau, A., 1992: Que vaut la production non-marchande des ménages? In: Revue économiques de l'OCDE, No. 18. Paris.

Council of Europe, 2003: Recent Demographic Developments in Europe 2000. Strasbourg: Council of Europe Publ.

Dorbritz, J./Fux, B. (Hrsg.), 1997: Einstellungen zur Familienpolitik in Europa. Ergebnisse eines vergleichenden Surveys in den Ländern des „European Comparative Survey on Population Policy Acceptance (PPA) (Schriftenreihe des Bundesinstituts für Bevölkerungsforschung: Band 24). München.

Ecarius, J./Krüger, H.-H., 1997: Machtverteilung, Erziehung und Unterstützungsleistungen in drei Generationen – Familiale Generationenbeziehungen in Ostdeutschland. In: Krappmann, L./Lepenies, A. (Hrsg.): Alt und Jung. Spannung und Solidarität zwischen den Generationen. Frankfurt am Main, S. 137-160.

Fabian, T., 1994: Großeltern als ‚Helfer' in familiären Krisen. In: Neue Praxis, 24. Jg., S. 384-396.

Festy, P., 1994: L'enfant dans la famille. Vingt ans de changement dans l'environnement familial des enfants. In: Population, 49. Jg., H. 6, S. 1245-1297.

Flaquer, L., 2000: Family Policy and Welfare State in Southern Europe. Barcelona: Institut de Ciències Politiques i Socials.

Förster, M., 2000: Trends and Driving Factors in Income Distribution and Poverty in the OECD Area (Labour Market and Social Policy Occasional Papers: No. 42). Paris: OECD.

Fridlizius, G., 1979: Sweden. In: Robert Lee, W. (Hrsg.): European Demography and Economic Growth. London: Groom Helm, S. 340-371.

Fux, B./Baumgartner, A.D., 1998: Wandel von familialen Lebensformen: Lebensverläufe – Lebensentwürfe. Materialienband 3. Schlussbericht an den schweizerischen Nationalfonds. Zürich.
Fux, B./Höpflinger, F., 1992: Kosten und Vorteile von Kindern in der Wahrnehmung deutscher und schweizerischer Ehefrauen. In: Hoffmann-Nowotny, H.-J./Höhn, C./Fux, B. (Hrsg.): Kinderzahl und Familienpolitik im Drei-Länder-Vergleich. Boppard, S. 106-119.
Gelissen, J., 2002: Cross-national Differences in Public Consent to Divorce: Effects of Cultural, Structural and Compositional Factors. Conference of the European Divorce Research Network, Florence, 14-15. Nov. 2002.
Gräbe, S. (Hrsg.), 1994: Lebensform Einpersonenhaushalt. Frankfurt am Main.
Granström, F., 1997: Fertility and Family Surveys in Countries of the ECE Region. Standard Country Report: Sweden. United Nations Economic Commission for Europe. New York/Geneva: United Nations.
Hampden-Thompson, G./Pong, S.-L., 2002: Does Family Policy Environment Mediate the Effect of Single-parenthood on Children's Academic Achievement? A Study of 14 European Countries (Max-Planck Institute for Demographic Research: Working Paper 02-04). Mai 2002.
Henkens, K./Meijer, L./Siegers, J., 1993: The Labour Supply of Married and Cohabiting Women in the Netherlands, 1981-1989. In: European Journal of Population 9, S. 331-352.
Heuveline, P./Timberlake, J.M., 2002: Toward a Child-centered Life Course Perspective on Family Structures: Multi-state Early Life Tables. In: Klijzing, E./Corijn, M. (Hrsg.): Dynamics of Fertility and Partnership in Europe (Insights and Lessons from Comparative Research: Vol. 2). New York/Geneva: United Nations, S. 175-191.
Hradil, S., 1995: Die „Single-Gesellschaft". München.
Höllinger, F., 1992: Verfall der christlich-bürgerlichen Ehemoral – Einstellungen zu Ehe und Scheidung im interkulturellen Vergleich. In: Zeitschrift für Familienforschung, 4. Jg., S. 197-220.
Höllinger, F./Haller, M., 1990: Kinship and Social Networks in Modern Societies: A Cross-cultural Comparison Among Seven Nations. In: European Sociological Review, 6. Jg., S. 103-124.
Holzer, J.Z./Kowalska, I., 1997: Fertility and Family Surveys in Countries of the ECE Region. Standard Country Report: Poland. New York/Geneva: United Nations.
Höpflinger, F., 1997: Haushalts- und Familienstrukturen im intereuropäischen Vergleich. In: Hradil, S./Immerfall, S. (Hrsg.): Die westeuropäischen Gesellschaften im Vergleich. Opladen, S. 97-138.
Höpflinger, F., 1999: Nichteheliche Lebensgemeinschaften im internationalen Vergleich. In: Klein, T./Lauterbach, W. (Hrsg.): Nichteheliche Lebensgemeinschaften. Analysen zum Wandel partnerschaftlicher Lebensformen. Opladen, S. 167-181.
Höpflinger, F., 2000: Auswirkungen weiblicher Langlebigkeit auf Lebensformen und Generationenbeziehungen. In: Perrig-Chiello, P./Höpflinger, F. (Hrsg.): Jenseits des Zenits. Frauen und Männer in der zweiten Lebenshälfte. Bern: Haupt, S. 61-74.
Höpflinger, F./Hummel, C./Hugentobler, V., 2006: Enkelkinder und ihre Großeltern. Intergenerationelle Beziehungen im Wandel. Zürich: Seismo.
Höpflinger, F./Stuckelberger, A., ²2000: Demographische Alterung und individuelles Altern. Zürich: Seismo.
Kaufmann, F.-X. u. a. (eds.), 2002: Family Life and Family Policies in Europe, Vol. II: Problems and Issues in Comparative Perspective. Oxford: Clarendon Press.
Kaufmann, J.-C., 1994: Les ménages d'une personne en Europe. In: Population, 49. Jg., H. 4-5, S. 935-957.
Kempeneers, M./Lelièvre, E., 1993: Women's Work in the EC: Five Career Profiles. In: European Journal of Population, 9. Jg., S. 77-92.
Kendig, H.L./Hashimoto, A./Coppard, L.C. (Hrsg.), 1992: Family Support for the Elderly. The International Experience. Oxford: Oxford University Press.
Kohli, M./Künemund, H./Motel, A./Szydlik, M., 2000: Generationenbeziehungen. In: Kohli, M./Künemund, H. (Hrsg.): Die zweite Lebenshälfte. Gesellschaftliche Lage und Partizipation im Spiegel des Alters-Survey. Opladen, S. 176-211.
Kuijsten, A.C., 1996: Changing Family Patterns in Europe: A Case of Divergence? In: European Journal of Population, 12. Jg., S. 115-143.
Künzler, J., 1995: Geschlechtsspezifische Arbeitsteilung. Die Beteiligung von Männern im Haushalt im internationalen Vergleich. In: Zeitschrift für Frauenforschung, 13. Jg., S. 115-132.
Künzler, J., 1999: Arbeitsteilung in Ehen und nichtehelichen Lebensgemeinschaften. In: Klein, T./Lauterbach, W. (Hrsg.): Nichteheliche Lebensgemeinschaften. Analysen zum Wandel partnerschaftlicher Lebensformen. Opladen, S. 235-268.
Latten, J./de Graaf, A., 1997: Fertility and Family Surveys in Countries of the ECE Region. Standard Country Report: The Netherlands (United Nations Economic Commission for Europe). New York/Geneva: United Nations.
Lesthaeghe, R., 1992: Der zweite demographische Übergang in den westlichen Ländern: Eine Deutung. In: Zeitschrift für Bevölkerungswissenschaft, 18. Jg., H. 3, S. 313-354.

Manting, D./Kuijsten, A.C./Hellemann, J., 1993: From Youth to Adulthood: Transitions of Female Birth Cohorts in the Netherlands. In: Beets, G./Cliquet, R. u. a. (Hrsg.): Population and Family in the Low Countries 1992: Family and Labour. Amsterdam: Swets & Zeitlinger, S. 55-76.

Meil Landwerlin, G., 2002: Interchange among Generations in Spain. In: Nave-Herz, R. (Hrsg.): Family Change and Intergenerational Relations in Different Cultures. Würzburg, S. 85-138.

Meisaari-Polsa, T., 1997: Sweden: A Case of Solidarity and Equality. In: Kaufmann, F.-X. u. a. (Hrsg.): Family Life and Family Policies in Europe. Vol. I: Structures and Trends in the 1980s. Oxford: Clarendon Press, S. 302-347.

Meyer, S./Schulze, E., 1988: Nichteheliche Lebensgemeinschaften – eine Möglichkeit zur Veränderung des Geschlechterverhältnisses. In: Kölner Zeitschrift für Soziologie und Sozialpsychologie, 40. Jg., S. 333-356.

Nave-Herz, R., 2002: Family Changes and Intergenerational Relationships in Germany. In: Nave-Herz, R. (Hrsg.): Family Change and Intergenerational Relations in Different Cultures. Würzburg, S. 215-248.

Noack, T./Ostby, L., 1996: Fertility and Family Surveys in Countries of the ECE Region. Standard Country Report: Norway (United Nations Economic Commission for Europe). New York/Geneva: United Nations.

OECD, 2000: OECD Employment Outlook. Paris.

Olah, L.S., 2000: The Dissolution of First-birth Unions in Sweden. In: Zeitschrift für Familienforschung, 12. Jg., H. 2, S. 90-107.

Rainwater, L./Smeeding, T.M., 1994: Le bien-être économique des enfants européens: une perspective comparative. In: Population, 49. Jg., H. 6, S. 1437-1450.

Richter, R., 2001: Die soziale Lage Europas – familienbezogene Aspekte. In: Zeitschrift für Familienforschung, 13. Jg., H. 2, S. 91-103.

Roussel, L., 1992: La famille en europe occidentale: divegences et convergences. In: Population, 47. Jg., H. 1, S. 133-152.

Pinnelli, A., 2001: Determinants of Fertility in Europe: New Family Forms, Context and Individual Characteristics. In: Pinnelli, A./Hoffmann-Nowotny, H.-J./Fux, B.: Fertility and New Types of Households and Family Formation in Europe. Population Studies, Nr. 35. Strasbourg: Council of Europe Publ., S. 47-181.

Pinnelli, A./Hoffmann-Nowotny, H.-J./Fux, B., 2001: Fertility and New Types of Households and Family Formation in Europe. In: Population Studies, Nr. 35. Strasbourg: Council of Europe Publ.

Prioux, F., 1993: L'infécondité en europe. In: Blum, A./Rallu, J.-L. (Hrsg.): European Population. Vol. 2: Demographic Dynamics. London: John Libbey & Co., S. 231-251.

Prskawetz, A./Vikat, A./Philipov, D./Engelhardt, H., 2002: Pathways to Stepfamily Formation in Europe: Results from the FFS. In: Max-Planck Institut für Demographische Forschung, Working Paper 2002-046, Oct. 2002.

Sardon, J.-P., 1986: Evolution de la nuptialité et de la divortialité en europe depuis la fin des années 1960. In: Population, 41. Jg., S. 436-482.

Smith, P.K./Drew, L., [2]2002: Grandparenthood. In: Bornstein, M. (Hrsg.): Handbook of Parenting. Vol. 3: Being and Becoming a Parent. London: Lawrence Erlbaum, S. 141-172.

Strub, S./Bauer, T., 2002: Wie ist die Arbeit zwischen den Geschlechtern verteilt? Eine Untersuchung zur Aufteilung von unbezahlter und bezahlter Arbeit in Familien in der Schweiz und im internationalen Vergleich. Bern: Büro für arbeits- und sozialpolitische Studien BASS.

Surkyn, J./Lesthaeghe, R., 2002: Values Orientations and the Second Demographic Transition (SDT) in Northern, Western and Southern Europe: An Update. Vrije Universiteit Brussel: Interface Demography.

Szydlik, M., 2000: Lebenslange Solidarität? Generationenbeziehungen zwischen erwachsenen Kindern und Eltern. Opladen.

Tomassini, C./Wolf, D.A., 1999: Stability and Change in the Living Arrangements of Older Italian Women, 1990-1995 (Aging Studies Program: Paper No. 19). Syracuse: Maxwell Center for Demography and Economics of Aging.

Toulemon, L., 1996: La cohabitation hors mariage s'installe dans la durée. In: Population, 51. Jg., H. 3, S. 675-716.

Van de Kaa, D., 1994: The Second Demographic Transition Revisited: Theories and Expectations. In: Beets, G./van den Brekel, H. u. a. (Hrsg.): Population and Family in the Low Countries 1993: Late Fertility and Other Current Issues. Lisse: Swets & Zeitlinger, S. 80-126.

Wagner, M./Franzmann, G./Stauder, J., 2001: Neue Befunde zur Pluralität der Lebensformen. In: Zeitschrift für Familienforschung, 13. Jg., H. 3, S. 52-73.

Willemsen, T.M., 2001: Patterns of Work, Childcare, and Household Tasks in Europe: Results of a Comparative Study. Tilburg University. Paper presented at the conference „New Patterns of Work and Family in Europe: The Role of Policies". Brüssel, 11.-12. Oktober 2001.

Familie und Sozialstruktur

Marc Szydlik

1. Einleitung

„Unter Sozialstruktur verstehen wir die demografische Grundgliederung der Bevölkerung, die Verteilung zentraler Ressourcen wie Bildung, Einkommen und Beruf, die Gliederung nach Klassen und Schichten, Sozialmilieus und Lebensstilen, aber auch die soziale Prägung des Lebenslaufs in der Abfolge der Generationen." Wenn man dieser Definition von Wolfgang Zapf (1989, S. 101) folgt, existieren in der Tat enge Verbindungen zwischen Familie und Sozialstruktur. Dies gilt zunächst für die „demografische Grundgliederung der Bevölkerung". Geburt, Heirat und Scheidung sind genuine Familienereignisse mit bedeutenden sozialstrukturellen Folgen. Wie viele Kinder zu welcher Zeit geboren werden, wirkt sich beispielsweise auf die Altersstruktur der Gesellschaft aus, mit all ihren Konsequenzen, z. B. für Bildungseinrichtungen, Arbeitslosigkeit und Rentenbeiträgen. Hochzeiten und Scheidungen gehen häufig mit sozio-ökonomischen Brüchen einher. Fertilitätsrückgang, zunehmende Scheidungen und nichteheliche Lebensgemeinschaften und ein höherer Anteil allein Erziehender sind Ausdruck einer Familiendynamik, die sich auch auf die Sozialstruktur niederschlägt. Umgekehrt wirkt sich die längere Lebenserwartung auf die Familie aus, wenn damit eine zunehmende gemeinsame Lebenszeit von Familiengenerationen verbunden ist.

Bildung, Einkommen und Beruf, Klassen und Schichten: Auch hier lassen sich enge Verbindungen zur Familie feststellen, und zwar in beide Richtungen. Einerseits verzichten heutzutage gerade höhergebildete Frauen aus höheren sozialen Klassen bzw. Schichten auf Kinder. Je länger die Ausbildung dauert, je stärker man beruflichen Anforderungen ausgesetzt ist, desto schwerer fällt die Vereinbarkeit von Beruf und Familie. Johannes Huinink (2003, S. 24) fragt entsprechend, ob man „angesichts der Bedeutung der Familie für die emotionale Stabilisierung der Menschen ... nicht umgekehrt die Kinder- oder Familienlosigkeit im Lebensverlauf als eine neue Form sozialer Deprivation ansehen" muss.

Andererseits wirken sich Familiengründungen auf Einkommens- und Berufschancen aus – und damit auch auf die Chance, in höhere Klassen bzw. Schichten aufzusteigen. Wer Kinder in die Welt setzt, nimmt deutliche Abschläge des verfügbaren Einkommens in Kauf. Etwa 150.000 Euro muss man heutzutage für ein Kind bis zur Volljährigkeit aufbringen. Hinzu kommen noch Ausbildungskosten bis hin zum Studium sowie geringere Arbeitseinkommen, insbesondere von Müttern, auf Grund verminderter Erwerbstätigkeit durch die Betreuungssituation. Familiengründung erhöht das Armutsrisiko – insbesondere für allein Erziehende (vgl. Huinink 2002; 2003).

Wenn man Sozialstruktur etwas weiter fasst und darin auch Sozialmilieus und Lebensstile einschließt (vgl. z. B. Hradil 1987; Schulze 1992), geraten weitere Verbindungen zur Familie ins Blickfeld. Ob man mit Kindern lebt, ob man einen Partner hat, ob man als erwachsenes Kind von seinen Eltern finanzielle Zuwendungen erhält oder ob pflegebedürftige Eltern zu versorgen sind: all dies hat Folgen für die Lebensführung und den Lebensstil, sei es indirekt über Geld- und Zeitressourcen, sei es direkt über (Lebens-)Interessen einschließlich Konsumverhalten und der Teilhabe an kulturellen Angeboten.

Schließlich lassen sich in Hinblick auf die „soziale Prägung des Lebenslaufs in der Abfolge der Generationen" weitere Verbindungen zwischen Familie und Sozialstruktur aufzeigen. So können Mitglieder geburtenstarker Jahrgänge im Vergleich mit geburtenschwachen Kohorten einer größeren Konkurrenz um Lehrstellen und Arbeitsplätze ausgesetzt sein und im Alter geringere Rentenhöhen fürchten. Veränderte Familiennormen in Hinblick auf Scheidung und Ein-Eltern-Familie wirken sich auf die Anteile allein Erziehender in verschiedenen Geburtsjahrgängen aus. Umgekehrt bedingen generationsspezifische Einkommens- und Vermögenschancen die innerhalb von Familien verteilbaren Ressourcen. So kann die so genannte „Wirtschaftswundergeneration" ihre Nachkommen besonders häufig mit Erbschaften bedenken.

Auf Grund der vielfachen Zusammenhänge zwischen Familie und Sozialstruktur ist es unmöglich, diese allesamt in einem einzigen Beitrag en détail auszubreiten. Ich konzentriere mich daher auf einen zentralen Bereich, nämlich die Fortschreibung – wenn nicht gar Vergrößerung – sozialer Differenzierung in der Abfolge von Familiengenerationen. Das grundlegende Argument lautet folgendermaßen: Familien vollbringen groß(artig)e Leistungen: Kinder werden aufgezogen und für ein eigenständiges Leben vorbereitet, Familienmitglieder werden lebenslang emotional unterstützt, man hilft im Haushalt und bei der Enkelbetreuung, pflegt bei Krankheiten und im Alter, und man steht mit beträchtlichen finanziellen Transfers füreinander ein. Allerdings haben diese ausgesprochen umfangreichen Familienleistungen einen unwillkommenen „Nebeneffekt", und dieser zeigt sich in der Verbindung von Familie und Sozialstruktur: Auch wenn man insgesamt eine starke Familiensolidarität feststellen kann, ist diese nicht überall gleich ausgeprägt. Damit ist nicht gemeint, dass innerhalb von Familien die eine oder andere Person mehr oder weniger bedacht wird. Es wirken hier vielmehr in erster Linie sozialstrukturelle Einflussfaktoren. Wer über größere Ressourcen verfügt, kann seine Angehörigen wesentlich besser unterstützen. Eltern mit geringeren Möglichkeiten sind hierzu entsprechend weniger in der Lage. Für die Sozialstruktur bedeutet dies, dass über die Generationensolidarität in der Familie bisherige Vor- bzw. Nachteile fortgeschrieben – und oftmals sogar vergrößert – werden. Damit ergeben sich weniger Unterschiede *innerhalb* von Familien (also beispielsweise auf Grund der Bevorzugung oder Benachteiligung bestimmter Kinder), sondern *zwischen* Familien. Schichthöheren Eltern gelingt es auf vielfältige Art und Weise, dass ihre Kinder wiederum höheren sozialen Schichten angehören.

Hier kommt ein zweiter zentraler Begriff neben dem der Sozialstruktur ins Spiel, nämlich soziale Ungleichheit. Stefan Hradil (2000, S. 590) stellt fest: „Unter sozialer Ungleichheit versteht man die asymmetrische Verteilung knapper und begehrter Güter auf gesellschaftliche Positionen und so entstehende vorteilhafte bzw. nachteilige Lebensbedingungen von Menschen. Soziale Ungleichheit meint demnach nicht bloße Verschiedenartigkeit, sondern Verschiedenwertigkeit von Lebensbedingungen" (vgl. z. B. auch Kreckel 1992; Schäfers 1992). Im vorliegenden Beitrag geht es somit nicht nur mehr oder weniger neutral um „Familie und Sozialstruktur", sondern auch um den Zusammenhang von Familienleistungen und sozialer Ungleichheit.

Im Folgenden soll den Mechanismen dieser Fortschreibung und Vergrößerung sozialer Ungleichheit auf Grund von Familiensolidarität nachgegangen werden. Hierzu ist es hilfreich, eine lebenslauftheoretische Perspektive heranzuziehen. Der Lebenslauf wird als Abfolge wesentlicher „Stationen" betrachtet, auf denen für die Wohlfahrtsposition der Individuen sowie für das Gefüge sozialer Ungleichheit insgesamt maßgebliche Weichenstellungen erfolgen. Solche Weichenstellungen lassen sich über den gesamten Lebenslauf nachzeichnen und strukturieren ihn entsprechend. Dazu gehören der Schulbeginn, der Übergang von der Grund- auf die weiterführende Schule, von der Schule in die Berufsausbildung bzw. Universität, von der Ausbildung in den Beruf und vom Beruf in den Ruhestand genauso wie Partnerwahl und Familiengründung. Es wird somit der Frage nachgegangen, inwiefern soziale Ungleichheit an entscheidenden Stationen des Lebenslaufs durch die Generationensolidarität in der Familie verfestigt und vergrößert wird. Damit wird ein relativ weiter Familienbegriff zugrunde gelegt. „Familie" bezieht sich nicht nur auf Haushaltsgemeinschaften, die aus Mutter, Vater und minderjährigem Kind bestehen. Auf der einen Seite können darunter auch allein Erziehende und kinderlose Ehepaare gefasst werden (vgl. Statistisches Bundesamt 2001, S. 14; Engstler/Menning 2003, S. 143). Auf der anderen Seite brechen familiale Generationenbeziehungen keineswegs nach dem Auszug der Kinder aus dem Elternhaus ab. Auch zwischen Eltern und erwachsenen Kindern existiert zeitlebens eine ausgesprochen starke Generationensolidarität. Die Untersuchung des Zu-

Tabelle 1: Familie, Lebenslauf und Sozialstruktur

Lebenslauf	Leistung der Eltern	Folgen für Kinder	Folgen für Ungleichheit
Kindheit und Jugend (Koresidenz)	**Geld, Zeit, Raum:** Haus, Garten, Zimmer, Ort, Wohngegend, Bücher, Vorlesen, Sprache, Erziehung, Bildung	**Lebensqualität.** Soziale **Anerkennung** (z. B. durch Spielzeug, Markenkleidung, Reisen). **Freundschaften** (über Wohngegend)	**Ungleichheit der Lebensqualität** von Kindern und Jugendlichen **Grundlagen für lebenslange Ungleichheit**
	Aspiration, Zeit, Geld: Hausarbeitenbetreuung und -kontrolle, Computer, Schulmittel, Nachhilfe usw.	**Schulwahl und -erfolg:** Hauptschule, Realschule, Gymnasium	**Bildungsungleichheit → Folgen für lebenslange Ungleichheit:** Einkommen, Prestige, Arbeitslosigkeit, Partner, Gesundheit usw.
	Aspiration, Information, Kontakte, Geld: Praktikum, Ausland, Lehrstelle	**Berufswahl und -erfolg**	**Ungleichheit in Ausbildung und Beruf**
Erwachsenenalter (Multilokalität)	**Geschenke und Zahlungen:** Geld- und Sachgeschenke, regelmäßige Zahlungen, Bürgschaften. **Zeit:** Enkelbetreuung	**Lebensqualität** im Erwachsenenalter. **Investitionen** in Bildung und Beruf (z. B. Ausland, kurzes Studium). **Vermögensaufbau**	**Ungleichheit der Lebensqualität** von Erwachsenen
	Schenkungen, Vermögensübertragungen	**Lebensqualität und Vermögen**	**Vergrößerung bereits existierender Ungleichheit**
	Vererbungen	**Lebensqualität und Vermögen:** Wohnung, Kultur, Reisen, Sicherheit, Unabhängigkeit, Einfluss in Familie	**Deutliche Vergrößerung bereits existierender Ungleichheit**

sammenhangs von Familie und Sozialstruktur darf sich daher nicht auf die Zeit vor dem Auszug der Kinder aus dem Elternhaus beschränken (Koresidenz). Vielmehr sind auch – und gerade – die Generationenbeziehungen zwischen erwachsenen Kindern und Eltern zu analysieren, also einschließlich der Verbindungen zwischen den Familiengenerationen über die Haushaltsgrenzen hinweg, wenn die erwachsenen Kinder das Elternhaus verlassen und einen eigenen Haushalt gegründet haben (Multilokalität).

Der Argumentationsstrang des vorliegenden Beitrags wird in der Tabelle 1 zusammengefasst. Dabei werden in der Abfolge des Lebenslaufs Familienleistungen der Eltern aufgeführt, die einerseits immense Folgen für die Kinder und andererseits deutliche Auswirkungen auf die Sozialstruktur haben. Die ersten drei Blöcke der Tabelle beziehen sich auf Familien mit minderjährigen Kindern. Der zweite Teil der Tabelle behandelt dann die Folgen der familialen Generationensolidarität unter Erwachsenen. Mit der Tabelle soll allerdings nicht der Eindruck erweckt werden, dass die einzelnen Solidarleistungen strikt auf die jeweilige Lebensphase beschränkt seien.

2. Familie und Lebensqualität in Kindheit und Jugend

Die Ressourcen der Eltern wirken sich bereits auf die Lebensqualität ihrer kleinen Kinder aus und schaffen Ungleichheit zwischen Kindern aus ärmeren und reicheren Elternhäusern. Zunächst einmal bedingt der finanzielle Hintergrund der Eltern, wo und wie die Familie lebt. Es ist ein Unterschied, ob die Kinder in einer kleinen Mietswohnung in einem heruntergekommenen Stadtviertel oder in einem großen Haus mit Garten in einer besseren Wohngegend aufwachsen. Dazu kommt die Ausstattung der Wohnung und des Kinderzimmers einschließlich weiterer Ressourcen, die den Kindern zur Verfügung stehen.

Die unterschiedliche Lebensqualität von Kindern aus ärmeren oder reicheren Familien auf Grund der finanziellen Ressourcen ihrer Eltern ist ein Wert an sich, sie ist aber auch häufig die Grundlage für weitere Disparitäten. Exemplarisch zeigt sich dies am Grad an Anerkennung, die Kinder von ihren Freunden erfahren. Hier spielen nicht zuletzt Spiel- und Sportgeräte, ein großer Garten, ein Haustier, Markenkleidung, Reisen, Taschengeld und das Vorhandensein sowie die Ausstattung eines eigenen Computers eine Rolle.

Gleichzeitig werden mit den Ressourcen der Eltern bereits in frühester Kindheit entscheidende Weichen für den gesamten Lebenslauf – und damit für das Gefüge sozialer Ungleichheit – gestellt. Die Wohngegend, für die sich die Eltern entschieden haben bzw. entscheiden konnten, wirkt sich zum Beispiel unmittelbar darauf aus, aus welcher Sozialschicht die ersten Freunde ihrer Kinder stammen. Man trifft auf unterschiedliche Gleichaltrige, ob man beispielsweise im Berliner Wedding oder im Grunewald aufwächst. Die Peergroup wiederum hat einen wichtigen Einfluss auf die Sekundärsozialisation der Kinder und Jugendlichen, sie fördert oder verringert beispielsweise Bildungsehrgeiz und kulturelles Interesse. Eltern setzen damit – bewusst oder unbewusst – indirekt über die Schichtzugehörigkeit der ersten Freunde ihrer Kinder einen Rahmen für allgemein akzeptierte und angestrebte Bildungsstandards, die ihre Kinder in ihrer unmittelbaren Umwelt erfahren. Wichtig ist natürlich auch, dass sich die Wohngegend auf die Wahl der Schule und den Bildungshintergrund der Mitschüler auswirkt.

3. Familie und Bildung

Die Bedeutung des Einflusses der Eltern auf die Bildung ihrer Kinder kann gar nicht überbewertet werden. Dies liegt vor allem an der immensen Bedeutung von Bildung für soziale Ungleichheit. Bildung bietet Lebenschancen. Die individuelle Bildung hat enormen Einfluss auf Einkommen, Beruf, Prestige, Karriere, Arbeitsplatzsicherheit, Beschäftigungsbedingungen, Übereinstimmung von Ausbildung und Arbeitsplatz, Vermögen, Rentenhöhe, Partnerwahl, Gesundheit und Lebensdauer. Bildung ist damit eine zentrale Dimension sozialer Stratifikation. Wer über eine höhere Bildung verfügt, gehört bei allen genannten Aspekten zu den Gewinnern. Jedes Jahr Schul- oder Berufsausbildung erhöht das Arbeitseinkommen um etwa sechs Prozent. Höher Gebildete finden leichter einen Arbeitsplatz und werden seltener gekündigt. Akademiker haben eine wesentlich bessere Chance, sich gemäß ihrer Qualifikation auf dem Arbeitsmarkt zu platzieren (vgl. Szydlik 1996).

Die wesentlichen Bildungsweichen werden von den Eltern gestellt. Hier wirken Bildungsentscheidungen, aber auch der allgemeine Bildungshintergrund, den Kinder zu Hause erfahren. Gerade in den ersten Lebensjahren werden wichtige Grundlagen für den späteren Erfolg in Schule und Beruf gelegt. Neben den Finanz- und Zeitressourcen der Eltern spielen ihre Bildungsaspirationen eine wesentliche Rolle (vgl. z. B. Meulemann 1990). Wer Eltern hat, die großen Wert auf Bildung legen und ihre Kinder von früh auf intensiv fördern, ist das ganze Leben lang stark bevorteilt. Wer in eine bildungsferne Familie mit geringen Bildungsaspirationen hineingeboren wird, ist lebenslang benachteiligt. Dieser Generationenzusammenhang ist, wie auch die PISA-Studien belegt haben, in Deutschland besonders stark ausgeprägt (vgl. Deutsches PISA-Konsortium 2001; PISA-Konsortium Deutschland 2004).

Wie genau gelingt es aber schichthöheren Eltern, dass ihre Kinder wiederum höheren Sozialschichten angehören? Die grundlegenden Entscheidungen werden weit vor Schulbeginn getroffen. So basiert die von der ersten PISA-Studie vorrangig untersuchte Lesekompetenz letztendlich auf der Lesesozialisation in der Familie. Welche Rolle spielen Bücher in frühester Kindheit? Lesen die Eltern ihren Kindern etwas vor, und wenn ja, wie wird über das Gelesene gesprochen? Wie werden die Inhalte von Bilderbüchern kommuniziert? Und wie wirkt sich dies auf spätere Kompetenzen aus? Jedenfalls weisen Studien darauf hin, dass gerade das Vorlesen von Kinderbüchern und das gemeinsame Betrachten von Bilderbüchern für den Spracherwerb der Kinder zentral sind (vgl. Deutsches PISA-Konsortium 2001, S. 74; Ninio/Bruner 1978).

Neben Büchern spielt heute auch immer mehr die Informationstechnologie eine wichtige Rolle. Empirische Untersuchungen belegen deutliche Differenzen zwischen den Sozialschichten. Wohlhabende Familien verfügen im Vergleich zu Normalverdienern wesentlich häufiger über einen PC – und noch viel häufiger als Sozialhilfeempfänger. Die Diskrepanz zwischen Haushaltseinkommen und Informationstechnologie wird sogar noch größer, wenn man die Internetnutzung betrachtet (Haisken-DeNew u. a. 2001; vgl. auch DiMaggio u. a. 2001). Diese Befunde lassen darauf schließen, dass Kinder weniger begüterter Eltern wesentlich geringere Chancen haben, schon von Haus aus Kenntnisse und Fähigkeiten in zukunftsträchtigen Technologien zu erlangen. Computer und Internet spielen dabei eine besonders große Rolle. Zu Recht spricht man hier von einem *Digital Divide.*

Eine der wichtigsten Lebensentscheidungen fällt in Deutschland in sehr jungen Jahren, nämlich die Entscheidung zwischen Hauptschule, Realschule und Gymnasium. Diese Entscheidung bestimmt nicht nur die unmittelbare Schullaufbahn der Kinder. Sie hat vielmehr immense Folgen für lebenslange Ungleichheiten. Eltern haben einen entscheidenden Einfluss auf diese äußerst wichtige Weichenstellung für das gesamte Leben ihrer Kinder. Bei den PISA-Studien sind zwei Hauptbefunde besonders herauszustellen. Der erste wird in einer Unzahl von Medienberichten immer wieder bekannt gegeben: Deutschlands Schüler sind schlecht gebildet. Das zweite Ergebnis erscheint vielen offenbar weniger bedeutsam und wird ungleich seltener ins Zentrum der Betrachtung gerückt: Nirgendwo sonst unter den betrachteten Ländern hängen die individuellen Bildungschancen so stark von der sozialen Herkunft ab wie in Deutschland. In keinem anderen Land ist der Einfluss der sozialen Herkunft auf die Lesekompetenz der Jugendlichen so nachhaltig wie in Deutschland. Überall sonst fallen die Unterschiede zwischen Jugendlichen des unteren und oberen Viertels der Sozialstruktur geringer aus. Belgien, Schweiz, Luxemburg, Vereinigtes Königreich, Ungarn, Tschechische Republik, Vereinigte Staaten, Portugal, Polen, Australien, Liechtenstein, Neuseeland, Frankreich, Mexiko, Dänemark, Irland, Niederlande, Griechenland, Russische Föderation, Schweden, Norwegen, Österreich, Italien, Kanada, Brasilien, Spanien, Lettland, Finnland, Island, Korea und Japan: in all diesen Ländern ergeben sich geringere Sozialstrukturdifferenzen in Hinblick auf die Lesekompetenz. Bei den Mathematikkenntnissen werden die deutschen Schülerinnen und Schüler lediglich noch von den USA, Belgien und Ungarn übertroffen, in den Naturwissenschaften nur noch vom Vereinigten Königreich, der Schweiz und wiederum Belgien und Ungarn (vgl. Deutsches PISA-Konsortium 2001, S. 384f.). Im internationalen Ranking haben die deutschen Schülerinnen und Schüler somit doppelt verloren.

Die Befunde der PISA-Studie zur sozialen Herkunft beziehen sich auf den Bildungsgang und die abgeprüften Kompetenzen. Je höher die Sozialschicht der Eltern ist, umso eher besuchen die Kinder bessere Schulen. Über die Hälfte der 15-Jährigen, deren Eltern der oberen Dienstklasse zuzurechnen sind (also Angehörige freier akademischer Berufe, führende Angestellte, höhere Beamte, selbstständige Unternehmer mit mehr als zehn Mitarbeitern sowie Hochschul- und Gymnasiallehrer), gehen aufs Gymnasium. Dies schaffen nur 15 Prozent der Facharbeiterkinder und lediglich ein Zehntel der Kinder von un- und angelernten Arbeitern (vgl. Deutsches PISA-Konsortium 2001, S. 355).

Inwieweit hängen die mittels der PISA-Studie ermittelten Testergebnisse mit der Sozialschicht der Eltern zusammen? Zwar gibt es in allen sozialen Schichten Jugendliche, die über eine mehr oder weniger große Basiskompetenz verfügen. Nicht alle Oberschichtkinder sind perfekt im Lesen, Rechnen und in den Naturwissenschaften. Und längst nicht alle Arbeiterkinder haben damit Probleme. Aber die Befunde belegen klar, dass sich die soziale Herkunft stark auf die Fähigkeiten und Kenntnisse der Jugendlichen auswirkt. Wer Eltern hat, die der oberen oder unteren Dienstklasse angehören, verfügt im Vergleich mit Arbeiterkindern über wesentlich größere Lesekompetenzen. Dies gilt übrigens auch, wenn man nur Schülerinnen und Schüler ohne Migrationshintergrund betrachtet (vgl. Deutsches PISA-Konsortium 2001, S. 364). Der große Einfluss der Schichtzugehörigkeit zeigt sich auch bei den mathematischen und naturwissenschaftlichen Kenntnissen und Fähigkeiten (vgl. PISA-Konsortium Deutschland 2004).

Die Unterschiede zwischen Jugendlichen mit und ohne Migrationshintergrund sind zwar etwas kleiner als die zwischen den obersten und untersten Sozialschichten. Dennoch hat ein großer Anteil der Jugendlichen aus Migrationsfamilien Probleme, die deutsche Sprache entsprechend ihres Bildungsgangs und ihrer Klassenstufe zu beherrschen. Auch bei den mathematischen und naturwissenschaftlichen Kenntnissen und Fähigkeiten existieren starke Diskrepanzen. Allerdings halten sich die Kompetenzunterschiede in Grenzen, wenn nur ein Elternteil außerhalb Deutschlands geboren wurde (vgl. Deutsches PISA-Konsortium 2001, S. 377; PISA-Konsortium Deutschland 2004).

Auch in Hinblick auf internationale Unterschiede beim Einfluss des Migrationshintergrundes liegt Deutschland (zusammen mit Belgien) an der Spitze: Mit deutlichem Abstand zu den anderen Ländern wirkt es sich hier besonders negativ aus, wenn die Testsprache nicht die Familiensprache ist. In der Schweiz, Luxemburg, Österreich, Dänemark, Niederlande, Vereinigte Staaten, Neuseeland, Frankreich, Griechenland, Schweden, im Vereinigten Königreich, Norwegen, Kanada, der Russischen Föderation und Australien gelingt es demnach wesentlich besser, Jugendlichen aus fremdsprachigen Familien eine gute Lesekompetenz in der Testsprache zu vermitteln. Wenn man als zweiten Migrationsindikator auf das Geburtsland der Eltern zurückgreift, ergeben sich teilweise deutlich geringere, jedoch weiterhin beeindruckende Differenzen. Wenn beide Eltern im Land geboren wurden, wirkt sich dies in beinahe allen Ländern vorteilhaft auf die Kompetenzen der Jugendlichen aus. Dieser Vorteil ist allerdings in Luxemburg, Belgien und Deutschland besonders groß (vgl. Deutsches PISA-Konsortium 2001, S. 395).

Um den Ursachen dieser Differenzen auf die Spur zu kommen, sind die national spezifischen Ausländerpopulationen sowie die jeweils besonderen Bedingungen des Aufnahmelandes zu berücksichtigen. Hier beginnt jedoch die PISA-Studie an ihre (Fallzahl-)Grenzen zu stoßen. Die Befunde legen aber nahe, dass auch relativ homogene Einwanderergruppen – je nach Zielland – unterschiedlich gut integriert sind. Wenn man beispielsweise Familien betrachtet, in denen türkisch oder kurdisch gesprochen wird, weisen diese in keinem anderen der fünf diesbezüglich betrachteten Länder eine so niedrige Sozialschicht und schlechte Lesekompetenz auf wie in Deutschland; besonders in Norwegen und Schweden gelingt die Integration dieser Familien und Jugendlichen erheblich besser (vgl. Deutsches PISA-Konsortium 2001, S. 397).

Geschlechtsspezifische Disparitäten sind zwar ebenfalls relevant. Sie spielen jedoch im Vergleich mit der sozialen Herkunft eine untergeordnete Rolle. Zudem weisen die Testergebnisse für die drei Bereiche in unterschiedliche Richtungen. Mädchen sind im Lesen in allen Ländern besser als Jungen, wobei die Differenz in Deutschland etwa im Mittelfeld der betrachteten 32 Länder liegt. Umgekehrt verfügen in einem großen Teil der Länder, einschließlich Deutschland, die Jungen über umfangreichere mathematische Kenntnisse und Fähigkeiten. In den Naturwissenschaften ergibt sich weder im internationalen Durchschnitt noch in Deutschland ein signifikanter Unterschied zwischen den geschlechtsspezifischen Leistungen (vgl. Deutsches PISA-Konsortium 2001, S. 252; PISA-Konsortium Deutschland 2004, S. 138, 211ff.).

Eltern aus höheren Sozialschichten gelingt es also in Deutschland besonders gut, ihre Kinder auf die besseren Schulen zu schicken (für einen internationalen Vergleich siehe z. B. auch Blossfeld/Shavit 1993). Ein Faktor ist hierbei das deutsche dreigliedrige Schulsystem einschließlich der frühen Aufteilung der Kinder in die drei Bildungsgänge. Bei dieser Weichenstellung spielen die Aspirationen der Eltern eine bedeutende Rolle. Das dreigeteilte Bildungssystem schreibt dabei die (früh)kindlichen Ungleichheiten nicht nur fort, sondern vergrößert sie sogar. Gleichzeitig bleibt in Deutschland besonders wenig Zeit, Bildungsdefizite schwächerer Schüler aus niedrigeren Sozialschichten innerhalb des Schulsystems nachdrücklich anzugehen (vgl. Deutsches PISA-Konsortium 2001, S. 374). Unglücklicherweise wird die benachteiligende Wirkung dieser frühen Lebensentscheidung für Kinder bildungsferner Eltern nicht durch ein besonders gut ausgebautes System vorschulischer Bildung ausgeglichen. Stattdessen fließen öffentliche Finanzmittel besonders in die Gymnasien und Universitäten und kommen damit im Zuge einer Umverteilung von unten nach oben besonders den höheren Sozialschichten zugute. In einem System, das solch immense Herkunftseffekte beim Zugang zu divergierenden Bildungsgängen zeitigt und in dem die wichtigsten Bildungs- und Lebensentscheidungen äußerst früh im Lebenslauf getroffen werden, nutzen öffentliche Investitionen in höhere Bildungsstätten besonders denen, die ohnehin schon über größere Ressourcen verfügen.

Dass es Kindern höherer Sozialschichten in Deutschland besonders leicht gemacht wird, auf die besseren Schulen zu gelangen, trägt offenbar nicht zu einer höheren Leistungsfähigkeit bei. Gerade Länder mit relativ geringen Herkunftseffekten sind beim Bildungsstand ihrer Jugendlichen besonders erfolgreich. Auch sind ihre besten Schüler im internationalen Vergleich besonders gut. Die Verringerung sozialer Ungleichheit geht also längst nicht auf Kosten von Effizienz und Leistung. Eher ist das Gegenteil der Fall: Wo Herkunftseffekte durch gezielte Maßnahmen eingeschränkt werden, schneiden alle Jugendlichen besonders gut ab, und zwar nicht nur im Durchschnitt (weil es weniger Ungebildete gibt), sondern auch in der Spitze.

4. Familie und Beruf

Um den Einfluss der Eltern auf den Berufserfolg ihrer Kinder einzuschätzen, ist es zunächst notwendig, sich näher mit dem Zusammenhang von Bildung und Beruf zu beschäftigen. Wenn sich die Anstrengungen und Erfolge der Eltern bei der (Aus-)Bildung ihrer Kinder nicht in entsprechenden Berufen niederschlagen würden, dürfte sich auch die Verbindung zwischen Familienleistungen und Berufserfolg in Grenzen halten. Immerhin belegen empirische Studien durchaus eine nennenswerte Ausbildungsinadäquanz, also eine Nichtübereinstimmung zwischen erworbenen und erforderlichen Qualifikationen. In den meisten dieser Fälle haben die Arbeitnehmer mehr (formale) Bildung erworben, als sie für ihre berufliche Tätigkeit benötigen. Dies gilt noch mehr für Personen mit einer zertifizierten Berufsausbildung als für Akademiker (die Anteile an Überqualifizierten liegen in Deutschland bei etwa 25 bzw. 17 Prozent; vgl. Szydlik 1996, S. 304). Für die hier verfolgte Fragestellung sind damit zwei Schlussfolgerungen relevant: (1) Auch wenn eine z. T. beträchtliche Ausbildungsinadäquanz existiert, lässt sich für die allermeisten Arbeitnehmer eine enge Bindung zwischen Bildung und Beruf nachweisen. Damit wirkt sich der große Einfluss der Eltern auf die Bildung ihrer Kinder weiterhin auf deren Berufsaussichten aus. (2) Eine höhere Bildung schützt besonders gut vor einer Überqualifikation. Kinder von Eltern, die in Hinblick auf deren Bildung sehr erfolgreich sind, müssen besonders selten eine Überqualifikation (mit entsprechenden Einkommensabschlägen, geringerem Prestige, geringerer Beschäftigungssicherheit und schlechteren Arbeitsbedingungen) in Kauf nehmen.

Eltern beeinflussen den Berufserfolg ihrer Kinder jedoch nicht nur indirekt über ihre Bildung. Vielmehr existieren auch direkte Effekte. Nehmen wir einmal die Beispiele „Lehrstelle" und „Auslandsaufenthalt". Wer über hilfreiche Informationen und gute Kontakte bzw. Beziehungen („Vitamin B") verfügt, kann diese entsprechend für seine Kinder nutzen. Die gewünschte Lehrstelle findet sich leichter, wenn die Eltern gute Kontakte zum Firmeninhaber haben (ganz zu schweigen von den Kindern, die ohnehin in einen Familienbetrieb hineinwachsen; vgl. Nordeck 2003). Mitarbeiter- und Kundenkinder („MiKis" und „KuKis") sind oftmals im Vorteil, wenn es beispielsweise um Praktika geht. Ressourcen der Eltern kommen damit unmittelbar ihren Kindern zugute; ressourcenschwächere Eltern können ihren Kindern entsprechend weniger bieten.

Nicht zu unterschätzen ist zudem die Frage, wie selbstverständlich es ist, bestimmte Berufsvorstellungen zu entwickeln. Wer aus einem Akademikermilieu stammt, erachtet eine Lehre zum Bauschlosser durchaus als ungewöhnlich; Auslandsaufenthalte erscheinen hingegen für Jugendliche, deren Eltern, andere Verwandte und deren Freunde häufig im Ausland waren und entsprechende Kontakte aufgebaut haben, eher als Selbstverständlichkeit. Und selbst wenn es Kindern niedriger Sozialschichten doch gelingt, Auslandsaufenthalte einzulegen, macht es einen Unterschied, ob dies in möglichst frühen Jahren oder doch erst später erfolgt – und welchen Tätigkeiten man im Ausland nachgeht. Auch hier spielen neben Aspirationen, Informationen und Kontakten die finanziellen Ressourcen der Eltern eine entscheidende Rolle (für empirische Befunde zur intergenerationalen Mobilität vgl. z. B. auch Müller 1986; Mayer/Solga 1994; Henz 1996; Müller/Pollak 2003).

5. Familie und aktuelle Transfers

Eltern und erwachsene Kinder sind lebenslang miteinander verbunden. Dies zeigt sich an häufigen Kontakten (übrigens bei generell geringer räumlicher Entfernung zwischen den Eltern- und Kinderhaushalten), an der engen emotionalen Verbundenheit, an seltenen Konflikten und nicht zuletzt an umfangreichen Hilfeleistungen und finanziellen Transfers (vgl. Szydlik 2000). Damit ergeben sich deutliche Verbindungen zwischen Familiensolidarität und Sozialstruktur. Die Generationentransfers lassen sich unterscheiden nach a) aktuellen Zahlungen und Geschenken, b) Schenkungen und Vermögungsübertragungen sowie c) Erbschaften. Die beiden erstgenannten Transferarten werden auch „inter-vivos-Transfers" genannt, also finanzielle Leistungen zwischen Lebenden; Vererbungen bzw. Erbschaften werden auch als „mortis-causa-Transfers" bezeichnet.

Aktuelle Zahlungen und Geschenke sind eine wichtige Form der Generationensolidarität und können für die Empfänger hochwillkommene Hilfen darstellen. Beispiele sind Unterstützungen für die Kinder während ihrer Ausbildung, bei wichtigen Lebensereignissen wie der Geburt von Kindern (Enkeln), dem Erwerb von Wohneigentum, bei einer Firmengründung oder Arbeitslosigkeit bzw. umgekehrt Zuschüsse für Eltern mit geringer Rente. Oft wird durch solche Transfers bedürftigen Angehörigen unter die Arme gegriffen, um Notsituationen zu vermeiden oder abzuschwächen. Sie erhöhen aber auch die Lebensqualität der Transferempfänger, stellen Bildungsinvestitionen dar (z. B. bei Auslandsaufenthalten oder kürzeren Studienzeiten, wenn solche Kinder nicht nebenher jobben müssen) und fördern den Vermögensaufbau.

Dies ist aber nur ein Aspekt: Inter-vivos-Transfers sind nicht nur als unmittelbare Unterstützungsleistungen einzuschätzen, sondern sie schaffen und festigen auch dauerhaft Bindungen zwischen den Familienmitgliedern. „Kleine Geschenke erhalten die Freundschaft", und, so könnte man hinzufügen, kleine und große Transfers stabilisieren Familienbeziehungen. Transfers sind ein „Beziehungskitt". Ein Geschenk beispielsweise zeigt dem Anderen, dass man an ihn denkt, ihn als wichtige Person wahrnimmt, und dass man eine Beziehung aufrechterhalten möchte. „Geschenke schaffen und machen sichtbar ein Gewebe von Beziehungen, das Gesellschaften auf der Mikroebene zusammenhält" (Schmied 1996, S. 38).

Die impliziten und expliziten Gegenleistungen für solche Transfers sind vielfältig. Dazu gehören Aufmerksamkeit, Zuwendung und allgemein die Festigung der sozialen Position der Geber in der Familie. Finanzielle Transfers können aber auch willkommene instrumentelle Hilfeleistungen nach sich ziehen, oder, wenn unmittelbar kein Bedarf dafür besteht, zu einer gegenseitigen Versicherung der intergenerationalen Solidarität in Antizipation zukünftiger Notlagen beitragen.

In diesem Zusammenhang sind die Ausführungen von Blau (1964, S. 88ff.) instruktiv. Eine wesentliche Funktion des sozialen Tauschs ist die Herstellung von Verpflichtungen, auf Grund derer zwischenmenschliche Beziehungen begründet und gefestigt werden. Simmel (1958, S. 444) stellt fest: „Sie [die Dankbarkeit] ist gleichsam das moralische Gedächtnis der Menschheit ..., dass sie, obgleich sie natürlich auch rein im Inneren verbleiben kann, doch die Potenzialität neuer Handlungen ist ... Obgleich die Dankbarkeit ein rein personaler ... Affekt ist, so wird sie, durch ihr tausendfaches Hin- und Herweben innerhalb der Gesellschaft, zu einem ihrer stärksten Bindemittel". Das Gefühl der Dankbarkeit festigt somit Familienbeziehungen und damit auch Gesellschaften insgesamt (vgl. auch Mauss 1950; Cheal 1987; Clausen 1991; Marbach 1994; Schmied 1996).

Wenn dem so ist, existiert ein mehr oder weniger impliziter privater Generationenvertrag, d. h. private Transfers können im Sinne einer Reziprozitätsnorm zu einer Stabilisierung von Familienbeziehungen, einschließlich der Versicherung zukünftiger Hilfeleistungen im Bedarfsfall beitragen. Sicherlich werden Transfers auch aus reinem Altruismus geleistet. Aber häufig vermischt sich diese Motivlage mit Eigeninteresse (vgl. Künemund/Motel 2000). Immerhin stimmen siebzig Prozent der 40- bis 85-jährigen Deutschen der folgenden Aussage zu: „Wenn ich meinen Angehörigen helfe, kann ich von ihnen auch selbst Hilfe erwarten" (Szydlik 2000, S. 93). In manchen Fällen kann dies sogar so weit gehen, dass Transfers an Familienmitglieder eine Form von „Bestechung" sind, um mehr Zuwendung zu erhalten (vgl. Kotlikoff/Morris 1989). Lüscher und Pajung-Bilger (1998, S. 55) zitieren in ihrer Studie die Aussage einer 26-jährigen Tochter in Bezug auf ihren Vater: „Ich habe ihm öfter gesagt, ich brauche sein Geld nicht, wenn das quasi als Erpressung gedacht ist, ‚Du kriegst Geld von mir, dafür kriege ich Gefühle von dir'. Das weiß er ganz genau. Und ich sage, ich gehe lieber arbeiten und verdiene mir mein Geld selber, bevor ich das mitmache."

Reziprozität umfasst also nicht nur Austauschprozesse auf der Basis derselben „Währung". Das Dankbarkeitsgefühl hat zuweilen Verpflichtungscharakter, das Gegenleistungen wie instrumentelle Hilfe, Aufmerksamkeit und Zuwendung impliziert. Dabei sind Reziprozitätsnormen noch nicht einmal auf die unmittelbare Beziehung zwischen Transfergeber und -empfänger beschränkt. Hierauf verweisen „Demonstrationstransfers", bei denen der Geber durch seine offen gelegte Unterstützung für die eine Person eine Gegenleistung von einer anderen Person erwartet – zum Beispiel auf Grund einer generationenübergreifenden Reziprozitätsvorstellung (vgl. Cox/Stark 1994; Stark 1995). In gewisser Weise besteht hier eine Ähnlichkeit zum öffentlichen Generationenvertrag: Die Hilfeleistung für die alten Eltern wird dann zur Demonstration der Hoffnung bzw. Erwartung einer entsprechenden Gegenleistung der Kinder, wenn man selbst einmal alt geworden ist.

Altruismus und Reziprozität sind aber nicht die einzigen Transfermotive. Hinzu kommen mindestens noch Zuneigung und Verpflichtung. Dabei spielen gesellschaftliche Normen eine wichtige Rolle, aber auch ganz profan Gesetze. Ein Beispiel für den ersten Fall liefert das folgende Zitat einer Tochter aus dem britischen Sheffield in Bezug auf ihren Vater: „I couldn't stand him but yet I knew that it was my duty and no matter what it cost me I would have done that for my own conscience ... and because of what people say, 'Well he's got a daughter and she doesn't do anything for him.' ... I've seen all these articles in the Star [local newspaper]. I've seen all these pictures of old people and it's been said 'Got a son who didn't do anything for them', but nothing is said about what the son or daughter had to put up with to cause them to turn that way" (Qureshi/Walker 1989, S. 140; Walker 1993, S. 155ff.). Ein Beispiel für den zweiten Fall sind Unterhaltszahlungen an studierende Kinder oder pflegebedürftige Eltern, die auf Vorgaben des Gesetzgebers beruhen: „Thus, courts intervene to remind spouses and parents of their obligations toward the relatives they no longer like" (Clignet 1992, S. 4; vgl. auch Eckert-Schirmer u. a. 1994).

Transfers an (bedürftige) Familienmitglieder basieren nicht monokausal auf Verpflichtung, Zuneigung, Altruismus *oder* Reziprozität. Sie sind vielmehr zumeist auf eine (komplizierte) Mischung verschiedener Faktoren zurückzuführen. Künemund und Motel (2000, S. 130) belegen auf der Basis des Alters-Survey, dass die wenigsten Personen lediglich ein einziges Motiv für die Unterstützung von Angehörigen haben, also lediglich Reziprozität, Altruismus, Zuneigung oder Verpflichtung. Die meisten geben eine Kombination verschiedener Motivlagen an. Am häufigsten treten alle vier Motive sowie eine Kombination aus Zuneigung, Reziprozität und Verpflichtung auf.

Aktuelle Zahlungen und Geschenke zwischen Familiengenerationen stabilisieren nicht nur Familienbeziehungen und regen zukünftige Unterstützungsleistungen an. Sie wirken sich vielmehr auch auf die Sozialstruktur aus. Empirische Befunde belegen (vgl. Szydlik 2000): Monetäre Transfers von Eltern an ihre erwachsenen Kinder außerhalb des Haushalts sind häufig und umfangreich. Allerdings sind diese Leistungen ungleich verteilt. Deutliche Unterschiede existieren vor allem zwischen den Bildungsschichten. Hauptschulabsolventen erhalten wesentlich seltener private Generationentransfers als Realschulabgänger, und beide bekommen deutlich weniger als Akademiker. Zwar zeigen die Analysen, dass der Bedarf der erwachsenen Kinder die Transferwahrscheinlichkeit erhöht: Wer mehr braucht, bekommt mehr. Das heißt, in der Kindergeneration kann Ungleichheit durch Generationentransfers (kurzfristig) durchaus verringert werden. Allerdings ist noch nicht ausreichend erforscht, inwiefern aktuelle Generationentransfers an Kinder mit höherem Bedarf langfristig ungleichheitsverschärfend wirken, wenn z. B. Geldzahlungen von Eltern an Studierende deren Karrierechancen erhöhen. Zudem ist der wichtigste Indikator für aktuelle Geldzahlungen und Geschenke von Eltern an ihre erwachsenen Kinder die materiellen Ressourcen der Eltern: Wer mehr hat, gibt mehr.

6. Familie und Vermögensübertragungen

Es dürfte im Interesse der Kinder liegen, das Vermögen ihrer Eltern möglichst früh zu erhalten. Der höhere Lebensstandard kann dann besonders lange genossen werden, und die Besitzübertragung erfolgt nicht erst zu einem Zeitpunkt, zu dem man bereits selbst ein eigenes Vermögen aufgebaut hat. In manchen Fällen können auch Steuervorteile für vorgezogene Vererbungen sprechen (dieses Argument kommt allerdings nur bei sehr hohen Vermögen in Betracht, da die hohen Freibeträge und niedrigen Erbschaftssteuern so gut wie keine Minderung kleiner und mittlerer Nachlässe zur Folge haben).

Dem Interesse der Kinder steht allerdings das der Eltern gegenüber. Letztere haben Veranlassung, ihr Eigentum nicht zu früh aus der Hand zu geben. Immerhin würden sie mit dem Vermögen ihre ökonomische Selbstständigkeit aufgeben. Außerdem verliert man mit der Schenkung die Kontrolle darüber, was mit dem Besitz geschieht. Zudem ist ungewiss, ob die Kinder weiterhin den Kontakt pflegen und für Hilfeleistungen zur Verfügung stehen, wenn sie bereits alles erhalten haben.

Die empirischen Befunde belegen: Schenkungen und Vermögensübertragungen sind im Vergleich zu aktuellen Transfers und Erbschaften seltene Ereignisse. Obwohl Eltern ihren erwachsenen Kindern zeitlebens Transfers zukommen lassen, z. B. in Form von Geld- oder Sachgeschenken, gehen sie dann doch nicht so weit, ihren Besitz bereits zu Lebzeiten zu übertragen. Jedenfalls wird der Erbenspruch „Mit warmer Hand gibt's sich besser als mit kalter" wesentlich seltener befolgt als die Maxime „Du sollst das letzte Hemd nicht hergeben, das dich selbst noch wärmt".

Wenn dann aber doch Schenkungen oder Vermögensübertragungen vorgenommen werden, vergrößern sie die bereits existierende Ungleichheit. Westdeutsche erwachsene Kinder sind häufiger Nutznießer als ostdeutsche. Und die Befunde belegen auch hier, dass Akademikern im Vergleich mit Real- und Hauptschulabsolventen wesentlich häufiger Schenkungen und Vermögensübertragungen zuteil werden. Immerhin erhält jeder vierte Akademiker nach einer Studie auf der Basis des Alters-Survey große Geldbeträge oder Sachwerte – bei den Realschulabsolventen ist es nur jeder sechste, und bei den Hauptschulabgängern, also der zahlenmäßig größten **Bildungsschicht**, nur jeder zehnte (vgl. Szydlik 2000, S. 152).

7. Familie und Vererbung

Auch Vererbungen („mortis-causa-Transfers") sind Ausdruck der Generationensolidarität in der Familie, und zwar sowohl zu Lebzeiten der Erblasser als auch danach. Hier treten ebenfalls (soziologisch) bedeutsame Familienprozesse auf. Wer in der Familie über Vermögen verfügt, kann eher auf Basis der Reziprozitätsnorm Unterstützung erfahren. Man muss zwar einräumen, dass die gegenwärtigen Erbgesetze in Deutschland den potenziellen Erblassern Einschränkungen auferlegen: vollständige Enterbungen der nächsten Verwandten sind so gut wie unmöglich. Entsprechend wird die gesetzliche Festlegung des Pflichtteils zuweilen als Beispiel für eine Schwächung der Familie durch staatliche Eingriffe angeführt (vgl. Le Play 1871; Riehl 1922; Janowitz 1976; Nave-Herz 1998). Allerdings besteht der so genannte Pflichtteil nur aus der Hälfte des Vermögens, das ohne ein entsprechendes Testament anfallen würde. Reiche Großeltern und Eltern können somit eher Hilfeleistungen ihrer Nachkommen anregen, die nach dem Ableben vergolten werden. Gleichzeitig können vermögende Verwandte eher ihre (Macht-)Stellung in der Familie erhalten und möglichen Widerspruch abwehren.

Vererbungen wirken aber nicht nur prospektiv durch die implizite oder explizite Inaussichtstellung einer Erbschaft bzw. die Drohung ihrer Verweigerung. Nachlässe verbinden verstorbene und lebende Familienmitglieder. Zunächst haben Vererbungen als letzte Willensbekundung des Erblassers starken Symbolwert (vgl. Ariès 1982; Medick/Sabean 1984). Dies ist besonders dann der Fall, wenn bestimmte Personen ausdrücklich per Testament bevorzugt oder benachteiligt werden. Das Band zwischen Verstorbenen und Lebenden wird bei Vererbungen zudem über eine Stärkung des Familiengedächtnisses geknüpft (vgl. Halbwachs 1966). Wie bei inter-vivos-Transfers sind auch bei Vererbungen reine Geldübertragungen hierzu weniger geeignet. Erinnerungsfördernd sind eher Sachwerte. Diese reichen von Gegenständen mit eher geringem materiellen Wert wie Fotos, Briefe, Tagebücher, Heiratsurkunden und die Familienbibel bis hin zu Nachlässen, die sowohl materiellen als auch Erinnerungswert haben. Beispiele hierfür sind der Familienschmuck, (antike) Möbel, das Haus der Eltern bzw. Großeltern oder auch der Familienbetrieb (vgl. Bertaux/ Bertaux-Wiame 1991; Segalen 1993).

Welcher erbschaftsbedingte Zusammenhang zwischen Familie und Sozialstruktur wird durch empirische Studien ermittelt? Die immensen Vermögensübertragungen im Zuge der Erbschaftswelle führen zu einer deutlichen Vergrößerung bereits existierender Ungleichheit. Die allermeisten Nachlässe gehen auf die Eltern und Schwiegereltern zurück (da übrigens schichthöhere Kinder in der Regel wiederum schichthöhere Kinder heiraten, kumulieren diese Erbschaften). Diejenigen erwachsenen Kinder, die von ihren Eltern zeitlebens besonders große Unterstützungen erfahren haben, erhalten nach deren Tod besonders hohe Summen. Beinahe jeder dritte Akademiker erbt mindestens 50.000 Euro (darunter fallen natürlich noch erheblich höhere Erbschaften). Eine solche Summe wird lediglich jedem fünften Realschulabgänger und jedem achten Hauptschulabsolventen zuteil. Dabei kann man davon ausgehen, dass die anstehenden zukünftigen Vererbungen die sozialen Differenzen noch weiter vergrößern werden (vgl. Szydlik 2000, 2004).

8. Fazit

Zwischen Familie und Sozialstruktur existieren enge Verbindungen. Demografie, Bildung, Einkommen, Beruf, Klassen, Schichten, Sozialmilieus, Lebensstile, Lebensläufe – all diese Aspekte der Sozialstruktur wirken sich stark auf Familien aus und sind umgekehrt wesentlich durch Familien geprägt. Entwicklungen bei den Familienbeziehungen führen häufig zu sozialstrukturellen Veränderungen, und der Wandel der Sozialstruktur hat oftmals bedeutende Folgen für die Familie. Solche Zusammenhänge lassen sich beispielsweise aufzeigen für Geburten, Hochzeiten, Scheidungen, Ein- bzw. Zwei-Eltern-Familien, die gemeinsame Lebenszeit von Familienangehörigen, die Vereinbarkeit von Beruf und Familie, die Kosten für Kinder und Kinderlosigkeit, die familienbedingte Lebensführung sowie geburtsjahrgangsspezifische Bildungs-, Berufs- und Vermögenschancen.

Besonders beeindruckend ist der Zusammenhang zwischen Familie und Sozialstruktur in Hinblick auf die familiale Generationensolidarität. Man kann hier sogar von einem prekären Verhältnis sprechen. Dabei bietet es sich an, eine Lebenslaufperspektive heranzuziehen. Immerhin gilt die Generationensolidarität lebenslang. Eltern kümmern sich um ihre Kinder nicht nur, während diese noch bei ihnen leben, auch im Erwachsenenalter fließen weiterhin bedeutende Transferströme an die nächste Generation. Eltern aus höheren Sozialschichten verschaffen ihren Kindern somit nicht nur während derer Kindheit und Jugend bessere Lebensverhältnisse. Auch erwachsene Kinder werden nach deren Auszug aus dem Elternhaus zeitlebens unterstützt, und zwar durch regelmäßige Geldtransfers, Geschenke, Schenkungen, Vermögensübertragungen und schließlich durch Vererbungen. Damit tragen die Unterstützungsleistungen schichthöherer Eltern für ihre Kinder über deren gesamten Lebenslauf zu einer Verfestigung und sogar Vergrößerung sozialer Ungleichheit bei. Wer schon in jungen Jahren auf Grund der Ressourcen der Eltern bessere Chancen hatte, ist auch im Erwachsenenalter deutlich im Vorteil: Wer hat, dem wird gegeben.

Die Solidarität zwischen den Familiengenerationen ist generell stark ausgeprägt. Aber wo größere Ressourcen vorhanden sind, fällt die Unterstützung eben auch größer aus. Eltern mit geringen Ressourcen sind hierzu nicht in der Lage. Familienleistungen bestätigen und vergrößern damit die Ungleichheit in der Gesellschaft. Sie erhöhen die Chancen für Kinder besser gestellter Eltern und verringern entsprechend die Möglichkeiten für Kinder weniger begüterter Eltern. Die immensen Leistungen, die Familien vollbringen, sind hoch anzuerkennen und nach Kräften zu fördern. Es ist aber auch eine gesellschaftspolitische Aufgabe, für eine Verringerung der Ungleichheit qua Geburt zu sorgen.

Literatur

Ariès, P., 1982: Geschichte des Todes. München.

Bertaux, D./Bertaux-Wiame, I., 1991: „Was du ererbt von deinen Vätern ..." – Transmissionen und soziale Mobilität über fünf Generationen. In: BIOS – Zeitschrift für Biografieforschung und Oral History, 4. Jg., H. 1, S. 13-40.

Bertram, H., 2000: Die verborgenen familiären Beziehungen in Deutschland: Die multilokale Mehrgenerationenfamilie. In: Kohli, M./Szydlik, M. (Hrsg.): Generationen in Familie und Gesellschaft. Opladen, S. 97-121.

Blau, P.M., 1964: Exchange and Power in Social Life. New York u. a.

Blossfeld, H.-P./Shavit, Y., 1993: Persisting Barriers – Changes in Educational Opportunities in Thirteen Countries. In: Shavit, Y./Blossfeld, H.-P. (Hrsg.): Persistent Inequality – Changing Educational Attainment in Thirteen Countries. Boulder, CO, S. 1-23.

Bourdieu, P., 1987: Die feinen Unterschiede – Kritik der gesellschaftlichen Urteilskraft. Frankfurt am Main.

Cheal, D., 1987: „Showing them you love them": Gift Giving and the Dialect of Intimacy. In: The Sociological Review, 35. Jg., H. 1, S. 150-169.

Clausen, G., 1991: Schenken und Unterstützen in Primärbeziehungen – Materialien zu einer Soziologie des Schenkens. Frankfurt am Main u. a.

Clignet, R., 1992: Death, Deeds, and Descendants – Inheritance in Modern America. New York.

Cox, D./Stark, O., 1994: Intergenerational Transfers and the Demonstration Effect. NIA Workshop on Cross-National Issues in Aging. Syracuse/New York.

Deutsches PISA-Konsortium (Hrsg.) 2001: PISA 2000 – Basiskompetenzen von Schülerinnen und Schülern im internationalen Vergleich. Opladen.

DiMaggio, P./Hargittai, E./Neuman, W.R./Robinson, J.P., 2001: Social Implications of the Internet. In: Annual Review of Sociology, 27. Jg., S. 307-336.

Eckert-Schirmer, J./Lamm, Y./Walter, W., 1994: Regulation von Generationenbeziehungen durch Verfahren – Auslegung des Rechts und Modelle der Generationenbeziehungen in den Bereichen Unterhaltsrecht und Pflegekindschaft. In: Zeitschrift für Familienforschung (Sonderheft), S. 145-152.

Engstler, H./Menning, S., 2003: Die Familie im Spiegel der amtlichen Statistik – Lebensformen, Familienstrukturen, wirtschaftliche Situation der Familien und familiendemographische Entwicklung in Deutschland (Hrsg. vom Bundesministerium für Familie, Senioren, Frauen und Jugend). Berlin.

Haisken-DeNew, J./Pischner, R./Wagner, G.G., 2001: Private Internet-Nutzung: Bildung und Einkommen auch bei Jugendlichen von großer Bedeutung. In: Wochenbericht des DIW Berlin, 68. Jg., H. 40, S. 619-623.

Halbwachs, M., 1966: Das Gedächtnis und seine sozialen Bedingungen. Berlin/Neuwied.

Henz, U., 1996: Intergenerationale Mobilität – Methodische und empirische Untersuchungen. Berlin: Max-Planck-Institut für Bildungsforschung.

Hradil, S., 1987: Sozialstrukturanalyse in einer fortgeschrittenen Gesellschaft – Von Klassen und Schichten zu Lagen und Milieus. Opladen.

Hradil, S., ^{4}2000: Soziale Ungleichheit. In: Reinhold, G./Lamnek, S./Recker, H. (Hrsg.): Soziologie-Lexikon. München/Wien, S. 589-593.

Huinink, J., 2002: Familien und Familienformen im Wandel – eine soziologische Betrachtung. In: Busch, F.W./Kölbin, R. (Hrsg.): In Hoffnung widerstehen. Oldenburg, S. 105-134.

Huinink, J., 2003: Zwischen Solidargemeinschaft und Luxusgut. Alte und neue Ungleichheiten – die Familie in Deutschland im Wandel. In: Frankfurter Rundschau (Forum Humanwissenschaften), 14. Januar 2003, Nr. 11, S. 24.

Janowitz, M., 1976: The Social Control of the Welfare State. New York.

Kotlikoff, L.J./Morris, J.N., 1989: How Much Care Do the Aged Receive From Their Children? A Bimodal Picture of Contact and Assistance. In: Wise, D.A. (Hrsg.): The Economics of Aging. Chicago/London, S. 151-175.

Kreckel, R., 1992: Politische Soziologie der sozialen Ungleichheit. Frankfurt am Main/New York.

Künemund, H./Motel, A., 2000: Verbreitung, Motivation und Entwicklungsperspektiven privater intergenerationeller Hilfeleistungen und Transfers. In: Kohli, M./Szydlik, M. (Hrsg.): Generationen in Familie und Gesellschaft. Opladen, S. 122-137.

Le Play, F., 1871: L'organisation de la famille selon le vrai modèle signalé par l'histoire de toutes les races et de tous les temps. Tours.

Lüscher, K./Pajung-Bilger, B., 1998: Forcierte Ambivalenzen – Ehescheidung als Herausforderung an die Generationenbeziehungen unter Erwachsenen. Konstanz.

Marbach, J.H., 1994: Tauschbeziehungen zwischen Generationen: Kommunikation, Dienstleistungen und finanzielle Unterstützung in Dreigenerationenfamilien. In: Bien, W. (Hrsg.): Eigeninteresse oder Solidarität – Beziehungen in modernen Mehrgenerationenfamilien. Opladen, S. 163-196.

Mauss, M., 1950/1990: Die Gabe – Form und Funktion des Austauschs in archaischen Gesellschaften. Frankfurt am Main.

Mayer, K.U./Solga, H., 1994: Mobilität und Legitimität – Zum Vergleich der Chancenstrukturen in der alten DDR und der alten BRD oder: Haben Mobilitätschancen zu Stabilität und Zusammenbruch der DDR beigetragen? In: Kölner Zeitschrift für Soziologie und Sozialpsychologie, 46. Jg., S. 193-208.

Medick, H./Sabean, D., 1984: Emotionen und materielle Interessen in Familie und Verwandtschaft: Überlegungen zu neuen Wegen und Bereichen einer historischen und sozialanthropologischen Familienforschung. In: Medick, H./Sabean, D. (Hrsg.): Emotionen und materielle Interessen – Sozialanthropologische und historische Beiträge zur Familienforschung. Göttingen, S. 27-54.

Meulemann, H., 1990: Schullaufbahnen, Ausbildungskarrieren und die Folgen im Lebensverlauf – Der Beitrag der Lebenslaufforschung zur Bildungssoziologie. In: Mayer, K.U. (Hrsg.): Lebensverläufe und sozialer Wandel (Kölner Zeitschrift für Soziologie und Sozialpsychologie: Sonderband 31), S. 89-117.

Müller, W., 1986: Soziale Mobilität: Die Bundesrepublik im internationalen Vergleich. In: Kaase, M. (Hrsg.): Politische Wissenschaft und politische Ordnung. Opladen, S. 339-354.

Müller, W./Pollak, R., 2003: Social Mobility in West Germany – The Long Arms of History Discovered? In: Breen, R. (Hrsg.): Social Mobility in Europe, 1970-1995: Divergence or Convergence? Oxford, S. 77-113.

Nave-Herz, R. 1998: Die These über den „Zerfall der Familie". In: Friedrichs, J./Lepsius, M.R./Mayer, K.U. (Hrsg.): Die Diagnosefähigkeit der Soziologie (Kölner Zeitschrift für Soziologie und Sozialpsychologie: Sonderband 38), S. 286-315.

Ninio, A.Z./Bruner, J.S., 1978: The Achievement and Antecedents of Labelling. In: Journal of Child Language, 5. Jg., S. 1-16.

Nordeck, W. v., 2003: Betriebsgeheimnis. In: Rössler, P./Szydlik, M. (Hrsg.): fotoGEN – Generationenfotografien. Stuttgart, S. 52-55.

PISA-Konsortium Deutschland (Hrsg.), 2004: PISA 2003. Der Bildungsstand der Jugendlichen in Deutschland – Ergebnisse des zweiten internationalen Vergleichs. Münster u. a.

Qureshi, H./Walker, A., 1989: The Caring Relationship. London.

Riehl, W.H., 1922: Vom Deutschen Land und Volke. Jena.

Schäfers, B., 1992: Ungleichheit, soziale. In: Schäfers, B. (Hrsg.): Grundbegriffe der Soziologie. Opladen, S. 345-347.

Schmied, G., 1996: Schenken – über eine Form sozialen Handelns. Opladen.

Schulze, G., 1992: Die Erlebnisgesellschaft. Kultursoziologie der Gegenwart. Frankfurt am Main/New York.

Segalen, M., 1993: Die Tradierung des Familiengedächtnisses in den heutigen französischen Mittelschichten. In: Lüscher, K./Schultheis, F. (Hrsg.): Generationenbeziehungen in ‚postmodernen' Gesellschaften – Analysen zum Verhältnis von Individuum, Familie, Staat und Gesellschaft. Konstanz, S. 157-169.

Simmel, G., [4]1958: Soziologie. Untersuchungen über die Formen der Vergesellschaftung. Berlin.

Stark, O., 1995: Altruism and Beyond – An Economic Analysis of Transfers and Exchanges within Families and Groups. Cambridge u. a.

Statistisches Bundesamt, 2001: Fachserie 1 „Bevölkerung und Erwerbstätigkeit", Reihe 3 „Haushalte und Familien". Wiesbaden.

Szydlik, M., 1996: Zur Übereinstimmung von Ausbildung und Arbeitsplatzanforderungen in der Bundesrepublik Deutschland. In: MittAB – Mitteilungen aus der Arbeitsmarkt- und Berufsforschung, 29. Jg., H. 2, S. 295-306.

Szydlik, M., 2000: Lebenslange Solidarität? Generationenbeziehungen zwischen erwachsenen Kindern und Eltern. Opladen.

Szydlik, M., 2004: Zum Zusammenhang von Generation und Ungleichheit. In: Szydlik, M. (Hrsg.): Generation und Ungleichheit. Wiesbaden, S. 7-24.

Walker, A., 1993: Intergenerational Relations and Welfare Restructuring: The Social Construction of an Intergenerational Problem. In: Bengtson, V.L./Achenbaum, W.A. (Hrsg.): The Changing Contract Across Generations. New York, S. 141-165.

Zapf, W., 1989: Sozialstruktur und gesellschaftlicher Wandel in der Bundesrepublik Deutschland. In: Weidenfeld, W./Zimmermann, H. (Hrsg.): Deutschland-Handbuch. Eine doppelte Bilanz 1949-1989. Bonn, S. 99-124.

Geschlechteraspekte im Kontext von Familie

Barbara Rendtorff

1. Einleitung

Auf einer sehr allgemeinen Ebene können wir zunächst unterstellen, dass die Tatsache des Geschlechts bzw. die Auslegung, die Bedeutung von Geschlechterpositionen und -beziehungen wie in allen sozialen, kulturellen und politischen Zusammenhängen auch für das Verständnis von Familie eine zentrale Rolle spielt, zumal mit dem generativen Aspekt die Grundbausteine Mutter-Vater-Kind und damit die heterosexuelle Sexualität dem Begriff von Familie ja zu Grunde liegen – ganz unabhängig davon, welche aktuelle sozialwissenschaftliche Entwicklung, individuelle Familienkonzeption oder Familienform jeweils vorliegen mag.

Um die Bedeutung und die Wirkungen von Geschlecht im Kontext von Familie genauer zu verstehen, bietet es sich an, den Gesamtkomplex „Familie" in verschiedene Teil- bzw. Aufgabenbereiche zu unterteilen, in denen, wie sich zeigen wird, Geschlecht auf sehr unterschiedliche Weise einflussreich und relevant wird. Allerdings soll gleich vorausgeschickt werden, dass die Literaturlage zu unserer Fragestellung sich ganz im Gegensatz zur Wichtigkeit des Geschlechteraspekts eher unzureichend darstellt – manche Aspekte sind gut beforscht, viele aber kaum reflektiert worden.

Definieren wir zunächst Familie sehr weit gefasst als eine Gruppe von Menschen, die mindestens zwei Generationen umfasst, wobei mindestens eine Person der älteren Generation zu mindestens einer Person der jüngeren Generation in einer Elternfunktion steht (vgl. Herzog/Böni/Guldimann 1997, S. 85). Damit wird der Pluralität von Lebensformen Rechnung getragen und soll gewährleistet sein, dass unter „Familie" nicht eng gefasst nur eine biologische Kernfamilie verstanden wird. Dennoch wird der Einfachheit halber im Folgenden von „Erwachsenen" bzw. „Eltern" und „Kindern" die Rede sein.

In einer gesellschaftlichen Perspektive betrachtet liegt die Aufgabe der Familie darin, die soziale „Platzanweisung" der nachfolgenden Generation zu sichern und zu organisieren. Hieraus erklärt sich auch ihr Verhältnis zum Staat, denn die Familie ist einerseits die „Keimzelle des Staates", d. h. die Institution, der er die Aufgabe anvertraut, die kommende Generation in seinem Sinne und zu seiner Loyalität heranzubilden, und zugleich ist sie privater Raum, der sich gerade *gegen* die Einmischungen des Staates sperrt und geradezu einen Schutzraum vor staatlichen Eingriffen darstellt. Im ersten Sinne verstanden muss der Staat also rechtliche (und notfalls polizeiliche) Schritte unternehmen, um seine Interessen an der Familie und dem, was in ihrem Binnenraum geschieht, zu wahren; im zweiten Sinne muss er aber seine Eingriffe umgekehrt auf ein Minimum zum Schutze der Person beschränken. Für die Geschlechterbeziehungen gilt entsprechend: Da, wo sie dem staatlichen Interesse entsprechen, werden sie auch vom Staat geschützt, während sie da, wo sie als privat gelten, sich selbst überlassen bleiben. Im Übrigen können staatliche Regelungen die sozialen Beziehungen selbst nicht erzeugen oder dominieren – die Ambivalenz und Vielschichtigkeit dieser Problematik lässt sich beispielsweise an der Geschichte des § 177 StGB ablesen, der die Vergewaltigung in der Ehe unter Strafe stellt, oder des § 1631 BGB, der Kindern eine gewaltfreie Erziehung garantieren soll.

Marktwirtschaftlich betrachtet ist die Familie übrigens nicht von prominentem Interesse – hier interessiert der Haushalt, d. h. die ökonomische Form von Erwirtschaftung, Verteilung und Konsum – und infolge der Pluralisierung von Familienformen sind Familien heute ja oft an zwei, teilweise an mehreren Haushalten beteiligt (vgl. Reichwein u. a. 1993, S. 96ff.).

Mit Bezug auf die zu versorgenden und zu erziehenden Kinder lässt sich die familiale Aufgabe mit der von verschiedenen Autoren verwendeten Begrifflichkeit der Weitergabe von sozialem, kulturellem und ökonomischem Kapital an die nachfolgende Generation spezifiziert beschreiben. In einer erziehungswissenschaftlichen Perspektive müssten wiederum der edukative Anteil der Familienaufgaben und die Verbindungen von Familie und pädagogischen Institutionen verstärkt beobachtet werden.

Es ergeben sich von hier aus also unmittelbar zumindest drei große familiale Aufgabenbereiche, die auch den folgenden Text strukturieren sollen. Da diese Aufgabenfelder der Natur der Sache nach einander überlappen und untereinander in engster Beziehung stehen, ist die Aufteilung in unterschiedliche Bereiche nicht unproblematisch – sie dient hier lediglich als Gliederungshilfe für die Darstellung. Bei jedem Abschnitt wird dann zu fragen sein, ob hier geschlechtstypische Besonderheiten erkennbar sind.

Da wäre zunächst das *materielle Aufgabenfeld*. Es umfasst die ökonomische Existenzsicherung der Familie, die Ausstattung und Pflege der Wohnung und die Verteilung der anfallenden Arbeiten zwischen den Familienmitgliedern. Dabei gibt es immer auch den Aspekt der expliziten oder impliziten Zuweisung von Kompetenzen und Pflichten – und hierbei spielt das Geschlecht der beteiligten Personen eine deutlich erkennbare Rolle. Am besten erforscht und am breitesten dokumentiert ist dabei der Bereich der Arbeitsteilung familialer Aufgaben und anfallender Arbeiten (also Ausstattung und Erhalt der Wohnung, Hausarbeit, Kinderbetreuung und -versorgung) – hierzu liegen einige theoretische (vgl. Oakley 1978, Kaufmann 1999) und auch eine Reihe neuerer empirischer Untersuchungen vor (vgl. Herzog/Böni/Guldimann 1997; Künzler 1999). Weiterhin wäre hier zu fragen, ob es eine geschlechtstypische Struktur der Verteilung von familiensichernder Erwerbsarbeit gibt und inwieweit die Aufgaben- bzw. Arbeitsaufteilung zwischen den Familienmitgliedern ihrerseits geschlechtstypisierende Auswirkungen auf Kinder hat.

Das zweite Aufgabenfeld wird hier bezeichnet als Bereich der *Sorge*. Dieser umfasst zum einen den sozialen Zusammenhalt der Familie – hier gibt es eine starke Überschneidung zum vorher genannten Aufgabenfeld im Bereich der Hausarbeit, so dass an dieser Stelle die Betonung auf die über die rein materielle Arbeit hinausgehende Dimension gelegt wird. Dazu kommt der ganze Bereich der Pflege sozialer Beziehungen, das Für-einander-da-sein innerhalb der Familie und des sie umgebenden Netzwerks, und nicht zuletzt die Pflege von Kontakten, die die außerfamilialen Aktivitäten der Kinder betreffen. In Bezug auf die hier zu bearbeitende Themenstellung wäre also zu fragen, inwieweit die Erfüllung dieser Aufgaben geschlechtstypisch organisiert ist und welche Auswirkungen das beispielsweise auf die Beziehungen von Kindern zu Mutter oder Vater hat. Weiterhin wäre zu fragen, ob die Struktur dieser Aufgabenteilung korrespondiert mit geschlechtstypischen Aspekten in den Institutionen außerfamilialer pädagogischer Betreuung wie dem Kindergarten. Zu diesem Bereich gibt es vor allem Texte aus dem Kontext der feministischen Debatte, und zwar von frühen patriarchatskritischen Texten bis zu neueren Theoriemodellen einer Ethik der Sorge, der „Care-Ethik“.

Das dritte große Aufgabenfeld der Familie ist das *edukative*. Hiermit ist die Weitergabe von kulturellem und sozialem Kapital gemeint, angefangen von basalem Kulturbezug, der Vermittlung von Kulturtechniken, Umgangsformen, Achtung des Anderen bis zur Vermittlung grundlegender Bildung im Vorschulalter und zusätzlicher Bildung, die über das Angebot der Schule hinausreicht. Auch hier stellt sich also die Frage, ob bzw. wie eine mögliche binnenfamiliale geschlechtstypische Verteilung von Aufgaben und Inhalten mit den entsprechenden Strukturen der Schule zusammentrifft, möglicherweise sich gegenseitig verstärkend. Zu diesem Bereich gibt es leider außerordentlich wenig empirische Literatur, die sich für eine Betrachtung mit Blick auf die Geschlechterdimension eignet, hier muss vor allem auf Strukturüberlegungen zurückgegriffen werden.

Das vierte Aufgabenfeld stellt keinen abgrenzbaren Bereich dar. Hier geht es um die Frage, inwieweit die Familie, und dabei insbesondere Vater und Mutter je unterschiedlich, die Aufgabe hat/haben, bei der psychischen Strukturbildung des Kindes mitzuwirken. Hierbei lässt sich vor allem auf psychoanalytische Literatur zurückgreifen.

Doch zunächst soll im folgenden Abschnitt eine kurze Skizze zugrunde gelegt werden, die zumindest in groben Zügen die Grundvoraussetzungen umreißt, von denen in diesem Text ausgegangen wird. Dabei soll es zunächst darum gehen, die begrifflichen Grundlagen abzuklopfen und sie auf ihre systematische Bedeutung hin zu befragen. Denn die – mittlerweile sehr breite, vielfältige und kaum noch theoretisch ordenbare – Literatur zu diversen Aspekten des Geschlechterverhältnisses (vgl. Bönold 2003) hat ja zumindest eines übereinstimmend und klar gezeigt, nämlich dass alle die vielfältigen Formen von Ungleichbehandlung, von unterschiedlichen Identitätsentwürfen, Leistungsprofilen usw. letztlich im Wesentlichen auf zwei Grundkomplexe zurückgeführt werden können: auf die sehr verkürzt als Aufteilung zwischen „privat“ und „öffentlich“ umschriebene Aufgaben- und Sphärenaufteilung zwischen Frauen und Männern im Modell der bürgerlichen Gesellschaft, und auf die vorgestellte Existenz unterschiedlicher Geschlechtscharaktere, die entlang der biologisch-morphologischen Ausstattung von Frauen und Männern gebildet wurden und anschließend „naturalisiert“, d. h. mit dem Anschein des Naturhaften ausgestattet wurden. Beide sind hochwirksam, sind kulturell, sozial und politisch solide verankert und für alle existierenden Konzepte von Familie einflussreich – sei es, dass sie diesen Grundlinien folgen, oder sei es, dass sie sich mit Mühe dagegen als alternative Form zu behaupten suchen.

2. Zur Struktur der Geschlechterordnung im Kontext von Familie

In ihrer differenzierten philosophischen Studie über den „Wert des Privaten“ beschreibt Beate Rössler (2001) die doppelte und in sich widersprüchliche Bedeutung des Begriffs „Privatheit“ als einem „von staatlichem Handeln freien“ Raum, welcher die Grundlage für die Sozialstruktur der modernen Familie bilde. In diesem Begriff verbergen sich aber zwei widersprüchliche Anschauungen. Denn einerseits gilt der private Bereich in einer aristotelischen Denktradition als derjenige „der Notwendigkeit, Einschränkung, Gebundenheit und Unterwerfung unter die (unangenehmen) Gesetze der Natur und der Reproduktion“

(Rössler 2001, S. 47). Hier ließe sich auch eine Parallele zu Freud herstellen, für den die Familie ein gewissermaßen konservativer, den Veränderungsansinnen der Kultur feindlich gegenüberstehender Ort ist, der sich nach außen abzuschirmen versucht (vgl. Freud 1930/1974, S. 232ff.). In dieser Hinsicht verknüpft er sich mit einer Natur-Unterworfenheit, die auch auf die in der bürgerlichen Gesellschaft verfestigte innerfamiliale geschlechtliche Arbeitsteilung abfärbt und diese als quasi-naturhaft erscheinen lässt.

Diesem Ort gegenüber gestellt ist dann entsprechend die Arbeit bzw. die Kultur (die „Öffentlichkeit“) als der Bereich, der durch eigene Aktivität und Verantwortung veränderbar ist und sein soll, mithin als Sphäre der (potenziellen) Freiheit der Naturgebundenheit der Familie entgegengesetzt. Von hier aus ist es nur logisch, dass die mit der Familie assoziierte Frau erstens mit Kontinuität, Beharren usw. gleichgesetzt wird, und dass ihre Arbeit in der Familie, da sie ja gerade nicht zu Veränderung beitragen soll, nicht als Arbeit gelten kann/darf. Daraus folgt dann logischerweise auch, dass die dem weiblichen Geschlecht Zugehörigen eine niedrigere Selbstwirksamkeit entwickeln als Jungen und Männer, was bis heute spürbar und nachweisbar ist.

Auf der anderen Seite aber, und in (scheinbarem?) Gegensatz dazu, ist Familie auch ein Ort von individueller Freiheit und Entfaltungsmöglichkeiten. Staatlicher (und pädagogischer!) Einflussnahme weitgehend entzogen können die Individuen sich im Schutze der familialen Privatheit „als ganze verletzlich machen“ (Rössler 2001, S. 228), kann Sexualität unbeobachtet gelebt werden – einschließlich perverser oder bizarrer Praktiken, die hier unsanktioniert bleiben –, können sich individuelle Talente entfalten, die außerhalb nicht gefördert werden und können Gedanken und Meinungen abseits von staatlicher Kontrolle ebenfalls unsanktioniert bestehen bleiben. So betrachtet, muss dieser familiale Schutzraum als Ort der Freiheit verteidigt werden. Aber die dunkle Seite dieser Abgeschlossenheit ist natürlich, dass gewalttätige und andere repressive Strukturen dem „Schutz“ dieser Privatheit unterliegen. Es war ein langer Leidensweg von der Aufhebung des Rechts der „mäßigen Züchtigung“ der Ehefrau 1812 (vgl. Nave-Herz 2002, S. 84) bis zur Einführung des § 177 StGB, der Vergewaltigung auch in der Ehe für strafbar erklärt (1997) – und noch heute zeugen die Häuser für geschlagene Frauen davon, dass auch ein Rechtsinstitut allein eine alltägliche Praxis nicht unbedingt unterbinden kann.

Durch die patriarchale Struktur der bürgerlichen Familie wurde also hier eine gesellschaftliche Differenz eingeführt: Die innere Freiheit des familialen Raums galt in erster Linie für den Vater, der dieses Vorrecht erstens als individuelles Binnenverhältnis aus seiner idealtypisch vorausgesetzten, die materielle Existenz der Familie sichernden Erwerbsarbeit ableitete, und zweitens aus seiner Zugehörigkeit (qua Erwerbsarbeit) zum „öffentlichen“ Bereich der Kultur und Arbeit – beides zusammengenommen gerinnt in der Tradition der bürgerlichen Gesellschaft zu einem natürlichen Aspekt der Geschlechtszugehörigkeit und wurde zum natürlichen Vorrecht des Männlichen selbst, das dann seinerseits auf der Seite der Kinder zu deutlichen Unterschieden zwischen Jungen und Mädchen führte (vgl. Bublitz 1998).

Mit der Fernhaltung der bürgerlichen Frau aus dem öffentlichen Bereich der Arbeit verlor sie also den potenziell gestalterischen Aspekt der Freiheit des familialen Raums und reduzierte ihn (in einem von Frau und Mann gemeinsam betriebenen Missverständnis) auf die im wörtlichen Sinne *Ausgestaltung* des Heims. Im selben Zug verlor diese Arbeit auch notwendigerweise ihren Kultur-Aspekt (da Kultur ja mit der „Arbeit“ der öffentlichen Sphäre zugerechnet und der Familie entgegengesetzt ist) – hier hat das zu weit reichenden Fehleinschätzungen führende Missverständnis seine Ursache, das nachhaltig sowohl die kulturschöpfende Seite der Hausarbeit als auch ihren Arbeitscharakter verkennt und die Position der Hausfrau so prekär und eben: unfrei macht.

Diese Spannung zwischen öffentlich und privat, zwischen der Freiheit zur Gestaltung und Veränderung des öffentlichen Raums durch die Arbeit und der privaten Freiheit des Gedankens und Gefühls hat auch die Konzepte von familialer und außerfamilialer Erziehung und Bildung stark geprägt. In groben Zügen betrachtet führte sie in der Theoriegeschichte zu einer Aufteilung zwischen einer familialen, stark weiblich konnotierten Sphäre der Herzensbildung (zu der teilweise auch die einfachen Kulturkenntnisse zählen), die vor allem von der Mutter an die kleinen Kinder vermittelt wird, und einem außerfamilialen Feld der Geistesbildung, das den älteren Knaben (etwa ab dem siebten, teilweise sogar dem zwölften Lebensjahr) vom Vater, Lehrer, Meister (jedenfalls: dem Männlichen) eröffnet wird.

Diese Aufteilung fundiert in unterschiedlichem Gewande die meisten modernen pädagogischen Konzepte – sei es als Gegenüberstellung von Eiche und Efeu bei Campe (1796/1997, S. 23) oder von Mutterliebe und Vaterführung in der Geisteswissenschaftlichen Pädagogik, wobei regelmäßig blinde Flecken entstehen – etwa, dass übersehen wird, dass die Entwicklung zu innerer Selbstständigkeit nach entwicklungspsychologischer und sozialisationstheoretischer Einsicht nicht erst im Schulalter beginnt, sondern gerade Ergebnis der frühen Erziehungsbemühungen und Sozialerfahrungen des Kindes ist.

Die (in diesem Kontext ganz logische) Struktur „je näher am Kind, desto weiblicher, desto naturhafter und desto weniger als ‚Arbeit' klassifiziert" zeigt ja bekanntlich bis heute ihren Niederschlag in der Struktur und Bewertung der einzelnen Segmente des Bildungswesens, der Unterschätzung der vorschulischen Erziehung usw. – auch ohne dass sich der Vorschlag Erich Wenigers durchgesetzt hat, die Grundschule mit einer nicht-akademischen Ausbildung als „naturhaft weibliche" Tätigkeit den Frauen exklusiv zu übergeben (vgl. Strotmann 1997, S. 137).

Heutzutage sind auf der rechtlichen Ebene alle festschreibenden Ungleichheiten von Ehegatten, wie sie noch in den 1950er und 1960er Jahren im BGB definiert waren, aufgehoben, so z. B. das Entscheidungsrecht des Ehemanns in allen ehelichen Angelegenheiten, die vorrangige Übertragung der Vormundschaft bei Scheidung an den Vater (1962 eingeschränkt, 1970 der Mutter voll zugebilligt) (vgl. Niehuss 2001, S. 291), die Abhängigkeit der Ehefrau von der Zustimmung des Gatten bei der Aufnahme einer Erwerbsarbeit; ihre Verpflichtung, den Haushalt zu führen; die vorgeschriebene Übernahme des Namens des Ehemannes usw. Das unverheiratete Zusammenleben vor der Familiengründung ist mittlerweile zu einem generellen Muster geworden: Vier Fünftel der jungen Ehepaare haben vorher zusammengelebt, „und die meisten nichtehelichen Lebensgemeinschaften münden in eine Ehe", schreibt Gudrun Cyprian (1996). Dazu kommt, dass die meisten heutigen Mütter vor der Geburt des ersten Kindes bereits einige Jahre berufstätig waren. Der für das bürgerliche Familienmodell typische direkte Übergang von der Vormundschaft des Vaters in die des Ehemanns existiert also nicht mehr – das Erwachsenwerden wird für die heutigen Frauen nicht mehr durch die Ehe erreicht, sondern durch die eigene Erwerbstätigkeit (vgl. Cyprian 1996, S. 82).

Wir können also davon ausgehen, dass die heutige Generation junger Eltern (wie überhaupt jede neue Generation) ihre Lebensprobleme neu definieren und organisieren muss und kann – dies aber auf der Folie persistenter Bilder, Habitualisierungen und auch durchaus handfester materieller Umstände, die früheren Lösungsmodellen entstammen, aber gleichwohl im Stillen weiterwirken.

3. Das materielle Aufgabenfeld

Das Familienleben, verstanden als Leben mit Kindern, bestimmt heute als Folge abnehmender Kinderzahl und gleichzeitig steigender Lebenserwartung nur noch ca. ein Viertel der Lebenszeit von Eltern. Dass der Zusammenhalt als Familie in diesen Jahren heute durchaus für wichtig gehalten wird, führt zu einer „sequenziellen Monogamie" beider Eltern – d. h. es gibt andere Lebenspartner vor der Familienphase, und es werden oftmals auch danach wieder andere Partner gesucht (vgl. Bertram 1997, S. 96). Gleichwohl ist die Geburt eines Kindes und die damit verbundene Veränderung ein weit reichender Einschnitt im bisherigen Leben des bis dahin kinderlosen Paares, und zwar vor allem von einschneidender Wirkung auf die Erwerbsarbeit der Eltern, insbesondere der Mütter (vgl. Herzog/Böni/Guldimann 1997, S. 314), und auf die häusliche Arbeitsteilung zwischen den Eltern. Als einflussreich für das Modell der Arbeitsteilung zwischen den Erwachsenen gelten vor allem die Einstellung in Bezug auf Geschlechterrollen und die Verteilung der ökonomischen Ressourcen zwischen den Eltern (abhängig von Ausbildungs- und Einkommensniveau). Birgit Geissler bezeichnet das am häufigsten gelebte Modell als „modernisierte Versorgerehe", gekennzeichnet durch Aussetzen oder Unterbrechen der Erwerbsarbeit der Mutter bei gleichzeitiger grundsätzlicher Aufrechterhaltung der Berufsorientierung, und durch ungleiche Teilung der Hausarbeit zwischen den Eltern bei gleichzeitiger Aufrechtherhaltung eines grundsätzlichen Gleichheitsanspruchs der Frau (vgl. Geissler 1996, S. 124). Beide Veränderungen werden dabei von vielen Frauen auch als schmerzlicher Verlust empfunden (vgl. Wiegand 2001, S. 61ff.), mit Gudrun Cyprian kann man es als eine zeittypische besondere biografische Leistung heutiger Frauen bezeichnen, diesen „krassen Rückschritt" auszubalancieren (den sie als „Preis der Mutterschaft" akzeptieren) (vgl. Cyprian 1996, S. 83; Keddi 2003, S. 149).

Die geschlechtliche Teilung der Hausarbeit ist, wie erwähnt, vom gesamten hier zur Debatte stehenden Themenkomplex der am besten untersuchte und dokumentierte Teil (vgl. Künzler 1994, 1999; Herzog/Böni/Guldimann 1997; Garhammer 1996; Fthenakis 1999, 2002; Fthenakis/Minsel 2002; Beck-Gernsheim 1992). Dies ist nicht zuletzt ein Ergebnis der Neuen Frauenbewegung, die Mitte der 1970er Jahre mit der Debatte um „Lohn für Hausarbeit" die Gemüter stark erregt hatte (vgl. Frauen als bezahlte und unbezahlte Arbeitskräfte 1978). An der gesellschaftlichen ökonomischen Minderbewertung der Hausarbeit hat das allerdings nichts geändert. Würde der Wert unbezahlter Hausarbeit in die makroökonomischen Berechnungen mit einbezogen werden, so würde das Bruttosozialprodukt um 300 Mrd. Euro steigen (vgl. Franks 1999, S. 168) und die Problematik der „Wertlosigkeit" der Hausarbeit kommt regelmäßig im Kontext von Schadensersatzberechnungen (etwa bei dem durch Unfall verschuldeten Tod oder Arbeitsunfähigkeit einer Hausfrau) in die Diskussion. Auch die Situation von Witwern erscheint diesen ungerecht: „So gilt die Arbeit, die die verstorbenen Ehefrauen verwitweter Väter verrichtet haben, als wertlos, wohingegen eine Witwe großzügig bemessene Freibeträge, Pauschalen und Zahlungen vonseiten des Staates erhält, die den Ausfall des finanziellen Beitrags des Vaters kompensieren helfen sollen. Ein Mann in der gleichen Lage dagegen wird nicht unterstützt, wahrscheinlich, weil man annimmt, der Tod seiner Frau bringe keinerlei finanzielle Einbußen für ihn mit sich" (ebd., S. 166).

Geändert hat sich gleichwohl der Umfang der Hausarbeit. Es gibt einen signifikanten Sprung bei denjenigen, die als junge Frauen die Frauenbewegung miterlebt haben und deren Einfluss auf Geschlechtereinstellungen in ihr Selbstbild aufgenommen haben (vgl.

Künzler 1999, S. 256). Die Situation stellt sich, in groben Zügen skizziert, heute etwa folgendermaßen dar: Das erste Kind führt nach übereinstimmender Einschätzung in den meisten Fällen zu einer „Traditionalisierung der Partnerschaft" (vgl. Herzog/Böni/Guldimann 1997, S. 314; Künzler 1994, S. 207). Zwar steigt die Erwerbstätigkeit von Müttern kleiner und schulpflichtiger Kinder an, aber der Anteil derjenigen, die ganztägig erwerbstätig sind, hat abgenommen (vgl. Bertram 1997, S. 136). Der größte Teil der Steigerung der Erwerbsarbeit geht also auf das Konto von Heimarbeit (vgl. Schmidt 2001, S. 103) und Teilzeitbeschäftigungen – nur 3 % der Väter von Kindern im Vorschulalter verkürzen ihre Arbeitszeit (vgl. Garhammer 1996, S. 321). Es lässt sich nach diesen Daten allerdings nicht differenzieren zwischen Vätern, die dies nicht *wollen*, solchen, denen eine Reduktion der Arbeitszeit vonseiten des Arbeitgebers nicht zugestanden wird, oder solchen, die weiterhin und sogar zeitintensiver arbeiten müssen, weil das Gehalt der Partnerin für die Ernährung der Familie nicht ausreichen würde.

Die in der Familie anfallende Hausarbeit wird nach wie vor und unabhängig vom Erwerbsmodell in ganz überwiegendem Maße von den Frauen erledigt – in allen Bereichen sind die Aktivitäten von Vätern niedriger als die von Müttern. Außerdem haben einige Studien ergeben, dass die Beteiligung von Vätern an der Hausarbeit etwa konstant bei ca. zehn Stunden pro Woche liegt, während der Arbeitsaufwand von Frauen je nach Erfordernis hochgradig variabel ist (vgl. Keddi 2003, S. 194) – wenn die Wohnung im Chaos versinkt, geht Papa mit den Kindern in den Park, damit Mama in Ruhe putzen kann.

Die AutorInnen der großen Schweizer Studie „Partnerschaft und Elternschaft" kommen folglich mit Schrecken zu dem Ergebnis, dass die Emanzipation der Frau mit einer gewissen Verzögerung letztlich einen gegenteiligen Effekt hervorbringt, nämlich die Konservierung der traditionellen (bürgerlichen) Attribute, und dass die Verantwortung für die Kinder heute mehr denn je eine mütterliche sei (vgl. Herzog/Böni/Guldimann 1997, S. 372). Ähnlich schreibt auch Ulrich Beck (1996, S. 45), dass die klassischen Rollenmodelle zwar erschüttert und aufgelöst, aber zugleich auch „abgewandelt revitalisiert" werden.

Frauen, die in nichtehelichen Lebensgemeinschaften leben, verwenden übrigens weniger Zeit auf Hausarbeit als verheiratete Frauen – allerdings ist der Arbeitsaufwand der Männer etwa gleich groß. Hier wird also schlicht weniger Zeit mit Hausarbeit verbracht (möglicherweise, weil der Anteil der (selbst-)verpflichteten „Arbeit für den Mann" aufgrund des ungebundenen Status der Frau hier geringer ist) (vgl. allerdings abweichend Garhammer 1996, S. 30).

Auch der Umfang der Erwerbsarbeit der Frau wirkt sich auf die Hausarbeitszeit aus. „Jede zusätzliche Stunde Erwerbstätigkeit oder Ausbildung bedeutet eine gute Viertelstunde weniger Hausarbeit" (Künzler 1999, S. 255). Umgekehrt wirkt sich das Alter der Kinder auf den Umfang der Hausarbeit aus: „Kleinkinder und Grundschulkinder bedeuten mehr als vier Stunden Mehrarbeit, Kindergartenkinder und ältere Kinder erhöhen die Hausarbeitszeit der Frau nur noch um mehr als zwei Stunden pro Woche" (ebd.). Für Väter gilt diese Voraussetzung allerdings nicht: „Nur in Haushalten mit Kindergartenkindern steigt das relative Risiko, dass der Mann mehr als nur symbolisch zur Hausarbeit beiträgt" (ebd., S. 257).

Auch die Dauer der Ehe beeinflusst die Beteiligung der Väter an der Hausarbeit: Anfangs ist sie meist höher („Honeymoon-Effekt", vgl. Stauder 2002, S. 38), und sie sinkt mit späteren Bildungspassagen des Mannes (die das Machtgefälle zwischen den Ehepartnern und zwischen Mann und Bügelbrett vergrößern), während Bildungspassagen der Frau keinen Einfluss auf die Arbeitsteilung haben (vgl. ebd., S. 199).

Apropos Bügelbrett: Die stark von Frauen dominierten Hausarbeiten sind Waschen, Kochen, Putzen, Bügeln – insbesondere alles, was mit Wasser und was mit Wäsche zu tun hat. Hier könnten wir es mit einer Mischung von instrumentellem und symbolischem Aspekt zu tun haben: Wischen und das Hantieren mit schmutziger Wäsche berührt ja nicht nur die Ekelschwelle, sondern auch eine besondere Intimitätsgrenze, sofern die Wäsche an die basalsten kreatürlichen Ausscheidungen gemahnt – und Kreatürlichkeit ist, wie gesehen, ein zentraler Aspekt, der in der symbolischen Ordnung dem Weiblichen zugeordnet ist.

Nicht zuletzt ist die Teilung der Hausarbeit auch einflussreich für die Haltbarkeit einer Ehe, wenn auch kompliziert: Eine Mehrbelastung der Frau wirkt destabilisierend – unabhängig davon, ob sie von Anfang an bestand oder sich nach und nach eingeschlichen hat, und insbesondere dann, wenn die Frau einen günstigen Zeitpunkt zur Rückkehr in die Erwerbstätigkeit verpasst hat (vgl. Stauder 2002, S. 194, 185). In einer englischen Langzeitstudie waren die unglücklichsten Männer diejenigen, die am meisten im Haushalt mithalfen (sic!), während sich diejenigen Frauen, deren Männer am meisten mitarbeiteten, in ihrer Ehe oder Lebensgemeinschaft am wohlsten fühlten (vgl. Keddi 2003, S. 135). Gerade dieses kleine Beispiel beleuchtet auch die Schwierigkeit, derartig komplexe Sachverhalte empirisch zu erfassen. Die von Renate Liebold interviewten Manager (für die die Familie im Wesentlichen nur eine „soziale Rahmung" darstellt) wissen sich allerdings zu helfen, wenn ihren Frauen alles zu viel wird: sie greifen zu Deeskalations- und Befriedungsstrategien wie „Wochenend-Trips in Kulturmetropolen" oder Candle-light-Dinners (vgl. Liebold 2001, S. 139).

Allerdings sollte man keineswegs pauschal allen Familienmännern unterstellen, dass sie sich bewusst und zielstrebig der Hausarbeit zu entziehen trachten. Sicherlich gibt es bei vielen Männern diese Tendenz, aber die Sachlage ist doch komplizierter, denn es handelt sich hier um ein komplexes Zusammenspiel mehrerer unterschiedlicher Faktoren. Da sind erstens natürlich die konventionellen Vorstellungen der Partner wie der umgebenden Gesellschaft (etwa in Bezug auf die Wichtigkeit beruflichen Erfolgs) sowie das eigene Partnerschaftskonzept – Koppetsch/Burkart (1999) unterscheiden z. B. traditionalistische, familiaristische und individualisierte Modelle. Zweitens fällt der ökonomische Faktor stark ins Gewicht: Frauen verdienen (aus verschiedenen Gründen) im Durchschnitt weniger als Männer, so dass die Familie eher auf ihren als auf seinen Verdienst verzichten kann. Drittens ist die Organisation der Berufsarbeit überwiegend „sowohl im Tagesverlauf wie auch im Lebensverlauf so angelegt", dass sie Vätern die „Beteiligung an Haushaltsaufgaben erschwert" (Garhammer 1996, S. 328). Viertens gibt es den Effekt der Unterschätzung: Frauen und Männer unterschätzen den Umfang der notwendigen Hausarbeit, Männer überschätzen ihren Anteil und Frauen bestärken sie darin (vielleicht um ihrem Selbstentwurf treu zu bleiben). Bei vielen Vätern ist heutzutage die Einsicht in die Notwendigkeit partnerschaftlicher Arbeitsteilung gestiegen. Wichtige Faktoren, die dies beeinflussen, sind der Bildungsstand und die allgemeine Einstellung zum Geschlechterverhältnis – aber auch dies gilt vor allem für die Einstellungsebene und wirkt sich noch nicht (und nur bei den Jüngeren überhaupt ansatzweise) spürbar auf die Ebene praktischer alltäglicher Verrichtungen aus (vgl. Künzler 1999, S. 260).

4. Das Arbeitsfeld „Sorge"

Leben und Arbeiten im Kontext von Familie besteht in einer immer währenden Notwendigkeit, zwischen auseinander strebenden und einander sogar ausschließenden Interessen zu vermitteln. Das beginnt mit dem Wunsch der Mutter, dem quengelnden Baby den Rücken zu kehren, reicht über die Vermittlung zwischen verschiedenen Interessen, Vorlieben bei den Mahlzeiten, der Koordination von Essenszeiten mit Schul- und Arbeitszeiten, Fußballtraining und Musikstunde, bis hin zur Einigung über Fernsehprogramm, Ausflugsziele und die Planung der Sommerferien. Weniger deutlich zu erkennen (und deshalb leichter zu *ver*kennen oder zu ignorieren) ist der Bereich der Wahrnehmung und Beantwortung stummer Wünsche oder Notwendigkeiten („Ich glaube, das Kind braucht jetzt mal eine ruhige Vorlesestunde ...") – kurz: das Denken vom Anderen aus.

Mit dieser Formulierung wäre der Bereich des Sorgens in der Familie bereits gut charakterisiert – aber es handelt sich dabei nicht um ein privates Binnenproblem, sondern um ein Strukturmoment jeder menschlichen Gemeinschaft, und zwar in doppelter Hinsicht. Das Überleben und die je charakteristische Form einer Gesellschaft hängen nicht zuletzt davon ab, wie sie das Ausbalancieren zwischen verschiedenen Einzelinteressen einerseits und das zwischen Gesellschaft und Individuum andererseits organisiert. Deshalb ist diese Thematik von jeher Gegenstand philosophischer, insbesondere moralphilosophischer Reflexion gewesen. Die bereits erwähnte, der Familie und dem Staat innewohnende Widersprüchlichkeit durchzieht die Moralphilosophie als Trennung (oder Spannung) zwischen Gerechtigkeit und gutem Leben, wobei Gerechtigkeit tendenziell mit der Sittlichkeit, der Öffentlichkeit, der Arbeit und dem Männlichen verbunden wurde und das gute Leben, Privatheit und Fürsorge eine weiblich-mütterliche Zuschreibung erhielt. In der Perspektive der Gerechtigkeit ist der Andere ein überpersönlicher, ein verallgemeinerter Anderer – gewissermaßen ein Rechtssubjekt –, dessen Rechte und Pflichten allgemein, d. h. unter Absehung seiner Individualität festgelegt werden. Die Perspektive der Fürsorge dagegen lässt den Anderen als je individuellen, mit einem Einzelschicksal und je eigenen Eigentümlichkeiten ausgestatteten Menschen erscheinen.

In der Geschichte der Ethik hat sich daher die Verbindung Frau-Fürsorge fortgesetzt zu der Schlussfolgerung, dass Frauen, da so sehr auf das Individuelle bezogen, für die überindividuelle Sichtweise der staatlichen-politischen Sphäre unfähig seien: „Stehen Frauen an der Spitze der Regierung, so ist der Staat in Gefahr, denn sie handeln nicht nach den Forderungen der Allgemeinheit, sondern nach zufälliger Neigung und Meinung", heißt es bei Hegel (zit. n. Pieper 2003, S. 290) und, für den pädagogischen Bereich, entsprechend bei Rousseau: „Alles, was auf die Verallgemeinerung der Begriffe abzielt, ist nicht Sache der Frauen. Ihre Studien müssen sich auf das Praktische beziehen" (Rosseau; zit. ebd., S. 291). Die Verpflichtung der Frauen auf die Sorge für den Nächsten und die Haltung der Fürsorge gegenüber der Familie bekommen hier ihr Fundament.

Für die pädagogische Theoriegeschichte lässt sich etwa am Beispiel der Texte von Schleiermacher, Campe oder Nohl sehr gut nachzeichnen, wie der Begründungsweg von einer zunächst grundsätzlich festgestellten Gleich-Wichtigkeit und Ähnlichkeit der Geschlechter über das Konstatieren der faktischen Form der Arbeitsteilung (und natürlich in diesem Zusammenhang der Tatsache der Gebärfähigkeit) letztlich der status quo als angemessen und begründbar erscheint. So heißt es etwa bei Schleiermacher: „Wenn wir davon ausgehen, was als Beruf des weiblichen Geschlechts dargestellt ist, so liegt darin eine überwiegende Beschäftigung mit dem *einzelnen* und eine Abwendung von dem Großen und *allge-*

meinen" (Schleiermacher 1927/1967, S. 54). Entsprechend lesen wir etwa bei Nohl: „Es ist aber eine Abstraktion, wenn man das Wesen der Frau nur von ihrer Polarität zu dem des Mannes bestimmen will, denn *in Wahrheit enthält das Geschlecht noch einen ganz anderen Bezug, nämlich den zu den Kindern*" (Nohl 1938/1959, S. 132; vgl. auch Macha 1999, S. 27).

Die Autoren bemühen sich im Übrigen spürbar, den Frauen diese Zuordnung durch die Betonung ihrer Wichtigkeit auf einer anderen Ebene als der der gesellschaftlichen und ökonomischen Wertschätzung schmackhaft zu machen. Campes Rat an seine Tochter ist wohl am ehesten bekannt, wenn er ausruft: „O vernimm deinen ehrwürdigen Beruf mit dankbarer Freude über die große Würde desselben! – um beglückende Gattinnen, bildende Mütter und weise Vorsteherinnen des inneren Hauswesens zu werden!" (Campe 1796/1997, S. 16). Doch auch Schleiermacher (1927/1967, S. 52) schreibt, die „Einwirkung auf die Neugeborenen" sei etwas „so Großes und Immenses, dass dadurch alles wieder aufgehoben wird, was man als einen Vorzug des männlichen Geschlechtes ansehen könnte", und Nohl rühmt die Mütterlichkeit als Ideal, das zwar prinzipiell allen verfügbar sei, dessen „seelische Grundlagen" aber bei der Frau „organisch gesichert" seien (vgl. Nohl 1938/1959, S. 133f.; Rendtorff 2000b). Dieses Theoriemodell ist im Übrigen auch der Vorläufer des Konzepts der Geistigen Mütterlichkeit in der Ersten Frauenbewegung (auf die Nohl sich immer stark bezieht) und somit auch eine Voraussetzung für die Entstehung der Sozialarbeit als weiblichem Berufsfeld (vgl. Schimpf 1999).

Was übrigens weit weniger ausgeführt wird, ist der Umkehrschluss: dass Männer für die als weiblich eingestuften Bereiche *ungeeignet* seien. Da negative Zuschreibungen in Bezug auf Männlichkeit grundsätzlich vermieden wurden, taucht diese Bedeutung nur ex negativo auf – obgleich sie in der Praxis nachhaltig wirksam ist, nicht zuletzt als „gatekeeper"-Verhalten (vgl. Fthenakis 2002b, S. 280) von Müttern, die den Vätern ihrer Säuglinge deren Betreuung nicht zutrauen. Jedenfalls ist festzuhalten, dass als Folge dieser Denktradition das Konzept von Väterlichkeit sehr auf die instrumentell-materielle Dimension verkürzt wurde und Väter dadurch in gewisser Weise vom „Bevatern" ihrer Kinder abgehalten wurden.

Die feministische Kritik an dieser so skizzierten Ordnung zielte nun vor allem darauf, dass das Element der Fürsorge insgesamt in dieser Theorietradition vernachlässigt werde (vgl. Pauer-Studer 1996; Pieper 1998). Daraus ergaben sich dann zwei Möglichkeiten: Während eine Theorielinie in der feministischen Ethik die Gleichwichtigkeit der beiden Bereiche der Gerechtigkeit und der Fürsorge, der Erwerbsarbeit und der Familie bzw. Hausarbeit, des verallgemeinerten und des konkreten Anderen (vgl. Benhabib 1989) betont und folglich auf eine Angleichung der Positionen von Frauen und Männern hin argumentiert, reklamiert eine andere gerade umgekehrt die Fürsorge als weiblichen Bereich und setzt sich für die Aufwertung beider, der Sorge und der Frauen, ein. Breit diskutiert wurde diese Thematik im Zusammenhang mit einer Studie der amerikanischen Psychologin Carol Gilligan (1984), die in einer Untersuchung bei Frauen und Männern unterschiedliche Moralkonzepte gefunden hatte – aus dieser Debatte stammt auch der Ausdruck „Care-Ethik" für eine spezielle („weiblich-mütterliche") moralische Einstellung.

Die so beschriebene segregierte Kompetenzzuschreibung spiegelt sich auch heute noch, wie bereits angedeutet, nicht nur in der Personalstruktur des Primarbereichs und der Grundschule, sondern auch in den (in letzter Zeit mehrfach als „jungenschädigend" kritisierten) dort herrschenden pädagogischen Formen von Spielen und Förderungsschwerpunkten (z. B. Betonung mütterlicher Elemente, dem Basteln usw.) (vgl. Kebbe 1993).

Was allerdings in diesen Diskussionen völlig ausgeblendet wird, ist die Tatsache, dass auch die materielle Versorgung der Familie eine Sorge darstellt, die (im günstigen Falle) mit einer Haltung der Fürsorge verbunden ist. Es würde also weniger darum gehen, zwischen Versorgung und Sorge zu unterscheiden, als zwischen unterschiedlich gefärbten Haltungen und Arten von Fürsorge. W.E. Fthenakis hat kürzlich, allerdings ohne Bezug auf die Ethik-Debatte, Vaterarbeit als eine „ethische Aktivität" konzeptionalisiert (vgl. Fthenakis 2002).

Von den Vätern, die im Jahr 1950 geheiratet haben, geben 64 % an, dass sie nie mit ihren Kindern gespielt haben (vgl. Nave-Herz 2002, S. 60). Dagegen ist heute der Trend zur Enttraditionalisierung der Geschlechterrollen bei der Kinderbetreuung deutlich stärker als bei der Hausarbeit (vgl. Künzler 1994, S. 179). Es wird allenthalben von einer deutlichen Zunahme des Interesses von Vätern an ihren Kindern und kindbezogenen Aktivitäten gesprochen, aber Fthenakis konstatiert doch, dass „die Vaterrolle nicht die Übernahme familienbezogener und die Betreuung der Kinder betreffender Verantwortlichkeiten [wir könnten hier lesen: der *sorgenden* Aufgabe] beinhaltet" (Fthenakis 1999, S. 63).

Der unmittelbare Zusammenhang dieser familialen Aufgabenteilung mit der vorne skizzierten Denktradition liegt wohl auf der Hand – und da es sich bei der Familie um eine „performative Gemeinschaft" (Wulf u. a. 2001, S. 37) handelt, in der kulturelle Übereinkünfte durch soziale Praktiken unbewusst weitergegeben werden, sind auch die typischen Aufteilungen zwischen Vätern und Müttern gewissermaßen Träger subtiler „Botenstoffe": Wenn der Vater das Eis kauft und die Mutter den bekleckerten Pulli abwischt; wenn er mit dem Kind tobt und spielt und sie die Spielsachen aufräumt und die Zähne putzt; wenn er dem Kind im Wohnzimmer Gute Nacht sagt und sie es zudeckt ... usw. – alle diese kleinen, ja winzigen Aufteilungen, die aber zu hunderten täglich vorkommen, lassen die unbewusste Vorstellung segregierter Handlungsräume entstehen, die die Bilder von männlich und weiblich weiterhin auch in der nächsten Generation prägt.

5. Das edukative Aufgabenfeld

Die edukative Aufgabe der Eltern ist zweifellos in der frühen Kindheit und im Grundschulalter am größten und verringert sich, besser gesagt: verlagert sich mit zunehmendem Alter der Kinder.

Erziehung zur Selbstständigkeit ist heute eines der prominenten Erziehungsziele von Eltern und aus der „schweigenden Kindheit" der 1950er Jahre ist eine „Kindheit des Sprechens und des Zwischenrufens" geworden (vgl. Niehuss 2001, S. 294). Kinder und Jugendliche sind mit dem Erziehungsstil ihrer Eltern weitgehend zufrieden: Der Anteil derjenigen, die ihr Kind „genauso" (13 %) oder „ungefähr so" (59 %) erziehen würden, ist gegenüber früher deutlich gestiegen (vgl. Deutsche Shell 2000, S. 59f.). Eltern machen auch auf der *Einstellungsebene* heute gemäß der allgemein akzeptierten Vorstellung von Gleichberechtigung kaum noch Unterschiede zwischen Mädchen und Jungen – d. h. sie *wollen* keine Unterschiede machen, tun es faktisch aber doch. Um dies zu differenzieren, ist es sinnvoll, zwischen bewussten, gezielten geschlechtstypisierenden edukativen Interventionen und Geschlechtsrollenerwartungen zu unterscheiden, die eher unbewusst sind, aber in Form von quasi selbstverständlichen, nebenbei einfließenden kleinen Bemerkungen und Erwartungen eben doch geschlechtstypisierende Effekte machen (vgl. Alfermann 1996).

Leider ist die Literaturlage hier insgesamt recht problematisch. Auch aktuelle Handbücher und Einführungen arbeiten oftmals mit Daten aus den 1970er Jahren, obgleich ja gerade in Bezug auf Einstellungen (und zumal zu Geschlechterrollen) die Veränderungen in den letzten zwanzig Jahren als sehr groß eingeschätzt werden müssen. Die etwas ältere Literatur zeigt jedenfalls sehr deutliche Unterschiede im Erziehungsverhalten von Eltern, insbesondere in Bezug auf Disziplinierung (Jungen werden häufiger körperlich bestraft), die Forderung nach geschlechtstypischem Verhalten (Jungen unterliegen einem stärkeren Druck, geschlechtskonformes Verhalten zu zeigen) und die bei Jungen größere Unterstützung in Leistungsstreben und Unabhängigkeit. Mädchen gegenüber „zeigen die Eltern hingegen mehr ‚Wärme' und Zärtlichkeit, unterstützen Sauberkeit und unterbinden wilde Spiele" (Trautner 1994, S. 181). Töchtern werden auch häufiger häusliche Arbeiten übertragen und Söhnen außerhäusliche – eine Ordnung, die sich auch in vielen Kindergärten findet: Mädchen decken den Tisch und Jungen räumen den Garten auf. Auch Kinder- und Schulbuchanalysen zeigen im Übrigen in der Darstellung von Familien deutliche geschlechtstypische Züge – mit dem schon vorne erwähnten Muster, dass Frauen und Mädchen in ihrem Verhaltensspektrum einen Zuwachs an (früher männlich konnotierten) Verhaltensweisen aufweisen, Jungen und Männer aber deutlich weniger (vgl. Rendtorff 2003, S. 150ff.). So kommt auch Trautner insgesamt zu dem Schluss, dass es „eher die Mädchen – und später die Frauen – sind, die sich an die männliche Rolle annähern" und begründet dies mit der „weiterhin höheren Wertigkeit der Jungen-/Männerrolle" (Trautner 1994, S. 187).

Heike Neuhäuser hat in ihrer Untersuchung von Familien herausgefunden, dass Jungen signifikant häufiger Gratifikationen erwarten, wenn sie im Haushalt helfen, als Mädchen – dies deute darauf hin, dass „die Mithilfe der Jungen weniger selbstverständlich zu sein scheint als die der Mädchen" (Neuhäuser 1993, S. 228). Auch fällt auf, dass Mädchen signifikant häufiger ihren Widerstand gegen elterliche Hilfeforderungen mit dem Hinweis auf das „Prinzip der persönlichen Integrität" begründen, während für die Jungen das bloße Verweisen auf die „gerade von ihnen ausgeübte oder beabsichtigte Tätigkeit" zu genügen scheint – auch dies möglicherweise ein Hinweis darauf, dass die „Eltern bei Jungen eher als bei Mädchen bereit sind, die Forderung zurückzuziehen, wenn der Junge gerade etwas anderes macht" (ebd.).

Was die Leistungsförderung und die Förderung der intellektuellen Entwicklung angeht, so herrscht in der Literatur weitgehend Einigkeit, dass „die differenzierte Entwicklung kognitiver Funktionen [...] ganz wesentlich von den Kommunikationsfähigkeiten und -möglichkeiten der Kinder" abhängt (vgl. Singer 2004, S. 74), mithin also dem familiären Plaudern am Essenstisch, den Sing- und Fingerspielen, dem gemeinsamen Anschauen von Bilderbüchern und dem Vorlesen, dem Austausch über Eindrücke und gemeinsame Erlebnisse usw. eine viel wichtigere Bedeutung zukommen, als wenn man „mit dreijährigen Kindern Buchstaben paukt" (Stern 2004, S. 534).

In Bezug auf die Einstellungen und das Unterstützungshandeln hat Georg Stöckli eine interessante Untersuchung zur Leistungsbeeinflussung von Kindern durch ihre Eltern vorgelegt. Es zeigte sich bei der Beobachtung von SchulanfängerInnen und ihren Eltern zunächst, dass Mütter ihre Kinder stärker in Schutz nehmen, also z. B. eher die Schwierigkeit der Aufgaben für schlechte Noten verantwortlich machten als Väter, die eher die mangelnde Anstrengung des Kindes als Grund ansahen. Dabei hielten beide Eltern Mädchen zumindest anfangs für fleißiger. Weiterhin ergaben die Beobachtungen, dass die Eltern an einem zunächst hohen Begabungskonzept bei ihren Söhnen auch dann festhielten, wenn diese eine schlechtere Leistungsbeurteilung von ihren Lehrerinnen bekamen. Bei ihren Töchtern dagegen passten sie das Leistungszutrauen schneller an das der Lehrerin an – Väter von Söhnen zeigten sich dabei insgesamt am optimistischsten. Jungen erhielten in dieser Untersuchung signifikant mehr Leistungsaufforderungen als Mädchen, und zwar von Eltern wie von LehrerInnen, auch hier ist die Mutter die wichtigste Instanz für Art und Umfang der Forderung (vgl. Stöckli 1997).

Man kann diese Daten so interpretieren, dass von den Erwachsenen eine Modellierung des Begabungskonzepts ausgeht – und zwar sowohl der Vorstellung des Kindes über seine eigene Begabungsstruktur, als auch der Vorstellung der Eltern über Begabungsschwerpunkte des Kindes. Das mündet in eine Leistungsmodellierung, da die Eltern an Jungen höhere Forderungen und zugleich ein höheres Zutrauen adressieren – ein Muster, welches auf der bewussten Einstellungsebene so nicht mehr vorherrschend ist. Allerdings wird von einigen Autoren vermutet, dass die Leistungsdifferenz am Ende der Grundschule im Bereich Lesen (Mädchen etwas besser) und Naturwissenschaft/Mathematik (Jungen deutlich besser) stärker auf den Einfluss der Familie als auf die Schule zurückzuführen seien (vgl. Herzog/Böni/Guldimann 1997, S. 180; Bos u. a. 2003, S. 181; Bos u. a. 2004, S. 187).

Dass der Schulerfolg von Mädchen insgesamt gestiegen ist, könnte also unter anderem auch darauf hindeuten, dass das elterliche Zutrauen in die kognitive Leistungsfähigkeit der Mädchen gestiegen ist und geschlechtstypische Erwartungshaltungen weniger ausgeprägt sind als früher. Andererseits sollte diese erfreuliche Entwicklung nicht die Tatsache verdecken, dass Mädchen zwar in der Schule tendenziell besser abschneiden als Jungen, sie diesen Vorteil aber bei Berufswahl und -entwicklung schnell wieder einbüßen. Der Moment, in dem sich die Geschlechter-Schere öffnet, ist nicht wie früher der Eintritt in die höhere Schule, sondern die Berufswahl. Und hieran dürften neben der Schule die Einflüsse aus der Familie nachhaltig beteiligt sein. Wir müssen also auch in diesem Abschnitt wohl zu dem Schluss kommen, dass die Vielzahl kleiner, unbemerkter und oftmals sicher auch ungewollter Bemerkungen, Handlungen usw. sich letztendlich summiert zu einer einflussreichen Orientierung.

6. Vater und Mutter

Es dürfte heutzutage wohl weitgehend Einigkeit darüber bestehen, dass Mütterlichkeit und Väterlichkeit kulturelle Konzepte sind (denn wären sie instinktgesteuert, würden sie physiologisch reguliert, d. h. auch bei der Mutter mit dem Abstillen erlöschen) und dass der Vater für die Entwicklung des Kindes eine ebenso große Bedeutung hat wie die Mutter, wenn sie sich auch in mehrerlei Hinsicht unterscheiden mag. Dass Väter auch Säuglinge zuverlässig und liebevoll umsorgen können, ist mittlerweile wohl auch grundsätzlich akzeptiert – auch wenn viele Mütter dies offenbar ihrem je konkreten Partner doch nicht zutrauen (oder sich selbst aufgrund der vorne beschriebenen gesellschaftlichen Denktradition für vorrangig zuständig halten) und viele Väter über die Bevormundungen ihrer Partnerinnen klagen und sich in ihrem spontanen Handeln dadurch eingeschränkt fühlen. Ein „Kompetenzgefälle“ zwischen den Eltern, schreibt Suzanne Franks, entstehe schon dadurch, dass die Mutter aus Zuständigkeitsgefühl die Betreuungsaufgaben *zuerst* erlernt und sie dem Vater weitergibt – so sei sie ihm gewissermaßen immer ein bisschen voraus (vgl. Franks 1999, S. 157).

Der Beitrag von Mutter und Vater zur psychischen Strukturbildung des Kindes ist aber ein Stück weit unabhängig von der Verteilung der Versorgungsaufgaben – und hier bekommt der biologische Geschlechterunterschied tatsächlich eine Bedeutung. Auf der psychischen Ebene stellt sich die Situation in etwa folgendermaßen dar:

In einem ersten Schritt sollte konstatiert werden, dass aus der Perspektive des Kindes der Kreislauf von „Liebe der Eltern zueinander – Baby – Liebe der Eltern zum Kind und – Liebe der Eltern zueinander usw." den willkürlichen und zufälligen Charakter von Liebe und Trennung und damit auch der eigenen Existenz abmildert – eine „grundlegende Basis für das Entstehen von Urvertrauen, ohne das ein Kind nicht gedeihen kann", schreibt die Kinderanalytikerin Angelika Wolff, eine „Matrix" in der inneren Welt des Kindes, „eine Art psychologischer Grundkonstante" (Wolff 2000, S. 38f.). Hier liegt auch der Grund dafür, dass die frühe Erfahrung oftmals noch sehr viel später als eine Ursache psychischer Schwierigkeiten wirksam werden kann. Ein neuer Vater oder eine zweite Mutter sind insofern nicht „dasselbe" – und ein Kind sollte darüber nicht im Unklaren gelassen oder getäuscht werden. Dass sie gleichwohl die *Position* eines Vaters oder einer Mutter als soziale, emotionale usw., mit aller Konsequenz und Fürsorge sehr gut ausfüllen können, bleibt davon ganz unberührt.

Weiterhin unterscheiden sich Mutter und Vater darin, dass die Abstammungsbeziehung zum Kind für die Mutter biologisch gesichert und durch unmittelbare Anschauung belegbar ist (durch „co-naissance" wird die Mutter als Mutter „mitgeboren") (vgl. Lacan 1986, S. 52), die Position des Vaters aber nicht: „pater semper incertus est". Da die Abstammungsbeziehung des Vaters „unsicher" (d. h. nicht unmittelbar erkennbar) ist, bedarf sie der symbolischen Befestigung – so musste z. B. im römischen Recht der Vater das Kind hochheben, um es als sein eigenes anzuerkennen (vgl. Borens 1993, S. 19). Die Position des Vaters ist insofern schon von Anfang an eine kulturell geformte, die der Mutter wird es erst in dem Moment, wo das Kind den Bauch verlassen hat oder abgestillt ist. Das kann auch als Grund dafür angenommen werden, dass das Inzestverbot mit der Mutter als einziges Tabu universell verankert ist. Dies kann zugleich auch verstanden werden als ein Moment, das die Öffnung der sozialen Gruppen garantieren soll: Nie sollen zwei (oder: eine Familie, eine Gruppe, ein Clan, eine Gemeinschaft oder Gesellschaft) einander „genug" sein – dies als Garant für die Fortentwicklung von Kultur auf jeder Ebene.

Im Unterschied z. B. zur Ich-Psychologie fasst die Psychoanalyse die Spannungen, die aus dem „Verbot" der Mutter entstehen (kurz gesagt: aus dem Widerspruch zwischen menschlicher Triebstruktur und Kultur) nicht als „Störung" auf, sondern als Motor aller Entwicklung. Der Vater erscheint also als „Verbietender" – er vertritt das symbolische „Gesetz" – und das bestimmt auch sehr stark seine Funktion für die psychische Entwicklung des Kindes. Als Dritter, als ein Anderer, bietet er eine Alternative zur Mutter, einen Schutz (bildlich gesprochen davor, in der Zweiheit von Säugling und Mutter „stecken zu bleiben"), und soll insofern garantieren, dass es für das Kind einen „eigenen Weg" geben wird. Hier ist die in der französischen Psychoanalyse verbreitete Unterscheidung zwischen drei Dimensionen von Vaterschaft (vgl. Julien 1992; Rendtorff 1996, S. 109ff.) hilfreich: dem *realen* Vater (dem leiblichen), der die genealogische Verbindung in die Vergangenheit repräsentiert und damit auch die Möglichkeit, eine eigene Zukunft zu entwerfen; dem *symbolischen* Vater, der das „Gesetz" repräsentiert, dass nicht zwei einander alles sein dürfen; und dem *imaginären* Vater, dem Wunsch-Bild eines Vaters, einer mächtigen Idealfigur. Und es ist die Aufgabe jedes (leiblichen oder sozialen) Vaters, dieses Idealbild ein Stück weit zu „enttäuschen" und auf ein normalmenschliches „Mann-Modell", das Bild eines Vaters mit Widersprüchen und Schwächen hinzuführen (während die Mutter sowieso und notwendig enttäuschend ist, sofern sie den unmäßigen Wunsch des Säuglings nach immer währendem Wohlsein nicht erfüllen kann).

Hier zeigt sich nun auch, wie wichtig das Verhältnis der Eltern zueinander ist. Einerseits muss die Mutter dem Vater gewissermaßen Platz machen: Indem sie ihn als Vater anerkennt, setzt sie ihn für das Kind an die Vaterposition. Andererseits muss der Vater, indem er die Mutter als (begehrenswerte) Frau anerkennt, sie auch ein Stück weit vom Kind „entfernen“ und ihr helfen, nicht ihrerseits in der Zweiheit mit dem Kind aufgehen zu wollen. So sind beide Eltern dafür verantwortlich, dass aus dem Dreieck Vater-Mutter-Kind (das eine psychische Grundstruktur darstellt) nicht ein Element herausfällt, indem sich etwa zwei verbünden und das Dritte ausschließen – dies wiederum garantiert allen dreien, dass sie sicher in Beziehung sein und sich gleichzeitig auch dem umgebenden gesellschaftlichen Raum zuwenden können. Das Dreieck, die „Triade“, ist deshalb immer ein Garant von Differenz „und damit ein kreatives Potential“ (Buchholz 1993, S. 134). So gesehen hat die Tendenz zur Nivellierung von Differenzen in neueren Familienmodellen (Stichwort Beziehung statt Erziehung, Verhandlungshaushalt u. a.) durchaus auch ihre Tücken, wenn sie vorrangig dazu benutzt wird, um Unterschiede zu verwischen.

Zuletzt müssen alle Kinder ihre Herkunftsfamilie(n) verlassen. In Bezug auf die Ablösungsthematik gibt es viel mehr neuere Literatur über Väter (und Söhne) als über Mütter, und hier ist die „Überwindung“ des Vaters oftmals eine zentrale Figur. Vielleicht weil der Vater früher und ausschließlicher in symbolischen und kulturellen Repräsentanzen anwesend ist, vielleicht auch aus Gründen der historischen Entwicklung unserer Gesellschaft – jedenfalls scheint das „Hinauswachsen“ über den Vater für Söhne auch heute noch eine schwierige Thematik zu sein, oftmals verbunden damit, dass sie in Opposition zum Vater genau die Dinge tun, von denen sie sicher sind, dass der Vater sie ablehnt. Der Psychoanalytiker Raymond Borens illustriert das mit einem jüdischen Witz: Moische ist unglücklich und beklagt sich bei Gott, dass sein Sohn zum Christentum übertreten will. Gott tröstet ihn: Das sei ihm selbst ja auch so gegangen. Daraufhin fragt Moische: Wie bist du damit fertiggeworden?! Und Gott antwortet: Ich habe ihm ein neues Testament geschrieben. „Dieses Testament muss jeder Vater neu schreiben“, schließt Borens (1993, S. 30; vgl. auch Bourdieu 2000).

Die Thematik der Ablösung von Töchtern aus der Familie lässt sich übrigens nicht so leicht in einen Witz bündeln, weil die Problematik von Nähe und Autonomie im Verhältnis zur Mutter komplizierter ist – das zu diskutieren, würde an dieser Stelle zu weit führen.

7. Schlussbemerkung

Viele der in diesem Text berücksichtigten AutorInnen haben betont, dass sich im Zuge der Veränderung der Geschlechterbilder eine Schieflage innerhalb der familialen Arbeitsteilung herausgebildet hat und klagen ein, dass die Solidarpotenziale zwischen Frauen und Männern neu austariert und ausgeglichen werden müssen, weil sonst längerfristig Spannungen durch Ungerechtigkeiten zu erwarten seien und die „edukative Kraft“ der Familie geschwächt werde (vgl. Herzog/Böni/Guldimann 1997, S. 70).

Zudem ist als aktuelle Tendenz festzuhalten, dass sich der Erziehungsbereich von Partnerschaftskonzepten tendenziell entkoppelt hat, so dass nach Meinung etlicher AutorInnen das zeittypische Modell der verantworteten Elternschaft gewissermaßen heimlich zu einem mütterlichen wird. Offenbar gibt es momentan ein Nebeneinander von enttraditionalisierten Aspekten, scheinbar und oberflächlich modernisierten und persistenten traditionellen Elementen, das nur schwer zu durchschauen ist.

Und nicht zuletzt hat sich gezeigt, dass die durch die Veränderung familialer Lebensumstände evozierten Veränderungen auf Seiten der Kinder, vor allem in Bezug auf Individualisierung und geforderte Selbstständigkeit, die Schule vor Probleme stellen, die sie noch nicht bewältigen kann. So kann auch über die Frage, wie die schon in der Grundschule deutlich erkennbaren geschlechtstypischen Leistungsprofile (vgl. Bos u. a. 2003, 2004; Deutsches PISA-Konsortium 2001) zu Stande kommen und inwieweit sie der Schule oder dem familialen Hintergrund zuzurechnen sind, derzeit nur spekuliert werden.

Literatur

Alfermann, D., 1996: Geschlechterrollen und geschlechtstypisches Verhalten. Stuttgart.

Beck, U., 1996: Demokratisierung der Familie. In: Buba, H.P./Schneider, N. (Hrsg.): Familie. Opladen, S. 37-53.

Beck-Gernsheim, E., 1992: Anspruch und Wirklichkeit – Zum Wandel der Geschlechtsrollen in der Familie. In: Schneewind, K.A./Rosenstiel, L. v. (Hrsg.): Wandel der Familie. Göttingen, S. 37-48.

Benhabib, S., 1989: Der verallgemeinerte und der konkrete Andere. Ansätze zu einer feministischen Moraltheorie. In: List, E./Studer, H. (Hrsg.): Denkverhältnisse. Feminismus als Kritik. Frankfurt am Main, S. 454-487.

Benhabib, S., 1992: Die Debatte über Frauen und Moraltheorie – Eine Retrospektive. In: Kulke, C./Scheich, E. (Hrsg.): Zwielicht der Vernunft. Pfaffenweiler, S. 139-148.

Bertram, H., 1997: Familien leben. Neue Wege zur flexiblen Gestaltung von Lebenszeit, Arbeitszeit und Familienzeit. Gütersloh.

Bönold, F., 2003: Geschlecht – Subjekt – Erziehung. Zur Kritik und pädagogischen Bedeutung von Geschlechtlichkeit in der Moderne. Herbolzheim.

Borens, R., 1993: „... Vater sein dagegen sehr". In: Zeitschrift für psychoanalytische Theorie und Praxis, 8. Jg., H. 1, S. 19-31.

Bos, W. u. a., 2003: Erste Ergebnisse aus IGLU. Schülerleistungen am Ende der 4. Jahrgangsstufe im Vergleich. Münster.

Bos, W. u. a., 2004: IGLU. Einige Länder der BRD im nationalen und internationalen Vergleich. Münster.

Bourdieu, P., 2000: Das väterliche Erbe. Probleme der Vater-Sohn-Beziehung. In: Bosse, H./King, V. (Hrsg.): Männlichkeitsentwürfe. Frankfurt am Main, S. 83-91.

Bublitz, H., 1998: Das Geschlecht der Moderne. Zur Genealogie und Archäologie der Geschlechterdifferenz. In: Bublitz, H. (Hrsg.): Das Geschlecht der Moderne. Frankfurt am Main, S. 26-48.

Buchholz, M.B., 1993: Dreiecksgeschichten. Göttingen.

Campe, J.H., 1796/1997: Väterlicher Rath für meine Tochter. Paderborn.

Coltrane, S., 1996: Family Man. Fatherhood, Housework, and Gender Equity. Oxford Univ. Press N.Y.

Cyprian, G., 1996: Veränderung der Rollenbilder von Mann und Frau im Kontext von Partnerschaft, Ehe und Familie. In: Vaskovics, L./Lipinski, H. (Hrsg.): Familiale Lebenswelten und Bildungsarbeit. Opladen, S. 69-110.

Cyprian, G./Heimbach-Steins, M. (Hrsg.), 2003: Familienbilder. Interdisziplinäre Sondierungen. Opladen.

Deutsche Shell (Hrsg.), 2000: Jugend 2000. 13. Shell-Jugendstudie. Bd 1. Opladen.

Deutsches PISA-Konsortium (Hrsg.), 2001: PISA 2000. Basiskompetenzen von Schülerinnen und Schülern im internationalen Vergleich. Opladen.

Franks, S., 1999: Das Märchen von der Gleichheit. Frauen, Männer und die Zukunft der Arbeit. Stuttgart.

Frauen als bezahlte und unbezahlte Arbeitskräfte, 1978: Dokumentation der Sommeruniversität für Frauen 1977. Berlin.

Freud, S., 1930/1974: Das Unbehagen in der Kultur. Studienausgabe Bd. IX. Frankfurt am Main, S. 191-270.

Fthenakis, W., 1999: Engagierte Vaterschaft. Opladen.

Fthenakis, W., 2002: Mehr als Geld? Zur (Neu)Konzeptualisierung väterlichen Engagements. In: Fthenakis, W./Textor, M.R. (Hrsg.): Mutterschaft, Vaterschaft. Weinheim, S. 82-110.

Fthenakis, W./Minsel, B., 2002: Die Rolle des Vaters in der Familie (Hrsg. vom Bundesministerium für Familie, Senioren, Frauen und Jugend). Stuttgart.

Garhammer, M., 1996: Auf dem Weg zu egalitären Geschlechterrollen? Familiale Arbeitsteilung im Wandel. In: Buba, H.P./Schneider, N. (Hrsg.): Familie. Opladen, S. 319-336.
Geissler, B., 1996: Arbeitswelt, Familie und Lebenslauf. Das Vereinbarungsdilemma und der Wandel im Geschlechterverhältnis. In: Vaskovics, L./Lipinski, H. (Hrsg.): Familiale Lebenswelten und Bildungsarbeit. Opladen, S. 111-152.
Gilligan, C., 1984: Die andere Stimme. Lebenskonflikte und Moral der Frau. München.
Habermas, R., 2000: Frauen und Männer des Bürgertums. Göttingen.
Hegel, G.W.F., 1971: Grundlinien des Rechts. Frankfurt am Main.
Herzog, W./Böni, E./Guldimann, J., 1997: Partnerschaft und Elternschaft. Die Modernisierung der Familie. Bern.
Hissnauer, C., 2000: Wissen aus zweiter Hand. Unser Bild von Familie und Single. Zur Konstruktion von Leitbildern im und durchs Fernsehen. Alfeld.
Hoffmeister, D., 2001: Mythos Familie. Zur soziologischen Theorie familialen Wandels. Opladen.
Joost, A., 2001: Arbeit, Liebe, Leben – Eigene Arrangements zur Vereinbarkeit von Familie und Beruf bei Frauen in Ostdeutschland. Königstein.
Julien, P., 1992: Die drei Dimensionen der Vaterschaft in der Psychoanalyse. In: Seifert, E. (Hrsg.): Perversion der Philosophie. Lacan und das unmögliche Erbe des Vaters. Berlin, S. 163-178.
Kaufmann, C., 1999: Mit Leib und Seele. Theorie der Haushaltstätigkeit. Konstanz.
Kebbe, A., 1993: Voneinander lernen, miteinander leben – Meine Erfahrungen zur geschlechtsspezifischen Erziehung im Kindergarten. In: Büttner, C./Dittmann, C. (Hrsg.): Brave Mädchen – böse Buben? Erziehung zur Geschlechtsidentität in Kindergarten und Grundschule. Weinheim, S. 34-43.
Keddi, B., 2003: Projekt Liebe. Lebensthemen und biografisches Handeln junger Frauen in Paarbeziehungen. Opladen.
Koppetsch, C./Burkart, G., 1999: Die Illusion der Emanzipation. Zur Wirksamkeit latenter Geschlechtsnormen im Milieuvergleich. Konstanz.
Künzler, J., 1994: Familiale Arbeitsteilung. Die Beteiligung von Männern an der Hausarbeit. Bielefeld.
Künzler, J., 1999: Arbeitsteilung in Ehen und Nichtehelichen Lebensgemeinschaften. In: Klein, T./Lauterbach, W. (Hrsg.): Nichteheliche Lebensgemeinschaften. Opladen, S. 235-268.
Lacan, J., 1986: Die Familie. In: Lacan, J.: Schriften III. Weinheim, S. 39-100.
Liebold, R., 2001: „Meine Frau managt das ganze Leben zu Hause". Partnerschaft und Familie aus der Sicht männlicher Führungskräfte. Wiesbaden.
Lüscher, K./Lange, A., 1996: Nach der postmodernen Familie. In: Buba, H.P./Schneider, N. (Hrsg.): Familie. Opladen, S. 23-36.
Macha, H., 1999: Die Renaissance des Vaterbildes in der Pädagogik. In: Drinck, B. (Hrsg.): Vaterbilder. Bonn, S. 11-36.
Nave-Herz, R., 2002: Wandel der Familienstrukturen und Folgen für die Erziehung. Darmstadt.
Neuhäuser, H., 1993: Autorität und Partnerschaft. Wie Kinder ihre Eltern sehen. Weinheim.
Niehuss, M., 2001: Familie, Frau und Gesellschaft. Studien zur Strukturgeschichte der Familie in Westdeutschland 1945 – 1960. Göttingen.
Noddings, N., 1993: Warum sollen wir uns ums Sorgen sorgen? In: Nagl-Docekal, H./Pauer-Studer, H. (Hrsg.): Jenseits der Geschlechtermoral. Beiträge zur feministischen Ethik. Frankfurt am Main, S. 135-171.
Nohl, H., 1938/1959: Charakter und Schicksal. Frankfurt am Main.
Oakley, A., 1978: Soziologie der Hausarbeit. Frankfurt am Main.
Pauer-Studer, H., 1996: Das Andere der Gerechtigkeit. Berlin.
Pieper, A., 1998: Feministische Ethik. In: Pieper, A./Urs Thurnherr (Hrsg.): Angewandte Ethik. Eine Einführung. München, S. 338-359.
Pieper, A., 2003: Einführung in die Ethik. Tübingen u. a.
Reichwein, R. u. a., 1993: Umbrüche in der Privatsphäre: Familie und Haushalt zwischen Politik, Ökonomie und sozialen Netzen. Bielefeld.
Rendtorff, B., 1996: Geschlecht und Symbolische Kastration. Über Körper, Matrix, Tod und Wissen. Königstein.
Rendtorff, B., 2000a: Konfliktlinien zwischen Generationen- und Geschlechterdifferenz In: Winterhager-Schmid, L. (Hrsg.): Erfahrung mit Generationendifferenz. Weinheim, S. 181-193.
Rendtorff, B., 2000b: Pädagogischer Bezug und Geschlechterverhältnis In: Pädagogische Rundschau, 54. Jg., H. 6, S. 703-722.
Rendtorff, B., 2003: Kindheit, Jugend und Geschlecht. Weinheim.
Rössler, B., 2001: Der Wert des Privaten. Frankfurt am Main.
Schimpf, E., 1999: Geschlechterpolarität und Geschlechterdifferenz in der Sozialpädagogik. In: Rendtorff, B./Moser, V. (Hrsg.): Geschlecht und Geschlechterverhältnisse in der Erziehungswissenschaft. Opladen, S. 265-282.
Schleiermacher, F., 1927/1967: Psychologie. In: Werke in 4 Bänden. Leipzig/Aalen.

Schmidt, A., 2001: Familie und Organisation: Systeme als Widerpart? Frankfurt am Main.
Singer, W., 2003: Was kann ein Mensch wann lernen? In: Fthenakis, W. (Hrsg.): Elementarpädagogik nach PISA. Freiburg (Brsg.), S. 67-77.
Stauder, J., 2002: Eheliche Arbeitsteilung und Ehestabilität. Würzburg.
Stern, E., 2004: Wie viel Hirn braucht die Schule? Chancen und Grenzen einer neuropsychologischen Lehr-Lern-Forschung. In: Zeitschrift für Pädagogik, 50. Jg., H. 4, S. 531-538.
Stöckli, G., 1997: Eltern, Kinder und das andere Geschlecht. Selbstwerdung in sozialen Beziehungen. Weinheim.
Strotmann, R., 1997: Zur Konzeption und Tradierung der männlichen Geschlechterrolle in der Erziehungswissenschaft. Frankfurt am Main.
Trautner, H.M., 1994: Geschlechtsspezifische Erziehung und Sozialisation. In: Schneewind, K.A. (Hrsg.): Psychologie der Erziehung und Sozialisation. Göttingen, S. 167-195.
Wiegand, G., 2001: Mutterschaft zwischen Rückzug ins Private und gesellschaftlichem Unterstützungsbedarf. In: Bier-Fleiter, C. (Hrsg.): Familie und öffentliche Erziehung. Opladen, S. 51-74.
Wolff, A., 2000: Vater – Mutter – Kind: Über die Bedeutung der leiblichen Eltern in der inneren Welt des Kindes. In: Lahme-Gronostaj, H./Leuzinger-Bohleber, M. (Hrsg.): Identität und Differenz: Zur Psychoanalyse des Geschlechterverhältnisses in der Spätmoderne. Wiesbaden, S. 37-49.
Wulf, C. u. a., 2001: Das Soziale als Ritual. Zur performativen Bildung von Gemeinschaften. Opladen.

Familie und Migration

Franz Hamburger / Merle Hummrich

1. Einleitung

Migrantinnen und Migranten bilden mit ca. 9 % Anteil an der Wohnbevölkerung in Deutschland (vgl. Bundesministerium für Familie, Senioren, Frauen und Jugend 2000) einen bedeutsamen Bevölkerungsanteil der Bundesrepublik. Auch wenn Migration von denen, die sie nicht erfahren haben, als randständiges Phänomen interpretiert wird, ist Migration quantitativ Normalität – eine Tatsache, die durch Betrachtung der Migration in historischer Perspektive ohnehin offensichtlich wird. Die Geschichte der Menschheit ist ebenso durch Wanderungen von Einzelnen, Gruppen oder Völkern gekennzeichnet wie die Gegenwart, in der wir durchaus massenhaft Arbeitsmigration, Flucht, Vertreibung oder Wohlstandsmigration vorfinden. Beispielsweise hält gegenwärtig die Arbeitsmigration aus dem Mittelmeerraum nach Mittel- und Nordeuropa an, gleichzeitig entfliehen politisch und religiös unterdrückte Gruppen und Individuen sowie Frauen aus Unterdrückungsverhältnissen in einer parallelen Wanderungsbewegung (vgl. Bundesministerium für Familie, Senioren, Frauen und Jugend 2000, S. 33), während reiche Senioren (z. B. aus Nord- und Mitteleuropa) in umgekehrter Richtung ihren Alterswohnsitz an den Küsten des Mittelmeeres nehmen (vgl. Blanke 1993; Müller-Schneider 2000).

Migration ist ein besonderer Fall von Mobilität. Diese lässt sich nach Mobilität im Raum oder in der Sozialstruktur unterscheiden. Häufig, insbesondere bei Migration, besteht ein Zusammenhang zwischen den Veränderungen in diesen beiden Dimensionen. Mobilität im Raum lässt sich nach dem Kriterium der Reichweite als lokale, regionale, nationale, kontinentale oder globale charakterisieren. Das Kriterium der Zeit ermöglicht die Unterscheidung von Migration und Zirkulation. Migration als Wohnsitzverlegung kann temporär oder permanent sein. Von all diesen Formen richtet sich die öffentliche, sozialpolitische und pädagogische Aufmerksamkeit auf Migration über Nationalstaatsgrenzen hinweg, weil dabei die das moderne Bewusstsein besonders beeinflussenden nationalen Zugehörigkeitsgrenzen und Abgrenzungsmuster berührt werden. Es ist eine erste Aufgabe der wissenschaftlichen Betrachtung von Migration, diese der pädagogischen Thematisierung zu Grunde liegenden Mechanismen der Aufmerksamkeitslenkung bewusst zu machen.

Eine zweite – reflexive – Aufgabe der wissenschaftlichen Betrachtung soll vorab formuliert werden: Die „Familie" ist im pädagogischen und politischen Diskurs ein normativ aufgeladenes Symbol. Sie verkörpert in modernen Gesellschaften die Vergemeinschaftungsform, der bedenkenlos sozialpolitische Funktionen von der Erziehung der nachwachsenden Generation bis hin zur Pflege der abtretenden Generation übertragen werden. Normative Idealisierung und politische Funktionalisierung gehen Hand in Hand. Die Gesellschaft wird auch durch ihre „Gegenstruktur" Familie konstituiert. Dies gilt auf bemerkenswerte Weise für Migrantenfamilien nicht. Diese Familie wird als Ausdruck und Symbol einer „Gegengesellschaft" wahrgenommen und sogar ihres grundgesetzlichen Schutzes beraubt. So lässt sich die Merkwürdigkeit beobachten, dass dieselbe politische Programmatik „die Familie" geradezu ideologisch hochstilisiert, für die Migrantenfamilie aber das Zuzugsalter für Kinder auf zehn oder zwölf Jahre herabsetzen will. Die ausländische bzw. Migrantenfamilie wird nicht als Inbegriff der gemeinschaftlichen Einbindung für die Menschwerdung in modernen Gesellschaften, sondern als Symbol einer fremden Welt wahrgenommen. Die auf diesem Deutungsmuster aufruhenden Perspektiven sind familientheoretisch auf bemerkenswerte Weise verzerrt.

Die sozialwissenschaftliche, insbesondere die sozialökologische Betrachtung verdeutlicht, dass nicht nur die Individual-, sondern auch die Familiengeschichte von den Migrationserfahrungen eines Individuums betroffen ist. In der öffentlichen Diskussion bedingt dies die Herstellung von Ursache-Wirkungs-Zusammenhängen in Bezug auf gesellschaftliche Benachteiligung als Folge der familialen Herkunft. Aus einer Migrantenfamilie zu kommen wird stereotyp als Belastung angesehen. Diese Debatte begleitet auch zahlreiche theoretische Auseinandersetzungen (vgl. Rosen/Stüwe 1987; Stüwe 1982; 1984; Laijos 1984). Überlegungen zur Situation von Migrantenkindern, das heißt, den Kindern, die mit ihren Eltern nach Deutschland kommen oder hier geboren werden, fokussieren folglich die Stressbelastung (vgl. z. B. Bayer 1975; Schulte 1976; Schwarzer u. a. 1981; von Klitzing 1984; Morton 1988; Leyer 1991; Schultze 1991) und entwerfen zur Bearbeitung der migrationsspezifischen Problemlagen eine kompensatorische Perspektive (vgl. z. B. Schrader/Nikles/Griese 1979; kritisch: Hamburger 1986; Diehm/Radtke 1999). „Jugendliche mit Migrationshintergrund" erscheinen, nicht zuletzt, wenn man die Ergebnisse von PISA 2000 und 2003 (Baumert u. a. 2001; Prenzel u. a. 2004) betrachtet, als Problem, werden als solches behandelt, und genau dies – so lässt sich kritisch einwenden – konstituiert das Problem. Dies gilt auch für die Thematisierung der Migrantenfamilie als Risiko für das Aufwachsen in früher Kindheit: Im Kontext der öffentlich skandalisierten Fälle der Kindesverwahrlosung und -vernachlässigung werden Migrantenfamilien ohne jegliche empirische Prüfung im gleichen Atemzug mit total desorganisierten Unterschichtfamilien genannt und stigmatisiert. Auch in dieser Hinsicht können die Zuschreibungen Isolierungsbestrebungen wecken oder verstärken und so das hervorbringen oder stabilisieren, was sie zu bekämpfen vorgeben. Demgegenüber wird in Praxisprojekten auf die notwendige Behutsamkeit und dann auch möglichst effektive Unterstützung durch sozialpädagogische Professionalität hingewiesen (Sann/Thrum 2005; Müller 2004).

Gegenläufige Argumentationslinien, vornehmlich solche, die die Erlebensperspektive der Migrantinnen und Migranten thematisieren, die ihre Chancen optionsentfaltend genutzt haben, verstehen Migration als Ausdruck von moderner Lebensführung und die Eingebundenheit in eine Familie mit Migrationserfahrung als Möglichkeit, eine gesteigerte Reflexivität und eine erweiterte Handlungsfähigkeit zu entwickeln (vgl. Gutiérrez Rodríguez 2000; Gogolin 2000).

Die hier skizzierten konträren Positionen finden ihre Vermittlung in Studien zu Migration (vgl. Bukow 1996; 2003), die weder die spezifischen Risiken noch die Chancen von Migration negieren (vgl. Auernheimer 1994; Hamburger 1994; 2002; Nohl 2001; Hummrich 2002a; Badawia 2002) und die eine Perspektivnahme auf den Zusammenhang von Migration und Familie aus zwei Richtungen ermöglichen: Zum einen muss es darum gehen, die Familie als interaktive Einheit zu betrachten, in der Erziehung unter Migrationsbedingungen stattfindet. Die Entfaltung, Erhaltung und Steigerung von Handlungsfähigkeit und die Vermittlung von Werten und Normen werden geprägt durch Migrationserfahrungen, die wiederum in die Ausgestaltung der Generationsbeziehungen eingehen. Zum anderen ist die Frage nach der Erlebensperspektive Migrantenjugendlicher relevant, weil sie sich in besonderer Weise mit ihrer Herkunftsfamilie, der mit ihr verbundenen Migrationserfahrung, den Zuschreibungen an ihre Familie und den gesellschaftlichen Ansprüchen an Integration und eigenständige Gestaltung auseinandersetzen müssen. Hier gilt es, eine pädagogische Perspektive zu entwickeln, die Migrantenjugendliche in ihrer Verbindung zur Familie thematisiert und den Einfluss der Familie auf gesellschaftlichen Ein- oder Ausschluss kritisch prüft.

Mit diesen beiden Perspektiven sind nun auch die Fokussierungen dieses Beitrags benannt, die sich an einen Überblick über den Stand der Forschung anschließen. Danach werden in einer Zusammenfassung die Aufgaben einer künftigen pädagogischen Theoriebildung diskutiert. Abschließend werden die hier entwickelten Diskussionslinien an die bereits oben angesprochenen (sozial-)politischen und pädagogischen Perspektiven rückgebunden.

2. Stand der Forschung

2.1 *Familie und Migration – ein quantitativer Überblick*

In der Bundesrepublik Deutschland leben derzeit zirka siebeneinhalb Millionen Menschen ausländischer Herkunft (das entspricht einem Bevölkerungsanteil von etwa 9 %). Die Tatsache, dass die Wanderungsgewinne (1995 kamen rund 1,8 Millionen Menschen nach Deutschland) die Bevölkerungsverluste durch Tod oder Abwanderung (1995: ca. 1,65 Mio. Menschen) mehr als ausgleichen, verdeutlicht, dass Deutschland ein Einwanderungsland geworden ist (vgl. Bundesministerium für Familie, Senioren, Frauen und Jugend 2000). Arbeitsmigration, Flucht und Asylsuche sowie Aussiedlung markieren dabei unterschiedliche Zuwanderungsmotivationen, die eng verbunden sind mit dem Status, der Migrantinnen und Migranten in der Bundesrepublik Deutschland zuerkannt wird. Erfolgte in der BRD nach dem Anwerbestopp von Gastarbeitern ab 1973 ein kontinuierlicher Familiennachzug, so gab es in der DDR keine Familienzuwanderung, sondern die Anwerbung von Arbeitskräften erfolgte im Rahmen von Arbeitskräftekooperationsprogrammen, die sich vor allem an einzelne Arbeitskräfte richteten und Familiennachzug oder -gründung nicht duldeten (ebd., S. 42; vgl. auch Gemende 2002). Während Kinder von Arbeitsmigrantinnen und Arbeitsmigranten sowie aus Aussiedlerfamilien ebenso wie Kinder aus Familien ohne Migrationshintergrund mit Vollendung des sechsten Lebensjahres schulpflichtig werden und ähnliche Sozialleistungen (Kindergeld, Jugendhilfe) in Anspruch nehmen können, ist die Integration von Kindern aus Flüchtlingsfamilien davon abhängig, welcher Status ihnen im Asylverfahren gewährt wird.

Nachdem über lange Zeit hinweg einzelne Migrationsbewegungen dominiert haben und auch im Mittelpunkt des Interesses standen (z. B. die Gastarbeiterzuwanderung, der Familiennachzug, die Zuwanderung von Flüchtlingen oder Aussiedlern), ist die gegenwärtige Migrationssituation durch vielfache Verflechtungen von Migrationsbedingungen gekennzeichnet. Die Bundesrepublik Deutschland ist in die Migrationsbewegungen innerhalb der Europäischen Union, in die intensive Anwerbung von saisonalen Arbeitskräften, in transkontinentale Bewegungen von Arbeitskräften, Flüchtlingen und Studierenden sowie die Strukturen einer Ost-West-Migration (innerstaatlich und international) eingebunden (Beauftragte 2005). Die Fluktuation gerade der ausländischen Wohnbevölkerung ist weiterhin hoch, sodass man von einem lebendigen – oder unruhigen – Migrationsland sprechen kann. Nicht mehr Zu- und Abwanderung zwischen einem Herkunfts- und einem Einwanderungsland sind dominant, sondern Wanderungsnetzwerke und Transnationale soziale Räume der legalen und illegalen Migration (Pries 2000). Als Folge dieser Verstetigung von Migration werden die Konsistenzfragen für familiale Lebensformen und für die Integrationsaufgaben (Bildung, Beschäftigung, soziale Beziehungen, kulturelle und politische Identifikation) komplizierter und erfordern von den Einwanderungsländern klarere Regelungen zur Aufenthaltssicherung. Dass die politisierte öffentliche Diskussion das Gegenteil dessen bewirkt, liegt auf der Hand.

Obwohl es natürlich eine Vielzahl an Motivationen zu migrieren gibt, beinhaltet Migration die Entscheidung, das Herkunftsland und die damit verbundenen sozialen Einbindungen zu verlassen – ein Schritt, der unabhängig davon, ob eine Familie insgesamt das Herkunftsland verlässt oder ob eine einzelne Person in ein anderes Land geht, mit weitreichenden Folgen für die Familienstruktur verbunden ist (vgl. Herwartz-Emden 2000, S. 9). Migration kann dabei zunächst als Mechanismus der Modernisierung begriffen werden und darf nicht von vornherein vereinseitigend unter den Belastungsdiskurs subsumiert werden (vgl. Hamburger 1999). Die Feststellung der Strukturveränderung und Modernisierung soll nun keinesfalls stereotypisierend eingeordnet werden, indem „die" moderne deutsche Familie „der" traditionellen bspw. türkischen Familie entgegengesetzt wird. Diese in der öffentlichen Meinung weit verbreitete Ansicht widerlegt unter anderem Nauck (1985; 1998), der feststellt, dass türkische Familien in Deutschland im Vergleich zu anderen Immigrantengruppen (er vergleicht Italiener, Griechen, Vietnamesen, Türken, Aussiedler und Deutsche), die am weitesten fortgeschrittene Geschlechterparität haben, wenn es um den gemeinsamen Haushalt geht, und dass die nationale Herkunft keineswegs einhergeht mit Autoritarismus und religionsgebundener Repressivität im Erziehungsstil (vgl. Nauck/Özel 1986; Nauck 1995). Vielmehr geht es bei der Charakterisierung von Migration als Mechanismus der Modernisierung um die Markierung einer Veränderung, die durch das Handeln unter Bedingungen der Migration gegeben ist und mit der sich jede Familie mit Migrationserfahrung, unabhängig von ihrem „Modernisierungsgrad", innerfamilial wie in Bezug auf das außerfamiliale Netzwerk handelnd auseinandersetzen muss. Auch muss man festhalten, dass jede Familie sich mit Modernisierungsprozessen auseinandersetzen muss, insofern die Vorstellungen von Eltern in aller Regel gegenüber den jugendkulturellen Orientierungen ihrer heranwachsenden Kinder kulturell „veraltet" sind.

74 % der am Bildungssystem beteiligten Migrantenjugendlichen kommen aus Familien, die aus den ehemaligen Anwerbeländern stammen (vgl. BMFSFJ 2000, S. 169). Die Integration in das Bildungssystem wird zumeist durch den Kindergartenbesuch grundgelegt, während dessen auch die deutsche Sprache erworben werden kann. Im Durchschnitt gehen weniger Migrantenkinder in den Kindergarten als deutsche (43,4 % gegenüber 49,6 %; vgl. BMSFJ 2000, S. 173). Problematisch erscheint die Integration in das spätere schulische System, wenn die deutsche Sprache nicht vor der Einschulung angeeignet werden konnte, was zugleich als Hinweis darauf gesehen werden muss, dass hier ein zentrales Defizit des deutschen Bildungssystems liegt, d. h. „dass die deutsche Schule es offenbar stärker als andere Schulsysteme versäumt, auch jene spezifischen sprachlichen Kompetenzen zu vermitteln, die die conditio sine qua non für den Bildungserfolg sind" (Gogolin 2003, S. 40; Gogolin/Neumann/Roth 2003; Hessisches Sozialministerium 2004).

Der Zusammenhang von Migrationserfahrung, familialem Herkunftsmilieu und Bildungserfolg deutet auf das Wirksamwerden von Mechanismen sozialer Ungleichheit hin (vgl. Mogatsiu-Schweizerhoff 2000; Kroning u. a. 2000; Karakasoglu-Aydin 2001; Auernheimer 2003), was sich zum einen in der hohen Sitzenbleiberquote der Migrantinnen und Migranten (Helsper/Hummrich 2005) sowie ihrer hohen Repräsentanz auf Haupt- und Sonderschulen niederschlägt, zum anderen in den PISA-Studien als Differenz im Kompetenzniveau zum Ausdruck kommt (vgl. Baumert/Schümer 2001, S. 379; Prenzel u. a. 2004; Schümer 2004; Krohne/Meier 2004).

Die seit den 1980er Jahren insgesamt gestiegene Bildungsbeteiligung – 1983 machten 3,6 % der nicht-deutschen Schülerinnen und Schüler Abitur, 1993 waren es 8,4 % (vgl. BMFSFJ 2000, S. 178), 2001 10,9 % (Statistisches Bundesamt 2004) – ist zwar im Zusammenhang mit dem „Fahrstuhleffekt" (Beck 1986, S. 129), das heißt der höheren Beteiligung aller Sozialschichten an weiterführenden Bildungsgängen bei gleichbleibendem sozialem Abstand zwischen den Schichten (vgl. Grundmann u. a. 2003, S. 35), zu werten und verweist damit auf anhaltende Benachteiligung von Migrantenjugendlichen im Bildungssystem (Gogolin 2005), zeigt jedoch auch, dass eine wachsende Anzahl an Migrantinnen und Migranten Teilhabe an der Gesellschaft durch Bildung erreicht. Dennoch bleibt „institutionelle Diskriminierung" (Gomolla/Radtke 2002) thematisch, gerade weil die quantitative Verteilung nach Schultypen für die Migratenjugendlichen deutlich zuungunsten sogenannter „höherer" Bildungsabschlüsse ausfällt: 50 % der Migrantenjugendlichen besuchen nämlich die Hauptschule, lediglich 15 % das Gymnasium (vgl. Baumert/Schümer 2001, S. 373). Das negative Abschneiden im Bildungssystem wird in den PISA-Studien vor allem mit der mangelnden Sprachkompetenz in Verbindung gebracht, worüber wiederum Bezüge zu den Herkunftsfamilien hergestellt werden, in denen vorwiegend die Sprache des Herkunftslandes gesprochen wird. Damit erscheint Familie wiederum als bildungsverhindernde Instanz.

Gleichwohl muss man hier beachten, dass die Sprachkompetenz, die in der Schule abverlangt wird, wenig gemeinsam hat mit der Sprachkompetenz im Alltag, in dem die Deutschkenntnisse von Migrantenjugendlichen durchaus vorhanden sind (vgl. Gogolin 2003, S. 39ff.), und dass der monolinguale Habitus der Schule, der Mehrsprachigkeit eher als defizitär einstuft denn als Chance, die negative Auslese begünstigt (vgl. Gogolin/Nauck 2000; Reich/Roth 2002). Der Tatsache, dass Familie bei erfolgreichem Abschluss des Bildungssystems eine maßgebliche und unterstützende Rolle zugesprochen werden kann (vgl. Hamburger 1994; Boos-Nünning 2000; Apitzsch 2002), worauf auch zunehmend (zumeist qualitative) Untersuchungen verweisen (vgl. z. B. Hummrich 2002a; Badawia 2002; Pott 2002; Unger 2000; Ofner 2003), stehen damit die Ansätze entgegen, die nach wie vor die Verantwortung für Versagen im Bereich der Familie ansiedeln. Umgekehrt wird die Debatte um Schule und ihren Beitrag zum Bildungserfolg bzw. -versagen ebenfalls kontrovers geführt (vgl. Nohl 2001), und die Einordnung von Schule spannt sich zwischen optionsentfaltender Ermöglichung von Bildung durch Schule und Verkennung und institutioneller Diskriminierung auf, nicht zuletzt durch stereotype Wahrnehmung „der" Migrantenkinder/-jugendlichen. An dieser Stelle wäre zu empfehlen, die Migrationsforschung von ihrem spezifischen Exotismus zu lösen und Anbindungen in jenen Bereichen der Forschung zu suchen, die mit ihrer Thematisierung individueller Passungsverhältnisse das Spannungsverhältnis aus schulischen, individuellen und familialen Bedingungen thematisieren (vgl. Helsper u. a. 2001; Helsper/Busse/Kramer 2001; Kramer 2002; Böhme 2000).

2.2 Der Migrationsdiskurs im historischen Verlauf

Die oben angesprochenen entgegengesetzten Positionen können als Markierer einer Entwicklungsgeschichte der (pädagogischen) Migrationsforschung begriffen werden: In den 1970er und frühen 1980er Jahren dominierte die Defizit- und Problemperspektive, Studien ab Mitte der 1980er Jahre bis in die 1990er Jahre hinein kommen zu differenzierten Befunden. Der Thematisierungszusammenhang von Familie und Migration folgt jener Entwicklungsgeschichte. Dabei werden die unterschiedlichen Positionen immer wieder aufgegriffen, sodass auch aktuelle Untersuchungen zum Teil Positionen zuzuordnen sind, die eigentlich schon lange widerlegt sind. Es lassen sich schließlich folgende Diskurslinien unterscheiden:

1. In der besonders in den 1970er und frühen 1980er Jahren zentrierten Defizit- und Problemperspektive, die besonders für den Bereich der Familie in der öffentlichen Diskussion nach wie vor leitend ist, ist vor allem von Problemem und Konflikten auf Grund der Migrationserfahrung die Rede (vgl. Berenkopf 1984; König/Straube 1984; Laijos/Kiotsoukis 1984; Poustka 1984; Laijos 1993) und die Herkunftsfamilie gilt mit dem traditionellen Kontext, den sie repräsentiert, als Hindernis für die Integration der Kinder und Jugendlichen in das Bildungssystem (vgl. Chaidou 1984; Gastager/Niemeyer 1984; Geiersbach 1983; Simon-Hohm 2001). Insbesondere Mädchen und Frauen gelten hier als benachteiligt (vgl. Akgün 1993; Veneto-Scheib 1993; Schmidt-Koddenberg 1999). Eine Renaissance erlebt diese Perspektive in der öffentlichen Diskussion, seit mit dem Erscheinen der PISA-Studie (vgl. Baumert u. a. 2003; Schümer 2004; Krohne/Meier 2004) „offiziell" belegt wurde, dass Migrantinnen und Migranten im Bildungssystem benachteiligt sind. Migration scheint damit *ein*, wenn nicht *das* Risiko gesellschaftlicher Desintegration (vgl. Heitmeyer 2002) zu sein.
2. In dem zu dieser Perspektive konträren Diskurs der Chancenorientierung kann zugespitzt von Migrantinnen und Migranten als Hoffnungsträgern von Modernität und Transformation gesprochen werden. Als „Avantgarde der postmodernen Gesellschaft" (Rosen 1997) verbürgen sie die Hoffnung auf allseitige Handlungsfähigkeit und umfassende Kreativität (vgl. Gutiérrez Rodríguez 1999; Rosen 1997), wie sie angesichts sich verändernder Bedingungen notwendig wird. Anstatt die *per se* benachteiligte Gruppe zu sein, wird hier das Bild einer generell bevorzugten Gruppe entworfen. Familiale Bindungen werden entweder als solche gesehen, von denen man sich befreien muss oder kann, will man sich erfolgreich individualisieren und biografische Chancen nutzen (vgl. Rosen 1997), oder als grundlegend für die Entwicklung von integrativen Kompetenzen. Ohne die Produktivität dieses Diskurses in Abrede zu stellen, soll doch auf eine Gefahr verwiesen werden: Die Ablehnung einer defizitorientierten Perspektive, die auf kompensatorische pädagogische Maßnahmen setzt, kann nicht mit einer Ablehnung der auf Migrantenjugendliche bezogenen kompensatorischen Erziehung beantwortet werden, die auch angesichts offensichtlicher Benachteiligungsrisiken (vgl. Baumert u. a. 2002) familiale Bindung nach universalistischen Kriterien beurteilt (kritisch: vgl. Herwartz-Emden 2000, S. 15). Kritik ist auch dort angebracht, wo die (ausländische) Migrantenfamilie – in Reaktion auf die Problematisierungsthese – als Hort „ursprünglicher Verbundenheit" stilisiert und als Traditionsbewahrerin ethnisiert und idealisiert wird.

3. Es wird nun deutlich, dass die beiden genannten Perspektiven Gefahr laufen, unzulässig zu verallgemeinern und die Bewertungen zur Lage von Migrantinnen und Migranten unter Stereotype zu subsumieren, die deren individuelle Lage verkennen. Gewiss besitzen beide Perspektiven ihre Berechtigung, denn es kann angenommen werden, dass es für Migrantenfamilien – die Verarbeitung von Migration und die Ausgestaltung der Familienbeziehungen – sowohl chancenhafte als auch riskante Verläufe gibt. Daher können die beiden Perspektiven als zu vermittelnde betrachtet werden. Erste Ansätze dazu finden sich bei Schiffauer (1984) oder Geiersbach (1982), wobei mit Boos-Nünning (1990) angemerkt werden muss, dass sie riskieren, bestehende Vorurteile zu bestätigen. Jüngere Ansätze haben die Intention einer „verstehenden" Perspektive aufgegriffen, ohne Migration zu idealisieren, und versuchen sich konsequent von einer Perspektive des Einwanderungslandes zu lösen (vgl. beispielweise Apitzsch 1990; 1999; Badawia 2005; Hamburger 1994; 2002; 2005 Gieseke/Kuhs 1999; Karaksaoglu Aydin 1999; Unger 2000; Nohl 2001; Herwartz-Emden 2001; Hummrich 2002a, 2002b; 2003; Badawia 2002; Badawia/Hamburger/Hummrich 2003; Hummrich/Wiezorek 2005). Die hier genannten Ansätze haben gemeinsam, dass sie die individuellen Möglichkeiten der Erfahrungsverarbeitung einerseits, biografische Inkonsistenzen andererseits konsequent einbeziehen bzw. in ihren theoretischen Grundlegungen einbeziehbar machen. Auch Bukow (2000) hält mit seiner Feststellung, dass die Einwandererfamilien sich auf Grund ihrer Migrationserfahrung schon lange mit den Entwicklungsaufgaben auseinandergesetzt haben, die sich („bei uns") für die Mehrheit der Bevölkerung noch nicht bemerkbar machen, die Möglichkeit „erfolgreicher" oder „erleidender" Erfahrungsverarbeitung offen (ebd., S. 14).

Aufbauend auf die hier skizzierte Forschungsdynamik ist im Folgenden auf die unterschiedlichen möglichen Beziehungsformen einzugehen. Ein allgemeines Problem, das sich in diesem Zusammenhang stellt, ist, dass bislang kaum eine Perspektive entwickelt wurde, die die Beziehungen der Familienmitglieder und die damit in Zusammenhang stehende Bedeutung des Migrationsprozesses für die Familie berücksichtigt. Dennoch bieten die Beiträge, auf die hier verwiesen werden kann, zentrale Anknüpfungsmöglichkeiten für die Erforschung der familialen Bindungen.

3. Familie als interaktive Einheit: Inner- und außerfamiliale Beziehungen in der Migration

3.1 Beziehungen innerhalb der Familie

Im Zusammenhang mit Migration ist implizit immer dann von Familie und den hierin wirksam werdenden Beziehungen die Rede, wenn es um die Generationenfolge geht oder um Bedingungen, unter denen Kinder und Jugendliche im Bildungssystem handeln. Hier haben jugendkulturelle Studien in den letzten Jahren deutlich dazu beigetragen, dass der einseitige Blick auf Konflikte überwunden wurde, indem sie die Relevanz positiv besetzter Eltern-Kind-Beziehungen darstellen (Hamburger 1991). Dabei vernachlässigen sie nicht, dass der Verlust sozialer Kontinuität als psychosoziale Belastung gilt, die familienbiografisch bedeutsam ist (Herwartz-Emden 2000).

Wird der Verlust sozialer Kontinuität als gemeinsame Gestaltungsaufgabe für alle an der Migration beteiligten Familienmitglieder gesehen (vgl. Inowlocki 1995), so ergeben sich Sichtweisen, die auf die Chancenhaftigkeit familialer Bindungen gerichtet sind. Insbesondere für die Fälle, in denen eine hohe Bildungsaspiration besteht (vgl. Nauck 1990; Hamburger 1991; Alamdar-Niemann 1991; Hummrich 2002), wird die Produktivität der Eltern-Kind-Beziehungen dargestellt, auch wenn die Bildungsaufträge nur in sehr abstrakter Form gestellt werden können (Gogolin 2005) und Jugendliche daher in gesteigertem Maße auf ihre Selbstorganisation angewiesen sind (vgl. Nohl 2001b). Nauck (2004) stellt in diesem Zusammenhang fest, dass im Generationenvergleich Migrantenjugendliche schneller höhere Bildungsabschlüsse erreichen als Jugendliche ohne Migrationshintergrund. Die Bildungsmotivation ist umso höher, je mehr die Eltern ihre unerfüllten Erwartungen auf ihre Kinder übertragen (vgl. Apitzsch 1990, S. 214), was sicherlich auch damit zusammenhängt, dass – wenn die Eltern dazu motiviert sind, dass ihre Kinder erfolgreich sind – Transformation zum Prinzip des familialen Handelns gemacht wird. Die Bedeutsamkeit familialer Bindungen für die Eltern stellt Lutz (1999; 2000) dar. Ihr zufolge stehen auf Grund der gesellschaftlich schwachen Position von Migrantinnen und Migranten Eltern-Kind-Beziehungen unter Bedingungen der Migration unter Druck, d. h. sie sind einem höheren Belastungsrisiko ausgesetzt als Eltern-Kind-Beziehungen, die nicht unter Bedingungen der Migration ausgestaltet werden. Diese Belastung kann nun auch – so die empirischen Ergebnisse von Lutz – als generationenübergreifende Lage verstanden werden kann, die die Entwicklung gemeinschaftlicher Handlungspraxen unterstützt (vgl. Lutz 2000, S. 194).

Die Frage, ob der Migrationsprozess chancenhaft oder riskant für eine Familie verläuft, hängt nicht nur von der Bewältigung psychosozialer Aufgaben ab, sondern auch davon, ob es einer Familie gelingt, sich zu reorganisieren, oder ob die Tendenz zur Auflösung besteht (Heinz 2000). Die Reorganisation impliziert die Ausbildung von lokalen Bezügen, angefangen mit der Neustrukturierung der Kernfamilie bis hin zu Kontakten im Wohnumfeld. Die Auflösung kann den „Zerfall“ der Familie und Desorientierung bedeuten, wenn die Reorganisation misslingt (ebd.). Auf diese Gefahr weist auch Laijos (1998) hin, indem er vom Verlust der Familientraditionen als Belastungsrisiko spricht. Folgt man jedoch der Annahme, dass auch Auflösung ein bearbeitbares Problem ist, das Familie in ihre Handlungsentwürfe integrieren muss, so wird deutlich, dass Auflösung ambivalent konzipiert werden muss, denn neben der Gefahr des Zerfalls muss hier auf die Möglichkeit der Reorganisation nach Überwindung der mit Auflösungstendenzen verbundenen Krisen verwiesen werden, die gerade mit der Migration und der damit verbundenen Herauslösung aus gemeinschaftlichen Lebenszusammenhängen und Individualisierung einhergehen (vgl. Hamburger 1999, S. 42). Generell aber muss darauf hingewiesen werden, dass die Auflösung einer Familie immer auch als Problemlösung verstanden werden muss und in neuen Partnerschaften bzw. neu zusammengesetzten Familien neue Harmonie und befriedigende Beziehungen entstehen können.

Nun bestehen die familialen Beziehungen nicht nur aus Eltern-Kind-Beziehungen, sondern es muss auch das verwandtschaftliche Netz einbezogen werden. Naheliegend sind hier die Großeltern-Enkel-Beziehungen, da diese nahe verwandtschaftliche Beziehungen darstellen und – zumindest in der allgemeinen Familienforschung – in ihrer Bedeutsamkeit immer wieder hervorgehoben werden (vgl. zu Generation Ecarius 1998, 2001; Bock 2002; Honig 1999).

Obwohl die Thematisierung der „dritten“ Generation die Generation der Großeltern implizit berücksichtigt, finden sich bislang kaum Studien über die Beziehungen der „dritten“ zur „ersten“ Migrantengeneration als Großeltern- und Enkelgeneration. Mit dem Altern in der Migration befasst sich vor allem Dietzel-Papakyriakou (1993), die die Verbindungen zur „ethnic community“ als Grund dafür anführt, dass sich alte Migrantinnen und Migranten der Ambivalenz ausgesetzt sehen, zwischen Rückkehr in ihr vermeintliches Heimatland und Verbleib im Einwanderungsland entscheiden zu müssen. Damit kann nur ein indirekter Bezug zu Kindern und Enkeln (als ebenfalls der „ethnic community“ angehörend) hergestellt werden. Die ausschließliche Bezugnahme auf die Rückkehrorientierung kritisiert Jiménez Laux (1999, S. 30) zu Recht als verkürzte Darstellung, da sie die Komplexität lebensweltlicher Erfahrungen nicht berücksichtigt. Jedoch bleiben auch in ihrer Studie über ältere spanische Migrantinnen mögliche Beziehungen zu Enkelkindern unbearbeitet. Anknüpfungspunkte bietet die Untersuchung von Rosenthal, Völter und Gilad (1999), die allerdings nicht Immigration nach Deutschland fokussieren, sondern die Emigration von Jüdinnen und Juden zwischen 1933 und 1939 und deren familiale Beziehungen in den Blick nehmen. Von der Struktur her liefern ihre Ergebnisse Anknüpfungspunkte für die Frage nach der Ausgestaltung intergenerationaler Beziehungen unter Bedingungen der Migration, da hier die biografischen Brüche thematisiert werden, die sowohl eine Bedeutung für die Beziehungsausgestaltung zu den Kindern und Enkeln haben als auch eine biografische Relevanz für die Kinder und Enkelkinder besitzen (ebd. S. 73).

Zusammengefasst kann gesagt werden, dass für die oben genannten Untersuchungen Perspektiven zu Grunde liegen, die vor allem auf die Sicht einer Generation bzw. einzelner Individuen konzentriert sind. Aus diesen Perspektiven wird jedoch zweierlei ersichtlich: Zum einen haben familiale Beziehungen eine hohe subjektive Bedeutsamkeit hinsichtlich der individuellen Entwicklung von Bewältigungskompetenzen in Bezug auf psychosoziale Belastung, zum anderen sind die familienbiografisch relevanten Themenbezüge über die Generationen hinweg immer wieder bedeutsam.

3.2 Die Familie im Verhältnis zu außerfamilialen Erfahrungen

Die innerfamilialen Aufgaben, psychosoziale Bewältigung und Neustrukturierung der Familie, müssen ergänzt werden um Faktoren, die die Familie von „außen“ beeinflussen. Damit wird die von Nohl (2001a, 2001b) getroffene Unterscheidung zwischen „innerer“ und „äußerer“ Sphäre als der familialen und der außerfamilialen aufgegriffen. Zwischen diesen Sphären verläuft – so Nohl (2001b) – eine migrationsspezifische Diskrepanz, die gleichzeitig abhängig von der Bildungslage des Elternhauses ist (ebd. S. 309).

Als ein bedeutsames Risiko ist demnach das Zusammentreffen mehrerer Faktoren sozialer Ungleichheit zu nennen. Viele Migrantenfamilien sind vom sozialen Risiko Armut[1] be-

1 Der Armutsbegriff kann hier nicht in seiner ganzen Komplexität erörtert werden. Eine Orientierung für den hier zugrunde gelegten Armutsbegriff bietet die Bourdieusche Unterscheidung der Kapitalsorten ökonomisches Kapital (als dem Einkommen, das einer Familie zur Verfügung steht), soziales Kapital (als den sozialen Beziehungen, die eine Familie unterhält) und Bildungskapital (vgl. Bourdieu 1983), also ein Begriff, der die Lebenslage umfassend berücksichtigt.

Der 6. Familienbericht klammert mit fragwürdigen Begründungen die Frage der Armut aus (vgl. BMFSFJ 1998, S. 143f.), obwohl es aus dem sozio-ökonomischen Panel eine qualifizierte empirische Grundlage für diese Frage gibt. Vor allem aber wird das problematische sozialpolitische Entlastungs-Deutungsmuster ins Feld geführt, dass im Vergleich zu der Herkunftsfamilie und -lage von Armut nicht gesprochen werden kön-

troffen (vgl. Hamburger 1994). Obwohl von einem zunehmenden „Wohlstand" als Folge des „Fahrstuhl-Effektes" (vgl. Abschnitt 2.1) die Rede sein kann, der sozialen Aufstieg und eine Abnahme des Angewiesenseins auf Sozialwohnungen und die Zunahme von Wohneigentum zur Folge hat (vgl. BMFSFJ 2000, S. 159), verschwinden soziale Ungleichheit und Armut nicht. So sind gegenüber 43 % der Deutschen nur 6,5 % Migrantinnen und Migranten Wohnungseigentümer, der Standard bei der Wohnungsausstattung ist nicht entsprechend hoch wie bei Deutschen und dennoch ist der Mietspiegel höher (vgl. BMFSFJ 2000, S. 153). Auch wenn sich in diesen Ausführungen Hinweise auf den Zusammenhang von ökonomischer Ungleichheit und Migration finden, muss bei der Beurteilung der Wohnsituation – und dies verweist wieder auf die Komplexität des Zusammenhangs von Armut und Migration – auch berücksichtigt werden, dass sogenannte „Ghettos" mit ihrer Infrastruktur als wichtige soziale und transfamiliale Netzwerke dienen (vgl. Boos-Nünning 2000, S. 75; BMFSFJ 2000). Schließlich machen zwar mehr Migrantenjugendliche das Abitur, es zeigt sich aber gleichzeitig, dass es nach wie vor Benachteiligung im Bildungssystem gibt und die Chancen zur Anhäufung von Bildungskapital damit vergleichsweise gering sind. Hier sind nicht nur die Daten aus PISA 2000 und 2003 anzuführen (vgl. Baumert u. a. 2001; Prenzel u. a. 2004), sondern auch diejenigen zu Bildungs- und Ausbildungsabschlüssen: Zirka 19,5 % der Migrantenjugendlichen verlassen die Schule ohne allgemeinbildenden Abschluss (gegenüber 8,2 % deutscher Jugendlicher) (Statistisches Bundesamt 2004), viermal so viele Migrantenjugendliche (nämlich 33 %) wie deutsche erhalten keinen Berufsabschluss (Bundesministerium für Familie, Senioren, Frauen und Jugend 2000). Bei den weiblichen Migrantenjugendlichen ist die Betroffenheit von Ungleichheit besonders deutlich: Nur 44 % erreichen einen Berufsabschluss und damit liegt diese Gruppe fünfmal niedriger als die deutsche Vergleichsgruppe (vgl. Troltsch 2000); obwohl sie im Durchschnitt bessere Schulabschlüsse haben als die männliche Vergleichsgruppe, sind sie bereits bei der Verteilung von Ausbildungsplätzen mehr benachteiligt (Gogolin 2005).

Diskriminierung stellt ein weiteres Problem dar, auf Grund dessen gesellschaftliche Teilhabe eingeschränkt oder subjektiv verweigert wird (vgl. Lanfranchi 2000; Mecheril 2000). Trotz der hohen Bildungsmotivation von Migrantenfamilien impliziert die Tatsache, aus einer Familie mit Migrations„hintergrund" zu kommen die Gefahr, dass Leistungsfähigkeit am nicht-leistungsbezogenen Kriterium Ethnizität gemessen wird, wobei diesem Kriterium stereotype Annahmen zu Grunde liegen (vgl. Hamburger 2002a).

Für Kinder und Jugendliche aus Einwandererfamilien ergeben sich – auch bei Bildungserfolg – überwiegend problematische und als problematisch erlebte Konstellationen (vgl. Unger 2000; Gomolla/Radtke 2002; Hummrich 2002a, 2002b). Der Thematisierungszusammenhang Familie und Schule ist auch hier nur ein indirekter: Familiale Herkunft bedingt den Status, der Migrantinnen und Migranten im Bildungssystem zugewiesen wird (ähnlich wie bei der sozialen Kategorie der Klasse). Der hohen Bildungsmotivation von Migrantinnen und Migranten und der langsam zunehmenden Partizipation von Migrantinnen im Bildungswesen sowie den bildungspolitischen Integrationspostulaten (vgl. Kronig/Haeberlin/Eckart 2000, S. 198) steht die Häufung von Diskriminierungen auf Grund des Migrantenstatus entgegen, die sich unter anderem darin niederschlagen, dass Erklärungen für problematische Verläufe beim Kind/Jugendlichen und deren Familien gesucht werden und hier Deutungsmuster artikuliert werden, die auf stereotypen Annahmen in

ne. Bei ausländischen Familien wird also die Vergangenheit als Vergleichsmaßstab herangezogen, was im Falle der deutschen Familien als sozialpolitische Provokation erscheinen würde.

Bezug auf Handeln unter Bedingungen der Migration beruhen (vgl. Gomolla/Radtke 2002, S. 257).

Kontrastiert man diese Befunde mit den Erfahrungen in der Familie, so entsteht eine deutliche Diskrepanz, wird Familie doch als Initiator von Transformation und in ihrer unterstützenden Funktion (auch bei Zurückweisung und Diskriminierung) erlebt. Es zeigt sich ein deutliches Missverhältnis hinsichtlich des pädagogisch-professionellen Umgangs mit Migration: Während Familien von Migranten selbst als Unterstützung erlebt werden, läuft die institutionelle Deutung in Bezug auf Familien auf die Sicht von Familie als Hindernis hinaus. Davon ist auch der sechste Familienbericht gekennzeichnet, der die fehlende kulturelle und soziale Passung der ausländischen Familie zur modernen Schule als wesentliches Hindernis für den Schulerfolg darstellt. Die in den Abwehrmechanismen des Schulsystems liegenden Faktoren werden systematisch vernachlässigt. Die paradoxe Differenz zwischen hoher Bildungsmotivation der ausländischen Eltern und dem geringen Schulerfolg ihrer Kinder erfordert ein Erklärungsmodell, in dem die soziale Selektivität der Mittelschichtinstitution Schule, die die Form der Abwehr von Bildungsaspirationen annimmt, angemessen berücksichtigt wird.

3.3 Zwischenresümee: Forschungsdesiderate aus dem Bereich der familialen Beziehungen

Allgemein fällt die Singularität der Untersuchungen zum Zusammenhang von Familie und Migration auf. Viele Studien thematisieren einzelne Aspekte, sind auf nationale Herkunft und nicht das Strukturmerkmal Migration allgemein gerichtet. Dabei verallgemeinern sie zugleich die Lage entsprechend der nationalen Herkunft, sodass leicht der Eindruck hervorgerufen wird, es gäbe spezifisch „türkische", „griechische" oder „italienische" Problemlagen. Die Aufnahme unterschiedlicher (generationaler) Perspektiven und die Einbeziehung der Strukturiertheit der Interaktionsbeziehungen steht sowohl für die Eltern-Kind- als auch für die Großeltern-Enkel-Beziehung weitgehend aus.

Das deutlichste Desiderat scheint es in Bezug auf Geschwisterbeziehungen zu geben. Wenn überhaupt, werden Geschwister eher implizit thematisiert, so bei Jiménez Laux (1999), die betont, dass Beziehungen zu Geschwistern im Herkunftsland keine Rolle für die Rückkehrorientierung spielen. Das verwundert, wird doch in der allgemeinen erziehungswissenschaftlichen Forschung die Relevanz von Geschwisterbeziehungen besonders betont (vgl. z. B. Kreppner 1991; Ley 2001; Kasten 2001; Toman 2002). In der Migrationsforschung ist von Geschwistern vor allem dann die Rede, wenn auf den Kinderreichtum von Migrantenfamilien als Steigerung des Armutsrisikos eingegangen wird (vgl. z. B. Boos-Nünning 2000).

Die allgemein-pädagogische Relevanz von Peer-Beziehungen stellt z. B. Krappmann (1991) als wichtige Ergänzung familialer Beziehungen dar. Peer-Beziehungen werden in der Migrationsforschung im Zusammenhang der Herausbildung von „Gangs" thematisiert (vgl. u. a. Tertilt 1996; Held/Riegel 1999; Riegel 1999; Dannenbeck/Esser/Lösch 1999), was eine hohe Relevanz für das Wissen über die jugendkulturelle Bearbeitung von Migration hat. Ein Vergleich mit nicht-organisierten Peer-Beziehungen und eine Untersuchung der Verschränkung dieser Beziehungen mit familialen Erfahrungen steht jedoch aus. Der Hinweis von Sting (1999), dass die Bearbeitung von Erfahrungen, auch wenn sie jugendkulturell organisiert ist, abhängig ist vom sozialen Umfeld, liefert einen Hinweis darauf, dass unter anderem familiale Verhältnisse die Ausgestaltung von Peer-Beziehungen beeinflussen.

4. Pädagogische Generationsbeziehungen und Selbstkonstruktion unter Bedingungen der Migration

Das Handeln von Familien unter Bedingungen der Migration wurde oben in seiner Beziehungsvielfalt erschlossen. Ging es hier um die Bedeutung der Migration für die Strukturierung der Familie und um familial geteilte Entwicklungs- und Bewältigungsaufgaben, die auch die Gleichaltrigengruppe einschließen, so soll im Folgenden ein Konzept entworfen werden, das diese vielfältigen Beziehungsformen erfasst und zugleich die Perspektive auf eine weitere pädagogisch besonders relevante Dimension des Zusammenhangs von Familie und Migration lenkt: den Zusammenhang von Familie und der Selbstkonstruktion Jugendlicher unter Bedingungen der Migration. Diese Perspektivnahme ermöglicht eine Distanzierung von einem mechanistischen Entwicklungsmodell im Sinne eines Ursache-Wirkungs-Zusammenhangs, wie er in der Erziehungsstilforschung zum Ausdruck kommt, und impliziert eine Hinwendung zu einer Perspektive, in der die Anteile der aktiven Strukturierung durch *alle* an familialer Interaktion Beteiligten angemessen erfasst werden kann.

4.1 Generationsbeziehungen und Generationslagen von Migrantenjugendlichen als Zugang zum Spannungsverhältnis von Interaktion und Individuation

Handeln unter Bedingungen der Migration ist geprägt von zwei kontrastierenden Positionen in Bezug auf Generationsbeziehungen: In einer ersten Position werden vorwiegend die Konflikte der „zweiten" mit der „ersten" Generation thematisiert. Dies kann als in der problemfokussierenden Tradition stehende Position angesehen werden (vgl. z. B. Hämmig 2000) und stellt darüber hinaus eine Sichtweise dar, die die Perspektive des Einwanderungslandes auf Migrantinnen und Migranten entlang ihrer Wanderungsgeschichte einschließt. Bommes (1992) verweist auf die kreativen Lösungsstrategien von Jugendlichen, die aus unterschiedlichen Ansprüchen von Familie und Gesellschaft entstehen können. Otyakmaz problematisiert die Perspektive eines innerfamilialen „Kulturkonfliktes" (Otyakmaz 1995). Sie geht davon aus, dass „Kultur" aktiv als Kategorie verwendet wird, um Konflikte der älteren mit der jüngeren Generation legitimieren zu können, und entwickelt so eine differente Perspektive. Die Konflikthypothese wird auch durch Befunde überwunden, die die Bedeutsamkeit der Familie für die individuelle Entwicklung in Rechnung stellen, dabei aber die Ambivalenz berücksichtigen, die aus den besonderen Bedingungen der Migration entstehen (vgl. Hummrich 2001; 2003). Familien mit Migrationshintergrund nur unter dem Merkmal „Migranten" wahrzunehmen impliziert die Gefahr, darüber die allgemeineren, familiären Merkmale (etwa Familienform, familiale Beziehungen) aus dem Blick zu verlieren (Krüger-Potratz 2004).

Die Entfaltung eines multiperspektivischen Ansatzes, der unterschiedliche Generationen und deren Deutungsmuster konsequent einbezieht, muss daher als Forschungsdesiderat markiert werden. Gleichzeitig muss – neben den positiven Implikationen der hier genannten Untersuchungsergebnisse individualbiografischer Positionen – die „Verzerrung" in Rechnung gestellt werden, die sich aus der einseitigen Einbeziehung von nur einer Perspektive (vor allem der der Jugendlichen) ergibt (vgl. Helsper/Bertram 1999).

Die Produktivität eines Ansatzes, der die Beziehungen der Generationen zueinander und die Beziehungen innerhalb einer Generation und die Generationslagerungen (vgl. dazu: Oevermann 2001) thematisiert, ist folgendermaßen begründet: Erstens bedeutet die Fokussierung familialer Generationsbeziehungen eine Möglichkeit, sowohl die allgemeinen als auch die besonderen Aspekte familialen Handelns unter Bedingungen der Migration zu berücksichtigen. Hier lassen sich Anschlüsse an die Generationenthematisierung in der Allgemeinen Erziehungswissenschaft herstellen (vgl. z. B. Lüscher 1993; Bohnsack 1996; Oevermann 1996; 2001; Liebau 1998; Ecarius 1998; als Überblick: Kramer/Helsper/Busse 2001). Zweitens muss eine Familienforschung, die das Thema Migration einbezieht, sowohl die individuellen Perspektiven als auch die familialen Handlungsmuster einbeziehen, die sich in Interaktionen ergeben und die die Interaktionen strukturieren. Damit ist eine Multiperspektivität gefordert, die dazu beiträgt, die singuläre Aussagekraft der vielen Einzelstudien zu überwinden. Zugleich muss nun drittens in Rechnung gestellt werden, dass familiale Beziehungen nicht nur durch die Beziehungen von Generationsdifferenten geprägt sind, auch Generationsgleiche haben eine wichtige Bedeutung innerhalb des familialen Gefüges. Insofern ist es wichtig, neben den Elternbeziehungen die Geschwisterbeziehungen einzubeziehen. Schließlich sind für die Gesamtheit eines pädagogischen Handlungsfeldes die außerfamilialen Themen und Beziehungen zu Generationsdifferenten (Lehrern) und Generationsgleichen (Peers) bedeutsam.

Zur Veranschlaulichung der Relevanz einer mehrfachen Perspektivität haben wir das folgende Schema entwickelt (Abbildung 1), das nach der Position der/des Migrantenjugend-

Abbildung 1: Generationsbeziehungen und -lagerungen von Migrantinnen

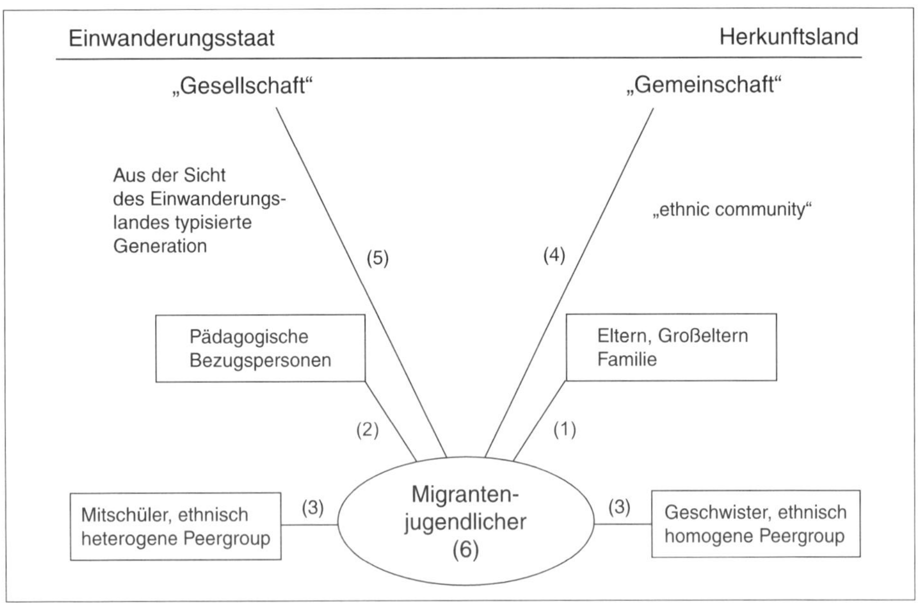

lichen hinsichtlich ihrer/seiner Beziehungen und ihrer/seiner Position in der Gesellschaft aufgefächert ist. Es lassen sich damit mehrere Beziehungsdimensionen unterscheiden, die im Schaubild nummeriert und unten beschrieben werden.

Die in der Abbildung implizierte Unterscheidung zwischen Makro-, Meso- und Mikroebene (Gesellschaft/Staat, Institution und Interaktion) ist hier ausdifferenziert worden, sodass sich sowohl die unmittelbaren Vermittlungsprozesse in Beziehungen zwischen generationsdifferenten und generationsgleichen Personen fassen lassen als auch die mittelbaren Prozesse zwischen Gesellschaft und Gemeinschaft. So können grob folgende für die Selbstkonstituierung relevanten Prozesse betrachtet werden:

1. Die Beziehungen des/der Jugendlichen zu Generationsdifferenten innerhalb einer Familie, das heißt die Beziehungen zu Eltern und Großeltern. Diese Relation kann als genealogische Generationsbeziehung gefasst werden, in deren Mittelpunkt die wechselseitigen Bindungen und dialogischen Verständigungs- bzw. Konfliktprozesse zwischen Angehörigen unterschiedlicher Generationen stattfinden. Dabei muss noch einmal ausdifferenziert werden zwischen Eltern-Kind-Beziehungen, Großeltern-Kind-Beziehungen, Großeltern-Eltern-Beziehungen (vgl. Ecarius 1998).
2. Die im institutionell-pädagogischen Zusammenhang entstehenden Generationsbeziehungen, wie sie zwischen LehrerInnen und SchülerInnen oder SozialpädagogInnen und KlientInnen entstehen. Diese Beziehungen sind ebenfall als genealogisch zu begreifen, da die LehrerInnen bzw. SozialpädagogInnen der Struktur nach der älteren Generation, die Schülerinnen bzw. KlientInnen der Struktur nach der jüngeren zugeordnet werden müssen; die Relationen sind wechselseitig und durch dialogische Verständigungs- und Aushandlungsprozesse geprägt.
3. Die Beziehungen zu Gleichaltrigen als gemeinsam geteilte Betroffenheit einer altersgleichen Generation und Möglichkeit der subjektiven Identifikation mit Personen, die eine gemeinsame historische Lage teilen. Hier ist generell zu unterscheiden, ob es sich innerhalb familialer Kontexte um Geschwister- und Verwandtschaftsbeziehungen, um Peerkontakte in ethnisch homogenen, einer „Ausländer"- oder einer ethnisch heterogenen Gruppe einschließlich deutscher Jugendlicher handelt (vgl. Dannenbeck/Esser/Lösch 1999; Deutsche Shell 2000). Der institutionelle Kontext der jeweiligen Gruppenbildung (Schule, Freizeit, sozialpädagogische Einrichtungen) spielt dabei eine relevante Rolle. Ob dies für die ethnische Homogenität/Heterogenität auch gilt und unter welchen Bedingungen, ist genauer zu prüfen (vgl. beispielsweise Dannenbeck 2000).
4. Die familial vermittelten Normen und Orientierungen können zum einen der Familiengeschichte zugeordnet werden (vgl. Punkt 1), zum anderen repräsentieren sie die gemeinschaftliche Eingebundenheit in eine ethnische „Gemeinschaft", wobei es gerade nicht um reale Erfahrungen geht, sondern um die (angesonnene und durch die ältere Generation angetragene) Vergemeinschaftungsvorstellung (also den Gemeinsamkeitsglauben im Sinne Max Webers). Solange sich diese Fragestellung nur auf die Migrantenfamilie bezieht, folgt sie einem ethnisierenden Blick. Auch diese Perspektive muss reflexiv gewendet werden und bei deutschen Familien deren nationale/ethnische Vergemeinschaftungstradition analysieren – ist diese doch ein wesentlicher Grund für Integrationsprobleme.
5. Die Sicht des Einwanderungslandes auf MigrantInnen drückt sich in der Generationszuordnung aus, die ihre Position im Wanderungsprozess als erste, zweite, dritte (usw.) Generation markiert. Mit dieser Zuordnung sind wiederum Problemzuschreibungen verknüpft, die pädagogische Programme anleiten und Handeln strukturieren.

6. All diese hier aufgezeigten Dimensionen werden von den Migrantenjugendlichen subjektiv verarbeitet und drücken sich in ihrer Selbstbeziehung aus. Die biografische Selbstkonstitution steht vor der Aufgabe einer gesteigerten Reflexivität, weil die selbstverständliche Unterstellung „natürlicher" Homogenität durch die Erfahrung gegensätzlicher Einflüsse blockiert und die „Gegebenheit" paradoxer Anforderungen wahrgenommen wird (vgl. Badawia 2002).

Familiale Beziehungen unter den Bedingungen der Migration können angemessen nur im gesellschaftlichen Kontext betrachtet werden. Begonnen mit der Einwanderung werden mit der Erwerbsarbeit oder der Abhängigkeit von staatlicher Unterstützung und der Schulpflichtigkeit der Kinder Austauschprozesse mit staatlichen Institutionen in Gang gesetzt. Die daraus resultierenden Entwicklungsaufgaben, Herausforderungen und Risiken werden in einer doppelt strukturierten Wirklichkeit bewältigt. Dabei ist die Frage besonders interessant, welche Bedeutung Familie für die Selbstkonstruktion hat, und es ergeben sich Anregungen für die Diskussion der pädagogischen Bedeutsamkeit von Familie als einer grundlegenden Erziehungsinstanz.

4.2 Familie und Selbstkonstruktion

Die Untersuchung von Tilkeridoy (1998) unternimmt den Versuch, Negativbilanzierungen zu überwinden und „Coping-Strategien" (ebd., S. 58) und Integrationsleistungen in den Mittelpunkt zu stellen. Er sieht die Bewältigungsaufgaben der „zweiten" Generation im Vermittlungsprozess zwischen Gemeinschaft und Gesellschaft und spricht eine alltägliche Balancierungsnotwendigkeit an, in der eine spezifische Kompetenz wohnt, da die Migranten seines Untersuchungssamples diese Möglichkeiten auch über die familialen Einbindungen hinaus nutzen. Während hier die Bedeutsamkeit der Migrantenjugendlichen für ihre Familie und die kompetenzentfaltenden Möglichkeiten einer Balancierung der Dichotomie Tradition-Moderne im Mittelpunkt steht, trägt Unger (2000) mit ihrer Studie „Alltagswelten und Alltagsbewältigung türkischer Jugendlicher" dazu bei, den Unterstützungsgehalt der Familie zu sehen. In Anlehnung an Nauck (1985) und Herwartz-Emden (1997) stellt sie heraus, dass auch „traditionell" geprägte Familien „durch ihre hohe Familienkohäsion positiv auf den Integrationsprozess ihrer Kinder einwirken" (Unger 2000, S. 330). Sie spricht damit eine bedeutsame Dimension der Selbstverortung Migrantenjugendlicher an: die gemeinschaftliche Einbindung, die umso wichtiger wird, je mehr gesellschaftliche Integration erschwert wird.

Die Aufgabe der Selbstkonstruktion impliziert jedoch, die Trias von Individuum, Gemeinschaft und Gesellschaft auszubalancieren (vgl. Hamburger 1999, S. 51). Im Prozess der Selbstkonstruktion muss also eine Individuierung gegenüber der Familie, ein Herauslösen aus gemeinschaftlichen Bezügen und eine individuelle Positionierung zum gesellschaftlichen System stattfinden. Für Migrantenmädchen betont Apitzsch (1999, S. 19), dass deren familiale Verbundenheit oftmals eine selbstbewusste Instrumentalisierung der Beziehungen darstellt, dass familiale Beziehungen zum Zweck der Individualisierung und Selbstkonstruktion reflexiv genutzt werden.

Die hier angesprochenen Entwicklungsaufgaben verweisen – trotz ihrer Heterogenität – darauf, dass familiale Beziehungen als Austauschrelationen gesehen werden müssen und ihre Bedeutsamkeit für die Selbstkonstruktion sich im sensiblen Ausbalancieren von Unterstützungsannahme, Unterstützungsweitergabe und Transformationsleistung herstellt. Die familialen Beziehungen als primäre Sozialisationsbeziehungen stellen in diesem Zusammenhang die Rahmung dar, sie prägen das Vorverständnis des Selbst und bieten Anknüpfungsmöglichkeiten im Fall der Erfahrung von Differenz (vgl. dazu: Badawia 2002).

Die verbreitete Idee, die kompensatorischen Ansätzen zuzurechnen ist, Aufgaben für Eltern zu formulieren, die diese an ihren Kindern verrichten müssen, um ihnen Integration und positive Selbstidentifikation zu ermöglichen (vgl. z. B. Simon-Hohm 2001 oder den Grundgedankengang im sechsten Familienbericht; Bundesministerium für Familie, Senioren, Frauen und Jugend 2000), muss in diesem Zusammenhang fehlschlagen. Hier wird die Forderung nach Einbeziehung der Eltern in die pädagogischen Absichten der Institution (vgl. Auernheimer 1995) missverstanden als Inklusion der Eltern, um auch die Eltern zu erziehen. Auf diese Weise wird die Intention einer Bearbeitung sozialer Ungleichheit latent durch die implizite Androhung von Ausschluss unterlaufen, ebenso wie die Bedeutung der Familie für den Individuationsprozess und die positive Bearbeitung von Entwicklungsaufgaben durch die Familie (vgl. dazu: Hummrich/Helsper 2004) negiert wird.

Die Autonomie der Familie – gleich wie diese ausgestaltet ist – wird damit missachtet; sie ist jedoch wichtig, um Krisen und Widersprüche konsistent verarbeiten zu können. Denn in dem Fall, dass Familien kompensatorische Maßnahmen präventiv entgegengehalten werden, verliert die Möglichkeit der Selbstkonstruktion ihre Spezifik (vgl. Hummrich 2002). Durch solche Praktiken, die auch in der Elternarbeit der Schulen weit verbreitet sein dürften, werden Migranteneltern ihrer intuitiven Unterstützungsorientierungen enteignet, weil sie demonstriert bekommen, dass sie „es falsch machen". Das missionarische Bemühen, die ausländischen Eltern „aufzuklären" und sie – gut gemeint – an die deutsche Schule „heranführen" zu wollen, erweist sich als paternalistische Entmündigung – und wird auch genau so erfahren. Wenn ausländische Eltern die ihnen entgegengebrachte Erwartung erfüllen wollen, dann verhalten sie sich unwissend und traditionalistisch; möglicherweise führt ihr freundliches Entgegenkommen gegenüber der Schule sie genau in die Beziehungsfalle. Die Verarbeitung von Widersprüchen und das Erlernen dieser Fähigkeit unter Bedingungen, die Besonderungen nur dort zulassen, wo sie pädagogisch notwendig sind (vgl. Hamburger 2002b), schaffen die Voraussetzungen für Migrantinnen, Migranten und ihre Familien, sich authentisch zwischen Individuierung, Vergemeinschaftung und Vergesellschaftung zu verorten.

5. Aspekte der weiteren pädagogischen Theoriebildung

Wie bereits angemerkt, haben Studien zum Zusammenhang von Familie und Migration einen eher singulären Status. Wenn familiale Beziehungen thematisiert werden, dann aus der Perspektive theoretischer Überlegungen oder einzelner Generationen oder aber als Erziehungsstilforschung. Empirische Untersuchungen, welche die Verschränkung generationaler Beziehungen in den Blick nehmen und damit über die Perspektive einer Generation hinausgehen, sind bislang rar und müssen als Forschungsdesiderat vermerkt werden. Deshalb bleibt auch hier nur ein Ausblick auf Aspekte der weiteren pädagogischen Theoriebildung, die sich mit dem Zusammenhang von Familie und Migration befasst:

1. Theoriebildung sollte quantitative Ergebnisse, die die Benachteiligung von Migrantinnen und Migranten dokumentieren (vgl. etwa Baumert u. a. 2001; BMFSFJ 2000;

Nauck 1998; Troltsch 2002; Walter 2000), ernst nehmen, aber keine einseitigen Schlussfolgerungen zulassen, die Ursache-Wirkungs-Zusammenhänge zwischen familialer Eingebundenheit und Benachteiligung herstellen. Zur Klärung dieses Zusammenhangs sind ebenfalls quantitative Ergebnisse relevant, aus denen die gesteigerte Bildungsmotivation und -orientierung hervorgeht (vgl. Bundesministerium für Familie, Senioren, Frauen und Jugend 2000).

2. Ergebnisse aus quantitativen Studien sind zu ergänzen und die Schlussfolgerungen zu überprüfen durch systematischen Einsatz qualitativer Forschungsmethoden. Nur so kann dem Eingang alltagsweltlicher Deutungsmuster zur Ursachenklärung bestimmter Phänomene (wie dem der Reproduktion sozialer Ungleichheit im Bildungssystem; vgl. Baumert u. a. 2001) entgegengewirkt werden.
3. Qualitative Forschungsmethoden müssen trianguliert werden, sowohl hinsichtlich der Erhebungs- als auch in Bezug auf die Auswertungsmethoden. Nur so ist zu gewährleisten, dass die Perspektivität unterschiedlicher familialer Akteure erhoben und in die Auswertung einbezogen wird. Die pädagogische Fragestellung nach der Genese des Selbst im Interaktionsgeflecht von Familie, Schule, Gleichaltrigengruppe und Medienkommunikation erfordert die Analyse dieser Perspektiven und ihrer Relevanzen sowie der durch sie konstituierten sozialisatorischen Interaktionen. Insbesondere der Umstand, dass Migrantenjugendliche an der öffentlichen Kommunikation, die sie als Objekt thematisiert, teilhaben und welche Bedeutung dies für die Herausbildung ihres Selbst hat, ist praktisch nicht untersucht.
4. Die Theoriebildung wird vor allem dann voranschreiten – darauf verweisen die bisher angesprochenen Maßgaben –, wenn dichotome Sichtweisen, die sich in den Kategorien *Anerkennung des Eigenen* und *Missachtung des Fremden* (vgl. Honneth 1994; Baumann 1995) fassen lassen, überwunden werden. Dichotomisierungen dienen auf der einen Seite der Absicherung gesellschaftlicher Machtstrukturen (vgl. Schäffter 1991), auf der anderen Seite der Selbstvergewisserung (vgl. Kristeva, 1990), bilden also ein Element des therapeutischen Diskurses. Es geht also eher um die Interpretation von Untersuchungsergebnissen; der familiale Hintergrund unter Bedingungen der Migration darf nicht per se als problematisch assoziiert (vgl. Hamburger 2002a) und damit das bestehende gesellschaftliche und schulische System legitimiert (vgl. Fend 1998) werden. Vielmehr sollen auch theoretisierende Ansätze die Vielfalt möglicher Lebensformen zunächst anerkennen (vgl. Prengel 1993, Krüger-Potratz 2004), um dann ihre produktiven und riskanten Aspekte analytisch fassen zu können. Zugleich dürfen alltäglich-lebensweltliche Fremdheitsdefinitionen nicht zur Grundlage interkultureller Erziehungsvorstellungen gemacht werden (vgl. Hamburger 2000).
5. Schließlich ist als eine weitere, mit den oben aufgezeigten gut vereinbare Möglichkeit, die Singularität von Studien zum Zusammenhang von Familie und Migration zu überwinden (kritisch dazu: Boos-Nünning/Karakasoglu 2006) wie auch die Migrationsthematik überhaupt von ihrem Exotismus zu lösen, die konsequente Einbeziehung sozialer Ungleichheit (hier: auf Grund der Kategorie Ethnizität) in allgemeine pädagogische Theoriebildung zu sehen. Dimensionen sozialer Ungleichheit wie Ethnizität, Klasse oder Schicht verdienen schon lange eine theoretische Renaissance, um das etablierte Differenz-Denken zu komplettieren bzw. ein Gegengewicht zu bilden. Ihren Gegenstand, Erziehung und Bildung in der sich abzeichnenden neofeudalen postmodernen Gesellschaft, kann die Erziehungswissenschaft angemessen nur begreifen, wenn sie die Kategorie der Ungleichheit wieder stärker beachtet (vgl. Sünker/Timmermann/Kolbe

1994). Die Rückverlagerung von Verantwortung für den (Miss-)Erfolg der gesellschaftlich organisierten Erziehung an die Familie läuft im Falle der Migrantenfamilie auf die Suspendierung des sozialstaatlichen Chancengleichheitspostulats hinaus.

6. (Sozial-)Politische und pädagogische Perspektiven

In der öffentlichen Diskussion, in der bildungs- und sozialpolitischen Debatte und auch im wissenschaftlichen Diskurs (sofern er sich nicht speziell mit Migration befasst) ist Migration ungewöhnlich, belastend und passager definiert. Dem widersprechen die Fakten und die Entwicklungswahrscheinlichkeiten. Einwanderung findet in Deutschland statt, Prozesse der Integration und Segregation, der Fluktuation und Remigration laufen nebeneinander her und Zuwanderung wird in erheblichem Umfang die nahe und weitere Zukunft bestimmen. Familien aus und mit Migranten bzw. aus und mit Personen mit „Migrationshintergrund" machen in wachsenden Gebieten der Großstädte die Mehrheit der Bevölkerung aus. Ähnlich verhält es sich mit der SchülerInnenpopulation; in der Jugendhilfe verschieben sich gegenwärtig die Nachfragemuster nachhaltig, für die Altenarbeit und die Erwachsenenbildung weisen die Prognosen ebenfalls in diese Richtung.

In der erziehungswissenschaftlichen Forschung ist eine Selbstverständlichkeit, Migranten systematisch und differenziert zu berücksichtigen, noch nicht erreicht, lediglich im Studium der pädagogischen Fachkräfte und in der Weiterbildung hat das Thema Migration erste Spuren hinterlassen.

Weil die Politik generell nicht auf kontinuierliche und konsistente Integrationspfade angelegt ist, vielmehr „den Ausländer" in den Wahlkämpfen als politisches Abschreckungsgut missbraucht, wurden die Mechanismen gebremst, die das Merkmal „Migration" in den Hintergrund treten und eine pluralistische Bevölkerungskultur wachsen lassen.

Der Status der Migrantenfamilie hat sich dabei generell geändert. Bei der lange Zeit vorherrschenden Arbeitsmigration war Familie eine Folgeerscheinung, die hingenommen wurde, auch wenn sie den ökonomischen Nutzen der Arbeitsmigration schmälerte. In der Phase der Familienzusammenführung, für die nachwachsende Generation und unter Bedingungen internationalisierter Heiratsmärkte wird „Familie" zu einem Migration erzeugenden Faktor (vgl. BMFSFJ 2000, S. 209ff.). Migrations- und Integrationsprozesse werden weniger durch die direkte Platzierung im Beschäftigungssystem der Aufnahmegesellschaft als vielmehr durch Partizipation am sozialen Kapital der Migrantenfamilie gesteuert. Die Individuen sind dabei auf die Selbsthilfepotenziale der Familien und Verwandtschaftsnetze angewiesen, die Kohäsion der Familie wird weiter nachgefragt. In der Perspektive der Aufnahmegesellschaft wird dies als zunehmende Segregation und als Entstehen von „Gegengesellschaften" missverstanden, was den Prozess stabilisiert. Als Alternative bietet sich nachdrücklich nur eine offensive Migrationspolitik, eine öffnende Integrationsstrategie für eine plurale Gesellschaft mit sozialstaatlicher Chancengleichheitspolitik an. Diese Alternative wird nicht nur menschenrechtlich und anerkennungstheoretisch begründet, sie wird auch durch die zukünftigen Qualifikationsbedarfe der Gesellschaft in Deutschland nahegelegt.

Die Anerkennung der Migranten als selbstverständlicher und gleichberechtigter Teil der Bevölkerung und der produktiven Leistungen der ausländischen Familie ist umso notwendiger, als die neuen Tendenzen der Arbeitsmigration (in globalisierten Kontexten) zu einer erneuten strukturellen Marginalisierung geführt haben (vgl. Butterwegge/Hentges 2000;

Hunger/Santel 2003). Wenn ein Drittel der offiziell beschäftigten Migranten in Deutschland nicht mehr sozialversicherungspflichtig beschäftigt ist (vgl. Die Beauftragte der Bundesregierung für Ausländerfragen 2002, S. 302ff.) und wenn man die illegale Beschäftigung hinzunimmt (Baugewerbe, Landwirtschaft, private Pflege, Prostitution usw.), dann wird das Ausmaß sozialstruktureller Verschiebungen nach unten und an den Rand der Gesellschaft sichtbar. Im Vergleich dazu war „der Gastarbeiter" ein sozialstaatlich gesicherter Status. Da die Marginalisierung aber nicht nur Selbsthilfepotenziale freisetzt, sondern auch verbraucht und Familienbeziehungen über ihre Belastungsgrenzen hinaus beansprucht, werden neue sozial- und familienpolitische Bedarfe sichtbar (vgl. Bundesministerium S. 215ff.). Auch wenn die Integration der ausländischen Wohnbevölkerung relativ robust ist und die Rede von „Parallelgesellschaften" eine strategische Aggression – wie schon der Huntington-Titel vom „Kampf der Kulturen" – darstellt, mit der man einen Angriff auf die andere Seite einleitet (zur empirisch gehaltvollen Argumentation vgl. Halm/Sauer 2004 und 2006), so gibt es doch gewisse Tendenzen, erreichte Grade der interaktionistischen Integration wieder zu verlieren. Die Erfahrung des Rassismus bleibt auf Dauer nicht folgenlos (Terkessidis 2004). Die Scharfmacher auf allen Seiten gießen Öl ins Feuer. Angesichts der problematischen Folgen einer als Ethnisierungsstrategie missverstandenen Interkulturellen Pädagogik (vgl. Hummrich 2002b) muss aus wissenschaftlicher Sicht erneut für eine Entkategorisierung des Migrantenstatus plädiert werden (vgl. bereits Hamburger/Seus/Wolter 1984).

Literatur

Akgün, L., 1993: Psychokulturelle Hintergründe türkischer Jugendlicher der zweiten und dritten Generation. In: Laijos, K. (Hrsg.): Die psychosoziale Situation von Ausländern in der Bundesrepublik. Integrationsprobleme und seelische Folgen. Opladen, S. 55-70.

Alamdas-Niemann, M., 1991: Einflussfaktoren auf die Erziehungsstile in türkischen Familien in Berlin (West). In: Bitt, P. u. a. (Hrsg.): Türkische Jugendliche und Aussiedlerkinder in Familie und Schule. Baltmannsweiler, S. 63-77.

Apitzsch, U., 1999: Traditionsbildung im Zusammenhang gesellschaftlicher Modernisierungs- und Umbruchsprozesse. In: Apitzsch, U. (Hrsg.): Migration und Traditionsbildung. Opladen, S. 7-20.

Apitzsch, U., 2002: Ausländische Kinder und Jugendliche. In: Krüger, H.-H./Grunert, C. (Hrsg.): Handbuch der Kindheits- und Jugendforschung. Opladen, S. 819-835.

Auernheimer, G., 1995: Einführung in die interkulturelle Erziehung. Darmstadt.

Auernheimer, G., 2003: Schieflagen im Bildungssystem. Die Benachteiligung der Migrantenkinder. Opladen.

Badawia, T., 2002: „Der dritte Stuhl". Eine Grounded Theory-Studie zum kreativen Umgang bildungserfolgreicher Immigrantenjugendlicher mit kultureller Differenz. Frankfurt am Main.

Badawia, T., 2005: „Am Anfang ist man auf jeden Fall zwischen den Kulturen" – Interkulturelle Bildung durch Identitätstransformation. In: Hamburger, F./Badawia, T./Hummrich, M. (Hrsg.): Bildung und Migration. Über das Verhältnis von Anerkennung und Zumutung in der Einwanderungsgesellschaft. Wiesbaden, S. 205-220.

Badawia, T./Hamburger, F./Hummrich, M., 2003: Wider die Ethnisierung einer Generation. Einleitende Bemerkungen. In: Badawia, T./Hamburger, F./Hummrich, M. (Hrsg.): Wider die Ethnisierung einer Generation. Beiträge zur qualitativen Migrantionsforschung. Frankfurt am Main, S. 7-12.

Baumert, J./Schümer, G., 2001: Familiäre Lebensverhältnisse, Bildungsbeteiligung und Kompetenzerwerb. In: Deutsches PISA-Konsortium (Hrsg.): PISA 2000. Basiskompetenzen von Schülerinnen und Schülern im internationalen Vergleich. Opladen, S. 323-408.

Beauftragte der Bundesregierung für Migration, Flüchtlinge und Integration (Hrsg.): Bericht der Beauftragten ... über die Lage der Ausländerinnen und Ausländer in Deutschland. Berlin 2005.

Beck, U., 1986: Risikogesellschaft. Auf dem Weg in eine andere Moderne. Frankfurt am Main.

Berenkopf, B., 1984: Kindheit im Kulturkonflikt! Fallstudien über türkische Gastarbeiterkinder. Frankfurt am Main.

Blanke, B. (Hrsg.), 1993: Zuwanderung und Asyl in der Konkurrenzgesellschaft. Opladen.

BMFSFJ (Bundesministerium für Familie, Senioren, Frauen und Jugend) (Hrsg.), 2000: Familien ausländischer Herkunft in Deutschland. Leistungen, Belastungen, Herausforderungen. Sechster Familienbericht (BT-Drs. 14/4357 vom 20.10.2000). Berlin.
Böhme, J., 2000: Schulmythen und ihre imaginäre Verbürgung durch oppositionelle Schüler. Ein Beitrag zur Etablierung einer erziehungswissenschaftlichen Mythenforschung. Bad Heilbrunn.
Bommes, M., 1992: Individualisierung von Jugend – Migrantenjugendliche ausgenommen. In: Migration, H. 2, S. 61-90.
Boos-Nünning, U., 1990: Die türkische Migration in deutschsprachigen Büchern 1961 – 1984. Eine annotierte Bibliographie. Opladen.
Boos-Nünning, U., 2000: Kinder aus Zuwandererfamilien in einer Gesellschaft der Ungleichheit: Armut und Wohnen. In: Buchkremer, H./Bukow, W.-D./Emmerich, M. (Hrsg.): Die Familie im Spannungsfelder globaler Mobilität. Zur Konstruktion ethnischer Minderheiten im Kontext der Familie. Opladen, S.53-80.
Boos-Nünning, U./Karakasoglu, Y., 2006: Bildung, der „goldene Armreif" – zur Bildungssituation von Mädchen und jungen Frauen mit Migrationshintergrund. Internetpublikation: www.bqnet.de/content/0/1057/1541/2891/976_Bildung_der_Goldene_Armreif4_5_05.pdf, Zugriff: 09.02.2006.
Bourdieu, P., 1983: Ökonomisches Kapital, kulturelles Kapital, soziales Kapital. In: Kreckel, R. (Hrsg.): Soziale Ungleichheiten (Soziale Welt: Sonderband 2). Göttingen, S. 183-198.
Bukow, W.-D., 1996: Feindbild: Minderheit. Ethnisierung und ihre Ziele. Opladen.
Bukow, W.-D./Heimel, I., 2003: Der Weg zur qualitativen Migrationsforschung. In: Badawia, T./Hamburger, F./Hummrich, M. (Hrsg.): Wider die Ethnisierung einer Generation. Beiträge zur qualitativen Migrantionsforschung. Frankfurt am Main, S. 13-40.
Butterwegge, C./Hentges, G. (Hrsg.), 2000: Zuwanderung im Zeichen der Globalisierung. Opladen.
Chaidou, A., 1984: Junge Ausländer aus Gastarbeiterfamilien in der Bundesrepublik Deutschland. Ihre Kriminalität nach offizieller Registrierung und nach ihrer Selbstdarstellung. Frankfurt am Main.
Dannenbeck, C., 2002: Selbst- und Fremdzuschreibungen als Aspekte kultureller Identitätsarbeit. Ein Beitrag zur Dekonstruktion kultureller Identität. Opladen.
Dannenbeck, C./Esser, F./Lösch, H., 1999: Herkunft (er)zählt. Befunde über Zugehörigkeiten Jugendlicher. Münster u. a.
Deutsche Shell (Hrsg.), 2000: Jugend 2000. Zwei Bände. Opladen.
Die Beauftragte der Bundesregierung für Ausländerfragen (Hrsg.), 2002: Bericht der Beauftragten der Bundesregierung für Ausländerfragen über die Lage der Ausländer in der Bundesrepbulik Deutschland. Berlin/Bonn.
Diehm, I./Radtke, F.-O., 1999: Erziehung und Migration. Eine Einführung. Köln.
Gastager, C./Niemeyer, H., 1984: Türken der zweiten Generation. Eine beziehungssoziologische Gebildeanalyse. Frankfurt am Main.
Geiersbach, P., 1983: Bruder, muss zusammen Zwiebel und Wasser essen! Eine türkische Familie in Deutschland. Frankfurt am Main.
Gemende, M., 2002: Interkulturelle Zwischenwelten. Bewältigungsmuster des Migrationsprozesses bei Migranten in den neuen Bundesländern. Weinheim/München.
Gieseke, H./Kuhs, K. (Hrsg.), 1999: Frauen und Mädchen in der Migration. Lebenshintergründe und Lebensbewältigung. Frankfurt am Main.
Gogolin, I., 2000: Minderheiten, Migration und Forschung. Ergebnisse des DFG-Schwerpunktprogramms FABER. In: Goglin, I./Nauck, B. (Hrsg.): Migration, gesellschaftliche Differenzierung, Bildung. Opladen, S. 15-36.
Gogolin, I., 2003: Chancen und Risiken nach PISA – über die Bildungsbeteiligung von Migrantenkindern und Reformvorschläge. In: Auernheimer, G. (Hrsg.): Schieflagen im Bildungssystem. Die Benachteiligung der Migrantenkinder. Opladen, S. 33-50.
Gogolin, I., 2004: Kinder und Jugendliche mit Migrationshintergrund: Herausforderungen für Schule und außerschulische Bildungsinstanzen. In: Sachverständigenkommission Zwölfter Kinder- und Jugendbericht (Hrsg.): Band 3: Kompetenzerwerb von Kindern und Jugendlichen im Schulalter. München, S. 301-388.
Gogolin, I./Nauck, B., 2000: Migration, gesellschaftliche Differenzierung und Bildung. Opladen.
Gogolin, I./Neumann, U./Roth, H.-J., 2003: Förderung von Kindern und Jugendlichen mit Migrationshintergrund. Bund-Länder-Kommission für Bildungsplanung und Forschungsförderung. Bonn.
Gomolla, M./Radtke, F.-O., 2000: Mechanismen institutionalisierter Diskriminierung in der Schule. In: Gogolin, I./Nauck, B. (Hrsg.): Migration, gesellschaftliche Differenzierung, Bildung. Opladen, S. 321-342.
Gomolla, M./Radtke, F.-O., 2002: Institutionelle Diskriminierung. Die Herstellung ethnischer Differenz in der Schule. Opladen.
Grundmann, M./Groh-Samberg, O./Bittlingmayer, U.H./Bauer U., 2003: Milieuspezifische Bildungsstrategien in Familie und Gleichaltrigengruppe. In: Zeitschrift für Erziehungswissenschaft, 6. Jg., H. 1, Opladen, S. 25-45.
Gutiérrez Rodríguez, E., 1999: Intellektuelle Migrantinnen. Subjektivitäten im Zeitalter von Globalisierung. Opladen.

Halm, D./Sauer, M., 2004: Das Zusammenleben von Deutschen und Türken – Entwicklung einer Parallelgesellschaft? In: WSI-Mitteilungen 10, S. 547-554.
Halm, D./Sauer, M., 2006: Parallelgesellschaft und ethnische Schichtung. In: Aus Politik und Zeitgeschichte B 1-2, S. 18-24.
Hamburger, F., 1994a: Migration und Armut. In: Informationsdienst zur Ausländerarbeit, H. 3-4, S. 36-42.
Hamburger, F., 1994b: Pädagogik der Einwanderungsgesellschaft. Frankfurt am Main.
Hamburger, F., 1999: Modernisierung, Migration und Ethnisierung. In: Gemende, M./Schröer, W./Sting, S. (Hrsg.): Zwischen den Kulturen. Pädagogische und sozialpädagogische Zugänge zur Interkulturalität. Weinheim/München, S. 37-53.
Hamburger, F., 2000: Reflexive Interkulturalität. In: Hamburger, F./Kolbe, F.-U./Tippelt, R. (Hrsg.): Pädagogische Praxis und erziehungswissenschaftliche Theorie zwischen Lokalität und Globalität. Frankfurt am Main u. a., S. 191-200.
Hamburger, F., 2002a: Gefährdung durch gute Absichten. In: Kind, Jugend, Gesellschaft, 47. Jg., H. 3, S. 79-80.
Hamburger, F., 2002b: Migration und Jugendhilfe. In: Migrantenkinder in der Jugendhilfe (SPI-Schriftenreihe: Autorenband 6). München, S. 6-46.
Hamburger, F., 2005: Der Kampf um Bildung und Erfolg. Eine einleitende Feldbeschreibung. In: Hamburger, F./Badawia, T./Hummrich, M. (Hrsg.): Bildung und Migration. Über das Verhältnis von Anerkennung und Zumutung in der Einwanderungsgesellschaft. Wiesbaden, S. 7-24.
Hamburger, F./Seus, L./Wolter, O., [2]1984: Zur Delinquenz ausländischer Jugendlicher. Wiesbaden.
Hämmig, O., 2000: Zwischen zwei Kulturen. Spannungen, Konflikte und ihre Bewältigung bei der zweiten Ausländergeneration. Opladen.
Heitmeyer, W. (Hrsg.), 2002: Deutsche Zustände. Folge 1. Frankfurt am Main.
Held, J./Riegel, C., 1999: Integrations- und Ausgrenzungsprobleme von Jugendlichen. In: Jugend zwischen Ausgrenzung und Integration. Band II: Ergebnisse eines internationalen Projekts. Berlin/Hamburg, S. 59-88.
Helsper, W./Böhme, J./Kramer, R.-T./Lingkost, A., 2001: Schulkultur und Schulmythos. Rekonstruktionen zur Schulkultur I. Opladen.
Helsper, W./Hummrich, M., 2005: Erfolg und Scheitern in der Schulkarriere. Ausmaß, Erklärungen, biografische Auswirkungen und Reformvorschläge. In: Sachverständigenkommission Zwölfter Kinder- und Jugendbericht (Hrsg.): Band 3: Kompetenzerwerb von Kindern und Jugendlichen im Schulalter. München, S. 95-174.
Helsper, W./Kramer, R.-T./Busse, S., 2001: Pädagogische Generationsbeziehungen in Familie und Schule.
Herwartz-Emden, L., 1997: Ausländische Familien in Deutschland. Stereotypen und Alltagsrealitäten. In: Lernen in Deutschland, 1. Jg., S. 10-22.
Herwartz-Emden, L. (Hrsg.), 2000: Einwandererfamilien: Geschlechterverhältnisse, Erziehung und Akkulturation. Osnabrück.
Hessisches Sozialministerium (Hrsg.), 2004: Evaluation der Sprachentwicklung 4 bis 4 ½ jähriger Kinder in Hessen. Wiesbaden.
Hummrich, M., 2001: In Zukunft auf eigenen Füßen. Bildungsmöglichkeiten und Bildungserschwernisse bei Migrantinnen der zweiten Generation (Hrsg. von der Landesbeauftragten für Ausländerfragen bei der Staatskanzlei Rheinland-Pfalz). Mainz.
Hummrich, M., 2002a: Bildungserfolg und Migration. Biografien junger Frauen in der Einwanderungsgesellschaft. Opladen.
Hummrich, M., 2002b: Bildungserfolg trotz Schule. Über pädagogische Erfahrungen junger Migrantinnen. In: Liegle, L./Treptow, R. (Hrsg.): Welten der Bildung in der Pädagogik der frühen Kindheit und in der Sozialpädagogik. Freiburg (Brsg.), S.140-154.
Hummrich, M., 2003: Generationsbeziehungen bildungserfolgreicher Migrantinnen. In: Badawia, T./Hamburger, F./Hummrich, M. (Hrsg.): Wider die Ethnisierung einer Generation. Beiträge zur qualitativen Migrationsforschung. Frankfurt am Main, S. 268-281.
Hummrich, M./Helsper, W., 2004: „Familie geht zur Schule": Schule als Familienerzieher und die Einschließung der familiären Generationsbeziehungen in eine schulisch-pädagogische Generationsordnung. In: Idel, S./Kunze, K./Ullrich, H.: Das Andere Erforschen. Wiesbaden, S. 235-248.
Hummrich, M./Wiezorek, C., 2005: Elternhaus und Schule – pädagogische Generationsbeziehungen im Konflikt? In: Hamburger, F./Badawia, T./Hummrich, M. (Hrsg.): Bildung und Migration. Über das Verhältnis von Anerkennung und Zumutung in der Einwanderungsgesellschaft. Wiesbaden, S. 105-120.
Hunger, U./Santel, B. (Hrsg.), 2003: Migration im Wettbewerbsstaat. Opladen.
Inowlocki, L., 1995: Traditionsbildung und intergenerationale Kommunikation zwischen Müttern und Töchtern in jüdischen Familien. In: Fischer-Rosenthal, W./Alheit, P. (Hrsg.): Biographien in Deutschland. Opladen, S. 417-431.

Inowlocki, L., 1999: Wenn Tradition auf einmal mehr bedeutet: einige Beobachtungen zu biographischen Prozessen der Auseinandersetzung mit Religion. In: Apitzsch, U. (Hrsg.): Migration und Traditionsbildung. Opladen, S. 76-90.
Karakasoglu-Aydin, Y., 2001: Kinder von Zuwandererfamilien im Bildungssystem. In: Böttcher, W./Klemm, K./Rauschenbach, T. (Hrsg.): Bildung und Soziales in Zahlen. Statistisches Handbuch zu Daten und Trends im Bildungssystem. Weinheim/München, S. 273-313.
Kasten, H., 2001: Geschwister. Vorbilder, Rivalen, Vertraute. München.
Klitzing, K. v., 1983: Risiken und Formen psychischer Störungen bei ausländischen Arbeiterkindern. Ein Beitrag zur Psychiatrie der Migration. Weinheim/Basel.
König, K./Straube, H., 1984: Kalte Heimat. Junge Ausländer in der Bundesrepublik. Reinbek bei Hamburg.
Kramer, R.-T., 2002: Schulkultur und Schülerbiographie. Rekonstruktionen zur Schulkultur II. Opladen.
Krappmann, L., 1991: Sozialisation in der Gruppe der Gleichaltrigen. In: Hurrelmann, K./Ulich, D. (Hrsg.): Handbuch der Sozialisationsforschung. Weinheim/Basel, S. 355-375.
Kreppner, K., 1991: Sozialisation und Familie. In: Hurrelmann, K./Ulich, D. (Hrsg.): Handbuch der Sozialisationsforschung. Weinheim/Basel, S. 321-334.
Kronig, W./Haeberlin, U./Eckart, M., 2000: Immigrantenkinder und schulische Selektion. Pädagogische Visionen, theoretische Erklärungen und empirische Untersuchungen zur Wirkung integrierender und separierender Schulformen in den Grundschuljahren. Bern/Stuttgart/Wien.
Krüger-Potratz, M., 2004: Familien in der Einwanderungsgesellschaft. Göttingen.
Laijos, K., 1993: Zur psychosozialen Versorgung der Ausländer/innen. Ergebnisse einer Untersuchung in Wuppertal. In: Laijos, K. (Hrsg.): Die psychosoziale Situation von Ausländern in der Bundesrepublik. Integrationsprobleme und seelische Folgen. Opladen, S. 71-122.
Laijos, K./Kiotsoukis, S., 1984: Ausländische Jugendliche. Probleme der Pubertät und der bikulturellen Erziehung. Opladen.
Ley, K., 2002: Geschwisterbande. Liebe, Hass, Solidarität. Düsseldorf/Zürich.
Leyer, E.M., 1991: Migration, Kulturkonflikt und Krankheit. Zur Praxis der transkulturellen Psychotherapie. Opladen.
Lutz, H., 2000: Biographisches Kapital in Migrationsprozessen. In: Gogolin, I./Nauck, B. (Hrsg.): Migration, gesellschaftliche Differenzierung und Bildung. Resultate des Forschungsschwerpunktprogrammes FABER. Opladen, S. 179-210.
Mogatsiu-Schweizerhoff, E., 2000: Zur Debatte um Schulautonomie und die Folgen für die Chancengleichheit von Migrantenkindern. In: Radtke, F.-O./Weiß, M. (Hrsg.): Schulautonomie, Wohlfahrtsstaat und Chancengleichheit. Ein Studienbuch. Opladen, S. 225-255.
Morten, A. (Hrsg.), 1988: Vom heimatlosen Seelenleben. Entwurzelung – Entfremdung – Identität. Der psychische Seilakt in der Fremde. Bonn.
Müller, K.D., 2004: „Familie im Stadtteil" – niederschwellige Hilfen für junge Familien in der Nachbarschaft. In: Blandow, J. u. a.: Herkunftsfamilien in der Kinder- und Jugendhilfe – Perspektiven für eine partnerschaftliche Zusammenarbeit. München, S. 60-74.
Müller-Schneider, T., 2000: Zuwanderung in westlichen Gesellschaften. Opladen.
Nauck, B. 1995: Familie im Kontext von Politik, Kulturkritik und Forschung. Das Internationale Jahr der Familie. In: Gerhardt, U./Hradil, S./Lucke, D./Nauck, B. (Hrsg.): Familie der Zukunft. Lebensbedingungen und Lebensformen. Opladen, S. 21-36.
Nauck, B., 1985: Arbeitsmigration und Familienstruktur. Eine soziologische Analyse der mikrosozialen Folgen von Migrationsprozessen. Frankfurt am Main/New York.
Nauck, B., 1990: Eltern-Kind-Beziehungen bei Deutschen, Türken und Migranten. Ein interkultureller Vergleich der Werte von Kindern, des generativen Verhaltens, der Erziehungseinstellungen und Sozialisationspraktiken. In: Zeitschrift für Bevölkerungswissenschaften, 16. Jg., H. 1, S. 79-101.
Nauck, B., 1998: Eltern-Kind-Beziehungen in Migrantenfamilien – ein Vergleich zwischen griechischen, italienischen, trükischen und vietnamesischen Familien in Deutschland. Survey intergeneratice Beziehungen in Migrationsfamilien. Expertise zum 6. Familienbericht. Bonn.
Nauck, B., 2004: Familienbeziehungen und Sozialintegration von Migranten. In: IMIS-Beiträge 23, S. 83-104.
Nauck, B./Özel, S., 1986: Erziehungsvorstellungen und Sozialisationspraktiken in türkischen Migrantenfamilien. Eine individualistische Erklärung interkulturell vergleichender empirischer Befunde. In: Zeitschrift für Sozialisationsforschung und Erziehungssoziologie, 6. Jg., S. 285-312.
Nohl, A.M., 2001: Migration und Differenzerfahrung. Junge Einheimische und Migranten im rekonstruktiven Milieuvergleich. Opladen.
Oevermann, U., 2001: Die Soziologie der Generationenbeziehungen und der historischen Generationen aus strukturalistischer Sicht. In: Kramer, R.-T./Helsper, W./Busse, S. (Hrsg.): Pädagogische Generationsbeziehungen. Jugendliche im Spannungsfeld von Schule und Familie. Opladen, S. 78-128.
Ofner, U.S., 2003: Akademikerinnen türkischer Herkunft. Narrative Interviews mit Töchtern aus zugewanderten Familien. Berlin.

Otyakmaz, B.Ö., 1995: Auf allen Stühlen. Das Selbstverständnis junger türkischer Migrantinnen in Deutschland, Köln.
Poustka, F., 1984: Psychiatrische Störungen bei Kindern ausländischer Arbeitnehmer. Eine epidemiologische Untersuchung. Stuttgart.
Pries, L., 2000: Transnationalisierung der Migrationsforschung und Entnationalisierung der Migrationspolitik. In: IMIS-Beiträge 15/2000, S. 55-77.
Reich, H.H./Roth, H.-J., 2002: Spracherwerb zweisprachig aufwachsender Kinder und Jugendlicher. Ein Überblick über den Stand der nationalen und internationalen Forschung. Hamburg.
Riegel, C., 1999: „Wir sind die RIO-Girls und wir sind sehr gut drauf" – Die Bedeutung des Stadtteils für Jugendliche. In: Jugend zwischen Ausgrenzung und Integration. Band II: Ergebnisse eines internationalen Projekts. Berlin/Hamburg, S. 89-105.
Rosen, R., 1997: Leben in zwei Welten. Migrantinnen im Studium. Frankfurt am Main.
Rosen, R./Stüwe, G., 1984: Ausländische Mädchen in der Bundesrepublik. Opladen.
Rosenthal, G./Völter, B./Gilad, N., 1999: Folgen der Zwnagsmigration über drei Generationen – Israelische Familien mit Großeltern aus Deutschland. In: Apitzsch, U. (Hrsg.): Migration und Traditionsbildung. Opladen, S. 45-75.
Sann, A./Thrum, K., 2005: Opstapje – Schritt für Schritt. Ergebnisse der wissenschaftlichen Begleitung. München.
Schiffauer, W., 1983: Die Gewalt der Ehre. Erklärungen zu einem türksich-deutschen Sexualkonflikt. Frankfurt am Main.
Schmidt-Koddenberg, A., 1999: Psychosomatische Reaktionen bei Migrantinnen. In: Gieseke, H./Kuhs, K. (Hrsg.): Frauen und Mädchen in der Migration. Lebenshintergründe und Lebensbewältigung. Frankfurt am Main, S. 73-94.
Schrader, A./Nikles, B./Griese, H., 1979: Die zweite Generation. Sozialisation und Akkulturation ausländischer Kinder in der Bundesrepublik. Königstein/Ts.
Schultze, G., 1991: Berufliche Mobilität und Eingliederung türkischer Migranten. Vergleich der ersten und zweiten Generation. In: Glatzer, W. (Hrsg.): Deutscher Soziologentag 1990. Opladen, S. 494-499.
Schwarzer, R. u. a., 1981: Selbstkonzept und Ängstlichkeit bei deutschen und ausländischen Grundschülern. In: Unterrichtswissenschaft, 9. Jg., S. 112-119.
Simon-Hohm, H., 2001: Förderung von Kindern aus Einwandererfamilien – Neue Akzente der interkulturellen Arbeit im Elementarbereich. Opladen, S. 229-244.
Statistisches Bundesamt 2004: Datenreport 2004. Zahlen und Fakten über die Bundesrepublik Deutschland. Bonn, Bundeszentrale für politische Bildung (bpb), Bd. 450.
Stüwe, G., 1982: Türkische Jugendliche. Eine Untersuchung in Berlin-Kreuzberg. Bensheim.
Sünker, H./Timmermann, D./Kolbe, F.-U. (Hrsg.), 1994: Bildung, Gesellschaft, soziale Ungleichheit. Internationale Beiträge zur Bildungssoziologie und Bildungstheorie. Frankfurt am Main.
Terkessidis, M., 2004: Die Banalität des Rassismus. Migranten zweiter Generation entwickeln eine neue Perspektive. Bielefeld.
Tertilt, H., 1996: Turkish Power Boys. Ethnographie einer Jugendbande. Frankfurt am Main.
Tilkeridoy, F., 1998: „Zwischen Tradition und Moderne". Identitätsbildung im Spannungsfeld zweier Kulturen am Beispiel der zweiten Generation von Griechen in Deutschland. In: Lajios, K. (Hrsg.): Die ausländische Familie. Ihre Zukunft und Situation in Deutschland. Opladen, S. 25-62.
Toman, W., ^{7}2002: Familienkonstellationen. Ihr Einfluss auf den Menschen. München.
Unger, N., 2000: Alltagswelten und Alltagsbewältigung türkischer Jugendlicher. Neue Perspektiven für heilpädagogische Reflexionen. Opladen.
Veneto Scheib, V., 1993: Psychosoziale Versorgung ausländischer Frauen und Mädchen in der BRD. In: Lajios, K. (Hrsg.): Die psychosoziale Situation von Ausländern in der Bundesrepublik. Integrationsprobleme und seelische Folgen. Opladen, S. 45-54.

B Familienformen

Familienerziehung

Jutta Ecarius

1. Einleitung

Erziehung und erziehen stammen von dem Wort „ahd. Irziohan" ab und bedeutet herausziehen. Es ist das Herausziehen bzw. die Bildung und Förderung des Geistes und Charakters eines Heranwachsenden. Ritzel (1973) spricht von Vermittlung der Mündigkeit an Unmündige, Benner (1987) versteht unter Erziehung die Aufforderung zur Selbsttätigkeit. Nach Lassahn (1983) ist Erziehung das Eingreifen von Menschen in den Prozess des Werdens der Person. Bekannt ist auch die Unterscheidung von Brezinka (1974) in intentionale und funktionale Erziehung, die auf Ernst Krieck zurückgeht. Intentionale Erziehung meint die absichtlich ausgeübte Erziehung und funktionale Erziehung ist jene, die durch gesellschaftliche Verhältnisse bewirkt wird. Problematisiert wurde der Erziehungsbegriff vielfach, da er normative Konnotierungen enthält. Zudem hat die Erziehungswissenschaft damit weitgehend professionelle Handlungsfelder fokussiert und sich so gut wie gar nicht mit Familienerziehung beschäftigt. Nun gehört aber auch dieser Bereich zur Erziehungswissenschaft. Familie, die sich über die Geburt von neuen Generationen entwickelt, ist in ihrer inneren Struktur aufgrund der spezifischen Generationenverhältnisse vor allem um Erziehung konzentriert. Aufgezeigt werden zentrale Ansätze der theoretischen und empirischen Familienforschung.

2. Klassische Ansätze der Familienerziehung

Die klassischen Ansätze zu Erziehung in der Familie sind zum einen zu unterscheiden in einer Beschreibung von Erziehungsstilen und der entsprechenden empirischen Erhebung und zum anderen in eine theoretische Betrachtung, die Gesellschaft, Familie und Erziehung in ihrer Multiperspektivität zu beschreiben versucht.

2.1 Erziehungsstile

Der wohl bekannteste Ansatz ist der von Lewin u. a. (1939), die von einem demokratischen, autoritären und Laisser-faire-Stil ausgehen. Der autoritär geführte Erziehungsstil zeichnet sich durch eine klare Entscheidungsweisung der Eltern an die Kinder aus. Entscheidungen über familiale Aufgaben und die Freizeitgestaltung werden von den Eltern getroffen. Kontrolle wird in direkter Weise vorgenommen. Beim demokratischen Erziehungsstil verteilt sich die Verantwortung auf Eltern und Kinder. Kinder werden ermutigt, Entscheidungen selbst zu treffen. Lob und Tadel werden gegenüber den Kindern begründet. Die Eltern üben Kontrolle aus, versuchen aber die Kinder in Verantwortlichkeiten mit einzubeziehen. Der Laisser-faire-Stil räumt den Kindern große Freiräume ein, die Eltern loben und tadeln kaum, die Verantwortung für das Verhalten bleibt weitgehend bei den Kindern und die Eltern üben nahezu keine Kontrolle aus. Gegenwärtig findet man kaum noch den Begriff „Laisser-faire-Stil", während die anderen beiden Begrifflichkeiten immer wieder mit unterschiedlichen Differenzierungen aufgegriffen wurden.

Bis heute haben die drei Prototypen von Baumrind (1966) Gültigkeit, wenn auch hier immer wieder Präzisierungen vorgenommen wurden. Die drei Erziehungsstile, der permissive, autoritäre und autoritative, unterscheiden sich in der Kontrollweise und dem Umgang mit den Kindern. Der permissive Erziehungsstil ähnelt dem Laisser-faire-Stil von Lewin u. a. (1939). Kinder sind hier von vielen bis hin zu jeglichen Zwängen befreit. Die Erziehung kann behütend und liebevoll, aber auch eine solche sein, bei der die Eltern hauptsächlich mit sich selbst beschäftigt sind und sie sich durch das Gewährenlassen von Freiheiten der Verantwortung für die kindliche Entwicklung entziehen.

Auch der autoritäre Erziehungsstil weist Parallelen zu dem von Lewin u. a. auf. Selbst der demokratische und autoritative Erziehungsstil sind ähnlich, wenn auch Baumrind mit dem autoritativen Erziehungsstil stärker die elterliche Lenkung betont (vgl. Baumrind 1991) und in besonderem Maße auf die Notwendigkeit dieser elterlichen Lenkung hinweist. Eltern, die einen autoritativen Erziehungsstil praktizieren, begründen Entscheidungen gegenüber den Kindern, erwarten aber auch Gehorsam. Deutlich formulieren die Eltern Standards für künftiges Verhalten und begründen dies, reagieren auch mit Restriktionen, ohne jedoch die individuellen Wünsche der Kinder zu negieren. Baumrind betont die Notwendigkeit der elterlichen Kontrolle, die Lewin ablehnt. Insgesamt enthält jeder Erziehungsstil behütende, vernachlässigende und sorgende Beziehungsformen.

2.2 Ein Klassiker: die Erziehungstheorie von Mollenhauer, Brumlik und Wudtke

Familienerziehung ist mehr als ein Stil, der in konkreten Situationen praktiziert wird. Zur Erziehung in der Familie gehören das gesamte soziale Umfeld, die Interaktionsstrukturen zwischen Kindern und Erwachsenen, das soziale Milieu, das Geschlecht sowie die gesellschaftlichen Bedingungen. Mollenhauer, Brumlik und Wudtke (1975) haben eine theoretische Grundlegung von Familienerziehung vorgenommen. Sie argumentieren mit einem kritisch-erziehungswissenschaftlichen Blick und verknüpfen symbolisch-interaktionistische mit materialistischen Annahmen. Trotz uneinheitlicher theoretischer Bezüge enthält diese Konzeption substanzielle Aspekte. Die Annahmen sind: die Kleinfamilie ist ein zentraler Familientypus; in der Familie sind die persönlichen Beziehungsformen grundlegend; Arbeit und Erziehung sind indirekt miteinander verbunden; die Rollenverteilung zwischen den Ehepartnern ist traditionell strukturiert, auch wenn sich Veränderungen abzeichnen; unabhängig des Bildungssystems finden sich in den Familien je nach sozialer Schicht unterschiedliche Erziehungsstile; die sozialräumliche Struktur, die Wohnumwelt und die Wohnbedingungen, beeinflussen das familiäre Lernmilieu.

Mollenhauer, Brumlik und Wudtke unterteilen die Familie in ein Ehesystem, ein Eltern-Kind-System und ein Kindersystem. Das Ehesystem, das sich auf Interaktionen zwischen Vater und Mutter beschränkt, enthält geschlechtsspezifische Erwachsenenrollen, persönliche Aufgaben und Beziehungskonflikte, die Organisation des Familiengeschehens, die entwickelten Deutungs- und Argumentationsmuster der beiden Partner und die Einflechtung in die materielle Reproduktion, also das Berufsleben. Das Kindersystem ist ebenso wie das Ehesystem relativ eigenständig. Kinder bilden ein eigenes System mit eigenen Regeln und Inhalten, sie bilden Interpretations- und Verständigungsmuster aus, wobei das Spiel ein Grundmuster der Interaktion ist und stabilisierend wirkt (vgl. Mollenhauer/Brumlik/Wudtke 1975, S. 83). Verbunden werden das Ehesystem und das Kindersystem mit dem Eltern-Kind-System. Das Eltern-Kind-System umfasst die Beziehung von Mutter und Kind, zu lernende Probleme, Handlungsnormen der Erwachsenen sowie Fähigkeiten und Motivationen und die familiale Interaktionsstruktur.

Auf der Grundlage einer interaktionistischen Denkweise wird die Familie über die drei Systeme hinweg als ein nach Regeln geordnetes Lernmilieu charakterisiert. Zum einen verfügt jedes Mitglied der Familie über eine Identität, bzw. entwickelt diese über Rollendistanz und Ambiguitätstoleranz, zum anderen hat es sich in die Erwartungen der anderen Familienmitglieder einzufügen. In diesen komplexen Interaktionsschemata sind Machtdimensionen enthalten. Familienerziehung als Interaktion beruht auf vermuteten oder gestellten Erwartungen zwischen Vater, Mutter und Kinder sowie den einzelnen Identitäten und den darin eingebetteten Machtdimensionen.

Die familiale Interaktion sowie die familiale Erziehung sind konflikthaft, widersprüchlich und häufig paradox. Angesetzt wird an der Kognitionsforschung der 1970er Jahre, die das aktive Subjekt in seinen Beziehungen zur gegenständlichen Welt und zu anderen Personen analysiert. Die Familieninteraktion als kognitives Lernen beinhaltet nach Mollenhauer u. a. (1975) Riten und Rollen, wobei Rollen das Verhalten organisieren und Riten Bestandteile der konkreten familialen Lebenspraxis sind. Hinzu kommen Erziehungsziele, die sprachlich artikulierte Pläne sind und wirklichem Handeln nicht immer entsprechen. Erziehung ist nach Mollenhauer u. a. (1975) eher eine Reaktion als eine Umsetzung eines konkreten Plans, nämlich eine Reaktion auf kindliches Verhalten, das nicht immer vorhersehbar ist.

Mollenhauer, Brumlik und Wudtke (1975) binden ihre Überlegungen in marxistische Paradigmen zur Vergesellschaftung des Subjekts ein. Über die familiale Interaktion verläuft die klassenspezifische Herausbildung von milieuspezifischen Bildungs- und Charakterstrukturen, die dem heranwachsenden Kind frühzeitig vermittelt werden. Hierbei wird auch auf das von Elias konzipierte Theoriegebäude der Figurationen eingegangen und davon ausgegangen, dass sowohl in der Familie als auch in der sozialräumlichen Umwelt bzw. der Gesellschaft Figurationen raumzeitliche Anordnungen sind, die einander bedingen. Familienerziehung kann insofern niemals unabhängig des historischen Kontextes betrachtet werden.

Die Komplexität des Ansatzes enthält mehrere Problematiken. Bestimmte Begrifflichkeiten, wie z. B. Interaktion und Kommunikation, werden nicht trennscharf herausgearbeitet und folglich oft synonym verwendet. Es fehlt eine weitere Differenzierung des familialen Systems, denn sowohl Großeltern als auch weitere zentrale Personen – auch im Falle von Scheidungen – bleiben unberücksichtigt. Zudem werden soziale Klassen aus marxistischer Sicht definiert, die nicht mehr verwendbar für gegenwärtige moderne distinktive Lebensformen sind.

Erziehung in der Familie ist in der Folgezeit mit dem Begriff Sozialisation überfrachtet worden, und in den 1980er Jahren ging man davon aus, dass Erziehung in der Familie nicht mehr stattfindet. Zeitweise ist funktionale Erziehung und Sozialisation gleich gesetzt worden. Mit der Kritischen Theorie entstand vor dem Hintergrund der Antipädagogik der

Gedanke, dass die Idee der Erziehung aufzugeben sei. Braunmühl (1976) forderte die Abschaffung der Erziehung, da pädagogisches Handeln autoritär und für Kinder seelisch verkrüppelnd sei. Diese vielfach vertretene These (vgl. Kupffer 1980; Rutschky 1977) machte die Analyse von Erziehung in der Familie uninteressant. Insofern liegen auch für die späteren 1970er und die 1980er Jahre keine weiteren theoretischen Ansätze vor. Erst in den 1990er Jahren kommt eine intensivere Beschäftigung mit Familie und Erziehung auf. Die Frage, welche Erziehung in Familien praktiziert wird und inwiefern dies mit Interaktionsmustern und emotionalen Bindungen zusammenhängt, aber auch in geschlechtsspezifische und milieuspezifische Aspekte eingebunden ist, interessierte zunehmend. Hinzu kam die Erkenntnis, dass die pädagogische Dimension der Erziehung in der Familie nicht unter den Begriff Sozialisation subsumiert werden könne.

3. Empirische Analyse von Erziehungsstilen

Während in Amerika das empirische Feld gut sondiert ist (vgl. Acok/Demo 1994; Harold/ Conger 1997; Russel 1997; Erel/Burman 1995), liegt für Deutschland erst ergiebiges Material in jüngster Zeit vor, wobei an den Diskussionen der 1970er Jahre angesetzt wird (vgl. Cyprian/Franger 1995). In der Shell-Jugend-Studie 1975 wurden Jugendliche zwischen 15 und 24 Jahren nach ihren Erziehungserfahrungen befragt. Im Unterschied zu ihren eigenen Erziehungserfahrungen mit den Eltern würden 16 % der Jugendlichen ihren Kindern eine größere Selbständigkeit und Freiheit einräumen. Dieser Wert steigt von 1954 bis 1975 von 4 % auf 16 %, wobei sich die Ungelernten und die obere Mittelschicht am stärksten von den Erziehungspraktiken ihrer Eltern distanzieren. Weiteren Aufschluss gibt die Frage nach dem Erziehungsregime der Eltern, in dem die Jugendlichen zu 40 % für den Vater und 47 % für die Mutter angeben, dass sie eher nicht streng erzogen wurden. Weitere 26 % sagen, dass die Mutter, und 15 % sagen, dass der Vater überhaupt nicht streng ist. Auch sind die familialen Hilfen groß. 57 % der Eltern helfen „nach Kräften“. Dazu zählen finanzielle Unterstützungen, Hilfen bei den Schulaufgaben und Beratung. Zudem empfinden 72 % der Jugendlichen, die 1975 befragt wurden, keinen Unterschied zwischen der Intimgruppe Familie und anderen institutionellen Organisationen. Allerdings betonen 28 % aus der Unterschicht oder mit geringer Bildung, dass eine Diskrepanz besteht. Es besteht eine negative Korrelation zwischen mittelschichtsorientierter Schule und bildungsfernen sozialen Milieus. Nur eine kleine Anzahl versteht die Eltern als notwendiges Übel (2 %) oder steht ihnen gleichgültig (3 %) gegenüber, und 1 % hasst die eigenen Eltern (vgl. Jugendwerk der Deutschen Shell 1975).

In der Shell-Jugendstudie 1985 wurden diese Themen wiederholt aufgegriffen, indem gefragt wurde, ob Jugendliche eine strenge Erziehung erfahren haben und ob sie diese bei ihren eigenen Kindern ebenfalls praktizieren wollen. Von den 1099 befragten Jugendlichen im Alter von 15 bis 24 Jahren favorisieren fast 48 % eine andere Erziehung. Im Ergebnis würden diese Jugendlichen als Eltern ihren Kindern mehr Freiheiten, weniger Strenge, keine Prügelstrafe, eine Erziehung mit mehr Selbstständigkeit und Gleichberechtigung zukommen lassen. Interessanterweise wird in diesem Kontext der Einfluss der neuen Familienformen auf Erziehungsstile nicht diskutiert. Unklar bleibt in diesen und den folgenden Studien, in welchen privaten Konstellationen Jugendliche leben.

Die Shell-Jugendstudie 1992 untersuchte dann nur noch die Leistungen, die Eltern für ihre Kinder erbringen. Psychosoziale Unterstützungsleistungen, bei Problemen helfen und

Beratung, eine gemeinsame Freizeit sowie die Hilfe bei den Hausaufgaben werden nicht als Erziehungsinhalte formuliert, sondern als Angebote der Eltern, als Weitergabe von kulturellen Ressourcen. Den Erziehungsstilen wird keine Bedeutung beigemessen. Erst Schmidtchen (1997) greift die Frage nach den Erziehungsstilen wieder auf. Schmidtchen (1997) unterscheidet zwei Erziehungsstile in der modernen Familie, den reifen Erziehungsstil, mit dem die Eltern den Kindern emotionalen Rückhalt geben und gleichzeitig deutliche Forderungen stellen, und den naiven Erziehungsstil, mit dem Eltern zwar emotionalen Rückhalt geben, aber keine klaren Forderungen gestellt und Regeln gesetzt werden. Diese Eltern sind unsicher darin, welche Normen als sinnvoll und umsetzbar in der Erziehung zu betrachten sind. Ist der Erziehungsstil darüber hinausgehend gleichgültig und nehmen innerfamiliale Konflikte zu, kommt es zu einem paradoxen Erziehungsstil. Nach Holtappels u. a. (1999) hängen paradoxe Erziehungsstile in der Familie und gewalttätiges Verhalten der Heranwachsenden eng miteinander zusammen.

In den 1990er Jahren erlebt die Erziehungsstilforschung eine Renaissance. Jugendforschung und Familienforschung „entdecken" diesen privaten Lebensbereich erneut, hatte sich die Jugendforschung doch bis dahin vorwiegend mit Jugendkulturen und der Herauslösung des Adoleszenten aus den partikularen Bindungen der Familie, mit der Erziehung zu einer Randgröße wurde, auseinandergesetzt. Die Familienforschung hingegen konzentrierte sich auf die Beschreibung theoretischer Modelle und empirischer Analysen der neuen vielfältigen Familienformen in der Moderne. Mit dem Fall der Mauer 1989 kam die Frage nach familialen Lebensformen von Eltern und Kindern in Ost und West auf.

Zinnecker und Silbereisen (1996) gingen der Frage nach, inwiefern sich unterschiedliche Erziehungsstile in Ost- und Westdeutschland finden lassen. Ein zentrales Ergebnis ist, dass in Ost- und Westdeutschland die Erziehungsinhalte „Freiheiten für die Kinder" und „Entwicklung von Fähigkeiten" allgemeine Erziehungsgrundsätze sind, jedoch die neuen Bundesländer sich stärker für eine prinzipientreue und konsequente Erziehung einsetzen. Büchner und Fuhs (1996) fokussierten stärker den sozialen Status und fragten, inwiefern dieser Unterschiede in der Erziehung hervorruft. In der Tat konnte ein Zusammenhang von Milieu und Erziehungsstilen festgestellt werden, zugleich aber war auch ein stärkeres elterliches Strafverhalten (Hausarrest, Fernsehverbot, Ohrfeige etc.) bei ostdeutschen Eltern zu beobachten.

Familienerziehung ist damit auch von Strukturen der sozialen Ungleichheit durchzogen. Büchner (2005) untersuchte in Drei-Generationen-Familien die Weitergabe von familialen Wissensbeständen, die Bildungsleistungen in der Familie. Individuelle Bildungsbiografien haben danach ihren Beginn in der Familie. Auch wenn Familienerziehung keine besondere Berücksichtigung findet, so geht es hier doch um die Weitergabe von familialen Wissensbeständen, die Inhalte von Erziehung sind. Die Aneignung des kulturellen und sozialen Familienerbes ist ein interaktiver Prozess, an dem alle Familienmitglieder beteiligt sind. Es sind kollektive Leistungen der familialen Lebensstilführung, des familienspezifischen Habitus, die zu sozialen Unterschieden in der Familienerziehung führen. Familiale Bildungsleistungen rekurrieren auf ökonomische, zeitliche, soziale und kulturelle Ressourcen, die als Bildungsstrategien über die Gelegenheitsstrukturen in Austauschprozesse zwischen Großeltern, Eltern und Kindern einfließen. Hier ist dann auch die familiale Erziehung anzusiedeln. In diesen bildungs- und kulturbezogenen Austauschprozessen geht es um Erziehungsleistungen und Lernerfahrungen, die zum Ziel die Selbstbestimmungsfähigkeit, die Mitbestimmungsfähigkeit und Solidaritätsfähigkeit (als soziales Kapital der Familienmitglieder) und die kulturelle Decodierungsfähigkeit, sprachliche Ausdrucksfähigkeit, kognitive Aneignungsfähigkeit und die Fähigkeit zur ästhetischen Stilisierung des Alltagslebens (kulturelles Kapital) haben (vgl. Büchner/Wahl 2005). Hier wird Erziehung zur Reproduktionsleistung des familialen sozialen Status. Erklärt werden darüber unterschiedliche Strategien, die in der familialen Erziehung eingebettet sind (vgl. Baumert/Stanat/Watermann 2006).

Uhlendorff (2001) dagegen konzentriert sich ganz auf Familienerziehung und den Interaktionsmustern unabhängig von sozialer Ungleichheit. Er untersucht in differenzierter Weise Erziehungseinstellungen von Eltern und die Sichtweise und Erfahrungen der Kinder mit qualitativen und quantitativen Methoden, wobei er sich vor allem auf neue familiale Lebensmuster konzentriert. Ansatzpunkt sind die unterschiedlichen Erziehungsstile. Die kontrollierende Erziehung wird erfasst mit den Erziehungseinstellungen Permissivität, autoritäre Rigidität, Behütung und einer Orientierung am selbst erfahrenen Erziehungsstil. Damit liegt der Schwerpunkt der Untersuchung auf dem kontrollierenden Erziehungsverhalten der Eltern und den entsprechenden Erfahrungen der Kinder. Alleinerziehende Mütter neigen nach den Ergebnissen der Studie weniger zu behütenden Erziehungshaltungen, sie entlasten ihre Kinder seltener in Alltagsproblemen und gewähren ihnen mehr Freiräume für Kinderfreundschaften. In der elterlichen Kontrolle verhalten sich die Mütter unabhängig der privaten Lebensform gleich.

Generell aber geht eine gelungene Partnerschaft mit einer behütenden Erziehung der Kinder und einer geringeren Unterstützung kindlicher Unabhängigkeitsbestrebungen einher. Entscheidend für die Erziehungseinstellungen sind nach den Analysen von Uhlendorff (2001) die Beziehungen zwischen Eltern und Großeltern. Eine intensive gute Großeltern-Elternbeziehung fördert eine Orientierung der Mütter und Väter am selbst erfahrenen Erziehungsstil und eine größere Neigung zu behütenden Erziehungshaltungen. Diese Mütter sind insgesamt autoritärer in der Durchsetzung von Erziehungszielen als andere Mütter. Eltern, die eine gute Partnerschaft haben und über gelungene Kommunikationsmuster berichten sowie zu den eigenen Eltern und den unterstützenden Verwandtschaftskontakten positive Beziehungen herstellen, neigen stärker zu Behütung und Kontrolle in den Erziehungshaltungen (vgl. Uhlendorff 2001).

Eltern mit vielen Freunden gewähren dagegen stärker Freiräume und vertreten eine permissivere Erziehung. Unterschiede ergeben sich zudem zwischen ostdeutschen und westdeutschen Eltern (hier speziell für Berlin), die ersteren neigen mehr zu behütenden Erziehungseinstellungen und westdeutsche Eltern vertreten eine permissivere Haltung in der Erziehung. Ostdeutsche Väter orientieren sich stärker am selbst erfahrenen Erziehungsstil und sind autoritärer sowie familienorientierter und weniger freundesorientiert als westdeutsche Eltern.

4. Sozialgeschichte der Familienerziehung

Zum anderen liegen Studien über den historischen Wandel von Familie und Erziehung vor. In der Studie von Schneewind und Ruppert (vgl. Bonn 1995) wurden Familien im Generationsvergleich über 16 Jahre, also zwei Generationen (1976 und 1992), untersucht. Unterschieden wird in Erziehungsziele, Erziehungseinstellungen und Erziehungspraktiken. Erziehungsziele meinen kindliche Verhaltensweisen in Form von Sollensforderungen (z. B. „Mein Kind soll Abitur machen“). Erziehungseinstellungen umfassen den Umgang der Eltern mit ihren Kindern wie z. B. Kontrolle oder Vertrauen. Erziehungspraktiken sind konkrete Verhaltensweisen der Eltern, mit denen diese auf die Reaktionen oder Verhaltensmuster ihrer Kinder in Form von positiven oder negativen Sanktionen reagieren. Zu den Erziehungszielen gehören religiöse Normen, Formen des Leistungsehrgeizes, Muster der Selbstständigkeit und Konformität. Erziehungseinstellungen werden konkretisiert über Permissivität, autoritäre Haltungen und den Ausdruck von Gefühlen. Erziehungspraktiken konkretisieren sich in den Formen der liebevollen Zuwendung, der körperlichen Bestrafung und dem eingeschränkten Lob.

Der Vergleich der Eltern mit der Kindergeneration ergab, dass die junge Generation weniger normorientiert, sondern mehr partnerschaftlich und emotional offen erzieht (vgl. Schneewind/Ruppert 1995, S. 162). Interessant ist, dass es eine „Vererbbarkeit" des elterlichen Erziehungsverhaltens von einer Generation zur nächsten gibt, denn im Vergleich findet zwar generell ein Wandel vom Erziehungs- zum Beziehungsverhältnis mit den Kindern statt, aber näher liegen die Erziehungspraktiken beider Generationen in einer Familie aneinander.

Der Wandel in den Erziehungsleitbildern ist als ein Wertewandel innerhalb der Gesellschaft hin zur Wohlstandsgesellschaft zu verstehen, der dienstleistenden globalen Wirtschaftsstruktur, der Zunahme von Angestellten und Beamten, der Bildungsexpansion und des gesellschaftlichen Wandels in den Lebensformen. Generell aber tendieren Selbstständige und höher Gebildete stärker zu den Erziehungszielen der Selbstständigkeit als Arbeiter und Angehörige von Berufen in Unselbstständigkeit (vgl. Reuband 1988). War der traditional-autoritäre Erziehungsstil von Gehorsam und Unterordnung in den Jahren 1951-1964 von 25 Prozent der Befragten in Westdeutschland das zentrale Erziehungsziel, ist dieses bis 1995 bis auf neun Prozent zurückgegangen (vgl. Peuckert 2002, S. 149). Die Erziehungsinhalte Selbstständigkeit und freier Wille wurden 1951 nur von 28 % der Befragten als wichtigste Erziehungsleitbilder genannt, wohingegen diese bis 1995 auf 65 % anstiegen (vgl. Gensicke 1996).

Der historische Wandel von einer traditionalen Gesellschaftsstruktur hin zu einem modernen Staatsapparat ist mit einer Veränderung im Modus der Verhaltensstandards verbunden (Wandel von der traditionalen Machtbalance hin zu einer symmetrischen Machtstruktur zwischen Älteren und Jüngeren, Höher- und Niederstehenden sowie den Geschlechtern, vgl. Büchner 1983; Weber-Kellermann 1989). Zu nennen sind als grobe Entwicklungslinien der Wandel vom autoritären Befehlshaushalt zum Verhandlungshaushalt an der kurzen und schließlich an der langen Leine (vgl. Preuss-Lausitz 1991; Schütze/Geulen 1991; Seidl 1991).

Untersucht wurden von Bois-Reymond, Büchner, Krüger, Ecarius und Fuhs (1994) vergleichend in Ostdeutschland, Westdeutschland und den Niederlanden 12- bis 14-jährige Kinder und ihre Eltern (je Region 30 Kinder und ein Elternteil) mit qualitativen Methoden. Fünf Erziehungshaushalte wurden ausfindig gemacht: der restriktive Befehlshaushalt, der ambivalente Befehls- bzw. Verhandlungshaushalt, der assertive Befehlshaushalt, der Verhandlungshaushalt an der kurzen Leine und der Verhandlungshaushalt an der langen Leine. Ein hoher Grad der vom Kind selbst organisierten Freizeitorganisation (Terminplanung und Verabredungspraxis), eine selbstständige Körperpflege und Kleiderauswahl, die eigene Verwaltung von Geld und Nutzung von Konsum, Planung der Schullaufbahn und des Beziehungsnetzes, eine Entflechtung von Eigenzeit und Familienzeit und die geringe familiale Eingebundenheit in Verpflichtungen und Zeitbudgets entsprechen einem modernen Verhandlungshaushalt.

Wichtig ist vor allem der Hinweis, dass Erziehungsstile relativ wenig über die Zufriedenheit der Heranwachsenden aussagen. Auch kann keine Wertigkeitsskala aufgestellt werden, in der der traditionale Befehlshaushalt als eine Erziehungsform eingestuft wird, die negativ zu beurteilen, und der moderne Verhandlungshaushalt an der langen Leine als grundsätzlich positive Erziehung zu bewerten ist. Erst solche Dimensionen wie Wärme und Kälte bzw. Nähe und Distanz geben eine differenzierte Auskunft über die Funktionstüchtigkeit der Erziehungsmuster. Diese Aspekte wurden jedoch nicht untersucht. Hier ging es vorrangig um das Herausarbeiten des Wandels von Erziehungsmustern.

Aufschlussreich ist in diesem Kontext die Studie von Reuband (1992) über den Zusammenhang von Zufriedenheit und Erziehungsstil. Reuband nahm eine Sekundäranalyse von zwei repräsentativen Befragungen aus den Jahren 1959 und 1983 (1959 wurden 995 und 1983 3.284 14- bis 18-Jährige befragt) vor. Neu ausgewertet wurden Fragen zum Ausmaß familialer Partizipationsmöglichkeiten und zum Grad der Zufriedenheit. Danach korrespondieren die Zufriedenheit der Heranwachsenden und die Verhandlungsbereitschaft der Eltern mit den Selbstbestimmungsmöglichkeiten der Heranwachsenden. Zugleich zeigt die Untersuchung, dass die Bedeutungsgehalte von Autoritarismus und elterlicher Dominanz erst im Kontext sozialgeschichtlicher normativer Orientierungen verständlich werden. Die Kohorten der älteren Generationen (1954-55) beurteilten mehrheitlich ihre Erziehung als zufriedenstellend, obwohl nicht alle über Entscheidungsfreiräume verfügten. Soziale Typisierungen über Normalität bestimmen mit, wie Realität wahrgenommen und verarbeitet wird.

Damit kann nicht einfach mit einer Werteskala gearbeitet werden und der Verhandlungshaushalt als die bessere Erziehung dem Befehlshaushalt gegenüber gestellt werden. Zudem besagen die unterschiedlichen Erziehungsstile wenig über die familialen Beziehungsformen, die konkreten Inhalte von Erziehung, die familiale Interaktion und die Eingebundenheit der Großeltern aus. Auch wenn Einzelaspekte wie Partnerqualität, der Bezug zu den Großeltern sowie Ost- und Westdeutschland berücksichtigt werden, ist der gesamte Komplex von Familie und Erziehung, sind die Perspektiven der einzelnen Familienmitglieder unterbeleuchtet. Formen der emotionalen Bindung, soziale Milieus sowie Geschlecht und Generation etc. lassen sich nur über eine Theoretisierung von Familie differenziert einbinden.

5. Familienerziehung: Theorie und Empirie

Vor dem Hintergrund dieser Analysen und der empirischen Ergebnisse wird nun eine theoretische Konzeption vorgestellt, die versucht, konkrete Lebensformen und Erziehungsstile von Familien in historischen Zeiträumen zu analysieren (vgl. Ecarius 2002). Familie strukturiert sich auf der Basis von Interaktionen über mehrere Generationen, dazu gehören nicht nur zwei, sondern in der Regel drei oder sogar vier Generationen. Durch das Zusammenleben der unterschiedlichen Generationen vereint die Familie in sich sozialstrukturelle Elemente und Erfahrungen aus verschiedenen historischen Epochen (durch Großeltern, Eltern und Kinder). Familiale Erziehung bewegt sich im Spannungsfeld von individuellen Interessen und historischen, gesellschaftlichen Strukturen (vgl. Peuckert 2004).

Das macht eine Analyse familialer Erziehung besonders schwierig. Als vermittelnde Institution zwischen gesellschaftlichen Anforderungen und subjektiven Interessen hat die Familie Aufgaben zu erfüllen und Leistungen zu erbringen, die individuell gestaltet werden und an den subjektiven Bedürfnissen orientiert sind, die aber auf der anderen Seite immer in den Kontext makrostruktureller Ereignisse und ökonomischer Strukturen eingewoben sind. Bedingungen des Arbeitsmarktes, der spezifischen Berufstätigkeit von Mann und Frau, die Normierung der Geschlechter- und Generationenverhältnisse und die normativen Anforderungen an Familie reichen in konkrete Interaktionen hinein und führen zu unterschiedlichen Familienformen (vgl. Nave-Herz 2004). Gegenwärtig bedingen sozialpolitische Entscheidungen des Wohlfahrtsstaates, Regelungen des Kindergeldes, die Einbindung der Kinder in die Schulpflicht, die gesetzlichen Regelungen von Eltern- und Kindschaftsverhältnisse und die Strukturen der sozialen Milieus (vgl. Hradil 2004) den sozialen Rahmen der familialen Erziehung. Die sozialen Milieus wirken als Hintergrundbedingungen auf Erziehungsinhalte und führen zu unterschiedlichen Schwerpunktsetzungen (vgl. Büchner 2005).

Im Fokus steht jene private Lebensform, die als der kindorientierte Privatheitstypus (vgl. Peuckert 2004) zu verstehen ist. Der kindorientierte Privatheitstypus kann die traditionelle Form der Ehe umfassen, aber auch solche Formen wie die von Alleinerziehenden, nacheheliche Lebensformen wie Patchworkfamilien, Stieffamilien etc., die jeweils noch unterschiedliche Lebensführungen und folglich Erziehungsformen mit Kindern praktizieren. Zentral ist für den kindorientierten Privatheitstypus, dass die Generationsbeziehung durch die Anwesenheit von Kindern, Zu-Erziehenden, charakterisiert ist. Das Erziehungsverhältnis ergibt sich somit nicht nur aus dem generativen gebürtlichen Verhältnis von Mutter und leiblichem Kind, sondern es können auch andere erwachsene Personen, soziale „Väter" und „Mütter", neue Partner und Partnerinnen (wie in Zweitehen oder „Stieffamilien") sein, die den kindorientierten Privatheitstypus konstituieren.

Familienerziehung – verstanden als interaktives Geschehen (vgl. Mead 1991) zwischen Generationen – ist mehr als ein Erziehungsstil oder eine Erziehungspraxis. Welche Regeln von Kindern eingefordert werden und wie sie darauf antworten, ihre eigenen Freiräume gestalten und ein biografisches Selbst ausbilden, ist eingebettet in komplexe Interaktionen zwischen Generationen in einer zivilisationsgeschichtlichen Epoche (vgl. Elias 1976) mit ökonomischen, sozialen und kulturellen Strukturen. Gesellschaftliche Modernisierungsschübe (Pluralisierung, Individualisierung, Entstandardisierung) zogen einen Wandel in den Umgangsformen und Erziehungsstilen in Familien nach sich. Stattgefunden hat ein Wandel vom Befehls- zum Verhandlungshaushalt (vgl. Bois-Reymond/Büchner/Krüger u. a. 1994), der einher ging mit einer Abnahme der traditionalen Machtbalance und einer größeren Intimisierung zwischen den Generationen, biografischer Reflexionskompetenz beim Kind (Verortung des kindlichen Selbst in der Welt, Zukunftsorientierung), einer individuiert-praktischen bzw. alltagspraktischen Verselbstständigung des Kindes (Freizeitorganisation, Terminplanung, Körperpflege, Verwaltung von Geld und Nutzung von Medien, Planung der Schullaufbahn, Organisation des kindlichen Beziehungsnetzes) und einer zunehmenden Entflechtung von Familienzeit und Eigenzeit. Vor dem Hintergrund von Modernisierungsprozessen in einer von sozialer Ungleichheit (Milieu, Geschlecht, Ethnizität) strukturierten Gesellschaft, deren Normierungen und rechtliche Regelungen in die Familieninteraktion und -erziehung hineinwirken, sind neben den Inhalten der Erziehung, die Beziehungsstrukturen, die Generationen und intergenerativen Interaktionsmuster, soziale Zeitstrukturen und biographischen Entwicklungsprozessen sowie Familienthemen zu berücksichtigen (vgl. Ecarius 2002).

Generation und Interaktion

Die anthropologische Offenheit des Menschen (vgl. Schleiermacher 1983) entspannt den Gedanken von Erziehung und Bildung und verweist auf die pädagogische Generationsbeziehung in Familien. Mit der Geburt von Kindern, die von leiblichen Eltern gezeugt und einer Mutter zur Welt gebracht werden, entsteht eine generative, gebürtliche Differenz (vgl. Wimmer 1998) zwischen Erzeugern bzw. Gebärenden und Geborenen, den Kindern. Generative Differenz umfasst die Geburt nachkommender Generationen durch vorangegangene Generationen. Jedes Subjekt, das geboren ist, ist leiblich, hat ein bestimmtes Alter und Geschlecht und trägt eine individuelle Zeitlichkeit in sich. Es erfährt sich als ein Anderes und Fremdes in Interaktionen und entwickelt eigene Ich-Sichten und Weltsichten – auch im familialen Erziehungsprozess. Die Fremdheitserfahrung ist konstitutiv für die generative Differenz (vgl. Winterhager-Schmid 2000).

Jüngere Generationen sind dabei anfänglich bzw. gebürtlich auf ältere Generationen angewiesen. Sie benötigen mit ihrer sozialen Erfahrungsoffenheit Schutz, Pflege, Fürsorge und Erziehung, die sie von älteren Generationen – aufgrund der generativen Differenz – erhalten (sollten). Die ältere Generation, die der jüngeren Generation dies zukommen lässt bzw. lassen sollte, ist sich immer auch ihrer eigenen begrenzten Leiblichkeit und folglich Sterblichkeit bewusst, dennoch – oder gerade deswegen – versucht sie, Sozialität und Kulturalität fortzuschreiben (vgl. Wimmer 1998).

Sozialität und Kulturalität sind in Erziehung und Bildung für nachkommende Generationen eingeflochten (vgl. Benner/Brüggen 1997). Eine Fortführung von Gesellschaft durch die Geburt nachkommender Generationen und das Versterben vorangegangener Generationen enthält die Notwendigkeit von Vermittlung und Aneignung, die sich interaktiv zwischen Generationen vollzieht (vgl. Miller-Kipp 1996). Die pädagogische Generationsbeziehung in Familien verweist mit der biografischen Anfänglichkeit und Endlichkeit auf die Vermittlung von kollektiven Wissensbeständen und gesellschaftlicher Logik, die bereits von anderen Individuen und auch anderen pädagogischen Generationsbeziehungen (in je eigener Weise) erfahren und durchlebt wurden. Erziehung ist dabei jener Teil interaktiven Handelns, durch den Generationen aufeinander bezogen sind, und die älteren Generationen die jüngere Generation über Erziehungsinhalte anleitet, lenkt und fördert, und sich die jüngere Generation mit diesen Inhalten und Strukturen auseinander setzt und ein biografisches Selbst (vgl. Mead 1991) entwickelt.

Soziale Zeit und Biografie

Erziehung ist keine einmalige Handlung, sondern umschließt lange zeitliche Prozesse, dehnt sich über einen weiten sozialen Zeitraum aus und folglich schreiten auch die in Erziehung involvierten Subjekte, das Kind, die leiblichen und sozialen Eltern sowie Großeltern und Andere in ihrer Lebenszeit voran (vgl. Schütz 1981). Alle Generationenmitglieder sind in ihrem Leben erst Kind, Jugendliche/r, gehören im Prozess der Erziehung zu den Zu-Erziehenden, werden dann zu Erwachsenen – als Erziehende – und wechseln langsam in die Phase des Alters – als Großeltern – über, wobei im familialen Geflecht die generationenspezifischen Lebensphasen und Rollen von Kindheit und Erwachsenenalter interaktiv verbunden sind und eines familialen Timings (vgl. Hareven 1999) bedürfen. Kinder und Erwachsene leben in altersspezifischen, lebenszeitlichen Bezügen und entwickeln eine eigene Biografizität (vgl. Alheit 1995), ein Vermögen moderner Individuen, gesammelte Erfahrungen zu verarbeiten und zu sinnhaften Handlungen in Findung eines Selbst zu transformieren. Die je eigene Temporalität und biografische Konstruktion (vgl. Alheit/Dausien 2000) ist nicht nur aufgrund individuell-einzigartiger Erfahrungen unterschiedlich, sondern auch durch die jeweilige Lebenszeit als Kind oder Erwachsener.

Familiale Erziehung fokussiert in konkreten Handlungen bzw. Interaktionen häufig zwar nur einen gegenwärtigen Punkt zwischen Zu-Erziehenden und Erziehenden (Vater, Mutter, Großeltern, Verwandte, Freunde, neue Partner etc.), jedoch fließen immer auch die Erfahrungen, Lern- und Bildungsprozesse des bis dahin gesammelten biografischen Wissens ein. Der Handlungsraum der Erziehung vereint soziale und subjektiv-biografische Zeit, unterschiedliche Lebenserfahrungen und -abschnitte (vgl. Hofer/Klein-Allermann/Noack 1992). Aus dem lebenszeitlichen Verlauf vom Kind zum Heranwachsenden, zum erwachsenen und alten Menschen ergeben sich je nach sozialem Zeitpunkt familiale Erfahrungszusammenhänge, Rollen und normative Entwicklungsaufgaben (vgl. Erikson 1988; Havighurst 1972).

In den familialen Generationsbeziehungen verdichten sich über Interaktion und Erziehung somit auch zivilisationsgeschichtliche Normierungen, die zu Entwicklungsaufgaben generieren (vgl. Reinders 2003). Elias hat darauf verwiesen, dass Selbstkontrolle und Langsicht ein Ergebnis von Erziehungs- und Sozialisationsprozessen ist (vgl. Elias 1976). In Erziehungsprozessen werden in und über Figurationen der Generationen soziale Verhaltensstandards vermittelt: Affektkontrolle, Selbstzwang, individuelle Entscheidungsspielräume, das Maß der persönlichen Freiheit, der Grad der Nivellierung der großen Kontraste in den Machtstrukturen sowie die Kosten der Zivilisierung (vgl. Schroer 2000).

■ *Familienthemen*

Generationen transformieren in Erziehungsprozessen Familienthemen, spezifische familiale Erfahrungen, mental methods (vgl. Trommsdorff 1993), die nicht selten als spezielle Aufgaben an die jüngere Generation weitergegeben werden. Hier eröffnet sich neben der Familienerziehung ein weiter Bereich von Transformation und Delegation von familialen Aufgaben (vgl. Ecarius 2003).

Familie ist eine jener Institutionen, in der Tradierung und Wandel eng aufeinander bezogen sind. Sie stellt interaktiv habitualisierte Handlungsmuster reziprok her (vgl. Berger/Luckmann 1977) und verdichtet sie zu Gewohnheiten, Routinen und sedimentierten Familienthemen. Kinder erlernen über die Interaktionsmuster der Eltern und Großeltern solche habitualisierten Sinn- und Handlungsstrukturen. Als soziale Rahmung (vgl. Goffman 1980) beeinflussen sie das Denken, Fühlen, Handeln sowie die Art der Lernprozesse (vgl. Gukenbiehl 1995). In alltäglichen Interaktionsstrukturen und Erziehungsprozessen werden Familienthemen hergestellt. Hierbei kommt der sozialen und emotionalen Bindung ein wichtiges Moment zu. Denn sie beeinflusst die Art der Vermittlung und Aufnahme von Handlungswissen. Familienthemen sind alltagsweltliche hergestellte allgemeine Orientierungstypen, die im Bewusstsein der Handelnden bzw. interagierenden Generationen verankert sind.

Familienthemen entsprechen nicht einem rational choice oder einem Kosten-Nutzen-Kalkül. Sie gehen auf typisierende Sinndeutungen zurück und verbinden sich mit Inhalten und Beziehungskonstellationen, sind also gleichermaßen emotional, wahrnehmend und rational. Die Transformation von Familienthemen beginnt mit der Geburt der nachfolgenden Generation. Das Vorleben von Familienthemen kann durch konkrete Hinweise und Erzählungen von Geschichten, berufliche und private Erfolge, Freizeitaktivitäten etc. geschehen. Familienthemen werden nicht nur als konkrete Anforderungen bzw. Aufgaben thematisiert, vielmehr verkörpern und konkretisieren sie sich in den Lebenseinstellungen der älteren Generationen. Aber es tragen auch familiale Rituale (vgl. Wulf u. a. 2001) zur Reproduktion von Familienthemen bei. Dazu gehören z. B. auch familiale Feste und Feiern.

■ *Beziehungsstrukturen und Inhalte von Erziehung*

Familienerziehung ist insgesamt gekennzeichnet von Generationenbeziehungen und intergenerativen Interaktionen, sozialen Zeitstrukturen und biografischen Erfahrungen sowie Familienthemen im Kontext von Zivilisationsprozessen mit sozialen und kulturellen Ungleichheitsstrukturen. Die konkreten Erziehungsinteraktionen können nun unterschieden werden in Inhalte und Beziehungsstrukturen (vgl. Bateson 1994; Watzlawick u. a. 1969). Interaktionen, und dazu gehören auch solche der Erziehung, enthalten immer einen Inhalts- und einen Beziehungsaspekt.

Intergenerationelle Familienerziehung

(Beziehungs-)Struktur der Erziehung	Inhalte der Erziehung
• Familiales Generationengefüge • Ambivalente Beziehungsstruktur von Nähe und Distanz • Symmetrische und asymmetrische Machtbalance • Jeweilige Position in der Generationsbeziehung	• Erziehungsregeln • Vorstellung vom Subjekt (z. B. Unterordnung, Selbstständigkeit) • Lern- und Bildungsanforderungen • Gestaltungsräume in Bezug auf die Familie und die Freizeit

Die Familie ist aufgrund der direkten Verwandtschaftslinie nicht freiwillig zusammengesetzt. Sie weist spezifische Beziehungsstrukturen auf. Eltern können sich ihre Kinder nicht aussuchen und Kinder können sich nicht bestimmte Eltern auswählen. Die Beziehungsstrukturen von Erziehung sind weder generell frei wählbar noch prinzipiell aufkündbar. Elternschaft kann auch nicht als beendet gelten, wenn Erziehungsverhältnisse wortreich aufgekündigt werden. Auch wenn Kinder den Kontakt zu ihren Eltern abbrechen, sind sie ein Leben lang das Kind ihrer Eltern. Spricht man von generationaler familialer Erziehung, sind gelungene wie misslungene Erziehungsmuster gleichermaßen zu berücksichtigen, gehören neue soziale Elternschaften ebenso dazu wie gleichzeitig bestehende leibliche Elternschaften. Im Erziehungshandeln gibt es keinen aussagelosen Raum (vgl. Watzlawick u. a. 1969).

Die familiale Erziehung, die die Beziehungen zwischen allen „sozialen" Eltern und Kindern umfasst, charakterisiert sich über Spannweiten wie Abhängigkeit und Unabhängigkeit, Dependenz und Autonomie (vgl. Honneth 2003). **Ambivalenz** ist hierbei ein grundlegendes Strukturmuster von Beziehungen (vgl. Bauman 1995). Ambivalenz markiert das gleichzeitige Bestehen von Einheitlichkeit und Widersprüchlichkeit, von widersprüchlichen Erfahrungen, Einsichten und Handlungsmustern, die eine prinzipielle Unauflösbarkeit enthalten (vgl. Lüscher/Pajung-Bilger 1998, S. 35). Erziehung in der Familie basiert nicht auf einer rein ausbalancierten Interaktion zwischen den Generationen, sondern neben Harmonie ist sie immer auch konfliktreich und ambivalent. Durch das Aufeinandertreffen von Interessen sowie Intentionen der Zu-Erziehenden und der Erziehenden entstehen Ambivalenzen, die in sich Nähe und Distanz als unterschiedliche Schattierungen vereinen. Nähe beinhaltet emotionale Zuwendung und Empathie, Distanz ist auf Abweisung und Vernachlässigung bezogen. Beide Pole, Nähe und Distanz, enthalten sowohl positive als auch negative Aspekte. Denn sowohl zuviel Nähe als auch extreme Distanz zwischen Eltern und Kindern können zu Deprivationen und schwierigen Entwicklungsverläufen führen.

Zudem fließen in Beziehungsstrukturen der Erziehung Formen der symmetrischen oder asymmetrischen Machtbalance ein, die das familiale Generationengefüge und die jeweilige Position in den Generationsbeziehungen beeinflussen (vgl. Büchner 1983). Die Machtbalance zwischen den Generationen ist in historische Normierungsprozesse des Verhältnisses von Alt und Jung eingeflochten, den historischen Grad der Informalisierung und Intimisierung. Gegenwärtig ist die Struktur der Machtbalance zwischen den Generationen eher angeglichen: Kinder haben Mitbestimmungsrechte und zwischen den Generationen besteht ein intimisiertes Beziehungsverhältnis. Auch hier wirken die ambivalenten Beziehungsstrukturen in das Familiengefüge und die jeweilige Position des/der Einzelnen hinein.

Die Inhalte der Erziehung sind den konkreten Erziehungsregeln, den Lern- und Bildungsanforderung, den konkreten Vorstellungen vom Subjekt (Menschenbild) und der inhaltlichen Ausgestaltung der Freizeit zu entnehmen. Vorstellungen und Wünsche, wie das Kind werden soll, selbstständig, konform, leistungsorientiert, freizeitorientiert oder familienorientiert werden transformiert in alltägliche Erziehungsregeln und Gestaltungsräume. Dazu gehören z. B. Aufgaben im Haushalt, die Gestaltung von Familien- und Kinder- bzw. Jugendfreizeit, die Ausgestaltung des Kinderzimmers, die Kleidung sowie die Höhe des Taschengeldes, die Unterstützung in Formen der schulischen Betreuung und/oder die Hinleitung zum Erlernen von Musikinstrumenten.

Erziehung lässt sich nicht von den Gegenständen, der Umgebung, den Stoffen und Materialien trennen. Zwar hat das Kind die Fähigkeit wahrzunehmen, zu erkennen und zu lernen, jedoch macht das Kind dies in Auseinandersetzung mit der sozialen und materialen Umwelt und den Erwachsenen, die diese Räume vorstrukturieren (vgl. Dewey 1993). Es entwickelt Fähigkeiten in Konfrontation mit räumlichen, sozialen und kognitiven Inhalten und greift zugleich in das familiale Geschehen ein, handelt Regeln mit den Eltern aus, setzt eigene Interessenschwerpunkte und bildet ein Selbst aus. Die Entwicklung eines eigenständigen Selbst vollzieht sich in Auseinandersetzung mit den Vorstellungen und Erwartungen der Anderen (vgl. Mead 1991).

■ *Empirische Befunde*

Diese theoretischen Annahmen sind Ergebnis einer empirischen Untersuchung (vgl. Ecarius 2002), in der der Wandel von Erziehungsmustern mit qualitativen Methoden in dem historischen Zeitraum von 1908 bis 1994 analysiert wurde. Im Fokus standen drei Generationen (1908-1929, 1939-1953, 1967-1975). Großeltern, Eltern und Kinder (insgesamt 22 Familien, 132 Interviews) gaben Auskunft über Erziehungserfahrungen und Erziehungspraktiken. Skizziert werden ausgewählte Ergebnisse (vgl. Ecarius 2002).

Sowohl der Befehlshaushalt als auch der Verhandlungshaushalt sind Erziehungspraktiken zu Beginn des 20. Jahrhunderts, und auch heute findet man noch Muster des Befehlshaushaltes. Allerdings liegt ein steter Wandel vom Befehls- und Verhandlungshaushalt vor, wobei nicht von einer kontinuierlichen Entwicklungslinie ausgegangen werden kann (vgl. de Swaan 1991; Elias 1976). Beim Befehlshaushalt ist die Machtbalance zwischen den Generationen traditional organisiert. Dazu gehören soziale Typisierungen von „Regeln einhalten", „Nichtaushandelbarkeit" und einem „Muss-Charakter" von Verhaltensanforderungen, die die Beziehungsstruktur zwischen Älteren und Jüngeren prägen. Erziehung in der ältesten Generation (1908-1929) ist eingebettet in eine Struktur der Selbstverständlichkeit von Erziehungsregeln der Unterordnung, des Gehorsams, der Pflichterfüllung, Sauberkeit, Pünktlichkeit, verbalen und körperlichen Bestrafung, einer geschlechtsspezifischen Normierung, und sie ist in den Lern- und Bildungsanforderungen an den Sozialmilieus der älteren Generation ausgerichtet. Auch ist die Mithilfe im Haushalt selbstverständlicher Bestandteil von Erziehung. Die Eltern sind Respektspersonen, sie geben die Inhalte eindeutig vor. Eingebettet ist Erziehung in religiöse Lebensbezüge, aus ihnen ergeben sich vielfältige Erziehungsregeln.

Der Befehlshaushalt verändert sich über die Generationen langsam, dennoch finden sich auch in der jüngsten Generation, die zwischen 1968 und 1975 geboren ist, die Erziehungsinhalte Gehorsam, Sauberkeit und Pünktlichkeit, Mithilfe im Alltag und Haushalt sowie die Regelvorgabe der Eltern über eine traditionale Machtbalance. Zugleich lockert sich die geschlechtsspezifische Erziehung, und auch in den Bildungsorientierungen besteht keine eindeutige Orientierung am Herkunftsmilieu mehr. Religiosität als zentrales Bezugssystem verliert an Bedeutung, so dass der Befehlshaushalt nicht mehr in eine alltägliche religiöse Interaktionsstruktur eingebunden ist.

Die Erziehung des Verhandelns gehört in denselben Zeitraum von 1908-1994. Sind es zu Beginn des 20. Jahrhunderts nur wenige Heranwachsende, die diese Erziehung erleben, werden es im Laufe des 20. Jahrhunderts zunehmend mehr. Zu Beginn des letzten Jahrhunderts ist die Erziehung von einer christlichen Lebensweise geprägt. Inhalte der Erziehung sind Ordnung, Ehrlichkeit und Pünktlichkeit, die auch in der Gegenwart praktiziert werden. Die Kinder haben im Vergleich zum Befehlshaushalt einen größeren Verhandlungsspielraum, und Eltern sind stärker Vertrauens- als Respektspersonen. Im Laufe der Zeit wird aus der familienbezogenen Freizeit eine kindbezogene Familienfreizeit. Körperliche Bestrafungen nehmen ab, und es entstehen Formen des Verhandelns und der Diskussion über Fehlverhalten.

Die Heranwachsenden erleben ihre Eltern und andere Erziehungspersonen weniger als solche, die Regeln mit einer klaren hierarchischen Struktur vorgeben. Die indirekte Lenkung des Verhandelns wird von der jüngsten Generation als Selbsterkenntnis gedeutet, es ist aus ihrer Sichtweise der persönliche Wunsch, diese Regeln einzuhalten oder aber es wird betont, dass sie gewissermaßen selbst diese Inhalte hervorbringen. Dieses sozialgeschichtliche Muster von Erziehung, die Verschiebung von der Fremd- zur Selbstkontrolle (vgl. Elias 1976) ist auf die Förderung von Selbstverantwortlichkeit und Selbstdisziplinierung angelegt, in der sich das Kind durch seine Aufwertung als handlungsaktives Subjekt versteht, das seine Geschicke selbst in die Hand nimmt. Dies entspricht den Strukturen einer globalisierten und hoch differenzierten Welt, in der das Subjekt Sicherheiten über die individuierte Lebensführung herstellt (vgl. Leitner 1982, S. 148). Selbstbeobachtung, Selbstreflexion und Selbstbeherrschung sind feste Bestandteile des werdenden Ichs, die durch die Erziehung des Verhandelns mitproduziert werden.

In beiden Erziehungsformen – Verhandeln und Befehlen – spielen Religiosität und auch Geschlechtlichkeit sowie milieuspezifische Bildungsanforderungen eine große Rolle. War die christliche Erziehung zu Beginn des 20. Jahrhunderts ein grundlegendes Element der familialen Interaktion, so wird Religiosität im auslaufenden 20. Jahrhundert zunehmend zu einer persönlichen Entscheidung des Kindes, die über Praxisformen der älteren Generation so vermittelt werden, dass das Kind christliche Inhalte über Selbstfindungsprozesse annimmt (vgl. Zinnecker 1998). Dadurch wird der Prozess der christlichen Erziehung hin zu einem christlichen Menschen zu einem biografischen Projekt. Im schulischen Bereich wird unabhängig vom Geschlecht stärker auf die Leistung des Kindes geachtet als auf die Einbindung in das soziale Herkunftsmilieu, so dass Bildungsaspirationen zu einem zentralen Bestandteil der familialen Erziehung werden (vgl. Büchner/Wahl 2005).

In den Erziehungsprozess sind neben den Eltern vor allem die Großeltern involviert, fast unabhängig des Wohnortes. Zu Beginn des 20. Jahrhunderts sind sie eher Mitglied des traditionellen Familiengefüges und im Verlauf des 20. Jahrhunderts werden sie zu konkreten Erziehungs- und Bezugspersonen (vgl. Ecarius 2002). In der mittleren Generation deutet sich dieser Wandel an. Sie betreuen die Enkelkinder in der Abwesenheit der berufstätigen Mutter und praktizieren eine Erziehung des Befehlens, der Disziplin und Unterordnung, die gepaart ist mit emotionaler Unterstützung. In der jüngsten Generation werden die Großeltern – häufig an Vormittagen – zu zentralen Erziehungspersonen. Sie übernehmen konkrete Erziehungsaufgaben, selbst die Hausaufgabenbetreuung, verhandeln mit den Enkeln und wenden moderne Erziehungspraktiken an. Insofern ändern bzw. modernisieren sie ihre Erziehungsmuster, da sie selbst als Eltern vorrangig eine Erziehung des Befehlens praktiziert haben. Zudem versuchen sie, Familientradition und Familienthemen an die jüngste Generation weiterzugeben.

Durchzogen ist die familiale Erziehung von ambivalenten Beziehungsstrukturen. Eine geringe emotionale Empathie und fürsorgliche Unterstützung des Kindes durch die älteren Generationen führt in beiden Erziehungsformen zu Gefühlen der Vernachlässigung und der Einsamkeit (vgl. Ecarius 2002). Die Erziehung des Befehlens wird dann als starres Konzept und machtvolles Befehlsgerüst mit zwanghaften Strukturen erlebt, die keinen Raum zur Entwicklung lässt. Eine Erziehung des Verhandelns ohne emotionale Sicherheit und Anlehnung führt zur Orientierungslosigkeit und einem Gefühl des Verlassenseins, der Unsicherheit in unverlässlichen Strukturen. Zugleich ermöglichen beide Erziehungsformen positive Erlebnisse des Aufwachsens und Lernens. Insofern kann auch nicht von einer besseren oder schlechteren Erziehung gesprochen werden.

6. Biologische und soziale Elternschaft und Kinder: Erziehung und plurale Lebensformen

Unabhängig davon, welche Erziehung stattfindet, hier hinein ragen die Diskussionen um neue Lebensformen, allein erziehende Mütter, vollständige Familien, Trennung und Scheidung und die damit verbundenen Auswirkungen auf das Erziehungsverhalten der Eltern und die Entwicklungsprozesse der Kinder. Die Frage wird aufgeworfen, wie Familien zu definieren sind? Sind Mütter, die einen neuen Lebenspartner haben, geschieden sind und nicht wieder geheiratet haben, allein erziehend oder bildet sich hier eine neue Form einer vollständigen Familie aus, die jedoch über keinen juristischen Rahmen verfügt? Auf diese Diskussion soll abschließend eingegangen werden.

Neben der normalen Kleinfamilie treten Eineltern-Familien, Stieffamilien, Adoptivfamilien und Inseminationsfamilien. Zwar ist das Scheidungs- und Trennungsrisiko in modernen Ehen gestiegen, dennoch lebten im Jahr 2002 von den 15,1 Millionen Minderjährigen in den alten Bundesländern 83 % und in den neuen Bundesländern 66 % in vollständigen Familien (vgl. Peuckert 2006). Vollständige Familie umfasst hierbei auch neue private Lebensformen wie z. B. Stiefelternschaft. Kriterium für eine vollständige Familie ist die juristische Eheform. Es handelt sich bei dieser Angabe auch um Stiefkinder, also nicht gemeinsame Kinder. Der Restanteil von 13 % (alte) bzw. 20 % (neue Bundesländer) wächst vorwiegend bei allein stehenden Elternteilen auf (vgl. Peuckert 2006). Dennoch haben 80 % der geschiedenen Eltern das gemeinsame Sorgerecht (Peuckert 2006).

So kann man einerseits immer noch von der „Normalfamilie" sprechen, wobei diese schon eine Wiederverheiratung enthält, zum anderen aber ist eine Pluralisierung der Familienformen zu verzeichnen, so dass sich auch die Kindschaftsverhältnisse verändert haben. Interessanterweise spielen die Länder in der Verteilung von Familienformen eine große Rolle. In katholischen Bundesländern wie Bayern, Rheinland-Pfalz, Saarland, Nordrhein-Westfalen und Niedersachsen sind die Normalkindschaftsverhältnisse bei über 90 % der Kinder anzutreffen. In den Bundesländern Mecklenburg-Vorpommern und Brandenburg sind es hingegen nur zwischen 56 bis 75 % (vgl. Bertram 1994).

Die Frage ist nun, wie Kinder innerhalb der familialen Erziehung mit Scheidung umgehen. Kinder erleben die Scheidung ihrer Eltern weniger als Chance für Veränderungen oder als einen gelungenen Neubeginn, sondern reagieren viel häufiger mit Verlustgefühlen und Verunsicherung. Ambivalenzen werden hier sichtbar. Nur eine kleine Anzahl von Kindern (ca. 10 %; vgl. Napp-Peters 1995) sind erleichtert. Sie fassen die Scheidung der Eltern oft als Ablehnung ihrer eigenen Person auf und fühlen sich als Schuldige. Insofern interessiert, inwiefern eine Ehescheidung langfristige Auswirkungen auf das Verhältnis von Eltern und Kinder und die Erziehungsformen hat.

Die Einelternfamilie ist häufig nur eine bedingt freiwillige Lebensform aufgrund der Trennung eines Ehepartners. Danach kann als nächste Lebensform die moderne Stieffamilie folgen, oder wie sie auch genannt wird, die vollständige Familie, zu der auch die neuen Familienformen mit einem anderen Ehepartner etc. zählen. Die biologische und soziale Elternschaft fällt somit zum Teil auseinander, denn die vollständige Familienform enthält die einfache Stieffamilie (ein Partner bringt ein Kind in eine Beziehung ein), die zusammengesetzte Stieffamilie (beide Partner bringen Kinder in die Beziehung ein), die komplexe Stieffamilie (zu den Stiefkindern kommen gemeinsame leibliche Kinder hinzu) und die mehrfach fragmentierte Stieffamilie (aufgrund wiederholter Scheidung verändert sich die Zusammensetzung der Familie wiederholt).

Trotz dieser unterschiedlichen Familienformen verbleibt die Aufgabe der Erziehung. In der Forschung wird häufig von einer größeren Konflikthaftigkeit und einem typischen Konfliktpotenzial ausgegangen (vgl. Walper 1995; Walper/Schwarz 1999), wobei zwischen Trennungskindern und vollständigen Familien, dem unterschiedlichen Wohlbefinden von Kindern und den Schwerpunktsetzungen der Alleinerziehenden und Eltern unterschieden wird (vgl. Walper/Gerhard 1999; Butz/Boehnke 1999).

Jenseits der vermuteten Konflikthaftigkeit aufgrund der veränderten Lebensbedingungen ergibt sich auf jeden Fall eine strukturelle Komplexität. Die bisherige Familiengeschichte löst sich ein Stück weit auf und Familienthemen ändern sich. Wandlungen sind erfolgreich umzugestalten und die Stiefelternrolle ist zu besetzen, wobei oft keine klaren und eindeutigen Rollendefinitionen für Stiefkinder und Stiefeltern vorliegen (vgl. Coleman u. a. 2000). Die neuen Partner und zugleich Stiefeltern haben neben den leiblichen Eltern, die ja immer noch vorhanden sind, wenn auch in unterschiedlicher Nähe und Distanz, eine eigene Position und Rolle gegenüber dem Kind und auch den biologischen Eltern aufzubauen. Diese Situation ist häufig von Ambivalenzen gekennzeichnet, da sie zum einen in den Prozess der Erziehung eingebunden sind, zum anderen ihnen aber nicht die gleichen Rechte wie den leiblichen Eltern zugestanden werden.

Zudem haben Kinder durch die Phase der vorhergehenden Einelternfamilie besondere Rollen zugesprochen bekommen und häufig auch mehr Verantwortung übernommen. Hierbei werden teilweise auch Generationsgrenzen überschritten, so dass Erziehung eine andere Form annimmt. Kinder geraten zudem in Loyalitätskonflikte, denn sie haben ihre Zuwendung auszubalancieren zwischen dem neuen Partner der Mutter oder des Vaters und dem anderen leiblichen Elternteil (vgl. Zinnecker u. a. 2003). „Der Entschluss, dem Stiefelternteil gegenüber Zuneigung zu zeigen, ohne disloyal gegenüber dem Elternteil desselben Geschlechts zu sein, ist für viele Kinder ein unlösbares Problem" (Peuckert 2002, S. 215). Insofern ist es für neue Partner und Partnerinnen des leiblichen Elternteils nicht einfach, eine eigenständige Beziehung zum Kind aufzubauen und dabei noch den Anforderungen familialer Erziehung gerecht zu werden. Hinzu kommt, dass der Kontakt zu dem außerhalb lebenden Elternteil bestehen bleibt und auch dort Erziehungsmuster weiter verfolgt werden. Der Stieffamilie kommt die Aufgabe zu, eine neue Identität als Familie zu entwickeln und Erziehung darin zu definieren. Sie hat Interaktionsstrukturen auszubilden, die einerseits den Stiefelternteil einschließt und ihm Raum gewährt, und zum anderen aber auch den abwesenden leiblichen Elternteil nicht völlig ausblendet. Innerhalb dieser Beziehungsstrukturen ist Erziehung zu leisten.

In der Forschung werden drei Familienformen unterschieden (vgl. Bien u. a. 2002). Die „Als-ob-Familie", die sich nach innen und außen als funktionierende Normalfamilie präsentiert und ein hohes Maß an Sicherheit und Zuwendung für die Kinder enthält; die „ambivalente Stieffamilie", die häufig auftritt und durch ein hohes Maß an Rollenunsicherheit im Hinblick auf das Verhältnis von Stiefelternteil und Stiefkindern gekennzeichnet ist. Dort finden sich – besonders bei den Stiefvätern – erhebliche Schwierigkeiten im Umgang mit den Stiefkindern; und die „Aufhandlungsfamilien", die neue Konzepte der Lebensgestaltung suchen und ein Mehrelternschaftskonzept umsetzen, mit dem die Stiefkinder keine größeren Loyalitätskonflikte haben brauchen. Bien u. a. (2002) konnten für Deutschland in Bezug auf die Partnerschaftszufriedenheit im Vergleich von Kern- und Stieffamilien keine großen Unterschiede feststellen. Benachteiligt sind jedoch die Stiefkinder im Vergleich zu Kindern aus Kernfamilien. Besonders in den schulischen Leistungen weisen Stiefkinder größere Probleme auf. Auch ist bei ihnen die Quote der Klassenwiederholung größer.

Betrachtet man diese Ergebnisse, zeigt sich, dass Familienerziehung ohne eine Berücksichtigung von familialen Beziehungsstrukturen nicht zu analysieren ist (vgl. Alt 2005). Zum einen sind die Muster der Erziehung zu untersuchen und zum anderen ist das Beziehungsklima aufgrund von Scheidung und Trennung und der Neukonstituierung von Stieffamilien zu analysieren. Familienerziehung ist gegenwärtig insgesamt zu einer anspruchsvollen und zugleich widersprüchlichen, konfliktreichen Anforderung für leibliche Eltern und soziale Mütter bzw. Väter geworden. Die verantwortete Elternschaft (vgl. Kaufmann 1995) enthält die Norm der bestmöglichen Förderung und des ständigen Einsatzes der Mütter (leiblich und sozial) und mittlerweile auch der entsprechenden Vaterschaft (vgl. Schneider 2002). Gefordert sind aufgeklärte Eltern und soziale Bezugspersonen, die die Erziehung in Folge einer Verwissenschaftlichung von Elternschaft reflexiv in Handeln umsetzen und eine erhebliche Informationsarbeit zu leisten haben, mit der sie sich über mögliche Risiken, Entwicklungsprobleme und Schäden des Kindes informativ vorweg und begleitend zur Erziehung auseinandersetzen.

Literatur

Aecok, A.C./Demo, D.H., 1994: Family Diversity and Well-being. Thousand Oaks, CA.

Alheit, P., 1995: „Biographizität" als Lernpotential. In: Krüger, H.-H./Marotzki, W. (Hrsg.): Erziehungswissenschaftliche Biographieforschung. Opladen, S. 276-307.

Alheit, P./Dausien, B., 2000: Die biographische Konstruktion der Wirklichkeit. In: Hoerning, E.M. (Hrsg.): Biographische Sozialisation. Stuttgart.

Alt, C. (Hrsg.), 2005: Kinderleben – Aufwachsen zwischen Familie, Freunden und Institutionen. Wiesbaden.

Baacke, D./Heitmeyer, W. (Hrsg.), 1985: Neue Widersprüche. Weinheim/München.

Bateson, G., [5]1994: Ökologie des Geistes. Frankfurt am Main.

Bauman, Z., 1995: Moderne und Ambivalenz. Frankfurt am Main.

Baumert, J./Stanat, P./Watermann, R. (Hrsg.), 2006: Herkunftsbedingte Disparitäten im Bildungswesen. Wiesbaden.

Baumrind, D., 1966: Effects of Authoritative Parental Control on Child Behavior. In: Child Development 37, S. 239-276.

Baumrind, D., 1991: Parenting Styles and Adolescent Development. In: Lerner, R./Peterson, A.C./Brooks-Gunn, J. (Hrsg.): The Encyclopedia of Adolescence. New York, S. 746-758.

Benner, D., 1987: Allgemeine Pädagogik. Weinheim/München.

Benner, D./Brüggen, F., 1997: Erziehung und Bildung. In: Wulf, Ch. (Hrsg.): Vom Menschen. Handbuch Historische Anthropologie. Weinheim/Basel, S. 768-779.

Berger, P.L./Luckmann, Th., [5]1977: Die gesellschaftliche Konstruktion der Wirklichkeit. Eschwege.

Bertram, H., 1994: Die Stadt, das Individuum und das Verschwinden der Familie. In: Aus Politk und Zeitgeschichte B 29-30, S. 15-35.

Bien, W./Hartl, A./Teubner, M. (Hrsg.), 2002: Stieffamilien in Deutschland. DJI: Familien-Survey 10. Opladen.

Bois-Reymond, M. du/Büchner, P./Krüger, H.-H./Ecarius, J./Fuhs, B., 1994: Kinderleben. Opladen.

Braunmühl, E. v., [2]1976: Antipädagogik. Weinheim/Basel.

Brezinka, W., 1974: Grundbegriffe der Erziehungswissenschaft. Weinheim/Basel.

Büchner, P., 1989: Individualisierte Kindheit „jenseits von Klasse und Schicht"? In: Geulen, D. (Hrsg.): Kindheit. Weinheim, S. 146-161.

Büchner, P., 2005: Individuelle Bildung als kollektive Investitionsleistung. In: Ecarius, J./Friebertshäuser, B. (Hrsg.): Liberalität, Bildung und Biographie. Opladen, S. 176-201.

Büchner, P./Fuhs, B./Krüger, H.-H. (Hrsg.), 1996: Vom Teddybär zum ersten Kuß. Opladen.

Büchner, P./Wahl, K., 2005: Die Familie als informeller Bildungsort. In: Zeitschrift für Erziehungswissenschaft, 8. Jg., H. 3, S. 354 – 371.

Butz, P./Boehnke, K., 1999: Problemverhalten im Kontext familiärer Veränderung durch Trennung und neue Partnerschaften der Eltern. In: Walper, S./Schwarz, B. (Hrsg.): Was wird aus den Kindern: Chancen und Risiken für die Entwicklung von Kindern aus Trennungs- und Stieffamilien. Weinheim, S. 171-190.

Coleman, M. u. a., 2000: Reinvestigating Remarriage: Another Decade of Progress. In: Journal of Marriage and the Family 62, S. 1288-1307.

Cyprian, G./Franger, G., 1995: Familie und Erziehung in Deutschland. Bundesministerium für Familie, Senioren, Frauen und Jugend. Bd. 46. Stuttgart/Berlin/Köln.

Dewey, J., 1993: Demokratie und Erziehung. Weinheim/Basel.

Ecarius, J., 2002: Familienerziehung im historischen Wandel. Opladen.

Ecarius, J., 2003: Biografie, Lernen und Familienthemen in Generationsbeziehungen. In: Zeitschrift für Pädagogik, 48. Jg, H. 4, S. 534-549.

Elias, N., 1976: Über den Prozeß der Zivilisation. Frankfurt am Main.

Erel, O./Burman, B., 1995: Interrelatedness of Marital Relations and Parent-Child Relations: A Meta-analytic Review. In: Psychological Bulletin 118, S. 108-132.

Erikson, E.H., 1988: Der vollständige Lebenszyklus. Frankfurt am Main.

Gensicke, T., 1996: Sozialer Wandel durch Modernisierung, Individualisierung und Wertewandel. In: Aus Politik und Zeitgeschichte B 42, S. 3-17.

Goffman, E., 1980: Rahmen-Analyse. Frankfurt am Main.

Gukenbiehl, H., 1995: Institution und Organisation. In: Korte, H./Schäfers, B. (Hrsg.): Einführung in Hauptbegriffe der Soziologie. Opladen, S. 95-110.

Hareven, T.K., 1999: Familiengeschichte, Lebenslauf und sozialer Wandel. Frankfurt am Main/New York.

Harold, G.T./Conger, R.D., 1997: Marital Conflict and Adolescent Distress: The Role of Adolescent Awareness 65, S. 333-350.

Havighurst, R., 1972: Developmental Tasks und Education. New York.

Hofer, M./Klein-Allermann, E./Noack, P., 1992: Familienbeziehungen. Göttingen/Bern/Toronto/Seattle.

Holtappels, H.-G./Heitmeyer, W./Melzer, W./Tillmann, K.-J. (Hrsg.), ^{2}1999: Forschung über Gewalt an Schulen. Weinheim/München.
Honneth, A., 2003: Kampf um Anerkennung. Frankfurt am Main.
Hradil, S., 2004: Die Sozialstruktur Deutschlands im internationalen Vergleich. Wiesbaden.
Jugendwerk der Deutschen Shell (Hrsg.), 1975: Jugend zwischen 13 und 24. Bd. 1-3. Hamburg.
Jugendwerk der Deutschen Shell (Hrsg.), 1985: Jugendliche und Erwachsenen '85. Bd. 5. Opladen.
Kaufmann, F.-X., 1995: Zukunft der Familie im vereinten Deutschland. München.
Kupffer, H., 1980: Erziehung – Angriff auf die Freiheit. Weinheim/Basel.
Lassahn, R., ^{2}1983: Grundriß einer Allgemeinen Pädagogik. Heidelberg.
Leitner, H., 1982: Lebenslauf und Identität. Frankfurt am Main/New York.
Lewin, K./Lippitt, R./White, R.K., 1939: Patterns of Aggressive Behavior in Experimentally Created „Social Climates". In: Journal of Social Psychology 10, S. 271-299.
Lüscher, K./Pajung-Bilger, B., 1998: Forcierte Ambivalenzen. Konstanz.
Mead, G.H., 1991: Geist, Identität und Gesellschaft. Frankfurt am Main.
Miller-Kipp, G., 1996: „Jugend soll von Jugend führen". Formen und Folgen der Aufkündigung des pädagogischen Generationsverhältnisses, beispielsweise in der Antipädagogik, in der deutschen Jugendbewegung und im Nationalsozialismus. In: Liebau, E./Wulf, Ch. (Hrsg.): Generation. Weinheim, S. 286-303.
Mollenhauer, K., 1972: Theorien zum Erziehungsprozess. Stuttgart.
Mollenhauer, K./Brumlik, M./Wudtke, H., 1975: Die Familienerziehung. München.
Napp-Peters, A., 1995: Scheidungsfamilien. Stuttgart.
Nave-Herz, R., 2004: Ehe- und Familiensoziologie. Weinheim.
Peuckert, R., ^{2}2002/^{4}2004: Familienformen im sozialen Wandel. Opladen.
Peuckert, R., ^{6}2006: Familienformen im sozialen Wandel. Wiesbaden.
Preuss-Lausitz, U., 1991: Vom gepanzerten zum sinnstiftenden Körper. In: Preuss-Lausitz, U. u. a. (Hrsg.): Kriegskinder, Konsumkinder, Krisenkinder. Weinheim, S. 89-106.
Reinders, H., 2003: Jugendtypen. Ansätze zu einer differentiellen Theorie der Adoleszenz. Opladen.
Reuband, K.-H., 1992: Veränderungen in den familialen Lebensbedingungen Jugendlicher seit der Jahrhundertwende. In: Zeitschrift für Soziologie der Erziehung und Sozialisation, 12. Jg., H. 2, S. 99-114.
Reuband, K.-H., 1988: Von äußerer Verhaltenskonformität zu selbständigem Handeln. In: Luthe, H.O./Meulemann, H. (Hrsg.): Wertewandel – Faktum oder Fiktion? Frankfurt am Main/New York, S. 73-97.
Ritzel, W., 1973: Pädagogik als praktische Wissenschaft. Heidelberg.
Russel, A., 1997: Individual and Family Factors Contributing to Mothers' and Fathers' Positive Parenting. In: International Journal of Behavioral Development 21, S. 111-132.
Rutschky, K. (Hrsg.), 1977: Schwarze Pädagogik. Berlin.
Schleiermacher, F.E.D., 1983: Ausgewählte pädagogische Schriften. Paderborn.
Schmidtchen, G., ^{2}1997: Wie weit ist der Weg nach Deutschland. Opladen.
Schneewind, K.A./Ruppert, S., 1995: Familien gestern und heute: ein Generationenvergleich über 16 Jahre. München.
Schneider, N.F., 2002: Elternschaft heute. In: Schneider, N.F./Matthias-Bleck, H. (Hrsg.): Elternschaft heute. Opladen, S. 9-21.
Schroer, M., 2000: Das Individuum der Gesellschaft. Frankfurt am Main.
Schütz, A., 1981: Theorie der Lebensformen. Frankfurt am Main.
Schütze, Y./Geulen, D., 1991: Die „Nachkriegskinder" und die „Konsumkinder". In: Preuss-Lausitz, U. u. a. (Hrsg.): Kriegskinder, Konsumkinder, Krisenkinder. Weinheim, S. 29-52.
Schwarz, B., 1999: Die Entwicklung Jugendlicher in Scheidungsfamilien. Weinheim.
Seidl, P., 1991: Wo der liebe Gott den Kinderalltag bestimmt. In: Preuss-Lausitz, U. u. a. (Hrsg.): Kriegskinder, Konsumkinder, Krisenkinder. Weinheim, S. 117-141.
Swaan, de A., 1991.: Vom Befehlsprinzip zum Verhandlungsprinzip. In: Kuzmics, H./Mörth, I. (Hrsg.): Der unendliche Prozeß der Zivilisation. Frankfurt am Main/New York, S. 173-198.
Trommsdorff, G., 1993: Geschlechtsdifferenzen von Generationenbeziehungen im interkulturellen Vergleich. In: Lüscher, K./Schultheis, F. (Hrsg.): Generationenbeziehungen in postmodernen Gesellschaften. Konstanz, S. 265-287.
Uhlendorff, H., 2001: Erziehung im sozialen Umfeld. Wiesbaden.
Walper, S., 1995a: Familienbeziehungen und Sozialentwicklung Jugendlicher in Kern-, Ein-Eltern- und Stieffamilien. In: Zeitschrift für Entwicklungspsychologie und Pädagogische Psychologie, 27. Jg., H. 2, S. 93-121.
Walper, S., 1995b: Youth in a Changing Context: The Role of the Family in East and West Germany. In: Youniss, J. (Hrsg.): New Directions for Child Development: After the Wall: Family Adaptions in East and West Germany. San Francisco, S. 3-21.

Walper, S./Schwarz, B., 1999: Akzentuiert die Scheidung der Eltern vorher bestehende Unterschiede zwischen Jugendlichen? In: Walper, S./Schwarz, B. (Hrsg.): Was wird aus Kindern: Chancen und Risiken für die Entwicklung von Kindern aus Trennungs- und Stieffamilien. Weinheim, S. 23-48.
Watzlawick, P./Beavin, J.H./Jackson, D.D., 1969: Menschliche Kommunikation. Bern.
Weber-Kellermann, I., [10]1989: Die deutsche Familie. Frankfurt am Main.
Wimmer, M., 1998: Fremdheit zwischen den Generationen. In: Ecarius, J. (Hrsg.): Was will die jüngere mit der älteren Generation. Opladen, S. 81-114.
Winterhager-Schmid, L. (Hrsg.), 2000: Erfahrung mit Generationendifferenz. Weinheim.
Wulf, Ch./Althans, B./Audehm, K. u. a., 2001: Das Soziale als Ritual. Opladen.
Zinnecker, J./Silbereisen, R.K., 1996: Kindheit in Deutschland. Weinheim/München.
Zinnecker, J., 1998: Die Tradierung kultureller Systeme zwischen den Generationen. In: Zeitschrift für Soziologie der Erziehung und Sozialisation, 18. Jg., H. 4, S. 343-356.
Zinnecker, J./Behnken, I./Maschke, S./Stecher, L., 2003: null zoff & voll busy. Opladen.

Eltern-Kind- und Geschwisterbeziehung

Gabriele Gloger-Tippelt

1. Familienbeziehungen aus pädagogisch-psychologischer Sicht

1.1 Theoretische Bestimmung von Familienbeziehungen

Vorstellungen von Familienbeziehungen sind fest im Alltagsdenken verankert. Sie beziehen sich auf das Verhältnis der Ehepartner zueinander, auf Vorstellungen vom alltäglichen Umgang der Familienmitglieder, auf Arbeitsteilung, Rechte und Pflichten, z. B. bei der Versorgung der Familie, auf Nähe und Distanz einzelner Familienmitglieder bei der Mitteilung persönlicher Erlebnisse und Probleme, oder auf das Ausmaß gemeinsamer Unternehmungen und Ziele. Dabei können Normvorstellungen von einer „idealen Familie" oder stereotype Vorstellungen von Beziehungen zwischen je zwei Familienmitgliedern wirksam werden, die beispielsweise beinhalten, dass der Mann mehr Einfluss haben müsse als die Frau, oder dass zwischen Vater und Tochter oder Mutter und Sohn eine innigere Beziehung bestehe im Vergleich zu gleichgeschlechtlichen Eltern-Kind-Beziehungen. Die meisten Menschen haben auch Erfahrung damit, wie folgenreich unterschiedliche Gestaltungen dieser Familienbeziehungen für Wohlbefinden, Gesundheit oder Leistungsfähigkeit der einzelnen Familienmitglieder sein können. Bestimmte Ausprägungen von Familienbeziehungen wie starke Ablehnung oder liebevolle Unterstützung eines Kindes durch Eltern, Streit und gewalttätige Auseinandersetzungen der Eltern oder Geschwisterrivalität haben nicht nur kurzfristige Folgen in der Kindheit, sondern teilweise lebenslange Wirkungen.

In der psychologisch-pädagogischen Familienforschung werden *Beziehungen* auf einer Zwischenebene zwischen Individuum und der Familie als Ganzem angesiedelt. So wie Individuen durch Persönlichkeitsmerkmale beschrieben werden können, lassen sich auch für Zwei- oder Mehr-Personen-Beziehungen Merkmale finden wie beispielsweise ihr Zusammenhalt oder ihre emotionale Nähe. Beziehungen entstehen nach Hinde (1993) durch eine Reihe von Interaktionen mit je einer oder mehreren anderen Personen, so dass daraus Erwartungen an zukünftige Interaktionen mit diesen Personen entstehen. Wichtigste Merkmale von Beziehungen sind ihre Reziprozität oder Komplementarität, das Machtverhältnis der Personen und der Grad an Intimität. Beziehungen zeichnen sich durch eine besondere Beziehungsgeschichte aus, bei der beide Partner wechselseitig beteiligt sind, die Personen haben eine innere Repräsentation von der Beziehung, in die ihre Erfahrungen und ihre Gefühle organisiert sind und die ihre Handlungen leiten. Auf diesem Wissen bauen Personen Erwartungen für die zukünftige Entwicklung dieser und anderer Beziehungen auf (vgl. Hinde 1993).

Einige familiale Beziehungen sind durch die unterschiedlichen Rollen, Funktionen und sich wandelnden Kompetenzen von Eltern und Kinder vorbestimmt. Im Kleinkindalter haben Eltern die Aufgaben, die Kinder zu versorgen, ihnen Schutz zu bieten und sie anzuregen. Die Beziehung ist *komplementär* mit unterschiedlichen, aber aufeinander bezogenen Anforderungen. Im Jugendalter wandelt sich dieses Verhältnis zunehmend in eine *reziproke, partnerschaftliche Beziehung*, in der gleichberechtigt Meinungen ausgetauscht und Konflikte eher ausgehandelt werden. Die Komplementarität der Beziehung tritt in den Hintergrund, besteht aber weiter. Wenn Eltern ins höhere Alter kommen, kehrt sich dieses Eltern-Kind-Verhältnis allmählich um und erwachsene Kinder tragen Sorge für die alternden Eltern. Wie gut diese teilweise biologisch, teilweise sozial vorgegebenen Aufgaben erfüllt werden, ist entscheidend für Familienbeziehungen. Ihre Qualität ergibt sich aus der Art des täglichen Zusammenlebens in der Familie. In der Literatur wird häufig auf den historischen Wandel der Familie und die zunehmende Vielfalt von Familienformen (Zwei- oder Einelternfamilie, verheiratete Eltern oder nicht-eheliche Lebensgemeinschaft, Stief- oder Pflegefamilie) verwiesen. Entscheidend für Entwicklung und Wohlbefinden der einzelnen Familienmitglieder ist jedoch nicht die jeweilige Familienform, sondern das beobachtbare und subjektiv erfahrene Zusammenleben der Familienmitglieder. Dabei stellt die Paarbeziehung der Eltern mit ihren Kommunikations- und Interaktionsformen die Grundlage der Familienbeziehungen dar, von ihr hängt die Eltern-Kind-Beziehung ab.

Die konkreten Ausgestaltungen der Mutter-Kind-, Vater-Kind- oder der Geschwisterbeziehung durch die Interaktionen im Alltag sind maßgeblich für die Qualität der Familienbeziehungen. Für dieses alltägliche Zusammenleben der Familienmitglieder und die daraus entstehenden Beziehungen ist eine psychologische Familiendefinition hilfreich, wie sie von Schneewind (1999) vorgeschlagen wurde. Danach sind *Familien intime Beziehungssysteme*, die sich von anderen Beziehungen in räumlicher, zeitlicher und emotionaler Hinsicht unterscheiden (vgl. Schneewind 1999). Hofer und Pikowsky (2002, S. 6) heben bei dieser Familiendefinition weiter hervor, dass die Familienbeziehungen „auf eine nachfolgende Generation hin orientiert (sind) und einen erzieherischen und sozialisatorischen Kontext für die Entwicklung der Mitglieder“ bereitstellen. Ein solches Familienverständnis stellt die Bedingungen des täglichen Zusammenlebens in den Vordergrund und rückt Aspekte der biologischen Abstammung oder der rechtlichen Verwandtschaftsverhältnisse eher in den Hintergrund. Im Folgenden werden allerdings schwerpunktmäßig Beziehungen zwischen Kindern und ihren leiblichen Eltern behandelt. Die Beziehungen von Pflege- und Adoptiveltern zeigen noch weitere Aspekte.

1.2 Ausgewählte Methoden zur Erfassung von Familienbeziehungen

Für viele sozialwissenschaftliche Fragen ist eine empirische Erfassung von Familienbeziehungen notwendig, zum einen für Untersuchungen zu Forschungszwecken, zum anderen für Entscheidungen und Maßnahmen in der pädagogisch-psychologischen Praxis. Dazu gibt es drei Ansatzpunkte: 1. Verhaltensbeobachtungen von ausgewählten Familienmitgliedern oder ganzen Familien unter festgelegten Bedingungen zur Erfassung der familialen Interaktion, 2. Befragungen mit Interviews oder Fragebögen zur Erfassung der jeweils subjektiven Sicht bzw. der mentalen Beziehungsrepräsentationen der einzelnen Familienmitglieder. Eine 3. Möglichkeit bieten speziell konstruierte psychologische Testverfahren. Im Folgenden werden einige Beispiele genannt.

Verhaltensbeobachtungen sind besonders angesagt bei Eltern-Kind-Interaktionen im Kleinkindalter bevor die Kinder voll sprachfähig sind. Für die Frühpädagogik relevant sind Verhaltensbeobachtungen beispielsweise in Pflegesituationen und beim Füttern des Kindes. Aufgezeichnete Verhaltensbeobachtungen mit Müttern und schreienden Säuglingen können zu videobasierten Rückmeldungen benutzt werden und zur Überwindung der Probleme beitragen (vgl. Papousek/Schieche/Wurmser 2004). Aus der Bindungsforschung kann die standardisierte Beobachtung von Eltern und Kleinkindern in der „Fremden Situation" genannt werden. Sie erlaubt aufgrund des Verhaltens der Kinder beim Wiedersehen nach kurzen Trennungen eine Unterscheidung von sicheren und verschiedenen unsicheren Formen von Bindungen (vgl. Ainsworth/Blehar/Waters/Wall 1978).

Zur Beobachtung von Eltern-Kind-Interaktionen im Jugendalter liegen eine Reihe von systematischen Auswertungen zu spezifisch konstruierten Situationen vor. So wurden Eltern und Kindern zu diagnostischen Zwecken bestimmte Aussagen (z. B. „Manche in der Familie räumen ihr Zimmer nicht so auf wie sie sollten") oder Aufgaben (Planung eines gemeinsamen Urlaubs) vorgegeben, zu denen die Familienmitglieder 20 Minuten diskutieren sollten (vgl. Kreppner/Ullrich 1999; Becker-Stoll u. a. 2000; Hofer 2003). Die Gespräche geben nach inhaltsanalytischer Auswertung Hinweise auf Autonomie und Verbundenheit fördernde oder hemmende Interaktionen der Eltern und der Jugendlichen. Mit allen genannten Verfahren können Typen oder Gruppen von Familienbeziehungen unterschieden werden, die mit weiteren Merkmalen des Familienlebens und der förderlichen oder gehemmten Entwicklung Einzelner zusammenhängen.

Der zweite Zugang sind Interviews und Fragebögen zu Beziehungen. Halbstandardisierte Interviews sind geeignet, um Leistungserwartungen von Eltern an ihre Kinder im Schulalter zu erfassen (vgl. Helmke/Schrader/Lehneis-Klepper 1991). Ein Beispiel für qualitative Interviews stellt das Adult-Attachment-Interview dar, das die Bewertung von Beziehungserfahrungen von Jugendlichen und Erwachsenen in ihrer Herkunftsfamilie erfasst (vgl. Gloger-Tippelt 2001). Fragebögen können bei Kindern erst gegen Ende des Grundschulalters eingesetzt werden. Beispiele stellen die Fragebögen von Olsen zur Beurteilung der Familienbeziehung aus der Sicht verschiedener Familienmitglieder dar (in Schneewind 1999). Zahlreiche Fragebögen liegen zur elterlichen Paarbeziehung vor, in denen die Qualität der Ehe-(Paar-)Beziehung beurteilt wird. Häufig eingesetzt werden der Partnerschaftsfragebogen (PFB) von Hahlweg (1996) und die deutsche Fassung der Relationship Assessment Scale (RAS, nach Sander/Böcker 1993). Ein gesamtes familiendiagnostisches Testsystem hat Schneewind mit seiner Arbeitsgruppe entworfen, in dem mehrere Aspekte durch Fragebögen erfasst werden (vgl. Schneewind 1999). Fragebögen werfen gelegentlich das Problem der Validität der erhobenen Beziehungsmaße auf, da Eltern und Kinder häufig unterschiedliche Sichtweisen angeben. Hierfür gibt es systematische Trends, z. B. in die Richtung, dass Mütter die positiven Aspekte der Kommunikation und Bindung höher einschätzen als ihre Kinder. Vermutlich haben die Mütter ein größeres Bedürfnis als die Kinder die Beziehung positiv zu bewerten.

Eine dritte Möglichkeit zur Diagnostik von Familienbeziehungen bieten psychologische Testverfahren, in denen über Fragebögen hinaus Materialien eingesetzt werden. Ein Beispiel für Kinder stellt der Family-Relations-Test (vgl. Bene/Anthony 1976) dar. Dabei entscheidet ein befragtes Kind zu welchem Familienmitglied eine bestimmte vorgeformte Aussage gehört, z. B. mit wem kuschelst du gerne? Wer ist manchmal schlecht gelaunt? Wer lässt dich niemals im Stich? Das Kind sortiert diese Fragen in Kästchen für verschiedene Personen ein. Familienbeziehungen können ebenfalls über den Family-System-Test (FAST; vgl. Gehring/Debry/Smith 2001) erhoben werden. Das Material des FAST besteht aus einem Schachbrett mit 9 × 9 Kästchen, sechs weiblichen und sechs männlichen Familienfiguren und kleinen Holzzylindern zum Erhöhen der Figuren. Erfassbar sind vor allem die Dimensionen der Kohäsion (Nähe der Figuren) und der Hierarchie (Höhe der Figuren). Aus der Bindungsforschung liegt ein Geschichtenergänzungsverfahren für 5- bis 8-jährige Kinder vor, das ein symbolisches Spiel mit Familienfiguren benutzt. Aus der Art, wie Kinder vorgespielte Geschichtenanfänge weiterführen, können geschulte Auswerter die Bindungsrepräsentationen von Vorschulkindern erfassen (vgl. Gloger-Tippelt/König 2005).

2. Konzepte und Theorien zu Familienbeziehungen

2.1 *Die Konzepte Familienzyklus und Familienentwicklungsaufgabe*

Familienbeziehungen wie Eltern-Kind- und Geschwisterbeziehungen stellen keine feste Größe dar, sondern verändern sich über die Zeit. Veränderungen ergeben sich aus der Entwicklung der Kinder und dem erforderlichen altersangemessenen Wandel in den elterlichen Aufgaben. Dieses Phänomen wurde mit den Konzepten *Familienzyklus* und *Familienentwicklungsaufgaben* beschrieben. Analog zum individuellen Lebenszyklus wird für Familien entsprechend den Entwicklungsmeilensteinen des ältesten Kindes ein Familienzyklus als Abfolge von Stadien unterschieden, die von kinderlosen Paaren, Familien mit Kleinkindern bis zum Auszug der Jugendlichen aus dem Elternhaus und der nachelterlichen Phase reichen (vgl. in Schneewind 1999; Hofer 2002).

Danach verändern sich die Eltern-Kind-Beziehungen nach den Bedürfnissen der Familienmitglieder. Kleinkinder benötigen mehr Schutz und Zuwendung als Jugendliche, die auf konstruktive Auseinandersetzung und individuelle Akzeptanz der Eltern angewiesen sind. Die Veränderung erfolgt auch entsprechend den sich wandelnden kognitiven und sozialen Kompetenzen der Familienmitglieder. *Familienentwicklungsaufgaben* stellen Anforderungen dar, die sich durch den Wandel der Bedürfnisse der Familienmitglieder ergeben Dem Zuwachs an Kompetenzen bei Kindern und Jugendlichen entspricht im fortgeschrittenen Alter der Eltern eine Abnahme der sozialen und kognitiven Fähigkeiten der alternden Eltern. Ein solcher *normativer Familienzyklus* kann durch Wiederholungsschleifen ergänzt werden, die bei Trennung, Scheidung und Wiederheirat durch die Bildung neuer Partnerschaften und Patch-Work-Familien entstehen. Die individuellen Entwicklungsaufgaben eines jeden Familienmitglieds sind im Kontext der Familienentwicklungsaufgaben zu lösen. Dass diese Veränderungen nicht trivial sind, wird deutlich, wenn man berücksichtigt, dass z. B. nicht entwicklungsangemessene Familienbeziehungen bei vernachlässigenden Eltern von Kleinkindern bestehen oder Eltern von jugendlichen Kindern diese zu stark kontrollieren oder übermäßig behüten. Daraus können erhebliche Konflikte entstehen.

Im Rahmen der Familienpsychologie und -soziologie sind einige theoretische Ansätze entwickelt worden, die mehr oder weniger gesetzesförmige Aussagen über bestimmte Merkmale von Familien vornehmen. Sie setzen z. B. die Ausprägung von Familienvariablen wie emotionale Nähe und Unterstützung in Beziehung zu Merkmalen der Individuen. Eine solche Aussage könnte lauten: Wenn die Eltern-Kind-Beziehung in der Kindheit durch sichere Bindung gekennzeichnet ist, dann entwickelt das Kind positivere soziale Beziehungen zu Peers. Aus Theorien leiten sich Hypothesen ab, die empirisch prüfbar sind. Vier theoretische Ansätze werden im Folgenden erwähnt: die Familienstresstheorie, die Bindungstheorie, Rational-Choice-Theorien und die Evolutionstheorie.

2.2 Familienstresstheorie

Sie postuliert, dass Veränderungen, die im Familienzyklus auftreten, für die Familienmitglieder neue Belastungen und Veränderungen erfordern und als Herausforderung oder als Stress erlebt werden können. Solche Ereignisse wie die Geburt von Geschwistern, Umzüge, Trennung und Scheidung, unerwartete kritische Ereignisse wie Krankheiten und Unfälle, aber auch positive Ereignisse wie ein Lottogewinn können eine Krise auslösen. Darauf reagieren die Mitglieder der Familien mit Anpassungsbemühungen (Copingstrategien). Die Bewältigungsmöglichkeiten hängen von der subjektiven Einschätzung und den Ressourcen der Familienmitglieder ab und legen fest, ob die Anpassung an die neue Situation gelingt oder nicht. Wie in der Stresstheorie allgemein, ist die Einschätzung von Familienstress abhängig von den bisherigen Erfahrungen und individuellen Ressourcen einzelner Familienmitglieder sowie von ihrer sozialen Unterstützung. Ressourcen in Familien bilden auf individueller Ebene Persönlichkeitsmerkmale vor allem der Eltern wie hohe Selbstwirksamkeit, eine optimistische Einstellung oder Humor. Auf einer sozialen Ebene sind materielle Ressourcen oder eine gut funktionierende Nachbarschaft angesiedelt. Schneewind (1999) macht darauf aufmerksam, dass es funktionale und dysfunktionale Bewältigungsformen gibt (Alkohol- oder Drogenkonsum). Im Stressansatz wird betont, dass nicht nur herausragende Ereignisse, sondern auch alltägliche Widrigkeiten Stress auslösen können. Auf dieser Theorie beruhen erfolgreiche Stressbewältigungsprogramme, z. B. für das elterliche Paarsystem (vgl. Bodenmann 2001).

2.3 Bindungstheorie

Die Bindungstheorie befasst sich mit dem Aufbau und der Veränderung enger, von intensiven Gefühlen getragener Beziehungen, insbesondere zwischen Eltern und Kindern. Der Begriff Bindung (attachment) kennzeichnet das spezifische emotionale Band, das zwischen zwei Personen besteht und das über Zeit und Ort hinweg erhalten bleibt. Diese Theorie, begründet von Bowlby (1969/82), thematisiert weiter, wie enge emotionale Beziehungen im Gedächtnis gespeichert werden und sich im Verhalten und später in der Sprache manifestieren. Bindung betrifft den Schutz und die Sicherheit des Kindes, die Erreichung dieses Zieles wird durch Verhaltenssysteme auf Seiten des Kindes und der Bezugspersonen reguliert. Es werden Aussagen zum Aufbau der Bindung und zu ihrer Manifestation z. B. auf einer Verhaltensebene und einer Repräsentationsebene gemacht. Beide Ebenen stellen Anteile eines angenommenen inneren Arbeitsmodells von Bindung bzw. eines mentalen Bindungsmodells dar, das sich im Verlauf der Entwicklung aufbaut (vgl. Gloger-Tippelt 2001). Das komplexe Konstrukt eines Arbeitsmodells von Bindung kann man verkürzt beschreiben als eine Organisation von scriptähnlichen Kognitionen, Gedächtnisinhalten und emotional bedeutsamen Überzeugungen, die aus Beziehungserfahrungen gewachsen sind. Sie beinhalten die individuell unterschiedlichen Vorstellungen, wie Beziehungen funktionieren und was man aus ihnen gewinnen oder nicht gewinnen kann. Vor allem dienen sie als Filter für neue Beziehungen und sind handlungsleitend in bindungsrelevanten Situationen. Mit altersspezifischen Methoden können bei Kindern und Erwachsenen verschiedene Typen von Bindungsrepräsentationen festgestellt werden. Interindividuell verschiedene mentale Bindungsmodelle entstehen aus den Interaktionserfahrungen in der frühen Kindheit zwischen Kindern und ihren primären Bezugspersonen, sie enthalten jeweils komplementäre Repräsentationen vom Selbst und von der Bindungsperson (vgl. Gloger-Tippelt 2003). Man unterscheidet eine *sichere Bindung*, die aus verlässlichen und emotional unterstützenden Interaktionen in der Kindheit entsteht und in unausgelesenen „Normalstichproben" von Familien mit Kleinkindern bei 2/3 oder der Hälfte der Personen festzustellen ist, eine *unsicher-vermeidende Bindung*, die aus dauerhafter Zurückweisung von Nähe- und Schutzbedürfnissen des Kindes erwächst und *unsicher-ambivalente* oder bei Erwachsenen *präokkupierte* Bindung, die aus unvorhersehbaren, nicht unterstützenden Erfahrungen entsteht. Kinder und Erwachsene mit sicherer Bindung verwenden offenere Kommunikationsmuster und zeigen ihre Gefühle gegenüber relevanten Anderen. Bindungssicherheit oder Beeinträchtigungen der Bindungssicherheit haben Folgen für die weitere emotionale, z. T. kognitive Entwicklung des Kleinkindes (vgl. Weinfield/Sroufe/Egeland/Carlson 1999), aber auch für die Elternschaft, wie die Befunde zur transgenerationalen Vermittlung von Bindung gezeigt haben (Abschnitt 3.1). Schließlich macht die Bindungstheorie auch Aussagen zu Bedingungen für den Aufbau einer sicheren oder unsicheren Bindung, z. B. über mütterliches feinfühliges Verhalten, über Fürsorgerepräsentationen und mentale Bindungsmodelle der Eltern sowie über Kontextbedingungen wie Fremdbetreuung.

2.4 Rational-Choice- und ökonomische Theorien

Aus der Sozialpsychologie und den Wirtschaftswissenschaften stammen Ansätze, die Beziehungen in der Familie nach Kriterien von Nutzen und Kosten zu erklären beanspruchen. Hofer (2002, S. 34) führt die sozialpsychologische Equity-Theorie an. Sie geht davon aus, „dass soziale Austauschprozesse generell durch Normen von Fairness und Gerechtigkeit reguliert werden". Beide Partner beurteilen die Beziehung danach, ob ihre Investitionen in die Beziehung auch in einem angemessenen Verhältnis zu den Erträgen stehen. Als Klassen von Erträgen und Investitionen werden Liebe, Status, Informationen, Geld und Güter (Hilfe- und Versorgungsleistungen) angenommen. Derartige intuitiv, nicht notwendig bewusste Kalkulationen gelten offensichtlich eher in Paarbeziehungen als in Eltern-Kind-Beziehungen.

Das trifft auch auf die sozialpsychologische Austauschtheorie zu, die den Nutzen von Beziehungen für Personen in solchen Handlungen sieht, die „Belohnung maximieren" und „Bestrafung" minimieren; dabei müssen allerdings Belohnungen und Bestrafungen operationalisiert werden. Weitere ökonomische Theorien gehen davon aus, dass Handlungsakteure sich für solche Optionen entscheiden, die für sie Vorteile bringen. Dieser Ansatz bewies beispielsweise in der Variante der „Value-of children"-Theorie Erklärungskraft für den Kinderwunsch und das generative Verhalten von Paaren, also für ihre Entscheidung, ob und wie viele Kinder sie aufziehen wollen. So bestimmen die Nutzenerwartungen der Eltern in verschiedenen kulturellen Kontexten ihre Kinderzahl und die Erziehungseinstellungen von Eltern, wie Nauck für die Türkei und Deutschland zeigen konnte (vgl. Nauck 1997).

2.5 Evolutionstheorie/Soziobiologie

Dieser Ansatz will im Anschluss an Darwin die Selektion und Anpassung der Arten und die Entstehung neuer Arten erklären. Es wird postuliert, dass Menschen das Ziel verfolgen, das eigene Überleben und das ihrer Nachkommen zu sichern. Das soll sich im Verhalten und in emotionalen Beziehungen niederschlagen. Für Elternschaft ist das Bemühen von Personen maßgeblich, ihre *reproduktive Fitness* zu vergrößern, das bedeutet bei biologischen Eltern und Großeltern, den reproduktiven Erfolg möglichst groß zu halten und die eigenen Gene an die nachfolgende Generation weiter zu geben. *Inklusive Fitness* betrifft zusätzlich die Weitergabe der Gene innerhalb einer Familie auch auf nicht direkt biologischem Weg, sondern z. B. auch über die Unterstützung der Kinder von engen Verwandten (vgl. Hofer 2002). Verhalten und Ziele von Eltern sind mit dem Konzept des *parentalen Investment* angesprochen. Darunter versteht man alle Investitionen in die Nachkommen, also den gesamten Aufwand an Fürsorge (Zeit, psychische, materielle Fürsorge). Frauen und Männer verfolgen nach diesem Ansatz unterschiedliche generative Strategien. Während Frauen eine qualitative Strategie mit maximalem parentalen Investment in wenige Kinder von sozial hoch stehenden Partnern verfolgen, zielen Männer eher im Sinne einer quantitativen Strategie auf maximale Streuung ihrer Gene über mehrere Frauen. Neben der Ehefrau stehen ihnen andere Optionen offen.

Aus der Evolutionstheorie können interessante Phänomene der differentiellen Familiensolidarität abgeleitet werden (vgl. Voland/Paul 1994). Auch Großeltern unterstützen ihre erwachsenen Kinder in ihren Reproduktionsbemühungen, aber sehr selektiv. Großmütter mütterlicherseits unterstützen ihre Enkel mehr als die Großmütter väterlicherseits, weil bei den erstgenannten eine Elternschaftsgewissheit besteht (vg. Euler/Weitzel 1996). Die empirischen Belege der Evolutionstheorie sind jedoch oft nicht überzeugend, sie stammen zum Teil nur von ausgewählten Spezies.

3. Eltern-Kind-Beziehung im Familienzyklus

3.1 Kontextbedingungen

Die Eltern-Kind-Beziehung hängt von einer Vielzahl von Kontextbedingungen ab. Neben den Rollenvorstellungen von Mutter und Vater sind weitere Faktoren wie die Kinderzahl und das oft damit zusammenhänge Ausmaß der außerhäuslichen Erwerbstätigkeit der Frau von Bedeutung.

Während die erwünschte Kinderzahl bei jungen Paaren immer noch bei zwei Kindern liegt, ist bekanntlich die realisierte Kinderzahl in Deutschland und anderen westeuropäischen Ländern gesunken, die zusammengefasste Geburtenziffer pro Frau lag 2000 bei 1,34. Damit steht häufig ein Einzelkind zwei Elternteilen (oder in Einelternfamilien einer Mutter) gegenüber und nicht zwei oder mehr Kinder. Ebenso sind die Mütter im Durchschnitt immer älter bei ihrer ersten Geburt, verheiratete Frauen im Jahr 2000 inzwischen durchschnittlich 29, unverheiratete 27,5 Jahre (vgl. Statistisches Bundesamt 2003a). Die Arbeitsteilung nach der Geburt eines Kindes bis zum Schuleintritt des Kindes ist in Deutschland noch traditionell: Die Versorgung von Kleinkindern wird weitgehend von der Mutter übernommen, wie eine aktuelle repräsentative Zeitbudgetstudie in Deutschland ergab (vgl. Statistisches Bundesamt 2003b).

Befragungen zufolge wollen auch Väter mehr Zeit mit ihren Kindern verbringen und sich bei der Versorgung beteiligen (vgl. Werneck 1998). Der Großteil der Väter ist heute bei der Geburt anwesend und erlebt dieses herausragende Ereignis auch sehr positiv. Die Beteiligung der Väter an dem gesetzlich gesicherten Erziehungsurlaub ist jedoch immer noch relativ gering.

Männer in Paarhaushalten mit Kindern unter sechs Jahren widmen knapp 1 ¼ Stunden schwerpunktmäßig den Kindern, Frauen 2 ¾ Stunden. Die Väter übernehmen hauptsächlich die Aktivitäten Sport und Spiel, die Frauen Körperpflege und Betreuung. Alleinerziehende Frauen wenden täglich 3 Stunden ihre Hauptaufmerksamkeit auf die Kinder. Werden die gleichzeitigen Aktivitäten von Frauen berücksichtigt, steigt die Zeit mit Kindern in den Paarhaushalten nochmals um 1 ¼ Stunden an. Die viel propagierten „Neuen Väter" sind demnach wohl eine Seltenheit; die Doppelbelastung bei den erwerbstätigen Frauen geht vor allem auf Kosten ihrer persönlichen Erholung und kann bei starkem Belastungserleben dann zu einer Beeinträchtigung der Mutter-Kind-Beziehung führen.

3.2 Frühe Kindheit

Für beide Elternteile bedeutet das Ereignis der Geburt des ersten Kindes eine gravierende Umstellung. Vor allem die Beeinträchtigung der Partnerschaft ist in der Familienforschung empirisch nachgewiesen worden, und zwar nicht nur für wenige Monate nach der Geburt, sondern auch im Vergleich zu Kontrollgruppen von Paaren ohne Kinder bis zu fünf Jahren (vgl. Jurgan/Gloger-Tippelt/Ruge 1999). Allerdings spielt dabei die Partnerschaftsqualität vor der Geburt eine differenzierende Rolle. Für die jungen Mütter stehen in den ersten Monaten nicht unbedingt die Freude am Kind, sondern die veränderte Arbeitsteilung, die ungewöhnlichen Herausforderungen durch die Versorgung eines abhängigen Säuglings und die oft damit verbundene soziale Isolierung im Vordergrund. Demgegenüber haben Väter in ihrem beruflichen Alltag weniger Veränderungen zu bewältigen. Allerdings bringen Mütter und Väter die gleichen Voraussetzungen mit, die als *intuitive Elternkompetenzen* beschrieben werden. Darunter fasst man automatische, nicht bewusst gesteuerte Verhaltensweisen in der Kommunikation mit Säuglingen wie die „Ammensprache" (hohe Töne, übertriebene Intonation), eine expressive Mimik, Blickkontakt und taktile Stimulation u. ä., die alle zur Beruhigung des Kindes eingesetzt werden. Diese Verhaltensweisen sind genau abgestimmt auf die sensorischen und motorischen Kompetenzen von Säuglingen. Aufgrund der Arbeitsteilung, der verschiedenen Tätigkeiten (Pflege versus Spiel) und der Tatsache, dass Väter mehr Zeit in der Eltern-Kind-Triade, Mütter in der Mutter-Kind-Dyade verbringen, haben Väter und Mütter teilweise verschiedene Funktionen. Es gibt aber auch eine Vielzahl von Gemeinsamkeiten der Vater-Kind- und der Mutter-Kind-Beziehung. Asendorpf und Banse (2000) führen hier vor allem an: bis zum Jugendalter bestehen die intensivsten Kontakte zu Vater und Mutter im Vergleich zu anderen Erwachsenen, beide Eltern haben eine Unterstützungsfunktion und eine Bindung zu den Kindern.

Auch die Kinder tragen durch bestimmte, bereits bei der Geburt vorhandenen Persönlichkeitsmerkmale wie ihr Temperament – im Sinne von Reizbarkeit oder positive Emotionalität – zu der Beziehung bei. Erschwerende Bedingungen für die Herausbildung einer harmonischen Eltern-Kind-Beziehung sind beispielsweise kindliche Regulationsstörungen, d. h. Schwierigkeiten bei der Anpassung an einen Schlaf- oder Essrhythmus und übermäßiges Schreien vor allem im ersten Lebensjahr (vgl. Papousek/Schieche/Wurmser 2004). Ein anderes Beispiel stellt ausgeprägte kindliche Aggressivität dar. Durch Beobachtung langer Verhaltensketten in Familien mit aggressiven Kindern konnte Patterson eskalierende Zwangsprozesse belegen, zu der beide Seiten beitragen (vgl. Patterson 1997). Eine Interventionsstudie belegte, dass aggressive Jungen bei Müttern nicht aggressiver Kinder verstärkte Kontrollprozesse, rigides und autoritäres Verhalten auslösen (vgl. Lytton 1990). Auch hier handelt es sich um einen dynamischen Wechselwirkungsprozess.

Als ein Meilenstein der Beziehungsentwicklung zwischen Eltern und Kindern wird der *Aufbau einer Bindung*, d. h. eines affektiven dauerhaften Bandes zwischen Kind und primären Bezugspersonen, in der Regel Mutter oder Vater, angesehen. Ab dem Ende des ersten Lebensjahres, wenn das Kind aufgrund seiner lokomotorischen Fähigkeiten selbst Nähe oder Distanz zur Bezugsperson herstellen kann, lässt sich das Phänomen der *sicheren Basis* beobachten, d. h. das Kind hat dann gelernt, dass es sich auf seine Bezugspersonen im günstigen Fall verlassen kann. Das Bindungsverhalten wird durch ein Verhaltenssystem gesteuert, das die Tendenz zum Nähe suchen oder Nähe zur Bezugsperson erhalten gegenüber der Tendenz zur Exploration (mit zeitweiliger Entfernung von der Bezugsperson) durch Rückkopplungsprozesse reguliert. Mit Hilfe einer standardisierten Beobachtung in einer Belastungssituation, der „Fremden Situation" (FS) nach Ainsworth u. a. (1978), können die vorn erwähnten qualitativ unterschiedlichen Bindungsformen unterschieden werden, und zwar eine sichere (B-Muster), eine unsicher-vermeidende (A-Muster) und eine unsicher-ambivalente Bindung (C-Muster). Zusätzlich kann eine Hochrisikogruppe mit Bindungsdesorganisation (D-Muster) identifiziert werden. Kinder der letztgenannten Gruppe weisen einen Zusammenbruch der Bindungsstrategien auf, was mit zahlreichen Risikofaktoren in Zusammenhang steht (vgl. Main/Solomon 1990; Solomon/George 1999). Die Beobachtungen in der FS sind sowohl mit dem Vater als auch mit der Mutter durchgeführt und in vielen Kulturen angewandt worden. Kleinkinder mit *sicherer Bindung* suchen beim Wiedersehen nach belastenden Trennungen entweder direkt Nähe und Kontakt oder begrüßen über die Distanz, sie sind leicht zu trösten und wenden sich schnell wieder den Spielsachen zu. Die postulierte Balance von Bindungs- und Explorationsverhalten ist bei ihnen am flexibelsten ausgeprägt. Kinder mit *vermeidender Bindung* vermeiden aktiv Körperkontakt oder ignorieren die Bezugsperson durch Blickvermeiden; sie sind trotz Belastung stärker an Spielsachen orientiert. Kinder mit *ambivalenter Bindung* zeigen Kontaktwiderstand, indem sie sich z. B. wegstoßen, wenn sie aufgenommen werden, sie weinen und quengeln jedoch auch in der Nähe oder zeigen Ärger und Wut auf die Bezugsperson und kein Explorationsverhalten. In unausgelesenen Normalstichproben ergab sich nach einer Metaanalyse eine Standardverteilung von 67 % B-, 21 % A- und 12 % C-Muster (vgl. van Ijzendoorn 1992), wenn die D-Klassifikation nicht berücksichtigt ist. Nach einer aktuellen Sammlung von deutschen Stichproben war auch hier das sichere Muster das häufigste, jedoch das A-Muster etwas häufiger und das C-Muster etwas seltener (vgl. Gloger-Tippelt/Vetter/Rauh 2000).

Die unterschiedlichen Bindungsmuster entstehen aus der Verarbeitung und Anpassung an die frühen Interaktionserfahrungen mit den Bezugspersonen, sie stellen insofern echte Beziehungstypen dar. Daher unterscheidet sich auch die Bindungsqualität zu Vater und Mutter (vgl. Grossmann/Grossmann/Huber/Wartner 1981). Für die Bindung zur Mutter ist das Ausmaß ihres *feinfühligen Verhaltens* in Situationen bedeutsam, in denen das Kleinkind belastet ist. Ainsworth und Mitarbeiter hatten zunächst auf der Basis ihrer Hausbesuche die Feinfühligkeit der Mütter gegenüber ihren Kindern auf einer globalen eindimensionalen Skala operationalisiert. Diese erfasst, ob die Mutter die Kommunikationssignale ihres Kindes wahrnimmt, richtig interpretiert und prompt und angemessen darauf reagiert. Spätere Forschungen haben unterschiedliche Aspekte der Feinfühligkeit untersucht.

Bei Vätern entsteht die Bindung eher durch ihre Feinfühligkeit im Spiel mit den Kindern, hat aber im Entwicklungsverlauf einen gleichen Stellenwert (vgl. Grossmann u. a. 2002). Die kindlichen Bindungsmuster stehen in engem Zusammenhang mit elterlichen (vor allem mütterlichen) internen Arbeitsmodellen von Bindung, d. h. der Verarbeitung und Darstellung eigener Bindungserfahrungen in ihrer Herkunftsfamilie, erfassbar durch das Adult-Attachment-Interview (vgl. Gloger-Tippelt 2001).

Die Entsprechung der mentalen Bindungsmodelle von Müttern und dem Bindungsverhalten ihrer Kinder wird als *transgenerationale Vermittlung* gesehen (vgl. van Ijzendoorn 1995). Auch für das Vorschulalter fand sich ein signifikanter Zusammenhang der Bindungsmodelle von Müttern und Kindern (vgl. Gloger-Tippelt u. a. 2002). Die Vorteile einer sicheren Bindung konnten für die emotionale und soziale, teilweise auch für die kognitive Entwicklung des Kindes nachgewiesen werden (vgl. Schneider/Atkinson/Tardif 2001). Sichere Bindung wird daher als Schutzfaktor, unsichere, insbesondere Bindungsdesorganisation als Risikofaktor für die Persönlichkeitsentwicklung angesehen.

Eltern bieten für Kleinkinder nicht nur emotionalen Schutz und Rückhalt, sie stimulieren auch deren motorische, kognitive und sprachliche Entwicklung. In den USA wurde Ende der 1970er Jahre mit den Home-Scales das *Anregungsmilieu der Familie* erfasst (vgl. Papastefanou/Hofer 2002). In dieses Maß geht ein, wie viel Spielmaterial oder Bücher das Elternhaus bietet. Das häusliche Milieu konnte vor allem in seiner Auswirkung auf die Intelligenz des Kindes untersucht werden, wobei altersspezifisch unterschiedlich starke Zusammenhänge auftraten. Sie beschreiben beispielhaft für die kognitive Stimulierung eine Strategie des „distancing“ bei Eltern nach Sigel. Dabei fördern Eltern die Entwicklung von Repräsentationsformen bei 3- bis 5-jährigen Kindern, indem sie Bezeichnungen für Objekte üben, Interpretationen von Ursachen eines Zusammenhangs oder Alternativen vorschlagen und kognitive Dilemmata lösen. Die Schaffung von neuen Anreizen wird auch als „scaffolding“ z. B. in der Sprachentwicklung beschrieben, womit ein Anbieten von entwicklungsangemessenen Anforderungen jeweils in einer nächsten Zone der Entwicklung gemeint ist. Ein anderes Beispiel stellt die Konstruktion von Scripts und narrativen Strukturen zum Verstehen von Ereignissen und Handlungsabläufen durch elterliche Gespräche mit Kindern im Vorschulalter dar. Eltern elaborieren und strukturieren vergangene Ereignisse im Gespräch mit ihren Kindern, und tragen so entscheidend zur Entstehung eines autobiografischen Gedächtnisses bei Vorschulkindern bei. Interessant ist hier, dass Vater und Mutter mehr Elaborationen von Gefühlsbegriffen mit Mädchen als mit Jungen vornehmen (vgl. Fivush 1993; Haden/Haine/Fivush 1997).

3.3 Jugendalter

Die Bedeutung des Jugendalters für die Eltern-Kind-Beziehung ist zum einen durch die *besondere Krisenhaftigkeit* dieses Abschnitts im Familienzyklus begründet, zum anderen durch die *lange zeitliche Erstreckung der Jugendphase,* die in Vorpubertät (11 bis 14 Jahre), mittleres Jugendalter von 15 bis 17 Jahren und spätes Jugendalter (18 bis 21 Jahre) unterteilt wird. Das entscheidende biologische Entwicklungsereignis, die Geschlechtsreife hat sich noch weiter vorverlagert. Sie tritt bei Mädchen mit der Menarche (Medianwert 12,2 Jahre) einige Monate früher ein als die Ejakularche bei Jungen (Median 12,6) (vgl. Kluge 1998). Die lange Erstreckung der Jugendphase bedeutet für die Beziehung in der Regel, dass Jugendliche heute länger im Elternhaus verweilen. Der durchschnittliche Auszug aus dem Elternhaus liegt für Frauen heute bei knapp 22 Jahren, bei Männern im Westen bei 26 Jahren, im Osten bei 23,4 Jahren (vgl. Weick 2002). Längere Ausbildungszeiten und späterer Berufseintritt mit wirtschaftlicher Abhängigkeit sind die wichtigsten Gründe dafür. In dieser langen, oft kritischen Zeit des Verweilens im Elternhaus ist die Beziehungsqualität zwischen Eltern und Jugendlichen von großer Bedeutung.

Aus sozialgeschichtlicher Sicht wird das Eltern-Kind-Verhältnis im Jugendalter durch eine abnehmende Autorität der Eltern, stärkere Emotionalisierung sowie eine heute eher partnerschaftliche und intime Beziehung zueinander beschrieben (vgl. Fend 2000). Dies schlägt sich zum Beispiel in der *Veränderung des elterlichen Erziehungsstils* nieder, der immer weniger an Gehorsam und Unterordnung und immer stärker an Zielen wie Selbstverwirklichung, Selbstständigkeit und freiem Willen orientiert ist. Die Veränderung der Erziehungsstile ist im Kontext eines gesamtgesellschaftlichen Wertewandels zu sehen. So finden Werte wie „Selbstständigkeit und freier Wille" größere Zustimmung, die Werte „Gehorsam", „Unterordnung", „Ordnungsliebe und Fleiß" nehmen ab. In der Erziehungspraxis werden weniger körperliche Strafen eingesetzt. Diese mittleren Veränderungen schließen natürlich große Variationen bei einzelnen Eltern nicht aus, es gibt immer noch sehr autoritäre und emotional kühle Eltern, ebenso wie sehr unterstützende und warmherzige. Trotz eines rechtlichen Verbots wendet ein kleiner Teil der Eltern auch noch körperliche Gewalt an.

Eltern fühlen sich heute verantwortlich für eine optimale Entfaltung der Fähigkeiten und Interessen ihrer jugendlichen Kinder, sie übernehmen die Aufgabe des Coachs für eine günstige Schullaufbahnentwicklung ihrer Kinder. Der Trend geht von einer traditionellen „Kommandofamilie" zu einer „Verhandlungsfamilie". Traditionell war das Verhältnis zwischen Eltern und Jugendlichen asymmetrisch, Eltern waren verantwortlich dafür, ihre Jugendlichen zu „moralischen, selbstständigen und verantwortlichen Personen" zu erziehen (vgl. Fend 2000). Heute sind Eltern eher die Begleiter des Entwicklungsprozesses im Jugendalter und suchen mit den Jugendlichen Kompromisse durch Aushandeln. Dies erfordert auf beiden Seiten mehr Auseinandersetzungen, mehr kommunikative Kompetenzen, Empathie und Zeit. Sind diese Bedingungen nicht gegeben, so können auch heute die Anpassungen an veränderte Bedürfnisse misslingen. Betrachtet man die gemeinsam verbrachte Zeit von Jugendlichen in ihrer Familie, so nimmt diese kontinuierlich im Alter von 10 bis 18 Jahren ab; die Zeit mit einem Elternteil allein bleibt jedoch nahezu konstant. Dagegen steigt die Kontakthäufigkeit und die Zeit, die sie mit Peers verbringen, in diesem Alter rasant an (vgl. Fend 2000).

Jugendstudien heben die Zeit der Ablösung vom Elternhaus als konfliktreichste Phase hervor, die von den Jugendlichen selbst noch stärker empfunden wird als von den Eltern. Die Gegenstände der Konflikte wurden im Detail untersucht. Aus Sicht der Jungen nehmen zwischen 13 und 15 Jahren die Themen Kleidung, Politik, für sich einkaufen die ersten drei Plätze der Konflikte ein, aus Sicht der Mädchen sind dies auch Anziehen, gleichgeschlechtliche Freundschaften und Umgang (vgl. Fend 2000). Hofer (2003) nennt weiter die Mithilfe im Haushalt und den Zeitpunkt des abendlichen nach Hause Kommens als konfliktreich.

Zentraler Punkt der Eltern-Kind-Beziehung im Jugendalter ist die *Umstrukturierung der Beziehung* zu den Eltern und die *Individuation* der Jugendlichen. Diese lässt sich gut mit einer *Theorie der Autonomie* erklären (vgl. Grotevant/Cooper 1985), die beschreibt, wie eine *zunehmende Autonomie* bei gleichzeitiger Verbundenheit zu den Eltern erreicht werden kann. Autonomie meint hier die Fähigkeit der Jugendlichen zu einer eigenen Lebensführung und emotionalen Autonomie. Es wird angenommen, dass sich gelungene Autonomie auch auf andere Bereiche ihrer Persönlichkeitsentwicklung auswirkt wie Bildungserfolg, soziale Kompetenz, psychische und physische Gesundheit (vgl. Hofer 2003). Die Veränderung der Beziehungen zu den Eltern vollzieht sich durch Erfahrung in Interaktionen mit Peers. Während in der Eltern-Kind-Beziehung die Machtstruktur noch asymmetrisch war, sind die Interaktionen mit Gleichaltrigen durch Gleichheit und Reziprozität gekennzeichnet. Mit ihren Peers können Kinder aufgrund ihrer prinzipiell ebenbürtigen kognitiven, emotionalen und sozialen Entwicklungsvoraussetzungen wichtige Themen aushandeln oder Konflikte mit gleichen Strategien lösen. Im Idealfall praktizieren sie einen „herrschaftsfreien" Dialog (vgl. Salisch 2000). Sie üben dabei ihre Diskussions-, Argumentations- und Verhandlungsfähigkeiten und lernen, Kompromisse zu schließen. Diese neu errungenen Kompetenzen werden auch auf die Eltern-Kind-Interaktion übertragen. Jugendliche fordern eine gleichberechtigte Stellung in der Interaktion mit den Eltern und verteidigen ihre neuen Freiräume. Daher lässt sich die Veränderung zwischen Eltern und Kindern von der Kindheit bis zum Jugendalter folgendermaßen darstellen.

Abbildung 1: Idealtypik des Anfangs und des Endes der Transformation der Eltern-Jugendlichen-Beziehung

	Sicht des Jugendlichen	**Sicht der Eltern**	**Beziehung**
Eltern-Kind-Beziehung	Vertrauen, Schutz und Sicherheit	Gebrauch elterlicher Autorität, Fürsorge und Schutz	Komplementarität, Asymmetrie
Eltern-Jugendlichen-Beziehung	Autonomie, Verbundenheit	Rücknahme elterlicher Kontrolle, Selbstständigkeitsunterstützung, Verbundenheit	Gegenseitiges Verständnis, Symmetrie

Quelle: nach Hofer/Pikowsky (2002, S. 246).

Die Abbildung veranschaulicht, wie die Veränderung der Beziehung aus Sicht der Jugendlichen in zwei Dimensionen, nämlich *Autonomie und gleichzeitiger Verbundenheit* stattfindet (vgl. Grotevant/Cooper 1985). Autonomie bedeutet nicht Loslösung im Sinne einer emotionalen Abwendung und Isolierung von den Eltern, sondern sie kann sich auch auf der Basis von Verbundenheit vollziehen. Wenn Autonomie sich im Sinne einer emotionalen Abwendung von den Eltern vollzieht, geht sie z. B. „mit geringerem Selbstwertgefühl und höherer Anfälligkeit für Gruppendruck einher ..., steht Autonomie [*jedoch*] auf der Grundlage einer vertrauensvollen Beziehung zu den Eltern, [*so ist sie*] mit höherem Selbstwertgefühl und reiferer Identitätsentwicklung" verbunden (Becker-Stoll u. a. 2000, S. 346). Es lassen sich die Bereiche einer emotionalen Autonomie (eigene Gefühle abgrenzen können), Verhaltensautonomie (Alltagsroutinen ohne Eltern bewältigen), kognitiven Autonomie (eigene Meinungen) und ökonomischen Autonomie unterscheiden (vgl. Hofer/Pikowsky 2002). Verbundenheit „meint allgemein ein stabiles Gefühl der psychischen

Nähe und Zugehörigkeit", in diesem Fall zwischen Eltern und Kindern (vgl. ebd.). Der Veränderungsprozess in der dyadischen Interaktion zwischen Jugendlichen und dem betreffenden Elternteil bei gleichzeitiger Zunahme von Autonomie und Individualität und Erhalt der Verbundenheit wird als *Individuation* bezeichnet.

Grotevant und Cooper (1985) konzipierten und begründeten den Individuationsprozess mit einer oft zitierten Untersuchung, in der sie erstmalig die Interaktion von Eltern und Jugendlichen systematisch bei dem Lösen einer quasi-experimentell gestellten Aufgabe untersuchten (Planung eines zweiwöchigen gemeinsamen Urlaubs). Es wird angenommen, dass eine solche Aufgabe allen Beteiligten Möglichkeiten zum Ausdruck ihrer Standpunkte gibt. Während der Aufgabe wurden Eltern und Kinder videografiert und diese Aufnahmen schriftlich transkribiert und beides danach inhaltsanalytisch ausgewertet. Die Ergebnisse sind beachtenswert. „Zunächst zeigen sie, dass Autonomie und Verbundenheit in der Familie dyadenspezifisch reguliert wird, d. h. dass sich Beziehungen von Vätern und Müttern gegenüber Töchtern und Söhnen bezüglich der Balance von Autonomie und Verbundenheit unterscheiden" (Becker-Stoll u. a. 2000, S. 346). Väter unterstützen (möglicherweise entsprechend ihrer Familienrolle) die Verhaltensautonomie der Jugendlichen mehr als Mütter, indem sie z. B. erklären, zusammenfassen und Problemlösungen anbieten, Mütter zeigen mehr Zustimmung zu Vorschlägen. Das konnte in späteren deutschen Studien bestätigt werden. Außerdem konnte mit derselben Aufgabe und Auswertungsmethode gezeigt werden, dass bei Jugendlichen von 13 bis 17 Jahren ein Anstieg autonomer Verhaltensweisen und eine Zunahme ihrer Symmetrie in der Beziehung festzustellen ist (vgl. Noack/Kracke 1998). Andere Forscher fanden, dass Mütter gegenüber Töchtern stärker auf Kontrolle des Gesprächs orientiert sind, und zwar umso mehr, je mehr die Töchter ihre Eigenständigkeit demonstrieren (vgl. Hofer/Pikowsky 2002).

Auch die Studie der Arbeitsgruppe von Hofer (2003) erbrachte empirische Nachweise dafür, wie Selbstständigwerden der Jugendlichen im Gespräch mit den Eltern stattfindet. Mit detaillierten Analysen von Konflikt- und Planungsgesprächen bei Familien aus West- und Ostdeutschland wurde bestätigt, dass die Verbundenheit zwischen Jugendlichen und ihren Eltern konstant hoch bleibt, gleichzeitig aber die Vorstellung von Autonomie bei Jugendlichen zunimmt, während die elterliche Kontrolle abnimmt. Hofer beschreibt die Veränderungsprozesse (vgl. Abbildung 1) in einem Modell mit neun idealtypischen Schritten einer Transformation der Beziehung. Zusammenfassend lässt sich festhalten: *Autonomieentwicklung erfolgt bei Jugendlichen verstärkt dann, wenn als Grundlage eine Verbundenheit mit den Eltern besteht. Väter unterstützen die Autonomie der Jugendlichen stärker, Mütter betonen eher die Verbundenheit.*

Gleichzeitig gibt es deutliche gruppentypische Unterschiede zwischen Familien nach Bindungs- oder Kommunikationsstilen, in denen zum Beispiel mehr Feindseligkeit oder mehr Wärme vorherrscht. Becker-Stoll (1997) untersuchte die Autonomieentwicklung in Zusammenhang mit den unterschiedlichen Bindungsstilen, die mit dem Adult-Attachment-Interview erfasst wurde. Es ergab einen Zusammenhang zwischen der mentalen Bindungsrepräsentation der Jugendlichen und ihrem Interaktionsverhalten in den zwei gestellten Aufgaben (vgl. Grotevant/Cooper 1985) derart, dass bei sicherer Bindung eine ausgewogene Balance zwischen Autonomie und Verbundenheit fördernden Verhaltensweisen festzustellen war. *Jugendliche mit sicherer Bindung* zeigten besonders im Streitgespräch mehr selbstsicheres engagiertes Argumentieren, häufiges Zustimmen, wenig Feindseligkeit, Fragen nach Meinungen, d. h. insgesamt viel Verbundenheit förderndes Verhalten. Die Jugendlichen mit unsicher-distanzierender Bindungsrepräsentation, die im Bindungsinterview kaum Erinnerungen an ihre Kindheitserfahrungen berichten oder sehr idealisierte, aber nicht episodisch begründete Erinnerungen liefern, konnten in der Gesprächsaufgabe mit den Eltern schwer Argumente für ihren Standpunkt liefern, zeigten keine Selbstständigkeit und wenig konstruktiv-engagierte Interaktion, bei ihnen fand sich nur geringes Autonomie förderndes Verhalten (vgl. Becker-Stoll 1997).

Ein weiteres empirisches Projekt von Kreppner und Ullrich (1999) hat die differenzielle *Transitionskompetenz* von Familien bzw. Eltern mit Hilfe von Video- und Gesprächsanalysen im Längsschnitt von 11 bis zu 15 Jahren (acht Erhebungen) gut untersucht. Die Ergebnisse belegten eine hohe Konstanz in der Einschätzung der Beziehungsqualität zu Mutter und Vater im Jugendalter, wobei keine generelle Entwicklung ins Negative feststellbar ist! Es wurden drei Cluster unterschieden, eine sicher-verlässliche Beziehung, eine emotional ambivalente, eine habituelle Familienform ohne Diskussion. Über die Zeit hinweg stellte sich eine Gruppe der „Konsolidierer“ (zu einem verlässlichen Kommunikationsstil) und eine Gruppe der „Verabschieder“ mit verschlechternder Kommunikation heraus. Grundsätzlich können nach dieser Studie *entwicklungsfördernde* (gleichberechtigte, Aufmerksamkeit gebende, integrative Kommunikation) und *entwicklungshemmende* (wie hierarchisch, belehrend, kompetitiv, dominierend, wenig Nähe) Kommunikationen unterschieden werden. Dadurch verlaufen die Anpassungen von der Kindheit an das Jugendalter mit den erforderlichen zeitspezifischen Veränderungen unterschiedlich ab, je nachdem, ob die Eltern mehr oder weniger Transitionskompetenz in ihrem konkreten Verhalten zeigen. Darin liegt die spezielle Dynamik des Übergangs der Familien mit Jugendlichen.

3.4 Erwachsene Kinder und ihre alten Eltern

Die Beziehungsstrukturen zwischen erwachsenen Kindern und ihren alternden Eltern wurden lange Zeit nicht in der Familienforschung beachtet. Erst durch den starken demografischen Wandel, die Erhöhung der Lebenserwartung, aber auch durch fehlende Angebote altersgerechter Wohnumwelten und Versorgung von pflegebedürftigen älteren Personen wurden die Beziehungen dieser Phase des Familienzyklus wieder stärker betrachtet. Familienforscher betonen, dass noch nie in der Menschheitsgeschichte so viele Mehrgenerationen-Familien (bis zu vier Generationen) wie heute existiert haben, so dass Kontaktmöglichkeiten zwischen Enkeln, Kindern, Eltern und Groß- oder Urgroßeltern verstärkt möglich sind. Dies wird allerdings dadurch begrenzt, dass die Mehrzahl der alten Eltern nicht in Zwei- oder Drei-Generationen-Haushalten mit den jungen Familien zusammenleben (vgl. Zank 2002). Als Stichworte für die Beziehung werden „innere Nähe durch äußere Distanz“ oder „Intimität auf Abstand“ geprägt, die dauerhaft enge Beziehungen, jedoch getrennte Haushaltsführung thematisieren. Zank referiert aktuelle deutsche Repräsentativbefragungen, nach denen ältere Eltern sich ihren erwachsenen Kindern emotional verbunden fühlen, häufig Kontakt miteinander haben und finanzielle und psychische Hilfeleistungen akzeptieren. 75 % der alten Eltern haben mindestens einmal in der Woche Kontakt mit ihren Kindern. Ein Viertel der 70- bis 85-Jährigen leistet noch materielle Unterstützung für Kinder, dies spricht für eine bestehende Generationensolidarität.

Mit *Kindern* alter Eltern werden hier durchschnittlich 40- bis 65-jährige Erwachsene beschrieben, wobei es natürlich große Variationen gibt, insbesondere im Hinblick auf das Alter der Väter. Hauptkontaktperson alternder Eltern ist nach wie vor der (Ehe-)Partner, aber auch bei nicht pflegebedürftigen Eltern sind die Kinder die zweitwichtigsten Kontaktpersonen.

Zur Kennzeichnung des emotionalen Verhältnisses dieser erwachsenen Kinder zu ihren alten Eltern wurde das Konzept der *filialen Reife* von Blenkner eingeführt und weiter in der Forschung differenziert (vgl. Bruder 1988; Zank 2002; Schütze 1993). Filiale Reife betrifft eine dritte Trennungs- und Individuationsphase, in der die Kinder sich endgültig von den Eltern ablösen. Es beschreibt ein Entwicklungs- und Reifestadium, in dem Auflehnung oder emanzipatorische Anstrengungen und Individuation der Kinder abgeschlossen sein sollte, und sie sich in einer anderen, nämlich fürsorglichen, zum Teil pflegenden Rolle den alten Eltern zuwenden. Für erwachsene Kinder ist die Feststellung, dass ihre Eltern zunehmend schwächer und hilfsbedürftiger werden, häufig erst ein Schock und erfordert allmähliche Anerkennung dieser tatsächlichen Situation (Filiale Krise nach Blenkner). Filiale Reife lässt sich nach drei Aspekten differenzieren: 1. emotionale Autonomie, 2. die Fähigkeit zu einem fürsorglich-autoritären Umgang, vor allem mit dement eingeschränkten alten Menschen zu kommen und 3. eine Kontrollfähigkeit unangemessener Schuldgefühle (vgl. Bruder 1988). Häufig wird bei erwachsenen Personen mit fehlender Autonomie im Umgang mit ihren alternden Eltern ein Aufleben von Konflikten und eine Mischung von Aggression und Schuldgefühlen bei den Kindern berichtet. Solche Konflikte können aus ihren nicht verwirklichten Selbstständigkeitsbedürfnissen entstehen und dadurch zu unterdrückten aggressiven Impulsen kommen, die eine Wahrnehmung positiver Empfindungen zu den Eltern dämpfen können. Filiale Reife erfordert dann die Einsicht, dass Eltern auf Fürsorge und Beistand angewiesen sind und sie selbst in kritischen Situationen keinen entsprechenden Beistand mehr von den Eltern erwarten können. Das bedeutet, die Kinder müssen nun ihre Verantwortung für das eigene Leben voll selbst übernehmen, auch für die psychisch oder gesundheitlich eingeschränkten Eltern. Eine wichtige Aufgabe der Kinder ist es nun, die Hilfe und Unterstützung für die Eltern angemessen zu dosieren und ihre Fürsorge mit klaren, auch autoritär anmutenden Grenzen zu verbinden. Die Veränderungen in den Rollenbeziehungen, die aus der Hilfsbedürftigkeit der alten Eltern entstehen, werden von den Kindern oft als schwierig und schmerzlich erlebt (vgl. Zank 2002).

Ein durchgehender Befund der Alters-Studien besagt auch, dass Töchter oder Schwiegertöchter einen größeren Aufwand an Betreuung und Hilfeleistung erbringen als Söhne oder Schwiegersöhne, was durch die Geschlechterrollen vermittelt sein kann (vgl. Schütze 1993; Zank 2002).

4. Geschwisterbeziehungen

Eine Kindheit mit Geschwistern zu erleben ist trotz des Geburtenrückgangs in Deutschland noch die statistische Normalität. Nach Erhebungen aus dem Jahr 2000 wuchs die Mehrzahl, nämlich 75 % der Kinder unter 18 Jahren, mit Geschwistern auf, die Hälfte mit einem Geschwister, 19 % mit zwei und 8,7 % mit drei oder mehr Geschwistern. Im Vergleich zum Jahr 1991 hat sich dieses Verhältnis kaum verändert (vgl. Statistisches Bundesamt 2003b). In den neuen Bundesländern gibt es neuerdings etwas mehr Einzelkinder als in den alten. Diese Statistik umfasst alle Arten von Geschwistern, auch die aus Stief- und Adoptivfamilien. Die folgenden Befunde beziehen sich dagegen überwiegend auf Geschwister mit gleichen leiblichen Eltern. Zur Beschreibung der Geschwisterbeziehung dienen zum einen sozialstrukturelle Merkmale der Familie wie die *Geburtenfolge*, d. h. Erst- oder Zweitgeborener zu sein, die *Konstellation nach Geschlecht*, der *Altersunterschied* der Geschwister oder die Asymmetrie der Rollen. Als psychologische Merkmale zur Kennzeichnung der Beziehung werden vor allem die *emotionale Nähe* und die Konflikte oder *Rivalitäten* zwischen Geschwistern betrachtet. In Überblicksarbeiten werden Geschwisterbeziehungen nach dem Alter der Kinder und nach allgemeinen gegenüber differenzierenden Faktoren (wie Geschlecht, Altersabstand) diskutiert (vgl. Kasten 1993; Asendorpf/Banse 2000). Hier kann nur ein kleiner Teil der verzweigten Befunde berichtet werden.

4.1 Kindheit

Für das Kleinkindalter liegen vor allem Beobachtungsstudien mit aufwendigen Auswertungen vor. Zusammenfassend wird berichtet, dass die Erstgeborenen von ihren Eltern mehr Aufmerksamkeit und Zuwendung erfahren, sie werden z. B. stärker verbal stimuliert. Ob Zweitgeborene weniger liebevoll oder aufgrund der größeren Erfahrung der Mutter gerade fürsorglicher behandelt werden, scheint uneinheitlich (vgl. Papastefanou 2002). Die Anbahnung einer Geschwisterbeziehung wurde in einer deutsche Studie im Längsschnitt systematisch beobachtet (vgl. Kreppner/Paulsen/Schütze 1982). Danach konnten drei Phasen in der Familieninteraktion unterschieden werden, die sich am Alter des zweitgeborenen Kindes orientieren. Erst in einer dritten Phase (17. bis 24. Lebensmonat) nehmen die Spannungen zwischen Geschwistern durch Regulationen der Eltern ab, und es werden Beziehungen zwischen den Geschwistern aufgebaut. Die oft starken Reaktionen der älteren Kinder auf die Geburt eines Nachfolgers/einer Nachfolgerin veranlassten Adler von einer „Entthronung“ zu sprechen. Häufig werden Verhaltensprobleme, Konzentrationsschwierigkeiten oder psychosomatische Störungen bei den Erstgeborenen berichtet. Vermutlich spielen die elterlichen Erwartungen und Verhaltensweisen gegenüber Erst- und später Geborenen hier eine vermittelnde Rolle. So hingen in den Beobachtungen von Dunn und Kendrick (1981) bei Geschwisterpaaren mit einem Säugling von 8 Monaten und einem älteren Kind häufigere mütterliche Interaktionen mit dem Zweitgeborenen mit geringerem Austausch an positivem Sozialverhalten zwischen den Geschwistern zusammen. In längsschnittlichen Beobachtungen von Geschwisterpaaren in der frühen Kindheit erwies sich vor allem die Geburtenfolge als Dominanz des älteren Geschwisters (mehr aggressives und mehr prosoziales Verhalten) für das jüngere als wirksam. Altersabstand oder Geschlecht waren nicht generell nachzuweisen (vgl. Abramovitch/Corter/Pepler/Stanhope 1986).

Aus der Übereinstimmung der Bindungsmuster von Geschwisterpaaren (bei Unterscheidung sicher/unsicher) könnte geschlossen werden, dass die Interaktionen der Mütter zu den Geschwistern in bindungsrelevanten Merkmalen nicht verschieden sind (vgl. van Ijzendoorn u. a. 2000). Teti und Mitarbeiterinnen (1996) stellten allerdings nach der Geburt von Geschwisterkindern bei 2- bis 3-jährigen Kindern eine Abnahme eines Bindungssicherheitswertes der Erstgeborenen fest, besonders dann, wenn der Altersabstand mehr als 24 Monate betrug und daher die kognitiven Verständnismöglichkeiten der Erstgeborenen größer sind. Bei geringerem Altersabstand werden mehr Rivalitätsbeziehungen beobachtet. Ein Altersunterschied besonders ab 3 bis 4 Jahren ist verbunden mit Asymmetrien in der Beziehung (vgl. Asendorpf/Banse 2000); die Erstgeborenen verfügen über mehr Kompetenzen, andere Spielinteressen, andere Kontakte zu Peers. Diese unterschiedlichen Kenntnisse und Interessen können die intensiven Konflikte zwischen Geschwistern auslösen, die vor allem für die Kindheit berichtet werden. Wegen des engen Zusammenlebens und der räumlichen Nähe besteht aber auch die Notwendigkeit, die Konflikte wieder zu lösen, so dass Phasen des intensiven Streits und der engen Versöhnung aufeinander folgen. Bei größerem Altersabstand findet sich aber auch ein fürsorgliches Verhalten der älteren Geschwister, ebenso fungieren sie häufiger als Bindungsfiguren für die jüngeren Kinder (vgl. Zukow-Goldring 1995). Die Geschwisterstudien aus westlichen Gesellschaften unterscheiden sich sehr in ihren Befunden von denjenigen aus kulturvergleichenden Studien. In ländlichen Settings nicht westlicher Kulturen übernehmen ältere Geschwister, insbesondere eher Mädchen ab dem Alter von 5 bis 7 Jahren, Fürsorgefunktionen für ihre jüngeren Geschwister; sie trösten und beruhigen sie, setzen soziale Normen und Haushaltspflichten bei ihnen durch oder initiieren Spiele (vgl. Zukow-Goldring 1995).

Auch für Eltern bedeutet die Geburt des zweiten Kindes einen neuen Übergang in der Familienkarriere und erfordert noch weitgehendere Umstellungen als beim ersten Kind. Sie erfahren bei der Geburt von zweiten und weiteren Kindern vor allem mehr Einschränkungen in ihrer persönlichen Bedürfnisbefriedigung, besonders wenn der Geburtenabstand kurz ist (vgl. Brüderl 1989). Eltern, vor allem die Mütter haben die schwierige Aufgabe, das erstgeborene Kind in seinen emotionalen und Verhaltensreaktionen nach der „Entthronung“ in prosoziale Richtung zu lenken, z. B. bei der Pflege zu beteiligen, das Zweitgeborene vor negativen Gefühlen und aggressiven Handlungen zu schützen und den Aufbau einer Geschwisterbeziehung zu fördern (vgl. Papastefanou 2002). Da das neugeborene Kind sehr viel Aufmerksamkeit und Zuwendung erfordert, können die Reaktionen der älteren Kinder zwischen Aggressionen und Ärger, Rückzug und Regression oder einer Reifung und Beteiligung bei der Versorgung schwanken, wie die Studien von Dunn zeigen (vgl. Papastefanou 2002; Furman 1995). Sobald Eltern zwei Kinder haben, werden sie durch unterschiedliches Alter und Geschlecht sowie die Persönlichkeiten der Kinder sehr viel stärker auf die Verschiedenheit der Kinder aufmerksam. Obwohl Geschwister 50 % der Gene teilen, unterscheiden sie sich in vielen Merkmalen stärker als nach dieser Maßzahl zu erwarten. Dies wird auf die Bedeutung der nicht *geteilten* Umwelt zurückgeführt. Trotz der zahlreichen geteilten/gemeinsamen Aspekte in der Umwelt (wie Sozialschicht, Erziehungsstil der Eltern) lebt jedes Geschwisterkind in einer eigenen Mikrowelt, die durch die unterschiedliche Bedingungen der Eltern im Familienzyklus und den Entwicklungsstand der Kinder entsteht. Daher wird ein prinzipiell gleiches Lebensereignis wie die Krankheit eines Elternteils von den Geschwistern unterschiedlich verarbeitet und zeigt auch verschiedene Wirkungen. Eltern richten ihr Verhalten zwar konsistent nach dem Alter des Kindes, aber zum gleichen Zeitpunkt erleben die Geschwister dieses verschieden (vgl. Dunn/Plomin 1996). Die Unterschiedlichkeit von Geschwistern lässt sich auch soziobiologisch erklären: Geschwister verstärken ihre Differenzen und konkurrieren so um elterliche Zuwendung, um damit ihre Chancen zu verbessern.

4.2 Erwachsenenalter und Alter

Im Erwachsenenalter sinkt die Bedeutung von Geschwistern im Vergleich zu Partnern und Freunden ab. Der Altersunterschied spielt keine so große Rolle mehr wie in der Kindheit. Asendorpf und Banse (2000) fanden für 12-Jährige noch eine hohe Korrelation zwischen Geschwisterkonflikten und Altersabstand, für junge Erwachsene (befragte Erstsemester) jedoch kaum noch. Wenn eine eigene Familie gegründet wurde, beschränken sich die Geschwisterbeziehungen häufig auf konventionelle Familienfeste. Erst im höheren Erwachsenenalter und Alter wird eine Zunahme an Nähe zwischen Geschwistern berichtet, vor allem wenn Familiensolidarität aufgrund von Pflegebedürftigkeit gefordert ist. Den Persönlichkeitsunterschieden von Erst- und Zweit- oder Spätergeborenen wird in der Forschung viel Aufmerksamkeit gewidmet, und zwar von der Kindheit bis ins höhere Alter. Die von Alfred Adler früh aufgestellten Behauptungen über die Auswirkungen der Geschwisterpositionen wurden später vielfach geprüft und kritisiert (vgl. Furman 1995). Erstgeborene werden in ihrer Persönlichkeit als konservativer, leistungsmotivierter, etwas intelligenter, ängstlicher und weniger gesellig beschrieben, jüngere Geschwister eher als durchsetzungsfähiger, offener gegenüber neuem Wissen und kooperativer (vgl. Asendorpf/Banse 2000; Papastefanou 2002). Allerdings wurde an dem Zustandekommen dieser Aussagen vielfältige methodische Kritik geäußert (vgl. Asendorpf/Banse 2000). Die Persönlichkeitsunterschiede sind wiederum eine Folge der Geschwisterkonstellation und der unterschiedlichen familialen Erfahrungen im Lebenslauf der Geschwister. Es ist davon auszugehen, dass Persönlichkeitsunterschiede sich ab dem Grundschulalter konsolidieren. Man muss also von einer engen Wechselbeziehung zwischen anlagebedingten Merkmalen, Familienerfahrungen und Geschwisterbeziehungen ausgehen. Das Wohlbefinden im höheren Alter (60- bis 90-Jährige) steigt bei Kontakten zu Geschwistern, wobei nicht die Häufigkeit, sondern die erlebte Nähe ausschlaggebend sind. Deutliche Unterschiede bestehen in Abhängigkeit vom Geschlecht der Geschwister. Eine Schwester zu haben, steigert im Alter das Wohlbefinden, weil damit mehr psychologische Unterstützung und eine geringere Depressionsneigung verbunden sind. Auch im höheren Alter wird mit Geschwistern noch Schutz und Sicherheit verbunden (vgl. Cicirelli 1989).

Der Bericht über Konzepte und Befunde zu Familienbeziehungen vor allem zwischen Eltern und Kindern und zwischen Geschwistern verweist trotz einiger Einschränkungen auf deren große Bedeutung für die Persönlichkeitsentwicklung.

5. Zusammenfassung und Ausblick

In dem Beitrag konnte die Bedeutung und zeitliche Veränderung von Familienbeziehungen für die Eltern-Kind-Beziehung und die Geschwisterbeziehung herausgearbeitet werden. Es wird behauptet, dass Familienbeziehungen die relevanten psychologischen Beschreibungsdimensionen für die Qualität des Familienlebens und das Erleben der einzelnen Familienmitglieder darstellen; formale Aspekte der Familienform (wie rechtliche Ehe, nicht eheliche Lebensgemeinschaft oder Stieffamilie) oder Größe der Familie sind dagegen von geringerer Bedeutung. Familienbeziehungen werden auf einer Ebene zwischen Individuum und Familie als Ganzheit angesiedelt. Auf der Ebene des individuellen Erlebens des Einzelnen stellen sie dauerhafte innere Repräsentationen von wiederholten Interaktionserfahrungen zwischen zwei oder mehr Mitgliedern der Familie dar, die Gefühle organisieren und zukünftige Erwartungen und Handlungen festlegen. Familienbeziehungen können auch von außen beobachtet und erschlossen werden. Sie sind durch gesellschaftliche Rollen vorbestimmt. Methodische Zugänge zur empirischen Erfassung von Familienbeziehungen wurden skizziert und die relevanten Theorien im Überblick genannt. Als psychologisch relevante Beschreibungsdimensionen von Eltern-Kind-Beziehungen müssen Schutz und Fürsorge, emotionale Nähe und Vertrauen auf der einen Seite und kognitive Anregung und Förderung auf der anderen Seite gleichermaßen einbezogen werden. Gesellschaftliche und soziale Kontextbedingungen wie Wertorientierungen (z. B. der Wert von Kindern) oder die Arbeitsteilung der Eltern haben Einfluss auf die Eltern-Kind-Beziehungen.

Im Laufe des Familienzyklus finden typische Veränderungen sowohl der Eltern-Kind--Beziehung als auch der Geschwisterbeziehungen statt. Dies wurde für charakteristische Altersgruppen ausgeführt. In der frühen Kindheit spielt in der Eltern-Kindbeziehung Befriedigung der Bedürfnisse der Kinder, ihre emotionale Sicherheit und Anregung die entscheidende Rolle. Die Geschwisterbeziehung ist in dieser Lebensphase häufig durch Dominanz des älteren Geschwisters und Gefühle der Rivalität und Konflikte gekennzeichnet, die auch länger anhalten können. Die unterschiedliche Entwicklung von Geschwistern trotz gleicher biologischer Eltern wird durch den Einfluss der nicht geteilten Umwelt erklärt.

Im Jugendalter steht die Individuation der Jugendlichen an, die bei gleichzeitiger hoher Ausprägung von Autonomie und Verbundenheit mit den Eltern einen günstigen Verlauf nimmt. In dieser Zeit spielt die Transitionskompetenz der Eltern für eine angemessene Gestaltung der Eltern-Kind-Beziehung die zentrale Rolle. Ob die Beziehung unterstützend, auf Gleichberechtigung und offenes Gespräch ausgerichtet ist oder im Gegenteil durch Kontrolle, Belehrung oder emotionale Ablehnung gekennzeichnet ist, hat große Folgen für den Prozess der Individuation der Kinder. Mit längerer Lebenserwartung sind auch Beziehungen zwischen erwachsenen Kindern und ihren älteren Eltern neu ins Blickfeld geraten; kennzeichnend ist hier eine „Intimität auf Abstand". Von erwachsenen Kindern wird als Reifungsschritt in der Beziehung zu den schwächer werdenden Eltern eine „filiale Reife" gefordert. Während die Geschwisterbeziehung im Erwachsenenalter in der Regel an Intensität und Bedeutung nachlässt, gewinnt sie im hohen Alter wieder an Bedeutung. Das Wohlbefinden und Sicherheit des Einzelnen steigen mit erlebter Nähe zu Geschwistern.

Bei der zunehmenden Vielfalt von Familienformen sollte in Zukunft die Erhaltung und Förderung der Qualität von Familienbeziehungen durch pädagogische und beratend-therapeutische Maßnahmen ein vorrangiges Ziel sein. Dies kann durch Ansätze auf unterschiedlichen Ebenen erreicht werden. Voraussetzungen sind die Schaffung von familienfreundlichen Rahmenbedingungen im Wohnumfeld, in Kommunen und im Arbeitsleben. Nach wie vor ist die Vereinbarkeit von Familie und Beruf für junge Familien, vor allem für die Mütter, in Deutschland ungenügend geregelt, es fehlen qualitativ gute außerfamiliale Betreuungsformen. Weitere Ansätze bieten Kommunikationstrainings für Paare vor Beginn der Elternschaft, Elterntrainings und niedrigschwellige Angebote zur Beratung bei den kindlichen Entwicklungsmeilensteinen. Zur Verbesserung der Eltern-Kind-Beziehung bei ausgewählten Risikogruppen (wie jugendlichen Müttern, depressiven Müttern) erwiesen sich präventive Frühförderprogramme als besonders erfolgreich.

Literatur

Abramovith, R./Corter, C./Pepler, D.J./Stanhope, L., 1986: Sibling and Peer Interaction: A Final Follow-up and a Comparison. In: Child Development, 57. Jg., S. 217-229.

Ainsworth, M.D./Blehar, M.C./Waters, E./Wall, S., 1978: Patterns of Attachment. Hillsdale.

Asendorpf, J./Banse, R., 2000: Psychologie der Beziehung. Bern u. a.

Becker-Stoll, F., 1997: Interaktionsverhalten zwischen Jugendlichen und Müttern im Kontext längsschnittlicher Bindungsentwicklung (Universität Regensburg: unv. Diss.). Regensburg.

Becker-Stoll, F./Lechner, S./Lehner, K./Pfefferkorn, H./Stiegler, E./Grossmann, K.E., 2000: Autonomie und Verbundenheit bei Jugendlichen und jungen Erwachsenen. In: Zeitschrift für Sozialisationsforschung und Erziehungssoziologie, 20. Jg., H. 4, S. 345-361.
Bene, E./Anthony, J., 1976: Family Relations Test. Windsor.
Bodenmann, G., 2001: Prävention von Partnerschaftsproblemen: Die Rolle von Stress und seiner Bewältigung. In: Walper, S./Pekrun, R. (Hrsg.): Familie und Entwicklung. Göttingen, S. 385-405.
Bowlby, J., 1969/1982: Attachment and Loss. Vol. 1: Attachment. Attachment and Loss. New York.
Bruder, J., 1988: Filiale Reife – ein wichtiges Konzept für die familiäre Versorgung kranker, insbesondere dementer alter Menschen. In: Zeitschrift für Gerontopsychologie und -psychiatrie, 1. Jg., S. 95-101.
Brüderl, L., 1989: Entwicklungspsychologische Analyse des Übergangs zur Erst- und Zweitelternschaft. Regensburg.
Cicirelli, V.G., 1989: Feelings of Attachment to Siblings and Well-being in Later Life. In: Psychology and Aging, 4. Jg., H. 2, S. 211-216.
Dunn, J./Kendrick, C., 1981: Social Behavior of Young Siblings in the Family Context: Differences between Same-sex and Different-sex Dyads. In: Child Development, 52. Jg., S. 1265-1273.
Dunn, J./Plomin, R., 1996: Warum Geschwister so verschieden sind. Stuttgart.
Euler, H.A./Weitzel, B., 1996: Discriminative Grandparental Solicitude as Reproductive Strategy. In: Human Nature, 7. Jg., S. 39-59.
Fivush, R., 1993: Emotional Content of Parent-Child Conversations about the Past. In: Nelson, C.A. (Hrsg.): The Minnesota Symposium of Child Psychology, Vol. 26. Memory and Affect in Development. Hillsdale, NJ., S. 39-77.
Gehring, T./Debry, M./Smith, P.K., 2001: The Family System Test FAST. Theory ad Application Hove. Brunner.
Fend, H., 2000: Entwicklungspsychologie des Jugendalters. Opladen.
Furman, W., 1995: Parenting Siblings. In: Bornstein, M. (Hrsg.): Handbook of Parenting, Vol. 1: Children and Parenting. Mahwah, N.J., S. 143-162.
Gloger-Tippelt, G., 2001: Bindung im Erwachsenenalter. Bern.
Gloger-Tippelt, G., 2003: Die Bedeutung der Bindung für die Persönlichkeitsentwicklung. In: Schneider, W./Knopf, M. (Hrsg.): Entwicklung, Lehren und Lernen. Göttingen, S. 53-74.
Gloger-Tippelt, G./König, L., 2005: Geschichtenergänzungsverfahren zur Bindung (GEV-B) (6. Fassung). Unv. Ms. Universität Düsseldorf. Düsseldorf.
Gloger-Tippelt, G./Gomille, B./König, L./Vetter, J., 2002: Attachment Representations in Six-Year-Olds: Related Longitudinally to the Quality of Attachment in Infancy and Mother's Attachment Represenations. In: Attachment and Human Development, 4. Jg., H. 3, S. 318-339.
Gloger-Tippelt, G./Vetter, J./Rauh, H., 2000: Untersuchungen mit der „Fremden Situation“ in deutschsprachigen Ländern: ein Überblick. In: Psychologie in Erziehung und Unterricht, 27. Jg., S. 87-98.
Grossmann, K.E./Grossmann, K./Huber, F./Wartner, U., 1981: German Children's Behavior towards their Mothers at 12 Months and their Fathers at 18 Months in Ainsworth's Strange Situation. In: International Journal of Behavioral Development, 4. Jg., S. 157-181.
Grossmann, K./Grossmann, K.E./Fremmer-Bombik, E./Kindler, H./Scheuerer-Englisch, H./Zimmermann, P., 2002: The Uniqueness of the Child-Father Attachment Relationship: Fathers' Sensitive and Challenging Play as a Pivotal Variable in a 16-year Longitudinal Study. In: Social Development, 11. Jg., S. 307-331.
Grotevant, H.D./Cooper, C.R., 1985: Patterns of Interaction in Family Relationships and the Development of Identity Exploration in Adolescents. In: Child Development, 56. Jg., S. 415-428.
Haden, C.A./Haine, R.A./Fivush, R., 1997: Developing Narrative Structure in Parent-Child Reminiscing across the Preschool Years. In: Developmental Psychology, 33. Jg., H. 2, S. 295-307.
Hahlweg, K., 1996: Fragebogen zur Partnerschaftsdiagnostik (FPD). Göttingen.
Helmke, A./Schrader, F.-W./Lehneis-Klepper, G., 1991: Zur Rolle des Elternverhaltens für die Schulleistungsentwicklung ihrer Kinder. In: Zeitschrift für Entwicklungspsychologie und Pädagogische Psychologie, 23. Jg., S. 1-22.
Hinde, R., 1993: Auf dem Wege zu einer Wissenschaft zwischenmenschlicher Beziehungen. In: Auhagen, A.E./ Salisch, M. v. (Hrsg.): Zwischenmenschliche Beziehungen. Göttingen, S. 7-36.
Hofer, M., ^{2}2002: Familienbeziehungen in der Entwicklung. In: Hofer, M./Wild, E./Noack, P. (Hrsg.): Lehrbuch der Familienbeziehungen. Göttingen, S. 4-27.
Hofer, M., 2003: Selbstständig werden im Gespräch. Wie Jugendliche und Eltern ihre Beziehung verändern. Bern.
Hofer, M./Pikowsky, B., 2002: Familien mit Jugendlichen. In: Hofer, M./Wild, E./Noack, P. (Hrsg.): Lehrbuch Familienbeziehungen. Göttingen, S. 241-264.
Jurgan, S./Gloger-Tippelt, G./Ruge, K., 1999: Veränderungen der elterlichen Partnerschaft in den ersten fünf Jahren der Elternschaft. In: Reichle, B./Wernek, H. (Hrsg.): Übergang zur Elternschaft. Stuttgart, S. 37-54.
Kasten, H., 1993: Die Geschwisterbeziehung. Band 1. Göttingen.

Kluge, N., 1998: Sexualreife und Sexualverhalten heutiger Jugendlicher I. In: Sexualmedizin, 4. Jg., S. 113-115.

Kreppner, K./Ullrich, M., 1999: Ablöseprozesse in Trennungs- und Nicht-Trennungsfamilien: Eine Betrachtung von Kommunikationsverhalten in Familien mit Kindern im frühen und mittleren Jugendalter. In: Walper, S./Schwarzer, B. (Hrsg.): Was wird aus den Kindern? Chancen und Risiken für die Entwicklung von Kindern aus Trennungs- und Stieffamilien. Weinheim/München, S. 91-120.

Kreppner, K./Paulsen, S./Schütze, Y., 1982: Infant and Family Development: From Triads to Tetrads. In: Human Development, 25. Jg., S. 373-391.

Lytton, H., 1990: Child and Patent Effects on Boys' Conduct Disorder: A Reinterpretation. In: Developmental Psychology, 26. Jg., S. 683-697.

Main, M./Solomon, J., 1990: Procedure for Identifying Infants as Disorganized/Desoriented during the Ainsworth Strange Situation. In: Greenberg, M.T./Ciccetti, D./Cummings, E.M. (Hrsg.): Attachment in the Preschool Years. Chicago, S. 121-160.

Nauck, B., 1997: Sozialer Wandel, Migration und Familienbildung bei türkischen Frauen. In: Nauck, B./Schönflug, U. (Hrsg.): Familien in verschiedenen Kulturen. Stuttgart, S. 162-199.

Nave-Herz, R., 2004: Ehe- und Familiensoziologie. Eine Einführung in Geschichte, theoretische Ansätze und empirische Befunde. Weinheim/München.

Noack, P./Kracke, B., 1998: Continuity and Change in Family Interactions Across Adolescence. In: Hofer, M./ Youniss, J./Noack, P. (Hrsg.): Verbal Interaction and Develoment in Families with Adolescents. In: Advances in Applied Developmental Psychology, 15. Jg., S. 65-81.

Papastefanou, C., 2002: Die Erweiterung der Familienbeziehungen und die Geschwisterbeziehung. In: Hofer, M./Wild, E./Noack, P. (Hrsg.): Lehrbuch Familienbeziehungen. Eltern und Kinder in der Entwicklung. Göttingen, S. 192-215.

Papastefanou, C./Hofer, M., 2002: Familienbildung und elterliche Kompetenzen. In: Hofer, M./Wild, E./ Noack, P. (Hrsg.): Lehrbuch Familienbeziehungen. Eltern und Kinder in der Entwicklung. Göttingen, S. 168-191.

Papousek, M./Schieche, M./Wurmser, H., 2004: Regulationsstörungen in der frühen Kindheit. Bern.

Patterson, G.R., 1997: Performance Models for Parenting: A Social Interactional Perspective. In: Grucec, J./ Kuczynski, L. (Hrsg.): Parenting and the Socialization of Values: A Handbook of Contemporary Theory. New York, S. 193-235.

Salisch, M. v., 2000: Zum Einfluss von Gleichaltrigen (Peers) und Freunden auf die Persönlichkeitsentwicklung. In: Amelang, M. (Hrsg.): Enzyklopädie der Psychologie. Band 4: Determinanten individueller Unterschiede. Themenbereich C: Theorie und Forschung. Serie VIII Differentielle Psychologie und Persönlichkeitsforschung. Göttingen: Hogrefe, S. 345-405.

Sander, J./Böcker, S., 1993: Die deutsche Form des Relationship Assessment Scale (RAS): Eine kurze Skala zur Messung der Zufriedenheit in einer Partnerschaft. In: Diagnostica, 39. Jg., S. 55-62.

Schneewind, K.-A., 1999: Familienpsychologie. Stuttgart.

Schneider, B.H./Atkinson, L./Tardif, C., 2001: Child-Parent Attachment and Children's Peer Relations: A Quantitative Review. In: Developmental Psychologie, 1. Jg., S. 86-100.

Schütze, Y., 1993: Beziehung zwischen erwachsenen Kindern und ihren Eltern. In: Auhagen, A.E./Salisch, M. v. (Hrsg.): Zwischenmenschliche Beziehungen. Göttingen, S. 105-118.

Solomon, J./George, C., (Hrsg.), 1999: Attachment Disorganization. New York.

Statistisches Bundesamt, 2003a: Die Familie im Spiegel der amtlichen Statistik. Hrsg. von Engstler, Heribert/Menning, Sonja im Auftrag des Bundesministerium für Familie, Senioren, Frauen und Jugend. Berlin.

Statistisches Bundesamt, 2003b: Wo bleibt die Zeit?. Hrsg. Vom Bundesministerium für Familie, Senioren, Frauen und Jugend. Berlin.

Teti, D.M./Sakin, J.W./Kucera, E./Corns, K.M./Eiden, R.D., 1996: And Baby Makes Four: Predictors of Attachment Security among Preschool-age Firstborns during the Transition to Siblinghood. In: Child Development, 67. Jg., S. 579-596.

van Ijzendoorn, M.H., 1992: Intergenerational Transmission of Parenting: A Review of Studies in Nonclinical Populations. In: Developmental Review, 12. Jg., S. 76-99.

van Ijzendoorn, M.H., 1995: Adult Attachment Representations, Parental Responsiveness, and Infant Attachment: A Meta-analysis on the Predicting Validity of the Adult Attachment Interview. In: Psychological Bulletin, 117. Jg., S. 387-403.

van Ijzendoorn, M.H./Moran, G./Belsky, J./Pederson, D./Bakermans-Kranenburg, M.J./Kneppers, K., 2000: The Similarity of Siblings' Attachment to their Mother. In: Child Development, 71. Jg., H. 4, S. 1086-1098.

Volant, E./Andreas P., 1998: Vom „egoistischen Gen" zur Familiensolidarität – Die soziobiologische Perspektive von Verwandtschaft. In: Wagner, M./Schütze, Y. (Hrsg.): Verwandtschaft. Sozialwissenschaftliche Beiträge zu einem vernachlässigten Thema. Stuttgart, S. 35-58.

Weick, S., 2002: Auszug aus dem Elternhaus, Heirat und Elternschaft werden zunehmend aufgeschoben. In: Soziale Indikatoren, 27. Jg., S. 11-14.

Weinfield, N.S./Sroufe, L.A./Egeland, B./Carlson, E.A., 1999: The Nature of Individual Differences in Infant-caregiver Attachment. In: Cassidy, J./Shaver, P.R. (Hrsg.): Handbook of Attachment. Theory, Research, and Clinical Applications. New York, S. 68-88.
Wernek, H., 1998: Übergang zur Vaterschaft. Auf der Suche nach den „neuen Vätern". Wien.
Zank, S., 2002: Familien mit Kindern im mittleren Erwachsenenalter. In: Hofer, M./Wild, E./Noack, P. (Hrsg.): Lehrbuch Familienbeziehungen. Eltern und Kinder in der Entwicklung. Göttingen, S. 290-311.
Zukow-Goldring, P., 1995: Sibling Caregiving. In: Bornstein, M.H. (Hrsg.): Handbook of Parenting, Vol. 3: Status and Social Conditions of Parenting. Mahwah, N.J., S. 177-208.

Familie: Mütter und Väter

Barbara Friebertshäuser / Michael Matzner / Ninette Rothmüller

1. Einführung

Die Betrachtung der Familie mit dem Fokus auf Mütter und Väter wendet sich einem relativ neuen Themenfeld in der wissenschaftlichen Debatte rund um die Familie zu. Zwar gibt es in der Geschichte eine Reihe von Thematisierungen, insbesondere im Hinblick auf Mütterlichkeit und wenige zur Väterlichkeit, aber eine geschlechtsbezogene Analyse der Familie setzte verstärkt erst im 20. Jahrhundert ein und intensivierte sich im Kontext der Frauen- und Männerbewegung insbesondere in den 80er und 90er Jahren des 20. Jahrhunderts (siehe dazu Rendtorff in diesem Band). Zahlreiche Publikationen verwenden zur Darstellung der Familie der Gegenwart, sowie der Mutter- oder Vaterrolle die These vom Wandel (vgl. Schütze 2000; Hoffmeister 2001). Neben den vielen Belegen, die sich für die Modernisierungsthese finden lassen, existieren jedoch auch eine Reihe von Befunden, die dafür sprechen, dass gerade im Hinblick auf die Ausgestaltung der Elternschaft eine Tradierung überlieferter Mythen, Vorstellungen und Alltagspraxen zu verzeichnen ist (vgl. Hoffmeister 2001, S. 313ff.). Debatten rund um eine Neudefinition des Geschlechterverhältnisses wirken wie alle gesamtgesellschaftlichen Veränderungsprozesse auch auf die Familie ein (vgl. Micus-Loos/Schütze 2004). Die größere Bildungsbeteiligung und Emanzipation der Frauen gehört sicher zu den Faktoren, die einen bedeutsamen Einfluss auf den Wandel der Mutter- und Vaterrolle ausüben.

Die Analyse von Mutterschaft und Vaterschaft kann sich auf verschiedene Dimensionen beziehen: historische, soziale, politische, kulturelle, psychologische, psychoanalytische und erziehungswissenschaftliche, um nur einige zu nennen. Auch lebensgeschichtlich gesehen stellt sich das Thema facettenreich dar: Menschen erleben Mütter und Väter während des Aufwachsens als eigene (leibliche) Eltern oder Ersatzpersonen, die Elternaufgaben übernehmen (Stiefeltern, Adoptiveltern, Pflegeeltern), es wachsen Kinder in Fortsetzungsfamilien, Eineltern-Familien oder in nichtehelichen Lebensgemeinschaften auf, es gibt Scheidungskinder, Trennungskinder und solche, die als Stiefkinder leben neben Adoptiv- oder Pflegekindern (vgl. Peuckert 1999).[1] Daraus entstehen Prägungen und Herausforderungen, die biografisch verarbeitet werden und wiederum Einfluss nehmen auf die spätere eigene Ausgestaltung der Mutter- oder Vaterrolle. Mütter und Väter bleiben aber auch nach der Loslösung vom Elternhaus lebensgeschichtlich bedeutsam, sie können sich beispielsweise als Großeltern an der Erziehung der Enkel beteiligen (vgl. Herlyn u. a. 1998; siehe dazu Büchner/Brake in diesem Band) und häufig stellt sich am Ende noch die Aufgabe des

1 Damit stellt sich das Problem der Bezeichnung neuer Familienkonstellationen, die in „Fortsetzungsfamilien“, „Zweitfamilien“ oder „Patchworkfamilien“ entstehen. Für akademische oder negativ besetzte Begriffe (wie „Stiefmutter“ oder „geschiedener Vater“) suchen Kinder in der Alltagssprache nach neuen Bezeichnungen. Grundschulkinder finden dafür teilweise sehr kreative Lösungen wie: „Mamafamilie“, „Freundinnenfamilie“ und „Besuchspapa“ (vgl. Klug-Durán 2001).

Umgangs mit alten, pflegebedürftigen, kranken oder sterbenden Eltern (siehe dazu Schweppe in diesem Band).

Die verschiedenen Statuspassagen im Leben von Müttern und Vätern sind immer wieder Gegenstand von empirischen Studien und Publikationen. In den letzten Jahren sind einige Studien erschienen, die sich für die Bewältigung der Statuspassage des Übergangs zur Elternschaft mit ihren psychischen und sozialen Herausforderungen sowie für die wachsenden Anforderungen an Eltern interessieren (Gloger-Tippelt 1988; Reichle/Werneck 1999; Fthenakis u. a. 2002; Nickel/Quaiser-Pohl 2001). Insbesondere die Frage der Vereinbarkeit von Beruf und Familie stellt sich Müttern und Vätern und wird zu einer gesellschaftlichen Herausforderung – auch im Hinblick auf Einrichtungen zur Kinderbetreuung (vgl. Schwarz u. a. 1991; Seehausen 1995; Paetzold 1996). Zur historischen und aktuellen Lebenssituation Alleinerziehender, zumal von Müttern, finden sich zahlreiche Publikationen (vgl. im Überblick Krüger/Micus 1999; Schneider u. a. 2001). Kulturvergleichende Studien beschäftigen sich mit der Gestaltung von Elternschaft in unterschiedlichen Ländern, insbesondere die europäischen Länder werden auch vergleichend analysiert (Pfau-Effinger 1995; Höpflinger 1997; Becker 2000; Ludwig u. a. 2002).

Der Beitrag konzentriert sich auf Studien aus dem deutschsprachigen Raum, spannende theoretische Arbeiten und empirische Forschungsarbeiten im internationalen Kontext werden allerdings partiell einbezogen, um allgemeine Trends aufzuzeigen und gemeinsame Linien und Differenzen herauszuarbeiten. Wissenschaftliche Diskurse und empirische Studien über alltagsweltliche Praxen von Mutter- oder Vaterschaft machen den Facettenreichtum der Thematik sichtbar. Der Beitrag endet mit Forschungsdesideraten und markiert blinde Flecken auf der wissenschaftlichen Landkarte.

2. Historisch-pädagogische Perspektiven auf Väter und Mütter

In der Familienerziehungskonzeption von Rousseau steht die Mutter im Fokus. Der Vater gewinnt seine pädagogische Funktion vor allem als Lehrer der älteren Kinder (Rousseau 1963, S. 11, 26). In Pestalozzis Familienpädagogik ist die Mutter auch für die sittliche Erziehung verantwortlich, während sich die väterliche Funktion auf die Repräsentanz der außerfamilialen Welt begrenzt. Pestalozzi nimmt dem Vater seine Funktion als Lehrer und weist sie den „Schulvätern" zu (vgl. Pestalozzi 1958, S. 446). Auch Schleiermacher schreibt der Mutter die entscheidende Bedeutung in der Familienerziehung zu, zumal was die ersten Lebensjahre des Kindes betrifft. Gleichwohl fordert er ein Engagement des Vaters auch innerhalb der Familie (vgl. Schleiermacher 1826/2000, S. 66, 70, 155, 215). Für Fröbel verkörpert der Vater die Person, die den Kindern die Welt, vor allem die Berufswelt zeigt und somit die auch von ihm favorisierte mütterliche Pflege und Erziehung ergänzt und zwar auch in Form der „Vaterliebe" (Fröbel 1826/1951, S. 85). Fröbel und Schleiermacher gehören zu einer Minderheit von Pädagogen, welche den Vater zumindest als mitbeteiligten Akteur der Familienerziehung konzipierten. Während sich Philosophen und andere Gelehrte auch mit der Person des Vaters sowie der Institution der Vaterschaft auseinandergesetzt haben (vgl. Lenzen 1991; Tellenbach 1978), gilt das kaum für die Pädagogik. „Eine pädagogische Theorie des Vaters gibt es nicht" (Lenzen 1989, S. 1552). Mit dem Patriarchen und Hausvater wurden in Bezug auf die Kinder über Jahrhunderte hinweg vor allem die Funktionen des Nährens, des Schützens und des Zeigens von Welt verbunden. Auch in der deutschsprachigen Hausväterliteratur (16. bis 18. Jahrhundert) wird der Vater noch zum Hauptadressaten, wenn es um die Erziehung der Kinder geht. Rousseau, Pestalozzi, Fröbel, Schleiermacher, Campe, Salzmann und andere weisen seit Ende des 18. Jahrhunderts auf die große Bedeutung der Familienerziehung für die Entwicklung der Persönlichkeit hin, wobei die Mutter in den Mittelpunkt ihrer Ansprachen gerät. Erst im 20. Jahrhundert setzt eine intensivere Vaterforschung ein, die vor allem psychologisch und psychoanalytisch geprägt ist. Das Konzept der Mutterliebe (vgl. Badinter 1984) gewann seit Beginn des 19. Jahrhunderts als Deutungsmuster und Norm Dominanz in pädagogischen Diskursen zur Familienerziehung. Der Mutter wurde nun nicht mehr nur die Pflege, sondern auch die Erziehung der Kinder zugewiesen. Diese Entwicklung korrespondiert tendenziell mit den Familienwirklichkeiten, wenngleich sich die Praxis recht unterschiedlich gestalten konnte. Insbesondere sind beim Blick auf die Geschichte der Konzeption und Alltagspraxis von Müttern und Vätern nicht nur die spezifischen historischen Konstellationen, sondern auch regionale und schichtspezifische Unterschiede zu berücksichtigen.

3. Aktuelle Daten und Fakten über Mütter und Väter

In der Bundesrepublik Deutschland werden immer weniger Frauen und Männer Eltern. Deutschland hat vergleichsweise eine der geringsten Geburtsraten der Welt, 2001 liegt die Zahl der Geburten durchschnittlich bei 1,3 Kindern pro Frau. Die Tatsache, dass immer weniger Frauen immer weniger Kinder bekommen, deutet darauf hin, dass die Verbindung von Mutterschaft mit dem Leben nach den Grundsätzen einer sich individualisierenden Gesellschaft erhebliche Reibungspunkte bietet (vgl. BzgA 2000, S. 12ff.). Mit steigendem Ausbildungsniveau der Mutter sinkt die Kinderzahl. Akademikerinnen haben in Deutschland die niedrigste Geburtenrate, 40 Prozent von ihnen bekommen kein Kind (vgl. Peuckert 1999, S. 122). Insgesamt bleiben rund 30 Prozent der Frauen hierzulande kinderlos (vgl. Bertram 2001, S. 6). Männer sind häufiger als Frauen kinderlos, wobei es große regionale Unterschiede gibt. So sind ca. 90 % der ostdeutschen Männer der Geburtsjahrgänge 1952 bis 1960 Vater geworden, während dies im Westen nur für ca. 70 % dieser Jahrgänge gilt. Von den Männern des Geburtsjahrganges 1960 waren im Jahr 1992 in Westdeutschland ca. 36 % kinderlos, in Ostdeutschland ca. 16 %. Von den Frauen der Geburtsjahrgänge 1952 bis 1960 waren im Westen ca. 81 % und im Osten ca. 95 % Mutter geworden, wobei sich gerade im Westen ein deutlicher Zuwachs von kinderlosen Frauen ergab. Lag der Anteil kinderloser Frauen beim Geburtsjahrgang 1952 noch bei 14,9 %, so betrug er beim Geburtsjahrgang 1960 bereits 24,1 %. Schätzungen für den Geburtsjahrgang 1965 gehen von 32,1 % Frauen aus, die kinderlos bleiben (vgl. Dorbritz/Schwarz 1996). Frauen über 35 Jahre stellten in den letzten fünf Jahren in Deutschland eine prozentual stark anwachsende Gruppe unter den Erstgebärenden dar. Cyprian bilanziert, dass das Festhalten an traditionellen Familienbildern und normativen Mutterbildern trotz Berufsorientierung der Frauen oft bedeutet, dass der Kinderwunsch auf einen späteren Zeitpunkt im Leben der Frauen geschoben wird und häufig dann nicht mehr realisierbar ist (vgl. Cyprian 1996).

Im Mai 2003 gab es ca. 6,9 Millionen Ehepaare mit Kindern unter 18 Jahren, wobei in dieser Zahl auch die Stieffamilien enthalten sind (vgl. Statistisches Bundesamt 2004, S. 46). Allein im Jahr 2002 wurden knapp 102.000 Ehen mit über 157.000 minderjährigen Kindern geschieden (vgl. Statistisches Bundesamt 2004, S. 57). Der überwiegende Anteil der betroffenen Kinder (ca. 86 %) lebt anschließend bei den Müttern (vgl. Statistisches Bundesamt 2004 sowie eigene Berechnungen). Die amtlichen Daten über allein erziehende Mütter und Väter unterliegen Verzerrungen, da unter diesen Gruppen auch Nichteheliche Lebensgemeinschaften mit gemeinsamen leiblichen Kindern erfasst werden. Offiziell gab es im Mai 2003 ca. 1,8 Millionen alleinerziehende Mütter mit minderjährigen Kindern sowie ca. 418.000 alleinerziehende Väter. Eigene Schätzungen gehen von ca. 240.000 alleinerziehenden Vätern aus (vgl. Statistisches Bundesamt 2004, S. 46 sowie eigene Berechnungen). In den vergangenen Jahrzehnten hat sich unter dem Einfluss dieser Faktoren das Familienleben und vor allem das Bild von Mutter- und Vaterschaft grundlegend verändert.

4.1 Vaterschaftskonzepte und Väter – eine historische Spurensuche

Die internationale historische Vaterforschung (vgl. Griswold 1993; Knibiehler 1996; LaRossa 1997; Mintz 1998, 2002; Stearns 1991) – eine deutschsprachige existiert erst in Ansätzen (z. B. Rosenbaum 1992; Trepp 1996) – kann die Vielfältigkeit von Familien- und Erziehungsverhältnissen belegen. Es lassen sich sowohl für den abwesenden, strengen oder gar brutalen Vater als auch für den präsenten und liebevollen Vater für jede Epoche und Gesellschaft entsprechende Belege finden. Insgesamt kann man feststellen, dass Väter in früheren Zeiten oft präsenter für ihre Kinder waren und eine größere Bedeutung für sie hatten. Vaterschaft in Nordamerika und Europa hatte einen „janusköpfigen Charakter" (Stearns 1991, S. 34), indem die Väter oft strenger, andererseits jedoch auch präsenter waren als viele Väter des 19. und 20. Jahrhunderts. Aus pädagogischer Perspektive kann dabei insbesondere der weitgehende Verlust der Funktion des Zeigens von Welt (*deixis*) bedauert werden. Väter konnten jahrhundertelang diese Funktion wahrnehmen, indem sie ihre Kinder, zumal die Söhne, ausbildeten, unterrichteten und moralisch sowie religiös erzogen. Die wachsende Trennung von Arbeitsplatz und Haushalt bewirkte den Verlust väterlicher Funktionen. Pädagogen, Kinderärzte und Juristen delegierten die Erziehungsfunktion des bürgerlichen Vaters umfassend an die Mutter, während sie für die „vaterlosen" proletarischen Familien sozialpädagogische, familienersetzende oder -ergänzende Erziehungsinstitutionen schufen. Jugendbewegung, Reform- und Sozialpädagogik distanzierten sich weitgehend von der Familie, zumal von der bürgerlichen und damit vor allem auch vom Vater.

Eine Diskursanalyse in dreizehn erziehungswissenschaftlichen Lexika und Handbüchern der vergangenen 120 Jahre verdeutlicht die Konzentration der wissenschaftlichen Pädagogik auf die außerfamiliale Bildung und Erziehung. Wenn die Begriffe Vaterschaft bzw. Vater als Stichwort in den Lexika überhaupt vorkommen, so verbindet sich damit bis in die 70er Jahre des 20. Jahrhunderts ein Konzept von Vaterschaft, welches die Funktionen als Haushaltsvorstand, Ernährer, Respektsperson und Beschützer in den Mittelpunkt stellt. In den entsprechenden Beiträgen wird ein komplementäres Konzept von Elternschaft vertreten, wobei auf das pädagogische Potenzial des Vaters zunehmend verzichtet wird. Die Mutter, die qua ihres „Wesens", ihrer „Mutterliebe", ihres „Instinktes" oder ihrer „Natur" als erziehender Elternteil favorisiert wird, solle zur Adressatin einer wissenschaftlich fundierten Familienpädagogik werden. „Wo das Verständnis des Vaters versagt, da trifft die M. mit der Kraft ihres Gefühls divinatorisch das Richtige ... Will man die Erziehung gründlich verbessern, so muss man bei den Müttern anfangen" (Roloff 1914, S. 785).

Nach dem Zweiten Weltkrieg entstanden neue Diskurslinien, welche die Entväterlichung des Sozialisationsgeschehens beklagten (vgl. Mitscherlich 1963), die negative Bedeutung des Vaters bei der Ausbildung einer autoritären Persönlichkeitsstruktur betonten (vgl. Horkheimer 1936/1987) oder die Väter als überflüssige „Freizeitväter" bezeichneten bzw. gar als schädlich für die Kinder denunzierten (vgl. Lenzen 1991; Matzner 1998). Tatsächlich lässt die dürftige Forschungssituation bezüglich der Einstellungen und des Handelns deutscher Väter sowie der Vater-Kind-Beziehungen im 20. Jahrhundert keine gesicherten Aussagen zu. Die Berufstätigkeit und der militärische Einsatz vieler Väter sowie das damals gültige Leitbild von Männlichkeit lassen darauf schließen, dass sich bis in die Zeit nach dem Zweiten Weltkrieg die Funktion als Vater bei nicht wenigen Männern auf die Zuständigkeit für die Versorgung der Familie sowie die „Zucht" der Kinder konzentriert haben könnte. So zeigte sich im Rahmen einer Untersuchung zu den Eltern-Kind--Beziehungen in Großstadtfamilien neben einer liebevollen Väterlichkeit in einem kleineren Teil der untersuchten ca. 2.000 Familien eine abwesende oder rigide, autoritäre Vaterschaft, die durch die Kriegserlebnisse der Väter sowie damit verbundene Traumata, Alkoholismus, Wohnungsnot und Arbeitslosigkeit mit bedingt war (vgl. Krolzig 1930).

In dieser Zeit wurde als erziehender Elternteil nur die Mutter angesprochen. „Die Einrichtung von Mütterberatungsstellen und einer gut organisierten Mütterschulung scheint mir also die erste Aufgabe zu sein, die uns Pädagogen gestellt ist" (Nohl 1947, S. 292). In den pädagogischen Lexika und Handbüchern der zweiten Hälfte des 20. Jahrhunderts wird die Person des Vaters vernachlässigt oder gar ignoriert. Während die Person der Mutter häufig eine umfassende Würdigung als Erzieherin ihrer Kinder erfährt, taucht der Vater als Erzieher dort nur selten auf. Ausnahmen, in denen dem Vater eine verbliebene pädagogische Restfunktion als „Autorität" und „Spielkamerad" (Ellbracht 1955, S. 750) oder als männliches Vorbild (Behler 1971, S. 282) zugeschrieben wird, bestätigen die Regel. Die Dominanz der mütterzentrierten Bindungsforschung spiegelt sich in den erziehungswissenschaftlichen Zuschreibungen an den Vater wider. Entweder bleiben tradierte Funktionszuschreibungen bestehen oder man erwartet – jedenfalls in pädagogischer Hinsicht – gar nichts mehr vom Vater. Ihren Höhepunkt erfährt diese Entwicklung in den 1970er und 1980er Jahren. Im Wörterbuch der Pädagogik (vgl. Rombach 1977) wird der Vater völlig ignoriert und gleichzeitig auf die entscheidende Bedeutung der Mutter für die Entwicklung des Kindes hingewiesen. Im Sachregister der elfbändigen Enzyklopädie Erziehungswissenschaft (Lenzen 1983-1986) finden wir unter dem Begriff des Vaters nur Verweise auf die Stichworte *Pflegevater*, *Vater, alleinerziehender* und *Vaterland*, während unter dem Begriff *Mutter* dreizehn verschiedene Stichwörter aufgeführt werden, beispielsweise *Mutter-Kind-Beziehung*, *Mutter-Kind-Bindung*, *Mutter-Kind-Dyade*, *Mutter-Kind-Interaktion*.

In den letzten Jahren tauchte in Wissenschaft und Öffentlichkeit der Begriff des *Neuen Vaters* auf. Mit diesem verbindet man eine neue, positiv konnotierte Väterlichkeit. Unter Bezug auf aktuelle Erkenntnisse der Väterforschung wird die große pädagogische Bedeutung des neuen Vaters betont. Dieser gilt als engagiert, gefühlvoll, partnerschaftlich und kompetent, wobei man nicht nur an allein erziehende Väter oder Väter in Elternzeit denkt.

4.2 Vaterforschung – theoretische Zugänge und empirische Befunde

Mittlerweile hat sich eine umfangreiche, zumal psychologische Vaterforschung im In- und Ausland etabliert (vgl. z. B. Fthenakis 1985, 1999; Lamb 1997; Marsiglio 1995; Marsiglio u. a. 2000; Walter 2002). Aktuellen Forschungen (Aigner 2001) zufolge wird dem Vater schon bei Sigmund Freud, zumal in dessen Spätwerk, entgegen anderer Interpretationen eine große und frühzeitige Bedeutung für die Entwicklung des Kindes zugeschrieben. Tatsächlich betonte Freud die Wichtigkeit der Repräsentanz der Beziehung zu *beiden* Eltern. A. Freud, Burlingham, Deutsch, Horney, Spitz und Winnicott schoben die dem Vater bei Freud zugeschriebene Bedeutung zugunsten der Mutter-Kind-Beziehung in den Hintergrund. Unter dem Einfluss der Bindungsforschung von Bowlby galt der Vater mit Ausnahme der ödipalen und der Jugendphase, in welcher er ein Identifikationsobjekt für den Sohn darstelle, als nahezu bedeutungslos für die kindliche Entwicklung. Damit war er lange der „vergessene Elternteil" (vgl. Aigner 2001).

Die Vaterforschung der Nachkriegsjahrzehnte konzentrierte sich auf die Auswirkungen von Vaterabwesenheit (vgl. im Überblick Fthenakis 1985). Untersuchungen erkannten diverse Entwicklungsdefizite bei Kindern allein erziehender Mütter. Auch wenn auf Defizite sowie widersprüchliche Ergebnisse bei vielen dieser Untersuchungen hingewiesen wird – oft ist nicht die Vaterabwesenheit allein, sondern die ungünstige sozioökonomische Lage der allein erziehenden Mutter einflussreich – muss davon ausgegangen werden, dass eine Abwesenheit des Vaters die Entwicklung des Kindes negativ beeinflussen kann, wenngleich nicht muss (vgl. Fthenakis 1985; Popenoe 1996; Erhard/Janig 2003). Dies kann vor allem dann eintreten, wenn die Vaterabwesenheit durch eine konfliktreiche Scheidung der Eltern verursacht ist, im Kleinkindalter beginnt, von langer Dauer ist und kein Ersatzvater vorhanden ist (vgl. Fthenakis u. a. 1999, S. 174ff.). Nicht wenige entwicklungsbeeinträchtigte Jugendliche sind von Vaterlosigkeit oder Vaterabwesenheit betroffen, wobei der konkrete Wirkungszusammenhang noch unklar ist.

Seit den 1970er Jahren konzipiert man den Vater innerhalb einer familiensystemischen Perspektive als Interaktionspartner des Kindes und Helfer der Mutter (vgl. im Überblick Lamb 1997; Fthenakis 1985). Schon Kleinkinder können zum Vater ähnlich intensive Bindungen und Beziehungen wie zur Mutter entwickeln. Dies hängt von der Qualität der Eltern-Kind-Interaktionen und nicht vom Geschlecht des Elternteils ab. Väter sind in der Lage, frühzeitig zu einem wichtigen Interaktionspartner ihres Kindes zu werden und alle relevanten Betreuungs- und Pflegetätigkeiten wahrzunehmen. Darüber hinaus haben sie eine große Bedeutung für die frühe Stimulation des Kindes sowie für dessen kognitive, moralische, psychosexuelle und psychosoziale Entwicklung (vgl. im Überblick Fthenakis 1985; Kindler/Grossmann/Zimmermann 2002; Lamb 1997). Aktuelle psychoanalytische Theorien betonen ebenfalls die Fähigkeit zur frühzeitigen triadischen Beziehungsgestaltung durch Eltern und Kinder (*frühe Triangulierung*) sowie die mögliche Variationsbreite von Vaterschaft (vgl. Aigner 2001; von Klitzing 2002).

Mütter und Väter erfüllen spezifische Funktionen und haben jeweils eine besondere Bedeutung für die Entwicklung des Kindes. Seit einiger Zeit erforscht man auch die „distinktiven Charakteristiken" des Vaters (Seiffge-Krenke 2004, S. 197ff.). Väter gehen mit Kindern oft anders um als Mütter. Die Betonung von spielerischen Aktivitäten fördert die Motorik und den Körper des Kindes. Väter stimulieren Kinder visuell und akustisch stärker und haben mit ihnen einen distanten, anregenden Körperkontakt. Sie differenzieren oft nach dem Geschlecht des Kindes. Mit Söhnen sind sie tendenziell strenger, wilder und direktiver im Spiel, mit ihren Töchtern eher weicher, vorsichtiger und unterstützender. Viele Väter lenken Lernvorgänge anders. Sie sind oft herausfordernder, sie konfrontieren ihre Kinder mit Gefahren, belassen ihnen größere Freiräume und neue Erfahrungen und fördern damit deren Selbständigkeit. Dies gilt auch für die Phase der Adoleszenz (vgl. Seiffge-Krenke 2004, S. 199, 207). Väter sprechen anders als Mütter mit ihren Kleinkindern, ihr Vokabular ist oft präziser und umfassender.

Darüber hinaus repräsentieren Mütter und Väter in der Familie das gesellschaftliche System der Zweigeschlechtlichkeit. Die Präsenz beider Geschlechter begünstigt die positive Entwicklung der Geschlechtsidentität von Jungen und Mädchen. Gerade für die geschlechtliche Entwicklung von Jungen sind Väter sehr wichtig, indem sie als männliches Rollenmodell und Identifikationsobjekt fungieren. „Sicherlich gehen Väter zuweilen ‚mütterlich' mit ihren Kindern um, genauso wie Mütter ‚väterlich' mit ihren Kindern umgehen können. Bestimmte Bedingungen, etwa Persönlichkeitseigenschaften der Eltern oder spezifische Familienkonstellationen können diese Tendenz noch verstärken. Kinder können jedoch in dem Beziehungsdreieck Vater-Mutter-Kind wichtige Differenzerfahrungen machen. Erst die ausgewogene Mischung beider Erfahrungen, ‚mütterlicher' und ‚väterlicher' Anteile, ermöglicht den für jedes Kind und jeden Jugendlichen so wichtigen Entwicklungsprozess von Loslösung und Individuation" (Seiffge-Krenke 2004, S. 208f.)

Soziologischen Forschungen nach dem Zweiten Weltkrieg (vgl. König 1955/1974) ging es um den Aspekt der väterlichen Autorität, die zunehmend geschwächt worden sei. Seit den 1980er Jahren wird die *Beteiligung* von Vätern an der Erziehung und Familienarbeit erforscht (vgl. z. B. Rosenkranz u. a. 1998; Walter/Künzler 2002). Die Studien nehmen eine in den letzten Jahrzehnten gestiegene väterliche Beteiligung wahr. Diese geht oft mit einem gewandelten Selbstverständnis einher. Immer mehr Väter definieren sich primär nicht als Ernährer, sondern als Erzieher ihrer Kinder (vgl. Fthenakis/Minsel 2002).

Innerhalb der Erziehungswissenschaft sind nur einige Arbeiten zur Anthropologie, Verantwortung und Autorität des Vaters entstanden (vgl. Gabert 1949; Langeveld 1963; Gamm 1965; Braun 1980), die auf den Diskurs in der Disziplin keinen Einfluss nehmen konnten. Lenzen (1991) betont die verloren gegangene hohe potenzielle pädagogische Bedeutung des „väterlichen" Vaters im Zuge einer Entwicklung „Vom Patriarchat zur Alimentation". Im Gegensatz zum Vater als „dominus" manifestiere sich Väterlichkeit in der Figur des „paters" in Form von Schutz und Geborgenheit, Sorge, materieller und emotionaler Zuwendung sowie dem Zeigen der Welt. Die Arbeit von Matzner (2004) ist ein erster Beitrag zu einer erziehungswissenschaftlich inspirierten empirischen Väterforschung. In seiner Studie *Vaterschaft aus der Sicht von Vätern* entwirft er eine Typologie subjektiver Vaterschaftskonzepte, wobei er vier Typen von subjektiven Vaterschaftskonzepten in Familien mit beiden leiblichen Elternteilen identifiziert, die sich auch hinsichtlich ihrer Erziehungskonzepte und ihres erzieherischen Handelns unterscheiden: den *traditionellen Ernährer*, den *modernen Ernährer*, den *ganzheitlichen Vater* sowie den *familienzentrierten Vater*.

Seit einigen Jahren erfahren Forschungen zur Beteiligung des Vaters gehaltvolle Fortentwicklungen. Das von Snarey (1993) entwickelte *Modell der väterlichen Generativität* konzipiert Vaterschaft als einen generationenübergreifenden Entwicklungsprozess, innerhalb dessen die väterliche Fürsorge im Mittelpunkt steht und an die Kinder sozial vererbt werden kann. Dollahite u. a. (1997) entwickelten das *Konzept der Vaterarbeit*. Diese umfasst Tätigkeiten wie entwicklungsbezogene Arbeit, Beziehungsarbeit, Erholungsarbeit, spirituelle Arbeit, ethische Arbeit, Verwalterarbeit, Ratgeberarbeit sowie „unsichtbare" Formen väterlichen Engagements wie Gefühle und Sorgen. Väterzentrierte Forschungsansätze erforschen Vaterschaft aus der Perspektive der Väter (vgl. Daly 1995; Lupton/Barclay 1997; Matzner 2004; Minton/Pasley 1996; Townsend 1998; Graf/Walter 2002) im Kontext identitätstheoretischer und interaktionstheoretischer Ansätze. Dabei wird die Praxis der Vaterschaft als das Produkt der Interaktionen von Vater, Mutter und Kind innerhalb einer bestimmten sozialen Umwelt, als das Ergebnis von Aushandlungen sowie Fremd- und Selbstzuschreibungen verstanden, wobei der Person der Mutter, den Kindheitserfahrungen mit dem eigenen Vater sowie den wirtschaftlichen und beruflichen Ressourcen von Vater und Mutter oft eine entscheidende Bedeutung zukommt (vgl. Cowan/Cowan 1987; Holden 1997; Pleck 1997). Die väterliche Beteiligung ist variabler als mütterliches Handeln und unterliegt noch mehr ökologischen Einflüssen (vgl. Bozett/Hanson 1991), was in einer kulturvergleichenden Untersuchung bestätigt wurde. Gerade deutsche Väter möchten aktive Väter sein, können dies jedoch längst nicht immer realisieren (vgl. Nickel/Quaiser-Pohl 2001).

Auch in Deutschland hat sich mittlerweile eine gleichwohl noch stark psychologisch geprägte Vaterforschung etabliert (vgl. im Überblick Walter 2002), die den Nutzen eines engagierten, gefühlvollen, partnerschaftlichen und kompetenten Vaters für das Wohlergehen aller Familienangehörigen in den Vordergrund stellt. Es gibt bisher wenig Forschung zu denjenigen Vätern, die mit der Mutter und den gemeinsamen leiblichen Kindern zusammenleben, obwohl es sich dabei um die größte Gruppe von Vätern handelt (vgl. Fthenakis/Minsel 2002; Matzner 2004). Bislang wurde vor allem die Vaterschaft in anderen Formen der Familienorganisation erforscht, beispielsweise Väter in Stieffamilien (im Überblick Fthenakis u. a. 1999), allein erziehende Väter (vgl. Matzner 2002; Stiehler 2000), geschiedene Väter (Amendt 2004; im Überblick Fthenakis u. a. 1999) oder homosexuelle Väter (im Überblick Fthenakis/Ladwig 2002). Daneben interessierte man sich für bestimmte Phasen von Vaterschaft und Kindheit (vgl. Fthenakis u. a. 1999). Die *Transitionsforschung* erforscht den Übergang zur Vaterschaft und ihre Auswirkungen auf das Familiensystem sowie die Vaterschaft im Lebenszyklus (vgl. Schorn 2003; Werneck 1998). Darüber hinaus wandte sich die deutschsprachige Vaterforschung folgenden Aspekten zu: Alkoholkranke Väter (vgl. Brentrup 1993), gewalttätige und missbrauchende Väter (vgl. Molitor-Peffer 1986; Müller-Luckmann 1989), Vaterlosigkeit (vgl. Petri 2002), Vater-Sohn-Beziehung (vgl. Schon 2000; Seiffge-Krenke 2001), Vater-Tochter-Beziehung (vgl. King 2002; Seiffge-Krenke 2001), Väter im Erziehungsurlaub (vgl. Vaskovics/Rost 1999), Väter in nicht traditionell organisierten Familien (vgl. Oberndorfer/Rost 2002), Vaterschaft in Einwandererfamilien (vgl. Westphal 2000), Vaterschaft aus soziobiologischer Perspektive (vgl. Paul 2002), Väter als Zielgruppe sozialer Arbeit (vgl. Matzner 2005).

5. Mutterschaft und Mutterbilder

Mutterschaft ist ein sozialgeschichtliches Faktum. In die Bilder über Mutterschaft und Mütter fließen normative Konstrukte ein, die historisch entstanden sind und in unterschiedlichen sozialen Milieus variieren können.[2] Historisch betrachtet konzentriert sich das Interesse von Pädagogen und Literaten an den Müttern überwiegend auf das Kind und

2 Die Studie von Rachel Monika Herweg: „Die Jüdische Mutter. Das verborgene Matriarchat" (1994) zeigt die Fruchtbarkeit einer historisch, kulturvergleichend und länderübergreifend angelegten Analyse von Mütterbildern und deren Wirkungen.

sein Wohlergehen. Die pädagogischen Konzepte der Aufklärung kreierten und verfestigten Mutterbilder in der westlichen Kultur ab dem Ende des 18. Jahrhunderts und wirken bis in die Gegenwart.

Mutterschaft zu untersuchen beinhaltet, dem interaktiven Charakter zwischen Mutterschaftserleben in verschiedenen Familienformen und gesellschaftlichen Entwicklungen und Strukturen Bedeutung beizumessen. Mutterschaft stellt einen zentralen Aspekt der Geschlechtsrollenorientierung und der Geschlechtsrollenidentität von Frauen dar und fließt in ihren Bezug zu ihrer sozialen Umwelt ein. Beck sieht in der Mutterschaft die „stärkste Anbindung an die traditionelle Frauenrolle“ (Beck 1986, S. 183). Mutterschaftsforschung zu betreiben, bedeutet die Prozesse zu analysieren, die bei Frauen durch die Auseinandersetzung mit Mutterschaft in ihren „biographischen, sozialen und emotionalen Bezügen“ (Herwartz-Emden 1995, S. 11) und Mustern entstehen.

5.1 Mutterschaftskonzepte und Mütter – eine historische Spurensuche

Mutterschaft als Forschungsgegenstand ist der Disziplin Pädagogik historisch gesehen nicht fremd. Ab der Neuzeit war das Forschungsinteresse im Bereich Mutterschaft überwiegend verbunden mit dem Interesse, das Wohl des Kindes und dessen Überlebensfähigkeit zu verbessern. Durch die frühen pädagogischen Konzepte der Aufklärung und die Leitfäden zur Erziehung, die im Zuge der Pädagogisierung, Medikalisierung und Psychologisierung erzieherischer Verhältnisse entstanden, verfestigten sich Mutterbilder in der westlichen Kultur ab dem Ende des 18. Jahrhunderts. „Mutterliebe“, als Terminus seltener in zeitlich vorausgegangenen Schriften zu finden, ist eine Erfindung der Moderne und entwickelte sich im 18. Jahrhundert zu einem von männlichen Experten ausgearbeiteten „Regelwerk, das definiert, wie Mutterliebe sich zu äußern hat“ (Badinter 1984; Schütze 1996).

Es lassen sich in der geschichtlichen Abfolge vier Stadien erkennen, in welchen jeweils eine neue Dimension der Sorge für das Kind in das Blickfeld rückte (vgl. Beck-Gernsheim 1993, S. 112). Im 18. Jahrhundert zeichnete sich zunächst das Thema „Bildung“ im Vordergrund der Erziehung des Kindes ab (vgl. ebd.). Rousseau stellte die Mutter während der ersten Lebensjahre der Kinder in den Mittelpunkt des familiären Erziehungsgeschehens (vgl. Rousseau 1963). Für Pestalozzi konnte die Humanisierung des Menschen und der Gesellschaft nur glücken, wenn die „liebevolle Mutter“ ihre Aufgabe der sittlichen Erziehung und Entwicklungsförderung ihrer Kinder erfüllt (vgl. Pestalozzi 1947, 1958). Es folgte im 19. Jahrhundert der Aufschwung des Bereiches „Gesundheit“, der zugleich strenge Verhaltensregeln für Mütter mit sich brachte (vgl. Beck-Gernsheim 1993, S. 114). Im dritten Stadium rückte zu Beginn des 20. Jahrhunderts die Psyche des Kindes in den Vordergrund (ebd.). Bowlbys Bindungsforschung stärkte die Auffassung, die Anwesenheit der Mutter sei für die psychische Entwicklung des Kindes unentbehrlich (vgl. Bowlby 1958; Paetzold 1989). Das vierte Stadium im ausklingenden 20. Jahrhundert zeichnete sich durch das Bewusstsein neuer ökologischer Gefahren aus, was eine Umwelt-Orientierung mit sich brachte, die das Kind zugleich als bedroht wie auch als schützenswert konstituierte (vgl. Beck-Gernsheim 1993, S. 117).

Gesellschaftliche Veränderungen und der damit verbundene Wandel der Familie wirkten sich jeweils in spezifischer Weise auf Mütter in den unterschiedlichen sozialen Milieus aus (vgl. Weber-Kellermann 1989). Die historische Entwicklung der Mutterbilder in Deutschland war, unter anderem während der Zeit der ersten Frauenbewegung oder des

Nationalsozialismus, im Vergleich zu anderen europäischen Ländern nahezu diametralen Strömungen ausgesetzt (vgl. Alfermann, 1997, S. 34). Lässt man schichtspezifische Unterschiede außer Acht, so wird der Mutter zusehends das Monopol der Gefühlsbeziehung zwischen dem Kind und dem es fördernden Erwachsenen zugesprochen (vgl. Nave-Herz 1997, S. 9). Der „Exklusivcharakter" (Nave-Herz 1997, S. 14) der Familie, der sich im Zuge der Industrialisierung herausbildete, ermöglichte die Entwicklung spezifischer Erwartungen an Mütter. Vertreterinnen der bürgerlichen Frauenbewegung betonten „die weibliche Andersartigkeit" (vgl. Schenk 2000, S. 199). Das Konzept der Mutter als die Fördernde der Entwicklung des Kindes, beispielsweise vertreten von Pestalozzi oder Fröbel, wurde von der bürgerlichen Frauenbewegung aufgegriffen und im bildungstheoretischen Begriff der „geistigen Mütterlichkeit" erweitert, verbunden mit der Forderung nach Bildung und Berufstätigkeit von Frauen (vgl. Jacobi 1990). Frauen, so die Idee, hätten einen besonderen Beitrag zur Kultur und gesellschaftlichen Entwicklung zu leisten: ihre Mütterlichkeit (vgl. ebd.; Moltmann-Wendel 2003).

Der Nationalsozialismus hatte mit seiner ausgeprägten Mutterideologie einen wesentlichen Einfluss auf das Mutterbild, das noch bis in die folgenden Jahrzehnte davon beeinflusst blieb. Der europaweit einzigartige Mangel an Ganztagsschulen in Deutschland und die somit erschwerten arbeitsmarkttechnischen Partizipationsmöglichkeiten für Mütter spiegeln das Erbe des geschichtlich einschneidenden Ideals der mütterlichen Fürsorge, wie es im Rahmen des Nationalsozialismus propagiert wurde, wider (vgl. Weyrather 1993).[3]

Mütterlichkeit beinhaltet ein historisches, soziales und normatives Konstrukt, dem die Forschung intensiv nachgegangen ist. Mutterbilder sind Ausdruck der Geschlechterordnung der Gegenwart und sind daher „in einem sozial strukturierten ‚gender-belief-system' [einer Gesellschaft] zu verorten" (Nave-Herz 1997, S. 5). Sie beinhalten normative Muster, die aus der Geschichte aufgegriffen werden, und in den Alltag einfließen und sich dort mit gesellschaftlichen Konzepten verbinden. Beispielsweise spiegeln gegenwärtige Mütterbilder die geschlechtsspezifische Arbeitsteilung wider, die sich im Zuge der Industrialisierung schichtübergreifend verhärtet hat. Zahlreiche Hinweise bezüglich der gesellschaftlichen Erwartungen an Mütter und implizite Mutterschaftskonzepte finden sich auch gegenwärtig in Publikationen zur Familienpädagogik oder zur Erziehung allgemein.

5.2 Forschungen über Mütter – theoretische Zugänge und empirische Befunde

Die moderne Frauen- und Mutterschaftsforschung entspringt in Deutschland den Forderungen der zweiten Frauenbewegung. Diese griff das Thema Mutterschaft auf und erreichte mit ihren Forderungen unter anderem die staatliche Förderung von Mütterzentren und politische Veränderungen, deren positive Auswirkung auf das Leben von Frauen jedoch auch kritisch diskutiert wird (vgl. Frohnhaus 1994).

Bedeutsam für die Analyse von Mutterschaft in der Gegenwart sind jedoch zwei Tendenzen: Zum einen haben die sichereren Verhütungsmethoden Mutterschaft scheinbar „wählbar" gemacht und zum anderen wirkt die bewusste Entscheidung für eine Mutterschaft offensichtlich auch auf das Selbstverständnis einiger Frauen und Mütter ein. Mutter zu werden ist in Industrienationen kein notwendiger Bestandteil der Biografie von Frauen

3 Im Westen Deutschlands wurden im Jahr 2000 nur 3,7 % aller Grundschüler in Ganztagsschulen und 4 % in Horten betreut (vgl. Eichhorst u. a. 2002, S. 31).

mehr. Der Begriff „Doppelte Sozialisation" dient seit den 70er Jahren des 20. Jahrhunderts der Beschreibung des spezifischen Verhältnisses von Frauen zur Berufswelt. „Doppelte Sozialisation" beschreibt die historisch neue Entwicklung: Mädchen zum einen an die Berufswelt heranzuführen, zum anderen die Bestimmung der Frau zur Mutterschaft zu betonen und die Sozialisation von Mädchen mit entsprechenden Erziehungsinhalten anzureichern (vgl. Geissler/Oechsle 1996). Mutterschaft wird für viele Frauen zu einer bewussten Entscheidung und gehört nicht selbstverständlich zum Leben einer Frau dazu (vgl. Rose 1991). Mutterschaft konfrontiert Frauen mit der Aufgabe ideell aufgeladene Ansprüche, die an Mütter gestellt werden, zu erfüllen und emotionale sowie soziale Veränderungen in den eigenen Lebenslauf zu integrieren. In ihren Abwägungen für oder gegen ein Kind geben Leitbilder und damit Mutterbilder Frauen eine Orientierung. Mutterbilder beeinflussen das Handeln von Frauen als Mütter und den Status, den sie als Mütter innerhalb einer Gesellschaft einnehmen (vgl. Alfermann 1997, S. 37f.). Die Bildungsbeteiligung der Frauen und ihre beruflichen Orientierungen lösen die traditionelle weibliche Normalbiografie zunehmend auf. Die daraus resultierende historisch neue lebensbiografische Planungsvielfalt innerhalb individualisierter Gesellschaften stellt zugleich hohe Anforderungen an die Einzelnen, die Verantwortung für lebensbiografische Entscheidungen zu übernehmen. Zusammen mit weiteren gesellschaftlichen Faktoren kann daraus das Aufschieben oder Ablehnen von persönlicher Mutterschaft resultieren (vgl. Textor 2003). Eine Mutter zu werden wird für Frauen in der Postmoderne zu einem zentralen Lebensereignis, denn andere traditionell mit symbolischem Wert versehene Ereignisse, wie z. B. die Eheschließung, die heute oft mit der Geburt des ersten Kindes zeitlich gekoppelt wird, also oft eines Anlasses bedarf, verlieren zusehends an Bedeutung (vgl. BzgA 2000, S. 10). Bezüglich einer möglichen Mutterschaft hat sich das Thema der „biografischen Zeitknappheit" innerhalb der Wahrnehmung von Frauen gelockert, der Anteil von Erstgebärenden über 35 Jahre steigt an (vgl. Geissler/Oechsle 1996; Herlyn u. a. 2003). Der Gedanke, dass die Erfüllung des Kinderwunsches zeitgleich mit anderen selbst zu verantwortenden biografischen Entscheidungen machbar ist, erweist sich zugleich als emanzipatorisches Potenzial und Tücke der Illusion unzähliger kombinierbarer Wahlmöglichkeiten für Frauen in der Postmoderne. Individualisierungstendenzen kennzeichnen Entscheidungsprozesse und die Wahrnehmung verschiedener Gestaltungsmöglichkeiten des eigenen Lebens für Frauen.

■ *Mutterschaft – Mutter Werden*

Rerrich zufolge beginnt der Prozess des Mutter Werdens für Frauen heute nicht erst mit der Empfängnis, die einen Prozess medizinischer Interventionen eröffnet, sondern schon zuvor wird die „potenziell Schwangere", z. B. durch die Medien, auf ihr bisher möglicherweise unbekannte Risiken ihrer Lebensführung aufmerksam gemacht und „normativ verpflichtet, verschiedene Verhaltensweisen gegeneinander abzuwägen und sich jeweils individuell für die ‚richtige' Verhaltensstrategie zu entscheiden" (Rerrich 1999, S. 39). Duden hält fest, dass Schwangerschaftserleben in der Spätmoderne durch die „Wahrnehmung – der Schwangerschaft als [...] (einen) biologisch normierten und durch die Entwicklung des Embryos definierten Zustand [...]" (Duden 2002, S. 8) gekennzeichnet sei. Dieses Wahrnehmungskonzept verlagert die Bewältigung von Ängsten der Risikogesellschaft in den Verantwortungsbereich von Frauen und beeinflusst somit den Status von Frauen und Müttern, aber auch die Phase der Familiengründung und die Intimsphäre der Familie grundlegend. In der Moderne wächst zeitgleich ein Bewusstsein für Risiken des alltäglichen Lebens. Ein behindertes Kind zur Welt zu bringen wird vor diesem Hintergrund zum schwangerschaftsbegleitenden Risiko, das es mit Hilfe der Medizin und der Entscheidungsbereitschaft schwangerer Frauen zu bannen gilt. Während der Schwangerschaft wächst der Raum, der den medizinischen Kontrollen zugestanden wird und überschattet die Zeit der „guten Hoffnung". Eine Untersuchung von Samerski basiert auf der Analyse einer Reihe teilnehmender Beobachtungen bei gynäkologischen Beratungsgesprächen und zeigt, dass die Zunahme an pränatalen medizinischen Interventionen, die das vermeintliche Recht auf eine freie Entscheidung implizieren, von Frauen verlangt eine zukunftsorientierte Entscheidung für oder gegen das Kind aufgrund statistischer Wahrscheinlichkeiten zu fällen (vgl. Samerski 2002). Die Vorstellung, Kinder den eigenen Lebenswünschen entsprechend zeitlich einplanen oder ablehnen zu können, erweist sich allerdings als trügerisch. Auch die Wahl der passenden Kultur für die Geburt eines Kindes selbst unterliegt individualisierten Entscheidungen (vgl. Rose 1993).

■ *Mutter Sein – Ansprüche und Realitäten*

Der Frage, was bedeutet es im Leben einer Frau Kinder zu haben und wie haben sich die gesellschaftlichen, politischen, sozialen, familiären und individuellen Rahmenbedingungen für Mutterschaft gewandelt (vgl. Beck-Gernsheim 1984), sind einige Studien nachgegangen. Mutterschaft wird in einem öffentlichen Diskurs produziert und mit Rückgriff auf normative Konzepte ständig reproduziert, wobei der konkrete Alltag und die Lebenswirklichkeit von Müttern in der Forschung nur selten einbezogen werden. Der in Herwartz-Emdens Untersuchung mehrheitlich geäußerte Eindruck von Müttern, Selbstaufgabe und Selbstverleugnung seien die grundlegenden Charakterzüge einer „guten Mutter", spiegelt die Tendenz in der patriarchalen Kultur der westlichen Welt wider, dem Mutter Sein keinen eigenen Wert und somit keine Anerkennung zuzusprechen (vgl. Herwartz-Emden 2000, S. 15).[4]

Das Problem der Vereinbarkeit von Mutterschaft und Berufstätigkeit war und ist Gegenstand zahlreicher Studien (vgl. Paetzold 1996), wobei immer wieder die fehlenden Einrichtungen zur Kinderbetreuung thematisiert werden sowie die Probleme des beruflichen Wiedereinstiegs nach der Familienphase (LBS-Initiative Junge Familie 1994). Vor allem in den alten Bundesländern ist mit der Geburt des ersten Kindes ein Traditionalisierungsschub verbunden. Dessen Ausdruck ist unter anderem die extrem hohe Quote an Frauen im Vergleich zu Männern, die ihr Recht auf Elternzeit wahrnehmen. Obwohl nur 56 % der Frauen in Westdeutschland die berufliche Unterbrechung, oft gefolgt von einer Teilzeitarbeit („Drei-Phasen-Modell"), präferieren, nehmen 2/3 diesen beruflichen Einschnitt, der sich auf die eigene Karriere mehrheitlich disqualifizierend auswirkt, in Kauf, um für ihr Kind zu sorgen (vgl. BzgA 2000, S. 15). Damit folgt der überwiegende Teil von Müttern weiterhin dem bürgerlichen Ideal der sorgenden Mutter.[5] Das traditionelle Mutterideal der sorgenden Mutter, welches mütterliches Handeln auch in alternativen Familienformen beeinflusst, ist eine „historisch konstituierte Ideologie" (Hays 1998). Die Untersuchung von Herlyn und anderen zu „später Mutterschaft" basiert auf der Analyse mehrphasiger qualitativer biografischer Interviews mit rund 30 Frauen und kommt zu dem

4 Wie stark das normative Muster von der „guten Mutter" auch dann noch wirkt, wenn diese gar nicht praktiziert wird, zeigt eine Studie zur Situation von Frauen, die ihre Kinder zu Adoption freigeben (vgl. Szypkowski 1997).

5 Die Armut von Frauen im Alter trifft gerade auch Mütter, die sich auf den traditionellen Lebensentwurf der Hausfrau und Mutter eingelassen haben (vgl. Tjaden-Steinhauer 1990).

Ergebnis, dass „Späte Mütter" hier eine Ausnahme darstellen, denn 22 % dieser Gruppe nimmt in Westdeutschland keine Elternzeit in Anspruch (Herlyn u. a. 2002, S. 133). Die Tatsache, dass jede vierte der hochqualifizierten späten Mütter keine Elternzeit nimmt, deutet darauf hin, dass die berufliche Qualifikation diese Entscheidung beeinflusst. Ergebnisse der unter anderem von Ute Gerhard durchgeführten Studie „Erwerbstätige Mütter, ein europäischer Vergleich", die mit Hilfe eines zweistufigen Ansatzes, der sowohl einen Vergleich europäischer Wohlfahrtssysteme umfasst als auch die Alltagspraxis von erwerbstätigen Müttern auf der Grundlage länderbezogener Fallstudien analysiert, zeigt Lösungsmöglichkeiten für eine verbesserte Müttererwerbstätigkeit im europäischen Vergleich auf (vgl. Gerhard u. a. 2003). Untersucht wird auch, welche Strategien Frauen entwickeln, um den widersprüchlichen Anforderungen von Arbeitsmarkt und Familie gerecht zu werden, wie sozialpolitische Leistungen in Anspruch genommen werden und welche Defizite in den politischen und rechtlichen Strukturen festzustellen sind (vgl. Ludwig u. a. 2002). Gesellschaftliche Rahmenbedingungen von Mutterschaft, wie z. B. der Mangel an Ganztagsschulen in Deutschland, werden ebenso wie Antagonismen innerhalb gesellschaftlicher Erwartungen an Mütter „zu Widersprüchen im einzelnen, in der Frau" (Donnenberg 1993, S. 13). Gesellschaftlich verursachte Unvereinbarkeiten von Familie und Erwerbstätigkeit machen derzeit private Lösungen erforderlich. Dadurch werden auch gesellschaftlich verursachte Problemlagen als individualisierte Konflikte im Mikrosystem Familie ausgetragen.

„Mutter zu sein" reicht nach den gesellschaftlichen Maßstäben für „gute Mütter", wie sie z. B. durch die Medien transportiert werden, alleine nicht aus, sondern mütterliche Aktivität ist gefordert, deren Wert sich an dem Wohlbefinden des Kindes misst (vgl. Katz Rothman 2000, S. 7). In Anbetracht der momentan hohen Arbeitslosenquote fügt sich das Bild der verhäuslichten Mutter gut in das politische Interesse während einer konjunkturschwachen Periode und zeigt somit die gesellschaftliche Funktionalisierung von Leitbildern. Die erhebliche Anzahl an ausschließlich im Haushalt tätigen Frauen minimiert den Andrang auf den Arbeitsmarkt, gerät jedoch zugleich in Widerspruch zum wirtschaftlichen Interesse, qualifizierte junge Frauen und Mütter in den Arbeitsprozess dauerhaft und verlässlich zu integrieren, um den Mangel an Fachkräften auszugleichen (vgl. Eichhorst u. a. 2002, S. 11).[6]

Die Vorstellungen von Mutterschaft variieren je nach Bildungsstand bzw. geografischer Verortung zwischen der Fortsetzung der Berufstätigkeit ohne größere Unterbrechung und der ausschließlichen Konzentration auf Kind und Familie. Einige Studien weisen darauf hin, dass berufstätige Mütter mit dem Vorwurf konfrontiert sind, ihre Mutterrolle nicht ernsthaft wahrzunehmen, ebenso existieren negative Rückmeldungen über berufstätige Mütter im Arbeitsleben; „Mutterschaft ist wie eine Leiche im Keller" (Kitzinger 1993, S. 324). Schuldgefühle und Abhängigkeiten sind ebenso wie Gefühle der Asexualität häufige Begleiterscheinungen des Mutter-Seins (vgl. Donnenberg 1993, S. 94f.).

Je mehr die Entwicklung der Individualisierung sich zuspitzt, so Beck-Gernsheims These, „desto mehr gewinnt das, was an Bindung noch bleibt, dieser gewissermaßen ‚archaische' Rest, eine historisch neue Bedeutung – zum einen Beschränkung und Last, zum anderen Anker und Zuflucht" (Beck-Gernsheim 1993, S. 106). Häusliche Isolation während der Betreuung von Kleinkindern, die zusehends mehr Zuständigkeitsbereiche für die Müt-

6 Eine höhere Berufstätigkeit von Frauen könnte zudem der „Verschlechterung des Verhältnisses von Beitragszahlern und Leistungsempfängern im Gesundheits- und Rentensystem" entgegenwirken (Eichhorst u. a. 2002, S. 13).

ter umfasst, führt neben der Abhängigkeit von dem Kind für viele Frauen zum ersten Mal in ihrem Leben als Erwachsene zur finanziellen Abhängigkeit vom Partner oder von staatlichen Maßnahmen (vgl. Beck-Gernsheim 1993, S. 59f.). Diese Tatsache kann nicht nur innerfamiliäre Krisen hervorrufen, sondern die finanzielle Abhängigkeit vieler alleinerziehender Mütter von staatlicher Unterstützung wird wiederkehrend als Fehlleistung der Mütter gewertet, liegt doch die Verantwortung für die Wahl des Zeitpunktes der Geburt eines Kindes, der Ideologie einer technologieorientierten Kultur entsprechend, bei der Mutter. Ausgeblendet wird dabei, dass die finanzielle Notlage vieler allein erziehender Mütter in engem Zusammenhang mit den fehlenden Zahlungen der Väter für ihre Kinder steht.[7] Mit der Lebenssituation alleinerziehender Mütter haben sich eine Reihe von Studien beschäftigt und dabei sowohl auf Problemlagen, wie auch auf Chancen dieser Lebenssituation aufmerksam gemacht (Gutschmidt 1986; Schöningh u. a. 1991; Heiliger 1991; Hering 1998). Mütter von Kindern mit speziellen Bedürfnissen sind bisher kaum in den Blick der Forschung genommen worden (vgl. Jonas 1990). Jede 12. Studierende hat ein oder mehrere Kinder zu versorgen, dennoch sind studierende Mütter oder Väter eine Gruppe, die kaum in den Blick der Forschung genommen wird (vgl. Schön u. a. 1990). Zugleich wird deutlich, dass in unserer Gesellschaft das Leitbild „Mutter“ beispielsweise mit einer wissenschaftlichen Laufbahn nur schwer zu vereinbaren ist. Auf der anderen Seite findet eine Professionalisierung von Elternschaft statt, an der besonders die akademischen Mütter intensiv beteiligt sind (vgl. Pasquale 1998).[8]

Im Zuge der Ausdifferenzierung familialer Lebensformen haben Frauen zusehends die „Chance“ zumindest für eine gewisse Zeit in ihrem Leben die Rolle einer sozialen Mutter zu übernehmen. Soziale Mütter in gleichgeschlechtlichen Stief- bzw. Elternfamilien erhalten durch das Lebenspartnerschaftsgesetz in gleichgeschlechtlichen Partnerschaften neue Rechte, denn aktuelle gesetzliche Entwicklungen führen für sie zur Legalisierung des geteilten Sorgerechts. Das Lebenspartnerschaftsgesetz sieht in § 9 unter bestimmten Bedingungen das „kleine Sorgerecht“ für soziale Mütter und soziale Väter des gemeinsam erzogenen Kindes bzw. der gemeinsam erzogenen Kinder vor und trägt zur Stärkung des gesellschaftlichen Status dieser Form der Familie bei. Insgesamt ist in den vergangenen Jahren durch die Pluralisierung der Lebensform Mutterschaft ein neuer Möglichkeitsrahmen entstanden.

6. Forschungsdesiderate und Ausblick

Kennzeichnend für die gegenwärtige Gesellschaft ist ein Zuwachs an Reflexion und öffentlicher Diskussion über die Familie als Erzieherin der Kinder, sowie die Ausgestaltung von Mutter- und Vaterschaft. Ob sich mit der Ausdifferenzierung der Alltagspraxen des Umgangs mit Elternschaft auch die normativen Vorstellungen und Idealbilder von Müttern und Vätern verändern, bleibt eine offene Forschungsfrage. Wie nicht nur dieses Hand-

7 Zirka ein Drittel der betreuenden Elternteile der unterhaltsberechtigten Kinder geben Probleme bei den Unterhaltszahlungen an, d. h. der Unterhalt wird nicht oder unregelmäßig gezahlt. Wird regelmäßig Unterhalt gezahlt, so erhalten 22 % der Berechtigten Beiträge, die unter den Regelsätzen liegen (vgl. forsa 2003).

8 Erkennbar ist zudem eine Pädagogisierung im Umgang mit Kindern, die auch den familiären Binnenraum erfasst, wobei die elterliche Erziehungskompetenz durch mediale und professionelle Ratgeber zu stärken gesucht wird, mit dem Ideal einer empathischen Beziehung zum Kind verbunden mit einer hohen Selbstreflexivität auf Seiten der Mütter und Väter.

buch zeigt, ist die Familie ein wichtiges Forschungsfeld für die Erziehungswissenschaft. Dennoch stellt sich die Frage: Warum hat sich die erziehungswissenschaftliche Forschung bisher so selten mit der Person der Mutter und des Vaters auseinandergesetzt?

Sicher besteht ein Zusammenhang zwischen der Ignoranz des Vaters und der Entstehungsgeschichte und dem Selbstverständnis einer Wissenschaft, die sich vor allem auf die Erforschung von Bildung und Erziehung in außerfamilialen Institutionen konzentrierte. Lenzen spricht von der Pädagogik als „Wissenschaft und Ideologie des Vaterersatzes" (Lenzen 1991, S. 234). Sicher hat auch eine Rolle gespielt, dass in einer Erziehung „nach Auschwitz" gerade auch für Erziehungswissenschaftler mit der Person des Vaters ambivalente Gefühle verbunden sein konnten, was eine unvoreingenommene wissenschaftliche Auseinandersetzung nicht förderte. Die Generation der „autoritären" Väter wurde oft pauschal für die Verbrechen Deutschlands in der Zeit des Nationalsozialismus verantwortlich gemacht. Zukünftige Forschungen könnten sich des erzieherischen Handelns von Vätern annehmen, um daraus Beiträge zu einer Theorie der Familienerziehung zu entwickeln. Welche erzieherischen Funktionen nehmen Väter in ihren Familien in verschiedenen Milieus, ethnischen Gruppen und Familienformen ein und wie wirken sich diese auf die Entwicklung ihrer Kinder aus? Existieren spezifisch männliche erzieherische Kompetenzen oder Dispositionen? Wie sollten Väter ihre Vaterschaft gestalten und ihre Kinder erziehen, damit diese sich positiv entwickeln? Wie können Väter ihren Töchtern und Söhnen beim Erwachsenwerden unterstützend zur Seite stehen? Welchen Beitrag können Väter dazu leisten, dass sich ihre Söhne zu „guten" Vätern und Männern entwickeln?

Zukünftige erziehungswissenschaftliche Mutterschaftsforschung sollte bei Frauen ansetzten und sich nicht ausschließlich auf Mütter konzentrieren, denn Frauen setzen sich in vielfältigen Lebenslagen mit Mutterschaft auseinander und entscheiden sich gegebenenfalls sehr bewusst für ein Kind. Frauen erwerben den Status einer Mutter auf unterschiedlichen Wegen und erleben ihr Mutter Sein in verschiedenen Lebens- und Familienformen. Mutterschaftsforschung und Forschende sind kulturell und ideologisch situativ verortet. Forschung muss diese eigene Begrenztheit wahrnehmen und danach fragen, welche Fragen Frauen und Familien heute beschäftigen.

Anregend für zukünftige Forschungen kann sein, Mütterlichkeit und Väterlichkeit als historisch entstandene, soziale und medial vermittelte Konstruktionen, sowie als milieuspezifisch geformte Lebenswelten zu analysieren, die biografisch bearbeitet und mittels des Habitus reproduziert werden. Auf diese Weise würden in den empirischen Analysen stärker die Binnendifferenzierungen der Ausgestaltung von Vaterschaft und Mutterschaft unter dem Einfluss unterschiedlicher sozialer und kultureller Milieus, biografischer Erfahrungen, geschlechtsbezogener Erwartungen sowie von Erziehung und Bildung auf die Lebensform Elternschaft berücksichtigt. In Familien mit Migrationshintergrund beispielsweise variiert die Ausgestaltung ihrer jeweiligen Rolle offensichtlich in Abhängigkeit von ihrer Herkunftskultur, religiösem und sozialem Hintergrund, aber hier besteht Forschungsbedarf, um nicht vorschnell Klischeebilder zu reproduzieren. Auch fehlen Langzeit- und biografieanalytische Studien, um die Auswirkungen bestimmter Lebensmodelle empirisch verfolgen zu können und mehr über die Vielfalt der gelebten Mutter- und Vaterschaft zu erfahren. Dabei wäre es auch spannend, die Sicht von Kindern auf ihre Mütter und Väter und auf ihre Familienverhältnisse zu nutzen, um über die unbeabsichtigten Nebenwirkungen einiger Konzepte nachzudenken und damit den Wahrnehmungen und Problemformulierungen von Kindern in den wissenschaftlichen Analysen Geltung zu verschaffen.

Literatur

Aigner, J.Ch., 2001: Der ferne Vater. Zur Psychoanalyse von Vatererfahrung, männlicher Entwicklung und negativem Ödipuskomplex. Gießen.

Alfermann, D., 1997: Ein Kind gehört zu seiner Mutter, über Rollenerwartungen und ihre Folgen. In: Schuchard, M. u. a. (Hrsg.): Mutterbilder – Ansichtssache. Heidelberg.

Amendt, G., 2004: Scheidungsväter. Bremen.

Badinter, E., 1984: Die Mutterliebe. Geschichte eines Gefühls vom 17. Jahrhundert bis heute. München (Paris 1980).

Beck, U., 1986: Risikogesellschaft. Auf dem Weg in eine andere Moderne. Frankfurt am Main.

Becker, A., 2000: Mutterschaft im Wohlfahrtsstaat. Familienbezogene Sozialpolitik und die Erwerbsintegration von Frauen in Deutschland und Frankreich. Berlin.

Beck-Gernsheim, E. 1984: Vom Geburtenrückgang zur Neuen Mütterlichkeit? Über private und politische Interessen am Kind. Frankfurt am Main.

Beck-Gernsheim, E., 1993: Mutterwerden – der Sprung in ein anderes Leben. Frankfurt am Main.

Behler, W., 1971: Vater, Vaterschaft, Väterlichkeit. In: Lexikon der Pädagogik. Neue Ausgabe. Vierter Band. Hrsg. vom Willmann-Institut München-Wien. Freiburg/Basel/Wien.

Bertram, H., 2001: Familie bleibt Ort der Solidarität. Über neue Formen des Familienzusammenhalts. In: Schüler (2001). Familie, herausgegeben vom Erhard Friedrich Verlag in Zusammenarbeit mit Klett, Seelze, S. 4-7.

Bowlby, J., 1958: The Nature of a Child's Tie to his Mother. In: International Journal of Psychoanalysis 39, S. 350-373.

Bozett, F.W./Hanson, Sh.M.H. (Hrsg.), 1991: Fatherhood and Families in Cultural Context. New York.

Braun, W., 1980: Der Vater im familiären Erziehungsprozeß. Beiträge zu einer pädagogischen Jugendtheorie. Bad Heilbrunn.

Brentrup, M., 1993: Abhängige Väter und ihre Kinder. In: Systhema, 7. Jg., H. 1, S. 32-39.

Bundeszentrale für gesundheitliche Aufklärung (BzgA), 2000: Frauen leben. Studie zu Lebensläufen und Familienplanung im Auftrage der Bundeszentrale für gesundheitliche Aufklärung, Kurzfassung. Köln.

Cowan, C./Cowan, Ph.A., 1987: Men's Involvement in Parenthood: Identifying the Antecedents and Understanding the Barriers. In: Berman, Ph.W./Pedersen, F.A. (Hrsg.): Men's Transitions to Parenthood. Hillsdale/New Jersey, S. 145-174.

Cyprian, G., 1996: Veränderungen der Rollenbilder von Mann und Frau. In: Vaskovics, L.A. u. a. (Hrsg.): Familiale Lebenswelten und Bildungsarbeit. Opladen.

Daly, K.J., 1995: Reshaping Fatherhood. Finding the Models. In: Marsiglio, W. (Hrsg.): Fatherhood. Contemporary Theory, Research, and Social Policy. Thousand Oaks/London/New Delhi, S. 21-40.

Dollahite, D.C./Hawkins, A.J./Brotherson, S.E., 1997: A Conceptual Ethic of Fathering as Generative Work. In: Hawkins, A.J./Dollahite, D.C. (Hrsg.): Generative Fathering: Beyond Deficit Perspectives. Thousand Oaks, S. 17-35.

Donnenberg, W., 1993: Mutter im Widerspruch – Wie Frauen ihr Muttersein erleben. In: Sieberer-Kefer, A. (Hrsg.): Mutter im Widerspruch – Wie Frauen ihr Muttersein erleben. Salzburg.

Dorbritz, J./Schwarz, K., 1996: Kinderlosigkeit in Deutschland – ein Massenphänomen? Analysen zu Erscheinungsformen und Ursachen. In: Zeitschrift für Bevölkerungswissenschaft, 21. Jg., H. 3, S. 231-261.

Duden, B., 2002: Zwischen ‚wahrem Wissen' und Prophetie: Konzeptionen des Ungeborenen. In: Duden, B. u. a. (Hrsg.): Geschichte des Ungeborenen. Göttingen.

Eichhorst, W. u. a., 2002: Vereinbarkeit von Familie und Beruf. Gütersloh.

Ellbracht, W., 1955: Vater, Vaterschaft. In: Deutsches Institut für wissenschaftliche Pädagogik (Hrsg.): Lexikon der Pädagogik. IV. Band. Freiburg/Basel/Wien, S. 749-752.

Erhard, R./Janig, H., 2003: Folgen von Vaterentbehrung. Eine Literaturstudie. Wien/Klagenfurt.

forsa, Gesellschaft für Sozialforschung und statistische Analysen im Auftrag des Bundesministerium für Familie, Senioren, Frauen und Jugend, 2003: Unterhaltszahlungen für minderjährige Kinder in Deutschland, Kurzfassung http://www.bmfsfj.de/dokumente/Artikel/ix_91434.htm?id=91434.

Frohnhaus, G., 1994: Feminismus und Mutterschaft: eine Analyse theoretischer Konzepte und der Mütterbewegung in Deutschland. Weinheim.

Fthenakis, W.E., 1985: Väter. Band 1 und 2. München.

Fthenakis, W.E. u. a., 1999: Engagierte Vaterschaft. Die sanfte Revolution in der Familie. Opladen.

Fthenakis, W.E./Kalicki, B./Peitz, G., 2002: Paare werden Eltern. Die Ergebnisse der LBS-Familien-Studie. Opladen.

Fthenakis, W.E./Ladwig, A., 2002: Homosexuelle Väter. In: Fthenakis, W.E./Textor, M.R. (Hrsg.): Mutterschaft, Vaterschaft. Weinheim/Basel, S. 129-154.

Fthenakis, W.E./Minsel, B., 2002: Die Rolle des Vaters in der Familie. Schriftenreihe des Bundesministeriums für Familie, Senioren, Frauen und Jugend, Band 213. Stuttgart.

Gabert, E., 1949: Das mütterliche und das väterliche Element in der Erziehung. Stuttgart.

Gamm, H.-J., 1965: Anthropologische Untersuchungen zur Vater-Rolle. Essen.

Geissler, B./Oechsle, M., 1996: Lebensplanung als Konstruktion: Biographische Dilemmata und Lebenslaufentwürfe junger Frauen. In: Beck, U. u. a. (Hrsg.): Riskante Freiheiten. Frankfurt am Main.

Gerhard, U./Knijn, T./Weckwert, A. (Hrsg.), 2003: Erwerbstätige Mütter. Ein europäischer Vergleich. München.

Gloger-Tippelt, G., 1988: Schwangerschaft und erste Geburt. Psychologische Veränderungen der Eltern. Stuttgart.

Graf, M./Walter, H., 2002: Herrn Adams Vaterwerden und Vatersein. Eine rekonstruktionslogische Analyse. In: Walter, H. (Hrsg.): Männer als Väter. Sozialwissenschaftliche Theorie und Empirie. Gießen, S. 381-418.

Griswold, R.L., 1993: Fatherhood in America: A History. New York.

Gutschmidt, G., 1986: Kind und Beruf. Alltag alleinerziehender Mütter. Weinheim/München.

Hays, Sh., 1998: Die Identität der Mütter: zwischen Selbstlosigkeit und Eigennutz. Stuttgart.

Heiliger, A., 1991: Alleinerziehen als Befreiung. Mutter-Kind-Familien als positive Sozialisationsform und als gesellschaftliche Chance. Pfaffenweiler.

Hering, S., 1998: Makel, Mühsal, Privileg? Eine hundertjährige Geschichte des Alleinerziehens. Frankfurt am Main.

Herlyn, I. u. a., 1998: Großmutterschaft im weiblichen Lebenszusammenhang. Pfaffenweiler.

Herlyn, I. u. a. (Hrsg.), 2003: Späte Mütter. Opladen.

Herwartz-Emden, L., 1995: Mutterschaft und weibliches Selbstkonzept. Weinheim/München.

Herwartz-Emden, L., 2000: Kindheit, Erziehung und Geschlechterbilder in der interkulturellen Perspektive. Antrittsvorlesung an der Universität Augsburg.

Herweg, R.M., 1994: Die jüdische Mutter. Das verborgene Matriarchat. Darmstadt.

Hoffmeister, D., 2001: Mythos Familie. Zur soziologischen Theorie familialen Wandels. Opladen.

Holden, G.W., 1997: Parents and the Dynamics of Child Rearing. Boulder, Col.

Höpflinger, F., 1997: Entwicklung der Elternschaft in europäischen Ländern. In: Vaskovics, L.A. (Hrsg.): Familienleitbilder und Familienrealitäten. Opladen, S. 168-186.

Horkheimer, M. (Hrsg.), ²1987: Schriften des Instituts für Sozialforschung. Fünfter Band. Studien über Autorität und Familie. Forschungsberichte aus dem Institut für Sozialforschung. Reprint der Ausgabe Paris 1936. Lüneburg.

Jacobi, J., 1990: ‚Geistige Mütterlichkeit'. Bildungstheorie oder strategischer Kampfbegriff gegen Männerdominanz im Mädchenschulwesen. In: Mädchen und Jungen – Männer und Frauen in der Schule. 1. Beiheft der Zeitschrift: Die Deutsche Schule. Hrsg. von Marianne Horstkemper u. a. Weinheim.

Jonas, M., 1990: Behinderte Kinder – behinderte Mütter? Die Unzumutbarkeit einer sozial arrangierten Abhängigkeit. Frankfurt am Main.

Katz Rothman, B., 2000: Recreating Motherhood. New Brunswick.

Kindler, H./Grossmann, K./Zimmermann, P., 2002: Kind-Vater-Bindungsbeziehungen und Väter als Bindungspersonen. In: Heinz, W. (Hrsg.): Männer als Väter. Sozialwissenschaftliche Theorie und Empirie. Gießen, S. 685-741.

King, V., 2002: Tochterväter. Dynamik und Veränderungen einer Beziehungsfigur. In: Heinz, W. (Hrsg.): Männer als Väter. Sozialwissenschaftliche Theorie und Empirie. Gießen, S. 519-554.

Kitzinger, Sh., 1993: Mütter sind das Salz der Erde. Düsseldorf/Wien/New York/Moskau.

Klitzing, K. von, 2002: Vater-Mutter-Säugling. Von der Dreierbeziehung in den elterlichen Vorstellungen zur realen Eltern-Kind-Beziehung. In: Walter, H. (Hrsg.): Männer als Väter. Sozialwissenschaftliche Theorie und Empirie. Gießen, S. 783-810.

Klug-Durán, F., 2001: Alles Familie...? Zum Problem der Bezeichnung neuer ‚unnormaler' Familienkonstellationen, In: Si:So, Siegen: Sozial, 6. Jg., H. 1, S. 40-44.

Knibiehler, Y., 1996: Geschichte der Väter. Eine kultur- und sozialhistorische Spurensuche. Freiburg/Basel/Wien.

König, R., 1955: Der deutsche Vater im Jahre 1955. In: König, R., (1974): Materialien zur Soziologie der Familie. Köln, S. 214-230.

Krolzig, G., 1930: Der Jugendliche in der Großstadtfamilie. Deutsche Akademie für soziale und pädagogische Frauenarbeit. Forschungen über „Bestand und Erschütterung der Familie in der Gegenwart". Band IV. Berlin.

Krüger, D./Micus, Ch., 1999: Diskriminiert? Privilegiert? Die heterogene Lebenssituation Alleinerziehender im Spiegel neuer Forschungsergebnisse und aktueller Daten. Herausgegeben vom Staatsinstitut für Familienforschung an der Universität Bamberg. Ifb-Materialien 1-99. Bamberg.

Lamb, M.E. (Hrsg.), ³1997: The Role of the Father in Child Development. New York u. a.

Langeveld, M.J., 1963: Einen Vater zu haben. In: Zeitschrift für Pädagogik 9, S. 1ff.

LaRossa, R., 1997: The Modernization of Fatherhood. Chicago/London.

LBS-Initiative Junge Familie (Hrsg.), 1994: Vereinbarkeit von Familie und Beruf. Weinheim.

Lenzen, D. (Hrsg.), 1983-1986: Enzyklopädie Erziehungswissenschaft. Stuttgart.
Lenzen, D., 1989: Vater. In: Lenzen, D., (Hrsg.): Pädagogische Grundbegriffe. Band 2. Reinbek bei Hamburg, S. 1545-1554.
Lenzen, D., 1991: Vaterschaft. Vom Patriarchat zur Alimentation. Reinbek bei Hamburg.
Ludwig, I./Schlevogt, V./Klammer, U./Gerhard, U. (Hrsg.), 2002: Managerinnen des Alltags. Strategien erwerbstätiger Mütter in Ost- und Westdeutschland. Berlin.
Lupton, D./Barclay, L., 1997: Constructing Fatherhood. Discourses and Experiences. London/Thousand Oaks/New Delhi.
Marsiglio, W. (Hrsg.), 1995: Fatherhood. Contemporary Theory, Research, and Social Policy. Thousand Oaks/London/New Delhi.
Marsiglio, W./Amato, P./Day, R.D./Lamb, M.E., 2000: Scholarship on Fatherhood in the 1990s and Beyond. In: Journal of Marriage and the Family 62, S. 1173-1191.
Matzner, M., 1998: Vaterschaft heute. Klischees und soziale Wirklichkeit. Frankfurt am Main/New York.
Matzner, M., 2002: Alleinerziehende Väter. Männer tragen nach einer Scheidung/Trennung oder dem Tod der Mutter die Hauptsorge für ihre Kinder. In: Walter, H. (Hrsg.): Männer als Väter. Sozialwissenschaftliche Theorie und Empirie. Gießen, S. 187-218.
Matzner, M., 2004: Vaterschaft aus der Sicht von Vätern. Subjektive Vaterschaftskonzepte und die soziale Praxis der Vaterschaft. Opladen.
Matzner, M., 2005: Vaterschaft und Väter – eine noch unerschlossene Ressource und Zielgruppe in der Sozialen Arbeit mit Kindern und ihren Familien. In: Walter, H. (Hrsg.): Väter in Entwicklung. Bern.
Micus-Loos, C./Schütze, Y., 2004: Gender in der Familienerziehung. In: Glaser, E./Klika, D./Prengel, A. (Hrsg.): Handbuch Gender und Erziehungswissenschaft. Bad Heilbrunn, S. 215-236.
Minton, C./Pasley, K., 1996: Fathers' Parenting Role Identity and Father Involvement. In: Journal of Family Issues, 17. Jg., H. 1, S. 26-45.
Mintz, S., 1998: From Patriarchy to Androgyny and Other Myths: Placing Men's Family Roles in Historical Perspective. In: Booth, A./Crouter, A.C. (Hrsg.): Men in Families. When Do They Get Involved? What Difference Does It Make? Mahwah/New Jersey/London, S. 3-30.
Mintz, St., 2002: Mütter und Väter in Amerika: Ein Blick zurück. In: Fthenakis, W.E./Textor, M.R. (Hrsg.): Mutterschaft, Vaterschaft. Weinheim/Basel, S. 9-29.
Mitscherlich, A., 1963: Auf dem Weg zur vaterlosen Gesellschaft. München.
Molitor-Peffer, M.P., 1986: Väter, die ihrem Kind Gewalt antun. Inzest – und wie er bearbeitet wird. In: Sexualmedizin, 15. Jg., H. 2, S. 80-85.
Moltmann-Wendel, E., 2003: Macht der Mütterlichkeit. Die Geschichte der Henriette Schrader. Berlin.
Müller-Luckmann, E., 1989: Die sexuelle Vater-Tochter-Beziehung. In: Zetzlaff, I. (Hrsg.): Gewalt gegen Kinder. Mißhandlungen und sexueller Mißbrauch Minderjähriger. Jungjohann.
Nave-Herz, R., 1997: Mutterschaft und Mutterrolle – eine soziologische und historische Betrachtung. In: Schuchard, M. u. a. (Hrsg.): Mutterbilder – Ansichtssache. Heidelberg.
Nickel, H./Quaiser-Pohl, C. (Hrsg.), 2001: Junge Eltern im kulturellen Wandel. Untersuchungen zur Familiengründung im internationalen Vergleich. Weinheim/München.
Nohl, H., 1947: Die pädagogische Aufgabe der Gegenwart. In: Nohl, H., 1949: Pädagogik aus dreißig Jahren. Frankfurt am Main.
Oberndorfer, R./Rost H., 2002: Auf der Suche nach den neuen Vätern. Familien mit nichttraditioneller Verteilung von Erwerbs- und Familienarbeit. Forschungsbericht Nr. 5 des Staatsinstituts für Familienforschung an der Universität Bamberg (ifb).
Paetzold, B., 1989: Die Bedeutung der Mutter für die Entwicklung des Kindes. In: Paetzold, B./Fried, L. (Hrsg.): Einführung in die Familienpädagogik. Weinheim/Basel, S. 34-51.
Paetzold, B., 1996: Eines ist zu wenig, beides macht zufrieden. Die Vereinbarkeit von Mutterschaft und Berufstätigkeit. Bielefeld.
Pasquale, J., 1998: Die Arbeit der Mütter: Verberuflichung und Professionalisierung moderner Mutterarbeit. Weinheim/München.
Paul, A., 2002: Evolutionsbiologische Mutmaßungen über die Vaterschaft. In: Walter, H. (Hrsg.): Männer als Väter. Sozialwissenschaftliche Theorie und Empirie. Gießen, S. 287-321.
Pestalozzi, J.H., 1947: Wie Gertrud ihre Kinder lehrt. Ein Versuch, den Müttern in Briefen Anleitung zu geben, ihre Kinder selbst zu unterrichten (1801). Berlin/Leipzig.
Pestalozzi, J.H., 1958: Das Buch der Mütter (1803). Sämtliche Werke, Band 13. Berlin/Leipzig, S. 181ff.
Petri, H., 2002: Das Drama der Vaterentbehrung. Chaos der Gefühle – Kräfte der Heilung. Freiburg im Breisgau.
Peuckert, R., ^{3}1999: Familienformen im sozialen Wandel. Opladen.
Pfau-Effinger, B., 1995: Geschlechterkontrakt, Familienmodell und Erwerbsbeteiligung von Frauen in europäischen Industrieländern. In: Gerhard, Uta u. a. (Hrsg.): Familie der Zukunft. Opladen, S. 171-187.

Pleck, J.H., [3]1997: Paternal Involvement: Levels, Sources, and Consequences. In: Lamb, M.E. (Hrsg.): The Role of the Father in Child Development. New York u. a., S. 66-103.
Popenoe, D., 1996: Life Without Father. Compelling New Evidence that Fatherhood and Marriage Are Indispensable for the Good of Children and Society. New York u. a.
Reichle, B./Werneck, H. (Hrsg.), 1999: Übergang zur Elternschaft. Aktuelle Studien zur Bewältigung eines unterschätzten Lebensereignisses. Stuttgart.
Rerrich, M.S., 1999: Zwischen Lohn und Liebe – Frauen und neue Ungleichheiten in den Geschlechterverhältnissen. Köln.
Roloff, E.M., 1914: Mutter. In: Lexikon der Pädagogik. Dritter Band. Hrsg. von Ernst M. Roloff. Freiburg, S. 784-791.
Rombach, H. (Hrsg.), 1977: Wörterbuch der Pädagogik. Drei Bände. Herausgegeben vom Willmann-Institut München-Wien. Freiburg/Basel/Wien.
Rose, L., 1991: Gebären als Identitätsaufgabe. Der Boom „sanfter" Geburtskultur im Licht gesellschaftlicher Individualisierungsprozesse. In: Büttner, Ch./Elschenbroich, D./Ende, A. (Hrsg.): Aller Anfang ist schwer. Jahrbuch der Kindheit. Bd. 8. Weinheim/Basel, S. 39-66.
Rose, L., 1993: Kinderkriegen heute. Riskante Chancen zwischen Apparatemedizin und „sanfter" Geburtskultur. In: Deutsches Jugendinstitut (Hrsg.): Was für Kinder. Aufwachsen in Deutschland. Ein Handbuch. München, S. 95-100.
Rosenbaum, H., 1992: Proletarische Familien. Arbeiterfamilien und Arbeiterväter im frühen 20. Jahrhundert zwischen traditioneller, sozialdemokratischer und kleinbürgerlicher Orientierung. Frankfurt am Main.
Rosenkranz, D./Rost, H./Vaskovics, L.A., 1998: Was machen junge Väter mit ihrer Zeit? Die Zeitallokation junger Ehemänner im Übergang zur Elternschaft. Staatsinstitut für Familienforschung an der Universität Bamberg. ifb-Forschungsbericht Nr. 2, Bamberg.
Rousseau, J.-J., [3]1963: Emil oder Über die Erziehung (Paris 1762). Paderborn
Samerski, S., 2002: Die verrechnete Hoffnung. Von der selbstbestimmten Entscheidung durch genetische Beratung. Münster.
Schenk, H., 2000: Wieviel Mutter braucht der Mensch? Reinbek bei Hamburg.
Schleiermacher, F., 1826/2000: Texte zur Pädagogik. Kommentierte Studienausgabe. Band 2. Herausgegeben von Michael Winkler und Jens Brachmann. Frankfurt am Main.
Schneider, N.F./Krüger, D./Lasch, V. u. a., 2001: Alleinerziehen. Vielfalt und Dynamik einer Lebensform. Weinheim/München.
Schön, B. (Hrsg.), 1989: Emanzipation und Mutterschaft. Erfahrungen und Untersuchungen über Lebensentwürfe und mütterliche Praxis. Weinheim/München: Juventa.
Schön, B. u. a., 1990: Gratwanderungen. Eine qualitative empirische Studie über Frauen, die Studium und Verantwortung für Kinder zu vereinbaren suchen. Weinheim.
Schon, L., 2000: Sehnsucht nach dem Vater. Stuttgart.
Schöningh, I./Aslanidis, M./Faubel-Diekmann, S., 1991: Alleinerziehende Frauen. Zwischen Lebenskrise und neuem Selbstverständnis. Opladen.
Schorn, A., 2003: Männer im Übergang zur Vaterschaft. Das Entstehen der Beziehung zum Kind. Gießen.
Schütze, Y., 1996: Die gute Mutter. Zur Geschichte des normativen Musters „Mutterliebe". In: Karsten, M.-E./ Otto, H.-U. (Hrsg.): Die sozialpädagogische Ordnung der Familie. Weinheim/München, S. 98-121.
Schütze, Y., 2000: Wandel der Mutterrolle – Wandel der Familienkindheit. In: Herlth, A. u. a. (Hrsg.): Spannungsfeld Familienkindheit. Neue Anforderungen. Risiken und Chancen. Opladen, S. 92-105.
Schwarz, W./Schwarz, T./Vogel, C., 1991: Mütter und Väter zwischen Erwerbsarbeit und Familie. Probleme – Praxisbeispiele – Orientierungshilfen. Stuttgart.
Seehausen, H., 1995: Familie, Arbeit, Kinderbetreuung. Berufstätige Eltern und ihre Kinder im Konfliktdreieck. Opladen.
Seiffge-Krenke, I., 2001: Väter und Söhne, Väter und Töchter. In: Forum Psychoanalyse, 17, S. 51-63.
Seiffge-Krenke, I., 2004: Psychotherapie und Entwicklungspsychologie. Berlin/Heidelberg.
Snarey, J., 1993: How Fathers Care for the Next Generation: A Four Decade Study. Cambridge.
Statistisches Bundesamt (Hrsg.), 2004: Statistisches Jahrbuch 2004. Stuttgart.
Stearns, P.N., 1991: Fatherhood in Historical Perspective: The Role of Social Change. In: Bozett, F.W./Hanson, S.M.H. (Hrsg.): Fatherhood and Families in Cultural Context. New York, S. 28-52.
Stiehler, S., 2000: Alleinerziehende Väter. Sozialisation und Lebensführung. Weinheim/München.
Szypkowski, B., 1997: Die Kontinuität der „guten Mutter" – zur Situation von Frauen, die ihre Kinder zur Adoption freigeben. Pfaffenweiler.
Tellenbach, H., 1978: Das Vaterbild im Abendland I. Rom – Frühes Christentum – Mittelalter – Neuzeit – Gegenwart. Stuttgart/Berlin/Köln/Mainz.
Textor, M.R., 12.02.2003: Mutterbilder. In: Fthenakis, W.E./Textor, M.R. (Hrsg.): Online-Familienhandbuch. http://www.familienhandbuch.de/cmain/f_Aktuelles/a_Elternschaft/s_275.html.

Trepp, A.-Ch., 1996: Männerwelten privat: Vaterschaft im späten 18. und beginnenden 19. Jahrhundert. In: Kühne, Th. (Hrsg.): Männergeschichte – Geschlechtergeschichte. Männlichkeit im Wandel der Moderne. Frankfurt am Main/New York, S. 31-50.

Vaskovics, L.A./Rost, H., 1999: Väter und Erziehungsurlaub. Stuttgart.

Walter, H. (Hrsg.), 2002: Männer als Väter. Sozialwissenschaftliche Theorie und Empirie. Gießen.

Weber-Kellermann, I., 1989: Die Sozialgeschichte der Familie in Deutschland – besonders im Hinblick auf die Stellung der Frau. In: Pätzold, B./Fried, L. (Hrsg.): Einführung in die Familienpädagogik. Weinheim/Basel, S. 21-33.

Werneck, H., 1998: Übergang zur Vaterschaft. Auf der Suche nach den „Neuen Vätern". Wien.

Westphal, M., 2000: Vaterschaft und Erziehung. In: Herwartz-Emden, L. (Hrsg.): Einwandererfamilien: Geschlechterverhältnisse, Erziehung und Akkulturation. Bramsche, S. 99-120.

Weyrather, I., 1993: Muttertag und Mutterkreuz. Frankfurt am Main.

Großeltern in Familien

Anna Brake / Peter Büchner

1. Einleitung

Im Vierten Familienbericht der Bundesregierung (BMJFFG 1986, S. iii) heißt es: „Das Bedürfnis von Kindern und Jugendlichen nach authentischer Begegnung mit Erwachsenen richtet sich nicht nur auf die Eltern, sondern auch die Großeltern und deren Generation. In der kontinuierlichen Kommunikation zwischen Älteren und Jüngeren, die in der Familie stattfindet, vollziehen sich Lernprozesse des Mit- und Gegeneinander und festigen sich die Beziehungen zwischen den Generationen". Diese inzwischen fast 20 Jahre alte Feststellung trifft auch heute noch zu und kennzeichnet den Rahmen, in dem Überlegungen zur Bedeutung der Großelterngeneration in Familien stehen müssen: Neben Eltern-Kind-Verhältnissen gehören Großeltern-Enkel-Verhältnisse zu den tragenden Säulen der Beziehungsstrukturen in heutigen Mehrgenerationenfamilien, in deren Rahmen sich wichtige intergenerationale Austauschprozesse im Spannungsfeld zwischen „Eigeninteresse oder Solidarität" (Bien 1994) vollziehen und deren Bedeutung zuweilen erheblich unterschätzt wird (vgl. auch Brake/Büchner 2003).

Durch die Geburt eines Kindes bzw. eines Enkels werden in vielen Familien die Beziehungen zwischen den Generationen gestärkt und auf eine neue Grundlage gestellt (Krappmann 1997a, S. 187; Krappmann 1997b). Eine neue Generation kommt in der Familie hinzu und man selber rückt in der Generationenfolge eine Generation weiter. Auch wenn Großelternschaft vom Zeitpunkt der Geburt eines Enkels die gesamte Lebensspanne umfasst, gibt es im Hinblick auf die Ausgestaltung der Großelternrolle und die dabei erbrachten „Leistungen" eine Vielfalt an möglichen lebensphasenspezifischen Rollen- und Leistungsmustern, die sich über die Zeit hinweg herausbilden können und u. a. vom Alter der Beteiligten und der jeweiligen Familienform abhängen. Im Kleinkindalter der Enkel stehen eher großelterliche Betreuungsaufgaben im Vordergrund und die Eltern des Kindes übernehmen eine wichtige (Ver-)Mittlerfunktion im Hinblick auf Quantität und Qualität der Großeltern-Enkel-Beziehungen (z. B. auch durch die Gestaltung des gegenseitigen „Besuchsprogramms"). Mit zunehmendem Alter der Enkel bekommen dann eigenständige Kontakte und elternunabhängige gemeinsame Aktivitäten der Enkel und Großeltern in unterschiedlicher Intensität einen größeren Stellenwert und auch die allgemeine (nicht zuletzt auch emotionale und finanzielle) großelterliche Hilfestellung gewinnt für die Enkel an Bedeutung. Umgekehrt ist der Zeitpunkt des Eintritts von Großelternschaft auch für die Großeltern ein wichtiges Datum, von dem u. a. auch die wahrscheinliche Dauer der gemeinsamen Lebenszeit von Großeltern und Enkeln und die Qualität der Beziehungen mitbestimmt wird, sodass die Gestaltung der Großelternrolle auch aus diesem Blickwinkel sehr unterschiedliche Formen annehmen kann. Großeltern, die noch „mitten im Leben" stehen, werden sich im Alltag (z. B. über praktische Hilfen oder als Verhaltensvorbild) anders einbringen als ältere Großeltern, bei denen die emotionale Seite der Beziehungen zu den Enkeln überwiegt (Krappmann 1997a, S. 188).

Grundsätzlich kann man davon ausgehen, dass Kinder in der gegenwärtigen Gesellschaft in der Mehrzahl der Familien ihre Großeltern bis ins Jugendalter erleben (trotz des entgegenwirkenden Trends eines aufgeschobenen durchschnittlichen Geburtenalters), sodass zumindest die Chance zu entsprechenden Austauschbeziehungen zwischen Großeltern und Enkeln und entsprechenden Profilen von Großelternschaft besteht (Lange/Lauterbach 1998). Wenn es um das Wie der Ausgestaltung der Großelternrolle und das dafür aufgewendete Engagement geht, sind, wie sich zeigen wird, neben der Wohnortentfernung zwischen Großeltern und Enkel(n) weitere Einflussfaktoren von Bedeutung. Vielfach gelten Großeltern auch als wichtige Personen „hinter der Bühne" (Cherlin/Furstenberg 1986), die nicht zuletzt auch durch ihr „just being there" wichtige Funktionen übernehmen. Dies trifft keineswegs nur für „Krisensituationen" zu oder wenn die Eltern abwesend sind – Großeltern haben vielmehr auch allgemein eine große Bedeutung für das Leben ihrer Enkel, indem sie (in Brückenfunktion) ein „Tor zur Welt älterer Menschen" sind (Krappmann 1997b, S. 191; Mueller/Elder 2000, S. 251f.).

Eine wichtige Determinante für die Häufigkeit und die Enge des Kontakts zwischen Großeltern und Enkeln bildet die Beziehung der Tochter oder Schwiegertochter zu den Großeltern (Johnson 1985, 1988; Cherlin/Furstenberg 1985). Hingegen scheint die Qualität der Beziehung zu den Söhnen in diesem Zusammenhang keinen Einfluss zu haben (Cherlin/Furstenberg 1986). Insofern wäre es verfehlt, von einem einheitlichen Großelternbild auszugehen. Im Spannungsfeld zwischen Unterstützung und Einmischung, Engagement und „vornehmer Zurückhaltung" wird die Rolle der Großmutter und des Großvaters vielmehr höchst unterschiedlich wahrgenommen und ausgeübt. Die Großelternrolle wird so zu einer „roleless role", weil es weder institutionalisierte Normen noch einheitliche Erwartungen dafür gibt (Marx 1996, S. 76).

Im Hinblick auf die Formen des Zusammenlebens der Großeltern-, Eltern- und Enkel-Generation gilt das Prinzip der „Intimität auf Abstand" (Rosenmayr/Köckeis 1972) der „inneren Nähe durch äußere Distanz" (Tartler 1972): die Lebenszufriedenheit scheint dann am größten zu sein, wenn man nicht zusammen, aber in der Nähe zueinander wohnt und wenn die Freiheiten bei der je eigenen Lebensgestaltung erhalten bleiben. Insofern wäre es unangemessen, die abnehmende Tendenz von Drei-Generationen-Haushalten als grundsätzliche Abnahme der intergenerationalen Beziehungsintensität und Unterstützungshäufigkeit zu interpretieren. Traditionelle Stereotype und alte Klischeevorstellungen über Großelternschaft sind in vielen Punkten als überholt anzusehen und bedürfen einer Neudefinition (Herrmann 1992). So ist z. B. der Wunsch der Großeltern, eine eigene Wohnung zu haben und einen eigenen Haushalt zu führen, Ausdruck eines sich verändernden Lebens- und Altersmodells sowie des damit verbundenen Bedürfnisses nach individueller Lebensgestaltung und Selbstständigkeit auch im Alter. Derartige Bedürfnisse als Rückzug oder als bewusstes Disengagement im Rahmen des Zusammenlebens der Generationen zu interpretieren, geht an der Lebenswirklichkeit der Mehrheit der Mehrgenerationenfamilien vorbei. Die engagierte Enkelkindbetreuung gehört vielmehr – unabhängig von der eigenen Biografie und der eigenen Lebenssituation – zu den unhinterfragten Selbstverständlichkeiten im Denken der Großelterngeneration, auch wenn es „distanzierte" Großeltern-Enkel-Verhältnisse mit nur gelegentlichen Kontakten gibt (Sommer-Himmel 2001, S. 255). Dass Großeltern überhaupt Betreuungsaufgaben übernehmen *können* (weil sie noch am Leben und in guter gesundheitlicher Verfassung sind), ist dabei wesentlich eine Errungenschaft der zweiten Hälfte des letzten Jahrhunderts. Erst in den letzten Jahrzehnten hat sich die erwartbare Lebenszeit alter und sehr alter Menschen deutlich erhöht, hat ein zunehmender Wandel von „unsicherer zu sicherer Lebenszeit" (Imhof 1984) stattgefunden, der ein hohes Lebensalter in Industrienationen zu einem selbstverständlichen Teil der Normalbiografie hat werden lassen.

2. Zum Stand der Großelternforschung

2.1 Großelternforschung und Generationenforschung

Ein Blick in die Großelternforschung soll dazu beitragen, einige wesentliche Aspekte der hier behandelten Thematik näher zu beleuchten. Gilt bereits für die empirische Großelternforschung, dass sie auf keine lange Tradition zurückblicken kann, so muss dies erst recht für die theoretische Fundierung dieses Forschungsfeldes beklagt werden. Der Großteil der vorliegenden Forschungsergebnisse bewegt sich auf der deskriptiven Ebene und versucht, punktuelle Einsichten in einen komplexen Lebenszusammenhang zu vermitteln. Die von Lye (1996, S. 76) für die Erforschung der Generationenbeziehungen getroffene Feststellung, dass es für die Zukunft der Generationenforschung besonders dringlich sei, diese theoretisch zu fundieren, trifft in besonderer Weise für die Großelternforschung zu. Hier ist die Forschungslandschaft bislang noch viel zu wenig um eine theoretische Durchdringung des Gegenstands bemüht. Theoretische Überlegungen und Ansätze, die für die Großelternforschung fruchtbar gemacht werden können, stammen derzeit überwiegend aus der Generationenforschung und sind weitgehend auf die notwendige Klärung von Schlüsselbegriffen wie Generation, Generationendifferenz, Ambivalenzen von Generationenbeziehungen u. Ä. ausgerichtet. So hat Lüscher (2000, S. 139) mit seinem Konzept der Ambivalenz von Generationenbeziehungen Überlegungen vorgelegt, die er in die „Tradition des Bemühens um ‚Theorien mittlerer Reichweite'" eingeordnet sehen möchte. Er sieht die Generationenbeziehungen zentral durch Gegensätzlichkeiten des Fühlens, Denkens und Wollens bestimmt, deren systematische Aufarbeitung eine Grundvoraussetzung für ein angemessenes Verständnis der Generationenbeziehung sei. Erst durch das Eingeständnis dieser Zwiespältigkeiten werde ein von Idealisierungen befreiter Blick möglich, der auch für die Großelternforschung unverzichtbar ist.

Großelternforschung ist – besonders in Deutschland – kein eigenständiger Forschungszweig, nicht zuletzt auch deshalb, weil Großelternschaft erst im Zuge des Wandels der Generationenbeziehungen in „postmodernen" Gesellschaften (Lüscher/Schultheis 1993) zu einem stärker beachteten Thema der Familiensoziologie, aber auch der Generationenforschung geworden ist (Ecarius 1998). Während Großelternforschung in den entsprechenden Forschungsarbeiten (primär) auf die Sicht der Großeltern zielt, wird die Sicht der Enkel bisher nur selten zum Gegenstand von Enkelforschung gemacht (Ecarius 2002; Wieners 2002). Erstere ist dabei vor allem im Feld der Gerontologie, der Familiensoziologie und/oder der Sozialpsychologie angesiedelt, während Letztere – sofern sie überhaupt in nennenswertem Umfang vorliegt – eher in der Sozialisations- oder Kindheitsforschung beheimatet ist.

Seit etwa 30 Jahren finden sich im Rahmen der Familienforschung in Deutschland und etwa zehn Jahre früher im anglo-amerikanischen Sprachraum erste Forschungsberichte zum Thema Großelternschaft und Großeltern-Enkel-Beziehungen, die nahezu alle von einem grundlegenden Wandel der Beziehungen zwischen den Generationen ausgehen und betonen, dass es eine Perspektivenverengung wäre, sich weitgehend nur mit dem Beziehungsgeflecht von zwei aufeinander folgenden Generationen zu befassen. Übersetzt auf die Familienebene heißt das, insbesondere auch die Großelterngeneration in ihrem Spannungsverhältnis zur Eltern- und Enkelgeneration in die Betrachtung einzubeziehen und die damit verbundenen Wechselwirkungsverhältnisse zwischen allen zu einem bestimmten Zeitpunkt lebenden Generationen im Familienverband zu untersuchen. Familie kann dabei als Netzwerk gelebter Beziehungen betrachtet werden (Bien 1994). Damit wird auch der lebenslangen Verschränkung der Generationen Rechnung getragen (Rauschenbach 1994, 1998), ohne dass eine solche Verschränkung der Generationen notwendigerweise ein Zusammenleben in einem gemeinsamen Haushalt zur Voraussetzung hat. Eine solche Erweiterung der Forschungsperspektive, die Kinder auch als Enkel wahrnimmt, kann – so die These – den Blick schärfen für Zusammenhänge, die bisher vor allem in der erziehungswissenschaftlichen Diskussion über Kinder und Kindheit kaum eine Rolle gespielt haben.

Parallel zur Problematisierung der Dualität des Generationenverhältnisses (vgl. dazu Zinnecker 1997) sind im erziehungswissenschaftlichen Diskurs über sozialisationsrelevante Einflüsse in der Familie auch die Großeltern-Enkel-Beziehungen als pädagogisch relevantes Thema entdeckt worden (Tews/Schwägler 1973). Allerdings dominiert in den vorliegenden Forschungsarbeiten eindeutig die Großelternsicht. Neben einigen früheren empirischen Vorarbeiten (vgl. Sticker 1987) über die Kontakthäufigkeit zwischen Großeltern und Enkeln, Großelternstile, Großelternfunktionen und die Zufriedenheit mit der jeweiligen Großeltern- und Enkelrolle sowie einer empirischen Studie von Apostel (1989) über die (hohe) Bedeutung der Großeltern für die Enkel finden wir bis heute nur wenige empirische Untersuchungen zu diesem Thema (Wilk 1993). Lediglich die Studien von Lange/Lauterbach (1998), Herlyn u. a. (1998) oder Sommer-Himmel (2001) und Überlegungen im Rahmen der Ausstellung „Alt und Jung" (Lepenies 1997; Krappmann 1997a, 1997b) bilden hier eine Ausnahme. Hier geht es um die Kontaktmöglichkeit und -häufigkeit zwischen Großeltern und Enkel oder um Großmutterstile und die Bedeutung von Großmutterschaft für die Großmütter selbst und ihr subjektives Wohlbefinden.

Im internationalen Forschungskontext, auf den in der deutschsprachigen Diskussion immer wieder Bezug genommen wird, wurde bis in die 1960er Jahre hinein der Einfluss der Großeltern auf die Enkelkinder und die junge Familie insgesamt als eher ungünstig bewertet, ein Bild, das in Teilen aus der Dominanz von klinisch-psychologischen Einzelfallstudien aus dieser Zeit resultierte (Smith 1991). Seit den 1980er Jahren finden sich zum Thema Großeltern-Enkel-Beziehungen eine ganze Reihe von Untersuchungen, die sich mit der bis dahin unterschätzten Bedeutung der Großeltern-Enkel-Beziehungen beschäftigen (z. B. Kornhaber/Woodward 1981; Kivnick 1982; Bengtson/Robertson 1985; Cherlin/Furstenberg 1986). In diesen Studien, die in dieser Phase dazu tendieren, die problematischen Seiten der großelterlichen Rolle zu übersehen (Smith 1991), geht es vorrangig um die Kontakthäufigkeit, die emotionale Beziehungsebene oder die materielle Unterstützungsebene, nicht jedoch um Fragen wie z. B. den Bildungs- und Kulturtransfer im Mehrgenerationenzusammenhang.

2.2 Themen der Großelternforschung

In den wenigen vorliegenden empirischen Untersuchungen im Feld der Großelternforschung wird vor allem versucht, Interaktionsstile und Typen von Großelternschaft zu beschreiben. Dabei werden (zumeist aus Großelternsicht) entweder unterschiedliche Grade an Engagement, unterschiedliche Rollenverständnisse oder unterschiedliche Interaktionsstile zwischen den Generationen unterschieden. Die Palette der Typisierungen reicht von „Großeltern als Ersatzeltern" bzw. „integrierten Großmüttern" mit hoher Präsenz und großer Nähe zu den Enkeln bis hin zu den „distanzierten" oder „zurückgezogenen" Großeltern bzw. den „familienunabhängigen Großmüttern" mit seltenen Besuchskontakten und zurückhaltendem Engagement (Neugarten/Weinstein 1964; Robertson 1977; Herlyn u. a. 1998). Der Anteil des spaßsuchenden Großelternstils findet sich vor allem im Kleinkindalter der Enkel (72 %) und ist durch eher enge Beziehungen gekennzeichnet (vgl. Sticker 1987, S. 270), während für das Jugendalter eine größere Passivität im Verhalten der Großeltern beobachtet wird (Cherlin/Furstenberg 1985).

Insgesamt bringen die Großeltern mehrheitlich eine hohe Zufriedenheit mit der Großelternrolle zum Ausdruck, wobei die Motive, entsprechende Beziehungen zu den Enkelkindern zu pflegen, sehr vielfältig sein können und das Engagement der Großeltern besonders durch matrilineare Solidarität geprägt ist. So haben z. B. 60 % der Großeltern mütterlicherseits besonders enge Alltagsbindungen zu ihren Enkeln gegenüber 40 % der Großeltern väterlicherseits (Marbach 1994). Diese Tendenz wird auch für US-amerikanische Familien festgestellt (Mueller/Elder 2000). Auf der anderen Seite wird aber auch über Differenzen zwischen Eltern und Großeltern berichtet, wenn es z. B. Rivalitäten zwischen Großmutter und Mutter gibt und/oder unterschiedliche Erziehungsstile zu Spannungen oder Konflikten im Erziehungsalltag führen (Krüger/Rabe-Kleberg 1984; Tews 1979; Hager 1990), sodass „von oft nicht unproblematischen Betreuungssituationen" (Born u. a. 1985) gesprochen wird. Außerdem neigen Großeltern eher zu Überbehütung und zu starker motorischer Einengung bei gleichzeitiger Verwöhnung in der Versorgung mit materiellen Gütern (Marx 1984, S. 412). Trotzdem werden von (vor allem berufstätigen) Müttern derartige Betreuungsprobleme in Kauf genommen, weil die Kosten für diese Formen privater Betreuung weitaus günstiger sind als öffentliche Betreuungsformen (Krüger u. a. 1987; Tietze/Rossbach 1991).

Historisch gesehen ist festzustellen, dass in Familien, in denen der älteren Generation die traditionelle familienbezogene Autorität genommen ist, das Verhalten gegenüber der Enkelgeneration zunehmend durch Duldsamkeit, Emotionalität und Rücksichtnahme gekennzeichnet ist. Nachdem ökonomische Macht- und altersbedingte Autoritätsansprüche aufseiten der älteren Generation an Bedeutung verloren haben, geht auch der förmliche und autoritäre Charakter der Beziehungen zwischen Jung und Alt zurück (Neugarten/Weinstein 1964, S. 199). Die aktuelle Familien- und Netzwerkforschung zeigt, dass sich in der modernen „multilokalen Mehrgenerationenfamilie" (Bertram 1995, S. 27) neue Beziehungsstrukturen und Rollenkonzepte herausgebildet haben, die den gegenseitigen Verpflichtungscharakter des familialen Zusammenlebens auf eine neue Grundlage gestellt haben. Die Solidarität zwischen den Generationen besteht – wenn auch in anderer Form – fort, Gewinne in der Beziehungsbilanz zwischen den Generationen werden vielfach auch Verluste an Bindungen über die Generationen hinweg gegenübergestellt, die in Anbetracht der Vielfalt der generationenübergreifenden Beziehungsformen nur schwer verallgemeinerbar sind. Ob es sich nun beispielsweise um „ambulante" Großmütter handelt, die ständig unterwegs sind, wenn es bei einem ihrer Kinder ein Problem gibt und nur die Großmutter helfen kann (Bahrdt 1966, S. 93) oder ob es „stationäre" Großeltern sind, die im Haus oder um die Ecke wohnen und auf Abruf unterstützend tätig werden, die Qualität des generationenübergreifenden familialen Zusammenlebens hat viele Gestaltungsvarianten, die im Einzelnen noch näher analysiert werden müssen.

Aus dem Forschungszusammenhang zu den Großeltern-Enkel-Beziehungen lässt sich generell schlussfolgern, dass es im Familienkontext Beziehungsstrukturen gibt, die auf die besondere Bedeutung der Großeltern in der Mehrgenerationenfolge verweisen. Die Eingebundenheit in ein mehrgenerationales Beziehungsnetz im Lebensverlauf führt gerade auch im Alter zu ausgeprägten Kontakten zu den eigenen Kindern und zu den Enkeln (Bertram 1996; Vaskovics 1997). Dabei müssen wir von einer Vielfalt „neuer" Beziehungs- und Kommunikationsformen zwischen den (drei) Generationen im Kontext von Austauschprozessen und kulturellen Praxisformen ausgehen, die es im Einzelnen zu untersuchen gilt (vgl. dazu Brake/Büchner 2003).

Für die Qualität der bildungs- und kulturbezogenen Austauschbeziehungen innerhalb der Familien und zwischen den Generationen hätte die angedeutete Entwicklung von Generationenverhältnissen und Generationenbeziehungen erhebliche Folgen, denn neben den alltäglichen Beziehungskonstellationen und Kommunikationsformen ist von den jüngsten gesellschaftlichen Veränderungen auch die Gestaltung von individuellen und kollektiven Biografien aller Betroffenen berührt. So sind z. B. die Lebenserfahrungen der Großelterngeneration – selbst bei engen alltäglichen Beziehungen – nicht mehr notwendig ein Maßstab für die Biografiegestaltung der Enkel. Insofern bekommt – so ist zu vermuten – der Konflikt und die Solidarität zwischen den Generationen im Familienzusammenhang eine völlig neue Qualität, wenn das Erfahrungswissen der Großelterngeneration auf Grund der gesellschaftlichen Entwicklungsperspektiven mit einem frühen Verfallsdatum versehen ist und Großeltern sich veranlasst sehen, selbst weiter zu lernen, um kulturell teilhabe- und anschlussfähig zu bleiben.

Auf der Mikroebene der einzelnen Familien müssten die angesprochenen strukturellen Veränderungen im Generationenzusammenhang wieder zu finden sein. Kindliche Selbstständigkeitsansprüche, die Verbreitung der familialen Verhandlungskultur und neuer Lebensstile, die weit in den familialen Binnenraum hineinwirken und sich keineswegs nur in urbanen Zentren etabliert haben, sind ebenfalls entsprechende gesellschaftliche Eckdaten für Veränderungen in den pädagogischen Generationenbeziehungen, deren konkrete Gestaltungsformen es aber erst empirisch genauer zu erfassen gilt. Denn: „Aus der Forschung wissen wir bisher wenig über die inneren Strukturen (...) von Drei- bis Viergenerationenfamilien. Wir wissen wenig darüber, was es für Kinder bedeutet, mit zwei bis drei älteren Generationen aufzuwachsen; (...) wir wissen wenig darüber, was es für die Großelterngeneration bedeutet, mit zwei nachfolgenden Generationen zu leben. Hier klafft trotz erster interessanter Ansätze (Bertram 1991) in der Forschung eine riesige Lücke" (Liebau 1997, S. 29).

2.3 Großelternforschung und Geschlechterforschung

Die Ausgestaltung der Generationenbeziehungen steht in einem engen Zusammenhang mit den gegebenen Geschlechterrollen. Dies gilt auch für Großeltern-Enkel-Beziehungen. Es sind in erster Linie die Groß*mütter*, die sich in der Enkelbetreuung engagieren, und hier besonders die Großmütter aus der mütterlichen Linie. Es sind ebenfalls die Großmütter, die eine hervorgehobene Rolle im intergenerationalen Beziehungsnetz spielen (Herlyn u. a. 1998) und die die Funktion eines familialen „kinkeeper" übernehmen: „Die ohnehin engen Beziehungen zwischen den Frauen in der erweiterten Familie sind zudem stabiler als die der Männer. Umgekehrt treten permanent flüchtige Beziehungen kaum zwischen Müttern und Töchtern, jedoch besonders häufig zwischen Söhnen und Vätern auf. Dies unterstreicht die besondere Bedeutung der Frauen als familiale Integrationsfiguren (kinkeeper) und bestätigt, dass Frauen insgesamt engere Beziehungen unterhalten" (Szydlik/Schupp 1998, S.306). Großmütter spielen also eine hervorgehobene Rolle in familialen Interaktions- und Unterstützungszusammenhängen.

Hier mag – neben einer möglicherweise geringeren Teilnahmebereitschaft an wissenschaftlichen Untersuchungen aufseiten der Großväter – einer der Gründe dafür liegen, dass die Großelternforschung einen deutlichen Geschlechterbias aufweist. Dies trifft sowohl für die englischsprachige Literatur zu, wo zu den verschiedenen Aspekten von „grandmotherhood" Studien vorliegen: so zur gesellschaftlichen Rolle von Großmüttern (Johnson 1983), zur Typenbildung von Großmüttern (Robertson 1977) oder zum Übergang zur Großmutterschaft (Kitzinger 1996). Die Arbeiten von Kivett (1985, 1991) bilden hier eine der wenigen Ausnahmen. Auch eine der wenigen größeren Studien im deutschsprachigen Bereich widmet sich den Großmüttern (Herlyn u. a. 1998). Großväterstudien sind hingegen noch sehr rar gesät: Wurm (1998) unternahm in einer jüngeren Studie den Versuch, den Beziehungsstil zwischen Groß*vätern* und Enkel näher zu bestimmen. Als Resultat ihrer explorativen Studie differenziert sie vier verschiedene Typen von Großvätern: die „Dominanten", die „Zurückgezogenen", die „Freundlichen" und die „Nachgiebigen".

Welche Unterschiede zeigen sich zwischen Großvätern und Großmüttern in der Interaktion mit ihren Enkeln? Bengtson (1985) fand Hinweise, dass Großväter keine so enge Bindung zu ihren Enkeln unterhalten wie Großmütter. Gleichzeitig standen ihnen die Enkel näher als ihre Enkelinnen. Hagestad (1985) berichtet Unterschiede in der Art der Unterstützung und beim Rat, den Großeltern ihren Enkeln angedeihen lassen: während Großväter dazu neigten, instrumentelle Hilfestellung in praktischen Fragen zu geben (z. B. in finanziellen Angelegenheiten), zeigte sich in den Gesprächen von Großmüttern und Enkeln ein breiteres Spektrum an Themen, zu denen auch persönliche Beziehungen (zu Freunden, in der Familie) gehörten. Insgesamt bietet sich hier ein spannendes Forschungsfeld mit vielen offenen Fragen in Hinblick auf die Spezifik von Großelternschaft in ihrer Linearität (matri-/patrilinear) und in der geschlechtsspezifischen Interaktion von Großmüttern/Großvätern mit ihren Enkeln und Enkelinnen. Dabei sind auch soziostrukturelle Rahmenbedingungen in Rechnung zu stellen, wie etwa die durchschnittlich längere gemeinsame Lebenszeit von Großmüttern und ihren Enkeln infolge der höheren Lebenserwartung von Frauen.

3. Demografische Entwicklung und familienstrukturelle Rahmenbedingungen von Großelternschaft

Allgemein gesehen wird davon ausgegangen, dass Großelternschaft ein Lebensereignis ist, das heute – demografisch bedingt – sehr viel wahrscheinlicher eintritt als noch drei oder vier Generationen zuvor. Gleichzeitig erhöht sich jedoch auch die Wahrscheinlichkeit, dass die Beziehung zu den Enkeln z. B. in der Folge von Trennung und Scheidung der Eltern abgebrochen werden oder aber, dass „neue" (soziale) Enkel hinzukommen. Umgekehrt erlebt die heutige Enkelgeneration ihre Großeltern in der Regel auch viel länger, als es noch bei den Vorgängergenerationen der Fall war. Gleichzeitig gilt aber auch, dass es heute in vielen Familien weniger Enkel gibt als früher: Waren früher Großeltern eine knappe Ressource, sind heute die Enkel knapp geworden (Beck-Gernsheim 1993, S. 163).

Am Beginn des 20. Jahrhunderts war es noch selten, dass Kinder gemeinsam mit den Großeltern aufwachsen konnten. Vor allem die Großväter waren bei Geburt des Kindes häufig schon nicht mehr am Leben. Heute sind es hingegen nur etwa 20 % der 10- bis 14-jährigen Kinder, bei denen bereits alle Großeltern verstorben sind (Herlyn u. a. 1998). Hier deutet sich an, dass steigende Lebenserwartung, Geburtenrückgang und verändertes Heirats-, Scheidungs- und Wiederverheiratungsverhalten wesentliche Bezugspunkte für den Wandel der Großeltern-Enkel-Beziehungen sind. Daher sollen im Folgenden die hier zu beobachtenden Entwicklungstendenzen als veränderte Rahmenbedingungen des intergenerationalen Miteinanders und Austausches zwischen den Generationen anhand aktueller empirischer Daten skizziert werden.

Zunächst bilden der demografische Wandel und die veränderte gesellschaftliche Altersstruktur wichtige Parameter: Hier spielt vor allem die gestiegene Lebenserwartung der deutschen Bevölkerung eine Rolle. Als Folge medizinischer Fortschritte, verbesserter Gesundheitsvorsorge, Hygiene und Unfallverhütung sowie allgemeiner Wohlstandssteigerung erhöhte sich allein im 20. Jahrhundert die Lebenserwartung um rund 30 Jahre (Geißler 2002, S. 59). So können in Deutschland lebende Menschen, die gegenwärtig 60 Jahre alt sind, damit rechnen, durchschnittlich noch 23,5 Jahre (Frauen) bzw. 19,5 Jahre (Männer) an Lebenszeit vor sich zu haben (Statistisches Bundesamt 2003). Dadurch erhöht sich nicht nur insgesamt die Wahrscheinlichkeit gemeinsamer Lebenszeit von Enkeln und Großeltern, sondern auch deren Dauer.

So ist es heute keine Seltenheit mehr, dass Vertreter (bzw. mehr noch Vertreterinnen) von vier Generationen einer Familie gleichzeitig am Leben sind, ebenso wie der Anteil unter den Großeltern wächst, der die Volljährigkeit der Enkel erlebt. Lauterbach (2002, S. 553) fasst das Ergebnis seiner Analysen auf der Basis des SOEP so zusammen, dass die Eröffnung einer zeitlichen Perspektive, die es ermöglicht, sich auf eine gemeinsame Lebenszeit von 20 bis 30 Jahren mit der dritten Generation einzustellen, ein Phänomen der zweiten Hälfte des 20. Jahrhunderts sei. Welche Implikationen sich hieraus für die Generationenverhältnis wie auch für die Generationenbeziehungen im Einzelnen ergeben, ist weitgehend ungeklärt. In jedem Fall aber stellt diese Entwicklung eine zentrale Voraussetzung dafür dar, dass sich über eine längere Lebensspanne intensive materielle und immaterielle Austauschbeziehungen zwischen Enkel- und Großeltern-Generationen überhaupt erst etablieren können.[1]

Dass der Effekt gestiegener Lebenserwartung nicht in vollem Umfang auf die gemeinsame Lebenszeit von Großeltern und Enkel durchschlägt, hängt mit zwei anderen gesellschaftlichen Entwicklungen zusammen, die diesem Effekt entgegenwirken. Zum einen der

1 Dabei konzentriert sich infolge des Geburtenrückgangs (der ja wesentlich in der Abnahme von Familien mit drei oder mehr Kindern begründet liegt) die Summe der großelterlichen Aufmerksamkeit auf immer weniger Enkel. Im Falle der Trennung der Eltern ist gar vorstellbar, dass sich acht verschiedene Großelternteile um ein Enkelkind positionieren, wenn beide Eltern neue Partnerschaften eingegangen sind. Auch die Familiensituation älterer Menschen stellt sich heute häufig als ein sehr komplexes Geflecht von Beziehungen dar.

anhaltende Trend zu lebenszeitlich nach hinten verschobenen Geburten: Heute sind (verheiratete) Mütter bei der Geburt ihres ersten Kindes im Durchschnitt 29,0 Jahre alt. Damit hat sich das Erstgebärenden-Alter seit 1960 um etwa vier Jahre nach hinten verschoben. Gleichzeitig hat sich in diesem Zeitraum aber auch die sog. „fernere Lebenserwartung" von 60-Jährigen von 1960 bis heute im Durchschnitt um fünf Jahre (Frauen) bzw. vier Jahre (Männer) erhöht. Auch wenn sich natürlich insgesamt das Bild sehr viel komplizierter darstellt (und sich z. B. erhebliche Unterschiede zeigen im Vergleich der neuen mit den alten Bundesländern oder im Vergleich nach sozioökonomischer Herkunft der Familien), kann doch insgesamt davon ausgegangen werden, dass der Effekt einer verlängerten Lebenszeit der Großeltern teilweise durch eine spätere Geburt der Enkel aufgehoben wird. Großväter sind hier in besonderer Weise betroffen: zum einen sind sie bereits bei der Geburt ihres ersten Kindes im Durchschnitt etwa drei Jahre älter als ihre Partnerinnen[2] und zum anderen liegt ihre durchschnittliche Lebenserwartung zusätzlich um einige Jahre niedriger als die gleichaltriger Frauen. Aus der Perspektive der Enkel bedeutet dies, dass sie im Durchschnitt weniger gemeinsame Lebenszeit mit ihren Großvätern teilen können als mit ihren Großmüttern. Dass familiale Mehrgenerationenbeziehungen stärker von Frauen geprägt sind, hängt also nicht allein damit zusammen, dass sie sich in höherem Maße in die Gestaltung der verwandtschaftlichen Beziehungen einbringen (Höpflinger 1994), sondern drückt sich auch darin aus, dass ihnen dazu ein Mehr an gemeinsamer Lebenszeit mit den anderen Generationen zur Verfügung steht.

Dabei sind es aber natürlich nicht allein die reinen Lebensjahre, die hier von Bedeutung sind[3]. Dass Enkelkinder in ihren Großeltern AnsprechpartnerInnen finden oder mit ihnen etwas unternehmen können, hat wesentlich zur Voraussetzung, dass diese gesundheitlich dazu in der Lage sind. Auch wenn natürlich das Erreichen eines höheren Alters nicht notwendigerweise mit dem Abbau und Verlust von Fähigkeiten verbunden ist, so erhöhen sich doch die Wahrscheinlichkeiten für eine ganze Reihe von Gebrechen und Erkrankungen. Die gestiegene Lebenserwartung beschert den Enkeln zwar Großeltern, die die Jahre ihrer Kindheit und Jugend begleiten, konfrontiert sie jedoch auch häufiger mit der Erfahrung von Krankheit und auch Pflegebedürftigkeit. Von dieser sind zwar nur etwa 3 % der 60- bis 80-Jährigen, aber rund 25 % der über 80-Jährigen im Sinne des Pflegeversicherungsgesetzes betroffen (Blüher 2003). Da die Mehrheit der Pflegebedürftigen in der Familie versorgt wird – ganz überwiegend durch Töchter bzw. Schwiegertöchter- gehört die Pflege kranker Angehöriger also auch zur familialen Erfahrungswelt der Enkel.

Neben dem mit Langlebigkeit verbundenen Krankheitsrisiko stellt weiterhin die gestiegene geografische und soziale Mobilität der Familienmitglieder eine bedeutsame Hintergrundvariable für das Miteinander der Generationen dar. Große Entfernungen zwischen den Wohnorten von Großeltern und Enkeln stellen nicht nur eine Barriere für das Verbringen gemeinsamer (Frei-)Zeit dar, sondern erschweren auch die Entwicklung einer intensiven und vertrauensvollen Großeltern-Enkel-Beziehung. Wieners berichtet (2002, S. 231), dass sich von den 6- bis 12-jährigen Kindern, die zwischen einem entfernter und

2 Seit den 1970er Jahren hat sich bei den Männern die Familiengründung im Sinne von erster Vaterschaft in den alten Bundesländern von 30 auf 33 Jahre verschoben (Tölke/Diewald 2002, S.18)

3 Die Frage „Wie alt ist eine 65 Jährige?" ist alles andere als leicht zu beantworten. Aus diesem Grund hat sich in der amerikanischen Literatur statt einer Unterteilung in ältere Menschen (65-75 Jahre), Hochbetagte (> 75 Jahre), Höchstbetagte (> 90 Jahre) und Langlebige (> 100 Jahre) eine Unterscheidung von „go goes" (mobile unabhängige Senioren), „slow goes" (in ihrer Beweglichkeit eingeschränkte, hilfebedürftige Senioren) und „no goes" (abhängige pflegebedürftige Senioren) etabliert.

einem näher lebenden Großelternteil wählen konnten (um über diesen zu erzählen), nahezu 90 % für den mehr in der Nähe lebenden Großelternteil entschieden.

In ihrer Analyse der Daten aus der achten Welle des SOEP im Jahre 1991 mit dem Schwerpunkt „Familie und soziale Dienste" untersuchen Lange/Lauterbach (1998) den Einfluss verschiedener Variablen auf die Wohnortentfernung der Enkel zu den Großeltern (ihre Ergebnisse basieren dabei auf den Informationen über insgesamt 1.103 Kindern im Alter von 10 bis 14 Jahren in Deutschland). Insgesamt wohnen bei knapp 10 % der Kinder dieser Altersstufe die Großeltern mit im gleichen Haushalt oder im selben Haus. Hinzu kommen nochmals gut 15 %, bei denen die Kinder ihre Großeltern ohne großen organisatorischen Aufwand erreichen können, da diese in der Nachbarschaft des Kindes leben und zu Fuß erreichbar sind, sodass also insgesamt bei einem Viertel aller 10- bis 14-Jährigen damit zu rechnen ist, dass sie täglichen Kontakt zu ihren Großeltern haben können.

Bei nur 20 % der Kinder beträgt die Wohnentfernung zu den Großeltern mehr als eine Fahrtstunde. Allerdings ergeben sich hier deutliche Unterschiede in Abhängigkeit von verschiedenen soziokulturellen Variablen. So erweist sich erwartungsgemäß der Bildungshintergrund des Vaters als einflussreich. Kinder, deren Väter einen Hauptschulabschluss haben, zeigen eine fünffach höhere Wahrscheinlichkeit, mit ihren Großeltern in einem Haus oder in der Nachbarschaft zu leben als Kinder, deren Väter das Abitur haben. Es sind vor allem die Großeltern väterlicherseits, für die dies zutrifft. Auch das Alter der Großeltern spielt eine Rolle: je älter diese werden, desto wahrscheinlicher wird es, dass sie in räumlicher Nähe zu den Enkeln leben. Auch dass ein Großelternteil bzw. der Ehepartner/die Ehepartnerin bereits verstorben ist, erhöht die Wahrscheinlichkeit, dass der verbleibende Großelternteil in der Nähe der Familie des Enkels wohnt. Insgesamt, darauf hat Bertram (2000, S. 108) hingewiesen, unterschätzt die amtliche Statistik in Deutschland den Anteil an Mehrgenerationenfamilien, da sie sich am Konzept des gemeinsamen Haushalts orientiert und z. B. in Einliegerwohnungen lebende Großeltern nicht berücksichtigt. Der „multilokalen Mehrgenerationenfamilie" komme daher als Familienform eine häufig unterschätzte erhebliche Bedeutung zu.

Auch das Alter der Enkel spielt eine Rolle, wenn es um die mit den Großeltern verbrachte Zeit geht. Sowohl in der von Cherlin/Furstenberg (1986) als auch in der von Herlyn/Lehmann (1998) entwickelten empirisch fundierten Typologie des großelterlichen bzw. großmütterlichen Engagements kommt sowohl dem Alter der Enkel als auch dem Alter der Großeltern bzw. der Großmutter eine wichtige Bedeutung zu. In der amerikanischen Studie, die auf einer telefonischen Befragung von insgesamt 510 Großeltern beruht, zeigen die Autoren zum einen, dass sich die Beziehung zwischen Großeltern und Enkel mit zunehmenden Alter der Enkel verändern kann und zum anderen, dass Großeltern zu ihren verschiedenen Enkeln durchaus unterschiedliche Beziehungen haben.

Die meisten Aktivitäten mit Enkelkindern ergeben sich der Untersuchung von Herlyn/Lehmann (1998, S. 36) zufolge, wenn die Enkelkinder zwischen sieben und elf Jahre alt sind. Dabei werden von den Kindern auf die Frage, was sie mit ihren Großeltern unternehmen, nicht in erster Linie besondere Ereignisse wie der Besuch eines Erlebnisparks oder der Gang in den Zoo erwähnt, sondern vorrangig alltägliche Aktivitäten, wie z. B. miteinander reden, zusammen kochen, puzzeln, vorlesen usw. (Wieners 2002, S. 234). Hier deutet sich an, dass die Großeltern-Enkel-Kontakte eingebettet sind in den Vollzug alltagspraktischen familialen Handelns. Hier – im alltäglichen Miteinander – übernehmen Enkel und Großeltern wechselseitig wichtige Funktionen füreinander.

4. Funktionen der Großelterntätigkeit

Dass Großeltern wichtig sind im Leben ihrer Enkel, daran scheint in Anbetracht des derzeitigen Forschungsstandes kein Zweifel zu bestehen. Was jedoch Großeltern eigentlich im Einzelnen tun und was sie so wichtig macht, ist bislang noch wenig systematisch erschlossen worden. Wenn Großeltern z. B. als „Quelle der Weisheit", „Familienwachhunde" oder „Familienhistoriker" bezeichnet werden (Mueller/Elder 2000), deutet das bereits auf die große Bandbreite unterschiedlicher Funktionen hin, die Großeltern zugeschrieben werden. In den verschiedenen Studien wird deshalb zusammenfassend immer wieder der Versuch unternommen, die Funktionen der Großelterntätigkeit herauszuarbeiten (z. B. Sommer-Himmel 2001, S. 117ff.). Versucht man diese zu systematisieren, so ergibt sich aus der Perspektive der Großeltern eine Vielzahl verschiedener Aspekte von Großelterntätigkeit.

4.1 Betreuung der Enkelkinder

Durch das Ausscheiden aus dem Berufsleben verfügen Großeltern über zeitliche Ressourcen, die den Eltern selbst häufig nicht zur Verfügung stehen. Vor diesem Hintergrund übernehmen Großeltern oft die zeitweise Betreuung von Enkelkindern und tragen so zur Entlastung der Eltern bei. Nach den Ergebnissen einer Zeitbudgetstudie beaufsichtigt etwa ein Fünftel der über 60-jährigen Menschen die Kinder von Verwandten sowie zusätzlich auch in deutlich geringerem Umfang Kinder von Nachbarn, Freunden und Bekannten (Küster 1998). Enkelbetreuung ist dem Alters-Survey zufolge bei den 55- bis 69-Jährigen die mit 27 % am häufigsten genannte „produktive Tätigkeit", wobei es – im Gegensatz zum ehrenamtlichen Engagement – insgesamt stärker die Frauen sind, die diese Aufgabe wahrnehmen. In den neuen Bundesländern liegt der Anteil der sich in der Enkelbetreuung engagierenden 55- bis 69-Jährigen insgesamt höher, was damit zusammenhängt, dass drei Viertel dieser Altersgruppe in den neuen, aber nur rund die Hälfte in den alten Bundesländern Kinder und Enkel haben (Kohli/Kühnemund 2003, S. 22f.).

Ein stärkeres Engagement von Großmüttern gehört zu den regelmäßig berichteten Forschungsergebnissen. So ergab auch eine Befragung von 40- bis 59-jährigen Frauen und Männern, dass nahezu die Hälfte der befragten Frauen die Bereitschaft signalisierte, im Alter ihre Enkelkinder zu betreuen, während dies von den befragten Männern nur etwa jeder Vierte tat (Störtzbach 1992, S. 307). Interessant ist dabei, dass sowohl die regelmäßige als auch die gelegentliche Betreuungstätigkeit der Großmütter unabhängig von deren Erwerbstätigkeit geleistet wird (Templeton/Bauereiss 1994, S. 265; Sommer-Himmel 2001, S. 255). Zu diesem Ergebnis kommen auch Herlyn/Lehmann (1998, S. 39), wenn sie schreiben: „Eine eigene Erwerbstätigkeit stellt für die Frauen kein Hinderungsgrund für eine Enkelbetreuung dar." Durch dieses Engagement ermöglichen die Großeltern nicht selten die (Teilzeit-)Erwerbstätigkeit beider Elternteile und tragen so indirekt zu einer Steigerung des familialen Nettoeinkommens bei. Besonders stark profitieren hier allein Erziehende: sie sind in besonderer Weise auf Unterstützung bei der Kinderbetreuung angewiesen. Die meisten allein Erziehenden, so Schneider u. a. (2001, S. 353f.), erhalten auf privater Ebene Hilfe, vor allem von den eigenen Eltern. Ein häufigerer Kontakt zwischen Enkeln und Großeltern ergibt sich hier also häufig aus der Unentbehrlichkeit der großelterlichen Betreuungsleistung, die eine Voraussetzung für die Erwerbstätigkeit von allein

Erziehenden darstellt, aber auch durch den Druck der Situation zu einer Belastung werden kann.

Vielfach wird das großmütterliche Engagement aber auch überschätzt: Die allzeit verfügbare, sich aufopfernde Oma, die ihren Lebensinhalt in ihrem Enkelkind sieht, ist nicht typisch (Schmidt-Denter 1984, S. 183). Vielmehr dominiert bei den Kontakten zu den Enkeln eher der Besuchscharakter und der Einsatz der Großeltern in familialen Sondersituationen. Herlyn/Lehmann (1998) gehen davon aus, dass vor allem die Groß*mütter* der Zukunft doppeltorientierte Großmütter sein werden, die zwar weiterhin gelegentlich ihre Enkelkinder sehr gerne betreuen, die jedoch seltener zu einer dauerhaften regelmäßigen Betreuung bereit sind. Die „allzeit einsatzbereite Großmutter“ werde – so die These – eine knapper werdende Ressource (Rerrich 1993, S. 331), während andere Formen des Großmutter-Engagements an Bedeutung gewinnen werden (wie z. B. gemeinsame Freizeitaktivitäten mit den Enkelkindern).

Obwohl insbesondere die Großmutterrolle im Zusammenhang der Enkelbetreuung insgesamt eher positiv erlebt wird (Herlyn u. a. 1998), kann sich bei einigen Großmütter die viel zitierte „späte Freiheit“ im Alter gleichwohl auch als „späte Inpflichtnahme ohne absehbares Ende“ entpuppen, die erst bei eigener Krankheit und Hilfebedürftigkeit ein Ende findet (Backes 1991, S. 59). Auch für die Eltern kann das Großelternengagement in der Betreuung der Enkel mit Belastungen verbunden sein, etwa dann, wenn die Großeltern aus ihrem Engagement Rechte an der Erziehung der Enkel ableiten und sich aus Sicht der Eltern zu sehr in die Erziehung der Enkel „einmischen“ (Schneider u. a. 2001, S. 355). Dies wird vor allem dann zum Konflikt, wenn die Großeltern anderen Erziehungsvorstellungen anhängen als die Eltern. Sommer-Himmel (2001, S. 126) hat in ihrer Studie die Frage untersucht, durch welche Besonderheiten der erzieherische Umgang der Großeltern mit den Enkeln gekennzeichnet ist:

- „Großmütter reflektieren ihr erzieherisches Verhalten gegenüber Enkelkindern auf der Grundlage früherer Erziehungserfahrungen. Bewusst oder unbewusst werden im Betreuungsalltag Vergleiche zum früheren Mutterverhalten gezogen.
- Großväter dagegen ziehen weniger oder keine Vergleiche zu ihrem Vaterverhalten, da sie sich an der Kindererziehung wesentlich weniger beteiligt haben als sie es heute tun. Die Enkelkindbetreuung wird von ihnen als erste bewusste Erziehungssituation wahrgenommen.
- Großeltern verhalten sich auf Grund der fehlenden alleinigen Verantwortung für ihre Enkelkinder diesen gegenüber nachgiebiger, als sie es bei ihren eigenen Kindern waren.
- Alte Großeltern (70 Jahre und älter) fühlen sich mit der Enkelkindbetreuung eher überfordert als Jüngere.
- Die Frauen, welche sehr familienorientiert gelebt haben, d. h. Haushalt und Kinder prägten ihr Leben, leisten die Betreuung ihrer Enkelkinder als eine unhinterfragte Selbstverständlichkeit. Besonders stark ausgeprägt ist diese Einstellung in ländlicher Umgebung.
- Als unproblematisch wird die Großeltern-Enkelkind-Interaktion empfunden, wenn die Eltern nicht dabei sind. Dagegen kann es zu Konflikten kommen, wenn Großeltern erzieherisch eingreifen in Anwesenheit der Eltern oder wenn sich die Enkelkinder auf andere Regeln bei den Großeltern berufen.“

Mehrheitlich wird jedoch die von den Großeltern bzw. den Großmüttern übernommene stunden-, tage- oder wochenweise Betreuung von jüngeren Kindern aus der Sicht der Eltern als (zeitliche) Entlastung erlebt. In Ausnahmesituationen kann die Betreuungs- und Erziehungsleistung von Großeltern auch so weit gehen, dass sie zu „Ersatzeltern" der Enkel werden.

4.2 Großeltern als Ersatzeltern

Bereits in der klassischen Studie von Neugarten/Weinstein (1964) auf der Basis von 70 Mittelschichts-Großeltern wurde die Funktion von Großeltern als „surrogate parents" beschrieben. Großeltern (insbesondere Großmütter) übernehmen häufig wesentliche Aufgaben der Kindererziehung und -betreuung, wenn es auf Grund von Erkrankung, Scheidung oder Tod zum Ausfall eines Elternteils, vor allem der Mutter kommt. In der neueren Forschung ist von einer „skipped generation" die Rede, wenn – bei abwesenden Eltern – die Enkel von den Großeltern erzogen werden (Goldberg-Glen et al. 1998). Fabian (1994, S. 391) schätzt die Zahl auf der Basis einer 1980 durchgeführten Befragung von Jugendämtern in Deutschland auf etwa 140.000 Großelternpflegeverhältnisse. Als Gründe für die Inpflegenahme der Kinder durch die Großeltern werden berufsbedingte Umstände (30 %), Erziehungsschwierigkeiten (25 %), Teilentzug der elterlichen Sorge (13 %) sowie der Gesundheitszustand der Eltern und die wirtschaftliche Lage der Familie mit jeweils 5 % genannt.

Bei der Bewältigung verschiedenster familialer Problemlagen „können Großeltern eine zentrale alltagspraktische Bedeutung bekommen", wie Fabian (1994, S. 384) betont. Er fasst die vorliegenden Befunde so zusammen, dass die Übernahme der Rolle von Ersatzeltern durch die Großeltern vor allem dann problematisch werden kann, wenn es durch die Rückkehr eines Elternteils und der Enkel in den Haushalt der Großeltern zu einem Drei-Generationen-Haushalt kommt. Allerdings sei in der Frage, in welcher Weise Großeltern in familialen Krisensituationen ihre Helferrolle ausfüllen, von einer Schichtspezifik auszugehen. Zudem sei von entscheidender Bedeutung, welches Rollenverständnis von den Großeltern zuvor entwickelt wurde. Aber nicht nur infolge von steigenden Trennungs- bzw. Scheidungsquoten der Eltern spielt die Übernahme einer „Ersatzelternrolle" durch Großeltern eine Rolle. Auch vor dem Hintergrund deutlich steigender Zahlen von Teenager-Schwangerschaften – mehr als 7.000 minderjährige Mädchen brachten im Jahr 2000 in Deutschland ein Baby zur Welt (rund 45 % mehr als 1998) – kommt den Großeltern eine steigende Bedeutung als Ersatzeltern zu, denn in der Regel sind sie es, die die Erziehung der Kinder übernehmen, damit die jungen Mütter ihre Ausbildung beenden können.

4.3 Großeltern als Nothelfer/Unterstützer in (familialen) Krisensituation

Die Bedeutung von Großeltern (und wieder besonders von Großmüttern) als Hilfepotenzial im Rahmen der Erziehung und Betreuung der Enkelkinder zeigt sich nicht nur im Falle der Trennung der Eltern, sondern auch in familialen Krisensituationen anderer Art. So leisten Großeltern z. B. „besondere Dienste", wenn ein Enkelkind mit einer körperlichen (oder anderen) Behinderung zur Welt kommt und die Eltern bei der Erziehung des Kindes auf besondere Hilfe angewiesen sind (Findler 2000). Vor allem Großmütter mütterlicherseits erweisen sich in derartigen Konstellationen als wichtige Helferinnen, die auch ein erhebliches emotionales Unterstützungspotenzial einbringen können.

Neben der alltagspraktischen Bedeutung können Großeltern wegen ihrer besonderen Beziehung zu den Enkelkindern (geringeres Ausmaß an erzieherischen Absichten, geringere Notwendigkeit, Grenzen zu setzen, geringere Einbindung in alltägliche Reibereien) bei der Zuspitzung von Konflikten zwischen Eltern und Enkeln, wie sie in adoleszenzbedingten Ablösungsprozessen auftreten können, eine vermittelnde Rolle übernehmen und dazu beitragen, die Beziehung zwischen Eltern und jugendlichen Enkeln zu verbessern. Sie können die Funktion von Mediatoren übernehmen, indem sie versuchen, Enkel und Eltern die jeweils andere Perspektive näher zu bringen. Allerdings gibt es Hinweise darauf, dass sich mit Einsetzen der Pubertät die Häufigkeit und Intensität der Kontakte zwischen Enkel und Großeltern verringern (Cherlin/Fürstenberg 1985; Johnson 1985), sodass auch die Großeltern von den familialen Ablöseprozessen betroffen sind.

4.4 Großeltern als Helfer und/oder Experten in Erziehungsfragen

Junge Familien sind – gerade beim ersten Kind – in vielen Erziehungsfragen noch unsicher und wenden sich bei Fragen oder Problemen in der Erziehung zuerst an Familienmitglieder, Verwandte oder Freunde. Rat suchen Eltern also zunächst bei Personen, die sie gut kennen und mit denen sie ohnehin Kontakt pflegen (Smolka 2002, S.7). Dabei scheinen die eigenen Eltern jedoch keine hervorgehobene Rolle zu spielen. Auf die Frage nach Gesprächspartnern in Erziehungsfragen – so das Ergebnis einer fünf Jahre umfassenden Längsschnittuntersuchung junger Familien im Kanton Zürich – benennen nur 44 % der befragten Mütter ihre eigene Mutter als Ansprechpartnerin, während die Freundin mit etwa 70 % deutlich häufiger genannt wird. Der eigenen Mutter wird in dieser Studie damit bei Erziehungsfragen in etwa der gleiche Stellenwert zugewiesen wie der Nachbarin (Huwiler 1998). Ob hier unterschiedliche Erziehungsvorstellungen von Eltern und Großeltern eine Rolle spielen, ob junge Eltern fürchten, ihre Kompetenz infrage gestellt zu sehen oder ob ganz andere Dynamiken verantwortlich sind, kann nicht eindeutig beantwortet werden. Sicher ist, dass (Erziehungs-) Erfahrungen aus verschiedenen Kindheiten im Spiel sind, seien es die als Erziehende oder die als Erzogene (Fuhs 1999). Hier deutet sich bereits an, dass keine Generation – in der Erziehung wie in jedem anderen kulturell ausgestalteten Raum – völlig neu beginnt, sondern ihre Vorstellungen stets in Auseinandersetzung mit den kulturellen Hinterlassenschaften der vorangegangenen Generation entwickeln muss.

4.5 Großeltern als Vermittler kultureller Werte

Eine unhintergehbare Voraussetzung für den Fortbestand jeder menschlichen Gesellschaft ist die Weitergabe von Normen, Kenntnissen, Fertigkeiten und Mustern der Lebensführung von den älteren an die nachfolgenden Generationen. Diese erst ermöglicht das notwendige Maß an sozialer und kultureller Kontinuität, ohne das kein gesellschaftlicher Zusammenhalt vorstellbar ist. Nach Mead (1974, S. 24) „beruht die Kontinuität aller Kulturen auf der physischen Präsenz mindestens dreier Generationen." Damit verweist sie auf die Bedeutung von Großeltern als „link to the past" (Kornhaber/Woodward 1981).

Mannheim (1964, S. 538) hat dies in seinem Essay zum „Problem der Generationen" mit folgenden Worten beschrieben: „Das Wesentlichste an jedem Tradieren ist das Hineinwachsen der neuen Generation in die ererbten Lebenshaltungen, Gefühlsgehalte, Einstellungen. Das bewusst Gelehrte ist demgegenüber quantitativ und der Bedeutung nach von beschränkterem Umfange". Hier wird deutlich, dass das kulturelle und soziale Erbe nicht in erster Linie im Rahmen von intentionalen Vermittlungsprojekten weitergegeben, sondern sich im Vollzug des gemeinsamen Alltagslebens zwischen den Generationen übermittelt wird. Dies betrifft nicht nur die Transfer- und Transmissionsbeziehungen zwischen Eltern und Kindern, sondern auch die zwischen Großeltern und Enkeln ablaufenden Vermittlungs- und Aneignungsprozesse. Diese sind in die ganz alltäglichen wechselseitigen Interaktionserfahrungen von Großeltern, Eltern und Enkeln eingebunden, etwa wenn Großeltern ihren Enkeln aus der Zeit berichten, in der sie selber aufgewachsen sind. Über dieses Geschichte(n)-Erzählen fungieren Großeltern als Zeitzeugen einer für die Enkel unbekannten Welt mit anderen Lebenshaltungen, Gefühlsgehalten, Einstellungen, zu denen die Enkel auf diesem Weg Zugang erhalten. Die Enkel lernen auf diesem Wege auch, dass es so, wie es gegenwärtig ist, nicht schon immer war (und bleiben muss). Die Prozesse des sozialen Wandels können über die Erzählungen der eigenen Großeltern mit Leben gefüllt werden.

4.6 Großeltern als Wahrer der Familientraditionen und des kulturellen Familienerbes

Es ist jedoch nicht nur der gesellschaftlich-zeitgeschichtliche Wandel, der über Großeltern erfahrbar wird. Großeltern spielen ebenfalls eine wichtige Rolle, wenn es um die wechselseitige (Re-)Konstruktion der eigenen Familiengeschichte geht. Bereits Kivnick (1983) beschrieb als einen Aspekt von Großelternschaft die Rolle als „valued elder", die Wertschätzung und soziale Anerkennung darüber bezieht, dass ihr die Vermittlung und Bewahrung von Familiengeschichte(n) und -traditionen zugeschrieben wird. Durch die Weitergabe des kulturellen Familienerbes, zu dem kulinarische Geschmackspräferenzen ebenso gehören wie z. B. die familienspezifische Ausgestaltung des Weihnachtsfestes, ermöglichen Großeltern ihren Enkeln, sich mit diesem auseinander zu setzen, sei es in abgrenzender oder in aneignender Weise. Im Vollzug dieser Auseinandersetzung mit dem kulturellen Familienerbe bilden die Enkel ihre persönliche und kulturelle Identität heraus. Wie Robertson (1976) in ihrer Studie zeigt, wünscht sich die Mehrheit der Jugendlichen und jungen Erwachsenen von ihren Großeltern, dass sie diese Funktion als „bearers of family history" übernehmen. Das kulturelle Erbe der Familie scheint also aus Sicht der Enkel keineswegs nur „unzeitgemäßer Ballast" zu sein, sondern wird von ihnen als Ressource durchaus wertgeschätzt.

4.7 Großeltern als Unterstützer in finanziellen Angelegenheiten

Neben diesen Formen der Transmission kulturellen Kapitals fließt auch in beträchtlichem Umfang ökonomisches Kapital zwischen den Generationen in Form von regelmäßigen oder gelegentlichen monetären Transferleistungen. Wie Kohli/Kühnemund (2003) auf der Basis der Befunde des repräsentativen Alters-Surveys betonen, sprechen die Ergebnisse über die materiellen Transfers und größere Sachgeschenke zwischen den Generationen eine deutliche Sprache: Von der oftmals behaupteten Auflösung des familialen Generationenverhältnisses – so ihr Resümee – könne keine Rede sein. Etwa ein Viertel der 70- bis 85-Jährigen hat in den letzten zwölf Monaten vor der Befragung materielle Transfers an mindestens eines ihrer Kinder geleistet, jeder Siebte (auch) an die Enkel. Wenn Großeltern den jungen Eltern finanziell unter die Arme greifen, geht es häufig um die Ausstattung der Enkel (BMFSFJ 1998, S. 34f.). Den umgekehrten Weg – von den Eltern zu den Großeltern – nehmen materielle Transfers sehr viel seltener, wie der Alters-Survey ebenfalls zeigt: Nur eine Minderheit von etwa drei Prozent erhält materielle Unterstützung von ihren Kindern und praktisch niemand von den Enkelkindern.

Auch die vom Unfang her noch bedeutsameren Erbschaften verweisen auf insgesamt intakte Generationenbeziehungen: Bis zum Zeitpunkt der Befragung im Zusammenhang des Alters-Surveys hatten 44 Prozent der 40- bis 85-Jährigen bereits etwas geerbt, und zwar ganz überwiegend (zu fast 90 %) von den (Schwieger-)Eltern. Sehr hohe Erbschaften waren allerdings selten. Die meisten Nachlässe haben einen kleineren bis mittleren Umfang. Knapp ein Fünftel der Erbschaften hat einen Wert von weniger als 5.000 DM, drei Viertel liegen unter 100.000 DM, und nur knapp zwei Prozent übersteigen eine Million DM (Kohli/Kühnemund 2003, S. 25).

5. Schlussbetrachtung

Abschließend soll vor dem Hintergrund des skizzierten Forschungsstandes an einigen Punkten angedeutet werden, welche Forschungsfragen eine zukünftige Großelternforschung stärker als bisher in den Blick zu nehmen hat. Neben dem dringenden Bedarf nach einer stärkeren Entfaltung theoretischer Ansätze zur Bedeutung und Ausgestaltung von Großelternschaft zeigt ein Blick auf die von Bengtson (1985) bereits Mitte der 1980er Jahre skizzierte Programmatik wichtige Dimensionen einer komplex angelegten Forschung zur Großelternschaft, bei der er fünf Forschungsperspektiven unterschied:

- eine *zeitgeschichtliche Perspektive*, der es darum gehen müsse, Großelternschaft „across historical time“ zu untersuchen,
- eine *geschlechtsspezifische Perspektive*, die die unterschiedliche Bedeutung und Rolle von Großmüttern und Großvätern auszuleuchten habe,
- eine *alterspezifische Großelternforschung*, die der Tatsache Rechnung trägt, dass sich Beziehungen und Aufgaben mit dem Lebensalter von Großeltern und Enkel verändern,
- eine *(sub-)kulturspezifische Großelternforschung* die Unterschiede „among ethnic and sub-cultural groups“ untersucht und schließlich
- eine Großelternforschung, die sich mit den Unterschieden „among individuals who may be in similar social locations“ beschäftigen müsse.

Viele der dort erhobenen Forderungen sind nicht einmal ansatzweise eingelöst.

Vor dem Hintergrund dieser Forschungsperspektiven und angesichts der bislang schwerpunktmäßig im deutschsprachigen Raum verfolgten Forschungsfragen ergibt sich ein besonders dringender Forschungsbedarf für eine Großelternforschung, die auch die bislang noch unterbelichtete Rolle von Großvätern stärker in den Blick nimmt: Der Großteil des bestehenden Wissens über Großeltern-Enkel-Beziehungen stammt aus der Perspektive von Großmüttern. Zwar gibt es hier einige (vor allem amerikanische) Untersuchungen, die interessante Befunde zu der unterschiedlichen Bedeutung und Funktion von Großmutter und Großvater liefern. Insgesamt ist jedoch im Hinblick auf die Frage nach der geschlechtsspezifischen Ausgestaltung der Großelternrolle die Familienforschung noch weitgehend in ihren Anfängen. So stellt sich als besonders spannende Frage, inwieweit die in der Vergangenheit berichteten Hinweise auf ein stärkeres Disengagement der Großväter Ausdruck der Kohortenzugehörigkeit der untersuchten Großväter sind. Mit anderen Worten: Ist für die kommenden Großväter-Generationen davon auszugehen, dass sie eine aktivere Rolle übernehmen werden? Wird sich – analog zum veränderten gesellschaftlichen Leitbild der Vaterrolle – ein Wandel des Rollenverständnisses dahingehend zeigen, dass „neue Großväter" das Aufwachsen ihrer Enkel aktiver, bewusster und intensiver miterleben?

Künftige Programme im Feld der Großelternforschung müssen auch die Sicht der Enkel stärker berücksichtigen: Da Großelternschaft konstitutiv das Vorhandensein von Enkeln voraussetzt ebenso wie das Enkel-Sein an die Existenz von Großeltern geknüpft ist, kann Großelternforschung sich nicht darauf beschränken, lediglich die Großeltern in die Untersuchungen einzubeziehen. Dabei geht es nicht nur darum, eine (bislang noch kaum vorhandene) Enkelforschung zu initiieren, sondern Großelternschaft als wechselseitige Austausch- und Aushandlungsprozesse zwischen Großeltern und Enkeln zu begreifen und entsprechend in dyadisch angelegten Untersuchungen die jeweiligen Sichtweisen beider Generationen einzuholen und die Wechselseitigkeit der Großeltern-Enkel-Beziehungen als interaktiven Prozess zu berücksichtigen.[4] Dabei ergibt sich durch die demografische Entwicklung die zunehmende Notwendigkeit, die Beziehung zwischen Großeltern und *erwachsenen* Enkeln genauer zu betrachten. Lauterbach (2002, S. 550) zeigt auf der Basis der SOEP-Daten, dass knapp 52 % der Großväter aus den Alterskohorten 1916-1925 noch am Leben sind, wenn ihre Enkel 20 Jahre alt sind. Dieser Anteil steigt mit nach vorne rückenden Alterskohorten kontinuierlich und deutlich an. Vor dem Hintergrund dieser Entwicklung erwächst hier ein spannendes Forschungsfeld.

Großelternforschung muss sich auch stärker als Längsschnittforschung verstehen, die die Entwicklung der Großeltern-Enkel-Beziehungen über die gemeinsame Lebenszeit beider Generationen nachvollzieht: Dass das Alter der Enkel eine entscheidende Rolle für die wechselseitige Gestaltung von Großelternschaft spielt, kann als empirisch gut belegt gelten. Wie sich Großeltern-Enkel-Beziehungen über Kindheit, Adoleszenz und Erwachsenwerden des Enkels jedoch entwickeln, welches die relevanten (sozialstrukturellen) Bedingungen gelingender und die Risiken misslingender Großeltern-Enkel-Beziehungen (i. S. einer wechselseitig als unterstützend und vertrauensvoll erlebten Sozialbeziehung) sind, lässt sich nur über methodisch aufwändige prospektive Längsschnittstudien aufzeigen. Entsprechende Daten über längere Zeiträume fehlen jedoch bisher.

Schließlich besteht Bedarf an einer Großelternforschung, die den Anteil der Großeltern bei den kultur- und bildungsbezogenen Austauschprozessen im familialen Mehrgenerationenzusammenhang genauer in den Blick nimmt: Hier ist von Interesse, welche Rolle Großeltern bei der Frage spielen, wie in Familien Bildungsaufgaben definiert und mit welchen generationenübergreifenden Bildungsstrategien, verstanden als Ausdrucksformen der generationalen Ordnung (Honig 1999), sie begründet und praktisch umgesetzt werden. Ausgehend von der Tatsache, dass auch Familien (und nicht nur Institutionen) wichtige Bildungsleistungen übernehmen, die über die Sicherung der schulischen Leistungsfähig-

4 Da eine solche Erweiterung im Grunde nicht ausreicht und Großeltern-Enkel-Beziehungen letztlich nur im Kontext des gesamten familialen Mehrgenerationenzusammenhangs zu verstehen sind, ist es notwendig, auch den Beitrag der Eltern sowie anderer Familienmitglieder an der Entwicklung familienspezifischer Großeltern-Enkel-Beziehungen zu berücksichtigen.

keit der Kinder deutlich hinausgehen (vgl. Brake/Büchner 2003), stellt sich die Frage nach der spezifischen Bildungsbedeutsamkeit der Großeltern für die Enkel. Welchen Beitrag leisten sie, um deren kulturelle Teilhabechancen und soziale Anschlussfähigkeit zu gewährleisten? Von welcher Art ist das spezifische soziale und kulturelle Kapital, dass sie in Abhängigkeit von verschiedenen Familienkulturen an ihre Enkel weitergeben können? Dabei ist in Rechnung zu stellen, dass der intergenerationale Bildungstransfer nicht nur von der Großelterngeneration auf die Enkelgeneration erfolgt, sondern auch in umgekehrter Richtung verlaufen kann. So stellen Böhnisch/Blanc (1989, S.11) fest: „Die Erfahrungsvorsprünge, welche die Älteren traditionell gegenüber den Jüngeren für sich in Anspruch nehmen, haben sich doppelt relativiert: Zum einen lernen und erlernen die Jungen augenscheinlich mehr Neues, das die Älteren nicht kennen und deshalb auch nicht weitergeben können, als zu früheren Zeiten; zum anderen ist vieles von dem, was die Älteren früher gelernt haben – zumindest unter dem industriegesellschaftlichen Verwertungsgesichtpunkt – heute wert- und belanglos geworden.“ Es geht also immer auch um die Rekonstruktion der Bedeutung des Sinns für Vergangenes, um den Stellenwert von Kontinuität im Prozess des ständigen Wandels und um die innovativen bildungsbiographischen Anteile, die es im Kontext der Generationenfolge einer Familie mit dem Blick auf ihre Konstitutionsbedingungen herauszuarbeiten gilt. Da der Prozess der kulturellen Reproduktion mit vielfältigen Auseinandersetzungs-, Aushandlungs- und Legitimationsabläufen einhergeht, ist es für den Forschungszugang unerlässlich, eine entscheidungs- und verhandlungstheoretische Perspektive stärker in den Blick zu rücken (Diefenbach 2000).

Literatur

Apostel, U., 1989: Großeltern als Sozialisationsfaktoren. Bonn.

Backes, G.M., 1991: Ältere und alte Frauen in Berlin (West) – geschlechtsspezifische Alter(n)sproblematik in der Großstadt. Kassel.

Bahrdt, H.P., 1966: Wege zur Soziologie. München.

Beck-Gernsheim, E., 1993: Familie und Alter: Neue Herausforderungen, Chancen, Konflikte. In: Naegele, G./Tews, H.P. (Hrsg.): Lebenslagen im Strukturwandel des Alters. Opladen, S. 158-169.

Bengtson, V.L., 1985: Diversity and Symbolism in Grandparental Roles. In: Bengtson, V.L./Robertson, J.F. (Hrsg.): Grandparenthood. Beverly Hills (CA), S. 11-25.

Bengtson, V.L./Robertson, J.F. (Hrsg.), 1985: Grandparenthood. Beverly Hills (CA).

Bertram, H. (Hrsg.), 1991: Die Familie in Westdeutschland. Opladen.

Bertram, H. (Hrsg.), 1995: Das Individuum und seine Familie. Opladen.

Bertram, H., 1996: Familienwandel und Generationenbeziehungen. In: Buba, H.P./Schneider, N.F. (Hrsg.): Familie. Opladen, S. 61-79.

Bertram, H., 2000: Die verborgenen familiären Beziehungen in Deutschland: Die multilokale Mehrgenerationenfamilie. In: Kohli, M./Szydlik, M. (Hrsg.): Generationen in Familie und Gesellschaft. Opladen, S. 97-121.

Bien, W. (Hrsg.), 1994: Eigeninteresse oder Solidarität. Opladen.

Blüher, S., 2003: Wie langlebig ist die Solidarität? Generationsbeziehungen in den späten Lebensjahren. In: Zeitschrift für Gerontologie und Geriatrie, 36. Jg., S. 110-114.

BMFSFJ (Hrsg.), 1998: Zehnter Kinder- und Jugendbericht. Bonn.

BMJFFG (Hrsg.), 1986: Vierter Familienbericht. Bonn.

Böhnisch, L./Blanc, K., 1989: Die Generationenfalle. Von der Relativierung der Lebensalter. Frankfurt am Main.

Born, C. u. a., 1996: Der unentdeckte Wandel. Berlin.

Brake, A./Büchner, P., 2003: Bildungsort Familie: Die Transmission von kulturellem und sozialem Kapital im Mehrgenerationenzusammenhang. In: Zeitschrift für Erziehungswissenschaft, 6. Jg., S. 618-638.

Cherlin, A./Furstenberg, F., 1985: Styles and Strategies of Grandparenting. In: Bengtson, V.L./Robertson, J.F. (Hrsg.): Grandparenthood. Beverly Hills (CA), S. 97-116.

Cherlin, A./Furstenberg, F., 1986: The New American Grandparent. New York: Basic Books.

Diefenbach, H., 2000: Stichwort: Familienstruktur und Bildung. In. Zeitschrift für Erziehungswissenschaft, 3. Jg., S. 169-187.
Ecarius, J. (Hrsg.), 1998: Was will die jüngere mit der älteren Generation? Opladen.
Ecarius, J., 2002: Familienerziehung im historischen Wandel. Opladen.
Fabian, T., 1994: Großeltern als Helfer in familialen Krisen. In: Neue Praxis, 24. Jg., S. 384-396.
Findler, L.S., 2000: The Role of Grandparents in the Social Support System of Mothers of Children with a Physical Disability. In: Families in Society, 81. Jg., S. 370-381.
Fuhs, B., 1999: Kinderwelten aus Elternsicht: Zur Modernisierung von Kindheit. Opladen.
Geißler, R., ^{3}2002: Die Sozialstruktur Deutschlands. Die gesellschaftliche Entwicklung vor und nach der Vereinigung. Wiesbaden.
Goldberg-Glen, R. u. a., 1998: Multigenerational Patterns and Internal Structures in Families in which Grandparents Raise Grandchildren. In: Families in Society, 79. Jg., S. 477-489.
Hager, A., 1990: Großeltern heute. Innsbruck.
Hagestad, G.O., 1985: Continuity and Connectedness. In: Bengtson, V.L./Robertson J.F. (Hrsg.): Grandparenthood. Beverly Hills (CA), S. 31-49.
Herlyn I./Kistner A./Langer-Schulz H./Lehman, B./Wächter J., 1998: Großmutterschaft im weiblichen Lebenszusammenhang. Eine Untersuchung zu familialen Generationenbeziehungen aus der Perspektive von Großmüttern (Beiträge zur gesellschaftlichen Forschung: Band 21). Pfaffenweiler.
Herlyn, I./Lehmann, B., 1998: Großmutterschaft im Mehrgenerationenzusammenhang. Eine empirische Untersuchung aus der Perspektive von Großmüttern. In: Zeitschrift für Familienforschung, 10. Jg., S. 27-45.
Herrmann, C., 1992: Großmutter – große Mutter. Frankfurt am Main.
Honig, M.-S., 1999: Entwurf einer Theorie der Kindheit. Frankfurt am Main.
Höpflinger, F., 1994: Frauen im Alter – Alter der Frauen – ein Forschungsdossier. Zürich.
Huwiler, K., 1998: Das soziale Netz von Familien mit Kleinkindern – eine verloren gegangene Ressource? In: Marie Meierhofer-Institut für das Kind (Hrsg.): Startbedingungen für Familien. Forschungs- und Erlebnisberichte zur Situation von Familien mit Kleinkindern in der Schweiz und sozialpolitische Forderungen. Zürich, S. 189-232.
Imhof, A.E., 1984: Von der unsicheren zur sicheren Lebenszeit. Ein folgenschwerer Wandel im Verlaufe der Neuzeit. In: Vierteljahreszeitschrift für Sozial- und Wirtschaftsgeschichte, 71. Jg., S. 175-198.
Johnson, C.L., 1983: A Cultural Analysis of the Grandmother. In: Research on Aging, 4. Jg., S. 547-567.
Johnson, C.L., 1985: Exfamilia: Grandparents, Parent, and Children Adjust to Divorce. New Brunswick (NJ).
Johnson, C.L., 1988: Active and Latent Functions of Grandparenting During the Divorce Process. In: The Gerontologist, 28. Jg., S. 185-191.
Kirchhöfer, D., 2002: Die Ökonomisierung der Generationenverhältnisse und Generationenbeziehungen in den Neuen Bundesländern. In: Schweppe, C. (Hrsg.): Generation und Sozialpädagogik. Weinheim/München, S. 243-260.
Kitzinger, S., 1996: Becoming a Grandmother: A Life Transition. New York.
Kivnick, H.Q., 1983: Dimensions of Grandparenthood Meaning: Deductive Conceptualization and Empirical Derivation. In: Journal of Personality and Social Psychology, 44. Jg., S. 1056-1068.
Kivnick, H.Q./Sinclair, H.M., 1996: Grandparenthood. In: Birren, J.E.K. u. a. (Hrsg.): Encyclopedia of Gerontology. San Diego, S. 611-623.
Kivett, V.R., 1985: Grandfathers and Grandchildren: Patterns of Association, Helping and Psychological Closeness. In: Family Relations, 34. Jg., S. 565-571.
Kivett, V.R., 1991: Centrality of the Grandfather Role among Rural Black and White Men. In: Journal of Gerontology, 46. Jg., S. 250-258.
Kohli, M./Künemund, H., 2003: Der Alters-Survey: Die zweite Lebenshälfte im Spiegel repräsentativer Daten. In: Aus Politik und Zeitgeschichte, B 20, S. 18-25.
Kornhaber, A./Woodward, K., 1981: Grandparents – Grandchildren. New York.
Krappmann, L., 1997a: Großeltern und Enkel – eine Beziehung mit neuen Chancen. In: Lepenies, A. (Hrsg.): Alt und Jung. Basel/Frankfurt am Main, S. 112-117.
Krappmann, L., 1997b: Brauchen junge Menschen alte Menschen? In: Krappmann, L./Lepenies, A. (Hrsg.): Alt und Jung. Frankfurt am Main/New York, S. 185-204.
Krüger, H./Rabe-Kleberg, U. (Hrsg.), 1984: Kinderzeiten. Bremen.
Krüger, H. u. a., 1987: Privatsache Kind – Privatsache Beruf. Opladen.
Küster, C., 1998: Zeitverwendung und Wohnen im Alter. In: Deutsches Zentrum für Altersfragen (Hrsg.): Wohnbedürfnisse, Zeitverwendung und soziale Netzwerke älterer Menschen. Frankfurt am Main.
Lange, A./Lauterbach, W., 1998: Aufwachsen mit oder ohne Großeltern? Die gesellschaftliche Relevanz multilokaler Mehrgenerationsfamilien. In: Zeitschrift für Soziologie der Erziehung und Sozialisation, 18. Jg., S. 227-249.
Lauterbach, W., 2002: Großelternschaft und Mehrgenerationenfamilien – soziale Realität oder demographischer Mythos? In: Zeitschrift für Gerontologie und Geriatrie, 35. Jg., S. 540-555.

Lepenies, A. (Hrsg.), 1997: Alt und Jung. Basel/Frankfurt am Main.
Liebau, E. (Hrsg.), 1997: Das Generationenverhältnis. Weinheim/München.
Lüscher, K., 2000: Die Ambivalenz von Generationenbeziehungen – eine allgemeine heuristische Hypothese. In: Kohli, M./Szydlik, M. (Hrsg.): Generationen in Familie und Gesellschaft. Opladen, S. 138-161.
Lüscher, K./Schultheis, F. (Hrsg.), 1993: Generationenbeziehungen in „postmodernen" Gesellschaften. Konstanz.
Lye, D.N., 1996: Adult Child-Parent Relationships. In: Annual Review of Sociology, 22. Jg., S. 79-102.
Mannheim, K., 1964: Das Problem der Generationen. In: Wolff, K.H. (Hrsg.): Karl Mannheim: Wissenssoziologie. Auswahl aus dem Werk. Neuwied/Berlin, S.509-565.
Marbach, J.H., 1994: Der Einfluss von Kindern und Wohnentfernung auf die Beziehungen zwischen Eltern und Großeltern. In: Bien, W. (Hrsg.): Eigeninteresse oder Solidarität. Beziehungen in modernen Mehrgenerationenfamilien. Opladen, S. 77-115.
Marx, M.L., 1984: Eine Brücke zwischen Jung und Alt: Großeltern als Ersatzeltern ihrer Enkelkinder. In: Unsere Jugend, 36. Jg., S. 408-414.
Marx, M.-L., 1996: Großeltern als Ersatzeltern ihrer Enkelkinder – ein vernachlässigtes Problem der Sozialpolitik. Frankfurt am Main.
Mead, M., 1974: Der Konflikt der Generationen. Jugend ohne Vorbild. München.
Mueller, M.M./Elder, G.H. Jr., 2000: Großeltern im Leben von amerikanischen Kindern. In: Lange, A./Lauterbach, W. (Hrsg.): Kinder in Familie und Gesellschaft zu Beginn des 21. Jahrtausends. Stuttgart, S. 241-261.
Neugarten, B.L./Weinstein, K., 1964: The Changing American Grandparent. In: Journal of Marriage and the Family, 26 . Jg., S. 199-204.
Pöggeler, F., 1970: Großeltern als Miterzieher. In: Robach, H. (Hrsg.): Lexikon der Pädagogik. Band 2: Frankreich bis Kuba. Freiburg (Brsg.), S. 521-523.
Rauschenbach, T., 1994: Der neue Generationenvertrag. In: Benner, D./Lenzen, D. (Hrsg.): Bildung und Erziehung in Europa. Weinheim/Basel, S. 161-176.
Rauschenbach, T., 1988: Generationenverhältnisse im Wandel. In: Ecarius, J. (Hrsg.): Was will die jüngere mit der älteren Generation? Opladen, S. 13-39.
Rerrich, M.S., 1993: Gemeinsame Lebensführung. In: Jurczyk, K./Rerrich, M.S. (Hrsg.): Die Arbeit des Alltags. Freiburg (Brsg.), S. 310-333.
Robertson, J.F., 1976: The Significance of Grandparents: Perceptions of Young Adult Grandchildren. In: The Gerontologist, 42. Jg., S. 137-140.
Robertson, J.F., 1977: Grandmotherhood: A Study of Role Conceptions. In: Journal of Marriage and the Family, 39. Jg., S.165-174.
Rosenmayr, L./Köckeis, E., 1972: Sozialbeziehungen im höheren Lebensalter. In: Thomae, H./Lehr, U. (Hrsg.): Altern. Frankfurt am Main, S. 415-433.
Schmidt-Denter, U., 1984: Die soziale Umwelt des Kindes. Berlin u. a.
Schneider, N.F./Krüger, D./Lasch, V./Limmer, R./Matthias-Bleck, H., 2001: Alleinerziehen. Vielfalt und Dynamik einer Lebensform. Weinheim/München.
Schütze, Y., 1993: Generationenbeziehungen im Lebenslauf – eine Sache der Frauen? In: Lüscher, K./Schultheis, F. (Hrsg.) Generationenbeziehungen in ‚postmodernen' Gesellschaften. Konstanz, S. 287-298.
Smith, P.K., 1991: Introduction: The Study of Grandparenthood. In: Smith, P.K. (Hrsg.): The Psychology of Grandparenthood. An International Perspective. London, S. 1-16.
Smolka, A., 2002: Beratungsbedarf und Informationsstrategien im Erziehungsalltag. Ergebnisse einer Elternbefragung zum Thema Familienbildung. Staatsinstitut für Familienforschung an der Universität Bamberg (ifb) (ifb-Materialien Nr. 5-2002).
Sommer-Himmel, R., 2001: Großeltern heute. Betreuen, Erziehen, Verwöhnen. Bielefeld.
Statistisches Bundesamt (Hrsg.), 2003: Bevölkerungsentwicklung Deutschlands bis zum Jahr 2050 (Pressemitteilung vom 6. Juni 2003).
Sticker, E.J., 1987: Beziehungen zwischen Großeltern und Enkeln. In: Zeitschrift für Gerontologie, 20. Jg., S. 269-274.
Störtzbach, B., 1992: Übergang in eine neue Lebensphase – Erwartungen für das Leben im Alter. In: Zeitschrift für Bevölkerungswissenschaft, 3. Jg., S. 291-311.
Szydlik, M., 1995: Die Enge der Beziehung zwischen erwachsenen Kindern und ihren Eltern – und umgekehrt. In: Zeitschrift für Soziologie, 24. Jg., S. 75-94.
Szydlik, M./Schupp, J., 1998: Stabilität und Wandel von Generationenbeziehungen. In: Zeitschrift für Soziologie, 27. Jg., S. 297-315.
Tartler, R., 1972: Innere Nähe durch äußere Distanz. In: Thomae, H./Lehr, U. (Hrsg.): Altern. Frankfurt am Main, S. 410-414.
Templeton, R./Bauerreiss, R., 1994: Kinderbetreuung zwischen den Generationen. In: Bien, W. (Hrsg.): Eigeninteresse oder Solidarität. Opladen, S. 249-266.
Tews, H.P., ^{3}1979: Soziologie des Alterns. Heidelberg.

Tews, H.P./Schwägler, G., 1973: Großeltern – ein vernachlässigtes Problem gerontologischer und familiensoziologischer Forschung. In: Zeitschrift für Gerontologie, 6. Jg., S. 282-295.

Tietze, W./Rossbach, H.-G., 1991: Die Betreuung von Kindern im vorschulischem Alter. In: Zeitschrift für Pädagogik, 37. Jg., S. 555-579.

Tölke, A./Diewald, M., 2002: Berufsbiographische Unsicherheiten und der Übergang zur Elternschaft bei Männern (Max Planck Institute for Demographic Research: Working Paper 2002-011). München.

Vaskovics, L., 1997: Generationenbeziehungen: Junge Erwachsene und ihre Eltern. In: Liebau, E. (Hrsg.): Das Generationenverhältnis. Weinheim/München, S. 141-160.

Wieners, T., 2002: Gestaltung und Bedeutung von Großeltern-Enkel-Beziehungen aus der Perspektive der Enkelkinder. In: Schweppe, C. (Hrsg.): Generation und Sozialpädagogik. Weinheim/München, S. 223-241.

Wilk, L., 1993: Großeltern und Enkelkinder. In: Lüscher, K./Schultheis, F. (Hrsg.): Generationenbeziehungen in „postmodernen" Gesellschaften. Konstanz, S. 203-214.

Wurm, E., 1998: Realbild und Idealbild des Großvaters. Eine empirische explorative Studie über das Bild 15-jähriger Enkelkinder und ihre Großväter. Wien.

Zinnecker, J., 1997: Sorgende Beziehungen zwischen Generationen im Lebensverlauf. In: Lenzen, D./Luhmann, N. (Hrsg.): Bildung und Weiterbildung im Erziehungssystem. Frankfurt am Main, S. 199-227.

Verwandtschaft

Jutta Ecarius

1. Einführung

Verwandtschaft ist ein schillernder Begriff. Ethnologische, soziologische, kulturanthropologische, juristische sowie erziehungswissenschaftliche Begriffe assoziieren mit Verwandtschaft verschiedene Inhalte. Auch beschäftigt sich die Biologie ausführlich mit Verwandtschaft, jedoch aus genetisch-biologischer Sicht. Es bleibt meistens offen, welche Personen zu einer Verwandtschaft gehören. Sowohl kulturell und historisch als auch juristisch variieren die Definitionen von Verwandtschaft. Während die einen davon überzeugt sind, dass nur der innere Kern (Eltern und Kinder) den Terminus Verwandtschaft verdient, stellen andere Genogramme mit allen Verwandtschaftszweigen und Bedeutungsfunktionen der Einzelpersonen auf. Die Zugehörigkeit zur Verwandtschaft kann über die Bluts- oder Schwiegerverwandtschaft, die Generationszugehörigkeit oder das Geschlecht definiert werden, selbst adoptierte Kinder können zur Verwandtschaft zählen. Andere wiederum zählen nur jene zur Verwandtschaft, die durch die biologische Abstammung genetisch zur Familie gehören. Aber auch hier bleiben Fragen offen. Elternschaftsverhältnisse sind äußerst komplex, denn nicht nur Adoption, sondern auch durch eine Wiederverheiratung hervorgegangene „neue" Kinder sind nicht eindeutig genetisch mit der Ursprungsfamilie verwandt. Verwandtschaftssysteme und zugeschriebene soziale Positionen entspringen sozialen Definitionen und der Gesetzgebung einer Gesellschaft (vgl. Müller 1988a).

Zwei Zugänge erleichtern die Sondierungen von Verwandtschaft: Unterschieden werden kann in Abstammung (Deszendenz, Filiation) und Heirat (Affinalität), durch die Verwandtschaft entsteht. Während Deszendenz die Abstammungsbeziehungen mehrerer Generationen umfasst, fokussiert die Filiation die Abstammung innerhalb der Kernfamilie. Die Abstammung erfasst gemeinsame Vorfahren und eine genetische Ähnlichkeit. Die Affinalität fokussiert die Eheschließung und die nicht-biologische Verwandtschaft, die Affinalverwandtschaft. Hierzu gehört auch die Schwägerschaft. Zwischen engen Verwandten ersten Grades besteht zudem ein Inzestverbot, unabhängig der Kulturform.

Mit einer Heirat werden zwei Verwandtschaftsgruppen verbunden, durch die Schwägerschaften, affinale Verwandte, entstehen (vgl. Wagner/Schütze 1998). Die so genannte Schwippschwägerschaft umfasst die Verwandten des Ehepartners und diejenigen der Ehepartnerin, die durch die Heirat zusammengefügt werden. Die affinalen Verwandten haben zwar ein Zeugnisverweigerungsrecht vor Gericht, aber sie unterliegen nicht dem Erbrecht und den Unterhaltspflichten (vgl. Gießen 1994). Auch müssen affinale Verwandte Stiefkinder erst adoptieren, um einen verbindlichen Rechtstatus zwischen Kindern und Eltern herzustellen. Schon an dieser Stelle wird deutlich, dass der biologisch-rechtliche Doppelcharakter von Verwandtschaft kompliziert ist.

Evolutionsbiologische Ansätze erklären genauso verwandtschaftliche Strukturen wie kulturelle Normierungen einer Gesellschaft oder rechtliche Regelungen. Jede Gesellschaft definiert für sich, was unter Verwandtschaft zu verstehen ist (vgl. Lévy-Strauss 1949; Malinowski 1929), welche verwandtschaftlichen Beziehungen mit kulturellen Normen belegt werden und welche rechtlichen Konsequenzen aus genetischen Übereinstimmungen resultieren. Selbst die „natürliche" Verwandtschaft unterliegt sozialen und rechtlichen Regelungen. Erziehung und Adoption, Namensgebung, Regeln der Erbfolge und Filiationsregeln sind an den rechtlich definierten Verwandtschaftsgrad gebunden. Deutlich wird dies vor allem in der Diskussion um den Status von nichtehelichen und ehelichen Kindern, von verheirateten Frauen mit Kindern und Lebenspartnerinnen mit Kindern.

Die sozialen Normierungen, die Regeln der Abstammung, werden häufig über das Geschlecht festgelegt, die Bedeutungszuschreibungen der männlichen und weiblichen Linien. Die kognatische (oder bilaterale) Deszendenz berücksichtigt die Abstammung beider Geschlechter, die männlichen und weiblichen Vorfahren, berücksichtigt. In der Unterordnung wird noch mal differenziert in ein Abstammungssystem, in dem beide Geschlechter gleichwertig behandelt werden (bilinear) und in eines, in dem dem einen Geschlecht eine größere Bedeutung zugemessen wird (ambilinearer Abstammung). Die kognatische Deszendenz ist der unilinearen Deszendenz gegenübergestellt. Hier wird die Abstammung nur über ein Geschlecht normiert. Gesprochen wird von einer patrilinearen oder matrilinearen Ordnung der Abstammung (vgl. Hill/Kopp 1995).

In unserem Abstammungssystem (kognatische Deszendenz) werden männliche und weibliche Angehörige gleichwertig unterschieden. Insofern ist unser Verwandtschaftssystem bilinear organisiert. Der Bruder des Vaters wird genauso Onkel genannt wie der Bruder der Mutter, und auch die Ehefrau des Bruders und die Schwester der Ehefrau sind SchwägerInnen wie der Bruder oder die Schwester des Ehemannes. Bis zur Mitte des 16. Jahrhunderts war dies anders geregelt (vgl. Vowinckel 1995), die Geschwister des Vaters nannte man Base und Vetter und die der Mutter Oheim und Muhme (vgl. ausführlich Goody 1989). Dennoch stand im Feudalsystem des Mittelalters die Produktionsgemeinschaft stärker im Vordergrund als die Abstammung.

Die Familie ist als eine kleine Untergruppe in das Verwandtschaftssystem eingebettet. In unserer Gesellschaft ist die Familie von herausragender Bedeutung. Verwandtschaft wird selbst in der Forschung vernachlässigt. Die Verwandtschaft wird aus sozialwissenschaftlicher Sicht weder als soziale Gruppe noch als eine organisierte Aggregation von Individuen beschrieben. Es sind soziale Normierungen, die die herausragende Stellung der Familie betonen und den Blick darauf lenken, so dass verwandtschaftliche Netzverbindungen in den Hintergrund treten. Wenn im Alltag zwischen Familie und Verwandtschaft unterschieden wird, bestätigt dies die besondere Bedeutung der Familie. Eine solche Unterscheidung ist eher unpräzise, denn schon bei den Großeltern stellt sich die Frage, ob sie zur „Kernfamilie" oder zur Verwandtschaft gehören.

Diese besondere Tatsache wird von Durkheim, Parsons und König so definiert, dass das strukturelle Element der Verwandtschaft die Kernfamilie sei. Durkheim versteht die Gattenfamilie als innere, primäre Zone und die weitere Verwandtschaft als den sekundären Bereich (vgl. Durkheim 1921). Durkheim interpretiert die Familie vor dem Hintergrund des sozialen Wandels der Moderne und gelangt dabei zum „Kontraktionsgesetz", nach dem die Familie immer mehr an Verwandten verliert und auf Grund des wirtschaftlich-sozialen Wandels zu einer einzigen zentralen Gattenfamilie zusammenschmilzt. Parsons hat diese Sichtweise übernommen und für das amerikanische Verwandtschaftssystem bestätigt. Er spricht von einem „Gattenfamiliensystem" (vgl. Parsons 1943) und unterstellt eine Isolation der Kernfamilie. Beide Autoren unterstellen eine abnehmende Bedeutung der Verwandten, die von der Modernisierung und Industrialisierung der Gesellschaft beeinflusst sei. Auch König übernimmt diese Perspektive und prägt den Begriff der Desintegration, mit dem er u. a. die Ausgliederung der Kernfamilie aus dem weiteren Verwandtschaftssystem beschreibt.

Diese Theorien bedingten dann auch, dass die Analyse oder Theoriebildung von Verwandtschaft weitgehend ausgeklammert wurde und sich die Forschung auf die Kernfamilie konzentrierte. Die Verwandtschaftsbeziehungen wurden in der industriellen Gesellschaft als unbedeutend betrachtet. Gestützt wurde diese These über die Abnahme der in einem Haushalt lebenden Familienmitglieder bzw. Verwandten und die Gleichsetzung von Familie und Haushalt (vgl. Peuckert 2006). Die in einem Haushalt zusammenlebenden Familienangehörigen wurden als Kernfamilie bezeichnet. Die Verringerung von Personen in Haushalten bekräftigte die These von der Bedeutungslosigkeit der Verwandten, auch wenn sie eine eigene Wohnung im selben Haus oder in der selben Straße haben (vgl. Fuchs 2003).

Hinzu kam die theoretische Denkfigur von ökonomisch-utilitaristischen Nutzenerwartungen (vgl. Nauck 1993), nach der Verwandtschaftssysteme vor allem über gegenseitige ökonomische Verpflichtungen und Absicherung stabilisiert werde und der moderne Wohlfahrtsstaat die Rolle der Verwandten als sicheren ökonomischen Nutzen oder Prestigegewinn aufgelöst hat. Folglich haben die Verwandten in diesem ökonomisch-utilitaristischen Nutzenerwartungsschema keine Bedeutung. Die These ist abgelöst worden von der Annahme einer psychologischen Nutzenerwartung, die auch versucht, die Beziehung von Eltern und Kindern zu erklären. Die Theorie des „Value of Children" erklärt die vielen Nachkommen in vormodernen Gesellschaften mit einem ökonomisch-utilitaristischen Nutzen, nach dem Kinder verpflichtet werden, ihre Eltern im Alter zu pflegen. An dieser Stelle ist in modernen Gesellschaften die psychologische Nutzenerwartung getreten, mit der der Geburtenrückgang erklärt wird (vgl. Nauck 1993). Die Verwandten haben in diesem Kontext keine Bedeutung. Diese Ansätze haben jedoch sehr an Erklärungskraft eingebüßt. Gleiches gilt auch für die Geschichtswissenschaften. Der Fokus lag ganz auf der Mutter-Kind-Beziehung sowie der vielfältigen Formen der Ehekonstellationen. Selbst die Vaterbeziehungen sind wenig ausgiebig erforscht.

Erst in jüngster Zeit finden diese blinden, unerforschten Stellen wieder mehr Beachtung. Hier sind es vor allem die Väter-Kinder-Beziehungen und Großeltern, die gegenwärtig besser erforscht sind. Allerdings hat auch ein Wandel in der Begriffsbestimmung stattgefunden. Die Großeltern werden zur Familie, als Drei-Generationen-Familie, gezählt. Die Geschwisterforschung hat sich in der Entwicklungspsychologie etabliert, fristet jedoch in sozialwissenschaftlichen Studien ein Schattendasein. Untersuchungen über Verwandte, Tanten und Onkel etc. findet man so gut wie gar nicht.

2. Historische Entwicklungslinien

Historische Analysen zeigen, dass im späten römischen Reich im Mittelmeerraum ein einheitliches, endogames System der Heiratsbeziehung existierte, das die Verwandtschaftsbeziehungen regelte (vgl. Goody 1986). Mit dem Aufkommen des Christentums entwickelte sich ein exogames Heiratsverhalten mit weitreichenden Eheverboten, die ab dem 4. Jahrhundert bedeutsam wurden. Im östlichen Mittelraum wurden die endogamen Ehebeziehungen mit intensiven Verwandtschaftsbeziehungen und -verbänden weiter präferiert.

Kirchen entwarfen einen Kanon an Eheverboten, mit dem die Herausbildung von autonomen Verwandtschaftsverbänden zurückgedrängt wurde. **Eheverbote** betrafen die Bluts- und Schwiegerverwandtschaft, spirituelle Verwandtschaften (Tauf- und Firmpaten) und Heiraten vom 3. bis zum 7. Grad. Im 13. Jahrhundert wurden diese aufgelöst und an deren Stelle entstand das Eheverbot bis zum 4. Grad. Über die tatsächliche Umsetzung gibt es kaum Zeugnisse, praktiziert wurden sie wohl eher im Adel (vgl. Duby 1988).

Das Christentum war an einer Zurückdrängung des Ahnenkultus interessiert (vgl. Mitterauer 1990b). Mitterauer vertritt die These, dass die Kirche daran interessiert war, die Bindung an den Glauben zu stärken und die Bedeutung der Abstammung und damit verbundene Praxen wie Ahnenkulte, die in Familien- und Verwandtschaftssysteme eingebettet waren (Frühheirat, Verstärkung der Altersautorität, patrilokale Ansiedlung, eine starke Bindung der Söhne an das väterliche Elternhaus), zu schwächen. Die Kirche sollte der zentrale und einzige Ort sein, der die Eheschließung besiegelte. Das Konsensprinzip stärkte die katholische Kirche, denn der Vollzug der Ehe war ab dem Ende des 12. Jahrhunderts nur noch über die Kirche möglich (vgl. Rosenbaum 1998).

Aber auch die ökonomische und soziale Entwicklung scheint das exogame bzw. kognatisch-bilineare Familien- und Verwandtschaftssystem gestärkt zu haben. Die bäuerliche Wirtschaft war auf Ehepaare mit Kindern ausgerichtet. Die Dreifelderwirtschaft sowie die Dorfbildung und Getreidewirtschaft vermochten über die Parzellierung nur die Ernährung einer Familie sicherzustellen (vgl. Wunder 1992). Daraus ergibt sich das Prinzip der kognatisch-bilinearen Deszendenz. In diesen Systemen ist keine Bevorzugung der männlichen oder weiblichen Verwandtschaftslinien vorgesehen. Das System ist auf die Ehe bzw. Kernfamilie konzentriert und in Bezug auf die weiteren Verwandten in hohem Maße offen und flexibel. Der Einzelne in der Kernfamilie kann auswählen, welche Verwandtschaftsbeziehungen er bevorzugt.

Mehrgenerationenfamilien waren entgegen der üblichen Meinung seltener anzutreffen (vgl. Mitterauer 1977). Die Mehrgenerationenfamilie gab es eher in entlegenen Gegenden, in denen die Getreidewirtschaft nicht üblich war, oder wenn steuerrechtliche Regelungen wie die „frérèche" große Familienverbände förderten (vgl. Mitterauer 1977, S. 56). Vermutlich waren plurale Lebensformen häufiger vorzufinden als man heute annimmt. Erst in den letzten 200 Jahren hat sich auf Grund ökonomischer Errungenschaften und demografischer Entwicklungen das Zusammenleben auf mehr als zwei Generationen auf dem Land ausgeweitet. Die Kernfamilie ohne größere Verwandtschaftsverbände ist damit nicht ein Resultat von Modernisierung und industrieller Produktion, sondern ein Muster, das alten mittel- und westeuropäischen Lebensformen entspringt (vgl. Mitterauer/Sieder 1977).

In der Zeit zwischen dem späten 18. und frühen 20. Jahrhundert änderten sich die Verwandtschaftsbedingungen, denn die Eheverbote wurden durch die Zulassung von Dispensen aufgehoben und gelockert. Die Festigung des Staates ermöglichte eine Öffnung für engere Verwandtschaftsbindungen, die zuvor auf Grund eines schwachen Staates mit einer schwachen Struktur unterbunden wurden (vgl. Sabean 1998). Die zunehmende liberale Handhabung der Eheschließung unter Verwandten führte sogar im Raum Osnabrück zu einer Vermischung der Generationsgrenzen (vgl. Schlumbohm 1994). Ab dem 19. Jahrhundert sind Eheschließungen zwischen nahen Verwandten zunehmend häufiger zu finden.

Mit dem Aufkommen des Bürgertums gewann dann auch die ökonomische Sicherung an Bedeutung. Gezielte Heiratsstrategien zwischen zwei Verwandtschaftsgruppen dienten dazu, ökonomische Vorteile zu sichern. Im Wirtschaftsbürgertum entstand eine Heiratspolitik, die sich ganz am Wohle des Geschäftes ausrichtete (vgl. Fassl 1996) und weniger an der emotionalen Zuneigung zwischen den Ehepartnern orientiert war (vgl. Kocka 1979; Möckl 1996). In Wittenberg führten Kreuzheiratsstrategien von Cousin-Cousinen-Ehen dazu, dass Großbauern über diese Steuerung ihren sozialen Status halten und festigen konnten. Nach Bergeron kamen ab der zweiten Hälfte des 18. Jahrhunderts auch emotionale Aspekte hinzu, denn die effektiven Kräfte unterstützten familiale Handlungsstrategien und ökonomische Prinzipien (vgl. Bergeron 1981). Im Gegensatz dazu standen Familienstrategien aus der eigentumslosen Bevölkerung. Dort findet man nach Schlumbohm (1994) nur selten Ehebündnisse zwischen Verwandten oder Verschwägerten. Dafür findet man aber in diesen sozialen Milieus Unterstützungen der Geschwister, die bei der Vermittlung eines Arbeitsplatzes als Gesinde behilflich waren. Auch gab es in der Vermittlung von Verwandten in der Industrie ähnliche Strategien. Bemühungen, Angehörige an der selben Arbeitsstätte im Betrieb als Arbeiter unterzubringen, waren üblich.

Eine andere Version der Herstellung verwandtschaftlicher Bindungen findet man in der Etablierung politischer Macht. Hier zeigen Untersuchungen in schwäbischen Dörfern (vgl. Sabean 1998), dass über Kreuzheiraten verwandtschaftlich verbundene Syndikate von politisch führenden Familien sich herausbildeten und die Magistrate dominierten. Die Familien kontrollierten dadurch dörfliche Ressourcen und politische Entscheidungen. Trotz einiger restriktiver gesetzlicher Bestimmungen entging man nicht der verwandtschaftlichen Besetzung der politischen Systeme, denn es wurden dann Personen aus verwandtschaftlichen Nebenlinien mit politischen Ämtern besetzt (vgl. Lipp 1982). In der dörflichen Gesellschaft des 19. Jahrhunderts trugen Verwandtschaftsnetze zur Etablierung von sozialen Milieus und politischer Herrschaft wesentlich bei.

3. Verwandtschaft und Gesetz

Verwandtschaft unterliegt ähnlich wie die Ehe und Kindschaftsverhältnisse gesetzlichen Bestimmungen. Das Familienrecht, das auch die Verwandtschaft regelt, ist konservativ ausgerichtet, auch wenn es seit der Jahrhundertwende einige Veränderungen erhalten hat. Das bestehende Familienrecht (FamR) im Bürgerlichen Gesetzbuch erhielt 1957 als Reform das Gleichberechtigungsgesetz und 1976 das Erste Eherechtsreformgesetz. Hinzu kam 1969 auch das Nichtehelichen Gesetz (NEhelG) für die Regelung nichtehelicher Kinder und deren Verwandte.

Ehe und Familie stehen nach dem Grundgesetz (Artikel 6 Absatz 1) unter dem besonderen Schutz der staatlichen Ordnung. Die Verwandtschaft als erweiterter Kreis der Kernfamilie hat nicht diesen besonderen Schutz in der Verfassung. Ähnliches gilt für nichteheliche Partner, auch wenn sich hier Veränderungen anbahnen. Das Ehe-, Familien- und Scheidungsrecht sieht kein eigenes kodifiziertes Verwandtschaftsrecht vor. Verwandtschaftsverhältnisse werden im vierten Buch (Familienrecht) des BGB abgehandelt. Nach dem ersten Abschnitt (§§ 1297 ff. BGB) über die bürgerliche Ehe beschäftigt sich der zweite Abschnitt mit der Definition von Verwandtschaft (§ 1589 BGB), Schwägerschaft (§ 1590 BGB), den Regelungen zur Abstammung, des Unterhalts und regelt das Rechtsverhältnis von Eltern und Kindern (§§ 1616-1625 BGB). Weitere Themen betreffen Regelungen der Nichtehelichkeit (§§ 1705 ff. BGB) und der Adoption (§§ 1741 ff. BGB). Die allgemeinen Vorschriften zur Verwandtschaft werden im vierten Buch (vgl. zweiter Absatz, 3. Titel) abgehandelt. Die Regelungen zur Erbfolge (§§ 1924-1936 BGB), zum

Pflichtteilsrecht (PflichtR) und Ausschluss der nichtehelichen Lebensgemeinschaft von der Erbfolge (§ 1931 BGB) sowie den Erbersatzanspruch nichtehelicher Kinder behandelt das fünfte Buch.

Folgende Aussagen sind grundlegend bedeutsam:

§ 1589 BGB (Verwandtschaft):
„Personen, deren eine von der anderen abstammt, sind in gerader Linie verwandt. Personen, die nicht in gerader Linie verwandt sind, aber von derselben dritten Person abstammen, sind in der Seitenlinie verwandt. Der Grad der Verwandtschaft bestimmt sich nach der Zahl der sie vermittelnden Geburten."

§ 1590 BGB (Schwägerschaft)
„I. Die Verwandten eines Ehegatten sind mit dem anderen Ehegatten verschwägert. Die Linie und der Grad der Schwägerschaft bestimmen sich nach der Linie und dem Grade der sie vermittelnden Verwandtschaft.
II. Die Schwägerschaft dauert fort, auch wenn die Ehe, durch die sie begründet wurde, aufgelöst ist."

Zur Verwandtschaft zählen nach dem Gesetz jene, die durch Geburten genetisch verwandt sind. Dazu gehören in absteigenden Linien auch nichteheliche Abkömmlinge. Weiter gehört zur Verwandtschaft die durch die Eheschließung hinzugekommene Schwägerschaft, es sind in aufsteigender Linie die Schwiegereltern und deren Abkömmlinge sowie in absteigender Linie die Stiefkinder und damit bei nicht-ehelichen Kindern ebenfalls die Ehefrau des leiblichen Vaters. Hinzu kommt durch das seit dem 1.1.1977 in Kraft getretene Adoptionsrecht die neu geregelte Verwandtschaft. Die gesetzliche Regelung der Verwandtschaft geht über die genetische Verwandtschaft hinaus, denn zu ihr gehören auch die Angehörigen der Ehegatten und die Verlobten, jedoch nicht Lebenspartner, die unverheiratet sind. Auch schließt die Verwandtschaft geistige, geistliche oder soziale Verwandtschaft aus, wie Patenschaften, Ordensbrüder und -schwestern sowie wissenschaftliche Ziehväter bzw. -mütter. Zur Verwandtschaft zählt in erster Ordnung die durch Geburt bedingte direkte Verwandtschaft, in zweiter Ordnung die angeheiratete, indirekte Verwandtschaft und zum dritten die durch Adoption vermittelte Verwandtschaft (vgl. Lucke 1998).

Klassifiziert wird im Recht nach Linien, einer geraden Linie (Großeltern, Eltern, Kinder) und Seitenlinien (Geschwister). Hinzu kommt eine Ordnung nach Verwandtschaftsgraden, beim Erbrecht ist es die systematische Unterscheidung nach Stämmen (väterlicherseits/mütterlicherseits) und Ordnungen (Parentelen). Verwandte in gerader aufsteigender oder absteigender Linie sind gesetzlich verpflichtet, einander Unterhalt zu zahlen. Das Erbrecht geht ebenfalls über die biologische Verwandtschaft hinaus und betrachtet Ehegatten und die nächsten Verwandten grundsätzlich gleichberechtigt zwischen Gleichrangigen.

Das Recht ist ganz auf die Figur des Eheprivilegs konzentriert. Daraus resultiert auch die Besserstellung von geschiedenen und verwitweten Müttern gegenüber unverheirateten Müttern. Selbst die durch die Eheschließung entstandene Schwägerschaft kann nach einer Scheidung nicht aufgehoben werden: Die Schwägerin bleibt lebenslang Schwägerin. Das an die gesetzlich bestimmten Verwandtschaftsbeziehungen angelegte Unterhaltsrecht gewährleistet den Übergang von Besitz und Vermögen, entlastet aber auch den Staat von Sozialleistungen. Der Staat regelt mit seinen Gesetzen die Filiation (Geburt, Heirat, Tod, Adoption, Legitimation, Scheidung) und gewährleistet, kontrolliert und folglich moralisiert verwandtschaftliche Ansprüche. Geregelt werden nicht nur enge materielle Zusammenhänge, das „res familiaris" (Vermögen), sondern auch die normativen Funktionen von

Ehe und Verwandtschaft bis hin zur Familiennamensgebung, die ursprünglich patriarchal festgelegt war.

Der Staat wacht heute noch neben der Regelung des Unterhalts-, Adoptions- und Erbrechts über die gesetzliche Meldepflicht der Geburten, über die amtlichen Eheschließungs- und Scheidungsstatistiken sowie die rechtlich festgelegten „rites de passage" durch vorgeschriebene Akte der Eheschließung (Meldung der Heiratsdatums, Trauzeugen, Ja-Wort usw.). Auch verhindert das Gesetz die private Fixierung von Beziehungen als verwandtschaftliche über bestehende Heiratsverbote (Heirat im1. und 2. Grad, Kinderheirat etc.) und kontrolliert mit dem Embryonenschutzgesetz und dem seit 1990 bestehenden Ersatzmutterschaftsgesetz (§ 1 I EmbryonenschutzG). Geregelt wird auch für die Verwandtschaftsgrade das Zeugnisverweigerungsrecht aus persönlichen Gründen (§ 52 StGB) als Schweigepflicht.

Auf der anderen Seite besteht zwischen Verwandten ein Recht auf Auskunft in Bezug auf Vermögensverhältnisse potenziell unterhaltspflichtiger Verwandter, aber auch in Bezug auf Unfall, Tod und schwere Krankheit. Auch in Rechtsgeschäften sind Verwandte teilweise als Vertreter des Kindes oder Mündels ausgeschlossen. Im Strafrecht gelten als besonders schwere Delikte die im Schutzraum von Familie verübten Gatten-, Vater-, Bruder- oder Kindesmorde. Gleichzeitig aber werden in der Familie verübte Vergewaltigungen und Gewaltakte als minder schwer betrachtet. Selbst im Mietrecht gibt es eine Rechtsprechung, die die Verlängerung von Mietverträgen der Ehepartner und mittlerweile auch der Lebenspartner regelt, hierzu gehören auch die Leistungen nach dem Wohngeldgesetz für Eltern, Kinder, Großeltern, Geschwister und Verschwägerte.

4. Soziale Beziehungsformen zwischen Verwandten

Die rechtlichen Regelungen geben einen groben Rahmen und zeigen die gegenseitigen Verpflichtungen auf. Dennoch aber besagen sie wenig über tatsächlich gelebte Umgangsformen zwischen Verwandten. Auch wenn Erbrecht und Unterhaltspflicht bestehen, gibt dies keine Auskunft über die Umgangsweisen zwischen Geschwistern oder zwischen Tanten und Cousinen oder zwischen Großeltern, Eltern und Kindern. Die verwandtschaftlichen Verbindungen sind vielfältig, sowohl zum Zeitpunkt einer konkreten Situation in der Gegenwart als auch über den Zeitlauf hinweg. Hier liegen, wenn überhaupt, vorrangig empirische Untersuchungen vor. Eine theoretische Konzeption zur Familie und Verwandtschaft fehlt gänzlich. Jede Untersuchung stellt eigene theoretische Überlegungen vor, die für das Verständnis der empirischen Untersuchung zentral sind.

4.1 Weitere Verwandtschaftsbeziehungen: biologische oder kulturelle Muster?

In Bezug auf Verwandtschaftsbeziehungen wird immer wieder die Frage aufgeworfen, inwiefern soziobiologische Aspekte der Abstammung dominant sind oder eher kulturell geprägte Interaktionsmuster in der Familie die Verwandtschaft gestalten, ob familiale Bindungen auf Grund der genetischen Verbundenheit dominanter sind als andere emotionale Bindungen. Die „theory of kin selection" von Hamilton (1964, 1975) und Williams (1966) deuten Altrusimus unter Verwandten als eine genetisch bedingte Handlungsweise, die der natürlichen Selektion entspringt. Es ist das genetische Profil, durch das das Individuum mit altruistischen Handlungen die eigenen Blutsverwandten versucht zu schützen und zu vermehren. Die theoretische Erklärung vom „Egoismus des Gens" (vgl. Dawkins 1988; Voland/Paul 1998) besagt, dass es die Gene selbst sind und weniger Individuen, die eine natürliche Selektion hervorbringen. Es sind dann nicht die Eigenschaften und Verhaltenseinstellung der Individuen, die zum Beispiel altruistisches Handeln hervorbringen, sondern die unter Reproduktions- und Selektionsdruck stehenden Gene. Hier fließt der Gedanke von der „fitness" von Individuen und ihren Familien ein, mit der es um die gelungenste und der Situation optimal angepasste Durchsetzung der eigenen Generationenangehörigen geht. Fitness bezieht sich auf erfolgreiche Handlungsmuster in unterschiedlichen sozialen Situationen. Angestrebt wird nicht nur eine Durchsetzung von dominanten Handlungsmustern, sondern auch solche des Altruismus. Hier könnte man auch als genetischen Selbstschutz den Nepotismus (Vetternwirtschaft) nennen. Alexander (1988) vertritt die Annahme, dass neben der Fortpflanzung und der Erziehung der Kinder die Hilfe unter Verwandten eine soziobiologische Reproduktionsleistung ist.

Solchen soziobiologischen Annahmen stehen Thesen der Ethnologie und der Kulturanthropologie gegenüber. Hier wird gefragt, inwiefern kulturelle Normierungen Bindungsmuster und Verhaltensweisen zwischen Verwandten regeln. Marbach (1998) setzt genau an dieser Stelle an und analysiert anhand einer repräsentativen Studie des DJI mit 3.713 Personen im Alter von 24 bis 31 Jahren Vernetzungsformen und Unterstützungsleistungen, die für Partner, Eltern und die eigenen Kinder erbracht werden sowie die Bedeutung der Verwandten des Partners der befragten Person (vgl. Marbach 1995). Abgefragt wurden Aspekte wie persönliche Gespräche, gemeinsame Mahlzeiten, Gefühlsbindung, finanzielle Unterstützung und gemeinsame Freizeit, die insgesamt in die drei Aspekte (instrumentelle Hilfe in konkreten Interaktionen, Anerkennung und Wertschätzung sowie emotionale Zuwendung) unterteilt wurden. Im Ergebnis zeigt sich, dass die Partner und die Kinder die höchsten Werte in den Unterstützungsformen haben (vgl. Marbach 1998, S. 105). Dann aber werden als weitere zentrale Personen die Kinder der Partner genannt. Diese Kinder gehören genetisch nicht zur eigenen Verwandtschaft, wohl aber über gegenwärtige gesetzliche Bestimmungen zum Verwandtschaftsnetz. Diese Verwandtschaftsbeziehungen sind also kulturell überformt. Erst dann werden die eigenen Eltern und gleichrangig die Geschwister sowie die Enkel der Partner genannt. Auffällig ist an der Untersuchung, dass die Verwandtschaftslinie des Partners – ausgenommen die Kinder des Partners – als nachrangig bedeutsam genannt werden (vgl. Marbach 1998, S. 108). Die Beziehungen und Bindungen einer Person zu den eigenen Blutsverwandten sind im Vergleich enger als zu den affinen Verwandten. Ausgenommen davon ist der eigene Partner. Hier überwiegt – wie bei den Eltern – die enge Gefühlsbindung im Vergleich zur geleisteten finanziellen Unterstützung. Bei den eigenen Kindern sowie den Kindern des Partners besteht ein ausgewogenes Verhältnis von enger Gefühlsbindung und finanzieller Unterstützung. Die Gefühlsbindung zu den Kindern des Partners sowie die finanzielle Unterstützung sind stärker als die zu den eigenen Eltern oder Geschwistern. Der Partner sowie die Kinder des Partners werden emotional sowie finanziell zu einem Teil der eigenen Familie. Zwar besteht zu den eigenen Kindern eine größere emotionale und finanzielle Unterstützung, aber die Kinder des Partners werden eindeutig vor den eigenen Eltern und Geschwistern bevorzugt und erhalten eine fast gleichrangige Bedeutung wie die eigenen Kinder (vgl. Marbach 1998, S. 121). Das verweist auf die soziale Vater- und Mutterschaft und kann nicht über soziobiologische Aspekte geklärt werden. In den neuen Familienformen wird zwischen den Kindern des Partners und den eigenen Kindern nicht mehr genau unterschieden, sondern sie werden nach Marbach (1998) als gemeinsame Kinder betrachtet. Die kulturelle Überformung der Bedeutung, was unter Familie und Verwandtschaft verstanden wird und wie diese Lebensformen gelebt werden, ist kulturell durchzogen von Partnervorstellungen und Umgangsweisen mit Kindern. Hier spricht man von einer Multiplexität von Faktoren, die dynamische Beziehungen umschreiben (vgl. Marbach 1998). Dazu gehören persönliche Gespräche, gemeinsame Mahlzeiten, die Art der Gefühlsbindung, die Vergabe finanzieller Unterstützung, gemeinsame Freizeit, Anerkennung und Wertschätzung sowie Hilfe in konkreten Interaktionen. Inwiefern dies nach theoretischen Ansätzen eines generalisierten Tausches (Alt 1994; Diewald 1991; Marbach 1994) oder eines soziobiologischen Nepotismus (Daly/Wilson 1994) zu deuten ist, ist nach Marbach (vgl. 1998) noch nicht ausdiskutiert.

Es wird gegenwärtig vor allem danach gefragt, ob Kinder, die in neuen Familienkonstellationen aufwachsen, die gleichen Bedingungen vorfinden wie in traditionellen Familienformen (Kernfamilie). Als einen Indikator für gleiche Bedingungen werden die schulischen Leistungen herangezogen und es wird auf Unterschiede verwiesen, wobei Kinder aus Stieffamilien nach der Trennung ungefähr zwei Jahre schlechtere Leistungen zeigen (vgl. Walper/Wild 2002). Unterstellt wird, dass gute familiale Unterstützungsleistungen emotionaler Art die Voraussetzung für gute Noten sind. Neuere Untersuchungen nennen weitere Indikatoren wie psychische und soziale Befindlichkeiten der Kinder, Problemverhalten, motorische Unruhe, Selbstbild und soziale sowie kognitive Aufgeschlossenheit (vgl. Walper/Wendt 2005). Hier jedoch sind die Ergebnisse (1.971 befragte Kinder und Elternteile) nicht besonders aussagekräftig. Eltern und Kinder zeichnen ein unterschiedliches Bild. Auffällig ist an den Ergebnissen der Studie, dass Kinder aus Stieffamilien ein besonders positives Selbstbild benennen. was der Annahme widerspricht, dass Kinder in vollständigen Familien bessere Entwicklungsvoraussetzungen haben, um ein positives Selbstbild zu entwickeln, das wiederum mit guten schulischen Leistungen korrespondiert (vgl. Walper/Wendt 2005, S. 191).

Die Ergebnisse provozieren die Frage, wie Familie und Verwandtschaft theoretisch beschrieben werden kann. Ist Verwandtschaft auf solidarische Handlungen zu begrenzen oder sind räumliche Strukturen, Alter und Lebensform hinzu zu ziehen? Wie entsteht ein Verwandtschaftsnetz und welche Bedeutung hat dabei das Selbstkonzept eines jeden Familienmitglieds? Aber auch andere Fragen interessieren: Ist in Hilfeleistungen auch Berechnung enthalten, überwiegt Altruismus oder Eigeninteresse? Handeln Menschen in Familien aus einem „rational choice" heraus oder verbirgt sich dahinter normengeleitetes Handeln? Solche Überlegungen lassen sich nur schlecht in empirische Fragen übersetzen, sie dienen vorwiegend der Interpretation für diese Handlungen. Der tauschtheoretische Ansatz (vgl. Blau 1964; Ekeh 1974; Coleman 1987, 1990) geht von Leistungen zwischen Generationen und einzelnen Familienmitgliedern auf horizontaler Ebene aus, die erbracht und empfangen werden. Die Annahme eines „generalisierten Tausches" (vgl. Marbach 1994) ist auf gegenseitig ausgeführte Handlungen konzentriert, analysiert werden dabei nicht Beweggründe, Motivationen und Wünsche.

Neyer (1994) hat bestätigen können, dass im Verwandtschaftskontext das emotionale Band zwischen Frauen und ihren Müttern und Männern und ihren Vätern besonders eng ist. Dies lässt sich aber weder auf einen generalisierten Tausch, genetische Dispositionen oder ein rationales Kalkül zurückführen. Vielmehr wäre danach zu fragen, ob auf Grund der Geschlechtshomogenität in den Eltern-Kind-Beziehungen im frühen Erwachsenenalter das Netz der gleichgeschlechtlichen Verwandtschaft gestärkt und beide Verwandtschaftslinien über die sozialen Kontakte der Ehepartner miteinander verbunden werden. Die Annahme von einem generalisierten Tausch umfasst zudem eine weite zeitliche Streckung der gegenseitigen Handlungen im Verwandtschaftsnetz. Möglich sind zeitliche „timelags" in der Beantwortung angenommener Hilfeleistungen. Da eine Grundlage des Familienzusammenhalts emotionale Bindung und Sicherheit ist, ist die Tauschbeziehung nicht auf eine unmittelbare Gegenleistung ausgerichtet. Es können Normen der familialen Solidarität und der emotionalen Bindung sein, die erst den generalisierten Tausch ermöglichen (vgl. Alt 1994).

Diese Überlegungen gehen im Grundsatz zudem davon aus, dass die emotionalen Bindungen in Familien eindeutig sind. Oft wird zur Beschreibung von Familienbeziehungen Solidarität genannt. Jedoch sind Familien- und Verwandtschaftsstrukturen vielfältig und Solidarität enthält gleichermaßen Ambivalenz. Familien- und Verwandtschaftsbeziehungen sind auf Grund von Erwartungen, emotionaler Zugehörigkeit oder Abgrenzung immer sowohl solidarisch als auch ambivalent (vgl. Lüscher/Pajung-Bilger 1998). Szydlik (2000) hat das Konzept von Ambivalenz und Solidarität für erwachsene Kinder und deren Eltern entwickelt. Es ließe sich aber genauso für ein gesamtes Verwandtschaftsnetz formulieren, was im Folgenden unternommen wird, wobei an zentralen Annahmen von Szydlik (2000) angesetzt wird.

Szydlik (2000) unterscheidet in funktionale Solidarität (Geldtransfers, instrumentelle Hilfeleistungen, Koresidenz in Zeit und Raum), effektive Solidarität (emotionale Nähe, Gemeinschaftsgefühl, Zuneigung) und assoziative Solidarität (gemeinsame Aktivitäten, Häufigkeit und Art der Kontakte) (vgl. auch Schupp/Szydlik 2005). Diese Formen der Solidarität sind eingewoben in ambivalente Beziehungsstrukturen, wobei das Besondere ist, dass weder von einer rein harmonischen noch von einer rein konfliktbeladenen Beziehungsstruktur auszugehen ist (vgl. Szydlik 2005). Ambivalenz verweist auf den Widerspruch von Abhängigkeit und Autonomie. Daraus lässt sich schließen, dass Ambivalenzen und Solidarität familiale Beziehungen zwischen Neffen und Tanten, Stiefmutter und Stiefkinder sowie zwischen Vater und Sohn charakterisieren. Der Aspekt der Ambivalenz verdeutlicht zudem, dass unterschiedliche Solidaritätsnormen je nach Standort im Familien- und Verwandtschaftsnetz existieren. Gegenseitige Ansprüche zwischen Nichten und Tanten können ganz unterschiedlich ausfallen. Gerade ein Anspruch auf familiale Solidarität kann dann zu Ambivalenzen führen. Aus dieser Perspektive heraus lässt sich ein Modell familialer Generationensolidarität (vgl. Szydlik 2000) im Verwandtschaftsnetz formulieren.

Verwandtschaft und damit Familie (Mesoebene), das einzelne Individuum (Mikroebene) und die aktuelle Gesellschaft (Makroebene) umfassen drei unterschiedliche Ebenen mit je eigenen Strukturen, durch die Verwandtschaft in ihrer kulturellen Bedeutung entsteht und vom Einzelnen definiert wird. Auf der Mikroebene – folgt man Szydlik (2000) – bestehen zwischen den einzelnen Mitgliedern spezifische Bedürfnisstrukturen und Opportunitätsstrukturen. Der Wunsch nach Nähe oder Distanz sowie sozialer Unterstützung und die erbrachte Leistung der Unterstützung gegenüber Verwandten sind je nach Individuum in der Familie unterschiedlich. Zum einen tragen zum Aufbau von Verwandtschaftsnetzen Opportunitätsstrukturen bei, es sind die vorhandenen Möglichkeiten, Familienangehörige zu treffen oder über die Zeit zu verfügen, mit Verwandten zusammen zu kommen. Vorhandene Möglichkeiten der räumlichen Nähe, der verfügbaren Zeit und die Möglichkeiten des Treffens unterstützen oder behindern aktive Verwandtschaftsnetze.

Zum anderen sind es aber auch die Bedürfnisstrukturen der einzelnen Mitglieder im Verwandtschaftsnetz. Die einzelnen Mitglieder entwickeln unterschiedliche Bedürfnisstrukturen nach intergenerationaler Solidarität. Einige Familienmitglieder deuten intergenerationale Solidarität als Einengung und unverhältnismäßige Verpflichtung oder aber leisten die geforderten Ansprüche gerne. Ein Bedürfnis nach intergenerationaler Solidarität kann vielfältige Interaktionsformen, Unterstützungsformen und Hilfeleistungen wie gegenseitiges Telefonieren, arrangierte Treffen, gemeinsame Feiern, kleine oder größere solidarische Leistungen oder gar direkte Hilfe bewirken.

Die Opportunitätsstrukturen und Bedürfnisstrukturen ergeben sich nicht nur aus den Wünschen und Bedürfnissen des einzelnen Familienmitglieds, sondern sie sind eingelagert in gewachsene familiale Strukturen, die Sozialisationsgeschichte einer Familie (vgl. Ecarius 2003). In jeder Familie – als Mesoebene – entstehen habitualisierte Handlungsstrukturen, die eine Geschichte haben und von allen Mitgliedern aktiv gelebt werden, wie auch immer sie in die Struktur eingebunden sind. Familiale Interaktionen werden reziprok hergestellt und typisiert (vgl. Berger/Luckmann 1977). Typisierte Handlungsmuster verdichten Gewohnheiten, Routinen und Situationen (vgl. Ecarius 2001). Jede Familie verfügt über gewachsene Interaktionsstrukturen, über Muster des Umgangs mit verwandten Personen. Die intergenerationale Solidarität zwischen Neffe und Tante oder Cousinen und deren Kindern beruht auf familialen Erfahrungen und den Umgang von Solidarität, die immer auch ambivalent sind. Das Gelingen oder Scheitern eines interaktiven Austausches zwischen Verwandten ist somit auch abhängig von der Sozialisationsgeschichte von Familien, von dem tradierten Umgang mit Familienmitgliedern, näheren und weiteren Verwandten und verwandtschaftlichen „Familienthemen".

5. Verwandte: Tanten, Onkel, Enkel, Geschwister oder Neffen und Cousinen?

Wer also alles zur Verwandtschaft gehört, ist je nach Gesellschaftsstruktur, Familienform und individueller Bedürfnisstruktur unterschiedlich. Soziale Definitionen und rechtliche Gesetzgebung demonstrieren die Komplexität des Feldes Verwandtschaft. Utilitaristische und soziobiologische Untersuchungen tragen vorwiegend dazu bei, die Schwierigkeit einer Erfassung von Verwandtschaft zu unterstreichen. Die Zugehörigkeit zur Verwandtschaft ergibt sich vor allem aus den sozialen Strukturen einer Gesellschaft, die jedoch immer zugleich im Wandel sind, der Institution Familie als Norm und konkreter Lebensort und den Opportunitäts- und Bedürfnisstrukturen der Familienmitglieder. Je nach Perspektive und Standort innerhalb einer Familie gestalten sich die Verwandtschaftsbeziehungen unterschiedlich. Ein Familienmitglied kann zur Gruppe der Geschwister, der Mütter oder Väter, der Tanten oder Onkel gehören. Im Folgenden sollen exemplarisch einige Aspekte heraus gegriffen werden: Verwandtschaft und räumliche Nähe, Verwandtschaftsnetz und Lebensform, Kindersichten, verwandtschaftliche Beziehungen im Alter sowie kulturvergleichende Analysen.

5.1 Verwandtschaft und räumliche Nähe

Während in den Medien vorwiegend von der Kleinfamilie und den Singles gesprochen wird, zeigt die repräsentative Studie von Bien (1994), dass von 10.043 Befragten 99,5 %

über ein weit verzweigtes Netz an Familienangehörigen verfügen. Partner und Kinder, Eltern und Schwiegereltern, Großeltern sowie Geschwister, Schwager und Neffen als auch Cousinen kennzeichnen das familiale Netzwerk. Auch überwiegt bei den meisten eine räumliche Nähe: 82 % erreichen einen Elternteil in weniger als eine Stunde, bei den Schwiegereltern sind es 77,5 %. Aber auch die Geschwister und die angeheirateten Familienmitglieder (Schwägerschaft) leben in erreichbarer Nähe, 78 % der Geschwister und 76 % der Schwäger und Schwägerinnen sind in maximal einer Stunde erreichbar. Dennoch sind nicht alle Familienmitglieder gleichermaßen erreichbar. Nur ganz wenige Familienmitglieder können angeben, dass ihre gesamte Verwandtschaft in unmittelbarer Nähe wohnt. Dies trifft in der Untersuchung auf insgesamt nur 21 Befragte (0,2 %) zu (vgl. Bien 1994).

Weitere Ergebnisse der Studie sind, dass räumliche Nähe viel über die Kommunikationshäufigkeit besagt, da sie als Opportunitätsstruktur mit persönlichem Kontakt korrespondiert. Je näher die Verwandten wohnen, desto häufiger ist der Kontakt. Räumliche Nähe ist ein ausschlaggebender Faktor für die Kontakthäufigkeit zu Verwandten – unabhängig der Lebensform (normale Familie, Drei-Generationen-Familie, nichteheliche Lebensgemeinschaft, Alleinerziehende oder Alleinlebende ohne festen Partner). Nur Alleinlebende unterscheiden sich von den anderen gewählten Lebensformen (vgl. Schneider u. a. 2001). Sie weisen etwas andere Interaktionsstrukturen auf. Als Gesprächspartner wählen sie zur Hälfte Personen aus dem Freundeskreis, auch wenn sie häufig Mahlzeiten mit Verwandten einnehmen.

Der Familienstatus selbst sagt jedoch insgesamt wenig über das verwandtschaftliche Netz, die Kontakthäufigkeit und die Eingebundenheit in familiale und verwandtschaftliche Strukturen aus. Aus der Tatsache, dass jemand Single oder allein Erziehende oder Stiefvater oder Witwe ist, ist nicht automatisch von einer fehlenden verwandtschaftlichen Verbundenheit auszugehen, auch wenn manche stärker oder schwächer eingebunden sind (vgl. auch: Alt/Blanke/Joos 2005). Der Großteil an Hilfeleistungen und finanziellen Transfers sowie gegenseitiger Unterstützung wird immer noch von der Familie und Verwandtschaft geleistet, nur selten übernehmen Freunde diese Funktionen.

5.2 Verwandtschaftsnetz und Lebensform

Die Frage, wer zur Familie zählt und wie groß sie empfunden wird, hat Vorheyer (2005) untersucht. Analysiert wurden in einer groß angelegten Studie des DJI, die real gelebten und kognitiv wahrgenommenen Familienstrukturen (vgl. auch Zinnecker/Behnken/Maschke/Stecher 2003). Hierzu konnten außer den traditionellen verwandtschaftlichen Beziehungen auch solche Personen hinzugefügt werden, die aus der subjektiven Sicht der einzelnen Person im Sinne der sozialen Verwandtschaft als solche verstanden werden. Angeregt war die Untersuchung von Annahmen von Coleman (1988) über soziale Kapitalformen in Familien. Befragt wurden im Kontext der DJI-Studie 1.086 acht- bis neunjährige Kinder und ihre Mütter über die Größe der Familie bzw. des Verwandtschaftsnetzes, wobei auf die Lebensform der Mutter-Kind-Beziehung geachtet wurde. Auffällig ist im Ergebnis die unterschiedliche Sichtweise von Jungen und Mädchen: Mädchen nennen 9,5 Personen und Jungen 8,3 Personen, die ihrer Ansicht nach zur Familie gehören (vgl. Vorheyer 2005, S. 26). Darüber hinaus bestimmt das positive Selbstbild des Kindes die Sichtweise über die Größe der Familie. Kinder mit einem positiven Selbstbild benennen ein größeres Familiennetz mit durchschnittlich 9,2 Personen, während Kinder mit einem weniger positiven Selbstbild durchschnittlich 6,7 Personen zur Familie zählen. Die Wahrnehmung über die Größe von Familie und Verwandtschaft hängt zudem vom Familienstand der Mutter ab. Lebt die Mutter mit dem Ehemann verheiratet zusammen, nennt diese selbst 11,4 Personen zum Familiennetz und das Kind nennt 9,2 Personen zugehörig. Ledige Mütter nennen 9,2 Personen und ihre Kinder acht Personen zum Familiennetz gehörend. Ist die Mutter allein erziehend, wird das Familiennetz mit 8,2 Personen von der Mutter und 7,6 Personen beim Kind als relativ klein erlebt (vgl. Vorheyer 2005, S. 29). Interessant ist zudem das Ergebnis, dass das familiale Beziehungsnetz für Mütter und Töchter größer erscheint, wenn die Mutter Teilzeit arbeitet oder nicht beschäftigt ist. Auch hängt die subjektive Sichtweise über die Größe des Familiennetzes vom sozialen Status ab. Je höher der soziale Status der Mutter ist, desto größer erscheint das Familiennetz. In der untersten sozialen Schicht nennen Kinder 8,2 Personen, in der obersten sozialen Schicht sind es 10,3 Personen, wobei in fünf soziale Milieus unterschieden wurde (vgl. Vorheyer 2005, S. 31). Insgesamt belegt die Studie, dass Kinder mit einem großen Familiennetzwerk und guten Beziehungsstrukturen sowie gemeinsamen Aktivitäten über ein positives Selbstbild verfügen, sozial und kommunikativ aufgeschlossen sind, während Kinder von allein Erziehenden für sich ein kleineres Familiennetz erleben und auch Kinder in nichtehelichen Stieffamilien ein geringeres Familiennetz benennen (vgl. für den Zusammenhang von sozialem Status und soziale Integration der Kinder: Goia 2005).

5.3 Verwandtschaft aus Kindersicht

Betrachtet man die subjektive Sicht von Kindern im Familiennetz, sind es nach Zeiher (1998) die Eltern, die die Beziehungen zu Verwandten eröffnen. Auch wenn nach einem repräsentativen DJI-Familiensurvey (vgl. Nauck/Bertram 1995) 10 bis 23 % der Sechsjährigen in Westdeutschland und ca. 21 bis 37 % der Sechsjährigen in Ostdeutschland von den Großeltern betreut werden, sind es die Eltern, die diese Kontakte organisieren. Eltern beanspruchen für sich eine Vormacht über Erziehungseinstellungen, Großeltern sind aus ihrer Sicht eher Betreuungspersonen, auch wenn de facto diese die Enkel ebenfalls erziehen (Ecarius 2002). Die weiteren Verwandten (Großeltern, Tanten und Onkel) können keinen Erziehungsanspruch formulieren. Damit ist die Beziehungsebene weniger instrumentell-materiell, sondern vielmehr emotional-psychisch (vgl. Wieners 2005). Meistens werden Kinder und Verwandte zusammengeführt, um ein familiales Band zu entwickeln. Erwachsene Verwandte bauen häufig oft ganz bewusst Beziehungen zu Nichten oder Neffen auf. Aber auch sie sind damit konfrontiert, dass Kinder ihre eigenen Rechte kennen und einen Umgang des Verhandelns gewohnt sind. Beziehungen und Bindungen sind aktiv herzustellen und bedürfen der Zustimmung der Nichten und Neffen. Mit diesen Annahmen hat Zeiher mit qualitativen Analyseverfahren zwei Interviews mit Kindern ausgewertet (vgl. Zeiher 1998, S. 127), wobei sie ausdrücklich betont, dass für Deutschland kaum Studien (z. B. Pfeil/Ganzert 1973) über Verwandtschaft vorliegen und daher qualitative Analysen notwendig sind.

Die qualitativen Analysen von Zeiher (1998) ergeben: Kinder erfahren diese Beziehungssuche von früh auf und erleben immer wieder erwachsene Verwandte, die ihnen Zuneigung entgegenbringen und mit Freundlichkeit und Geschenken eine Beziehungsstruktur aufzubauen versuchen. Aber auch Eltern erwarten von ihren Kindern in der Regel, dass sie mit Freundlichkeit auf verwandte Erwachsene zugehen und Gefühlsbindungen herstellen. Gefühlsbindungen werden häufig von Eltern auf Grund der biologischen Verbundenheit oder einer gemeinsamen Familiengeschichte erwartet (vgl. Zeiher 1998, S. 138). Aber auch erwachsene Verwandte erfahren solche Erwartungen, denn auch sie sollen emotionale Bindungen zu Nichten und Neffen aufbauen. Das normative Netz der Familie unterstellt eine emotionale Beziehungsstruktur und Verbundenheit, die mit der Geburt von nachkommenden Familienangehörigen „quasi natürlich" entstehe. Es sind in der Regel auch Verwandte, die Paten von Kindern werden (vgl. Lüschen 1988). Eltern unterstellen Verwandten eine größere Stabilität als Freundschaftsbeziehungen. Die familialen Bande sollen langfristige Beziehungswünsche der Eltern sichern (vgl. Zeiher 1998).

Auch führen Eltern ihre Kinder mit Cousinen und Vettern in der Hoffnung zusammen, dass langjährige Beziehungsstrukturen entstehen, die über freundschaftliche Muster hinausgehen. Eltern hoffen auf solche Beziehungsformen. „Die Freundschaft zwischen verwandten Kindern kann in der Vorstellung ruhen, als Verwandte das Leben lang in Beziehung zu bleiben. Sie erscheint nicht so sehr wie die frei gewählte und frei gepflegte Freundschaft bedroht, zu zerfallen und durch andere Interessen oder Beziehungen abgelöst zu werden" (Zeiher 1998, S. 140). Für viele Eltern sind solche Bande relativ einfach über Familientreffen herzustellen.

5.4 Verwandtschaft im Alter

Verwandtschaftliche Beziehungen existieren aus der Perspektive des Lebens ein Leben lang und konzentrieren sich nicht nur auf die Lebensphase der Kindheit. Wie werden verwandtschaftliche Beziehungen im Alter genutzt und inwiefern sind sie überhaupt verfügbar? Mit dieser Fragestellung wird weniger das Beziehungsnetz von Enkeln und Großeltern fokussiert, zu dem mittlerweile auch ausgiebiges Forschungsmaterial (Ecarius 2002; Lüscher/Liegle 2003; Wieners 2005; Büchner/Brake 2006) vorliegt, sondern das Leben der alten Menschen im verwandtschaftlichen Netz.

Auch heute existieren noch Hausfamilien (vgl. Fuchs 2003), in denen mehrere Generationen in einem Haus in getrennten Wohnungen bzw. mit eigenen Haushalten zusammenleben. Diese Hausfamilien unterscheiden sich von Mehrgenerationenhaushalten, in denen in Westdeutschland für das Jahr 2000 nur noch 2,8 % der 65-Jährigen und Älteren mit mehreren Generationen in einem Haushalt zusammenlebten (vgl. Engstler/Menning 2003). Nach Fuchs (2003) gibt es bundesweit 6,9 % Hausfamilien, was einem Anteil von 13,1 % der Bevölkerung ausmacht, wobei diese vorrangig in kleineren Gemeinden zu finden sind. Folgt man dem Alters-Survey von Kohli und Künemund (2000), liegt die Kontakthäufigkeit der 40- bis 69-Jährigen zu ihren Eltern bei täglich bis mehrmals pro Woche. Lang und Schütze (1998) analysierten strukturelle Merkmale von Verwandtschaft im Alter, das Verhältnis von verwandtschaftlichen Beziehungen und anderen sozialen Beziehungen. Die hierarchische Kompensationsthese enthält die Annahme, dass bei alten Menschen soziale Beziehungen hierarchisch angeordnet sind (vgl. Cantor 1979; Rossi/Rossi 1990). Eheliche Beziehungen zeichnen sich durch eine Vielfalt von Leistungen (emotionale Nähe, instrumentelle Unterstützung und soziale Hilfe) aus, erst dann folgen Beziehungen zu erwachsenen Kindern, Geschwistern, weiteren Verwandten, gefolgt von Freunden und letztendlich anderen Netzwerkpartnern. Die Kompensationsthese legt die Annahme nahe, dass erst bei einem Verlust des Ehepartners weitere familiale und verwandtschaftliche Netze in Anspruch genommen werden.

Aufschlussreich ist die im Rahmen der Berliner Altersstudie (Mayer/Baltes 1996) durchgeführte Untersuchung von Lang und Schütze (1998) über 516 Personen im Alter zwischen 70 bis 103 Jahren. Alte Menschen nutzen danach in der Regel die verfügbaren Beziehungen zu Verwandten (53,9 %), zu Geschwistern (60,4 %), zu den eigenen Kindern (91,0 %) und zu den Lebensgefährten (96,6 %). Personen haben also Verwandtschaftsbeziehungen, nutzen sie aber in der Regel nur zur Hälfte, wobei die Nutzung nicht vom Status als Ehepartner, Elternteil oder der Geschwisterposition abhängt. Die Interaktionsnetze bestehen zur anderen Hälfte aus Freundschafts- und Bekanntenkreisen (vgl. auch: Vowinckel 1995).

Die Beziehungen gestalten sich nach den Ergebnissen der Studie unterschiedlich. Die Beziehungen in der Kernfamilie werden häufiger aktiviert als zur weiteren Verwandtschaft. Zum Partner und zu den eigenen Kindern ist es die große emotionale Nähe, wobei die Partnerbeziehung zusätzlich von einem Hilfeaustausch geprägt ist. Die Beziehungen zu den Geschwistern zeichnen sich eher durch eine geringere emotionale Nähe und einen geringeren Hilfeaustausch aus. Verwandte wiederum werden im Vergleich zu den Geschwistern häufiger als Helfer, Hilfeempfänger oder emotionale Bezugsperson genannt (vgl. Lang/Schütze 1998, S. 1973). Emotionale Nähe und Verbundenheit charakterisieren vor allem die Beziehungen zu Enkeln und Schwiegerkindern. Es zeigte sich eine emotionale Verbundenheit zu Verwandten im Vergleich zu Freunden, wobei Verwitwete im Vergleich zu Personen mit anderen Lebenskonstellationen (Verheiratete oder Ledige) engere emotionale Bindungen und mehr Zeitlichkeitsaustausch und soziales Beisammensein mit Verwandten pflegen (vgl. Lang/Schütze 1998, S. 176). Selbst der Hilfeerhalt ist höher. Verwandtschaftliche Beziehungen werden demnach vor allen dann aktiviert, wenn Partnerverluste erfahren wurden. Die Verwandtschaft versucht diese Verluste über persönliche Kontakte und Hilfestellungen zu kompensieren. Durch den Wegfall der engsten Familienbeziehung (den Verlust des Partners) werden die Verwandtschaftsbeziehungen aktiviert. Alte Menschen werden innerhalb der Familie sozial und emotional unterstützt, die enger stehenden Verwandten versuchen diesen Verlust auszugleichen (vgl. Lang/Schütze 1998, S. 179).

Verwandtschaft gestaltet sich aus der Perspektive des Subjekts je nach Lebensalter unterschiedlich. Alte Menschen haben nicht nur ein Bedürfnis nach Pflegedienstleistungen, sondern sind an gehaltvollen und sinnstiftenden emotionalen Beziehungen im Verwandtschaftsnetz sowie außerhalb der Verwandtschaft interessiert (vgl. Lüschen 1989; Vowinckel 1995; Lang/Baltes 1997). Wie sich diese verwandtschaftlichen Beziehungsnetze angesichts abnehmender Kinderzahlen in der Zukunft gestalten werden, ist offen und zugleich ein brisantes Thema (vgl. Deutscher Bundestag 1994).

5.5 Verwandtschaft im Kulturvergleich

Wenn Verwandtschaft von kulturellen Umgangsweisen und Strukturen bestimmt wird, dann interessiert auch immer der kulturvergleichende Blick auf Familie und Verwandtschaft. Ist das Verständnis von Verwandtschaft in anderen Kulturen ähnlich oder unterscheidet es sich? Sind die Beziehungsstrukturen zwischen Erwachsenen und Kindern in Familien universell oder ergeben sich kulturspezifische Unterschiede? Auch wenn zu Migration viele Studien vorliegen, vor allem im Bereich von Migration und Bildung, soziale Benachteiligung, Diskriminierung, Identitätsfindung, das Andere und Fremde, gibt es so gut wie keine Studien über Netzwerkbeziehungen von Familie und Verwandtschaft von Migranten in Deutschland. Auch kulturvergleichende Familienstudien für Österreich (Werneck/Rollett 2001), Südkorea (Quaiser-Pohl/Yang 2001) oder die USA (Nickel/Böttcher/Klüglich 2001) fokussieren nicht Verwandtschaftsnetze. Erwähnenswert ist der Ansatz von Hareven (1999), die die Familie theoretisch aus zeitsoziologischer Perspektive analysiert und nach dem Zusammenhang von Familienzeit und historischer Zeit aus internationaler Sicht fragt. Ihre kulturvergleichenden Analysen in Kyoto und Amerika führten Hareven (1999) zu der Frage, wie es Familien gelingt, das Timing des Einzelnen mit dem Timing der Familie und der sozialen Zeit und den normativen Anforderungen zu koordinieren. Zwar sind die Studien nicht auf Verwandtschaft konzentriert, aber die theoretischen Überlegungen können auf Verwandtschaftsnetze ausgeweitet werden, denn sie fragt: „Es geht hier um die Abstimmung verschiedener Zeitdimensionen – der individuellen Zeit des einzelnen Familienmitglieds, der Zeit der Familie als sozialem Gebilde und der geschichtlichen Zeit eines übergreifenden Wandels“ (Hareven 1999, S. 29). Das Timing, die Zeitplanung einer Familie, beeinflusst zentrale Familienereignisse wie Heirat, Geburt, Scheidung etc., von denen auch die Verwandtschaft betroffen ist: Geschwister werden zu Onkeln oder Tanten und übernehmen eventuell sogar Patenschaften. Leider aber liegen hierzu keine kulturvergleichenden Untersuchungen vor.

Nauck und Kohlmann (1998) haben die Netzwerkbeziehungen in türkischen Migrantenfamilien untersucht. Die Untersuchung über 405 Befragte ergab, dass türkische Familien dem Typus der intimisierten Familie für moderne Gesellschaften entsprechen. Zwischen inner- und außerfamilialen Beziehungen wird deutlich unterschieden und die internen Statusdifferenzen sowie die Verteilung der Aufgaben sind geregelt nach Geschlecht, Generation und Geschwisterrangfolge. Auffällig ist, dass bei Kettenmigration die Verbundenheit der männlichen Verwandtschaftsmitglieder herausragt und folglich zu einer räumlichen Nähe führt (vgl. Nauck/Kohlmann 1998, S. 216). Im Vergleich zu den innerfamilialen Kontakten haben türkische Frauen fast überhaupt keine freundschaftlichen Beziehungen zu Männern außerhalb der Familie. Auch die türkischen Männer pflegen außerhalb der Familie nur wenige gegengeschlechtliche freundschaftliche Beziehungen. Für die Familienbeziehungen ist kennzeichnend, dass sie vorrangig auf emotionale Unterstützung und Beratung ausgerichtet sind. Gleichzeitig aber sind in den emotionalen Beziehungsstrukturen instrumentelle Aktivitäten konstitutiv eingebunden. Hier ist es vor allem die ältere Generation, die von jüngeren Familienmitgliedern auf der Basis einer reziprok emotionalen Beziehungsstruktur, in dem sie der jüngeren Generation Schutz gibt und Rat erteilt, Dienstleistungen und zuweilen auch materielle Güter erwarten kann (vgl. Nauck/Kohlmann 1998, S. 224). Generell sind die Verwandtschaftsbeziehungen von außerordentlicher Langlebigkeit. Geschwister, Onkel und Tanten bilden ein dichtes Netz emotionaler Beziehungen und instrumentelle Unterstützung (vgl. Nauck/Kohlmann 1998, S. 225).

Während in deutschen Familien die intergenerativen Beziehungen bedeutsam sind, sind es in türkischen Familien intragenerative Beziehungen zu Bruder und Schwester, Tante und Onkel sowie Schwager und Schwägerin. Deutsche Familien beruhen vor allem auf engen persönlichen Bindungen, während türkische Familien eher multiplex durch eine Vielzahl von Aktivitäten und emotionalen Beziehungsformen gekennzeichnet sind (vgl. Nauck/Kohlmann 1998). Unterschiedlich ist, wem instrumentelle Hilfe und Leistungen zukommen. In deutschen Familien helfen Großeltern Eltern und Eltern ihren Kindern, in türkischen Familien verläuft der Strom der Unterstützung in die andere Richtung, Kinder helfen Eltern und Eltern helfen Großeltern. Generell überwiegen in türkischen Familien verwandtschaftliche Treffen und soziale Beziehungen. Verfügen türkische Väter über Verwandte am Ort, dann sind sie es, die 44 % der sozialen Beziehungen ausmachen. Leben die Verwandte nicht am Ort, sind es immer noch 30 % (bei den Frauen: 40 % bzw. 21 %). Deutsche Väter gestalten 38 % der Sozialbeziehung mit Verwandten, wenn sie am Ort leben. Leben die Verwandte nicht am Ort, dann umfasst der Kontakt zu Verwandten nur 7 %. Bei den deutschen Müttern nimmt das familiale Netz 30 % ein und sinkt auf 10 %, wenn die Verwandten nicht am Ort leben. Das familiale Netz in türkischen Familien ist unabhängig der räumlichen Nähe dicht.

Interessant ist, dass sowohl in türkischen als auch in deutschen Familien bei einem Fehlen eines verwandtschaftlichen Netzes eher ein Rückzug in die Gattenfamilie stattfindet und die fehlenden Beziehungsformen weniger durch freundschaftliche Beziehungen ausgeglichen werden. „Insofern scheinen Familien, die Verwandte am Ort besitzen, generell stärker in soziale Beziehungen involviert zu sein, während solche ohne verfügbare Verwandte stärker isoliert leben" (Nauck/Kohlmann 1998, S. 8f.). Fehlende Verwandtschaftsbeziehungen werden also nicht durch Nachbarschaften und Freundschaften ausbalanciert, sondern es überwiegt ein ausgeprägter Sinn für das Familiennetz, das Grundlage für Beziehungen außerhalb der Familie ist.

Literatur

Alexander, R.D., 1979: Darwinism and Human Affairs. Seattle.

Alt, Ch., 1994: Reziprozität von Eltern-Kind-Beziehungen in Mehrgenerationennetzwerken. In: Bien, W. (Hrsg.): Eigeninteresse oder Solidarität. Beziehungen in modernen Mehrgenerationenfamilien. Opladen, S. 197-222.

Alt, Ch./Blanke, K./Joos, M., 2005: Wege aus der Betreuungskrise? Institutionelle und familiale Betreuungsarrangements von 5- bis 6-jährigen Kindern. In: Alt, Ch. (Hrsg.): Kinderleben – Aufwachsen zwischen Familie, Freunden und Institutionen. Bd. 2: Aufwachsen zwischen Freunden und Institutionen. Wiesbaden, S. 123-156.

Berger, P.L./Luckmann, Th., ^{5}1977: Die gesellschaftliche Konstruktion der Wirklichkeit. Eine Theorie der Wissenssoziologie. Eschwege.

Bergeron, L., 1981: Familienstruktur und Industrieunternehmen in Frankreich (18. bis 20. Jhd.). In: Bulst, N. u. a. (Hrsg.): Familie zwischen Tradition und Moderne. Göttingen, S. 225-245.

Bien, W. (Hrsg.), 1994: Eigeninteresse und Solidarität. Beziehungen in modernen Mehrgenerationenfamilien. Opladen.

Blau, F.M., 1964: Exchange and Power in Social Life. New York.

Büchner, P./Brake, A. (Hrsg.), 2006: Bildungsort Familie. Transmission von Bildung und Kultur im Alltag von Mehrgenerationenfamilien. Wiesbaden.

Cantor, M.H., 1979: Neighbors and Friends: An Overlooked Resource in the Informal Support System. In: Research on Aging, 1, S. 483-493.

Coleman, J.C., 1987: Working with Troubled Adolescents: A Handbook. London.

Coleman, J.C., ^{2}1990: The Nature of Adolescence. London.

Coleman, J., 1988: Social Capital and the Creation of Human Capital. In: American Journal of Sociology 94, S. 95-120.

Daly, M./Wilson, M., 1994: Stepparenthood and the Envolved Psychology of Discriminative Parental Solicitude. In: Parmigiani, S./Vom Saal, F.S. (Hrsg.): Infanticide and Parental Care. Chure, S. 121-134.

Dawkins, R., 1988: Auf welche Einheiten richtet sich die natürliche Selektion? In: Meier, H. (Hrsg.): Die Herausforderung der Evolutionsbiologie. München, S. 53-78.

Deutscher Bundestag (Hrsg.), 1994: Zwischenbericht der Enquete-Kommission „Demographischer Wandel" – Herausforderungen unser älter werdenden Gesellschaft an den einzelnen und die Politik. Bonn: Deutscher Bundestag, Referat Öffentlichkeitsarbeit.

Diewald, M., 1991: Soziale Beziehungen: Verlust oder Liberalisierung? Soziale Unterstützung in informellen Netzwerken. Berlin.
Duby, G., 1988: Ritter, Frau und Priester. Frankfurt am Main.
Durkheim, E., 1921: La famille conjugale. Revue Philosophique de la France et de l'Etranger, 46. Jg., H. XCI, S. 1-14.
Ecarius, J., 2001: Erziehung in einer Institution. Drei Generationen in Familien. In: Liebau, E./Schuhmacher-Chilla, D./Wulf, Ch. (Hrsg.): Anthropologie Pädagogischer Institutionen. Weinheim, S. 309-332.
Ecarius, J., 2002: Familienerziehung im historischen Wandel. Eine qualitative Studie über Erziehung und Erziehungserfahrungen von drei Generationen. Opladen.
Ecarius, J., 2003: Biografie, Lernen und Familienthemen in Generationsbeziehungen. In: Zeitschrift für Pädagogik, 48. Jg, H. 4, S. 534-549.
Ekeh, P., 1974: Social Exchange Theory. Cambridge.
Engstler, H./Menning, S., 2003: Die Familie im Spiegel der amtlichen Statistik. Bonn.
Fassl, P., 1996: Wirtschaftliche Führungsschichten in Augsburg 1800-1914. In: Möckl, K. (Hrsg.): Wirtschaftsbürgertum in den deutschen Staaten. München, S. 217-250.
Fuchs, M., 2003: Hausfamilien. Nähe und Distanz in unilokalen Mehrgenerationenkontexten. Opladen.
Giesen, D., 1994: Familienrecht. Tübingen.
Goia, S., 2005: Gebildete Eltern – aufgeschlossene Kinder?. Soziale Integration von Kindern in ihrem Freundeskreis. In: Alt, Ch. (Hrsg.): Kinderleben – Aufwachsen zwischen Familie, Freunden und Institutionen. Bd. 1: Aufwachsen in Familien. Wiesbaden, S. 99-122.
Goody, J., 1986: Die Entwicklung von Ehe und Familie in Europa. Berlin.
Goody, J., 1989: Die Entwicklung von Ehe und Familie in Europa. Frankfurt am Main.
Hamilton, W.D., 1964: The Genetical Evolution of Social Behaviour I & II. In: Journal of Theoretical Biology, 7, S. 1-16 und 17-52.
Hamilton, W.D., 1975: Innate Social Attitudes of Man: An Approach from Evolutionary Genetics. In: Fox, R. (Hrsg.): Biosocial Anthropology. London, S. 133-35.
Hareven, T.K. 1999: Familiengeschichte, Lebenslauf und sozialer Wandel. Frankfurt am Main/New York.
Hill, P.B./Kopp, J., 1995: Familiensoziologie. Stuttgart.
Kocka, J., 1979: Familie, Unternehmen, Kapitalismus. An Beispielen aus der frühen deutschen Industrialisierung. Zeitschrift für Unternehmensgeschichte, 24, S. 99-135.
Kohli, M./Künemund, H. (Hrsg.), 2000: Die zweite Lebenshälfte. Gesellschaftliche Lage und Partizipation im Spiegel des Alters-Surveys. Opladen.
Lang, F.R./Baltes, M.M., 1997: Brauchen alte Menschen junge Menschen? Überlegungen zu den Entwicklungsaufgaben im hohen Lebensalter. In: Krappmann, L./Lepenies, A. (Hrsg.): Alt und Jung. Spannung und Solidarität zwischen den Generationen. Frankfurt am Main, S. 161-184.
Lang, F.R./Schütze, Y., 1998: Verfügbarkeit und Leistungen verwandtschaftlicher Beziehungen im Alter. In: Wagner, M./Schütze, Y. (Hrsg.): Verwandtschaft – Sozialwissenschaftliche Beiträge zu einem vernachlässigten Thema. Band 14, Stuttgart, S. 163-183.
Levy-Strauss, C., 1949: Les structures élémentaires de la parenté. Paris.
Lipp, C., 1982: Dörfliche Formen generativer und sozialer Reproduktion. In: Kaschuba, W./Lipp, C.: Dörfliches Überleben. Tübingen: Tübinger Vereinigung für Volkskunde e.V., S. 288-598.
Lucke, D., 1998: Verwandtschaft im Recht – Rechtssoziologische Aspekte verwandtschaftlicher Beziehung. Stuttgart, S. 59-89.
Lüschen, G., 1988: Familial-verwandtschaftliche Netzwerke. In: Nave-Herz, R. (Hrsg.): Wandel und Kontinuität der Familie in der Bundesrepublik Deutschland. Stuttgart, S. 145-172.
Lüschen, G., 1989: Verwandtschaft, Freundschaft, Nachbarschaft. In: Nave-Herz, R./Markefka, M. (Hrsg.): Handbuch der Familien- und Jugendforschung. Bd. 1: Familienforschung. Darmstadt, S. 435-452.
Lüscher, K./Liegle, L., 2003: Generationenbeziehungen in Familie und Gesellschaft. Konstanz.
Lüscher, K./Pajung-Bilger, B., 1998: Forcierte Ambivalenzen. Ehescheidung als Herausforderung an die Generationenbeziehungen unter Erwachsenen. Konstanz.
Malinowski, B., 1929: The Sexual Life of Savages in North-western Melanesia. London.
Marbach, J.H., 1994: Der Einfluß von Kindern und Wohnentfernung auf die Beziehungen zwischen Eltern und Großeltern: Eine Prüfung des quasi-experimentellen Designs der Mehrgenerationenstudie. In: Bien, W. (Hrsg.): Eigeninteresse oder Solidarität. Beziehungen in modernen Mehrgenerationenfamilien. Opladen, S. 77-112.
Marbach, J.H., 1998: Verwandtschaftsbeziehungen und Abstammung – Eine Prüfung soziobiologischer und ethnologischer Thesen mit Hilfe familiensoziologischer Daten. Stuttgart, S. 91-126.
Mayer, K.U./Baltes, P.B. (Hrsg.), 1996: Die Berliner Altersstudie. Berlin.
Mitterauer, M., 1977: Der Mythos von der vorindustriellen Großfamilie. In: Mitterauer, M./Sieder, R.: Vom Patriarchat zur Partnerschaft. München, S. 38-65.
Mitterauer, M., 1990: Europäische Familienformen im interkulturellen Vergleich. In: Mitterauer, M.: Historisch-anthropologische Familienforschung. Wien, S. 25-40.

Möckl, K. (Hrsg.), 1996: Wirtschaftsbürgertum in den deutschen Staaten. München.
Müller, E.W., 1988: Stichwort „Verwandtschaftsterminologie“. In: Hirschhäuser, W. (Hrsg.): Neues Wörterbuch der Völkerkunde. Berlin.
Nauck, B., 1993: Sozialstrukturelle Differenzierung der Lebensbedingungen von Kindern in West- und Ostdeutschland. In: Markefka, M./Nauck, B. (Hrsg.): Handbuch der Kindheitsforschung. Berlin, S. 143-164.
Nauck, B./Bertram, H., (Hrsg.) 1995: Kinder in Deutschland. Lebensverhältnisse von Kindern im Regionalvergleich. Opladen.
Nauck, B./Kohlmann, A., 1998: Verwandtschaft als soziales Kapital – Netzwerkbeziehungen in türkischen Migrantenfamilien. In: Wagner, M./Schütze, Y. (Hrsg.): Verwandtschaft – Sozialwissenschaftliche Beiträge zu einem vernachlässigten Thema. Band 14. Stuttgart, S. 203-237.
Neyer, F.J., 1994: Junge Erwachsene im Mehrgenerationenkontext. In: Bien, W. (Hrsg.): Eigeninteresse oder Solidarität. Beziehungen in modernen Mehrgenerationenfamilien. Opladen, S. 47-76.
Nickel, H./Böttcher, A./Klüglich, A., 2001: Ökologie und Familienentwicklung in Georgia/USA. In: Nickel, H./Quaiser-Pohl, C. (Hrsg.): Junge Eltern im kulturellen Wandel. Weinheim/München, S. 89-98.
Parsons, T., 1943: The Kinship System of the Contemporary United States. In: American Anthropologist, 45. Jg., H. 1, S. 22-38.
Peuckert, R., [6]2006: Familienformen im sozialen Wandel. Wiesbaden.
Pfeil, E./Ganzert, J., 1973: Die Bedeutung der Verwandten für die großstädtische Familie. In: Zeitschrift für Soziologie 2, S. 366-383.
Quaiser-Pohl, C./Yang, M.-S., 2001: Der Umbruch einer alten Kultur in der Republik Korea (Südkorea) und seine Auswirkungen auf Elternschaft und Familie. In: Nickel, H./Quaiser-Pohl, C. (Hrsg.): Junge Eltern im kulturellen Wandel. Weinheim/München, S. 73-88.
Rosenbaum, H., 1998: Verwandtschaft in historischer Perspektive. In: Wagner, M./Schütze, Y. (Hrsg.): Verwandtschaft – Sozialwissenschaftliche Beiträge zu einem vernachlässigten Thema. Band 14. Stuttgart, S. 17-35.
Rossi, S./Rossi, P., 1990: Of Human Bonding: Parent-Child Relationships across the Life Course. Hawthorne, NY.
Sabean, D.W., 1998: Kinship in Neckarhausen. Cambridge.
Schlumbohm, J., 1994: Lebensläufe, Familien, Höfe. Die Bauern und Heuerleute des Osnabrückischen Kirchspiels Belm in protoindustrieller Zeit 1650 – 1860. Göttingen.
Schneider, N.F./Krüger, D./Lasch, V./Limmer, R./Bleck, H., 2001: Alleinerziehen – Vielfalt und Dynamik einer Lebensform. Weinheim.
Schupp, J./Szydlik, M., 2004: Zukünftige Vermögen – wachsende Ungleichheit. In: Szydlik, M. (Hrsg.): Generation und Ungleichheit. Opladen, S. 243-264.
Szydlik, M., 2000: Lebenslange Solidarität? Generationenbeziehungen zwischen erwachsenen Kindern und Eltern. Opladen.
Szydlik, M. (Hrsg.), 2004: Generation und Ungleichheit. Opladen.
Voland, E./Paul, A., 1998: Vom „egoistischen Gen“ zur Familiensolidarität – Die soziobiologische Perspektive von Verwandtschaft. In: Wagner, M./Schütze, Y. (Hrsg.): Verwandtschaft – Sozialwissenschaftliche Beiträge zu einem vernachlässigten Thema. Band 14. Stuttgart, S. 35-58.
Vorheyer, C., 2005: Wer gehört zur Familie? Strukturelle Charakteristika der familialen Netzwerke von Kindern. In: Alt, Ch. (Hrsg.): Kinderleben – Aufwachsen zwischen Familie, Freunden und Institutionen. Band 1: Aufwachsen in Familien. Wiesbaden, S. 23-44.
Vowinckel, G., 1995: Verwandtschaft, Freundschaft und die Gesellschaft der Fremden. Darmstadt.
Wagner, M./Schütze, Y. (Hrsg.), 1998: Verwandtschaft – Sozialwissenschaftliche Beiträge zu einem vernachlässigten Thema. Band 14. Stuttgart.
Walper, S./Wendt, E.-V., 2005: Nicht mit beiden Eltern aufwachsen – ein Risiko? Kinder von Alleinerziehenden und Stieffamilien. In: Alt, Ch. (Hrsg.): Kinderleben – Aufwachsen zwischen Familie, Freunden und Institutionen. Band 1: Aufwachsen in Familien. Wiesbaden, S. 187-216.
Walper, S./Wild, E., 2002: Wiederheirat und Stiefelternschaft. In: Hofer, M./Wild, E./Noack, P. (Hrsg.): Lehrbuch der Familienpsychologie. Eltern und Kinder in der Entwicklung. Göttingen.
Werneck, H./Rollett, B., 2001: Sozialer Wandel und Familienentwicklung in Österreich. In: Nickel, H./Quaiser-Pohl, C. (Hrsg.): Junge Eltern im kulturellen Wandel. Weinheim/München, S. 61-72.
Wieners, T., 2005: Miteinander von Kindern und alten Menschen. Perspektiven für Familien und öffentliche Einrichtungen. Wiesbaden.
Williams, G.C., 1966: Adaptation and Natural Selection. Princeton.
Wunder, H., 1992: „Er ist die Sonn, sie ist der Mond“. Frauen in der frühen Neuzeit. München.
Zeiher, H., 1998: Kinder und ihre Verwandten. In: Wagner, M./Schütze, Y. (Hrsg.): Verwandtschaft – Sozialwissenschaftliche Beiträge zu einem vernachlässigten Thema. Band 14. Stuttgart, S. 127-147.
Zinnecker, J./Behnken, I./Maschke, S./Stecher, L., 2003: null zoff & voll busy. Die erste Jugendgeneration des neuen Jahrhunderts. Opladen.

Kindheit und Familie

Andreas Lange

1. Der Analyserahmen: Familiale Leistungen für das Kinderleben und ihre gesellschaftliche Einbettung

1.1 Kinder in ihren Familien: Ein sozialgeschichtlich junger Verweisungszusammenhang

Kinder und Familie – auf den ersten Blick gehören diese Forschungsgegenstände selbstverständlich zusammen. Auf den zweiten Blick allerdings zerfällt diese Selbstverständlichkeit. Sozialgeschichtlich gesehen differenzierten sich Familien als exklusive Orte der Privatheit aufgrund der ihnen zugeschriebenen Aufgabe der Sorge um und Erziehung von Kindern relativ spät heraus. Dieser Sachverhalt ist mittlerweile durch eine Fülle sozialgeschichtlicher Studien eindrücklich belegt worden (vgl. Gestrich 2003), in denen auch der sich wandelnde Wert der Kinder für ihre Eltern rekonstruiert worden ist (vgl. Zelizer 1985). Ebenfalls wurde herausgearbeitet, wie die bürgerliche Familienkonzeption eine normative Deutungsdominanz erlangen konnte und gleichsam als „natürliche" Lebensform erschien (vgl. Gillis 1997). Hiermit ist gesagt, dass der familien- und kindheitshistorischen Forschung eine wichtige Funktion in der Korrektur von idealisierten Familienbildern bzw. Familienrhetoriken (vgl. Cyprian 2003; Lüscher 1997) zukommt.

Familien und Kindheit definierten sich so gesehen erst in der Moderne gegenseitig. Aus die Verweisungszusammenhang ist ein „Spannungsfeld Familienkindheit" (vgl. Engelbert u. a. 2000) geworden. Eine Reihe von demografischen Umbrüchen und weitere Indikatoren wie beispielsweise der Medienkonsum werden als Belege dafür ins Feld geführt, dass die „Krise der Familie" auch eine solche der Kindheit nach sich ziehe.

Blitzlichter auf die veränderten familiale Rahmenbedingungen von Kindern

In Anlehnung an Büchner (2002) sind im Folgenden markante Veränderungsprozesse demografisch-struktureller Art aufgelistet. Die detaillierten Ziffern und weiterführende Vertiefungen finden sich in der verdienstvollen Darstellung von Engstler/Menning (2003) sowie in den aktuellen Auswertungen des Mikrozensus (vgl. Statistisches Bundesamt 2003):

- *Heiratsneigung und Heiratshäufigkeit* nehmen ab: Es wird nicht nur später geheiratet, sondern auch der Anteil derer, die gar nicht heiraten steigt. So waren Ende 1999 im Alter von 40 bis 44 Jahren 18 % der Männer und 11 % der Frauen noch ledig.

- Die *Kinderzahlen pro Ehe* sinken und der Anteil von Personen, der in Familienhaushalten mit Kindern lebt, ist rückläufig. Es zeichnet sich insgesamt ab, dass der Anteil der Ein-Kind-Familien zunehmen wird, während der Anteil der Familien mit zwei oder mehr Kindern stagniert.
- Die *Anzahl der Scheidungen* nimmt zu. Im Jahre 2000 waren es in Deutschland 194.000 Ehen, die geschieden wurden. Gemessen an den ehedauerspezifischen Scheidungsraten des Jahres 2000 ist damit zu rechnen, dass 37 % der Ehen mit einer Scheidung enden und dass ein Fünftel der in den 1990er Jahren geborenen Kinder von Ehepaaren im Laufe der ersten beiden Lebensjahrzehnten mit der Scheidung der Eltern konfrontiert sein wird. Dieser Trend zieht einen ganzen Schweif weiterer familiendemografischer Entwicklungen nach sich, so den Zuwachs an Folgeehen, an Stieffamilien und Haushalten mit Alleinerziehenden.
- Heutige Kindergenerationen in Deutschland wachsen in einer *demografisch „alten" Gesellschaft* auf, was auch impliziert, dass sie wie keine Generation zuvor zumindest die Chance haben, als Enkel und Enkelinnen mit ihren Großeltern in Austausch zu treten (vgl. Lauterbach 2004).
- Alt (2003) kann mittels der kindbezogenen Auswertungen von drei Wellen des Familiensurveys differenzierte Entwicklungslinien des Familienwandels aus Sicht der Kinder nachzeichnen. Ausgangspunkt und Messlatte ist dabei der „Normalitätsentwurf von Kindschaftsverhältnissen:" In dieser langfristigen Betrachtungsperspektive zeigt sich eine Reduktion der Anteilswerte von Kindern in einer Normalfamilie. So waren 1988 in den alten Bundesländern noch 83 % aller Kinder ehelich geboren und verbrachten auch ihre gesamte Kindheit im elterlichen Haushalt. Im Jahr 2000 sind es noch 77 %, die in diesem Arrangement aufwachsen. Dagegen waren es im Osten 1988 75 % aller Kinder, die auch mit 18 Jahren noch mit ihren verheiratet zusammenlebenden Eltern aufgewachsen sind. Zwölf Jahre später sind es nur mehr 46 % – nur noch jedes zweite Kind wächst also in „normalen" Verhältnissen auf.

Kulturkritische Thesen eines Zerfalls der Familie und von da ausgehend der Kindheit sind in der Literatur überzeugend widerlegt worden. So kommt die internationale Forschung einhellig zu dem Schluss, dass heutige Eltern sich eben nicht weniger um ihre Kinder kümmern als die Vorgängergenerationen, sondern eher mehr (vgl. Gauthier/Smeeding/Furstenberg 2002). Ferner existieren überzeugende Belege dafür, dass ein Großteil heutiger Familien mit Kindern in einem hohen Ausmaß durch Aushandlung und Kommunikation über und vor allem Partizipation der Kinder an Familienangelegenheiten gekennzeichnet ist (Alt/Teubner/Winklhofer 2005). Um den Zusammenhang von Familie und Kindheit heute aufzuzeigen, soll daher mit Lüscher (2001) und Jurczyk (2005) von zwei inhaltlichen Thesen ausgegangen werden.

1. Familie ist als anthropologische Aufgabe der Gestaltung von Geschlechter- und Generationenbeziehungen zu begreifen
2. Wir haben es derzeit mit einem Verlust der Selbstverständlichkeit von Familie(n) zu tun. Familien „entgrenzen" sich partiell: auf der Ebene der Verständnisse, der Strukturen und im Alltag.

Kinder und Eltern müssen sich daher mit neuen Anforderungen der widersprüchlichen Modernisierung auseinandersetzen. Nicht primär die Entscheidung für eine bestimmte Lebensform interessiert hier vorrangig, sondern die Bewältigung des Aufgabenspektrums, das die Entgrenzungen des Sozialen mit sich bringen. Familien werden verstanden als immer wieder neu herzustellende Handlungszusammenhänge, platziert in konkreten Räumen und Zeiten und geprägt durch das unmittelbare Interagieren von unterschiedlichen Geschlechtern und Generationen. Aus den Tätigkeiten und Interaktionen gehen Leistungen vielfältigster Art für die Familienmitglieder selbst, aber auch für die Gesellschaft als Ganzes hervor. Es rücken die alltäglichen Prozesse des Erziehens, Kommunizierens sowie des Sorgens in den Mittelpunkt. Dieser Alltag ist Schauplatz und Drehscheibe der gesellschaftlichen Entwicklungen und Widersprüche der Familienkindheit.

Deutlich wird, dass das Wohlbefinden von Kindern zentral von den Leistungen der Familien, die unten näher zu beschreiben sein werden, abhängt. Keineswegs ausgeblendet sind in dieser „produktivistischen“ Perspektive (vgl. Engelbert/Kaufmann 2003) die eigenen Beiträge der Kinder zu ihrem Wohlbefinden, zu den familialen Leistungen und zur gesellschaftlichen Wohlfahrtsproduktion. Mit Blick auf Veränderungen der Arbeitswelt, die sich mit dem Konzept der Entgrenzung (Kratzer/Boes/Doehl u. a. 2004; Voß 1998) umschreiben lassen, und mit Blick auf viele weitere Aspekte sozialen Wandels, zeichnet es sich ab, dass die Leistungen bzw. Eigenbeiträge der Kinder zu Familie zukünftig stärker in Forschung und Praxis beachtet werden müssen.

1.2 Der gesellschaftsdiagnostische Rahmen: Widersprüchlich forcierte Modernisierung

Neuere soziologische Zeitdiagnosen stellen einen Rahmen für das Verständnis von Kinderleben bereit (vgl. als Überblick: Schimank/Volkmann 2000; Volkmann/Schimank 2002). Hier deutet sich ein Minimalkonsens an (vgl. Rosa 2005): Zwar wird man keine von allen bis ins Detail geteilte Auffassung zur Dynamik heutiger westlicher Gesellschaften vorfinden. Immerhin aber werden oftmals als wesentlich für die „Verflüssigung des Sozialen“ (Baumann 2000) angeführt:

- *Ökonomisierung von Gesellschaft*

Ausgangspunkt ist die partielle Ablösung der Dominanz der auf Massenfertigung ausgelegten industriellen Produktionsweise durch eine flexiblere, auf Marktbedürfnisse schneller reagierende Wirtschaftsorganisation. In engem Zusammenhang damit wächst die Bedeutung des internationalen Finanzkapitals (Windolf 2005). Dank der gesteigerten Mobilität sind die Kapitalinvestoren zunehmend in der Lage, Nationalstaaten unter Druck zu setzen (vgl. Deutschmann 2005). Die daraus resultierende „Standortkonkurrenz“ führt wiederum zu einem erschwerten Zugriff der staatlichen Steuerpolitik auf Gewinne und Spitzeneinkommen. Sie hat dann ganz handfest eine Verschiebung des Steueraufkommens zu Lasten der Verbraucher und Normalverdiener zur Folge – also auch zuungunsten der Familien mit Kindern. Überdies geraten die konkreten Formen des Arbeitens zusehends stärker in den Sog der Marktgesetzlichkeiten. Für den Alltag bedeutet dies, dass vielfache Flexibilisierungen von Arbeit in räumlicher und zeitlicher Hinsicht existieren. Auf die Ebene der Biografien und Lebensverläufe projiziert heißt dies, dass es mit großer Wahrscheinlichkeit weniger kontinuierliche Berufsbiografien geben wird. Priddat (2002) spricht in anschaulicher Diktion von einem „Ende der langen Verträge“, die zu Unsicherheiten führen; nicht zuletzt auch Entscheidungen dahingehend beeinflussen mögen, wann und ob überhaupt Elternschaft realisiert wird (vgl. Tölke/Diewald 2003). Lebenslanges Lernen wird zur Notwendigkeit, um den Arbeitsplatz erhalten zu können. Für Kinder in ihren Familien zieht dies mehrerlei Konsequenzen nach sich, u. a. eine veränderte Verfügbarkeit von elterlichen Ressourcen und eine sozialpolitische Umwelt, welche unter der Steuerflucht leidet und gleichzeitig immer stärker die familialen Leistungen „anzapft". Schließlich dringen Prekarität und Unsicherheit über die wirtschaftlichen Turbulenzen und Verwerfungen in immer breitere Bevölkerungsschichten ein (vgl. Neckel/Dröge 2002), Angst vor Arbeitslosigkeit generalisiert sich (Mansel/Heitmeyer 2005) und bekommt für die Gesellschaftsbilder von Kindern einen nicht zu unterschätzenden Stellenwert (vgl. Gläser 2002); Kinderarmut nimmt zu (vgl. Olk 2004). Ökonomisierung als Anpassung an die Marktgesetzlichkeiten bedeutet resümierend gesehen, dass vor allem Familien mit Kindern einen sozialen Preis zu entrichten haben (vgl. Netzler 2002).

■ *Mediatisierung von Gesellschaft*

Die atemberaubenden Entwicklungen der Informationstechnologie und der Telekommunikation sind eine wichtige Grundlage für Globalisierungsprozesse in der Ökonomie (vgl. Castells 2001). Der derzeitige Schub der Mediatisierung unterscheidet sich zudem in quantitativer und qualitativer Hinsicht von den bislang vollzogenen Medien(r)evolutionen. In diesem Zusammenhang spielt für Kinder und ihren Alltag die an der Mediatisierung ansetzende Kommerzialisierung und Vermarktlichung eine herausgehobene Rolle (vgl. Feil 2003), weil sie auch die Generationenbeziehungen in Familien irritiert (vgl. Hengst 2003). Medienprodukte wie die Pokemons durchdringen den Familienalltag nicht alleine in Form der Medienausstrahlungen im Fernsehen. Vielmehr führt das breitflächige Merchandising dazu, dass die Fernsehserie andere Produkte wie T-Shirts abwirft, die sich im Kinderalltag wieder finden: Kindheit wandelt sich mehr und mehr zu einer selbst bestimmten, teilweise gegenüber den Deutungsmustern der Konzerne widerständigen Bevölkerungsgruppe (Neuner/Sandhu 2005), ist aber gleichwohl eine marktorientierte Lebensform (vgl. Paus-Hasebrink 2003).

■ *Kulturalisierung von Gesellschaft*

Kulturalisierung meint einen Bedeutungszugewinn des Kulturellen in der Sozialstruktur einer Gesellschaft und in den Interaktionen. Sie hat einen realen Hintergrund in wirtschaftlichen Verschiebungen. Teilbereiche wie Musik und Film erzielen immer größere Umsätze und wachsen mit anderen Bereichen der Wirtschaft, u. a. mit der Medienwirtschaft zusammen. Ursächlich für die gleichwohl immer noch dynamische Entwicklung in den verschiedenen Kulturbereichen sind die Ausweitungen der Freizeit- und Erlebniswelten als Elemente des übergreifenden Sozialstrukturwandels (Mai 2003). Kultur ist nicht mehr auf einen abgegrenzten Bereich von Institutionen, Aktivitäten und Ereignissen beschränkt, sondern in alle Lebensbereiche eingedrungen. Kultur wird individualistischer, verhandelbarer, diskursiver (vgl. Lull 2002). Zudem schaffen Mediatisierung und Kulturalisierung wichtige Grundlagen dafür, dass die Pluralisierung von Lebensformen und -stilen in der Wahrnehmung der Gesellschaftsmitglieder gespiegelt wird. Die soziologische Pointe, die gerade auch für das Familienleben entscheidende Bedeutung hat, liegt darin: Es sind nicht einfach die Differenzen zwischen unterschiedlichen Lebensstilen und Lebensformen als solche, die Gesellschaft heute ausmachen, sondern die *wechselseitige Beobachtbarkeit der Perspektiven*, die Reziprozität der Differenz (vgl. Nassehi 2003).

■ *Ent-Differenzierung und Entgrenzung*

Die Tendenzen der Ökonomisierung, der Kulturalisierung und der Mediatisierung fördern eine Aufweichung starrer Grenzen zwischen gesellschaftlichen Teilsystemen. Verschmelzungen zwischen Kultur und Ökonomie, zwischen Arbeit und Familie, zwischen Freizeit und Schulzeit (vgl. Fölling-Albers 2000; Lange/Szymenderski 2004) zwischen Hoch- und Popkultur, zwischen Musik und Sport (vgl. Schmidt 2002), sind Kennzeichen unserer Zeit. Bezieht man dies auf den Alltag von Männern, Frauen und ihren Kindern, lässt sich eine Entwicklung in Richtung individualisierterer, vielfältigerer, teilweise fragmentierter Muster alltäglicher Lebensführungen vermuten. Die Feinstrukturen alltäglicher Lebensführungen sind durch eine verstärkte Vermischung der Logiken von Arbeits-, Lebens- und Bildungswelt formatiert. Pongratz/Voß (2003) haben solche Tendenzen auch für Gruppen von Angestellten festgestellt, die nicht unbedingt als besonders auffällige Elitegruppe oder Avantgarde der Gesellschaft zu zählen sind. Spaß an der Arbeit als Erlebnisqualität, trotz gleichzeitiger hoher Belastung, kann als ein Indiz für die weite Verbreitung der Ent-Differenzierung und Mischung der Logiken angesehen werden. Grenzverwischungen zwischen Arbeiten, Lernen und Leben scheinen dabei von den jeweiligen Generationen je unterschiedlich akzeptiert zu werden (vgl. Hengst 2002).

■ *Subjektivierung und Individualisierung*

Das Verhältnis zwischen Gesellschaft und Individuen befindet sich in einer Phase der Neuausrichtung. Diese spielt sich sowohl auf der Ebene der tatsächlichen Handlungsvollzüge als auch auf der Ebene von Zuschreibungen, Ideologien und Deutungsmustern ab. So ist zum einen der Handlungs- und Aktionsradius des einzelnen Menschen, abhängig von Alter, Geschlecht und Sozialstatus, ohne Zweifel größer geworden. Auf der anderen Seite wird aus verschiedensten Motivationen heraus immer stärker an das Individuum und seine relative Handlungsmacht appelliert, nicht zuletzt im sozialpolitischen Diskurs des „aktivierenden Sozialstaats“ und der Ich-AG (vgl. Diewald 2004).

Insgesamt gesehen hat man es mit einer Forcierung gesellschaftlicher Modernisierung zu tun, die Entwicklungsbrüche und Diskontinuitäten (vgl. Engelbert u. a. 2000) sowie sozial strukturierte Zufälligkeiten, gesellschaftliche Aleatorik (vgl. Lüscher 1988), hervorbringt. Ihre Wirkung auf den Kinderalltag und die Sozialisation der Kinder in ihren Familien entfaltet die forcierten Widersprüchlichkeit auf zwei „Pfaden“: Einerseits in einer direkten Form, in der Modernisierungsimpulse unvermittelt, gewissermaßen direkt auf die Kinder treffen. Andererseits aber wird Modernisierung gleichsam gefiltert, über die Auswahl- und Synthetisierungsprozesse von Familien. Letztere stehen im Zentrum des nächsten Abschnitts.

2. Was tun Familien für Kinder? Eine Typologie familialer Leistungen

2.1 Zur Entdeckung der „Arbeitsleistungen“ von Familien

In der familienwissenschaftlichen Literatur setzt sich in jüngerer Zeit der Begriff der Leistungen gegenüber demjenigen der Funktionen durch (vgl. Lüscher 1989). Er erlaubt es, ohne normativen Ballast, tiefenscharf abzubilden, was in den Familien geschieht. Vorab sei mit Krappmann (2003, S. 17) auf die vielfältigen Herausforderungen der familialen Leistungserbringung, das hohe Anspruchsniveau, durch die oben skizzierten Prozesse des sozialen Wandels, hingewiesen: „Die nicht mehr unbedingt an einem Ort lebende Mehrgenerationenfamilie kann nicht mehr auf die Traditionen zurückgreifen, die einst einen Haushalt stützten; sie muss die Muster ihres gemeinsamen Lebens mit Daseinskompetenz anpassen, modifizieren und zum Teil neu erfinden (...) Diese Veränderungen stellen keineswegs eine Bedrohung dar, sind nicht nur mit Verlust verbunden, sondern bieten auch Chancen, mehr aus dem Leben zu machen – vorausgesetzt, das Zusammenleben kann so organisiert werden, dass es ‚gutes Leben' erzeugt."

Familiale Leistungen kommen den Familienmitgliedern selbst zugute. Darauf wird unten weiter eingegangen. Gleichzeitig ist zu erwähnen, dass die Leistungen, die in den Familien erbracht werden, positive Effekte für Gesellschaft, Staat und Wirtschaft abwerfen. Lange Zeit wurde übersehen, dass in Familien „Arbeit" geleistet wird und diese Arbeitsleistungen von Familien eine wesentliche Basis der gesellschaftlichen Produktion von Wohlfahrt (vgl. Graßl 2000) bilden. Der private Bereich von Familie und Haushalt galt als unproduktiv, bestenfalls „reproduktiv". Es ist das große Verdienst feministischer Autorinnen, systematisch den produktiven Charakter der Haushaltstätigkeiten in Familien herausgearbeitet zu haben (vgl. Ostner 1978). Das Ergebnis dieser begrifflich-theoretischen Auseinandersetzungen lässt sich knapp und prägnant darlegen: „Familientätige produzieren, indem sie Kinder großziehen und Alte sowie Kranke pflegen, *öffentliche Güter*, und dafür verdienen sie gesellschaftlich-ökonomische Anerkennung" (Krebs 2002, S. 15). Spezielle Aufmerksamkeit hat in jüngerer Zeit als „Produkt" dieser Tätigkeiten das so genannte Humanvermögen gefunden. Krüsselberg (2002, S. 94) macht in seiner begrifflichen Rekonstruktion deutlich, dass der Aufbau von Humanvermögen mit der Vermittlung von Befähigungen zur Bewältigung des Alltagslebens beginnt und es zentral um den Erwerb von Handlungsorientierungen geht. Er führt spezifizierend weiter aus: „In der Sprache der Wirtschaft bedeutet ‚Vermögen' den gesamten Bestand an ‚Aktiva', die eine Handlungseinheit ‚besitzt' und über die sie als Besitzer verfügen kann Mit der Anwendung dieses Begriffes auf den Menschen soll zunächst in einer individualisierenden, personalen Wendung mikroperspektivisch das Handlungspotenzial des Einzelnen umschrieben werden. Dieser Wortgebrauch wird in seiner familienwissenschaftlichen Bedeutung vor allem dann verständlich, wenn damit die Vorstellung verbunden wird, dass es die familiären Leistungen sind, deren Ergebnisse sich in den Menschen der nachwachsenden Generation verkörpern als deren Handlungspotenzial, eben als Humanvermögen."

Mittlerweile liegen Modellrechnungen über den gesellschaftlichen Wert dieser Leistungen vor. Lampert (1996) schätzt den Aufwand der Familien für das Jahr 1991 für die Humanvermögensbildung auf etwa 6,5 Billionen Euro. Wir wissen ebenfalls, dass der Löwenanteil dieser Leistungen immer noch von den Frauen erbracht wird (vgl. Jurczyk 2003), trotz einiger Verschiebungen hinsichtlich bestimmter ausgewählter Haushaltstätigkeiten (vgl. Walter/Künzler 2002) und hier insbesondere der vermehrten Zuwendung der Väter zu ihren Kindern. Wie sehen diese familialen Leistungen aber konkret aus? Wie lassen sie sich umschreiben?

Autoren des Österreichischen Familienberichtes (vgl. Beham/Gössweiner 1999) differenzieren in einer plausibel nachvollziehbaren Art und Weise verschiedene Bündel von Leistungen. Ich folge dieser prägnanten Darstellung, reichere sie aber mit neueren Befunden sowie eigenen konzeptuellen Vertiefungen an. Die so genannte Leistung der Reproduktion, welche die österreichischen Autoren den folgenden aufgelisteten Punkten gleichstellen, nehme ich in meine Darstellung nicht auf, sie ist eher als Funktion im klassischen Sinne zu verstehen.

2.2 Haushaltsführung, Gesundheits- und Erholungsleistungen

Hierunter fallen die Zubereitung und Aufbereitung von Nahrung, Körperpflege, Umgang mit Krankheit, Reinigung der Wohnung, Wartung der Gerätschaften bzw. der Technologien. All dies dient auch der physischen Erhaltung und darüber vermittelt dem Wohlbefinden der Familienmitglieder. Es wirft ein bezeichnendes Licht auf die Engführungen der deutschsprachigen Familienforschung, dass sie diese zentral mit Körperlichkeit und Emotionalität verknüpften Facetten des Familienlebens zuungunsten einseitig rationalistisch-kognitiver Modellvorstellungen vernachlässigt hat.

Von Belang ist ferner der immer wieder belegte Sachverhalt, dass die technische Aufrüstung des Haushalts zwar einige anstrengende Tätigkeiten vereinfacht und den dafür erforderlichen Zeitbedarf gesenkt hat. Gleichzeitig dazu hat es einen Schub an neuen Ansprüchen – gleichzeitig von innen und von außen – an die Familie gegeben, was sich folgerichtig in einer relativ großen zeitlichen Belastung durch die unterschiedlichsten Haushaltstätigkeiten bei den Frauen niederschlägt (vgl. Langfeld 2002). Die Anforderungen beziehen sich auf das Feld der Hygiene, auf die gesundheitsbewusste Ernährung und auf das ökologisch nachhaltige Haushalten (vgl. Schleicher 1997). Die prinzipiell durch technologische Innovationen neu dazu gewonnene Zeit wird also durch gesteigerte Ansprüche wieder verbraucht (vgl. Meyer/Schulze 1993).

Ausdrücklich ist an dieser Stelle die überragende Bedeutung der Familie für das Gesundheitsverhalten herauszuheben. Es sind vor allem die Mütter, die einen entscheidenden Beitrag für die Gesundheit der anderen Familienmitglieder leisten (vgl. Grunow 1994). Die beständige „Überwachung" der Nahrungsmittel und ihrer potenziellen Förderlichkeit bzw. Schädlichkeit ist heute ein nicht mehr wegzudenkendes Element in der familialen Gesundheitsfürsorge für Kinder und Jugendliche. Dazu kommen viele weitere Aufgaben, beispielsweise hinsichtlich der Förderung einer angemessenen körperlichen Bewegung. All dies wird durch eine auf die Familien niedergehende Informationsflut in Gesundheitsmagazinen, in Apothekerzeitschriften, Fernsehen und Radio begleitet, was die Aufgaben nicht immer einfach macht. Dass hier gezielte Familienbildung eine wichtige Rolle spielen kann, liegt auf der Hand.

Am Beispiel der Mahlzeiten kann gezeigt werden, dass Tätigkeiten in der familialen Leistungserbringung prinzipiell „polyvalent" sind, also nicht vorrangig einem einzigen, rational kalkulierten Zweck dienen. Vielmehr geht in die Auswahl, die Zubereitung und die Präsentation der Lebensmittel ein großes Spektrum an Überlegungen ein. Neben der notwendigen haushälterischen Kompetenz verlangt die Sorge um das körperliche Wohlbefinden der Kinder auch ein subtiles Eingehen auf Nahrungsvorlieben und -gewohnheiten des Nachwuchses. Familienmahlzeiten sind überdies ausgezeichnete Bühnen der Inszenierung von Familienkommunikation durch Familienrituale (vgl. Audehm 2000; Setzwein 2004). Die Zubereitung von Nahrung verdeutlicht so, wie eng sich haushälterische Kompetenz, Kommunikation und Affektivität in der Familie durchdringen. Grundmann/Huinink/Krappmann (1994, S. 66) umschreiben diese Verknüpfung unterschiedlicher Aufgabenbereiche im familialen Handeln: „Von besonderer Bedeutung ist, dass diese beiden Aufgaben und Kompetenzbereiche in der Familie in engem Zusammenhang stehen. ‚Liebe' allein genügt ebenso wenig wie ausschließlich betriebswirtschaftliches Geschick, mit Ressourcen gut zu wirtschaften. Es geht auch innerhalb der Familie um ein Problem der Vereinbarkeit. ‚Gelingendes' Familienleben macht aus der Interdependenz von haushälterisch-organisatorischen Problemen und kommunizierter Affektivität eine Stärke des Zusammenlebens, dann nämlich, wenn weder die instrumentalen Aufgaben vernachlässigt werden, noch die Erledigung organisatorischer Dinge das Ziel überwuchert, gemeinsam ein zufriedenstellendes Leben zu führen, das Freude, Interesse und Genuss bietet."

2.3 Kohäsion und emotionale Stabilisierung der Familienmitglieder

Familie leistet gerade in einer arbeitsteilig spezialisierten Gesellschaft Unverzichtbares für die emotionale Stabilisierung der Familienmitglieder und ihre soziale Anerkennung (vgl. Honneth 2003). Hier, im intimen familialen Binnenraum, sind prinzipiell alle Facetten der Person kommunikationswürdig (vgl. Luhmann 1988). „Überall sonst stellt die Individualität der Person ein Problem dar, für das dann Organisationen einen Bearbeitungsmechanismus darstellen. Im System der Intimbeziehungen wird hingegen der Individualität genau umgekehrt die Chance geboten, sich auszuleben und soziale Bestätigung zu finden" (Schimank 2001, S. 30). Die emotionale Stabilisierung wird als eine der Hauptleistungen von Familien angesehen und geschätzt. Das geht so weit, dass Familien- und Paarbeziehungen als die wichtigsten Fundamente eines glücklichen Lebens verstanden werden. Diese Wertschätzung von Familie drückt sich regelmäßig in standardisierten Umfragen aus. Ein indirektes Maß der Güte der Erbringung dieser Leistung aus Sicht der Kinder in ihren Familien sind die Untersuchungen zum Wohlbefinden. Seit der Pionierstudie von Lang (1985) findet sich hier eine gute emotionale Aufgehobenheit, die bezeichnenderweise kaum mit der Familienstruktur variiert. Anhand der Daten des LBS-Kinderbarometers können die Einsichten Langs von Kreppner/Klöckner (2002, S. 218ff.) fortgeschrieben werden: Siebzig Prozent der befragten 9- bis 14-jährigen Kinder fühlen sich in der Familie gut und sehr gut; 14 % der Kinder bezeichnen ihr Wohlbefinden mit eher gut, 9 % der Kinder hingegen fühlen sich nur mittelmäßig. 7 % fühlen sich eher schlecht in ihrer Familie. Diese Kinder erleben häufig Streit zwischen den Eltern und können kein Vertrauensverhältnis zu ihnen aufbauen. In einer Feinanalyse dieser Wohlbefindensmaße durch Klöckner/Beisenkamp/Hallmann (2004) zeigt sich, dass die Einzelfaktoren familiäre Wärme, keine starke Kontrolle und eine hohe Kommunikationsqualität die wesentlichen Bausteine sind, die aus Sicht der Kinder das emotionale Gesamtklima ihrer Familien, damit das Wohlbefinden in Familie, ausmachen.

2.4 Sozialisation, Erziehung und Unterstützung der Bildungslaufbahnen der Kinder

Trotz einer säkularen Tendenz zur Institutionalisierung von Kindheit in Kindergarten und Schule und der Existenz so genannter heimlicher Miterzieher tragen Familien die Hauptverantwortlichkeit für die Sozialisation und die Pflege der Kinder, was sich bis in die Tiefenschichten von Habitus und biografischer Erfahrungsorganisation einschreibt (vgl. Ecarius 2002). Dem Moment der Verlässlichkeit kommt hier als Grundlage für die Entstehung von Bindungen überragende Bedeutung zu. Das Bindungsverhalten ist das Fundament für die Ausbildung von Identität, das Explorieren der Umwelt und die Entwicklung soziokognitiver Kompetenzen. Diese Kompetenzen sind heute verantwortlich für den Klassen- bzw. Statuserhalt der Familien. Die Eltern sind über alle Schichten hinweg in der Spätmoderne zu Sachwaltern des Kultur- und Bildungserwerbs ihrer Kinder geworden. Ihre Ressourcen in Form von sozialen Netzwerken, ihrer eigenen Bildungserfolge und vor allem auch ihre Anstrengungen, diese Ressourcen im Alltag für Bildungs- und Sozialisationsprozesse über gewisse Zeiträume hinweg (vgl. Bronfenbrenner/Morris 1998) den Kindern in Interaktionen zur Verfügung stellen zu können, verkörpern die entscheidenden Transmissionsriemen von familialer Lebensführung in die kindlicher Kompetenzentwicklung. Böhnisch (2002, S. 284f.) veranschaulicht den Kern dieser Erziehungsleistungen: „Die besondere Bedeutung liegt im Stiften eines Urvertrauens, dem Gefühl von Wärme und Geborgenheit und in der Vermittlung von sozialen Basiskompetenzen. Aber nicht nur die bewussten Erziehungshandlungen wirken auf das Kind ein. In der Familie wird eine spezifische Moralität eines Menschen geprägt: die Einstellung zu den Mitmenschen, Solidaritätsbereitschaft sowie Gewissenhaftigkeit als Fähigkeit sich zu verpflichten und Selbstverpflichtung einzuhalten. Allerdings sind wesentliche Teile dieser Erziehungsarbeit, welche die Familie beständig erbringt, eingebettet in eine Vielfalt anderer Tätigkeiten."

Im Umfeld der Debatten um PISA und andere internationale Schulleistungstests wird die im Verlauf der gesellschaftlichen Differenzierung auf die Institution Schule übertragene Leistung der Bildung – im doppelten Sinne von Allgemeinbildung und berufsqualifizierender Bildung – vermehrt als familiale Leistung re-definiert. Man erwartet von Familien mehr als „nur" die Bereitstellung von Motivation und allgemeiner Fertigkeiten, an die Schule dann anknüpfen kann. Familie wird als strategischer Lernort wieder entdeckt, der gerade in Zeiten der steigenden Anforderungen an Selbstqualifikation – der Erwachsenen und der Kinder – intensiver und gezielter zu nutzen sei.

In unserer Gesellschaft herrschen aber sehr ungleiche Bedingungen, was die Ressourcen zur Erfüllung der bildungsbezogenen Leistungen angeht (vgl. Büchner 2003). Eltern kommt für ihre Kinder eine überragende Bedeutung zu, wenn es um die Nachhaltigkeit von Bildungsprozessen geht. In prägnanter Diktion umreißt der Wissenschaftliche Beirat für Familienfragen (2002, S. 22f.) die vielen, miteinander eng verbundenen Komponenten der Leistungen, die hier zu erbringen sind. „Die Eltern verdeutlichen durch ihre eigene Lebensgeschichte, inwieweit es sich lohnt, die Anstrengungen des Lernens in der Schule auf sich zu nehmen. Sie tragen an die Kinder auch heran, welche Erwartungen und Einschätzungen im Hinblick auf die Bildung der nachwachsenden Generationen bestehen. Wird Bildung für ein wertvolles Gut gehalten? Welche Bildungsgüter werden als wichtig angesehen? Wie werden Lernen und Schule unterstützt?" Der Beirat verweist dann auf eine weitere wichtige Aufgabe, die von ihrem Umfang und ihrer Komplexität wohl kaum einfach delegierbar sein wird: So sind die Eltern besonders auch heute gefragt, wenn Kinder und Jugendliche die Mehrdeutigkeiten registrieren, die mit der Bildungspolitik und der halbherzigen Förderung von Bildungsmöglichkeiten verbunden sind. Es sind die Eltern, die angesichts der Ambivalenzen der modernen Gesellschaft authentisch und glaubhaft einen positiven Sinn von Bildungsanstrengungen vermitteln können.

Gerade dieses Aufgabenbündel steht sehr stark unter dem Druck der forcierten Modernisierung: Mediatisierung und Kulturalisierung heißt hier, dass die Dichte und Komplexität der im Umlauf befindlichen Ratgeberliteratur zu Erziehungsfragen und die Fülle der kindbezogenen Dienstleistungen sowie die präsentierten Modelle gelingenden Familienlebens in den Medien die Eltern mit der Notwendigkeit einer bewussten und begründeten Auswahl aus dem Angebot konfrontieren.

Ausgespart werden darf an dieser Stelle nicht, dass Mediatisierung und Kulturalisierung selbstredend auch auf das allgemeine Sozialisationsklima in den Familien abstrahlen und das Spektrum elterlicher Aufgaben erheblich erweitern. Gegenüber den kulturkritischen Thesen eines Neil Postman kann die hierzulande nur langsam in Gang kommende Familienmedienforschung dahingehend resümiert werden, dass 1) nicht generell von einer die Familie sprengenden Medienwirkung ausgegangen werden kann (vgl. Lange/Lüscher 1998; Schulte-Markwort/Plaß/Barkmann 2002) und 2) ein starker Milieueffekt der Inanspruchnahme und Verarbeitung von Medienangeboten festzuhalten ist (vgl. Hurrelmann/Becker/Nickel-Bacon 2006; Kuchenbuch 2003).

2.5 Organisations- und Koordinationsleistungen sowie Erschließung der sozialen Ökologien für die Kinder

2.5.1 „Natürliche" und marktvermittelte Umwelt

Dieses Bündel repräsentiert einen abstrakten Leistungstypus, der in zwei Untertypen zerfällt. Einmal geht es um die Koordination der individuellen Lebensführungen zu einer gemeinsamen familialen Lebensführung. Zum zweiten muss die Erschließung der familialen Umwelt(en) bewerkstelligt werden. Gefordert ist ein explizites Raum- und Zeithandeln (vgl. Jurczyk 2002) der Familienmitglieder. Dies bezieht sich sowohl auf die natürliche Umwelt, wie beispielsweise Frei- und Grünflächen, aber gleichzeitig auch auf die marktvermittelte Umwelt in Form von Kaufhäusern, Hallenbädern oder Erholungsgebiete.

Lebensführung

Als Lebensführung gilt die Struktur, das Zusammenspiel der vielfältigen Tätigkeiten sowie Eigenaktivitäten einer Person, um die eigene Existenz und Entwicklung zu sichern. Diese Tätigkeiten können nach ihrer zeitlichen, räumlichen, sachlichen, sozialen, sinnhaften und ggf. ihrer medialen Dimension im Alltag beschrieben werden.

Anhand dieser Dimensionen lassen sich Formen der Lebensführung identifizieren. Die Form der Lebensführung einer Person besteht darin, zu welchen Zeitpunkten, an welchen Orten, in welcher inhaltlichen Form, in welchen Zusammenhängen, in welchen sozialen Bezügen sie im Verlauf ihres Alltags typischerweise tätig ist (vgl. Voß 1991).

Die *gemeinsame* Lebensführung von Personen ist eine Aufgabe, die in privaten Lebensformen zu lösen ist. Dabei spielt die verlässliche Organisation gemeinsamer Zeiten, Räume und eines gemeinsam geteilten Lebenssinns eine hervorragende Rolle.

(vgl. hierzu insbesondere Jurczyk/Rerrich 1993; Projektgruppe Alltägliche Lebensführung 1995; Jürgens 2001).

Die Etablierung einer gemeinsamen Lebensführung stellt eine permanent zu erbringende Arbeit dar, die in Auseinandersetzung mit den Bedürfnissen, Ressourcen und Erwartungen der Familienmitglieder erfolgt. Von entscheidender Bedeutung sind die Rahmenbedingungen der Familie, die in systematischer Hinsicht durch den sozial-ökologischen Ansatz beschrieben werden können (vgl. Engelberth/Herlth 2002). Die Integration der ohnehin schon komplizierten Tagesläufe der einzelnen Familienmitglieder zu einem gemeinsamen familialen Alltag, in dem sich dann die so ungemein wichtigen kommunikativen Prozesse, die identitätsstiftenden personalen Austausche und die Anlässe zur gemeinsamen Interpretation außerfamilialer Geschehnisse auffinden lassen, wird durch die Veränderungen der voranschreitenden gesellschaftlichen Pluralisierung und vor allem durch die partiellen Entgrenzung von Arbeit (vgl. Jurczyk/Lange 2002) anspruchsvoller. Wenn mehrere Familienmitglieder an unterschiedlichen gesellschaftlichen Teilsystemen, Organisationen oder Gruppen teilnehmen, dann weisen sie unterschiedliche Zeitrhythmen auf, die synchronisiert werden müssen. Reay (1998) belegt dies in ihrer qualitativen Studie zur Rolle der Mütter für die Bildung ihrer Kinder: Da geht es auch ganz einfach darum, den Tagesablauf überhaupt erst in Gang zu bringen, auf die Einhaltung von Terminen zu bestehen und an Verpflichtungen zu erinnern. Die Herstellung gemeinsamer Familienzeiten bleibt auch nicht von Widersprüchen verschont, wie Daly (2001) empirisch nachgewiesen hat. Die normativ aufgeladene Anforderung die Zeiten in der Familie besonders befriedigend, angenehm und auf die Eigenarten der jeweiligen Persönlichkeiten in der Familie abgestimmt zu gestalten, provoziert nicht selten systematische Erwartungsenttäuschungen.

Ferner sind zur Erreichung von Bildungs-, Konsum- und Arbeitszielen Räume zu überwinden und komplexe Wegeketten zu koordinieren. Das wiederum muss vor allem von den Müttern bewerkstelligt und arrangiert werden (vgl. Preißner/Hunecke 2002). Kindergärten und ähnliche Einrichtungen bieten ihnen bei der Kinderbetreuung Entlastung. Die Wahrnehmung solcher Angebote erfordert aber wiederum eine beachtliche Verkehrsleistung von Müttern und ein erheblicher Teil der Zeiteinsparung wird durch die mütterlichen Fahrdienste wieder aufgebraucht. Hinter diesen Fahrdiensten steht ein ganzer Komplex elterlicher Überzeugungen und Überlegungen. Mit anderen Worten wird eine bestimmte gesellschaftliche Technologie intentional eingesetzt, um bestimmte Vorstellungen von kindgemäßem Leben in und außerhalb der Familie zu realisieren:

Das Familienauto und die Erziehungsziele

Im Rahmen einer Untersuchung an 60 Haushalten im Großraum Hannover konnten Heine/Mautz/Rosenbaum (2001) feststellen, dass das Auto nicht nur eine kaum hinterfragte Ressource der familialen Lebensführung darstellt, sondern dass mit seiner Nutzung auch gesellschaftliche Vorstellungen über kindgerechtes Aufwachsen und speziell die Förderung der eigenen Kinder verbunden sind. Dabei verschränken sich auf subtile Weise die Bestrebungen der Kinder, ihre Kompetenzen in außerfamilialen Handlungsbereichen in sportlichen und musischen Betätigungsfeldern zu erweitern mit gesellschaftlichen Tendenzen der Raumnutzung, die ein unbegleitetes Unterwegssein der Kinder aus Elternsicht als gefährliches Unterfangen erscheinen lassen. Über den Schutz durch das Auto sollen dem Kind überdies Belastungen erspart werden. Es lässt sich aus den Interviews ebenfalls ableiten, dass das Auto als Instrument gesehen wird, den Kindern einen möglichst gleichmäßigen und durchstrukturierten Tagesablauf zu ermöglichen. Die vielschichtigen Modernisierungen, beispielsweise die Erwerbstätigkeit von Müttern und Vätern, sollen in ihrer Wirkung für die Kinder abgemildert werden. Nur mit dem Auto, so die Überzeugung, könne es gelingen, die notwendige Flexibilität und Verlässlichkeit für den Kinderalltag sichern zu können. Schließlich dient das Familienauto gleichsam als „Bildungsvehikel", mit dem die Interessen des Kindes, beispielsweise die Fahrt zu Museen, Naturparks etc. aus Sicht der Eltern wirkungsvoll unterstützt werden können.

2.5.2 Sozialpolitik als Umwelt

Neben der natürlichen Umwelt und der „Marktumwelt" in Form von Konsum- und Dienstleistungsangeboten sind Familien im Interesse der gezielten Förderung des Humanvermögens ihrer Kinder in entwickelten Gesellschaften des Westens sehr stark auf die zielgerechte Nutzung der wohlfahrtsstaatlichen, sozialpolitischen Umwelt angewiesen. Eltern, so die These von Engelbert/Kaufmann (2003), müssen in diesem Bereich wichtige Organisations-, Steuerungs- und Vermittlungsleistungen erbringen, um die potenzielle sozialpolitische Umwelt in eine für die eigene Familie produktiv nutzbare Ressource zu verwandeln. Das beinhaltet zum Beispiel vorbereitende Hilfen: Gemeint ist die Notwendigkeit, Informationen über grundsätzliche Möglichkeiten und vor allem über die spezifischen Situationen vorhandener Leistungsangebote vor Ort einzuholen. Auf der Basis der Bedürfnisse des Kindes und der Gesamteinschätzung der familialen Situation muss dann familienintern abgewogen werden, was davon konkret genutzt wird. Ist dann die Entscheidung für die Inanspruchnahme bestimmter wohlfahrtsstaatlicher Angebote gefallen, wird die Kontaktaufnahme mit Instanzen des Sozialstaats notwendig. Elterliche Kompetenzen und Organisationsleistungen kommen deshalb ins Spiel, weil es Ermessensspielräume, Angebotsengpässe und einrichtungsspezifische Selektions- und Aufnahmekriterien gibt.

Begleitende Hilfen meinen die instrumentellen Leistungen von Eltern im Prozess der Wohlfahrtsproduktion. Erstens fallen darunter Leistungen der Organisation von Kontakten, wie etwa Terminabsprachen, die Koordination zeitlicher Verpflichtungen des Kindes. Angesichts der Knappheit öffentlicher Kassen geht es dabei immer stärker nicht nur um flankierende Hilfen von Eltern, sondern auch um die konkrete Beteiligung in finanzieller Hinsicht oder aber um die persönliche Mitarbeit bei der Leistungserbringung. Das lässt sich konkret im Elementarbereich beobachten, wo Elternvereine Trägerschaften übernehmen und Eltern Aufgaben in den Einrichtungen erfüllen. Elternarbeit dieser Form und Art kompensieren strukturelle Leistungsgrenzen des öffentlichen Hilfesystems wie aktuelle Leistungsengpässe (Engelbert 2002).

Eltern sind zudem im Bereich der unmittelbaren Leistungserbringung der jeweiligen Institutionen bzw. Anbieter gefordert. Aufgrund der Vielfalt institutioneller und professioneller Kontakte von Kindern fungieren sie als wichtige Deutungs- und Synthetisierungsinstanz. „Eltern erfüllen insofern mit Bezug auf die wechselnden und multiplen Kontakte mit verschiedenen Institutionen und Personen eine integrative Funktion. Die Wirkungen von sozialen Dienstleistungen müssen in den Alltag der Adressaten übertragen werden, Dies erfordert die Umsetzung des Erworbenen und häufig auch die Anpassung des Familienalltags an entsprechende Nutzungsaufwendungen (z. B. therapeutische Übungen, Hausaufgaben)" (Engelbert/Kaufmann 2003, S. 84).

3. Kinder in ihren Familien: Aktuelle Herausforderungen

3.1 Sozialer Wandel des Erwerbssektors, Elternschaft und Sozialisation

Betrachtet man die Eltern als wichtige „Sozialisationsumwelt" der Kinder (Zinnecker 1997) drängt sich neben der konventionellen Erziehungsstildebatte ein neues Thema in den Vordergrund: Gemeint ist der großflächige Umbau des Wirtschaftssystems in struktureller und organisatorischer Hinsicht. Da ist als ein direkter Einfluss für die kindliche Lebensführung und die Perspektiven der Kinder auf die zunehmende Erwerbstätigkeit der Mütter hinzuweisen. Verglichen mit der Generation ihrer Mütter tritt die Generation der heutigen jüngeren westdeutschen Mütter zwar später ins Berufsalter ein. Sie bleiben aber als Mütter häufiger erwerbstätig (vgl. Engstler/Menning 2003, S. 109). In der Öffentlichkeit und im politischen Diskurs konzentriert man sich auf die Bereitstellung eines angemessenen Angebots an Kinderbetreuung und anderen flankierenden Maßnahmen, wohingegen die Perspektive der Kinder selbst auf diese Zusammenhänge wenig thematisiert wird (vgl. Suthues 2002).

Die gegenwärtige Ablösung der Industriegesellschaft mit ihrer Massenproduktion und ihren Großbetrieben, deren Belegschaften im gleichen Takt arbeiten, durch die Dienstleistungs- und Wissensgesellschaft, die flexible, individuelle Zeit- und Lebensmodelle fordert, stellt einen historischen Strukturwandel dar, der auch auf die Zeit der Kinder und Zeit der Eltern für die Kinder zugreift (Zeiher 2005). Hieraus könnte für Familien und das Kinderleben erstens eine zunehmende Polarisierung in Begriffen sozialer Ungleichheit folgen. Brannen/Moss (1998) weisen darauf hin, dass beispielsweise die Situation in Großbritannien maßgeblich durch das Zusammenwirken einer zunehmenden Integration der Mütter in die Erwerbstätigkeit, bei gleichzeitiger Differenzierung der konkreten Erwerbsmuster mit einer Intensivierung der abverlangten Arbeitsleistung und einer auf Erwerb zentrierten Sozialpolitik sowie dazu korrespondierenden ungenügenden Kinderbetreuungseinrichtungen bestimmt wird: Auf der einen Seite steht eine Familienkindheit, die durch die Doppelerwerbstätigkeit der Eltern geprägt wird. Auf der anderen Seite existiert eine Familienkindheit, die durch die Erwerbstätigkeit von nur einem Elternteil oder gar keines Elternteils gekennzeichnet ist. Die jeweiligen Alltagsbedingungen unterscheiden sich zwischen Kindern aus „arbeitsreichen" und „arbeitsarmen" Haushalten sicherlich markant.

Die neuen Arbeitsformen, Arbeitszeiten und -arrangements wirken zweitens in direkter Form, indem sie veränderte Anforderungen an Biografieplanung, Qualifikation, Selbstmanagement und die alltägliche Lebensführung als Arrangement verlässlicher Beziehungsgestaltung in den Familien stellen. Das bedeutet für beide Geschlechter Unterschiedliches, da immer noch die Zuständigkeit für die Sorge- und Pflegearbeit, trotz aller Emanzipationstrends von den Frauen bewältigt wird.

In einer Vielzahl von Studien wurden die sozialisatorischen Konsequenzen der elterlichen Erwerbsarbeit für die Kompetenzentwicklung der Kinder nachzuweisen versucht. Dabei verschob sich der Schwerpunkt der Fragen weg von einer pathologiezentrierten Sichtweise, die jegliche mütterliche Erwerbsarbeit unter Hinweis auf die „natürliche Bestimmung der Frau" als schädlich und abträglich ansah (vgl. Schmidt 2002, S. 178ff.), hin zu differenziellen Perspektiven. Sie nahmen genauer die spezifischen Bedingungen des Arbeitsplatzes und teilweise korrespondierend dazu der Betreuungsarrangements unter die Lupe. Als zentrale Mediatorvariable kristallisierte sich die Zufriedenheit der Mütter mit ihrer Erwerbssituation heraus (vgl. Lerner/Galambos 1986). Größere Studien in den USA aus der jüngeren Zeit legen weiter nahe, dass es auf die Wechselwirkung der Qualität der Pflege und Erziehung in den Familien mit der Qualität der Pflege und Erziehung in den familienergänzenden Einrichtungen ankommt, ob und inwiefern sich mütterliche Erwerbstätigkeit auf das kindliche Sozialisationsprofil niederschlägt. Zudem scheint, bei Berücksichtigung der genannten Faktoren, in den frühen Lebensjahren eine mütterliche Erwerbstätigkeit von über 30 Wochenstunden abträglich zu sein (vgl. Brooks-Gunn/Han/Waldvogel 2002; Hill/Waldfolgel/Brooks-Gunn 2005). Für das Schulkindalter resümiert Hoffmann (2002) das Ergebnis von 50 Jahren Forschung in den USA dahingehend, dass mehr positive als negative Folgen berichtet wurden und insbesondere Töchter berufstätiger Mütter im Hinblick auf ihre Schulleistungen profitieren.

3.2 Arbeitszeiten und Arbeitsbedingungen der Eltern aus Sicht der Kinder

Eine neue Sichtweise auf die Bedingungen des Familienlebens im Spannungsverhältnis zum Wirtschaftssystems erlauben die Schlüsselkonzepte „Perspektive“ und „Handlungsbefähigung“ (Agency"). Das erste Konzept erhebt die Erfassung der Sichtweise und Interessen der Kinder selbst zur Leitlinie des Forschens. Im Fokus stehen dann nicht mehr die „Effekte“ der Erwerbstätigkeit der Mütter auf die Kinder. Vielmehr interessiert, welchen Reim sich die Kinder auf einzelne Aspekte der elterlichen Arbeit machen und wie sie diese deuten (vgl. Lange 2004). Ferner zeichnet sich ein verstärktes Interesse für die im weitesten Sinne ökonomischen Beiträge der Kinder in den Haushalten ab (vgl. Zeiher 2000; Zelizer 2002). Schließlich zeigen neuere Studien, dass sich auch Kinder um ihre Eltern kümmern, wenn sie wahrnehmen, dass diese traurig, bedrückt oder erschöpft sind (vgl. Brannen/Heptinstall/Bhopal 2000, S. 47ff.). Mit dem Konzept der Agency wird also Bezug darauf genommen, dass Kinder nicht nur reagieren, sondern in empirisch variierendem Ausmaß selbst als Akteure wirken. Diese Agency erstreckt sich über den Freizeit- und Medienbereich hinaus und schließt auch das Handeln in Familie, in der praktischen Hausarbeit wie die emotionale Sorge um andere Familienmitglieder, mit ein.

Während es in der entwicklungspsychologischen Forschung schon seit längerem Arbeiten über die kognitive Entwicklung des Verständnisses von Kindern über die Wirtschaft und den Arbeitsbegriff gibt (vgl. Claar 1996), setzt die neuere Kindheitsforschung andere Akzente und ist an lebensweltnäheren Aspekten der kindlichen Perspektive auf Arbeit, vor allem auf die ihrer Eltern, interessiert.

Im Rahmen einer regionalen Studie zu den Lebensbedingungen von Kindern in einem Nürnberger Stadtteil hat Roppelt (2003) in diesem Sinne Hinweise auf die *kindliche Auseinandersetzung* mit der Koordination von *Berufszeit* und *Familienzeit* finden können. So sehen sich einige der interviewten 8- bis 11-Jährigen öfters mit Unstimmigkeiten konfrontiert: „Ich weiß nie, wann sie nach Hause kommt. Wenn sie eine Besprechung hat und sie weiß es nicht vorher, kommt sie später nach Hause. Und ich muss warten und kann nichts mit meinen Freunden ausmachen. Ich kann nie sagen, ja, du kannst zu mir kommen, denn meine Mutter ist ja vielleicht nicht zu Hause. Das nervt mich schon ganz schön“ (Junge, neun Jahre). „Mal gehe ich nach Hause, ist die Mama da – mal gehe ich nach Hause und die Mama ist nicht da. Das ist mal so und mal so, da kann ich mich auf gar nichts verlassen. Dann schaue ich, ob die Oma wenigstens da ist, aber am schönsten wäre es, wenn ich gleich zu Hause wäre. Es nervt mich, dass ich es vorher gar nicht weiß und mich wieder ärgere, warum es nicht klappt“ (Junge, zehn Jahre). Mehrere Kinder geben lange Warte- und Überbrückungszeiten an, bis die Eltern am Abend endlich nach der Arbeit eintreffen, die sie als besonders nachteilig und blockierend empfinden. „Ich muss jeden Tag die ganze Zeit zuhause bleiben und auf meine Mutter warten, bis sie endlich mal heimkommt. Irgendwann hat man dann keine Lust mehr. Immer warten und warten. Man guckt auf die Uhr und dann sind das immer noch zwei Stunden. Dabei könnte ich in der Zeit schon alles Mögliche andere machen“ (Junge, neun Jahre).

Bei den als belastend an der Erwerbssituation eingeschätzten Faktoren finden sich auch kritische Einschätzungen, die sich auf das Allein-Sein beziehen. Besonders „hart“ getroffen fühlen sich geschwisterlose Kinder. „Meine Mama hat fast nie Zeit für mich. Dann spiel' ich halt alleine. Und der Papa hat unter der Woche auch keine Zeit. Freunde sind auch nicht immer da. Wenn ich Karten spielen will, kann ich das auch alleine machen. Dann spiele ich einfach alleine, halt mit zwei Sätzen“ (Junge, neun Jahre). Ausschlaggebend für die „Qualität des Alleinseins“ ist das Ausmaß sowie die Häufigkeit von allein verbrachter Zeit. Kürzere Phasen ohne Sozialpartner werden von den befragten Jungen und Mädchen durchaus als Chance für bestimmte eigeninitiierte Handlungsprojekte und familiale Regelverletzungen gesehen und daher überwiegend als vorteilhaft eingestuft. „Wenn mal keiner da ist, freue ich mich, weil ich dann alleine Fernsehen schauen kann und meine Mama nicht guckt“ (Junge, zehn Jahre).

„Es war schon eine Umstellung, als die Mama wieder das Arbeiten angefangen hat. Ich finde das gut so, weil ich alles machen kann, was ich will. Ich kann wenig essen, muss keinen Salat essen und Fernsehen gucken“ (Mädchen, neun Jahre).

Während diese beiden Kinder durchaus eine gewisse Zufriedenheit mit ihrer Betreuungssituation zeigen und auch Phasen ohne elterliche Kontrolle schätzen, weil sie hier ihre „Agency“ ausleben können, sind andere Kinder weniger glücklich mit den vorgefundenen Kombinationen. So sind beispielsweise die beiden Elternteile von Nicole vollzeiterwerbstätig, was eine Anpassung an den Tagesrhythmus der Eltern, der wiederum von der Berufstätigkeit dominiert wird, nach sich zieht: „Manchmal sehe ich die kaum, weil sie nur arbeiten. Ich bin fast immer alleine zu Hause. Das gefällt mir überhaupt nicht, aber meine Eltern sagen, sie können es nicht ändern, sie müssen beide arbeiten. Ich hoffe, wenn ich ein bisschen größer bin, dass es besser wird, weil ich nicht mehr so viel alleine zuhause sein muss“ (Mädchen, neun Jahre).

Die Interviewaussagen machen ferner darauf aufmerksam, dass das Ausmaß elterlicher Berufstätigkeit mit ausschlaggebend ist für das Wohlbefinden in der Familie. Sowohl Kinder, deren Eltern viel arbeiten, als auch Kinder, deren Eltern wenig beruflich eingebunden sind, bewerten ihre familiale Situation überwiegend als belastend. Daraus schließt Roppelt (2003), dass man nicht von einer linearen Verknüpfung zwischen beruflicher Einbindung und erhöhter Belastung der betroffenen Kinder ausgehen kann. Zufrieden sind mithin die Kinder, deren Eltern eine mittlere Arbeitsbelastung aufweisen. 70 % dieser Kinder waren mit ihrer Betreuungsperson zufrieden, die ihnen simultan ein ausgewogenes Maß an Schon- und Sozialraum, an Kontrolle und Freiraum ermöglicht.

Ein großer Teil der befragten Mädchen und Jungen äußert sich zufrieden mit der individuellen Betreuungslösung, die ihre Eltern geschaffen haben. Für die Kinder gibt es so etwas wie grundlegende Säulen für Wohlbefinden und Zufriedenheit: „Hauptsache, ich habe nie das Gefühl, dass ich alleine bin“ (Mädchen, neun Jahre). Hier wird die Balance thematisiert, welche berufstätige Eltern in der Fürsorge um ihre Kinder bewerkstelligen müssen. Es geht allerdings nicht einfach um eine ständige Anwesenheit der Eltern, vielmehr ist es die Maxime eine Ausgewogenheit zwischen Nähe und Distanz bzw. zwischen

Berufstätigkeit und Familie, die beim Kind zur Zufriedenheit führt. „Am wichtigsten ist, wenn jemand zu Hause ist oder ich anrufen kann, das sprechen wir ab. Weil ich bei den Hausaufgaben schon Hilfe brauche. Immer müssen die Eltern nicht da sein, halt nur, wenn ich sie brauche“ (Junge, neun Jahre).

Als Bestandteile einer als wünschenswert erfahrenen Betreuungssituation lassen sich gute Absprachen, Zuverlässigkeit, Erreichbarkeit, das Fehlen zeitlicher Leerlaufphasen und ein gewisses Quantum an Alleinzeit nennen.

Eine weitere Studie, die sich speziell mit Sabbaticals und Blockfreizeiten als Möglichkeiten der Erleichterung der Vereinbarkeit von Familie und Beruf widmet, unterstreicht diese Pragmatik der Anforderungen der Kinder an die Arbeitszeiten ihrer Eltern (vgl. Klenner/Pfahl/Reuyß 2003). Der Nachwuchs beansprucht über die Kleinkindzeit hinaus und erfährt demnach in der Familie ein großes Ausmaß an bedingungslosem „care“ und Unterstützung (vgl. Brannen/Heptinstall/Bhopal 2000). Kinder bevorzugen also zum einen familienbezogene Zeiten, in denen sich ihre Eltern aktiv mit ihnen beschäftigen. Gleichzeitig aber haben sie auch Interesse an elternlosen Zeiträumen, die sie autonom gestalten können.

4. Ausblick und Forschungsbedarf: Familienkindheit(en) in Zeiten von Entgrenzung

Der Artikel hat aus einer soziologischen, insbesondere zeitdiagnostischen Perspektive aufzuzeigen versucht, dass derzeit starke Impulse Kindheit und Familie umgestalten. Die klassischen Forschungsthemen – Eltern-Kind-Kommunikation, Bedingungen gelingender Elternschaft – sowie die immer wieder aktivierten Topoi der Kulturkritik werden ergänzt um neue Schwerpunkte, die ihrerseits veränderte Handlungsanforderungen für Individuen, Gruppen und die Gesellschaft darstellen. Wenn das Modell des alleinigen männlichen Familienernährers nicht mehr für die überwiegende Mehrheit der Bevölkerung zutreffend ist und gleichzeitig viele Institutionen ihr Gesicht verändern, wenn insbesondere Bildungs- und Betreuungseinrichtungen die Eltern verstärkt zur Erbringung ihrer Leistungen heranziehen, und der lange Arm der Erwerbstätigkeit in die Familienalltage hineinreicht, dann zeichnet sich insgesamt eine Veränderung des Paradigmas von Familienleben ab. Vieles an der gesellschaftlichen Umwelt wandert gleichsam in das Kerngehäuse von Familie, gestaltet sie auch von innen her um. Der Ausgang dieses „Experiments“ ist indes offen.

Ein übergreifendes Schlüsselthema scheint dabei die Herstellung und Bewahrung der Handlungsfähigkeit der individuellen Akteure in den Familien und der Familie als Gruppe zu sein. Die Dynamik der Veränderungsprozesse im Schnittpunkt von Ökonomie, Kultur, Medien und Sozialpolitik berührt die „Agency“ in Familien in grundsätzlicher Weise. Es kann nicht mehr um ein für allemal stabile Arrangements und Brücken zu einer statischen Umwelt gehen. Was hier exemplarisch für die Umbrüche der Arbeitswelt dargestellt wurde, gilt in gleicher Weise für andere Domänen des Kinderlebens in ihren Familien. Auch in den häufiger werdenden Prozessen der Familienauflösung durch Scheidung ist es beispielsweise keinesfalls so, dass Kinder immer die Opferrolle übernehmen und in ihrem Handeln durch die Scheidung der Eltern paralysiert werden. Vielmehr liegen vielfältige Indizien dafür vor, dass sie selbst in diesen belastenden Bedingungen versuchen, durch eigene Handlungsinitiativen nicht nur ihr Wohlbefinden zu steigern, sondern sich auch um ihre Eltern zu kümmern und den Alltag zwischen mehreren Haushalten mit zu organisieren (vgl. Kaltenborn 2001; Smart/Neale 2001; Smith/Taylor/Tapp 2003).

Es zeichnen sich also temporäre, zum Teil prekäre Balancen als geeignete Umschreibung für den Umgang mit den neuen Herausforderungen ab. Der Alltag verläuft immer weniger in vorgeformten Bahnen, sondern muss durch Kinder und Eltern entworfen, gestaltet und immer wieder neu bewertet werden. Ist es erwünscht, dass Familien das umschriebene, sicherlich noch anspruchsvoller werdende Spektrum von Aufgaben und Leistungen erfüllen, bedarf es intelligenter, auf die Unterstützung dieser Lebensarrangements ausgerichteter sozial- und gesellschaftspolitischer Einrichtungen.

Literatur

Alt, C., 2003: Wandel familiärer Lebensverhältnisse minderjähriger Kinder in Zeiten der Pluralisierung. In: Bien, W./Marbach, J.H. (Hrsg.): Partnerschaft und Familiengründung. Ergebnisse der dritten Welle des Familien-Survey. Opladen, S. 219-244.

Alt, C./Teubner, M./Winklhofer, U. 2005: Partizipation in Familie und Schule – Übungsfeld der Demokratie. In: Aus Politik und Zeitgeschichte, B 41, S. 24-31.

Audehm, K./Zirfas, J., 2000: Performative Gemeinschaften. Zur Bildung der Familie durch Rituale. In: Sozialer Sinn, 1. Jg., H. 1, S. 29-50.

Baumann, Z., 2000: Liquid Modernity. Cambridge: Cambridge University Press.

Beham, M./Gössweiner, V., 1999: Zur gesellschaftlichen Bedeutung der Leistungen von Familie. In: Bundesministerium für Umwelt, Jugend und Familie (Hrsg.): Zur Situation von Familie und Familienpolitik in Österreich. Wien: Bundesministerium für Umwelt, Jugend und Familie, S. 40-61.

Böhnisch, L., 2002: Familie und Bildung. In: Tippelt, R. (Hrsg.): Handbuch Bildungsforschung. Opladen, S. 283-292.

Brannen, J./Moss, P., 1998: The Polarisation and Intensification of Parental Employment in Britain: Consequences for Children, Families and the Community. Community. In: Work and Society, 1. Jg., H. 3, S. 229-247.

Brannen, J./Heptinstall, E./Bhopal, K., 2000: Connecting Children. Care and Family Life in Later Childhood. London.

Bronfenbrenner, U./Morris, P., [5]1998: The Ecology of Developmental Processes. In: Lerner, R.M. (Hrsg.): Handbook of Child Psychology. Volume 1: Theoretical Models of Human Development. New York: Wiley, S. 933-1028.

Brooks-Gunn, J./Han, W.-J./Waldvogel, J., 2002: Maternal Employment and Child Cognitive Outcomes in the First Three Years of Life: The NICHD Study of Early Child Care. In: Child Development, 73. Jg., H. 4, S. 1052-1072.

Büchner, P., 2002: Kindheit und Familie. In: Krüger, H.-H./Grunert, C. (Hrsg.): Handbuch Kindheits- und Jugendforschung. Opladen, S. 475-496.

Büchner, P., 2003: Stichwort: Bildung und soziale Ungleichheit. In: Zeitschrift für Erziehungswissenschaft, 6. Jg., H. 1, S. 5-24.

Castells, M., 2001: Das Informationszeitalter: Wirtschaft. Gesellschaft. Kultur. Band 1: Der Aufstieg der Netzwerkgesellschaft. Opladen.

Claar, A., 1996: Was kostet die Welt? Wie Kinder lernen mit Geld umzugehen. Heidelberg.

Cyprian, G., 2003: Familienbilder als Forschungsthema. In: Cyprian, G. (Hrsg.): Familienbilder. Interdisziplinäre Sondierungen. Opladen, S. 9-19.

Daly, K.T., 2001: Deconstructing Family Time: From Ideology to Lived Experience. In: Journal of Marriage and the Family, 63. Jg., H. 2, S. 283-294.

Deutschmann, C., 2005: Finanzmarkt-Kapitalismus und Wachstumskrise. In: Windolf, P. (Hrsg.): Finanzmarkt-Kapitalismus. Opladen, S. 58-67.

Diewald, M., 2004:. Die neue Arbeitsgesellschaft als Ich-AG? In: Nollmann, G./Strasser, H. (Hrsg.): Das individualisierte Ich in der modernen Gesellschaft. Frankfurt am Main, S. 110-129.

Ecarius, J., 2002: Familienerziehung im historischen Wandel. Eine qualitative Studie über Erziehung und Erziehungserfahrungen von drei Generationen. Opladen.

Engelbert, A., 2002: Elternmitarbeit im Kindergarten – sozialpolitische Diskurse und empirische Forschungsergebnisse. In: Neubauer, G./Fromme, J./Engelbert, A. (Hrsg.): Ökonomisierung der Kindheit. Sozialpolitische Entwicklungen und ihre Folgen. Opladen, S. 77-95.

Engelbert, A. u. a., 2000: Postmoderne Familienkindheit? Anforderungen, Risiken und Chancen. In: Herlth, A. u. a. (Hrsg.): Spannungsfeld Familienkindheit. Neue Anforderungen, Risiken und Chancen. Opladen, S. 7-22.
Engelbert, A./Herlth, A., 2002: Sozialökologische Ansätze. In: Krüger, H.-H./Grunert, C. (Hrsg.): Handbuch Kindheits- und Jugendforschung. Opladen, S. 99-116.
Engelbert, A./Kaufmann, F.-X., 2003: Der Wohlfahrtsstaat und seine Kinder. Bedingungen der Produktion von Humanvermögen. In: Kränzl-Nagl, R./Mierendorff, J./Olk, T. (Hrsg.): Kindheit im Wohlfahrtsstaat. Gesellschaftliche und politische Herausforderungen. Frankfurt am Main, S. 59-94.
Engstler, H./Menning, S., 2003: Die Familie im Spiegel der amtlichen Statistik. Lebensformen, Familienstrukturen, wirtschaftliche Situation der Familien und familiendemographische Entwicklung in Deutschland. Berlin.
Feil, C., 2003: Kinder, Geld und Konsum. Die Kommerzialisierung der Kindheit. Weinheim/München.
Fölling-Albers, M., 2000: Entscholarisierung von Schule und Scholarisierung von Freizeit? Überlegungen zu Formen der Entgrenzung von Schule und Kindheit. In: Zeitschrift für Soziologie der Erziehung und Sozialisation, 20. Jg., H. 2, S. 118-131.
Gauthier, A.H./Smeeding, T./Furstenberg, F.F., 2002: Do We Invest Less Time in Children? Trends in Parental Time in Canada Since the 1970s. In: Dorbritz, J./Otto, J. (Hrsg.): Familienpolitik und Familienstrukturen. Ergebnisse der gemeinsamen Jahrestagung der Deutschen Gesellschaft für Bevölkerungswissenschaft und der Johann-Peter-Süßmilch-Gesellschaft für Demographie. Wiesbaden, S. 13-30.
Gestrich, A., (Hrsg.), 2003: Geschichte der Familie. Stuttgart.
Gillis, J.R., 1997: Mythos Familie. Auf der Suche nach der eigenen Lebensform. Weinheim.
Gläser, E., 2002: Arbeitslosigkeit aus der Perspektive von Kindern. Eine Studie zur didaktischen Relevanz ihrer Alltagstheorien. Bad Heilbrunn.
Graßl, H., 2000: Strukturwandel der Arbeitsteilung. Globalisierung, Tertiarisierung und Feminisierung der Wohlfahrtsproduktion. Konstanz.
Grundmann, M./Huinink, J./Krappmann, L., 1994: Familie und Bildung. Empirische Ergebnisse und Überlegungen zur Frage der Beziehung von Bildungsbeteiligung, Familienentwicklung und Sozialisation. In: Büchner, P. (Hrsg.): Kindliche Lebenswelten, Bildung und innerfamiliale Beziehungen. München, S. 41-104.
Grunow, D., 1994: Die Bedeutung der Familie für das Gesundheitsverhalten ihrer Mitglieder In: Grunow, D./ Hurrelmann, K./Engelbert, A. (Hrsg.): Gesundheit und Behinderung im familialen Kontext. München, S. 9-66.
Heine, H./Mautz, R./Rosenbaum, W., 2001: Mobilität im Alltag: warum wir nicht vom Auto lassen. Frankfurt am Main/New York.
Hengst, H., 2002: Ein internationales Phänomen: Die neue soziologische Kindheitsforschung. In: Soziologie, 31. Jg., H. 2, 57-77.
Hengst, H., 2003: Kinder und Ökonomie. Aspekte gegenwärtigen Wandels. In: Kränzl-Nagl, R./Mierendorff, J./Olk, T. (Hrsg.): Kindheit im Wohlfahrtsstaat. Gesellschaftliche und politische Herausforderungen. Frankfurt am Main/New York, S. 235-266.
Hoffman, L., 2002: Berufstätigkeit von Müttern: Folgen für die Kinder. In: Fthenakis, W.E./Textor, M.R. (Hrsg.): Mutterschaft, Vaterschaft. Weinheim, S. 71-88.
Honneth, A., 2003: Umverteilung als Anerkennung. Eine Erwiderung auf Nancy Fraser. In: Fraser, N./Honneth, A. (Hrsg.): Umverteilung oder Anerkennung? Eine politisch-philosophische Kontroverse. Frankfurt am Main, S. 129-224.
Hurrelmann, B./Becker, S./Nickel-Bacon, I., 2006: Lesekindheiten. Familie und Lesesozialisation im historischen Wandel. Weinheim.
Jürgens, K., 2001: Familiale Lebensführung. Familienleben als alltägliche Verschränkung individueller Lebensführungen. In: Voß, G.G./Weihrich, M. (Hrsg.): tagaus – tagein. Neue Beiträge zur Soziologie Alltäglicher Lebensführung. München, S. 33-60.
Jurczyk, K./Rerrich, M.S. (Hrsg.), 1993: Die Arbeit des Alltags. Beiträge zur Soziologie der alltäglichen Lebensführung. Freiburg.
Jurczyk, K., 2002: Entgrenzungen von Zeit und Gender – Neue Anforderungen. In: Weihrich, M./Voß, G.G. (Hrsg.): tag für tag. Alltag als Problem – Lebensführung als Lösung? München, S. 95-115.
Jurczyk, K., 2003: Geschlechterverhältnisse und Alltagsarrangements – Neue Konturen der Teilung von Zeit und Arbeit. München (unv. Ms.).
Jurczyk, K., 2005: Familie – Arbeit – Entgrenzung. In: WestEnd. Neue Zeitschrift für Sozialforschung, 2. Jg., H. 2, S. 90-99.
Jurczyk, K./Lange, A., 2002: Familie und die Vereinbarkeit von Arbeit und Leben. Neue Entwicklungen, alte Konzepte. In: Diskurs, 12. Jg., H. 3, S. 9-16.
Kaltenborn, K.-F., 2001: Aufwachsen mit familialen Übergängen. Expertenwissen und kindliche agency in posttraditionalen Gesellschaften. In: Behnken, I./Zinnecker, J. (Hrsg.): Kinder. Kindheit. Lebensgeschichte. Ein Handbuch. Seelze, S. 502-521.

Klenner, Chr./Pfahl, S./Reuyß, St. (unter Mitarbeit von B. Suthues, J. Kwapis und A. Mauer), 2003: Arbeitszeiten – Kinderzeiten – Familienzeiten. Bessere Vereinbarkeit durch Sabbaticals und Blockfreizeiten? Forschungsprojekt im Auftrag des Ministerium für Arbeit und Soziales, Qualifikation und Technologie (MASQT) des Landes Nordrhein-Westfalen. Düsseldorf.

Klöckner, A./Beisenkamp, A./Hallmann, S., 2004: Familie aus der Perspektive von Kindern zwischen 9 und 14 Jahren. In: Zeitschrift für Familienforschung, 16. Jg., H. 2, S. 130-143.

Krappmann, L., 2003: Kompetenzförderung im Kindesalter. In: Aus Politik und Zeitgeschichte, B 9, S. 14-19.

Kratzer, N./Boes, A./Döhl, V./Marrs, K./Sauer, D., 2004: Entgrenzung von Unternehmen und Arbeit – Grenzen der Entgrenzung. In: Beck, U./Lau, Chr. (Hrsg.). Entgrenzung und Entscheidung. Frankfurt am Main: Suhrkamp, S. 329-359.

Krebs, A., 2002: Arbeit und Liebe. Die philosophischen Grundlagen sozialer Gerechtigkeit. Frankfurt am Main.

Kreppner, K./Klöckner, C., 2002: Kinder in ihrer Familie. In: LBS-Kinderbarometer. Was Kinder wünschen, hoffen und befürchten Kindheit 2001 – Das LBS-Kinderbarometer. Was Kinder wünschen, hoffen und befürchten. Opladen, S. 211-236.

Krüsselberg, H.-G., 2002: Ökonomische Analyse der werteschaffenden Leistungen von Familie im Kontext von Wirtschaft und Gesellschaft – mit Schlussfolgerung und Überleitung. In: Krüsselberg, H.-G./Reichmann, H. (Hrsg.): Zukunftsperspektive Familie und Wirtschaft. Vom Wert von Familie für Wirtschaft, Staat und Gesellschaft. Grafschaft, S. 87-130.

Kuchenbuch, K., 2003: Die Fernsehnutzung von Kindern aus verschiedenen Herkunfts-milieus. In: Media Perspektiven, H. 1, S. 2-11.

Lampert, H., 1996: Priorität für die Familie. Plädoyer für eine rationale Familienpolitik. Berlin.

Lang, S., 1985: Lebensbedingungen und Lebensqualität von Kindern. Frankfurt am Main/New York.

Lange, A., 2004: Ansprüche von Kindern an Arbeits- und Familienzeiten ihrer Eltern. In: Jansen, M./Veil, M. (Hrsg.): Familienpolitiken und Alltagspraxis. Frankfurt am Main, S. 77-89.

Lange, A./Lüscher, K., 1998: Kinder und ihre Medienökologie. München.

Lange, A./Szymenderski, P., 2004: Auf Spurensuche nach dem ‚Neuen' in der Gesellschaft. In: Diskurs, 14. Jg., S. 72-82.

Langfeld, B., 2002: Innerfamiliale Arbeitsteilung – keine Gleichstellung männlicher und weiblicher Zeit in Sicht. In: Kramer, C. (Hrsg.): FREI-Räume und FREI-Zeiten: Raum-Nutzung und Zeit-Verwendung im Geschlechterverhältnis. Baden-Baden, S. 201-215.

Lauterbach, W., 2004: Die multilokale Mehrgenerationenfamilie. Zum Wandel der Familienstruktur in der zweiten Lebenshälfte. Würzburg.

Lerner, J./Galambos, N.L., 1986: Child Development and Family Changes: The Influences of Maternal Employment on Infants and Toddlers. In: Advances in Infancy Research, 4. Jg., S. 39-86.

Lüscher, K., 1988: Familie und Familienpolitik im Übergang zur Postmoderne. In: Lüscher, K./Schultheis, F./Wehrspaun, M. (Hrsg.): Die „postmoderne" Familie. Familiale Strategien und Familienpolitik in einer Übergangszeit. Konstanz, S. 15-36.

Lüscher, K., 1989: Von der ökologischen Sozialisationsforschung zur Analyse familialer Aufgaben und Leistungen. In: Nave-Herz, R./Markefka, M. (Hrsg.): Handbuch der Familien- und Jugendforschung, Band: 1: Familienforschung. Neuwied u. a., S. 95-112.

Lüscher, K., 1997: Familienrhetorik, Familienwirklichkeit und Familienforschung. In: Vaskovics, L.A. (Hrsg.): Familienleitbilder und Familienrealitäten. Opladen, S. 50-69.

Lüscher, K., 2001: Soziologische Annäherungen an die Familie. Konstanz.

Luhmann, N., 1988: Sozialsystem Familie. In: System Familie, 1. Jg., H. 1, S. 75-91.

Lull, J., 2002: Superkultur. In: Hepp, A./Löffelholz, M. (Hrsg.): Grundlagentexte zur transkulturellen Kommunikation. Konstanz, S. 750-773.

Mansel, J./Heitmeyer, W., 2005: Spaltung der Gesellschaft. Die negativen Auswirkungen auf das Zusammenleben. In: Heitmeyer, W. (Hrsg.): Deutsche Zustände. Folge 3. Frankfurt am Main, S. 39-72.

Meyer, S./Schulze, E., 1993: Technisiertes Familienleben. Ergebnisse einer Längsschnittuntersuchung 1950-1990. In: Meyer, S./Schulze, E. (Hrsg.): Technisiertes Familienleben. Blick zurück und nach vorn Eva. Berlin, S. 19-39.

Mai, M., 2003: Kultur-Kitt – zur Antiquiertheit der Medienkritik und zur Realität der Freizeitgesellschaft. In: Neumann-Braun, K./Schmidt, A./Mai, M. (Hrsg.): Popvisionen. Links in die Zukunft. Frankfurt am Main, S. 154-182.

Nassehi, A., 2003: Welten in der Weltgesellschaft: Die Gegenwart einer Gesellschaft. In: Nassehi, A. (Hrsg.): Geschlossenheit und Offenheit. Studien zur Theorie der modernen Gesellschaft. Frankfurt am Main, S. 188-228.

Neckel, S./Dröge, K., 2002: Die Verdienste und ihr Preis: Leistung in der Marktgesellschaft. In: Honneth, A. (Hrsg.): Befreiung aus der Mündigkeit. Paradoxien des gegenwärtigen Kapitalismus. Frankfurt am Main/New York, S. 93-116.

Netzler, A., 2002: Ökonomisierung – im Sinne der Kinder? In: Neubauer, G./Fromme, J./Engelbert, A. (Hrsg.): Ökonomisierung der Kindheit. Sozialpolitische Entwicklungen und ihre Folgen. Opladen, S. 15-31.
Neuner, M./Sandhu, S. 2005: Harry Potter – Strategien globaler Medienunternehmen. Eine Fallstudie zur normativen Stakeholdertheorie. In: Hepp, A./Krotz, F. (Hrsg.): Globalisierung der Medienkommunikation. Eine Einführung. Wiesbaden, 209-228.
Olk, T., 2004: Kinder in Armut. In: Deutsches Kinderhilfswerk (Hrsg.): Kinderreport Deutschland. Berlin, S. 21-39 .
Ostner, I., 1978: Beruf und Hausarbeit. Zur Arbeit der Frau in unserer Gesellschaft. Frankfurt am Main/New York.
Paus-Hasebrink, I., 2003: Neue Formen der Kinder(medien)kultur. Das Zusammenspiel von Fernsehserie und Computerspielangeboten am Beispiel Pokemon. In: Bug, J./Karmasin, M. (Hrsg.): Telekommunikation und Jugendkultur. Eine Einführung. Opladen, S. 95-108.
Pongratz, H.J./Voß, G.G., 2003: Arbeitskraftunternehmer. Erwerbsorientierungen in entgrenzten Arbeitsformen. Berlin.
Preißner, C./Hunecke, M., 2002: Mobilität im Alltag – Wegeketten von Frauen. In: Journal Arbeit, 2. Jg., H. 1, S. 4-5.
Priddat, B.P., 2001: Frauen als virtuelle Unternehmerinnen: hyper-organizations of work, life and household. Ein Beitrag zur Geschlechterfrage in der New Economy. In: Sociologia Internationalis, 39. Jg., H. 1, S. 91-117.
Priddat, B.P., 2002: Das Ende der langen Verträge. In: Baecker, D. (Hrsg.): Archäologie der Arbeit. Berlin, S. 65-86.
Projektgruppe Alltägliche Lebensführung (Hrsg.), 1995: Alltägliche Lebensführung. Arrangements zwischen Traditionalität und Modernisierung. Opladen.
Reay, D., 1998: Class Work: Mothers' Involvement in their Children's Primary Schooling. London.
Reese-Schäfer, W., 1999: Die seltsame Konvergenz der Zeitdiagnosen. Versuch einer Zwischenbilanz. In: Soziale Welt, 50. Jg., H. 4, S. 433-448.
Roppelt, U., 2003: Kinder – Experten ihres Alltags? Frankfurt am Main.
Rosa, H., 2005: Beschleunigung. Die Veränderung der Zeitstruktur in der Moderne. Frankfurt am Main.
Schimank, U., 2001: Funktionale Differenzierung, Durchorganisierung und Integration der Gesellschaft. In: Tacke, V. (Hrsg.): Funktionale Differenzierung und Organisation. Opladen, S. 19-38.
Schimank, U./Volkmann, U. (Hrsg.), 2000: Soziologische Gegenwartsdiagnosen I – Eine Bestandsaufnahme. Opladen.
Schleicher, K., 1997: Ökologische Erziehung in der Familie. Familiäre Umwelten, Sozialisation und Erziehung. Umweltbildung im Lebenslauf. Altersspezifisches und generationenübergreifendes Lernen. In: Schleicher, K./Möller, K. (Hrsg.): Umweltbildung im Lebenslauf. Altersspezifisches und generationenübergreifendes Lernen. Münster, S. 29-74.
Schmidt, R., 2002: Pop-Sport-Kultur. Praxisformen körperlicher Aufführungen. Konstanz.
Schmidt, U., 2002: Deutsche Familiensoziologie. Entwicklung nach dem Zweiten Weltkrieg. Opladen.
Schulte-Markwort, M./Plaß, A./Barkmann, K., 2002: Internet und familiäre Beziehungen. In: Hantel-Quitmann, W./Kastner, P. (Hrsg.): Die Globalisierung der Intimität. Die Zukunft intimer Beziehungen im Zeitalter der Globalisierung. Gießen, S. 179-192.
Setzwein, M., 2004: Ernährung – Körper – Geschlecht. Zur sozialen Konstruktion von Geschlecht in kulinarischen Kontexten. Wiesbaden.
Smart, C./Neale, B., 2001: The Changing Experience of Childhood. Families and Divorce. Oxford.
Smith, A.B./Taylor, N.J./Tapp, P., 2003: Rethinking Children's Involvement in Decision-Making after Parental Separation. In: Childhood, 10. Jg., H. 2, S. 201-216.
Statistisches Bundesamt, 2003: Leben und Arbeiten in Deutschland. Ergebnisse des Mikrozensus. Presseexemplar. Wiesbaden.
Suthues, B., 2002: Elterliche Arbeitszeit und Kinderalltag. In: Diskurs, 12. Jg., H 3, S. 24-31.
Thiele-Wittig, M., 1993: Schnittstellen der privaten Haushalte zu Institutionen. Zunehmende Außenbeziehungen der Haushalte im Wandel der Daseinsbewältigung. In: Gräbe, S. (Hrsg.): Der private Haushalt im wissenschaftlichen Diskurs. Frankfurt am Main/New York, S. 371-388.
Tölke, A./Diewald, M., 2003: Berufsbiographische Unsicherheiten und der Übergang zur Elternschaft bei Männern. In: Bien, W./Marbach, J.H. (Hrsg.): Partnerschaft und Familiengründung. Ergebnisse der dritten Welle des Familien-Survey. Opladen, S. 349-384.
Voß, G.G., 1991: Lebensführung als Arbeit. Über die Autonomie der Person im Alltag der Gesellschaft. Stuttgart.
Voß, G.G., 1998: Entgrenzung von Arbeit und Arbeitskraft. In: Mitteilungen aus der Arbeitsmarkt- und Berufsforschung, 31. Jg., S. 473-487.
Volkmann, U./Schimank, U. (Hrsg.), 2002: Soziologische Gegenwartsdiagnosen II. Opladen.

Walter, W./Künzler, J., 2002: Parentales Engagement. Mütter und Väter im Vergleich. In: Schneider, N.F./Matthias-Bleck, H. (Hrsg.): Elternschaft heute. Gesellschaftliche Rahmenbedingungen und individuelle Gestaltungsaufgaben. Opladen, S. 95-119.
Wissenschaftlicher Beirat für Familienfragen, 2002: Die bildungspolitische Bedeutung der Familie – Folgerungen aus der PISA-Studie. Stuttgart.
Windolf, P., 2005: Was ist Finanzmarkt-Kapitalismus? In: Windolf, P. (Hrsg.): Finanzmarkt-Kapitalismus. Opladen, S. 20-57.
Winter, R., 2003: Kultursoziologie. In: Nünning, A./Nünning, V. (Hrsg.): Konzepte der Kulturwissenschaften. Stuttgart, S. 205-224.
Zeiher, H., 2000: Familienalltag und Kindheit. In: Herlth, A. u. a. (Hrsg.): Spannungsfeld Familienkindheit. Neue Anforderungen, Risiken und Chancen. Opladen, S. 121-135.
Zeiher, H., 2001: Folgen des Wandels gesellschaftlicher Zeitbedingungen für Kinder. Expertise für das Wirtschafts- und Sozialwissenschaftliche Institut in der Hans-Böckler-Stiftung. Berlin.
Zeiher, H., 2005: Der Machtgewinn der Arbeitswelt über die Zeit der Kinder. In: Hengst, H./Zeiher, H. (Hrsg.) Kindheit soziologisch. Wiesbaden, S. 201-226.
Zeiher, H./Zeiher, H., 1994: Orte und Zeiten der Kinder. Soziales Leben im Alltag von Großstadtkindern. Weinheim/München.
Zelizer, V., 1985: Pricing the Priceless Child. The Changing Social Value of Children. New York: Basic Books.
Zelizer, V., 2002: Kids and Commerce. In: Childhood, 9. Jg., H. 4, S. 375-396.
Zinnecker, J., 1997: Stresskinder und Glückskinder. Eltern als soziale Umwelt von Kindern. In: Zeitschrift für Pädagogik, 43. Jg., H. 1, S. 7-34.

Jugend und Familie

Richard Münchmeier

1. Der Zugang der Jugendforschung zum Thema

Das Thema Jugend und Familie gehört nicht unbedingt zu den klassischen Problemstellungen der Jugendforschung. Es fehlt zwar nicht in manchem neueren Handbuch (vgl. z. B. Ecarius 2002), aber es ist doch nur ein eher nachrangiges Forschungsgebiet unter vielen anderen (gekennzeichnet durch die sog. „Jugend und ..."-Titel wie z. B. „Jugend und Schule", „Jugend und Religion" usw.; vgl. Krüger/Grunert 2002). Viel prominenter erscheinen dagegen die beiden „großen Themen": „Jugendkulturelle Orientierungen" sowie „Jugend und Politik" (vgl. z. B. Gille/Krüger 2000). Sie sind in einer großen thematischen und problembezogenen Breite ausdifferenziert und werden in den großen Surveys zentral gestellt. Sieht man genauer hin und verfolgt man die Tradition der Jugendforschung etwas weiter zurück, so fällt auf, dass eigentlich erst nach dem Ende des Zweiten Weltkriegs nach „Jugend und Familie" gefragt wurde, und zwar ganz vorrangig nach der Akzeptanz der familialen Lebensform durch junge Menschen.

Dies hat wohl mehrere Gründe. Nach 1945 begann die Jugendforschung sich wesentlich stärker sozialwissenschaftlich-soziologisch zu orientieren und sich von der eher (entwicklungs-)psychologischen Tradition der Adoleszenzforschung abzugrenzen. Freilich drückten die für die Nachkriegszeit so typischen Erwachsenenängste um das demokratische und rechtschaffene Gedeihen der Jugendlichen der Forschung auch ihren Stempel auf. Jugend wurde vor allem vor dem Hintergrund der Erwartungen und normativen Vorgaben der Erwachsenen, von Gesellschaft und Politik porträtiert und daraufhin befragt, inwiefern sie diese Erwartungen und Normen akzeptiere und nach ihnen zu leben gedenke. Die Verunsicherung über die Integrationsbereitschaft der jungen Generation in das politische System und in die – eher restaurativ wieder aufgerichteten sozialen Zusammenhänge und Lebensmuster legten die Jugendforschung auf den Typus von „Integrationsbilanzstudien" fest. Von daher wird verständlich, dass sowohl theoretisch wie methodologisch primär die Einstellungen Jugendlicher interessierten; Einstellungen in Bezug auf Werte, Lebensziele, politische Parteien, bürgerliche Lebensformen und so weiter.

Für das Erstellen einer Integrationsbilanz waren vor allem die beiden Hauptsäulen bürgerlicher Normalexistenz in den Blick genommen: Ausbildung und Arbeit einerseits, Familienleben andererseits. Die traditionellen Vorstellungen und Bilder von einem emotional warmen, heilen und geordneten Familienleben sowie von einer Jugendzeit als einem Schonraum, einem im Sprangerschen Sinn geistig-seelischen Moratorium, wurden in der unmittelbaren Nachkriegszeit zwar nicht außer Kraft gesetzt, sie waren aber weiter von der Alltagsrealität entfernt als je zuvor. Einerseits erschien den Menschen angesichts des Zusammenbruchs der staatlichen und politischen Ordnungen die Familie ein unverzichtbarer und in den Wirren und der Bindungslosigkeit der Zeit der einzig unzerstörbare Schutz zu sein. Andererseits waren die Ordnung und die Normalität der Familie durch den Krieg und seine Folgen schwer beschädigt (vgl. Münchmeier 1977).

Konservative Politiker, aber auch kirchliche Organe und Wohlfahrtsverbände sahen in dieser Entwicklung gefährliche Tendenzen zur Auflösung der Ordnung der Familie, eine Gefährdung gedeihlicher Sozialisationsbedingungen und damit der gesellschaftlichen Zukunft. Gegen die faktische Relativierung und Pluralisierung der Familienmuster und Geschlechtsrollen arbeiteten sie deshalb an der Rekonstruktion der Familie in ihrer bürgerlichen Ordnung. Dieser gesellschaftliche Hintergrund begründete das Interesse der Forschung an der Akzeptanz der Familie durch die Jugendlichen und an ihren Einstellungen zu Ehe und Familie.

Daran änderte auch der am Beginn der 1980er Jahre vollzogene Perspektivenwandel nichts. Damit gemeint ist der Versuch, Jugend nicht mehr (allein) aus der Sicht der Gesellschaft zu porträtieren, sondern umgekehrt danach zu fragen, wie junge Menschen selber ihr Leben in der Gesellschaft sehen. Eine Leitfunktion für diesen – später „subjektive Wende" genannten – Perspektivenwechsel übernahmen die Shell Jugendstudien. Gemäß der theoretischen Konzeption sollte also nicht von den Erwartungen der Erwachsenengesellschaft, von den sozial gültigen Konventionen und Normen ausgegangen werden, sondern es sollte, so gut es geht, der subjektive Blick der Jugendlichen widergespiegelt und rekonstruiert werden. Obwohl sich nach wie vor Jugendstudien hauptsächlich auf Einstellungs- und Urteilsmessungen konzentrieren, wurde versucht, nicht einfach von gesellschaftlichen Normalitäts- und Leitvorstellungen auszugehen.

Natürlich spielt hierfür auch der seit den 1980er Jahren immer stärker konstatierte soziale Wandel eine entscheidende Rolle. Je umfangreicher und detaillierter die wissenschaftlichen Erkenntnisse über die sich wandelnden Wert- und Normalitätsvorstellungen wurden, je detailliertere Erkenntnisse über die sich ausdifferenzierenden Lebensformen – gerade auch in Bereich von Partnerschaft und Familienmodellen – vorlagen, desto mehr geriet das Thema „Jugend und Familie" theoretisch und empirisch in den Kontext der Forschungen über die Ursachen und Prozesse des gesellschaftlichen, kulturellen und sozialen Wandels. Jugendliche galten zum einen als aktive Träger und Protagonisten dieses Wandels, zum anderen als von den Folgen der Auflösung der Normalbiografie besonders betroffen. Für nicht wenige Autoren markiert das Thema deshalb auch „Orientierungs- und Bewältigungsaufgaben".

Offen bleibt bei alledem, ob nicht auch hierbei sowohl das Ausmaß des Wandels als auch die Rolle der Jugendlichen überschätzt werden. Gerade vor dem Hintergrund der Befunde der neuesten Jugendforschung relativiert sich manche postulierte These. Insbesondere zeigt sich aber weit weniger Eindeutigkeit und weit größere Heterogenität auch in der jungen Generation.

2. Die neueren Shell Jugendstudien als Beispiel

Auch in der nun fünfzigjährigen Tradition der Shell Jugendstudien (vgl. Zinnecker 2001) wurde das Thema „Jugend und Familie" zunächst als Frage nach der Akzeptanz etablierter gesellschaftlicher Normen aufgegriffen. So fragt die erste Studie (1953) noch ganz unbeirrt durch die Freigabe vorehelicher Partnerschaft oder durch die Herausbildung anderer Partnerschaftsmodelle nach den Vorstellungen Jugendlicher über die „zukünftigen Ehepartner". Die Themen „Verhältnis zu den Eltern" oder „Jugend in der Familie" kommen gar nicht vor. Aufgeschreckt durch die Studenten- und Schülerbewegung stellt die 6. Studie (1975) aufgeregt Fragen nach Kontinuität und Wandel im Verhältnis zu den Eltern. Meinungsverschiedenheiten mit den Eltern, Unterschiede im Erziehungsstil, Einstellung zu elterlichen Erziehungspraktiken und Normenkonsistenz und ähnliche Themen stehen im Vordergrund.

Mit der 9. Shell Jugendstudie (1981) jedoch wurde eine später so genannte „subjektive Wende" vollzogen. Ziel der Shell-Studien seit 1981 war es, die relative Eigenständigkeit der Jugendsubkultur zu demonstrieren, also weniger die Integrationserwartungen Erwachsener zum Ausgangspunkt der Befragung zu machen, sondern den Blick für das autonome Jugendleben nach den eigenen Bewertungen und Urteilen der jungen Generation zu schärfen. Damit änderte sich der Blick auf unser Thema. „Heirat und Familie" wurden in die „Jugendbiografie" (vgl. 9. Shell Jugendstudie, Band 1, S. 124-335) integriert, d. h. es wurde nun danach gefragt, ob und wann die Jugendlichen diese „Fixpunkte" der Biografie erreichen wollen. Gemäß der theoretischen Konzeption sollte auch hier nicht von den Erwartungen der Erwachsenengesellschaft, also von den sozial gültigen Konventionen und Normen ausgegangen werden, sondern, so gut es geht, der subjektive Blick Jugendlicher auf Heirat und Familie widergespiegelt und rekonstruiert werden.

In der 13. Shell Jugendstudie (2000) wurde der Bereich „Jugend und Familie" wiederum aus der subjektiven Perspektive mit einigen Fragen thematisiert. Vor allem aber wurden mit Hilfe von Vorstudien und Faktorenanalysen Skalen entwickelt, deren Zuverlässigkeit weit über das Messniveau herkömmlicher Itemsabfragen hinausgeht. Deshalb beziehen sich die nachfolgenden Ausführungen hauptsächlich auf diese Studie. Da in dieser Erhebung – zum ersten Mal – ausländische Jugendliche, vor allem solche italienischer und türkischer Nationalität – einbezogen wurden, ergeben sich hier einige neue, bisher nicht vorhandene Vergleichsmöglichkeiten.

Natürlich wurde das Thema Familie auch in den nachfolgenden Shell-Studien aufgegriffen, so dass die 14. und 15. Jugendstudie zu Vergleichszwecken herangezogen werden können. Auf diese Weise können Anhaltspunkte für die Stabilität der Befunde im Zeitverlauf gewonnen werden.

Die Einbettung des Themas in eine panoramaartig angelegte Jugendstudie bringt natürlich einige Nachteile mit sich, vor allem den, dass das Thema relativ knapp und damit eher oberflächlich behandelt werden muss. Die Fülle der Themen, die in den zahlreichen nondirektiven Interviews exploriert und in begrenzter Fragebogenzeit angesprochen werden müssen, lässt eine jeweils vertiefende und komplexe Ausschöpfung nicht zu. Die Einbettung hat jedoch andererseits auch entschiedene Vorteile, die vor allem darin liegen, dass die Sichtweisen der Jugendlichen in Bezug auf die Bedeutung von Herkunftsfamilie und eigener Familie im Kontext anderer Orientierungen interpretiert und mannigfache Bezüge zu Untergruppen und Einstellungsskalen hergestellt werden können.

3. Lebensziele: Familie und Beruf

Ausgehend von zahlreichen explorativen Interviews haben – wir wie schon gesagt – in der 13. Shell Jugendstudie versucht, mit Hilfe einer Fragebogen-Vorstudie Skalen zur Erfassung jener Wertebereiche Jugendlicher zu entwickeln, die nachhaltigen Einfluss auf ihre Lebensführung und Lebensziele haben (vgl. 13. Shell Jugendstudie, Beschreibung der Skalen, Band 1, S. 379-387). Das ermöglichte uns einerseits, nicht unsere Vorstellungen vorzugeben, sondern den Sichtweisen der jungen Generation zu folgen, andererseits ihre Wert- und Lebensziele abseits der traditionellen dichotomen Entweder-oder-Logik zu untersuchen. Wir fragten also nicht in der simplen Art von Meinungsforschung, ob oder ob nicht junge Menschen das Lebensziel Familie akzeptieren, sondern danach, welches Gewicht es für ihre Lebensplanung hat und mit welchen inhaltlichen Vorstellungen es sich verbindet.[1]

Nicht nur im zeitgenössischen Feuilleton, sondern auch in manchen wissenschaftlichen Interpretationen werden Jugendliche gerne als „Kinder der Freiheit" porträtiert, die – da sie feste Bindungen und Festlegungen eher postmodern zu vermeiden suchen – überlieferte Vorstellungen von Ehe und Familie ablehnen und autonomere Formen von Partnerschaft präferieren. Eine Familie zu gründen und in ihr zu leben sei eher kein Lebensziel der jungen Generation. Wie wir gleich sehen werden, ist solchen Pauschalbehauptungen mit einiger Skepsis zu begegnen.

Die in vier Stufen (Konzeptentwicklung, Itemsammlung, Skalenkonstruktion bzw. Faktorenanalyse und Skalenüberprüfung, vgl. ebd.) entwickelte Skala „Familienorientierung – Partner, Heim und Kinder" sieht folgendermaßen aus:

Skala: Familienorientierung – Partner, Heim und Kinder

Item		Mittelwert
1.	in einer glücklichen Partnerschaft leben	4.20
2.	Kinder haben	3.64
3.	eine eigene Familie aufbauen, in der man sich wohlfühlt	4.00
4.	sich später ein angenehmes Zuhause schaffen	4.21
5.	seinen Kindern einmal ein sicheres Zuhause bieten	4.11
6.	treu sein	4.02

Mittelwert Skala	M = 24.2	Minimum:	6
Standardabweichung Skala	s = 4.70	Maximum:	30
Theoretische Mitte:	18;	Reliabilität (Cronbach's Alpha)	r_{tt} = .87

Abfragemodus: 5 = ist mir ausgesprochen wichtig ... 1 = ist mir überhaupt nicht wichtig.

Die Skala zeigt an, welcher Stellenwert der Familie innerhalb der Lebensziele der Jugend zukommt. Die von den einzelnen Items benannten Inhalte machen deutlich, dass Familie im Wesentlichen mit Ressourcen assoziiert wird, die dem Einzelnen Rückhalt, Geborgenheit, Zuhause und emotionale Sicherheit bieten, also durchaus mit traditionellen Erwartungen. (Dass Kinderhaben etwas niedriger rangiert, liegt in erster Linie an den relativ niedrigen Lebensaltersgruppen der Studie (15 – 24 Jahre), in denen die Realisierung des Kinderwunsches sich noch nicht als konkrete Entscheidungsfrage stellt.)

Betrachtet man verschiedene Untergruppen im Vergleich, findet sich ein Hauptunterschied: Über alle Gruppen hinweg ist Mädchen dieses Lebensziel bedeutsamer als Jungen. Am stärksten ausgeprägt ist die Familienorientierung bei den 15- bis 21-jährigen ausländischen Mädchen (Mittelwert: 25.3) und den 22-bis 24-jährigen deutschen jungen Frauen 25.2). Jugendliche mit Realschulabschluss, ostdeutsche Jugendliche sowie die Jugend, die auf dem Land wohnt (24.8), vertreten sie stärker als die Jugend, die in der Stadt wohnt (23.7). Mädchen und junge Frauen in den neuen Bundesländern (25.6) sind deutlich stärker familienorientiert als ihre Geschlechtsgenossinnen im Westen (24.6). Zum Vergleich:

1 Leider wurden diese und die weiteren Skalen in der 14. bzw. 15. Shell Jugendstudie nicht mehr verwendet.

Jungen und junge Männer in Ostdeutschland erreichen einen Skalenwert von 24.3, in den alten Bundesländern von 23.3.

Da diese Skala in der 14. und 15. Shell Jugendstudie nicht mehr verwendet wurde, ist die Bildung einer Zeitreihe unmöglich. Jedoch zeigen auch die dort verwendeten einfachen Fragen, dass die Bedeutung von Familie als Lebensziel unverändert hoch geblieben ist: „Die Jugendlichen bewerten die Familie als sehr bedeutend für ihr persönliches Glück. Insgesamt sind 72 % der Befragten der Meinung, dass man eine Familie braucht, um glücklich leben zu können" (15. Shell Jugendstudie 2006, S. 50).

Es scheint also so zu sein, dass sich die Bedeutung und Gewichtigkeit des Lebensziels Familie im Vergleich zu früheren Generationen nicht grundlegend verändert hat. Auch die inhaltliche Füllung der Familienorientierung scheint sich an eher klassischen Wunschbildern zu orientieren. Dennoch sind einschneidende Veränderungen zu bemerken, die vor allem Mädchen und junge Frauen betreffen. Verändert hat sich nämlich, dass weibliche Jugendliche heutzutage selbstverständlich Familie *und* Beruf leben und miteinander verbinden wollen. Die klassische Rollenzuschreibung – Jungen sind berufs-, Mädchen familienorientiert – trifft, von den Jugendlichen aus gesehen, nicht mehr zu.

Berufsorientierung liegt für beide Geschlechter auf der gleichen Bedeutungshöhe wie Familienorientierung, und geschlechtsspezifische Unterschiede scheint es nicht mehr zu geben. Unsere Skala „Berufsorientierung – Gute Ausbildung und interessanter Job" sieht folgendermaßen aus:

Skala: Berufsorientierung – Gute Ausbildung und interessanter Job

Item		Mittelwert
1.	umziehen, wenn der Job es erfordert	3.28
2.	eine vernünftige Ausbildung	4.19
3.	ein solider Beruf, mit dem man auf eigenen Beinen steht	4.10
4.	ein Beruf, der einem auch später etwas bedeutet	4.17
5.	einen sicheren Arbeitsplatz finden	4.30
6.	eine interessante Arbeit finden	4.29

Mittelwert Skala	M = 24.3	Minimum:	6
Standardabweichung Skala	s = 4.70	Maximum:	30
Theoretische Mitte:	18;	Reliabilität (Cronbach's Alpha)	r_{tt} = .79

Abfragemodus: 5 = ist mir ausgesprochen wichtig ... 1 = ist mir überhaupt nicht wichtig.

Die Zusammengehörigkeit von Familie und Beruf als gleichrangige Lebensziele drückt sich auch in einer recht hohen positiven Korrelation (r = .45) beider Skalen aus. „Allerdings muss man hier zur Kenntnis nehmen, dass die Blütenträume der 15- bis 17-jährigen Mädchen von der Vereinbarkeit eines gelebten erfüllten Berufs- und Familienlebens in der Altersgruppe der 22- bis 24-jährigen Mädchen zum Großteil schon ausgeträumt sind. Während sich bei den männlichen Jugendlichen an dem ‚Mix' von Berufs- und Familienorientierung nach Altersverlauf kaum etwas ändert, zeigen sich die 22- bis 24-jährigen Mädchen in Ost wie West wundersam gewandelt zu stärker familienorientierten Wesen mit eingeebneten Berufsträumen ..." (Fritzsche 2000, S. 115).

An diesem Beispiel zeigt sich deutlich, dass es eher nicht an den Orientierungsmustern der Jugendlichen liegt, wenn sie spät oder gar nicht Familien gründen, sondern vielmehr an gesellschaftlichen und arbeitsweltspezifischen Rahmenbedingungen, an denen sich die Vereinbarkeitswünsche brechen.

4. Jugendliche in ihrer Herkunftsfamilie

Schon lange gelten die Erfahrungen der 1968er-Generation mit antiautoritären Ablösungskonflikten mit der Herkunftsfamilie, Differenzen mit den Eltern über Lebensstile und biografische Zukunftsplanungen, kulturelle Orientierungen und Outfits nicht mehr. In welchem Ausmaß dies nicht mehr gilt, hat uns allerdings überrascht.

Bereits in der 10. Shell Jugendstudie (1985) wurde die Frage gestellt: „Würdest du deine Kinder so erziehen, wie deine Eltern dich erzogen haben, oder würdest du es anders machen?“. Wir haben diese Frage in der 13. Studie (2000) wieder aufgenommen.[2] Die gleiche Frage wurde in der 14. und 15. Studie wiederholt, so dass sich die Befunde im Zeitvergleich betrachten lassen. Vergleicht man die Ergebnisse[3], fällt ein überraschendes Anwachsen des Einverständnisses mit der selbst erlebten Erziehungspraxis ins Auge. Das Verhältnis zwischen Eltern und Jugendlichen scheint im Großen und Ganzen recht entspannt und konsensual zu sein.

Die eigenen Kinder so erziehen, wie man selbst erzogen wurde (nur westdeutsche Jugendliche in %)

	1985 **n = 1.472**	**2000** **n = 3.191**	**2002** **n = 2.515**	**2006** **n = 2.532**
genauso	12	12	13	15
ungefähr so	41	60	57	56
anders	37	20	22	20
ganz anders	11	8	7	7

Addiert man die beiden zustimmenden Antwortvorgaben, so ist die Kongruenz zwischen elterlichen und jugendlichen Vorstellungen von 53 % (im Jahr 1985) auf 72 % (im Jahr 2000) bzw. 71 % (im Jahr 2006) angewachsen. Nahezu drei Viertel sind – so scheint es – mit der selbst erlebten Erziehungspraxis so zufrieden, dass sie sich auch für das eigene Handeln daran orientieren wollen. Am stärksten identifizieren sich im Jahr 2000 Jugendliche mit hohem Bildungsniveau mit ihren Eltern (nur 21 % wollen ihre Kinder anders oder ganz anders erziehen), am wenigsten die mit Hauptschulbildung (hier sind es 41 %). Diejenigen, die die Erziehung der Eltern als „streng/sehr streng“ empfanden, wollten es zu 45 % „anders/ganz anders“ machen. Wohingegen diejenigen, die ihre Eltern „gütig/milde“[4] erlebt haben, zu 83 % „genauso/ungefähr so“ handeln wollten.

Mit Hilfe einer weiteren Frage stellte die 15. Shell Studie fest, dass fast die Hälfte (48%) der Befragten aus der Oberschicht angaben, „bestens mit den Eltern auszukommen, aber nur ein Fünftel (20%) derjenigen aus der Unterschicht (S. 60).

Dass das Generationenverhältnis innerhalb der Familie eher als vertrauensvoll-entspannt zu bezeichnen ist, zeigt sich auch an den Antworten auf die Frage der 13. Shell-Studie nach der „Bedeutsamkeit“ von Personen für das eigene Leben bzw. nach Personen, mit de-

2 Ebenso wurde dies in der 14. Studie getan mit Ergebnissen, die die Entwicklung bestätigen.

3 Selbstverständlich können hier nur westdeutsche Jugendliche (mit bereinigten Altersabgrenzungen) verglichen werden.

4 Diese Formulierung geht darauf zurück, dass diese Frage bereits seit Jahrzehnten so gestellt wird und aus Vergleichszwecken nicht geändert werden konnte.

Bedeutsamkeit von ***Bezugspersonen***

	deutsche Jugendliche West	deutsche Jugendliche Ost	ausländische Jugendliche
Herkunftsfamilie:			
Mutter	3.5	3.6	3.7
Vater	3.3	3.3	3.5
Bruder/Brüder	3.1	3.2	3.4
Schwester/n	3.1	3.2	3.3
Ältere Verwandte	2.4	2.6	2.7
Gleichaltrige Verwandte	2.2	2.4	2.5
Freunde und eigene Familie:			
Fester Partner/Ehepartner	3.7	3.7	3.6
Guter Freund	3.4	3.4	3.4
Gute Freundin	3.4	3.4	3.3
Eigene/s Kind/er	3.3	3.4	3.3
Freundesgruppe	3.2	3.2	3.1
Ausbildungs-/Arbeitswelt:			
MitschülerInnen	2.6	2.6	2.6
BerufskollegInnen	2.5	2.6	2.5
Vorgesetzte/r	2.2	2.3	2.2
LehrerInnen	1.9	2.0	2.1

Mittelwerte ohne Nennung „habe ich nicht"; 4 = sehr wichtig; 1 = gar nicht wichtig.

nen man „Sorgen und Nöte durchsprechen kann". Die Ergebnisse zeigen wiederum eine Aufwertung der Bedeutung von Familienmitgliedern, allen voran der Mutter.

Hier zeigen sich zwei bedeutsame Unterschiede zwischen den ost- und den westdeutschen Jugendlichen: Zum einen sind in den neuen Bundesländern im Bereich von Ausbildung und Beruf Ältere in höherem Maß als Jüngere oder Altersgleiche wichtig für die eigene Orientierung, zum anderen spielt das Verhältnis zu Personen der Herkunftsfamilie eine gewichtigere Rolle. Das mag mit der Verunsicherung der eigenen Perspektiven durch die Wende und ihre Folgen zusammenhängen. In Ost wie in West aber scheint die soziale Einbettung in die Familie als wichtige Ressource erlebt zu werden. „Familie erhält damit eventuell einen neuen Stellenwert als Rückhalt, als ‚Wagenburg', weil man zusammenrückt, um dem äußeren Druck, beispielsweise von drohenden Erwerbsunterbrechungen, besser standhalten zu können" (13. Shell Jugendstudie 2000, S. 211f.).

Das bedeutet auch eine Bestätigung jener Thesen, die von einer Einebnung des „Generationenkonflikts" in der Herkunftsfamilie und von einer Verschiebung der Generationenproblematik in gesellschaftliche Zusammenhänge sprechen (vgl. Ecarius 2002, S. 531). Die bereits für die 12. Shell Jugendstudie entwickelte Skala „Erlebter Gegensatz zwischen den Generationen" zeigt einen Anstieg der wahrgenommenen Generationskonflikte in der Gesellschaft (der Skalenmittelwert stieg von 13.9 auf 14.2; Skalenbereich 5 bis 20). Nicht mehr an den Eltern macht sich der Generationenkonflikt fest, sondern an vergleichsweise „abstrakten" und „unpersönlichen" Entwicklungen und Zwängen, bei denen man die dafür Verantwortlichen nicht persönlich kennt.

Skala: Erlebter Gegensatz der Generationen

Item		Mittelwert
1.	Die Erwachsenengeneration verbaut durch ihre Politik heute unsere Zukunft.	2.86
2.	Unter den Fehlern der heutigen Politik werden wir in Zukunft zu leiden haben.	3.11
3.	In der Politik spielt die Zukunft der jungen Generation keine Rolle.	2.66
4.	Die Erwachsenen denken nur an ihre eigenen Interessen, die Zukunft der Jugend ist ihnen egal.	2.65
5.	Die Politik spart vor allem dort an Geld, wo es um die Zukunftschancen der Jugend geht.	2.91

Mittelwert Skala	M = 14.2	Minimum:	5
Standardabweichung Skala	s = 2.90	Maximum:	20
Theoretische Mitte:	12,5;	Reliabilität (Cronbach's Alpha)	r_{tt} = .78

Abfragemodus: 4 = trifft sehr zu ... 1 = trifft überhaupt nicht zu.

5. Bilanz

In der Zusammenschau spricht wenig für die manchmal zu hörende Unterstellung, die Jugendlichen wüssten angesichts von Pluralisierungs- und Individualisierungsprozessen sowie des rasanten Wandels in allen Lebensbereichen mit Familie nichts mehr anzufangen. Eher im Gegenteil! Relativ zuversichtlich in die eigene Wirksamkeit versuchen sie, ihre Lebensperspektive vorzubereiten, die sich vor allem an den beiden Zielen Beruf und Familie ausrichtet.

Es zeigt sich also ein breiter Konsens in Richtung auf Beruf und noch mehr auf Familie. Für Jungen und Mädchen in Ost und West gilt: Ihre Anstrengungen konzentrieren sich auf diese beiden Lebensbereiche. Es gilt ihnen als sicher, dass sich Beruf und Familie miteinander verbinden lassen. Sie wollen keinesfalls einem Individualismus huldigen, der sich von diesen traditionellen Lebensformen freimacht und „jenseits von Beruf und Familie" ein gegenwarts- und selbstbezogenes Leben propagiert.

Dieser erstaunliche Konservatismus scheint eine Folge von und Reaktion auf die wahrgenommene Schwierigkeit zu sein, diese Lebensbereiche zu realisieren und zu leben. Die Ideale von (lebenslangem) Beruf und (lebenslanger) Ehe entfernen sich von den pragmatisch erreichbaren Realitäten. So sind etwa für die übergroße Mehrheit „Heirat" oder „Zusammenwohnen mit dem Ziel der Heirat" unter allen Partnerschaftsmodellen die angestrebten Ideale. Dennoch werden – aus pragmatischen Gründen der Erreichbarkeit und Realisierbarkeit – auch die so genannten neuen Lebensformen wie „living apart together", Wohngemeinschaften oder Single-Leben als Ersatz- oder Behelfsformen akzeptiert. Man pflegt die Ideale (wie z. B. Treue), weil sie am erstrebenswertesten erscheinen; aber man weiß, dass sie schwer realisierbar sind und man sich mit den erreichbaren Möglichkeiten arrangieren muss.

Bei den deutschen Jugendlichen scheint die Orientierung an der Zentralstellung der Familie für die eigene Lebensplanung losgelöst zu sein von irgendwelchen „materiellen" Nutzenüberlegungen; so hat etwa die Form der „Versorgungsehe" ausgespielt. Vielmehr wird die Familie als emotionaler Rückhalt, als Ort von Liebe, Verlässlichkeit, Treue, Häuslichkeit und Partnerschaft verstanden. Um dieses Ideal leben zu können, versucht man, möglichst gute Voraussetzungen und Ressourcen anzusammeln. Bei den ausländischen Jugendlichen, besonders bei türkischen, liegen die Dinge anders: Sie kommen mit der eben genannten „Subjektivierung" der Bedeutung von Familie nicht so gut zurecht; sie ist ihnen zu individualistisch, zu „gewollt" und zu wenig „selbstverständlich". Familie spielt für sie eine andere Rolle als unhinterfragte, gleichsam „objektive" Lebensform. Den Eltern begegnen sie eher als Respekts- denn als Vertrauenspersonen.

Wie bereits gesagt: Jugendliche gehen in der Regel davon aus, dass es ihnen gelingen wird, Familie und Beruf miteinander zu verbinden. Berufs- und Familienorientierung als zusammengehöriges Paar, also *nicht* als widerstreitende Alternative, stehen bei den Deutschen ganz eindeutig im Zentrum. Das gilt auch für Mädchen und junge Frauen.

Von den deutschen Jugendlichen werden die Eltern sehr viel häufiger und deutlicher als früher als Vertrauenspersonen wahrgenommen. Sie sprechen in der Mehrzahl erheblich weniger von strenger Erziehung durch Vater und Mutter und wollen sehr viel öfter den selbst erfahrenen Erziehungsstil auch bei den eigenen Kindern fortsetzen. Sie erleben mehrheitlich ihre Eltern als Partner, die sich viel Mühe geben sie zu unterstützen und zu beraten – und dies auf längere Zeit als früher. Ihre Verselbstständigung geschieht nicht im Konflikt, sondern geradezu in Absprache mit den Eltern; bei ihren Ablösungsversuchen fühlen sie sich von ihnen unterstützt. Trotzdem haben wir hiervon abweichende, in manchen Aspekten auch problematische Verhältnisse gefunden bei der Unterschicht und bei manchen Gruppen unter den Ausländern.

Elterliches „Zutrauen in das Kind" (als Gegenteil von „ängstliche Besorgtheit") ist offenbar die wichtigste Dimension und Bedingung für eine gute Ausrüstung und Motivation, das Leben in die Hand zu nehmen und sich zuzutrauen, die Schwierigkeiten zu meistern. Viele Skalen und Variablen im Bereich Zukunftssicht, klare Lebensplanung, Autonomie/Kreativität/Konfliktfähigkeit, Menschlichkeit/Toleranz, Selbstmanagement hängen positiv mit dieser Dimension zusammen. Elterliches Zutrauen begünstigt jene Persönlichkeitsressourcen, die gute Voraussetzungen für eine gelingende Lebensbewältigung bieten. Die materielle Ausstattung (der „Lebensstandard") der Familie scheint dagegen ziemlich nachrangig zu sein – zumindest in der Wahrnehmung der Jugendlichen.

Literatur

Ecarius, J., 2002: Jugend und Familie. In: Krüger, H.-H./Grunert, C. (Hrsg.): Handbuch Kindheits- und Jugendforschung. Opladen, S. 519-540.

Fritzsche, Y., 2000: Moderne Orientierungsmuster: Inflation am „Wertehimmel". In: 13. Shell Jugendstudie. Opladen, S. 93-156.

Gille, M./Krüger, W. (Hrsg.), 2000: Unzufriedene Demokraten. Politische Orientierungen der 16- bis 20-Jährigen im vereinigten Deutschland. DJI-Jugendsurvey 2. Opladen.

Münchmeier, R., 1997: Geschichte der Sozialen Arbeit. In: Harney, K./H.-H. Krüger (Hrsg.): Einführung in die Geschichte von Erziehungswissenschaft und Erziehungswirklichkeit. (Einführungskurs Erziehungswissenschaft, Band III). Opladen, S. 271-309.

1. Shell Jugendstudie, 1954: Jugend zwischen 15 und 24. Eine Untersuchung der deutschen Jugend im Bundesgebiet 1953. Hrsg. vom Jugendwerk der Deutschen Shell. Bielefeld.

6. Shell Jugendstudie, 1975: Jugend zwischen 13 und 24 – Vergleich über 20 Jahre, 3 Bände. Hrsg. vom Jugendwerk der Deutschen Shell. Hamburg.

9. Shell Jugendstudie, 1981: Jugend '81 – Lebensentwürfe, Alltagskulturen, Zukunftsbilder. Hrsg. vom Jugendwerk der Deutschen Shell, 3 Bände. Hamburg.

10. Shell Jugendstudie, 1985: Jugend und Erwachsene '85 – Generationen im Vergleich. Hrsg. vom Jugendwerk der Deutschen Shell, 5 Bände. Opladen.
12. Shell Jugendstudie, 1992: Jugend '92 – Lebenslagen, Orientierungen und Entwicklungsperspektiven im vereinigten Deutschland. Hrsg. vom Jugendwerk der Deutschen Shell, 4 Bände. Opladen.
13. Shell Jugendstudie, 2000: Jugend 2000. Hrsg. von der Deutschen Shell, 2 Bände. Opladen.
14. Shell Jugendstudie, 2002: Jugend 2002. Zwischen pragmatischem Idealismus und robustem Materialismus. Hrsg. von der Deutschen Shell. Frankfurt am Main.
15. Shell Jugendstudie, 2006: Jugend 2006. Eine pragmatische Generation unter Druck, hrsg. von der Shell Deutschland Holding. Frankfurt am Main.
Zinnecker, J., 2001: Fünf Jahrzehnte öffentliche Jugend-Befragung in Deutschland. Die Shell-Jugendstudien. In: Merkens, H./Zinnecker, J. (Hrsg.): Jahrbuch Jugendforschung. 1. Ausgabe 2001. Opladen, S. 243-270.

Alter und Familie

Cornelia Schweppe

1. Einleitung

Familie und Alter stehen in einem vielfältigen und sich gegenseitig beeinflussenden Beziehungsgefüge zueinander. Der Zusammenhang impliziert sowohl Fragen nach der Bedeutung der Familie für alte Menschen als auch von alten Menschen für die Familie. Beide Fragenkomplexe sind grundlegenden Wandlungsprozessen unterzogen. Demografische Veränderungen, der Struktur- und Funktionswandel der Familie sowie Pluralisierungs- und Individualisierungsprozesse der Altersphase (vgl. Schweppe 1999) sind ausschlaggebend dafür. Entgegen öffentlicher Diskurse und moralisch gefärbter Verlautbarungen haben diese Wandlungsprozesse jedoch keineswegs zum Bedeutungsverfall der Familie für alte Menschen und der Isolierung der Altengeneration von der Familie geführt.

2. Familienstand im Alter

Gemäß des im Jahr 1996 durchgeführten Alterssurveys[1] sind 52 % der 70- bis 85-Jährigen verheiratet und leben mit der EhepartnerIn zusammen. Dabei zeigen sich deutliche geschlechtsspezifische Unterschiede. Während 81 % der 70- bis 85-jährigen Männer verheiratet sind und mit ihrer Lebenspartnerin zusammenwohnen, trifft dies für nur 35 % der gleichaltrigen Frauen zu (vgl. Kohli u. a. 2000a, S. 79). Entsprechend geschlechtsspezifisch ausgeprägt, ist auch das Alleinleben im Alter. Insgesamt leben 41 % der 70- bis 85-Jährigen in einem Einpersonenhaushalt. Bei den alleinlebenden 70- bis 85-jährigen Frauen liegt der Anteil bei 56 % und sinkt bei den Männern dieser Altersgruppe auf 16 % (vgl. ebd. 2000a, S. 78). Die geschlechtsspezifischen Unterschiede sind bedingt durch die durchschnittlich niedrigere Lebenserwartung bei Männern, den Altersabstand in den Ehen sowie den durch den Zweiten Weltkrieg bedingten Frauenüberschuss. Der kriegsbedingte Frauenüberschuss wird jedoch zukünftig eine zunehmend geringere Rolle spielen, so dass die Ungleichheit der Geschlechterproportionen und der Partnerschaftsverhältnisse im Alter etwas zurückgehen werden (vgl. ebd. 2000a, S. 16).

1 Der Alterssurvey ist eine im Auftrag des Bundesministeriums für Familie, Senioren, Frauen und Jugend von der Freien Universität Berlin unter Leitung von Prof. Dr. Martin Kohli durchgeführte repräsentative Erhebung mit knapp 5.000 Befragten der Geburtsjahrgänge 1911 bis 1956.

3. Familiale Generationenkonstellationen von alten Menschen

Obwohl sich aus diesen Daten, zumindest für alte Frauen, die Tendenz zur Singularisierung ableiten lässt, wäre es unzulässig, hieraus den Schluss eines Bedeutungsverlustes der Familie für alte Menschen zu ziehen. Weitet man den Blick auf die weitere Verwandtschaft von alten Menschen, lässt sich feststellen, dass 85 % der heutigen 70- bis 85-Jährigen Kinder haben (vgl. ebd. 2000a, S. 87). Ein Geburtenrückgang zeichnet sich bei den jüngeren Altersgruppen lediglich in einem Rückgang der Personen mit mehr als drei Kindern ab. Der Anteil kinderloser Bevölkerungsgruppen unter den jüngeren Jahrgängen ist sogar geringer als bei den älteren (vgl. ebd. 2000a, 17f.). Auf der Basis dieser Daten sei nach Kohli u. a. nicht damit zu rechnen, dass die heutigen 40- bis 54-Jährigen im höheren Alter seltener Kinder haben werden, als dies bei den heutigen Alten der Fall ist (vgl. ebd. 2000a, S. 18).

Aber es ist nicht nur der hohe Anteil von Kindern, der zumindest strukturell die These der familienlosen Alten widerlegt. Die enorme Ausweitung der Lebenszeit hat – im Vergleich zu anderen historischen Epochen – vielmehr auch zu einem vervielfältigten Verwandtschaftsgefüge von alten Menschen geführt. Lange Lebensdauer und sinkende Geburtenraten haben zu Familienstrukturen geführt, die in den USA als „bean pole"-Familie (vgl. Bengston/Rosenthal/Burton 1990) bezeichnet werden. Sie zeichnen sich durch die Ausweitung der Generationen aus, denen allerdings jeweils nur wenige Mitglieder angehören (vgl. Bengston/Schütze 1992). Noch nie hat es Familienstrukturen gegeben, die so viele Generationen umfassen, wie heute. Die Drei- und teilweise sogar die Vier-Generationenfamilie werden zunehmend zur Normalität. Dementsprechend haben bereits 60 % der 55- bis 69-Jährigen Enkelkinder; in den neuen Bundesländern steigt der Anteil sogar auf 77 %. Unter den 70- bis 85-Jährigen haben 75 % Enkelkinder und 21 % Urenkel. Auch bei dieser Altergruppe werden regionale Unterschiede deutlich. In den neuen Bundesländern haben 87 % dieser Altergruppe Enkelkinder und 36 % Urenkel (Kohli u. a. 2000a, S. 86). Und es gibt eine kleine Minderheit von Großeltern, die selbst noch Großeltern haben. Das weit vorhandene Verwandtschaftsgefüge kommt schließlich in dem empirischen Befund zum Ausdruck, dass nur 2 % der 70- bis 85-Jährigen weder LebenspartnerIn, Kinder oder Geschwister haben (vgl. ebd. 2000a, S. 18). Die Daten des Alterssurveys weisen darauf hin, dass auch in Zukunft nicht mit einem deutlichen Anstieg solcher Personengruppen im Alter zu rechnen ist (vgl. ebd. 2000, S. 18).

Der demografische Wandel hat jedoch nicht nur zu einer Vervielfältigung von Familiengenerationen geführt, sondern auch dazu, dass Familienmitglieder mehr Lebenszeit als jemals zuvor miteinander verbringen. Eltern leben heute im Durchschnitt mehr als ein halbes Jahrhundert gleichzeitig mit ihren Kindern (vgl. Lauterbach 1995, zit. nach BMFSFJ 2001, S. 211). Die gemeinsame Lebenszeit der Großeltern mit ihren Enkelkindern dauert im Durchschnitt mehr als 20 Jahre (vgl. Lauterbach 1995; Lauterbach/Klein 1997, zit. nach BMFSFJ, S. 211).

Die Ausweitung der Familiengenerationen und die Verlängerung der gemeinsamen Lebenszeit von Generationen haben somit in zeitlicher und struktureller Hinsicht eher zu einer Ausweitung als zu einer Reduzierung des Familiengefüges im Alter geführt. Für die Alten selbst bedeuten diese Entwicklungen, dass die Altersphase mittlerweile die längste Zeit im Familienzyklus ist und mit einer Vervielfältigung von Familienrollen im Alter einhergeht. Historisch bisher wenig bekannte Strukturen entstehen, wie die Urelternschaft bzw. Ururelternschaft, die so neu sind, dass es für sie noch keine affektiven verwandtschaftlichen Kosenamen gibt (vgl. Rosenmayr 1996). Hinzu kommt, dass sich Jung und Alt in der Familie zunehmend in der gleichen Person vereinen können. So gibt es junge Großmütter und alte Kinder und Großeltern, die gleichzeitig auch Enkel sind. Schon jetzt verkörpern viele Großeltern gleichzeitig die Rolle der Großeltern, Eltern und Kinder.

4. Gelebte Familienbeziehungen von alten Menschen

Die bisher dargestellten Daten bestätigen wenig die These der familienlosen Alten. Allerdings sagen sie wenig über die tatsächlich gelebten Beziehungen zwischen alten Menschen und ihren Familien aus.

Familiale Beziehungen von alten Menschen gestalten sich mehrheitlich unter Bedingungen der räumlichen Trennung zwischen den Generationen. Laut Mikrozensus aus dem Jahr 1998 leben nur 14 % der Menschen älter als 60 Jahre in Privathaushalten mit einem oder mehreren Kindern oder anderen gradlinig verwandten Personen (Eltern, Kinder, Enkel, Urenkel) zusammen. Nur knapp 2 % dieser Altersgruppe leben in Drei-Generationenhaushalten (vgl. BMFSFJ 2001, S. 216). Auch unter den 70- bis 85-Jährigen leben nur knapp 8 % mit einem ihrer Kinder zusammen (vgl. Kohli u. a. 2000a, S. 19). Die Tendenz zur räumlichen Trennung zwischen den Generationen trifft – entgegen häufiger Vermutungen – auch für ländliche Regionen zu (vgl. Bröschen 1983, DZA 1991). Allerdings sind Mehrgenerationenhaushalte unter den ländlichen Alten noch weiter verbreitet als unter der städtischen Altenbevölkerung (vgl. auch Wahl/Schilling/Oswald 2000). Je ländlicher die Region ist, umso häufiger lassen sich größere Haushalte, das Zusammenleben mit Kindern, Mehrgenerationenhaushalte und das Wohnen der Kinder im Haus oder in unmittelbarer Nähe finden (vgl. MSGE 1991).

Die Trennung der Haushalte entspricht durchaus den Vorstellungen alter Menschen. Schon in den 60er Jahren des letzten Jahrhunderts wurde festgestellt, dass die Mehrheit nicht mit der Kindergeneration einen Haushalt teilen wollte (vgl. Tartler 1961). „Intimität auf Abstand" lautet die Formel, die dieses immer wieder zu Tage geförderte Ergebnis auf den Punkt bringt. Das in der Landforschung offen gelegte Ergebnis ökonomischer Motive für das Zusammenleben mehrerer Generationen könnte somit als Hinweis gedeutet werden, dass ein Zusammenleben nicht selten auch gegen den Wunsch nach Haushaltstrennung gewählt wird.

Die Trennung der Haushalte zwischen den Generationen geht nicht mit der auf Grund gestiegener Mobilität verbundenen Vermutung eines Verstreutseins von Familienangehörigen über weite Entfernungen einher. Die bisherige Forschung hat vielmehr eine relative räumliche Nähe zwischen den Generationen festgestellt. Der Alterssurvey kommt zu dem Ergebnis, dass 90 % der 70- bis 85-Jährigen mit erwachsenen Kindern außerhalb des Haushaltes zumindest ein Kind in maximal zwei Stunden erreichen können. Bei mehr als 60 % lebt eines der Kinder im gleichen Ort (vgl. Szydlik 2000, S. 91). Auch die räumliche Nähe von älteren Menschen zu ihren eigenen noch lebenden Eltern lässt sich nachweisen. Über die Hälfte der 55- bis 69-Jährigen wohnt im selben Ort wie ihre hochbetagten Eltern oder Elternteile (vgl. BMFSFJ 2001, S. 221).

Die Wohnentfernung zwischen den Generationen hat für die Frage der familialen Generationenbeziehungen eine zentrale Bedeutung, weil sie die entscheidende Variable für deren Qualität und Dichte ist (vgl. zusammenfassend Szydlik/Schupp 1998). Durch die räumliche Nähe zwischen den Generationen sind somit die strukturellen Voraussetzungen für die Aufrechterhaltung familialer (Generationen-)Beziehungen auch im Alter relativ gut.

Forschungsergebnisse zeigen, dass aber auch die tatsächlich gelebten Beziehungen zwischen den alten und jungen Generationen eng und solidarisch sind. Im Alterssurvey wurde nach der Enge der Beziehungen zwischen den Generationen gefragt, d. h. dem subjektiven Zusammengehörigkeits- und Verbundenheitsgefühl von Personen unterschiedlicher Generationen und ihrer emotionalen Nähe und Zuneigung. Insgesamt bewerten die älteren Bevölkerungsgruppen die Beziehungen zu den Angehörigen anderer Generationen als eng. Sie unterscheiden sich diesbezüglich nicht wesentlich von jüngeren Altergruppen. 94 % der 70- bis 85-Jährigen bewerten die Beziehungen zu ihren Kindern als eng oder sehr eng (vgl. Kohli u. a. 2000b, S. 188f.). Mit zunehmendem Alter gewinnen die Enkelkinder eine Bedeutung, die an die der Kinder heranreicht. Insgesamt nehmen mit zunehmendem Alter Kinder und Enkelkinder eine Bedeutung hinsichtlich enger persönlicher Bindungen ein, die keine andere Gruppe, weder FreundInnen, ArbeitskollegInnen, NachbarInnen oder andere Verwandte auch nur annähernd erreicht (vgl. Bertram 2000, S. 116). Ältere Familiengenerationen scheinen sich nicht weniger emotional in die Familie eingebunden zu fühlen als jüngere (vgl. Kohli u. a. 2000b, S. 189).

Auch die Kontakte der Älteren zu den anderen Generationen innerhalb der Familie sind relativ häufig. 42 % der 70- bis 85-Jährigen haben täglich Kontakt zu ihren Kindern, 86 % mindestens einmal pro Woche (vgl. ebd. 2000b, S. 190).

Ebenso nimmt die Verwandtschaft und insbesondere die PartnerIn bzw. die Kinder bezüglich potenzieller und tatsächlicher Hilfeleistungen eine herausragende Rolle ein. Die Bedeutung der Kinder nimmt dabei hinsichtlich potenzieller Hilfeleistungen über die Altersgruppen zu: Für 57 % der 70- bis 85-Jährigen sind sie potenzielle kognitive HelferInnen, für 49 % potenzielle emotionale HelferInnen und für 51 % instrumentelle HelferInnen (vgl. ebd. 2000, S. 52). Aber auch die tatsächlichen Hilfeleistungen sind erheblich. Jede vierte Person der 70- bis 85-Jährigen leistet materielle Transfers, d. h. Geld und Sachleistungen, an mindestens eines ihrer Kinder, jede Siebte auch an die Enkelkinder. Monetäre Hilfen kommen insbesondere solchen erwachsenen Kindern zu Gute, die sich in der Ausbildung befinden oder arbeitslos sind. Materielle Transfers in die umgekehrte Richtung lassen sich dagegen kaum nachweisen; nur 3 % der Älteren erhalten materielle Transfers von den Kindern und praktisch niemand von den Enkelkindern. Kohli u. a. gehen davon aus, dass im „Hinblick auf die materielle Wohlfahrt der jüngeren Generationen (...) dieses ‚familiale' Versicherungssystem von unschätzbarem Wert (...)" sei (ebd. 2000b, S. 206). Dabei ist die Höhe der Beträge, die von der älteren an die jüngere Generation weitergegeben wird, breit gestreut. Ebenso muss auf deutliche Unterschiede zwischen Ost- und Westdeutschland, Frauen und Männern und HauptschulabgängerInnen und AkademikerInnen hingewiesen werden. Ostdeutsche, Frauen und HauptschulabgängerInnen geben deutlich geringere Beträge an ihre Kinder weiter (vgl. Szydlik 2000, S. 133f.).

Im Gegensatz zu den monetären Hilfen fließen die nicht-monetären in die entgegengesetzte Richtung. 22 % der Kinder und 7 % der Enkelgeneration leisten nicht-monetäre Hilfen der Großelterngeneration gegenüber, während dies bei 7 % der Großeltern der Kindergeneration und bei 0,5 % der Enkelgeneration gegenüber der Fall ist (vgl. Kohli u. a. 2000b; Szydlik 2000).

Die Ergebnisse hinsichtlich monetärer Generationentransfers deuten darauf hin, dass die privaten monetären Generationentransfers entgegengesetzt zum öffentlichen, d. h. den durch das Rentenversicherungssystem organisierten monetären Transfers, vorgenommen werden – private bzw. familiale monetäre Leistungen fließen vor allem von der älteren an die mittlere und jüngere Generation, während durch den öffentlichen Generationenvertrag die Umverteilung von den Erwerbstätigen an die RentnerInnen vorgenommen wird. Dem öffentlichen Generationenvertrag steht so ein privater Transferfluss in umgekehrter Richtung entgegen (vgl. Kohli u. a. 2000b). Nicht-monetäre Unterstützungen verlaufen hingegen überwiegend parallel zu den öffentlichen Transfers (vgl. Künemund/Motel 2000, S. 128).

Die Ergebnisse weisen auch auf die enge Beziehung zwischen privaten und öffentlichen Generationentransfers hin. Die Forschungsergebnisse lassen geradezu ein Bedingungsgefüge zwischen beiden erkennen (vgl. Leisering 1992; Kaufmann 1993; Kohli 1997; Szydlik 2000). Denn der öffentliche Generationenvertrag entlastet die jüngere Generation nicht nur weitgehend von der finanziellen Unterstützung ihrer nicht mehr erwerbstätigen Eltern, sondern die o. g. Forschungsergebnisse machen auch deutlich, dass ein Teil des öffentlichen, von der jüngeren an die ältere Generation umverteilten Geldes wieder an die Kinder zurückfließt. Als Voraussetzung für diesen privaten Transfer kann aber der öffentliche angesehen werden, der durch das Rentensystem eine relativ gute materielle Absicherung im Alter ermöglicht und zulässt, dass ein Teil wieder an die jüngere Generation zurückfließt. Das heißt aber letztendlich, dass der öffentliche Generationenvertrag und die damit verbundene Entlastung zwischen den Generationen auf Grund einer weitgehenden finanziellen Unabhängigkeit zwischen den Generationen gleichzeitig zu einer Zunahme familialer Solidarität führt (vgl. Szydlik 2000, S. 188). „Die sozialstaatliche Umverteilung von den Erwerbstätigen zu den Rentnern und Pensionären schafft Freiräume und stellt Ressourcen bereit, die z. B. durch (...) private finanzielle Transfers auch den Jüngeren wieder zugute kommt“ (ebd. 2000, S. 122). Auf Grund der engen Verschränkung zwischen privaten und öffentlichen Generationentransfers ist zu vermuten, dass Veränderungen der sozialstaatlichen Versorgung der Älteren Konsequenzen für die privaten Generationenbeziehungen haben werden. Der Abbau sozialstaatlicher Leistungen kann zur Verdrängung familialer Solidarität führen. „Wir können daher im Gegensatz zu den Verfechtern eines schlankeren Sozialstaates, die sich von den Kürzungen im Bereich der wohlfahrtstaatlichen Versorgung der Älteren und einer Rückverlagerung der Verantwortung in die Familie Vorteile gerade für die Jüngeren versprechen, vermuten, dass dann die Älteren weniger Vergaben an die Kinder leisten und sie im Gegenzug weniger instrumentelle Unterstützung von ihren Kindern erhalten würden, während ihre Bedürftigkeit tendenziell zunimmt und sie ggfs. zusätzlich privater finanzieller Unterstützung durch die Kinder bedürfen. Eine Schlechterstellung der Ruheständler z. B. durch eine Minderung des Rentenniveaus dürfte sich – abgesehen von anderen Effekten – in gewissem Maße negativ auf die intergenerationellen Beziehungen auswirken“ (Künemund/Motel 2000, S. 134f.).

Obwohl anhand der dargestellten Ergebnisse deutlich wird, dass zur Beantwortung der Frage familialer Beziehungen von alten Menschen mittlerweile auf eine breite Datenbasis zurückgegriffen werden kann, bleibt dennoch ein weites Feld von Fragen offen. So hat die bisherige Forschung die Frage nach der Bedeutung der zu beobachtenden Relativierung bzw. Biografisierung der Lebensalter für den Zusammenhang Alter und Familie bislang wenig aufgegriffen. Diese Frage hat deshalb eine besondere Relevanz, weil die Relativierung bzw. Biografisierung der Lebensalter entscheidende Folgen für die Strukturierung des Generationenverhältnisses bzw. der Generationenbeziehungen haben kann.

Beziehungen zwischen den Generationen waren traditionell durch die mit den jeweiligen Generationen verbundenen Lebensaltern geprägt, wobei Lebensalter zum einen für bestimmte Lebensstile, Lebensgefühle, Konsumverhalten oder Geschmacksrichtungen standen. Mit der Relativierung bzw. Biografisierung der Lebensalter scheinen sich nun aber Entwicklungen abzuzeichnen, durch die bestimmte Lebensstile nicht mehr an bestimmte Altersgruppen gebunden sind (vgl. Böhnisch 1998). Beispiele für die Relativierung der Lebensalter lassen sich vielfältig finden. So drängen Alte längst in Bereiche hinein, die traditionell der Jugend oder dem Erwachsenenalter vorbehalten waren. Man denke an die Tourismusbranche, den Sport, aber auch an den Bildungsbereich. Längst ist es nicht mehr ungewöhnlich, dass Alte joggen oder sich zu Seniorenrock- oder -punkbands zusammenschließen. Konsumgewohnheiten lassen sich nicht mehr unbedingt an bestimmten Lebensaltern festmachen, sondern vielleicht eher an altersübergreifenden Lebensstilen und -orientierungen (vgl. ebd. 1998).

Zum anderen waren Lebensalter durch das damit jeweils verbundene Wissen und die Erfahrungen für die Strukturierung der Generationenbeziehungen entscheidend. Aber auch diesbezüglich werden Veränderungen deutlich. So haben sich die Erfahrungsvorsprünge, die die Älteren traditionell für sich in Anspruch genommen haben, relativiert, und zwar in doppelter Hinsicht. Die Jungen lernen vieles, was die Alten nicht kennen. Dementsprechend können die Älteren ihr eigenes Wissen auch nicht an die Jungen in dem Maße weitergeben, wie dies zu früheren Zeiten noch der Fall war. Zudem ist vieles von dem, was die Alten früher gelernt haben, überholt und entwertet (vgl. ebd. 1998). Traditionelle Bildungsverhältnisse zwischen Jung und Alt drehen sich zum Teil um; man denke nur an den Bereich der Medien.

Über die Bedeutung dieser Entwicklungen für die Stellung von alten Menschen in der Familie und für ihre Beziehungsstrukturierung und -gestaltung mit den jüngeren Familiengenerationen lässt sich nur spekulieren und verweist auf einen großen Forschungsbedarf. Relativierungen bzw. Biografisierungen der Lebensalter mögen einerseits neue Formen der Annäherung der alten Familienmitglieder an die jüngeren sowie neue Beziehungsstrukturierungen und Beziehungsinhalte zwischen Jung und Alt zur Folge haben. So ist es denkbar, dass der altwerdende Vater und der sich im mittleren Alter befindende Sohn den gleichen Musikgeschmack teilen oder die Großmutter nicht mehr bei den Hausaufgaben der Enkel helfen kann, sondern diese die Großmutter in das Internet einführen. Andererseits können die Entwicklungen aber auch Entwertung oder Marginalisierung von Alten nach sich ziehen, weil das von ihnen akkumulierte Wissen und ihre Erfahrungen für die jüngeren Familienmitglieder nicht mehr relevant sind und nicht gebraucht werden.

Zwischenresümee

Als Zwischenresümee lässt sich dennoch festhalten, dass in quantitativer und qualitativer Hinsicht nicht vom Bedeutungsverlust der Familie für alte Menschen die Rede sein kann. Trotz des demografischen Wandels, des Strukturwandels der Familie und Individualisierungs- und Pluralisierungsprozessen der Altengeneration sind alte Menschen in weitreichende, enge und solidarische Familienbeziehungen eingebunden. Vom Ende der Familie, von sich auflösender Solidarität zwischen den Generationen kann nicht gesprochen werden. „Das Stichwort ‚lebenslange Solidarität' trifft das Verhältnis der Familiengenerationen viel besser" (Szydlik 2000, S. 233). Dabei sind ein gemeinsamer Haushalt und das Zusammenleben von Generationen keine Voraussetzungen für intensive Beziehungen zwischen den Generationen. Äußere Bande scheinen nicht mehr die Voraussetzung für innere zu sein (vgl. BMFSFJ 2001). Mobilität und Flexibilität der Familienformen haben nicht zu nachlassender Verbindlichkeit zwischen den jungen und alten Familiengenerationen geführt.

5. Alte und Familie im Spannungsfeld von neuen Be- und Entlastungen

Allerdings wäre es verkürzt, bei diesen Befunden stehen zu bleiben. Obwohl der demografische Wandel, der Strukturwandel der Familie und verändertes Leben im Alter nicht zur Isolierung der Alten aus der Familie geführt haben, haben sie dennoch weitgehende Veränderungen für familiale Generationenverhältnisse und -beziehungen zwischen Jung und Alt zur Folge. Es ergeben sich neue Anforderungen und Aufgaben der Familie im Hinblick auf die Alten sowie der Alten im Hinblick auf die Familie, die mit neuen Ent- und Belastungen sowohl der jüngeren als auch der älteren Generation einhergehen.

Diese Zusammenhänge werden im Folgenden anhand der Pflegebedürftigkeit von alten Menschen und der Großelternrolle verdeutlicht.

5.1 Pflegebedürftigkeit im Alter

Durch die Verlängerung der Lebenserwartung und die damit gestiegene Hochaltrigkeit hat Pflegebedürftigkeit im Alter enorm zugenommen und war – historisch gesehen – noch nie mit derart langen Pflegezeiten und derart gravierenden Pflegezuständen alter Menschen (Demenz) verbunden wie heute. Die Bedeutung dieser Entwicklung für die Familie liegt darin, dass sie es im Wesentlichen ist, die den hierdurch entstandenen Hilfebedarf abdeckt. Entgegen medialer und öffentlicher Verlautbarung kann auch diesbezüglich nicht vom Abschieben der Alten aus der Familie die Rede sein. Die Familie ist der größte Pflegedienst für hilfs- und pflegebedürftige alte Menschen. Nach den Ergebnissen der Infratest-Repräsentativbefragung aus dem Jahr 1998 tragen in neun von zehn Fällen Angehörige aus dem engeren Familienkreis die Hauptverantwortung für die Pflege und Betreuung der pflegebedürftigen Person (vgl. Schneekloth/Müller 2000, zit. nach BMFSFJ 2001, S. 226). 80 % der Hauptpflegepersonen sind Frauen (vgl. Schneekloth/Müller 2000, zit. nach BMFSFJ 2001, S. 226f.). Dabei sind es nicht nur die Jungen, die die Pflegeleistungen erbringen. Gut die Hälfte der Hauptpflegepersonen ist zwischen 40 und 64 Jahre alt, ein Drittel älter, 10 % sogar älter als 75 Jahre (vgl. Schneekloth/Müller 2000, zit. nach BMFSFJ 2001, S. 226f.). Alte Menschen sind also nicht nur EmpfängerInnen von Hilfe, sondern auch HilfeerbringerInnen. Pflegebedürftigkeit im Alter bringt somit nicht nur für die Jüngeren, sondern auch für die Älteren neue familiale Verpflichtungen mit sich. Allerdings geht mit zunehmendem Alter der Pflegebedürftigen die Pflege auf die Kinder- bzw. Enkelgeneration über. Es ist zu vermuten, dass zukünftig die Kinder- und Enkelgeneration(en) zunehmend mit der Hilfs- und Pflegebedürftigkeit ihrer Eltern konfrontiert werden (vgl. Jansen 1999).

Hinter der auf der Oberfläche erscheinenden Normalität und Absicherung von Pflegeleistungen für alte Menschen durch die Familie wird jedoch ein erhebliches Konfliktpotenzial sichtbar. Eine Vielzahl von Studien hat auf z. T. extreme Belastungen der Pflegenden hingewiesen, die in ihrer Lebensgestaltung und -planung nicht nur stark eingeschränkt, sondern auch mit erheblichen psychischen, sozialen, zeitlichen, körperlichen und finanziellen Problemen oft bis zum völligen Zusammenbruch belastet sind. In der Infratest-Erhebung bezeichneten neun von zehn der pflegenden Angehörigen die Aufgabe als belastend, 48 % sogar als sehr belastend (vgl. Schneekloth/Müller 2000, zit. nach BMFSFJ 2001, S. 227). Überdurchschnittliche hohe Depressionswerte sowie vegetative und psychosomatische Beschwerden der Pflegenden machen die hohen Belastungen deutlich (vgl. Schneekloth/Müller 2000, zit. nach BMFSFJ 2001, S. 227). Wie prekär Familienpflege sein kann, wird auch an familialer Gewalt gegenüber hilfs- und pflegebedürftigen alten Menschen deutlich (vgl. z. B. Dieck 1987; BMFSFJ 1997; Schweppe 2001).

Die hier zum Ausdruck kommenden Belastungen und Konflikte können als Ausdruck der widersprüchlichen Struktur moderner Familien gedeutet werden. Auch moderne Familien sind einerseits weiterhin um das Kriterium der Solidarität zwischen den Familienmitgliedern organisiert, das in Bezug auf die Pflege von alten Menschen durch die weitgehenden innerfamilialen Pflegeleistungen seinen Ausdruck findet. Andererseits haben aber gesellschaftliche Modernisierungsprozesse zu strukturellen Transformationen geführt, durch die familiale Solidaritätsleistungen immer schwieriger zu erfüllen und abzudecken sind. Vormoderne Gesellschaften konnten zur Bewältigung des Alltags auf eingespielte Regeln und Routinen zurückgreifen. Das Familienleben spielte sich in einem überschaubaren Rahmen ab, der zeitliche Rhythmus der einzelnen Mitglieder war eng aufeinander abgestimmt und koordiniert, die einzelnen Mitglieder hatten feste Rollen- und Aufgabenzuweisungen. Heute dagegen setzt sich der Familienverbund aus Einzelpersonen mit eigenen Interessen, Zwängen und Plänen zusammen. Jede/r für sich ist den Anforderungen und Zwängen individualisierter Gesellschaften ausgesetzt. Die Lebensbereiche der einzelnen Familienmitglieder sind durch unterschiedliche Zeitrhythmen, Aufenthaltsorte, Lebenspläne und Anforderungsstrukturen gekennzeichnet, die nur selten zusammenpassen, sondern zunehmend auseinander driften. Sie bedürfen des ständigen zeitintensiven und schwierigen Ausbalancierens und Ausgleichs, um so die auseinander strebenden Einzelbiografien zusammenzuhalten. Trotz vielfältiger materieller Verbesserungen durch höhere Einkommen, bessere Wohnbedingungen, der Technisierung der Hausarbeit und der Verkleinerung der Familie ist Familienarbeit in der Nachkriegszeit kaum weniger, sondern in mancher Hinsicht eher mehr und vor allem anders geworden (vgl. Rerrich 1990).

Während nun angesichts dieser Wandlungsprozesse im Bereich des Aufwachsens von Kindern und Jugendlichen ein Trend zur Auslagerung ehemals in der Familie abgedeckter Leistungen in öffentliche Einrichtungen und soziale Dienste erkennbar ist (vgl. Rauschenbach 1998), zeichnen sich diese Entwicklungen im Rahmen der Altenpflege nur langsam und unzureichend ab. Ein zentraler Grund hierfür liegt darin, dass es bisher versäumt wurde, angemessene Formen der organisierten Hilfe im Hinblick auf den wachsenden Anteil älterer Menschen und deren neuen und teilweise sich verschärfenden Problemlagen zu entwickeln. Das öffentliche Institutionensystem hat auf das historisch relativ junge Phänomen des zunehmenden Bedarfs an Pflege und Unterstützung von Alten nur begrenzt und unzulänglich reagiert. Es gibt erhebliche quantitative Lücken vor allem im Bereich der ambulanten Dienste, der hauswirtschaftlichen Hilfen und teilstationären Angebote. Auch qualitative Mängel werden deutlich sichtbar. Der ambulante Bereich, der auf die Unterstützung und Entlastung von Angehörigen bei der Pflege von alten Menschen zielt, ist bisher wenig in der Lage gewesen, sinnvolle Möglichkeiten einer auch aus fachlicher Sicht oft als optimale Pflege für alte Menschen bewerteten „gelungenen Mixtur“ aus lebensweltlichen und professionellen Hilfen zu entwickeln, durch die lebensweltliche Hilfen ausreichende Unterstützung erfahren und sich beide Hilfssysteme gegenseitig ergänzen. Im Rahmen informell-formeller Pflegearrangements lässt sich oft eine Dominanz des professionellen Versorgungssystems nachweisen, die schnell expertokratische Übergriffe und Bevormundungen zur Folge hat und nicht nur oft zur Beendigung professioneller Dienste führt, sondern auch die oft sehr fragilen häuslichen Pflegearrangements weiter erschüttert und belastet, teilweise sogar ganz zusammenbrechen lässt (vgl. Jansen/Klie 1999).

Erhebliche Probleme sind auch im stationären Altenhilfebereich zu finden. Während in der Kinder- und Jugendhilfe auf ein ausdifferenziertes Betreuungsspektrum für Kinder, die nicht mehr in der Ursprungsfamilie verbleiben können, zurückgegriffen werden kann, stehen in der Altenpflege neben den unzulänglichen Möglichkeiten und oft gettoähnlichen Formen des betreuten Wohnens meist nur die von den Alten selbst gefürchteten, aber auch von Angehörigen oft nicht akzeptierten Altenheime zur Verfügung. Sie tragen mehrheitlich immer noch den Charakter totaler Institutionen; Kernelemente der in den 1960er Jahren durchgeführten Reformen der Kinder- und Jugendheime sind weitgehend an ihnen vorbeigegangen.

Obwohl sich auch bei der Pflege von alten Menschen zunehmend eine Verzahnung von familialen und professionellen Diensten abzeichnet (vgl. Zeman 1996), wird die Familie angesichts dieser quantitativen und qualitativen Versorgungsmängel mithilfe des Rückgriffs auf moralische Appelle an familiale Solidaritätsnormen häufig zum Lückenbüßer für fehlende und mangelhafte Versorgungsstrukturen, familiale Pflege zum Zwang auf Grund mangelnder Alternativen. Die fehlende gesellschaftliche Antwort wird privatisiert und in die Familie verlagert. Diese ist aber auf Grund des veränderten familialen Zusammenlebens schon bereits bei der Sicherstellung der ihr traditionell zugewiesenen Aufgaben, z. B. der Erziehung von Kindern, tendenziell überfordert und wird nun durch die Pflege von Alten zusätzlich mit neuen Aufgaben und Anforderungen konfrontiert und in der Konsequenz strukturell überlastet. Besondere Belastungen sind dabei vor allem bei der mittleren Generation zu erwarten, auf die neben der Doppelbelastung von Beruf und Familienarbeit nun auch noch die Pflege von alten Menschen zukommt. Was es für diejenigen bedeutet, die in ihrer Familie mit zwei jüngeren und zwei älteren Generationen leben, ist bislang vollkommen ungeklärt.

5.2 Die Großelternrolle

Verändertes Leben im Alter bringt jedoch nicht nur neue Aufgaben, Anforderungen und auch Belastungen für die Familie mit sich, sondern auch neue Aufgaben und Leistungen der Alten gegenüber der Familie. Denn Alter geht nicht nur mit zunehmenden und sich verschärfenden Problemlagen einher, sondern gleichzeitig mit verbesserten finanziellen, sozialen und gesundheitlichen Ressourcen, von denen auch die Familie profitiert. Anhand der o. g. monetären Transferleistungen und der Pflegeleistungen für die noch Älteren wurde bereits auf die Leistungen, die Alte im Zuge ihrer veränderten Lebensbedingungen und -formen in die Familie einbringen, hingewiesen. Auch anhand des historisch relativ neuen Phänomens der wahrscheinlich gewordenen und zeitlich ausgeweiteten Großelternschaft kann dieser Zusammenhang verdeutlicht werden.

Im Gegensatz zum anglo-amerikanischen Raum, wo bereits seit den 1960er Jahren auf eine Großelternforschung zurückgeblickt werden kann, liegen für Deutschland erst seit kurzem und nur vereinzelte Studien diesbezüglich vor. Wie bereits angedeutet, belegen die bisherigen Forschungsbefunde, dass alte Menschen nicht nur formal die Großelternrolle innehaben, sondern auch zeitlich und emotional umfassende Beziehungen zu ihren Enkelkindern eingehen. Großeltern haben im Vergleich zu früheren historischen Epochen noch nie so viel Zeit, emotionale und materiale Ressourcen in das Aufwachsen ihrer Enkelkinder eingebracht wie heute. Trotz großen Variabilitäten in der Gestaltung der Beziehungen zwischen Enkelkindern und Großeltern belegen die bisherigen Studien insgesamt eine überaus positive Bedeutung der Großelternschaft sowohl für die Großeltern als auch für die Enkelkinder (vgl. Herlyn u. a. 1998) sowie das Eingebundensein der Großeltern, vor allem der Großmütter, in das Leben ihrer Enkelkinder. Besonders auffallend bei den bisherigen Forschungsergebnissen ist die immer wieder ermittelte hohe Beteiligung der Großeltern an der Betreuung bzw. Erziehung ihrer Enkelkinder. In der Studie von Vaskovics (1993) berichten 67 % der Mütter, Hilfe bei der Kinderbetreuung durch die eigenen Eltern erfahren zu haben. Die Studie von Borchers/Miera (1993) unterstützt diese Ergebnisse. Auch Schneider (1994) ermittelt, dass mehr als die Hälfte der jungen Familien von den Großeltern regelmäßig Hilfe bei der Betreuung der Kinder erhält. Herlyn u. a. (1998) stellen in ihrer Untersuchung fest, dass 44 % aller Großmütter Enkel und Enkelinnen betreuen, 7 % davon täglich. Der Zeitaufwand für die Enkelbetreuung liegt im Durchschnitt bei 41 Stunden im Monat, wobei die Varianz erheblich ist und von einer Stunde im Monat bis zur 24-Stunden-Betreuung reicht (vgl. BMFSFJ 2001, S. 225). Ebenso sei in diesem Zusammenhang eine Studie zum Themenkomplex „Großeltern als Ersatzeltern" (vgl. Marx 1996) zitiert, die die erheblichen Leistungen der Großeltern hinsichtlich der Erziehung ihrer Enkelkinder deutlich macht. Basierend auf den Angaben von 237 Jugendämtern (55 % aller Jugendämter) wurde die Anzahl von 140.000 Großelternpflegeverhältnissen ermittelt.[2] Die Studie stellt zudem eine im Vergleich zu anderen Fremdpflegeverhältnissen viel längere Dauer der Großelternpflegeverhältnisse fest.

Was bedeuten diese Ergebnisse? Obwohl die Frage der Bedeutung der Großelternschaft für das familiale Zusammenleben und familiale Generationenverhältnisse bisher kaum zum Gegenstand der Analyse gemacht wurde, deuten diese Daten an, dass sie Auswirkungen auf die familiale Organisation des Aufwachsens von Kindern und Jugendlichen haben könnte. Auf Grund der bisherigen im Vordergrund stehenden Analysen des familialen Aufwachsens von Kindern und Jugendlichen im Rahmen von zwei Familiengenerationen, konnten diese bislang jedoch kaum in den Blick geraten. Die im Rahmen von zwei Familiengenerationen festgestellte Tendenz der zunehmenden Auslagerung der traditionell von der Familie geleisteten Erziehungs-, Bildungs- und Versorgungsleistungen gegenüber der jungen Generation an öffentliche Institutionen und soziale Dienste (vgl. Rauschenbach 1998) wird zwar durch die Befunde der Beteiligung der Großeltern an der Erziehung ihrer Enkel nicht infrage gestellt. Dennoch machen sie u. U. auf die Notwendigkeit zur Differenzierung aufmerksam. Lagern Familien bei der Suche nach Unterstützung Aufgaben der Erziehung von Kindern und Jugendlichen möglicherweise nicht nur an öffentliche Dienstleistungen aus, sondern übergeben zunehmend Teile auch an die ältere Generation? Dies wiederum wirft eine Reihe weiterer Fragen auf, die sich zum einen auf die Bedeutung der Großeltern für die Erziehung und das Aufwachsen von Kindern beziehen und zum

2 Die zentralen Gründe für die Inpflegenahme waren Berufstätigkeit der Eltern/berufsbedingte Umstände (29 %), Erziehungsschwierigkeiten (25 %), Entzug bzw. Teilentzug der elterlichen Sorge (13 %), Gesundheitszustand der Eltern (5 %) und unzureichende wirtschaftliche Verhältnisse (4 %).

zweiten die Folgen dieser Entwicklungen für das Leben im Alter in Betracht ziehen. Durch die Übernahme von Erziehungs- und Betreuungsfunktionen der Enkelkinder durch die Großelterngeneration wird die ältere Generation mit neuen familialen Anforderungen und Aufgaben konfrontiert, die sie einerseits als sinnvoll erleben können. Andererseits stellt sich aber die Frage, inwieweit dies zu neuen Belastungen und Einschränkungen der Großeltern führt und die so genannten neuen Freiheiten des Alters durch neue Familienverpflichtungen wieder eingeholt werden. Könnte es u. U. sogar sein, dass sich hinter der zunehmenden Betreuung der Enkelkinder durch die Großeltern – ähnlich wie bei der Pflege von alten Menschen durch die jüngere Generation – ein strukturelles Problem versteckt, dass nämlich die Alten möglicherweise nicht nur zur Betreuung der Enkelkinder eingesetzt werden, weil dies von allen Beteiligten sinnvoll und positiv besetzt bewertet wird, sondern auch, weil das öffentliche Betreuungssystem von Kindern qualitative Mängel und deutliche institutionelle Lücken aufweist (z. B. für die Betreuung von Kindern im Alter von drei bis zehn Jahren oder von Schulkindern), die so über die Großeltern kompensiert werden? Wenn dies so ist, würden auch hier institutionelle Lücken privat, auf dem Rücken der Großeltern kompensiert. Auf Grund mangelnder Forschungsergebnisse lässt sich dieser Zusammenhang derzeit nur als vorsichtige Frage formulieren.

6. Zusammenfassung und Ausblick

Das Thema Alter und Familie erweist sich als komplexer Zusammenhang im Rahmen des demografischen Wandels, des Strukturwandels der Familie und des veränderten Lebens im Alter. Es konnte gezeigt werden, dass diese Entwicklungen keinen Bedeutungsverlust der Familie für alte Menschen und ihre Isolierung aus der Familie zur Folge haben, sondern sich die Beziehungen zwischen alten Menschen und ihrer Familie durch Enge und Solidarität auszeichnen. Gleichzeitig verweisen die Beispiele der Pflegebedürftigkeit von alten Menschen und der Großelternschaft auf den engen Bezug des Zusammenhangs von Alter und Familie zum öffentlichen System sozialer Dienste und Hilfen. Es lässt sich eine Ungleichzeitigkeit zwischen dem öffentlichen Institutionensystem und den Strukturen und Anforderungen familialen Zusammenlebens bzw. den veränderten Lebensformen und -anforderungen der einzelnen Familienmitglieder erkennen. Diese Ungleichzeitigkeit entsteht dadurch, dass das öffentliche Institutionensystem im Zuge des familialen Wandels weder hinreichend auf die Veränderungen des kindlichen Aufwachsens noch auf das veränderte Leben im Alter reagiert hat. In der Konsequenz entstehen Lücken im Hinblick auf Versorgungs-, Erziehungs-, Betreuungs-, Unterstützungs- und Pflegeleistungen der jüngeren als auch der älteren Generation(en), die im Rahmen der Familie abgedeckt werden bzw. werden müssen und zu erheblichen Belastungen der Generationenbeziehungen und des Lebens der einzelnen Generationenmitglieder führen können, weil sie der Tendenz nach strukturell damit überlastet werden. In dem Abbau dieser strukturellen Be- und Überlastungen durch eine auf die sozialen Wandlungsprozesse reagierende öffentliche soziale Infrastruktur liegen dann wohl auch die zentralen Herausforderungen, wenn das derzeitige Solidarverhältnis zwischen den Alten und ihren Familien gestützt werden und aufrechterhalten bleiben soll. Der Zusammenhang Alte und Familie erweist sich so als überaus politische Frage und steht in unmittelbaren Bezug zur Familien-, Alten- und Sozialpolitik. Angesichts des dargestellten Befundes zum Verhältnis von öffentlichen und familialen monetären Transfers, anhand dessen deutlich gemacht werden konnte, dass hinreichende bzw. gute öffentliche Leistungen nicht nur familiale Generationenbeziehungen sichern, sondern auch fördern, besteht kein Anlass für Bedenken, dass dieser Zusammenhang nicht auch für den Bereich der sozialen Dienstleistungen zutreffen würde.

Literatur

Bengston, V.L./Rosenthal, C./Burton, L., 1990: Families and Aging: Diversity and Heterogeneity. In: Binstock, R./George, L. (Hrsg.): Handbook of Aging and Social Sciences. Vol. 3. San Diego, S. 263-287.

Bengston, V.L./Schütze, Y., 1992: Altern und Generationenbeziehungen: Aussichten für das kommende Jahrhundert. In: Akademie der Wissenschaften zu Berlin (Hrsg.): Zukunft des Alterns und gesellschaftliche Entwicklung. Berlin, S. 492-517.

Bertram, H., 2000: Die verborgenen familiären Beziehungen in Deutschland: Die multilokale Mehrgenerationenfamilie. In: Kohli, M./Szydlik, M. (Hrsg.): Generationen in Familie und Gesellschaft. Opladen, S. 97-121.

Böhnisch, L., 1998: Das Generationenproblem im Lichte der Biografisierung und der Relativierung der Lebensalter. In: Ecarius, J. (Hrsg.): Was will die jüngere mit der älteren Generation? Generationenbeziehungen in der Erziehungswissenschaft. Opladen, S. 67-80.

Borchers, A./Miera, S., 1993: Zwischen Enkelbetreuung und Altenpflege. Frankfurt am Main/New York.

Bröschen, E., 1983: Die Lebenslage älterer Menschen im ländlichen Raum (Schriftenreihe des Bundesministers für Jugend, Familie und Gesundheit: Band 137). Stuttgart u. a.

BMFSFJ (Bundesministerium für Familie, Senioren, Frauen und Jugend) (Hrsg.), 1997: Gewalt gegen Ältere zu Hause. Bonn.

BMFSFJ (Bundesministerium für Familie, Senioren, Frauen und Jugend) (Hrsg.), 2001: Dritter Bericht zur Lage der älteren Generation. Berlin.

DZA (Deutsches Zentrum für Altersfragen) (Hrsg.), 1991: Alte Menschen in der Stadt und auf dem Lande. Berlin.

Dieck, M., 1987: Gewalt gegen ältere Menschen im familialen Kontext. Ein Thema der Forschung, der Praxis und der öffentlichen Information. In: Zeitschrift für Gerontologie, 20. Jg., S. 305-313.

Herlyn, I. u. a., 1998: Großmutterschaft im weiblichen Lebenszusammenhang. Eine Untersuchung zu familialen Generationenbeziehungen aus der Perspektive von Großmüttern. Pfaffenweiler.

Jansen, B., 1999: Informelle Pflege durch Angehörige. In: Jansen, B. u. a. (Hrsg.): Soziale Gerontologie. Weinheim/Basel 1999, S. 604-628.

Jansen, B./Klie, T., 1999: Häuslichkeit. In: Jansen, B. u. a. (Hrsg.): Soziale Gerontologie. Weinheim/Basel, S. 521-539.

Kaufmann, F.-X., 1993: Generationsbeziehungen und Generationenverhältnisse im Wohlfahrtsstaat. In: Lüscher, K./Schultheis, F. (Hrsg.): Generationenbeziehungen in ‚postmodernen' Gesellschaften – Analysen zum Verhältnis von Individuum, Familie, Staat und Gesellschaft. Konstanz, S. 95-108.

Kohli, M., 1997: Beziehungen und Transfers zwischen den Generationen: Vom Staat zurück zur Familie? In: Vaskovics, L. (Hrsg.): Familienbilder und Familienrealitäten. Opladen, S. 278-288.

Kohli, M. u. a., 2000a: Grunddaten zur Lebenssituation der 40- bis 85-jährigen deutschen Bevölkerung. Ergebnisse des Alters-Survey. Berlin.

Kohli, M. u. a., 2000b: Generationenbeziehungen. In: Kohli, M./Künemund, H. (Hrsg.): Die zweite Lebenshälfte. Gesellschaftliche Lage und Partizipation im Spiegel des Alters-Survey. Opladen, S. 176-211.

Künemund, H./Motel, A., 2000: Verbreitung, Motivation und Entwicklungsperspektiven privater intergenerationeller Hilfeleistungen und Transfers. In: Kohli, M./Szydlik, M. (Hrsg.): Generationen in Familie und Gesellschaft. Opladen, S. 122-137.

Leisering, L., 1992: Sozialstaat und demographischer Wandel – Wechselwirkungen, Generationenverhältnisse, politisch-institutionelle Sicherung. Frankfurt am Main/New York.

Marx, M.-L., 1996: Großeltern als Ersatzeltern ihrer Enkelkinder – ein vernachlässigtes Problem der Sozialpolitik. Frankfurt am Main.

MSGE (Der Minister für Soziales, Gesundheit und Energie des Landes Schleswig-Holstein), 1991: Ältere Menschen in Schleswig-Holstein. Eutin.

Rauschenbach, T., 1998: Generationenverhältnisse im Wandel. Familie, Erziehungswissenschaft und soziale Dienste im Horizont der Generationenfrage. In: Ecarius, J. (Hrsg.): Was will die jüngere mit der älteren Generation. Generationenbeziehungen in der Erziehungswissenschaft. Opladen, S. 13-40.

Rerrich, M.S., 1990: Balanceakt Familie. Zwischen alten Leitbildern und neuen Lebensformen. Freiburg (Brsg.).

Rosenmayr, L., 1996: Altern im Lebenslauf. Göttingen.

Schneider, N.F., 1994: Familie und private Lebensführung in West- und Ostdeutschland. Eine vergleichende Analyse des Familienlebens 1970-1992. Stuttgart.
Schweppe, C., 1999: Biographie und Alter – Ein Thema für die Sozialpädagogik? In: Neue Praxis, 29. Jg., H. 6, S. 575-594.
Schweppe, C., 2001: Gewalt und Alter. In: Otto, H.-U./Thiersch, H. (Hrsg.): Handbuch der Sozialarbeit/Sozialpädagogik. Neuwied/Kriftel, S. 735-738.
Szydlik, M., 2000: Lebenslange Solidarität? Generationenbeziehungen zwischen erwachsenen Kindern und Eltern. Opladen.
Szydlik, M./Schupp, J., 1998: Stabilität und Wandel von Generationenbeziehungen. In: Zeitschrift für Soziologie, 26. Jg., H. 4, S. 297-315.
Tartler, R., 1961: Das Alter in modernen Gesellschaften. Stuttgart.
Vaskovics, L.A., 1993: Elterliche Solidarleistungen für junge Erwachsene. In: Lüscher, K./ Schultheis, F. (Hrsg.): Generationenbeziehungen in ‚postmodernen' Gesellschaften. Konstanz, S. 185-202.
Wahl, H.-W./Schilling, O./Oswald, F., 2000: Wohnen im Alter – spezielle Aspekte im ländlichen Raum. In: Walter, U./Altgeld, T. (Hrsg.): Altern im ländlichen Raum. Perspektiven für eine vorausschauende Alten- und Gesundheitspolitik. Frankfurt am Main, S. 245-262.
Zeman, P., 1996: Häusliche Pflegearrangements. Zum Aushandlungsgeschehen zwischen lebensweltlichen und professionellen Helfersystemen (Deutsches Zentrum für Altersfragen: Diskussionspapier Nr. 4). Berlin.

C Familie und Bildungsinstitutionen

Familie und Elementarerziehung

Lilian Fried

1. Einleitung

Lange Zeit war man in Deutschland davon überzeugt, dass unseren Kindern die bestmögliche Bildung zuteil wird. Diese Selbstsicherheit wurde durch die Ergebnisse internationaler Leistungsvergleichsstudien nachhaltig erschüttert. So zeigen die Ergebnisse einer repräsentativen Umfrage des Instituts für Demoskopie Allensbach (vgl. Redaktion Forum Erziehung 2002), dass die Mehrheit der deutschen Bevölkerung alarmiert auf die Befunde der PISA-Studie reagierte. Die Situation in unseren vorschulischen und schulischen Bildungseinrichtungen erscheint in einem anderen Licht. Dabei treten Versäumnisse zu Tage bzw. wird Reformbedarf sichtbar. Das betrifft auch den Elementarbereich. Hier fragt man sich z. B., ob die Kinder in vorschulischen Institutionen nicht gezielter auf die Schule vorbereitet werden müssten, ob man sie dort nicht systematischer sprachlich-kognitiv fördern sollte, ob man dort nicht wirksamere Maßnahmen ergreifen müsste, um die Chancengleichheit der Kinder, die durch Risikolagen oder Risikoentwicklungen besonders belastet sind, besser zu gewährleisten usw.

Diese Fragen sind durchaus nicht neu. Vielmehr werden sie, nach den vorliegenden Befragungsstudien, bereits seit den 70er Jahren des letzten Jahrhunderts aufgeworfen; und zwar von den Eltern der Kinder, die gerade vorschulische Institutionen besuchen. Allerdings wurde ihnen kaum Gehör geschenkt. Ein Grund dafür dürfte sein, dass sich die Fachwelt lange Zeit in der Sicherheit wiegte, über die richtigen Programme, Ziele, Methoden usw. der Elementarerziehung zu verfügen. Vor diesem Hintergrund konnten Einwände der Eltern leicht als laienhaft abgetan bzw. vernachlässigt werden. Inzwischen ist die Selbstgewissheit der Fachwelt erschüttert (vgl. z. B. Fried u. a. 2003). Man musste lernen, dass Expertenurteile nicht in jedem Fall bzw. in allen Punkten den Laieneinschätzungen überlegen sind. Es gibt also gute Gründe, die Situation der Elementarerziehung nicht nur aus fachlicher, sondern auch aus elterlicher Sicht zu reflektieren. Denn wenn man beide Perspektiven berücksichtigt, steigt die Chance, ein komplexeres, die Realität differenzierter erfassendes Bild der Elementarerziehung zu gewinnen, als wenn man sich allein auf die fachliche Perspektive beschränkt.

2. Elementarerziehung aus fachlicher Sicht

Im Folgenden wird unter Elementarerziehung die Erziehung des Kindes im Vorschulalter verstanden. Grundsätzlich beinhaltet das sowohl die private Erziehung in der Familie als auch die öffentliche Erziehung in vorschulischen Institutionen. Da der Familienerziehung in diesem Band aber ein eigenes Kapitel gewidmet ist, wird hier unter Elementarerziehung nur die Erziehung im Rahmen vorschulischer Institutionen gefasst.

2.1 Institutionen

Zu den vorrangigsten Zielen der Familienpolitik gehört es, eine bessere Vereinbarkeit von Familie und Erwerbsarbeit zu gewährleisten. Dadurch soll erreicht werden, dass die Kinder gleiche Chancen in der Wissensgesellschaft haben, die Mütter und Väter ihr Arbeits- und Privatleben miteinander vereinbaren können und der Wirtschaftsstandort Deutschland gesichert wird (Deutsches Jugendinstitut 2002a, S. 10). Diese Ziele können aber nur erreicht werden, wenn Familien durch öffentliche Erziehungsangebote hinreichend entlastet und gestützt werden.

2.1.1 Krippen, Kindergärten, Kindertageseinrichtungen

Betrachtet man daraufhin das bestehende Angebot an vorschulischen Institutionen, so fällt zunächst auf, dass je nach Region sowie nach Alter des Kindes starke Unterschiede bestehen (vgl. Bundesministerium für Familie, Senioren, Frauen und Jugend 2003; Deutsches Jugendinstitut 2002b). Deshalb muss man die Situation der Familien in Ost- und Westdeutschland bzw. der Eltern von Klein- und Kindergartenkindern im Einzelnen betrachten.

Im Jahr 1998 wurden in den westlichen Ländern für Kinder im Vorschulalter insgesamt 2,15 Mio. Plätze bereit gestellt. Das sind 233.000 mehr als 1994 zur Verfügung standen. Die weitaus meisten, nämlich 77 %, waren klassische Kindergartenplätze, konnten also nur von den Drei- bis unter Sechsjährigen beansprucht werden. Dazu kamen noch Platzangebote im Umfang von 16 % in so genannten Kombieinrichtungen. Das sind Institutionen, in denen Kleinkinder und Kindergartenkinder, aber auch Hortkinder gemeinsam betreut werden. Der Rest der Plätze war allein für Säuglinge und Kleinkinder bestimmt. Damit lag die Platz-Kind-Relation für die Kindergartenkinder bei 87 % und für die Krippenkinder bei 3 %.

Ganz anders stellte sich die Situation 1998 in den neuen Ländern und Berlin-Ost dar. Die dortigen 2.118 Kindergärten und kindergartenähnlichen Einrichtungen boten 334.922 Kindergartenplätze. Das sind 218.000 weniger als 1994 zur Verfügung standen. Es hat also ein Rückgang von 49 % stattgefunden. (rvorgerufen wurde das durch den dramatischen Geburtenrückgang in den neuen Bundesländern nach der „Wende"). Bei den bestehenden Einrichtungen handelte es sich mehrheitlHeich um Kombieinrichtungen. Die Platz-Kind-Relationen lagen hier für Kindergartenkinder bei 112 % und für Krippenkinder bei 36 %.

Unter den verschiedenen vorschulischen Institutionen hat also vor allem der Kindergarten „Karriere" gemacht. Das ist nicht zuletzt auf den Beschluss des Bundestags zurückzuführen, wonach drei- bis sechsjährige Kinder ab 1996 einen gesetzlichen Anspruch auf einen Kindergartenplatz haben. Der Erfolg dieser Maßnahme zeigt sich u. a. darin, dass die Zahl der Vier- bis Sechsjährigen, die Kindergärten oder kindergartenähnliche Einrichtungen besuchen, inzwischen ca. 90 % beträgt (DJI 2005). Damit stellt der Kindergarten – neben der Familie und der Schule – inzwischen die drittwichtigste Sozialisationsinstanz für die Drei- bis unter Sechsjährigen dar.

Dennoch ist das Betreuungsangebot in Deutschland im internationalen Vergleich immer noch ungenügend. Vor allem den Müttern von Kleinkindern wird es schwer gemacht, einer Berufstätigkeit nachzugehen. Aber auch Mütter von älteren Kindern werden noch nicht hinreichend unterstützt. So möchten laut einer im Jahr 2000 durchgeführten Studie z. B. 30 % der halbtags arbeitenden Mütter mit Kindern im Alter bis zwölf Jahre gerne länger arbeiten. Weil es jedoch an Ganztagsangeboten mangelt, können längst nicht alle Mütter, die dies wünschen, einer Berufstätigkeit (in dem Umfang, wie von ihnen angestrebt) nachgehen. Schon diese wenige Daten indizieren, in welch schwieriger und belastender Situation sich viele Familien befinden. Was wir deshalb brauchen, sind mehr Krippen bzw. altersgemischte Einrichtungen für Kinder unter drei Jahren sowie Ganztagsangebote für alle Kinder im Vorschulalter. Nur so kann gewährleistet werden, dass es Familien gelingt, privates Leben und Berufsleben miteinander zu vereinbaren.

2.1.2 Eltern-Initiativen

Ein Teil der Eltern betrachtet die Notlage als Herausforderung, die sie mithilfe von Eltern-Initiativen zu bewältigen sucht. Dabei handelt es sich um Einrichtungen, bei denen die Eltern „... einen beträchtlichen Aufwand an Zeit und Eigenanteil an Arbeit (in Form von Organisations-, Putz- und Kochleistungen und pädagogischen Elterndiensten) ... einbringen, zusätzlich zu den vor allem in den Städten durch hohe Mieten verursachten höheren Elternbeiträgen“ (Deutsches Jugendinstitut 2002a, S. 29). Nach Gleser (2003, S. 228) hat sich in den letzten Jahrzehnten eine beachtliche Anzahl solcher Angebote in privater, kirchlicher und öffentlicher Trägerschaft herausgebildet. So ist die Zahl der Eltern-Initiativen für Kinder im Krippenalter von insgesamt 8.792 im Jahr 1994 auf insgesamt 12.934 im Jahr 1998 angestiegen. Im Jahr 1998 befanden sich 11.200 dieser Einrichtungen in Westdeutschland und 1.734 in Ostdeutschland. Der Anteil der Eltern-Initiativen für Kinder im Kindergartenalter ist noch größer. Er umfasst 82.645 Plätze. Das sind immerhin 3,3 % des 1998 erfassten Angebots an Einrichtungen für Kinder dieses Alters in ganz Deutschland.

Wie Befragungen zeigen, sind die meisten Eltern-Initiativen eine Reaktion darauf, dass nicht genügend Plätze in vorschulischen Institutionen angeboten werden. Was die Ziele betrifft, unterscheiden sich Eltern-Initiativen nicht grundsätzlich von herkömmlichen vorschulischen Institutionen. Man will dort den Kindern vor allem soziale Lernmöglichkeiten mit Gleichaltrigen ermöglichen. Darüber hinaus sucht man den Austausch mit anderen Eltern. In Bezug auf die Organisationsstruktur gibt es allerdings deutliche Unterschiede. Eltern-Initiativen treten nämlich in vielfältigen Formen auf; sie laufen unter Bezeichnungen wie Eltern-Kind-Gruppen, Pekip-Gruppen, Spielgruppen, Krabbelgruppen, Turngruppen, Schwimmgruppen usw. Diese Formen differieren u. a. in Bezug auf die Angebote, die Ausstattung und das Personal stark (vgl. Nickel 1996).

Was in Elterninitiativen tatsächlich vor sich geht und ob dort z. B. den Elternbedürfnissen stärker Rechnung getragen wird als in herkömmlichen Institutionen, ist weitgehend offen. Denn es gibt nur eine umfassende Studie dazu. Diese Untersuchung von Nickel, Schenk und Ungelenk (1980) hat eher ernüchternde Ergebnisse erbracht. Der dort vorgenommene Vergleich zwischen Eltern-Initiativen und herkömmlichen Kindergärten ergab, dass die Unterschiede innerhalb eines Einrichtungstyps zum Teil größer waren als die zwischen den beiden Einrichtungstypen. So ergaben sich z. B. so gut wie keine praktisch bedeutsamen Differenzen zwischen dem beobachteten Erzieherverhalten in beiden Einrichtungstypen. Auch konnte man keine statistisch signifikanten Unterschiede zwischen den Erziehungspraktiken feststellen, von denen die Eltern beider Einrichtungstypen berichteten. Allerdings zeigten sich immer dann bedeutsame Abweichungen, wenn es um die Beteiligung der Eltern an Entscheidungsprozessen in den Einrichtungen ging. Eltern-Initiativen stellen also *vornehmlich alternative Organisationsformen* und *weniger pädagogische Alternativen* dar.

2.2 Funktionen

Die gesellschaftlichen Veränderungen, insbesondere aber der familiale Wandel, haben dazu beigetragen, dass die Elementarerziehung an gesellschaftlicher Bedeutung gewonnen hat. Das erklärt sich zum einen dadurch, dass immer mehr Eltern auf außerhäusige Betreuung angewiesen sind, um ihrem Beruf nachgehen zu können; zum anderen dadurch, dass zunehmend realisiert wird, wie sehr junge Kinder vom Besuch vorschulischer Einrichtungen profitieren können. So wissen wir inzwischen, dass sich der Besuch eines Kindergartens positiv auf die Bildungsvoraussetzungen von Kindern auswirken kann, z. B. die Sprachentwicklung und das Sozialverhalten (vgl. Tietze 1998; Tietze/Rossbach/Grenner 2005); oder dass dadurch Bildungsrisiken, z. B. das Aufwachsen in Armut, abgepuffert werden können (vgl. z. B. Büchel/Spieß/Wagner 1997). Vorschulische Einrichtungen nehmen also wichtige gesellschaftliche Funktionen wahr. Dabei haben – laut Kinder- und Jugendhilfegesetz (§ 22 Abs. 2 SGB VIII; vgl. Wisener u. a. 2000, S. 275 Rz 15) – neben der Betreuungsaufgabe – die Bildungs- und Präventionsfunktion besonderes Gewicht.

2.2.1 Bildung

In jüngerer Zeit haben die Ergebnisse internationaler Leistungsvergleiche die Frage aufkommen lassen, ob in Deutschland genügend für die Bildung der Kinder getan wird. In diesem Zusammenhang werden Zweifel daran laut, ob es im Kindergarten hinreichend gelingt, die Kinder darin zu unterstützen, sich das Wissen und Können anzueignen, das sie befähigt, sich ihre Welt selbstständig zu erschließen und darin verantwortungsbewusst zu handeln. Das zu gewährleisten, macht den Bildungsauftrag des Kindergartens aus. Diese Aufgabe verbindet ihn mit der Schule, kennzeichnet ihn also als Grund- bzw. Vorstufe des Bildungssystems.

Das Ansinnen, vorschulische Institutionen in das Bildungssystems einzugliedern, reicht weit zurück. Schon Friedrich Fröbel (1782 – 1852), der Begründer des Kindergartens, hat diesen Anspruch formuliert. Allerdings scheiterte seine Absicht, was u. a. mit politischen Entwicklungen zu tun hatte. In den 70er Jahren des letzten Jahrhunderts wurde erneut gefordert, den Kindergarten zur ersten Stufe des Bildungssystems zu machen. Die Bund-Länder-Kommission reflektierte 1973 im Bildungsgesamtplan (BLK 1973) Möglichkeiten, allen Fünfjährigen systematische Bildungsangebote zu machen, wobei – durchaus in der Tradition Fröbels – Wert darauf gelegt wurde, keine schulischen Inhalte und Methoden vorwegzunehmen. Aber auch dieser Ansatz scheiterte an den politischen Entwicklungen (vgl. Fried u. a. 1992).

Stattdessen setzte sich – kaum später – ein pädagogischer Ansatz durch, der bis heute als „die pädagogische Theorie des Kindergartens" gilt (vgl. z. B. Netz 1998); gemeint ist der Situationsansatz (vgl. z. B. Zimmer 1973). Auf dieses offene Rahmencurriculum beziehen sich die meisten Erzieherinnen, wenn sie gefragt werden, woran sie ihre pädagogische Arbeit ausrichten (vgl. z. B. Sturzbecher 1998; Zimmer u. a. 1997). Dieser im Verlauf unterschiedlicher Modellversuche, des Erprobungsprogramms sowie einer in den neuen Bundesländern durchgeführten Implementationsstudie ständig weiter entwickelte pädagogische Ansatz zielt darauf, junge Kinder für das Handeln in konkreten Lebenssituationen zu qualifizieren. Im Mittelpunkt dieses Ansatzes steht das soziale Lernen, das nicht als ein Lernbereich unter bzw. neben anderen behandelt, sondern als zentraler Bezug des Lernens verstanden wird, in den andere Bereiche einfließen und integriert werden können. Dementsprechend wird anderen Kompetenzen, wie z. B. der Sprachfähigkeit, eine lediglich instrumentelle Funktion zugeordnet.

In jüngerer Zeit wird vermehrt auf die Grenzen und Schwächen des Situationsansatzes hingewiesen (vgl. z. B. Laewen/Neumann/Zimmer 1997). So wird beanstandet, dass dieser Ansatz durch seine Offenheit zu „individuellen, differenten Interpretationen über das geführt hat, was der Kindergarten leisten soll, statt einheitliche Bildungsvorstellungen hervorzubringen" (Netz 1998, S. 187). Außerdem wird bemängelt, dass der Situationsansatz nur unzureichend in der Lage war, personelle und sachliche Standards zureichend abzusichern. Des Weiteren wird darauf hingewiesen, dass dieser Ansatz vom starken, sich aktiv und produktiv mit seiner Umwelt auseinander setzenden Kind ausgeht, was leicht den Blick darauf verstellt, dass viele junge Kinder auf Unterstützung und Hilfe angewiesen sind, wenn sie die Welt, in die sie hineinwachsen, verstehen und in ihr kompetent und verantwortlich handeln lernen sollen.

Ungeachtet dieser Kritik konnte sich der Situationsansatz lange Zeit nahezu unangefochten behaupten. Erst die Ergebnisse von zwei Evaluationsstudien haben Zweifel aufkommen lassen, ob dieser Ansatz in unveränderter Form als alleiniges Bildungsprogramm taugt. So haben Ende der 1990er Jahre Protagonisten dieses Ansatzes in einer internen Evaluation festgestellt, dass es einem erheblichen Teil der Kindergärten, welche sich offiziell am Situationsansatz orientieren, nicht gelungen ist, einen konzeptionellen Rahmen für die Planung der Arbeit zu entwickeln (vgl. Zimmer u. a. 1997). Das wurde durch die wenig später durchgeführte „Externe Empirische Evaluation" insofern bestätigt, als z. B. in Bezug auf die Kinder, aber auch auf die Eltern in weiten Bereichen keine bedeutsamen Unterschiede zwischen Kindertageseinrichtungen feststellen ließen, die nach dem Situationsansatz bzw. nach einem anderen Bildungsprogramm arbeiteten (vgl. Wolf u. a. 1999, S. 281).

In den letzten Jahren wurden deshalb in allen Bundesländern neue Bildungsorientierungen (Rahmenpläne) entwickelt, die an Standards geknüpft sind und dadurch der lange Zeit herrschenden Beliebigkeit entgegen zu wirken vermögen (vgl. Arbeitsstab Forum Bildung 2001; Sachverständigenrat Bildung bei der Hans-Böckler-Stiftung 2001). Derzeit werden diese Bildungsrahmenpläne erprobt und weiter entwickelt. Evaluationsstudien, die Hinweise auf die Wirkungen bei Kindern und Eltern geben, liegen bislang nicht vor.

2.2.2 Prävention

Wenn man von der Realgeschichte der Elementarerziehung ausgeht und insbesondere die Zeit von ihren Anfängen bis hinein in die 50er und auch noch 60er Jahre des letzten Jahrhunderts in den Blick nimmt, wird deutlich, dass die Arbeit in Krippen und Kindergärten vor allem dem Sozialfürsorge- bzw. Präventionsauftrag diente. Die vorschulischen Institutionen standen vor allem für die Kinder zur Verfügung, deren normale Entwicklung bzw.

Sozialisation infrage stand, weil sie in allzu belastenden sozialen Verhältnissen aufwuchsen. Diese Kinder galt es im Rahmen der Elementarerziehung sozial so zu integrieren, dass die Stabilität der gesellschaftlichen Verhältnisse gewährleistet blieb. Im Laufe der Zeit haben sich vielfältige Formen präventiver Arbeit in vorschulischen Institutionen herausgebildet, die sich nach zwei Motiven einteilen lassen: Einmal wird eine *Kompensation sozialer Benachteiligung* angestrebt, wie z. B. durch soziale Integrationsmaßnahmen, zum anderen bemüht man sich darum, *individuelle Entwicklungshemmnisse abzupuffern*, wie z. B. durch individuelle Förder- bzw. Hilfsangebote.

Derzeit scheint der Präventionsauftrag in den vorschulischen Institutionen nur bedingt eingelöst zu werden. Zumindest hat Fried (2002) in einer Befragungsstudie herausgefunden, dass Erzieherinnen sich sehr hilflos fühlen, wenn es um den Umgang mit Kindern geht, die durch Risiken besonders belastet sind. Als solche gelten Sozialisationsrisiken, wie z. B. sozioökonomische Benachteiligung, Armut (vgl. Holz/Hock/Wüstendörfer 2000; Wolf 1987), aber auch Entwicklungsrisiken, wie z. B. hypersensitive, aggressive, hyperaktive, ängstlich-zurückgezogene Verhaltensmuster (vgl. Laucht/Esser/Schmidt 2000). Angesichts der Tatsache, dass etwa 15 bis 30 % der Kinder, die unsere Kindergärten besuchen, durch solche Risiken belastet sind, eröffnet sich hier also ein großes, derzeit noch zu wenig beachtetes Problemfeld (vgl. Döpfner 1993; Lehmkuhl u. a. 1998). Das gilt umso mehr, als wir wissen, dass der Besuch eines Kindergartens grundsätzlich präventive Wirkungen hervorrufen kann (z. B. Spangler 1994). Allerdings gilt das vor allem, wenn die Einrichtung über spezifische Qualitäten verfügt (vgl. z. B. Tietze/Rossbach/Grenner 2005). Dazu gehört auch, dass sich die Arbeit in vorschulischen Einrichtungen an geeigneten Ansätzen orientiert (vgl. Fried u. a. 2003); das gilt insbesondere für präventive Konzepte. Dementsprechende Ansätze sind spätestens seit den 70er Jahren des letzten Jahrhunderts allgemein zugänglich. Die meisten zielen auf sozial benachteiligte Kinder, nur wenige auf Kinder mit Entwicklungsrisiken. Der Schwerpunkt liegt dabei auf der Entwicklung und Erprobung von didaktischen Materialien für den Umgang mit Kindern bzw. von Fortbildungskonzepten für Erzieherinnen (z. B. Dichans 1993; DJI-Projekt Multikulturelles Kinderleben 1999). Meist geht man davon aus, dass die Entwicklung eines Kindes potenziell gefährdet ist, wenn es einer Gruppierung angehört, die gesellschaftlich ausgegrenzt bzw. benachteiligt wird. Infolgedessen versucht man, sozioökonomisch benachteiligte, arme und behinderte Kinder sowie Kinder aus anderen Kulturen durch geeignete Maßnahmen in die Gesamtgruppe zu integrieren. Diese Projekte werden, nicht zuletzt wegen ihrer Nähe zum Situationsansatz, in der Praxis vergleichsweise gut angenommen (vgl. Fried u. a. 1992; Fried 2002). Das kann man z. B. daran ablesen, dass die Anzahl der Einrichtungen, die nach einem integrativen Konzept arbeiten, „ein beachtliches Ausmaß" erreicht hat (vgl. Kreuzer 2001, S. 69).

Aus fachlicher Sicht wird damit deutlich, dass vorschulische Institutionen sowohl quantitativ, als auch qualitativ (insbesondere im Hinblick auf den Bildungs- und den Präventionsauftrag) noch weiter ausgebaut werden müssen. Dabei kann inzwischen auf ein breit gefächertes Angebot an Instrumenten zur Qualitätsfeststellung bzw. -verbesserung zurückgegriffen werden (vgl. Sachverständigenkommission Zwölfter Kinder- und Jugendbericht 2005). Mit Hilfe dieser Instrumentarien kann die Qualität von Krippen, Kindergärten, Horten, aber auch der Tagespflege weiter entwickelt werden.

3. Elementarerziehung aus elterlicher Sicht

Wie stellt sich die Elementarerziehung aus der Perspektive der Eltern dar? Nehmen sie Anderes wahr bzw. ordnen sie das Wahrgenommene anders ein als die Fachwelt? Antworten darauf kann man den – leider nur spärlichen – Ergebnissen diverser Elternbefragungen entnehmen (vgl. Cyprian/Franger 1997). Die erste Erhebung reicht in die 70er/80er Jahre des vorigen Jahrhunderts zurück (vgl. Mundt u. a. 1980). Weitere relevante Studien folgten in den 1990er Jahren (vgl. Kaap/Dybowski/Pleus-Volckmann 1991; Dippelhofer-Stiem/Kahle 1995; Kahle 1997; Textor 1998; Tietze 1998; Becker 1999). Die Untersuchungen aus den letzten Jahren knüpfen an diese Studien an. Es wird dort zum Teil mit den gleichen, nur geringfügig modifizierten Instrumenten gearbeitet, die bereits zuvor verwendet worden waren (vgl. Wolf 2002a; 2002b; Dippelhofer-Stiem 2002; Gleser 2003; Honig/Joos/Schreiber 2003). Somit ist es möglich, die Ergebnisse der verschiedenen Untersuchungen aufeinander zu beziehen. Da die Befragungen nahezu ausschließlich auf den Kindergarten zielen, kann man vor allem Schlüsse darüber ziehen, wie sich die Elternwahrnehmung sowie die Elternarbeit in Bezug auf den Kindergarten im Laufe der letzten ca. 25 Jahre entwickelt hat.

3.1 Elternsicht

Grundsätzlich standen und stehen Eltern dem Kindergarten sehr positiv gegenüber. Sie sind der Meinung, dass junge Kinder auf jeden Fall einen Kindergarten besuchen sollten. Auch berichten die meisten von ihnen, dass die Kinder gerne in diese Einrichtung gehen. Daraus folgern viele, dass die Erzieherinnen dort gute Arbeit leisten. Für die meisten Eltern ist am wichtigsten, dass der Kindergarten die Familie entlastet und ergänzt. Sie schätzen es, ihrem Beruf nachgehen bzw. Geld verdienen zu können, während das Kind im Kindergarten gut aufgehoben und umfassend gefördert wird. Konkurrenzdenken scheint in Bezug auf die Erzieherin kaum je aufzutauchen. Das dürfte damit zusammenhängen, dass Eltern – seit den 70er Jahren des vorigen Jahrhunderts zunehmend – klar sehen: ihr Kind kann sich im Kindergarten Dinge aneignen, die sie ihm im Elternhaus nicht oder nicht ohne weiteres vermitteln können.

3.1.1 Funktionen

Die verschiedenen Aufgaben, die der Kindergarten zu erfüllen hat, werden von den Eltern unterschiedlich gewichtet. Eine Mehrheit hält die sozialisationsfördernden und schulvorbereitenden Maßnahmen für wichtiger als alle anderen Aufgaben der Elementarerziehung. Nach Mundt u. a. (1980) meinten z. B. 66 % der befragten Mütter, dass es Kinder, die den Kindergarten besuchen, später leichter in der Schule haben; weitere 57 % sagten aus, dass Kinder, die in den Kindergarten gehen, eher soziale Regeln lernen und früher selbstständig werden; außerdem stellten 56 % fest, dass Kinder im Kindergarten Dinge lernen können, die ihnen, wären sie nur zuhause, verschlossen blieben. Betrachtet man daraufhin die Studien aus den 90er Jahren des vorigen und den ersten Jahren des gegenwärtigen Jahrhunderts, so wird deutlich, dass sich an dieser Gewichtung kaum etwas geändert hat.

Das gilt auch für die Haltung gegenüber der Bildungsfunktion des Kindergartens; diese Aufgabe wurde und wird als nachrangig erachtet. Selbst in jüngeren Studien (vgl. Wolf 2002a; 2002b; Dippelhofer-Stiem 2002; Gleser 2003; Honig/Joos/Schreiber 2003) ist man nur bedingt daran interessiert, dass die Kinder im Kindergarten angeregt werden, sich die äußere und innere Welt mithilfe von Wissen und Lerntechniken anzueignen. Schon gar nicht ist man daran interessiert, dass das Kind bereits im Kindergarten mit schulischen Inhalten und Methoden konfrontiert wird. Im Unterschied zur Politik und Fachwelt denken also Eltern bei der Elementarerziehung nicht zuerst und zuvorderst an Bildung. Ob sich das – unter dem Einfluss öffentlicher Diskussionen – in jüngster Zeit geändert hat, muss offen bleiben.

Wenn man Eltern fragt, welche Ziele die Elementarerziehung verfolgen sollte, nennen sie zuallererst das Wohlbefinden ihres Kindes. Es liegt ihnen am Herzen, dass ihr Kind als Person geachtet und in seiner Entwicklung umfassend gefördert wird. Außerdem erwarten sie, dass der Kindergarten alles dafür tut, dass ihr Kind eine eigenverantwortliche und gemeinschaftsfähige Persönlichkeit ausformt. Das – so meinen viele Eltern – setzt voraus, dass die Erzieherin individuell auf jedes Kind eingeht. Dabei soll sie vor allem Ratgeberin, Vorbild und Partnerin sein. Hingegen hat man wenig Interesse daran, dass sie – wie eine „Lehrerin" – direkt und systematisch auf das Kind einwirkt. Viel wichtiger ist es den Eltern, dass die Erzieherin das Kind genau im Blick hat und die Eltern regelmäßig darüber informiert, wie es sich entwickelt. Wichtig ist ihnen auch, rasch informiert zu werden, wenn Probleme auftauchen, wie z. B. Entwicklungsverzögerungen oder Verhaltensprobleme; wo notwendig, möchte man von der Erzieherin in Erziehungsfragen fachkundig beraten werden.

Manche Ergebnisse der Befragungen verweisen auf Spannungsmomente zwischen Eltern und Erzieherinnen. Nicht alle werden direkt angesprochen. Manche lassen sich nur indirekt erschließen; was möglich ist, weil in einigen Studien nicht nur die Eltern, sondern auch die mit ihnen zusammen arbeitenden Erzieherinnen befragt wurden. Ein Vergleich der Antworten lässt dann Differenzen zu Tage treten. So zeigt sich z. B., dass für die Eltern die Betreuungsfunktion im Vordergrund steht, während sich die Erzieherinnen stärker mit der Sozialisationsfunktion identifizieren. Umgekehrt gilt, dass die Eltern eher an kognitiven und schulbezogenen Zielen interessiert sind, während den Erzieherinnen stärker an einer umfassenden Persönlichkeitsstärkung gelegen ist. Nachdenkenswert ist auch, dass das Selbstbild, das die Erzieherinnen von sich präsentieren, schmeichelhafter ist, als das Fremdbild, das sich die Eltern von ihnen machen. Das betrifft z. B. die Einschätzung der Professionalität der Erzieherinnen. Ein Teil der Eltern hat z. B. die Erfahrung gemacht, dass die Erzieherinnen auf manche Fragen nicht die fachliche Antwort haben, die sie von ihnen erwartet hätten.

Einig sind sich Eltern und Erzieherinnen, dass Kindergärten von guter Qualität sein müssen. Dabei denkt man vor allem an „gut ausgebildete Erzieherinnen" und eine „gute Atmosphäre", gefolgt von „wenig Kinder pro Gruppe" (vgl. Tietze 1998; Tietze/Rossbach/Grenner 2005). Kaum weniger Wert legt man auf Forderungen, wie z. B. die Arbeit explizit an pädagogischen Konzepten auszurichten und Erziehungsziele klar zu bestimmen. Welche Ziele dabei vorrangig zu betrachten sind, scheint zwischen Eltern und Erzieherinnen weithin unumstritten. Laut Honig, Joos und Schreiber (2003, S. 60) rangieren Ehrlichkeit, Selbstvertrauen, Selbstständigkeit, Hilfsbereitschaft, Toleranz und Kritikfähigkeit ganz vorn. Allerdings gibt es auch Diskrepanzen. Die Eltern legen nämlich deutlich mehr Wert auf Disziplin und Leistung. Sie fordern, im Kindergarten mehr für die Selbstbeherrschung, den Gehorsam, die Ordentlichkeit, Strebsamkeit, Leistungsbereitschaft und das Durchsetzungsvermögen der Kinder zu tun, als den Erzieherinnen angemessen erscheint. Wie genau die Erzieherinnen diese Ziele erreichen sollen, scheint sie weniger zu beschäftigen. Die Vermittlungsprozesse bleiben nämlich weithin unbeachtet. Deshalb verwundert es auch nicht, dass die Eltern kaum Forderungen stellen, die auf eine Veränderung des Erziehungsstils im Kindergarten hinauslaufen würden.

3.1.2 Moderierende Einflüsse

Wieweit Eltern und Erzieherinnen in ihren Absichten und Vorgehensweisen harmonieren, hängt nicht zuletzt von den Kontexten ab, in denen sie sich bewegen. Hier scheinen „geistige Einflüsse", die z. B. von dominierenden gesellschaftlichen Ideologien, vorherrschenden pädagogischen Ansätzen usw. ausgehen, eine gewisse Rolle zu spielen. So setzten sich Eltern in den 1970er Jahren (wohl unter dem Einfluss des so genannten Funktionsansatzes) wesentlich stärker für eine altershomogene Elementarerziehung ein, als dies gegenwärtig der Fall ist. Laut Mundt u. a. (1980) z. B. plädierten damals 53 % der Mütter voll und ganz für altersgleiche Kindergartengruppen. Das ist heute bei weitem nicht mehr so. In den 1990er Jahren wiederum sprachen sich Eltern aus den neuen Bundesländern (wohl noch unter dem Einfluss der zu DDR-Zeiten verpflichtenden Bildungspläne) für eine stärker an kognitiven Zielen ausgerichtete und mit kontrollierenden Erziehungsmaßnahmen vermittelte Förderung der Kinder im Kindergarten aus (vgl. Tietze 1998). Ob bzw. wieweit sich das abflacht, muss abgewartet werden.

Neben solchen „Zeitgeist-Effekten" sind Sozial- bzw. Bildungsschicht-Effekte festzustellen. So sprechen sich Mütter mit geringen Bildungsressourcen eher dafür aus, die Kinder im Kindergarten strenger zu erziehen. Gleichzeitig äußern sie öfter, man möge die Kinder im Kindergarten gezielter auf die Schule vorbereiten. Dabei zeigen sie großes Vertrauen in die Fähigkeiten der Erzieherinnen und die Möglichkeiten des Kindergartens. Auch lassen sie sich gerne von den Fachkräften beraten. Ganz anders dagegen die Akademikereltern. Sie stellen insofern eine „schwierige Klientel" für die Erzieherinnen dar, als sie den Wert der im Kindergarten geleisteten pädagogischen Arbeit sowie die Fachlichkeit der dort tätigen Erzieherinnen öfter infrage stellen als andere Elterngruppen (vgl. Honig/Joos/Schreiber 2003; Wolf 2002a).

Was die Zukunft der Elementarerziehung betrifft, so haben sich die Vorstellungen der Eltern im Laufe der Zeit gewandelt. In den 1970er Jahren stand noch der Wunsch nach einem Ausbau der Kindergärten und einer Reduzierung der Gruppengrößen im Vordergrund. Nachdem dieses Anliegen in den 1980er und 1990er Jahren teilweise erfüllt worden ist, zielen die Wünsche inzwischen stärker darauf, die Qualität der vorschulischen Institutionen zu verbessern. Ob sich das in naher Zukunft erfüllen wird, ist – u. a. angesichts der öffentlichen Kassen – fraglich.

3.2 Elternarbeit

Je jünger Kinder sind, umso wichtiger ist es, dass die private und die öffentliche Erziehung so aufeinander abgestimmt sind, dass sie vom Kind als konsistent erlebt werden. Das kann man u. a. an den Ergebnissen eines Handlungsforschungsprojekts ablesen, das den Wirkungen des so genannten „Eingewöhnungsmodells“ für Krippenkinder nachging (vgl. Laewen/Andres/Hedervari 2003). Dieses pädagogische Modell basiert auf Erkenntnissen der Bindungsforschung und hat zum Ziel, die potenzielle Krise, die dem Kind beim Übergang von der Familie zur Krippe droht, dadurch zu entschärfen, dass die Eltern in der ersten Zeit bei ihrem Kind in der Einrichtung bleiben, bis es sich so an die neuen Verhältnisse gewöhnt hat, dass es für begrenzte Zeit auch ohne die Eltern auszukommen vermag.

3.2.1 Stellenwert

Auch in anderen pädagogischen Ansätzen hat die Elternarbeit einen zentralen Stellenwert. Das war schon bei Friedrich Fröbel (1782 – 1852), dem Begründer des Kindergartens, so. Gegenwärtig wird diese Tradition u. a. durch den Situationsansatz fortgesetzt (vgl. z. B. Zimmer u. a. 1997). Dort legt man nämlich Wert darauf, Eltern als sachkundige Partner anzusprechen und aktiv an der „projektorientierten Realisierung einer an Lebenssituationen der Kinder orientierten pädagogischen Praxis“ zu beteiligen, sie also in einen Prozess einzubinden, „in dem das Handeln mit unterschiedlichen Erwachsenen und Kindern nicht ohne begleitendes Nachdenken erfolgt. Wissende werden zu Lernenden und umgekehrt. Mitwirkung ist wechselseitige Aufklärung – aber keineswegs ein konfliktfreies Terrain ... Sie stellt hohe Anforderungen an die Erzieherin, in dieser Form der Mitwirkung geschieht Bewusstwerdung und verändert damit Eltern und Erzieherinnen gleichermaßen“ (Haberkorn 2001, S. 39); so weit jedenfalls die Programmatik. In der Realität scheint das nicht immer zu funktionieren, zumindest kann man den Ergebnissen der „Externen Empirischen Evaluation“ (vgl. Wolf u. a. 1999) entnehmen, dass sich die Elternarbeit an Kindergärten, die nach dem Situationsansatz arbeiten, so gut wie gar nicht von der an Einrichtungen unterscheidet, die sich an anderen pädagogischen Ansätzen ausrichten. So engagieren sich z. B. die Eltern der „situationsorientierten“ Kindertageseinrichtungen nicht stärker an der Entwicklung der pädagogischen Konzepte und sie arbeiten nicht intensiver an der Gestaltung des pädagogischen Alltags mit, als die Eltern der „herkömmlichen“ Kindertageseinrichtungen (vgl. Becker 1999).

Früher erschöpfte sich – jedenfalls nach der kindergartenpädagogischen Literatur – die „Elternarbeit im Kindergarten“ darin, dass den Eltern viele Informationen und Ratschläge mit auf den Weg gegeben wurden. Vor dem Hintergrund des SGB VIII, also der einzigen gesetzlichen Grundlage für Krippen, Kindergärten, Kindertageseinrichtungen usw. auf Bundesebene, ist das der falsche Weg. Denn – so der Tenor dieser Vorgabe – nur mit Partnerschaftlichkeit, Subjektorientierung und Partizipation kann gewährleistet werden, dass die in Einrichtungen tätigen Fachkräfte und anderen Mitarbeiter bei der Wahrnehmung ihrer Aufgaben mit den Eltern zum Wohl der Kinder zusammenarbeiten. Das bedeutet – laut Münder u. a. (1991, S. 127) – nicht zuletzt, dass die Eltern an den „Entscheidungen in wesentlichen Angelegenheiten der Einrichtung“ beteiligt werden müssen; und zwar vor allem an der Erstellung des pädagogischen Konzepts, im Hinblick auf die personelle und materiale Ausstattung sowie die Öffnungs- und Schließungszeiten. Dieser Anspruch wird von Eltern und Erzieherinnen geteilt. So halten es nach Wolf (2002a, S. 81f.) sehr viele Erzieherinnen und Eltern für wichtig, dass Eltern im Kindergarten ein echtes Mitbestimmungsrecht besitzen, dass sie also über das Informations- und Beratungsrecht hinaus real an den Entscheidungen beteiligt werden, wobei die Erzieherinnen den Eltern sogar ein weitergehendes Mitbestimmungsrecht zuzubilligen bereit sind, als es die Eltern für sich selbst in Anspruch nehmen.

3.2.2 Realität

Ob das in der Realität so gut funktioniert, hängt nicht zuletzt von den Rahmenbedingungen der Elternarbeit ab, über die wir aber wenig wissen. Immerhin kann den Befunden von Textor (1998) entnommen werden, wie viel Zeit Erzieherinnen in die Elternarbeit investieren. Demnach – so berichtet jedenfalls die engagiertere Hälfte der Erzieherinnen aus Nordrhein-Westfalen – werden drei und mehr Stunden pro Woche zusammen mit den Eltern verbracht. In anderen Bundesländern steht den Erzieherinnen offenbar weniger Zeit für die Elternarbeit zur Verfügung.

Die meisten Erzieherinnen und Eltern halten die Elternarbeit für wichtig. Der größte Teil der Erzieherinnen sieht sich dabei durch die Eltern unterstützt. Nur eine kleinere Gruppe hat schon einmal erlebt, dass sich Eltern unangenehm einmischen. Meist zeigen sich die Eltern an den Angeboten zur Elternarbeit interessiert. Zwar werden nicht alle Eltern erreicht, aber weitaus die meisten fühlen sich – zumindest von einzelnen Angeboten – angesprochen. Jedoch ist die Mitarbeit der Väter äußerst gering, d. h. die Elternarbeit wird fast ausschließlich von den Müttern bestritten.

Meist verläuft die Elternarbeit für beide Seiten befriedigend (vgl. Cryer/Burchinal 1997; Textor 1998). Die überwiegende Mehrzahl der Erzieherinnen findet die Zusammenarbeit nicht oder wenig belastend. Und fast 90 % der Eltern machen die Erfahrung, dass man sie mit ihren Anliegen annimmt. Drei Viertel von ihnen finden deshalb die Angebote der Erzieherinnen genau richtig; ja, mehr noch: sie fühlen sich durch die Elternarbeit angeregt, intensiver über Erziehungsfragen nachzudenken. Allerdings gibt es eine kleinere Gruppe von Eltern (5 bis 13 %), der es schwer fällt oder misslingt, offen mit den Fachkräften über Probleme und Fragen zu sprechen. Auch bei den Erzieherinnen gibt es eine kleinere Gruppe (15 %), die es belastend findet, mit den Eltern zusammen zu arbeiten. Das konzentriert sich aber auf die Eltern von Kindern in Risikolagen oder mit Risikoentwicklungen. Hier fühlt man sich oft unsicher und überfordert.

Welche Form der Zusammenarbeit Eltern besonders schätzen, unterliegt regionalen Einflüssen. Klassische Elternarbeitsformen wie Tür- und Angelgespräche, die Mitarbeit im Elternbeirat, Elterninformationen bzw. -briefe und Elternsprechstunden stehen hoch im Kurs. Außerdem erfreuen sich Bastelnachmittage, Ausflüge und Feste großer Beliebtheit. Demgegenüber spielt die Elternmitbestimmung eine untergeordnete Rolle. Jedenfalls berichten Erzieherinnen, dass sich Eltern kaum an der Erarbeitung pädagogischer Konzepte beteiligen bzw. an der pädagogischen Arbeit in der Gruppe mitwirken. Dabei ist es Eltern durchaus wichtig, dass die Einrichtung, in die sie ihr Kind schicken, nach einem guten pädagogischen Programm arbeitet (vgl. Becker 1999). Das scheint sie aber – neben der räumlichen Nähe – vor allem dann zu interessieren, wenn es darum geht, welchen Kindergarten ihr Kind besuchen soll (vgl. Mundt u. a. 1980). Ist diese Entscheidung erst einmal getroffen, scheint kaum noch Interesse daran zu bestehen, die pädagogische Arbeit in der Einrichtung nach den eigenen Vorstellungen zu beeinflussen (vgl. Honig/Joos/Schreiber 2003).

Allerdings bestehen diesbezüglich deutliche Unterschiede zwischen den alten und den neuen Bundesländern. So legt man im Osten mehr Wert darauf, die Arbeit in Krippe,

Kindergarten und Kindertageseinrichtung mit zu bestimmen, als dies im Westen der Fall ist. Ansonsten wird Elternmitbestimmung für Eltern immer dann wichtig, wenn die Praxis in der Einrichtung allzu deutlich von ihren eigenen Vorstellungen abweicht.

Egal welche Form der Elternarbeit man bevorzugt, im Mittelpunkt steht letztlich immer das Gespräch, sei es nun als Erfahrungsaustausch der Eltern untereinander oder als Gespräch zwischen Eltern und Erzieherinnen. Nach einer Explorationsstudie von Rückert und Schnabel (2000) dauern Gespräche zwischen Fachkräften und Eltern meist zwischen 20 und 40 Minuten, können aber auch bis zu 60 Minuten beanspruchen. Kaum je geht es um bloße Information oder um das Austragen von Konflikten. Vielmehr drehen sich die Gespräche mit Eltern häufig um das Kind und seine Entwicklung; mitunter geht es um Probleme (vgl. Wolf 2002b). Oft haben die Gespräche den Charakter einer Beratung, denn für viele Eltern ist die Erzieherin die erste Ansprechperson, wenn es um die Frage geht, ob sie bei der Erziehung ihres Kindes alles richtig machen. Häufiger Gesprächsgegenstand ist das Sozialverhalten des Kindes, wie z. B. das Eingewöhnen in die Gruppe, das Einhalten von sozialen Regeln, das Schließen von Freundschaften, auffallende soziale Verhaltensweisen usw. (vgl. Rückert/Schnabel 2000). Besondere Bedeutung hat auch das Thema Schulvorbereitung. Das gilt insbesondere in der Phase vor der Einschulung des Kindes (vgl. Wolf 2002a).

Mitunter treten in der Elternarbeit Spannungen auf. Diese erwachsen meist daraus, dass die beiden an der Erziehungspartnerschaft beteiligten Seiten zu viel voneinander erwarten, weil sie hochgespannte Ideale zu Standards machen (vgl. Kahle 1997). Dann kommt es zu Erwartungen, z. B. dass Eltern die Angebote umfassend wahrnehmen, geschlossen hinter den Zielen der Einrichtung stehen, regelmäßig zu Elternabenden kommen, jederzeit ansprechbar sind, immer Lust haben, mit der Erzieherin über Erziehungsziele bzw. die pädagogische Arbeit zu diskutieren, ohne weiteres in der Gruppe mitarbeiten, wenn sie darum gebeten werden usw. (vgl. Stuck/Wolf 2004). Die Erwartungen mancher Eltern an die Erzieherinnen sind kaum geringer angesetzt. So hegen manche Vorstellungen, dass beispielsweise die Anregungen zur pädagogischen Arbeit eins zu eins umgesetzt werden bzw. dass man für jedes Erziehungsproblem Lösungen an die Hand bekommt usw.

4. Ausblick

Betrachtet man abschließend die Situation von Familie und Elementarerziehung, so scheint folgender Schluss nahe liegend: Die Passung zwischen familialer und öffentlicher Erziehung muss gewährleistet bleiben bzw. weiter optimiert werden. Das kann nur gelingen, wenn man auf die Vielfalt und Variabilität von familialen Lebensformen mit einer Pluralisierung und Flexibilisierung der Elementarerziehung antwortet. Dabei ist allerdings darauf zu achten, dass eine Balance zwischen flexibel-adaptiven und stabil-verlässlichen Angeboten gewahrt bleibt. Wie wir aus bisherigen Projekten wissen, setzt das eine funktionierende Infrastruktur voraus (vgl. BMFSFJ 2005). Um hier weiter zu kommen, müssen bestehende institutionelle Ressourcen noch besser ausgeschöpft werden, z. B. indem eine engere bzw. konsequentere Vernetzung bestehender Angebote vorgenommen wird. Einschlägige Erfahrungen liegen bereits vor. Danach empfiehlt es sich, regionale Koordinations- und Kooperationsmodelle zu entwickeln, die an der bereits bestehenden Zusammenarbeit zwischen Einrichtungen der Jugendhilfe und Krippen, Kindergärten, Tageseinrichtungen usw. anknüpfen. Erzieherinnen und Eltern sind an solchen Projekten durchaus interessiert. Das ist insofern wichtig, als – laut Verlinden (2000, S. 5) – die „Erfolgschancen einer Vernetzung ... bei frühzeitiger und vielseitiger Beteiligung von Elternvertretung bzw. interessierten Müttern und Vätern steigen, vor allem, wenn betroffene Familien mehr Möglichkeiten finden, ihre spezifischen Interessen im Wohngebiet zum Ausdruck zu bringen."

Konkrete Hinweise, wie man das erreicht, gibt es bereits (vgl. z. B. Seehausen 2002). Danach kommt es darauf an, dass die Beteiligten gewillt und fähig sind, die mit der Zusammenarbeit einhergehenden Aufgaben und Probleme anzuerkennen bzw. zu bearbeiten. Das setzt beispielsweise voraus, dass konzeptionelle Divergenzen geklärt, klare Vereinbarungen geschlossen und persönliche Konflikte aufgearbeitet werden (vgl. z. B. Langnickel 1997). Dabei kann man auf Hilfsmittel zurückgreifen, die im Verlauf einschlägiger Projekte entwickelt worden sind, wie z. B. der von Textor (2000a) entwickelte Grundsatzkatalog für eine gelingende Kooperation zwischen Kindergärten und sozialen Diensten.

Vernetzung allein reicht nicht aus. Man braucht auch Strukturen, mit deren Hilfe die Ressourcen wirksam gebündelt bzw. „zentriert" werden können, wie es z. B. in Gemeindezentren, Familien- und Mütterzentren der Fall ist (vgl. u. a. Wunderlich/Jensen 1997). Dabei können durchaus auch vorschulische Institutionen als „Impulsgeber für den Aufbau inszenierter sozialer Netzwerke" dienen (BMFSFJ 1998, S. 193). Dies kann z. B. am Modell der Early Excellence Centers nachvollzogen werden (vgl. z. B. http://www.pfh-berlin.de/1/modell/schiller.html). Das sind Zentren, die diverse bildungs- sowie präventionsrelevante Angebote für Kinder, Eltern und pädagogische Fachkräfte unter einem Dach vereinen. Ziel der Arbeit in diesen Zentren ist, Modelle exzellenter Präventions- und Bildungsarbeit zu entwickeln und in der jeweiligen Region zu verbreiten, wobei das Ziel „Excellence" dadurch erreicht werden soll, dass sich alle Aktivitäten an vereinbarten Standards ausrichten. Derartige Zentren bergen – laut den Erfahrungen, die man in England damit gemacht hat – u. a. die Chance, dass Erzieherinnen und Eltern sich gegenseitig darin unterstützen, um- und weitsichtiger zu werden. Das könnte zur Folge haben, dass die Erzieherinnen selbstkritisch prüfen, ob es nicht stimmt, dass die Kinder im Kindergarten zu wenig an die Schule herangeführt werden. Es könnte aber auch bewirken, dass die Eltern selbstkritisch bedenken, ob es nicht mehr Möglichkeiten gibt, ihr Kind mit eigenen Augen im Kindergarten zu betrachten, statt es sich immer nur durch die Augen der Erzieherin zu vergegenwärtigen.

Literatur

Arbeitsstab Forum Bildung, 2001: Empfehlungen des Forum Bildung. Bonn.

Becker, P., 1999: Ergebnisse der Externen Empirischen Evaluation: Eltern. In: Becker, P./Roux, S./Wolf, B. (Hrsg.): Kindersituationen im Diskurs. Landau, S. 103-113.

Büchel, F./Spieß, C.K., 2002: Form der Kinderbetreuung und Arbeitsmarktverhalten von Müttern in West- und Ostdeutschland. München.

Büchel, F./Spieß, C.K./Wagner, G., 1997: Bildungseffekte vorschulischer Kinderbetreuung. In: Kölner Zeitschrift für Soziologie und Sozialpsychologie, 49. Jg., H. 3, S. 528-539.

Bundesministerium für Familie, Senioren, Frauen und Jugend (Hrsg.), ^{7}1995: Kinder- und Jugendhilfegesetz (KJHG) (Achtes Buch Sozialgesetzbuch). Bonn.

Deutsches Jugendinstitut (Hrsg.), 2002a: Familienunterstützende Kinderbetreuungsangebote. Eine Recherche zu alternativen Angebotsformen. München.

Deutsches Jugendinstitut, 2002b: Zahlenspiegel. Daten zu Tageseinrichtungen für Kinder. München.

Dichans, W., ^{2}1993: Der Kindergarten als Lebensraum für behinderte und nichtbehinderte Kinder. Stuttgart.

Dippelhofer-Stiem, B., 2002: Kindergarten und Vorschulkinder im Spiegel pädagogischer Wertvorstellungen von Erzieherinnen und Eltern. In: Zeitschrift für Erziehungswissenschaft, 5. Jg., S. 655-671.

Dippelhofer-Stiem, B./Kahle, I., 1995: Die Erzieherin im evangelischen Kindergarten. Empirische Analysen zum professionellen Selbstbild des pädagogischen Personals, zur Sicht der Kirche und zu den Erwartungen der Eltern. Bielefeld.

DJI-Kinderbetreuungsstudie 2005. Erste Ergebnisse. (http://222.dji.de/bibs390_1_ErgebnisseKinderbetreuungsstudiekorr.TR.pdf)

DJI-Projekt Multikulturelles Kinderleben, 1999: Mehrsprachigkeit im kulturellen Kinderleben. Eine Tagungsdokumentation. Projektheft 2. München.

Döpfner, M., 1993: Verhaltensstörungen im Vorschulalter. In: Kindheit und Entwicklung, 2. Jg., S. 177-190.

Fried, L., 2002: Qualität von Kindergärten aus der Perspektive von Erzieherinnen: eine Pilotuntersuchung. In: Empirische Pädagogik, 16. Jg.

Fried, L./Roßbach, H.-G./Tietze, W./Wolf, B., 1992: Elementarbereich. In: Ingenkamp, K./Jäger, R./Petillon, H./Wolf, B. (Hrsg.): Empirische Pädagogik 1970 – 1990. Eine Bestandsaufnahme der Forschung in der Bundesrepublik Deutschland. Band 1, Weinheim, S. 197-263.

Fried, L./Dippelhofer-Stiem, B./Honig, M.-S./Liegle, L., 2003: Einführung in die Pädagogik der frühen Kindheit. Weinheim.

Gleser, C., 2003: Kleine altersgemischte Gruppen: Besuchsgründe, Bildungsprozesse und Bewertung aus Elternsicht. In: Liegle, L./Treptow, R. (Hrsg.): Welten der Bildung in der Pädagogik der frühen Kindheit und in der Sozialpädagogik. Freiburg (Brsg.), S. 227-241.

Hock, B./Holz, G./Wüstendörfer, W., 2000: Frühe Folgen – langfristige Konsequenzen? Armut und Benachteiligung im Vorschulalter. Frankfurt am Main.

Honig, M.-S./Joos, M./Schreiber, N., 2003: Was geschieht in unseren Kindergärten? Multifunktionalität, Perspektivität und Performativität pädagogischer Qualität. Ergebnisse einer empirischen Untersuchung über Kindertageseinrichtungen in Rheinland-Pfalz und im Saarland. Trier (Universität Trier, unv. Ms.).

Kaap, J./Dybowski, H./Pleus-Volckmann, M., 1991: Kindertagesstätten aus der Sicht der Eltern und Mitarbeiterinnen. Braunschweig: Jugend-, Sozial- und Gesundheitswesen.

Kahle, I., 1997: Die Elternarbeit als Bindeglied zwischen familialer und institutioneller Ökologie. In: Dippelhofer-Stiem, B./Wolf, B. (Hrsg.): Ökologie des Kindergartens. Weinheim/München, S. 49-76.

Laewen, H.-J./Andres, B./Hedervari, E., [4]2003: Die ersten Tage – Ein Modell zur Eingewöhnung in Krippe und Tagespflege. Weinheim.

Laewen, H.-J./Neumann, K./Zimmer, J. (Hrsg.), 1997: Der Situationsansatz – Vergangenheit und Zukunft. Theoretische Grundlagen und praktische Relevanz. Seelze-Velber.

Laucht, M./Esser, G./Schmidt, M.H., 2000: Entwicklung von Risikokindern im Schulalter: Die langfristigen Folgen frühkindlicher Belastungen. In: Zeitschrift für Entwicklungspsychologie und Pädagogische Psychologie, 32. Jg., S. 59-69.

Lehmkuhl, G. u. a., 1998: Häufigkeit psychischer Auffälligkeiten und somatischer Beschwerden bei vier- bis zehnjährigen Kindern in Deutschland im Urteil der Eltern – ein Vergleich normorientierter und kriterienorientierter Modelle. In: Zeitschrift für Kinder- und Jugendpsychiatrie, 26. Jg., S. 83-96.

Leu, H.R./Preissing, C., 2000: Bedingungen und Formen der Pluralisierung des Angebots von Kindertageseinrichtungen. In: Zeitschrift für Soziologie der Erziehung und Sozialisation, 20. Jg., S. 132-148.

Münder, J. u. a., 1991: Frankfurter Lehr- und Praxiskommentar zum Kinder- und Jugendhilfegesetz. Münster.

Mundt, J.W. u. a., 1980: Eltern und Kindergarten. Ergebnisse einer Untersuchung zu ihrem Verhältnis in verschiedenen Umwelten. Bonn: Der Bundesminister für Bildung und Wissenschaft.

Netz, T., 1998: Erzieherinnen auf dem Weg zur Professionalität. Studie zur Genese der beruflichen Identität. Frankfurt am Main.

Nickel, H., 1996: Eltern-Spiel-Gruppen. Familienbegleitende Einrichtungen für Kleinkinder und Eltern. München/Basel.

Nickel, H./Schenk, M./Ungelenk, B., 1980: Erzieher- und Elternverhalten im Vorschulbereich. Empirische Untersuchungen in Kindergärten und Initiativgruppen. München/Basel.

Kreuzer, M., 2001: Integration im Elementarbereich – Zum Entwicklungsstand und zu Perspektiven der Weiterentwicklung. In: Gemeinsam leben, 9. Jg., S. 69-71.

Rauschenbach, T./Schilling, M., 2001: Kinder- und Jugendhilfereport. Band 1: Analysen, Befunde und Perspektiven. Münster.

Rückert, E./Schnabel, M., 2000: Welche Themen und Schwerpunkte werden in Elterngesprächen beraten? In: Bildung, Erziehung, Betreuung von Kindern in Bayern, 5. Jg., S. 20-22.

Sachverständigenkommission Zwölfter Kinder- und Jugendbericht (Hrsg.), 2005: Bildung, Betreuung und Erziehung von Kindern unter sechs Jahren. München.

Sachverständigenrat Bildung bei der Hans-Böckler-Stiftung, 2001: Bildung in früher Kindheit (Diskussionspapier Nr. 4). Düsseldorf.

Seehausen, H., 2002: Familie und Kinderbetreuung. Dialog zwischen Jugendhilfe und Wirtschaft. In: Mückenberger, U./Menzl, M. (Hrsg.): Der Global Player und das Territorium. Opladen, S. 273-294.

Spangler, G., 1994: Individuelle und soziale Prädiktoren schulbezogenen Verhaltens von Kindern im ersten Grundschuljahr: Eine Längsschnittstudie. In: Zeitschrift für Entwicklungspsychologie und Pädagogische Psychologie, 26. Jg., S. 112-131.
Stuck, A./Wolf, B., 2004: Kindertageseinrichtungen in Rheinland-Pfalz – Empirische Ergebnisse aus der Sicht von Eltern und Erzieherinnen. Aachen.
Sturzbecher, D. (Hrsg.), 1998: Kindertagesbetreuung in Deutschland – Bilanzen und Perspektiven. Ein Beitrag zur Qualitätsdiskussion. Freiburg (Breisgau).
Textor, M.R., 1998: Elternarbeit zwischen Elternmitbestimmung und Elternberatung. In: Sturzbecher, D. (Hrsg.): Kindertagesbetreuung in Deutschland. Bilanzen und Perspektiven. Freiburg (Brsg.), S. 184-316.
Tietze, W. (Hrsg.), 1998: Wie gut sind unsere Kindergärten? Eine Untersuchung zur pädagogischen Qualität in deutschen Kindergärten. Neuwied u. a.
Tietze, W./Rossbach, H.-G./Grenner, K., 2005: Kinder von 4 bis 8 Jahren. Zur Qualität der Erziehung und Bildung in Kindergarten, Grundschule und Familie. Weinheim.
Verlinden, M., 2000: Vernetzung – neue Chance für Kinder und Familien? Beitrag für die TeilnehmerInnen der Arbeitsgruppe 2: „Chancen und Formen trägerübergreifender Kooperation" beim dritten Workshop des „Fachpolitischen Diskurses" in Dortmund am 12.09.2000. Köln.
Wiesner, R. u. a., 22000: SGB VIII – Kinder- und Jugendhilfe. München.
Wolf, B. (Hrsg.), 1987: Zuwendung und Anregung. Weinheim.
Wolf, B., 2002a: Elternhaus und Kindergarten. Einschätzungen aus zwei Perspektiven (Eltern und Erzieherinnen). Aachen.
Wolf, B., 2002b: Wie schätzen Erzieherinnen aus ostdeutschen Kindertagesstätten die Beteiligung von Eltern ein? In: Empirische Pädagogik, 16. Jg., S. 211-236.
Wolf, B./Becker, P./Conrad, S., 1999: Der Situationsansatz in der Evaluation. Ergebnisse der Externen Empirischen Evaluation des Modellvorhabens „Kindersituationen". Landau.
Zimmer, J., 1973: Ein Bezugsrahmen vorschulischer Curriculumentwicklung. In: Zimmer, J. (Hrsg.): Curriculumentwicklung im Vorschulbereich. Band 1, München.
Zimmer, J. u. a., 1997: Kindergärten auf dem Prüfstand. Dem Situationsansatz auf der Spur. Abschlußbericht zum Projekt „Zur Evaluation des Erprobungsprogramms". Seelze-Velber.

Familie und Grundschule

Maria Fölling-Albers / Friederike Heinzel

1. Einleitung

Der Eintritt in die Grundschule stellt Kinder und Familien vor große Herausforderungen. Der erste Schultag und die ersten Schuljahre prägen sich ein und bewegen Kinder und ihre Familien meist sehr. Familie und Grundschule sind verschiedene Institutionen, doch kommt beiden die Verpflichtung zur Erziehung zu. Beide Institutionen sind wesentliche Bestandteile der kindlichen Lebenswelt, sie beeinflussen den Alltag von Kindern maßgeblich und tragen dazu bei, dass aus Kindern Schüler und Schülerinnen werden. Dennoch stehen sie in einem deutlichen Spannungsverhältnis zueinander, wie der folgende Beitrag zeigen wird. Zunächst werden historische und aktuelle Entwicklungen im Verhältnis von Familie und Schule dargestellt. Zentrale theoretische Ansätze führen dann in unterschiedliche Zugänge zum Verstehen des Verhältnisses von Familie und Schule ein. Anschließend werden Forschungsergebnisse referiert. Diese beziehen sich auf die Übergangssituation Schulanfang, die Beziehungen und Formen der Zusammenarbeit von Elternhaus und Schule, die Hausaufgaben als Unterricht in der Familie und die Position des Kindes im Spannungsfeld zwischen Grundschule und Familie.

2. Von der Trennung der Institutionen zur Entgrenzung? – Historische und aktuelle Entwicklungen zum Verhältnis von Familie und Grundschule

2.1 Familie und Schule – unterschiedliche Interessen und Aufgaben

Familie (Elternhaus) und (Grund-)Schule sind auf eine unauflösbare und konflikthafte Weise miteinander verbunden. Unauflösbar, weil beide Einrichtungen zentrale Bestandteile der kindlichen Lebenswelt sind; konflikthaft, weil die Beziehungen zwischen den beiden Institutionen in der Geschichte der deutschen Schule wesentlich durch die Durchsetzung von Interessen des (Obrigkeits-)Staates gegenüber Interessen von Eltern gekennzeichnet waren – aber auch von standespolitisch geprägten Interessen von Eltern gegenüber dem Staat. So musste „die allgemeine Schulpflicht im 17. Jahrhundert vom Staat gegen die Familie" angeordnet werden (Keck 1978, S. 42, zit. in Nilshon 2001, S. 232). Von der zweiten Hälfte des 18. Jahrhunderts an wurde die Einhaltung der staatlichen Schulpflicht immer mehr auch kontrolliert. So verpflichtete das General-Land-Schul-Reglement (1763), verordnet von Friedrich II. von Preußen, bei Androhung von Strafen die „Untertanen, es mögen sein Eltern, Vormünder oder Herrschaften, denen die Erziehung der Jugend obliegt, ihre eigenen sowohl als die ihrer Pflege anvertrauten Kinder, Knaben oder Mädchen, wo nicht eher, doch höchstens vom fünften Jahre ihres Alters in die Schule zu schicken, auch damit ordentlich bis ins dreizehnte oder vierzehnte Jahr kontinuieren und sie so lange zur Schule halten sollen, bis sie nicht nur das Nötigste vom Christentum gefasst haben und fertig lesen und schreiben, sondern auch von demjenigen Rede und Antwort geben können, was ihnen nach den von Unsern Konsistorien verordneten approbierten Lehrbüchern beigebracht werden soll" (Dietrich/Klink 1972, S. 141). Für Kinder auf dem Lande, deren Arbeiten in Haus und Hof erforderlich waren, wurde die Zahl der zu besuchenden Wochentage, der Vor- und Nachmittage, der Sommer- und Winterschulen festgelegt. Die Aufgabe der Schule war es, die Kinder zu unterrichten. Dies wurde bereits in der „Braunschweigischen Schulordnung" (1753) festgeschrieben, weil man den Eltern nicht zutraute, das zu leisten: „Schulen sind also notwendig, und ihre Notwendigkeit gründet sich teils auf die Unfähigkeit einiger Eltern, das zu tun, was sie doch zu tun schuldig sind ..." (Dietrich/Klink 1972, S. 139). Allerdings kam im 18. Jahrhundert nur ein Teil der Eltern der Schulpflicht ihrer Kinder nach. So wurden in der preußischen Schulstatistik des Jahres 1816 nur ca. 60 % der schulpflichtigen Kinder als Schüler registriert – wobei die Schulbesuchsrate in den verschiedenen Provinzen erheblich schwankte (Herrlitz/Hopf/Titze 1993, S. 52). Die absolutistischen Landesfürsten waren auch kaum bereit, die erforderlichen finanziellen Mittel für den Ausbau der Schulen bereit zu stellen (vgl. Leschinsky/Roeder 1976, S. 43, 78ff.). So wurden Eltern verpflichtet, Schulgeld für die Entlohnung der Schulmeister zu zahlen (vgl. General-Schul-Reglement/Dietrich/Klink 1972, S. 143; Leschinsky/Roeder 1976, S. 106ff.). Die Schulen waren zunächst als ständische Schule eingerichtet. Wohlhabenden Eltern war es erlaubt, Privatlehrer für ihr Haus und für ihre Kinder zu halten – so findet sich im „Katholischen Schulreglement für Schlesien" (3. November 1765) die Anweisung: „... alle Eltern, die nicht Haus-Praezeptores zu halten vermögen, ihre Kinder zur gemeinen Stadtschule zu schicken, mittelst Beitreibung bestimmter Strafe ..." (ebd., S. 157). Vom Beginn des 19. Jahrhunderts an schickten Eltern, die es sich leisten konnten, ihre Kinder auf spezielle dreijährige Vorschulen, wo sie mit eigenen Lehrplänen auf den Besuch des Gymnasiums vorbereitet werden sollten. Das heißt, die Schulpflicht wurde zunächst vor allem als Unterrichtspflicht interpretiert. Erst mit der Abschaffung der Monarchie und der Einführung demokratischer Strukturen in der Weimarer Republik konnte 1918/19 eine allgemeine vierjährige Grundschule für alle Kinder des Volkes – unabhängig von Begabung und Stand – eingeführt werden. Die Ablehnung der verordneten gemeinsamen Schule durch Mitglieder höherer sozialer Schichten zeigte sich noch einmal nachdrücklich in den z. T. erheblichen Widerständen gegen ihre Einführung. Diese wurde als ein „das elterliche Erziehungsrecht verletzender Zwang des Staates" betrachtet (Götz/Sandfuchs 2001, S. 18). Auch nach 1920 wurden nicht alle Vorschulen sofort abgeschafft; daneben konnten Eltern, die ihre Kinder nicht in die staatlichen Volksschulen schicken wollten, ihr Kind auf der Grundlage ärztlicher Bescheinigungen weiterhin privat unterrichten lassen. Die endgültige Durchsetzung der allgemeinen Schulpflicht und damit verbunden die Auflösung der Vorschulen sowie die Abschaffung des Privatlehrersystems wurden erst 1936 verfügt und bis 1939 vollzogen (vgl. Nave 1961, S. 89; Götz/Sandfuchs 2001, S. 19). Allerdings wurde in der Weimarer Reichsverfassung und auch nach dem Zweiten Weltkrieg (in den westdeutschen Bundesländern) ein kollektives Elternrecht gegenüber dem Staat durchgesetzt, indem die Volksschulen überwiegend als konfessionelle Schulen eingerichtet wurden. Das nach wie vor geltende Recht von Eltern zur Einrichtung von Privatschulen basiert auf dieser (historischen) Grundlage (vgl. Stock 1981, S. 28ff.).

Das komplizierte Wechselverhältnis zwischen Elternhaus (Familie) und Schule basiert auf zunächst unterschiedlichen Rechten: Das primäre Erziehungsrecht ist der Familie vorbehalten, Unterricht ist die Aufgabe der Schule (vgl. Keck 1981, S. 21). So legten z. B. die Stundenpläne der „Braunschweiger Schulordnung" genau fest, was in welcher Stunde mit welchen Schülergruppen zu bearbeiten sei – die Schule war für Inhalte zuständig, die im Elternhaus nicht vermittelt werden konnten bzw. nicht (hinreichend) vermittelt wurden (vgl. Dietrich/Klink 1972).

Auch wenn es (spätestens seit Herbart zu Beginn des 19. Jahrhunderts) als unbestritten galt, dass Unterricht auch erziehender Unterricht sei (bzw. zu sein habe) und Unterricht ohne Erziehung gar nicht denkbar sei, so war doch die primäre Funktion von Schule, im und durch Unterricht bestimmte Inhalte, Fähigkeiten und Fertigkeiten (und wohl auch Einstellungen) zu vermitteln. Die unterrichtliche Legitimation der Schule durch den Staat wurde durch verschiedene gesetzliche Maßnahmen festgeschrieben, z. B. durch die Einstellung von Lehrkräften, durch die Verordnung von Lehrplänen und Richtlinien, durch die Genehmigung von Schulbüchern, durch Regelung und inhaltiche Legitimierung von Abschlussprüfungen.

So wurde noch im Grundgesetz Art. 6, Abs. 2, festgeschrieben, dass die Pflege und Erziehung der Kinder „das natürliche Recht der Eltern und die zuvörderst ihnen obliegende Pflicht" sei, während „das gesamte Schulwesen (...) unter der Aufsicht des Staates" (stehe) (Art. 7, Abs. 1 GG); hinsichtlich der Erziehung wird der Schule ein nachrangiger Platz eingeräumt.

Allerdings erfuhr bereits mit der Phase der Reformpädagogik zu Beginn des 20. Jahrhunderts das Konzept der weitgehenden Aufgabentrennung zwischen Familie und Schule erste deutliche Veränderungen. So wurde von einzelnen reformpädagogischen Strömungen die Aufspaltung aus pädagogischen Gründen überwiegend abgelehnt und in den von Vertretern dieser Konzepte errichteten Schulen die erzieherischen Aufgaben der Schule ausgeweitet. Die Schule wurde (auch) als eine bedeutsame Lebenswelt der Heranwachsenden definiert. In der Landerziehungsheimbewegung z. B. wurden Schulen als Internate eingerichtet mit dem Ziel, Familienleben und Schulleben zu vereinen. Der Schulleiter war der „Hausvater". In den von Hermann Lietz gegründeten Heimen ist das „private Schulleben" in Familien-Einheiten organisiert. Eltern verzichteten auf ihren Erziehungsauftrag in der Erwartung, dass dieser im Sinne ihrer pädagogischen Ziele von den Schulen besser ausgeübt werden könne. Die Landerziehungsheime wurden allerdings erst für Schüler vom Sekundarstufenalter an eingerichtet. Für das Grundschulalter hat insbesondere Peter Petersens Ansatz, die Schule als eine Lebenswelt zu konzipieren, in der nicht nur unterrichtet wird, sondern auch familiennahe Formen ihren selbstverständlichen Raum haben sollten (wie z. B. die Feier und das Spiel) eine große Resonanz gefunden (vgl. Petersen 1965). Aber auch die Montessori-Pädagogik enthält Elemente einer Einbeziehung lebensweltlicher Inhalte und Lernformen in den schulischen Lernkontext (vgl. Montessori 1965).

2.2 *Elternhaus und Schule als gleichwertige Erziehungseinrichtungen*

Die Idee der „Schule als Lebenswelt" hatte zwar in der Zeit der Reformpädagogik vielfältige Ausprägungen erfahren – umgesetzt in die Praxis wurde sie allerdings nur in einzelnen Reformschulen. Als schulpädagogisches Konzept setzte sie sich erst mit der Phase der Bildungsreform in den 1970er Jahren durch. Seit dieser Zeit hat sich in der Schultheorie und

-praxis die Vorstellung von Unterricht und Erziehung als Einheit weitgehend etabliert (vgl. Keck 2001, S. 7). Im Jahre 1972 hat das Bundesverfassungsgericht den formalrechtlichen Gegensatz von Elternauftrag und Auftrag der Schule aufgehoben. Der staatliche Erziehungsauftrag sei dem elterlichen nicht nach-, sondern gleichgeordnet (vgl. Krumm 2001, S. 1017). Erziehung als Auftrag an die Schulen wird in den Präambeln der Richtlinien und Lehrpläne der Bundesländer festgeschrieben. Aktivitäten zum Schulleben, in denen dieser Auftrag in besonderer Weise durchgesetzt werden soll, gehören an allen Schularten, insbesondere an den Grundschulen, zum selbstverständlichen Teil eines Schulprofils.

In verschiedener Hinsicht kann die Phase der Bildungsreform als ein Meilenstein angesehen werden, in der das Verhältnis von Elternhaus (Familie) und Schule nachhaltige Veränderungen erfahren hat. Das betrifft schulrechtliche Vorgaben ebenso wie schulstrukturelle und schulpädagogische Maßnahmen:

- Die Mitwirkungsrechte der Eltern wurden in allen westdeutschen Bundesländern ausgeweitet und festgeschrieben. Die Schulordnungen der verschiedenen Bundesländer regeln in ihren Gesetzen und Erlassen die Einrichtungen zur Mitgestaltung des schulischen Lebens, z. B. die Elternvertretung in den schulischen Organen sowie die Zusammenarbeit zwischen Elternhaus und Schule. Da Schulen in der Hoheit der Länder liegen, unterscheiden sich diesbezüglich auch die Schulgesetze hinsichtlich der elterlichen Mitwirkungsmöglichkeiten. In der DDR wurden die Kinder fast ausnahmslos ganztags betreut, und der Einfluss der Schule war deutlich größer.
- Die bildungspolitisch begründeten schulstrukturellen Maßnahmen waren von der Zielsetzung bestimmt, für bildungsbenachteiligte Schüler/innen mehr Chancengleichheit herzustellen. Dies sollte durch spezielle pädagogische Förderprogramme erreicht werden, so z. B. durch die Einrichtung von Vorklassen und Schuleingangsstufen zur besseren Vorbereitung der Kinder auf die Grundschule, durch die Einrichtung von Gesamtschulen und zweijährige Förderstufen (Hessen und Niedersachsen), die nach der Grundschule alle Schüler/innen (ohne schulformbezogene Selektion) auf die weiterführenden Schulen vorbereiten sollte. Diese Veränderungen führten zu neuen Konflikten zwischen Elternrecht versus staatlicher Schulhoheit (vgl. Stock 1981, S. 28ff.). Denn ein Teil der Elternschaft fühlte sich in ihrer freien Schulwahl für ihre Kinder eingeschränkt und ihre Kinder durch diese Schulformen nicht adäquat für den Wechsel auf weiterführende Schulen und Hochschulen vorbereitet. Die Einrichtung von Gesamtschulen konnte nur als optionales Modell bildungspolitisch durchgesetzt werden. Die Vorklassen und Eingangsstufen wurden wieder abgeschafft – allerdings primär auf Druck der kirchlichen und privaten Trägerverbände. Auch das Konzept der Förderstufe konnte sich langfristig nicht durchsetzen und wurde wieder rückgängig gemacht.
- Die pädagogischen Veränderungen zeigten sich in der Grundschule vor allem in weitergehenden Maßnahmen hin zu einer lebensweltlich bestimmten Schulkultur (nach einer kurzen Phase eines stärkeren wissenschaftsorientierten Unterrichts): Der (kindgemäßen) Gestaltung der Klassenräume und Schulen wurde ebenso großes Gewicht beigemessen wie einer stärkeren Öffnung von Unterricht und Schule hin zur Lebenswelt der Kinder. Eltern wurden in verschiedene schulische Aktivitäten stärker einbezogen.

2.3 Entgrenzungen von Schule und Familie

Ein weiterer nachhaltiger schulstruktureller und schulpädagogischer Veränderungsprozess im Verhältnis zwischen Elternhaus und Schule zeichnet sich seit den 1980er, verstärkt seit den 1990er Jahren ab. Nicht zuletzt aufgrund der Erwerbstätigkeit beider Elternteile sind viele Familien nicht mehr in der Lage, ihre Kinder vor und nach dem Unterricht, der an verschiedenen Wochentagen meist zu unterschiedlichen Zeiten beginnt und endet, adäquat zu betreuen.

Alle Bundesländer entwickelten deshalb anstelle der „Stundenschule" Konzepte der „Vollen Halbtagsgrundschule" oder „Schulen mit festen Öffnungszeiten" bzw. „familienfreundliche Grundschulen" (vgl. Holtappels 1997, 2002; Burk/Ronte-Rasch/Thurn 1998), nach denen die Kinder in den Schulen meist bereits vor Unterrichtsbeginn sowie bis zu festgelegten, gleichen Endzeiten betreut werden. Das Bundesland Hamburg hat von 1995 bis 2000 dieses Konzept flächendeckend eingeführt. Von fast allen Hamburger Eltern (über 90 %) werden diese schulstrukturellen Maßnahmen begrüßt (vgl. Holtappels 2002, S. 177ff.). Zahlreiche Schulen ergänzen dieses Konzept durch Mittagstisch-Angebote sowie durch Nachmittagsbetreuungen (z. B. Hausaufgabenbetreuung, Arbeitsgemeinschaften). Die „rot-grüne" Bundesregierung (1998-2005) förderte im Nachklang zu den aus öffentlicher Sicht schlechten PISA-Ergebnissen (insbesondere von Kindern aus benachteiligten Elternhäusern und Kindern mit Migrationshintergrund) Initiativen zur Einrichtung von Ganztagsschulen – auch bereits für Grundschulen. Die Schulen haben durch diese Maßnahmen weitergehende sozialpädagogische und erzieherische Aufgaben erhalten.

Die beschriebenen schulpolitischen und schulstrukturellen Entwicklungen der vergangenen 100 Jahre lassen eine deutliche Tendenz einer zunehmenden Entgrenzung von Schule und Familie erkennen: Die Grundschulen haben sich in verschiedener Hinsicht geöffnet hin zu einer weitergehenden Berücksichtigung familialer Anliegen und lebensweltlicher Konzepte – das betrifft die Betreuung und Versorgung der Kinder (vor dem Unterricht, Mittagsbetreuung) ebenso wie erzieherische Aufgaben (z. B. Gesundheitserziehung, Strategien zur Konfliktlösung, Medien- und Freizeiterziehung). Die Ausweitung der Schulzeit ist an vielen Grundschulen verknüpft mit einer „Rhythmisierung des Schulvormittags", wonach die festen zeitlichen Vorgaben (45-Minuten-Einheiten) weitgehend aufgegeben wurden zugunsten relativ flexibel von den Lehrer/innen festzulegenden Lernblöcken und Entspannungsphasen, die sich an den Zielsetzungen der Lerneinheiten und vor allem an den spezifischen Lernrhythmen der Kinder orientieren sollen. Auf der anderen Seite haben die meisten Familien in der schulfreien Zeit ihrer Kinder Aktivitäten übernommen, die in verschiedener Hinsicht „typischen" schulischen Lehr- und Lernformen nahe kommen. Dies betrifft nicht nur die Hausaufgabenbetreuung (s. u.), sondern vor allem die Nutzung institutionalisierter Förder- und Freizeitprogramme. Die Art der Angebote, ihre pädagogischen Zielsetzungen, ihre zeitlichen Strukturen, ihr methodischer Aufbau etc. entsprechen dabei weitgehend schulischen Unterrichtsstunden. Mehr als 80 % der Heranwachsenden nutzen mindestens einmal wöchentlich solche Förderangebote. Die Folge ist zumindest bei diesen Kindern eine zunehmende „Verschulung" von Freizeit – die komplementäre Entwicklung einer zunehmenden „Familialisierung von Schule" (vgl. Fölling-Albers 2000).

Ein Teil der Kinder kann durch die Teilnahme an entsprechenden Programmen (zur musikalischen, fremdsprachlichen, sportlichen etc. Förderung) ein „kulturelles Kapital" (Bourdieu) erwerben, das ihnen zum einen weitergehende Möglichkeiten der Entfaltung ihrer Persönlichkeit eröffnet, ihnen zum anderen aber auch im sozialen Wettbewerb um Bildungschancen bei begehrten Schul- und Hochschulplätzen Vorteile verschaffen kann bzw. soll.

3. Zentrale theoretische Ansätze

3.1 Rollenhandeln in den Sozialisationsinstanzen Familie und Grundschule – der strukturfunktionale Ansatz

Die im theoretischen Diskurs um Schule und Familie auch heute noch stark beachtete strukturfunktionale Theorie (Talcott Parsons) fragt nach dem Beitrag gesellschaftlicher Teilsysteme – z. B. Familie und Schule – für die Funktion und Stabilität Struktur des gesamtgesellschaftlichen Systems. Die Funktion der Familie bestehe in der Aufrechterhaltung eines emotionalen Gleichgewichts bei den Mitgliedern, „ihre überragende Rolle" habe sie allerdings „als Vermittler der Sozialisierung der Kinder" (Parsons 1964, S. 113). Die Familie wird als eine wesentliche Sozialisationsinstanz gefasst.

Auch die Schulklasse wird von Parsons (1968b) „als soziales System" betrachtet und „Sozialisationsinstanz" genannt. Ihre Funktion bestehe in der Sozialisation in die Gesellschaft und in der Auslese der Schülerinnen und Schüler für gesellschaftliche Positionen, wobei es wesentlich sei, dass auch die Verlierer die Auslesekriterien akzeptierten. Differenzierung in der Schulklasse erfolgt nach Parsons vorwiegend durch Leistung, die auf kognitivem und moralischem bzw. sozialem Gebiet zu erbringen sei (Parsons 1968, S. 167).

Als Grundeinheit der Subsysteme Familie und Schule gilt das handelnde Individuum, welches in Rollenmuster und institutionelle Strukturen eingebunden sei. Im Rahmen des gesellschaftlichen Systems seien die Rollen ordnende Elemente der sozialen Struktur, aus der Perspektive der Handelnden beinhalten sie normative Erwartungen, die man so weit wie möglich zu erfüllen habe. Die Befolgung der Erwartungen zieht Anerkennung und Belohnung nach sich, die Verweigerung Ablehnung und Bestrafung (vgl. Tillmann 1989, S. 116).

Grundschulkinder müssen neben der Rolle in der Familie auch die Rolle des Schülers erlernen. Familiale und außerschulische Rollenbeziehungen unterscheiden sich hinsichtlich ihrer grundlegenden Wertorientierungen und Verhaltensmöglichkeiten. Parsons bezeichnet diese unterschiedlichen Orientierungen als „pattern variables" (Parsons 1951, S. 58ff.). Das Rollenhandeln in der Familie sei durch Affekte, partikulare, diffuse, zugeschriebene und familienorientierte Anforderungen bestimmt und deshalb durch partikularistische Orientierungen gekennzeichnet. In der Schule hingegen müssen die Grundschulkinder lernen, sich affektiv neutral, spezifisch, sachlich und differenziert mit klar bestimmten Erwartungen an die Schülerrolle auseinander zu setzen und durch Leistungen um Status ringen.

Reibungslos verläuft das Rollenhandeln nur, wenn das Kind in Übereinstimmung mit seinen Bedürfnissen agiert. Häufig stimmen allerdings die Anforderungen in Schule und Elternhaus nicht mit den Wünschen von Kindern überein. Hinzu kommt, dass auch die Rolle des Kindes im Subsystem der Gruppe der Gleichaltrigen erfüllt werden muss, was die Anforderungen noch komplexer gestaltet (vgl. Parsons 1968b, S. 172f., s. auch Krappmann/Oswald 1995).

Nach Parsons zielt Sozialisation auf konformes Rollenhandeln und die Fähigkeit zum Rollenhandeln wird durch den Erwerb allgemeiner, für viele Rollen übereinstimmender Grundorientierungen erworben. Vor allem die familienexternen Rollen führen zur Internalisierung universalistischer Werte (vgl. Parsons 1968a). Daher muss das Kind das System der Familie und seine dortige Rolle verlassen, wenn es in erfolgreicher Weise die Werte der Gesellschaft übernehmen soll. Der Besuch der Grundschule und damit der Eintritt des Kindes in das System der formalen Erziehung bedeutet deshalb nicht nur einen wichtigen Schritt über die primären Bindungen der Herkunftsfamilie hinaus, sondern auch die erste Auseinandersetzung mit universalistischen Wertorientierungen. Mit der Grundschullehrerin könne sich das Kind zwar wie mit einer Mutter identifizieren, doch müsse es erkennen, dass diese Lehrerin universalistischen Werten zu folgen habe. Durch die Bewertungssysteme der Schule lerne das Kind außerdem, dass und wie man in der Schule Status erwerben könne (vgl Parsons 1968b). „Die Schule ist die erste Sozialisationsinstanz in der Erfahrung des Kindes, die eine Statusdifferenzierung auf nicht-biologischer Basis institutionalisiert. Darüber hinaus handelt es sich dabei nicht um einen askriptiven, sondern um einen erworbenen Status, der durch unterschiedliche Erfüllung der vom Lehrer gestellten Aufgaben ‚verdient' wird" (Parsons 1968b, S. 166).

Eine wesentliche Kritik an Parsons' theoretischem Entwurf besteht darin, dass er ein Bild vom Kind entwirft, welches sich reibungslos anpasst. Die aktiven, kreativen und widerständigen Leistungen werden als Abweichung verstanden. Helmut Fend, der vielfältige empirische Forschungsarbeiten auf dem Hintergrund des struktur-funktionalen Ansatzes vorgelegt hat, verweist auf die Widersprüche des schulischen Sozialisationsprozesses und betont die normative Problematik des struktur-funktionalen Ansatzes, indem er z. B. das Dilemma von Herrschaftssicherung und Gewährung kritischer Mündigkeit im Kontext von Bildungszielen in demokratischen Gesellschaften aufzeigt (Fend 1980, S. 378). Vor dem Hintergrund der hohen Bildungserwartungen der Eltern für ihre Kinder, bereits im Grundschulalter, sieht Fend Lehrerinnen und Lehrer in einer Konfliktsituation: Einerseits müssten sie wichtige Entscheidungen im Gewande von Leistungsbeurteilungen fällen und andererseits sollten sie – wie gute moderne Eltern – verständnisvolle, freundschaftliche und partnerschaftliche Beziehungen zu ihren Schülerinnen und Schülern eingehen (Fend 1988, S. 146f., vgl. zur entsprechenden „double-bind"-Situation hinsichtlich institutioneller und individueller Erwartungen an die Eltern Fölling-Albers 2002, S. 382ff.).

3.2 Familie und Grundschule als sich beeinflussende Systeme – der sozialökologische Ansatz

Der sozialökologische Ansatz, der von Bronfenbrenner (1981) begründet und von Petzold und Nickel (1989) auf die Familie bezogen wurde, betont das systemische Beziehungsgeflecht zwischen Eltern und Schule bzw. Schüler/innen und Lehrer/innen. Die sozial-ökologische Theorie geht von der Wechselseitigkeit der Beziehungen zwischen Mensch und Umwelt sowie einer fortschreitenden gegenseitigen Anpassung zwischen dem aktiven Menschen und den wechselnden Eigenschaften seiner unmittelbaren Lebensbereiche im Prozess der Sozialisation aus (vgl. Bronfenbrenner 1981, S. 37). Diese Theorie ist verschiedenen wissenschaftlichen Disziplinen verpflichtet; sie baut auf biologisch/neurobiologischem Wissen auf, bezieht sich auf die konstruktivistische Lern- und Entwicklungspsychologie und auf eine in Systemen denkende Soziologie.

Von Bronfenbrenner wurde ein begriffliches Instrumentarium entwickelt, um Zusammenhänge von verschiedenen sozialisationsrelevanten Strukturen zu beschreiben. Er unterscheidet Mikro-, Meso-, Exo-, Makro- und Chronosystem (vgl. Bronfenbrenner 1981). Für den vorliegenden Beitrag sind Mikro- und Mesosystem besonders wichtig. Als Mikrosystem werden nämlich die Tätigkeiten und Aktivitäten, Rollen und Beziehungen in Lebensbereichen wie Familie oder Schule bezeichnet. Im Mesobereich werden Beziehungen erfasst, die zwischen den Lebensbereichen von Menschen existieren. Mit dem Eintritt in die Schule werde – so betonen die Vertreter des sozialökologischen Ansatzes – das Kind „vom Familienkind zum Schulkind" und trete damit in ein Mesosystem ein, sei also den Wechselbeziehungen zwischen Familie und Schule ausgesetzt und müsse sie als Handelnder verbinden (vgl. Nickel 1997, S. 112). Das Schulkind werde nun nicht mehr nur von den Eltern, sondern auch von den Lehrerinnen bzw. Lehrern beeinflusst und habe mit unterschiedlichen Anforderungen und Erwartungen der Eltern einerseits und der (oftmals geliebten) Grundschullehrerin andererseits umzugehen. So wirken auf das Beziehungsdreieck zwischen Kind, Eltern und Lehrern auch noch das System der Schule und das System der Familie ein (vgl. Ulich 1989) und Lehrer, Kinder bzw. Schüler und Eltern stehen in einem systemischen Beziehungsgeflecht. Das Kind sitze, so veranschaulicht Nickel (1997, S. 113), „zwischen zwei Stühlen: als Schüler gehört es zum Subsystem Schule, als Sohn oder Tochter zum Subsystem Elternhaus". Durch seine Beziehungen zu Gleichaltrigen baue es sich zudem ergänzend und teilweise kontrastierend ein weiteres Subsystem auf.

In den Interaktionen von Schülern/innen, Eltern und Lehrer/innen werde das jeweilige Verhalten durch den Filter eigener Einstellungen wahrgenommen, die wesentlich durch vorangegangene Erfahrungen bestimmt seien. Großen Einfluss auf die Einstellungen der Eltern in ihrem Verhalten zur Schule hätten deren eigene Schulerfahrungen, wobei positive Erfahrungen nicht unbedingt zu einer sinnvollen Einstellung gegenüber dem Kind führen, sondern auch überzogene Leistungsanforderungen nach sich ziehen könnten.

Nickel nennt solche Zusammenhänge „systemische Rückkopplungen", die sich z. B. auch darin zeigen, dass Kinder bei schlechten Schulleistungen Angst vor dem Verlust der Zuwendung durch die Eltern haben und dass Elternreaktionen und Art der Anteilnahme die Schulleistungen der Kinder beeinflussen (ebd., S. 114, auch Ulich 1989). Hinzu komme, dass Schule und Familie nicht gleichartige Mikrosysteme seien, sondern in einem hierarchischen Verhältnis zueinander stünden, was Unterlegenheitsgefühle auf Seiten der Eltern oder Rivalitätskonflikte provoziere.

Eine wesentliche Hypothese des sozialökologischen Ansatzes besteht darin, dass eine Vielzahl von Bewegungs-, Kommunikations- und Handlungschancen in den einzelnen Systemen für die Entwicklung von Kindern besonders förderlich sind. Als besonders wichtig werden Menschen angesehen, die grenzüberschreitend unterschiedliche Rollen in verschiedenen Lebensbereichen einnehmen und diese auch miteinander verbinden können (Bronfenbrenner 1981, S. 71).

3.3 Familie und Schule als Interaktionsräume – der interaktionistisch-konstruktivistische Ansatz

Interaktionistischen und konstruktivistischen Ansätzen ist gemeinsam, dass sie die aktive Konstruktionstätigkeit des sich bildenden Subjekts voraussetzen und die individuellen Leistungen der Welterschließung und Bedeutungskonstruktion betonen. Es wird davon ausgegangen, dass der Sozialisationsprozess durch das Wechselspiel sozialer und individueller Konstruktionslogiken bestimmt und der Konstruktionscharakter der sozialen Welt in sozialen Interaktionszusammenhängen erfahrbar werde (vgl. Grundmann 1999, S. 11). Für interaktionistisch-konstruktivistische Ansätze sind zwei Bezüge wesentlich: der Symbolische Interaktionismus als Voraussetzung für Verständigung und der Konstruktivismus als erkenntniskritische Orientierung.

Schon Mead befasste sich mit der Frage, wie Menschen ihre Handlungen aufeinander abstimmen und zu planvollem, kooperativem Handeln kommen. Er ging davon aus, dass durch das gemeinsame Symbolsystem Sprache und durch die Interaktion, in der die Beteiligten als Interpreten tätig sind, Verständigung möglich wird. Bedeutung existiert demnach nicht „an sich", sie entsteht erst in der Interaktion. Voraussetzung für Interaktion ist nach Mead die Perspektivenübernahme, welche im Sozialisationsprozess erlernt wird (Mead 1968/1934). Blumer (1963) stellt in Anlehnung an Meads Arbeiten die Grundzüge des Symbolischen Interaktionismus dar:

(1) Menschen handeln anderen Dingen gegenüber auf der Grundlage der Bedeutungen, die diese Dinge für sie haben. (2) Diese Bedeutungen entstehen aus der Interaktion der Individuen untereinander, wobei Bedeutungen nicht nur übernommen werden, sondern auch eigenständig hervorgebracht und verändert werden. (3) Individuen zeigen sich wechselseitig durch Symbole an, wie sie Situationen interpretieren und welches Verhalten sie erwarten.

Während der Interaktionismus den Prozess der Identitätsbildung und identitätsfördernde Fähigkeiten wie Rollendistanz besonders gut zu erfassen vermag (vgl. Krappmann 1969), wird die gesellschaftlich-strukturelle Einordnung deutlicher durch die Verbindung von Interaktionismus und Konstruktivismus im Sozialkonstruktivismus hergestellt. Der soziale Konstruktivismus nimmt an, dass soziale Ordnung als gesellschaftliche Eigenleistung entsteht (vgl. Berger/Luckmann 1970). Betont wird, dass die Konstruktion von Wirklichkeiten ein sozialer Prozess sei und in Interaktionen erfolge. Subjektbildung entstehe aus dem Zusammenspiel von Konstruktion und Interaktion; Wissen werde nicht nur individuell, sondern vor allem in Gemeinschaften und sozialen Kontexten erworben. Die soziale Wirklichkeitskonstruktion durchläuft verschiedene Teilprozesse: die Orientierung an sozialer Ordnung durch Äußerung der innerlich ablaufenden kognitiven und emotionalen Prozesse in Form zwischenmenschlicher Interaktion (Externalisierung), die wechselseitigen Sinnzuschreibungen und Motivunterstellungen, die als selbstverständlich im Alltagswissen gespeichert, habitualisiert und über Institutionen bzw. Rollen an neue Generationen weitergegeben werden (Objektivation) und die Übernahme der objektiv erscheinenden Welt (Institutionen) durch neue Generationen im Rahmen der (primären und sekundären) Sozialisation (Internalisierung) (ebd).

Die interaktionistisch-konstruktivistische Perspektive auf die Institutionen Grundschule und Familie sowie deren Verhältnis geht von der Innensicht der Akteure aus. Die konkreten Interaktionen im Interaktionsgeflecht von Kindern/Schülern, Eltern und Lehrer/innen rücken in das Zentrum der Aufmerksamkeit. Der Schüler wird als „Akteur zwischen Norm und Abweichung" verstanden (Tillmann 1989, S. 143, vgl. dazu auch Holtappels 1987). Die Orientierung der unterrichtlichen Kommunikation am Leistungsprinzip gerät in den Blick, aber auch die Widerstandsstrategien und Schülertaktiken (Heinze 1976) oder die Interaktionen der Gleichaltrigen im Alltag der Schule (Krappmann/Oswald 1995). Und auch das Kind in der Familie wird – aus interaktionistisch-konstruktivistischer Perspektive – als „Akteur zwischen Bindungs- und Autonomiewünschen" betrachtet. In der Familie werden demnach familiäre Taktiken, wie z. B. schmeicheln oder verheimlichen, entwickelt. Das Kind distanziert sich teilweise von den Rollenerwartungen der Eltern und Lehrer/innen und gewinnt durch eigene Interpretationen und Bewertungen an Autonomie.

Im Interaktionsgeflecht zwischen Grundschulkindern und ihren Eltern oder Lehrer/innen entstehen vielfältige Probleme der Perspektivenübernahme, wenn Eltern oder Lehrer/innen die Sicht der Kinder fremd wird oder bleibt. Besonders in den ersten Schuljahren beruhen Kommunikationsprobleme zwischen Eltern und Lehrenden auf diffusen Rollenerwartungen. Die Kommunikation von Eltern und Lehrer/innen kann insbesondere in der Grundschulzeit als ein kompliziertes Spiel zwischen Konkurrenz und Kooperation verstanden werden.

Schule und Familie bestehen aus Sicht des interaktionistisch-konstruktivistischen Ansatzes aus einer Wirklichkeit, die durch Interaktion und Kommunikation hergestellt und aufrechterhalten wird, auch wenn sie den Mitgliedern als objektiv und unverrückbar erscheint. Auf diesem Hintergrund lässt sich Krappmanns Hinweis (1999) verstehen, dass das System der sozialen Ungleichheit sich in Grundschulklassen nicht direkt über den sozio-ökonomischen Status der Eltern vermittele, sondern zum sensiblen Thema in den gleichheitsempfindlichen Interaktionen der Gleichaltrigen werde. Die Interaktionen in und zwischen Elternhaus und Grundschule erzeugen unvermeidlich Interpretationsunterschiede, wobei verschiedene Wirklichkeiten entstehen, die in den jeweiligen Situationsdefinitionen reproduziert, ausgetauscht und ausgehandelt werden (können). Rituale in - Familie und Schule sowie im Wechselspiel von Familie und Schule (Elternabende, Elternsprechtage, schulische Feiern usw.) werden dabei besonders häufig als soziale Inszenierungen zur Differenzbearbeitung genutzt (vgl. Wulf 2001, S. 7). Die zeremonielle Ordnung der Gespräche von Eltern und Lehrer/innen mit der Verpflichtung zum Engagement führt nicht selten zu Entfremdungserscheinungen (vgl. Goffman 1986, S. 127).

4. Forschungsergebnisse

4.1 Übergangssituation Schulanfang

Mit dem Eintritt des ersten Kindes in die Schule kommen neu zu lösende Aufgaben auf das einzelne Kind wie die Familie zu. Die Familie wird – bindend durch die Schulpflicht – mit einer neuen Institution konfrontiert, die vom Eintritt in die Grundschule an für viele Jahre an der Bildung, Erziehung und Sozialisation des Kindes beteiligt sein wird. Der Schuleintritt wird „zu einem normativen Entwicklungsschritt für Kinder und Familie, der wie kaum ein anderer ein Höchstmaß an altersgradierter Verbindlichkeit besitzt und die Kinder in einen neuen, gesellschaftlich und bildungspolitisch regierten Entwicklungskontext einführt" (Walper/Roos 2001, S. 31).

Es liegen einige Querschnittsuntersuchungen aus den 1980er Jahren zum Übergang eines Kindes vom Kindergarten in die Grundschule vor (Wittig 1989; Schneewind/Beckmann/Engfer 1983; Paetzold 1988; Stöckli 1989). In allen diesen Untersuchungen ging es um die Erfassung der Sozialisationseffekte von Familien unterschiedlicher sozialer Schichtung und eine Verbesserung des Lernschicksals von Kindern. In der Studie von Paetzold (1988) wurden Mütter kurz nach dem Schulbeginn zu den schulischen Problemen ihrer Kinder befragt. Die Mütter nennen v. a. körperliche Aggressionen und mangelnde Anerkennung ihrer Kinder durch Lehrerinnen und Lehrer. Es zeigt sich in der Untersuchung, dass der Übergang aus der partikularistisch orientierten Familie, in der individuelle Bezugsnormen gelten, zu der universalistischen Orientierung der Schule den Kindern besondere Schwierigkeiten bereitet.

Verschiedene Studien belegen, dass Kinder mit längeren Vorerfahrungen im Kindergarten die Einschulung besser bewältigen (zusammenfassend Walper/Roos 2001, S. 46f.). Der Übergang zwischen Schule und Familie gelingt dann besonders gut, wenn die Regeln und Orientierungen in beiden Kontexten nicht zu stark auseinander fallen (ebd., S. 47). In der Panel-Befragung von Eltern an Kindergärten und Grundschulen von Fölling-Albers und Hopf (1995) wurde der Nachweis erbracht, dass der Übergang vom Kindergarten- zum Grundschulkind durch einen Rückgang der intensiven Sozialkontakte zu den Eltern und durch ein Ansteigen der Beziehungen zu den gleichaltrigen Freunden und Freundinnen gekennzeichnet ist (vgl. ebd., S. 95).

Aus der Sicht von Kindern sind gelungene soziale Beziehungen mit Gleichaltrigen in den ersten beiden Schuljahren besonders bedeutsam (Petillon 1993). Die Bedeutung des Soziallebens des Schulanfängers wird weder von den Eltern angemessen wahrgenommen, die stark auf den Leistungsbereich konzentriert sind, noch von den Lehrern und Lehrerinnen, deren Blick vor allem auf den Unterricht gerichtet ist (vgl. Paetzold 1988).

Allerdings wird das Sozialleben der Kinder von den Eltern im außerschulischen Bereich aktiv unterstützt und gefördert. Die Zahl der Freizeitbeschäftigungen nimmt vom Kindergarten- zum Grundschulalter hin zu. Weiter wurde eine Tendenz ausgemacht, dass Eltern die Förderung im sportlichen oder im musisch-kreativen Bereich zunehmend stärker außerschulischen Einrichtungen anvertrauen, wobei Kinder aus Familien mit geringerem Einkommen hier benachteiligt sind (vgl. Fölling-Albers/Hopf 1995).

Beelmann (2000, 2001) untersuchte die Anpassungsprozesse beim Eintritt in den Kindergarten, die Grundschule und die weiterführende Schule in einer Längsschnittstudie. Es konnte aufgezeigt werden, dass die Veränderungen bei dem jeweiligen Übergangsereignis von den Betroffenen eine Neuorientierung und Anpassungsleistungen verlangen. Vier unterschiedliche Verläufe kindlicher Anpassung im Übergangsprozess ließen sich identifizieren: „Übergangsgewinner", „Übergangsgestresste", „Risikokinder" und „Geringbelastete". Als bedeutsame Determinanten im Sinne von Risiko- und Schutzfaktoren im Hinblick auf eine gelingende oder erschwerte Anpassung erwiesen sich personale Merkmale wie Temperamentseigenschaften und Bewältigungsstrategien des Kindes, soziale Faktoren wie die emotionale Eltern-Kind-Beziehung und das mütterliche Erziehungsverhalten sowie situative Variablen. Unter den Kindern, welche die Übergangssituation „Schuleintritt" zu bewältigen hatten, erwiesen sich die Familienbeziehungen als besonders bedeutsam dafür, welchem Verlaufstyp sie angehörten. Die Kinder aus der Gruppe der „Übergangsgestressten" (Kinder mit großen Anpassungsproblemen) und der „Risikokinder" (Kinder mit Verhaltensauffälligkeiten) zeichneten sich durch ein sehr enges Verhältnis zur Mutter und durch eine besondere Schulvorbereitung in der Familie (z. B. durch Lernspiele) aus, wobei sich beide Gruppen hinsichtlich ihrer Emotionalität deutlich unterschieden. In zahlreichen Studien wurde in den vergangenen Jahren der Stellenwert des Trainings der „phonologischen Bewusstheit" im Kindergarten auf die Lese- und (Recht-)Schreibleistung in der Grundschule, vor allem aber auf die Vermeidung von „Risikogruppen" beim Schriftspracherwerb untersucht (vgl. im Überblick dazu Schneider 2001).

Insgesamt steht im Zentrum der Forschung um den Übergang in die Grundschule weniger das Verhältnis von Familie und Grundschule. Es ging in der Schulanfangsforschung zuerst um Beiträge zur Verbesserung des Lernschicksals von Kindern, dann wandte sie sich stärker Fragen des Schulklimas zu. Derzeit stehen die Heterogenität der Schulanfänger sowie die Gestaltung eines Schulanfangs ohne Auslese im Zentrum. Der Prozess der Veränderung des Anfangsunterrichts von der homogenen Jahrgangsklasse zur Schuleingangsstufe und heterogenen Lerngruppe, der gerade in fast allen Bundesländern erprobt wird (vgl. Richter 1999; Faust-Siehl 2001), bemüht sich derzeit um eine Pädagogik, die sich der Vielfalt der Schülerinnen und Schüler besser zu öffnen vermag (vgl. Prengel 1999). Die Übergänge von der Familie in den Kindergarten und vom Kindergarten in die Grundschule gelten bis heute als pädagogische Herausforderung und ungelöste Aufgabe im Bildungsverlauf; ihnen widmet sich in jüngster Zeit auch die Transitionsforschung (Griebel/Niesel 2004).

4.2 Beziehungen und Formen der Zusammenarbeit von Elternhaus und Schule

Die Zusammenarbeit zwischen Elternhaus und Schule ist in Deutschland seit der Weimarer Republik rechtlich verankert. So wurde bereits im November 1919 in Preußen mittels einer Ministerialverfügung die Einrichtung von Elternbeiräten an Schulen verordnet. Die Elternbeiräte sollten „der Förderung und Vertiefung der Beziehungen zwischen Schule und Elternhaus dienen und den Eltern wie der Schule die Arbeit miteinander und den Einfluss aufeinander gewährleisten" (zit. in Achilles 2000, S. 25). Die Anerkennung des Elternrechts war ein Zeichen der Modernisierung des Schulwesens; die Aufgaben der Eltern waren beratender Natur. Im Nationalsozialismus wurde dieser schulreformerische Ansatz abgeschafft. Nach dem Zweiten Weltkrieg wurde an die Tradition der Weimarer Grundschule angeknüpft (vgl. Achilles 2000, S. 25ff.). Wie bereits erwähnt, ist die im Grundgesetz der Bundesrepublik erfolgte institutionelle Trennung zwischen Familienerziehung und schulischem Unterricht 1972 vom Bundesverfassungsgericht dahingehend aufgehoben worden, dass festgelegt wurde, Elternhaus und Schule diene der Erziehung der einen Persönlichkeit, und deshalb sei eine Zusammenarbeit unabdingbar. Staatlicher Erziehungsauftrag sei dem elterlichen nicht nach-, sondern gleichgeordnet (vgl. Krumm 2001, S. 1017). Damit wurden faktisch pädagogische Argumente in rechtliche Bestimmungen aufgenommen. Seit den 1970er Jahren ist die Frage der Kooperation von Elternhaus und Schule ein intensiv diskutiertes bildungspolitisches Thema. Alle westdeutschen Bundesländer haben in dieser Zeit Gesetze zur Zusammenarbeit verabschiedet, in denen sie den Eltern „ein Informations-, Anhörungs- und Vorschlags- bzw. Beratungsrecht" (Krumm 2001, S. 1017) einräumen. Allerdings unterscheiden sich die rechtlichen Mitwirkungsmöglichkeiten von Eltern in den verschiedenen Bundesländern und daneben noch einmal die tatsächlichen Kooperationen an den einzelnen Grundschulen z. T. erheblich.

Es lassen sich verschiedene Ebenen und Formen der Zusammenarbeit unterscheiden (vgl. nach Kirk 2001, S. 215ff.): (1) Die formalrechtlich geregelte Mitbestimmung gewählter Elternvertreter in verschiedenen Gremien (z. B. Schulpflegschaften, Klassen-Elternsprecher); (2) Die Zusammenarbeit im Rahmen von Informationen an Elternabenden und/oder Elternbriefen; (3) Einzelgespräche auf Elternsprechtagen und in Elternsprechstunden; (4) Zusammenarbeit mit kleinen Gruppen von Eltern im Rahmen spezifischer Schulaktivitäten. Für die Grundschule liegen zahlreiche Anregungen und Praxisbeispiele vor über weitergehende Formen der Zusammenarbeit, wie z. B. die Einrichtung von Fördervereinen (meist zur finanziellen Unterstützung spezieller Anschaffungen der Schule, zur

Unterstützung von Aktivitäten des Schullebens); die Einrichtung von Elternstammtischen, um Eltern aus bildungsferneren Elternhäusern den Kontakt zur Schule zu erleichtern; die regelmäßige oder auch punktuelle Mitarbeit an Aufgaben und Vorhaben der Schule (z. B. Betreuung der Schülerbücherei, Anlage und/oder Pflege des Schulgartens, Begleitung bei Schulfahrten, Organisation von Schulfesten). Oftmals betonen Schulen die intensive Kooperation zwischen Elternhaus und Schule als ein besonderes Merkmal ihres Schulprofils (vgl. Bartnitzky u. a. 2000).

In der Grundschule scheint die Kooperation zwischen Elternhaus und Schule (im Vergleich zu den nachfolgenden Schulformen) vielfältig und intensiv zu sein – zumindest lassen die zahlreichen Anregungen zur Zusammenarbeit und Erfahrungsberichte, die in der praxisnahen Fachliteratur veröffentlicht werden, darauf schließen. Dies scheint auch nicht unplausibel zu sein, wenn man die Bedeutung der Grundschule für die Schulkarriere der Kinder bedenkt. Die Grundschule führt die Kinder nicht nur in die Strukturen des Schulsystems ein und vermittelt die Grundlagen für die nachfolgende Bildung. Vielmehr haben die Grundschulen entscheidenden Einfluss auf den weiterführenden schulischen Bildungsweg. Denn in allen Bundesländern geben die Grundschulen zumindest Empfehlungen für den Besuch der weiterführenden Schulen; in manchen ist der Elternwille sogar dem schulischen Votum nachgeordnet; dieses entscheidet über die Aufnahme in eine bestimmte Schulform (es sei denn, die Eltern melden ihr Kind auf eine Privatschule an). Im Zusammenhang mit der internationalen Schulleistungsvergleichsstudie IGLU/PIRLS, bei der die Kompetenzen in Lesen und Mathematik mit den Schulübertrittsempfehlungen durch die Grundschullehrer/innen verglichen wurden, zeigte sich allerdings eine zum Teil erhebliche Diskrepanz zwischen den gemessenen Leistungen und den Empfehlungen. Zahlreiche Schüler mit gemessenen mittleren oder gar hohen Kompetenzen erhielten Empfehlungen zur Hauptschule; und umgekehrt erhielten Kinder mit unterdurchschnittlichen Kompetenzen in den beiden Fächern Empfehlungen für den Besuch des Gymnasiums. Insbesondere die Benachteiligung von Kindern aus unteren sozialen Schichten sowie von Kindern mit Migrationshintergrund bei den Übertrittsempfehlungen wurde in diesem Kontext festgestellt (vgl. Bos/Voss/Lankes/Schwippert/Thiel/Valtin 2004). Es ist nachvollziehbar, dass die relativ geringe Übereinstimmung zwischen Schulnoten und Übergangsempfehlung einerseits und mit Hilfe standardisierter Verfahren gemessenen Kompetenzen andererseits das Verhältnis von Elternhaus und Schule vor allem in den beiden letzten Jahrgangsstufen der Grundschule erheblich belasten kann. Detaillierte wissenschaftliche Untersuchungen liegen darüber aber noch nicht vor.

Die vielfältigen Praxisanregungen und Erfahrungsberichte zur Zusammenarbeit zwischen Elternhaus und Schule spiegeln aber weder das „tatsächliche" Bild der Kooperation wider noch sagen sie etwas über deren Erfolg aus – wie dieser von den unterschiedlichen Partnern wahrgenommen wird. Die empirische Forschung über die Zusammenarbeit ist eher dürftig (vgl. dazu auch Krumm 2001a). Aufgrund der unterschiedlichen Aufgaben und z. T. gegensätzlichen Interessen der beiden Einrichtungen ist das Verhältnis zwischen beiden durchaus nicht immer konfliktfrei (vgl. dazu Ulich 1993; Kuhle 2001). Auch interpretieren Eltern und Lehrer/innen nach wie vor die Aufgaben der Schule unterschiedlich. Während Eltern vor allem den Bildungsauftrag der Schule betonen (Vermittlung von Fähigkeiten und Wissen) und die Erziehung weniger als eigentliche Aufgabe der Schule ansehen, bewerten Lehrer/innen die Erziehungs- und Bildungsaufgaben als gleichrangig; befragt wurden Lehrer/innen und Eltern von Viertklässlern (vgl. Ditton 1987, S. 139ff., 230). Eltern, die die Bedeutung des Bildungsauftrags der Schule betonen und für ihre Kinder einen weitergehenden erzieherischen Auftrag der Schule ablehnen, befürchten vor allem einen zu großen Einfluss der Schule auf ihre Kinder (vgl. Holtappels 1997, S. 167ff.).

4.3 Hausaufgaben als Unterricht in der Familie

Das Wechselverhältnis zwischen Familie und Grundschule ist durch die Hausaufgaben in einer ganz besonderen Weise bestimmt. Denn Hausaufgaben sind Aufgaben für die Schule, die explizit nicht während der Unterrichtszeit, sondern meist zu Hause bzw. im Hort zu erledigen sind. Es wird somit schulbestimmte Zeit in der Familie verbracht. Alle Bundesländer sehen in ihren Lehrplänen und Richtlinien für die Grundschule Hausaufgaben als Teil des schulischen Bildungs- und Erziehungsauftrags vor. Hausaufgaben haben für den Unterricht nachbereitende und (eher selten) unterrichtsvorbereitende Funktionen. Durch Hausaufgaben soll der Unterrichtsstoff vertieft, durch Übung gefestigt werden. Den Hausaufgaben werden aber auch erzieherische Funktionen zugeschrieben: Die Schüler sollen zur Selbstständigkeit angehalten werden; persönlichkeitsstärkende Haltungen und nicht zuletzt schulrelevante Arbeitstugenden sollen aufgebaut werden. Die verschiedenen Bundesländer schlagen für die einzelnen Jahrgangsstufen unterschiedliche Zeitspannen für die Erledigung von Hausaufgaben vor – von ca. 30 Minuten (und weniger) im ersten Schuljahr hin zu ca. 1 ½ Stunden am Ende der 4. Jahrgangsstufe.

Hausaufgaben haben in Deutschland eine „fest verankerte Tradition" – was sich u. a. daran zeigt, dass sowohl Lehrer, Eltern wie Schüler zu einem überwiegenden Anteil die Notwendigkeit von Hausaufgaben betonen (Nilshon 2001, S. 232). Gleichwohl ist über „Sinn und Unsinn" von Hausaufgaben in der pädagogischen Fachliteratur viel gestritten worden – dies betrifft die Inhalte der Hausaufgaben ebenso wie ihre Lernbedeutsamkeit sowie die Frage, inwiefern der erzieherische Anspruch, dass durch die Hausaufgaben das selbstständige Lernen der Kinder gefördert wird, eingelöst wird (vgl. dazu Rossbach 1995; Ulich 1993; Nilshon 1995, 2001). Gemessen an den hohen Erwartungen, die an Hausaufgaben gerichtet werden, sowie an der selbstverständlichen Praxis und Akzeptanz von Hausaufgaben bei Lehrern, Eltern und Kindern ist die (vor allem neuere) empirische Forschungslage dazu doch eher gering (zu Befunden, Forschungsdesideraten und Forschungsperspektiven Lipowsky 2004 und Wild 2004). Im Folgenden sollen solche Ergebnisse referiert werden, die insbesondere für die Frage des Verhältnisses von Familie und Grundschule relevant sind:

- Im Grundschulalter werden Hausaufgaben selten ohne fremde Hilfe der Eltern, meistens der Mütter angefertigt. Etwa die Hälfte der von Tietze u. a. (1987) untersuchten Eltern von Grundschülern (zweites und viertes Schuljahr) reduzierten ihre Hilfe allerdings nicht auf von Kindern erbetene Informationen; vielmehr gaben sie eigenständige Erklärungen zu den zu lösenden Aufgaben. Ca. 20 % der Eltern stellte ihren Kindern noch Zusatzaufgaben, so dass die elterliche Hilfe „den Charakter von Privatunterricht" (Rossbach 1995) erhielt. Das heißt, dass der Selbstständigkeitsanspruch, mit dem Hausaufgaben u. a. pädagogisch legitimiert werden, in den meisten Fällen zumindest im Grundschulalter nicht eingelöst wird.
- Starke elterliche Kontrollen bei den Hausaufgaben wirken sich nachteilig auf die Lern- und Leistungsmotivation der Schüler/innen aus (Trudewind u. a. 1989). Gerade bei

misserfolgsängstlichen Kindern wirkt sich die starke Kontrolle der Eltern negativ auf die Lernmotivation aus (vgl. Nilshon 1999).

- Die Lehrer/innen unterschätzen meist die Zeit, die Kinder für die Hausaufgaben aufwenden. Dies betrifft vor allem die Arbeitszeiten von jungen Grundschüler/innen. Die Hausaufgabenzeiten der Schulanfänger unterscheiden sich oft nur unwesentlich von denen der älteren Grundschüler/innen (vgl. Rossbach 1995; Nilshon 1999).
- Probleme bei der Hausaufgabenbetreuung und mit den Hausaufgaben zeigen sich vor allem bei Kindern mit Lernschwierigkeiten, bei Kindern aus Familien mit niedrigem Bildungshintergrund, bei Kindern erwerbstätiger Mütter sowie bei Kindern ausländischer Familien (vgl. Schlemmer 2000, S. 88; kritisch dazu Lipowsky 2004).
- Hausaufgaben haben wenig Effekte auf die Lernleistungen der Kinder. Das betrifft vor allem Hausaufgaben, die nur der Übung und Festigung des Stoffes dienen, die aber den weitaus größten Anteil der Hausaufgaben ausmachen. Am wirkungsvollsten scheinen Hausaufgaben zu sein, die der Hinführung zum neuen Stoff dienen (vgl. zusammenfassend dazu Rossbach 1995; Nilshon 1995, 2001; zum Vergleich von amerikanischen und deutschen Studien und zu methodischen Problemen Lipowsky 2004).
- Traditionelle Hausaufgaben sind integrierten Hausaufgaben nicht überlegen, d. h. die Verlagerung der Hausaufgaben in die Schulzeit führt nicht zu schlechteren Lernleistungen (Hascher/Bischof 2000). Auch mit der Steigerung der häuslichen Lernzeit sind keine zusätzlichen Lernleistungen zu erwarten (vgl. Lipowsky 2004).
- „Je häufiger sich die Eltern bei den Hausaufgaben engagieren, desto ungünstiger verläuft die Leistungsentwicklung" (Lipowsky 2004, S. 44). In einer Untersuchung über den Einfluss elterlicher Lernhilfen auf die Lernmotivation von Drittklässlern im Fach Mathematik zeigte sich, dass Eltern, die eher den Lernprozess ihrer Kinder im Auge haben, bei ihnen vor allem selbst bestimmte Formen der Lernmotivation erzeugen, wohingegen Eltern, die vor allem auf das Lernergebnis fokussieren, stärker externale Muster der Motivation und wenig Sachinteresse und Aufgabenorientierung bei ihren Kindern bewirken (vgl. Wild/Remy 2002).

Die Untersuchungsergebnisse geben überwiegend eine eher kritische Bilanz zur Hausaufgabenpraxis und zu den Lerneffekten von Hausaufgaben. Aus grundschulpädagogischer Sicht wird zudem die Benachteiligung von Kindern aus bildungsfernen Elternhäusern sowie vor allem von Kindern aus Elternhäusern mit Migrationshintergrund betont. Denn diese können die von der Schule erwartete Unterstützungsleistung meist nicht erbringen. Die Ungleichheit von Bildungschancen wird somit auch durch die Hausaufgabenpraxis unterstützt. Es stellt sich daher die Frage, ob die gegenwärtige Hausaufgabenpraxis pädagogisch noch Sinn macht bzw. vertreten werden kann. Sinnvoller wäre für viele Kinder eine Hausaufgabenbetreuung mit fachlicher Kompetenz. Dies kann sicher am besten in Schulen geschehen, die eine Nachmittagsbetreuung für alle Kinder, die einen entsprechenden Bedarf haben, gewährleisten.

4.4 *Das Kind zwischen Grundschule und Familie*

Ein Spannungsverhältnis zwischen Schule und Familie existiert für Kinder deshalb, weil die Normen von Schul-, Familien- und Kinderkultur häufig nicht übereinstimmen. Zeigen Kinder Verhaltensauffälligkeiten oder schwache Schulleistungen, haben sie Disziplinprobleme oder eine geringe Lernmotivation, dann kommt es häufig zu gegenseitigen Schuldzuweisungen von Eltern und Lehrer/innen. Im genannten Spannungsfeld orientieren sich Kinder heute vermutlich stärker an ihren Eltern, denn unter heutigen Kindern und Jugendlichen ist das Ansehen der Eltern und der Familie sehr hoch (Zinnecker/Behnken/Maschke/Stecher 2002). Die von Zinnecker u. a. – im Jahre 2001 – befragten 10- bis 18-Jährigen nennen ihre Mütter und Väter als wichtigste Menschen auf der Welt und auch als bedeutende Vorbilder. Sie würden ihre Kinder genauso oder ähnlich erziehen, wie sie selbst erzogen wurden (ebd., S. 36ff.). Die Schule und die Lehrer/innen haben hingegen ein geringes Ansehen in der jungen Generation; Lehrer/innen werden kaum als Vorbilder genannt und auch die schulische Lernfreude ist nicht besonders ausgeprägt. Am liebsten besuchen noch die Grundschüler/innen die Schule; am wenigsten Freude, in die Schule zu gehen, empfinden die 13- bis 15-Jährigen (ebd., S. 46). Allerdings ist die Schule ein wichtiger Treffpunkt für Kinder und Jugendliche geworden und hat die Vernetzung der Gleichaltrigenbeziehungen übernommen.

Fallstudien belegen, dass die Schule durch ihre Expansion in die Lebenszeit zu einem zentralen Lebensort für Kinder geworden ist (Bois-Reymond 1994). Am späten Nachmittag besuchen die Kinder viele institutionalisierte und schulisch strukturierte Bildungsangebote.

Als Versuch, Spannungen zwischen schulischer und außerschulischer Lebenswelt zu reduzieren, kann die „Öffnung von Schule und Unterricht" verstanden werden. Die Forderung nach Öffnung hatte in den letzten drei Jahrzehnten wesentlichen Einfluss auf Reformen im Bereich der Grundschule, wobei der Verbreitungsgrad geöffneten Unterrichts im pädagogischen Alltag nach wie vor nicht besonders groß ist (vgl. Brügelmann 1998; Hanke 2000). Zu einer Öffnung von Schule und Unterricht gehört u. a. die Hinwendung zur Lebenswelt der Schülerinnen und Schüler. In diesem Zusammenhang werden die außerschulischen Erfahrungen der Kinder in der Schule stärker aufgegriffen und Eltern als außerschulische Experten an den Lernarrangements in Unterricht und Schulleben beteiligt. Diese Öffnung führt aber wieder zu neuen Spannungen zwischen schulischen und familiären Anforderungen, denn die in der Schule geforderte Reflexion über Alltags- und Erfahrungswissen erfordert von den Kindern eine Haltung der Distanz von familiären Erfahrungen (vgl. Holtappels 1998) und von Lehrerinnen und Lehrern eine Haltung der Akzeptanz gegenüber denselben.

Es liegen differenzierte Forschungsergebnisse zur veränderten Kindheit, und zwar besonders zur familialen Lebenswelt und dem Freizeitverhalten von Kindern vor (zusammenfassend Fölling-Albers 2001). Die im Kontext der Kindheitsforschung entstandenen Arbeiten konzentrieren sich allerdings auf die außerschulische Lebenswelt von Kindern. Untersuchungen zu den Wechselwirkungen zwischen außerschulischem Kinderleben und Schule, zur Kinderkultur in der Schule und zum Schulalltag aus Sicht von Kindern sind selten. Eine Befragung von Lehrer/innen über die außerschulische Lebenswelt der Kinder und deren Auswirkungen auf ihr Verhalten in der Schule ergab, dass Lehrkräfte Kinder als verändert gegenüber früheren Berufsjahren erleben, als weniger aufmerksam, unkonzentriert und unruhig. Sie beschreiben, dass sie bei den heutigen Kindern häufig an die Grenzen des frontalen Unterrichts geraten (Fölling-Albers 1992). Weitere Untersuchungen aus dem Überschneidungsbereich zwischen schulischem und außerschulischem Kinderleben, welche nicht die Lehrerperspektive erfassen, sondern auf Kinder und ihre Familien fokussieren, deuten darauf hin, dass es sinnvoll wäre, die Chancengleichheitsdiskussion neu zu beleben. So finden sich die Hintergründe für die Lesebereitschaft von Kindern z. B. in den

Familienstrukturen (Hurrelmann 1995). Außerdem belegen Kinder- und Elternbefragungen von Büchner und Koch, dass ergänzende Freizeitaktivitäten und schulisch strukturierte Lernangebote außerhalb der Familie, welche in Familien mit höherem sozialen Status stärker gefördert werden, zu Schulerfolg und einem gelingenden Übergang von der vierjährigen Grundschule in die Sekundarschule beitragen (Büchner/Koch 2001).

Mit einer Schnittstelle zwischen Schulalltag und außerschulischem Kinderleben befassen sich Untersuchungen über Kreisgespräche in der Grundschule (Heinzel 2001, 2003). In fast 90 % der Klassen werden Kreisgespräche – besonders Morgen- und Montagskreis – durchgeführt. Kreisgespräche geben einen Ort für Erlebnisberichte und außerschulische Erfahrungen von Kindern ab, wobei vor allem die Familie, Freunde und Tiere von den Kindern zum Thema gemacht werden (vgl. Heinzel 2001; Purmann 2001). Sie sollen Kindern helfen, den Übergang zwischen außerschulischer und schulischer Lebenswelt zu bewältigen. Bei der Analyse der Gespräche zeigt sich, dass die Veränderungen der Eltern-Kind-Beziehungen in Richtung einer Liberalisierung der Erziehungsnormen und die familiäre Praxis des Aushandelns im Rahmen der Grundschule eine Entsprechung sucht und diese in der Praxis der Kreisgespräche teilweise auch gefunden hat. Gleichzeitig stehen manche Eltern den Kreisgesprächen skeptisch gegenüber. Für Eltern gehört das Kreisgespräch zur Institution Schule, und sie wünschen nicht, dass die Zugriffe der Bildungsinstitutionen in das Leben ihrer Familien hineinreichen. Sie befürchten die Veröffentlichung von Einzelheiten aus der Privatsphäre im Rahmen der Institution. Für Kinder hingegen ist genau diese Öffnung attraktiv, wobei sie aber recht genau darauf achten, ihre Eltern in den Kreisgesprächen nicht zu kompromittieren.

Insgesamt gesehen zeigt der Hauptstrom der Grundschulforschung noch zu wenig Interesse an den kindlichen Lebenszusammenhängen in Familie, Freizeit und Gleichaltrigengruppe (vgl. Heinzel 2002). Die Wechselbeziehungen zwischen schulischer und außerschulischer Bildungsbiografie und zwischen Schülersein und Kindsein müssen noch gründlicher erforscht werden.

5. Resümee

Die vorgestellten historischen und theoretischen Analysen sowie die empirischen Befunde zum Verhältnis von Familie und Grundschule zeigen, dass das Verhältnis zwischen diesen beiden Institutionen oftmals konflikthaft war und ist. Dies liegt in den verschiedenen Rollen, die beide Einrichtungen bei der Sozialisierung der nachwachsenden Generation einnehmen, aber auch in den oftmals unvereinbaren Erwartungen der Vertreter der beiden Institutionen an die jeweils andere. Die empirischen Beiträge weisen darauf hin, wie sich an den wesentlichen Schnittstellen des Zusammentreffens zwischen Familie und Schule (z. B. der Schulanfang für neue und unterschiedliche Rollenerwartungen, die Hausaufgaben für „Schule in der Familie“, das Kreisgespräch für „Familie in der Schule“) die Konflikte zu belastenden Erfahrungen werden können. Die meisten Grundschüler/innen scheinen den täglichen Wechsel zwischen den beiden Institutionen aber gut zu meistern. Sie gehen meist gern zur Schule und scheinen durch ihre Familien hinreichend für diese Institution unterstützt zu werden.

Allerdings erhält die Diskussion um das Verhältnis von Familie und Schule seit einigen Jahren im Zusammenhang mit den Auseinandersetzungen über die „veränderte Kindheit“ wieder erneute Aktualität. Wegen der zunehmenden Müttererwerbstätigkeit wird die Anwesenheit der Kinder in der Schule ausgeweitet. Die Kinder können schon vor Unterrichtsbeginn in der Schule betreut werden. In den „Schulen mit festen Öffnungszeiten" werden die Kinder auch nach dem Unterricht in der Schule versorgt. Diese Veränderungen sind nicht nur organisatorischer Art, sondern haben auch Auswirkungen auf das Selbstverständnis der Grundschule als pädagogische Einrichtung. Sofern die Betreuungsaufgaben nicht von speziellen Fach- oder Aushilfskräften erfüllt werden (Sozialpädagogen oder Eltern), sondern von den Lehrer/innen, erfahren sie hier eine Ausweitung ihrer Berufsrolle. Viele fühlen sich auf diese nicht hinreichend vorbereitet, und die neuen Aufgaben sind auch nicht mit ihrem bisherigen Berufsverständnis vereinbar. Daneben erfordert die weitergehende Übernahme sozialisatorischer und erzieherischer Aufgaben durch die Institution Schule auch weitergehende Abstimmungen mit der Familie. Das gilt vor allem, wenn die Schule auch eine Mittags- und Nachmittagsbetreuung für die Kinder anbietet oder sich zunehmend als eine Ganztagseinrichtung etabliert. Die Schule hat auf die Veränderungen bisher meist eher pragmatisch reagiert: Je nach landespolitischen Vorgaben oder Bedarf an den einzelnen Schulen werden unterschiedliche Lösungen angeboten. Ein übergreifendes bildungspolitisches Konzept ist derzeit aber noch nicht in Sicht – obwohl ausgearbeitete pädagogische Konzepte durchaus vorliegen (vgl. z. B. Holtappels 1997, 2002; Burk u. a. 1998). Nur wenige Schulen scheinen die veränderten gesellschaftlichen Herausforderungen als Chance zu interpretieren, sich als „Schule mit erweitertem Profil" zu etablieren. Denn die Ausweitung der Sozialisations- und Erziehungsaufgaben für die Schule könnte zum einen (auch) ihren Bildungsauftrag erleichtern, weil die Schule mit ihren Erziehungsvorstellungen mehr Einfluss auf die Heranwachsenden nehmen und dadurch auch für viele Kinder eine umfassendere Grundlegung der Bildung sicherstellen könnte. Zum anderen könnte sie auf diese Weise (wieder) zu mehr Chancengleichheit beitragen – ein seit der Bildungsreform wesentlicher Anspruch der Grundschule. Allerdings setzt eine solche Veränderung des schulischen Selbstverständnisses nicht nur weitergehende Formen der Kooperation zwischen Elternhaus und Schule voraus, sondern auch konzeptuelle Gemeinsamkeiten und mehr Absprachen in den Lehrerkollegien.

Literatur

Achilles, H., 2000: Die Zusammenarbeit von Schule und Elternhaus aus juristischer Sicht. In: Bartnitzky, H. u. a. (Hrsg.): Mit Eltern die Grundschule kindgerecht entwickeln. Grundschulverband – Arbeitskreis Grundschule. Frankfurt am Main, S. 25-34.

Bartnitzky, H./Burk, K./Jaszovics, S. (Hrsg.), 2000: Mit Eltern die Grundschule kindgerecht entwickeln. Grundschulverband – Arbeitskreis Grundschule. Frankfurt am Main.

Beelmann, W., 2000: Entwicklungsrisiken und -chancen bei der Bewältigung normativer sozialer Übergänge im Kindesalter. In: Leyendecker, C./Horstmann, T. (Hrsg.): Große Pläne für kleine Leute. München, S. 71-77.

Beelmann, W., 2001: Normative Übergänge im Kindesalter: Eine differentielle Analyse des Anpassungsprozesses beim Eintritt in den Kindergarten, die Grundschule und die weiterführende Schule. Habilitationsschrift der Philosophischen Fakultät der Universität zu Köln.

Berger, P./Luckmann, Th., 1969: Die gesellschaftliche Konstruktion der Wirklichkeit. Eine Theorie der Wissenssoziologie. Frankfurt am Main.

Blumer, H. (1969): Symbolic Interactionism. New Jersey.

Bois-Reymond, M. du (Hrsg.), 1994: Kinderleben. Modernisierung von Kindheit im interkulturellen Vergleich. Opladen.

Bos, W./Voss, A./Lankes, E.-M./Schwippert, K./Thiel, O./Valtin, R., 2004: Schullaufbahnempfehlungen von Lehrkräften für Kinder am Ende der vierten Jahrgangsstufe. In: Bos, W./Lankes, E.-M./Prenzel, M./Schwippert, K./Valtin, R./Walther, G. (Hrsg.): IGLU: Einige Länder der Bundesrepublik Deutschland im nationalen und internationalen Vergleich. Münster, S. 191-228.

Bronfenbrenner, U., 1981: Die Ökologie der der menschlichen Entwicklung. Stuttgart.

Brügelmann, H., 1998: Öffnung des Unterrichts. Befunde und Probleme der empirischen Forschung. In: Brügelmann, H./Fölling-Albers, M./Richter, S.: Jahrbuch Grundschule. Fragen der Praxis – Befunde der Forschung. Seelze, S. 8-42.
Büchner, P./Koch, K., 2001: Von der Grundschule in die Sekundarstufe 1. Der Übergang aus Kinder- und Elternsicht. Opladen.
Burk, K./Ronte-Rasch, B./Thurn, B. u. a., 1998: Grundschule mit festen Öffnungszeiten. Rhythmisierter Schulvormittag und veränderte Arbeitszeiten. Weinheim/Basel.
Dietrich, T., 1995: Die Pädagogik Peter Petersens. Der Jena-Plan: Beispiel einer humanen Schule. Bad Heilbrunn.
Ditton, H., 1987: Familie und Schule als Bereiche kindlichen Lebensraums. Eine empirische Untersuchung. Frankfurt am Main/Bern/New York/Paris.
Edelstein, W./Hoppe-Graff, S., 1993: Die Konstruktion kognitiver Strukturen. Perspektiven einer konstruktivistischen Entwicklungspsychologie. Bern/Göttingen/Toronto/Seattle.
Faust-Siehl, G., 2000: Die neue Schuleingangsstufe. In: Faust-Siehl, G./Speck-Hamdan, A. (Hrsg.): Schulanfang ohne Umwege. Beiträge zur Reform der Grundschule 111. Grundschulverband – Arbeitskreis Grundschule. Frankfurt am Main, S. 194-237.
Fend, H., 1980: Theorie der Schule. München/Wien/Baltimore.
Fend, H., 1988: Sozialgeschichte des Aufwachsens. Frankfurt am Main.
Fölling-Albers, M., 1992: Schulkinder heute. Auswirkungen veränderter Kindheit auf Unterricht und Schulleben. Weinheim/Basel.
Fölling-Albers, M., 2000: Entscholarisierung von Schule und Scholarisierung von Freizeit? In: Zeitschrift für Soziologie der Erziehung und Sozialisation, 20. Jg., H. 2, S. 118-131.
Fölling-Albers, M., 2001: Veränderte Kindheit – revisited. Konzepte und Ergebnisse sozialwissenschaftlicher Kindheitsforschung der vergangenen Jahre. In: Fölling-Albers, M. u. a. (Hrsg.): Kindheitsforschung, Forschung zum Sachunterricht. Jahrbuch Grundschule III. Fragen der Praxis – Befunde der Forschung. Beiträge zur Reform der Grundschule. Arbeitskreis Grundschule. Seelze, S. 10-51.
Fölling-Albers, M., 2002: Veränderte Kindheit, Kindheitsforschung und Schule. In: Pädagogische Rundschau, 56. Jg., H. 4, S. 379-391.
Fölling-Albers, M./Hopf, A. (Hrsg.), 1995: Auf dem Weg vom Kleinkind zum Schulkind. Opladen.
Goffman, E., 1986: Interaktionsrituale. Über Verhalten direkter Kommunikation. Frankfurt am Main.
Griebel, W./Niesel, R., 2004: Transitionen. Fähigkeiten von Kindern in Tageseinrichtungen fördern, Veränderungen erfolgreich bewältigen. Weinheim/Basel.
Grundmann, M., 1999: Konstruktivistische Sozialisationsforschung. Frankfurt am Main.
Hanke, P., 2000: Forschungen zur inneren Reform der Grundschule am Beispiel der Öffnung des Unterrichts. In: Rossbach, H.-G./Czerwenka, K./Nölle, K. (Hrsg.): Jahrbuch Grundschulforschung. Bd. 4. Opladen, S. 46-62.
Hascher, T./Bischof, F., 2000: Integrierte und traditionelle Hausaufgaben in der Primarstufe – ein Vergleich bezüglich Leistung, Belastung und Einstellungen zur Schule. In: Psychologie in Erziehung und Unterricht, 47. Jg., S. 252-265
Heinze, T., 1976: Unterricht als soziale Situation. Zur Interaktion von Schülern und Lehrern. München.
Heinzel, F., 2001: Kinder im Kreis. Kreisgespräche in der Grundschule als Sozialisationssituation und Kindheitsraum. Halle (Habilitationsschrift).
Heinzel, F., 2002: Kindheit und Grundschule. In: Krüger, H.-H./Grunert C. (Hrsg): Handbuch der Kindheits- und Jugendforschung. Opladen, S. 541-565.
Heinzel, F., 2003: Zwischen Kindheit und Schule – Kreisgespräche als Zwischenraum. In: ZBBS 1, S. 105-122.
Herrlitz, H.-G./Hopf, W./Titze, H., 1993: Deutsche Schulgeschichte von 1800 bis zur Gegenwart. Eine Einführung. Weinheim/München.
Holtappels, H.G., 1997: Grundschule bis mittags. Innovationsstudie über Zeitgestaltung und Lernkultur. Weinheim/München.
Holtappels, H.G., 2002: Die Halbtagsgrundschule. Lernkultut und Innovation in Hamburger Grundschulen. Weinheim/München.
Hurrelmann, B., 1995: Fernsehen und Bücher – Medien im Familienalltag. In: Behnken, I./Jaumann, O.: Kindheit und Schule. Kinderleben im Blick von Grundschulpädagogik und Kindheitsforschung. Weinheim/München, S 83-93.
Keck, R.W., 1978: Hausaufgaben – empirisch untersucht. Hannover.
Keck, R.W., 1981: Erziehung ist unteilbar. Eltern und Lehrer als Partner – Beispiele für den Schulalltag. Freiburg (Brsg.).
Keck, R.W. (Hrsg.), 1979: Kooperation Elternhaus – Schule. Analysen und Alternativen auf dem Weg zur Schulgemeinde. Bad Heilbrunn.
Keck, R.W./Kirk, S. (Hrsg.), 2001: Erziehungspartnerschaft zwischen Elternhaus und Schule. Analysen, Erfahrungen, Perspektiven. Hohengehren.

Keck, R.W., 2001: Eltern und Lehrer als Erziehungspartner. In: Keck, R.W./Kirk, S. (Hrsg.): Erziehungspartnerschaft zwischen Elternhaus und Schule. Hohengehren, S. 1-17.
Kirk, S., 2001a: Eltern und Schule. In: Einsiedler, W./Götz, M./Hacker, H./Kahlert, J./Keck, R.W./Sandfuchs, S. (Hrsg.): Handbuch Grundschulpädagogik und Grundschuldidaktik. Bad Heilbrunn, S. 212-218.
Kirk, S., 2001b: Elternmitwirkung im schulrechtlichen Rahmen der Ländergesetzgebung. In: Keck, R.W./Kirk, S. (Hrsg.): Erziehungspartnerschaft zwischen Elternhaus und Schule. Hohengehren, S. 18-26.
Krappmann, L., 1969: Soziologische Dimensionen der Identität. Stuttgart.
Krappmann, L./Oswald, H., 1995: Alltag der Schulkinder. Beobachtungen und Analysen von Interaktionen und Sozialbeziehungen. Weinheim/München.
Krumm, V., [2]2001a: Das Verhältnis von Elternhaus und Schule. In: Roth, L. (Hrsg.): Pädagogik. Handbuch für Studium und Praxis, S. 1016-1029.
Krumm, V., 2001b: Elternhaus und Schule. In: Rost, D. (Hrsg.): Handwörterbuch Pädagogische Psychologie. Weinheim, S. 108-115.
Kuhle, Ch., 2000: Elternhaus und Schule – ein spannungsreiches Verhältnis. In: Bartnitzky, H. u. a. (Hrsg.): Mit Eltern die Grundschule kindgerecht entwickeln. Grundschulverband – Arbeitskreis Grundschule. Frankfurt am Main, S. 18-24.
Leschinsky, A./Roeder, P.-M., 1976. Schule im historischen Prozeß. Zum Wechselverhältnis von institutioneller Erziehung und gesellschaftlicher Entwicklung. Stuttgart.
Lipowsky, F., 2004: Dauerbrenner Hausaufgaben. Befunde der Forschung und Konsequenzen für den Unterricht. In: Pädagogik 12, S. 40-44.
Mead, G. H., 1968/orig. 1934: Geist, Identität und Gesellschaft. Frankfurt am Main.
Melzer, W., 1987: Familie und Schule als Lebenswelt. Zur Innovation von Schule durch Elternpartizipation. München.
Melzer, W. (Hrsg.), 1985: Eltern, Schüler, Lehrer. Zur Elternpartizipation an Schule. Weinheim/München.
Montessori, M., 1965: Grundlagen meiner Pädagogik. Heidelberg.
Nickel, H., 1993: Die Lehrer-Schüler-Beziehung als transaktionaler Prozeß. Ein Interaktionsmodell aus ökopsychologischer Perspektive. In: Nickel, H.: Psychologie der Entwicklung und Erziehung. Pfaffenweiler, S. 244-261.
Nickel, H./Petzold, M., 1997: Schule und Familie. In: Lompscher, J. u. a. (Hrsg.): Leben, Lernen und Lehren in der Grundschule. Neuwied/Kriftel/Berlin, S. 111-128.
Nilshon, I., 1999: Hausaufgaben und selbständiges Lernen. Deutsches Jugendinstitut. Projekt „Lebenswelten als Lernwelten", Projektheft 1.
Nilshon, I., 2001: Hausaufgaben. In: Rost, D. (Hrsg.): Handwörterbuch Pädagogische Psychologie. Weinheim, S. 231-238.
Nilshon, I., 1995: Schule ohne Hausaufgaben? Münster.
Paetzold, B., 1988: Familie und Schulanfang. Eine Untersuchung des mütterlichen Erziehungsverhaltens. Bad Heilbrunn.
Parsons, T., 1951: The Social System. New York.
Parsons, T., 1964: Das Inzesttabu in seiner Beziehung zur Sozialstruktur und zur Sozialisierung des Kindes. In: Parsons, T.: Beiträge zur soziologischen Theorie. Herausgegeben und eingeleitet von D. Rüschemeier. Neuwied am Rhein/Berlin, S. 109-135.
Parsons, T., 1968: Sozialstruktur und Persönlichkeit. Frankfurt am Main.
Parsons, T., 1968b: Die Schulklasse als soziales System. In: Parsons, T.: Sozialstruktur und Persönlichkeit. Frankfurt am Main, S. 161-193.
Petersen, P., [42]1965: Der kleine Jena-Plan. Weilheim.
Petzold, M./Nickel, H., 1989: Grundlagen und Konzept für eine entwicklungspsychologische Familienforschung. Psychologie in Erziehung und Unterricht, 36, S. 241-257.
Prengel, A., 1999: Vielfalt durch gute Ordnung im Anfangsunterricht. Opladen.
Purmann, E., 2001: Morgenkreis und Schulanfang. Das Beispiel der altersgemischten Eingangsstufe der Schule Vollmarshausen. Kassel.
Reich, K., 2000: Systemisch-konstruktivistische Pädagogik. Neuwied.
Richter, S., 1999: „Schulfähigkeit des Kindes" oder „Kindfähigkeit der Schule"? In: Brügelmann, H. u. a.: Jahrbuch Grundschule. Fragen der Praxis – Befunde der Forschung. Seelze, S. 7-29.
Rossbach, H.-G., 1995: Hausaufgaben in der Grundschule. Ergebnisse einer empirischen Untersuchung. In: Die Deutsche Schule, 1, S. 103-112.
Schlemmer, E., 2000: Pädagogischer Familienalltag und Schule. In: Herlth, A. u. a. (Hrsg.): Spannungsfeld Familienkindheit. Neue Anforderungen, Risiken und Chancen. Opladen, S. 78-91.
Schneewind, K.A./Beckmann, M./Engfer, A., 1983: Eltern und Kinder. Stuttgart.
Schneider, W., [2]2001: Training der phonologischen Bewusstheit. In: Klauer, K.J. (Hrsg.): Handbuch kognitives Training. Göttingen/Bern/Toronto/Seattle, S. 69-95.

Schulordnung für die Volksschulen in Bayern VSO mit Gesetz über das Erziehungs- und Unterrichtswesen BayEUG, 1989. München.
Siebert, H., 1999: Pädagogischer Konstruktivismus. Neuwied.
Stock, M,. 1985: Schulrechtliche Aspekte von Elternpartizipation. In: Melzer, W. (Hrsg.). Eltern, Schüler, Lehrer. Weinheim/München, S. 27-57.
Stöckli, G., 1989: Vom Kind zum Schüler. Bad Heilbrunn.
Tietze, W./Rossbach, H.-G./Mader, J., 1987: Zur Hausaufgabensituation bei Grundschülern. In: Empirische Pädagogik, 4, S. 309-329.
Tillmann, K.-J., 1989: Sozialisationstheorien. Eine Einführung in den Zusammenhang von Gesellschaft, Institution und Subjektwerdung. Hamburg.
Trudewind, C./Wegge, J., 1989: Anregung – Instruktion – Kontrolle: Die verschiedenen Rollen der Eltern als Lehrer. In: Unterrichtswissenschaft, 17, S. 133-155.
Ulich, K., 1989: Schule als Familienproblem? Konfliktfelder zwischen Schülern, Eltern und Lehrern. Frankfurt am Main.
Walper, S./Roos, J., 2001: Die Einschulung als Herausforderung und Chance für die Familie. In: Faust-Siehl, G./Speck-Hamdan, A. (Hrsg.): Schulanfang ohne Umwege. Beiträge zur Reform der Grundschule 111. Arbeitskreis Grundschule. Frankfurt am Main, S. 30-52.
Wild, E./Remy, K., 2002: Affektive und motivationale Folgen der Lernhilfen und lernbezogenen Einstellungen von Eltern. In: Unterrichtswissenschaft, 30. Jg., H. 1, S. 27-51.
Wild, E., 2004: Häusliches Lernen. Forschungsdesiderate und Forschungsperspektiven. In: Zeitschrift für Erziehungswissenschaft 7, Beiheft 3, S. 37-64
Wittig, H., 1989: Der Bildungsprozeß des Kindes im Übergang von der Familie in die Schule. Frankfurt am Main/Bern/New York/Paris.
Wulf, Ch. u. a., 2001: Das Soziale als Ritual. Zur performativen Bildung von Gemeinschaften. Opladen.
Zinnecker, J./Behnken, I./Maschke, S./Stecher, L., 2002: null zoff & voll busy. Die erste Jugendgeneration des neuen Jahrhunderts. Opladen.

Familie und Schule

Susann Busse / Werner Helsper

1. Einleitung

Familie und Schule stellen neben den Peers die zentralen Lebensbereiche für Kinder dar. Die moderne Familie – als eine spezifische Familienform – bildet sich seit dem 18. Jahrhundert in frühbürgerlichen Milieus in der Ambivalenz kindzentrierter Haltungen und einem pädagogisch kontrollierten Normalisierungs- und Disziplinierungsblick heraus (vgl. Foucault 2003). Diese Familienform wird im Verlauf des 20. Jahrhunderts zunehmend auch für andere Milieus und Lebenslagen bedeutsam. Im Rahmen dieser emotionalisierten und intimisierten Eltern-Kind-Beziehungen werden die Grundlagen für den Individuations- und Vergesellschaftungsprozess von Kindern gelegt. Hier werden die sprachlichen, die kognitiven, die sozialkognitiven bzw. interaktiven Kompetenzen aufgebaut, aber auch die emotionalen und motivationalen Haltungen in den Eltern-Kind-Interaktionen generiert, die für die Ausgestaltung der Beziehung zur sozialen und subjektiven Welt zentral werden. Mit diesen Voraussetzungen, die in der primären familialen Sozialisation und Erziehung erzeugt werden, trifft das Kind in Deutschland in der Regel im Alter von sechs bis sieben Jahren auf die Anforderungen der Schule. Hier müssen Kinder nun in einem von der Familie mehr oder weniger stark abweichenden Handlungsfeld interagieren, das um die individuell zu erbringende Leistung und deren universalistische Bewertung zentriert ist, in dem die Kinder zusehends weniger als einzigartige, besondere Individuen in den Blick genommen werden. Sie stoßen vielmehr auf Anforderungen, sich in einer spezifischen, eher distanzierten und weniger emotionalen Haltung in ihre „Rolle" als Schüler einzufügen und diese auszugestalten. Daraus können für Kinder nicht nur Übergangsprobleme, sondern auch Spannungen zwischen dem schulischen und dem familialen Handlungsfeld resultieren. Damit teilen sich auch Schule und Familie nun die Zuständigkeit für das Kind und die weiteren Bildungsprozesse, wobei das „Arbeitsbündnis" zwischen Eltern und Lehrern (vgl. Oevermann 2001) zu harmonischen aber auch antagonistischen „Passungen" führen kann.

Mit diesem Beitrag wird der aktuelle Forschungsstand zum Verhältnis von Familie und Schule gesichtet. Dabei werden vor allem Studien in den Blick genommen, in denen die Verbindungslinien zwischen den Forschungsfeldern Schule und Familie markiert werden und das Verhältnis von Schule und Familie im Mittelpunkt steht. In einem ersten Teil wird die historische Entwicklung des Verhältnisses von Familie und Schule skizziert und es werden unterschiedliche theoretische und pädagogische Positionsbestimmungen zum Verhältnis von Familie und Schule gesichtet. Im zweiten Teil wird anhand ausgewählter Themenbereiche und Studien die Forschungslage zum Verhältnis von Schule und Familie dargestellt.

2. Familie und Schule – Verhältnisbestimmungen

Im Zuge von gesellschaftlichen Modernisierungsprozessen haben sich in den letzten Jahrzehnten die Rahmenbedingungen für die Gestaltung der Partnerschaft und der Eltern-Kind-Beziehung (Generationsbeziehungen) gravierend geändert, die als Pluralisierung und Ausdifferenzierung unterschiedlicher Familienformen (Ehescheidungen, nichteheliche Lebensgemeinschaften, Patchworkfamilien) zu fassen sind (vgl. Nauck 1995). Die veränderten Familiensituationen und der Wandel von Generationsbeziehungen werden innerhalb der Familienforschung unterschiedlich berücksichtigt und bewertet. Es lassen sich grob zwei Argumentationslinien nachzeichnen: Zum einen werden die Wandlungsprozesse, die die Familie in der Moderne durchlebt, eher aus einer kulturpessimistischen Verlustperspektive als gesteigerte psychosoziale Belastung der Lebensweisen von Kindern und Jugendlichen gesehen und aus Individualisierungstendenzen die Erzeugung von „Ichlingen" gefolgert (vgl. Keupp 2000). Andererseits werden Wandlungsprozesse von familialen Familienformen hin zum Verhandlungshaushalt (vgl. du Bois-Reymond 1998) als Ausdruck fortschreitender Modernisierungstendenzen betrachtet.

2.1 *Historische Perspektiven*

Um das spannungsvolle Verhältnis von Familie und Schule zu betrachten, soll ein kurzer Blick auf die geschichtliche Entwicklung dieser Verbindung geworfen werden. Denn hier sind erste Strukturprobleme bereits angelegt, welche bis heute relevant sind und sich in den verschiedensten Ausformungen wieder finden lassen. Betrachtet man die schulgeschichtliche Entwicklung unter der Perspektive des Verhältnisses von Familie und Schule, so kann man zu dem Schluss kommen, dass, solange die Bildung in der Hauptverantwortung der Kirche lag, das Verhältnis recht unproblematisch erscheint. Erst mit der Durchsetzung der allgemeinen Schulpflicht im 19. Jahrhundert entfaltete sich auch das Spannungsverhältnis von Familie und Schule umfassender. So war es beispielsweise im mittelalterlichen Deutschland nur wenigen und zunächst nur männlichen Jugendlichen vorbehalten, die lateinische Schulbildung in Klöstern, Dom- und Stiftschulen zu erhalten, um auf ihr späteres Gelehrten- oder Theologendasein vorbereitet zu werden. Während dessen wurden die Kinder aus der ländlichen Bevölkerung oder aus ärmeren Verhältnissen von ihren Eltern im Kontext der alltäglichen Lebensvollzüge erzogen. Ihre Ausbildung bezog sich auf alltagspraktische Belange und auf die Sicherung des Lebensunterhalts (vgl. Blankertz 1982). Die Ausbildungskompetenz und die Verantwortung lagen somit bei den Eltern. In den voraufklärerischen Jahrhunderten trat die Schule als eine Fortsetzung bzw. als eine Erweiterung der Familie auf, in der das paternalistische Ideal Vorrang hatte. Das heißt, die Schule war nicht nur für die christlich-religiöse Erziehung ihrer Zöglinge verantwortlich, sondern sie übernahm auch die ständisch-gesellschaftliche Perspektive von Kirche und Elternhaus gleichermaßen (vgl. Wilhelm 1969, S. 66-79). Dies zeigt sich insbesondere in den paternalistischen Vorstellungen zur Schule: „Der gute Lehrer ist ein guter Vater der Schüler. Er nimmt seine Zöglinge in Zucht, um sie auf dem rechten Weg zu halten, wie es der Familienvater mit seinen leiblichen Kindern und der Landesvater mit seinen Landeskindern tut" (vgl. ebd., S. 71). Betrachtet man im geschichtlichen Zeitraffer dieses Verhältnis weiter, so lässt sich feststellen, dass die deutsche Schule in Zeiten der Aufklärung zu einem Politikum bzw. zu einer Machtprobe zwischen Staat und Kirche wurde. So wollte die Kirche an ihrer Monopolstellung und unter anderem an der Ansicht, dass die Schule der verlängerte Arm der Familie sei, festhalten. Von staatlicher Seite aus wurden im Laufe des 18. und 19. Jahrhunderts unter der Perspektive einer Beförderung der „Industrie", der Erzeugung gelehriger und brauchbarer Untertanen, durchaus verbunden mit Vorstellungen einer besseren Bildung im Rahmen von Aufklärungskonzepten, Versuche unternommen, die Schule als staatliche Organisation zu etablieren. Der entscheidende Durchbruch gelang allerdings erst mit der Einführung der allgemeinen Schulpflicht im Verlauf des 19. Jahrhunderts, der zunehmenden Verstaatlichung der Schulen, der allmählichen Professionalisierung des Lehrerberufes, was zugleich mit der Entkirchlichung der staatlichen Bildung einherging. Die Rolle der Eltern beschränkte sich vorerst darauf, dass sie die Pflicht hatten, ihre Kinder in die Schule zu schicken und somit weite Teile ihrer Unterrichts- und Erziehungsfunktion an das Schulwesen abzugeben. Ihr Einflussbereich bezog sich demnach nur auf die finanzielle Unterstützung der Schule durch das Zahlen von Schulgeld o. Ä. Somit wurden die staatlichen oder kirchlichen Schulen – unabhängig davon ob es sich um Elementar- oder höhere Schulen handelte – zu Institutionen, die dem direkten Einflussbereich der Eltern entzogen waren. Eine Ausnahme stellten die Hauslehrer dar, die an den Haushalt gebunden waren und sich die Erziehungsarbeit mit den Eltern, vor allem der Mutter teilten. Mit der Durchsetzung der Schulpflicht insbesondere in den ländlichen Regionen und auch im städtischen Proletariat gingen die Kinder zwar einerseits als Arbeitskräfte für die Familie verloren, was auch den langen Zeitraum bis zur vollen realen Durchsetzung der Schulpflicht erklären kann, andererseits aber wurde die Kinderarbeit dadurch entscheidend verringert und die Kindheit als eine „pädagogische" definiert und gesellschaftlich durchgesetzt.

Dabei war in den pädagogischen und sozialphilosophischen Entwürfen der Aufklärung das Verhältnis von Schule und Familie im Rahmen der Institutionalisierung der Schule durchaus umstritten. So gab es einerseits Positionen, die die Schule als eine entscheidend staatlich-öffentliche Einrichtung konzipierten, die gerade durch ihre deutliche Trennung von der Familie ihre erzieherische, disziplinierende und vervollkommnende Bedeutung entfalten sollte. So etwa der Aufklärungspädagoge Campe: „In den Schulen ihr Fürsten, in den Schulen, ihr Väter des Staates, in den Schulen und nirgends sonst muss man die Werkstatt anlegen, wenn man Menschen veredeln, Gewerbe, Künste und Wissenschaften befördern und Nahrung und öffentlichen Wohlstand des Landes erhöhen will" (Tenorth 2000, S. 90). In eine ähnliche Richtung argumentiert Hegel wenn er die Familie für den Bereich der Liebe und Fürsorge, den Staat aber als zentrale Instanz der Öffentlichkeit, der Allgemeinheit und des Rechts konzipiert. Die Schule ist nun als organisierte formelle Bildung die Instanz, in der Kinder bereits in die Sphäre des Allgemeinen eingeführt werden und gilt ihm daher als „Mittelding". Das Leben in der Familie ist für Hegel in seiner Gymnasialrede von 1811 „ein persönliches Verhältnis, ein Verhältnis der Empfindung, der Liebe, des natürlichen Glaubens und Zutrauens; es ist nicht das Band einer Sache, sondern das natürliche Band des Bluts; das Kind gilt hier darum, weil es das Kind ist; es erfährt ohne Verdienst die Liebe seiner Eltern ... In der Schule ... fängt die Thätigkeit des Kindes an, wesentlich und durchaus eine ernsthafte Bedeutung zu erhalten ... es [das Kind] hört auf, um seiner unmittelbaren Person willen, und beginnt nach dem zu gelten, was es leistet, und sich ein Verdienst zu erwerben. In der Familie hat das Kind im Sinne des persönlichen Gehorsams und der Liebe recht zu tun; in der Schule hat es im Sinne der Pflicht und eines Gesetzes sich zu betragen, und um einer allgemeinen, bloß formellen Ordnung willen dies zu thun und anderes zu unterlassen" (Hegel 1995, S. 48ff.). Nur die Schule als öffentlich-staatliche Angelegenheit kann diese Transformation vom besonderen, Partikularen der Familie in die Sphäre des Allgemeinen leisten.

Demgegenüber konzipierte Herbart Anfang des 19. Jahrhunderts das Verhältnis von Familie und öffentlicher Schule weitaus vermittelter und weniger antagonistisch. Er kritisiert die disziplinierende und vom Einzelnen abstrahierende öffentliche Schule und stellt ihr einen professionellen Erzieher nach dem Vorbild der Ärzte an die Seite, der von den Familien und der Kommune finanziert wird. Seine Aufgabe ist es, zwischen Familie und öffentlicher Schule zu vermitteln, Familie und Schule enger miteinander zu verbinden, die Eltern in die Bildungsprozesse mit einzubeziehen und die Individualisierung der Bildung dem je spezifischen Kind entsprechend zu ermöglichen: „Zwischen dem Staat und dem Hause stehen die Städte, die kleinen Kommunen, die sich unmittelbar aus den Familien zusammensetzen, und die, zusammengenommen, wieder den Körper des Staates ausmachen. An diese habe ich mich in Gedanken gewendet. Ungefähr wie in einer Kommune die Ärzte leben, die man in Häuser ruft, ... so würden in den Städten auch Erzieher gefunden werden, die man allenfalls in die Häuser zu kommen einlüde, wofern man die Not einer falschgerichteten jugendlichen Fortbildung besser zu beurteilen wüsste. (...) Mehrere Familien könnten sich vereinigen, einem solchen Erzieher den größten Teil seiner Einnahmen zu sichern, ohne ihn darum ganz an sich zu binden. Noch besser würde der Erzieher selbst die Familien verbinden ..., bei weitem nicht alles würde der Erzieher selbst lehren; er würde Gesprächsstunden halten und die schriftlichen Übungen leiten, von den Wissenschaften aber das meiste den öffentlichen Schulen überlassen. (...) Die Schulen würden alsdann Verzicht darauf thun, an einen streng zusammenhängenden Lehrkurs jeden ihrer Schüler zu binden; dieses ist zwar jetzt eine nothwendige Maßregel, aber sie ist es gerade nur deshalb, weil es an jenen Erziehern fehlt. (...) Wie weit vollkommener aber würden die einzelnen Studien auf der Schule getrieben, werden wenn die Schüler von jenen Erziehern ausgesucht, vorbereitet, unterstützt werden“ (Herbart 1995, S. 44f.). Dieses Konzept einer intermediär angelegten Erziehung und Bildung als Kommuneangelegenheit, die zugleich „öffentlich und häuslich“ wäre, hat sich nicht durchgesetzt. Faktisch entsteht im Prozess der Schulsystembildung im 19 Jahrhundert eine staatlich formierte Schule mit einem geringen Einbezug und einer deutlichen Distanz gegenüber der Familie.

Auch wenn heute infolge der Durchsetzung von politisch-demokratischen Prinzipien den Eltern wesentlich mehr Mitwirkungsrechte eingeräumt werden, Kooperationen zwischen Schule und Elternhaus aus pädagogischen Gründen angestrebt werden, es gewählte Elternvertreter gibt, bleiben bis dato die elterlichen Mitwirkungsmöglichkeiten im Sinne einer echten Mitbestimmung eher die Ausnahme. Für die Gestaltung des Unterrichts, die schulische Erziehung und die schulischen Belange im engeren Sinne ist die Schule allein verantwortlich; die Eltern haben lediglich Anregungs- oder Vorschlagsrechte (vgl. Avenarius/Heckel 2000). Ebenso sind die Rechte und Pflichten von Elternhaus und Schule im Grundgesetz in Artikel 6, Absatz 2 mit folgender Formulierung festgesetzt: „Pflege und Erziehung der Kinder sind das natürliche Recht der Eltern und die zuvörderst ihnen obliegende Pflicht“. Und für die Schule heißt es im Artikel 7: „Das gesamte Schulwesen steht unter Aufsicht des Staates“. Bei genauerer Betrachtung heißt das, die Eltern haben zwar auf der einen Seite das Recht und die Pflicht ihre Kinder zu erziehen, aber andererseits haben sie auf die „miterziehende“ Schule, auf Formen und Inhalte des Unterrichts, auf die Ausbildung und Einstellung der Lehrer keinen Einfluss: Bis auf die Schulen in Freier Trägerschaft, in denen es aufgrund der gezielten Schulwahl der Eltern stärkere „Passungsverhältnisse“ zwischen Familie und Schule gibt, besteht eher ein Konflikt zwischen Elternrecht auf Kindererziehung und dem Prinzip elternloser staatlicher Schulaufsicht. Dementsprechend beschränkt sich die Zusammenarbeit von Eltern und Lehrern vornehmlich auf „Pflichtrituale" (vgl. Krumm 2001).

2.2 Theoretische Bestimmungen zum Verhältnis von Schule und Familie

Sowohl die Familie als auch die Schule sind von kulturellen und sozialen Wandlungsprozessen gekennzeichnet: So wird für die Familie etwa die Informalisierung von Generations- und Geschlechterbeziehungen, die Verschiebung von Machtbalancen zwischen Eltern und Kindern sowie die Entwicklung von „Aushandlungshaushalten" zwischen den Generationen diagnostiziert (vgl. du Bois-Reymond 1998). Gegenüber diesen „positiven" Entwicklungen wird darauf verwiesen, dass Familien instabiler würden und immer mehr Kinder auch von Armut und Randständigkeit betroffen seien, sodass zumindest bei einem relevanten Teil der Kinder die familiären Voraussetzungen und Unterstützungsleistungen für den Schulbesuch prekär würden. Für die Schule wird diagnostiziert, dass umfassende Bildungshaltungen stärker einer fachlichen Unterrichtsorientierung wichen, Leistung zu einem immer wichtigeren Bestandteil der Schule werde, insbesondere im Zusammenhang mit der hohen Bedeutsamkeit von Bildungstiteln für die Zukunft der Heranwachsenden, Schule damit weniger den Charakter eines Bildungsmoratoriums besitze, sondern eine Ernstsituation darstelle und die Schule stärker in den Alltag und die Lebenszeit von Jugendlichen expandiere (vgl. Helsper 2000). Aus diesen Diagnosen folgt, dass das Verhältnis von Familie und Schule sich eher spannungsvoll gestaltet.

Aus einer generationstheoretischen Perspektive (vgl. Honig 1999) sind Kinder und Jugendliche durch einen „dualen Status" gegenüber Staat und Familie gekennzeichnet. Durch Schulpflicht und Berechtigungswesen sind Lehrer als zentrale, aber nun eher ferne Erwachsene gegenüber Kindern institutionalisiert. Über das „schulpflichtige Kind" mit seiner Verpflichtung zur „Schularbeit" (vgl. Qvortrup 2000) wird das Verhältnis der Generationen zueinander „vor allem über die Schule als gesellschaftliche Institution geregelt" (Büchner 1996, S. 161). Das schulpflichtige Kind wird damit zur An- und Aufforderung gegenüber der Familie, die – dadurch von vielen inhaltlichen Vermittlungsaufgaben entlastet – die Voraussetzungen für die kindliche Schularbeit zu gewährleisten hat. Daraus erwachsen sowohl für Eltern wie für ihre Kinder Abhängigkeiten gegenüber der Schule: So können Eltern etwa ihren sozialen Status, ihr „kulturelles Kapital" (Bourdieu 1993), nicht mehr direkt an ihre Kinder weitergeben, sondern dies muss sich im Kontext der Schule erst bewähren und sich dort in Form von Zertifikaten realisieren lassen, auf die Eltern keinen direkten Zugriff besitzen (vgl. Brake/Büchner 2003).

In strukturfunktionalistischen Ansätzen (vgl. Dreeben 1980), auch in materialistischen bzw. kulturalistisch reinterpretierten materialistischen Konzepten mit der Unterscheidung eines primären familialen Habitus und eines sekundären schulisch konzipierten Habitus (vgl. Bourdieu/Passeron 1972), zudem auch in unterschiedlichen Konzepten, die an kritisch-theoretische Traditionslinien anknüpfen und diese reformulieren (vgl. Coleman 1986; Melzer 1987) oder auch in psychoanalytischen Ansätzen (vgl. Erdheim 1982) wird das Verhältnis von Schule und Familie im Bezug zu Kindern und Jugendlichen als spannungsreiches gekennzeichnet. Schule und Familie erscheinen darin als konträr strukturierte Räume. Schule wird durch universalistische, distanziertere, spezifischere, um universalistisch orientierte, selbst zu erbringende Leistung zentrierte Institution konzipiert, während die Familie als Kontrast dazu ein intimisiertes, hoch emotionales, diffus die ganze Person umfassendes, partikularistisches Beziehungsverhältnis darstellt. So lässt sich über diese unterschiedlichen Ansätze hinweg von einem Differenztheorem sprechen, wobei diese Differenz von Schule und Familie allerdings unterschiedlich bewertet wird. Zwar erscheint das Differenztheorem theoretisch gut untermauert, vereinfacht aber in dieser idealtypischen Kontrastierung die komplexe und ausdifferenzierte Beziehungsdynamik zwischen Schule und Familie sowie den Ausdifferenzierungsgrad in unterschiedlichen familiären bzw. auch schulischen Kulturen (vgl. Helsper 2000; Helsper u. a. 2001). Aus systemtheoretischer Perspektive wird durchaus auf der Grundlage des Differenztheorems auf vielfältige Interpenetrationen zwischen Schule und Familie verwiesen. Und vor allem in jugendbiografischen Studien (vgl. Nittel 1992; Kramer 2002; Wiezorek 2005, Helsper 2004) wird gegenüber dem Differenztheorem deutlich, wie komplex Schule und Familie in den biografischen Konstruktionen verschränkt sind und wie es zu unterschiedlich ausgeprägten „Passungsverhältnissen" kommen kann.

Im Anschluss an Analysen, die entweder die Distanz und Trennung zwischen Familie und Schule kritisieren (vgl. Hofer 2000) oder eine Erosion der Familie als Herausforderung für ein kompensatorisches Handeln der Schule entwerfen (vgl. Struck 1995), werden Forderungen erhoben, die Partizipationsrechte von Eltern zu stärken, Schule zu öffnen und eine pädagogische Betreuung in Ganztagsschulen zu realisieren (vgl. Radisch/Klieme 2004). Diesen Forderungen stehen Positionen gegenüber, die eine „Sozialpädagogisierung" oder „Familialisierung" der Schule befürchten, in der elterlichen Partizipation egoistische Eingriffe in die Schule vermuten und davor warnen, dass die Schule zu einer „Familienersatzversorgungseinheit" werden könne, womit sie überfordert sei (vgl. Terhart 1996).

Dementsprechend werden Konflikt- und Widerspruchsszenarien entworfen: Du Bois Reymond (1998) diagnostiziert eine Kluft zwischen der „aushandlungsorientierten Familie" und der Schule, die mit dieser Enthierarchisierung und der Relativierung des Wissens- und Machtgefälles zwischen Alt und Jung in der Familie in eine pädagogische Krise einmünden. Wagner-Winterhager (1990, S. 462) folgerte schon früh, dass eine Tendenz aufseiten der Eltern bestehe, die erzieherischen Anforderungen an die Lehrer zu delegieren, die damit zugleich Stellvertreterauseinandersetzungen mit den Schülern führen müssen, „weil es zu ihrer professionellen Rolle gehört, Generationsdifferenz zu verkörpern". Aufseiten der Lehrer entspreche dem allerdings eine Tendenz des Ausweichens vor dieser Verantwortung und Belastung, in eine Form der Beziehung, „die so aussieht, als wären die Beteiligten gar nicht Angehörige verschiedener Generationen" (Hornstein 1999, S. 65). Dies münde in eine subtile Form der Verweigerung von Generationsdifferenz. Befürchtet wird, dass die immer stärkere Intervention der Familie, insbesondere der Mütter, in die Schule hinein zu einer Partikularisierung der Schule im Sinne des egoistischen Interesses am eigenen Kind beitrage und eine schulische „Mutti-Kultur" erzeuge, die den Eintritt des Kindes in den öffentlichen Raum gefährde und seine Emanzipation von den Eltern bedrohe.

Diese weit ausgreifenden Thesen und die damit einhergehenden Hoffnungen oder Befürchtungen stehen allerdings auf „schwachen Forschungsbeinen". Betrachten wir im Folgenden die vorliegenden Forschungen zum Verhältnis von Familie, Schule und Kindern.

3. Forschungsergebnisse zum Verhältnis von Familie und Schule

3.1 Familie, Schule und Bildungserfolg

In der Forschung zum Verhältnis von Familie und Schule erscheint der Zusammenhang von Familie, Schule und Bildungserfolg als am Besten beleuchtet. Es gibt hierzu zahlreiche, meist quantitative Studien, welche sich mit dem Zusammenhang von veränderten Familienstrukturen und ihrem Einfluss auf Bildung, sowie mit den Leistungsmotivationen von Schülern und mit der Frage nach bildungsrelevanten Sozialisationserfahrungen beschäftigen (vgl. Baumert/Schümer 2002; Stecher 2000). Ihren Ursprung haben diese Forschungslinien hauptsächlich in der schichtspezifischen Sozialisationsforschung in den 1960er und 1970er Jahre. Eine zentrale Rolle spielt hierbei u. a. Jencks (1973) These, welche sich mit der Frage beschäftigt, ob soziale Herkunft bestimmend für den Bildungserfolg ist oder nicht. In dieser Linie lassen sich die Studien zu familialen Bedingungen schulischer Leistungen, zur häuslichen Lernumgebung und dem Verhältnis von schulischen und familialen *Sozialisationsbedingungen* einordnen. Zentrales Ergebnis dieser Studien ist die hohe Bedeutung der sozialen Lage der Familie für den Schulerfolg und Kompetenzerwerb bei Schülern (vgl. Büchner 2003). Das bestätigen auch nationale und internationale Studien wie TIMSS und PISA: Insbesondere in den PISA-Studien konnte nachgewiesen werden, dass das kulturelle Kapital und die kulturellen Praktiken innerhalb der Familie sowie deren Bildungsorientierungen einen zentralen Stellenwert für die Leistungsentwicklung der Schülern besitzen (vgl. Prenzel u. a. 2004, 2005). Die hohe Bedeutsamkeit der Familie für die Fähigkeitsentwicklung von Heranwachsenden zeigt sich auch in einer amerikanischen Längsschnittstudie bei Grundschulkindern: Während Kinder aus den oberen Schichten ihre Fähigkeiten auch während der Schulferien steigern konnten, ist das Fähigkeitsniveau bei Kindern aus eher bildungsfernen und unteren sozialen Lagen gesunken. Dies verweist darauf, dass der Schule durchaus eine soziale Unterschiede mindernde Bedeutung zukommen kann (vgl. Enwisle/Alexander/Olsen 1997). Insgesamt weisen die Studien zum Zusammenhang von Bildungserfolg, sozialer Lage und Familie darauf hin, dass die Entstehung von Bildungserfolg bzw. -misserfolg in den komplexen Zusammenhängen von sozialer Lage, Milieu, Ethnie, Geschlecht, den kulturellen Praktiken der Familie und den damit einhergehenden primären und aus dem schulischen Entscheidungsverhalten resultierenden sekundären Effekten begründet ist. Gerade deswegen wären Einzelfallstudien zu diesen Konstellationen zwischen Familie, Schule und Bildungslaufbahn besonders bedeutsam (vgl. Hummrich 2002).

Bohrhardt (2000) fragt, ob die These, dass der Bildungserfolg von Kindern und Jugendlichen von der Struktur der Herkunftsfamilie (z. B. Scheidungskinder) abhängig ist, heute noch Bestand hat. Er stellt auf der Grundlage deutscher und amerikanischer Umfragedaten fest, dass dieser weniger von den Strukturveränderungen der Familie abhängt, sondern maßgeblich von den sozialen und politischen Rahmenbedingungen, unter denen sich die Veränderungen der Familie vollziehen, beeinflusst wird (vgl. Bohrhardt 2000). Zwar wird innerhalb der theoretischen Konstrukte und der empirischen Forschung mit der Variable „diskontinuierliche Elternschaft" operiert, aber ihre Definition und Wirkung auf der interaktiven und einzelfallspezifischen Ebene wird vernachlässigt. Die vorliegenden Untersuchungen können damit zwar einen Zusammenhang zwischen Bildungserfolg und veränderten Familienstrukturen, etwa durch Scheidung, konstatieren, sie können aber nicht die ursächlichen Bedingungen dafür empirisch begründen. Um diese Leerstelle zu füllen, so Bohrhardt, müsse die Aufmerksamkeit auf die Familienstruktur im sozio-historischen Kontext sozialer, ökonomischer und kultureller Ressourcen gerichtet werden. Auch die Ergebnisse der PISA-Studie haben gezeigt, dass die These von der hohen Bedeutung der Familienstruktur für erfolgreiche Bildung zu relativieren ist: Zwar zeigt sich in der Mehrheit der untersuchten Länder ein Zusammenhang dahingehend, dass Kinder von allein Erziehenden schlechtere Leseleistungen erzielen. Für einen Teil der Länder, auch für Deutschland, kann dies nicht nachgewiesen werden. „Wenn Schulform und Sozialschicht kontrolliert werden, weisen Kinder von allein Erziehenden genauso gute Schulleistungen auf wie Kinder aus ‚vollständigen' Familien" (Tillmann/Meier 2001, S. 481). Auch Schlemmer (2004) verweist in ihrer Studie auf den Zusammenhang von Familienstruktur und Bildungskarriere mit dem Hinweis auf die Relevanz von Milieubezug und Schichtzugehörigkeit. Um zu detaillierteren Aussagen zu Familienstruktur und Bildungserfolg zu gelangen, wären Studien von Bedeutung, die den Einzelfall in den Blick nehmen (vgl. Nittel 1992; Böhme 2000; Kramer/Helsper 2000).

Zusammenfassend kann festgestellt werden, dass die vorliegenden Studien zum Verhältnis von Familie, Schule und Bildung zwar die Relevanz der familialen Sozialisationserfahrungen für den Bildungserfolg oder -misserfolg von Kindern und Jugendlichen verdeutlichen, aber zugleich immer in einem familienübergreifenden kulturellen und sozialen Kontext von Milieus und darin wiederum spezifisch ausgeformten Familienbeziehungen gesehen werden müssen (vgl. Grundmann u. a. 2004; Vester 2004). Damit haben die Thesen von Jencks oder auch Bourdieu zur Verortung von Bildung im sozialen Raum Bestand, sie müssen aber dahingehend differenziert werden, dass die Einflüsse anderer Sozialisationsinstanzen – der Peers, der schulischen Mikroprozesse (vgl. Mehan 1996, Pollard/Filler 1999, Filler/Pollard 2000, Kalthoff 2004), der Eltern-Kind-Interaktionen und elterlichen Bildungsaspirationen – noch stärker in die empirische Forschung einbezogen werden.

3.2 Familiäre Erziehungshaltungen – ihre Bedeutung für die schulische Lage von Kindern und Jugendlichen

Welche Relevanz kommt nun – im Unterschied zur sozialen Lage – den familiären Interaktionen und hier insbesondere den Erziehungshaltungen der Eltern für die schulische Situation und Befindlichkeit ihrer Kinder zu? Obwohl auf den ersten Blick der direkte Einfluss von Schule und Lehrern für die im engeren Sinne schulbezogene Situation von Kindern und Jugendlichen relevanter erscheinen könnte, zeigt sich in den vorliegenden empirischen Studien doch die große Bedeutung der familiären Sozialisation für die schulische Situation von Heranwachsenden (vgl. als Überblick Pekrun 2001).

In der Entwicklung der letzten Jahrzehnte haben sich die Bildungsaspirationen von Eltern, also die Erwartungen, die sie hinsichtlich der Schulabschlüsse ihrer Kinder hegen, im Zuge der Bildungsexpansion deutlich erhöht. So hat der Hauptschulabschluss bei Eltern mit Grundschulkindern im Jahr 2004 nahezu keine Relevanz mehr. Unterschiede in den elterlichen Bildungsaspirationen zeigen sich vor allem zwischen Eltern mit unterschiedlichem Bildungsabschluss: Westdeutsche Grundschuleltern mit Fachhochschul- oder Hochschulreife sehen mit 86 % für ihre Kinder nahezu ausschließlich das Abitur vor, gegenüber lediglich 31 % der Eltern mit Hauptschulabschluss (IFS 2004, S. 21f.). Diese deutlichen

Zusammenhänge der Bildungsaspirationen mit Schicht, Bildungsmilieu und familiärem Bildungshintergrund zeigen sich auch in anderen Studien (vgl. Meulemann 1985; Merkens/Wessel 2002), die auch belegen, dass die Bildungsaspirationen eine große eigenständige Bedeutung für die Schullaufbahn von Kindern erhalten. Festzuhalten bleibt allerdings eine Diskrepanz zwischen Bildungsambitionen und den realen Schulabschlüssen, da lediglich ein knappes Drittel der Heranwachsenden das Gymnasium besucht und ebenfalls deutlich mehr Heranwachsende einen Hauptschulabschluss erwerben, als dies von Eltern gewünscht wird. Ein relevanter Teil von Eltern wird also hinsichtlich der Schulabschlusswünsche für ihre Kinder – die in der Tendenz eher höher als die Lehrerempfehlungen liegen – enttäuscht (vgl. auch Ditton 1992, S. 127ff.).

Welche Bedeutung besitzen nun die Bildungsaspirationen der Eltern für die schulische Situation ihrer Kinder? Meulemann (1985, S. 257f.) wies – allerdings anhand einer reinen Gymnasialstichprobe – darauf hin, dass die Bildungsaspirationen der Schüler deutlich mit den Bildungsaspirationen ihrer Eltern zusammenhängen. Dieses Ergebnis wird auch in anderen Studien bestätigt, die auch belegen, dass die elterlichen Bildungsaspirationen auch unabhängig von der sozialen Schicht eine zentrale Bedeutung für die Schulabschlusswünsche der Kinder besitzen (vgl. Christenson/Rounds/Gorney 1992; Fan 2001; Jodl u. a. 2001; Stöber 2003). Je höher die Bildungsaspirationen der Eltern sind, die auch innerhalb von Sozialschichten und sozialen Lagen deutlich schwanken können, umso höher sind in der Tendenz auch die Bildungswünsche, die Kinder äußern. Allerdings zeigen sich für die Bedeutsamkeit der elterlichen Bildungsaspirationen je nach sozialer Lage und insbesondere Bildungsmilieu Unterschiede. In der Tendenz gilt, dass Eltern umso eher an hohen Bildungszielen für ihre Kinder festhalten, auch wenn die Laufbahnempfehlungen der Lehrer am Ende der Grundschulzeit darunter liegen, je höher ihre Bildungsambitionen sind und je höher ihr eigener Bildungsabschluss ist (vgl. Ditton 1992; Mahr-George 1999; Becker 2000). Dabei sind die Schullaufbahnempfehlungen der Lehrer stärker an den Schulleistungen orientiert, während aufseiten der Eltern die soziale Lage und der eigene Bildungshintergrund für die Schulabschlusswünsche bedeutsamer werden. Allerdings stellt Ditton (1992) einen deutlichen „Sozialbonus" der Lehrer für Kinder aus der oberen Sozialgruppe fest: Während bei einem Notendurchschnitt bis 2,2 fast 74 % der Kinder aus der Unterschicht und demgegenüber 89,4 % aus der Oberschicht eine gymnasiale Lehrerempfehlung erhalten, wird diese Diskrepanz vor allem im mittleren Notenbereich (2,2 bis 2,9) besonders relevant. Hier erhalten 38,3 % der Kinder aus der Unterschicht gegenüber 6,7 % der Kinder aus der oberen Sozialschicht eine Hauptschulempfehlung, während dies bei den Gymnasialempfehlungen mit 10,5 zu 40 % genau umgekehrt ist. Nach Ditton (1992, S. 132f.) beruhen diese Diskrepanzen im Lehrerurteil darauf, dass Lehrer die größeren Ressourcen zur Sicherung des Schulerfolgs und die größeren Widerstände gegen niedrigere Schulzuweisungen bei Eltern aus der oberen Sozialschicht antizipieren (vgl. Ditton 1992, S. 130f.). Die elterlichen Bildungsaspirationen sind also erstens eng mit dem sozialen Status der Familie, insbesondere mit der Bildungsnähe des Familienmilieus verwoben. Zweitens besitzen sie einen entscheidenden Einfluss auf Bildungsentscheidungen und Bildungslaufbahnen von Kindern und Jugendlichen. Und drittens beeinflussen sie erheblich die Bildungsambitionen aufseiten der Heranwachsenden selbst.

Welche Bedeutung besitzt die Familie nun für die schulische Motivation, die Lernfreude oder -verdrossenheit Heranwachsender? Insgesamt ist festzuhalten, dass nach einem Anstieg der Lernfreude in der ersten Klasse im Laufe der Grundschulzeit die Lern- und Schulfreude deutlich abnimmt, ein Trend, der sich auch in der Sekundarstufe fortsetzt und in einem besonders deutlichen Einbruch zwischen der sechsten und der achten Klasse zum Ausdruck kommt (vgl. Helmke 1997; Fend 1997, 2000). Wenn dies auch ein Effekt zu sein scheint, der insgesamt mit adoleszenzspezifischen Entwicklungsverläufen und einer altersspezifischen Relativierung der Schule, die zunehmend Konkurrenz durch Peers und Jugendkultur erhält, einher geht, so zeigen sich doch länderspezifische Unterschiede sowie Einflüsse des Schul- und Klassenklimas (vgl. Fend 2000, S. 360ff.). Die Lernfreude ist höher bei einem verständlichen, gut strukturierten Unterricht, einem guten sozialen Klima in Schule und Klasse, der Gewährung von Selbstständigkeit und Eigenaktivität der Schülerinnen und Schüler sowie einem abwechslungsreichen Unterricht. Neben diesen schulischen Rahmenbedingungen spielen aber auch familiäre Konstellationen, wie etwa eine positive Beziehung zu den Eltern bzw. ein anregendes kulturelles Familienmilieu eine bedeutsame Rolle für die Erhaltung der Lernfreude. Insgesamt kommen die wenigen Studien zum Zusammenhang von elterlichen Haltungen und kindlich-jugendlicher schulischer Motivation zum Ergebnis, dass die elterliche Orientierung an der Selbständigkeit ihrer Kinder eine intrinsische Lernmotivation stützt, während starke elterliche Kontrolle und Straforientierung eher zu Belastungen der Motivation führt (vgl. Ginsburg/Bronstein 1993). Von Bedeutung ist ebenfalls die emotionale Unterstützung durch die Eltern für die Stabilisierung der schulischen Motivation (vgl. Eccles/Wigfield/Schiefele 1998; Gray/Steinberg 1999).

Insgesamt wird den elterlichen Erziehungshaltungen, insbesondere der Orientierung an der Autonomie des Kindes im Zusammenhang mit einer kulturell anregungsreichen Familienatmosphäre eine große Bedeutung für die Entwicklung von Selbstkonzepten der eigenen Fähigkeit (vgl. Pekrun 2001) sowie für die Förderung der schulischen Kompetenzentwicklung zugesprochen (vgl. Baumert/Schümer 2002; Baumert/Watermann/Schümer 2003). Entsprechend wird auf die Relevanz früher sozialer Erfahrungen in der Familie, etwa unterstützendes Verhalten, intellektuelle Anregung des Kindes, Einfühlungsvermögen und elterliches Engagement verwiesen (vgl. Trudewind/Wegge 1989). Auch wenn die Schulleistung ein Ergebnis vielfältiger interaktiver, personeller und familiärer Einflüsse darstellt (vgl. Helmke/Weinert 1997), ist die Bedeutung der familiären Sozialisation für die Schulleistung der Kinder unstrittig.

Allerdings gibt es auch elterliche Anspruchshaltungen, Bildungsambitionen und schulbezogene Aktivitäten, die für Heranwachsende zu einer erheblichen Belastung führen können. Jugendliche die versagen, vor allem dann, wenn es sich um länger dauernde Misserfolgslaufbahnen handelt, weisen erhebliche Belastungen auf, wie etwa Selbstzweifel und geringes Selbstwertgefühl, Zukunftsunsicherheit, erhöhte psychosomatische und Suchtbelastung. Besonders deutlich wird dies wiederum bei Schülern, die deutlich unter den elterlichen Bildungserwartungen zurück bleiben, was zugleich mit einer Belastung der Eltern-Kind-Beziehungen einhergeht (vgl. Nordlohne 1992; Holler-Nowitzki 1994; zusammenfassend Tupaika 2003). Allerdings gilt es zu differenzieren: Jugendliche etwa, die trotz guter Schulleistungen ein negatives Selbstwertgefühl haben, erhalten wenig Anerkennung und Unterstützung vonseiten der Eltern, neben ihrer Marginalisierung bei den Peers. Jugendliche, die trotz schlechter Schulleistungen ein positives Selbstwertgefühl haben, sind positiv in Peerzusammenhänge eingebunden und weisen eine eher positive Beziehung zu den Eltern auf (vgl. Fend 1997).

Fend (1997, S. 281) verweist zudem darauf, dass die Gruppe jener Schüler, deren Eltern das Abitur besitzen, die selbst aber kein Gymnasium besuchen bzw. dort gescheitert sind, die „stärksten Einbrüche in der Selbstkonzeptentwicklung“ zeigen (ebd., S. 281). Es entstehen Selbstwertprobleme, ein negatives Leistungsverhalten, eine hohe Schuldistanz, ein Rückgang des Wohlbefindens in der Schule sowie hohe somatische Belastungen (ebd.). Diese Konstellation kann exemplarisch anhand einer Fallstudie verdeutlicht werden, in der instrumentelle, wenig unterstützende und inkonsistente Eltern-Kind-Beziehungen zugleich mit höchsten Leistungserwartungen („Wunderknabe") verknüpft sind, woraus sich am Beginn der Adoleszenz eine manifeste Krisensituation ergibt, die zum „Abstieg" vom „Elitegymnasiasten" zum Hauptschüler führt (vgl. Combe/Helsper 1994; S. 107ff.). In der Folge zeigt sich ein weiterer Zerfall der Anerkennungsbeziehungen zwischen Eltern und Jugendlichem sowie eine Zuspitzung der psychosozialen Adoleszenzkrise in Form tiefer Verunsicherung, fundamentaler Selbstzweifel und Selbstwertprobleme, hoher Suchtbelastung sowie der Suche nach Halt in schuldistanzierten Peerkontexten (vgl. auch Schmeiser 2003).

Insbesondere qualitative Studien und hier wiederum insbesondere Studien zur Schülerbiografie (vgl. Nittel 1992; Hummrich 2002; Kramer/Helsper 2000; Kramer 2002; Wiezorek 2005), können die Involvierung der Familie in den Verlauf der Bildungskarrieren erhellen. Sie verdeutlichen die hohe Bedeutsamkeit der Eltern-Kind-Beziehungen und deren Veränderungen von der Kindheit zur Adoleszenz für den Verlauf der schulischen Bildungsbiografie. Aus einem schwierigen Übergang von der Familie zur Schule (vgl. Stöckli 1989), aus hohen, enttäuschungsanfälligen Erwartungen an die Schulleistungen sowie einem schon in den ersten Schuljahren beginnenden Zusammenspiel von Lehrerurteilen und Familienbildern im Sinne von Stigmatisierungen können Anerkennungs- und Passungsprobleme dem primären familiären und dem schulisch geforderten sekundären Habitus resultieren (vgl. Kramer 2002). In einer generationellen Perspektive wird deutlich, dass Eltern Bildungswünsche nach Statuserhalt oder sozialem Aufstieg, die eng mit der eigenen Biografie, teilweise in einer Drei-Generationen-Perspektive, verwoben sind, auf ihre Kinder richten. Dabei kommt – je nach Geschlecht, Milieu und sozialer Lage verschieden – Vater oder Mutter eine unterschiedlich große Relevanz in dieser „Bildungsdelegation" zu (vgl. Ditton 1992; Fend 1997; Ecarius 2002; Hummrich 2002).

2.3 Familiäre Schularbeit: Hausaufgaben, Nachhilfe, Schule als Gesprächsstoff und Konflikt in der Familie

Tyrell (1987) hat in einer provokanten These behauptet, dass die Interpenetrationskraft der Schule gegenüber der Familie historisch angewachsen sei und die Schule eine Vormachtstellung gegenüber der Familie besitze (vgl. auch Pekrun 1997). So habe die Familie einerseits verstärkt Stützungsleistungen gegenüber der Schule zu erbringen und andererseits würden die Anforderungen an die Eltern wachsen, in die schulische Bildung ihrer Kinder zu „investieren", sie zu unterstützen und zu flankieren. Dies kann in zwei polaren Formen eine problematische Gestalt annehmen: Erstens kann die Familie, wie Tyrell formuliert, sich zu sehr an die Schule anpassen und damit zum „verlängerten Arm der Schule" werden (Nittel 1992, S. 355ff.), sodass die Schulleistungen die emotionalen Familienbeziehungen belasten. Zweitens kann das Problem entstehen, dass Eltern ihre Kinder bei deren schulischen Bildungsbemühungen nicht unterstützen und sogar die Bildungsambitionen von Kindern behindern. Was wissen wir nun über die familiäre Belastung durch Schule und die schulische Familienarbeit?

Diese elterlichen Unterstützungsleistungen betreffen vor allem die Begleitung und Betreuung der Hausaufgaben, also die direkte Fortsetzung des schulischen Lernens in der Familie. Hier stehen sich unterschiedliche Auffassungen gegenüber: Einerseits eine deutliche Kritik an den Hausaufgaben, die als wenig effektiv, Anlass für familiären Streit und Delegation eigentlich schulischer Aufgaben an die Familie erscheinen; andererseits gelten Hausaufgaben als unabdingbar für die Übung des schulisch Gelernten und erfreuen sich einer hohen Zustimmung bei Lehrern, Eltern und Schülern (vgl. Nilshon 2001).

Im internationalen Vergleich zeigt sich, dass die Investition der Familie in die Betreuung des Kindes beim schulischen Lernen relevant für schulische Leistungen ist (vgl. etwa Schümer 1998). Allerdings ist die Forschungslage nicht eindeutig: Während eine Reihe von Studien darauf verweist, dass von Hausaufgaben keine systematischen Effekte auf schulische Leistungen ausgehen, belegen andere Studien, dass kontinuierliche Hausaufgaben mit positiver Leistungsentwicklung im schulischen Bereich einher gehen, aber die Länge der Hausaufgabenzeit nicht in einem linearen Zusammenhang zur schulischen Leistung steht (vgl. Trautwein/Köller/Baumert 2001).

Besonders interessant sind Studien, die unterschiedlichen Formen der elterlichen Unterstützung bei den Hausaufgaben nachgehen: In einer Längsschnittstudie an Grundschülern zeigt sich, dass starke Instruktions- und Kontrollhaltungen der Eltern bei der Hausaufgabenbegleitung mit schwächeren Schulleistungen einher gehen, während eine anregende Haltung der gemeinsamen Beschäftigung mit kulturellen Gütern und entsprechende Einbettungen der Hausaufgabenbetreuung mit besseren Schulleistungen korrespondiert (vgl. Trudewind/Wegge 1989). Helmke u. a. bestätigen diese Ergebnisse, indem sie eine prozessorientierte Haltung, die mit einer positiven Leistungsentwicklung korreliert, von einer an Überprüfung und Kontrolle interessierten „produktorientierten" Haltung von Eltern im Umgang mit Hausaufgaben unterscheiden (vgl. Renshaw/Gardner 1990). Auch Trautwein, Köller und Baumert (2001) bestätigen, dass eine deutliche Hausaufgabenfremdkontrolle durch Eltern mit einem niedrigeren Wissenszuwachs einher gehen kann (vgl. auch Hokuda/Fincham 1995).

Das Ausmaß der Hausaufgaben ist dabei keineswegs gering, auch wenn die Daten der PISA-Studie im internationalen Vergleich ergeben, dass die Hausaufgabenbelastung der deutschen Schüler etwa im mittleren Bereich der OECD-Staaten liegt. Für die wöchentliche Hausaufgabenzeit in Deutsch, Mathematik und den Naturwissenschaften geben die deutschen Schüler im Durchschnitt vier bis fünf Stunden an (vgl. Schümer 2001, S. 419). Drei Viertel der Schüler geben an, dass der zeitliche Aufwand für Mathematikhausaufgaben bei bis zu einer halben Stunde täglich liegt (vgl. Trautwein/Köller/Baumert 2001). Insgesamt ist also die zeitliche Belastung durch Hausaufgaben im familiären Raum durchaus hoch, wenn auch mit deutlich Unterschieden zwischen den Schulformen. Auch das Ausmaß der elterlichen Unterstützung bei den Hausaufgaben – im Übrigen immer noch eine Domäne der Mütter – ist erheblich: Im Grundschulbereich erledigen weniger als 10 % der Schüler ihre Hausaufgaben ohne elterliche Beteiligung, wobei aber nur ca. 21 % angeben, dass die Hausaufgaben immer mit den Eltern erledigt würden (vgl. Wild/Remy 2001). Allerdings weisen neuere Studien darauf hin, dass gemessen an der Förderung selbstregulierten Lernens bei Drittklässlern für Mathematik und bei Siebtklässlern für Chemie in ca. 84 % bzw. 87 % der Hausaufgabenbetreuungen keine zufriedenstellende Förderung vorliegt (vgl. Exeler/Wild 2003). Eine Studie in den USA kommt auf zwei Drittel wenig förderlicher Formen der elterlichen Hausaufgabenbetreuung (vgl. Cooper/Lindsay/Nye 2000).

Eine zweite wesentliche Unterstützungsleistung, die durch die Familie erfolgt, ist die Organisation und Finanzierung von Nachhilfe. Auch hier liegen Zahlen im internationalen Vergleich vor: Dabei liegt Deutschland in der Intensität des regelmäßig erhaltenen Ergänzungs- bzw. Nachhilfeunterrichts (erhoben für die Landessprache, Mathematik und Naturwissenschaften) mit 17,1 % aller Schüler unterhalb des OECD-Durchschnitts von 20,5 % (vgl. Schümer 2001, S. 417). Länder wie Japan mit 69,1 %, Korea mit 60,5 %, aber auch die osteuropäischen Staaten wie etwa Ungarn mit 44,1 % oder Polen mit 37,9 % liegen hier an der Spitze (vgl. ebd.; Schümer 1998), während etwa Finnland mit 2,4 % oder Schweden mit 3,3 % deutlich niedrigere Werte aufweisen als Deutschland. Andere Studien, die Nachhilfeunterricht über alle Fächer hinweg ermitteln und für die gesamte Schulzeit in den Blick nehmen, kommen für Deutschland allerdings zu höheren Werten: ca. ein Drittel der Schüler bekommt im Laufe der Schulzeit Nachhilfe, wobei der Anteil der Gymnasiasten mit Werten zwischen einem Drittel bis ca. 50 % höher liegt als für Haupt- oder Realschüler. Kinder aus bildungsfernen Milieus nehmen Nachhilfe weniger in Anspruch, was mit finanziellen Ressourcen aber auch mit der Distanz von Elternhäusern gegenüber schulischer Bildung zusammenhängen dürfte (vgl. Langemeyer-Krohn/ Krohne 1987; Deutsche Shell 2002).

Was Nachhilfeunterricht direkt für die familialen Beziehungen bedeutet, ob er eher die Familie von Schularbeit entlastet oder aber auch Ausdruck der Anspannung und Belastung der Familie durch die Schule ist, dazu liegen bislang nur wenige Forschungsergebnisse vor. In einer neueren Studie ermittelt Rudolph (2002), dass immerhin ca. ein Drittel der Eltern die Kosten der Nachhilfe als große bis sehr große Belastung empfinden. Wenn von den Eltern als Gründe für Nachhilfeunterricht mit jeweils ca. 50 % das Schließen von Wissenslücken und die Sicherung von Schulabschlüssen bzw. der Versetzung angegeben wird und zu gut einem Drittel auch Nachhilfe erfolgt, ohne dass eine aktuelle Gefährdung der Schullaufbahn vorliegt bzw. es auch zu Nachhilfe als Dauereinrichtung kommt, so lassen sich diese Ergebnisse dahingehend interpretieren, dass zumindest bei einem Teil der Eltern Nachhilfeunterricht mit hohen schulischen Erwartungen und Leistungsdruck einhergehen kann. Diese Vermutung wird durch Ergebnisse von Hurrelmann und Engel (1993) gestützt, die verdeutlichen können, dass Nachhilfeunterricht dann den Belastungsgrad von Jugendlichen erhöht, wenn keine akuten Schulprobleme vorliegen bzw. akute Versetzungsprobleme bestehen. Zudem wird dann Nachhilfeunterricht in extensiver Form erteilt, wenn „Distanzeffekte" zwischen familiärem Hintergrund und Schulsituation vorliegen, also wenn Kinder mit hohem familiärem Bildungshintergrund scheiternde Bildungslaufbahnen aufweisen bzw. wenn Schüler mit geringem familiärem Bildungsniveau das Gymnasium besuchen (vgl. Hurrelmann/Engel 1993, S. 140ff.).

Neben der häuslichen Schularbeit und der familial initiierten Nachhilfe ragen aber auch die Schulerfahrungen der Kinder als Thema in die Familie hinein. Qualitative Studien verweisen etwa darauf, dass in den Familienritualen des gemeinsamen Abendessens die Schulerfahrungen der Kinder als Thema besonders bedeutsam sind. Auch Fend (1998, S. 105) bestätigt in seiner Längsschnittstudie an 13- bis 16-jährigen Jugendlichen, dass die Schule zwischen Kindern und ihren Eltern das Gesprächsthema Nr. 1 ist. Die Schule wird nicht selten auch zum Konfliktstoff in der Eltern-Kind-Beziehung: So ermittelt Schmidtchen in einer Studie bei Jugendlichen, dass 25 % der Jugendlichen über Konflikte mit den Eltern wegen Schwierigkeiten in der Schule und beim Lernen berichten. Zwar rangieren Konflikte wegen jugendlicher Verselbstständigung, Geld, Freunden und Stilfragen mit 39 bis 26 % noch davor, aber im Zusammenhang mit 11 % der Jugendlichen, die über Konflikte mit den Eltern wegen einer nicht bestandenen Prüfung klagen, muss die Schule als ein zentraler Streit- und Konfliktpunkt zwischen Eltern und Kindern eingeschätzt werden (vgl. Schmidtchen 1992, S. 102ff.). Zu ähnlichen Ergebnissen kommt auch die Längsschnittstudie von Engel und Hurrelmann (1993, S. 80f.): Konflikte wegen Schulleistungen mit den Eltern rangieren hier auf Platz drei bzw. vier, je nach dem, ob es sich um Konflikte von Jungen oder Mädchen mit Vater oder Mutter handelt. Nach Fend betreffen derartige Konflikte Jungen aber deutlicher als Mädchen und die Eltern nehmen Konflikte aufgrund schulischer Leistungen stärker wahr als ihre Kinder. Die schulischen Leistungsanforderungen im Horizont einer wettbewerbs- und leistungsorientierten Lebensführung sind für die Eltern damit ein zentraler Kern familiären Konflikts (vgl. Fend 1997, S. 122ff.), ohne dass damit die Konflikthaftigkeit und der Dissens zwischen Eltern und ihren Kindern dramatisiert werden darf.

3.4 Elternpartizipation und Kooperation zwischen Eltern und Lehrern – Ansprüche von Eltern und Haltungen der Lehrer

Wenn die Eltern somit erhebliche „Schularbeit" zu verrichten haben und die Schule tief in die Familie hineinwirkt, so bleibt zu fragen, welche Möglichkeiten die Eltern besitzen, Einfluss auf die Schule zu nehmen. Elternpartizipation ist dabei unter drei Perspektiven zu betrachten: Erstens kann sie in einer historischen Perspektive als Ausweitung von Elternrechten diskutiert werden (vgl. Avenarius 2002). Zweitens kann sie unter schulorganisatorischer Perspektive diskutiert werden, wobei die Frage nach den Möglichkeiten von Elternpartizipation in den Mittelpunkt rückt. Drittens kann gefragt werden, wie Eltern und Lehrer eine stärkere Partizipation von Eltern einschätzen und wie die Kooperation zwischen Familie und Schule ausgestaltet ist.

Diagnosen zur Partizipation von Eltern kommen zum Ergebnis, dass sich seit den 1970er Jahren das besondere Gewaltverhältnis der Schule relativiert hat und die Partizipationsrechte von Eltern gestärkt wurden. Dies resultiert aus der Einrichtung von Schulgremien wie etwa der Schul- oder Gesamtkonferenz, in die Eltern eingebunden und auch stimmberechtigt sind. Allerdings ist die rechtliche Stellung von Eltern in Deutschland im Vergleich zu anderen Ländern als bescheiden einzustufen (vgl. Avenarius 2002; Bildungsbericht 2003).

Auch wenn die Klage erfolgt, dass Eltern sich zunehmend in schulische Belange einmischen, Druck auf Lehrer ausüben und Eltern zunehmend Rechtsmittel gegen schulische Entscheidungen einlegen, darf dies nicht darüber hinweg täuschen, dass Eltern gegenüber der Schule in einer schwächeren Position sind (vgl. Pekrun 2001). Die Kontakte zwischen Lehrern und Eltern beschränken sich zumeist auf Elternabende und Elternsprechtage, während Hausbesuche, längere Gespräche oder Elternberatung, also zeitintensive und unterstützende Formen der Elternarbeit, eher selten sind (vgl. Melzer 1987; Krumm 2001; Wild 2003). Eine Schülerbefragung kann verdeutlichen (vgl. Kanders/Rösner/Rolff 1996, S. 70), dass häufig noch nicht einmal die Kontaktdichte der angebotenen Elternsprechtage zu Stande kommt. Zudem erfolgt die Kommunikation zwischen Lehrern und Eltern häufig nur dann, wenn sich Konflikte anbahnen bzw. Schulprobleme entstehen. Besondere Erschwernisse in der Kommunikation zwischen Eltern und Lehrern ergeben sich vor allem für die unteren sozialen Lagen und bildungsferne Milieus, für die eine große Distanz zwischen Eltern und Lehrern besteht (vgl. Melzer 1987), während insbesondere stark bildungsambitionierte Eltern eher Kontakte zu Lehrern suchen. Ditton (1992, S. 143ff; 1995, S. 109f.) verweist aber darauf, dass es die Eltern der Oberschicht sind, für die eher eine Distanz gegenüber Lehrern charakteristisch ist, so dass ein stärkerer Kontakt zwischen diesen Eltern und den Lehrern eher ein Hinweis auf Problemkonstellationen ist. Jene Grundschüler aus Oberschichtfamilien, deren Eltern keinen Kontakt zu Lehrern aufnehmen, gehen zu 100 % auf das Gymnasium über. Für Oberschicht-eltern scheint also die Abschottung der Familie gegenüber der Schule ein Teil des Bildungserfolgs für ihre Kinder zu sein. Dies zeigt, dass fehlender Kontakt zwischen Eltern und Lehrern je nach sozialer Lage für den Bildungserfolg von Kindern eine unterschiedliche Bedeutung besitzt.

Die Bereitschaft der Lehrer, die Partizipation von Eltern zu akzeptieren, ist ambivalent einzuschätzen. Lehrer scheinen auf einer allgemeinen Ebene der Beteiligung von Eltern zwar positiv gegenüber zu stehen. Aber damit ist wohl eher „Mitverantwortung als Mitbestimmung" (Kanders/Rösner/Rolff 1996, S. 86) gemeint: So stimmen zwar ca. 80 % der Lehrer der Aussage zu, dass Eltern stärker in die Arbeit der Schule einbezogen werden sollten, aber nur noch 42 % der Sekundarschullehrer und 36 Prozent der Grundschullehrer stimmen der Äußerung zu, dass die Mitbestimmungsmöglichkeiten für Eltern ausgeweitet werden sollten. Und wiederum 50 bis 60 Prozent der Lehrer meinen, dass Eltern lediglich egoistisch das Interesse ihres Kindes im Auge hätten und daher der Elterneinfluss nicht ausgeweitet werden sollte. Diese Ergebnisse verweisen darauf, dass die Kooperation zwischen Familie und Schule belastet und nur unzureichend entwickelt ist. Dabei darf aber nicht übersehen werden, dass ein verstärkter Austausch zwischen Eltern und Lehrern für Schüler auch ambivalent sein kann, weil dadurch auch die Kontrollmöglichkeiten ihnen gegenüber ausgeweitet werden können.

3.5 Das Verhältnis von Familie und Schule in interkultureller Perspektive

Wie in historischer Perspektive und in interkulturellen Studien deutlich wird, kann das Verhältnis von Familie und Schule unterschiedliche Konstellationen annehmen: Große Distanz und Machtasymmetrie, konflikthafte Konkurrenz zwischen Schule und Familie um das Kind oder Kooperation und Nähe sind die idealtypischen Ausprägungen dieses Verhältnisses. Derartige Konstellationen – die sich im Übrigen in unterschiedlichen Schulkulturen auch innerhalb Deutschlands finden (vgl. Helsper u. a. 2001; Hummrich/Helsper 2004) – sollen exemplarisch für Ost- und Westdeutschland sowie für Deutschland und Japan skizziert werden (für andere Kulturen vgl. etwa Bosse 1994).

Japan weist gegenüber Deutschland deutliche Unterschiede im Verhältnis von Bildungssystem und Familie auf. So ist die japanische Schule als Ganztagsschule ausgerichtet, in der alle Schüler bis zur neunten Klasse einheitlich unterrichtet werden. Um ihre Leistungen in der Schule zu steigern oder zu stabilisieren, besuchen etwa 70 % aller Schüler der Klassen sieben bis neun nach Schulschluss private Bildungseinrichtungen, so genannte jukus (vgl. Kitamura 1991, S. 162ff.). In der neunten Klasse finden Beratungsgespräche und Eingangsprüfungen für die dreijährige Oberschule statt, welche den weiteren Bildungserfolg und Lebensweg der Jugendlichen maßgeblich beeinflussen, da sie den Zugang zu renommierten Hochschulen ermöglichen. Schubert (2002, S. 76) bemerkt diesbezüglich, „dass mit den Zugangsprüfungen zu den Oberschulen der jeweilige Jahrgang auf eine Weise aufgeteilt wird, die ziemlich zuverlässige Prognosen über die jeweiligen künftigen sozialen Schicksale erlaubt." Obwohl Japan gegenüber Deutschland deutlich geringere soziale

Diskrepanzen in der Bildungsbeteiligung und Fähigkeitsentwicklung aufweist, zeigt sich, dass auch im japanischen Bildungssystem mit seiner stark meritokratischen Ausrichtung soziale Ungleichheiten eine Rolle spielen können. So finden zwar mit der egalitären Pflichtschulbildung keine Selektionen der Schülern nach Leistung bis zur 9. Klasse statt, aber mit der Inanspruchnahme von privaten Bildungseinrichtungen, die von den finanziellen Ressourcen der Eltern abhängig ist, werden Selektionsmechanismen freigesetzt, die in den Aufnahmeprüfungen zur Oberschule und später zur Hochschule zum Tragen kommen. Neben der Wissensvermittlung nehmen japanische Schulen, stärker als in Deutschland, ihren Erziehungsauftrag wahr und stoßen dabei nicht nur auf große Akzeptanz durch die Eltern, sondern sie kommen damit den Erwartungen der Eltern an die Schule nach. Der zeitliche Aufwand für die außerunterrichtlichen, sozialen Aktivitäten ist fester Bestandteil in der Konzeption der Ganztagsschule. In einer quantitativen Studie von Toyama-Bialke (1998, S. 351) hat sich gezeigt, dass japanische Lehrer im Vergleich zu deutschen, viermal so viel Zeit im Rahmen außerunterrichtlicher Aktivitäten mit den Kindern und Jugendlichen verbringen. Diese intensive Beschäftigung außerhalb der schulischen Wissensvermittlung verfolgt unter anderem das vom Erziehungsministerium festgelegte Ziel, „Schüler zu Menschen zu erziehen, die der gesellschaftlichen und schulischen Vorstellung von korrekten zukünftigen Erwachsenen entsprechen" (Metzler 2001, S. 197). Damit ist die Forderung verbunden, den jungen Menschen allgemeine Tugenden wie Höflichkeit, Menschenliebe, Vertrauen, Rücksicht, Respekt, Verantwortungsbewusstsein, Interesse an der Gesellschaft oder die Liebe zum Land nahe zu bringen. Das Engagement der Lehrer fordert eine ständige Erreichbarkeit für Nachfragen der Eltern, sodass auch der private Bereich der Lehrer beansprucht wird. Hiermit scheint ein Idealkonstrukt für die Kooperation von Elternhaus und Schule geschaffen, das jedoch brüchig wird, sobald individuelle Probleme der Kinder und Jugendlichen in der Schule in den Vordergrund treten (vgl. ebd., S. 203f.). Die Erwartungen deutscher Eltern bezüglich der Schule unterscheiden sich hier grundlegend. Während für japanische Eltern die Erziehungsfunktion der Schule vor den Leistungsanforderungen rangiert und sie diese Erziehungsorientierung der Schule begrüßen, wäre es für deutsche Eltern ein Eingriff in ihre familiale Handlungsautonomie, wenn die Schule derart weitreichend in die Erziehung intervenieren würde.

Auch Ostdeutschland war – wenn auch in einem stark erziehungsstaatlich geprägten Sinn – durch eine stärkere Verbindung nicht nur von Schule und Familie, sondern auch eine starke Verbindung der Schule zum Wohnumfeld, zu den Betrieben und zur Freizeitgestaltung der Schüler gekennzeichnet. Die Schule war also insgesamt stärker mit anderen Lebensbereichen verbunden (vgl. Helsper u. a. 2001). Lehrer waren in einem umfassenden Sinne für Erziehung zuständig und zu engen Kontakten mit den Familien angehalten (Hausbesuche etc.). Diese unterschiedlich eingespielte Kontaktdichte zwischen Familie und Schule kommt – bei aller Skepsis der ostdeutschen Eltern gegenüber der ideologischen Überformung durch die Schule – darin zum Ausdruck, dass die Veränderungen des Schulsystems nach der Wende insgesamt eher skeptisch eingeschätzt werden und das neu eingeführte Schulsystem sich zunehmender Kritik ausgesetzt sah. Neben deutlichen Unterschieden in den Erziehungsvorstellungen, die bei ostdeutschen Eltern stärker in Richtung konventioneller Erziehungsorientierungen wie Gehorsam und Disziplin zeigen, kritisieren ostdeutsche Eltern an der neuen Schule auch das abnehmende Engagement der Lehrer für Erziehungsfragen, das abnehmende Engagement der Schule für Freizeitaktivitäten und fordern deutlicher als westdeutsche Eltern die Ganztagsschule (vgl. ebd.; Uhlendorff/Seidel 2001; Valtin/Rosenfeld 2002). Auch darin zeigen sich, als Ergebnis unterschiedlicher pädagogischer Kulturen im ehemals geteilten Deutschland, die auch durch die Transformation des Bildungssystems noch wirksam bleiben, unterschiedliche Erwartungen von Eltern an die Schule, insbesondere in Erziehungs- und familiären Unterstützungsfragen.

Mit diesen kurzen Hinweisen zu unterschiedlichen Verhältnisbestimmungen zwischen Schule und Familie wird deutlich, dass es unterschiedliche Formen der „Passung“ zwischen Schule und Familie, zwischen einem „primären, familialen“ und einem „sekundären, schulischen“ Habitus gibt. Je nachdem wie Schule und Familie strukturiert sind, wie die jeweiligen gegenseitigen Erwartungen eingespielt sind und wie diese ineinander greifen, kann es zu starken und harmonischen bzw. auch zu schwachen und widerspruchsvollen bzw. inkonsistenten oder gar antagonistischen Passungen kommen. Letztlich vermitteln sich diese Passungen immer auf der Ebene der jeweils konkreten Familie, des Schülers und der spezifischen Schule. Hier zeigen empirische Ergebnisse, dass je unvereinbarer die Lebensbereiche Schule und Familie für Kinder und Jugendliche ausgeformt sind, also je deutlicher eine antagonistische Passung besteht, desto eher für Schüler Schulprobleme, drohendes Versagen und insgesamt psychosoziale Belastungen vorliegen (vgl. Phelan/Davidson/Yu 1998). Letztlich findet die Passung von Schule und Familie ihren Ausdruck in „schulbiografischen Passungsverhältnissen“, in denen die Schüler sich mit der je konkreten Passung zwischen Familie und Schule im Rahmen unterschiedlicher Milieus und Kulturen auseinandersetzen und darin eine von ihnen biografisch ausgestaltete Passung gegenüber Schule und Familie gestalten (vgl. Kramer 2002; Kramer/Busse 2003).

4. Resümee: Forschungsdesiderate und Forschungsperspektiven

Festzuhalten bleibt, dass es zu einzelnen Aspekten des Verhältnisses von Familie und Schule inzwischen eine ausdifferenzierte Forschungslage gibt. Allerdings bestehen auch wesentliche Forschungsdesiderate und sind weiterführende Forschungsperspektiven erforderlich:

- Es müssten stärker Erhebungen sowohl in der Schule als auch in der Familie erfolgen. Derartige übergreifende Studien mit Bezug auf Bildungsverläufe sind bislang selten.
- Bislang gibt es kaum Studien, die familiäre und schulische Interaktionen rekonstruieren und damit auf der Ebene des interaktiven Handelns der Akteure angesiedelt sind. Von besonderer Bedeutung wären für derartige Studien auch die „intermediären“ Orte, an denen sich Schule und Familie durchdringen: Hausaufgabenbetreuung der Eltern, Familienbesuche der Lehrer, Elternsprechtage, Elterngesprächen und Elternabende.
- Insbesondere von Längsschnittstudien, die beide Lebensbereiche umspannen, wären weitere wichtige Aufklärungen über das prozesshafte Zusammenspiel von Schule und Familie und für die familiäre und schulische Situation von Kindern und Jugendlichen zu erwarten.
- Das Gleiche gilt für qualitative Rekonstruktionen zur Schülerbiografie, in denen sich die Durchdringung von Schule und Familie in der biografischen Entwicklung herausarbeiten lassen. Hier liegen nur wenige und nahezu ausschließlich Gymnasialstudien vor.
- Studien, die quantitative und qualitative Verfahren verbinden, um daraus Erkenntnisse über den Zusammenhang von Schule und Familie zu gewinnen, fehlen nahezu vollständig.

Literatur

Avenarius, H., 2002: Einführung in das Schulrecht. Neuwied.
Avenarius, H./Heckel, H., 72000: Schulrechtskunde. Neuwied.
Baumert, J./Schümer, G., 2002: Familiäre Lebensverhältnisse, Bildungsbeteiligung und Kompetenzerwerb im nationalen Vergleich. In: PISA 2000 – Die Länder der Bundesrepublik Deutschland im Vergleich. Opladen, S. 159-203.
Baumert, J./Watermann, R./Schümer, G., 2003: Disparitäten der Bildungsbeteiligung und des Kompetenzerwerbs: Ein institutionelles und psychologisches Mediationsmodell. In: Zeitschrift für Erziehungswissenschaft, 6. Jg., H. 1, S. 46-72.
Becker, R., 2000: Klassenlage und Bildungsentscheidungen: Eine empirische Anwendung der Wert-Erwartungstheorie. In: Kölner Zeitschrift für Soziologie und Sozialpsychologie, 52. Jg., H. 4, S. 450-474.
Blankertz, H., 1982: Die Geschichte der Pädagogik. Von der Aufklärung bis zur Gegenwart. Wetzlar, S. 13-29.
Böhme, J., 2000: Schulmythen und ihre imaginäre Verbürgung durch oppositionelle Schüler. Bad Heilbrunn.
Böhnisch, L., 2002: Familie und Bildung. In: Tippelt, R. (Hrsg.): Handbuch Bildungsforschung. Opladen, S. 283-291.
Bohrhardt, R., 2000: Familienstruktur und Bildungserfolg. Stimmen die alten Bilder? In: Zeitschrift für Erziehungswissenschaft, 3. Jg., H. 1, S. 189-208.
Bois-Reymond, M. du, 1998: Der Verhandlungshaushalt im Modernisierungsprozess. In: Büchner, P./Bois-Reymond, M. du/Ecarius, J./Fuhs, B./Krüger, H.-H. (Hrsg.): Teenie-Welten. Aufwachsen in drei europäischen Regionen. Opladen, S. 83-113.
Böllert, K./Otto, H.-U., 1993: Die neue Familie. Bielefeld.
Bosse, H., 1994: Der fremde Mann. Jugend, Männlichkeit, Macht. Eine Ethnoanalyse. Frankfurt am Main.
Bourdieu, P./Passeron, J.C., 1972: Theorie der symbolischen Gewalt. Frankfurt am Main.
Bourdieu, P., 1993: Ökonomisches Kapital, kulturelles Kapital, soziales Kapital. In: Kreckel, R. (Hrsg.): Soziale Ungleichheiten (Soziale Welt: Sonderband 2). Göttingen, S. 183-199.
Büchner, P., 1996: Das Kind als Schülerin oder Schüler. Über die gesellschaftliche Wahrnehmung der Kindheit als Schulkindheit und damit verbundene Forschungsprobleme. In: Zeiher, H./Büchner, P./Zinnecker, J. (Hrsg.): Kinder als Außenseiter? Weinheim/München, S. 157-189.
Büchner, P., 2003: Stichwort: Bildung und soziale Ungleichheit. In: Zeitschrift für Erziehungswissenschaft, 6. Jg., H. 1, S. 5-25.
Christenson, S.L./Rounds, T./Gorney, D., 1992: Family Factors and Student Achievement: An Avenue to Increase Students' Success. In: School Psychology Quarterly, 7. Jg., H. 2, S. 178-206.
Coleman, J.S., 1986: Die asymmetrische Gesellschaft. Weinheim/Basel.
Combe, A./Helsper, W./Stelmaszyk, B. (Hrsg.), 1999: Forum qualitative Schulforschung. Weinheim.
Combe, A./Helsper, W., 1994: Was geschieht im Klassenzimmer? Weinheim.
Cooper, H./Lindsay, J.J./Nye, B., 2000: Homework in the Home. How Student, Family and Perenting-style Differences Relate to the Homework Process. In: Contemporary Educational Psychology, 25. Jg., H. 4, S. 464-487.
Deutsche Shell (Hrsg.), 2002: Jugend 2002. 14. Shell Jugendstudie. Frankfurt am Main.
Ditton, H., 1992: Ungleichheit und Mobilität durch Bildung. Weinheim/München.
Dreeben, R., 1980: Was wir in der Schule lernen. Frankfurt am Main.
Ecarius, J., 2002: Familienerziehung im historischen Wandel. Eine qualitative Studie über Erziehung und Erziehungserfahrungen von drei Generationen. Opladen.
Eccles, J.S./Wigfield, A./Schiefele, U., 1998: Motivation to Succeed. In: Damon, W./Eisenberg, N. (Hrsg.): Handbook of Child Psychology. Vol. 3: Social, Emotional and Personality Development. New York, S. 1017-1096.
Eigler, G./Krumm, V., 1972: Zur Problematik der Hausaufgaben. Weinheim.
Enwisle, D.R. u. a., 1997: Chidren, School, Inequality. Boulder.
Erdheim, M., 1982: Die gesellschaftliche Produktion von Unbewusstsein. Frankfurt am Main.
Exeler, J./Wild, E., 2003: Die Rolle des Elternhauses für die Förderung selbstbestimmten Lernens. In: Unterrichtswissenschaft, 31. Jg., H. 1, S. 6-22.
Fan, X., 2001: Parental Involvement and Students' Acadamic Achievement: A Growth Modeling Analysis. In: Journal of Experimental Education, 70. Jg., H. 1, S. 27-61.
Fend, H., 1997: Der Umgang mit Schule in der Adoleszenz. Aufbau und Verlust von Lernmotivation, Selbstachtung und Emphatie. Entwicklungspsychologie der Adoleszenz in der Moderne. Band IV. Bern u. a.
Fend, H., 1998: Eltern und Freunde. Soziale Entwicklung im Jugendalter. Entwicklungspsychologie der Adoleszenz in der Moderne. Band V. Bern u. a.
Filler, A./Pollard, A. 2000: The Social World of Pupil Assessment. London/New York 2000.
Foucault, M., 2003: Die Anormalen. Frankfurt am Main.

Giesecke, H., 1985: Das Ende der Erziehung. Neue Chancen für Familie und Schule. Stuttgart.
Ginsburg, G.S./Bronstein, P., 1993: Family Factors Related to Childrens' Intrinsic/Extrinsic Motivational Orientation and Academic Performance. In: Child Development, 64. Jg., H.8, S. 1461-1474.
Gray, M.R./Steinberg, L., 1999: Unpacking Authoritative Parenting: Reassessing a Multidimensional Construct. In: Journal of Marriage an the Familiy, 61. Jg., H. 5, S. 574-587.
Grundmann, M. u. a., 2004: Die Umwandlung von Differenz in Hierarchie? Schule zwischen einfacher Reproduktion und eigenständiger Produktion sozialer Bildungsungleichheit. In: Zeitschrift für Soziologie der Erziehung und Sozialisation, 24, H. 2, S. 124-146.
Hegel, G.W.F. 1995: Gymnasialrede am 2. September 1811. In: Apel, H.J./Grunder, H.-U. (Hrsg.): Texte zur Schulpädagogik. Weinheim/München, S. 46-54.
Helmke, A./Weinert, F.E., 1997: Bedingungsfaktoren schulischer Leistungen. In: Weinert, F.E. (Hrsg.): Psychologie des Unterrichts und der Schule. Enzyklopädie der Psychologie. Band D, I, 3. Göttingen u. a., S. 71-177.
Helmke, A., 1997: Entwicklung lern- und leistungsbezogener Motive und Einstellungen: Ergebnisse aus dem Scholastik-Projekt. In: Weinert, F.E./Helmke, A. (Hrsg.): Entwicklung im Grundschulalter. Weinheim, S. 59-77.
Helsper, W., 2000: Wandel der Schulkultur. In: Zeitschrift für Erziehungswissenschaft, 3. Jg., H. 1, S. 35-60.
Helsper, W., 2004: Schülerbiographie und Schulkarriere. In. Helsper, W./Böhme, J. (Hrsg.): Handbuch der Schulforschung. Wiesbaden, S. 903-921.
Helsper, W./Böhme,J./Kramer, R-T./Lingkost, A., 2001: Schulkultur und Schulmythos. Rekonstruktionen zur Schulkultur I. Opladen.
Herbart, J.F., 1995: Über Erziehung unter öffentlicher Mitwirkung. In: Apel, H.J./Grunder, H.-U. (Hrsg.): Texte zur Schulpädagogik. Weinheim/München, S. 37-46.
Hofer, M., 2000: Schule: Vom Lernort zur „intermediären“ Institution. In: Unterrichtswissenschaft, 28. Jg., H. 1, S. 10-15.
Hokuda, A./Fincham, D.D., 1995: Origins of Childrens Helpless and Mastery Achievement Patterns in the Family. In: Journal of Education Psychology, 87. Jg., , H. 3, S. 375-385.
Holler-Nowitzki, B., 1994: Psychosomatische Beschwerden im Jugendalter. Schulische Belastungen, Zukunftsangst und Stressreaktionen. Weinheim/München.
Holzmüller, H., 1982: Kritik der betroffenen Eltern: Belastung durch Hausaufgaben. In: Beisenherz, H.G. u. a.: Schule in der Kritik der Betroffenen. München, S. 128-186.
Honig, M.-S., 1999: Entwurf einer Theorie der Kindheit. Frankfurt am Main.
Hornstein, W., 1999: Generation und Generationsverhältnisse in der radikalisierten Moderne. In: Zeitschrift für Pädagogik, 39. Beiheft, S. 51-68.
Huinink, J., 2000: Bildung und Familienentwicklung im Lebensverlauf. In: Zeitschrift für Erziehungswissenschaft, 2. Jg., S. 209-227.
Hummrich, M./Helsper, W., 2004: „Familie geht zur Schule“: Reformschule als Familienerzieher und die Einschließung der familiären Generationsbeziehung in eine schulische Generationsordnung. In: Ulrich, H. u. a. (Hrsg): Das Andere Erforschen. Opladen.
Hummrich, M., 2002: Bildungserfolg und Migration. Biografien junger Frauen in der Einwanderungsgesellschaft. Opladen.
IFS, 2004: IFS-Umfrage: Die Schule im Spiegel der öffentlichen Meinung – Ergebnisse der zwölften IFS-Repräsentativbefragung der bundesdeutschen Bevölkerung. In: Rolff, H.G./Holtappels, H.G./Klemm, K. (Hrsg.): Jahrbuch der Schulentwicklung Band 13. Weinheim/München, S. 21f.
Jencks, C., 1973: Chancengleichheit. Reinbek bei Hamburg.
Jodl, K.M./Malanchuk, O./Eccles, J.S./Sammeroff, A., 2001: Parents Role in Shaping Early Adolescents' Occupational Aspirations. In: Child Development, 72. Jg., S. 1247-1265.
Joos, M. 1995: Selektive Kontexte. Umwelten von Kindern und Erwachsenen in Ost- und Westdeutschland. In: Nauck, B.H. (Hrsg.): Kinder in Deutschland. Lebensverhältnisse von Kindern im Regionalvergleich. Opladen, S. 171-206.
Kanders, M./Rösner, E./Rolff, H.G., 1996: Das Bild der Schule aus der Sicht von Schülern und Lehrern – Ergebnisse zweier IFS-Repräsentativbefragungen. In: Rolff, H.G./Bauer, K.O./Klemm, K./Pfeiffer, H. (Hrsg.): Jahrbuch der Schulentwicklung Band 9. Weinheim/München, S. 57-115.
Kitamura, K., 1991: Japan's Dual Educational Structure. In: Finkelstein, B./Imamura, A.E./Tobin, J.J. (Hrsg.): Transcending Stereotypes: Discovering Japanese Culture and Education. Yarmouth, Intercultural Press 1991, S. 162-164.
Kalthoff, H., 2004: Schule als Performanz. Anmerkungen zum Verhältnis von neuer Bildungsforschung und der Soziologie Pierre Bourdieus. In: Engler, S./Krais, B. (Hrsg.): Das kulturelle Kapital und die Macht der Klassenstrukturen. Weinheim/München, S. 115-141.
Keupp, H., 2000: Die Gesellschaft der Ichlinge? Zum bürgerschaftlichen Engagement von Heranwachsenden. München.

Kramer, R.-T./Busse, S., 2003: Die Begrenzung von Autonomieentfaltung und Individualität in der Komplizenschaft von Familie und Schule – Eine exemplarische Fallrekonstruktion zu Pädagogischen Generationsbeziehungen in Familie und Schule. In: Zeitschrift für qualitative Bildungs-, Beratungs- und Sozialforschung, H. 2.

Kramer, R.-T., 2002: Schulkultur und Schülerbiographien. Rekonstruktionen zur Schulkultur II. Opladen.

Krüger, H.-H./Grunert, C. (Hrsg.), 2002: Handbuch Kindheits- und Jugendforschung. Opladen.

Krumm, V., 2001: Elternhaus und Schule. In: Rost, D.H. (Hrsg.): Handwörterbuch Pädagogische Psychologie. Weinheim, S. 108-115.

Langemeyer-Krohn, L./Krohne, W., 1987: Nachhilfe – der Unterricht nach der Schule. In: Die Deutsche Schule, 79. Jg., H. 4, S. 491-505.

Mahr-George, H., 1999: Determinanten der Schulwahl beim Übergang in die Sekundarstufe I. Opladen.

Mehan, H., 1996: Constucting School Success. The Constribution of Untracking Low-Archivieng Students. Cambridge.

Melzer, W. (Hrsg.), 1985: Eltern, Schüler, Lehrer. Weinheim/Basel.

Metzler, M., 2001: Abweichendes Schülerverhalten als Auslöser neuer pädagogischer Generationenverhältnisse – Der Fall Japan. In: Kramer, R.-T./Helsper, W./Busse, S. (Hrsg.): Pädagogische Generationsbeziehungen. Opladen, S. 194-212.

Meulemann, H., 1985: Bildung und Lebensplanung. Die Sozialbeziehung zwischen Elternhaus und Schule. Frankfurt am Main.

Nave-Herz, R./Markefka, M. (Hrsg.), 1998: Handbuch der Familien und Jugendforschung. Band 1: Familienforschung. Neuwied/Frankfurt am Main.

Nilshon, N., 2001: Hausaufgaben. In: Rost, D.H. (Hrsg.): Handwörterbuch Pädagogische Psychologie. Weinheim, S. 231-139.

Nittel, D., 1992: Gymnasiale Schullaufbahn und Identitätsentwicklung. Eine biografieanalytische Studie. Weinheim.

Nordlohne, E., 1992: Die Kosten jugendlicher Problembewältigung. Alkohol-, Zigaretten- und Arzneimittelkonsum im Jugendalter. Weinheim/München.

Pekrun, R., 2001: Familie, Schule und Entwicklung. In: Walper, S./Pekrun, R. (Hrsg.): Familie und Entwicklung. Aktuelle Perspektiven der Familienpsychologie. Göttingen u. a., S. 84-106.

Phelan, P./Davidson, A.L./Yu, H.C., 1998: Adolescents Worlds: Negotiating Family, Peers and School. New York.

Pollard, A./Filler, A. 1999: The Social World of Pupil Carreer. London/New York.

Prenzel, M. u. a., 2004: PISA 2003. Der Bildungsstand der Jugendlichen in Deutschland-Ergebnisse des zweiten internationalen Vergleichs. Münster.

Prenzel, M. u. a., 2005: PISA 2003. Der zweite Vergleich der Länder in Deutschland-Was wissen und können Jugendliche? Münster.

Qvortrup, J., 2000: Kolonisiert und verkannt – Schularbeit. In: Hengst, H./Zeiher, H. (Hrsg.): Die Arbeit der Kinder. Weinheim/München, S. 23-45.

Radisch, F./Klieme, E., 2004: Wirkungen ganztägiger Schulorganisation. Bilanz und Perspektiven der Forschung. In: Die Deutsche Schule 96, H. 2, S. 153-170.

Renshaw, P.D./Gardner, R., 1990: Process versus Product Task Interpretation and Parental Teaching Practice. In: International Journal of Behavioral Development, 13. Jg., H. 5, S. 489-505.

Rudolph, M., 2002: Nachhilfe – gekaufte Bildung? Empirische Untersuchung zur Kritik der außerschulischen Lernbegleitung. Eine Erhebung bei Eltern, LehrerInnen und Nachhilfeinstituten. Bad Heilbrunn.

Schlemmer, E., 2004: Familienbiografien und Schulkarrieren von Kindern. Theorie und Empirie. Wiesbaden.

Schmidtchen, G., 1992: Ethik und Protest. Moralbilder und Wertkonflikte junger Menschen. Opladen.

Schmeiser, M., 2003: „Missratene" Söhne und Töchter: Verlaufsformen des sozialen Abstiegs in Akademikerfamilien. Konstanz.

Schümer, G., 1998: Mathematikunterricht in Japan. In: Unterrichtswissenschaft, 26. Jg., H. 2, S. 195-228.

Schümer, G., 2001: Institutionelle Bedingungen schulischen Lernens im internationalen Vergleich. In: Baumert, J. (Hrsg.): PISA 2000. Basiskompetenzen von Schülerinnen und Schülern im internationalen Vergleich. Opladen, S. 411-427.

Stecher, L., 2000: Entwicklung der Lern- und Schulfreude im Übergang von der Kindheit zur Jugend. In: Zeitschrift für Erziehungssoziologie und Sozialisationsforschung, 20. Jg., S. 70-88.

Stöber, J., 2003: Persönliche Ziele von SchülerInnen: Ihre Bedeutung für schulisches Engagement und subjektives Wohlbefinden im Kontext von Schule und Familie. Halle/Saale (unv. Habilitationsschrift).

Stöckli, G., 1989: Vom Kind zum Schüler. Zur Veränderung der Eltern-Kind-Beziehung am Beispiel „Schuleintritt". Bad Heilbrunn.

Struck, P., 1995: Schulreport. Reinbek bei Hamburg.

Tenorth, H.-E., [3]2000: Geschichte der Erziehung. Einführung in die Grundzüge ihrer neuzeitlichen Entwicklung. Weinheim/München.

Terhart, E., 1996: Zur Neuorientierung des Lehrens und Lernens – Kultureller Wandel als Herausforderung für die Professionalisierung des Lehrerberufs. In: Helsper, W./Krüger, H.-H./Wenzel, H. (Hrsg.): Schule und Gesellschaft im Umbruch. Band I. Weinheim, S. 319-332.

Tillmann, K.-J./Meier, U., 2000: Schule, Familie und Freunde- Erfahrungen von Schülerinnen in Deutschland. In Deutsches PISA-Konsortium (Hrsg.): PISA 2000. Basiskompetenzen von Schülerinnen und Schülern im internationalen Vergleich. Opladen, S. 468-511.

Toyama-Bialke, C., 1998: Adolescent's Daily Lives and Parental Attitudes toward the School: A German-japanese Comparative Study. In: Studies in Educational Evaluation, 24. Jg., H. 4, S. 347-367.

Trautwein, U./Köller, O./Baumert, J., 2001: Lieber oft als viel: Hausaufgaben und die Entwicklung von Leistung und Interesse im Mathematik-Unterricht der 7. Jahrgangsstufe. In: Zeitschrift für Pädagogik, 47. Jg., H. 5, S. 701-725.

Trudewind, C./Wegge, J., 1989: Anregung – Instruktion – Kontrolle: Die verschiedenen Rollen der Eltern als Lehrer. In: Unterrichtswissenschaft, 17. Jg., H. 2, S. 135-155.

Tupaika, J., 2003: Schulversagen als komplexes Phänomen. Ein Beitrag zur Theorieentwicklung. Bad Heilbrunn.

Tyrell, H., 1987: Die „Anpassung" der Familie an die Schule. In: Oelkers, J./Tenorth, H.E. (Hrsg.): Pädagogik, Erziehungswissenschaft und Systemtheorie. Weinheim/Basel, S. 102-125.

Uhlendorff, H./Seidel, A., 2001: Schule in Ostdeutschland aus elterlicher Sicht. In: Zeitschrift für Pädagogik, 47. Jg., H. 4, S. 501-517.

Ulich, K., 1993: Schule als Familienproblem. Konfliktfelder zwischen Schülern, Eltern und Lehrern. Frankfurt am Main.

Valtin, R./Rosenfeld, H., 2002: Welche Einstellungen und Erwartungen haben Eltern in Bezug auf die Grundschule? In: Valtin, R. (Hrsg.): Was ist ein gutes Zeugnis? Noten und verbale Beurteilungen auf dem Prüfstand. Weinheim/München, S. 27-36.

Vester, M., 2004: Die Illusion der Bildungsexpansion. Bildungsöffnungen und soziale Segregation in der Bundesrepublik Deutschland. In: Engler, S./Krais, B. (Hrsg.): Das kulturelle Kapital und die Macht der Klassenstrukturen. Weinheim/München, S. 13-55.

Wagner-Winterhager, L., 1990: Jugendliche Ablöseprozesse im Wandel des Generationsverhältnisses. Auswirkungen auf die Schule. In: Die Deutsche Schule, 82. Jg., H. 4, S. 452-465.

Wiezorek, C., 2005: Schule, Biografie und Anerkennung. Eine fallbezogene Diskussion der Schule als Sozialisationsinstanz. Wiesbaden.

Wild, E./Remy, K., 2001: Die Förderung selbstbestimmter Formen der Lernmotivation in Elternhaus und Schule. Abschlussbericht an die DFG.

Wild, E., 2003: Einbeziehung des Elternhauses durch Lehrer. Art, Ausmaß und Bedingungen der Elternpartizipation aus der Sicht von Gymnasiallehrern. In: Zeitschrift für Pädagogik, 48. Jg., H. 4, S. 513-534.

Wilhelm, T., 1969: Theorie der Schule. Hauptschule und Gymnasium im Zeitalter der Wissenschaften. Stuttgart.

Familie und Weiterbildung

Jürgen Wittpoth

1. Einleitung

Nimmt man den engeren Bereich der Familienbildung einmal aus, so sind Arbeiten über Zusammenhänge zwischen Familie und Weiterbildung eher rar. Das erscheint zunächst als verwunderlich, stellt doch die Familie eine in vielen Hinsichten bedeutsame soziale Institution dar, auch wenn ihre Gestalt sich wandeln mag. Beim zweiten Blick zeigt sich, dass es gerade diese „vielen Hinsichten" sind, die Probleme bereiten – salopp formuliert: Mit dem Thema eröffnet sich ein „weites Feld". Um die Vielfalt der Aspekte sortieren zu können, wähle ich drei Zugänge:

- Im ersten Kapitel – *Familie als Ressource* – skizziere ich einige Aspekte, unter denen die *Herkunfts*familie für die Bildung Erwachsener bedeutsam ist.
- Im zweiten – *Familie als Form* – geht es dann um aktuelle Auseinandersetzungen über den Zustand und wahrscheinliche Entwicklungslinien der Institution Familie als einen der zentralen Lebenszusammenhänge der Adressaten und Teilnehmer von Weiterbildung.
- Im abschließenden Teil – *Familie als Ziel* – werden einige Probleme desjenigen Weiterbildungsbereiches erörtert, der sich am ausdrücklichsten auf Familie bezieht: die Familienbildung.

Diesen Erörterungen *vorangestellt* wird eine knappe Skizze der jüngeren Entwicklung und gegenwärtigen *Situation der Weiterbildung in Deutschland.* Sie dient der groben Orientierung über das Feld, auf das sich anschließende Überlegungen beziehen, und kann von Kennern desselben bedenkenlos übersprungen werden.

2. Strukturen der Weiterbildung in Deutschland

Die Grundlagen des „quartären Sektors" unseres Bildungswesens wurden im Zuge der „großen Bildungsreform" ab den 1960er Jahren geschaffen. Spätestens zu dieser Zeit hatte sich die Überzeugung weithin durchgesetzt, lebenslanges Lernen sei unverzichtbar. Begründet wird dies (bis heute) im Wesentlichen mit folgenden Argumenten:

- Angesichts des technologischen Wandels und der beschleunigten Veralterung des Wissens kann eine einmal erworbene schulische und berufliche Ausbildung nicht mehr für ein ganzes Leben ausreichen. Daher muss es jedem Einzelnen möglich sein, seine Qualifikationen jeweils neuen Erfordernissen anzupassen. Dies ist nicht allein im Interesse des Individuums gefordert, sondern auch im Blick auf den Erhalt eines funktionsfähigen ökonomischen Systems notwendig.

- Damit jedes Gesellschaftsmitglied seine grundgesetzlich garantierten Rechte wahrnehmen und seinen entsprechenden Pflichten Folge leisten kann, muss es die Möglichkeit haben, seine Kenntnisse über gesellschaftliche und politische Probleme auf dem aktuellen Stand zu halten und sein Verständnis der relevanten Zusammenhänge zu vertiefen. Nur so kann der Einzelne seine gesellschaftlichen Mitgestaltungsaufgaben angemessen erfüllen. Mit wachsender Komplexität und zunehmender Unübersichtlichkeit der Lebensverhältnisse gewinnt dieser Gesichtspunkt permanent an Bedeutung.
- Schließlich ergibt sich aus dem grundgesetzlich verankerten Chancengleichheitspostulat, dass es möglich sein muss, in jungen Lebensjahren – oft ohne eigenes „Verschulden" – verpasste Bildungsmöglichkeiten im Erwachsenenalter nachzuholen.

Abgeleitet wurde daraus die Vorstellung eines *einheitlichen Bildungswesens*, in dem alle Stufen, von der Vorschulerziehung bis zur Erwachsenenbildung, als ein zusammenhängendes Ganzes betrachtet werden (vgl. Deutscher Bildungsrat 1973, S. 26). Jedem Bürger sollte es möglich sein, den Anspruch auf Bildung zu verschiedenen Zeiten, in verschiedenen Formen und auf verschiedenen Ebenen zu realisieren. Die bis dato gültige Vorstellung von zwei getrennten Lebensphasen, in denen Bildung zunächst angeeignet und dann angewendet wird, erschien als nicht länger angemessen. Da organisiertes Lernen sich „nicht auf eine Bildungsphase am Anfang des Lebens beschränken kann" (ebd., S. 51), wird es notwendig, Weiterbildung als einen „ergänzenden nachschulischen, umfassenden Bildungsbereich" (ebd.) zu institutionalisieren und mit den vorangehenden zu verkoppeln.

In dieser Form sind die Visionen der 1970er Jahre *nicht* realisiert worden. Vielmehr haben sich der Aus- und der Weiterbildungsbereich eher eigensinnig entwickelt und sind bis heute kaum aufeinander bezogen. Dabei ist ein außerordentlich vielgestaltiges Weiterbildungs-„System" entstanden, das in manchen Hinsichten nach anderen Prinzipien funktioniert als das klassische (öffentliche) „Bildungssystem" (vgl. Wittpoth 1997 und 2003b). Die Qualität der eher „wild" gewachsenen Strukturen von Weiterbildung in Deutschland wird unterschiedlich bewertet: die mit dem Erreichten eher zufrieden sind, bezeichnen die Struktur als „pluralistisch", die eher Unzufriedenen kennzeichnen sie als „unübersichtlich". Grobe Orientierung ermöglichen zwei gängige Strukturierungsvorschläge. Die allgemeinste Typologie unterscheidet in ihrer überlieferten Form berufliche Weiterbildung und allgemeine Erwachsenenbildung. In dieser Wortwahl sind Traditionen aufgehoben, die in den neuen Bundesländern noch stärker verankert sind als in den alten: während man im Gebiet der ehemaligen DDR auch heute noch damit rechnen kann, dass Weiterbildung auf den beruflichen und Erwachsenenbildung auf den allgemeinen Teil verweist, werden beide Begriffe im Westen der Republik schon recht lange synonym gebraucht. Die berufliche Weiterbildung wurde und wird dann in die Bereiche Fortbildung und Umschulung unterteilt. Erstere setzt an vorhandenen Qualifikationen in einem *bestehenden* Beruf an, während Letztere grundständig für eine *andere* Berufstätigkeit qualifiziert. Bei der allgemeinen **Erwachsenenbildung** werden traditionell Grundbildung und politische Bildung unterschieden. Grundbildung umfasst heute alle Angebote von Einrichtungen der allgemeinen Erwachsenenbildung mit Ausnahme der politischen Bildung. Dass Letztere so stark betont wird, hat vor allem programmatische Gründe, entspricht ihrer Bedeutung in quantitativer Hinsicht also nicht. Die ursprünglichen Unterscheidungen sind mittlerweile um einige Differenzierungen erweitert worden, die Abbildung 1 zeigt.

Nach einem anderen Gesichtspunkt gliedert eine ebenfalls mittlerweile klassische Typologie: Hier geht es nicht um die *inhaltliche* Ausrichtung des Angebotes, sondern um die *Rechtsformen der Trägerschaft*, die Auswirkungen auf die Zugangsmöglichkeiten von Inte-

Abbildung 1: Weiterbildung nach Inhaltsbereichen

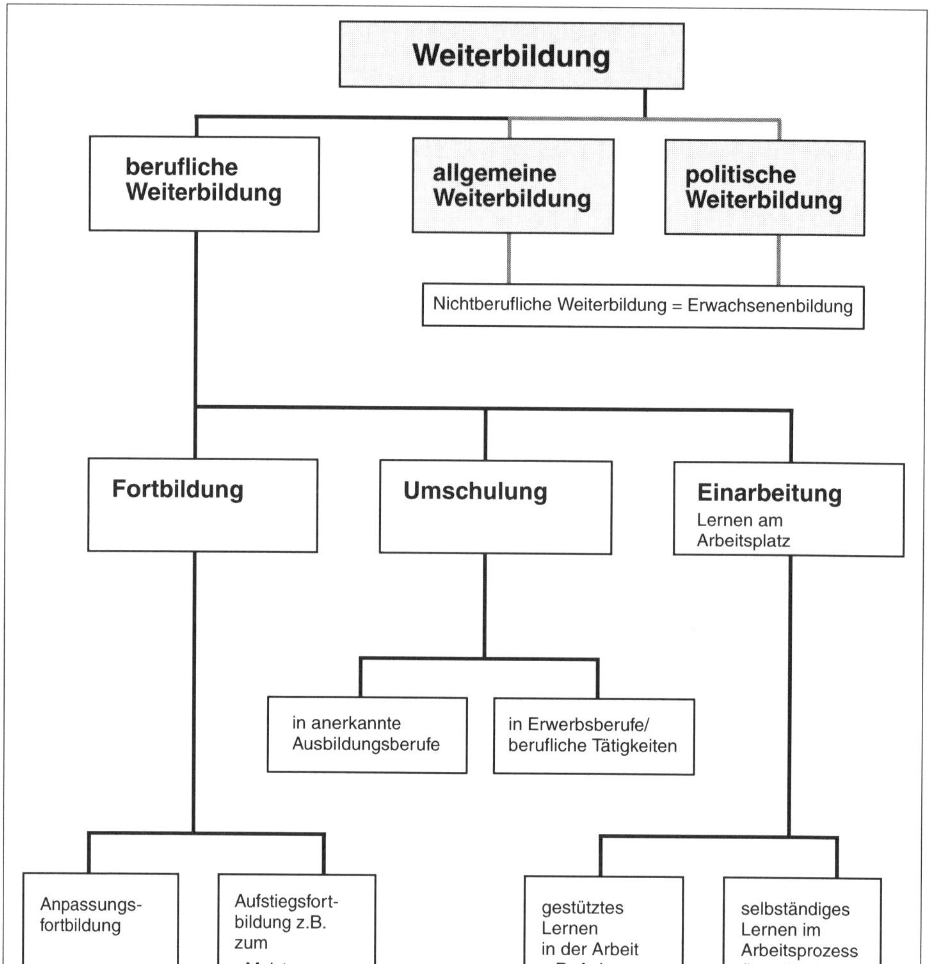

Quelle: BIBB (1996, S. 9).

ressenten haben (vgl. Abbildung 2). Die so genannten „Träger" schaffen die rechtlichen, organisatorischen und finanziellen Voraussetzungen dafür, dass „Einrichtungen" Angebote entwickeln und Veranstaltungen durchführen können. So sind z. B. die Kommunen oder Kreise Träger der Volkshochschulen; aber auch Gewerkschaften, Kirchen, Verbände, Unternehmen betreiben Bildungswerke.

Insbesondere das „geschlossene" Segment „verträgt" sich nicht mit den ursprünglichen Vorstellungen der Bildungsreform, die auf ein öffentlich verantwortetes und damit „offenes" System orientiert waren. Demgegenüber sind weite Angebotsbereiche der Weiterbildung (etwa von Unternehmen) *prinzipiell* nicht jedem zugänglich. Auch in der (öffentlichen Einrichtung) Volkshochschule kann es im Einzelfall *konkrete* Ausschlussgründe ge-

Abbildung 2: Träger der Weiterbildung nach Rechtsformen

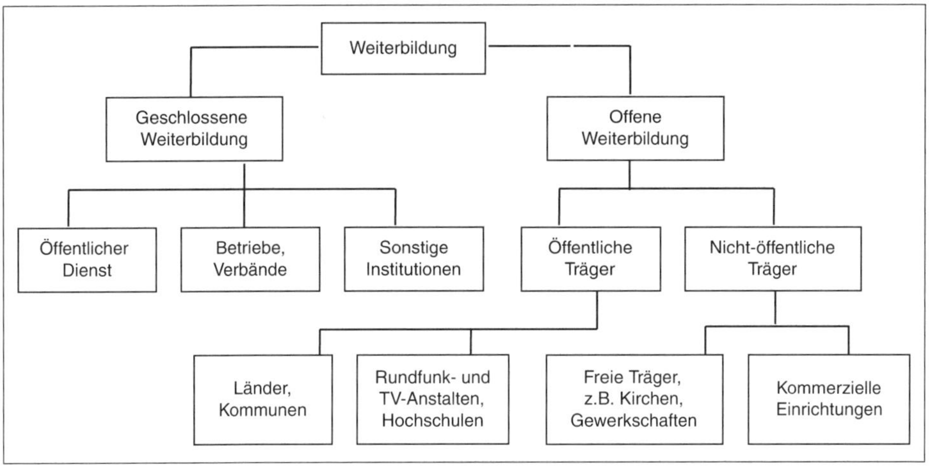

Quelle: Weinberg (1990, S. 23).

ben, etwa mangelnde Vorkenntnisse, Überbelegung von Kursen, *grundsätzlich* kann man aber selbst an solchen Kursen (später) teilnehmen, also etwa die erforderlichen Vorkenntnisse erwerben, sich früher anmelden usw.

Anders akzentuiert ist die in der internationalen Literatur verbreitete Typologie der UNESCO (1976); sie hebt auf den Grad der Formalisierung des Lernens ab (vgl. Abbildung 3).

Abbildung 3: Formen der Erwachsenenbildung laut UNESCO

	formal Adult Education	**non-formal Adult Education**	**in-formal Adult Education**
Profile	abschlussbezogene - Bildung, Weiterbildung, Fortbildung, Umschulung	nichtberufliche, abschlussbezogene, soziokulturelle Bildung	alternative nicht-institutionalisierte Erwachsenenbildung
Lernorte	betriebliche und überbetriebliche Einrichtungen	öffentliche und nicht-öffentliche Einrichtungen der Erwachsenenbildung (z. B. VHS, konfessionelle Träger)	u. a. Kommunikationszentren
Inhalte	Berufliche Erwachsenenbildung	Allgemeine Erwachsenenbildung	Bildung durch Kommunikation

Quelle: Knoll (1990, S. 491).

Bis in die 1990er Jahre hinein hat diese Unterscheidung in der deutschen Diskussion eine bestenfalls untergeordnete Rolle gespielt, weil sich die Aufmerksamkeit weit überwiegend auf die institutionalisierten Bereiche, also in der UNESCO-Terminologie die „formal" und „non-formal Adult Education", richtete. Was hier mit „in-formal Adult Education" bezeichnet wird, erhält erst in jüngerer Zeit Gewicht und beansprucht gegenwärtig einen großen Teil der bildungspolitischen Aufmerksamkeit. Als zukunftsfähig gilt nun das „natürliche", selbst gesteuerte, mediengestützte Lernen an allen nur erdenklichen Orten (vgl.

Abbildung 4: Träger beruflicher Weiterbildung 2000

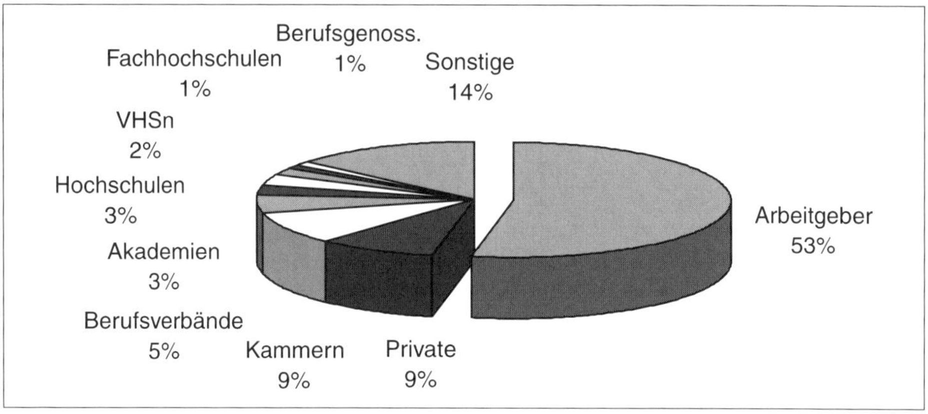

Abbildung 5: Träger allgemeiner Weiterbildung 2000

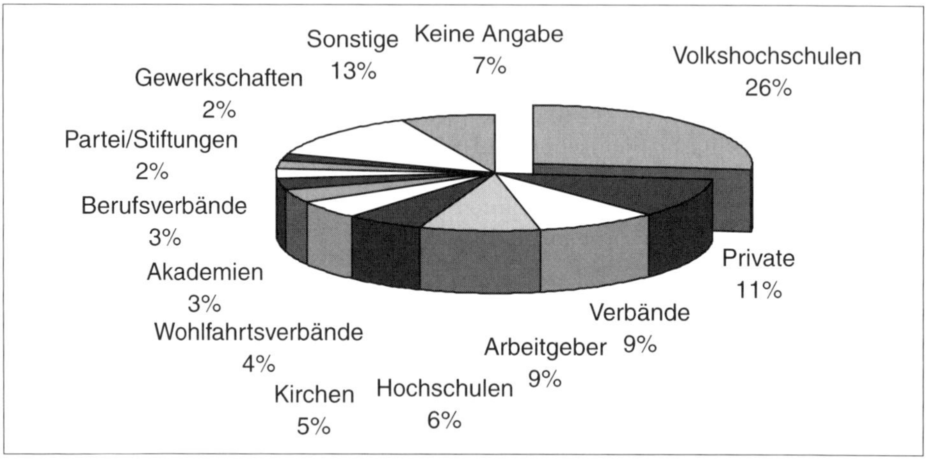

exempl. Dohmen 2001; kritisch dazu Wittpoth 2003c). Anders als in der Perspektive der UNESCO wird in der aktuellen deutschen Diskussion auch der Bereich der beruflichen/betrieblichen Weiterbildung „informell" gedacht: Kompetenzentwicklung und Lernen „im Vollzug der Arbeit" werden gegenüber kursförmiger Belehrung favorisiert. Dass über die dazu erforderliche Selbststeuerungs-Kompetenz vorzugsweise diejenigen verfügen, die formal besser qualifiziert sind (vgl. etwa Baethge/Baethge-Kinsky 2002), wird eher selten bedacht.

Bislang ist kaum abzusehen, ob und wie sich diese Diskussion auf den Bereich der *institutionalisierten* („formal"/beruflichen und „non-formal"/allgemeinen) Weiterbildung auswirken wird. Die in ihm agierenden Träger und deren Gewicht gemessen an Teilnehmerzahlen zeigen die Abbildungen 4 und 5 (vgl. Kuwan u. a. 2003, S. 231/241):

Zwei Merkmale sind evident: Zum einen die *Vielfalt* von Akteuren, wobei sich hinter der Kategorie „Sonstige" noch einmal eine nicht mehr abzubildende große Zahl kleiner

Träger verbirgt. Zum anderen die *Bipolarität der Struktur*, in der die Arbeitgeber/Betriebe die berufliche und die Volkshochschulen (VHSn) die allgemeine Weiterbildung dominieren. Insofern ist das Feld der beruflichen Weiterbildung in weiten Bereichen „geschlossen", wohingegen es in der allgemeinen Weiterbildung noch relativ „offen" zugeht.

Obwohl sich weiterbildungswillige Menschen also in einem sehr komplexen System orientieren (allein in einer Stadt wie Bochum mit ca. 400.000 Einwohnern gibt es gut 130 Weiterbildungseinrichtungen außerhalb der Unternehmen) und dann auch noch Zugang finden müssen, sind die Teilnehmerzahlen seit den 1970er Jahren stark angestiegen. Der Weiterbildungsbereich bezieht mittlerweile mehr als 40 % der erwachsenen Bevölkerung in seine Angebote ein (vgl. Abbildung 6; die Quote von 41 % entspricht rund 20,4 Mio. Teilnehmenden).

Abbildung 6: Weiterbildungsteilnahme 1979 – 2003

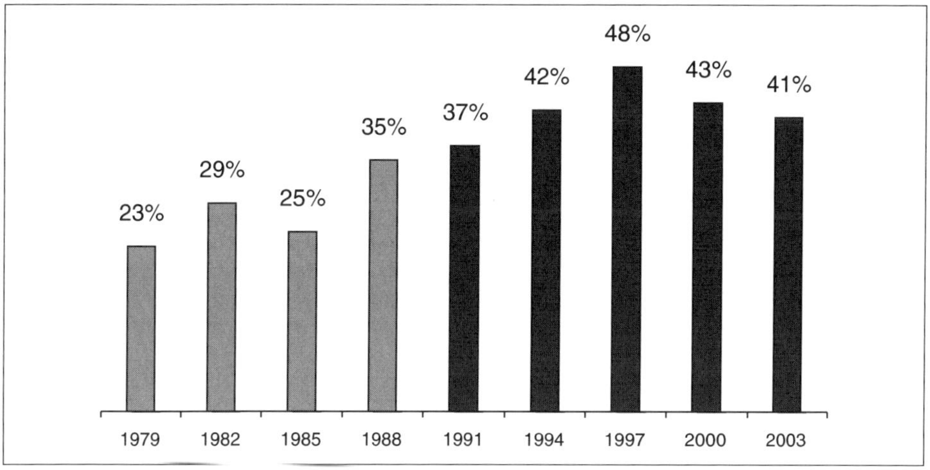

Quelle: Kuwan/Thebis (2004, S. 13).

Nimmt man die beiden großen Bereiche getrennt in den Blick, so haben die berufliche und die allgemeine Weiterbildung eine Teilnahmequote von je 26 % erreicht.

Die beachtliche Expansion des Weiterbildungsbereiches hat allerdings nicht zu einer *gleichmäßigen* Versorgung aller Bevölkerungsgruppen geführt. Gut bedient werden vor allem Erwerbstätige in mittleren bis höheren Positionen (vgl. Abbildung 7).

Je niedriger schulische und berufliche Ausbildung und in der Folge der berufliche Status sind, desto weniger wird Weiterbildung angeboten und in Anspruch genommen. Die nach Abschluss der ersten (Aus-)Bildungsphase vorhandene Schere geht dann immer weiter auseinander: während die einen auf dem in jungen Jahren erreichten Niveau verharren, steigern die anderen dies „lebenslang". Weiterbildung in ihrer entwickelten Gestalt trägt also entgegen den ursprünglichen Erwartungen nicht zum Abbau sozialer Ungleichheit bei, sie verschärft sie.

Unterschiede zwischen den Geschlechtern spielen bei gleicher Qualifikation und Beschäftigung solange kaum eine Rolle, wie Frauen sich ausschließlich auf berufliche Tätigkeit und Karriere konzentrieren. Gibt es Kinder, sinken die Partizipationschancen unmittelbar (Belastung, Betreuungsprobleme) und mittelbar (Berufswahl, Aussetzen der Berufs-

*Abbildung 7: Teilnahme an Weiterbildung 2003 nach soziodemografischen Faktoren**

Teilnahme nach:	**Quote in %**
Alter	
19 – 34 Jahre	46
35 – 49 Jahre	46
50 – 64 Jahre	31
Schulbildung	
Niedrige Schulbildung	28
Mittlere Schulbildung	47
Abitur	59
Berufliche Qualifikation	
Keine Berufsausbildung	23
Lehre/Berufsfachschule	38
Meister-, andere Fachschule	55
Hochschulabschluss	62
Erwerbstätigkeit	
Erwerbstätige	48
Nicht Erwerbstätige	26
Berufliche Stellung	
Un-/Angelernte Arbeiter	22
Facharbeiter	38
Ausführende Angestellte	34
Qualifizierte Angestellte	61
Leitende Angestellte	63
Beamte im einfachen, mittleren, gehobenem Dienst	68
Beamte im höheren Dienst	70
Selbständige	49
Geschlecht	
Männer	42
Frauen	40

* Vgl. Kuwan/Thebis (2004, S. 26ff.).

tätigkeit, Teilzeitbeschäftigung). Allein 27 % der Nicht-Teilnehmenden geben an, dass „familiäre und partnerschaftliche Gründe“ dagegen sprachen (vgl. Schröder/Schiel/Aust 2004, S.64), und berufliche Statusgruppen sowie Branchen mit hohem weiblichen Beschäftigtenanteil werden vergleichsweise schlecht mit Weiterbildung versorgt.

Das Problem der Partizipation stellt somit die erste wichtige *Schnittstelle* zwischen Familie und Weiterbildung dar. Ihr widmen sich die Ausführungen über „Familie als Ressource“ und „Familie als Form“, die sich auf den knapp skizzierten Weiterbildungsbereich *insgesamt* beziehen.

Die daran anschließenden Reflexionen über „Familie als Ziel“ haben das eher kleine Segment der *Familienbildung* im Blick. Sie ist dem Bereich der allgemeinen (offenen) Weiterbildung zuzuordnen. Thematisch einschlägige Angebote werden von etwa 1 % der erwachsenen Bevölkerung in Anspruch genommen (vgl. Abbildung 8).

Institutionell sind Angebote der Familienbildung in erster Linie den gut 500 Familienbildungsstätten in städtischer, kirchlicher und sonstiger Trägerschaft (über die keine eigene Statistik geführt wird) sowie – nachrangig – den Volkshochschulen zuzuordnen.

Abbildung 8: Themenfelder allgemeiner Weiterbildung und Teilnahmequote (in %) 2003

Gesundheit	3
Rechtsfragen	3
Kindererziehung/Hilfe für die Schule	1
Sprachkenntnisse	4
Praktische Kenntnisse	2
Naturwissenschaft und Technik	1
Freizeitgestaltung	1
Kunst, Literatur, Geschichte oder Länderkunde	1
Umweltschutz/Ökologie	1
Sport	1
Staatsbürgerkunde	0
Computer, EDV, Internet	5
Sonstiges	1

Quelle: Kuwan/Thebis (2004, S. 19).

Im Spektrum der kirchlichen Erwachsenenbildung insgesamt stellt Familienbildung ein bedeutsames Segment dar, wie das Beispiel der evangelischen Kirche zeigt (vgl. Abbildung 9).

Abbildung 9: Themenbereiche evangelischer Erwachsenenbildung

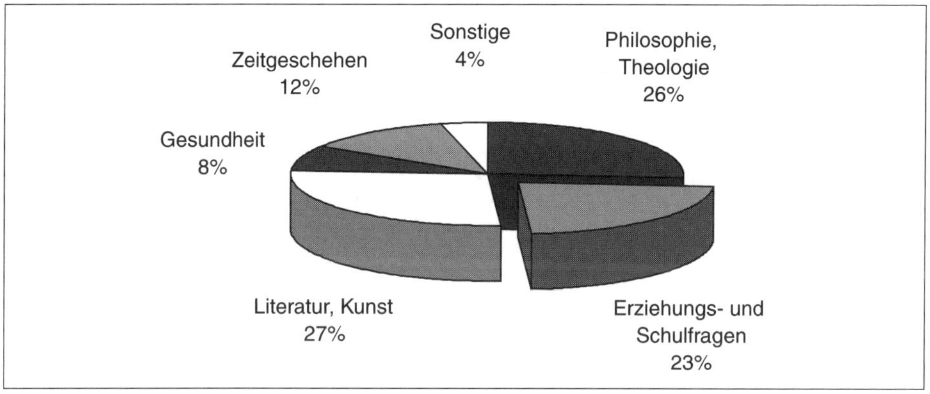

Von den Größenordnungen her gilt Entsprechendes für die katholische Erwachsenenbildung.
Quelle: BMBF (2004, S. 318); Werte gerundet, eigene Berechnungen.

Im Angebot der etwa 1000 deutschen Volkshochschulen spielen familienbezogene Themen eine geringere, aber gleichwohl stattliche Rolle (vgl. Abbildung 10).

Auch in anderen Programmsegmenten wird es Formen von „Familienbildung" geben, von denen wir nichts wissen. Denn Weiterbildungsangebote werden oft eigensinnig, von den Intentionen der Anbieter abweichend, wahrgenommen.

Abbildung 10: Themenbereiche des Volkshochschulangebotes

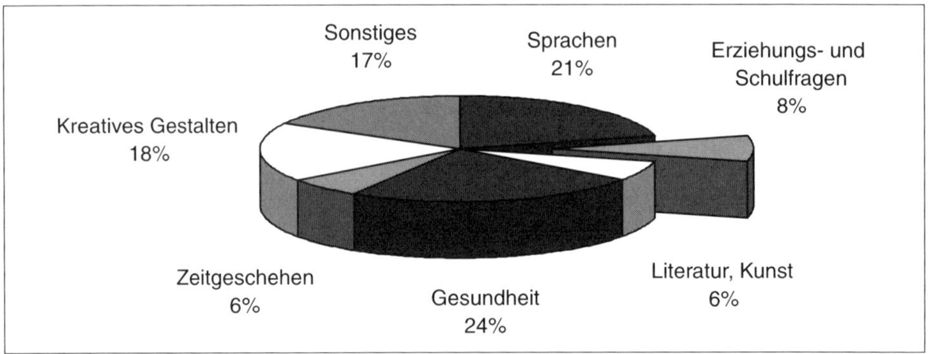

Quelle: BMBF (2004, S. 318); Werte gerundet, eigene Berechnungen.

3. Familie als Ressource

Wesentliche Teile der Lebensumstände, die das Weiterbildungsverhalten der Menschen beeinflussen, sind unmittelbar oder mittelbar von ihrer Herkunftsfamilie geprägt. Das betrifft zum einen Faktoren, die eher unabhängig davon sind, welche Lebensform sie gewählt haben, also etwa die Region, in der sie leben, die Art der Erwerbstätigkeit, die Stellung im Beruf und die Erwartungen an das eigene Leben. Es betrifft aber auch die Entscheidungen, die im Blick auf die Gründung und Gestaltung einer eigenen Familie getroffen werden. Diese können ihrerseits wiederum direkt oder indirekt relevant sein für das Weiterbildungsverhalten, insofern die gewählte Lebensform anhaltende Qualifizierungsbemühungen und Karrieren nahe legt bzw. erleichtert oder erschwert. Dabei wird die Bedeutung der Herkunftsfamilie bei familialen (und generativen) Entscheidungen höher veranschlagt als bei beruflichen:

- In Schule und Berufsausbildung werden junge Menschen stärker mit anderen, fremden Orientierungen und Praxen konfrontiert, von denen ihre Eltern angesichts des Wandels von Berufsbildern und Tätigkeitsanforderungen im Zweifelsfall gar nichts wissen.
- Im außerberuflichen Alltag ist die Herkunftsfamilie demgegenüber in Gestalt der Eltern, Geschwister und Verwandten unmittelbar präsent und meldet ihre Ansprüche an (vgl. Höpflinger u. a. 1991, S. 195ff.).

Familie als Ressource kommt also gewissermaßen „zweimal vor", und beide Male stehen in einer engen Beziehung zueinander. Handlungsspielräume bzw. Hemmnisse kumulieren: Familiale Sozialisation bereitet (mehr oder weniger aussichtsreiche) Berufskarrieren *und* Präferenzen für familiale Konstellationen vor, die ihrerseits beruflichen Erfolg mehr oder weniger wahrscheinlich machen. Unter Bedingungen der „Normalität" lebenslangen Lernens[1] wirken sich hemmende Verhältnisse über den gesamten Lebenslauf negativ aus; man nimmt nicht nur einfach nicht teil, sondern verliert dadurch immer weitergehend Anschlussmöglichkeiten.

1 Das bedeutet nicht, dass sich tendenziell alle Erwachsene *tatsächlich* weiterbilden. Allerdings ist Weiterbildung *als Norm* durchgesetzt; sich *nicht* zu beteiligen, ist begründungspflichtig geworden.

Was wir zu einem je gegebenen Zeitpunkt beobachten können, sind also Stadien sozialer Laufbahnen, die über mehrere Generationen reichen (vgl. Bourdieu 1981). Denn alle Dispositionen, auf denen Entscheidungen aufruhen (der Habitus), werden wesentlich im familiären Zusammenleben entwickelt und gewährleisten die „Präsenz der Vergangenheit in der Gegenwart, die die Präsenz des Kommenden in der Gegenwart möglich macht" (Bourdieu 2001, S. 270). Dieser Zusammenhang ist „stark", d. h. unter Missachtung solcher „Rückbindungen" werden aktuelle Problemlagen mit hoher Wahrscheinlichkeit missverstanden.

In der Herkunftsfamilie werden Weichen gestellt für:

- das angestrebte/wahrscheinlich zu erreichende Bildungsniveau,
- den Zeitpunkt und den „Ort" des Einstiegs ins Beschäftigungssystem,
- den Zeitpunkt und die Form der Familiengründung,
- die Kinderzahl bzw. -losigkeit,
- die Fortsetzung/Unterbrechung (und deren Dauer) der Erwerbstätigkeit nach der Geburt von Kindern,
- die Wahrnehmung von Entwicklungsspielräumen und Chancen.

Jeder Faktor für sich und in wechselseitiger Bedingtheit stellt eine wesentliche Voraussetzung dar für

- (Nicht-)Teilnahme an organisierter Weiterbildung, insofern etwa Menschen, die – wesentlich in Abhängigkeit von ihrer Ausbildung – so genannte „Jedermannstätigkeiten" ausüben, tendenziell ausgeschlossen sind, während für Beschäftigte in mittleren Positionen Weiterbildung eine unabweisbare Pflicht ist und schließlich Angehörige von Hierarchiespitzen ihre Kompetenzen auf anderen Wegen (Selbststudium, Coaching u. Ä.) zu erhalten suchen;
- die je besondere Bedeutung einer Teilnahme, insofern sie etwa eine flankierende Maßnahme für Karrieren am Arbeitsplatz darstellt oder – gewissermaßen „alternativ", z. B. für nicht berufstätige Ehefrauen – der „subjektiven Karriere", d. h. der symbolischen Auszeichnung der Person durch Bildung (um ihrer selbst willen) dient.

3.1 Familiale Ressourcen und Entscheidungen an Schaltstellen des Lebenslaufs

Unter Bezug auf die Abfolge familial-beruflicher Ereignisse und lebenszyklischer Phasen (vgl. Höpflinger u. a. 1991, S. 184ff.) lässt sich dies an ausgewählten Aspekten illustrieren. Die Ausgestaltung dieser Phasen folgt teils eigenen Dynamiken – einem „biografischen Ablaufverhalten" (vgl. ebd., S. 188ff.), teils geht sie auf mehr oder weniger bewusste Entscheidungen der Akteure zurück, wobei die Spielräume für solche Entscheidungen in Abhängigkeit unterschiedlicher Entwicklungspfade variieren. So wird rationales Entscheidungsverhalten begünstigt durch:

- Handlungs- und Planungskapazitäten (die mit sozialer Herkunft, Bildungsniveau und bisherigen Lebenserfahrungen korrelieren);
- sichtbare und erreichbare „strukturelle" Optionen innerhalb des Lebens- und Bezugskontextes (etwa die Verfasstheit lokaler und geschlechtsspezifischer Arbeitsmärkte; vgl. ebd., S. 189f.);
- Werte und Normen.

Sind die subjektiven Planungskapazitäten und die strukturellen Optionen beschränkt, die Normen eher rigide, wird biografisches Ablaufverhalten begünstigt (und umgekehrt). Dabei kann die Reichweite des individuellen Handlungsspielraumes und der Selbstbestimmung, die wesentlich von den Bedingungen der Berufstätigkeit abhängen, als zentrales Bestimmungsmoment der Ungleichheit in den Lebensmöglichkeiten angesehen werden (vgl. auch Heinz 1995, S. 128f.)

„Entscheidungen", die in der *Phase der Familiengründung und des beruflichen Einstiegs* getroffen werden, sind in hohem Maße abhängig vom Erfolg bzw. Misserfolg im Bildungssystem. Dies gilt sowohl im Sinne des so genannten „Institutioneneffektes", also schlicht deshalb, weil z. B. längere Ausbildungszeiten eine Eheschließung zu späterem Zeitpunkt nahe legen, als auch im Blick auf Geschlechtsrollenbilder und die Wertschätzung von Berufstätigkeit. So verstärkt eine gute Ausbildung die berufsbezogene Perspektive von Frauen, womit eine Erosion familienbezogener Orientierungen einhergehen kann (vgl. Höpflinger u. a. 1991, S. 200) – „familienökonomisch" interpretiert: Die lange Ausbildung kann und soll Erträge bringen (vgl. Klein/Lauterbach 1994, S. 279f.). Den lebenszyklisch besonders ungünstigen Pfad – Verzicht auf eine berufliche Ausbildung, frühe Heirat (und Mutterschaft) – „wählen" vor allem junge Frauen mit den schlechtesten Schulabschlüssen (vgl. Huinink 1989, S. 156). Mit steigender Wertigkeit der Abschlüsse verschiebt sich der Zeitpunkt einer Heirat (vgl. BMFSFJ 1995, S. 203; v. a. bei Frauen, vgl. Diekmann 1990, S. 275) bzw. steigt die Wahrscheinlichkeit, dass diese Entscheidung nicht getroffen wird. Dabei gibt es starke geschlechtsspezifische Unterschiede in der Ledigenquote: Der geschätzte Anteil niemals verheirateter Frauen mit Hochschulabschluss liegt bei ca. 15 %, bei den Männern bei knapp 3 % (vgl. ebd., S. 267).

Ebenfalls abhängig vom Erfolg im Bildungssystem vollzieht sich die Einmündung ins Beschäftigungssystem auf unterschiedlichen Etagen, womit wiederum unterschiedliche Entwicklungspotenziale und Karriereaussichten verbunden sind. Die Suche nach Beruf und Ausbildungsplatz gestaltet sich im Sinne eines mehrstufigen Prozesses der Realitätsprüfung (oder: „Auskühlung"). Erwartungen und Ansprüche werden den Möglichkeiten angepasst: „Das, was ich jetzt habe, will ich auch werden" (Heinz 1995, S. 132). Diese Station ist deshalb von so großer Bedeutung, weil der so genannte Weiterbildungsmarkt hochgradig segmentiert ist (vgl. Friebel 1993, Wittpoth 2003a, S. 107ff.). Erwachsene können nicht ohne weiteres wählen, *ob* sie sich weiterbilden und *wo* sie dies tun. Je nach Branche, in der man tätig wird, nach Größe und regionaler Lage des Unternehmens, nach Laufbahncharakteristik des Berufes ist man entweder abgekoppelt oder wird von einem regelrechten Sog erfasst, der sich unter anderem in häufiger Weiterbildungsteilnahme äußert. Konkret: Für eine Gastronomie-Facharbeiterin in einem kleinen Beherbergungsbetrieb im Bayrischen Wald gibt es bereits von der Angebotsseite her wenig (berufliche) Weiterbildungsmöglichkeiten, wohingegen sie für hoch qualifizierte (junge) Angestellte im Banken- und Versicherungsbereich an großstädtischen Standorten schier unüberschaubar sind. Die Frage der (Nicht-)Zugänglichkeit wird also auf zwei Seiten entschieden: der der subjektiven Voraussetzungen (soziale Laufbahn, Habitus) und der der objektiven Möglichkeiten (Angebotsstruktur), zwischen denen sich spezifische Konstellationen ausgebildet haben, die eher zur Bekräftigung als zur Korrektur früher Entscheidungen führen.

Die *Phase der Elternschaft* wird von vielen gar nicht mehr erreicht, und auch hier spielen Veränderungen im Bildungsverhalten eine wichtige Rolle, denn der Rückgang der Kohortenfruchtbarkeit ist nicht unwesentlich auf die Bildungsexpansion zurückzuführen. Das gilt insbesondere im Blick auf die *prinzipielle* Entscheidung gegen Kinder, nicht so sehr auf die Kinderzahl (vgl. Klein 1989, S. 501). Frauen mit Abitur haben im Durchschnitt deutlich weniger Kinder als Frauen mit Real- oder Hauptschulabschluss (vgl. Große-Venhaus/Müller 1990, S. 320), und wenn Frauen mit hohen Bildungsabschlüssen ihre Erwerbstätigkeit unterbrechen, um Kinder zu bekommen, so ist dies im Lebensverlauf eher später der Fall (vgl. Klein/Lauterbach 1994, S. 280).

Unter Gesichtspunkten der Weiterbildung werden mit der Entscheidung für bzw. gegen Kinder sowie der Form, sie zu betreuen, unterschiedliche Perspektiven eröffnet. Gründet der Entscheid gegen Kinder in dem Interesse (v. a. von Frauen), berufliche Laufbahnen nicht zu unterbrechen (und damit zu gefährden), so dürfte damit (bei mindestens mittleren Bildungsabschlüssen) zugleich ein hohes Maß an ermöglichten und erwarteten Weiterbildungsaktivitäten verbunden sein. Werden Kinder geboren und übernimmt der Mann in erster Linie die Familienversorgung, so wird dies, wenn Weiterbildung im gegebenen beruflichen/betrieblichen Kontext für die betroffene Person infrage kommt, eher zu einer stärkeren Beteiligung führen, mit deren Hilfe im Interesse der Familienversorgung auf hohem Niveau Karrieren eröffnet oder Positionen gesichert werden sollen. Für Frauen ergeben sich in diesem Fall Weiterbildungsinteressen begleitend (im Sinne der „subjektiven Karriere") oder dann, wenn sie erneut erwerbstätig werden wollen bzw. müssen.

Für die Phase *nach der Zeit aktiver Mutterschaft* und (eventuell) *Wiederaufnahme von Erwerbsarbeit* liegen empirische Untersuchungen vor, die die Bedeutung biografischer Ressourcen besonders plastisch werden lassen:

- Frauen mit biografisch bedingt gering entwickelten Autonomiepotenzialen bleiben – solange sie nicht erneut erwerbstätig werden *müssen* – einer Weiterbildung eher fern. Es gelingt ihnen kaum, eigene Ansprüche über ihr „Dasein für andere" zu stellen; verstärkt wird diese Haltung durch Lernhemmnisse und Angst vor neuen Situationen (vgl. Herlyn u. a. 1993, S. 150).
- Frauen mit einem dringlichen Erwerbsinteresse, die über eine Wiederaufnahme der Berufstätigkeit die Unzufriedenheit mit ihrer Lebenssituation überwinden wollen, nutzen Weiterbildung gezielt in diesem Sinne, verzichten aber auch darauf, wenn es nicht notwendig ist.
- Je größer die Entscheidungsspielräume sind, desto mehr kommt Weiterbildung als Bestätigung eigener Leistungsfähigkeit in Betracht und dient als Vehikel zum Erreichen durchaus anspruchsvoller Ziele (vgl. Herlyn u. a. 1993, S. 150ff.).

Wesentlich für die Art der Orientierung sind das Rollenverständnis, die Zufriedenheit mit der früher ausgeübten Berufstätigkeit, die materielle Absicherung (über den Ehemann) sowie das Ausmaß verschiedenster Nebentätigkeiten während der Zeit aktiver Mutterschaft, die eine fortwährende Selbstbestätigung, soziale Kontakte und Erweiterungen über den Horizont der Hausfrauentätigkeit ermöglichten. Familie wirkt also zunächst „einseitig", führt insbesondere bei Frauen zu Einschränkungen im Weiterbildungsverhalten. Zugleich wirkt Familie „sekundär", bedeutet *zusätzliche* Restriktionen im Rahmen der durch soziale Lage bestimmten Weiterbildungschancen: „Über alle familialen Situationen hinweg [...] bleibt die durch den sozialen Status bestimmte Grundrelation von Beteiligung und Nichtbeteiligung erhalten" (Loeber-Pautsch 1993, S. 167).

Über die Erträge der Schullaufbahn hinaus, also über das, *was* man erreicht hat, ist das *„Wie"*, sind die konkreten Erfahrungen, die man mit und in der Schule gemacht hat, wesentlich für das spätere Weiterbildungsverhalten. Dabei variieren die Schulerfahrungen/-erinnerungen je nach Milieuzugehörigkeit erheblich (vgl. exemplarisch Barz 2000, S. 62ff.):

- Bildung kann im Elternhaus und bei den Kindern als unbestreitbar wertvoll und wichtig, als selbstverständlicher Bestandteil alltäglicher Praxis erinnert werden – die schulische Form ihrer Vermittlung kommt dann als akzeptierte Ergänzung hinzu;
- Schule kann als bedrückend, beängstigend, überfordernd gegenwärtig bleiben, und zwar in der Generationenfolge, d. h. es gab viel Verständnis für Versagen daheim und vor allem keine Hilfe, keinen Antrieb;
- Schule kann als Instrument des Aufstiegs, der Horizonterweiterung erlebt worden sein, zum Teil mit der eigenen Familie, zum Teil „gegen" sie, aus ihr heraus;
- Selbstständigkeit und/oder Aufstieg kann schließlich auch ohne schulische Anstrengungen gelungen sein.

Zugespitzt auf eine Konstellation bezogen: Bei bedrückenden Schulerfahrungen, die zu einem schlechten Abschluss, dementsprechend einer Tätigkeit mit wenig Spielräumen und so gut wie keinen (Aufstiegs-)Perspektiven geführt haben, ohne Unterstützung, vielleicht sogar gegen das Votum (die „Haltung") von Vorgesetzten berufliche Weiterbildung zu betreiben, wäre eine gewissermaßen heroische Anstrengung, die kaum zu erwarten ist.

Offensichtlich hat die wechselseitige Durchdringung familialer und beruflicher Konstellationen vielfältige Auswirkungen auf die Weiterbildungsbeteiligung. Wir wissen, dass sich Junge stärker als Ältere, Männer stärker als Frauen (mit Ausnahme der allgemeinen Weiterbildung), Menschen mit höherer Schul- und Berufsausbildung stärker also solche mit geringerer, Inhaber höherer Berufspositionen stärker als solche mit niedrigen weiterbilden. Wenn wir das – in der Generationenfolge reproduzierte – „familiale Bildungsklima" stärker berücksichtigen, werden Faktoren sichtbar, die gewissermaßen hinter den vertrauten soziodemografischen Faktoren liegen. Damit kommen wir näher an das Verstehen der bekannten Muster, aber auch der Abweichungen heran.

4. Familie als Form

Im klassischen Verständnis stellen „Familie" und „lebenslanges Lernen" widersprüchliche Institutionen dar: die eine ist eher auf Stabilität, Kontinuität, die andere ganz explizit auf permanente Veränderung(-sbereitschaft) angelegt. Gegenwärtig steht allerdings infrage, ob und inwieweit auch die klassische Familie „in Bewegung geraten" ist oder ob sie Bestand hat. Im einen Fall korrespondieren die Veränderungsdynamiken, greifen ineinander, im anderen wäre mit Reibungen zu rechnen. Eine für die Probleme und Lebenslagen ihrer Adressaten sensible Weiterbildung braucht ein zutreffendes Verständnis dieser wichtigen „Achse der Lebensführung" (vgl. Beck 1986). Wird sie eher brüchig, ist mit Orientierungs- und Identitätsproblemen allgemeiner Art zur rechnen, behalten wesentliche Bestandteile der alten Form nennenswerte Bedeutung, lassen sich Probleme, die aus den Beharrungstendenzen *und* dem Wandel im Einzelnen ergeben, präziser benennen.

4.1 Auflösung der Familie?

Eher auf einen grundlegenden Wandel heben Positionen ab, die an das *Individualisierungstheorem* Ulrich Becks anschließen (vgl. Beck 1986; zur Kritik vgl. Wittpoth 1994, S. 18ff.). Demnach sind wir Zeugen eines Wandels der Familie von der Notgemeinschaft zur Wahlverwandtschaft; die Familie gewinnt eine neue Gestalt, Konturen einer „postfamilialen Familie" zeichnen sich ab (vgl. Beck-Gernsheim 1994, S. 116). Gemeint sind damit Phänomene wie das (Zusammen-)Leben „ohne Trauschein oder ohne Kinder; allein Erziehende, Fortsetzungsfamilien oder Partner desselben Geschlechts; Wochenend-Beziehungen und Lebensabschnittsgefährten; Leben in mehreren Haushalten oder zwischen verschiedenen Städten" (Beck-Gernsheim 1998, S. 20). Die traditionelle Familie hat damit ihr Monopol verloren, ihre quantitative Bedeutung nimmt ab, neue Formen breiten sich stattdessen aus. Der vergrößerten Wahlfreiheit korrespondiert ein fortwährender Entscheidungszwang für oder gegen das Zusammenleben, die Form, die Dauer etc. Hinzu kommen neue Anforderungen an die familiale Lebensführung, wie sie etwa mit der ausgreifenden Deregulierung und Flexibilisierung von Arbeitsverhältnissen verbunden sind (vgl. etwa Rerrich 1994). Auch hier führt die Freisetzung aus traditionellen Formen nicht allein zu Autonomiegewinnen, vielmehr erzwingt sie eine aufwändige „Arbeit des Alltags" (vgl. ebd., S. 206ff.), die nur noch über eine Einbindung in neue Abhängigkeiten bewerkstelligt werden kann. Individualisierungsfolgen betreffen schließlich nicht nur die Form der gewählten Paarbeziehungen, sondern werden zugleich *in ihnen* – etwa bei der Verwaltung des gemeinsamen Budgets – wirksam (vgl. Allmendinger u. a. 2001). Burkart und Kohli (1989) schließen an die Annahme einer Individualisierung von Ehe und Elternschaft an, nehmen aber Differenzierungen nach sozio-regionalen Gesichtspunkten vor. Demnach ist eher mit einer Polarisierung zwischen familienorientierten und individualisierten Mustern zu rechnen.

Gegen diese Betrachtungsweise wird – zum Teil heftig – opponiert. So kann man etwa im Blick auf den *Lebensverlauf* unterschiedliche „Pfade familialer Entwicklung" feststellen (vgl. Vaskovics 1996, S. 58). Es gibt zwar eine Ausdifferenzierung gesellschaftlich akzeptierter und individuell wahlbarer Formen, die allerdings – und das wird betont – nicht als unvereinbare *Alternativen* angesehen werden, sondern im Lebenslauf *sukzessive* miteinander *verbunden* werden können (vgl. ebd.; auch Geissler 1996, S. 111). Dabei wird von den meisten Menschen *nach wie vor* ein dominanter Weg beschritten, „im Sinne einer uns vertrauten, auf Ehe basierenden und in der Mehrzahl durch Ehescheidung nicht aufgelösten Kernfamilie" (insofern auch nach einer Scheidung gemeinsam für Kinder gesorgt wird) (Vaskovics 1996, S. 58). Aber auch wenn man nur die Kernfamilie in den Blick nimmt, sind noch nie so viele Kinder in dieser Lebensform geboren worden und haben – mit Ausnahme der „untypischen" 1950er und 1960er Jahre (s. u.) – noch nie so viele Erwachsene in dieser Form gelebt (vgl. ebd., S. 59).

4.2 Funktionale Äquivalente für Familie

Weitet man den Blick über „familiale Formen" hinaus auf die Gestaltung *privater Lebensbeziehungen*, werden eine Reihe funktionaler Äquivalente für Ehe und Familie (im engeren Sinne) sichtbar. Insbesondere zeigt sich, dass „die Sicherheit der eigenen sozialen Beziehungen im Lebensverlauf ganz erheblich von der nachwachsenden und nicht von der eigenen Generation geprägt wird" (Bertram 1995, S. 110). Gegenwärtige Wandlungsprozesse führen demnach nicht in eine singularisierte Gesellschaft, vielmehr gewinnen *vertikale* zulasten horizontaler *Generationenbeziehungen* an Bedeutung. Empirische Befunde dieser Art verweisen nicht zuletzt auf die beschränkte Aussagefähigkeit amtlicher Statistiken, auf deren Daten viele Aussagen über die vermeintliche „Auflösung" der Familie beruhen: Erfasst werden allenfalls etablierte Institutionalformen, subjektive (Neu-)Orientierungen und Praxen bleiben unbemerkt.

Auch in einer *systemtheoretischen*, auf funktionale Differenzierung abhebenden Perspektive werden die beobachtbare Deinstitutionalisierung und Pluralisierung nicht als gleich bedeutend mit Verlust an Gemeinschaft angesehen (vgl. etwa Peuckert 1999, S. 25f.). Nicht mit Individualisierung, sondern mit einer Ausdifferenzierung des Systems Familie im Sinne der Anpassung an sich verändernde Gegebenheiten und der Steigerung haben wir es demnach zu tun (vgl. Meyer 1993). Auch hier wird eine der zentralen Schwächen der Individualisierungstheorie deutlich: Es gelingt ihr nicht, neben den beschriebenen Entstrukturierungsprozessen auch sich abzeichnende (neue) Strukturbildungen bzw. Formierungen zu erfassen.

Schließlich grenzen sich auch *familienökonomisch* orientierte Arbeiten vom Individualisierungstheorem ab. Sie betrachten etwa den Zeitpunkt der Aufnahme und die bevorzugte Form einer Partnerschaft unter dem Gesichtspunkt individuell „rationaler Wahl". Die spätere Heirat gut ausgebildeter Frauen ist dann in dem Sinne „vernünftig", dass sich zunächst die Investitionen in Ausbildung auszahlen müssen, die Zunahme nichtehelicher Lebensgemeinschaften (als Kompensation abnehmender Heiratsraten) wird mit der Verlängerung beruflicher Unsicherheiten im Lebensverlauf „erklärt" (vgl. etwa Klein 1999). Bei alledem ist – selbst unter Einbezug von Partnerschaften ohne gemeinsamen Haushalt – nicht von zu- sondern eher von abnehmender Bindungslosigkeit auszugehen (vgl. ebd., S. 90).

4.3 Ein erweitertes Verständnis von Familie

Nicht nur die Einschätzungen der Bedeutung beobachtbarer Wandlungsprozesse variieren, sondern offensichtlich auch das Verständnis dessen, was „Familie" *ist*, bzw. was heute sinnvollerweise unter dem *Begriff Familie* verstanden werden soll. Als zentrale Bezugsgröße (Normalfamilie) kann die privatisierte („bürgerliche") Kleinfamilie angesehen werden, die sich aus einer großen Vielfalt familialer Lebensformen zu Beginn der Industrialisierung allmählich ausdifferenziert hat (vgl. Peuckert 1999, S. 25). Ihren Höhepunkt hatte diese Entwicklung während der 1950er und 60er Jahre erreicht, in denen die Norm der Eheschließung und Familiengründung auf der Verhaltensebene weithin durchgesetzt war: „Die Wahrscheinlichkeit, überhaupt einmal zu heiraten, betrug zu Beginn der 60er Jahre für die damals 18-jährigen Männer 96 % und für die 16-jährigen Frauen 95 %" (ebd., S. 26).[2] Vom Leitbild dieser „Normalfamilie" wird heute in vielerlei Hinsichten abgewichen (vgl. Abbildung 11).

2 In einer historisch informierten Perspektive beobachten wir in jüngster Zeit also die Aufweichung einer sehr jungen Sonderform mit sehr kurzer Blütezeit. Betrachtet man Wandlungsprozesse ab den 1950er Jahren in der Bundesrepublik *eingedenk* diverser Vorläufer, liegt es wenig nahe, den Wandel – wie Individualisierungstheoretiker es tun – zu dramatisieren. Nimmt man die enorme Variationsbreite von Formen in anderen Kulturen hinzu, ist das noch weit weniger der Fall (vgl. v. Trotha 1994, S. 56).

Abbildung 11:

Merkmale der Normalfamilie	Abweichungen von der Normalfamilie
• verheiratet	• Alleinwohnende („Singles“); • nichteheliche Lebensgemeinschaft
• mit Kind/Kindern	• kinderlose Ehe
• gemeinsamer Haushalt	• getrenntes Zusammenleben („living apart together“)
• 2 leibliche Eltern im Haushalt	• Ein-Eltern-Familie; • binukleare Familie; • Stief- und Adoptivfamilie; • heterologe Inseminationsfamilie
• lebenslange Ehe	• Fortsetzungsehe (sukzessive Ehe)
• exklusive Monogamie	• nichtexklusive Beziehungsformen
• heterosexuell	• gleichgeschlechtliche Paargemeinschaft
• Mann als Haupternährer	• egalitäre Ehe; • Ehe mit Doppelkarriere; • Computer-Ehe; • Hausmänner-Ehe
• Haushalt mit 2 Erwachsenen	• Haushalt mit mehr als 2 Erwachsenen (Drei- und mehr-Generationenhaushalt; Wohngemeinschaft)

Quelle: Peuckert (1999, S. 30); zu Details vergleiche den Beitrag von Peuckert in diesem Band.

Wir verzeichnen im früheren Bundesgebiet zwischen 1972 und 1996:

- einen Anstieg der Einpersonenhaushalte um 84 % (das entspricht einer Erhöhung des Anteils an allen Haushalten von 26 % auf 36 % – 16 % der Bevölkerung lebten und wirtschafteten 1996 allein);
- einen Rückgang der (vollständigen) „Normalfamilie“ um 8 % (bedingt durch den Geburtenrückgang und steigende Scheidungsraten);
- einen Anstieg der Haushalte mit Ein-Eltern-Familien um 23 %;
- eine Abnahme der Drei-oder-mehr-Generationen-Haushalte um 61 % (sie machen 1996 nur noch 1 % aus);
- eine Verzehnfachung der Haushalte mit kinderlosen nicht ehelichen Lebensgemeinschaften (1,1 Mio. 1996);
- eine Verzehnfachung der Anzahl unverheirateter Paare mit Kindern (wobei auch 1996 vier von fünf nichtehelichen Lebensgemeinschaften kinderlos sind) (vgl. Peuckert 1999, S. 32).

Die beobachtbaren Abweichungen führen nun dazu, dass unter dem Begriff Familie Tatbestände in den Blick genommen werden, die „wie Einpersonenhaushalte, kinderlose Ehen oder ‚NELG‘ ohne Kinder mit ‚Familie‘ schlicht und einfach nichts zu tun haben, weil ihnen der konstitutive Kern der Familie, die Beziehung zwischen mindestens einem Elternteil und Kind bzw. Kindern fehlt“ (v. Trotha1994, S. 55). Auch Diefenbach ermittelt als den kleinsten gemeinsamen Nenner die Beziehung zwischen „Ehe- oder Lebens(abschnitts)partnern und ihren biologischen oder sozial anerkannten Kindern“ (Diefenbach 2000, S. 171). Lebensformen, Haushalt, private Beziehungen fallen demnach – solange keine Kinder (oder Eltern) im Spiel sind – nicht unter den Familienbegriff (vgl. auch Vaskovics 1996, S. 36f.). Dann ergibt sich allerdings das Problem, dass die verbreitete Rede vom *Wandel der Familie* irreführend ist. Denn gewandelt hat sich (vor allem im Vergleich mit den 1950er und 60er Jahren) der quantitative Anteil der „Nicht-Familie" oder – wenn man auf Ursachen zurückgeht: das Bildungsverhalten von Mädchen. Deren höhere Bildungsabschlüsse führen zu einem veränderten generativen („Fertilitäts-")Verhalten, in dessen Folge neue Formen der Lebensgestaltung möglich werden. Außerdem ergibt sich das Problem, dass die funktionalen Äquivalente für das familiale Zusammenleben in einem eigentümlichen Licht erscheinen oder gar aus den Betrachtungen herausfallen.

Denn bleibt bei der Zahl der Einpersonenhaushalte gegenwärtig, dass es sich zu einem beträchtlichen Teil um alte (verwitwete) Menschen handelt, also um eine Art „Rest- oder Nicht-mehr-Familie", und berücksichtigt man, dass etwa drei Viertel der jungen nicht verheirateten Paare angeben, einmal Kinder haben zu wollen (vgl. Schneewind 1992, S. 12), also gewissermaßen in einer „vorfamilialen" Situation oder einer „Noch-nicht-Familie" leben, dann ist die Form Familie nach wie vor erstaunlich präsent. Insofern mag es eine Krise der gesellschaftlichen Anerkennung der Institution „Normalfamilie" geben, Familie als „gelebte Wirklichkeit" in einer Vielfalt von Formen ist demgegenüber keineswegs in der „Krise" (vgl. Schneewind 1992, S. 9f.). Selbst bei den neuen Formen sind im übrigen Verrechtlichungen zu beobachten, die zu einer Annäherung führen.

„Gelebte Wirklichkeit" ist aber nicht nur das Abweichende, sondern auch die klassische Normalfamilie, bei der (unter Bezug auf Erwerbstätigkeit) verschiedene „Modelle" unterschieden werden (vgl. Geissler 1996, S. 115f.):

- traditionelle Versorgerehe (Mann voll erwerbstätig, Frau gar nicht, ihr obliegt ganz überwiegend die Hausarbeit oder Mann vollerwerbstätig, Frau geringfügig beschäftigt (auch Heim-/Saisonarbeit));
- modernisierte Versorgerehe ((a) Mann voll erwerbstätig, Frau hat Berufstätigkeit unterbrochen, in der Absicht, sie später wieder aufzunehmen, Familienarbeit wird überwiegend von der Frau erledigt; (b) Mann vollzeit-, Frau teilzeiterwerbstätig, Familienarbeit wird überwiegend von der Frau erledigt);
- Doppelbelastung (beide vollzeiterwerbstätig, Familienarbeit bei der Frau, der Mann „hilft mit");
- Gleichverteilung (beide voll- oder teilzeiterwerbstätig, Familienarbeit wird zusammen erledigt);
- Rollentausch.

Die Mehrheitslösung ist heute die „modernisierte Versorgerehe" in den beiden Varianten. Während sich also die „Normalbiografie" kinderloser Frauen der männlichen angleicht, bedeutet die Familiengründung in der Regel für Mann und Frau ganz Unterschiedliches: Für den Mann eher eine Intensivierung des beruflichen Engagements, (auch) um dem erhöhten Finanzbedarf gerecht zu werden; für die Frau eine Unterbrechung (mindestens Reduzierung) der Erwerbstätigkeit, unter Umständen einen Wechsel der Arbeitsstelle, des Berufs etc. – „Vereinbarung ist biografische Aufgabe der Frau" (vgl. ebd., S. 129).

Allerdings steigen die Ansprüche der Frauen an berufliche und persönliche Selbstentfaltung: „Erwerbstätigkeit ist heute auf der Mikroebene ein wesentlicher Bestandteil weiblicher Lebensplanung und weiblicher Lebensläufe" (Becker-Richter 1999, S. 245). Mit jeder jüngeren Kohorte von Müttern ist (zumindest in der Schweiz) ein rascherer Wiedereinstieg zu beobachten und sehr lange Unterbrechungen oder dauerhafte Familienarbeit gehen zurück (vgl. Baumgartner 2003, S. 18). Dabei hat sich Teilzeitarbeit zu einer wichtigen – allerdings polarisierten – Erwerbsform von Müttern entwickelt: Frauen mit guter schulischer Ausbildung und beruflichem Einstieg in moderne Sektoren des Beschäftigungssystems haben gegenüber vollbeschäftigten Müttern keine Nachteile, während gering Qualifizierte, oft Anbieterinnen haushaltsnaher Dienstleistungen, sich von einer beruflichen Karriere (und Weiterbildungsmöglichkeiten) durch ihre Tätigkeit immer weiter entfernen (vgl. ebd., S. 23).

Unter dem Gesichtspunkt familialer Lebenslagen adressiert Weiterbildung sich also an Angehörige von

- Nicht-Familien, also Menschen, die allein oder zu zweit kinderlos bleiben;
- unvollständigen Familien in drei Varianten:
  a) allein Lebende mit Kindern oder alten Eltern in eigenem Haushalt,
  b) allein Erziehende,
  c) kinderlose Paare mit aufgeschobenem Kinderwunsch,
- Familien.

Erstgenannte spielen (unter dem Gesichtspunkt von Familie) nur insoweit eine Rolle, als auch die verschmähte Option als solche gegenwärtig bleibt und im Sinne des Versäumnisses virulent werden kann – zumal die Form Familie im weiten Sinne immer noch großen Zuspruch erfährt.

Bei unvollständigen Familien des Typus (a) wird – gerade vor dem Hintergrund des Bedeutungszuwachses vertikaler Generationenbeziehungen – die existenzielle Problematik des späten Alterns eine immer größere Rolle spielen. Allein Erziehende dürften – solange die Kinder noch unselbstständig sind – infrastrukturelle Unterstützung benötigen, um überhaupt an Weiterbildung teilnehmen zu können. Künftige Familien werden erst als solche sichtbar, wenn sie den latenten Kinderwunsch in die Tat umgesetzt haben.

Menschen, die in klassischen Familienkonstellationen leben, haben zunächst mit der „strukturellen Rücksichtslosigkeit" gesellschaftlicher Verhältnisse gegenüber Familien (vgl. Peuckert 1999, S. 301ff.) umzugehen. So hat sich die Zahl im Haushalt lebender Kinder in jüngster Zeit zu einem wesentlichen Element sozialer Ungleichheit entwickelt: „Das Pro-Kopf-Einkommen einer 1-Kind-Familie im früheren Bundesgebiet beträgt heute durchschnittlich 60 % des Pro-Kopf-Einkommens eines kinderlosen Ehepaares. Eine Familie mit 2 Kindern verfügt noch über die Hälfte und eine 3-Kind-Familie über etwa 40 % des Pro-Kopf-Einkommens kinderloser Ehepaare" (ebd., S. 302f.). Die Anzahl der Kinder wirkt sich nachhaltiger auf die Einkommenssituation aus als der Bildungsstatus und die berufliche Position. Gerade deshalb brauchen sie Orte, an denen sie die gewählte Lebensform im Austausch mit anderen als attraktiv erfahren können. Schließlich sind sie auf Rahmenbedingungen und Weiterbildungsangebote angewiesen, die es ihnen auch bei vorübergehendem Ausscheiden aus der Erwerbstätigkeit und/oder Teilzeitbeschäftigung ermöglichen, Anschluss zu halten.

5. Familie als Ziel

In einer institutionalisierten Form gibt es familienbezogene Weiterbildung in Deutschland etwa seit dem Ersten Weltkrieg. Säuglingspflegekurse und Mütterschulen widmeten sich der Schwangerschafts-/Geburtsproblematik und der Kleinkinderziehung (vgl. Hargasser 1975, S. 220ff.). Hauswirtschaftliche Aspekte, also Kochen, Nähen, Flicken, kamen allmählich hinzu. Im Nationalsozialismus wurden vorhandene Institutionen in das „Deutsche Frauenwerk“ eingegliedert und – wie die anderen Bildungsinstitutionen – im Sinne der Ideologie instrumentalisiert. Nach dem zweiten Weltkrieg waren vor allem die evangelischen und katholischen Kirchenverbände sowie freie Wohlfahrtsverbände Träger der Mütterschulen. Vom Grundverständnis der Frauenrolle her gesehen, blieb die Orientierung eng – Bildungsziel war die Entfaltung der „wesensmäßigen Anlagen der Frau zur Pflege lebendigen christlichen Familiengeistes“ (ebd., S. 222) – ansonsten weitete sich die Perspektive über den engeren häuslichen/hauswirtschaftlichen Bereich hinaus: Die Einrichtungen verstanden sich immer mehr als solche der Erwachsenenbildung, die soziale, pädagogische und kulturelle Ziele verfolgen (ebd.). Während der 1960er und 70er Jahre wurde stärker die Situation der Familie insgesamt, also nicht mehr in erster Linie der Frauen/Mütter berücksichtigt – das schlug sich in der Umbenennung von Mütterschulen in Familienbildungsstätten nieder. Die helfende/unterstützende Komponente wurde gleichwohl mitgeführt. Rechtlich finden diese Tradition und Aufgabenbestimmung ihren Ausdruck darin, dass Familienbildung sowohl über die Erwachsenenbildungsgesetze der Länder als auch über das Kinder- und Jugendhilfegesetz gefördert wird. Bis heute hat sich das Angebotsspektrum der Familienbildungsstätten stets weiter ausdifferenziert, enthält auch Elemente politischer, ökologischer und beruflicher Bildung; im Zentrum der Aktivitäten stehen allerdings nach wie vor Erziehungs-/Entwicklungs-/Gesundheitsprobleme in der *jungen* Familie (vgl. Schiersmann u. a. 1998, S. 104ff.).

5.1 Neue Anforderungen an Familie

Während zeitdiagnostisch inspirierte Debatten vielfach den Eindruck erwecken, die Familie verliere immer mehr an Bedeutung, wird sie von anderer Seite in sehr starkem Maße für die Lösung von Problemen bzw. präventiv im Sinne der Vermeidung künftiger Probleme in Anspruch genommen. Das gilt in unterschiedlichen Dimensionen: auf der Ebene einzelner Organisationen/Unternehmen, der regionalen Ebene, der Volkswirtschaft und des gesamten Erdkreises.

- So wird etwa mit Verweis auf die enormen Folgekosten privater Probleme am Arbeitsplatz bei Unternehmen dafür geworben, MitarbeiterInnen zu „Familienakademien“ zu schicken, in denen das „Management“ des „Unternehmens“ Familie trainiert wird.
- Oder es wird auf die erhebliche Bedeutung der Familie bei der Bildung „regionalen Humankapitals“ verwiesen (vgl. Heuwinkel 1999, S. 12f.).
- Nicht zuletzt angestoßen durch die Ergebnisse der PISA-Studie wird eine „Professionalisierung“ der Familie gefordert, denn: „Eltern sind die andere Seite des Problems, das wir als ‚Überforderung der LehrerInnen‘ öffentlich bereits diskutieren“ (Priddat 2003, S. 23). Demnach leisten wir uns eine romantische Konzeption der Familie, die wir uns nicht mehr leisten können. Die moderne Kleinfamilie, in der unter Umständen auch noch beide Elternteile berufstätig sind, ist als „Organisation“ überlastet, ihr fehlen die personellen Ressourcen, die in früheren, clanartig strukturierten Formen noch gegeben waren. Deshalb benötigt die Familie, der nach wie vor (im Vergleich mit Schulen) der größere Teil der „Humankapitalbildung“ obliegt, Komplementärinstanzen, um ihrem Auftrag (besser) gerecht werden zu können.

- Schließlich werden der Haushalt/die Hauswirtschaft als zentrale Keimzellen betrachtet, deren Orientierungen und alltägliche Praxen bis in globale Zusammenhänge hinein folgenreich sind. Denn nicht nur über Armut oder Gesundheit, sondern auch über die Chancen von Nachhaltigkeit wird wesentlich bereits auf der Ebene des Haushalts „entschieden". Haushaltsbezogene Bildung für eine „neue Hauswirtschaft" könnte demnach Wirkungen entfalten, die weit über den Familienkreis hinaus reichen (vgl. Thiele-Wittig 2003, Piorkowsky 2003).

Solche Zusammenhänge lassen sich argumentativ stringent entfalten und werden zur Legitimation familienbildnerischer Aktivitäten herangezogen. Sie bergen allerdings zugleich die Gefahr der Überforderung von Familienbildung in sich, ähnlich wie dies im Bereich der allgemeinen und politischen Erwachsenen- und der beruflichen bzw. betrieblichen Weiterbildung der Fall ist, wenn sie für alle nur erdenklichen gesellschaftlichen Probleme in Anspruch genommen werden. Unter Berücksichtigung einiger Aspekte, die unter den Stichworten Familie als Ressource und als Form erörtert wurden, lassen sich Differenzierungen vornehmen.

Menschen, insbesondere Frauen, die nicht zuletzt bedingt durch wenig unterstützende Erfahrungen in ihren Herkunftsfamilien einen besonders ungünstigen Pfad für ihre eigene Familie „gewählt" haben, dürften mit Bildungsangeboten *allein* eher überfordert sein. Sie können die kumulierten Benachteiligungen bestenfalls unter Inanspruchnahme von Beratung, Hilfen und gezielter Förderung ausgleichen. Aber auch die besonderen Lebensumstände qualifizierter Mütter (oder Väter), die sich (vorübergehend) für Teilzeitarbeit entscheiden, erfordern besondere Angebote. Insofern wird es künftig auf eine stärkere wechselseitige Bezugnahme bisher eher getrennt agierender Institutionen (etwa Bildungseinrichtungen, Betriebe) ankommen – Familienbildung wird mehr sein als das, was in Familienbildungsstätten geschieht.

5.2 Familienbildung und unternehmerische Personalpolitik

Hier setzt etwa die „Gemeinnützige Hertie-Stiftung" mit ihren Bemühungen an, Unternehmen bei der Entwicklung einer familienbewussten Personalpolitik, die *alle* Beschäftigten, ausdrücklich Frauen *und* Männer im Blick hat, zu unterstützen.[3] Sie geht davon aus, dass eine solche in allen personalpolitischen Handlungsfeldern möglich und sinnvoll ist, etwa bei Regelungen betreffs:

- Arbeitszeit[4]
- Arbeitsinhalte und Arbeitsabläufe
- Arbeitsort
- Informations- und Kommunikationspolitik
- Führung
- Personalentwicklung
- Entgeltbestandteile und geldwerte Leistungen
- flankierender Service für Familien (vgl. Gemeinnützige Hertie-Stiftung 1999, S. 8).

3 Ähnlich gerichtete Aktivitäten gibt es auch vom Bundesministerium für Familie, Senioren, Frauen und Jugend (vgl. etwa BMFSFJ 2001). Einen Einblick in (ältere) einschlägige Modellprojekte gibt Fleige (1994).

4 Zur vielschichtigen Problematik der Lern- und Arbeitszeiten, die hier nicht ausgeführt werden kann, vgl. etwa Faulstich (2002).

Am Beispiel des Handlungsfeldes „Personalentwicklung" lässt sich dies konkretisieren; es liegt im Interesse von Unternehmen *und* Beschäftigten, wenn:

- bei der individuellen und lebensphasenorientierten Personalentwicklungs- und bei der Fortbildungsplanung die Vereinbarkeit von Beruf und Familie berücksichtigt wird,
- Teilzeitbeschäftigte und Erziehungsurlauber an Weiterbildungsmaßnahmen teilnehmen (können),
- eine Kinderbetreuung bei Weiterbildungsmaßnahmen gewährleistet wird,
- Trainee-Programme bei Wiedereinstieg in die Erwerbstätigkeit angeboten werden,
- das „Selbstmanagement", also die alltägliche Organisation von Zeit und Arbeitsabläufen am Arbeitsplatz und in der Familie gefördert wird.

Auch für die vielfältigen Weiterbildungsaktivitäten außerhalb der Unternehmen sind nach allen Erfahrungen „unterstützende Strukturen" erforderlich, um gerade denen, die bislang von Weiterbildungsangeboten kaum erreicht werden, einen Zugang zumindest zu erleichtern (vgl. dazu Faulstich u. a. 1991). Gerade für Familienbildungsstätten dürften Angebote wichtiger werden, die Bildung, Beratung und Betreuung miteinander verknüpfen.

6. Perspektiven

Unter dem Gesichtspunkt „Familie als Form" sind Lebens- und Problemlagen erörtert worden, die eine Vergewisserung über das Angebotsprofil von Familienbildungsstätten nahe legen:

- Konzentriert man sich weiterhin vor allem auf die „klassische" (junge) Normalfamilie, übersieht man zunächst die wachsende Zahl von Menschen, die gewissermaßen Familien im Wartestand, potenzielle/wahrscheinliche Familien darstellen. Sie werden von all den Angeboten, die Vollzug voraussetzen, nicht erreicht, leben aber gleichwohl mit Unsicherheiten, Wissensdefiziten, Orientierungs- und Entscheidungsproblemen, die sich wesentlich auf familiale Lebensformen beziehen.
- Auch die wachsende Bedeutung *vertikaler* Generationenbeziehungen legt eine erweiterte Perspektive nahe. Allein oder im Familienverbund Lebende mittleren bis fortgeschrittenen Alters werden oftmals kurzfristig und ohne Vorwarnung mit Pflege- und Betreuungsproblemen ihrer Eltern oder älterer Verwandter konfrontiert. Mit solchen Situationen sind erhebliche Informations-, Beratungs- und Kommunikationsprobleme (im Sinne eines Austausches mit anderen) verbunden, die gegenwärtig nicht hinreichend beachtet werden. Es sind Entscheidungen in komplexen Gemengelagen mit weit reichenden, durchaus existenziellen Konsequenzen zu treffen, und auch wenn diese Entscheidungen getroffen sind, bleiben Probleme bestehen – es handelt sich also geradezu „klassisch" um Situationen, in denen Bildungsangebote sinnvoll unterbreitet werden.
- Schließlich könnte der Befund einer tendenziellen Polarisierung zwischen familialen Lebensformen und solchen anderer Art – in Verbindung mit der „strukturellen Rücksichtslosigkeit" gesellschaftlicher Verhältnisse gegenüber Familien – zur Entwicklung neuer Formen von Familienbildung Anlass geben. Gemeinhin wird Bildung in einem eher *belehrenden*, durchaus Verunsicherung einschließenden Gestus betrieben. Die gegenwärtige Situation von Menschen, die sich für eine familiale Lebensform im engeren Sinne entschieden haben, könnte Orte und Ereignisse der *Bestätigung* attraktiv werden

lassen, Orte also, an denen man mit anderen den Eindruck gewinnen kann, das, was man tut, sei gut und richtig.

Die durch den verfrühten Abgesang auf die Familie eher verdeckte Vielfalt und Komplexität (neuer) familialer Lebensformen im weiteren Sinne führt also keineswegs dazu, dass der Familienbildung die Adressaten verloren gehen. Vielmehr bringt sie neue Aufgaben für ein allerdings erweitertes Verständnis familienorientierter Weiterbildung hervor. Für einen Teil der skizzierten Problemlagen ist „Bildung" sicherlich ein adäquates Angebot, bei anderen müssen Voraussetzungen im Bereich der Arbeits(zeit)gestaltung, der Kinderbetreuung, Beratung etc. geschaffen werden, damit dieses Angebot wahrgenommen werden kann. Auf Problemlagen, die auf schwache Ressourcen der Herkunftsfamilie, auf die Generationen übergreifende Reproduktion eines schwierigen Erbes zurückgehen, ist das deutsche Weiterbildungssystem allerdings nicht eingestellt.

Literatur

Allmendinger, J. u. a., 2001: Gemeinsam leben, getrennt wirtschaften? Chancen und Grenzen der Individualisierung in Paarbeziehungen. In: Beck, U./Bonß, W.: Die Modernisierung der Moderne. Frankfurt am Main, S. 203-215.

Baethge, M./Baethge-Kinsky, V., 2002: Arbeit – die zweite Chance. In: Kompetenzentwicklung 2002, hrsg. v. Arbeitsgemeinschaft betriebliche Weiterbildungsforschung. Münster, S. 69-140.

Barz, H., 2000: Weiterbildung und soziale Milieus. Neuwied/Kriftel.

Baumgartner, A.D., 2003: Erwerbsverläufe von Frauen mit Kindern. Bern/Aarau.

Beck, U., 1986: Risikogesellschaft. Auf dem Weg in andere Moderne. Frankfurt am Main.

Beck-Gernsheim, E. ,1994: Auf dem Weg in die postfamiliale Familie – Von der Notgemeinschaft zur Wahlverwandtschaft. In: Beck, U./Beck-Gernsheim, E.: Riskante Freiheiten. Individualisierung in modernen Gesellschaften. Frankfurt am Main, S. 115-138.

Beck-Gernsheim, E., 1998: Was kommt nach der Familie? Einblicke in neue Lebensformen. München.

Becker-Richter, M., 1999: Berufliche Weiterbildung und der Wandel im Geschlechterverhältnis. Eine empirische Studie der Strukturen beruflicher Weiterbildung, des individuellen Handelns und der Deutungsmuster älterer Weiterbildungsteilnehmerinnen. Bad Iburg.

Bertram, H., 1995: Die Sicherheit privater Beziehungen. In: Bertram, H. (Hrsg.): Das Individuum und seine Familie. Lebensformen, Familienbeziehung und Lebensereignisse im Erwachsenenalter. Opladen, S. 91-123

Bourdieu, P., 1981: Klassenschicksal, individuelles Handeln und das Gesetz der Wahrscheinlichkeit. In: Bourdieu, P. u. a.: Titel und Stelle. Über die Reproduktion sozialer Macht. Frankfurt am Main, S. 169-226.

Bourdieu, P., 2001: Meditationen. Zur Kritik der scholastischen Vernunft. Frankfurt am Main.

BMFSFJ (Bundesministerium für Familie, Senioren, Frauen und Jugend) (Hrsg.), 1995: Familien und Familienpolitik im geeinten Deutschland – Zukunft des Humanvermögens. Fünfter Familienbericht. Bonn.

BMFSFJ (Bundesministerium für Familie, Senioren, Frauen und Jugend) (Hrsg.), 2001: Familienfreundliche Maßnahmen im Betrieb. Eine Handreichung für Unternehmensleitungen, Arbeitnehmervertretungen und Beschäftigte. Bonn.

Bundesinstitut für Berufsbildung, 1996: Schaubilder zur Berufsbildung, Ausgabe 1996, Bd. 2, Weiterbildung. Bielefeld.

Bundesministerium für Bildung und Forschung 2004 (Hrsg.): Grund- und Strukturdaten 2003/2004. Bonn/ Berlin.

Burkart, G./Kohli, M., 1989: Ehe und Elternschaft im Individualisierungsprozess: Bedeutungswandel und Milieudifferenzierung. In: Zeitschrift für Bevölkerungswissenschaft, 15. Jg., H. 4, S. 405-426.

Deutscher Bildungsrat 1973: Strukturplan für das Bildungswesen. Stuttgart.

Diefenbach, H., 2000: Stichwort: Familienstruktur und Bildung. In: Zeitschrift für Erziehungswissenschaft, 3. Jg., H. 2, S. 169-187.

Diekmann, A., 1990: Der Einfluss schulischer Bildung und die Auswirkungen der Bildungsexpansion auf das Heiratsverhalten. In: Zeitschrift für Soziologie, 19. Jg., H. 4, S. 265-277.

Dohmen, G., 2001: Das informelle Lernen. Bonn.

Friebel, H., 1993: Der gespaltene Weiterbildungsmarkt und die Lebenszusammenhänge von Teilnehmer/-innen. In: Friebel, H. u. a.: Weiterbildungsmarkt und Lebenszusammenhang. Bad Heilbrunn, S. 1-53.

Faulstich, P. u. a., 1991: Bestand und Perspektiven der Weiterbildung. Das Beispiel Hessen. Weinheim.

Faulstich, P. (Hrsg.), 2002: Lernzeiten. Für ein Recht auf Weiterbildung. Hamburg.
Fleige, W., 1994: Vereinbarkeit von Familie und Beruf. Anstöße zu einer innovativen Familienbildung. In: Erwachsenenbildung, 40. Jg., H. 1, S 31-33.
Geissler, B., 1996: Arbeitswelt, Familie und Lebenslauf. Das Vereinbarungsdilemma und der Wandel im Geschlechterverhältnis. In: Vaskovics, L./Lipinski, H.: Familiale Lebenswelten und Bildungsarbeit, Interdisziplinäre Bestandsaufnahme 1. Opladen, S. 111-152.
Gemeinnützige Hertie-Stiftung zur Förderung von Wissenschaft, Erziehung, Volks- und Berufsbildung (Hrsg.), 1999: Unternehmensziel: Familienbewusste Personalpolitik. Ergebnisse einer wissenschaftlichen Studie. Köln, S. 7-37.
Große-Venhaus, G./Müller, A., 1990: Familienbildung und Erwerbstätigkeit im demographischen Wandel. Ergebnisse des Mikrozensus zum Spannungsverhältnis zwischen Familie und Beruf. In: Statistische Rundschau für das Land Nordrhein-Westfalen, 42. Jg., H. 5, S. 315-322.
Hargasser, F., 1975: Geschichte der Einrichtungen für Ehe- und Familienbildung. In: Pöggeler, F. (Hrsg.): Geschichte der Erwachsenenbildung (Handbuch der Erwachsenenbildung Bd. 4). Stuttgart u. a., S. 218-229.
Heinz, W., 1995: Arbeit, Beruf und Lebenslauf. Eine Einführung in die berufliche Sozialisation. München.
Herlyn, I., 1993: Begrenzte Freiheit – Familienfrauen nach ihrer aktiven Mutterschaft. Eine Untersuchung von Individualisierungschancen in biografischer Perspektive. Bielefeld.
Heuwinkel, D., 1999: Familienbezogene Dienste und Entwicklung des Humanpotenzials. In: Landesinstitut für Schule und Weiterbildung (Hrsg.): Familienbildung 2010. Orientierungsrahmen für die Weiterentwicklung familienbezogener Dienste. Soest, S. 12-19.
Höpflinger, F./Charles, M./Debrunner, A., 1991: Familienleben und Berufsarbeit. Zum Wechselverhältnis zweier Lebensbereiche. Zürich.
Huinink, J., 1989: Ausbildung, Erwerbsbeteiligung von Frauen und Familienbildung im Kohortenvergleich. In: Wagner, G./Ott, N./Hoffmann-Nowotny, H.-J. (Hrsg.): Familienbildung und Erwerbstätigkeit im demographischen Wandel. Berlin/Heidelberg, S. 136-158.
Klein, T., 1989: Bildungsexpansion und Geburtenrückgang. Eine kohortenbezogene Analyse zum Einfluss veränderter Bildungsbeteiligung auf die Geburt von Kindern im Lebensverlauf. In: Kölner Zeitschrift für Soziologie und Sozialpsychologie, 41. Jg., H. 3, S. 483-503.
Klein, T., 1999: Verbreitung und Entwicklung Nichtehelicher Lebensgemeinschaften im Kontext des Wandels partnerschaftlicher Lebensformen. In: Klein, T./Lauterbach, W. (Hrsg.): Nichteheliche Lebensgemeinschaften. Analysen zum Wandel partnerschaftlicher Lebensformen. Opladen, S. 63-94.
Klein, T./Lauterbach, W., 1994: Bildungseinflüsse auf Heirat, die Geburt des Kindes und die Erwerbsunterbrechung von Frauen. Eine empirische Analyse familienökonomischer Erklärungsmuster. In: Kölner Zeitschrift für Soziologie und Sozialpsychologie 46. Jg., H. 2 , S. 278-299.
Knoll, J.H., 1990: Erwachsenenbildung. In: Materialien zur Lage der Nation, hrsg. v. Bundesministerium für innerdeutsche Beziehungen. Bonn, S. 490-509.
Kuwan, H. u. a., 2003: Berichtssystem Weiterbildung VIII, hrsg. v. Bundesministerium für Bildung und Forschung. Bonn.
Kuwan, H./Thebis, F., 2005: Berichtssystem Weiterbildung IX, hrsg. v. Bundesministerium für Bildung und Forschung. Bonn/Berlin.
Loeber-Pautsch, U., 1993: Familie und Weiterbildung. Die familiale Situation Erwachsener und ihre Bedeutung für die Weiterbildung. Oldenburg.
Meyer, T., 1993: Der Monopolverlust der Familie. Vom Teilsystem Familie zum Teilsystem privater Lebensformen. In: Kölner Zeitschrift für Soziologie und Sozialpsychologie, 45. Jg., H. 1, S. 23-40.
Peuckert, R., 1999: Familienformen im sozialen Wandel. Opladen.
Priddat, B., 2003: Familien, organisiert. In: neue deutsche schule, H. 1, S. 22-24.
Piorkowsky, M.-B.: Neue Hauswirtschaft für die postmoderne Gesellschaft. In: Aus Politik und Zeitgeschichte, B 9/24.02.2003, S. 7-13.
Rerrich, M., 1994: Zusammenfügen, was auseinander strebt: Zur familialen Lebensführung von Berufstätigen. In: Beck, U./Beck-Gernsheim, E. (Hrsg.): Riskante Freiheiten. Individualisierung in modernen Gesellschaften. Frankfurt am Main, S. 201-218.
Schiersmann, C. u. a., 1998: Innovationen in Einrichtungen der Familienbildung. Eine bundesweite empirische Institutionenanalyse. Opladen.
Schneewind, K., 1992: Familien zwischen Rhetorik und Realität: eine familienpsychologische Perspektive. In: Schneewind, K./Rosenstiel, L. v.: Wandel der Familie. Göttingen, S. 9-35.
Schröder, H/Schiel, St./Aust, F. 2004: Nichtteilnahme an beruflicher Weiterbildung, hrsg. v. der Expertenkommission Finanzierung Lebenslangen Lernens. Bielefeld.
Thiele-Wittig, M., 2003: Kompetent im Alltag: Bildung für Haushalt und Familie. In: Aus Politik und Zeitgeschichte, B 9, S. 3-6.
Trotha, T.v., 1994: Pluralisierung familialer Lebensformen? In: Vascovics, L.A./Garhammer, M. (Hrsg.): Soziologie familialer Lebenswelten (Soziologische Revue: Sonderheft 3). München, S. 55-60.

Vaskovics, L., 1996: Veränderte Familien- und Lebensformen: Entscheidungsfeld und Optionen. In: Vaskovics, L./Lipinski, H.: Familiale Lebenswelten und Bildungsarbeit, Interdisziplinäre Bestandsaufnahme 1. Opladen, S. 35-68.

Weinberg, J., ²1990: Einführung in das Studium der Erwachsenenbildung. Bad Heilbrunn.

Wittpoth, J., 1994: Rahmungen und Spielräume des Selbst. Frankfurt am Main.

Wittpoth, J. 1997: Grenzfall Weiterbildung. In: Lenzen, D./Luhmann, N. (Hrsg.): Bildung und Weiterbildung im Erziehungssystem. Frankfurt am Main, S. 71-93.

Wittpoth, J., 2003a: Einführung in die Erwachsenenbildung. Opladen.

Wittpoth, J., 2003b: (Weiter-)Bildungssystem und Systembildung. In: Nittel, D./Seitter, W. (Hrsg.): Die Bildung des Erwachsenen. Bielefeld, S. 53-67.

Wittpoth, J., 2003c: ‚Lernkulturen' einst und jetzt. In: Brödel, R./Siebert, H. (Hrsg.): Ansichten zur Lerngesellschaft. Baltmannsweiler, S. 155-164.

Familienbildung

Martin R. Textor

1. Einleitung

In einer kinderarmen und -feindlichen Gesellschaft haben es Eltern schwer: Zum einen haben sie als Jugendliche und junge Erwachsene kaum Erfahrungen mit Säuglingen und Kleinkindern gesammelt, mangelt es in ihrem sozialen Netz an Menschen mit etwas älteren Kindern, von deren Erziehungswissen und Erfahrungen mit Kindern sie profitieren könnten. So wissen junge Paare wenig über Schwangerschaft, Geburt, Säuglingspflege und Kindererziehung. Zum anderen erleben Eltern immer mehr sozialen Druck hinsichtlich des Verhaltens ihrer Kinder in der Öffentlichkeit: Diese sollen leise, ruhig und brav sein – sich also erwachsenengemäß und nicht „kindlich" verhalten. Hinzu kommt der Leistungsdruck, den sich Eltern selbst machen (das einzige Kind bzw. die beiden Kinder sollen möglichst „perfekt" werden), oder der von außen kommt (hohe Erwartungen seitens der ErzieherInnen und LehrerInnen).

Auch sind Eltern zunehmend verunsichert, denn sie haben in einer Zeit miteinander konkurrierender Leitbilder, Werte und Erziehungsstile eine Unmenge an Optionen: „Viele Wahlmöglichkeiten bieten auch viele Möglichkeiten, Fehler zu machen. Ständig müssen Eltern Entscheidungen treffen. Papierwindeln oder Stoffwindeln? Stillen oder Fläschchen? Autoritär oder laisser faire erziehen? Dazu kommt die zunehmende Psychologisierung der Gesellschaft. Dinge, die man früher als Kleinigkeiten betrachtete, die sich auswachsen, gelten heute als therapiebedürftige Fehlentwicklungen" (Lewicki 2001, S. 77).

Erschwerend kommt hinzu, dass Eltern (beruflich) stark belastet sind, immer weniger Zeit für familiale Belange haben (längere Arbeitszeiten, Erwerbstätigkeit von Müttern) und bei Problemen oft nicht mehr auf funktionierende soziale Netzwerke zurückgreifen können (z. B. können entfernt lebende oder vollerwerbstätige Großeltern bzw. Freunde nicht kurzfristig helfen). Da immer mehr Druck auf Eltern lastet, mangelt es ihnen einerseits an Gelassenheit ihren Kindern gegenüber, andererseits übertragen sich ihre Nervosität und Gestresstheit auf diese.

Auf Grund dieser hier nur angedeuteten Lebensbedingungen überrascht es nicht, dass rund ein Drittel aller Ehen scheitert, dass viele Eltern mit der Erziehung ihrer Kinder überfordert sind und dass viele Kinder in ihren Familien Verhaltensauffälligkeiten entwickeln. Familienerziehung gelingt besonders häufig dann nicht, wenn starke bzw. lang andauernde Belastungen hinzukommen (z. B. Ehekonflikte, Trennung und Scheidung, allein Erzieherschaft, das Vorhandensein von behinderten bzw. pflegebedürftigen Familienmitgliedern, Arbeitslosigkeit, Armut, Suchtmittelmissbrauch, Integrationsprobleme auf Grund ausländischer Herkunft usw.).

Die Kinder- und Jugendhilfe ist deshalb immer mehr gefordert, Eltern zu unterstützen und verhaltensauffälligen bzw. psychisch gestörten Kindern zu helfen. „Insbesondere seit der Mitte der 1990er Jahre verzeichnet die Kinder- und Jugendhilfe einen starken Anstieg der Inanspruchnahme von stationären Leistungen, wie auch eine zunehmend starke Nutzung der Notaufnahmeeinrichtungen. Dies bedeutet, dass die Entwicklung von familiären Kompetenzen und sozialen Netzwerken nicht Schritt gehalten hat mit dem Druck, der durch äußere und innere Faktoren auf den Familien lastet" (Freie Hansestadt Bremen/Der Senator für Arbeit, Frauen, Gesundheit, Jugend und Soziales 2003, S. 64f.).

Sinnvoller wäre es natürlich, Fehlentwicklungen frühzeitig durch *präventive Maßnahmen* zu verhindern. Dazu werden Ehevorbereitung, Ehe- und Familienbildung gerechnet, durch die jungen Paaren bzw. Eltern Informationen, Fertigkeiten und Haltungen vermittelt werden sollen, die für das Zusammenleben mit dem Partner und (später) mit dem Kind relevant sind. Diese Erkenntnis ist nicht neu – beispielsweise entstanden ab 1916 die ersten Mütterschulen, um junge Mütter über die körperliche, seelische und geistige Entwicklung von (Kleinst-)Kindern zu informieren und um sie über Säuglingspflege und -ernährung zu unterrichten. Später wurde auf die zunehmende Erwerbstätigkeit von Frauen und die Emanzipationsbewegung reagiert: „Die Mütterschulen öffneten sich den Vätern, wurden zu Elternschulen, die sich zu Beginn der Sechzigerjahre dann die Bezeichnung Familienbildungsstätten gaben, damit die Zielgruppe Familie mit Müttern, Vätern und Kindern deutlich machend" (Schuster 1984, S. 3). Aber auch in anderen Institutionen – z. B. Kirchen, Kindergärten, Volkshochschulen und (Wohlfahrts-)Verbänden – sowie im Medienbereich (Ehe- und Elternratgeber) hat die Familienbildung eine lange Tradition.

2. Rechtsgrundlage

1990/91 wurde erstmals die präventive Maßnahme „Familienbildung" *bundeseinheitlich als Aufgabe der Kinder- und Jugendhilfe gesetzlich geregelt*, und zwar in § 16 SGB VIII (Kinder- und Jugendhilfegesetz) mit dem Titel „Allgemeine Förderung der Erziehung in der Familie". Die Absätze 1 und 2 Nr. 1 lauten: „(1) Müttern, Vätern, anderen Erziehungsberechtigten und jungen Menschen sollen Leistungen der allgemeinen Förderung der Erziehung in der Familie angeboten werden. Sie sollen dazu beitragen, dass Mütter, Väter und andere Erziehungsberechtigte ihre Erziehungsverantwortung besser wahrnehmen können. (2) Leistungen zur Förderung der Erziehung in der Familie sind insbesondere 1. Angebote der Familienbildung, die auf Bedürfnisse und Interessen sowie auf Erfahrungen von Familien in unterschiedlichen Lebenslagen und Erziehungssituationen eingehen, die Familie zur Mitarbeit in Erziehungseinrichtungen und in Formen der Selbst- und Nachbarschaftshilfe besser befähigen sowie junge Menschen auf Ehe, Partnerschaft und das Zusammenleben mit Kindern vorbereiten ..."

Die ersten Worte von Absatz 1 verdeutlichen die Zielgruppen: „Mütter" und „Väter", einschließlich Väter nichtehelich geborener Kinder und Adoptiveltern, „andere Erziehungsberechtigte" wie nichteheliche Lebenspartner oder Stiefeltern sowie „junge Menschen", also Personen im Alter bis unter 27 Jahren (§ 7 Abs. 1 Nr. 4 SGB VIII). Die ihnen anzubietenden Leistungen sollen dazu beitragen, dass sie „ihre Erziehungsverantwortung besser wahrnehmen können". Die Angebote werden an keinerlei Voraussetzungen und Bedingungen geknüpft. So ist offensichtlich, dass Familien generell in ihrer Funktion als Erziehungsinstanz gestärkt werden sollen – unabhängig von der Familienform, der Schichtzugehörigkeit, dem Vorhandensein einer Problemlage oder eines erzieherischen Bedarfs. Hier wird deutlich, wie wichtig die Prävention im Kinder- und Jugendhilfegesetz genommen wird.

Aus § 16 Abs. 1 SGB VIII geht hervor, dass es sich bei den Maßnahmen der allgemeinen Förderung der Familienerziehung um Soll-Leistungen handelt. Dies wird im Frankfurter Lehr- und Praxiskommentar zum SGB VIII wie folgt erläutert: „Das bedeutet, dass *im Regelfall* die Leistung zu erbringen ist und für den Fall der Ausnahme eine zwingende Begründung vorliegen muss, die sich aus der Natur der Sache ableitet. Finanzmangel z. B. ist kein atypischer Umstand ... Beweispflichtig für den Ausnahmefall ist der öffentliche Träger (BVerwGE 56, 200 und 223; 64, 318 und 323)" (Münder u. a. 1993, S. 151).

In § 16 Abs. 2 SGB VIII werden dann mögliche Leistungen zur allgemeinen Förderung der Erziehung in der Familie aufgelistet. Laut Nr. 1 soll Familienbildung „auf Bedürfnisse und Interessen sowie auf Erfahrungen von Familien in unterschiedlichen Lebenslagen und Erziehungssituationen eingehen", also der Pluralisierung der Familienformen entsprechen und teilnehmerorientiert sein. Ferner soll Familienbildung „die Familie zur Mitarbeit in Erziehungseinrichtungen" befähigen. Dies bedeutet, dass Eltern über ihre Rechte in Kindertagesstätten und Schulen sowie eine qualitativ gute Bildung, Erziehung und Betreuung informiert werden sollen. Sie benötigen Unterstützung beim Erwerb relevanter Kompetenzen. Ähnliches gilt für die Rechtsvorschrift, dass Familien durch Familienbildung zur Mitarbeit „in Formen der Selbst- und Nachbarschaftshilfe" befähigt werden sollen (§ 16 Abs. 2 Nr. 1 SGB VIII). Neben der Information über solche Angebote sollen relevante Kenntnisse und Fertigkeiten vermittelt werden, die z. B. Rechtsgrundlagen, Gruppendynamik oder Kommunikationsverhalten umfassen können.

Schließlich sollen junge Menschen durch Angebote der Familienbildung „auf Ehe, Partnerschaft und das Zusammenleben mit Kindern" vorbereitet werden. Das heißt: „Für die erfolgreiche Ausgestaltung späterer Partner-, Ehegatten- und Elternrollen notwendige Kenntnisse, Kompetenzen, Einstellungen, Werte, Leitbilder usw. sollen ... von jungen Menschen jeder Altersstufe mithilfe von Familienbildung erworben werden. Hierzu gehören z. B. soziale, kommunikative und Konfliktlösefertigkeiten, Haltungen gegenüber dem anderen Geschlecht, die Fähigkeit zu Intimität und ein entwicklungspsychologisches Grundwissen. Erste Grundlagen können schon im Kindergartenalter vermittelt werden" (Textor 1996, S. 24).

Neben dem SGB VIII sind Ausführungsgesetze und Verwaltungsvorschriften der Bundesländer weitere wichtige Rechtsgrundlagen für die Familienbildung. Sie regeln zumeist Ziele und Inhalte, Voraussetzungen und Umfang der Förderung, Antragstellung und Abrechnungsmodalitäten. Die Förderung erfolgt nach ganz unterschiedlichen Regelungen, insbesondere nach *Landesgesetzen zur Erwachsenen- und Weiterbildung* sowie ergänzenden Vorschriften zur Förderung bestimmter Angebote und Personenkreise. Sie orientiert sich dementsprechend zumeist an Kriterien für Kursangebote der Erwachsenenbildung, also z. B. Teilnehmerdoppelstunden. Dadurch wird aber die besondere Situation der Familienbildung wie eher kleine Gruppen bzw. Gesprächskreise oder die Notwendigkeit einer Kinderbetreuung zu wenig berücksichtigt. Neuartige Angebote wie offene Treffpunkte oder zielgruppenspezifische Arbeit werden oft nicht gefördert. Auch ist die Landesförderung vielfach auf Erwachsenenbildungseinrichtungen wie Volkshochschulen und Bildungswerke sowie Familienbildungsstätten beschränkt. Dann können z. B. Angebote von Trägern der Kinder- und Jugendhilfe (wie Kindertageseinrichtungen und Jugendämtern) oder der Familienselbsthilfe nicht gefördert werden.

3. Ziele, Formen und Ansatzpunkte der Ehe- und Familienbildung

Wie im gesamten Bildungsbereich gilt auch in der Familienbildung das Prinzip des *lebenslangen Lernens*. Die ersten Angebote richten sich auf das noch ungeborene Kind bzw. beziehen Säuglinge und Kinder im Krabbelalter ein. Kindheit, Jugend, die Zeit der ersten Partnerschaft, die Familiengründung, das Leben mit eigenen Kindern und die Phase nach deren Ablösung bis hin zum Verlust des Partners werden durch Maßnahmen der Familienbildung abgedeckt.

Durch Familienbildung sollen Kenntnisse und Fertigkeiten vermittelt werden, die zu einer stabilen und befriedigenden Partnerschaft beitragen, Eltern die Erziehung ihrer Kinder zu zufriedenen und lebenstüchtigen Menschen erleichtern, eine rationelle Haushaltsführung und gesunde Ernährung gewährleisten sowie eine sinnvolle, abwechslungsreiche und auch entspannende Freizeitgestaltung ermöglichen. Die Angebote beziehen sich somit auf die private Lebensführung: Es sollen alltagsrelevante Kenntnisse erworben werden, aber auch Kompetenzen, die z. B. das Lösen von Problemen und Konflikten, eine gute „Streitkultur" und das Bewältigen von Belastungen gewährleisten. Darüber hinaus sollen Familien zur Selbsthilfe, zum Aufbau stabilisierender sozialer Netze und zur Beteiligung am Gemeinschaftsleben befähigt werden. Generell lassen sich vier *Formen von Familienbildung* unterscheiden:

1. *Ehevorbereitung:* Jugendliche und Heranwachsende, junge Erwachsene mit (festem) Partner sowie Paare mit konkreter Heiratsabsicht sollen auf Partnerschaft und Ehe vorbereitet werden. Sie werden bei der Entwicklung von tragfähigen Lebenskonzepten, Kommunikations- und Konfliktlösungskompetenzen unterstützt.
2. *Ehebildung:* Ehebildung umfasst die Begleitung von (Ehe-)Partnern durch die verschiedenen Phasen ihres Zusammenlebens. Es werden z. B. unterschiedliche Leitbilder von Ehe und Familie diskutiert, „männliche" und „weibliche" Rollen hinterfragt, über die Bedeutung der Sexualität gesprochen, wechselseitige Erwartungen abgeklärt und Kompetenzen für einen partnerschaftlichen Umgang miteinander vermittelt.
3. *Elternbildung:* Durch sie soll die Familie als Erziehungsinstanz gestärkt werden, indem Eltern geholfen wird, für ihre Kinder ein entwicklungsförderndes Sozialisationsfeld zu schaffen. Beispielsweise wird die in der eigenen Kindheit erfahrene Erziehung der Erwachsenen reflektiert, wird die kritische Auseinandersetzung mit unterschiedlichen Erziehungskonzepten gefördert, werden pädagogische und entwicklungspsychologische Kenntnisse vermittelt, Erziehungsziele und -praktiken zwischen den Partnern abgestimmt und neue Wege zur Lösung von Konflikten mit Kindern vorgeschlagen.
4. *Familienbildung i. e. S.:* Familienbildung im engeren Sinne richtet sich auf die Familie als ein Ganzes, als ein System. Durch gemeinsame Angebote für Eltern und Kinder sollen die Bindungen zwischen den Familienmitgliedern gestärkt, neue Gesprächsinhalte eingeführt sowie Konflikte zwischen den Generationen angesprochen und gelöst werden.

Durch Familienbildung soll den Familienmitgliedern geholfen werden, Herausforderungen wie Wertewandel und Enttraditionalisierung, Individualisierung von Biografien, Verunsicherung durch unterschiedliche Leitbilder und Erziehungstheorien, Vereinzelung von Kindern und Verinselung von Kindheit, wachsende Mobilität, Kommerzialisierung der

Freizeit sowie zunehmende Belastung durch den Beruf bzw. durch Arbeitslosigkeit und Armut zu bewältigen. Familienbildung muss den komplexen Familienwirklichkeiten entsprechen und sich am Alltag, an den Erwartungen und Bedürfnissen, den Fragen und Problemen der TeilnehmerInnen ausrichten. In den letzten Jahren werden ferner einige „neue" *Ziele der Familienbildung* intensiv diskutiert:

- Mütter sollen unterstützt werden, die in ihren Familien erworbenen Schlüsselqualifikationen beruflich zu nutzen (vgl. Gerzer-Sass 2002).
- Die zunehmende Belastung durch die Erwerbstätigkeit bei Vätern und Müttern – die immer häufiger und immer länger berufstätig sind und damit immer früher nach der Geburt eines Kindes ihr Tätigkeit wieder aufnehmen – bedingen einen Bedarf an Angeboten zu Zeitmanagement, Stressbewältigung und Entspannung, aber auch zur Reflexion dieses Lebensstils und seiner Konsequenzen für die kindliche Entwicklung (vgl. Heuwinkel/Eichholz 1999).
- Väter sollen motiviert werden, ihr Verhalten gegenüber ihrer Frau und ihr Selbst- bzw. Vaterbild zu reflektieren. Familienbildung soll einen Beitrag dazu leisten, dass Männer sich mehr partnerschaftliches Verhalten aneignen, sich mehr Zeit für ihre Kinder nehmen und Erziehungskompetenzen ausbilden. Ferner sollen sie ihre Sozialisation und deren Auswirkungen auf das jetzige Verhalten reflektieren sowie sensibilisiert werden, Belastungen für ihre eigene physische, psychische und soziale Gesundheit zu erkennen und abzubauen (vgl. Richter/Verlinden 2000).
- Da Eltern zu einem großen Teil den Schul- und Lebenserfolg ihrer Kinder prägen, will Familienbildung ihnen helfen, ihre Förderkompetenzen zu entwickeln und mit ErzieherInnen und LehrerInnen eine Erziehungspartnerschaft einzugehen. Zugleich will sie Eltern befähigen, mehr Einfluss auf das Bildungssystem auszuüben: „Familienbildung kann die Mitwirkungsmöglichkeiten von Eltern in Erziehungsinstitutionen und in politischen Gremien fördern, indem sie die notwendigen rechtlichen und politischen Grundlagen ebenso vermittelt wie die erforderlichen Kommunikations- und Moderationskompetenzen" (Landesinstitut für Schule und Weiterbildung 2001, S. 33).
- Wie im letzten Satz schon angedeutet, strebt Familienbildung ein Empowerment von Familien an, die sich dann für eine familienfreundliche Gesellschaft einsetzen sollen. Aber auch Bürger/innen ohne Kinder sollen angesprochen werden, sich für eine kinderfreundliche Gemeinde zu engagieren. So soll wieder „Lust auf Familie" entstehen. Aber auch die FamilienbildnerInnen selbst sollen politisch aktiv werden: „Familienbildung als Forum für kommunale oder regionale Familienpolitik kann Ort der Kooperation und Koordination, der Interessenvertretung und Lobbyarbeit für Familien, der Kooperation und Vernetzung ... sein. Runde Tische können Anregungen für familienpolitische Initiativen geben" (Herre 2000, S. 28).
- Der Computer und die neuen Medien gehören inzwischen zum Familienalltag. Die Familienbildung will Eltern helfen, deren Vorteile und die mit ihrer Nutzung verbundenen Gefahren zu erkennen, Regeln für deren Gebrauch zu vereinbaren und durchzusetzen sowie durch alternative Freizeitbeschäftigungen (Sport, Hobbys, Ausflüge) Gegengewichte zu setzen (vgl. Lachenmaier 2002).
- Da immer mehr Erwachsene Senioren betreuen – die eigenen Eltern werden immer älter und damit oft pflegebedürftig –, soll Familienbildung ihnen die notwendigen Kompetenzen vermitteln und ihnen Gesprächsmöglichkeiten bieten, damit sie sich mit ihrer Situation und Überlastung auseinander setzen können. Ferner sollten Angebote für Senioren gemacht werden (vgl. Landesinstitut für Schule und Weiterbildung 1999, 2001).

- Viele Untersuchungen haben gezeigt, dass Ausländer schlecht in unserer Gesellschaft integriert sind und ihre Kinder überproportional in unserem Bildungssystem scheitern – zumeist auf Grund schlechter Sprachkenntnisse. Deshalb sind die Eltern eine wichtige Zielgruppe für FamilienbildnerInnen: „Für MigrantInnen, insbesondere in den ersten Jahren des Hierseins, sind Konzepte erforderlich, die deren spezifische Lebenssituation Rechnung tragen, wie mangelnde Sprachfähigkeit, Probleme der zweisprachigen Erziehung, Suche nach einem Weg zwischen unterschiedlichen Kultursystemen und der Verarbeitung der Migrationserfahrung. Soll Integration gelingen, ist es nötig, ausländische Eltern für die Bedeutung frühkindlicher Erziehung zu sensibilisieren und Hilfe zur Selbsthilfe zu geben“ (Freie Hansestadt Bremen/Der Senator für Arbeit, Frauen, Gesundheit, Jugend und Soziales 2003, S. 66). Dies gilt verstärkt für Großstädte wie Berlin, in denen sich Ausländerfamilien in bestimmten Quartieren konzentrieren (vgl. Reisinger 2000).
- Da unser Sozialsystem extrem komplex und unüberschaubar geworden ist, will die Familienbildung mehr Beratungs- und Vermittlungsfunktionen übernehmen: Werden die MitarbeiterInnen mit individuellen oder familialen Schwierigkeiten und Belastungen konfrontiert, sollen sie einerseits beraterisch tätig werden, können sich andererseits aber auch die TeilnehmerInnen wechselseitig beraten. Bei größeren Problemen werden die Betroffenen an Beratungsstellen, Ämter und psychosoziale Dienste weitervermittelt.

Generell kann zwischen verschiedenen *Ansatzpunkten* der Ehe- und Familienbildung differenziert werden (vgl. Eichhoff u. a. 1996):

1. *Familienzyklus:* Angebote der Ehe- und Familienbildung dienen der Vorbereitung auf neue Lebensphasen, indem die dann anstehenden Aufgaben deutlich gemacht und die zu ihrer Bewältigung benötigten Kompetenzen vermittelt werden.
2. *Familienfunktionen:* Familienbildung soll den TeilnehmerInnen beim Erfüllen der Familienfunktionen wie Haushaltsführung (Hausarbeit, Ernährung, Arbeitsteilung, Geldverwendung), Reproduktion, Sozialisation und Erziehung, Beziehungsarbeit und Freizeitgestaltung helfen.
3. *Besondere Lebenssituationen:* Diese Angebote der Ehe- und Familienbildung sollen z. B. allein Erziehenden, Stiefeltern oder Mitgliedern von Familien helfen, in denen drei oder vier Generationen zusammenleben, die spezifischen Herausforderungen der jeweiligen Familienform zu bewältigen.
4. *Besondere Familienbelastungen:* Familienbildung soll Familien unterstützen beim Umgang mit nicht-normativen Krisen und Belastungen wie z. B. Arbeitslosigkeit, schwere Erkrankung, Versorgung einer pflegebedürftigen Person, Geburt eines behinderten Kindes, Übersiedlung, Leben in einer fremden Kultur, Armut oder Überschuldung.

Außerdem kann unterschieden werden, ob das jeweilige Angebot der Ehe- und Familienbildung überwiegend auf Einstellungen, Haltungen und Werte, auf Kognitionen und Bewusstseinsänderung oder auf das Verhalten der TeilnehmerInnen abzielt. Schließlich wird zwischen *institutioneller*, *informeller* und *medialer* Familienbildung differenziert.

4. Methoden der Familienbildung

Bei der Ehe- und Familienbildung werden weitgehend dieselben Methoden wie in der Erwachsenenbildung eingesetzt. Zumeist werden Vorträge mit *Plenumsdiskussion, Kurse/Seminare* und *Gesprächskreise* angeboten. Sie dienen in der Regel nicht nur der Wissensvermittlung, sondern auch der Selbsterfahrung, der Analyse relevanter individueller, familialer oder gesellschaftlicher Probleme, der Suche nach Lösungsmöglichkeiten, der konkreten Hilfe, der Entwicklung von in Ehe und Familie benötigten Kompetenzen sowie der Förderung von Solidarität zwischen den TeilnehmerInnen. Viele Veranstaltungen enthalten spielerische Elemente, Eltern-Kind-Aktivitäten, Kleingruppenarbeit, Rollenspiele, Freizeitelemente, Entspannungs-, Kommunikations- und Körperübungen. Bei Kursen auf Gebieten wie Haushaltsführung, textiles, kreatives oder musisches Gestalten, Gymnastik usw. stehen die entsprechenden praktischen Tätigkeiten im Mittelpunkt des Kursgeschehens. Beratung, Gemeinwesenarbeit und offene Angebote spielen ebenfalls eine Rolle. Weitere Methoden der Familienbildung werden im Rahmen der Elternarbeit von Kindertageseinrichtungen und in der medialen Familienbildung eingesetzt.

Zumeist wird ein *erfahrungs- und situationsbezogener Ansatz* praktiziert: „Das heißt, dass die Arbeit in ihrer Thematik möglichst nahe an den Alltagserfahrungen der aus den unterschiedlichsten sozialen Lebensbereichen kommenden TeilnehmerInnen anknüpft" (Fischer-Köhler 1997, S. 14). Dieser persönliche Bezug bewirkt ein größeres Interesse, mehr Engagement und Handlungsbereitschaft. Die Vorgehensweise ist *prozessorientiert*, legt also großen Wert auf die Gruppendynamik, den Gesprächsaustausch und die Begegnung von Person zu Person, sowie *ergebnisorientiert* – das Resultat sollte möglichst für die einzelne Person als konkrete Lösung, Strategie oder Fertigkeit verwertbar sein (vgl. Lipinski 1998). Dementsprechend werden die TeilnehmerInnen zu aktiv gestaltenden „Koproduzenten", während die FamilienbildnerInnen eher als ModeratorInnen wirken: „Je stärker sie in der Gruppe im Hintergrund bleiben können und indirekt günstige Voraussetzungen schaffen, um so größer ist oft der Gewinn im Gruppenprozess. Statt zu belehren und zu monologisieren, sollten sie es vorziehen, ansprechende Rahmenbedingungen zu schaffen, zu unterstützen, anzuregen und bei Bedarf zu beraten" (Richter/Verlinden 2000, S. 51).

Eine wichtige Rolle in der Familienbildung spielt die *Kleingruppenarbeit*, insbesondere in der Form von Eltern-Kind-Gruppen (vgl. Fischer-Köhler 1997; Schnabel 1998). Hier kommen für ein halbes Jahr oder länger zirka zehn Mütter (vereinzelt Mütter *und* Väter) mit ihren Kleinst- und Kleinkindern ein- oder zweimal pro Woche für zwei Stunden zusammen, um miteinander über deren Entwicklung und Erziehung sowie die Eltern-Kind-Beziehung zu sprechen, und um den (Einzel-)Kindern Begegnungsmöglichkeiten mit Gleichaltrigen zu bieten. In den Gruppen wird unter Anleitung gespielt, gebastelt, getanzt und gesungen. In der Regel werden zusätzlich themenspezifische Elternabende durchgeführt. Eine Untersuchung des Eltern-Kind-Programms (EKP) der Katholischen Erwachsenenbildung der Erzdiözese München und Freising, bei der 1.508 Teilnehmerinnen- und 565 Gruppenleiterinnen-Fragebögen ausgewertet wurden, ergab, dass die in Pfarreien stattfindenden Eltern-Kind-Gruppen mit der Schwerpunktsetzung auf Erziehungsfragen, dem Aufbau sozialer Netze und der Reflexion des Gruppengeschehens von beiden Seiten überwiegend positiv gesehen wurden. „Mängel und Verbesserungsmöglichkeiten zeigen sich vor allem in der geringen Abdeckung unterschiedlicher Zielgruppen, der Einbeziehung der Väter, der fachlichen Qualifikation der Gruppenleiterinnen, der räumlichen Situation und der Zusammenarbeit der beteiligten Gruppen" (Walter u. a. 2001, S. 21).

Besonders aufwändige, intensive und kostspielige Angebote der Ehe- und Familienbildung sind die von PsychologInnen und anderen Fachleuten entwickelten und wissenschaftlich evaluierten *präventiven Programme.* Im Gegensatz zu anderen Maßnahmen ist der Ablauf des Kurses genau festgelegt und erfolgt anhand eines Leitfadens oder anderer schriftlicher Materialien. Zumeist werden die Programme von besonders geschulten Fachkräften durchgeführt. Viel Wert wird auf Selbsterfahrung, praktische Übungen (Rollenspiel, Familienskulptur, Kommunikationstraining), Hausaufgaben, Lösung aktueller Probleme und das Bewirken beobachtbarer Verhaltensänderungen gelegt.

In Deutschland ist im Bereich der Ehebildung das Programm „Ehevorbereitung – ein Partnerschaftliches Lernprogramm“ (EPL) am weitesten verbreitet. Im Jahre 1997 gab es bereits mehr als 1.200 KursleiterInnen (vgl. Institut für Forschung und Ausbildung in Kommunikationstherapie e. V. o. J.). In der Regel führt ein Trainerpaar, das eine sechstägige Ausbildung und Supervision erhalten hat, mit jeweils vier Paaren einen Kurs durch, der entweder sechs Abende oder ein Wochenende in Anspruch nimmt. Während der ersten drei Einheiten werden häufige Kommunikationsfehler verdeutlicht und beziehungsfördernde Gesprächsmuster (Verwendung der Ich-Form, konkrete Äußerung angemessener Wünsche, Gegenwartsorientierung usw.) sowie Problemlösestrategien vermittelt. „In den darauf folgenden Einheiten werden dann die erlernten Fertigkeiten an speziellen Themenkreisen angewandt und eingeübt. Im Einzelnen sprechen hier die Paare darüber, was ihnen für ihre Ehe/Partnerschaft wichtig ist, welche Erwartungen sie an diese haben (4. Einheit), wie sie sich ihre erotische und sexuelle Begegnung vorstellen (5. Einheit) und was für sie christlich gelebte Ehe bedeutet (6. Einheit)“ (Thurmaier u. a. 1992, S. 120).

Ein Beispiel für ein Elternbildungsprogramm ist *„Wenn aus Partnern Eltern werden“.* Es wurde im Auftrag des Deutschen Familienverbandes (1998) entwickelt und umfasst den Zeitraum von der Schwangerschaft bis zum vierten Lebensjahr des erstgeborenen Kindes. Das Handbuch enthält verschiedene „Bausteine“: (1) persönliches Basiswissen, z. B. über Kommunikation, Mediation oder Arbeit mit Paargruppen, (2) Fachwissen, z. B. über Paardynamik, Rollenwandel und andere Veränderungen nach der Geburt eines Kindes, (3) Kurseinheiten aus Expertenbeiträgen und methodischen Hinweisen, z. B. über Geburtsvorbereitung, körperliche und psychische Entwicklung von Kleinstkindern, Erziehungsstile, Bindungen, Spiele, Kinderängste, Geschwisterbeziehungen oder Verkehrserziehung, (4) Informationen zur Planung und Organisation des Bildungsprogramms, über Personalbedarf und Kosten, (5) Anleitungen zur selbstreflektierten Vor- und Nachbetreuung der Gruppenarbeit sowie (6) Hinweise zur Fortbildung und Supervision von GruppenleiterInnen.

Weitere Beispiele für präventive Programme sind:

1. „Konstruktive Ehe und Kommunikation – Ein Kurs zur Weiterentwicklung von Partnerschaft“ (KEK) (Engl/Thurmaier/Black 1999),
2. „Freiburger Stresspräventionsprogramm für Paare“ (Bodenmann 2000),
3. „Parent Effectiveness Training“ (PET) (z. B. Gordon 1972),
4. „Starke Eltern – Starke Kinder“® vom Deutschen Kinderschutzbund (Honkanen-Schoberth 2002),
5. „Fit for kids – Erziehungskurse für Eltern“ (Lühning/Ringeisen-Tannhof 2003),
6. „Triple P – Das Positive Erziehungsprogramm“ (http://www.triplep.de),
7. „Eltern sein dagegen sehr“ (Penthin 2001),

8. „STEP: Ein System zum Erlernen von Erziehungsfertigkeiten für Eltern" (Pliska/Petkov/Kühn 2001) sowie
9. „Stiefelternschule" (Kaemmler 2002).

Da in diesen Handbüchern Kurse mit einer oft genau vorgeschriebenen Anzahl von Treffen und detailliert dargestellten Inhalten bis hin zu Übungen und Arbeitsblättern vorgestellt werden, haben TeilnehmerInnen weitgehend die Gewähr, bestimmte Kenntnisse und Fertigkeiten zu erwerben, die nachweislich zu einer Verbesserung der Ehe- bzw. Erziehungsqualität führen – egal, wo sie einen solchen Kurs besuchen. Eine umfassende Darstellung und einen kritischen Vergleich von Elternkursen bietet Tschöpe-Scheffler (2003, 2005).

5. Institutionelle Familienbildung

Die Familienbildung ist durch eine Vielzahl von Anbietern geprägt, die oft nur wenige Veranstaltungen anbieten. Beispielsweise haben im Jahr 2001 im Land Bremen 112 Einrichtungen 525 Familienbildungsveranstaltungen durchgeführt (vgl. Freie Hansestadt Bremen/Der Senator für Arbeit, Frauen, Gesundheit, Jugend und Soziales 2003). 25,6 % der Angebote haben freie Träger der Wohlfahrtspflege, 19,8 % Erwachsenenbildungseinrichtungen, 15,3 % Häuser der Familie/Amt für soziale Dienste und 13,4 % Kindertagesheime gemacht. Knapp 48 % der Veranstaltungen wurden mit einem oder mehreren Kooperationspartnern durchgeführt. Bei einer Untersuchung in je sieben kreisfreien Städten und Landkreisen in Bayern wurde von 220 Anbietern ausgegangen; 121 haben sich an der Studie beteiligt (vgl. Walter u. a. 2001). Bildungseinrichtungen, Seelsorgeeinrichtungen und selbstorganisierte Gruppen machten mehr Angebote für Familien allgemein, Einrichtungen der Wohlfahrtspflege sowie der Jugendarbeit/-hilfe, Gesundheitsämter und Beratungsstellen mehr Angebote für „nicht-konventionelle" Familienformen und Familien mit Belastungen.

Tabelle 1 verdeutlicht die ganze Komplexität des Bereichs „Familienbildung" – die Vielzahl der Anbieter, Angebote, Methoden usw. Im Folgenden werden die wichtigsten Institutionen der Familienbildung vorgestellt.

5.1 Familienbildungsstätten

Geht man von einer weiten Definition dieses Begriffs aus, so können in Deutschland 586 Einrichtungen als Familienbildungsstätten klassifiziert werden (vgl. Vaskovics 1996, S. 13). Sie befinden sich überwiegend in größeren Städten; der ländliche Raum ist hingegen unterversorgt. In Westdeutschland decken ihre Angebote in der Regel alle zentralen Themenbereiche der Familienbildung ab, in Ostdeutschland sind sie begrenzter: so werden beispielsweise an den drei Familienbildungsstätten in München etwa so viele Kurse durchgeführt wie an allen 36 Einrichtungen im Freistaat Sachsen zusammen (eigene Berechnung).

Im Jahr 1994 führten die Familienbildungsstätten 207.046 Veranstaltungen mit 2.964.249 Unterrichtsstunden durch (vgl. Eichhoff u. a. 1996). Eine Befragung (vgl.

Tabelle 1: Familienbildung – ein hoch komplexes Feld

Arten	**Formen**	**Ansatzpunkte**
• Ehevorbereitung • Ehebildung • Elternbildung • Familienbildung i. e. S.	• institutionell • informell • medial	• Familienzyklus • Familienfunktionen • bes. Lebenssituationen • bes. Familienbelastungen
Anbieter	**Angebote**	**Methoden**
• Familienbildungsstätten • Volkshochschulen • Bildungswerke • Kirchengemeinden • Kindertagesstätten • Schulen • Familienselbsthilfe • Verbände/Vereine • Jugendämter • Gesundheitsämter • Beratungsstellen • Jugendarbeit • Verlage • Fernsehen • Radio • Internet	• Vorträge • Kurse/Seminare • Gesprächskreise • Beratung • Eltern-Kind-Gruppen • kreativ-künstl. Angebote • Freizeitangebote • Geburtsvor/nachbereitung • Hauswirtschaft/Ernährung • präventive Programme • Elternabende • Bastelnachmittage • Spielnachmittage • Selbsthilfegruppen • Elternratgeber • Elternbriefe • Artikel • Filme • Online-Texte • Foren/Chatrooms	• Referat • Diskussion • Kleingruppenarbeit • Beratung • Gespräch • Spiel • Eltern-Kind-Aktivitäten • Rollenspiel • Körperübungen • Entspannung • praktische Tätigkeiten • offene Angebote • Gemeinwesenarbeit • Trainingsprogramme • Selbsterfahrung

Schiersmann u. a. 1998; Schiersmann 2001) von 193 EinrichtungsleiterInnen ergab, dass im Jahr 1994 Veranstaltungen zu folgenden Themenbereichen angeboten wurden:

1. *Eltern-Kind-Gruppen:* von 94 % der Einrichtungen angeboten; machten bei 80 % mindestens 20 % (und bei 30 % mindestens 40 %) aller Unterrichtsstunden aus;
2. *Gesundheitsbildung:* von 91 % der Einrichtungen angeboten; machten bei 30 % mindestens 20 % aller Unterrichtsstunden aus;
3. *kreatives und musisches Gestalten:* von 90 % der Einrichtungen angeboten; machten bei 12 % mindestens 20 % aller Unterrichtsstunden aus;
4. *Pädagogik, Erziehung, Entwicklungspsychologie:* von 88 % der Einrichtungen angeboten; machten bei 11 % mindestens 20 % aller Unterrichtsstunden aus;
5. *textiles Gestalten:* von 86 % der Einrichtungen angeboten; machten bei 18 % mindestens 20 % aller Unterrichtsstunden aus;
6. *Geburtsvor- und -nachbereitung:* von 85 % der Einrichtungen angeboten; machten bei 12 % mindestens 20 % (und bei 31 % unter 5 %) aller Unterrichtsstunden aus.

Frauenspezifische Themen stießen auf großes Interesse. Gut besucht wurden auch Veranstaltungen, bei denen die zur Führung eines Haushalts notwendigen Kenntnisse und Fertigkeiten vermittelt werden (z. B. Kochkurse) oder die der Steigerung der körperlichen

Leistungsfähigkeit, der Entspannung oder der Förderung psychischen Ausgeglichenseins dienen (Gymnastik, Joga, autogenes Training usw.). Ferner nannten 41 % der befragten LeiterInnen Kinderbetreuung, parallel zu Kursen oder als offenes Angebot, 38 % offene Angebote wie Treffs, Cafés und Märkte, 32 % Beratungsangebote und 23 % Projekte (vgl. ebd.). Im Vergleich zu Angeboten der Elternbildung wurden solche der Ehevorbereitung bzw. -bildung in sehr viel geringerem Maße angenommen.

In den letzten Jahren ist bei Familienbildungsstätten eine zunehmende *Zielgruppenorientierung* festzustellen: Am häufigsten sind Angebote für allein Erziehende, Getrenntlebende und Geschiedene, bei denen es z. B. um die Auseinandersetzung mit den eigenen Anteilen an der Auflösung der (Ehe-)Beziehung, mit den Scheidungsfolgen und den Auswirkungen auf die Kinder geht. Die TeilnehmerInnen erfahren Unterstützung beim Umgang mit Trennungsschmerz und Trauer, bei Erziehungsschwierigkeiten und anderen Problemen mit ihren Kindern. Weitere Themen in allein Erziehendengruppen sind die Beziehung zum früheren Partner, Sorge- und Umgangsrechtsregelungen, die Überwindung von sozialer Isolation und neue Partnerschaften.

Nur vereinzelt gibt es hingegen Familienseminare, an denen Eltern mit (Schul-)Kindern bzw. Jugendlichen teilnehmen können. Auch gibt es relativ wenig Angebote für Stieffamilien und nicht-sorgeberechtigte Elternteile, Aussiedler- und Ausländerfamilien, bi-kulturelle Partnerschaften und Familien, Adoptiv- und Pflegefamilien, Tagesmütter und Babysitter, chronisch Kranke (auch Suchtkranke) und/oder deren Familien sowie für Familien mit behinderten Mitgliedern. Trotz der hohen Arbeitslosenzahlen und der inzwischen weit verbreiteten Armut gelingt es nur wenigen Familienbildungsstätten, die hier angesprochenen Zielgruppen zu erreichen.

Die Angebote richten sich somit überwiegend an junge Familien. So waren 40 % der von Schiersmann und KollegInnen (1998) befragten 2.845 TeilnehmerInnen zwischen 25 und 34 Jahre alt; 48 % hatten Kinder unter vier Jahren. Zumeist werden nur Mütter erreicht; bei o. g. Befragung waren 93 % der TeilnehmerInnen weiblich. Ferner werden überwiegend Mittelschichtsangehörige angesprochen: So hatten von den befragten 2.845 TeilnehmerInnen 39 % die Mittlere Reife, 11 % die Fachhochschulreife und 30 % das Abitur erworben.

Väter werden also nur selten durch Vorträge, Kurse und andere „Regelangebote" oder durch besondere Vater-Kind- oder Männergruppen erreicht: „Einer größeren Beteiligung von Vätern in der Familienbildung ... stehen vielfache Hindernisse im Wege. Dazu gehören etwa die Angebotszeiten, die oft zu unspezifischen und wenig reizvollen Veranstaltungsankündigungen, aber auch eine in der Männer- und Väterbildung oft unerfahrene DozentInnenschaft und institutionelle Schranken. Es fehlen attraktive Kurs-Vorbilder und Traditionen, wie sie etwa im Laufe generationenübergreifender ‚Mütterbildung' in die Familienbildung einfließen konnten" (Richter/Verlinden 2000, S. 9). Aber es gäbe auch Vorbehalte der Väter, deren Bildungsverständnis zu sehr auf berufliche Bildung fixiert sei, die Angst vor Gesprächen über die eigene Person hätten oder die eine Sanktionierung aktiver Vaterschaft an ihrer Arbeitstelle befürchteten.

5.2 Weitere Einrichtungen

Neben Familienbildungsstätten bieten *Volkshochschulen* und *Erwachsenenbildungsstätten* in kirchlicher Trägerschaft Veranstaltungen zur Familienbildung an. Die *Bildungswerke* der

Kirchen vermitteln in erster Linie Referenten, die dann vor Ort – in der jeweiligen Pfarrei, im Gemeindezentrum usw. – ihre Veranstaltung durchführen. Sie suchen den Kontakt zu Institutionen in ihrem Einzugsbereich, die als Anbieter von Kursen der Familienbildung bzw. als Mitveranstalter infrage kommen. Neben Pfarreien können dies z. B. Familienkreise, Frauenbund oder Kindertageseinrichtungen sein.

Ein wichtiger Anbieter von Familienbildung sind die *Kirchen* mit ihren Pfarrgemeinden. In der Katholischen Kirche wird beispielsweise großer Wert auf die Ehe- und Familienpastoral gelegt, die Hilfen zur Gestaltung des Ehe- und Familienlebens geben und in Krisen beratend und unterstützend eingreifen will. Insbesondere von den Diözesen wird der Kursus „Ehevorbereitung – ein Partnerschaftliches Lernprogramm" (EPL) angeboten. Andere Formen der Ehevorbereitung reichen von einem ausführlichen Gespräch mit dem Priester über Brautleutetage und mehrtägige Seminare bis hin zu Wochenendveranstaltungen.

Da nahezu alle Familien in Kontakt mit Kindertageseinrichtungen und Schulen kommen, erreichen familienbildende Maßnahmen, die von diesen Institutionen ausgehen, potenziell alle Eltern. Allerdings sind nur *Kindertageseinrichtungen* auf dem Gebiet der Familienbildung aktiv. Sie entsprechen den Erwartungen der Eltern bzw. den Bedürfnissen von Familien durch ganz verschiedene Formen der Elternarbeit, z. B. durch Elternabende, Einzelgespräche über die Entwicklung und Erziehung des jeweiligen Kindes, Elterngruppen (mit/ohne Kinderbetreuung), themenspezifische Gesprächskreise, Elterncafé/Teestube oder Elternstammtische (vgl. Textor 2000). Neben Elternbildung zur Verbesserung der Familienerziehung erfolgt oft auch eine Beratung bei Erziehungsschwierigkeiten und Verhaltensauffälligkeiten. Die Vielfalt der Angebote stellt sicher, dass Eltern aus ganz unterschiedlichen Schichten erreicht werden.

Elternabende in Kindertageseinrichtungen werden entweder von ErzieherInnen oder einem von außen kommenden Referenten (z. B. Erziehungsberaterin, Familienbildner oder Sozialpädagogin) gestaltet. Ähnliches gilt für Elterngruppen, deren Themen entweder von Treffen zu Treffen (spontan) festgelegt oder die mit einer bestimmten Thematik angekündigt werden (z. B. „Wie fördern Eltern am besten die Entwicklung ihrer Kinder?"). Das Interesse an solchen Veranstaltungen ist besonders groß, wenn Fragen der Erziehung und Entwicklung von (Klein-)Kindern auf eine nicht angsterzeugende Weise angesprochen werden. Auch sollte der Erfahrungsaustausch zwischen den Eltern im Mittelpunkt stehen.

Kindertageseinrichtungen versuchen zunehmend im Rahmen der Elternarbeit auch Väter zu erreichen. Häufig werden prinzipiell beide Elternteile zu Termingesprächen eingeladen. Vereinzelt werden besondere Angebote wie Vater-Kind-Aktionen, Spielkreise für Väter und Kinder oder Vätergruppen gemacht (vgl. Textor 2001) – aber auch Informationsveranstaltungen zu Themen wie „Väter können ihren Kindern den Besuch des Kindergartens erleichtern!" oder „Wie kann ich partnerschaftliche Erlebnisse zwischen mir und meinem Kind fördern?" (vgl. Richter/Verlinden 2000).

Schulen nehmen sich hingegen kaum der Familienbildung an: „Geschichte und Gegenwart des familialen Lebens, seiner Bedingungen und Aufgaben finden im Unterrichtsgeschehen bisher keinen ihrer Bedeutung entsprechenden Platz. Auswahl und Darbietung der Unterrichtsinhalte sind noch weitgehend von einem Menschen- und Gesellschaftsbild geprägt, das auf Anforderungen bzw. Ereignisse im ‚öffentlichen Raum' ausgerichtet ist. Eine entsprechend geringe Beachtung gilt der Befähigung zu einer Lebensplanung, die Beruf und ein aktives Familienleben sowie eine dazugehörige Vorbereitung auf die familiale Alltagsbewältigung einschließt" (Arbeitsgruppe 9 für das Internationale Jahr der Familie 1993, S. 37). Es wird kaum auf die Familienerziehung oder die Hausaufgabenbetreuung durch die Eltern eingewirkt, obwohl dadurch sicherlich kindliche Verhaltensauffälligkeiten, Aggressionen, Lernstörungen, Suchtmittelmissbrauch u. Ä. reduziert und die Schulleistungen gefördert werden könnten.

Viele *Kreis- und Stadtjugendämter* machen eigene Angebote im Bereich der Familienbildung, die aber überwiegend nur der Ergänzung der Maßnahmen anderer Träger dienen. Dazu gehören beispielsweise Abendveranstaltungen, Gesprächskreise und Wochenendseminare für allein Erziehende, Pflege- und Stieffamilien. Eher offene und informelle Formen der Familienbildung werden im Kontext der Stadtteil- und Gemeinwesenarbeit praktiziert (z. B. Gruppenangebote, Nachbarschaftsheime, Müttertreffs, Café- und Teestuben). Die Angebote setzen bei der Familie als Ganzes an, berücksichtigen ihren Lebensalltag, sind auf eine breite Palette familialer Bedürfnisse zugeschnitten, fördern Selbsterfahrung und die Analyse der eigenen Situation sowie das Gespräch darüber mit anderen Familien.

Familienbildung wird ferner von Wohlfahrts-, Familien-, Eltern-, Frauen-, Behinderten- und anderen Verbänden angeboten, die sich um Familienmitglieder mit besonderen Krankheiten, Suchtproblemen, psychischen Störungen oder anderen Belastungen kümmern – aber auch von Gesundheitsämtern, der Säuglingsfürsorge, Beratungsstellen, Sozialdiensten für Ausländer und Vereinen. Eine besondere Bedeutung kommt der offenen und verbandlichen *Jugendarbeit* zu, wo sich Jugendliche frühzeitig mit ihren Erfahrungen mit dem anderen Geschlecht auseinander setzen, Kommunikations- und Konfliktlösefertigkeiten sowie ein partnerschaftliches Verhalten einüben und ihre Vorstellungen über Sexualität, Paarbeziehungen, Familienrollen und Erziehung diskutieren können.

6. Informelle Familienbildung

Ein in den letzten Jahren immer wichtiger gewordener Anbieter von Familienbildung ist die *Familienselbsthilfe*, die z. B. Elterninitiativen, Mütter-, Familien- und Nachbarschaftszentren, Kontaktkreise für allein Erziehende, Selbsthilfegruppen (z. B. nach Geburt eines behinderten Kindes) oder selbstständige Eltern-Kind-Gruppen umfasst. Hier diskutieren Eltern ohne professionelle Anleitung mit Personen in derselben Lebenssituation über ihre Probleme und Belastungen, tauschen Erfahrungen über das Familienleben und die Erziehung aus, erweitern ihre erzieherischen Kompetenzen durch den Umgang mit fremden Kindern, suchen gemeinsam nach Entlastungsmöglichkeiten. Angebote wie Kurse, Handarbeitsgruppen, Gesprächskreise, Bastelnachmittage, kreativ-künstlerische Projekte, Kinderbetreuung mit festen oder offenen Gruppen usw. werden in der Regel von einzelnen Eltern durchgeführt, die auf solche Weise eigene Kompetenzen einbringen und weiterentwickeln („Laienprinzip"). Besonders häufig sind offene Angebote, die eine niedrige Zugangsschwelle haben (Höchstmaß an Freiwilligkeit), spontan mitgestaltet werden können und dem Lebensrhythmus von Frauen mit (Klein-)Kindern entsprechen, die sich nur schwer auf regelmäßige Termine festlegen können.

In Selbsthilfegruppen, die entweder selbstständig oder Teil des Angebots eines Verbandes sind (z. B. Bundesvereinigung Lebenshilfe, Anonyme Alkoholiker, Verband allein stehender Mütter und Väter, Bundesverband der Pflege- und Adoptiveltern), solidarisieren sich Familienmitglieder schnell aus dem Gefühl gleicher Betroffenheit heraus, bieten einander Verständnis, emotionale Unterstützung und wechselseitige Beratung. Sie tauschen sich über ihre Probleme und Belastungen aus, aber auch über Problemlösungen und erfolgreiche Bewältigungsversuche. Ferner kommt es in Selbsthilfegruppen häufig zur gemeinsamen Freizeitgestaltung (Ausflüge, Spielnachmittage, Wochenendfreizeiten usw.).

7. Mediale Familienbildung

Eine fast schon klassische Form medialer Familienbildung sind ***Ehe- und Elternratgeber*** (vgl. den Beitrag von Höffer-Mehlmer). Der Markt ist hier inzwischen unüberschaubar geworden: Gibt man z. B. bei amazon.de das Stichwort „Erziehungsratgeber" ein, werden 1.311 Titel aufgelistet (15.01.2006). Man muss also von mehreren Tausend Büchern ausgehen, in denen Partner bzw. Eltern ehe- und elternbildende Informationen vorfinden. Viele Erziehungsratgeber sind Bestseller – ihr Einfluss auf die Familienerziehung darf keinesfalls unterschätzt werden. Bei weitem mehr Eltern dürften sich anhand solcher Bücher orientieren als bei Veranstaltungen im Rahmen der institutionellen Familienbildung.

Ehe- und Elternratgeber haben im Vergleich zu Kursen den Vorteil, dass viel mehr Informationen vermittelt werden können. Zudem gibt es inzwischen Bücher zu jeder Lebensphase von Kindern, Paaren und Familien, zu allen Familienformen, Lebens- und Belastungssituationen sowie zu allen nur denkbaren Partnerschafts- und Familienproblemen, sodass sich Eltern ganz gezielt informieren können. So werden Zielgruppen erreicht und Fragestellungen abgedeckt, die von der institutionellen Familienbildung vernachlässigt werden. Bücher können jederzeit gelesen oder bei Missfallen beiseite gelegt werden, während der Besuch von Kursen an bestimmte Zeiten gebunden, oft mit Schwierigkeiten hinsichtlich der Kleinkindbetreuung verknüpf und insbesondere bei emotional belasteten Eltern mit Schwellenangst verbunden ist. Bei vielen Ratgebern gibt es aber das Problem mangelnder Qualität und unzureichender wissenschaftlicher Fundierung. Da das einzelne Buch zumeist einen in sich geschlossenen Ansatz verfolgt, dürfte das Lesen mehrerer widersprüchlicher Bücher zum selben Thema zu einer Verunsicherung von Eltern führen. Die Wirkung von Ratgebern auf das Verhalten von Partnern bzw. Eltern wurde m. W. noch nie evaluiert – eine solche Untersuchung dürfte auch kaum zu realisieren sein.

Eine große Verbreitung haben ***Elternzeitschriften.*** Die monatlichen Auflagen der am meisten gelesenen Zeitschriften sind bei „Eltern" 546.000 Exemplare – die laut Lewicki (2001) rund 1,4 Millionen LeserInnen finden; bei „Familie&Co" sind es 345.000 Exemplare und bei „Eltern for Family" 229.000 Hefte (laut Stamm 2002 – die CD). Ihre familienbildende Funktion ist damit nicht zu vernachlässigen. Allerdings sind die meisten Artikel relativ kurz, sodass keine fundierten Informationen vermittelt werden. Sie werden in der Regel von JournalistInnen verfasst, die oft kein einschlägiges Studium absolviert haben. So sind die Inhalte vielfach nicht wissenschaftlich fundiert. Die Kritik seitens der VertreterInnen der institutionellen Familienbildung, dass die mediale zur Verunsicherung von Eltern beitrage, dürfte am ehesten auf Elternzeitschriften, Fernsehen und Radio zutreffen.

Eine weitere Form der medialen Familienbildungsarbeit sind *Elternbriefe*, die zumeist von Jugendämtern an alle Familien nach Geburt des ersten Kindes bis zu dessen sechstem Lebensjahr verschickt werden, teilweise noch länger. Eine Untersuchung in Bayern (vgl. Walter 2000) zeigte, dass 1998 weniger als die Hälfte der Jugendämter Elternbriefe verteilte; alleine zwischen 1990 und 1998 strichen 17 Jugendämter dieses Angebot. Auch wurde ermittelt, dass nur der Einzelversand effektiv ist: So ergab die Befragung von 508 Eltern in der Stadt Hof, dass der Versand der Peter-Pelikan-Briefe als Einzelbriefe zu einer fast doppelt so hohen Zahl von LeserInnen wie der Paketversand führte (vgl. ebd.). Zu problematisieren ist ferner, dass die Elternbriefe oft nicht wie vorgesehen kurz vor Erreichen der jeweiligen Altersstufe verteilt werden, dass sie viele Eltern nicht ansprechen und dass sie der Vielzahl von Erziehungszielen, -problemen und -situationen nicht gerecht werden.

Auch *Radio* und *Fernsehen* – in der Regel die öffentlich-rechtlichen Anstalten – machen immer wieder familienbildende Angebote, oft sogar in Serienform (z. B. „ServiceZeit Familie" des WDR, „Bildung + Erziehung" des Bayern2Radios). Die Bandbreite der Themen reicht von „Erziehen – aber wie?" über „Flexible Schuleingangsphase", „Spielzeugkauf-Entscheidungshilfen für Eltern" und „Zeitmanagement" bis hin zu „Haushaltstipps". Diese Sendungen haben den Nachteil, dass sie zumeist Einzelfälle in den Mittelpunkt stellen und viel Zeit mit deren Präsentation verlieren. Aber auch durch die Kürze der einzelnen Beiträge mangelt es an Zeit, Erziehungsfragen, Eheprobleme u. Ä. in ihrer ganzen Komplexität aufzuzeigen, unterschiedliche Auffassungen zu diskutieren und verschiedene, alternative Lösungsmöglichkeiten zu präsentieren. Oft überwiegt der Unterhaltungswert, es mangelt letztlich an familienbildender Information.

Eine neue Form medialer Familienbildung sind CD-ROMs und *Internetangebote* (Hänggi/Perrez 2005). Inzwischen gibt es mehrere Hundert Websites. Die Qualität der meisten dieser Angebote dürfte unter der von Elternratgebern, -zeitschriften und -briefen liegen. Es lassen sich die folgenden Arten von Websites unterscheiden:

1. *Kommerzielle Websites:* Hier handelt es sich zum einen um die Websites von Elternzeitschriften, die auf neue Hefte aufmerksam machen und zu deren Kauf motivieren sollen, aber durchaus auch eine Reihe von „Schnupperartikeln" und grundlegende Informationen enthalten (z. B. leben-und-erziehen.de). Zum anderen handelt es sich um Websites von Unternehmen, in denen deren Produkte – oder Produkte mehrerer Firmen – vorgestellt und u. U. verkauft werden (z. B. baby-bonus.de). Aber auch hier sind familienbildende Texte zu finden.
2. *Institutionelle Websites:* Hier präsentieren sich Organisationen wie der Verband allein erziehender Mütter und Väter (vamv-bundesverband.de) oder die Deutsche Liga für das Kind (liga-kind.de), wobei auch elternbildende Informationen zugänglich gemacht werden.
3. *Websites von Eltern:* Insbesondere nicht sorgeberechtigte Väter (z. B. paps.de), aber auch andere Eltern, haben Websites erstellt, die sich entweder mit einer besonderen Fragestellung wie der Adoption (adoption.de) befassen oder eher allgemein gehalten sind und sehr umfassend sein können (kidnet.de).
4. *Professionelle Websites:* Hier wird versucht, das ganze Feld der Familienbildung abzudecken, wobei die Texte entweder mehr einen Elternbrief-Charakter haben (z. B. elternimnetz.de) oder fundierter sind (z. B. familienhandbuch.de).

Das Online-Familienhandbuch (vgl. Fthenakis/Textor 2001ff.) dürfte inzwischen das umfassendste Angebot der Familienbildung im Internet sein. Es richtet sich in erster Linie an Eltern, aber auch an Paare vor Geburt des ersten Kindes. Ferner werden LehrerInnen, ErzieherInnen und FamilienbildnerInnen informiert, wie sie im Rahmen ihrer (Eltern-)Arbeit elternbildend tätig werden können. Auch können sie viele der im Online-Handbuch vorhandenen Texte zur eigenen Vorbereitung oder als Kurslektüre nutzen. Schließlich können WissenschaftlerInnen, die sich mit Kindern und Familien befassen, im Online-Familienhandbuch ihre Erkenntnisse präsentieren.

Die Website umfasst vier Ebenen: Auf der ersten Ebene, die mit „Familienerziehung“ bezeichnet wird, befinden sich Texte, die vorwiegend an Eltern gerichtet sind. Die Artikel werden nach Rubriken wie Erziehungsbereiche und -fragen, Aktivitäten mit Kindern, kindliche Entwicklung und häufige Probleme geordnet. Auf der zweiten Ebene namens „Familienleben“ befinden sich Rubriken wie Partnerschaft, Elternschaft, Trennung/Scheidung, Teil-/Stieffamilie, Gesundheit, Behinderung, Ernährung und Haushalt. Unter „Öffentliche Angebote“ finden sich Kindertagesbetreuung, Schule, Informationen über Familienpolitik sowie Hinweise auf Hilfeangebote für Familien. Diese Texte sind sowohl für Eltern als auch für Fachleute relevant. Auf der vierten Ebene werden eher wissenschaftlich ausgerichtete Texte eingestellt, die einer intensiveren Beschäftigung mit relevanten Themen dienen und nach Rubriken wie Familien-, Kindheits- oder Jugendforschung sowie Familienbildung geordnet sind. Außerdem umfasst das Online-Familienhandbuch noch ein Familienforum, in dem sich Eltern untereinander austauschen können.

Zu erwarten ist, dass familienbildende Websites im Gegensatz zu Angeboten institutioneller Familienbildung auch von Eltern in Kleinstädten und auf dem Land genutzt werden. Da Männer etwas mehr als Frauen das Internet nutzen, ist die Wahrscheinlichkeit groß, dass mehr Väter Websites besuchen. Ferner wird erwartet, dass mehr Eltern älterer Kinder auf Internetangebote zurückgreifen. Dasselbe dürfte für Eltern mit Problemen und besonderen Belastungen gelten, die keine Angst haben brauchen, dass sie über ihre Schwierigkeiten vor anderen Personen sprechen müssen. Schließlich fallen bei Websites Faktoren wie Schwellenangst, fehlende Kinderbetreuung, Schichtarbeit usw. weg, die oft den Besuch relevanter Veranstaltungen verhindern.

Auch gegenüber Elternbriefen haben Online-Angebote Vorteile. So wird beispielsweise ein längerer Zeitraum der kindlichen Entwicklung abgedeckt. Ferner können Informationen von Eltern dann abgerufen werden, wenn sie benötigt werden. Durch die vielen verschiedenen AutorInnen werden unterschiedliche Meinungen abgedeckt, sind die Texte mehr oder weniger anspruchsvoll, sodass alle Gruppen von Eltern ihren Bedürfnissen entsprechende Fachbeiträge finden dürften.

Im Vergleich zu Elternratgebern werden bei Online-Angeboten bei weitem mehr Themen behandelt, es besteht nicht die Gefahr einer einseitigen Positionierung, sondern es kommt die ganze Vielfalt der Meinungen zum Ausdruck. Elternzeitschriften widmen sich oft nicht den Fragen, die eine Leserin bzw. einen Leser aktuell interessieren, und sind als Nachschlagewerk ungeeignet. Das Internet kann hingegen jederzeit nach bestimmten Themen durchsucht werden.

Familienbildende Websites können somit den Informationsbedarf vieler Eltern befriedigen, die mit anderen Angeboten unzufrieden sind oder diese nicht nutzen. Hier kann eine praktisch unbegrenzte Menge an Informationen eingestellt werden, sodass auch Randthemen und nur wenige Eltern interessierende Fragen behandelt werden können. Websites sind 24 Stunden am Tag erreichbar; die Nutzung ist kostenlos und sehr effizient, da dank der Suchmaschinen gezielt recherchiert werden kann.

Ein Nachteil von Online-Angeboten ist, dass sie nur von Eltern mit Internetzugang genutzt werden können. Laut der ARD-ZDF-Online-Studie 2005 waren im genannten Jahr jedoch schon 85 % der 20- bis 29-Jährigen, 79 % der 30- bis 39-Jährigen und 70 % der 40- bis 49-Jährigen online (Eimeren/Frees 2005). So können bereits die meisten Eltern familienbildende Websites aufrufen.

Ein weiterer Nachteil ist, dass der Gesprächsaustausch zwischen Eltern und Fachleuten sowie zwischen Eltern, aber auch die wechselseitige Beratung und Unterstützung bei einer

Website entfallen. Ein Familienforum oder ein Chatroom kann diesen Mangel nur sehr begrenzt kompensieren. Auch eine soziale Funktion (z. B. Kennenlernen anderer Eltern) kann von einer Website nicht erfüllt werden. So sind solche Websites nicht als *Ersatz*, sondern als *Ergänzung* anderer Angebote der Familienbildung zu verstehen.

Wie intensiv elternbildende Websites genutzt werden, verdeutlicht folgendes Beispiel: „Der Internet-Auftritt eltern.de generiert monatlich über 4.000.000 Page-Impressions in themengebundenen Foren und Experten-Sprechstunden; dazu 600.000 Aufrufe der Testseiten" (Lewicki 2001, S. 77), wobei sich diese Zahlen auf Anfang 2001 beziehen dürften. Da auch viele der anderen familienorientierten Websites in hohem Maße genutzt werden, wird hier die große Bedeutung dieser Form der medialen Familienbildung deutlich. Je mehr fachlich fundierte Informationen im Internet zu finden sein werden, umso mehr dürfte es auch von Rat suchenden Eltern genutzt werden.

8. Fortentwicklung des Systems der Familienbildung

Insgesamt wurde verdeutlicht, dass die Familienbildung eine *Reihe von Problemen* aufweist:

1. Viele Anbieter/Maßnahmen der Familienbildung sind den meisten Familien – und MitarbeiterInnen relevanter Institutionen – nicht bekannt. Eine Weitervermittlung von potenziellen TeilnehmerInnen scheitert somit oft daran, dass Jugendämter, psychosoziale Dienste, Bildungseinrichtungen usw. keinen Überblick über die Anbieter/Angebote vor Ort haben.
2. Die Unmenge der Angebote, die von verschiedenen Trägern gemacht werden und deren Qualität nur sehr schlecht von Außenstehenden zu beurteilen ist, dürfte bei potenziellen InteressentInnen oft zu Orientierungsschwierigkeiten oder zur Nutzung von für ihre individuelle Situation weniger gut geeigneten Angeboten führen.
3. Von der institutionellen und informellen Familienbildung werden überwiegend Frauen erreicht, die außerdem vorwiegend aus der Mittelschicht stammen. So bleibt die Praxis hinter den Zielvorgaben des § 16 Abs. 2 Nr. 1 SGB VIII zurück. Zugleich wird die von Kinder- und Jugendhilfe und Familienforschung propagierte Systemtheorie ignoriert, die eine Einbeziehung *aller* Familienmitglieder ratsam erscheinen lässt.
4. Es mangelt an Angeboten der Ehevorbereitung bzw. generell der Ehebildung. Die Elternbildung klammert weitgehend die Zeit ab dem dritten Lebensjahr von Kindern aus.
5. Die in § 16 SGB VIII vorgesehenen Aufgaben der Förderung der Mitarbeit in Bildungseinrichtungen und von Formen der Selbsthilfe werden weitgehend nicht erfüllt.
6. Kaum erreicht werden von der institutionellen und informellen Familienbildung Väter, Schulkinder bzw. Jugendliche, Familien in Kleinstädten und auf dem Land, Familien aus unteren sozialen Schichten, Ausländer- und Aussiedlerfamilien, Teil- und Stieffamilien, Pflege- und Adoptivfamilien, Familien mit behinderten oder pflegebedürftigen Mitgliedern bzw. anderen Belastungen (z. B. Armut, Arbeitslosigkeit, Suchtkrankheit, psychische Erkrankung). „Modellhafte" Angebote für diese Zielgruppen scheitern oft, da mangels interinstitutioneller Kommunikation nicht genügend TeilnehmerInnen zusammenkommen.

7. Nahezu alle Anbieter klagen über finanzielle Engpässe, die zum einen durch stagnierende oder zurückgehende Zuschüsse und zum anderen durch deren erst kurzfristig bekannt gegebene Höhe bedingt werden, da die Förderung zum Teil von den im jeweiligen Jahr verfügbaren Haushaltsmitteln abhängt und insbesondere die Träger der öffentlichen Kinder- und Jugendhilfe einen großen Ermessensspielraum haben (§ 74 Abs. 3 SGB VIII). Die Förderung nach Teilnehmerdoppelstunden entsprechend der Erwachsenenbildungsgesetze der Bundesländer erschwert die Planung und bedingt ein Vorfinanzieren von Maßnahmen, was für kleinere Anbieter ohne Eigenkapital immer schwieriger wird. Außerdem können nur schwer Maßnahmen für besondere Zielgruppen durchgeführt werden, wenn dabei nur wenige TeilnehmerInnen zusammenkommen (ungedeckte Kosten). Vor allem Formen der Familienselbsthilfe leiden unter ihrer schlechten finanziellen Absicherung bzw. begrenzten Förderung durch Bund, Länder und Kommunen – entgegen § 4 Abs. 3 SGB VIII und letztlich auch im Widerspruch zum Subsidiaritätsprinzip.
8. Anbieter von Familienbildungsmaßnahmen haben sich nur in Teilbereichen auf Bundes- oder Landesebene organisiert. Außerdem sind sie selten in Jugendhilfeausschüssen der Kommunen (und Länder) repräsentiert; sie haben keine Lobby auf kommunaler und regionaler Ebene. Daraus resultiert eine gewisse Machtlosigkeit.
9. Viele MitarbeiterInnen im Bereich der institutionellen Familienbildung sind Honorarkräfte, die nebenberuflich oder während ihrer Familienphase tätig sind. Sie haben überwiegend keine akademische bzw. pädagogische Ausbildung und erhalten nur selten die Möglichkeit, an Fortbildungsveranstaltungen oder Supervision teilzunehmen (vgl. Schiersmann u. a. 1998). Aber auch Erzieherinnen und andere Fachkräfte beklagen immer wieder, dass sie für die Familienbildung nicht aus- oder fortgebildet wurden. Und in der Familienselbsthilfe sind in der Regel nur Laien aktiv.
10. Es mangelt an Kooperation zwischen Familienbildung und Wissenschaft. So fehlen z. B. Untersuchungen über die Effektivität der Angebote – und damit auch Argumentationshilfen gegenüber Geldgebern.

Hier stellt sich eine wichtige Aufgabe für die Landkreise und kreisfreien Städte bzw. die Kreis- und Stadtjugendämter, die nach § 79 SGB VIII neben den überörtlichen Trägern die Gesamtverantwortung für die Kinder- und Jugendhilfe tragen. Sie sind laut § 80 SGB VIII zur *Jugendhilfeplanung* verpflichtet, wodurch die Angebote der Familienbildung vor Ort erfasst und bewertet, ungedeckte Bedarfe ermittelt und entsprechende Maßnahmen initiiert werden sollten. Es ist nicht mehr akzeptabel, dass sich z. B. in Bayern bis 1998 etwas mehr als die Hälfte der Jugendhilfeausschüsse noch nie mit Familienbildung befasst hatte und dass Teilpläne zum § 16 SGB VIII im Rahmen der Jugendhilfeplanung nur in den wenigsten Gebietskörperschaften verabschiedet worden sind (vgl. Walter 2000).

Ferner sollten die Träger der Kinder- und Jugendhilfe *genügend Mittel für Familienbildungsmaßnahmen* zur Verfügung stellen (vgl. § 4 Abs. 3; § 74 SGB VIII). Dies ist sicherlich nicht der Fall, wenn z. B. in Sachsen nur 0,2 % der den Jugendämtern zur Verfügung stehenden Mittel für Leistungen nach § 16 SGB VIII ausgegeben werden (Referat von Herrn Michael Hannich am 16.01.2001 in Chemnitz). Die Erwachsenenbildungs- und Weiterbildungsgesetze der Bundesländer sollten so modifiziert werden, dass den besonderen Bedürfnissen der Familienbildung Genüge getan wird (z. B. Basisförderung von kleineren Anbietern, die sich nicht über Zuschüsse nach Teilnehmerdoppelstunden finanzieren können; Einbeziehung der Angebote von Kinder- und Jugendhilfeträgern; Zuschüsse für parallele Kinderbetreuung, Maßnahmen für bestimmte Zielgruppen oder präventive

Programme). Schließlich sollten Jugendämter die *Fortbildung* der in der Familienbildung tätigen Fachkräfte, nebenamtlichen MitarbeiterInnen und Laien verstärkt fördern (§§ 72 Abs. 3, 74 Abs. 6 SGB VIII), aber auch Maßnahmen zur Qualitätssicherung initiieren (z. B. Selbstevaluation, Effizienzkontrolle, Zertifizierung, Gütesiegel).

Die Ausgestaltung des Systems der Familienbildung sollte möglichst *Arbeitsgemeinschaften* nach § 78 SGB VIII überlassen werden. Hier können Träger der öffentlichen und freien Kinder- und Jugendhilfe – möglichst gemeinsam mit Vertretern von Familien- und Erwachsenenbildungsstätten, Kindertageseinrichtungen, Schulen, Familienselbsthilfe, Beratungsstellen usw. – Maßnahmen nach § 16 SGB VIII planen, weiterentwickeln und aufeinander abstimmen. Ausbaufähig sind m. E. noch dezentrale und offene Angebote, Veranstaltungen an Wochenenden und mit paralleler Kinderbetreuung, Kurse für bisher wenig berücksichtigte Zielgruppen (z. B. ganze Familien, Väter, Eltern mit älteren Kindern bzw. Jugendlichen, Ausländerfamilien) sowie Maßnahmen der Ehevorbereitung und -bildung. Schule und Jugendarbeit könnten motiviert werden, Jugendliche auf das Zusammenleben mit einem Partner und mit Kindern vorzubereiten. Auch kann man Kurse und Gesprächskreise in Kindertageseinrichtungen, Schulen, Pfarreien, Betriebe und andere Institutionen verlagern, wo mehr Eltern erreicht werden. Durch Kooperationsveranstaltungen – z. B. von Familienbildungsstätten und Jugendämtern – könnten auch kleine Zielgruppen mit besonderen Informationsbedürfnissen wie Pflege- und Adoptivfamilien, Eltern mit behinderten oder suchtkranken Kindern, binationale Familien, Babysitter, Tagesmütter, Elternbeiräte oder ehrenamtliche MitarbeiterInnen in Mütterzentren und Elterninitiativen angesprochen werden.

Arbeitsgemeinschaften nach § 78 SGB VIII – aber auch die Jugendämter selbst – könnten *Übersichten über die Angebote vor Ort* erstellen und so Eltern eine Orientierungshilfe geben. Beispielsweise könnten die Anbieter auf Faltblättern oder die Angebote in halbjährlich erscheinenden Broschüren vorgestellt werden, die z. B. bei Kinderärzten, in Kindertageseinrichtungen und Schulen verteilt werden. Zusätzlich oder alternativ könnte die Übersicht im Internet veröffentlicht werden, entweder auf der Website des Landkreises bzw. der kreisfreien Stadt oder auf einer eigenen Website, die, wie bei bremer-elternnetz.de, sogar eine Suchmaschine enthalten kann. Auch könnte, wie in Hamm, eine „Geschäftsstelle Elternschule" gegründet werden, die ein Jahresprogramm mit allen Angeboten vor Ort zusammenstellt, potenzielle TeilnehmerInnen berät und die Öffentlichkeitsarbeit übernimmt. Solche *Koordinierungsstellen* könnten die Entwicklung einer vielfältigen, aber vernetzten Angebotspalette sicherstellen und dadurch z. B. verhindern, dass mehrere Anbieter eine Maßnahme für eine besondere, aber kleine Zielgruppe anbieten, die dann mangels TeilnehmerInnen nicht zu Stande kommen – es wird dann eben nur *ein* Angebot geben. Auch der Informationsfluss zwischen den einzelnen Trägern der Familienbildung würde somit verbessert. Schließlich könnte eine solche Stelle *PR-Kampagnen* wie in Bremen durchführen, wo mit einem „Elternmobil" über Angebote der Familienbildung vor Ort informiert wird, Bildungsgutscheine (vier bis fünf Kupons, die nach Besuch einer Veranstaltung zum Empfang eines „Preises" berechtigen) verteilt und Multiplikatoren wie Hebammen, ErzieherInnen und Kinderärzte mobilisiert werden (vgl. Freie Hansestadt Bremen/ Der Senator für Arbeit, Frauen, Gesundheit, Jugend und Soziales 2003).

Durch Arbeitsgemeinschaften nach § 78 SGB VIII – aber auch durch die Mitarbeit in Jugendhilfeausschüssen sowie durch Zusammenschlüsse der Anbieter auf kommunaler, Landes- und Bundesebene – kann der Einfluss der Träger von Familienbildungsmaßnahmen auf die „Geldgeber" verstärkt werden. Dies ist in einer Zeit zunehmender finanzieller

Engpässe in der Sozialpolitik und abnehmender Kinderzahlen besonders wichtig. Letztlich gilt immer der Spruch: „Gemeinsam ist man stärker".

9. Schlusswort

Abschließend ist festzuhalten, dass dem hohen Stellenwert, den Ehe- und Familienbildung beanspruchen können, (1) durch eine bedarfsgerechte Weiterentwicklung der Angebote, (2) durch eine bessere Qualifikation der MitarbeiterInnen sowie (3) durch eine sichere und ausreichende finanzielle Grundlage entsprochen werden sollte. Partnerschaft und Familie dürfen nicht länger Lebensbereiche bleiben, für die eine vorausgehende Qualifikation als nicht notwendig erachtet wird (vgl. Eichhoff u. a. 1996, S. 8). Forderungen nach einem „Elternpass" oder „Elternführerschein" sind nicht neu, ihnen sollte aber endlich entsprochen werden.

Literatur

Arbeitsgruppe 9 für das Internationale Jahr der Familie, 1994: Familie und Bildung. Zu Analyse und Ausbau von Familienbildung und Familienselbsthilfe in der BRD. Langfassung. Bonn: Geschäftsstelle der Deutschen Nationalkommission für das Internationale Jahr der Familie. September 1993.

Bodenmann, G., 2000: Kompetenzen für die Partnerschaft. Freiburger Stresspräventionstraining. Weinheim/ München.

Deutscher Familienverband (Hrsg.), 1999: Handbuch Elternbildung. Band 1 und 2. Opladen.

Eichhoff, G./Janssen, E./Kunz, L. u. a., 1996: Familienbildung als Angebot der Jugendhilfe. Aufgaben und Perspektiven nach dem Kinder- und Jugendhilfegesetz (Sozialgesetzbuch VIII) (Schriftenreihe des Bundesministeriums für Familie, Senioren, Frauen und Jugend: Band 120). Stuttgart.

Eimeren, B. van/Frees, B., 2005: Nach dem Boom: Größter Zuwachs in internetfernen Gruppen. ARD-ZDF-Online-Studie 2005. http://www.daserste.de/service/ardonl05.pdf.

Engl, J./Thurmaier, F./Black, C., 1999: Konstruktive Ehe und Kommunikation (KEK). Ein Kurs zur Weiterentwicklung von Partnerschaft. 1½-Jahres-Ergebnisse: Entwicklung von Kommunikationsqualität, Ehequalität und individuellen Allgemeinbeschwerden. München (Institut für Forschung und Ausbildung in Kommunikationstherapie).

Fischer-Köhler, G., 1997: Bildungsarbeit in Kath. Familienbildungsstätten: eine Standortbestimmung. Düsseldorf (Bundesarbeitsgemeinschaft Katholischer Familienbildungsstätten).

Freie Hansestadt Bremen/Der Senator für Arbeit, Frauen, Gesundheit, Jugend und Soziales, 2003: Familienbildung in Bremen. Kinder-, Jugend- und Familienbericht 2003. Bremen.

Fthenakis, W.E./Textor, M.R. (Hrsg.), 2001ff.: Online-Familienhandbuch. http://www.familienhandbuch.de.

Gerzer-Sass, A., 2002: Familienkompetenzen als Potenzial einer innovativen Personalpolitik. http://www.familienhandbuch.de/cmain/f_Programme/a_Familienpolitik/s_411.html.

Gordon, T., 1972: Familienkonferenz. Die Lösung von Konflikten zwischen Eltern und Kind. Hamburg.

Hänggi, Y./Perrez, M., 2005: Primäre Prävention mit neuen Medien – Angebote für Eltern. In: Psychologie in Erziehung und Unterricht, 52 Jg., S. 153-167.

Herre, P., 2000: Familienbildung 2000 – Herausforderungen und Aufgaben. In: Forum EB, o. Jg., Nr. 3, S. 27-28.

Heuwinkel, D./Eichholz, R., 1999: Orientierungen für innovative Angebote. In: Landesinstitut für Schule und Weiterbildung (Hrsg.): Familienbildung 2010. Orientierungsrahmen für die Weiterentwicklung familienbezogener Dienste. Bönen, S. 72-84.

Honkanen-Schoberth, P., 2002: Starke Kinder brauchen starke Eltern. Der Elternkurs des Deutschen Kinderschutzbundes (DKSB). Berlin.

Institut für Forschung und Ausbildung in Kommunikationstherapie e. V., o. J.: Arbeitsbericht 1997. München.

Kaemmler, J., 2002: Stiefelternschule. http://www.familienhandbuch.de/cmain/f_Fachbeitrag/a_Familienbildung/s_359.html, 2002.

Lachenmaier, W., 2002: Neue Medien als Herausforderung für die Familienbildung. Bamberg.

Landesinstitut für Schule und Weiterbildung (Hrsg.), 1999: Familienbildung 2010. Orientierungsrahmen für die Weiterentwicklung familienbezogener Dienste. Bönen.

Landesinstitut für Schule und Weiterbildung (Hrsg.), 2001: Familienbildung 2010. Weiterentwicklung familienbezogener Dienste. Projektansätze und Perspektiven. Soest.

Lewicki, M.-L., 2001: ELTERN-Homepage und Leserservice: Was Eltern wirklich bewegt. In: Gesellschaft für Geburtsvorbereitung – Familienbildung und Frauengesundheit – Bundesverband e. V. (Hrsg.): Zukunft ohne Kinder? Elternwerden in Deutschland – Was brauchen Eltern an Unterstützung? GfG-Rundbrief 4, S. 77-79.

Lipinski, H., 1998: Didaktische Gesamteinführung. In: Vaskovics, L.A./Lipinski, H. (Hrsg.): Familiale Lebenswelten und Bildungsarbeit: Didaktische Erfahrungen und Materialien. Ehe und Familie im sozialen Wandel. Band 3. Opladen, S. 21-59.

Lühning, E./Ringeisen-Tannhof, P., 2003: Erziehungskurse für Eltern. Ein Kursleiter-Programm. Weinheim.

Münder, J. u. a., 1993: Frankfurter Lehr- und Praxiskommentar zum Kinder- und Jugendhilfegesetz. Stand: 1.4.1993. Münster.

Penthin, R., 2001: ... Eltern sein dagegen sehr. Konzepte und Arbeitsmaterialien zur pädagogischen Elternschulung. Unter Mitarbeit von A. Thams. Weinheim/München.

Pliska, L./Petkov, R./Kühn, T., 2001: S T E P-Elternhandbuch 1 Grundkurs. München.

Reisinger, P.-F., 2000: Familienbildung in Berlin. Abschlussbericht. Ein Projekt der FU Berlin im Rahmen der Berlinforschung. Freie Universität Berlin.

Richter, R./Verlinden, M., 2000: Vom Mann zum Vater. Praxismaterialien für die Bildungsarbeit mit Vätern. Hrsg. vom Sozialpädagogischen Institut NRW – Landesinstitut für Kinder, Jugend und Familie. Münster.

Schiersmann, C./Thiel, H.-U./Fuchs, K./Pfizenmaier, E., 1998: Innovationen in Einrichtungen der Familienbildung. Eine bundesweite empirische Institutionenanalyse. Opladen.

Schiersmann, C., 2001: Familienbildung in Deutschland. In: Gieseke, W. (Hrsg.): Handbuch zur Frauenbildung. Opladen, S. 447-453.

Schnabel, M., 1998: Eltern-Kind-Gruppen: Ein Modell subjektorientierten Lernens mit Eltern. In: Bildung, Erziehung, Betreuung, 3. Jg., H. 1, S. 13-15.

Schuster, A., 1984: Familienbildung und Sozialarbeit. In: Parlamentarische Staatssekretärin für Familie und soziale Verbände im Sozialministerium des Landes Schleswig-Holstein (Hrsg.): Familienbildung und Sozialarbeit. Vier Projektberichte aus Schleswig-Holstein. Kiel, S. 3-4.

Textor, M.R., 1996: Allgemeine Förderung der Erziehung in der Familie. § 16 SGB VIII. Stuttgart.

Textor, M.R., 2000: Kooperation mit den Eltern. Erziehungspartnerschaft von Familie und Kindertagesstätte. München.

Textor, M.R., 2001: Väter im Kindergarten. In: Schüttler-Janikulla, K. (Hrsg.): Handbuch für ErzieherInnen in Krippe, Kindergarten, Vorschule und Hort. 38. Lieferung, Landsberg/Lech.

Thurmaier, F./Engl, J./Eckert, V./Hahlweg, K., 1992: Prävention von Ehe- und Partnerschaftsstörungen EPL (Ehevorbereitung – Ein Partnerschaftliches Lernprogramm). In: Verhaltenstherapie, 2. Jg., S. 116-124.

Tschöpe-Scheffler, S., 2003: Elternkurse auf dem Prüfstand. Wie Erziehung wieder Freude macht. Opladen.

Tschöpe-Scheffler, S. (Hrsg.), 2005: Konzepte der Elternbildung – eine kritische Übersicht. Opladen.

Vaskovics, L.A., 1996: Lebenswelten und familienbezogene Bildungsarbeit – eine Einführung. In: Vaskovics, L.A./Lipinski, H. (Hrsg.): Familiale Lebenswelten und Bildungsarbeit: Interdisziplinäre Bestandsaufnahme 1. Ehe und Familie im sozialen Wandel. Band 1. Opladen, S. 7-17.

Walter, W., 2000: ifb-Projekte „Bestandsaufnahme der familienbezogenen Bildungsarbeit nach § 16 SGB VIII" und „Elternbriefe als Medium integrierter Familienarbeit". Manuskript. (Staatsinstitut für Familienforschung an der Universität Bamberg, unv. Ms.). Bamberg.

Walter, W./Bierschock, K./Oberndorfer, R./Schmitt, C./Smolka, A., 2000: Familienbildung als präventives Angebot. Einrichtungen, Ansätze, Weiterentwicklung. Bamberg (Staatsinstitut für Familienforschung an der Universität Bamberg, unv. Ms.).

D Familie: differentielle Felder

Kulturelle Transferbeziehungen

Ludwig Stecher / Jürgen Zinnecker

1. Einleitung

Die Familie ist ein Ort, wo Kultur gelebt und weitergegeben wird. Es ist nicht der einzige gesellschaftliche Ort, an dem dies geschieht, und die Urteile über den Wert der Familie im Prozess der Tradierung von Kultur sind schwankend und kontrovers. Der Mikrokosmos Familie stützt sich auf eine genealogische Abfolge von Generationen. Zwischen diesen Generationen wird die Weitergabe von Kultur ausgehandelt und praktiziert. Eltern leben die kulturellen Muster einer Gesellschaft vor, die nachgeborenen Kinder leben sie nach und modifizieren sie dabei. An keinem gesellschaftlichen Ort wird dieser Prozess der Weitergabe von Kultur so augen- und sinnfällig. Die Eltern-Kind-Interaktion besitzt gewissermaßen eine archetypische Qualität.

2. Das Konzept der intergenerativen Transferbeziehungen

Die Beziehungen zwischen den Eltern und ihren Kindern lassen sich in vielerlei Hinsicht als ein *Transferprozess* zwischen der jüngeren und der älteren Familiengeneration thematisieren. Anfang der 1990er Jahre wurde dafür das Konzept der Eltern-Kind-Beziehungen als *intergenerative Transferbeziehungen* entwickelt (vgl. Zinnecker 1994).

Der Begriff des *Transfers* ist darin breit gefasst. Er reicht vom Austausch materieller Güter und (Dienst-)Leistungen bis zu immateriellen Dingen wie dem Austausch von persönlichen Befindlichkeiten, Wissen oder Informationen.[1] Der Begriff des Transfers, entnommen der Sozialpolitik bzw. Sozialökonomie, verweist über den konkreten Austausch in der Familie hinaus darauf, dass die binnenfamilialen Beziehungen auch im weiteren Kontext gesellschaftlich organisierter Generationenbeziehungen zu sehen sind. Hier knüpft das Konzept an makrosoziologische Modelle intergenerativer Beziehungen an, wie sie zum Beispiel von Margaret Mead (1970) mit Bezug auf den gesellschaftlich organisierten Wissenstransfer zwischen der älteren und der jüngeren Generation formuliert wurden.

Mit dem Begriff der *Beziehung* soll andererseits betont werden, dass der Transfer innerhalb eines spezifischen – privaten – (Eltern-Kind-)Kommunikationsverhältnisses realisiert wird, „das gemeinsam geteilte Nahwelten und Alltäglichkeiten“ und eine gemeinsame Vergangenheit sowie Zukunft umfasst (Zinnecker 1994, S. 25). Grundlage der Beziehungen sind dabei die relativ dauerhaften Handlungs- und Orientierungsmuster der Kinder und ihrer Eltern – das, was Pierre Bourdieu zusammenfassend den Habitus nennt (vgl. Bourdieu 1993, S. 33f.).

1 Im weitesten Sinne des Begriffs lässt sich jede Art von Kommunikation und Interaktion zwischen Eltern und Kindern letztlich als intergenerativer Transfer von *Sinn* interpretieren.

Die Nomenklatur kennt ihre eigene kleine semantische Wissenschaftsgeschichte. Der Prozess der Weitergabe von Kultur zwischen den Generationen wird in der empirischen Literatur häufig mit dem Term „kulturelle Transmission" belegt, einer Eindeutschung aus dem englischen Sprachraum. *„Transmission"* bezeichnete im Englischen ursprünglich die Übertragung genetischer Merkmale von den Eltern auf die Kinder. In der kulturanthropologischen Schule wurde daraus, beginnend mit den 1930er Jahren, eine kulturelle Institution – „The Transmission of Culture" (Spindler 1974/1997) als ein zentrales Thema von Erziehung und Sozialisation. Brake und Büchner unterscheiden gegenwärtig zwischen Transfer und Transmission. Während sich der Begriff Transfer auf „die Inhalte und Gegenstände des intergenerativen Austauschs" beziehe, drehe sich der Begriff der Transmission „in erster Linie um die Prozessualität der wechselseitigen Austausch- und Aushandlungsprozesse" (2003, S. 635, Anmerkung 3).

Um das Ergebnis bzw. das angestrebte Ziel kultureller Transmission zu kennzeichnen, hat sich seit den 1960er Jahren der Begriff „Enkulturation" eingebürgt, allerdings nicht generell durchgesetzt. So spricht beispielsweise W. Loch (1968) von der „Enkulturation als Grundbegriff der Pädagogik" (vgl. Mollenhauer 1989). In der Definition von G. Wurzbacher (1963, S. 14) heißt es, Enkulturation bedeute „eine gruppen- wie personspezifische Aneignung und Verinnerlichung von Erfahrungen, ‚Gütern', Maßstäben und Symbolen der Kultur zur Erhaltung, Entfaltung und Sinndeutung der eigenen wie der Gruppenexistenz." J. Berry unterscheidet später zwischen vertikaler, diagonaler und horizontaler Transmission (vgl. Oerter 1998, S. 91), je nach den Akteuren, die den Prozess des Enkulturierens betreiben. *Vertikale Transmission* meint die Enkulturation durch die Eltern, *diagonale Transmission* erfolgt durch Erwachsene außerhalb der eigenen Familie (z. B. Lehrer) und unter *horizontaler Transmission* wird eine Enkulturation durch die eigene Generation (peers) verstanden. Neuerdings wurde der terminologische Vorschlag gemacht, Prozesse der Kulturvermittlung zwischen den Generationen als „Generationenlernen" zu klassifizieren (vgl. Lüscher/Liegle 2003, S. 171ff.). Ein anderer interessanter Vorschlag bezieht sich auf die Krise bzw. Delegitimierung von Prozessen der Enkulturation in der Moderne, die weiter unten noch zu diskutieren ist. Als dialektischen Gegensatz zur Enkulturation solle man immer auch Prozesse der *Dekulturation* mitbedenken (vgl. Mollenhauer 1989). „Die Moderne verfügt über verschiedene solcher Dekulturationsprojekte" (ebd., S. 905). Darunter seien Prozesse der Entstabilisierung von Generationsverhältnissen zu verstehen, jugendkulturelle Projekte (z. B. Punk) oder „auch die Dekulturation ‚von oben', als kulturelle Enteignung: Kolonialisierung, missionarische Pädagogik, Gefängnisse, psychiatrische Anstalten" (ebd.).

Im Rahmen einer Sozialisationstheorie meint Enkulturation, dass eine gewisse Passung zwischen dem Subjekt und der Kultur einer Gesellschaft hergestellt wird. Aus dieser Perspektive geht es um den einzelnen Heranwachsenden und dessen Enkulturierung. Es ist der Blick der Pädagogen auf ihr individuelles Gegenüber oder der Blick der Subjekte auf sich selbst – besonders wenn sie den Prozess der Enkulturation selbst aktiv mit betreiben. Wir können jedoch auch einen makrogesellschaftlichen Blick auf kulturelle Transmission einnehmen. In diesem Fall geht es um die Systemfrage, wie die Kultur einer gesellschaftlichen Gruppe zu überleben vermag, obwohl die einzelnen Mitglieder bzw. Generationen nur eine begrenzte Zeitspanne über im biologischen Sinn leben. Hier wird also das Problem der sozialen und kulturellen Reproduktion über die Zeit angesprochen. Enkulturation wird zumeist im Rahmen von Sozialisationsforschung angesprochen, die den wissenschaftlichen Diskurs dominiert. Das hat gewiss mit der direkten Praxisrelevanz dieses Modells für die Erziehungs- und Bildungsinstitutionen zu tun: Professionelle Pädagogen sind in partikularen Praxisfeldern tätig, die sich um die Enkulturation von Individuen und kleinen Gruppen von Individuen bemühen, wobei das Ganze der kulturellen Transmission systematisch ausgeklammert bleibt. Häufig werden beide Konzepte im wissenschaftlichen Diskurs aber auch unzulässig vermengt. So wird P. Bourdieu als Sozialisationsforscher reinterpretiert, obwohl er der derzeit prominenteste Vertreter einer kulturellen Reproduktionstheorie sein dürfte.

Analytisch lassen sich verschiedene Formen bzw. Ebenen von Transferbeziehungen unterscheiden (vgl. Zinnecker 1997; Lüscher/Liegle 2003):

- *Materieller, monetärer Transfer* (Besitz, Waren, Geld)
- *Transfer handwerklicher persönlicher Dienstleistungen* (unbezahlte Privatarbeit)
- *Transfer psychosozialer persönlicher Dienstleistungen* (emotionale, psychologische Hilfeleistungen)
- *Kulturelle Transferbeziehungen* (Bildung, kulturelles Orientierungswissen, allgemein: Transfer von kulturellem Kapital)

Wenngleich sich die Beziehungen zwischen den Eltern und Kindern auf allen vier Ebenen des Transfers (und gewöhnlich gleichzeitig) realisieren, werden die verschiedenen Transferebenen bislang von jeweils unterschiedlichen Wissenschaftsdisziplinen thematisiert.

Materielle und finanzielle Transferleistungen und der *Transfer handwerklicher persönlicher Dienstleistungen* zwischen den Generationen sind traditionell ein Thema der Haus- und Haushaltsökonomie. Gegenwärtig werden im Kontext dieser Tradition die unbezahlte und gesellschaftlich (noch) nicht als wertschöpfend anerkannte Arbeit von Frauen, die mithelfende Arbeit von Kindern, die Wandlungen „familialer Arbeit mit Kindern" (vgl. Rerrich 1983; Hengst/Zeiher 2000) untersucht und erörtert. Ein weiteres Thema bilden die familienzyklisch sich verlängernden persönlichen und sachbezogenen Dienstleistungen, die Eltern von älteren Jugendlichen und jungen Erwachsenen abverlangt werden (vgl. Vaskovics u. a. 1993a, 1993b; Vaskovics 1996). Drittens ist hier auf eine familiensoziologische Konzeption zu verweisen, die Familie als Aufgaben erfüllendes gesellschaftliches Teilsystem versteht (vgl. Lüscher 1989; Herlth 1989). In allen diesen Fällen werden die Transferleistungen zwischen den Familiengenerationen letztlich unter sozialpolitischen Perspektiven thematisiert, als Teil eines allgemeinen „Generationenvertrages" (vgl. Schürkmann u. a. 1987).

Die *psychosozialen Transferbeziehungen* fallen traditioneller Weise in den Bereich der (Pädagogischen) Psychologie und der Sozialpsychologie. Im Mittelpunkt stehen die Persönlichkeitsentwicklung von Kindern und Jugendlichen und die Frage nach dem Einfluss der psychosozialen Qualität der Kommunikation zwischen den Eltern und ihren Kindern in diesem Entwicklungsprozess. Siehe hierzu paradigmatisch etwa die Arbeiten von Ulich zum Zusammenhang zwischen dem Austausch von Gefühlen und Befindlichkeiten in der Familie und der emotionalen Sozialisation der Familienkinder (vgl. Ulich 1991; Ulich/Kapfhammer 1991).

3. Kulturelle Transferbeziehungen als Perspektive der Familienforschung

Die *kulturellen Transferbeziehungen* – als vierte Ebene der intergenerativen Transferbeziehungen – stehen seit langer Zeit auf der Agenda einer erziehungswissenschaftlich orientierten Sozialisationsforschung. Fast könnte man sogar sagen, dass die Idee, die Eltern-Kind-Beziehungen als kulturelle Transferbeziehungen zu konzeptualisieren, der modernen Sozialisationsforschung geradezu zu Grunde liegt (s. o.) – ohne dass sie dies jeweils explizit mit diesem Begriff belegt hätte. Hier reichen die Wurzeln zurück bis zur schichtspezifischen Sozialisationsforschung der 1960er Jahre. Im Kern entwickelte sich diese Forschungstradition um die Frage, wie es den Eltern der Oberschichten gelingt, ihre eigene privilegierte Stellung an ihre Kinder weiterzugeben – zum Beispiel, was den Besuch privilegierter Bildungsgänge wie etwa des Gymnasiums anbelangt – und warum es andererseits den Familien aus den unteren Sozialschichten nicht gelingt, die (spätestens) in diesem Jahrzehnt bereits deutlich spürbare Expansion des Bildungssystems für sich zu nutzen. Wir dürfen sicher einen der wichtigsten Befunde der schichtspezifischen Sozialisationsforschung darin sehen, dass sich die Antwort auf die Frage nach der Persistenz sozialer (Bildungs-)Ungleichheiten nicht auf Begriffe wie Macht oder ökonomisches Kapital reduzieren lässt, sondern im weiteren Kontext modernisierter *sozialer* und *kultureller Reproduktionsstrategien* in den Familien zu sehen ist. Bourdieu hat dies Anfang der 1970er Jahre in prägnanter Weise formuliert, als er den Zugang zu bzw. den Besitz von legitimer Kultur in Form von Bildung(-stiteln) und kulturellem Wissen als ein ähnlich gesellschaftlich wirkungsvolles *Machtmittel* – und das heißt Mittel zur sozialen Reproduktion der Familien – beschrieb wie etwa das ökonomische Kapital in Form von Geld und Besitzgütern (vgl. Bourdieu 1983). In Anlehnung an die politische Ökonomie nannte Bourdieu diese kulturbezogenen Machtmittel zusammenfassend *kulturelles Kapital*.

Historisch gesehen hat die Bedeutung des kulturellen Kapitals im familialen Sozialisations- und Reproduktionsprozess in dem Maße zugenommen, in dem Bildung im Allgemeinen – Schul- und Berufsabschlüsse im Besonderen – für die individuelle wie gesellschaftliche Existenzsicherung zunehmend bedeutsam wurde. Seit einigen Jahrzehnten, so skizziert Zinnecker (1994, S. 42) die Entwicklung seit der Nachkriegszeit, besteht „eine historische Tendenz, dass immer mehr Familiengruppen – und Heranwachsende – sich der *Kultur als Medium* [Hervorhebung, d. A.] persönlicher und familialer Reproduktion bedienen – auch solche Gruppen, die in der Vergangenheit eher auf andere Reproduktionsquellen wie Besitz, Ökonomie oder Beruf rekurrierten. [...] Was sich hier verallgemeinert, jedenfalls in modernisierten Industriegesellschaften westlichen Zuschnitts, ist im Grunde das *bildungsbürgerliche oder mittelständische Modell sozialer Statusvererbung*“ (vgl. Hradil 1996, S. 132).

3.1 Kultureller Transfer von der Eltern- auf die Kindergeneration – die klassische Perspektive

Sozialisationstheoretisch werden die Eltern aus der Perspektive der „sozialen Vererbung“ als Inhaber kultureller Ressourcen gedacht, die – im Rahmen ihrer schicht- und gruppenspezifischen Möglichkeiten – dafür sorgen, dass diese Ressourcen auf den eigenen Nachwuchs übertragen werden, um die Ausgangsposition der Nachkommenschaft im sozialen Wettbewerb zu verbessern (vgl. Liebau 1987, S. 84). Vereinfacht lässt sich dieses Übertragungsmodell, das wir als *klassische Transferperspektive* bezeichnen können, wie in Schaubild 1 skizzieren (vgl. Stecher/Dröge 1996).

Schaubild 1: Die klassische Perspektive: der kulturelle Transfer von der Eltern- auf die Kindergeneration (das Modell der sozialen Vererbung)

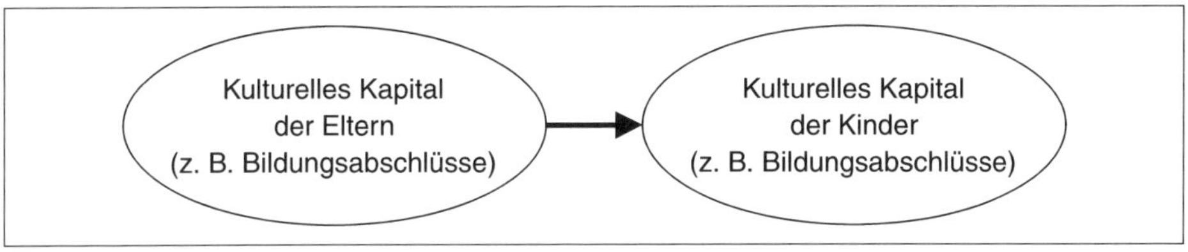

Ausgehend von diesem Grundmodell lassen sich – idealtypisch – drei Ansätze des kulturellen Transfers von der Eltern- auf die Kindergeneration in der Forschungsliteratur unterscheiden:

■ *Erster Ansatz: Die Übertragung von Bildungstiteln*

Wenngleich die kulturellen Transferbeziehungen eine weite Palette von kulturellen Aktivitäten und Eigenschaften umfassen – darauf werden wir gleich näher unter dem 2. Ansatz zu sprechen kommen –, kommt der formalen Bildung, zertifiziert in schulischen und beruflichen Bildungsabschlüssen (Bildungstiteln), wie Bourdieu betont, im sozialen Reproduktionsprozess eine besondere Bedeutung zu. Dies in zweifacher Hinsicht. Zum einen ist ein möglichst hoher Schul- und Berufsausbildungsabschluss eine wichtige Voraussetzung für den unmittelbaren beruflichen Erfolg des Einzelnen. Darüber hinaus sind mit spezifischen Bildungstiteln Lebenschancen verbunden, die auf der symbolischen Strahlkraft von Bildungstiteln innerhalb der gesellschaftlichen Ordnung beruhen und über die unmittelbare Bedeutung des sozio-ökonomischen Status hinausgehen. Bourdieu beschreibt den Bildungstitel als eine Art „legitimen Rechtstitel auf Ausübung von Autorität" (1992, S. 647), „ein Titel bildet [...] eine positive oder negative Vergütung, im Sinne einer Unterscheidungsmarke (Emblem oder Stigma), deren Wert sich nach der Stellung innerhalb eines hierarchisch gestaffelten Systems von Titeln richtet und die auf diese Weise zur Festlegung der jeweiligen Positionen von Akteuren und Gruppen beiträgt" (Bourdieu 1985, S. 25). Eine Vielzahl von Forschungsarbeiten zum kulturellen Transfer zwischen den Familiengenerationen hat sich auf diesem Hintergrund auf den (erfolgreichen) Transfer von Bildungsabschlüssen konzentriert. Diesen Studien verdanken wir die Erkenntnis, dass sich die schichtspezifisch bedingte ungleiche Bildungsbeteiligung in den letzten Jahrzehnten nur unwesentlich verändert hat (vgl.Vester 2004, S. 19ff.; Geißler 2004).

■ *Zweiter Ansatz: Die Konvertierbarkeit von kulturellem Kapital in Bildungserfolg*

Wenngleich die „Vererbung" der formalen Bildungsabschlüsse unter Reproduktionsgesichtspunkten als zentrales Kriterium einer erfolgreichen Übertragung des kulturellen Kapitals von der Eltern- auf die Kindergeneration anzusehen ist und damit im Mittelpunkt des klassischen Übertragungsmodells steht, bleibt aus der Sicht der Sozialisationsforschung die *Feinstruktur* der Transferbeziehungen bei der ausschließlichen Fokussierung auf die

Schul- und Berufsabschlüsse verborgen. Mit den Bildungsabschlüssen der Eltern und der Kinder sind lediglich die Ausgangs- und Endpunkte eines jahrelangen, zeit- und kostenintensiven kulturbezogenen Interaktionsprozesses zwischen den Familiengenerationen erfasst. Bereits in der schichtspezifischen Sozialisationsforschung – und zumal bei Bourdieu – ist der Begriff des kulturellen Kapitaltransfers deshalb wesentlich weiter gefasst. Er umfasst sämtliche Interaktionshandlungen in der Familie, die durch ihren kulturellen Gehalt im weitesten Sinne gekennzeichnet sind. Hierzu zählen beispielsweise die spezifischen kulturbezogenen Erziehungsziele der Eltern, ihr kognitiver Vermittlungsstil oder der sprachliche Kommunikationsmodus in der Familie. Dazu gehört auch aufseiten der Eltern deren Interesse an hochkulturellen Dingen wie an Musik, Kunst oder Literatur. Grundidee dieser Perspektive ist, dass in der Interaktion zwischen Eltern und Kindern wichtige Elemente der legitimen, das heißt vorherrschenden (Hoch-)Kultur vermittelt werden, was auf Grund der Nähe zwischen Hochkultur und schulischem Curriculum als Wettbewerbsvorteil gegenüber anderen Familien genutzt werden kann.

Zu dieser Perspektive gehören Untersuchungen, die zwar weiterhin auf die „klassische Zielvariable", die formalen Bildungsabschlüsse bzw. den Schulerfolg als Indikatoren für den erfolgreichen Statuserwerb in der Kindergeneration, fokussieren, dabei aber aufseiten der Eltern – neben deren Bildungsstatus – ein erweitertes Ensemble von kulturbezogenen Interessen, Eigenschaften, Einstellungen und Merkmalen als Indikatoren für das kulturelle Kapital der Eltern einbeziehen. Zu dieser Gruppe gehört etwa die Arbeit von De Graaf und De Graaf (1988), die explizit auf dem Kulturkapital-Konzept von Bourdieu aufbaut. Die Autoren untersuchen die Frage, in wie weit die kulturellen Interessen der Eltern, wie sie sich zum Beispiel im Leseverhalten bzw. -interesse der Eltern[2] zeigen, den Schulerfolg der Familienkinder beeinflussen. Dabei zeigt sich, dass – unter Kontrolle der Schicht- und Bildungszugehörigkeit der Eltern und der Schulleistungen der Kinder – Kinder, deren Eltern ein hohes Interesse an Büchern und am Lesen zeigen, eine mehr als doppelt so große Chance aufweisen, das Gymnasium zu besuchen, als Kinder, deren Eltern sich nicht für Bücher interessieren. Darüber hinaus lässt sich feststellen, dass die Kinder aus leseinteressierten Elternhäusern im Durchschnitt bessere Noten im Fach Deutsch erreichen als andere Kinder. Ähnlich weist Stecher (2002) nach, dass Kinder, deren Väter ein hohes Interesse an hochkulturellen Dingen wie Musik, Kunst und Malerei zeigen, häufiger das Gymnasium besuchen als andere Kinder – und dies unabhängig davon, ob die Väter selbst schulisch hoch gebildet sind oder nicht.

Dritter Ansatz: Die Übertragung von erweitertem kulturellem Kapital

Bei einer dritten Gruppe von Studien steht der Schulerfolg als unmittelbarer Erfolgsparameter des Statustransfers von der Eltern- auf die Kindergeneration eher im Hintergrund. Zinnecker weist im Anschluss an Bourdieu darauf hin, dass sich in modernen Gesellschaften neben dem durch schulische und berufliche Ausbildung definierten traditionellen Berufssystem parallele Handlungssysteme etabliert haben, in denen Statuserfolg bzw. sozialer Aufstieg möglich ist. Zu diesen „statusbedeutsamen" kulturellen Handlungssystemen zählen beispielsweise der Bereich der Musik, der Bereich der Kirche/Religion oder der Bereich des Sports (vgl. Georg/Hasenberg/Zinnecker 1998, S. 137). Studien, die diesem erweiterten Ansatz verbunden sind, beziehen sich sowohl was die Elterngeneration als auch was die Kindergeneration anbelangt auf eine breite Palette kultureller Transferbereiche. Vor allem

2 Operationalisiert beispielsweise über die Anzahl der von den Eltern im letzen Jahr gelesenen Bücher.

sind hier die Arbeiten der Siegener Forschungsgruppe zum Bildungsmoratorium zu nennen. So untersuchten die ForscherInnen beispielsweise den Erwerb von musikkulturellen Einstellungen und Fähigkeiten von 10- bis 16-jährigen Kindern bzw. Jugendlichen (vgl. Zinnecker/Hasenberg/Eickhoff 1998, 1999). Dabei zeigte sich, dass – neben anderen Faktoren – die musikalischen Kompetenzen der Väter eine wichtige Rolle spielen. Je höher die väterlichen Kompetenzen im musikalischen Bereich sind und desto häufiger die Väter gemeinsam mit ihren Kindern musizieren, desto höher sind die musikalischen Kompetenzen bei den Kindern ausgeprägt. Die musikalischen Kompetenzen der Mutter haben interessanter Weise wenig Aussagekraft in Bezug auf den Erwerb von musikalischen Kompetenzen bei den Kindern. Ebenfalls an 10- bis 16-Jährigen untersuchten Zinnecker und Hasenberg (1999; vgl. ebenso Zinnecker/Georg 1998) die Frage, in wie weit sich die Befunde aus dem Bereich der musikalischen Sozialisation auch auf das Handlungssystem kirchlich-religiöser Orientierungen übertragen lassen. Als zentraler Befund lässt sich aus den durchgeführten Analysen festhalten, dass die Eltern im Bereich der religiösen Orientierungen eine noch deutlich wichtigere Rolle für die Sozialisation der Kinder spielen als vergleichsweise im Bereich der Musik. Der erklärungskräftigste Prädiktor dafür, dass ein Kind bzw. Jugendlicher sich als religiös bezeichnet und fühlt, ist dass die Mutter sich selbst als religiös bezeichnet. Die religiösen Einstellungen der Väter spielen dagegen eine untergeordnete Rolle.

Es bleibt festzuhalten, dass sich empirisch ein hoher „Vererbungsgrad" kultureller Orientierungen im Bereich der Musik und der Religion belegen lässt. Jedoch zeigt sich auch, dass in beiden Bereichen Väter und Mütter eine jeweils unterschiedlich bedeutsame Rolle spielen und der Prozess der Übertragung kulturellen Kapitals geschlechtsspezifische Facetten aufweist.

Zinnecker und Kollegen haben sich auch mit der Übertragung von sportlichen Orientierungen und Praxen zwischen der Eltern- und der Kindergeneration auseinander gesetzt (vgl. Georg/Hasenberg/Zinnecker 1998). Dabei fanden sie, dass „Orientierung und Teilnahme am Handlungsfeld Sport [...] in erster Linie über gleichgeschlechtliche Elternteile vermittelt werden. Auf die Söhne wirken die sportiven Rollenmodelle der Väter [...] Im Fall der Töchter vermittelt ausschließlich die sportive Orientierung der Mütter eine vermehrte Orientierung und Teilnahme. Die sportiven Rollenmodelle der Väter sind für das Sportengagement der Töchter dagegen bedeutungslos" (S. 142). Auch im Bereich des Sports bestätigt sich damit, dass zwar ein eindeutiger Übertragungsprozess von der Eltern- auf die Kindergeneration zu beobachten ist, dieser Übertragungsprozess aber innerhalb der generativen Geschlechtskonfigurationen variiert.

Gegenwärtig trägt eine Marburger Arbeitsgruppe diesen Ansatz fort, indem sie nach der allgemeinen Bildungsbedeutsamkeit der Familie fragt und sich dabei auf die eben angesprochenen statusbedeutsamen kulturellen Handlungssysteme bezieht (vgl. Brake/Büchner 2003; Brake/Kunze 2004; Büchner 2003; Georg 2005; Büchner/Brake 2006). Ihre Untersuchung „Familiale Bildungsstrategien als Mehrgenerationenprojekt" erweitert diesen Ansatz um eine dreistufige generationale Perspektive, indem sie neben der Elterngeneration auch noch die Generation der Großeltern der Familienkinder einbezieht. Dieses Forschungsdesign wird gegenwärtig in verschiedenen Studien zu Tradierung und Wandel von Familienkulturen angewandt. So untersuchte Ziegler (2000) in einer aufwändigen Einzelfallstudie, wie das „soziale Erbe" einer Familie über drei Generationen transferiert wird. Ecarius (2002) erkundete den historischen Wandel von Familienerziehung in ostdeutschen Familien anhand der „Erziehungserfahrungen von drei Generationen".

Welche Ergebnisse des Marburger Mehrgenerationenprojektes sind ablesbar? Zum ersten belegen die Gruppendiskussionen mit allen drei Familiengenerationen, die im Rahmen dieser Studie geführt wurden, den hohen Übertragungsgrad von kulturellem Kapital von der Großeltern- auf die Eltern- und schließlich die Kindergeneration, der sich – im Zweigenerationenzusammenhang und bei quantifizierender Methodik – auch bei den oben angeführten Siegener Studien zum Bildungsmoratorium zeigt. Zum anderen liefern die qualitativ angelegten Fallstudien wichtige Hinweise auf die unterschiedliche interaktive Feinstruktur dieser Übertragung. So lassen sich Familien identifizieren, für die die Übertragung des kulturellen Kapitals zu den ausgewiesenen Erziehungsintentionen der Großeltern wie der Eltern gehört. Im Mittelpunkt steht dabei die „Transmission zum Identischen" (Brake/Kunze 2004, S. 79), das heißt, die Kinder sollen genau das lernen, was die Großeltern und Eltern auch gelernt haben – wie zum Beispiel Klavierspielen. Um dieses Ziel zu erreichen, wird ein hoher zeitlicher und finanzieller Aufwand eingesetzt – was beim Klavierspiel beispielsweise das gemeinsame Üben betrifft. Bei einer anderen Gruppe von Familien wird zwar ebenso kulturelles Kapital in hohem Maße von der älteren an die jeweils jüngere Generation weitergegeben. Allerdings vollzieht sich diese Weitergabe in einem von den Älteren weniger intentional gesteuerten Rahmen und das Übertragungsergebnis wird offener gehalten als bei den Familien ersten Typs. Es geht hierbei um die „Transmission zum Äquivalenten" (ebd., S. 86); um am Beispiel zu bleiben heißt das, nicht das Klavierspiel als solches ist das Ziel des Übertragungsprozesses (im Sinne einer Familientradition), sondern allgemein, dass die Liebe zur Musik geweckt wird – eine Grundhaltung, die sich nicht aus einem intentionalen Erziehungsprozess ergibt, sondern eher „en passant" auf der Grundlage des elterlichen Rollenmodells auf die jüngere Generation übertragen wird (vgl. ebd., S. 93). Während der Übertragungsprozess im ersten Fall deutlich Züge von pädagogisch gezielten „Transmissions*bemühungen*" – also durchaus auch von Zwang – trägt und damit störungsanfällig ist (zum Beispiel, wenn die Familienkinder sich in der Pubertät stärker zu Gleichaltrigen hinwenden), beruht der Übertragungsprozess im zweiten Fall auf der Selbstverpflichtung der Familienkinder (auf der Liebe zur Musik, zur Kunst etc.) und ist insofern biografisch dauerhaft verankert (vgl. ebd., S. 92f.). Während in den Familien des ersten Typs die ältere Generation im Besitz des (für die Familie) relevanten Wissens ist und dieses als Experte an die jüngere Generation weitergibt, finden sich in Familien des zweiten, offenen Typs ebenso Übertragungsprozesse, die von der jüngeren zur älteren Generation verlaufen, die Älteren also auch von den Jüngeren (bereit sind zu) lernen. Dies führt uns zu einem zentralen Perspektivenwechsel auf das klassische Übertragungsmodell.

3.2 Perspektivenwechsel: auch die Eltern lernen von ihren Kindern

Während die traditionelle Sozialisations- und Familienforschung ihren Blick vor allem auf das Einwirken der Älteren auf die jüngere Generation beschränkte, wird das Beziehungsgefüge zwischen jüngerer und älterer Generation seit etwa Mitte der 1970er Jahre vermehrt unter dem Gesichtspunkt der soziokulturellen Interdependenz und Wechselseitigkeit analysiert (vgl. Bengtson 1975; 1978; Lerner/Spanier 1978; Troll/Bengtson 1979; Acock/Bengtson 1980; Oswald 1980; Acock 1983/84). Neben dem Gedanken der *Reziprozität von Sozialisationsprozessen* zwischen Jugend- und Erwachsenengeneration in der Familie tritt der einer *sozialisatorischen Rückwirkung* der Jüngeren auf die Älteren ins Blickfeld. Dahinter steht die Vorstellung, dass nicht nur die Kinder von ihren Eltern lernen, sondern dass umgekehrt auch die Eltern von ihren Kindern lernen – der Transfer kulturellen Kapitals also auch von der Kinder- auf die Elterngeneration läuft. Karl Mannheim (1928/1964, S. 540f.) sprach in diesem Zusammenhang von einem „*Zurückstrahlen* der Problematik der jüngeren Generation auf die ältere".

Vorgedacht hat diesen Perspektivenwechsel insbesondere Margaret Mead in ihrem 1971 ins Deutsche übersetzten Buch „Der Konflikt der Generationen". Darin beschreibt sie drei Formen von Gesellschaften, die sich darin voneinander unterscheiden, wie in ihnen der Wissenstransfer (Kulturtransfer) zwischen den Generationen organisiert ist: „Ich unterscheide drei Kategorien von Kulturen – die postfigurative Kultur, in der Kinder primär von ihren Vorfahren lernen, die kofigurative Kultur, in der sowohl Kinder wie Erwachsene von Ebenbürtigen lernen, und die präfigurative Kultur, in der Erwachsene auch von ihren Kindern lernen – diese Unterschiede spiegeln die Zeit, in der wir leben. Primitive Gesellschaften sind wie kleine religiöse und ideologische Enklaven in erster Linie postfigurativ und leiten Autorität aus der Vergangenheit ab. Hochzivilisationen, die Methoden zur Aufnahme des Wandels entwickelt haben, weil sie sie entwickeln mussten, benutzen kennzeichnenderweise manche Formen kofigurativen Lernens von Ebenbürtigen, von Spiel- und Studiengefährten sowie im Ausbildungswesen von Lehrlingen. Heute treten wir in eine neue Periode ein – sie ist ein geschichtliches Novum –, in der der Jugend in präfigurativer Auffassung der noch unbekannten Zukunft neue Autorität zuwächst" (Mead 1970, S. 27). Im Zuge der Modernisierung der Moderne, die durch ein beschleunigtes Tempo soziokulturellen Wandels gekennzeichnet ist, verschiebt sich zunehmend das Schwergewicht des kulturellen Transfers von der älteren in Richtung der jüngeren Generation. Die Älteren haben zunehmend weniger zu transferieren, die Jüngeren zunehmend mehr.

Was hier auf der Makroebene von Gesellschaft für einen Wandlungsprozess postuliert wird, der ausgesprochen langfristig verläuft, muss auf die Mikroebene der Familie und auf kurzschrittige Veränderungen herunter transformiert werden, um für familienbezogene Transferforschung anwendbar zu sein. Ist dies möglich, dann gelangen wir zu Leit-Aussagen der folgenden Art:

- Postfigurative Familien, also Familien, in denen kultureller Transfer von den Eltern in Richtung Kinder überwiegt, zeichnen sich durch ein relativ ausgeprägtes Transfergefälle zwischen älterer und jüngerer Generation aus. Das kulturelle Wissen („Wissen" im weiten Sinn verstanden) der Älteren gilt etwas und sie verstehen es, dieses Wissen an die nächstfolgende Generation maßgeblich zu transferieren.
- Ko- und präfigurative Familien, also Familien, in denen kultureller Transfer wechselseitig zwischen den Generationen erfolgt, bzw. wo auch Elemente eines Transfers von der jüngeren an die ältere Generation eine Rolle spielen, zeichnen sich durch eine Verringerung des Transfergefälles zwischen älterer und jüngerer Generation in der Familie aus.

Während die postfigurativen Generationenbeziehungen dem klassischen Transfermodell der sozialen Vererbung entsprechen, das wir im vorangegangenen Abschnitt beschrieben haben, sind präfigurative Generationenbeziehungen ein aus der Sicht der Sozialisationstheorie radikaler Perspektivenwechsel. Systematisch aufgearbeitet und beschrieben hat diesen Perspektivenwechsel erstmals Joachim Klewes in seinem Buch „Retroaktive Sozialisation" Anfang der 1980er Jahre (1982). Klewes zeigt in seiner Arbeit, dass es eine Vielzahl von Formen des kindlichen Einflusses auf die Eltern gibt. Dabei soll uns im Folgenden nur das beschäftigen, was er in Anlehnung an Müller als Lernen *von* Kindern bezeichnet – im Gegensatz zum Lernen *über* Kinder, das sich aus dem bloßen Umstand ergibt, dass

Kinder im Haushalt vorhanden sind und Eltern sich darauf einstellen müssen. Lernen *von* Kindern bedeutet, „daß speziell dem kindlichen Verhaltensinventar eigene Persönlichkeitsdimensionen von den Erwachsenen sich angeeignet werden" (Müller, zit. in Klewes 1982, S. 47f.). Nur dieses Lernen von Kindern bezeichnet Klewes als retroaktive Sozialisation. Kern der retroaktiven Sozialisation ist in Klewes Worten der „Transfer von Kulturelementen (Sozialisationsinhalten) von der jüngeren auf die ältere Generation in der Familie" (ebd., S. 61).

3.3 Selbstsozialisation oder von der Eigenleistung der kulturellen Akteure

Eine erneute Radikalisierung des Gedankens einer präfigurativen Kultur erfolgte im Rahmen der Systemtheorie von Niklas Luhmann (2002, S. 48ff.). Er schlägt vor, „auf den Begriff der Transmission zu verzichten und nach einer anderen Grundlage der Sozialisationstheorie zu suchen" (ebd., S. 50). Diese sieht er im Konzept der „Selbstsozialisation". „In jedem Fall ist Sozialisation immer Selbstsozialisation und nicht Import von Kulturpartikeln in das psychische System" (ebd., S. 52). Damit wird die Eigenaktivität des Subjektes im Prozess der Enkulturierung in den Vordergrund gestellt. Statt kultureller Transformation geht es in diesem Modell um die eigenwillige und individuelle Auseinandersetzung des „operativ geschlossenen psychischen Systems" mit den kulturellen Impulsen, die ihm die Gesellschaft gibt, wobei das Ergebnis dieses Prozesses von außen letztlich nicht plan- und steuerbar ist, auch nicht durch gezielte pädagogische Bemühungen.

Jenseits des prinzipiellen Modells ist auch versucht worden, die Anteile der Selbstsozialisation am Prozess der Enkulturierung empirisch-pragmatisch zu bestimmen. Dabei spielt insbesondere eine Rolle, wie der kulturelle Bereich beschaffen ist, um dessen Tradierung es geht. Als Trennlinie fungiert der Leistungscharakter kultureller Elemente. Kultur, die mit – individueller – Leistung verknüpft ist, ist offenkundig eine Domäne von Selbstsozialisation. So konnte beispielsweise gezeigt werden, dass der Erfolg im System des Sports (Sportart erfolgreich ausüben) stärker von Eigenanteilen (Training) abhängt als von Impulsen und Einflüssen, die aus der Elterngeneration stammen (vgl. Georg/Hasenberg/Zinnecker 1998). Gleiches gilt für die erfolgreiche Transmission im Bereich der Musikkultur. Auch hier spielt die Eigenaktivität der Heranwachsenden (Musikinstrument lernen und spielen) eine größere Rolle als ein ausgeprägtes musikalisches Milieu im Elternhaus (vgl. Zinnecker/Hasenberg/Eickhoff 1999). (In beiden Fällen ist natürlich der Anteil des genetischen Erbes zu berücksichtigen.) Eine gegenteilige Situation finden wir in den kulturellen Bereichen vor, in denen es nicht um individuelle Leistung, sondern um die Bestätigung von sozialer Zugehörigkeit und Gemeinschaft geht. Ein gutes Beispiel hierfür sind religiöse Praxen und kirchliche Riten. Hier finden wir ausgesprochen hohe Übertragungspfade zwischen Eltern- und Kindergeneration. Besonders wenn beide Eltern sich als religiös bzw. kirchlich eingebunden einschätzen und die familiale Praxis entsprechend ausrichten, zeigen Heranwachsende in hohem Maß gleiche religiös-kirchliche Orientierungen und Praxen (siehe oben; vgl. Zinnecker 1998; Zinnecker/Georg 1998).

4. Die kulturelle Mission der Familie auf dem Prüfstand

Die kulturelle Mission der Familie wird nicht durchweg positiv evaluiert. Sie unterliegt heftiger Kritik. Einige kritische Punkte sollen kurz aufgeführt werden.

■ *Erstens: Von den Egoismen der Einzelfamilie*

Wie oben gezeigt, handeln Familiengruppen keinesfalls selbstlos und im Interesse des Ganzen, wenn sie kulturelles Kapital an die eigenen Kinder vermitteln. Sie sind auf Wettbewerbsvorteile auf dem Markt des Statuserwerbs bedacht. Indem sich Familien kulturell reproduzieren, produzieren sie soziale Ungleichheit in der nächstfolgenden Generation mit. Das wird von einigen Beobachtern kritisch vermerkt, insbesondere aus dem Lager der Kritiker einer neoliberal erneuerten Moderne. Sie empfehlen als Gegengewicht eine an universalistischen Maßstäben des kulturellen Lernens ausgerichtete Staatsschule, die im Idealfall allen Heranwachsenden in gleichem Maße zugute kommen soll.

■ *Zweitens: Von der kulturellen Idiosynkrasie der Einzelfamilie*

Es stellt sich die Frage, welche Kultur Familie weitergibt. Eine Annahme liegt auf der Hand: Die Familie gibt zunächst einmal und an allererster Stelle die eigene Familienkultur weiter – und das ist ein eigenwilliger, keineswegs repräsentativer Ausschnitt aus der verfügbaren und überlieferungswürdigen Kultur einer Gesellschaft. Die Idiosynkrasie beginnt bei den Elternpersonen. Sie sollen stellvertretend für die „modale" Persönlichkeit von Erwachsenen in einer bestimmten Gesellschaft und einem bestimmten Milieu stehen. Kinder erfahren über sie aber möglicherweise die sehr spezifische Persönlichkeit einer bestimmten Mutter, eines bestimmten Vaters – also eines Persönlichkeitsmodells, das nicht ohne weiteres eine gute Passung zum Leben in dieser Kultur besitzt und das den Kindern möglicherweise den Umgang mit anderen Erwachsenen in dieser Kultur eher erschwert als erleichtert. Gleiches lässt sich für den Umgang der Familien mit den kulturellen Systemen vermuten. Kinder werden beispielsweise im Rahmen der kulturellen Transferbeziehungen nicht direkt mit den religiösen Konfessionen konfrontiert, sondern sie erlernen zunächst die „private" Familienreligion ihrer Eltern und Verwandten. Die kulturelle Tradierung in der Familie, die der Selbstreproduktion der Familiengruppe dient, ist in gewisser Weise von dem kulturellen Transfer entkoppelt, der die Gesellschaft als Ganze repräsentiert. Diese kulturelle Schere wird um so größer, so lässt sich argumentieren, je stärker sich die Gesellschaft in separate kulturelle Sektoren – Bildung, Religion, Sport, Kultur – ausdifferenziert, die bestimmten Eigenlogiken folgen. Innerhalb der Familien werden manche dieser kulturellen Sektoren gar nicht, andere nur sehr unvollkommen und idiosynkratisch repräsentiert sein. So gibt es Elternhäuser, in denen nicht gelesen wird; andere, die nicht an der Sportkultur partizipieren; und wieder andere, in denen keine religiöse Kultur sichtbar wird. In jüngster Zeit ist der politisch-kulturelle Transfer in der Familie ins wissenschaftliche Gerede gekommen. Familien machen sich, so das vielbeachtete Ergebnis einer Drei-Generationen-Untersuchung, einen sehr eigenwilligen Reim auf die jüngste Zeitgeschichte, insbesondere die lebensgeschichtliche Verquickung der Großeltern und Eltern mit dem Nationalsozialismus und dem Weltkrieg II (vgl. Welzer/Moller/Tschuggnall 2002 u. d. T. „Opa war kein Nazi"). Eltern und ihre Kinder, aber auch die Gesellschaft sind offenkundig auf die Hilfe der spezialisierten kulturellen Groß-Institutionen angewiesen, wenn kulturelles Lernen in den genannten Bereichen stattfinden soll. Zudem zerfallen die kulturellen Teilbereiche ihrerseits in Segmente, je nach gesellschaftlichem Ort, an dem sie betrieben werden. Wir können beispielsweise innerhalb der Sportkultur grob unterscheiden zwischen: Vereinssport – Kommerzieller Sport – Straßensport – Schulsport – und eben Familiensport. Jedes dieser Sportsegmente hält für Heranwachsende eine spezifische Bedeutung bereit, falls sie daran teilnehmen und dort enkulturiert werden.

■ *Drittens: Familie in der Konkurrenz der Orte und Institutionen*

Der kulturelle Transfer in der Familie steht in einer dynamischen Konkurrenz zu anderen Orten kulturellen Lernens. Die sozialökologische Sozialisationsforschung benennt beispielsweise – neben der Familie – die folgenden zentralen Orte bzw. Typen von Orten für kulturelles Lernen in der Kindheit der Moderne: Schule/Vorschule – Pädagogisch betreute Orte (z. B. Spielplatz; Kirchengemeinde; Nachmittagsunterricht) – Straße im Wohnbereich – virtuelle Medienumwelt. Hinter diesen Orten stehen jeweils mächtige Institutionen, die regulierend eingreifen. Kulturelle Transmission folgt jeweils eigenen Regeln und Zielsetzungen, und zwar in Konkurrenz zueinander und keineswegs immer synergetisch zueinander. Das erzeugt nicht nur bei den Heranwachsenden Spannungen, sondern bedroht auch die Solidarität der Institutionen untereinander. Mediale Diskurse über Probleme der Enkulturation der jüngeren Generation folgen oftmals dem Muster gegenseitiger Schuldzuweisung. Wer hat Schuld an der (Un-)Kultur der „Gewalt in den Schulen"? Reihum sucht man die Schuldigen bei den Medien, dem Unterrichtssystem, bei den Familien. Das heißt, die kulturellen Transferbeziehungen in der Familie unterliegen fortlaufend einer kritischen Beobachtung von außen, d. h. seitens konkurrierender Institutionen, die sich immer wieder mit Anforderungen verbinden, die Enkulturation in der Familie zu modernisieren und mit den Bestrebungen der außerfamilialen Instanzen zu synchronisieren.

■ *Viertens: Die Dominanz des Unterrichtens als Medium kulturellen Transfers*

Wenn es um die Vermittlung kulturellen Wissens geht, ist das Bildungssystem der Hauptkonkurrent der Familie. Eine zentrale Figur der Modernisierung von Pädagogik innerhalb der letzten zwei Jahrhunderte bestand darin, ein allumfassendes, staatlich geleitetes Unterrichtssystem aufzubauen, in dem der Transfer kulturellen Wissens staatlich kontrolliert und in seiner Methodik rationalisiert und professionalisiert werden konnte. Die um sich greifende „Scholarisierung" von Kindheit, Jugend und – der Tendenz nach – des gesamten Lebenslaufes stellt den stärksten Eingriff in die kulturelle Kompetenz der Familie dar. Zentrale Bereiche des kulturellen Transfers, die zuvor im Haus beheimatet waren, wurden ausgelagert. In der Verfügung der Eltern bleiben eingeschränkte und nachgeordnete Bereiche kultureller Wissensvermittlung, im Rahmen von Kleinkindpädagogik, bei der Betreuung häuslicher Arbeiten der Schüler, bei der Steuerung schulischer Laufbahnwege, bei der Organisierung außerschulischer kultureller Curricula in den Bereichen Kunst, Sport usw. Es ist allerdings beobachtbar, dass Gruppen von Eltern versuchen, die Dominanz der außerfamilialen Unterrichtung abzuschwächen. Bei Müttern lässt sich eine Form der pädagogischen Proto-Professionalisierung beobachten; manche Familien engagieren sich in der Durchsetzung von elternkontrollierten Unterrichtsformen (home schooling). Insgesamt bleibt aber die systematische Vermittlung kulturellen Wissens aus dem Aufgabenbereich der Eltern in der Moderne ausgeklammert.

■ *Unerwünschter kultureller Transfer – Eltern als Risikofaktor*

Wir haben uns bislang auf den kulturellen Transfer wünschbarer Werte, Fertigkeiten, Habitus an die nachfolgende Generation konzentriert. Familie ist jedoch auch einer der Hauptschauplätze des gesellschaftlich unerwünschten kulturellen Transfers. In diesem Zusammenhang wird die kulturelle Transferbeziehung in der Familie als Risikofaktor angesehen. Um diesen Sachverhalt einer negativen Dialektik des kulturellen Transfers hat sich eine eigene Forschungstradition herausgebildet. Dort wird untersucht, wie nachhaltig Eltern Kulturen der Gewalt, des Traumas, der psychosozialen Deprivation, des gesellschaftlichen Versagens und Scheiterns an ihre Kinder weitergeben. Innerhalb der angewandten Forschung dominiert oftmals diese Fragerichtung, wird jedoch nicht unbedingt unter „kulturellem" Transfer rubriziert. Es geht im Wesentlichen um die Grundfrage, wie „erfolgreich", d. h. zwingend Eltern gewisse negative Seiten ihres Lebens und ihrer Persönlichkeit, vermittelt über das langjährige enge Zusammenleben, an die nachfolgende Familiengeneration weitergeben. Dabei finden wir, analog zum erwünschten kulturellen Transfer, neben der Untersuchung zweier genealogischer Generationen (Eltern und Kinder) auch hier Ansätze zur Untersuchung längerer generationaler Ketten, zumindest dreier Familiengenerationen (Eltern, Kinder und Enkelkinder). So wird beispielsweise nach der Tradierung von Erfahrungen des Holocaust und der NS-Zeit über drei Familiengenerationen hinweg gefragt (vgl. Rosenthal 1997; Roberts 1998), insbesondere nach der „transgenerationellen Tradierung" von Traumata (vgl. Straub 2001). Oder es geht um den Transfer von Gewalt- und Missbrauchserfahrungen in der Familie über die Generationen (vgl. Gelles/Loseke 1993, darin insbes. Egeland; Ulbrich-Herrmann 1997). Ferner wurde die Weitergabe fremdenfeindlicher Einstellungen zwischen den Generationen empirisch untersucht (vgl. Urban/Singelmann 1998). Eine weitere Untersuchungstradition konzentriert sich auf die familiale Weitergabe von Suchterfahrungen wie Alkoholismus zwischen den Generationen (vgl. Reich u. a. 1988). Schließlich wird in jüngerer Zeit danach gefragt, in welcher Weise die Erfahrung gescheiterter Beziehungen von den Eltern an die Scheidungskinder weiter gegeben werden. Im Bereich der Familientherapie hat sich parallel hierzu ein „Mehrgenerationen"-Modell etabliert (vgl. Massing/Reich/Sperling 1994), in dem nach der familialen Vorgeschichte solcher Risiken und Probleme in systemischer Absicht gefragt wird.

5. Kulturelles Lernen und kulturelle Reproduktion zwischen Generationen im Modernisierungsprozess

Das Modell der kulturellen Transmission zwischen den Generationen unterliegt einem politisch-gesellschaftlichen Generalverdacht, der sich vielleicht so verallgemeinern lässt: Das Modell verfolge zwangsläufig ein konservatives, einseitig auf Bewahrung von Kultur ausgerichtetes Interesse, was der Dynamik einer Moderne widerspreche, wo nahezu alle kulturellen Bereiche sich permanent transformieren müssten. Dieser Verdacht steht nur zu deutlich hinter allen oben beschriebenen Versuchen, kulturelle Transformation anders und neu zu denken bzw. am Ende ganz zu vermeiden. Ungeachtet dessen kreisen die im Alltag beobachtbaren gesellschaftlichen und pädagogischen Diskurse nach wie vor um die Schlüsselfrage, wie sich Kultur an die nächste Generation weitergeben und damit letztlich auch in ihrer aktuellen Form „bewahren" lässt. Solche Debatten finden wir in allen für die

Weitergabe von Kultur relevanten kulturellen Institutionen, sei es das Bildungssystem, die Kirchengemeinde oder die „Sportjugend". Ihnen geht es darum, dass ihre kulturellen Botschaften Akzeptanz finden, dass die Mitgliederzahlen bei den Heranwachsenden stimmen, dass ihre Institution auch in der nächsten Generation weiterlebt. Das heißt, in dieser begrenzten, interessengeleiteten Perspektive ist als Wert vorentschieden: Je mehr kultureller Transfer, um so besser; je weniger Transfer, um so schlechter. Da die Entwicklung der Moderne auf abnehmenden kulturellen Transfer zwischen den Generationen – zumindest im Sinne der klassischen Perspektive von der Eltern-(Erwachsenen-)Generation auf die Jüngeren – hinausläuft, wird damit eine Modellvorstellung dominant, die kulturelle Entwicklung als ein Erosions- oder Zerfallsmodell denkt.

Lässt sich kultureller Transfer jenseits dieser bornierten adultistischen Perspektive und jenseits eines kulturellen Erosionsmodells modellieren? In einem ersten Schritt erscheint es sinnvoll, zwei Dimensionen kulturellen Transfers zu unterscheiden: Der Umfang, in dem kulturelle Bereiche tradiert werden und die unabhängige Qualität des Transfers. Mit der ersten Dimension ist die quantitative Seite angesprochen. Wie viel der überlieferten Kultur wird an die nächste(n) Generation(en) weiter gegeben. Oder, um die andere Seite des gleichen Prozesses zu beleuchten, wie stark wird der kulturelle Kanon des zu überliefernden Traditionsgutes vorausgewählt? Wie viel wandert in die kulturellen Archive; wie viel wird dem Vergessen anheimgestellt? Die zweite Dimension berücksichtigt den, wie wir gesehen haben, wachsenden Eigensinn, die zunehmende Eigenaktivität derer, die enkulturiert werden. Emergenz im kulturellen Transfer wird generiert, wenn die jüngere Generation die kulturellen Objekte und Sinnsysteme eigenwillig interpretiert und nach Gutdünken abwandelt. Je stärker dies geschieht, umso größer sollte der „Faktor Emergenz" ausfallen. Das heißt, Kultur *transformiert sich* im Prozess der Weitergabe zwischen den Generationen. Das sollte vor allem dort der Fall sein, wo nur eine lose kulturelle Koppelung zwischen den Generationen besteht, also unter Bedingungen von Peer-Sozialisation (präfigurativer Transfer im Sinne von M. Mead) oder von Selbstsozialisation. In der folgenden Vierfelder-Tafel sind die beiden beschriebenen Dimensionen des Transfers zu einer Typologie verdichtet dargestellt. Wir können so als Modellfall in statischen Gesellschaften annehmen, dass dort eine starke Tradierung von Kultur mit geringer Emergenz – geringer Veränderung dieser Kultur im Transferprozess – zusammen treffen (einfache Reproduktion von Kultur) (II). Der idealtypische Fall einer Moderne in Progression sollte sich durch das Feld IV: Starke Tradierung bei gleichzeitiger hoher Emergenz kennzeichnen lassen (historisch sich erweiternde Reproduktion). Die ideologische Unterstellung eines kulturellen Verfalls als Signum der Moderne lässt sich als ein möglicher „pathologischer" Sonderfall erkennen, wenn geringer Tradierungsgrad und geringe Emergenz zusammen fallen (kulturelle Implosion) (I). Der oben beschriebene Fall einer „Dekulturierung" kann u. U. Indikator einer kulturellen Revolution sein, die typischerweise eintritt, wenn wenig tradiert und dies Wenige aber stark verändert und kulturell umdefiniert wird (III). Der „Normalfall" kulturellen Transfers in der Moderne – starke Tradierung bei starker Emergenz – birgt unverkennbar eine paradoxe Aufgabe, an der Personen und Institutionen scheitern können. „Es ist ja sowohl für die Subjekte wie für ein an seiner Reproduktion interessiertes System recht schwierig, *zugleich* Neues zu schaffen und Tradition zu sichern" (Johannes Bilstein)[3].

3 Briefliche Mitteilung an den Autor vom 26.9.2000 (J.Z.). Bilstein erläutert weiter: „Für mich als Pädagoge an einer Kunstakademie – sozusagen ein historisch würdiger Ort institutionalisierter Emergenz – ist das seit geraumer Zeit eines der interessantesten Probleme, das sich dann noch einmal am Beispiel des Kunstunter-

Schaubild 2: Kulturelle Emergenz und Tradition im Prozess der kulturellen Reproduktion

	Tradierung: Gering	Tradierung: Stark
Emergenz: Gering	I Kultureller Verfall (Implosion)	II Kulturelle Statik (Einfache Reproduktion)
Emergenz: Stark	III Kulturelle Revolution (Explosion)	IV Kulturelle Expansion (Erweiterte Reproduktion)

Gibt es eine generelle historische Entwicklungsrichtung, in der sich die Transformation des kulturellen Transfers in der Moderne vollzieht und wie lässt sich diese begrifflich fassen? Wir schlagen als ein mögliches Begriffspaar vor: Die Transformation eines eher „geschlossenen" in einen eher „offenen" Code der kulturellen Reproduktion. Damit greifen wir auf ein fast in Vergessenheit geratenes komplexes Modell kultureller Reproduktion zurück, das der englische Kultur- und Bildungssoziologe Basil Bernstein (1977) ursprünglich in den 1970er Jahren in Engführung mit wissenssoziologischen Traditionen entwickelt hat. Bernstein unterscheidet die Dimensionen der Klassifizierung der kulturellen Wissensbestände und die soziale Rahmung, in der diese Wissensbestände überliefert werden. Ein strikter kultureller Kanon von Wissensbeständen (z. B. verbindlicher schulischer Lehrplan) entspräche einer geschlossenen Codierung; ebenso wie ein striktes, formales System der Vermittlung dieser Wissensbestände. Wenn beide Codes sich lockern, wenn die Wissensbestände beliebig und frei wählbar, und wenn die dazu gehörigen Vermittlungsrahmen informell und plural werden, so können wir von einer offenen – sich öffnenden – Codierung kulturellen Transfers ausgehen. Was hier als historische Tendenz für alle Systeme der kulturellen Tradierung angenommen wird, das gilt in besonderer Weise auch für die historische Entwicklung kultureller Transferbeziehungen innerhalb des Mikrosystems Familie.

Literatur

Acock, A.C., 1983/84: Parents and their Children: The Study of Inter-generational Influence. In: Sociology and Social Research, 68. Jg., S. 151-171.

Acock, A.C./Bengtson, V.L., 1980: Socialization and Attribution Processes: actual versus Perceived Similarity Among Parents and Youth. In: Journal of Marriage and the Family, 42. Jg., S. 501-515.

Bengtson, V.L., 1975: Generation and Family Effects in Value Socialization. In: American Sociological Review, S. 358ff.

Bengtson, V.L., 1978: Youth and their Parents: Feedback and Intergenerational Influence in Socialization. In: Lerner, R.M./Spanier, G.B.: Child Influences on Marital and Family Interaction. A Life-span Perspective. New York, S. 215ff.

Bernstein, Basil, 1977: Beiträge zu einer Theorie des pädagogischen Prozesses. Frankfurt am Main.

Bourdieu, P., 1983: Ökonomisches Kapital, kulturelles Kapital, soziales Kapital. In: Kreckel, R. (Hrsg.): Soziale Ungleichheiten (Soziale Welt, Sonderband 2) Göttingen, S. 183-198.

Bourdieu, P., 1985: Sozialer Raum und „Klassen"; Lecon sur la lecon. Frankfurt am Main.

Bourdieu, P., 1992: Die feinen Unterschiede. Frankfurt am Main.

Bourdieu, P., 1993: Sozialer Sinn. Frankfurt am Main.

Brake, A./Büchner, P., 2003: Bildungsort Familie: Die Transmission von kulturellem und sozialem Kapital im Mehrgenerationenzusammenhang. In: Zeitschrift für Erziehungswissenschaft, 6. Jg., H. 4, S. 618-638.

richts wunderbar verdeutlichen lässt. Spätestens seit der Kunsterzieher-Bewegung müssen da auch die armen Kunstlehrer ihren armen Schülern tradierte Ausdrucksformen so beibringen, dass Neues und Originelles dabei herauskommt. Ich finde. Eine spannende, letztlich anthropologisch begründete Paradoxie."

Brake, A./Kunze, J., 2004: Der Transfer kulturellen Kapitals in der Mehrgenerationenfolge. Kontinuität und Wandel zwischen den Generationen. In: Engler, S./Krais, B. (Hrsg.): Das kulturelle Kapital und die Macht der Klassenstrukturen. Weinheim/München, S. 71-95.
Büchner, P., 2003: The Transmission of Social and Cultural Capital between Family Generations. In: Mayall, B./Zeiher, H. (Hrsg.): Childhood in Generational Perspective. London, S. 71-86.
Büchner, P./Brake, A. (Hrsg.), 2006: Bildungsort Familie. Transmission von Bildung und Kultur im Alltag von Mehrgenerationenfamilien. Wiesbaden.
De Graaf, N.D./De Graaf, P.M., 1988: Family Background, Postmaterialism and Life Style. In: The Netherland's Journal of Sociology, 24. Jg., S. 50-64.
Ecarius, J., 2002: Familienerziehung im historischen Wandel. Eine qualitative Studie über Erziehung und Erziehungserfahrungen von drei Generationen. Opladen.
Egeland, B., 1993: A History of Abuse Is a Major Risk Factor for Abusing the Next Generation. In: Gelles, R./ Loseke, D. (Hrsg.): Current Controversies on Family Violence. Newbury Park u. a., S. 197-208.
Geißler, R., 2004: Die Illusion der Chancengleichheit im Bildungssystem – von PISA gestört. In: ZSE, 24. Jg., H. 4, S. 362-380.
Gelles, R.J./Loseke, D.R., 1993: Current Controversies on Family Violence. Newbury Park u. a.
Georg, W./Hasenberg, R./Zinnecker, J., 19982: Die Weitergabe der Sportkultur in der Familie. Söhne und Töchter im Vergleich. In: Zinnecker, J./Silbereisen, R.K.: Kindheit in Deutschland. Weinheim, S. 137-146.
Georg, W., 2005: Transmission und Stabilität kulturellen Kapitals im Lebenslauf und seine Wirkung auf den Prozess des Statuserwerbs. In: Merkens, H./Zinnecker, J. (Hrsg.): Jahrbuch Jugendforschung 5. Wiesbaden, S. 219-234.
Hengst, H./Zeiher, H. (Hrsg.), 2000: Die Arbeit der Kinder. Kindheitskonzept und Arbeitsteilung zwischen den Generationen. Weinheim/München.
Herlth, A., 1989: Problembehandlung im Familienalltag – Struktur, Bedingungen, Grenzen. In: Bertram, H. u. a. (Hrsg.): Blickpunkt Jugend und Familie. Weinheim/München, S. 533-554.
Hradil, S., 1996: Pfarrerstöchter, 68er-Söhne, Karrieristsenkinder – Soziokulturelle Mobilität und ihre Folgen. In: Buba, H.P./Schneider, N.F. (Hrsg.): Familie. Opladen, S. 129-138.
Klewes, J., 1982: Retroaktive Sozialisation. Einflüsse Jugendlicher auf ihre Eltern. Weinheim/Basel.
Lerner, R.M./Spanier, G.B., 1978: Child Influences on Marital and Family Interaction. A Life-span Perspective. New York.
Liebau, E., 1987: Gesellschaftliches Subjekt und Erziehung. Weinheim/München.
Loch, W., 1968: Enkulturation als Grundbegriff der Pädagogik. In: Bildung und Erziehung, 21. Jg., S. 161-178.
Lüscher, K., 1989: Von der ökologischen Sozialisationsforschung zur Analyse familialer Aufgaben und Leistungen. In: Nave-Herz, R./Markefka, M. (Hrsg.): Handbuch der Familien- und Jugendforschung. Bd. 1: Familienforschung. Neuwied/Frankfurt am Main, S. 95-112.
Lüscher, K./Liegle, L., 2003: Generationenbeziehungen in Familie und Gesellschaft. Konstanz.
Luhmann, N., 2002: Das Erziehungssystem der Gesellschaft. Herausgegeben von Dieter Lenzen. Frankfurt am Main.
Mannheim, K., 1928/1964: Das Problem der Generationen. In: Wolff, K.H. (Hrsg.): Karl Mannheim. Wissenssoziologie. Auswahl aus dem Werk. Berlin, S. 509-565.
Mansel, J., 1997: Generationen-Beziehungen, Austausch und Tradierung. Opladen.
Massing, A./Reich, G./Sperling, E., [3]1994: Die Mehrgenerationen-Familientherapie. Göttingen/Zürich.
Mead, M., 1970: Culture and Commitment. A Study of the Generation Gap. New York.
Mollenhauer, K., 1989: Kultur. In: Lenzen, D./Rost, F. (Hrsg.): Pädagogische Grundbegriffe. Bd. 2. Reinbek bei Hamburg, S. 900-911.
Nauck, B./Kohlmann, A./Diefenbach, H., 1997: Familiäre Netzwerke, intergenerative Transmission und Assimilationsprozesse bei türkischen Migrantenfamilien. In: Kölner Zeitschrift für Soziologie und Sozialpsychologie, 49. Jg., H. 3, S. 477-499.
Oerter, R., [4]1998: Kultur, Ökologie und Entwicklung. In: Oerter, R./Montada, L. (Hrsg.): Entwicklungspsychologie. Weinheim, S. 84-127.
Oswald, H., 1980: Abdankung der Eltern? Weinheim.
Reich, T. u. a., 1988: Secular Trends in the Familial Transmissionof Alcoholism. In Alcoholism: Clinical and Experimental Research, 12. Jg., H. 4, S. 458-464.
Rerrich, M.S., 1983: Veränderte Elternschaft. Entwicklungen in der familialen Arbeit mit Kindern seit 1950. In: Soziale Welt, H. 4, S. 420-449.
Roberts, U., 1998: Spuren der NS-Zeit im Leben der Kinder und Enkel. Drei Generationen im Gespräch. München.
Rosenthal, G., 1997: Der Holocaust im Leben von drei Generationen. Familien von Überlebenden der Shoah und von Nazi-Tätern, Gießen.
Schürkmann, M. u. a., 1987: Vorruhestand und „Generationenvertrag". In: ZSE, 7. Jg., H. 2, S. 117-131.

Spindler, G.D., 1974/19973: The Transmission of Culture. In: Spindler, G.D. (Hrsg.): Education and Cultural Process. Prospect Heights, Ill., S. 275-309.
Stecher, L., 2002: Der Habitus der Väter und der Bildungserwerb der Kinder. Ein Vergleich zwischen ost- und westdeutschen Vätern. In: Walter, H. (Hrsg.): Männer als Väter. Sozialwissenschaftliche Theorie und Empirie. Gießen, S. 609-642.
Stecher L./Dröge, K., 1996: Bildungskapital und Bildungsvererbung in der Familie. In: Zinnecker, J./Silbereisen, R.K./Vaskovics, L.A. (Hrsg.): Jungsein in Deutschland. Opladen, S. 331-348.
Straub, J., 2001: Transgenerationelle Tradierung. In: Petzes, N./Ruchatz, J. (Hrsg.): Gedächtnis und Erinnerung. Ein interdisziplinäres Lexikon. Reinbek bei Hamburg, S. 592-594.
Szydlik, M., 1999: Erben in der Bundesrepublik Deutschland. Zum Verhältnis von familialer Solidarität und sozialer Ungleichheit. In: Kölner Zeitschrift für Soziologie und Sozialpsychologie, 51. Jg., H. 1, S. 80-104.
Troll, L./Bengtson, V., 1979: Generations in the Family. In: Burr, W.R. u. a. (Hrsg.): Contemporary Theories about the Family. Research-based Theories. Vol. 1. New York/London, S. 127-161.
Ulbrich-Herrmann, M., 1997: Tradierung von Gewalt. Die Bedeutung des elterlichen Erziehungsverhaltens und der Erziehungsstile für Gewaltverhalten von Jugendlichen. In: Mansel, J. (Hrsg.): Generationen-Beziehungen, Austausch und Tradierung. Opladen, S. 180-191.
Ulich, D., 1991: Zur kulturellen Transmitterfunktion der Familie. In: Engfer, A./Minsel, B./Walper, S. (Hrsg.): Zeit für Kinder. Weinheim/Basel, S. 204-210.
Ulich, D./Kapfhammer, H.-P., 1991: Sozialisation der Emotionen. In: Hurrelmann K./Ulich, D. (Hrsg.): Neues Handbuch der Sozialisationsforschung. Weinheim, S. 551-572.
Urban, D./Singelmann, J., 1998: Übertragung fremdenfeindlicher Einstellungen von den Eltern auf die Kinder. Eine regionale Längsschnitt-Studie über die intra- und intergenerationale Formierung eines Musters sozialer Orientierung. In: Zeitschrift für Soziologie, 27. Jg., H. 4, S. 276ff.
Vaskovics, L.A., 1996: Innerfamiliäre Transferbeziehungen zwischen den Generationen. In: Silbereisen, R.K./ Vaskovics, L.A./Zinnecker, J. (Hrsg.): Jungsein in Deutschland. Opladen, S. 317-330.
Vaskovics, L.A. u. a., 1993a: Intergenerative Transferbeziehungen in der Familie: Problemstellung und theoretische Konzeption der Studie – Teilbericht 1. Bamberg.
Vaskovics, L.A. u. a., 1993b: Familienbelastung durch Transferleistungen an Junge Erwachsene. Bamberg.
Vester, M., 2004: Die Illusion der Bildungsexpansion. In: Engler, S./Krais, B. (Hrsg.): Das kulturelle Kapital und die Macht der Klassenstrukturen. Weinheim/München, S. 15-53.
Welzer, H./Moller, S./Tschuggnall, K., 2002: „Opa war kein Nazi". Nationalsozialismus und Holocaust im Familiengedächtnis. Frankfurt am Main.
Wurzbacher, G., 1963: Sozialisation – Enkulturation – Personalisation. In: Wurzbacher, G. (Hrsg.): Sozialisation und Personalisation. Beiträge zu Begriff und Theorie der Sozialisation. Stuttgart, S. 1-36.
Ziegler, M., 2000: Das soziale Erbe. Eine soziologische Fallstudie über drei Generationen einer Familie. Wien/ Köln/Weimar.
Zinnecker, J., 1994: Projekt Bildungsmoratorium. Zielsetzung und Untersuchungsdesign (Projektbroschüre Nr. 5). Siegen.
Zinnecker, J., 1997: Sorgende Beziehungen zwischen Generationen im Lebensverlauf. Vorschläge zur Novellierung des pädagogischen Codes. In: Lenzen, D./Luhmann, N. (Hrsg.): Bildung und Weiterbildung im Erziehungssystem. Lebenslauf und Humanontogenese als Medium und Form. Frankfurt am Main.
Zinnecker, J., 1998: Die Tradierung kultureller Systeme zwischen den Generationen. Die Rolle der Familie bei der Vermittlung von Religion in der Moderne. In: ZSE, 18. Jg., H. 4, S. 341-354.
Zinnecker, J., 1999: Children as Agents of Change. How to Conceptualise the Process of (Re)Producing Culture and Society between Generations. In: Sociological Analysis, 2. Jg., Nr. 5, S. 1-14.
Zinnecker, J./Georg, W., 1998: Die Weitergabe kirchlich-religiöser Familienerziehung und Orientierung zwischen Eltern- und Kindergeneration. In: Zinnecker, J./Silbereisen, R.K.: Kindheit in Deutschland. Weinheim, S. 347-358.
Zinnecker, J./Hasenberg, R., 1999: Religiöse Eltern und religiöse Kinder: Die Übertragung von Religion auf die nachfolgende Generation in der Familie. In: Silbereisen, R.K./Zinnecker, J. (Hrsg.): Entwicklung im sozialen Wandel. Weinheim, S. 445-457.
Zinnecker, J./Hasenberg, R./Eickhoff, C., 1998: Die Familie als Vermittlerin kultureller Kompetenzen zwischen den Generationen. Das Beispiel der gemeinsamen musikalischen Praxis von Eltern und Kindern. In: Oswald, H. (Hrsg.): Sozialisation und Entwicklung in den neuen Bundesländern, ZSE 2. Beiheft. Weinheim, S. 228-247.
Zinnecker, J./Hasenberg, R./Eickhoff, C., 1999: Musikalische Kompetenzen: Selbstsozialisation oder musikalisches Erbe der Familie. In: Silbereisen, R.K./Zinnecker, J. (Hrsg.): Entwicklung im sozialen Wandel. Weinheim, S. 429-444.

Familiengedächtnisse und Familienstrategien

Carola Groppe

1. Einleitung

Jede Familie hat ihre eigene Geschichte *und* ihre eigenen Geschichten. Geschichten werden durch die Familienmitglieder individuell oder kollektiv erlebt, selektiv aufbewahrt und schließlich durch Erzählungen innerfamilial weitergegeben. Kurt Tucholsky hat die Bedeutsamkeit von Geschichten in und für Familien 1929 unter dem Titel „Familienbande" folgendermaßen geschildert: „Was hält die Familie zusammen –? [...] Die Stimme des Blutes? Das allein kanns nicht sein. Wenn Onkel Edgar, der schon als junger Mann nach Madagaskar gegangen ist, weil er sich zu viel auf den Rennplätzen herumgetrieben hat, wieder zurückkommt, dann verkriechen sich die Kinder und sagen zu Mama: ‚Da ist ein fremder Herr im Salon –!' und auch in den vier Wochen, wo er in der Familie lebt, wird das nichts Rechtes. [...] Es fehlt die Gemeinsamkeit der kleinen Hauserlebnisse. Und die sind es, die die Familie zu einer kompakten Einheit zusammenschweißen [...] Der Familienkalender hat seine eigene Einteilung und mit dem gregorianischen wenig zu tun. Das war im Jahr 1921? Nein: ‚Das war damals, als Tante Frida deine Stehlampe umgeworfen hat!' [...] So war das" (Tucholsky 1965, S. 94). Obwohl ironisch gebrochen, thematisiert Tucholskys Darstellung zwei zentrale und miteinander verbundene Elemente der modernen Familie: 1. die Funktion der Familie als primäre Erziehungs- und Sozialisationsinstanz, die als moderne Kernfamilie Prozesse der Persönlichkeitsentwicklung und Enkulturation einleitet, indem sie im Unterschied zu vormodernen Epochen psychosoziale Moratorien für Kinder und Jugendliche bereitstellt (vgl. differenziert Zinnecker 2004). Damit verbinden sich individualisierte Generationsbeziehungen und Erziehungsverhältnisse, durch die sich die Familie mental als durch Emotionen miteinander verbundene intergenerative Beziehungseinheit konstituiert. 2. Familien entwickeln im Zusammenleben und durch Erzählungen ein spezifisches „Familiengedächtnis", das neben das individuelle und das gesamtgesellschaftlich-kulturelle Gedächtnis tritt, und in dessen Zusammenhang Handlungsfigurationen, Werte und Normen der heranwachsenden Familienmitglieder entwickelt werden (vgl. Ecarius 2002, 2003; Kraul 2004, S. 289ff.). Verbunden mit diesem „Familiengedächtnis" erwerben Kinder und Jugendliche zudem in der Familie spezifische Arbeitshaltungen und Lernmotivationen (vgl. Engel/Hurrelmann 1989, S. 480; Böhnisch 2002, S. 284f.) sowie eine besondere „Familienidentität" als Teil ihrer persönlichen Identität. Dementsprechend stellt die Familie den Ort dar, an dem bereits Kleinkinder kognitive Konstrukte entwerfen, die nicht nur für die Gestaltung sozialer Beziehungen in der Familie entscheidend sind, sondern sich langfristig auch als Muster des Sozialverhaltens stabilisieren (vgl. Kreppner 1991, S. 325; PISA 2001, S. 478ff.; Ecarius 2003, S. 537ff.).

Vor diesem Hintergrund sollte die Erforschung von Familiengedächtnissen und weiterführend von Familienstrategien kein Randbereich der Familienforschung sein, sondern

Teil der zentralen Frage, welche Rolle die Familie und ihre internen Erziehungs- und Sozialisationsprozesse bei der Entwicklung der Identität und Handlungskompetenz der Kinder und Jugendlichen einnehmen und wie die Familie mit dem Bildungssystem sowie weiteren außerfamilialen Erziehungs- und Sozialisationsinstanzen interagiert (vgl. Groppe 2004, S. 30ff.; Kraul 2004, S. 295f.). Die Erforschung von Familiengedächtnissen und -strategien ist daher eine wichtige, ergänzende Forschungsperspektive im Rahmen der Erforschung von Familiengeschichte aus der Sicht der Erziehungswissenschaft. Neben standes-, klassen-, schicht- und milieuspezifischen Familienstrukturen, -formen und -zyklen sowie rechtlichen Rahmenbedingungen und politischen, soziokulturellen und ökonomischen Entwicklungen als zu berücksichtigende Kontexte von Familie sind Familiengedächtnisse und -strategien Teil der innerfamiliären Erziehungs- und Sozialisationsprozesse (vgl. Halbwachs 1985, S. 210ff., 241f.; Gillis 1997). Verbunden sind diese Perspektiven insofern, als auch Familiengedächtnisse und -strategien in ihrer innerfamiliären Bedeutung und in ihrer Bedeutung für das einzelne Subjekt in seinem Lebensverlauf nicht unabhängig von der sozialen Lage, den politischen Ereignissen und der ökonomischen und soziokulturellen Entwicklung zu erfassen sind.

Die folgende Darstellung konzentriert sich in historischer Perspektive auf einen ausgesuchten Bereich von Familie, nämlich auf die Bedeutung von Erzählungen, Gegenständen, Räumen und Ritualen – als konstituierende Elemente von Familiengedächtnissen – zunächst für die Identitätsbildung der Familienmitglieder, sowohl in der Perspektive der individuellen Subjektwerdung als auch in der Perspektive der Konstitution einer besonderen fiktionalen Familiengestalt als eine historisch-gegenwärtige Größe, auf die sich die Familienmitglieder bewusst oder unbewusst beziehen. Der Aufbau und die Tradierung eines Familiengedächtnisses strukturieren dann auch die Familienstrategien, die von der Familie und den einzelnen Familienmitgliedern in Bezug auf die soziale Platzierung oder das Vorleben von Lebensformen und die Vorgabe von Lebensmustern (Lebenssinn und -ziele) für die nachfolgende Generation verfolgt werden und von dieser angenommen oder abgelehnt werden (vgl. Ecarius 2003; Groppe 2004, S. 22ff.). Dabei ist das Familiengedächtnis keine statische Größe. Es wird einerseits immer wieder ergänzt durch die nachfolgenden Generationen, andererseits aber auch modifiziert durch deren neue Erfahrungen, die wiederum durch besondere individuell-biografische Ereignisse oder aber durch übergreifende politische, ökonomische und soziokulturelle Entwicklungen bedingt sind. Mit dem Thema Familiengedächtnis verbindet sich somit nicht nur das Thema Familienstrategien, sondern es ergeben sich auch Fragen nach den innerfamilialen Generationsbeziehungen einschließlich der Generationenkonflikte und besonderen Generationenprofile (vgl. Groppe 2004, S. 25ff.).

2. Theoretischer Rahmen

Im Rahmen des „cultural turn“ in den Geistes- und Sozialwissenschaften ab den 90er Jahren des 20. Jahrhunderts haben Fragen nach der Bedeutung von Erzählungen, Ritualen, Räumen und Gegenständen für den Zusammenhalt von Gesellschaften und für die Entwicklung kollektiver Identitäten eine erhöhte Aufmerksamkeit gefunden. Erinnert sei an dieser Stelle nur an die die geistes- und sozialwissenschaftliche Forschung inspirierenden Studien von Jan und Aleida Assmann, die das historische Gedächtnis als zentrale Kategorie der individuellen und kollektiven Identitätsbildung und der Entwicklung gesellschaftlich relevanter symbolischer Ordnungen (Rituale, Handlungs- und Kommunikationsformen) beschrieben haben (vgl. Assmann 1993; Assmann/Harth 1993; Assmann 1992, 1995). Soziale Wirklichkeit, so lautete nun das neue geistes- und sozialwissenschaftliche Paradigma, ist kein statisches Ordnungsgefüge, sondern entsteht aus dem dialektischen Verhältnis von Strukturen, Institutionen, individueller und gruppenspezifischer Praxis, Diskursen und symbolischen Deutungen (vgl. Sieder 1994; Hörning/Winter 1999).

Erinnerungsfähigkeit und Gedächtnis sind zunächst in jedem Menschen neuronal und kulturell verankert und beschreiben eine anthropologische Grundfähigkeit und darüber hinaus eine soziokulturelle Tätigkeit: „Das Gedächtnis [...] gehört nicht zum Egoismus, zur Selbsterhaltung und Triebbefriedigung, sondern zum Altruismus, zum Denken an andere und ans Ganze der Gruppe, der Gemeinschaft, der Gesellschaft, der Menschheit. Ein Gedächtnis braucht der Mensch, um dazuzugehören" (Assmann 1995, S. 51). In Friedrich Nietzsches dritter „Unzeitgemäßer Betrachtung", „Vom Nutzen und Nachtheil der Historie für das Leben" (1874), spricht zu Beginn der Mensch mit dem Tier; dieses kann jedoch nicht antworten, weil es immer schon vergessen hat, was es sagen wollte. Der Mensch lebt dagegen nach Nietzsche historisch, er geht nicht in der Gegenwart auf, sondern sein Dasein ist ein „nie zu vollendendes Imperfectum" (Nietzsche 1988, S. 245). Zugleich belastet den Menschen die Vergangenheit: „mag er noch so weit, noch so schnell laufen, die Kette läuft mit. Es ist ein Wunder: der Augenblick, im Husch da, im Husch vorüber, vorher ein Nichts, nachher ein Nichts, kommt doch noch als Gespenst wieder und stört die Ruhe des späteren Augenblicks" (Nietzsche 1988, S. 244). Verzweifelnd ist nach Nietzsche die Erkenntnis, dass das menschliche Dasein nur ein „ununterbrochenes Gewesensein ist, ein Ding, das davon lebt, sich selbst zu verneinen und zu verzehren" (Nietzsche 1988, S. 245). Wendet man diese kulturpessimistische Diagnose jedoch positiv, so ist der Bezug auf die Vergangenheit – sowohl individuell wie kollektiv – dasjenige, das Identität verbürgt. Man ist, was man geworden ist (vgl. François/Schulze 2003, S. 12f.). Gleichzeitig existiert neben dem individuellen ein kommunikatives Gedächtnis, das sich weitgehend mündlich tradiert und auf spezifische Gruppen und Zeiträume, etwa drei bis vier Generationen, eingeschränkt ist: Es bezeichnet die erzählten Erinnerungen der Generationen einer Familie, der Mitglieder eines Vereins oder die Erinnerungskultur traditioneller Gesellschaften (vgl. Halbwachs 1985, S. 204ff.). Das entwickelte historische oder kulturelle Gedächtnis beschreibt dagegen die „selektiv und systematisch tradierte ‚Kultur'", die für die Identität und Integration von Gesamtgesellschaften eine wichtige Rolle spielt (Zymek 2002, S. 348ff.). Diese Form des Gedächtnisses wird gesamtgesellschaftlich strukturiert und vermittelt und ist damit variabel sowie interessenabhängig und -anfällig. Sie betrifft aber jedes einzelne Subjekt in seiner Identitätsbildung und Handlungskompetenz ebenso wie die soziopolitische Identität von Gesamtgesellschaften, ihren Zusammenhalt und ihre kollektiven Normen und Werte (vgl. Zymek 2002, S. 349).

Identität kann beschrieben werden als selbstreflexives Bewusstsein, das als „Prozess der Konstruktion und Revision von Selbstbildern" (Glomb 2001, S. 267) durch die fortwährende, kontinuierlich erinnerte und reflektierte Teilhabe an sozialen Gruppen und Prozessen entsteht. Dieser Prozess wird in neueren Theorien als flexibel und als lebenslang unabgeschlossene Tätigkeit des Subjekts verstanden (vgl. Krewer/Eckensberger 1991, S. 575; Geulen 2000, S. 188ff.). Identität beruht somit einerseits auf den sozialen Rollen, die ein Individuum einnimmt. Ich-Identität meint dann den Zusammenhang zwischen den verschiedenen Rollen einer Person (vgl. Geulen 1977, S. 125). Andererseits beschreibt Ich-Identität auch die Balance zwischen persönlicher Identität und sozialer Identität (vgl.

Wagner 1998, S. 45f.). Während die soziale Identität die Teilhabe des Individuums am sozialen Raum und dessen Rollenanforderungen beschreibt, ist die persönliche Identität die besondere Lebensgeschichte des Individuums, d. h. die Geschichte, die das Individuum als „seine Geschichte" begreift. Die persönliche Identität entsteht also aus den Stadien des individuellen Lebensverlaufs und dessen Interpretation als individuelle Lebensgeschichte. Sie ist somit der Teil der Identität, der Individualität ermöglicht und in den die soziale Identität durch die Teilnahme am sozialen Handeln im Sozialisationsprozess bereits Eingang gefunden hat (vgl. Schulze 1999, S. 51f.; Labouvie 2001, S. 164). Begreift man das Individuum weiterführend auch als Handlungszentrum (agency), dem „Intentionsbildung und die Fähigkeit zur Selbstregulation zugeordnet werden", so kann Identitätsbildung mit der Handlungskompetenz in der Weise verbunden werden, dass beide als „aktive Verhandlung zwischen Subjekten in verschiedenen Handlungsfeldern" (Krewer/Eckensberger 1991, S. 575; vgl. Gerstenmaier 2002, S. 156f.) begriffen werden. Handlungen dienen daher einerseits dem Aufbau von Identität, andererseits der Positionierung in sozialen Feldern, in die das Individuum damit zugleich gestaltend eingreift (vgl. Grundmann 1999, S. 23). Identitätsbildung (durch Erinnerung und Gedächtnis) und der Aufbau von Handlungskompetenz erweisen sich als gekoppelte Momente im Sozialisationsprozess. Kurz: Der Einzelmensch formt durch Erinnerung seine Identität und Handlungskompetenz, aber er tut dies in strukturierten gesellschaftlichen Bedingungsgefügen, die er selbst wiederum für die Zukunft mitformt (vgl. François/Schulze 2003, S. 13): „Vergangene Ereignisse verwandeln sich nicht ohne weiteres in Erinnerungen; sie werden dazu gemacht durch das kollektive Bedürfnis nach Sinnstiftung, durch die Traditionen und Wahrnehmungsweisen, die aus den gesellschaftlichen Milieus erwachsen" (ebd.).

Zugleich scheint das Kennzeichen von Erinnerungen insgesamt zu sein, dass sie sich in eine – in einer bestimmten Kultur als folgerichtig begriffene – Abfolge von Ereignissen und Entwicklungsprozessen, also in eine Erzählung einfügen (wollen) (vgl. White 1991). Funktioniert dies nicht, so entstehen, wie Richard Sennett an Fallstudien gezeigt hat, ein labiles Selbstbild und damit brüchige Identitäten (vgl. Sennett 1998). Sennett beschreibt dies am Beispiel einer italienischen Einwandererfamilie in den USA:

Der Vater, mit dem ein Interview zu Beginn der 1970er Jahre geführt wurde, hatte als Hausmeister „seit zwanzig Jahren in einem innerstädtischen Bürogebäude Toiletten geputzt und Fußböden gewischt". Er verfolgte ein klares Lebensziel: Er wollte Sicherheit und Wohlstand für seine Familie erreichen. Symbol dafür war ein Haus in einem Vorort von Boston, das er erwerben konnte. Sein Leben verlief planbar linear: Seine Ersparnisse wuchsen, er konnte dadurch die Zukunft seiner Söhne, vor allem deren Schulbesuch und Studium, planen und finanzieren. Sein Arbeitsplatz war durch die Gewerkschaft, in der er Mitglied war, geschützt, seine Rente war berechenbar und sicher. Die ihn umgebende bürokratische Struktur machte das Leben voraussehbar und – durch seine Selbstdisziplin – erfolgreich. Seine Lebensgeschichte war „erzählbar", ein Ereignis folgte aus dem vorhergehenden und vermittelte ihm das Gefühl, Herr seiner Lebensgestaltung zu sein. Der Stolz auf die eigene Leistung verband sich mit dem Traum vom sozialen Aufstieg seiner Kinder (vgl. Sennett 1998, S. 15ff.).

Sein Sohn, mit dem ein Interview zu Beginn der 1990er Jahre geführt wurde, hat Karriere gemacht und besitzt als Analyst und technischer Berater ein Einkommen im oberen fünf Prozent-Segment. Innerhalb von vierzehn Jahren ist der Sohn mit seiner Ehefrau aufgrund beruflicher Notwendigkeiten viermal umgezogen. Ihn prägt eine grundlegende, dauernde Angst vor einer nicht mehr kontrollierbaren Beeinflussung seines Lebens durch Arbeitsplatzabbau und Firmenübernahmen. Der Sohn gründet schließlich eine eigene Consulting-Firma. Die Konsequenz ist Abhängigkeit von fremdbestimmter Zeiteinteilung und von einem schwer kontrollierbaren Netz sich ständig wandelnder Geschäftsbeziehungen. Er ist abhängig von den wechselhaften Wünschen der Kunden und hat in einem instabilen, zukunftsunsicheren Arbeitsumfeld keine feste Position mehr. Durch die häufigen Ortswechsel werden Freundschaften kurzzeitig und segmentiert; die Freunde kennen die Vergangenheit des Paares und seiner Kinder nicht und werden immer nur Zeugen von drei bis vier Jahren ihres Lebens. Die Aufhebung von Langfristigkeit führt innerfamilial zu dem Problem, dass der Sohn seinen eigenen Kindern kaum noch die Werte vorleben kann, auf die er sich aufgrund zunehmender Kontingenzerfahrung immer stärker beziehen will: ein traditionelles Pflichtethos, langfristige, verlässliche Beziehungen in Beruf und Familie, die Notwendigkeit der Anerkennung von Autoritäten und Normen im Gegensatz zu einer individualitätsbezogenen, liberalen Erziehung, die für ihn die Organisation und die Probleme seiner Arbeit widerspiegeln und Familie und Gemeinschaft für ihn damit auflösen. Auf diese Weise versucht er eine Festung des Widerstands gegen das „Getriebenwerden" („drift") aufzubauen. Die mangelnde Planbarkeit seines Lebens führt zu starken Spannungen und Brüchen in seiner persönlichen Identität. Im Unterschied zu seinem Vater kann er keine lineare Geschichte seines Lebens erzählen. Brüche, die ansonsten zu Lebensgeschichten gehören, z. B. als überraschende Wendungen des Lebensverlaufs (Auswanderung, Arbeitsplatzwechsel, Arbeitslosigkeit u. ä.), aber durch bestimmte Erzählmuster (der erfolgreiche Neubeginn, das Überwinden von Krisen etc.) integrierbar erscheinen, stellen sich inzwischen als permanentes Strukturprinzip seines Lebens dar und verhindern insgesamt den Aufbau von Ich-Identität als fortwährende, kontinuierlich erinnerte und reflektierte Teilhabe an sozialen Gruppen und Prozessen und deren Vermittlung mit der individuellen Lebensgeschichte (vgl. Sennett 1998, S. 21ff.).

Sowohl Nietzsche als auch Sennett beschreiben die Bedeutung des Gedächtnisses für die Identität und das soziale Miteinander. Damit aber aus der Vergangenheit Erinnerungen werden, bedarf es bestimmter politischer, sozialer, ökonomischer und kultureller Entwicklungen: „Als grundlegende Erkenntnis erweist sich die der strukturellen Zusammengehörigkeit von Erinnerung und Vergessen als sich gegenseitig bestimmenden Bestandteilen des Gedächtnisses" (François/Schulze 2003, S. 14). Die Gegenwart formt die Vergangenheit, aber die Vergangenheit formt auch die Gegenwart. So sind – immer auf Gegenwart und Zukunft bezogene – „Familienstrategien" nicht vorstellbar ohne die in biografischen Erzählungen, Gegenständen etc. aufgehobenen Erinnerungen der Familienmitglieder.

Unter „family strategies" versteht die amerikanische Familienforscherin Tamara K. Hareven nicht nur geplante, zielbewusste Handlungen, sondern auch familieninterne, durch Sozialisationsprozesse und Erziehung erzeugte implizite Handlungsmuster: „Strategien lassen sich am besten als interdependente Familienentscheidungen und -pläne beschreiben: [...] Familienstrategien umfassen explizite oder implizite Entscheidungen, die Familien für die Gegenwart, die Zukunft und für langfristige Bedürfnisse trafen. [...] Die Konzentration auf Familienstrategien hat uns besser verstehen lassen, wie die einzelnen ihre familialen Übergänge im Lebenslauf zeitlich bestimmten, wie Verwandte Beziehungen auf Gegenseitigkeit knüpften, wie Unterstützungsleistungen zwischen den Generationen ausgehandelt wurden und wie einzelne und Familien auf ökonomischen und sozialen Wandel reagierten [...] es wurde gezeigt, dass die Entscheidungen von Familien nicht ausschließlich von ökonomischen Bedürfnissen geleitet waren, sondern vielmehr aufgrund des Zusammenwirkens wirtschaftlicher und kultureller Faktoren getroffen wurden" (Hareven 1999, S. 210f.; vgl. Hareven 1997, S. 25f.). An diesem Punkt treffen dann Analysen zum Familiengedächtnis und zu den Familienstrategien aufeinander und verschränken sich (vgl. Hareven/Adams 2004). Die Analysen berühren zugleich die zu Beginn des Artikels aufgeworfene Frage nach den Generationenkonflikten und Generationenprofilen. Schließlich ist die Frage, wer die Familienstrategien familienintern bestimmt. Familien sind kein einheitlich handelndes Kollektiv, sondern eine Gemeinschaft aus mindestens zwei Generationen, deren Mitglieder unter Umständen unterschiedliche Interessen verfolgen. Welche

Familienstrategien daher verfolgt werden, ist auch eine Frage der Machtverhältnisse und der Aushandlungsprozesse innerhalb von Familien.

Da es sich bei der Erforschung von Familiengedächtnissen und -strategien und ihrer Bedeutung für die Familienmitglieder um ein relativ neues Forschungsfeld handelt, das in der Familienforschung erst langsam Aufmerksamkeit findet (vgl. Gillis 1997; Gebhardt 1999; Gebhardt 2001; Brake/Büchner 2003; Kraul 2004), stellen die folgenden Ausführungen Überlegungen zu einer zukünftigen Perspektivenerweiterung in der historischen und gegenwartsbezogenen Familienforschung dar.

3. Erzählungen, Gegenstände, Räume, Rituale

Im folgenden Abschnitt sollen zunächst einige wichtige Analyseperspektiven vorgestellt werden, bevor an einem ausgewählten Beispiel die Frage der Bedeutung von Familiengedächtnissen und Familienstrategien für die Entwicklung von Identität und Handlungskompetenz diskutiert wird.

In den letzten Jahren ist viel von der Krise der Familie die Rede gewesen (vgl. Nave-Herz 1998). Gemeint waren damit die Ausdifferenzierung der Formen des Zusammenlebens sowie die Zunahme der Eineltern-, Stief- oder Patchworkfamilien und der Single-Haushalte (vgl. Peuckert 2002, S. 29ff.; Walper 2004, S. 220ff.). Es ist zwar berechtigt, von einer „De-Institutionalisierung" des bürgerlichen Familienmusters im Sinne einer Abnahme von dessen normativer Verbindlichkeit zu sprechen (vgl. Peuckert 2002, S. 37f.), jedoch bezieht sich dies statistisch vor allem auf die Formen des Zusammenlebens ohne Kinder. So wachsen gegenwärtig 76 % der in die PISA-Studie einbezogenen 15-Jährigen in einer Kernfamilie mit ihren leiblichen Eltern auf, 16 % in Einelternfamilien, 8 % in Stief- oder Patchworkfamilien: „die ‚vollständige Familie' [ist] nach wie vor die dominierende Lebenssituation für das Aufwachsen von Kindern" (PISA 2001, S. 478; dies entspricht auch in etwa dem Bundesdurchschnitt, vgl. Liegle 2001, S. 511; Peuckert 2002, S. 41).

Dennoch halten sich, zunächst bezogen auf das kulturelle Gedächtnis der Gesamtgesellschaft, hartnäckig viele Mythen über die Familie in der Vergangenheit: 1. der Mythos von der vormodernen Großfamilie mit vielen Kindern und dem Zusammenleben von mindestens drei Generationen, 2. der Mythos von der selbstverständlich geleisteten Solidarität zwischen den Generationen (v. a. Versorgungsleistungen), 3. der Mythos von einer der modernen Kernfamilie annähernd vergleichbaren Familie als der vorherrschenden Familienform in vergangenen Gesellschaften, 4. der Mythos von einem vormals harmonischeren und kontinuierlicheren Zusammenleben der Familie, 5. der Mythos von einem durchgehend vorhandenen Patriarchat als Herrschaftsform in den Familien früherer Epochen (zu den Familienmythen vgl. Fuhs in diesem Bd.; Davidoff/Doolittle/Fink/Holden 1998). Die historische Forschung zur Familie hat diese Mythen inzwischen durchweg widerlegt (vgl. exemplarisch Gestrich/Krause/Mitterauer 2003), jedoch ohne großen Erfolg in Bezug auf das kulturelle Gedächtnis der Gesellschaft. Der Familie als primärem Ort der Erziehung und Sozialisation kommt im Bewusstsein moderner Gesellschaften seit dem 19. Jahrhundert offenbar ein so hoher privater und gesellschaftlicher Wert zu, dass sie aus den Leitbildern der jeweiligen Gegenwart rückprojiziert wird auf vergangene Epochen und aus konservativen Blickwinkeln die jeweilige Gegenwart daher immer bereits als krisenhaft, als

Verfallserscheinung einer glücklicheren Vergangenheit gedeutet wird (vgl. Riehl 1855; zur Kritik vgl. Gillis 1997; Perrot 1992a, S. 99ff.; Fuhs in diesem Bd.).

Die im späten 18. Jahrhundert entstehenden bürgerlichen Familienleitbilder betonen dann den Wert der Familie für alle Bereiche des Lebens. Der Historiker Thomas Nipperdey schreibt über das 19. Jahrhundert: „Im Grunde rangiert die Familie vor dem Individuum. Das ist erstaunlich, denn die liberale Kultur des 19. Jahrhunderts beruht doch auf dem Individualismus. [...] Aber es ist, so geht der Gedankengang, die Gemeinschaft Familie, die das Zentrum der unantastbaren Privatheit des Menschen ausmacht" (Nipperdey 1990, S. 43). Dieser Gedankengang strukturiert dann ab dem 19. Jahrhundert auch den familieninternen Umgang mit Familiendevotionalien, die Erzählungen über Familienmitglieder der früheren Generationen und die ritualisierte Pflege des Familiengedächtnisses (vgl. Segalen 1993; Gillis 1997; Zinnecker 1998; Gebhardt 2001). Die eigene Familie wird gemessen an gesellschaftlichen Leitbildern, und die Erzählungen und Erinnerungen werden daran ausgerichtet (vgl. Langbein 2002, S. 72ff.).

Dies bedeutet zugleich, dass Aufbau und Umgang mit dem Familiengedächtnis und die sich daraus entwickelnden Familienstrategien nicht ohne Bezug auf gesamtgesellschaftliche Leitbilder und Entwicklungsprozesse zu erfassen sind. So ist es bedeutsam, z. B. innerfamiliale Erzählungen, die sich auf besondere Familienpersönlichkeiten und Familienereignisse beziehen, in eine Analyse der Wechselbeziehung zwischen Familie und Gesellschaft zu integrieren. Die amerikanische Familienforschung (besonders Tamara K. Hareven) hat diese Wechselbeziehung z. B. unter der Perspektive der „family time" bzw. des „family timings" untersucht. Ein Ergebnis war, dass sich Familien keineswegs innerhalb des Modernisierungsprozesses konvergent veränderten, sondern traditionelle Verhaltensweisen und Strukturen zum Teil längerfristig beibehielten. Die Familie war somit u. U. eine entscheidende Instanz, um ihre Mitglieder vor rapiden Modernisierungsprozessen zu schützen und ihnen gleichzeitig ein Moratorium zur Vorbereitung auf gesellschaftliche Veränderungsprozesse zu ermöglichen (vgl. Hareven 1999, S. 27ff.). Nach Tamara K. Hareven „ist die Familie gleichsam eine Bühne, auf der die unterschiedlichen und wechselhaften Lebenswege der einzelnen Mitglieder untereinander abgestimmt werden. Die einzelnen übernehmen verschiedene Rollen in der Familie oder geben sie auf [...]. Diese Veränderung individueller Rollen ist mit dem Wandel der Familie als einem kollektiven Gebilde verbunden" (Hareven 1999, S. 29).

Im Zusammenhang mit standes-, klassen-, schicht- und milieuspezifischen Untersuchungen zum Familiengedächtnis und zu Familienstrategien ist daher einerseits darauf zu achten, welche Bedeutung „Familie" jeweils kulturell und sozial in einer Gesellschaft besitzt; andererseits muss mikrohistorisch analysiert werden, welche soziokulturellen „Möglichkeitsräume" (vgl. Bourdieu 1990, S. 80f.) innerhalb der bestehenden Strukturen für spezifische Erinnerungspraktiken in Familien bestanden, wobei diese Erinnerungspraktiken dann z. B. auch einen Erklärungsansatz für die Veränderung des sozialen Status von Familien über große Zeiträume hinweg liefern können. Erzählungen über den hart erarbeiteten beruflichen Erfolg des Großvaters können in innerfamilialer Tradierung ein Beitrag zur Ausrichtung der Kinder auf weiteren sozialen Aufstieg sein; sie können eine innerfamiliale Verpflichtung auf Einlösung von Familienhoffnungen sein, die auf die Kinder übertragen werden (vgl. Ecarius 2002, S. 169ff.; Gebhardt 1999, S. 78ff.). Ebenso können besondere Gegenstände aus den Vorgängergenerationen (Devotionalien wie Haarlocken, Medaillons, Poesiealben, Stammbücher etc.) die Erinnerung an die Vorfahren wachhalten und in Verbindung mit Erzählungen über die Vorfahren die sich entwickelnden Familienstrategien in ihrer Annahme durch die nachfolgende Generation verstärken. Die im 19. Jahrhundert im Bürgertum wie in der etablierten Facharbeiterschaft vielfach überlieferte Praxis des Weitergebens der väterlichen Uhr an den Sohn oder die Übergabe von Schmuckstücken von der Mutter an die Töchter (vgl. Perrot 1992b, S. 195ff.; Martin-Fugier 1992, S. 203ff.; Gebhardt 1999, S. 66) sind Ausdruck gegenständlicher Unterstützung von Familiengedächtnissen und zumeist verbunden mit der Verpflichtung der Nachkommen auf die Fortsetzung begonnener Familienprojekte (Unternehmensfortführung, sozialer Aufstieg durch berufliche Karriere, Integration in angestrebte soziale Milieus durch Heirat etc.).

Einen vergleichbaren Beitrag zum Familiengedächtnis und zu Familienstrategien leisten auch Räume, in denen entweder eine Familie über viele Generationen hinweg lebt oder aber in denen in besonderer Weise durch das Arrangement von Familiendevotionalien oder von geerbtem Mobiliar der Vorfahren gedacht werden kann (vgl. Segalen 1993). Auch weitergegebene Rituale, z. B. eine immer gleiche Platzierung von Familienmitgliedern – Vater, Mutter, Kinder etc. – am Esstisch, die Gestaltung von Tischgesprächen nach vererbten Mustern oder die tradierte Gestaltung von Familienfeiern wie dem Weihnachtsfest oder Geburtstagen können Familiengedächtnisse stärken (vgl. Gestrich 2003, S. 606ff.). Dabei stellt sich die Frage, welches Bedingungsgefüge – über die jeweilige explizite oder implizite Absicht der älteren Generation hinaus – vorhanden sein musste, damit sich das Familiengedächtnis in eine (erfolgreiche) Familienstrategie transferieren ließ. Am Beispiel der Seidenfabrikantenfamilie Colsman im Bergischen Land, die ich in den Mittelpunkt meiner empirischen Untersuchungen über Erziehungs-, Bildungs- und Sozialisationsprozesse in Unternehmerfamilien gestellt habe (vgl. Groppe 2004), sollen die vorausgehend aufgeworfenen Fragen expliziert werden und abschließend in einem Ausblick weitere Forschungsperspektiven zum Thema Familiengedächtnis und Familienstrategien entwickelt werden.

4. Familiengedächtnis und Familienstrategien in einer Unternehmerfamilie im Bergischen Land vom 18. zum 20. Jahrhundert

Die Familie Colsman besitzt eine inzwischen 250jährige, kontinuierliche Geschichte als Unternehmerfamilie in der Textilindustrie. Als noch heute im Ursprungsunternehmen tätige Inhaberfamilie gehört sie zu den wenigen sich gegenwärtig noch erfolgreich im internationalen Wettbewerb behauptenden deutschen Textilfabrikanten. War das Textilgewerbe im 18. und 19. Jahrhundert – neben der vor allem im Ruhrgebiet und in Oberschlesien angesiedelten Schwerindustrie – eines der wichtigsten produzierenden Gewerbe in Deutschland, so ist dieser Gewerbezweig inzwischen weitgehend ins kostengünstiger produzierende Ausland abgewandert. Die erstaunliche Kontinuität in der familialen Nachfolge über einen außergewöhnlich langen Zeitraum hinweg sowie der kontinuierliche unternehmerische Erfolg der Familie Colsman führte mich zu der Frage nach den Faktoren dieses Erfolgs jenseits betriebsinterner ökonomischer und juristischer Entscheidungen. Analysiert habe ich in meinen empirischen Studien daher den erzieherischen und sozialisatorischen Prozess des „Unternehmerwerdens“ unter der Perspektive der Entwicklung unternehmerischer Identität und Handlungskompetenz. Vor diesem Hintergrund werde ich in den folgenden Ausführungen Fragen des Familiengedächtnisses und der Familienstrategien am Beispiel der Familie Colsman erörtern.

Der Kaufmannssohn Peter Lucas Colsman (1734-1808) hatte um 1755 eine Seidenmanufaktur in Langenberg, zwischen Essen und Wuppertal gelegen, gegründet. Zwei seiner Söhne, Peter Lucas (1757-1816) und Johann Wilhelm (1767-1833), traten 1794 in das väterliche Unternehmen ein. Als dritte Generation traten ab 1827 die sechs Söhne Johann Wilhelm Colsmans als Teilhaber ein. Bereits um 1820 gehörte das Unternehmen zu den großen der Region, in den vierziger Jahren wurden die Seidentücher schon bis nach Nordamerika exportiert. 1887 wurde die Produktion von der vierten und fünften Generation vom Verlagssystem auf maschinelle Fabrikfertigung umgestellt und in die benachbarte Stadt Essen verlagert. 1899 erreichte das Unternehmen einen Umsatz von ca. 6 Millionen Mark, die Bilanzsumme betrug knapp 11 Millionen Mark. Ein ab 1909 geführtes Kundenregister verzeichnet einen weltweiten Kundenstamm von Berlin über London bis nach New York, Konstantinopel und Bombay und Auslieferungslager in aller Welt. Gegenwärtig führt die achte Generation das Unternehmen als „Gebrüder Colsman GmbH und Co“ (vgl. Groppe 2004, S. 1ff.).

Im Langenberger Wohnhaus der Familie wurde in der zweiten Hälfte des 18. Jahrhunderts gelebt und gearbeitet. Das zweistöckige Haus am Kirchhof musste Platz bieten für die Eltern Peter Lucas und Catharina Gerdraut Colsman und fünf Kinder sowie zwei Mägde, ein Kontor und die Lager- und Arbeitsräume. Die Ehefrau und die fünf Kinder arbeiteten in der Firma mit. Die beiden Töchter halfen beim Zusammennähen der Seidenbänder zu Kravatten, die drei Söhne saßen noch selbst an den Webstühlen. Durch die Vergrößerung des Unternehmens mussten ständig Umbauten am Haus vorgenommen werden. Die Familienräume wurden zumeist zugunsten der Firmenräume neu geordnet, für die Kinder und Jugendlichen wurde deutlich, dass das Familienleben für den Betrieb eingeschränkt und nach den Arbeitsanforderungen organisiert werden musste. Durch die enge Verbindung von Familie und Unternehmen sowie die zunehmende Integration in die ökonomische Oberschicht des Ortes, die das Unternehmen der Familie einbrachte, wurde die Lebensplanung der Söhne – unterstützt durch eine darauf abgestimmte Lehre bei Handelspartnern des Vaters – auf die Unternehmensnachfolge ausgerichtet. Die kaum nach Familie und Unternehmen differenzierten Raumverhältnisse führten zugleich dazu, dass sich die Familie als Gemeinschaft aufeinander bezogener Individuen begriff, in der für das Wohlergehen der Gemeinschaft – und das hieß gleichzeitig für den Wohlstand des Unternehmens – die Bedürfnisse des Einzelnen zurückzustehen hatten. So wurde ein Gemeinschaftsgefühl erzeugt, das die unternehmerische Zusammenarbeit der Generationen und die Fortführung des Unternehmens durch die nächste Generation förderte. Eine reflektierte, planvolle Erziehung zum Unternehmer durch sprachliches Erziehungshandeln, eine besondere Schulwahl oder die bewusste Eröffnung bzw. Verwehrung bestimmter Sozialisationsräume hatte es dagegen nicht gegeben. Erziehung zum Unternehmer hieß bis zum Beginn des 19. Jahrhunderts Anleitung zur Mitarbeit und täglich geübte Einweisung in verschiedene Arbeitsfelder im Rahmen einer familialen Lebens- und Arbeitsgemeinschaft. Die Familie und das Unternehmen waren real und mental unlöslich miteinander verbunden (vgl. Groppe 2004, S. 144ff.; Gorißen 2002, S. 139).

Mit Beginn des 19. Jahrhunderts veränderte sich durch die räumliche Verteilung des wachsenden Betriebes die Position des Unternehmers. Dessen Aufgabe bestand jetzt in der Organisation und Kontrolle der verzweigten Produktion. Hier begann sich die berufliche Identität der Unternehmer als Fabrikherren zu entwickeln, die sich bis zum Ende des

19. Jahrhunderts durch die weitere Umgestaltung des Unternehmens zum mechanisierten Betrieb, in dem die Arbeiter ständig anwesend waren, weiter konkretisieren und verfestigen sollte. Die Kinder Johann Wilhelm Colsmans (1767-1833) erfuhren als dritte Generation im Rahmen ihrer Sozialisation in der ersten Hälfte des 19. Jahrhunderts somit bereits die herausgehobene Stellung ihrer Familie im Ort. Anders als im 18. Jahrhundert wurden innerhalb des Hauses Wohn- und Arbeitsräume mit Beginn des 19. Jahrhunderts stärker getrennt. Es gab inzwischen Räume, die weitgehend dem Wohnen vorbehalten waren. Eigene Spielzimmer für die Kinder gab es noch nicht, für diese standen lediglich Schlafstuben, jeweils für mehrere Kinder, zur Verfügung.

Um vor dem Hintergrund der herausragenden sozialen Position der Familie am Ort, welche die Kinder jetzt im Rahmen ihrer Sozialisation erlebten, ein mögliches Ausweichen in akademische Berufsfelder oder eine Rentier- oder Künstlerexistenz zu verhindern, wurde die Integration der Kinder in das Unternehmen, die in der Elterngeneration durch räumliche Einheit und frühe Mitarbeit erreicht worden war, nun stärker reflektiert und geplant. Die älteren und erwachsenen Kinder wurden in die Erziehung der jüngeren Geschwister intensiv integriert und von den Eltern Johann Wilhelm und Anna Gertraud (1778-1832) als Partner in der Erziehung wahrgenommen. Durch die Organisation der Schlafkammern, in denen immer jüngere und ältere Geschwister gemischt wurden, wobei die älteren die jüngeren beaufsichtigen mussten und sie auch in der Schul- und Lehrzeit betreuten, entstand zudem eine durch vielfältige Aufgaben aufeinander bezogene Geschwistergemeinschaft, in der die jüngeren die älteren bei der beginnenden Haus- und Berufsarbeit beobachten konnten. Dieses Erziehungsarrangement trug dazu bei, dass sich bei den potenziellen späteren Firmeninhabern eher ein Bewusstsein als Solidargemeinschaft statt als de facto konkurrierende Nachfolgekandidaten entwickelte (vgl. Groppe 2004, S. 391ff.). Erziehungsziel war für Mädchen wie Jungen vor dem Hintergrund der zunehmenden Ausdifferenzierung der sozialen Felder und ihrer Handlungslogiken (ökonomisches, politisches, religiöses, familiales Feld etc.) die autonome, selbstverantwortlich handelnde Persönlichkeit. Dass die Kinder dieses Ideal jedoch im Kontext unternehmerbürgerlicher Lebensentwürfe anstreben sollten, stand für die Eltern, die selbst beide in diesem Milieu erzogen und sozialisiert worden waren, außer Frage.

Mit dem konstanten Wachstum des Unternehmens wurden im Verlauf des 19. Jahrhunderts Privat- und Firmenräume endgültig getrennt. Zwei Söhne Johann Wilhelm Colsmans, Johann Wilhelm d. J. (1800-1856) und Eduard (1812-1876), errichteten 1847 bzw. 1842 am Rande des Ortes die ersten Villen der Familie, d. h. die ersten ausschließlich dem privaten Familienleben vorbehaltenen Bauten, denen im Verlauf des 19. Jahrhunderts weitere Villenbauten folgten (vgl. Groppe 2003, S. 176ff.). In den Villen wurden die Räume nun in ihrer Funktion festgelegt: Esszimmer, Gartenstube, Wohnzimmer und Küchentrakt im Erdgeschoss, Fremdenzimmer und Schlafräume der Eltern und Kinder in der ersten Etage (vgl. Nipperdey 1984, S. 118ff.); einzig dem Vater kam gegenüber den anderen Familienmitgliedern im Erdgeschoss ein eigener Raum als Arbeitszimmer und Aufenthaltsraum zu. Je weniger der Vater als Unternehmer im Betrieb für die Kinder sichtbar war, umso stärker wurde daher seine Bedeutung im Haus betont. Zugleich blieb der Bezug zum Berufsfeld des Vaters präsent. Die Einrichtung des väterlichen Zimmers und der Fremdenstube für Geschäftsbesuche verwies für die Kinder deutlich auf dessen berufliche Tätigkeit und zeigte im Raumarrangement deren Bedeutung für die Familie auf. Familienmodelle (die privatisierte, emotionalisierte Kernfamilie) und vorbildhafte Lebensmuster (die kontinuierliche Berufsarbeit des Vaters) wurden jetzt zusätzlich im Raum- und Bildprogramm der Häuser visualisiert und dadurch den Kindern als Lebensform vermittelt (vgl. Berg 2001, S. 916ff.).

Bezogen auf die Fragestellung nach der Bedeutung des Familiengedächtnisses für die Entwicklung unternehmerischer Identität und Handlungskompetenz sowie für die Entwicklung spezifischer Familienstrategien zur Fortführung des Familienunternehmens lässt sich für die Familie Colsman folgendes festhalten: Mit der Erziehung der dritten Generation zu Beginn des 19. Jahrhunderts begannen Familie und Unternehmen auch als „historischer Faktor", als zu übernehmende Tradition und Verantwortung (für das Unternehmen und seine Mitarbeiter ebenso wie für die Familie), ins Bewusstsein zu treten, was sich in jeder nachfolgenden Generation nochmals verstärkte. Die direkte Generationsbeziehung zwischen Vater und Sohn wurde ab der dritten Generation dementsprechend bereits eingebettet in Erzählungen über die Großväter- und Urgroßvätergenerationen, deren Leistungen sich die jeweils jüngste Generation gewachsen zeigen sollte. Das Unternehmen wurde erinnert als harmonische und kontinuierliche Generationenabfolge, die dessen Bestand und Erfolg verbürgte (vgl. Gebhardt 1999, S. 71). Auf einem festlich begangenen Firmenjubiläum hielt der Mitinhaber Wilhelm Colsman (1830-1902) 1877 eine Rede, in der er nach Auskunft eines Zeitungsberichts folgendes als Grundlage des Unternehmenserfolgs festhielt: „Der Wahlspruch des Hauses sei stets gewesen: ‚Bete und arbeite' und wie sich dieser Spruch, dem man stets gefolgt, im wahren Sinne bewährt, zeige das stetige Wachsen und Gedeihen des Geschäfts, welches immer im Sinne und getreu den Grundsätzen und Ueberlieferungen der Väter und Großväter verwaltet und geleitet worden sei." Diese Werthaltungen der Verpflichtung auf die Aufrechterhaltung von Tradition und auf die Kontinuität in der familialen Unternehmensführung wurden aber nicht nur nach außen präsentiert, sondern von den Inhabern auch persönlich übernommen. So schrieb der Sohn Wilhelm Colsmans, Paul Colsman (1861-1922), selbst Mitinhaber von Gebrüder Colsman, 1910 an seine Frau: „Mein Wunsch ist der, das von meinen Vätern überkommene Erbe [...] in guter Verfassung auch einmal meinen Kindern zu hinterlassen & von meinem sel. Vater habe ich gelernt, daß man zunächst seine Pflicht zu tun versuchen muß & dein Vater, mein verehrter und unvergessener Lehrherr, hat in die gleiche Kerbe gehauen" (vgl. Groppe 2004, S. 440ff.). Paul Colsman empfand sich somit als Glied in einer Kette, die er in seinen eigenen Kindern fortgeführt sehen wollte. Mit dieser Vorstellung waren familial vorgelebte und individuell angenommene Leistungsanforderungen verknüpft – begründet durch die Leistungen der Vorgänger.

In Briefen und öffentlichen Reden wurde der je nachfolgenden Generation die Unternehmensnachfolge zudem nicht als Anrecht, als zu erwartender Besitz, sondern als durch Leistung zu erarbeitende Verpflichtung vermittelt. Dass diese Aufforderung von den nachfolgenden Generationen – wie vorausgehend von Paul Colsman – angenommen und in unternehmerisches Handeln umgesetzt wurde, lag auch an der besonderen Nachfolgeregelung im Unternehmen, in der es keine Erstgeborenenvorrechte gab, sondern immer mehrere familieninterne Nachfolgekandidaten sich die Nachfolge erarbeiten mussten. Diese Regelung nahm zugleich die Spannung aus den Generationsbeziehungen zwischen Vätern und Söhnen, da die Söhne bei mehreren Nachfolgekandidaten die Nachfolge ausschlagen oder als selbstgestellte Aufgabe begreifen konnten (vgl. Groppe 2004, S. 529ff.). Der durch die unternehmerische Familientradition entstehende Druck auf die Kindergeneration wurde durch dieses sozialisatorische Arrangement aufgefangen.

Wenn ein Besucher heute eines der Wohnhäuser der Mitglieder der weitverzweigten Unternehmerfamilie betritt, wird er – wie schon seit Beginn des 19. Jahrhunderts – unweigerlich mit der Anwesenheit der Gesamtfamilie konfrontiert: den Porträts der Vorfahren, oftmals bis zur Elterngeneration der heutigen Bewohner. Seit der ersten Inhabergeneration sind die Porträts der Inhaber und ihrer Ehefrauen Elemente des Familiengedächtnisses und zugleich Symbol für die Familienstrategie des Unternehmenserhalts. Bereits der erste Inhaber, Peter Lucas Colsman (1734-1808), hatte sich und seine Ehefrau um 1780/ 90 in zwei Einzelporträts malen lassen, eine Tradition, die in der Familie in manchen Zweigen bis heute Bestand hat (vgl. Groppe 2004, S. 5ff.). Aber auf keinem Gemälde erscheinen Geschäftsbücher, Kontore, Firmengebäude oder -produkte, auch nicht die Familien der Inhaber. Es handelt sich für jede Generation durchweg um Einzelporträts, die jeweils Ehemann und Ehefrau präsentieren.[1] Die Bilder waren auf den innerfamiliären Raum ausgerichtet und stellten den visuellen Rahmen des intimen Familiengedächtnisses dar. Sie waren gemalte „Erinnerungsstützen", die ihre Bedeutung erst durch die mündlichen Erzählungen erhielten, deren Relevanz in dem Maße stieg, in dem der unternehmerische Arbeitsalltag aus dem Leben der Kinder und Jugendlichen verschwand.

Die Bilder wurden dadurch zu wichtigen Erziehungsmitteln in der Ausrichtung der Kinder auf die Unternehmensnachfolge: Hans Colsman, der das Unternehmen zwischen 1922 und 1977 leitete, war 1927 in die Villa seines Urgroßvaters Johann Wilhelm Colsman d. J. (1800-1856) gezogen. Seine Söhne Hans Wilhelm und Rolf, die 1956 und 1960 in die Unternehmensleitung eintraten, erinnerten sich in von mir 1998 und 1999 geführten Interviews an die Gestaltung des Esszimmers: An den Wänden hingen rund um den Esstisch die Ölporträts der fünf Vorgängergenerationen und ihrer Ehefrauen. Nach der Erinnerung von Rolf Colsman hatte sein Vater die Ahnenbilder bewusst als Generationenfolge platziert und sich damit als Teil einer Unternehmergenealogie begriffen, die er durch seine Kinder fortgesetzt sehen wollte. Dr. Hans Wilhelm Colsman berichtete über den Eindruck, den diese Ahnengalerie auf ihn als Kind gemacht hatte: „Man konnte die ganze Ahnengalerie durchgucken und sah, dass die Bilder immer größer und der Reichtum immer stärker wurde. Vielleicht war das auch nötig, um die eigene Persönlichkeit in das rechte Bild zu setzen [...] da musste man sich auch mal ein bisschen davon absetzen. Man fragte sich natürlich, was daran gut ist und was man nicht mitmachen will." Zugleich wurde den Kindern durch die Bildanordnung und den unternehmerisch tätigen Vater bewusst, dass sie selbst einen – zukünftigen – Teil dieser Genealogie darstellten. Beide Söhne sahen daher ihre Zukunft im Familienunternehmen und nahmen dies zugleich als ihre individuelle Aufgabe an. Rolf Colsman formulierte: „Ich wusste [...] sehr bald, was ich werden wollte. Ich wollte auch gern in den Betrieb" (vgl. Groppe 2004, S. 4f.).

1 Ungewöhnlich in Bezug auf bürgerliche Porträttraditionen ist, dass die das Familiengedächtnis strukturierenden Porträts in der Familie Colsman eben keine Familien zeigen, sondern durchweg Ehepaare in Einzelporträts darbieten. Zeigen bürgerliche Familienporträts des 18. und 19. Jahrhunderts häufig ein pyramidales Arrangement der Personen, am höchsten stehend der Vater, darunter – oft sitzend – die Mutter, beide umgeben von den Kindern, so werden auf den Porträts der Familie Colsman Mann und Frau gleichrangig und unabhängig voneinander dargestellt. Ein Erklärungszusammenhang mag sein, dass die Ehefrauen durchweg selbst aus einflussreichen und vermögenden Kaufmanns- und Fabrikantenfamilien stammten. Sie brachten – in Pierre Bourdieus Terminologie – umfangreiches ökonomisches, soziales und kulturelles Kapital mit in die Ehe, ein Zusammenhang, den die Porträts aufzunehmen scheinen. Dies spiegelt sich auch in den mir vorliegenden Briefwechseln der Ehepaare aller Generationen wider, in denen sich die Ehemänner zu Fragen der Erziehung und die Ehefrauen wiederum zu Geschäftsfragen äußern. In allen Fragen des Familien- und Berufslebens diskutieren die Ehepartner durchweg gleichberechtigt, während sich in bildungsbürgerlichen Ehen durch die akademische Ausbildung der Ehemänner einerseits häufig ein Bildungsgefälle zwischen den Ehepartnern einstellte, andererseits die Geschlechtermuster deutlicher konturiert und gelebt wurden: Die Sphären des Mannes waren Beruf und Öffentlichkeit, die der Frau Familie und Privatheit (vgl. Hausen 1988).

1855, ein Jahr vor seinem Tod, hatte Johann Wilhelm Colsman d. J. (1800-1856) einen Stammbaum seiner Familie nach eigenen Entwürfen anfertigen lassen: Die Generationenfolgen werden oben vom Ursprungshaus der Familie eingefasst und unten abgeschlossen mit einem Bild der Stadt Langenberg. Überwölbt wird der Stammbaum von einem thronenden Christus und zwei schwebenden Engeln, die den Leitspruch der Familie, „Bete und arbeite", halten, und umrahmt von den Vignetten der Eltern- und Großelterngeneration. Johann Wilhelm Colsman d. J. hatte mit diesem Arrangement nicht nur einen Familienstammbaum entworfen, sondern auch den sozioökonomischen und den geistigen Raum, in dem er sich und seine Familie verortete, integriert: die Stadt Langenberg, das Familienunternehmen und – als alle Bereiche überwölbender Zusammenhang – den reformierten Glauben. Als Johann Wilhelm Colsman d. J. als Repräsentant der dritten Generation den Stammbaum aquarellieren ließ, waren fast genau 100 Jahre seit Gründung der Seidenweberei durch seinen Großvater Peter Lucas Colsman vergangen. Familiäre Tradition und unternehmerische Arbeit wurden hier erstmals in Text und Bild für die Familie und deren Nachkommen dargestellt und als „Wir-Identität" präsentiert. Heute findet sich dieser Stammbaum in vielfachen Kopien in fast allen Zweigen der Familie.

Durch die wachsende Trennung von Wohnraum und Arbeitswelt wurde der Zusammenhang von Unternehmen und Familie im Familiengedächtnis somit zunehmend durch ein dichtes Netz von Raumarrangements, Porträts, Stammbaumdarstellungen und geerbtes Mobiliar gestützt, reflektiert und der folgenden Generation als Zukunftsaufgabe vermittelt, die sich damit in eine auf familialer Kontinuität beruhende Verpflichtung gestellt sah (vgl. Gebhardt 1999, S. 70). So war Johann Wilhelm Colsman d. J. auch derjenige, der eine erste Familiengeschichte (1826) und eine Firmenchronik (1852) verfasste und diese seinen Söhnen zur Fortsetzung übergab.

Fasst man die herausragenden Elemente des Familiengedächtnisses in der Familie Colsman im 19. und 20. Jahrhundert zusammen, so waren es hauptsächlich die Porträts der Firmeninhaber und ihrer Ehefrauen, welche in vielfachen Kopien in allen Zweigen der Familie vorhanden sind, und der – ebenfalls immer wieder kopierte und in der Familie distribuierte – Stammbaum. Sie bildeten gleichsam die visuellen Säulen für die mündlichen Erzählungen über die dort porträtierten oder mit Namensschildern festgehaltenen Personen. Dadurch, dass Porträts und Stammbaum in allen Zweigen der Familie vorhanden und in der Regel an einem prominenten Platz des Hauses (Eingangsbereich oder Esszimmer) platziert waren und z. T. noch sind, wurde zugleich eine über die Kernfamilien hinausreichende zeitliche und räumliche Familiengemeinschaft konstruiert, in die auch die jeweiligen Kinder eingeordnet wurden. Darüber hinaus stützten die in den verschiedenen Familienzweigen bewahrten Teilnachlässe der Vorfahren die mündlichen Tradierungen. In Kisten verpackt finden sich heute die von vorausgegangenen Generationen mit Bändern verschnürten Briefkonvolute, Zeitungsartikel und Festreden etc., die begleitet von mündlichen Erzählungen an die Kinder weitergegeben wurden. Gleichzeitig waren die in den einzelnen Familienzweigen bewahrten Nachlasskisten selbst Teil eines Erbes, das tradiert wurde und wird.

Dabei spielt es keine Rolle, ob die Erzählungen im einzelnen einer „historischen Wahrheit" entsprachen. Entscheidend war vielmehr, dass diese die Vorstellung einer harmonischen Familiengemeinschaft in einer Generation und über die Generationen hinweg ebenso festhielten wie die einer fast uneingeschränkten Arbeitsamkeit und eines hohen Leistungsethos der jeweiligen Firmeninhaber. Unterstützt wurden und werden diese Erzählungen durch die in der Familie Colsman zwischen 1926 und 1967 jährlich für die Familienmitglieder herausgegebenen „Nachrichtenblätter der Familie Colsman“, die in einem Umfang von etwa rund 20 Seiten pro Jahrgang Nachrufe auf verstorbene Familienmitglieder, Erinnerungen, Briefe sowie Notizen zur Heimat- und Firmengeschichte enthalten. Wenn auch zumeist episodische Berichte im Vordergrund stehen, so ist den von einzelnen Familienmitgliedern verfassten Beiträgen doch zu entnehmen, dass sie implizit oder explizit mit den skizzierten Zielsetzungen der Harmonie und Kontinuität verbunden sind. Vor diesem Hintergrund erscheinen auch die in den historischen Familienbriefen noch als problematisch gewerteten Ereignisse und individuellen Entwicklungen in den „Nachrichtenblättern“ in einem anderen Licht. Vater-Sohn-Konflikte, Auseinandersetzungen im Unternehmen und Wünsche nach alternativen Lebenswegen werden nicht verschwiegen, erhalten aber eine Wendung im Sinne konstruktiver Neuorientierung oder kultureller Bereicherung. Auf diese Weise werden sie mit der erfolgreichen Kontinuität des Familienunternehmens positiv verbunden, wodurch dessen Weiterführung wiederum zum imaginären Mittelpunkt der Familiengeschichte avanciert. Implizit wird so eine Erfolgsgeschichte ohne schwerwiegende Unterbrechungen oder Wendepunkte vermittelt; für die jeweils junge Generation entsteht der Auftrag, diese Geschichte als Glied in einer langen Reihe von Vor- und Nachfahren fortzuführen. Aufgefangen wird der dadurch entstehende hohe Anspruch auf Erfolg durch den gleichzeitig vermittelten Stolz auf die bestehende besondere Familientradition.

Bereits in dieser kurzen Darstellung tritt die Besonderheit und Bedeutung eines Familiengedächtnisses und von Familienstrategien in einer sich über einen Zeitraum von rund 250 Jahren erstreckenden Generationenfolge einer Unternehmerfamilie hervor. Für die mittelständischen Familienunternehmer war und ist eine geradezu unbegrenzte Identifikation mit dem Unternehmen und dem damit vorgegebenen Tätigkeitsfeld grundlegende Voraussetzung für einen langfristigen ökonomischen Erfolg und eine familiale Kontinuität in der Unternehmensführung. Der Aufbau eines durch Raumarrangements, Bilder, Stammbäume und besondere Devotionalien (z. B. vererbte Briefkonvolute) gestützten Familiengedächtnisses aus vielfach ineinander verwobenen Geschichten, denen das Element der familialen Harmonie und Kontinuität gemeinsam ist, war dabei grundlegend für die Aufrechterhaltung einer Familienstrategie der Fortsetzung der Unternehmensführung durch die nachfolgende Generation und die Akzeptanz dieser Aufgabe durch diese Generation. Ein solches Familiengedächtnis stellt somit einen gewichtigen Sozialisationsfaktor dar, ohne den die Erfolgswahrscheinlichkeit von Familienstrategien gering erscheint.

5. Ausblick: Familiengedächtnisse und Familienstrategien als Forschungsperspektive in der Familienforschung

Während der Zusammenhang und die Bedeutung eines Familiengedächtnisses und von Familienstrategien in Unternehmerfamilien unmittelbar evident ist und z. B. in Studien über Unternehmerfamilien wie die Krupps, Thyssens, Haniels, Quandts u. v. a. weiterverfolgt werden könnte, stellt sich die Frage, inwiefern sich vergleichbare oder abweichende Erinnerungsformierungen und Familienstrategien in Familien anderer Stände, Klassen und Schichten auffinden lassen. Bisher hat weder die geschichtswissenschaftliche noch die erziehungswissenschaftliche, soziologische oder psychologische Familienforschung das Thema umfassend aufgegriffen bzw. es wie die Psychologie bisher vor allem unter der besonderen Problematik von Familienkonstellationen und Subjektwerdung perspektiviert (vgl. Schneewind 1999; für die anglo-amerikanische Forschung vgl. dagegen Gillis 1997; Davidoff/Doolittle/Fink/Holden 1998; Hareven 1999; für die außerdeutsche europäische Forschung vgl. Poppel/Oris/Lee 2004)).

In historischer Perspektive stellt sich daher z. B. die Frage, welche Rolle Familiengedächtnisse in geburtsständisch organisierten Gesellschaften spielten, in denen die Söhne und Töchter in der Regel in vorgegebene soziale Zusammenhänge einrückten. Als Hypothese ließe sich formulieren, dass, wenn sich Identitätsbildung immer auf einen reflexiven „Prozess der Konstruktion und Revision von Selbstbildern" (Glomb 2001, S. 267) in Abhängigkeit von und mit Rekurs auf gesellschaftliche Anforderungen bezieht, der Mensch wohl niemals in der Geschichte vollständig in seinen Rollen und Standeszuschreibungen aufgegangen ist. Das individuelle „Selbst" der Menschen trat dabei in den historischen Epochen stärker oder schwächer hervor, die persönliche Identität wurde stärker oder schwächer an die „Welt der Bezüge" und damit an die soziale Identität gekoppelt (vgl. Gurjewitsch 1994). Es handelt sich somit um Differenzen in der epochenspezifischen Betrachtung, durch die in Mittelalter und Früher Neuzeit „die manifeste Verschiedenheit zwischen den Einzelnen" lediglich „als Oberflächenphänomen" gedeutet und damit „eine tieferliegende Wahrheit gerade verdeckt" wird (Hahn/Bohn 2002, S. 3). Diese bestand dann in der Zugehörigkeit des Individuums zu einer besonderen Gemeinschaft (Dorf, Zunft etc.) oder zu einem besonderen Stand. Der Aufbau von Familiengedächtnissen könnte in diesem Zusammenhang daher ein Element zunehmender Individualisierung sein (vgl. Mitterauer 2003, S. 358ff.; Gebhardt 2001, S. 26f.). Dies betrifft einerseits die Interpretation der eigenen Familie als eine besondere, von anderen Familien zu unterscheidende Familie, andererseits die mit den Familiengedächtnissen verbundene Zuschreibung von besonderen Aufgaben an die einzelnen Familienmitglieder. Familiengedächtnisse und -strategien können somit Anzeichen zunehmender Leistungsorientierung und damit moderner, individualisierter Verhaltensweisen sein. Diesen Perspektiven kann historisch ebenso nachgegangen werden wie den sich je nach sozialer Lage bzw. Stand-, Klassen- und Schichtzugehörigkeit unterschiedlich darstellenden Möglichkeiten des Aufbaus und des Erhalts von Familiengedächtnissen und Familienstrategien (z. B. im 19. und 20. Jahrhundert im Zusammenhang von Auswanderung in die USA oder Abwanderung vom Land in die Städte).

Zudem stellt sich die Frage der Funktion von Familiengedächtnissen und Familienstrategien in den unterschiedlichen Epochen und Ständen bzw. Klassen, Schichten und Milieus jeweils anders: ein Adeliger, der im 18. und 19. Jahrhundert durch Geburt automatisch das Erbe seiner Vorfahren auf deren Gütern antrat, wird wahrscheinlich durch das Familiengedächtnis und die daraus erwachsenden Familienstrategien vor allem eine persönliche Identität entwickelt haben, die – nicht viel anders als im Wirtschaftsbürgertum – auf Kontinuität und Fortsetzung des Gleichen setzte. Anders gestalteten sich vermutlich die Familiengedächtnisse und -strategien im Bildungsbürgertum oder seit dem späten 19. Jahrhundert auch in der etablierten Arbeiterschaft. Hier wäre zu untersuchen, welche Bedeutung Familiengedächtnisse für Strategien der Mobilisierung der nachfolgenden Generationen im Sinne sozialer Mobilität besaßen. Schließlich wäre zu fragen nach den sich ausbildenden Aneignungsformen von materiellen Bestandteilen des Familiengedächtnisses: Wie gingen die Familienmitglieder bzw. die jeweils nachfolgenden Generationen in den verschiedenen Epochen mit den übereigneten Räumen, Porträts, Stammbäumen, Tagebüchern, Briefen, Möbeln etc. um? Und unter welchen Voraussetzungen wurden diese bewusst selektiert, auratisiert oder distanziert akzeptiert (vgl. Langbein 2002, S. 220ff.)? Anders gefragt: welche gesamtgesellschaftlichen oder standes-, klassen-, schicht- und milieuspezifischen Kontextbedingungen eröffneten, erleichterten oder verwehrten eine erinnerte Familienkontinuität und damit die Ausbildung von Familienstrategien?

Im Falle der NS-Zeit wäre z. B. zu fragen, inwiefern die aktive oder passive Verstrickung in die nationalsozialistische Herrschaft, z. B. als leitender Beamter, Probleme im Familiengedächtnis erzeugten (vgl. Rosenthal 2000, S. 167ff.). Durch das Verschweigen bzw. das Nichtaufarbeiten von Familienereignissen zwischen 1933 und 1945 können Familienstrategien unterbrochen werden bzw. die jüngeren Generationen in die Situation versetzt werden, sich intensiv mit der Vergangenheit der eigenen Familie auseinanderzusetzen, sich von ihr zu distanzieren oder sie schließlich in einem deutlich reflektierteren Modus anzunehmen. Andererseits kann die Aufrechterhaltung besonderer liberaler oder konservativer Traditionen und Verhaltensmuster – z. B. über den Zeitraum 1933-1945 hinweg – von den Familienmitgliedern langfristig und generationenübergreifend als besonderer Erfolg von Familie bilanziert werden und zur Aufrechterhaltung von generationsübergreifender Familienidentität beitragen.

Schließlich wäre in historischer wie gegenwärtiger Perspektive nach der Bedeutung von Familiengedächtnissen für die kulturelle und soziale Kapitalbildung in und durch Familien zu fragen (vgl. Brake/Büchner 2003). Welche Bedeutung haben Familiengedächtnisse für die Anstrengungen von Familien bei der Kapitalbildung? In welcher Weise strukturieren Familienstrategien die Kapitalbildung? Fragen nach Familiengedächtnissen und -strategien können somit die neuerdings in der Familienforschung thematisierten Forschungsfragen Pierre Bourdieus ergänzen und differenzieren. Familiengedächtnisse und -strategien sind daher nicht nur Teil der zentralen Frage, welche Rolle die Familie und ihre internen Erziehungs- und Sozialisationsprozesse bei der Entwicklung von Identität und Handlungskompetenz der Kinder und Jugendlichen einnehmen, sondern auch entscheidend bei der Klärung der Frage, vor welchem Hintergrund und mit welchen Motivationen in den Familien Taktiken der sozialen Platzierung entwickelt werden.

Literatur

Assmann, A., 1993: Arbeit am nationalen Gedächtnis. Eine kurze Geschichte der deutschen Bildungsidee. Frankfurt am Main.

Assmann, A./Harth, D. (Hrsg.), 1993: Mnemosyne. Formen und Funktionen kultureller Erinnerung. Frankfurt am Main.

Assmann, J., 1992: Das kulturelle Gedächtnis. Schrift, Erinnerung und politische Identität in frühen Hochkulturen. München.

Assmann, J., 1995: Erinnern, um dazuzugehören. Kulturelles Gedächtnis, Zugehörigkeitsstruktur und normative Vergangenheit. In: Platt, K./Dabag, M. (Hrsg.): Generation und Gedächtnis. Erinnerungen und kollektive Identitäten. Opladen, S. 51-75.

Berg, Chr., 2001: Erinnerte Kindheit im Raum. Bürgerkindheiten und Arbeiterkindheiten. In: Behnken, I./ Zinnecker, J. (Hrsg.): Kinder. Kindheit. Lebensgeschichte. Ein Handbuch. Seelze-Velber, S. 912-935.

Böhnisch, L., 2002: Familie und Bildung. In: Tippelt, R. (Hrsg.): Handbuch Bildungsforschung. Opladen, S. 283-292.

Bourdieu, P., 1990: Die biographische Illusion. In: Bios. Zeitschrift für Biographieforschung und oral history. Bd. 3, S. 75-81.

Brake, A./Büchner, P., 2003: Bildungsort Familie: Die Transmission von kulturellem Kapital und sozialem Kapital im Mehrgenerationenzusammenhang. In: Zeitschrift für Erziehungswissenschaft, 6. Jg., H. 4, S. 618-638.

Davidoff, L./Doolittle, M./Fink, J./Holden, K., 1998: The Family Story. Blood, Contract and Intimacy 1830-1960. Amsterdam.

Deutsches PISA-Konsortium (Hrsg.), 2001: PISA 2000. Basiskompetenzen von Schülerinnen und Schülern im internationalen Vergleich. Opladen (PISA 2001).
Ecarius, J., 2002: Familienerziehung im historischen Wandel. Eine qualitative Studie über Erziehung und Erziehungserfahrungen von drei Generationen. Opladen.
Ecarius, J., 2003: Biografie, Lernen und Familienthemen in Generationsbeziehungen. In: Zeitschrift für Pädagogik, 48. Jg., H. 4, S. 534-549.
Engel, U./Hurrelmann, K., 1989: Familie und Bildungschancen. Zum Verhältnis von Familie, Schule und Berufsausbildung. In: Nave-Herz, R./Markefka, M. (Hrsg.): Handbuch der Familien- und Jugendforschung. Bd. 1. Familienforschung. Neuwied/Frankfurt am Main, S. 475-489.
François, E./Schulze, H., ^{3}2003: Einleitung. In: François, E./Schulze, H. (Hrsg.): Deutsche Erinnerungsorte I. München, S. 9-24.
Gebhardt, M., 1999: Das Familiengedächtnis. Erinnerung im deutsch-jüdischen Bürgertum 1890 bis 1932. Stuttgart.
Gebhardt, M., 2001: Das Familiengedächtnis – zwischen Zuweisung und persönlichem Glück. In: Westfälische Forschungen 51, S. 25-28.
Gerstenmaier, J., 2002: Philosophische Bildungsforschung: Handlungstheorien. In: Tippelt, R. (Hrsg.): Handbuch Bildungsforschung. Opladen, S. 155-168.
Gestrich, A., 2003: Neuzeit. In: Gestrich, A./Krause, J.-U./Mitterauer, M., 2003: Geschichte der Familie. Stuttgart, S. 364-652.
Gestrich, A./Krause, J.-U./Mitterauer, M., 2003: Geschichte der Familie. Stuttgart.
Geulen, D., 1977: Das vergesellschaftete Subjekt. Zur Grundlegung der Sozialisationstheorie. Frankfurt am Main.
Geulen, D., 2000: Zur Konzeptualisierung des Verhältnisses von externen und internen Bedingungen im Prozeß lebenslanger Sozialisation. In: Hoerning, E.M. (Hrsg.): Biographische Sozialisation. Stuttgart, S. 187-208.
Gillis, J.R., 1997: Mythos Familie. Auf der Suche nach der eigenen Lebensform. Weinheim/Berlin.
Glomb, S., ^{2}2001: Art. Identität, persönliche. In: Nünning, A. (Hrsg.): Metzler Lexikon Literatur- und Kulturtheorie. Ansätze – Personen – Grundbegriffe. Stuttgart/Weimar, S. 267-268.
Gorißen, S., 2002: Vom Handelshaus zum Unternehmen. Sozialgeschichte der Firma Harkort im Zeitalter der Protoindustrie (1720-1820). Göttingen.
Groppe, C., 2003: Vom Bürgerhaus zur Villa. Bürgerlich-pädagogische Architektur zwischen 1800 und 1900 am Beispiel der Seidenfabrikantenfamilie Colsman in Langenberg/Velbert im Bergischen Land. In: Jelich, F.-J./Kemnitz, H. (Hrsg.): Die pädagogische Gestaltung des Raums. Geschichte und Modernität. Bad Heilbrunn/Obb., S. 169-184.
Groppe, C., 2004: Der Geist des Unternehmertums – Eine Bildungs- und Sozialgeschichte. Die Seidenfabrikantenfamilie Colsman (1649-1840). Köln/Weimar/Wien.
Grundmann, M., 1999: Dimensionen einer konstruktivistischen Sozialisationsforschung. In: Grundmann, M., (Hrsg.): Konstruktivistische Sozialisationsforschung. Lebensweltliche Erfahrungskontexte, individuelle Handlungskompetenzen und die Konstruktion sozialer Strukturen. Frankfurt am Main, S. 21-34.
Gurjewitsch, A.J., 1994: Das Individuum im europäischen Mittelalter. München.
Hahn, A./Bohn, C., 2002: Partizipative Identität, Selbstexklusion und Mönchtum. In: Melville, G./Schürer, M. (Hrsg.): Das Eigene und das Ganze. Zum Individuellen im mittelalterlichen Religiosentum. Münster, S. 3-25.
Halbwachs, M., 1985: Das Gedächtnis und seine sozialen Bedingungen (frz. 1925; dt. 1966). Frankfurt am Main.
Hareven, T.K., 1997: Familie, Lebenslauf und Sozialgeschichte. In: Ehmer, J./Hareven, T.K./Wall, R. (Hrsg.): Historische Familienforschung. Ergebnisse und Kontroversen. M. Mitterauer zum 60. Geburtstag. Frankfurt am Main/New York, S. 17-37.
Hareven, T.K., 1999: Familiengeschichte, Lebenslauf und sozialer Wandel. Frankfurt am Main/New York.
Hareven, T.K./Adams, K., 2004: Leaving Home: Individual or Family Strategies. In: Poppel, F. van/Oris, M./ Lee, J. (Hrsg.): The Road to Independence. Leaving Home in Western and Eastern Societies, 16th-20th Centuries. Bern/Berlin u. a., S. 339-373.
Hausen, K., 1988: „... eine Ulme für das schwanke Efeu". Ehepaare im deutschen Bildungsbürgertum. In: Frevert, U. (Hrsg.): Bürgerinnen und Bürger. Geschlechterverhältnisse im 19. Jahrhundert. Göttingen, S. 85-117.
Hörning, K.H./Winter, R. (Hrsg.), 1999: Widerspenstige Kulturen. Cultural Studies als Herausforderung. Frankfurt am Main.
Kraul, M., 2004: „Was will denn eigentlich die ältere Generation mit der jüngeren?" Erziehung als Tradierung und Innovation. In: Neue Sammlung. Vierteljahres-Zeitschrift für Erziehung und Gesellschaft, S. 283-297.
Kreppner, K., ^{4}1991: Sozialisation in der Familie. In: Hurrelmann, K./Ulich, D. (Hrsg.): Neues Handbuch der Sozialisationsforschung. Weinheim/Basel, S. 321-334.

Krewer, B./Eckensberger, L.H., [4]1991: Selbstentwicklung und kulturelle Identität. In: Hurrelmann, K./Ulich, D. (Hrsg.): Neues Handbuch der Sozialisationsforschung. Weinheim/Basel, S. 573-594.
Labouvie, E., 2001: Individuelle Körper. Zur Selbstwahrnehmung mit „Haut und Haar". In: van Dülmen, R. (Hrsg.): Entdeckung des Ich. Die Geschichte der Individualisierung vom Mittelalter bis zur Gegenwart. Köln/Weimar/Wien, S. 163-195.
Langbein, U., 2002: Geerbte Dinge. Soziale Praxis und symbolische Bedeutung des Erbens. Köln/Weimar/Wien.
Liegle, L., [2]2001: Familiale Lebensformen. In: Otto, H.-U./Thiersch, H. (Hrsg.): Handbuch Sozialarbeit/Sozialpädagogik. Neuwied, S. 508-520.
Martin-Fugier, A., 1992: Riten der Bürgerlichkeit. In: Ariès, Ph./Duby, G. (Hrsg.): Geschichte des privaten Lebens. Bd. 4. Von der Revolution zum Großen Krieg. Hrsg. von M. Perrot. Frankfurt am Main, S. 201-265.
Mitterauer, M., 2003: Mittelalter. In: Gestrich, A./Krause, J.-U./Mitterauer, M.: Geschichte der Familie. Stuttgart, S. 160-363.
Nave-Herz, R., 1998: Die These über den „Zerfall der Familie". In: Friedrichs, J. u. a. (Hrsg.): Die Diagnosefähigkeit der Soziologie (Kölner Zeitschrift für Soziologie und Sozialpsychologie, Sonderheft 38). Opladen, S. 286-315.
Nietzsche, F., [2]1988: Vom Nutzen und Nachtheil der Historie für das Leben (1874). In: Nietzsche, F.: Kritische Studienausgabe. Hrsg. von G. Colli und M. Montinari. Bd. 1. München/Berlin/New York, S. 244-334.
Nipperdey, Th., [2]1984: Deutsche Geschichte 1800-1866. Bürgerwelt und starker Staat. München.
Nipperdey, Th., 1990: Deutsche Geschichte 1866-1918. Bd. 1. Arbeitswelt und Bürgergeist. München.
Perrot, M., 1992a: Der Triumph der Familie. In: Ariès, Ph./Duby, G. (Hrsg.): Geschichte des privaten Lebens. Bd. 4. Von der Revolution zum Großen Krieg. Hrsg. von M. Perrot. Frankfurt am Main, S. 99-109.
Perrot, M., 1992b: Das Familienleben. In: Ariès, Ph./Duby, G. (Hrsg.): Geschichte des privaten Lebens. Bd. 4. Von der Revolution zum Großen Krieg. Hrsg. von M. Perrot. Frankfurt am Main, S. 195-199.
Peuckert, R., [4]2002: Familienformen im sozialen Wandel. Opladen.
Poppel, F. v./Oris, M./Lee, J. (Hrsg.), 2004: The Road to Indepence. Leaving Home in Western and Eastern Societies, 16th-20th Centuries. Bern/Berlin u. a.
Riehl, W.H., 1855: Die Familie. Die Naturgeschichte des Volkes als Grundlage einer deutschen Social-Politik. Bd. 3. Stuttgart/Augsburg.
Rosenthal, G., 2000: Historische und familiale Generationenabfolge. In: Kohli, M./Szydlik, M. (Hrsg.): Generationen in Familie und Gesellschaft. Opladen, S. 162-178.
Schneewind, K.A., [2]1999: Familienpsychologie. Stuttgart u. a..
Schulze, Th., 1999: Erziehungswissenschaftliche Biographieforschung. Anfänge – Fortschritte – Ausblicke. In: Krüger, H.-H./Marotzki, W. (Hrsg.): Handbuch erziehungswissenschaftliche Biographieforschung. Opladen, S. 33-55.
Segalen, M., 1993: Die Tradierung des Familiengedächtnisses in den heutigen französischen Mittelschichten. In: Lüscher, K./Schultheis, F (Hrsg.): Generationenbeziehungen in „postmodernen" Gesellschaften. Analysen zum Verhältnis von Individuum, Familie, Staat und Gesellschaft. Konstanz, S. 157-169.
Sennett, R., [7]1998: Der flexible Mensch. Die Kultur des neuen Kapitalismus. Berlin.
Sieder, R., 1994: Sozialgeschichte auf dem Weg zu einer historischen Kulturwissenschaft? In: Geschichte und Gesellschaft, 20. Jg., H. 3, S. 445-468.
Tucholsky, K., 1965: Familienbande (1929). In: Tucholsky, K.: Ausgewählte Werke in 2 Bänden. Ausgew. u. zusammengest. v. F. Raddatz. Bd. 1. Reinbek bei Hamburg, S. 94-96.
Wagner, P., 1998: Fest-Stellungen. Beobachtungen zur sozialwissenschaftlichen Diskussion über Identität. In: Assmann, A./Friese, H. (Hrsg.): Identitäten. Erinnerung – Geschichte – Identität 3. Frankfurt am Main, S. 44-72.
Walper, S., 2004: Wandel von Familien als Sozialisationsinstanz. In: Geulen, D./Veith, H. (Hrsg.): Sozialisationstheorie interdisziplinär. Aktuelle Perspektiven. Stuttgart, S. 217-252.
White, H.V., 1991: Metahistory. Die historische Einbildungskraft im 19. Jahrhundert in Europa (amerik. 1973). Frankfurt am Main.
Zinnecker, J., 1998: Die Tradierung kultureller Systeme zwischen den Generationen. Die Rolle der Familie bei der Vermittlung von Religion in der Moderne. In: Zeitschrift für Soziologie der Erziehung und Sozialisation. 18. Jg., H. 4, S. 343-356.
Zinnecker, J., 2004: Konkurrierende Modelle von Kindheit in der Moderne – Mögliche Konsequenzen für das Selbstverständnis von Kindheits- und Sozialisationsforschung. In: Geulen, D./Veith, H. (Hrsg.): Sozialisationstheorie interdisziplinär. Aktuelle Perspektiven. Stuttgart, S. 293-316.
Zymek, B., 2002: Erinnerung und Gedächtnis – neue Grundbegriffe der historisch-systematischen Erziehungswissenschaft? In: Jahrbuch für Historische Bildungsforschung. Bd. 8, Bad Heilbrunn/Obb., S. 345-363.

Rituale

Kathrin Audehm / Christoph Wulf / Jörg Zirfas

1. Einleitung

Rituale sind konstitutive Elemente familiären Lebens. Sie bestimmen in wesentlicher Weise alltägliches Verhalten, aber auch Interaktionen, Handlungen und Kommunikation an Feier- und Festtagen. Familienrituale können auf mehreren Ebenen des familiären Lebens stattfinden und werden ständig auf der „Familienbühne“ aufgeführt: als Familienfeiern, als familiäre Traditionen oder als Muster familiärer Interaktionen. Hochzeiten und Trauerfeiern können Beginn und Ende bzw. Veränderungen innerhalb eines familiären Zusammenhangs bezeichnen. Andere typische Familienrituale sind das gemeinsame Essen, das Weihnachtsfest, die Geburtstagsfeiern und Übergangsrituale wie z. B. Konfirmation, Firmung oder Jugendweihe. Der rituelle Vollzug ermöglicht eine Balance zwischen Stabilität und Wandel in der Familie und sichert ihren sozialen Zusammenhang, d. h. Familienrituale stellen die charakteristischen Merkmale familiärer Gemeinschaftlichkeit wie Einheit, Zusammenhalt, Intimität, Solidarität und Integration dar (vgl. Zirfas/Wulf 2001). Aus erziehungswissenschaftlicher Perspektive rahmen sie die familiären Sozialisations-, Bildungs- und Lernprozesse.

Familienrituale inszenieren das kollektiv geteilte symbolische Wissen der Familie (vgl. Douglas 1991) und bestätigen die Selbstdarstellung und Reproduktion der familiären Ordnung (vgl. Eder 1997). Aus dieser Perspektive erscheinen Familien als dramatische Handlungsfelder, die wesentlich durch Rituale als symbolische Inszenierungen konstituiert werden (vgl. Audehm/Zirfas 2001a). Insofern zeichnet sich die Familie als Gemeinschaft durch zwei zentrale Momente aus: Familie bedeutet einen konjunktiven Erfahrungsraum (vgl. Mannheim 1980) und ein Interaktionssystem, das seine Einheit aus dem rituellen Zusammenhang von – symmetrischen, komplementären, opponierenden, divergierenden etc. – Interaktionen gewinnt (vgl. Burgess 1926; Burgess u. a. 1963).

Bislang vorliegende – vor allem angloamerikanische – Untersuchungen über die Ritualität in Familien beschreiben die intergenerationellen und individuellen Rituale in Familien (vgl. Bossard/Boll 1950), rekonstruieren Übergangsrituale in Familien mit Jugendlichen (Quinn u. a. 1985) und stellen Ritualtypologien auf (vgl. Wolin u. a. 1984; Burr u. a. 1993); dabei heben sie vor allem auf die intentionalen und funktionalen Bedeutungen der Rituale für die Familie ab, die oftmals in einem therapeutischen Kontext stehen (ritual as therapy, therapy as ritual; vgl. Imber-Black u. a. 1988). Die pädagogischen Wirkungen von Familienritualen werden dabei nicht deutlich (vgl. Wulf/Zirfas 2004a).

2. Zur Bedeutung des Ritualbegriffs

Ritualbegriffe sind theoretische Konstrukte und gehen zumeist von bestimmten Handlungsmodellen aus. Dabei stehen sie in Gefahr, das Verhältnis von Handlung und Handlungsintentionen in unzulässiger Weise zu vereinfachen. Insofern ist Vorsicht gegenüber theoretischen Generalisierungen und Zuschreibungen eindeutiger ritueller Funktionen geboten. Ritualbegriffe lassen sich sowohl nach wissenschaftlicher Disziplin als auch nach spezifischen paradigmatischen Voraussetzungen differenzieren. Vereinfachend lassen sich vier Schwerpunkte angeben (vgl. Wulf/Zirfas 2003; 2004b): Beim ersten Schwerpunkt steht die Erforschung von Ritualen im Zusammenhang mit Religion, Mythos und Kultur im Mittelpunkt, wobei die genealogische Frage nach ihrem ursprünglichen Zusammenhang und Verhältnis grundlegend ist (u. a. Herbert Spencer, James Frazer, Rudolf Otto, Mircea Eliade). Im zweiten Schwerpunkt wird der Zusammenhang zwischen Ritualen und Gesellschaftsstruktur herausgearbeitet (u. a. Emile Durkheim, Arnold van Gennep, Victor Turner). Gefragt wird nach den Zwecksetzungen und Wirkungen von Ritualen in Bezug auf die Organisation und die Abläufe in sozialen Gruppen. Das Ritual erscheint als funktionales Medium der Regulierung und Stabilisierung von Lebenswelten sowie der Wiederherstellung von Ordnung und Harmonie nach einer erfahrenen oder imaginierten Krise. Im dritten Schwerpunkt werden Rituale als Text gelesen. Ziel ist die Entschlüsselung der Bedeutung ritueller Praxen für kulturelle Symbolisierungen und soziale Kommunikation (u. a. Mary Douglas, Clifford Geertz, Marshal Sahlins). Rituale erscheinen hier als signifikante Interaktions- und Kommunikationsmodelle, die das Soziale und das Kulturelle miteinander in Beziehung setzen und harmonisieren. Hier knüpfen viele neuere Forschungen zur Praxis von Ritualen und Ritualisierungen an (u. a. Catherine Bell, Ronald Grimes, Victor Turner, Hans-Georg Soeffner). Der vierte Schwerpunkt unterstreicht die inszenatorische und performative Seite von Ritualen; im Mittelpunkt stehen die rituellen Interaktionen, die es Gemeinschaften ermöglichen, sich zu generieren, zu restituieren und ihre Differenzen zu bearbeiten (Stanley Tambiah, Richard Schechner, Pierre Bourdieu, Christoph Wulf u. a.). Mit der Betonung der Handlungsdimension und einer performativen Sichtweise von Kultur erhält der körperliche, szenische, ästhetische wie aisthetische Charakter von Ritualen eine zentrale Bedeutung. Das Performance-Modell verschiebt den Schwerpunkt der Betrachtung auf die kreativen und innovativen Potenziale des Rituellen.

In der Vergangenheit wurden Rituale vor allem als kulturelle Praktiken bestimmt, die Tradition und Kohärenz sichern, die Bestehendes festigen und legitimieren. In vorrangig funktionalistischen Bestimmungen schlägt dann auch die als eindeutig beschriebene symbolische Ordnung des Rituals ungebrochen auf die Vorstellungen, Wahrnehmungen und das Verhalten der Teilnehmenden durch. Unabhängig davon, ob Ritualen negative oder positive Wirkungen – zumeist im Sinne notwendiger Ordnungsleistungen im Prozess menschlicher Zivilisation wie etwa der Kanalisierung von Gewaltpotenzialen – zugeschrieben wurden, Innovation, Dynamik und Kritik von und in Ritualen wurden nicht unterstellt. Dies führte u. a. dazu, dass den pädagogischen Prozessen jenseits von Disziplinierungseffekten nur selten Raum gegeben wurde. Unbefriedigend bleiben auch die Versuche einer Festlegung von Ritualtypen (vgl. Grimes 1995), z. B. durch die Differenzierung von Ritus, Ritual, Ritualisierung, Dekorum, Zeremonie, Magie, Liturgie und Feier. Sie werfen das Problem auf, wie die einzelnen Ritualformen systematisch voneinander abzugrenzen und in ihren Bezügen untereinander zu bestimmen sind. Insofern ist es sinnvoll, die Frage nach dem Wesen des Rituals zu verschieben auf die Frage nach der Wirkungsweise des Rituals.

Unter einem *Ritual* wird hier eine normative, symbolische Inszenierung verstanden, die einen räumlichen und zeitlichen Rahmen hat und deren Praktiken mit der *Differenzbearbeitung* des Sozialen zu tun haben. Die Bestimmung des Rituals als *darstellendes* Verhalten, das auf Grund seiner magischen Aufladung und Symbolfähigkeit Notwendiges schafft (vgl. Douglas 1974; Durkheim 1994), und insoweit auch über Gewohnheiten und Routinen – die ebenso durch Wiederholung von Handlungsmustern gekennzeichnet sind – hinausgeht und die Werte und Normen einer Institution oder Gemeinschaft setzt (vgl. Ortmann 2003), ist zum einen genau genug, um Rituale von anderen kulturellen Praxen abzugrenzen. Zum anderen ist sie offen genug, um die Analyse der rituellen symbolischen Ordnung nicht auf eine Funktionsanalyse zu beschränken und der – für familiäre Erziehungsprozesse wesentlichen – Möglichkeit der Differenzsetzung *im* Ritual analytisch Raum zu geben. Damit geraten zwei charakteristische Mechanismen von Ritualen in den Blick: die Mechanismen der *Identitätszuschreibung* und *Grenzziehung.*

Nach Pierre Bourdieu (1990) besitzen Rituale auch in den Formen, in denen sie Übergänge gestalten, eine grundlegende Funktion als Trennungs- und Einsetzungsriten, denn Rituale setzen Grenzen zwischen denen, die sich im Ritual vergemeinschaften, und denjenigen, die an diesen Ritualen nicht teilhaben. Das Ritual selbst wirkt trennend und die vollzogene Trennung wird sanktioniert, weil das Ritual die gezogenen Grenzen als natürlich und legitim markiert. Darüber hinaus beinhalten Rituale Identitätszuschreibungen an die Ein- wie die Ausgeschlossenen. Die damit verbundenen Attribuierungen eignen sich die sozialen Akteure im Vollzug der rituellen Interaktionen mimetisch an. Durch *Einübung und Inkorporierung in Gestalt eines Habitus* werden die Attribuierungen zur zweiten Natur. Rituale erziehen zu bleibenden Dispositionen und Gewohnheiten sowie zur Herausbildung eines *praktischen* Wissens um die sozialen Grenzen und verleihen ihnen somit Dauerhaftigkeit. Die magische Formel, die den Wirkungen von Ritualen zu Grunde liegt, lautet: „Werde, was du bist!" (Bourdieu 1990, S. 88).

Das bisher Gesagte lässt sich folgendermaßen zusammenfassen:

- Rituale sind *normative Inszenierungen*, denn sie begründen Werte, Normen und Regeln einer Gemeinschaft in einem doppelten Sinn: Sie setzen sie in Kraft und legitimieren ihre (relative) reflexive Unbegründbarkeit zugleich durch ihren Vollzug.
- Rituale bestimmen *kollektive Identitätsbildungen*, indem sie die Grenzen einer Gemeinschaft bezeichnen und diese zugleich potenziell unverfügbar machen, da diese als natürlich und selbstverständlich erscheinen. Insofern sind Rituale *paradoxe* Inszenierungen.
- Darüber hinaus tragen Rituale wesentlich zur Herausbildung *subjektiver Handlungskompetenz* bei, denn im Vollzug der rituellen Interaktionen werden die Konstruktionsprinzipien der kollektiven *Autoritäts- und Anerkennungsbeziehungen* individuell *inkorporiert.* Die rituellen Identitätszuschreibungen tragen den Charakter von Appellen und verpflichten die Teilnehmenden zu einem angemessenen Verhalten.
- Dabei sind Rituale komplexe *körperliche Aufführungen*, deren Wirkungen sich nicht auf die Intentionen der Handelnden reduzieren lassen.

Rituelle Interaktionen zeichnen sich durch folgende Merkmale aus:

- *Repetivität.* Rituale sind wiederholbare Handlungsmuster. In diesem Sinne rekurrieren rituelle Interaktionen auf Tradiertes und erzeugen Sicherheit.

- *Homogenität.* Rituale rahmen verbale und nonverbale Interaktionen in Gestalt konventionalisierter Verfahren, die zu sequenzierten förmlichen bzw. zeremoniellen Handlungsabläufen führen.
- *Öffentlichkeit/Kollektivität.* Rituelle Interaktionen sind von individuellen Zwangshandlungen zu unterscheiden. Sie wirken gemeinschaftsbildend.
- *Operationalität.* Die Wirkungen und Effekte von Ritualen sind immer auf den praktischen Vollzug ritueller Interaktionen angewiesen, der für die Teilnehmenden eine konkrete Änderung bzw. Handlungsaufforderung impliziert.
- *Symbolik.* Diese verkörpert die kollektiven Werte und Bezüge, bezeugt Notwendiges und ermöglicht die Transformation von Erfahrungen auf andere (z. B. soziale, religiöse) Bedeutungsebenen.
- *Liminalität.* Rituale bearbeiten Differenzerfahrungen (Brüche, Übergänge, Krisen) und können in diesem Sinne als Interventionshandlungen verstanden werden.
- *Ludischer Charakter.* Indem Rituale als konventionalisierte Rahmungen einen Handlungsspielraum für individuelle Perspektiven und kommunikative Rollen ermöglichen, werden Differenzerfahrungen kollektiv bearbeitbar und integrierbar.

3. Rituale als performative Praxen – Wissen und Handeln im Ritual

Das soziale Gelingen von Ritualen setzt ein dieses Handeln ermöglichendes rituelles Wissen voraus. Dieses Wissen ist ein *praktisches Wissen* (vgl. Wulf 2001b), das in *mimetischen Prozessen* erworben wird (vgl. Gebauer/Wulf 1992; 1998). Wie Dispositionen und Schemata im Prozess familialer Habitusentwicklung angeeignet werden (vgl. Krais/Gebauer 2002), so werden auch in Ritualen Bilder, Schemata und Dispositionen erworben, die zu rituellem Handeln befähigen. Die Teilnehmenden beziehen sich auf früher erfahrene Sequenzen eines Rituals und nehmen gleichsam einen „Abdruck" dieser Sequenzen, der sie dazu befähigt, auch in anderen Kontexten rituell zu handeln. In solchen mimetischen Lernprozessen findet eine „Angleichung" an die aufgeführten Handlungen statt, deren Figurationen nachgeschaffen, in die innere Vorstellungswelt aufgenommen und so verkörpert werden. Dadurch werden Bilder, Rhythmen, Schemata, Bewegungen inkorporiert, die in veränderten rituellen Kontexten wiederholt und transformiert werden, d. h. die inkorporierte rituelle Figuration wird unter veränderten Bedingungen neu aufgeführt. So entsteht eine rituelle Kompetenz, die auch in anderen sozialen Feldern, Institutionen, Organisationen benötigt wird, damit sich die sozialen Subjekte dort angemessen bewegen und Gemeinschaft erzeugen können. Der *mimetische* Charakter dieser kulturellen Lernprozesse stellt sicher (vgl. Tomasello 2002), dass in ihnen nicht eine bloße Kopie ritueller Handlungen erzeugt wird, sondern dass es sich stets um die *kreative* Wiedererzeugung ritueller Interaktionen handelt. Diese Praxis hat einen historischen und kulturellen Charakter und ist für zukünftige Veränderungen offen (vgl. Wulf 2000; 2001a). Rituale enthalten insofern immer auch eine *innovative* Komponente, die dazu beiträgt, dass das rituell Erlernte nicht nur auf soziale Dynamiken und Transformationen angemessen reagieren kann, sondern es kann selbst weitere kontingente soziale Formen und Gemeinschaften erzeugen.

Für die Bildung von Gemeinschaften sind Rituale unverzichtbar. In diesem Sinne sind Rituale *performative* Akte, die erzeugen, was sie bezeichnen. Dass sie auch in der Pädagogik eine wichtige Rolle spielen, wird deutlich, wenn man an die Grundparadoxie von Erziehungs- und Bildungsprozessen erinnert, in der es um die Problematik geht, Menschen zu einem Können aufzufordern, das sie noch nicht zu leisten im Stande sind und sie zugleich als diejenigen anzuerkennen, die sie erst noch werden sollen (vgl. Benner 1991, S. 71; Zirfas 2004). Wenn Erziehung und Bildung gebunden sind an ein Interesse an Kreativität, Spontaneität und Kritik, die einen Umgang mit sich verändernden Bedeutungen, Feldern und sozialen Systemen ermöglichen, dann ergibt sich die Frage, inwieweit Rituale zur Entwicklung kritischer, individueller *Handlungskompetenz* beitragen (vgl. Audehm 2004a).

Im Gegensatz zu traditionellen Ritualbestimmungen verweist die Perspektive des *Performativen* auf den prozesshaften Charakter von Ritualen, dessen ästhetische Dimension nicht zu unterschätzen ist (vgl. Fischer-Lichte/Wulf 2001; Wulf/Göhlich/Zirfas 2001; Wulf/Zirfas 2000). Unter dem Blickwinkel des Performativen zusammengefasst, erscheinen Rituale als stabile Rahmen, die auch *innerhalb* von Gemeinschaften – wie der Familie – Grenzen ziehen und Differenzen bearbeiten. Wiederkehrende Probleme werden dabei mit wiederkehrenden Mustern bearbeitet. Dabei bildet sich ein spezifischer *ritueller Stil* heraus. Dies geschieht ganz wesentlich über *mimetische* Angleichungen und die Ausbildung von *Körperstilen.* Unmittelbare und entscheidende Wirkungen auf die rituellen Interaktionen haben Raum- und Zeitstrukturen sowie die Materialität und Sinnlichkeit *szenischer Arrangements.*

Soziale Interaktionen können ihre Wirkungen nur innerhalb von *Rahmungen* vollziehen, die einen begrenzten und relativ eindeutigen Bezug zu sozialen Kontexten ermöglichen (vgl. Bateson 1985; Goffman 1996). Ort und Zeit, Kanon und Stil des Rituals ordnen die rituellen Interaktionen und sichern somit ihre Kohärenz. Insofern ist eine Analyse des *szenischen Arrangements* und seiner Beziehungen zu den rituellen Handlungsvollzügen unverzichtbar, weil dieses dem praktischen rituellen Wissen und seinem mimetischen Mit- und Nachvollzug einen Bezugsrahmen zur Verfügung stellt, der über die Angemessenheit der rituellen Interaktionen entscheidet.

Doch auch wenn die Bedeutung der kommunikativen Handlungen im Rahmen der rituellen Symbolik eindeutig festgeschrieben werden, bleibt dennoch deren potenzielle Mehrdeutigkeit erhalten. Diese wird dann sichtbar, wenn die tradierte Symbolik in Differenz zum *szenischen Arrangement* des Rituals gerät. Wenn Rahmen und Symbolik der rituellen Darstellung eine angemessene Differenzbearbeitung in Bezug auf einen veränderten sozialen Kontext nicht mehr sicherstellen, dann können Rituale einerseits scheitern. Andererseits können zufällige Verschiebungen in den Köperstilen und sprachlichen Interaktionen die rituellen Grenzziehungen infrage stellen, selbst signifikant werden und die tradierten Bedeutungsebenen durchbrechen und somit die Rituale verändern. Insofern sind Rituale nicht nur Wiederholungen des bereits Inkorporierten. Soziale Normativität kann in ihnen sowohl bestätigt, als auch verschoben und umgedeutet werden. Deshalb sind Selbsttätigkeit und Autonomie der Beteiligten bedeutsam, und daher werden Veränderung und Entwicklung möglich.

4. Pädagogische Prozesse von Familienritualen

Versteht man unter Erziehung allgemein diejenigen Handlungspraktiken, die die Bedingungen dafür bereitstellen, dass Menschen in die Lage versetzt werden, sich zu einem bestimmten geforderten Verhalten und Handeln zu entwickeln, so bilden Rituale zentrale Rahmungen von Erziehungs- und Bildungsbemühungen – was nicht bedeutet, dass es keine Bildungsprozesse außerhalb und gegen Rituale gibt bzw. dass die in Ritualen stattfindenden Bildungsprozesse eine höhere Qualität besäßen (vgl. Grundmann/Keller 1999; Wulf u. a. 2001; 2004). Das pädagogische Potenzial von Ritualen liegt in ihrem symbolisch-performativem, wirklichkeitserzeugenden Charakter, der die sozialen Akteure dazu auffordert, zu denen zu werden, die sie (immer) schon sind.

Familien sind universale Formen gemeinsamen Lebens, die als historisch und lokal spezifische Figurationen jeweils unterschiedlich strukturiert sind. Die Bildungsprozesse in Familien sind fundamental, weil sie die Perspektiven der einzelnen Familienmitglieder zentral beeinflussen und individuelles Verhalten über gemeinsame Formen der Kommunikation ausprägen (vgl. Mollenhauer/Brumlik/Wudtke 1975, S. 8f.). Kommunikation meint hier die für den Erhalt der Familie notwendige Verständigung der Familienmitglieder untereinander. Betrachtet man Familien als lebendige soziale Gebilde, dann müssen sie ihre Einheit durch gemeinsame Interaktionen herstellen. Erziehung erscheint dann „als ein Moment in einem Geflecht von Ereignissen" (ebd., S. 46) und als eine „Form von interpersonellem Handeln" (ebd., S. 91), das über die Ausprägung von Identitäten individuelles Verhalten formt. Die familialen Interaktionen sind vielfältig und komplex, aber nicht beliebig, sondern als Kommunikation gerichtet, gegliedert und geregelt. Familie selbst ist ein komplexes System, „das zur Umwelt hin offen ist ..., aber ... dennoch Regeln folgt, deren Zweck in der Erhaltung des innerfamiliären *Gleichgewichts* besteht" (ebd., S. 95; vgl. auch Nave-Herz 1994, S. 2).

Darauf bezogen sind Rituale Systeme von Interaktionsmustern, die kulturell verschieden strukturiert sind und die sowohl individuelle Identität als auch kollektive Verhaltensanforderungen erzeugen und zwischen individuellen und kollektiven Perspektiven vermitteln. Diese Einsetzung von Ritualen in die Familienerziehung gelingt allerdings nur unter der Voraussetzung, dass Rituale selbst nicht – wie bisher üblich – als erstarrte Regelsysteme, sondern als performative Praxen verstanden werden. Werden Rituale vor allem unter den Aspekten der Rigidität und Stereotypie thematisiert, werden Transformationen und Dynamiken von und in Ritualen kaum nachvollziehbar. Darüber hinaus ergibt sich die Anforderung, den familiären Strukturwandel auf einen sich ebenfalls ändernden kulturellen Kontext zu beziehen, in dem sich auch die Wirkungen und Funktionen von Ritualen ändern, und hieraus Konsequenzen für eine erziehungswissenschaftliche Ritualforschung zu bestimmen.

Moderne Familien – die hier verstanden werden als zumindest Zwei-Generationen-Haushalte – sind Gemeinschaften, die in ihrem alltäglichen Leben ihr Miteinander gestalten und dabei vor die Aufgabe gestellt sind, ein Gleichgewicht zwischen gemeinsamer und individueller Bedürfnisbefriedigung herzustellen (vgl. Macha/Mauermann 1997). Daraus ergibt sich die Notwendigkeit, im gegenseitigen Aufeinander-Einwirken eine Balance zwischen Stabilität und Wandel zu gewährleisten. Rituale erscheinen in dieser Perspektive als geeignete Rahmen, die den familiären Interaktionen die dafür nötige Kohärenz und Sicherheit verleihen. Dies um so mehr, als Familien gegenwärtig in ihren institutionellen Rahmungen (wie der Ehe) und in ihren Funktionen einen grundlegenden Wandel erfahren, der die Selbstverständlichkeit traditioneller Bezüge und Werte außer Kraft setzt (vgl. Hettlage 1998, S. 48ff.). Das Familienleben verlangt zunehmend nach der Erzeugung und Bestätigung von Zugehörigkeit und Gemeinsamkeit, die nach innen und außen stabilisierend wirkt und dennoch wandelbar ist.

Rituale müssen offen genug sein, Gemeinsamkeit und Zugehörigkeit von Familien gerade darüber zu gewährleisten, dass sie die Begrenztheit individueller Subjektivität, die Grenzen der Gemeinschaftlichkeit und die Grenzen des Rituals im Fluss halten und nicht für alle Zeiten festsetzen. Damit kann nicht mehr nur davon ausgegangen werden, dass ein wesentlicher Teil der familiären Beziehungsarbeit im Rahmen von Ritualen stattfindet, sondern die Arbeit an den rituellen Rahmungen erscheint als eine Aufgabe der Beziehungsarbeit in Familien. Der Strukturwandel der Familie (vgl. u. a. Nave-Herz 1988, S. 61) steht in einem unmittelbaren Zusammenhang zu einem allgemeinen sozialen Strukturwandel, der auch Rituale nicht unberührt lässt und für Familien große Risiken birgt. Zum einen sind soziale Akteure immer in mehrere rituelle Kontexte involviert, zum anderen leisten Rituale außerhalb der Familie nicht mehr den sozialen Zusammenhang in Bezug auf eine gemeinsame und verbindliche Welt der Werte und Traditionen. Damit verbunden sind Orientierungsschwierigkeiten oder die Problematik relativer Bindungslosigkeit. Im Gegenzug erhöhen sich die Werte der Integration, Sicherheit und Geborgenheit, die nach wie vor im Familienleben gesucht werden. Doch von Ritualen zu erwarten, dass sie immer die Harmonie der familiären Gemeinschaft erzeugen und selbst harmonisch ablaufen, kann entweder zu einer Überforderung der Familienmitglieder oder zu einer Erstarrung der Familienrituale führen. Darüber hinaus ist mit Nachdruck darauf hinzuweisen, dass Rituale ihre Wirkung eher „magisch" erzielen, d. h. die Wirkung von Ritualen entzieht sich bewussten Intentionen oder geht zumindest über diese hinaus (vgl. Audehm 2001). Insofern können Rituale zwar bewusst gestaltet und ihre Wirkungen reflektiert werden, eine Didaktisierung stünde jedoch im Widerspruch zu ihrer weitgehend *zweckungebundenen* Funktionsweise.

Wenn inzwischen in populärwissenschaftlichen Darstellungen, die sich einer großen Verbreitung erfreuen, nahezu ausschließlich die positiven Funktionen von Familienritualen unterstrichen werden, dann verdeutlicht dies eine Gegentendenz zur bisherigen Sichtweise auf Rituale. Allerdings entgeht ihnen, dass Rituale ihre Wirkung auch auf Grund einer magischen Aufladung erzielen (vgl. Beil 1997; Kaufmann-Huber 1998; Baslé/Maar 1999; Diekemper/Reimann-Höhn 2000). Die magische Kraft von Ritualen, ihre Traditionsgebundenheit, ihre mitunter kanonische Regelhaftigkeit und die damit verbundene Tendenz zur Erstarrung, die bisweilen Faszination ausgelöst haben und lange Zeit im Zentrum der Ritualforschung standen, haben bisher in der Pädagogik eher zu einer grundlegenden Skepsis gegenüber Ritualen geführt.

Spuren dieser Skepsis finden sich auch im Standardwerk der 1970er Jahre „Die Familienerziehung" von Mollenhauer, Brumlik und Wudtke (1975), das die nachfolgende Familienforschung entscheidend geprägt hat. Im Rückgriff auf Laings und Estersons (1975) technizistischen Begriff des Prozesses werden Rituale als Mechanismen verstanden, die aus komplexen, geregelten und gerichteten familialen Interaktionen eine starre Regelbefolgung werden lässt, die keine Abweichungen zulässt und in deren Konsequenz familiale Erziehung nicht als Praxis, sondern als mechanisches System erscheint (vgl. Mollenhauer/Brumlik/Wudtke 1975, S. 69). Diese mechanistische Lesart von Regelbefolgung und in der Konsequenz von Ritualen als erstarrte Interaktionsmuster liegt auch in einem kognitivistischen Lernmodell begründet, das als eine wesentliche pädagogische Leistung familialer

Kommunikation zwar die Einübung der Regeln der Darstellung eigener Perspektiven und der Mitteilung von Erfahrungen bezeichnet, diese jedoch mit einem „Deutungsmusteransatz“ (ebd., S. 38) eng führt, der die Inkorporierung von Dispositionen und die Herausbildung von Identität einseitig auf die Ausbildung kognitiver Denk- und Verhaltensschemata begrenzt. Es geht hier nicht darum, diesen Ansatz grundsätzlich zu verwerfen oder die Bedeutung der aus diesem Ansatz resultierenden Untersuchungen zur Rolle und Funktionsweise familialer Kommunikation zu schmälern (vgl. Keppler 1995; Ulrich 1999; Lossin 2003), allerdings sind die Begrenzungen dieser Sichtweise zu hinterfragen.

Die Wirkung von Ritualen beruht auf der oft unbewussten, praktischen Anerkennung von Autorität, die in den Dispositionen des Habitus verbürgt ist (vgl. Bourdieu 1990). Inzwischen ist die Frage der Autorität, die überwiegend als gesetzte, feststehende und vorwiegend personale Hierarchisierung interpersoneller Beziehungen verstanden wird, weitgehend sowohl aus dem familiensoziologischen als auch aus dem erziehungswissenschaftlichen Diskurs herausgefallen. Mit dem als Pluralisierung allseits festgestellten Wandel der Familienformen und mit der unter dem Stichwort der partnerschaftlichen Familie festgestellten Veränderung der Verkehrsformen innerhalb der Familie, scheint sich aus dieser Perspektive die Irrelevanz der Autoritätsthematik für Familienrituale zu bestätigen. Jedoch ergibt sich gerade aus der außerordentlichen Symbolwirkung von Ritualen, aus ihrem Appell- und Verpflichtungscharakter die Frage, was denn Orientierung, Stabilisierung, Integration, Identitätsbildung sowohl im Ritual als auch in der Familie gewährleistet und garantiert. Allerdings wird innerhalb der Ritualforschung zwar anerkannt, dass Autorität aktiver Ausgestaltung von Anerkennungsbeziehungen bedarf, dennoch wird überwiegend davon ausgegangen, dass Autorität in Ritualen vor allem gesetzt und eingenommen wird. Werden jedoch Verschiebungen innerhalb von Regelsystemen mitgedacht, dann wird Autorität weniger als etwas verstanden, das sich jemand nimmt und das dann von anderen anerkannt wird, sondern vielmehr als etwas, das aktiv auch in Ritualen gegeben und verliehen wird (vgl. Sennett 1990). Damit besteht die Möglichkeit, sowohl das Veränderungspotenzial von Ritualen als auch deren soziale Funktion in Beziehung zueinander zu setzen und aus der Erkenntnis der Anerkennungsbeziehungen und Autoritätsstrukturen, die in Familienritualen deutlich werden, deren pädagogische Wirkungen zu erklären (vgl. Audehm 2006). Hierfür ist, ausgehend vom Ritual als performativer Praxis und als Mittel der Differenzbearbeitung, nach der Wirkungsweise der generationellen Differenz zwischen Eltern und Kindern zu fragen, auch wenn diese kritisch als (auch) in Familien erzeugtes Konstrukt verstanden wird.

Folgt man neueren sozial- und erziehungswissenschaftlichen Konzeptualisierungen zum Generationenverhältnis (vgl. Hornstein 1983; Lüscher/Schultheiss 1993; Bien 1994; Liebau/Wulf 1996; Ecarius 1997; Liebau 1997; Zirfas/Wulf 2004), so lässt sich auf die pädagogische Dimension der Generationen bezogen, zusammenfassen:

- Ohne eine Distanz zwischen den Generationen lässt sich ebenso wenig erziehen wie durch eine zu große Distanz.
- Die Distanz zwischen den Generationen (Kind, Jugend, Erwachsener) schwindet, wozu gerade auch die Pädagogik auf der institutionellen und bildungspraktischen Ebene beiträgt.
- Resultat ist eine nicht mehr genau definierbare Grenze zwischen den Generationen zu Gunsten von Brüchen und Unregelmäßigkeiten.

Die *pädagogische* Bedeutung des Generationenverhältnisses wurde für die Neuzeit zuerst von Schleiermacher in seinen Vorlesungen von 1826 pointiert bestimmt und anschließend von der geisteswissenschaftlichen Pädagogik als der „Wissenschaft vom Generationenverhältnis" ausformuliert (vgl. Liebau 1997b). Ein Gedanke erscheint hier zentral: Wenn Gesellschaften sich selbst erhalten wollen, so müssen Antworten auf zwei Fragen gefunden werden: „Was will denn eigentlich die ältere Generation mit der jüngeren?" und: „Wie soll die Einwirkung der älteren Generation auf die jüngere beschaffen sein?". Schleiermacher versucht plausibel zu machen, dass Erziehung auf eine Kooperation zwischen den Generationen hinauszulaufen habe, in der die Verantwortung für die Kontinuität und die Entwicklung sozialer und kultureller Errungenschaften im Mittelpunkt steht. Nun kann man sich für viele Lebensbereiche – Technik oder Medien, Ästhetik oder auch Bildung – durchaus die Frage stellen, wer denn im strukturellen Sinne eigentlich die ältere und wer die jüngere Generation darstellt. Generell bleibt aber die pädagogische Frage Schleiermachers relevant, selbst wenn man sich seinem linearen und eindimensionalen Modell nicht anschließen möchte und an die mit der Moderne verbundenen Brüche und Ungleichzeitigen des Generationenbegriffs erinnert. In der Familie müssen die Eltern nicht nur – wenn auch nicht immer in bewusst-reflexiver Form – die Frage beantworten, was sie den Kindern präsentieren und repräsentieren, sondern vor allem auch, wie sie die Erziehungsverhältnisse gestalten möchten. Erziehung bezieht sich somit nicht unmittelbar auf die Beherrschung der Kinder, sondern auf das Verhältnis zwischen den Generationen und damit auf die Beherrschung des Generationenverhältnisses (vgl. Benjamin 1984, S. 64). Eine pädagogische Perspektive auf Familienrituale erlaubt es demnach, die Frage der Erziehung in Ritualen zu konkretisieren auf die Frage, wie Familien in ihren Ritualen die Generationendifferenz bearbeiten.

Zusammenfassend lassen sich die folgende Wirkungen als grundlegende erzieherische Funktionen von Familienritualen festhalten:

- Rituale bestätigen und bekräftigen die Zusammengehörigkeit und Gemeinsamkeit der Familienmitglieder (*funktionaler* Aspekt).
- In ihnen werden die Fähigkeiten der Familien zu Integration und Solidarität sichtbar (*koordinierender* Aspekt).
- Sie verweisen auf die Werte und Traditionen, auf die besondere Geschichte und das soziale Milieu der Familie (*symbolischer* Aspekt).
- Darüber hinaus rahmen Rituale die familientypische Darstellung und Einübung der genannten Aspekte (*performativer* Aspekt).
- In *sozialisierender* und *pädagogischer* Hinsicht sind Rituale das Medium der Herausbildung von Identitäten, Rollen und Fähigkeiten (vgl. Audehm/Zirfas 2001b).

5. Alltags- und Festrituale in Familien

Die folgenden Ausführungen gehen auf Ergebnisse des im Rahmen des Sonderforschungsbereiches *Kulturen des Performativen* der Freien Universität Berlin durchgeführten Forschungsprojektes *Familie als performative Gemeinschaft* zurück. Die Auswahl des Tischrituals, des Weihnachtsfestes, der Geburtstagsfeiern und – in einer Familie – der Konfirmation erfolgte nach den Kriterien der Relevanz und Vergleichbarkeit im untersuchten Feld. Für die ethnografische Analyse wurden hauptsächlich die Verfahren der Gesprächsanalyse und der teilnehmenden Beobachtung trianguliert, ergänzt durch Interviews und Gruppendiskussionen (vgl. Bohnsack 1997, Friebertshäuser 1997; Geertz 1983; Hirschauer/Amann 1997; Krüger 2000; Zinnecker 2000). Im Zuge des theoretischen Samplings wurden aus ursprünglich sieben Familien zunächst vier und schließlich drei Familien ausgewählt, in denen die Eltern derselben Altersgruppe und demselben Bildungsmilieu angehören. Die Kinder waren zu Beginn der Untersuchung im Alter zwischen fünf (jüngere Geschwister) und dreizehn Jahren (ältere Geschwister). Die empirischen Vergleichshorizonte bildeten die Geschwisterkonstellationen, die Partnerschaftsformen bzw. Sorgerechtsregelungen und die Berufstätigkeit der Eltern.

Zunächst wurden Ort und Zeit der Tischrituale beschrieben, insbesondere die Handlungsabfolge, die Raum- und Tischgestaltung und die Sitzordnung. Zudem erfolgte eine Feinanalyse thematischer Sequenzen der Tischgespräche. Auf dieser Ebene zeigten sich Tischgespräche und szenisches Arrangement als Bearbeitung der pädagogischen Generationendifferenz (Audehm/Zirfas 2000; 2001a; 2001b). Die Analyse der familienspezifischen rituellen Erziehungsstile und der invarianten sozialen Eigenschaften der Tischrituale erfolgte im Rahmen einer Komparation nach den Kriterien des Kontrasts in der Gemeinsamkeit. Schließlich wurde der Zusammenhang von Erziehungsstilen und Autoritätsstrukturen analysiert (vgl. Audehm 2006). Darüber hinaus wurden zunehmend die Festrituale einbezogen und ihre Funktion im Vergleich zum Tischritual untersucht (vgl. Audehm 2004).

Ausgangspunkt der Untersuchung war die Überlegung, dass Familien darauf angewiesen sind, sich immer wieder neu als Einheiten interagierender Personen hervorzubringen (vgl. Burgess 1926). Die performative Analyse von Familienritualen hat die Wechselwirkungen zwischen symbolischem Gehalt und szenischer Aktualisierung zum Gegenstand. Dabei wird sichtbar, dass sich im Vollzug der rituellen Interaktionen ein familientypischer Stil der Erziehungs- und Bildungsarbeit ausprägt, der mit den verschiedenen Mustern individueller und kollektiver Selbstdarstellung im Innenraum der Familie sowie in ihren Außenbezügen korrespondiert. Dieser relativ einheitliche Stil der Erziehungsarbeit lässt sich definieren als Zusammenhang formaler und inhaltlicher Elemente, die in den rituellen Inszenierungen der Familie als Muster aufgeführt werden, und die regeln, *was* von der Familie als Gemeinschaft *wie* bearbeitet wird (vgl. Audehm/Zirfas 2001b, S. 144ff.). Im Unterschied zu Ritualen der Einsetzung (vgl. Bourdieu 1990) werden die Differenzen *innerhalb* der Familie dabei nicht aus den rituellen Inszenierungen ausgegrenzt. In den untersuchten Ritualen zeigt sich die Familie als Einheit in Differenzen, denn sowohl die familiale Solidarität als auch ein asymmetrisches und hierarchisches Autoritätsgefüge werden aufrecht erhalten (vgl. Audehm 2006).

Das gemeinsame *Tischritual* ist eines der wichtigsten Alltagsrituale von Familien, das als symbolische Inszenierung der Familie eine wesentliche Rolle im Prozess der alltäglichen Erzeugung von Gemeinsamkeit und Zugehörigkeit spielt. Das szenische Arrangement des gemeinsamen Essens rahmt die verbale und nonverbale Kommunikation über Problematiken des familiären Alltags, die sich insofern als normative Inszenierung erweist, als sie die Normen und Regeln der Familie darstellt und begründet. Insofern ist die gemeinsame Mahlzeit auch mehr als eine bloße Gewohnheit oder Routine der einzelnen Familien. Als gemeinsame Handlung erfüllt sie zwar den Zweck der individuellen Nahrungsaufnahme, dieser steht in den untersuchten Ritualen jedoch so auffallend im Hintergrund, dass die gemeinsame Mahlzeit weniger eine routinierte Speisung der einzelnen Familienmitglieder, sondern vielmehr eine symbolische Speisung der gewohnten Ordnung der Familie darstellt. Das Tischritual gestaltet eine Form der sozialen Kommunikation, die Integration und Kontinuität in den Familien sicherstellt und somit die soziale Realität der Familien erzeugt. Auf Grund dieser gemeinschaftsstiftenden Funktion wird das Tischritual unverzichtbar und ist den Familien in diesem Sinne heilig.

Die Familien stellen in ihren Tischritualen stabile regulative Bezüge zu außerfamiliären Sozialisationsbereichen – insbesondere zur Schule – her und erweisen sich somit als soziale Institutionen. Im Unterschied zu traditionellen rituellen Funktionen gemeinsamer Mahlzeiten werden im alltäglichen Tischritual jedoch weniger die Abgrenzungen und Bezüge der familiären Gemeinschaft nach außen festgelegt und bestätigt, sondern es werden vor allem Grenzziehungen nach innen wesentlich. Entlang dieser Grenzziehungen werden Aufgabenverteilungen und Rollenzuweisungen, die Normen der Familien und die Regeln des Rituals sowie die Ausbildung individueller und kollektiver Verhaltensmuster sichtbar, ohne dass die rituelle *Differenzbearbeitung* zur Aufhebung der individuellen Perspektiven in einer festgelegten und für alle gültigen Perspektive führt. Vielmehr wird die Gemeinsamkeit der Familie durch die Anerkennung der Individualität ihrer Mitglieder erzeugt. Der Maßstab dieser Anerkennung ist der sichtbare, individuelle Bezug zu den Normen und Werten der Gemeinschaft, der die kollektive Ausgestaltung des Generationenverhältnisses wesentlich bestimmt.

Wenn die *Tischgespräche* vor allem die Gemeinschaftlichkeit der Familie (z. B. gemeinsame Traditionen und Erlebnisse) bearbeiten, ist zu beobachten, dass die Entdifferenzierung der Generationen im Mittelpunkt steht. Diese Passagen unterstreichen die konjunktiven und konnektiven Ritualfunktionen. Wenn es dagegen um die Familie als (Erziehungs-)Institution geht (z. B. Regeln des Umgangs und Verhaltens in- und außerhalb der Familie), dann steht die Differenz der Generationen im Vordergrund und diese Passagen unterstreichen die identifikatorisch-transformatorischen Ritualfunktionen. Die gegenseitige implizite wie explizite Anerkennung untereinander ist das verbindende Element dieser unterschiedlichen kommunikativen Strategien. Dabei erscheint elterliche *Autorität* solange als nicht-traditionale, solange die Grenzen der Gemeinschaft oder die Regeln des Rituals nicht thematisiert werden. Die personale Autorität der Eltern erfordert Kompetenz und Legitimation durch alle Beteiligten, d. h., Autorität wird eher gegeben als (sich) genommen. In den partnerschaftlich orientierten Familien üben die Kinder selbsttätig die Anerkennung und Legitimierung von Autorität ein und aus. Ihr *Engagement*, das oft auf Normen außerfamiliärer Institutionen – insbesondere der Schule – zurückgreift, stellt eine Verbindung zwischen außer- und innerfamiliären Autoritäts- und Anerkennungsbeziehungen her. Obwohl beim Tischgespräch kollektiv (und nicht nur individuell) unterschiedliche kommunikative Strategien eingesetzt werden, wird die Generationendifferenz auch als pädagogisierte institutionelle Differenz (z. B. Fragen der Bildungsbiografie und des schulischen Lernverhaltens) gemeinschaftlich bearbeitet.

Die in den rituellen Interaktionen sichtbar werdenden typischen Rollenverteilungen zeigen sich zwar im Kommunikationsverhalten (vgl. Keppler 1995), lassen sich aber nicht auf Kommunikationsrollen beschränken, weil in ihnen Bezüge zur Aufgabenverteilung in den Familien deutlich werden. In den untersuchten Tischritualen tritt die damit verbundene Geschlechterdifferenz hinter die Bearbeitung des Generationenverhältnisses zurück und es zeigt sich, dass von einer strikten Koinzidenz von Aufgabenteilung und Verhaltensweisen nicht ausgegangen werden kann. Die rituellen Rollenzuschreibungen und Positionsbestimmungen sind nicht als fixierte Identitäten aufzufassen, in deren Konsequenz die Verhaltensmuster der Familienmitglieder festgelegt und unflexibel bleiben, sondern die Familienmitglieder können sich im Rahmen der typischen, stabilen und komplementären kollektiven Kommunikationsstrategien flexibel und bisweilen spielerisch zu ihnen in Beziehung setzen. Dabei kann von der These ausgegangen werden, dass diese Flexibilität durch einen Bedeutungszuwachs entpersonalisierter Autorität unterstützt wird. Mit dem Rückgang traditionaler Bindungen und festgelegter Rollenzuweisungen findet eine Verlagerung personaler Autorität (traditionell des Vaters) auf die entpersonalisierte Autorität der Gemeinschaft statt. Die Gestaltung dieser Autorität, die vor allem in Ritualen im doppelten Sinn des In-Kraft-Setzens und des Legitimierens begründet wird, ist angewiesen auf die zeitlichen, räumlichen, sozialen und kulturellen Ressourcen der Familien.

Die Ressourcen der Familien sind von großer Auswirkung auf die Gestaltung der *Festrituale,* in denen – im Unterschied zum alltäglichen Tischritual – die Außenbezüge der Familien im Vordergrund stehen. Während sich die Tradition des Tischrituals im Laufe der gemeinsam gelebten Zeit ergibt, schaffen sich die Familien mit ihren Festritualen bewusst eigene Traditionen, die nicht allein auf einzelne Feste – wie *Weihnachten* und *Geburtstagsfeiern* – bezogen sind, sondern die einen familientypischen Stil der Festgestaltung erzeugen, der ebenso den Charakter der nicht oder nur selten wiederholbaren Feste – wie die *Konfirmation* – bestimmt. Die Ausprägung dieses festlichen Stils erfordert mit zunehmendem Alter der Kinder deren Einbeziehung in die Vorbereitungen und Maßnahmen zur Festgestaltung, wenn die Feste als rituelle Aufführung der familiären Gemeinschaftlichkeit vor und gemeinsam mit Gästen funktionieren sollen. Insofern stellt sich die Frage, wie die Festrituale auf die alltäglichen Anerkennungs- und Autoritätsbeziehungen bezogen sind, wie das Generationenverhältnis in ihnen strukturiert ist und inwiefern hier die äußeren Grenzen der familiären Gemeinschaft selbst sichtbar werden.

In den untersuchten Familien werden die *Geburtstagsfeiern* und das *Weihnachtsfest* gemeinsam mit Verwandten und Freunden gefeiert. Eine erste Regelung zur Gestaltung dieser Feste wird in Familiengesprächen getroffen, die selbst aber keinen rituellen Charakter tragen, sondern eher nebenbei den Rahmen des Festes und die notwendigen Vorbereitungen thematisieren. Hierbei erfolgt auch eine Einstimmung auf den zu erwartenden Charakter des Festes, der – bezogen auf den gegebenen Anlass – im Wesentlichen davon abhängt, wie sich die Familien auf die Traditionen der Herkunftsfamilien beziehen bzw. welche familientypischen Bezüge zu Verwandten und Freunden erwünscht und erlaubt sind. Damit wird versucht, sich vor unliebsamen Überraschungen zu schützen und mögliche Konflikte bereits im Vorfeld der Feste zu thematisieren und gegebenenfalls durch Kompromisse zu kanalisieren. Mögliche Katastrophen werden nur dann von den Kindern vorweg genommen, wenn diese virtuellen Charakter tragen und im eigentlichen Sinne nicht katastrophal sind. Wenn die Familien in Gruppendiskussionen tatsächliche Katastrophen antizipieren, die ein Familienfest sprengen könnten, werden die Grenzen ihrer familiären Gemeinschaft sichtbar. So erscheint zwar zunächst ein brennender Weihnachtsbaum als Bedrohung für das Fest, die von den Kindern ins Spiel gebracht wird, im Laufe der Gespräche wird daraus jedoch zunächst eine Gefahr, auf die man vorbereitet ist, und schließlich ein Abenteuer, das zwar Folgen im Sinne von Schuldverhandlungen und verbesserten Vorsichtsmaßnahmen hätte, dessen glücklicher Ausgang aber als gemeinsames Erlebnis zu einer Bereicherung des familiären Geschichtenreservoirs führen würde. Tatsächliche Katastrophen werden von den Eltern thematisiert und beziehen sich auf Gefahren für die Gemeinschaftlichkeit der Familien, die mit dem kommunikativen Potenzial, über das die Familien in ihrem Alltag verfügen und dessen sie sich in ihrem Tischritual versichern, nicht mehr bearbeitet werden können. Somit werden die Grenzen der jeweiligen familiären Gemeinschaft in der verbalen Kommunikation über das Fest sichtbar (vgl. Audehm/Zirfas 2001b, S. 103ff.). Zudem bleibt während der Feste die *Hierarchie der Generationenbeziehungen* erhalten, die beim Weihnachtsfest durch Bezüge auf die Herkunftsfamilien noch unterstrichen wird, während die Vorbereitungen auf die Geburtstagsfeiern deren hierarchische Anordnung bezogen auf die Regeln des Rituals durchbrechen können. Darüber hinaus würdigen die Geburtstagsfeiern auf besondere und explizite Weise das einzelne Familienmitglied und erkennen sowohl dessen individuelle Perspektive auf die familiale Gemeinschaftlichkeit als auch die individuelle Orientierung auf Bezugspersonen außerhalb der Familie *kollektiv* an.

Familienfeste gelingen als rituelle Inszenierungen um so eher, je deutlicher sie den Wünschen und Erwartungen der einzelnen Familienmitglieder entsprechen, je sicherer die Festgemeinschaft sich auf die Gewohnheiten der Familie bezieht und je unkomplizierter sich die Atmosphäre des Festes entfalten kann. Wenn die festliche Rahmung den Gewohnheiten und den gegenseitigen Gewissheiten der Familie und ihrer Gäste – also dem Geschmack aller – mühelos entspricht, dann können Festrituale auf zeremonielle Formen und dogmatische Setzungen verzichten. Die Gemeinsamkeit und Zugehörigkeit der Anwesenden – also die jeweilige Festgemeinschaft – stellt sich insbesondere in den Praxen des Schenkens dar. Hier entwickeln die Familien eine Tradition, die unabhängig vom jeweiligen Anlass des einzelnen Festes aufgegriffen wird und wesentlich den Feststil der Familien prägt. Diese Schenkungspraxen wiederholen und erweitern die innerfamiliären Anerkennungsbeziehungen, indem die Kinder über die Kernfamilie hinausgehende soziale Austauschbeziehungen erfahren und ausüben. In den untersuchten Festritualen werden die Kinder zum richtigen Beschenken und Beschenktwerden erzogen, wobei das Schenken als Vollzug expliziter gegenseitiger Anerkennung eingeübt wird, d. h. schöne Geschenke werden auf Grund richtiger Verhaltensformen zu „wahren" Geschenken. Obwohl die Eltern während der Feste nur wenig Einfluss auf die Art und Weise des Schenkens nehmen, zeigt sich hier die hierarchische Anordnung des Generationenverhältnisses, denn die Eltern kontrollieren im voraus, dass der finanzielle Wert der Geschenke und ihr unmittelbarer Nutzen im für sie angemessenen Rahmen bleibt.

Das Familienfest der *Konfirmation* bezieht sich unmittelbar auf das kirchliche Bekenntnisritual, das die Einsetzung der Konfirmanden in einen neuen Status als vollwertige Mitglieder einer christlichen Gemeinde vollzieht, wenn die Eltern das protestantische Glaubensbekenntnis ihrer Kinder während des Festes öffentlich würdigen. In diesem Moment wird die Generationendifferenz aufgehoben, weil die Gemeinsamkeit der religiösen Orientierung und des religiösen Verhaltens öffentlich beglaubigt wird. Allerdings unterlässt die *Einsetzung der Konfirmanden* in die Festgemeinschaft eine Einsetzung in einen neuen Status außerhalb des Festes und erweist sich nicht als Statuspassage im Rahmen der Familie. Auch wenn die Konfirmanden die kirchliche Zeremonie kritisieren, kann ein gelingendes Familienfest sie sowohl an ihre individuelle Religiosität als auch an die Werte und Normen der Familie binden. In diesem Fall bestätigt das Familienfest nicht allein die protestantische Norm der individuellen Selbstbildung, sondern enthält darüber hinaus die *kollektive Bildungsaufforderung* an die Familie, als Gemeinschaft die individuelle Entwicklung eines kompetenten Verhaltens bezogen auf christliche Werte und kirchliche Autorität zu ermöglichen. Insofern beglaubigt ein gelungenes Familienfest die Verbindung christlicher Glaubensinhalte mit der familialen Lebenspraxis, die zur familiären Kohärenz beiträgt und Religion individuell bedeutsam werden lässt (vgl. Audehm 2004b, S. 234ff.).

Die *Alltags- und Festrituale* erweisen sich in den untersuchten Familien nicht als streng kodierte und konventionalisierte Vollzugspraxen, denen sich die Familien unterwerfen, sondern als Instrumente der wechselseitigen Bildung der Familienmitglieder, die zwar an den kollektiven Normen der Familien ausgerichtet sind; diese selbst werden in den rituellen Inszenierungen aber aktualisiert und können dem Wandel innerhalb der Familien angepasst werden. Die rituelle Bearbeitung des Generationenverhältnisses hebt zwar seine hierarchische Anordnung nicht vollständig auf, dennoch wird die personale Autorität der Eltern im Rahmen der kommunikativen Strategien nicht allein bestätigt, sondern muss sich an der entpersonalisierten Autorität der Gemeinschaft orientieren. Das Engagement und die Kompetenz der Kinder werden dabei so wesentlich, dass Erziehung in Ritualen nicht vorrangig als Disziplinierung der Kinder, sondern als gegenseitige Normalisierung der Familienmitglieder erscheint. Die Ausbildung individueller Autonomie und subjektiver Handlungskompetenz bleibt an die Anforderungen und Möglichkeiten der stabilen pädagogischen Rahmungen der Rituale gebunden, diese sind jedoch flexibel genug, um während der normativen Inszenierungen Kreativität und Entwicklung zu ermöglichen.

6. Ausblick

Die erziehungswissenschaftliche Erforschung von Familienritualen hat gerade erst begonnen und steht im Kontext einer Diskussion, die sowohl vor einem „Zuviel" als auch vor einem „Zuwenig" an Ritualen warnt. Die Warnungen vor einem „Zuviel" beziehen sich auf die reproduzierenden, herrschaftsstabilisierenden Funktionen und die Tendenzen zur Erstarrung sowie zur Förderung eines stereotypen, abhängigen oder gar entwürdigenden Verhaltens – kurz auf die negativen Disziplinierungseffekte – von Ritualen. Dagegen beziehen sich die Warnungen vor einem „Zuwenig" auf die Gefahr, dass sich durch ein Fehlen von Ritualen, etwa bei der Bewältigung von Statuspassagen oder durch einen Bedeutungs- und Funktionsverlust von Ritualen, bestimmte Probleme der persönlichen Entwicklung wie Isolation, Bindungs- und Orientierungslosigkeit verstärken. Um in der Diskussion um Rituale nicht erneut in die Falle einer Polarisierung zu laufen, ist die Erforschung von Familienritualen vor die Herausforderung gestellt, aus den vielfältigen Zusammenhängen von Kultur und Erziehung (vgl. Mollenhauer 1994) und aus dem Funktionswandel von Ritualen spezifische Perspektiven abzuleiten.

Bildung bedeutet die Auseinandersetzung mit der sozialen und kulturellen Umwelt. Insbesondere Rituale stellen über die Herausbildung von Gemeinsamkeit, Zugehörigkeit und Abgrenzung das Selbstverständnis von Institutionen und Gemeinschaften dar und können als reproduzierbare, symbolische und normative Aufführungen deren Vergangenheit mit der Zukunft verbinden. Rituale sind von zunehmendem Interesse für erziehungswissenschaftliche Forschungen, um an ihnen „Funktionsmechanismen des Sozialen im Individuellen zu entschlüsseln und Bildungsprozesse nachzuzeichnen" (Friebertshäuser 2004, S. 30).

Der Funktions- und Bedeutungswandel von Ritualen ist vor allem gekennzeichnet durch eine nachlassende Bindekraft von Ritualen, die mit der Säkularisierung und Fragmentarisierung des Sozialen zusammenhängen, die zu einer zunehmenden Ausdifferenzierung, Spezialisierung und Informalisierung der Rituale führen. Andererseits erhöhen gerade diese Entwicklungen die Bedeutung von Ritualen für Prozesse der Selbstfindung und Selbststilisierung. Insofern ist die Frage nach dem Zusammenhang von stabilisierenden und legitimierenden Wirkungen einerseits und nach den innovativen und kreativen Potenzialen des Rituellen andererseits von zentraler Bedeutung für die Erforschung von Familienritualen.

Literatur

Audehm, K., 2001: Die Macht der Sprache. Performative Magie bei Pierre Bourdieu. In: Wulf, Ch./Göhlich, M./Zirfas, J. (Hrsg.): Grundlagen des Performativen. Eine Einführung in die Zusammenhänge von Sprache, Macht und Handeln. Weinheim/München, S. 101-128.

Audehm, K., 2004a: Ritual – Körper – Sprache. Das Performative als magischer Begriff aus Sicht der Erziehungswissenschaft. In: Wulf, Ch./Zirfas, J. (Hrsg.): Innovation und Ritual. Jugend, Geschlecht und Schule (Zeitschrift für Erziehungswissenschaft: 2. Beiheft). Wiesbaden, S. 46-57.

Audehm, K., 2004b: Konfirmation – Familienfest zwischen Glauben, Wissen und Können. In: Wulf, Ch. u. a.: Bildung im Ritual. Schule, Familie, Jugend, Medien. Wiesbaden, S. 211-240.

Audehm, K., 2006: Erziehung bei Tisch. Zur sozialen Magie eines Familienrituals (Diss., im Erscheinen).

Audehm, K./Zirfas, J., 2000: Performative Gemeinschaften. Zur Bildung der Familie durch Rituale. In: Sozialer Sinn, 1. Jg., H. 1, S. 29-50.

Audehm, K./Zirfas, J., 2001a: Die Familie als performative Gemeinschaft. In: Schuhmacher-Chilla, D./Liebau, E./Wulf, Ch. (Hrsg.): Anthropologie pädagogischer Institutionen. Weinheim, S. 107-125.

Audehm, K./Zirfas, J., 2001b: Familie als ritueller Lebensraum. In: Wulf, Ch. u. a.: Das Soziale als Ritual. Zur performativen Bildung von Gemeinschaften. Opladen, S. 37-116.

Baslé, B./Maar, N., 1999: Alte Rituale – neue Rituale. Geborgenheit und Halt im Familienalltag. Freiburg u. a.

Bateson, G., 1985: Ökologie des Geistes. Anthropologische, psychologische, biologische und epistemologische Perspektiven. Frankfurt am Main.

Beck-Gernsheim, E., 1998: Was kommt nach der Familie? Einblicke in neue Lebensformen. München.

Beil, B., 1997: Schlummertuch und Hochzeitstag. Rituale in der Familie. München.

Bell, C., 1992: Ritual Theory, Ritual Practice. New York: Oxford University Press.

Bell, C., 1997: Ritual. Perspectives and Dimensions. New York: Oxford University Press.

Belliger, A./Krieger, D.J. (Hrsg.), 1998: Ritualtheorien. Ein einführendes Handbuch. Opladen/Wiesbaden.

Benjamin, W., 1984: Allegorien kultureller Erfahrung. Ausgewählte Schriften 1920-1940 (hrsg. v. S. Kleinschmidt). Leipzig.

Benner, D., ²1991: Allgemeine Pädagogik. Eine systematisch-problemgeschichtliche Einführung in die Grundstruktur pädagogischen Denkens und Handelns. Weinheim/München.

Bien, W. (Hrsg.), 1994: Eigeninteresse oder Solidarität. Beziehungen in modernen Mehrgenerationenfamilien. Opladen.

Bien, W. (Hrsg.), 1996: Familie an der Schwelle zum neuen Jahrtausend. Wandel und Entwicklung familialer Lebensformen. Opladen.

Bohnsack, R., 1997: Dokumentarische Methode. In: Hitzler, R./Honer, A. (Hrsg.): Sozialwissenschaftliche Hermeneutik. Opladen, S. 191-212.

Bossard, J.H./Boll, E.S., 1950: Ritual in Family Living. A Contemporary Study. Philadelphia: University of Pennsylvannia Press.

Bourdieu, P., 1990: Was heißt Sprechen? Zur Ökonomie des sprachlichen Tausches. Wien.

Bourdieu, P., ²1997: Sozialer Sinn. Kritik der theoretischen Vernunft. Frankfurt am Main.

Bourdieu, P., 2001: Meditationen. Zur Kritik der scholastischen Vernunft. Frankfurt am Main.

Burgess, E.W., 1926: The Family as a Unity of Interacting Personalities. In: The Family, 7. Jg., S. 3-9.

Burgess, E.W./Locke, H.J./Thomes, M.M., ³1963: The Family. from Institution to Companionship. New York.

Burr, W.R./Day, R.D./Bahr, K.S., 1993: Family Science. Belmont: Brooks/Cole Publishing.

Caduff, C./Pfaff-Czarnecka, J. (Hrsg.), 1999: Rituale heute: Theorien – Kontroversen – Entwürfe. Berlin.

Diekemper, E./Reimann-Höhn, U., 2000: Rituale geben Sicherheit. Wie Kinder Vertrauen gewinnen. Freiburg u. a.

Douglas, M., 1974: Ritual, Tabu und Körpersymbolik. Sozialanthropologische Studien in Industriegesellschaft und Stammeskultur. Frankfurt am Main.

Douglas, M., 1991: Wie Institutionen denken. Frankfurt am Main.

Durkheim, E., 1994: Die elementaren Formen des religiösen Lebens. Frankfurt am Main.

Eder, K., 1997: Institution. In: Wulf, Ch. (Hrsg.): Vom Menschen: Handbuch Historische Anthropologie. Weinheim/Basel, S. 159-168.

Erikson, E.H., 1968: The Development of Ritualization. In: Cutler, D.R. (Hrsg.): The Religious Situation 1968. Boston: Beacon Press, S. 711-733.

Fischer-Lichte, E./Wulf, Ch. (Hrsg.), 2001: Theorien des Performativen. In: Paragrana. Internationale Zeitschrift für Historische Anthropologie, 10. Jg., H. 1. Berlin.
Friebertshäuser, B., 1997: Feldforschung und Teilnehmende Beobachtung. In: Frieberthäuser, B./Prengel, A.: Handbuch Qualitative Forschungsmethoden in der Erziehungswissenschaft. Weinheim/München, S. 503-534.
Friebertshäuser, B., 2004: Ritualforschung in der Erziehungswissenschaft. Konzeptionelle und forschungsstrategische Überlegungen. In: Wulf, Ch./Zirfas, J. (Hrsg.): Innovation und Ritual. Jugend, Geschlecht und Schule (Zeitschrift für Erziehungswissenschaft: 2. Beiheft). Wiesbaden, S. 29-45.
Ford, F.R., 1983: Rules: The Invisibly Family. In: Family Process, 22. Jg., H. 2, S. 135-145.
Gebauer, G./Wulf, Ch., 1992: Mimesis. Kultur – Kunst – Gesellschaft. Reinbek bei Hamburg.
Gebauer, G./Wulf, Ch., 1998: Spiel – Ritual – Geste. Mimetisches Handeln in der sozialen Welt. Reinbek bei Hamburg.
Geertz, C., 1983: Dichte Beschreibung. Beiträge zum Verstehen kultureller Systeme. Frankfurt am Main.
Gennep, A.v., 1986: Übergangsriten. Frankfurt am Main/New York.
Goffman, E., ^{4}1996: Rahmen-Analyse. Frankfurt am Main.
Grimes, R.L., 1995: Beginnings in Ritual Studies. Columbia: University of South Carolina Press.
Grundmann, M./Keller, M., 1999: Familiale Beziehungen und soziomoralische Entwicklung. In: Leu, H.R./Krappmann, L. (Hrsg.): Zwischen Autonomie und Verbundenheit. Bedingungen und Formen der Behauptung von Subjektivität. Frankfurt am Main, S. 330-356.
Hettlage, R., 1998: Familienreport. Eine Lebensform im Umbruch. München.
Hirschauer, S./Amann, K. (Hrsg.), 1997: Die Befremdung der eigenen Kultur. Zur ethnographischen Herausforderung soziologischer Empirie. Frankfurt am Main.
Hornstein, W., 1983: Die Erziehung und das Verhältnis der Generationen heute. In: Zeitschrift für Pädagogik, 18. Beiheft, S. 59-79.
Imber-Black, E./Roberts, J./Whiting, R.A., 1988: Rituals in Families and Family Therapy. New York/London: Norton & Company.
Kaufmann-Huber, G., 1995: Kinder brauchen Rituale. Freiburg u. a.
Keppler, A., ^{2}1995: Tischgespräche. Über Formen kommunikativer Vergemeinschaftung am Beispiel der Konversation in Familien. Frankfurt am Main.
König, R., ^{2}1977: Die Familie der Gegenwart. Ein interkultureller Vergleich. München.
Krais, B./Gebauer, G., 2002: Habitus. Bielefeld.
Krüger, H.-H., 2000: Stichwort: Qualitative Forschung in der Erziehungswissenschaft. In: Zeitschrift für Erziehungswissenschaft, 3. Jg., H. 3, S. 323-342.
Laing, R.D./Esterson, A. (Hrsg.), 1975: Wahnsinn und Familie. Familien von Schizophrenen. Köln.
Liebau, E. (Hrsg.), 1997a: Das Generationenverhältnis. Weinheim/München.
Liebau, E., 1997b: Generation. In: Wulf, Ch. (Hrsg.): Vom Menschen: Handbuch Historische Anthropologie. Weinheim/Basel, S. 295-306.
Liebau, E./Wulf, Ch. (Hrsg.), 1996: Generation. Versuche über eine pädagogisch-anthropologische Grundbedingung. Weinheim.
Lossin, M., 2003: Funktion und Bedeutung von Ritualen für die Stabilität der modernen Familie. Aachen.
Lüscher, K. (Hrsg.), 1993: Generationenbeziehungen in „postmodernen" Gesellschaften. Konstanz.
Macha, H./Mauermann, L. (Hrsg.), 1997: Brennpunkte der Familienerziehung. Weinheim.
Mannheim, K., 1980: Strukturen des Denkens (hrsg. v. D. Kettler u. a.). Frankfurt am Main.
Mannheim, K., 21970: Das Problem der Generationen. In: Mannheim, K.: Wissenssoziologie. Neuwied/Berlin, S. 509-565.
Mollenhauer, K., 1994: Vergessene Zusammenhänge. Über Kultur und Erziehung. Weinheim/München.
Mollenhauer, K./Brumlik, M./Wudtke, H., 1975: Die Familienerziehung. München.
Moore, S.F./Myerhoff, B.G. (Hrsg.), 1977: Secular Ritual. Assen.
Nave-Herz, R. (Hrsg.), 1988: Wandel und Kontinuität der Familie in der Bundesrepublik Deutschland. Stuttgart.
Nave-Herz, R., 1994: Familie heute. Wandel der Familienstrukturen und Folgen für die Erziehung. Darmstadt.
Nave-Herz, R./Markefka, M. (Hrsg.), 1989: Handbuch der Familien- und Jugendforschung. Band 1: Familienforschung. Neuwied/Frankfurt am Main.
Ortmann, G., 2003: Katzensilber. Organisationsrituale und nachträgliche Sinnstiftung. In: Wulf, Ch./Zirfas, J. (Hrsg.): Paragrana. Internationale Zeitschrift für Historische Anthropologie, 12. Jg., H. 1 u. H. 2: Rituelle Welten, S. 539-556.
Ossyssek, F./Böcker, S./Giebel, D., 1995: Alltagsbelastungen, Ehebeziehungen und elterliches Erziehungsverhalten. In: Gerhardt, U./Hradil, S./Lucke, D./Nauck, B. (Hrsg.): Familie der Zukunft. Lebensbedingungen und Lebensformen. Opladen, S. 245-260.
Quinn, W.H./Newfield, N.A./Protinsky, H.O., 1985: Rites of Passage in Families with Adolescents. In: Family Process, 24. Jg., S. 101-111.

Rivière, C., 1995: Les rites profanes. Paris: Presses Univ. de France.
Rutschky, K., 1997: Familie als Schicksal – oder Dienstleistungsagentur auf dem Prüfstand? In: Vaskovics, L.A. (Hrsg.): Familienleitbilder und Familienrealitäten. Opladen, S. 353-369.
Schäfer, A./Wimmer, M. (Hrsg.), 1998: Rituale und Ritualisierungen. Opladen.
Sennett, R., 1990: Autorität. Frankfurt am Main.
Soeffner, H.-G., 1982: Die Ordnung der Rituale. Die Auslegung des Alltags 2. Frankfurt am Main.
Tomasello, M., 2002: Die kulturelle Entwicklung des menschlichen Denkens. Frankfurt am Main.
Turner, V., 1989: Das Ritual: Struktur und Anti-Struktur. Frankfurt am Main/New York.
Turner, V., 1995: Vom Ritual zum Theater. Der Ernst des menschlichen Spiels. Frankfurt am Main.
Ullrich, M., 1999: Wenn Kinder Jugendliche werden. Die Bedeutung der Familienkommunikation im Übergang zum Jugendalter. Weinheim/München.
Vaskovics, L.A. (Hrsg.), 1982: Umweltbedingungen familialer Sozialisation. Beiträge zur sozialökologischen Sozialisationsforschung (Der Mensch als soziales und personales Wesen: Band 6). Stuttgart.
Vaskovics, L.A. (Hrsg.), 1996: Familiale Lebenswelten und Bildungsarbeit. Interdisziplinäre Bestandsaufnahme I. Opladen.
Wilk, L., 1997: Koordination von Zeit, Organisation von Alltag und Verknüpfung individueller Biografien als familiale Gestaltungsaufgaben. In: Vaskovics, L.A. (Hrsg.): Familienleitbilder und Familienrealitäten. Opladen, S. 229-247.
Wolin, S.J./Bennett, L.A., 1984: Family Rituals. In: Family Process, 23. Jg., S. 401-420.
Wulf, Ch., 1997: Ritual. In: Wulf, Ch. (Hrsg.): Vom Menschen: Handbuch Historische Anthropologie. Weinheim/Basel, S. 1029-1037.
Wulf, Ch., 2001a: Anthropologie der Erziehung. Eine Einführung. Weinheim/Basel.
Wulf, Ch., 2001b: Mimesis und Performatives Handeln. Gunter Gebauers und Christoph Wulfs Konzeption mimetischen Handelns in der sozialen Welt. In: Wulf, Ch./Göhlich, M./Zirfas, J. (Hrsg.): Grundlagen des Performativen. Eine Einführung in die Zusammenhänge von Sprache, Macht und Handeln. Weinheim/München, S. 253-272.
Wulf, Ch., 2001c: Rituelles Handeln als mimetisches Wissen. In: Wulf, Ch. u. a.: Das Soziale als Ritual: Zur performativen Bildung von Gemeinschaften, Opladen, S. 325-338.
Wulf, Ch., 2002: Grundzüge und Perspektiven Historischer Anthropologie. Philosophie, Geschichte, Kultur. In: Wulf, Ch./Kamper, D. (Hrsg.): Logik und Leidenschaft. Erträge Historischer Anthropologie. Berlin, S. 1099-1122.
Wulf, Ch. u. a., 2001: Das Soziale als Ritual: Zur performativen Bildung von Gemeinschaften. Opladen.
Wulf, Ch. u. a., 2004: Bildung im Ritual. Schule, Familie, Jugend, Medien. Wiesbaden.
Wulf, Ch./Göhlich, M./Zirfas, J. (Hrsg.), 2001: Grundlagen des Performativen. Eine Einführung in die Zusammenhänge von Sprache, Macht und Handeln. Weinheim/München.
Wulf, Ch./Zirfas, J., 2001: Die performative Bildung von Gemeinschaften. Zur Hervorbringung des Sozialen in Ritualen und Ritualisierungen. In: Paragrana. Internationale Zeitschrift für Historische Anthropologie, 10. Jg., H. 1: Theorien des Performativen, S. 93-116.
Wulf, Ch./Zirfas, J. (Hrsg.), 2003: Paragrana. Internationale Zeitschrift für Historische Anthropologie, 12. Jg., H. 1 u. H. 2: Rituelle Welten. Berlin.
Wulf, Ch./Zirfas, J. (Hrsg.), 2004a: Innovation und Ritual. Jugend, Geschlecht und Schule (Zeitschrift für Erziehungswissenschaft: 2. Beiheft). Wiesbaden.
Wulf, Ch./Zirfas, J. (Hrsg.), 2004b: Die Kultur des Rituals. Inszenierungen. Praktiken. Symbole. München.
Zinnecker, J., 2000: Pädagogische Ethnographie. In: Zeitschrift für Erziehungswissenschaft, 3. Jg., H. 3, S. 381-400.
Zirfas, J., 2004: Sozialisation als performativer Prozess. Ethnografische Überlegungen zu rituellen Praktiken in der Familie. In: Wulf, Ch./Zirfas, J. (Hrsg.): Innovation und Ritual. Jugend, Geschlecht und Schule (Zeitschrift für Erziehungswissenschaft: 2. Beiheft). Wiesbaden, S. 59-71.
Zirfas, J./Wulf, Ch., 2001: Integration im Ritual. Performative Prozesse und kulturelle Differenzen. In: Zeitschrift für Erziehungswissenschaft, 4. Jg., H. 3, S. 191-208.
Zirfas, J./Wulf, Ch., 2004: Generation. In: Benner, D./Oelkers, J. (Hrsg.): Historisches Wörterbuch der Pädagogik. Weinheim/Basel, S. 409-421.

Literatur

Karin Richter

1. Einleitung

„Familie und Literatur" assoziiert verschiedene Denkrichtungen und Bedeutungsfelder: Zum einen richtet sich der Blick auf die Rolle der Familie als „Anreger" für den Umgang der Heranwachsenden mit Literatur; zum anderen drängt sich die Frage auf, welches Bild von Familie gerade die Literatur vermittelt, die sich an Kinder wendet. Auch weitere Aspekte grundlegender Art gehören zu dem Assoziationsfeld: Inwieweit prägt die Bedeutung von Literatur innerhalb einer Familie die „Umgangsformen" aller ihrer Mitglieder? Nimmt die Rezeption anspruchsvoller oder weniger anspruchsvoller Literatur Einfluss auf die Familienbeziehungen? Ist der Verzicht auf das „Leben mit Literatur" und eine Dominanz des Fernsehens ausschlaggebend für das „Niveau" der Beziehungen zwischen den Mitgliedern einer Familie, auf das Familienklima etc.? Viele dieser Fragen verweisen – auch auf Grund fehlender repräsentativer empirischer Befunde – in die Sphäre des Spekulativen.

Deshalb sollen im Folgenden ausschließlich zwei Problemfelder eine Betrachtung erfahren: die Bedeutung der Familie für das Verhältnis von Heranwachsenden zur Literatur sowie die Thematisierung der Familie in der Literatur für junge Leser. In diesem zuletzt genannten Teil werden exemplarisch einige charakteristische Texte vergangener Epochen analysiert; der Schwerpunkt liegt auf der aktuellen Kinderliteratur.

2. Die Bedeutung der Familie für die kindlichen Wege zur Literatur

Die prägende Rolle der Familie für das Verhältnis von Kindern zur Literatur ist gerade durch die internationalen Vergleichsuntersuchungen PISA und IGLU bestätigt worden. Auch die Erfurter Studie zur Entwicklung von Lesemotivation (vgl. Richter/Plath 2005) hat die große Bedeutung der Familie für die Motivation der Kinder zum Lesen erkennen lassen. Je größer der Buchbesitz im Haushalt ist, umso häufiger wird Kindern vorgelesen und umso weniger verfügen die Kinder über ein eigenes Fernsehgerät. Die Bildungsnähe des Elternhauses steht im direkten Zusammenhang mit der Leseleistung der Kinder und ihrem Interesse an Literatur. Das Vorlesen – auch während der Phase des Schriftspracherwerbs im Grundschulalter – wirkt signifikant nachweisbar lesemotivierend wie auch das Interesse der Eltern am kindlichen Freizeitlesen und deren Bereitschaft, mit Kindern über Gelesenes zu kommunizieren (vgl. Richter 2002, S. 126f.).

Die Erfurter Studie hat ebenso wie die internationalen Vergleichsuntersuchungen erkennen lassen, dass es der deutschen Schule nicht gelingt, soziale Benachteiligungen von Kindern aus bildungsfernen Familien und Familien mit Migrationshintergrund auszugleichen. Im Unterschied zu anderen Ländern sind in Deutschland die Bildungschancen eng an die soziale Herkunft gebunden – das trifft auf das Verhältnis zu Literatur und Lesen in besonderer Weise zu. Auf diesem Hintergrund stellt sich die Frage, inwieweit defizitäre Situationen in der Familie – bezogen auf Bildung und Literatur – durch andere Institutionen ausgeglichen werden können.

Wie gravierend diese Erkenntnis auch für die Zukunft ist, zeigt die demografische Entwicklung. Wenn in Akademikerfamilien immer weniger Kinder geboren werden, steigt die Anzahl der Kinder, die nur in der Schule und in öffentlichen Räumen Impulse zum Lesen erfahren. Dieser Tatbestand verweist darauf, dass Familie niemals isoliert betrachtet werden darf, sondern dass die Familie und verschiedene Räume des gesellschaftlichen Umfeldes im Kontext gesehen werden müssen. Insofern hat das PISA-Ergebnis mit seinem Negativbefund zur Einstellung der Heranwachsenden gegenüber der Literatur – 42 Prozent aller deutschen Jugendlichen und sogar 55 Prozent der Jungen gaben an, nicht mit Vergnügen zu lesen (vgl. Baumert 2002, S. 241) – u. a. dazu geführt, über öffentliche Vorlese-Projekte nachzudenken.

Neben vielen regionalen Aktionen existieren inzwischen zwei deutschlandweite Initiativen zum Vorlesen: „Deutschland liest vor“ (eine Initiative der Körber-Stiftung) und „Lesen überall“ (eine Initiative der „Zeit“ und der Stiftung Lesen). Das Ziel dieser Bemühungen verbindet sich vor allem mit der Erkenntnis, dass gerade Kinder aus unterprivilegierten oder auch geistig anregungsarmen deutschen Familien sowie aus Familien mit Migrationshintergrund die Anregung zum Lesen in öffentlichen Räumen erfahren müssen.

In diesem Kontext ist es erforderlich, über die Besonderheiten des frühen Umgangs mit Literatur in der Familie nachzudenken und dabei den Kindheitswandel angesichts der modernen Medien mit ins Kalkül zu ziehen. Erst auf dieser Basis ist es möglich danach zu fragen, welche Elemente familialer Begegnung mit Literatur auf andere Räume übertragbar sind.

Bereits vor dem „Schriftspracherwerb“ werden Kindern Geschichten vorgelesen, erzählt oder über „Bildwelten“ (Illustrationen, Fernsehen, Computer-Szenarien) und Hörmedien (Hörspiele, erzählte bzw. gelesene Literatur) präsentiert. Angesichts ihrer Vielschichtigkeit erscheinen die „Welterfahrungen“ über die Schrift in den Anfängen des Lesens zunächst eher bescheiden und erfüllen kaum die Erwartungen der Kinder, die heute auf Grund der komplexen Medienwelten entstanden sind. Wenn vom Fernsehen als attraktivem Konkurrenzmedium gegenüber dem Buch gesprochen wird, dann gilt es, diesen entscheidenden Wandel von Kindheit im Blick zu haben: Kindliche Zugänge zu Geschichte und Geschichten, zu Erlebnissen und Ereignissen sind im Unterschied zu früheren Epochen weitaus weniger an die Schrift gebunden.

Gerade in den letzten Jahren rückten – in Verbindung mit der Entwicklung von Lesemotivation – das Vorlesen und Erzählen wieder ins Zentrum der Betrachtung.

Es gibt Beobachtungen, dass sich gut erzählte Geschichten bei Kindern – im Unterschied zu den Bildern der „neuen“ Medien – weitaus länger speichern und noch nach Jahren abrufbar sind (vgl. Merkel 1991, S. 94f.). Professionelle Erzähler beschreiben Kinder im Grundschulalter als die Altersgruppe, die sich im „eigentlichen Erzählalter“ befindet. Der Erwachsene, der fesselnd zu erzählen weiß, leistet auch einen Beitrag zur literarischen Sozialisation oder zum literarischen Lernen und kann Neugier auf Geschichten wecken, denen Kinder dann in der fiktionalen Literatur begegnen.

Die Faszination, die beim Erzählen entstehen kann, resultiert daraus, dass sich ein Geschehen nicht vor den Augen, sondern im Kopf der Zuhörer dank deren Imaginationskraft abspielt. Das immer wieder betonte Entstehen innerer Bilder ist mit diesem Vorgang verbunden, der sich eindeutig von der Wahrnehmung der AV-Medien abhebt. Die Intensität des Zuhörens, die beim gelungenen Erzählen entstehen kann, erklärt sich aus dem Bedürfnis, sich von der Flut der medialen Bilder abzuheben und sich ein *eigenes* Bild zu machen (vgl. Wardetzky 2003, S. 85f.).

Wege wie die oben skizzierten können ebenso eine positive Veränderung bewirken wie Projekte zum Vorlesen. Unsere empirische Erhebung zur Lesemotivation hat eindeutig belegt, dass das Vorlesen in der Phase des Schriftspracherwerbs Lesemotivation auslöst. Das mit audiovisuellen Szenarien vertraute Kind kann im Vorlesen die Faszination literarischer Geschichten über eine „Klangwelt" erfahren und auf diese Weise erleben, was literarische Texte gegenüber anderen Medien auszeichnet.

3. Besonderheiten der Zugänge zu Literatur in der Familie am Beispiel des Bilderbuches

Die literarische Sozialisation, die das Kind in der Familie erfährt, lässt sich am deutlichsten am Umgang mit Bilderbuch und Bilderbuchgeschichten zeigen, obwohl bereits in den ersten Lebensmonaten das Erleben der Mutter-Sprache den Weg in die Literarität öffnet (vgl. Dehn 1999, S. 33-46). In einer grundlegenden Arbeit (vgl. Wieler 1997) wurde das Vorlesen in der Familie an Fallstudien zur literarisch-kulturellen Sozialisation von Vierjährigen dargestellt und der große Unterschied dieser Zugänge zur Literatur in Familien mit unterschiedlichem sozialen Status erkennbar gemacht. Während im Mittel- und Oberschicht-Milieu eine enge thematische Verflechtung von Vorlesegesprächen und alltäglichen Lebens- und Gesprächszusammenhängen erkennbar ist, kann diese Verflechtung für Familien aus der unteren sozialen Schicht nicht nachgewiesen werden (vgl. Wieler 1997, S. 317). Die Untersuchung offenbarte die bedeutsame Rolle des vorlesenden Erwachsenen bei der Ausprägung des kindlichen Bedeutungskonzeptes. Von ihm ist es wesentlich abhängig, „in welchem Ausmaß es den Vierjährigen gelingt, sich durch die Vergegenwärtigung von (prototypischen) Alltagserfahrungen und deren Überschreitung in einen Bereich zukunftsorientierter Imagination eine Vorstellung von der fiktiven Wirklichkeit der Bilderbuchgeschichte in ihrer Differenz zur alltäglichen Realität zu erarbeiten" (Wieler 1997, S. 315).

Die besondere Stellung der anspruchsvollen Bilderbuchgeschichte innerhalb der literarischen Sozialisation auch über das Kleinkindalter hinaus besteht in der Möglichkeit, über die Illustration und Texterschließung den ganz individuellen Weg zur Geschichte zu finden und Barrieren im Textverständnis allmählich zu überwinden. Noch eine weitere Voraussetzung, die verkürzt mit dem Begriff „Medienkindheit" umrissen werden soll, spricht für die Wahl von Bilderbuchgeschichten vor und in der Phase des Schriftspracherwerbs: Kinder haben auf Grund ihrer frühen Prägungen durch visuelle Welten (Bilder in Print- und AV-Medien) oft eine erstaunliche Fähigkeit, Bildsprache zu decodieren.

Neben diesen Voraussetzungen *im Kinde selbst* sprechen auch andere Faktoren für eine gemeinsame Lektüre von Erwachsenen und Kindern im Umgang mit Bilderbuchgeschichten: Über das Betrachten der Bilder, das Vorlesen des Textes, das Gespräch stellt sich eine bemerkenswerte Intimität und ein reger – auch emotional bedeutsamer – Austausch her. Die Anlage moderner Bilderbücher in ihrer Doppeladressierung ermöglicht einen gemeinsamen „Lesegenuss", weil die unterschiedlichen Schichten, die sich an Kinder und Erwachsene richten, ein gemeinsames Vergnügen ermöglichen, obwohl vielleicht über völlig unterschiedliche Aspekte geschmunzelt, gelacht und nachgedacht wird. In diesem Kontext ist es von besonderer Bedeutung, dass der Erwachsene nicht nur dem Kind eine Geschichte „präsentiert", die für ihn selbst nicht bedeutsam ist, die ihn deshalb nicht berührt, die er nur weitergibt. Moderne Bilderbücher garantieren einen Genuss für Kinder und Erwachsene – dieser Tatbestand ist für die Qualität im Umgang mit dem „Lektüreobjekt" und für die soziokommunikativen Zusammenhänge bedeutsam, weil auf diese Weise eine Praxis des Erzählens und Zuhörens entstehen kann, die gerade in der Familie eine wichtige Gemeinsamkeit stiftet (vgl. Ehlich 1980, S. 278).

Solche Wege können die Besonderheiten des Mediums Buch erleben lassen, ohne es als „vorbildhaftes Maß" den „kritikwürdigen" neuen Medien gegenüberzustellen. Es ist immer erfolgreicher, Kinder durch die Wahl geeigneter Texte und Zugangsweisen das „mythische Element der Literatur" (Franz Fühmann) erleben zu lassen und es in den Kontext anderer Medien zu stellen, als auf das (folgenlose) Verteufeln des Konkurrenzmediums „Fernsehen" setzen zu wollen.

Ohnehin haben grundlegende Untersuchungen zur Lesesozialisation in der Familie (vgl. Hurrelmann 1993; Wieler 1997) erkennen lassen, dass das gelebte Vorbild der Eltern weitaus bedeutsamer ist als bloße Appelle: „Eltern, die nicht nur die Lesefreude ihres Kindes hochschätzen, sondern auch in der Wahrnehmung ihrer Kinder selbst gern lesen, unterstützen die kindliche Lesepraxis am wirksamsten" (Hurrelmann 1993, S. 40f.). Die Familie als wichtige Instanz der Lesesozialisation von Kindern offenbart viele Facetten. Zunächst ist erkennbar, dass die Kinder ihre Haltung gegenüber dem Lesen und ihre Erfahrungen im Umgang mit Literatur im Zusammenhang mit einer gemeinsamen kulturellen Praxis in der Familie ausprägen (vgl. ebd., S. 39). Die Anregung zur Literatur und die Kommunikation über sie ist sehr stark an die Mutter gebunden, während die Väter in diesem Kontext eher weniger aktiv wirken. Wenn diese allerdings Kommunikationsinteresse zeigen, hat das eine bedeutsame Wirkung auf Kinder (vgl. ebd., S. 39). Dagegen wirkt sich ein hoher Anspruch der Mutter gegenüber der Lesepraxis des Kindes negativ aus, wenn das Kind die Mutter selbst als wenig leseinteressiert wahrnimmt" (ebd., S. 41).

Das auch durch PISA und IGLU bestätigte geringere Interesse von Jungen am Lesen dürfte auch mit den geringen Aktivitäten der Väter auf diesem Feld im Zusammenhang stehen. In einer empirischen Studie konnte nachgewiesen werden, dass Kinder, die von beiden Eltern im Umgang mit Literatur befördert werden, die besten Chancen für ihre Leseentwicklung haben (vgl. ebd., S. 42). Zudem scheint das Familienklima Einfluss auf das Lesen insofern zu haben, als ein anregendes Beziehungsklima, das gemeinsame Freizeitaktivitäten beinhaltet, auch häufig den Rahmen für ein günstiges Leseklima bildet (vgl. ebd., S. 47).

4. „Familie" als Thema in der Literatur für junge Leser

Familie war bereits in den frühen literarischen Formen und Genres dominantes Thema. Das *Märchen* ist in vielen Elementen eine Familiengeschichte, noch dazu eine von höchst dramatischer Zugespitztheit, die nicht selten ihren Ausgangspunkt in einer familiären Krise nimmt. Erstaunlich ist, dass auch Studierende – nach ihrem Verhältnis zum oder ihrer Erinnerung an Märchen befragt – angeben, dass sie am Märchen die darin dargestellte heile Welt lieben. Das „gute Ende" scheint derart zu beeindrucken, dass die „mörderischen" Konflikte vergessen bzw. verdrängt werden. Die Bedrohung der Kinder durch die Mutter (die nicht selten erst in „bearbeiteten" Ausgaben zur Stiefmutter wurde) bildet oft den Ausgangspunkt des Märchens und die Notsituation, aus der die Kinder durch eigenes Handeln – gepaart mit dem Wunder – erlöst werden. Aus meiner Sicht hat die Dominanz der psychoanalytischen Deutung von Märchen – gerade mit Blick auf die Familie – die Vielschichtigkeit der im Märchen gestalteten Familienbeziehungen eher verdeckt als erhellt. Dabei zeigen gerade die bekanntesten Märchen eine Fülle von Familiensituationen, sowohl mit Blick auf die Eltern-Kind-Beziehung, die Stellung der Generationen im familialen und gesellschaftlichen Kontext und die sozialen Rollen von Vater- und Mutterfiguren. An einigen wenigen Beispielen seien diese spezifischen Familiendarstellungen beleuchtet:

Der oft in der Erinnerung an das Märchen *„Dornröschen"* vergessene Ausgangspunkt ist bedeutsam. „Dornröschen" erzählt von dem Wunsch eines Paares nach einem Kind, und da dieser lange unerfüllt blieb, sind die Eltern nach der „Erfüllung" mit Kräften bemüht, alle Gefahren von ihrem Kind abzuwenden. Die Feier der Geburt mit der Einladung der Feen steht neben diesem Kontext aber noch im Bezug zu einem Ritual, das sich bis heute erhalten hat: Das freudige Ereignis in der Familie, das immer wieder einen Neubeginn und zugleich eine Fortsetzung bedeutet, wird gefeiert und bildet dabei zugleich eine Brücke zwischen der Familie und dem gesellschaftlichen Nahraum. Die Freude verbindet sich jedoch mit der Sorge um mögliches Unglück und Gefahren, die dem Kind drohen. Diese Bedrohung ist in „Dornröschen" stets spürbar (Auftreten der bösen Fee, Verbrennen der Spindeln). Dennoch sticht sich Dornröschen am 15. Geburtstag an einer Spindel, und gerade an diesem (auch in der Voraussage bedrohlichen) Tag sind – seltsamerweise – die besorgten Eltern nicht in seiner Nähe. Damit wird im Erzählen die Ansicht bzw. Erfahrung präsent, dass der elterlichen Absicht, das Kind vor Gefahren bewahren zu wollen, Grenzen gesetzt sind und man dem Schicksal, der Vorbestimmtheit des Lebens, nicht entfliehen kann.

Auch wenn die Märchenforschung niemals zur Rekonstruktion der Erzählsituationen jener Vorzeiten vordringen kann und manches im Hypothetischen verbleiben muss, so offenbart sich doch, dass im Märchen als altem Kulturgut in einer Welt der Wunder durchaus Reales und auch Gegenwärtiges erzählt wird, in deren Zusammenhang der Familie eine besondere Rolle zukommt.

Auf diese Weise erhalten manche eher als Kleinkindgeschichten begriffene Märchen eine neue Bedeutungsschicht: *„Die Bremer Stadtmusikanten"* erzählen in gleichsam parabelhafter Weise vom Ausgegrenztsein alter Menschen, von ihrer Suche nach einem Neubeginn. Damit wird ein Vorgang transparent, der insofern zeitlos ist, als er sich immer wiederholt; und er ist zugleich zeitgebunden, weil er immer ganz konkrete Erscheinungsformen sowohl in der Familie als auch in der Gesellschaft insgesamt aufweist. Die Beispiele ließen sich fortführen und könnten verdeutlichen, dass das Märchen tatsächlich alle existenziellen Grundkonstellationen und -situationen in der Familie spiegelt: Geburt, Hochzeit, Krankheit, Tod, krisenhafte Beziehungen zwischen Eltern und Kindern, zwischen den Geschlechtern werden ebenso dargestellt wie tiefe Bindungen zwischen Kindern, Eltern und Geschwistern. Eines der schönsten deutschen Märchen *„Brüderchen und Schwesterchen"* enthält in deutlicher Ausprägung gerade jenes zuletzt genannte Element, das verständlich macht, warum der König als Ehemann in der Schluss-Sequenz ohne Bedeutung und nur das weitere Zusammenleben der Geschwister wichtig ist.

Auch in der *Kinderliteratur der Aufklärung* ist die Darstellung familiärer Situationen ganz zentral: Der Wandel der Familienstrukturen, der sich in dieser Zeit vollzieht und zur Herausbildung der bürgerlichen Kleinfamilie führt, findet seinen Niederschlag auch in der eigens an Heranwachsende gerichteten Literatur. Das Ideal der Familie und der in ihr „idealtypischen" Beziehungen bilden den Hintergrund der Kinderliteratur jener Zeit (vgl. Wild 1990, S. 54-90). In nicht wenigen Texten – auch in jenen der Kinderzeitschriften – stehen die Gespräche in der Familie im Zentrum der Rahmenhandlung. Auf der inhaltlichen Ebene rückt die Darstellung des Lernens und der unterrichtlichen Unterweisung durch Erwachsene in den Mittelpunkt. In dem wohl wichtigsten Kinder- und Jugendbuch der deutschen Aufklärung – *Joachim Heinrich Campes „Robinson der Jüngere"* (1779) – wird in der Rahmenhandlung eine Erzählsituation gewählt, die einer Art „Lernprozess" gleichzusetzen ist und in der sich die familiäre Kommunikation zum sozialen Nahraum hin weitet. Ein Vater erzählt seiner Tochter und den Kindern befreundeter Familien die Geschichte von Robinson und verbindet diese „Erzählung" mit der Vermittlung von Kenntnissen aus verschiedenen Sachgebieten und einer moralischen Belehrung, indem vor allem Robinsons Tun einer kritischen Analyse unterzogen wird. Nicht die Abenteuer des Robinson sind der Kern des Erzählens, sondern pädagogische Unterweisungen und moralisch-ethische Grundsätze. Bezogen auf die Beziehungen zwischen den Familienmitgliedern und deren Bedeutung innerhalb der Familie fallen zwei Aspekte auf: die Dominanz des Vaters und die Generationsbeziehungen, die auf autoritären Strukturen basieren. Der Erwachsene, der in den fiktiven kinderliterarischen Texten die Kinder in ihrem Tun bestimmt, ist der Vater (vgl. Wild 1990, S. 67). „Vater" wird gleichsam zum Ehrentitel, der selbst in der Schule als literarischem Handlungsraum Verwendung findet. Den Müttern kommt dagegen in den Gesprächen nur eine marginale Rolle zu, sie sind Nebenfiguren und ihr Handlungsspielraum ist zumeist auf die Küche und auf den Umgang mit kleineren Kindern beschränkt. Kinder im Schulalter sind eindeutig den Väterfiguren zugeordnet.

Während in der Kinder- und Jugendliteratur der Aufklärung das Kind das zu erziehende und bildende Wesen ist, das den Unterweisungen der Erwachsenen zu folgen hat, ist das Kind in der romantischen Kinderliteratur das idealtypische Modell, das Ideal. Eine Verklärung kindlicher Wesen nimmt hier ihren Anfang, die auch in späteren Literaturperioden in einem „Mythos vom Kinde" ihren Ausdruck findet. Die *Romantik* hebt sich kritisch von den Erziehungspraktiken in den fiktiven Familien der Aufklärungsphase ab. Kinder erscheinen in den romantischen Texten eher als gefährdete Wesen, wenn sie sich der Erziehung durch Erwachsene ausgesetzt sehen. Ein sprechendes Beispiel dafür ist *E.T.A. Hoffmanns* Kunstmärchen *„Das fremde Kind"*, das 1817 direkt als Lektüre für Kinder veröffentlicht wurde. Es folgte dem damals äußerst kritisch reflektierten Märchen *„Nussknacker und Mausekönig"* (1816), das von einer bürgerlichen Familien erzählt, in die in bedrohlicher Weise das Phantastische einbricht, das die Kindfigur in starkem Maße verunsichert. Im „Fremden Kind" begegnet der Leser zunächst der familiären Idylle einer verarmten Landadelsfamilie, in der die beiden Kinder in der Einheit mit der Natur aufwachsen. Die dem Feinen und Gekünstelten zugeneigte Mutter stimmt in ihrer Befürchtung, dass ihren Kindern die Wissenschaften und die Bildung fehlen, der Entsendung eines Hauslehrers durch die reichen Stadtverwandten zu. Hauslehrer und Bildung werden aber nicht als Gewinn für die Familie und die kindliche Entwicklung dargestellt, sondern die Erziehung durch jenen Magister Tinte ist mit psychischer und physischer Gewalt gegenüber den Kindern und mit einer Loslösung aus ihrer natürlichen Umwelt verbunden. Der teuflische Pädagoge, der den Willen der Kinder brechen und sie zum Gehorsam erziehen will, erscheint im Text in zweifacher Gestalt: in der realen Ebene als Hauslehrer Magister Tinte und in der phantastischen Welt als Gnomenkönig. In dieser Ebene ist er der bedrohliche Gegenspieler der Figur des „Fremden Kindes", die die beseelte Natur und die Retterin der kindlichen Bedürfnisse verkörpert.

Dass die gewaltsame Brechung kindlicher Natürlichkeit mit einer grotesken und Grauen erregenden Lehrerfigur in Verbindung gebracht wird, ist im romantischen Kontext und Diskurs kein Zufall und deutet auf eine kritische Haltung gegenüber der spätaufklärerischen Kinderliteratur und ihren Bildungs- und Erziehungskonzepten. Auch Ludwig Tieck lässt seinen Peter Leberecht der Pflegemutter dafür danken, dass sie ihn „nach keinem Elementarwerke oder Kinderfreunde, in keinem Philanthropin und Schnepfenthal verbildete".

Im „Fremden Kind" ist am Ende die Familienidylle zerbrochen: der Vater stirbt in seiner unstillbaren, tödlichen Sehnsucht nach einem reichen, natürlichen, phantasiereichen Leben. Die Mutter bleibt als hilflose Person zurück und die Kinder leben nach dem Verlust jeglichen materiellen Besitzes glücklich in ihrer engen Beziehung zur mythischen Figur des Fremden Kindes. Mit Blick auch auf andere kinderliterarische Texte der Romantik könnte man zu folgendem Schluss gelangen: Die Beziehungen zwischen Eltern und Kindern in der Familie offenbaren, dass die Kinder allein gelassen und auf sich selbst verwiesen sind und die Erwachsenen als „Ratgeber" versagen. Deren einseitiger Blick auf Welt mit dem damit verbundenen Nützlichkeitsdenken und einer rationalen Gesellschaftsbetrachtung führt eher zu Irrwegen und bedeutet keine Unterstützung für die Ausprägung einer erfüllten Kindheit.

Kindliche Wesen ernst zu nehmen, lag sowohl im Impetus der Aufklärung als auch der Romantik – wenn auch in beiden Perioden mit völlig unterschiedlicher Akzentsetzung. Vielleicht kann man es so formulieren: Die Aufklärer sahen eher das reale Kind und zielten mit ihren Unterweisungen auf ein vorbildliches Erwachsenensein und eine Bewährung der Heranwachsenden in ihren späteren rationalen Tätigkeitsfeldern. Die Romantiker sahen das ideale Kind und formten es zu einem mythischen Wesen, in dem sie selbst ihre Sehnsüchte zum Ausdruck brachten und ihre kritische Sicht gegenüber der Dominanz von Ratio, Nützlichkeit und materiellem Gewinn in der Gesellschaft versinnbildlichten.

Seit dem *Biedermeier* bis weit in das 20. Jahrhundert hinein zeigen die in der Kinderliteratur gezeichneten Familienbilder eher ihre Nähe zur aufklärerischen Kinderliteratur als zu der der Romantik. Das betrifft vor allem die Dominanz der Elternfiguren gegenüber den Kindern, die kein partnerschaftliches Verhältnis zum Ausdruck bringt. Als Prototyp dieser Literatur gilt bis heute *Heinrich Hoffmanns „Struwwelpeter"* (1845), der immer noch kontrovers interpretiert wird. Dass Hoffmanns Bilderbuchgeschichten über Jahrzehnte zu einem weit verbreiteten Kinderbuchklassiker zählten und in den unterschiedlichsten Schichten gelesen und vor allem vorgelesen wurden, hing mit den in ihnen enthaltenen Beispielgeschichten zusammen, die zur Unterstützung der familiären Erziehung dienten. Meines Erachtens sind es drei grundlegende Aspekte, die den „Struwwelpeter" zu einem der erfolgreichsten Bücher auf dem deutschen Buchmarkt überhaupt machten und die zum Teil auf gegensätzlichen – oder sich auch scheinbar widersprechenden – Lesarten beruhen:

- Große Abnahme fand die Bildergeschichte bei Eltern, die die Hoffmannschen Warngeschichten als solche ernst nahmen und auf diese Weise ihre Kinder erziehen wollten.

- Auf eine bemerkenswerte Resonanz stieß das Bilderbuch bei Erwachsenen, die Freude am Normverstoß empfanden und begriffen, dass Hoffmann einerseits die Tendenz seiner Zeit an Besserungsgeschichten bedient und sie anderseits durch Übertreibung, satirischen Gestus und reizvollem Gegensatz zwischen Text und Bild unterläuft.
- Die „Offenheit" der Text-Bild-Ebene für andere Inhalte führte zu einer Fülle von Abwandlungen und Parodien unterschiedlichster ästhetischer Qualität. Diese wiederum trugen dazu bei, dass das Hoffmannsche Original lebendig blieb und eine „Rückkehr" zum Ursprungstext zumeist mit neuen Entdeckungen verbunden war.

Die Doppelbödigkeit des „Struwwelpeter" und seine Originalität sind der entscheidende Grund für seine lebendige Wirkungsgeschichte, für die unterschiedlichen, sich oft diametral entgegenstehenden Lesarten und sicher auch dafür, dass man den Eindruck hat, mit der Geschichte nie „ganz fertig zu sein" und sich immer noch auf der Suche nach deren „eigentlichem" Charakter zu befinden.

Der „Struwwelpeter" widerspiegelt ohne Zweifel die Erziehungsvorstellungen und „erwachsenen Normen" der Zeit. In ihm wird in Beispielgeschichten ein Kind beim Spiel oder im spielerischen (kindlichen) Umgang mit den Dingen gezeigt. Die Art des Ausgangs der einzelnen Geschichte führt entweder dem Protagonisten vor, wie falsch sein Tun war – unter dem Motto: Wer nicht hören will, muss fühlen. Oder dem Leser wird am Beispiel des „bösen Endes", der Strafe, deutlich, wohin letztendlich böses Tun führt. Und doch gehen die Geschichten in dieser Interpretation nicht ganz auf. Zum einen warnen sie auch vor den Gefahren kindlichen Spiels – etwa mit dem Feuer. Hierin eine Prügelpädagogik zu sehen, will nicht recht einleuchten.

Der bekannte „Zappelphilipp" verdient ein genaues Hinschauen und Lesen, ehe man ein Urteil fällt. Das Kippeln des Kindes als lustvolles Spiel wird zwar mit dem Umstürzen des Stuhles bestraft, doch weitere Strafen richten sich an die Eltern, die eher als merkwürdige, denn als würdige Erziehungspersonen erscheinen. Der Gedanke an eine Ironisierung lässt sich hier kaum abwenden (vgl. Wild 1990, S. 150ff.). Man denke an die Verse – *„Vater ist in großer Not, Und die Mutter blicket stumm Auf dem ganzen Tisch herum"* – und erinnere sich der bildhaften Darstellung der Eltern, insbesondere der Mutter. Das Erscheinungsbild der Familie im „Struwwelpeter" ist ambivalent: Die Erwachsenen warnen und mahnen, indes ihre „Erziehungsgesten" werden von den Kindern nicht ernst genommen – mit der Folge, dass die Kinder Schaden nehmen. Dieser Schaden gerät aber zu einer Übertreibung, die sich wiederum selbst dem Ernstnehmen verweigert. Man könnte den „Struwwelpeter" auch so interpretieren, dass die Beispielgeschichten in keiner Weise eine gelingende Erziehung zeigen. Insofern erzählen sie nicht nur davon, dass die Kinder Schaden nehmen, wenn sie den Ermahnungen der Erwachsenen nicht folgen, sondern sie offenbaren vor allem, dass die Erwachsenen versagen. In keiner Geschichte findet eine gelingende Eltern-Kind-Beziehung ihren Ausdruck (vgl. Richter 2001, S. 112-116).

Eine Problematisierung der Familienbeziehungen, der Kontakte zwischen Eltern und Kindern oder auch der Familienhierarchien und der Geschlechterrollen lag lange Zeit außerhalb der Vorstellungen von einer an Kinder gerichteten Literatur. Die in der Folge des Biedermeier bis weit in die zweite Hälfte des 20. Jahrhunderts hinein entstehende Kinderliteratur war – wenn sie den Familienalltag darstellte – zumeist mit der Idealisierung der Mutterfigur und der Selbstverständlichkeit der Dankbarkeit gegenüber den Eltern verbunden. Festgefügte Rollen in Familie und Gesellschaft waren für diese Literatur charakteristisch, wie in besonderer Weise die Mädchenliteratur widerspiegelt. Selbst die reformpädagogischen Bestrebungen und die Jugendschriftenbewegung an der Wende vom 19. zum

20. Jahrhundert führten im wesentlichen nicht dazu, Konflikte und Probleme in Familie und Gesellschaft zu thematisieren. Mit pädagogischen Argumenten der Erhaltung des kindlichen Schonraumes wurden andere Ansichten gleichsam abgedrängt.

Eine singuläre Erscheinung in der ersten Hälfte des 20. Jahrhunderts stellt das kinderliterarische Werk von *Erich Kästner* dar – gerade auch in Hinblick auf die Darstellung sozialer Fragen und der Stellung des Kindes in Familie und Gesellschaft. Indem sich der Autor zum Anwalt der Kinder erhebt, gestaltet er in seinen fiktiven Welten vornehmlich zwei Elemente: Er erzählt von den Benachteiligungen, die sich für Kinder durch das Fehlverhalten von Eltern und anderen Erwachsenen ergeben, und er stilisiert die Kinder zu einem „gelungeneren Entwurf vom Menschen". Auch wenn Kästner seine Kindfiguren aus der Alltagswelt der Familie löst, so spielt doch gerade für die Entwicklung der Sinnpotenzials der Kinderromane die Familie eine geradezu dominante Rolle. Die Familien der „kleinen Leute" erhalten dabei eher eine positive Zeichnung als die der Begüterten. Die Beziehung zwischen Emil und seiner Mutter zeichnet sich durch eine tiefe Zuneigung aus; dagegen wird am Beispiel des Professors gezeigt, dass Geld zu einer Lockerung sozialer Beziehung führt (*„Emil und die Detektive"*). Dass diese Kennzeichnung nicht zufällig ist, zeigt ein Blick in andere Texte des Autors: Dieselbe polarisierende Darstellung erfolgt in *„Pünktchen und Anton"*. Der engen Verbundenheit zwischen Anton und seiner Mutter, die finanziell unterbemittelt sind, wird mit Pünktchen und ihrer Mutter eine Mutter-Kind-Beziehung gegenübergestellt, der eine emotionale Nähe und tiefe Liebe fremd ist. Pünktchens Mutter muss nicht für den Unterhalt der Familie sorgen, dennoch hat sie kein Interesse an ihrer Tochter und gibt sich nur oberflächlichen Beschäftigungen hin. Im *„Fliegenden Klassenzimmer"* führt die Zerrüttung einer Ehe dazu, dass das Kind gleichsam ausgesetzt wird. Dagegen sind die Beziehungen zwischen der Hauptfigur Martin und seinen Eltern trotz deren Armut von Liebe gekennzeichnet. Im „Doppelten Lottchen" sind es die Eltern, die durch ihre Kinder zur Vernunft geführt werden; die Kinder ordnen die Familienverhältnisse wieder so, dass Kinder und Eltern glücklich miteinander leben können. Hinter der Zeichnung der Kindfiguren steht ein „Mythos vom Kinde": Die Kindfiguren sind Träger idealer Werte und werden auf diese Weise als eine Art Korrektiv der Welt der Erwachsenen gegenübergestellt. Eine derartige Strukturierung weisen nicht wenige Texte auf, die als Klassiker der Kinderliteratur bis heute eine breite Wirkung erzielen und gerade durch ihre Verfilmung präsent sind: *Johanna Spyri „Heidi" (1880/81); Michael Ende „Momo" (1974); Lisa Tetzner „Kinder-Odyssee"; Antoine de Saint-Exupery „Der kleine Prinz" (1943).*

In keiner Periode der kinderliterarischen Entwicklung erhielt die Familie eine so differenzierte und vielschichtige Darstellung wie in *gegenwärtiger Zeit*. Gerade die Texte, in denen die Familienproblematik zentral ist, weisen einen doppelten Adressatenbezug auf: Nicht wenige Momente des Sinnpotenzials richten sich an den erwachsenen Leser. Das bedeutet zugleich, dass sich dieses Sinnpotenzial nur entfalten kann, wenn die Texte eine Kommunikation zwischen den Generationen befördern. Am Beispiel der kinderliterarischen Texte von drei Autoren, die die gegenwärtige Kinder- und Jugendliteratur entscheidend prägen, werden im Folgenden die unterschiedlichen Akzente des Blickes auf Familie verdeutlicht.

Eine der wichtigsten Autorinnen der deutschen Kinder- und Jugendliteratur – *Kirsten Boie* – zeichnet in ihren Kinderromanen eine Fülle von „Familienszenen", die zum einen Widerspiegelung tatsächlicher Familienprobleme darstellen und zum anderen als modellhafte Gegenentwürfe Nachdenken provozieren wollen. Im Zentrum ihres Erzählens stehen dabei die Wandlungen im Verhältnis von Erwachsenen und Kindern ebenso wie das Weiterwirken traditioneller Geschlechterrollen in der Familie bei gleichzeitiger Erkenntnis ihrer Brüchigkeit. Dabei interessiert in besonderer Weise, wie Kinder diese „Spannungen" wahrnehmen, sich mit ihnen auseinandersetzen und welchen Weg ihrer „Bewältigung" sie finden.

In ihrem Kinderbuch mit dem merkwürdigen Titel *„Das Ausgleichskind"* (1990) beschreibt die Autorin aus der Sicht der Halbwüchsigen Margret vielfältige Probleme im Zusammenleben zwischen Heranwachsenden und ihren Eltern und Lehrern. Es geht dabei nicht nur um kindliche, jugendliche oder erwachsene Vorstellungen von den *richtigen* Lebensmustern, sondern darüber hinaus um Fragen von gesellschaftlicher Brisanz. Verhalten von Erwachsenen in Familie und Schule wird dabei kritisch beleuchtet:

Der Lehrer, der seine Schüler immer zu kritischem Denken aufgefordert hat, zieht sich zurück, als seine Schüler tatsächlich etwas tun und etwas als fragwürdig Empfundenes nicht wie ihr Lehrer nur auf der gedanklichen Ebene erörtern wollen, sondern Veränderungen anstreben.

Dem anfänglichen Lob für das Engagement der Jugendlichen steht sehr schnell die Distanz der Erwachsenen gegenüber, die sich in ihrer Anpassung an Gegebenes bedroht sehen und Margrets Mutter hat Furcht davor, die Tochter könne sich an einer Aktion beteiligen, die ihr letztendlich in ihrer Entwicklung schadet. Die Mutterrolle wird im Text äußerst kritisch hinterfragt: Das „sekundäre" Sein als Hausfrau führt dazu, dass die Mutter ihren Wert über die Leistungen von Töchtern und Mann definiert. Auf diese Weise unterliegen alle einem auffälligen Leistungsdruck, der das Familienklima gefährdet, zumal in dem sozialen Nahraum der Familie eine Darstellung erfolgt, die in eklatantem Widerspruch zu dem in der Familie tatsächlich gelebten Leben besteht. Am Ende steht für die Figuren und für den Leser die Frage nach der Sinnhaftigkeit derartiger Lebensmuster und Ersatzbefriedigungen.

Das auch sprachlich äußerst anspruchsvolle Buch bietet diese Probleme mit einem ironischen Blick, ohne die betroffenen Figuren zu desavouieren. Die durchaus kritisch gezeichnete Mutter wird nicht ironisiert; ihr Streben, über den Erfolg von Mann und Kindern auch dem eigenen Leben Wert zu verleihen, erscheint verständlich und zweifelhaft zugleich.

Der Text bestätigt ein Charakteristikum heutiger Kinderliteratur: Die Erwachsenen sind keine Autoritätspersonen mehr. Aber sie verdienen von Personen der jungen Generation nicht nur Kritik und Distanz, sondern Verständnis als möglichen Ausgangspunkt für Veränderung. Dass allerdings Wandlungen auf Seiten der Erwachsenen erforderlich sind, wenn sich harmonische Beziehungen zwischen den Generationen entfalten sollen, daran lässt die Geschichte keinen Zweifel.

Die Instabilität und Pluralität heutiger Familienbeziehungen ist Gegenstand eines weiteren Kinderromans von Kirsten Boie: Hinter dem Titel *„Man darf mit dem Glück nicht drängelig sein"* (1997) verbirgt sich zunächst die Sehnsucht des elfjährigen Mädchens Anna nach familiärer Harmonie und die Erkenntnis, dass derartige Wünsche nicht so einfach zu realisieren sind. Annas Eltern sind geschieden, und mit der Urlaubsreise an der Seite des Vaters verbindet sich die Hoffnung, dass doch alles wieder so werden kann wie früher. Damit wird ein kindlicher Wunsch in der fiktiven Geschichte thematisiert, der auch von Familientherapeuten immer wieder hervorgehoben wird. Äußerst einfühlsam stellt die Autorin dar, wie die drei Kinder ihrem Alter entsprechend sehr unterschiedliche Verarbeitungsstrategien finden, um die Trennung der Eltern zu verarbeiten. Der Kinderroman zeigt die Kompliziertheit dieses Vorgangs, der auch am Ende des Textes nicht beendet ist. Kirsten

Boie lässt ihre Geschichte nicht in einer Heile-Welt-Situation enden, sondern sie setzt Akzente für eine Hoffnung, die sich nur partiell erfüllen lässt. Bezeichnenderweise hilft dem Mädchen in ihrem Verarbeitungsprozess nicht ein Erwachsener, sondern ein Gleichaltriger, der Ähnliches verarbeiten muss. Der Text begnügt sich nicht mit kleinen Fragen, sondern er insistiert auf ein Nachdenken über Glück und Kummer in familiären Beziehungen und über die Möglichkeit des einzelnen, in diesem Rahmen zu wirken. Wenn sich dieses Nachdenken in einer Eltern-Kind-Kommunikation entfalten könnte, würde dem Wirkungspotenzial des Textes am ehesten entsprochen.

Ähnlich anregende Gespräche ermöglicht ein weiterer Kinderroman der Autorin, der als einer der wenigen Texte der Kinder- und Jugendliteratur das traditionelle geschlechtsspezifische Rollenverhalten in der Familie und in anderen Sphären beleuchtet. In dem Kinderroman *„Mit Jakob wurde alles anders"* (1986) wird rückblickend aus der Sicht der 12-jährigen weiblichen Hauptfigur vom Rollentausch zwischen Vater und Mutter mit seinen gravierenden Auswirkungen auf die Familie erzählt. Dass die Geschichte – nach meinen Untersuchungen – bei zehn- bis vierzehnjährigen Kindern eine Irritation auslöst, entsprach den Erwartungen. Erstaunt hat mich allerdings, wie stark nach wie vor traditionelle Rollenbilder kindliche Denkmuster prägen und zwar die der Jungen wie der Mädchen gleichermaßen (vgl. Richter/Plath 2005, S. 166-172).

Der Kinderroman ist mit seiner Darstellung eines sozialen Experiments, das die tradierten Geschlechterrollen in der Familie in Frage stellt, eine singuläre Erscheinung in der Kinder- und Jugendliteratur.

Das Durchbrechen der Rollenmuster in der Familie führt zu Problemen und zeigt dennoch, welche Chancen in einer derartigen Öffnung der Familie liegen könnten. Boies fiktive Familie zeichnet sich gleichsam durch demokratische Umgangsformen aus: Die Kinder werden an dem „Experiment" beteiligt, mit ihnen wird auch das Gespräch gesucht, in dem es um das gemeinsame Finden von Lösungen geht. Die kindliche Protagonistin erlebt zwar die sie bedrückenden Auseinandersetzungen zwischen Mutter und Vater, aber die Gespräche mit der Mutter lösen diese Spannung. Die Kommunikation zwischen den beiden weiblichen Familienmitgliedern widerspiegelt aber noch mehr: Sie zeigt eine partnerschaftliche Beziehung. In ihre Suche nach einer Antwort auf wesentliche Fragen der Lebensgestaltung bezieht die Mutter ihre Tochter mit ein.

Dem Leser wird die Gewissheit vermittelt, dass das Experiment gelingen kann. Aber er erfährt auch von den Schwierigkeiten und Widerständen innerhalb und außerhalb der Familie. Nele blickt zuweilen mit Neid auf die scheinbar intakte Familie ihrer Freundin Katta, in der man den tradierten Rollen folgt und die Mutter neben dem Haushalt sich in verschiedenen Kursen „selbst verwirklicht". Doch am Ende wirkt diese Familie bedrohter als die Neles. Die Bilderbuchfamilie gibt ihre Brüchigkeit zu erkennen. Es wird deutlich, dass es oft nur eines kleinen Anstoßes bedarf, um scheinbar Festgefügtes, Vereinbartes zerbrechen zu lassen. Die Autorin gibt in diesen Szenen deutlich zu erkennen, dass diese Vereinbarungen nur funktionieren, wenn die Frau die ihr zugedachte Rolle, die für sie mit Einschränkungen verbunden ist, spielt.

Ich kenne kein Buch im kinderliterarischen Bereich, in dem so ernsthaft über diese grundlegenden Fragen der Rollen in der tradierten Familie „nachgedacht" wurde. Wichtig ist dabei, dass die Problematik der traditionellen Geschlechterrollen auch auf einer zweiten Ebene erzählt wird: In die Zeit der familiären Wandlungen fällt Neles Verliebtsein in einen Mitschüler. So selbstbewusst Nele scheint und tatsächlich auch ist, auf diesem Feld folgt sie lange den Hinweisen der Freundin über Möglichkeiten der erotisierenden Wirkung auf den Auserwählten des anderen Geschlechts: Doch weder ihr Parfüm noch der verführerische Gang und die auffällige Frisur – alles äußerliche Attribute, die Neles Wesen verfälschen – verfangen beim „Objekt ihrer Begierde". Die untauglichen Versuche des Mädchens offenbaren den Gegensatz zwischen der Stärke dieser weiblichen Figur und deren Anspruch gegenüber dem männlichen Geschlecht.

In verschiedenen Unterrichtsversuchen und in Interviews mit Jungen und Mädchen im mittleren Schulalter versuchte ich im Detail die Wirkungen dieses Textes auf Kinder zu erfassen. Den Hintergrund für diese Versuche bildete nicht zuletzt ein Ergebnis einer repräsentativen Erhebung zum Lese- und Fernsehverhalten von Erst- bis Fünftklässlern in Thüringen (vgl. Richter/Riemann 2000): die Erstplatzierung der Fernsehserie „Gute Zeiten, schlechte Zeiten" bei den Mädchen und die sich an die Untersuchung anschließenden Interviews zeigten, dass das besondere Augenmerk der Mädchen den Beziehungen zwischen den Geschlechtern gilt und sie die Serie nicht nur als „Schule des Lebens" auffassen, sondern meinen, mit ihrer Rezeption einen Blick in ihre späteren *realen* Lebenswelten geworfen zu haben. Auf Grund des erkennbaren Gesprächsbedarfs über die Beziehungen zwischen den Geschlechtern versuchten wir mit einem Fragebogen und anschließenden Gesprächen zu ermitteln, wie Kinder auf die Darstellung von Geschlechterbeziehungen in Boies Kinderroman reagieren. Als Ergebnis kann kurzgefasst genannt werden: Der Rollentausch zwischen Neles Eltern wird in dem Sinne gut geheißen, als der Vater auf diese Weise erfährt, wie viel Arbeit die Mutter wirklich im Haushalt zu leisten hat. Fast alle Schüler wünschten sich allerdings den „Rücktausch" und sehen dann die Familie in einer Situation wie vor dem Rollentausch, d. h. die Mutter bleibt zu Hause, der Vater arbeitet wieder im Beruf, aber er hilft mehr als zuvor im Haushalt mit. Das Problem, dass sich Nele in der Beziehung zu Oliver „unter ihr Niveau begibt", wurde von den Kindern gar nicht erkannt, insofern wünschten sie sich, dass Nele und Oliver am Ende doch ein Paar werden (vgl. Richter/Plath 2005, S. 166-172).

Die Kinderromane von Kirsten Boie, bieten eine ausgezeichnete Möglichkeit, um mit Kindern ins Gespräch zu kommen und ihre Sehnsüchte, Wünsche und Erwartungen gegenüber der Familie kennen zu lernen. Insofern kann eine fiktive Literatur dieser Art Wege zu Kindern öffnen und eine Kommunikation zwischen den Generationen befördern. Die Erfurter Studie zur Lesemotivation hat eindeutig gezeigt, dass der Wunsch der Kinder nach Gespräch weitaus höher ist als die Möglichkeiten, die Erwachsene ihnen bieten (vgl. Richter/Plath 2002).

Während sich Kirsten Boie humorvoller Mittel bedient, um sehr ernsthafte – auch bedrückende – Probleme so darzustellen, dass Entlastung des kindlichen Lesers möglich wird und sich Bedrückung löst, sind die Texte der gegenwärtig wohl prominentesten Vertreterin der anspruchsvollen Kinder- und Jugendliteratur in Deutschland, *Mirjam Pressler,* bedrückender, was die Darstellung kindlicher Probleme in der Familie anbelangt, zumal ihnen eine komisch- ästhetische Komponente fehlt.

Noch bemerkenswerter ist allerdings, dass die Darstellung der Familie in der aktuellen Kinder- und Jugendliteratur durch Kirsten Boie eine große soziale Prägnanz gewinnt, während durch die Texte von Mirjam Pressler vor allem eine völlig neue historische Dimension in der Gestaltung von Familienbeziehungen erreicht wird. Einer der zentralen Aspekte in der Zeichnung von Presslers literarischen Welten ist die Frage, welche Auswirkungen historische Ereignisse und durch sie ausgelöste extreme Situationen auf Familie haben. Kinder und Jugendliche erscheinen in diesen Prozessen als Opfer und Akteure zugleich. Sie sind Betroffene derartiger Situationen und reagieren sehr sensibel auf Verhalten Erwachsener in zugespitzten historischen bzw. gesellschaftlichen Situationen. Derartige Hintergründe haben die Jugendromane *„Malka Mai"* und *„Schlafende Hunde"*.

In all ihren literarischen Texten erfasst Mirjam Pressler mit großer Ernsthaftigkeit und sozialer Genauigkeit die Problematik ihrer jungen Protagonisten. In ihrem weit verbreiteten Buch *„Stolperschritte"* (1981) gestaltet die Autorin ein ganzes Bündel von Problemen: Behinderung, Selbstmord eines Schulversagers, gestörte Beziehungen der Eltern, das Nichtwahrnehmen von Schwierigkeiten anderer Familienmitglieder, eine Präsentation der Familie nach außen, die ihrem tatsächlichen Wesen diametral entgegensteht. Sie spitzt – wie die Darstellung eines kindlichen Selbstmordes zeigt – die Situation bewusst zu, um Wegsehen zu vermeiden. Die Beziehungen innerhalb der Familie mit fünf Kindern erscheinen angespannt und gestört. Der Vater ist nur noch Gast zu Hause, und das liegt – wie sich im Laufe der Handlung erschließt – nicht nur an der Arbeit: Er hat eine Freundin. Die Mutter ist gegenüber ihren Kindern dominant, ungeduldig und ungerecht. Dem Leser stellt sich die Frage nach den Hintergründen ihres Verhaltens.

Der Text macht sichtbar, dass kindliche Gefährdungen nicht immer die sichtbaren *Behinderungen* sind. Der mit äußeren Reizen ausgestattete Frieder setzt seinem Leben selbst ein Ende. Der Behinderte Thomas begreift in der Situation des Suchens nach dem vermissten Bruder, wie wenig er überhaupt von ihm weiß. Nach dessen Tod kann er nicht begreifen, dass er nicht einmal bemerkt hat, wie allein sich sein Bruder fühlte. Das Weihnachtsfest der Familie und Thomas' veränderte Haltung geben dem Leser die Möglichkeit, sich eine intakte Familie vorstellen zu können – eine Familie mit nicht wenigen Problemen, aber mit dem Wollen und der Sensibilität, sich diesen zu stellen.

Mirjam Presslers Romane konzentrieren sich ganz auf die Entfaltung der *inneren* Welt der Kindfiguren und bieten viele Leerstellen, um einem aktiven Leser die Möglichkeit zu geben, sich selbst in dieser Welt zu spiegeln und familiäre Konflikte auf diese Weise zu verarbeiten. Die Vermutung liegt sogar nahe, dass dieses Erzählen den Empfindungen und Gedanken heutiger Kinder nahe kommt. Vielleicht bietet hier Literatur in der mediengeprägten Welt etwas, was Kinder auch empfinden und für die Bewältigung eigener Probleme sogar benötigen. Mirjam Pressler vermeidet mit Blick auf ihre eigene Biografie die Unterschätzung von Nöten und bedrückenden Situationen heranwachsender Menschen. Zugleich zeigt sie aber auch deren „Widerborstigkeit", die es ihnen ermöglicht, den Gefährdungen etwas entgegenzusetzen und dem Leben einen Sinn abzuringen.

Ähnlich wie bei Kirsten Boie ist – neben anderen Feldern – die Gestaltung der Unterschichtenproblematik bzw. der Problematik in „durchschnittlichen Familien" mit ihren Auswirkungen auf kindliches Leben ein zentrales Thema der Autorin.

Wie aus ständiger familiärer Unterdrückung ein Konfliktpotenzial entstehen kann, das letztlich zu tödlichen Konsequenzen des jugendlichen Protagonisten führt, zeigt der Roman *„Kratzer im Lack"* (1981). „Kratzer im Lack" gehört zu den wenigen Erzähltexten, in denen *eine* Ursache für die Entstehung von jugendlicher Gewalt in bedrückender, ergreifender und zugleich überzeugender Weise sichtbar wird. Die Ursachen liegen in dieser Geschichte eindeutig in der Familie. Dabei wird in äußerst eindrucksvoller Weise sichtbar, wie eng Familie, Schule und gesellschaftlicher Nahraum sich berühren.

Der Junge Herbert, der sich an der Schwelle zum Erwachsensein befindet, wird daheim wie ein unmündiges Kind behandelt. Er lebt geduckt in dieser Familie – immer darauf bedacht, es Vater und Mutter recht zu machen und damit den Wutausbrüchen und Schlägen zu entgehen. In der Schule ist Herbert für die anderen ebenfalls der Schwächling, er hat keine Freunde und bleibt ein Außenseiter. In dieser Situation schenkt ihm der Vater, der einen starken Sohn möchte (obwohl gerade er es ist, der ihn so klein macht), ein Messer. Zunächst geschieht es eher zufällig, dass der Junge am Auto vor dem Haus den Lack mit dem Messer zerkratzt. Die Angst vor der Entdeckung seiner Tat und den möglichen Folgen wird allmählich verdrängt von einem Gefühl der Genugtuung und Macht. Endlich steht er und seine Tat im Mittelpunkt von Gesprächen. Und als man den Täter nicht findet und die Gespräche wieder verebben, muss er wieder zum Messer greifen. Am Ende tötet er die alte Frau, die seine Tat entdeckt und versuchten wollte, ihn zu „erlösen". Da sie in der Erziehung des eigenen Kindes versagte, hatte sie die Absicht, dem fremden Jungen – der von seiner Familie alleingelassen wurde – zu helfen.

In anderen Texten zeigt die Autorin, wie wichtig es ist, die Normalität des Familienalltags zu hinterfragen. In *„Nickel Vogelpfeifer"* wird eine intakte Familie vorgestellt, und dennoch lässt Mirjam Pressler auch hier erkennen, wie oft kindliche Wünsche „überhört" werden. Die dominante Stellung des Vaters, der in seiner Selbstverliebtheit und in seiner Vernarrtheit in ein Auto die Wünsche anderer Familienmitglieder gar nicht wahrnimmt, gerät zur „Probe" für den Sohn, dessen Fahrradwunsch immer wieder „vertagt" wird. Der daraus resultierende Diebstahl des Jungen widerfährt keine Billigung durch die Erzählerin; und so ist es nur folgerichtig, dass der Junge mit dem gestohlenen Rad nicht glücklich wird und es letztlich wieder zurückbringt. Nickels Tat steht aber auch in Verbindung mit einem „Versagen" der Familie.

Einer der wichtigsten Erzähler der gegenwärtigen Literaturszene in Deutschland ist *Peter Härtling*. In seinen Romanen für junge Leser ist die Familie das zentrale Thema. Er erzählt von Problemen im Zusammenleben verschiedener Generationen, von Belastungen, wichtigen Erfahrungen und Bereicherungen, die innerhalb einer Familie möglich sind sowie von Ankünften und Abschieden als existenzielle Grunderfahrungen (*„Oma"*/1975; *„Alter John"*/1981). Immer ist in der so gezeichneten familiären Welt die „größere" Welt mit ihren Strukturen und dominanten Bewegungen anwesend, wie besonders die Kinderromane *„Fränze"* (1989) und *„Lena auf dem Dach"* (1993) erkennen lassen, in denen das Thema „Scheidung" mit seinen verschiedenen Facetten und Hintergründen ausgeleuchtet wird. Der Kontext zwischen familiärem Umfeld, sozialem Nahraum, grundlegenden gesellschaftlichen Prozessen und historischen Ereignissen ist am offensichtlichsten in dem Kinderroman *„Reise gegen den Wind. Wie Priemel das Ende des Krieges erlebt"* (2000), der die Dichte in der atmosphärischen Beschreibung mit der Konzentration auf den kindlichen Protagonisten verbindet. Der Text insistiert direkt auf Entdeckungen und Fragen durch junge Leser und kann somit Impulse für eine Kommunikation zwischen den Generationen auslösen. Alle Texte Härtlings lassen die große Bedeutung der Familie für die Entwicklung junger Menschen erkennen, aber in den angebotenen Modellen der Realitätsbewältigung zeigt der Autor auch das Verflochtensein der unterschiedlichsten Lebensbereiche und vermeidet damit eine Verengung des Blickes auf Familie.

Mit Bezug auf Härtlings Schaffen lässt sich darauf verweisen, wie wichtig es ist, diese Verengung des Blickes auch in der wissenschaftlichen Beschäftigung mit dem Thema Kindheit und Familie zu vermeiden. Begrifflichkeiten wie „Konsumkindheit"; „Medienkindheit"; „Risikokindheit"; „Befehlshaushalt"; „Verhandlungshaushalt"; „verinselte Kindheit" signalisieren die Gefahr absolut gesetzter Befunde, die eher an Postulate erinnern als Ergebnisse grundlegender Forschungen zu spiegeln. Insofern sind die literarischen Welten zuweilen dazu angetan, weite Blicke zu vermitteln und Nachdenken anzuregen, das sich verkürzten Schlüssen verweigert. Künstlerische Formen der „Weltaneignung" können auf diese Weise der wissenschaftlichen Analyse Impulse zu differenzierter Betrachtung geben.

Literatur

Baumert, J., 2002: PISA 2000: Die Studie im Überblick. Grundlagen, Methoden und Ergebnisse. In: Bergsdorf, W. u. a. (Hrsg.): Herausforderungen der Bildungsgesellschaft. Weimar, S. 229-270.

Daubert, H., 2000: Familie als Thema der Kinder- und Jugendliteratur. In: Lange, G. (Hrsg.): Taschenbuch der Kinder- und Jugendliteratur. Band 2. Baltmannsweiler, S. 684-705.

Dehn, M., 1999: Texte und Kontexte. Schreiben als kulturelle Tätigkeit in der Grundschule. Berlin/Düsseldorf.

Ehlich, K., 1980: Erzählen im Alltag. Frankfurt am Main.

Ewers, H.-H., 1989: Kindheit als poetische Daseinsform. Studien zur Entstehung der romantischen Kindheitsutopie im 18. Jahrhundert. München.

Ewers, H.-H., 1991: Kinder brauchen Geschichten. Im kinderliterarischen Geschichtenerzählen lebt die alte Erzählkunst fort. In: Ewers H.-H. (Hrsg.): Kindliches Erzählen – Erzählen für Kinder. Weinheim/Basel, S. 100-114.

Hurrelmann, B./Hammer, M./Nieß, F., 1993: Lesesozialisation. Band 1: Leseklima in der Familie. Eine Studie der Bertelsmann Stiftung. Gütersloh.

Merkel, J., 1991: Die Resonanz zwischen Erzähler und kindlichem Publikum. Mündliches Erzählen als Kommunikationsform angesichts der audiovisuellen Medien. In: Ewers, H.-H. (Hrsg.): Kindliches Erzählen – Erzählen für Kinder. Weinheim/Basel, S. 82-99.

Richter, K., 2001: Kinderliteratur in der Grundschule. Baltmannsweiler.

Richter, K., 2002: Zur Entwicklung von Lesemotivation bei Grundschülern. In: Bergsdorf, W. u. a. (Hrsg.): Herausforderungen der Bildungsgesellschaft. Weimar, S. 115-143.

Richter, K., 2003: Die Entwicklung von Lesemotivation und der Literaturunterricht in der Grundschule. Empirische Daten – pädagogische Überlegungen – didaktische Konsequenzen. In: Hurrelmann, B./Becker, S. (Hrsg.): Kindermedien nutzen. Weinheim/München, S. 115-131.

Richter, K./Plath, M., 2002: Die Bedeutung der Entwicklung von Lesemotivation in der Grundschule. In: Franz, K./Payrhuber, F.-J. (Hrsg.): Lesen heute. Baltmannsweiler, S. 41-58.

Richter, K./Plath, M., 2005: Lesemotivation in der Grundschule. Möglichkeiten und Grenzen schulischer Einflussnahme. Weinheim/München.

Wardetzky, K., 2003: Erzählen – eine wiederentdeckte Kunst. In: Richter, K./Schlundt, R. (Hrsg.): Lebendige Märchen- und Sagenwelt. Ludwig Bechsteins Werk im Wandel der Zeiten. Baltmannsweiler, S. 78-91.

Wieler, P., 1997: Vorlesen in der Familie. Fallstudien zur literarisch-kulturellen Sozialisation von Vierjährigen. Weinheim/München.

Wild, R. (Hrsg.), 1990: Geschichte der deutschen Kinder- und Jugendliteratur. Stuttgart.

Medien

Burkhard Schäffer

1. Einleitung: Medien in Familien und Familien in Medien

Beim Thema Familie und Medien kann man grundsätzlich zwei große Bereiche bzw. Generalperspektiven auseinander halten: Die eine Theorie- und Forschungsperspektive lässt sich überschreiben mit „Medien in Familien" und die andere mit „Familien in Medien". In den ersten Bereich fällt alles hinein, was mit Medienhandeln, -nutzung und -gebrauch im Familienkontext zusammenhängt. Hierzu gehören alle sozialisations- und erziehungsrelevanten Handlungen im Familienkontext in Bezug auf den Umgang mit Medien wie auch die „Wirkungen" der Medien auf die Familie als Ganzes: also bspw. die Lesesozialisation im familiären Kontext (vgl. Hurrelmann 1993), der familiäre Umgang mit Radio, Fernsehen, Video, DVD etc. als Erziehungshandeln (vgl. Six/Gimmler/Vogel 2003) oder die Einbettung des alltäglichen Handelns mit dem Computer und dem Internet in den Binnenraum der Familie (vgl. Hammer 2001).

Die zweite Perspektive – „Familien in Medien" – richtet ihren Blick auf die Repräsentation von Familien in den Medien, d. h. bspw. darauf, welches Bild von Familien in der Werbung, in Zeitschriften und Fernsehserien (Soaps) oder in Spielfilmen gezeichnet wird (vgl. hierzu exemplarisch Mikos 1994). Eine Zwischenposition zwischen der ersten und zweiten Perspektive stellen familiäre mediale Praxen dar, bei denen Familien Medien als Präsentations- und Inszenierungsforen benutzen, um sich ihres Status als Familie zu versichern (vgl. Bourdieu u. a. 1983). Hierzu gehören alle mehr oder weniger in rituelle Kontexte eingebetteten Formen der kommunikativen Vergewisserung über die Familie als solche: Familienfotos in Familienalben, (vgl. bspw. Spence/Holland 1991; Hirsch 1997; Pilarczyk/Mietzner 2003; Pilarczyk 2003) gemeinsame Dia- bzw. „Beamer"-Abende, Familienvideos, die zu herausgehobenen Anlässen gezeigt werden oder in jüngster Zeit auch die mehr oder weniger passwortgeschützten familieneigenen Websites im Internet.

In diesem Artikel wird die erste Perspektive im Vordergrund stehen, also die Fragestellung nach der Bedeutung von Medien in Familien. Allerdings wird in einem ausführlichen Exkurs auch exemplarisch auf die Familie in den Medien, speziell in Fernsehserien eingegangen (4). Am Anfang der Ausführungen steht ein kurzer Überblick über einige familienrelevante quantitative Aspekte der Medienentwicklung in den letzten Jahrzehnten (1). Dem schließt sich ein kurzes Kapitel an, in dem argumentiert wird, dass die durch die Medienentwicklung verursachten Wandlungsprozesse der *Familien als Ganzes* im Mittelpunkt der Argumentation stehen und nicht (wie üblicherweise) die Medienerziehung und Mediensozialisation von Kindern im Familienkontext (2). Entsprechend der Literaturlage werden dann einschlägige empirische Forschungsarbeiten zum Thema Familie und Fernsehen den breitesten Raum einnehmen (3). Abschließend wird auf das Thema neue Medien in der Familie eingegangen und am Beispiel des medieninduzierten Wandels der Generationsbeziehungen innerhalb von Familien erklärt (5).

2. Familienrelevante Entwicklungstendenzen des Mediensystems

Die Familienrelevanz des Mediensystems zeigt sich in vielerlei Hinsichten, von denen in diesem Überblick nur diejenigen quantitativen Aspekte dargestellt werden, die sich auf das *Medienangebot* für Familien, die familienbezogene *Ausstattung* mit Mediengeräten und die durchschnittliche *Nutzung* dieser Angebote beziehen. In der Darstellung ausgespart, werden solche Entwicklungstendenzen des Mediensystems, die zu komplexen Überlagerungen mit dem politischen System führen (zum Stichwort „Mediokratie" vgl. Meyer 2001) und damit – über Familienpolitik – weitreichende Auswirkungen auf Familien haben.

2.1 Angebot

In den letzten dreißig Jahren vollzog sich ein fundamentaler, nationaler und globaler Wandel der Medienlandschaft, dessen Auswirkungen auf Staat, Politik und Gesellschaft, aber eben auch auf die Familie, als eine der kleinsten Einheiten von Gesellschaft, bei weitem noch nicht abzusehen sind. In Deutschland kam es mit der Einführung des dualen Rundfunksystems Mitte der 1980er Jahre, verbunden mit einer Vielzahl technischer Neuerungen (Satellitentechnik, Breitbandverkabelung etc.) zu einer Vervielfältigung und auch qualitativen Veränderung des *Programmangebots* von Rundfunk und Fernsehen: In den 1960er und 70er Jahren gab es zwei bis drei Fernsehprogramme in Westdeutschland. Im Jahr 1990 standen schon jedem Erwachsenem in Deutschland durchschnittlich acht Fernsehprogramme zur Verfügung. 1995 hatte sich diese Zahl bereits vervierfacht auf 32 Programme und im Jahr 2000 konnte der Durchschnittszuschauer unter 38 Programmen auswählen (vgl. van Eimeren/Ridder 2001, S. 544). Da sich insgesamt die Nachfrageebene (also die Nutzungszeiten vgl. unten) nicht ebenfalls wie die Angebotsebene vervier- bis verfünffachte, setzte folglich eine *Fragmentierung des Fernsehpublikums* ein. Auf die spezialisierte Nutzung des Fernsehpublikums reagieren die Anbieter mit immer neuen Hybridformaten, bei denen herkömmliche Genregrenzen, etwa die zwischen Unterhaltung und Information, zunehmend gelockert werden (Docutainment, Faction, Socialtainment, Infotainment, Emotainment etc.). Mit der Differenzierung des Fernsehprogrammangebots entwickelten sich auch eigenständige Angebote für Kinder und Jugendliche, die inzwischen ein kaum mehr überschaubares Ausmaß angenommen haben. Neben den zeichentrickfilmlastigen privaten Sendern (RTL; RTL II; SAT 1; Pro Sieben etc.) sei hier exemplarisch der Kinderkanal des öffentlich-rechtlichen Fernsehens (KI.KA) genannt, der versucht, „anspruchsvollere" Kinder- und Jugendprogramme anzubieten.

Daneben ist seit Jahren eine, durch die fortschreitende Digitalisierung bedingte, Verschmelzung und Amalgamierung unterschiedlichster Unterhaltungs- und Telekommunikationstechnologien zu beobachten, aus der fortlaufend neue Anwendungs- und Angebotsbereiche entstehen. Diese Entwicklung macht auch vor den „traditionellen" Medien wie Fernsehen und Radio nicht halt, die ihre Angebote bspw. zunehmend mit dem Internet vernetzen oder die Möglichkeiten der digitalen Telefonie (TED-Umfragen etc.) nutzen. Auf diese Weise wird langsam aber sicher die traditionelle „one way communication" der herkömmlichen Formen – es gibt verschiedene Sender, die das Publikum bedienen, ohne dass das Publikum direkten Einfluss auf das Gesendete erhält – aufgeweicht hin zu Angeboten, bei denen den Zuschauenden, gerade auch in den sog. „Familiensendungen" wie „Wetten dass ...", mehr Partizipation eingeräumt wird. Im Zuge der Digitalisierung des

Fernsehens tun sich hier ungeahnte Möglichkeiten auf, was die Wahl- und Mitsprachemöglichkeiten und damit die Individualisierung des Fernsehkonsums angeht.

Begleitet werden diese Neuerungen von einer, im Vergleich zu den 1980er Jahren, enormen Erweiterung der Rechnerkapazität von privat genutzten Computern. Diese Kapazität versetzt durchschnittliche NutzerInnen in die Lage, komplexe Programme, wie bspw. Bild-, Ton- und Videobearbeitung zu benutzen, aber auch Computerspiele zu spielen, die Anforderungen an die Rechnerleistung stellen, welche noch vor ein paar Jahren nur von Großrechnern bewältigt werden konnten. Dies hat vor allem mit den immer aufwändigeren grafischen Darstellungen der Spiele zu tun. Schließlich gesellt sich als letztes „neues Medium" in jüngster Zeit das Internet bzw. genauer: dessen WWW-Dienst dazu.

Das hier nur rudimentär skizzierte Angebot kann nur genutzt werden, wenn hierfür auch eine entsprechende Ausstattung mit Mediengeräten in den Familien vorhanden ist. Hierauf wird im Folgenden auf der Basis von Umfragedaten zur „Ausstattung mit technischen Medien in Haushalten mit Kindern" („Familien") eingegangen.

2.2 *Ausstattung der Familien mit Mediengeräten*

In Tabelle 1 ist insgesamt der Wandel der Ausstattung mit Unterhaltungselektronik in bundesdeutschen Haushalten aufgeführt. Dass von einer Vollversorgung mit Radio und Fernsehen in Deutschland ausgegangen werden kann, ist ein erwartbares Ergebnis, das seit den 1980er Jahren immer wieder bestätigt wird. Familienrelevant ist dagegen, dass sich die Zahl der Haushalte mit zwei oder mehr Geräten innerhalb von sieben Jahren um über 10 % erhöht hat. Mit dem eigenen Fernseher im Kinderzimmer ist eine individuelle und damit auch individualisierte Programmgestaltung im Familienkontext möglich. Der massive Rückgang des Plattenspielers von 49,5 % auf 30,0 %, sowie der moderate Rückgang des Kassettenrekorders von 71,5 % auf 65,4 %, bei gleichzeitigem Anstieg der CD-Player Versorgung von 61,6 auf 69,7 %, deuten darauf hin, dass sich in den heutigen Familien mit Kindern, bezogen auf die Medienausstattung, ein generationaler Wandel vollzieht: Die Unterhaltungsmedientechnologie, welche die Jugendzeit der heute 40- bis 60-Jährigen prägte, ist im Rückgang begriffen. Gleichzeitig hat sich die Ausstattung mit den neuen Geräten Computer und Handy in den letzten sieben Jahren mehr als verdoppelt (Personalcomputer), bzw. stößt man beim Handy quasi von 0 % auf 76,4 % bald an ähnliche Sättigungsgrenzen wie beim Fernsehen (vgl. Tabelle 1).

Wir sind also gerade in den letzten Jahren Zeugen eines gigantischen Umbruchs der familienbezogenen Medienausstattung geworden. Vor dem Hintergrund des innerfamiliären Generationengefälles interessiert hier vor allem der Gerätebesitz von Kindern, den Feierabend und Klingler (2003) in einer Studie anhand der Aussagen von Müttern zusammengestellt haben (vgl. Tabelle 2).

Auffällig sind hier, da es sich nur um einen Zweijahreszeitraum handelt, nicht so sehr die Zuwachsraten (außer beim Handy), als eher die altersabhängigen Veränderungen. So nimmt der Fernsehgerätebesitz von 23 % der 6- bis 7-Jährigen auf beachtliche 50 % bei den 12- bis 13-Jährigen zu, während sich der Computerbesitz verdreifacht und der Handybesitz knapp versechsfacht. Auch fallen einige geschlechtsspezifische Unterschied ins Auge: Annähernd doppelt so viel Jungen wie Mädchen besitzen eine Spielkonsole und die Jungens besitzen mehr Gameboys. Vor allem auffällig ist der Ost-West-Unterschied in deutschen Kinderzimmern: In Ostdeutschland haben wir eine mehr als doppelt so hohe

Tabelle 1: Unterhaltungselektronik: Geräteausstattung (Angaben in Prozent)

Personen aus Haushalten mit	1997	1998	1999	2000	2001	2002	2003
Fernsehgerät	98,7	98,5	98,6	98,0	98,0	98,1	98,0
ein Gerät	72,3	71,6	70,3	60,7	61,4	60,8	60,1
zwei und mehr Geräte	26,4	22,1	22,7	37,1	36,6	37,3	37,9
Radiogerät	98,8	98,5	98,7	97,4	97,4	99,1	97,0
Autoradio	77,2	78,2	78,2	83,3	82,8	82,6	83,5
Plattenspieler	49,5	44,1	41,3	37,9	35,5	33,0	30,0
Kassettenrekorder	71,5	72,5	73,8	68,7	68,5	68,3	65,4
CD-Player	61,6	64,9	67,6	68,2	69,3	70,5	69,7
Videorekorder	62,5	64,3	68,1	67,4	67,8	61,5	63,5
Videokamera/Camcorder	14,7	14,8	15,8	22,3	23,5	21,1	23,9
Personalcomputer	21,0	23,7	28,2	40,2	43,4	48,6	53,3
Laptop/Notebook	4,6	4,6	4,7	5,6	6,4	8,5	11,1
Handy	–	–	–	42,1	64,4	72,8	76,4

Quelle: ARD Werbung Sales & Services 2003 http://ard.de/intern/index_view.phtml?k2=4&k3=8&k4=3) vom 10.12.03.

Tabelle 2: Gerätebesitz von Kindern (Auswahl)-Angaben der Mütter in Prozent

	Gesamt 2000	Gesamt 2002	Mädchen	Jungen	6-7 J.	8-9 J.	10-11 J.	12-13 J.	West	Ost
	n= 1228	n= 1241	n= 607	n= 634	n= 301	n= 307	n= 309	n= 324	n= 995	n= 246
Kassettenrekorder	59	55	55	54	58	55	52	53	54	57
Walkman/Discman	43	46	47	45	37	42	51	55	45	50
Radiogerät/Stereoanl.	48	45	44	45	34	37	48	59	46	41
Gameboy	43	44	40	47	38	45	48	45	42	53
CD-Player	35	35	36	34	23	29	39	48	35	32
Fernsehgerät	34	34	32	36	23	25	38	50	29	55
Spielekonsole	26	25	18	32	24	18	27	32	23	36
Handy	6	16	15	16	6	7	15	34	16	13
Computer	14	13	11	15	7	8	13	23	10	26
Videorekorder	8	10	10	10	6	6	10	18	8	19
Mini-Disc-Recorder	6	10	10	9	10	6	11	11	10	10
Internet/E-Mail	4	5	4	6	3	4	4	10	5	7
Notebook/Laptop	4	4	5	3	6	3	3	4	4	6

Quelle: Feierabend/Klingler (2003, S. 279).

Ausstattung mit Computern, mehr als doppelt so viel Videorekorder, fast doppelt so viele Fernseher, ein Drittel mehr Spielkonsolen und auch deutlich mehr Gameboys.

Wenn man bedenkt, dass Kinder ihre ersten Medienerfahrungen üblicherweise im Rahmen der Familie machen (Bilderbücher, Teletubbies, Sandmännchen, Computerspiele etc.), ist die gerade aufgezeigte Angebots- und die Ausstattungsseite aus sozialisations- und erziehungstheoretischer Perspektive hochrelevant: Ob sich bspw. in den 1960er Jahren eine Familie zwischen zwei bzw. drei Fernsehprogrammen in einem eingeschränkten Zeitfenster und vielleicht ebenso vielen Radiosendern entscheiden konnte, oder ob sie auf die dargestellten heutigen Möglichkeiten zurückgreifen kann, macht einen großen Unterschied aus. Auch ist der Siegeszug des Handys in deutsche Kinderzimmer ein Hinweis auf neue handybezogene Kommunikationsstile zwischen den Eltern und ihren Kindern.

2.3 Nutzung

Durch die angeführten technischen Neuerungen wurden die Reichweiten der Medien vergrößert, und auch deren Nutzungsdauer stieg an. In einer, auf der ARD Langzeitstudie Massenkommunikation basierenden, Arbeit über „Trends in der Nutzung und Bewertung von Medien 1970 bis 2000" antworteten auf die Frage, ob sie „gestern Fernsehen geschaut" hätten, bspw. 1970 nur 72 % der Befragten mit „ja". Im Jahr 2000 waren dies 85 %. Aufgrund solcher Daten kommen die Autorinnen zu dem Schluss, dass „sowohl die Reichweite des Fernsehens als auch die Intensität des Fernsehkonsums ... in den letzten Jahren drastisch gestiegen" sind (Eimeren/Ridder 2001, S. 542). Auch die Reichweite des Hörfunks nahm stark zu (1970: 67 %; 2000: 85 %). Sowohl beim Fernsehen als auch beim Hörfunk hat Ostdeutschland höhere Reichweiten als Westdeutschland. Demgegenüber musste als drittes „tagesaktuelles Medium" die Tageszeitung im Bundesdurchschnitt von 70 % im Jahre 1970 auf 54 % im Jahre 2000 herbe Reichweitenverluste einstecken.

Betrachtet man die *Nutzungsintensität* der genannten Medien im Zeitraum von 1970 bis 2000, so ergibt sich folgendes Bild: „Wies die [Studie zur] Massenkommunikation 1970 die tägliche Fernsehnutzung noch mit 113 Minuten aus, so waren zwischen 1974 und 1985 Werte zwischen 121 und 125 Minuten zu verbuchen. Eine signifikante Steigerung des Fernsehkonsums ist jedoch erst ab 1995 festzustellen, dem Jahr, als in der Massenkommunikation erstmals Werte für Ost- und Westdeutschland gemeinsam auftauchten und die privaten Sender ihre technischen Reichweiten weitestgehend ausgebaut hatten: 158 Minuten widmete 1995 jeder Bundesdeutsche dem Fernsehen, wobei die Zuschauer in den alten Bundesländern 150 Minuten täglich mit Fernsehen verbrachten, die Zuschauer in den neuen Bundesländern jedoch 191 Minuten. Fünf Jahre später wies die Massenkommunikation[sstudie] 2000 einen gesamtdeutschen Nutzungswert von 185 Minuten auf" (ebd., S. 544). Neben der Verkürzung der Arbeitszeiten und der Zunahme des Anteils an Älteren in der Gesamtbevölkerung sehen die Autorinnen eine „zentrale Ursache in der Ausweitung des Fernsehprogrammangebots" (vgl. oben).

Schließlich ist natürlich auch die entscheidende Neuentwicklung der 1990er Jahre, der WWW-Dienst im Internet zu nennen, dessen jährliche Zuwachsraten wiederholt alle Prognosen in den Schatten stellten. In der seit 1997 durchgeführten ARD/ZDF Onlinestudie (vgl. van Eimeren/Gerhard/Frees 2003) wird jährlich die Internetnutzung der deutschen Bevölkerung erfasst. Demnach nutzten im zweiten Quartal 2003 über die Hälfte aller bundesdeutschen Erwachsenen, nämlich 53,5 %, „zumindest gelegentlich das Internet" (van Eimeren/Gerhard/Frees 2003, S. 339). Dies entspricht 34,4 Millionen Personen ab 14 Jahre (vgl. Tabelle 3).

Tabelle 3: Entwicklung der Onlinenutzung in Deutschland 1997 bis 2003: Personen ab 14 Jahre

	1997	1998	1999	2000	2001	2002	2003
in %	6,5	10,4	17,7	28,6	38,8	44,1	53,5
in Mio.	4,1	6,6	11,2	18,3	24,8	28,3	34,4
Zuwachs gegenüber Vorjahr in %	–	+61	+68	+64	+36	+14	+22

Quelle: van Eimeren/Gerhard/Frees (2003, S. 339); Basis: Onlinenutzer ab 14 Jahre in Deutschland.

Die Autoren kommentieren ihre Ergebnisse wie folgt: „Gegenüber 2002, als der Anteil der Onlinenutzer noch bei 44,1 Prozent oder hochgerechnet 28,3 Millionen lag, ist 2003 erstmals nach Jahren wieder eine steigende Zuwachsrate gegenüber dem Vorjahr festzustellen. Der Anstieg der Zahl der Internetnutzer binnen eines Jahres beläuft sich auf 22 Prozent, während im Jahr zuvor das Wachstum bei 14 Prozent lag. (...) Die absolut höchsten Steigerungsraten waren ... in der Stammklientel der Internetgemeinschaft und deren angrenzenden sozialen Gruppen festzustellen. Die Entwicklung des Internets zum Massenmedium vollzog sich vor allem bei den 14- bis 49-Jährigen, den Berufstätigen sowie denen mit mittlerer bis hoher formaler Schulbildung“ (van Eimeren/Gerhard/Frees 2003, S. 339).

Im Jahr 2003 falle zudem auf, dass vor allem bei 14- bis 19-jährigen Jugendlichen nochmals ein kräftiges Wachstum zu verzeichnen war: von 76,9 % (2002) auf 92,1 %. Das noch in Ende der 1990er Jahre zu verzeichnende Bildungsgefälle – das Internet war ein Medium der GymnasiastInnen, AbiturientInnen und StudentInnen – habe sich, nicht zuletzt durch die Initiative „Schulen ans Netz“, aber auch durch die gestiegene Ausstattung von Privathaushalten mit Internet, weitgehend nivelliert: „Die unterschiedlichen Anteile der Schultypen unter den jugendlichen Internetanwendern entsprechen in etwa der Schülerverteilung in Deutschland“ (ebd.).

Betrachtet man die sich aus den quantitativen Indikatoren Programmangebot, Mediengeräteausstattung und Mediennutzung im familiären Kontext zusammensetzenden familienrelevanten Entwicklungstendenzen des Mediensystems insgesamt, so sind haben wir es mit drei parallel laufenden Tendenzen zu tun:

- Auf der *Angebotsseite* sind wir seit Anfang der 1990er Jahre Zeugen einer extremen Differenzierung und Diversifizierung des Mediensystems, sowohl was die technischen Voraussetzungen als auch die inhaltlichen Aspekte anbelangt.
- Auf der *Ausstattungsseite* haben wir es im familiären Kontext insgesamt mit einer Steigerung der Geräteausstattung zu tun; diese geht einher mit einem Wandel der Gerätegenerationen, der sich etwas plakativ als *Abschied vom Plattenspieler* hin zu Handy und Computer bei gleichzeitiger Tendenz zum Zweit- und Drittfernseher beschreiben lässt.
- Schließlich ist auf der *Nutzungsseite* eine zeitliche Steigerung und Intensivierung des Medienkonsums insgesamt bei gleichzeitig hochgradiger Individualisierung der Modi der Nutzung zu verzeichnen. Am auffälligsten ist hier sicherlich der Siegeszug des Internets in der Altersgruppe der 14- bis 19-jährigen Jugendlichen.

Diese hier nur oberflächlich vorgenommene Synopse von Angebot, Ausstattung und Nutzung von Medien gibt erste Hinweise, was Familien mit Medien bzw. was Medien mit Familien tun. Einen genaueren Einblick bieten hier einschlägige qualitative Studien, die den Umgang und das Handeln mit alten und neuen Medien untersuchen. Bevor exemplarisch auf solche Studien eingegangen wird, soll noch eine Abgrenzung von einer Perspektive vorgenommen werden, die zwar von „Familie und Medien“ spricht, aber eigentlich „Mediensozialisation und Medienerziehung von Kindern und Jugendlichen im Kontext der Familie“ meint.

3. Medienerziehung- und Sozialisation von Kindern und Jugendlichen im Kontext der Familie vs. Medieneinflüsse auf die Familie als System

Aus pädagogischer Sicht wird das Thema Familie und Medien zumeist im Kontext von Medien*erziehung* und Medien*sozialisation* im Kindes- und Jugendalter verhandelt. Das heißt, die Familie wird, neben der Schule, dem Kindergarten und der Gruppe der Gleichaltrigen, als ein wichtiger Einflussfaktor bei der Gestaltung des Medienumgangs von Kindern und Jugendlichen angesehen. Der Einfluss von Medien auf die Familie als solche – bspw. als intergenerationeller Kommunikations- und Interaktionsraum oder als System – steht in dieser Perspektive also *nicht* im Zentrum des Interesses. Vielmehr fragt eine an Medien*erziehung* orientierte Perspektive danach, wie Eltern mit den vielfältigen Chancen und Risiken umgehen, die aus dem Umgang mit neuen und alten Medien erwachsen. In diesem Zusammenhang werden dann von medienpädagogischer Seite Kataloge von typischen „Anforderungen" an und „Probleme" für Familien formuliert (vgl. Six/Gimmler/Vogel 2003, S. 12): So sollten Eltern eine „Orientierung im Medien-Angebotsspektrum" erhalten sowie „Einblick in die Vielfalt des heutigen Medienangebots für Kinder und die von ihnen bevorzugt genutzten Medienprodukte" bekommen. Zudem ginge es um einen „Maßstab zur Einschätzung des für Kinder einer bestimmten Altersgruppe verträglichen Mediennutzungsquantums" (ebd., S. 13). Darüber hinaus gelte es, ein „Verständnis für die Faszinationskraft von Medien (bzw. bestimmten Medienangeboten) für Kinder" zu entwickeln und eine „kriterienorientierte Bewertung konkreter Angebote und deren Auswahl v. a. im Hinblick auf die eigenen Kinder" anzubieten. Aber auch die Eltern selbst müssten sich den neumedialen Anforderungen stellen: Sie sollten die „Anforderungen zur optimalen Ausschöpfung der positiven Möglichkeiten von Medien" kennen lernen und sich zudem „technische Kompetenzen zur Nutzung der Neuen Medien und Kommunikationswege (v. a. Computer, Internet und Handy)" aneignen, um die mit den „Generationsunterschieden verbundene(n) Probleme im Hinblick auf die eigene Elternrolle" besser bewältigen zu können. Schließlich biete ein entsprechendes Medienwissen auch eine „Argumentationsbasis bei Konflikten um Medienbewertungen oder Angebotsselektion sowie bei Konsumdruck vonseiten der Kinder".

Anhand dieses medienpädagogisch orientierten, hier exemplarisch aufgelisteten Anforderungskatalogs wird ersichtlich, dass es hier *nicht* um die Familie als Ganzes geht, sondern vorrangig um die *Kinder im Familienkontext*: Nur bei zwei von den sieben von Six, Gimmler und Vogel (2003) aufgelisteten Punkten sind die Eltern direkt angesprochen („Elternrolle" und „technische Kompetenzen"), ansonsten geht es um Probleme bei der Steuerung der Mediennutzung von Kindern im Familienkontext.

Auch eine an Medien*sozialisation* interessierte Perspektive ist zumeist auf Kinder und Jugendliche ausgerichtet, was an der traditionellen Konzentration der Sozialisationsforschung auf diese Altersgruppen liegt.[1] Hier geht es primär darum, was Kinder und Jugendliche innerhalb des familiären Umfeldes über die Medien an kulturellen und sozialen Ressourcen vermittelt bekommen (vgl. hierzu Fritz/Sting/Vollbrecht 2003). In diesem Zusammenhang ist in jüngster Zeit unter dem Stichwort „Selbstsozialisation" (vgl. Fromme

1 Zu einer Kritik an dem impliziten „Ausstattungsmodell" herkömmlicher Sozialisationsforschung vgl. Wittpoth (1994, S. 1-52), vgl. auch Schäffer (2004a).

u. a. 1999) eine Debatte darüber entbrannt, inwiefern der Einfluss der klassischen Sozialisationsinstanzen Familie und Schule zugunsten der Peergroups und den von Kindern und Jugendlichen genutzten Medien zurückgedrängt wird.

Von der Sozialisations- und Erziehungsperspektive kann man idealtypisch eine Sichtweise abgrenzen, die auf die *durch die medialen Wandlungsprozesse verursachten Wandlungsprozesse in den Familien selbst* ihr Augenmerk richtet (welche natürlich wiederum Sozialisations- und Erziehungseffekte nach sich ziehen). Dies ist die eigentlich *genuin familienbezogene Forschungsperspektive*, denn in den beiden zuvor genannten Perspektiven geht es eher um die Mediennutzung von Kindern und Jugendlichen im Familienkontext, als um die Familie als solche. Hier würde die *Familie als Einheit* in den Blick genommen und eruiert werden, wie sie von medialen Wandlungsprozessen erfasst bzw. tangiert wird, d. h. wie sie als System mit dem gewaltigen Angebot an Zeitungen, Büchern und Zeitschriften, Radio, Fernsehen und Internet, Spielekonsolen, Computern, Handys, CD-, DVD- und MP3-Player und vielem mehr umgeht.

Die umfangreichsten Daten hierzu sind in Bezug auf das Fernsehen gesammelt worden, weshalb hierauf im Folgenden auch ein Schwerpunkt der Darstellung gelegt wird. Im Anschluss daran geht es dann um die neuen Medien Computer und Internet.

4. Die Familie am Bildschirm

Die in den 1960er Jahren vom kanadischen Medienphilosophen Marshal McLuhan (1995) vertretene These, dass das Medium die Botschaft ist, besitzt ungebrochene Aktualität. Mit dieser Wendung verwies McLuhan darauf, dass es nicht so sehr auf die Inhalte ankommt, die durch ein Medium vermittelt werden, sondern vielmehr auf die neuen sozialen Handlungs- und Kommunikationsmöglichkeiten, die mit der Einführung und Verbreitung neuer Medien*technologien* verbunden sind. Die Einführung des „Jahrhundertmediums Fernsehen" (vgl. Burkart 1995) hat hiernach, ab Mitte der 1950er Jahre, einen gewaltigen Einfluss auf Quantität und Qualität des familiären Zusammenlebens in Deutschland gehabt. Der „vom Medium provozierte Wandel in den Lebensgewohnheiten" (Elsner u. a. 1994, S. 181) vollzog sich vor allem und insbesondere im familiären Kontext. Nach der ersten Einführungsphase Mitte der 1950er Jahre, in der Fernsehen eher in öffentlichen Einrichtungen wie Gaststätten u. Ä. möglich war, setzte der Siegeszug ins familiäre Wohnzimmer ein. Das „prestigereiche Fernsehmöbel" avancierte zum „Aufmerksamkeitszentrum der Familie" (ebd.). So umfassend dieser Wandel sich vollzog, so schnell wurde er, aufgrund der Alltäglichkeit des Neuen, auch vergessen: „Schon kurze Zeit nachdem die Tätigkeit des Fernsehens große Teile der alltäglichen Freizeit eines Massenpublikums füllte, war die Erinnerung daran verloren gegangen, welche tiefgreifende Veränderungen im Aufbau des sozialen Wissens damit verbunden waren" (ebd., S. 181). Es geht hierbei etwa um die für den heutigen Zuschauer selbstverständlichen Aspekte des „medialen Dabei-Seins" (Elsner u. a. 1994, S. 182) bei Liveübertragungen, aber auch um das „Fernsehritual im ritualisierten Alltag" (Thomas 1996, S. 211ff.), d. h. die rituelle Einbettung von Fernsehhandlungen in den familiären Alltag – z. B. das gemeinsame Anschauen bestimmter, sich wiederholender Sendungen wie „Tagesschau", „Lindenstraße" oder „Gute Zeiten schlechte Zeiten". Dementsprechend erfuhr die „Familie am Bildschirm" (vgl. Schorb 1982) in der Forschung vielfältigste Aufmerksamkeit. Im Folgenden soll, ohne Anspruch auf Vollständigkeit, auf einige der einflussreichsten Studien zum Fernsehen in der Familie eingegangen werden.

4.1 David Morley: Television in the Family

David Morley war Mitte der 1980er Jahre einer der ersten, der „television in the family" mittels qualitativer empirischer Methoden im Rahmen der Cultural Studies untersuchte. Seine Argumentation nimmt ihren Ausgang bei einer Kritik der Einschaltquotenforschung. Diese konzipiere das Ein- und Ausschalten des Fernsehers als einen individuellen Akt eines(er) Einzelnen, der damit zusammenhänge, welches inhaltliche Interesse der oder die Einzelne habe. Demgegenüber favorisierte Morley eine Perspektive, die den Fernsehkonsum der Einzelnen als eingebettet in den „social context" der Familie konzipiert:

„Despite frequent moral panics about ‚television and the family' we still know very little about how families as distinct from individuals (who, after all mostly live in families or households of some kind) interact with and use television in their everyday lives. The perspective employed in this project has been one which attempts to redress this imbalance and do consider television viewing as a social activity, one which is conducted within the context of the family as set of social relations, rather than as a merely individual activity, or the activities of a collection of individuals who merely happen to live in the same household" (Morley 1986, S. 2).

Morley war also an der Rolle der *Familie als Kollektiv* interessiert. Dementsprechend führte er auch mit den von ihm ausgewählten 18 Londoner Familien *Gruppen*interviews und keine isolierten Einzelinterviews durch. Die Herkunft der Familien charakterisierte er als „white working-class/lower middle-class" (ebd., S. 53). Entgegen den bisher referierten Daten erschließt sich bei der Lektüre der Morleyschen Falldarstellungen die ganze Komplexität der Fernsehnutzung als sozialem Ereignis im Kontext der Familie. Dem/der Lesenden wird plastisch vor Augen geführt, dass das, was in der Einschaltsquotenforschung als dichotomes Datum erfasst wird, nämlich der Akt des Ein- und Ausschaltens bzw. der des Zappens zwischen den Kanälen, keinen Hinweis darauf gibt, was nach dem Einschalten passiert, was also die Familien mit dem Angebot anfangen, wenn sie den Fernseher denn eingeschaltet haben. Die Aufmerksamkeit darauf gelenkt zu haben, dass dies aber das eigentlich Entscheidende ist, ist Morleys Verdienst. Er berichtet bspw. von einer „unemployed family", die den Fernseher den ganzen Tag quasi als Hintergrundsbeleuchtung bzw. als Begleiter einschaltet und nur dann und wann den Ton abstellt, wenn gerade nichts gesendet wird, an dem Interesse besteht. Überschneiden sich Sendungen, werden Programmangebote, die nicht gesehen werden können, auf Video aufgenommen und später geschaut. Kommt Besuch, bleibt der Fernseher eingeschaltet und man schaut mit einem halben Auge hin. Der Fernseher begleitet die Familie natürlich auch beim Essen und dient als Kinderbetreuung. Das Gesehene wird im Familienkontext schon während des Sehens kommentiert und bewertet und es dient als familienbezogener Gesprächsanlass. Insgesamt erschließen sich also vielfältige soziale Funktionen des Fernsehens im Familienkontext, die der Perspektive der traditionellen Nutzungsforschung verborgen bleiben. Morley konzentriert sich insbesondere auf den Genderaspekt, also auf die geschlechtsbezogenen Unterschiede bei der Nutzung des Fernsehens im Familienkontext. Dabei geht es, wie oft bei den Untersuchungen aus dem Umfeld der Cultural Studies, um Macht: um die männliche Macht (zumeist) des Vaters, etwa bei der Durchsetzung der Programmwahl (wer hat die Macht über die Fernbedienung?) oder bei der Interpretation des Gesehenen im Familienkontext. Darüber hinaus identifiziert Morley geschlechtsspezifische Sehstile in der Familie. Demnach bevorzugten Männer „viewing attentively, in silence, without interruption" (ebd., S. 150). Dieser Sehstil steht demjenigen der Mütter und Töchter gegenüber, die sich während der Sendungen unterhalten oder während des Sehens anderen, oft haushaltsrelevanten Tätigkeiten („Bügeln") nachgehen. Die verschiedenen Sehstile interpretiert der Autor nicht als typisch männlich oder weiblich „as such", sondern als „charakteristics of the domestic roles of masculinity and femininity" (ebd., S. 152). Fernsehen in der Familie ordnet sich also, so Morley, den auch ansonsten in der Familie herrschenden genderbezogenen Machtstrukturen unter.

Insgesamt ist die Morleysche Studie ein interessantes Dokument für erste Versuche, die Familie bei ihrer Fernsehrezeption als Kollektiv in den Blick zu nehmen und nicht bei den einzelnen Familienmitgliedern stehen zu bleiben. Allerdings klafft zwischen dem theoretischen Anspruch Morleys, die Familie als Kollektiv zu erfassen und dessen konkreter empirischer Umsetzung eine Lücke: In der Darstellung der Ergebnisse kommen überwiegend die Einstellungen Einzelner zum Zuge. In den Einzelbeschreibungen deutet sich zwar an, dass Morley auch genuin Kollektives untersucht hat – bspw. die Aufeinanderbezugnahmen der Familienmitglieder untereinander – in der Endauswertung akkumuliert er dann aber beinahe ausschließlich die Aussagen einzelnen Familienmitglieder.[2]

4.2 Bettina Hurrelmann: Familienmitglied Fernsehen

Enger an eine genuin familientheoretische Sicht angeschlossen ist eine Studie von Bettina Hurrelmann und MitarbeiterInnen (1996). Die Untersuchung schließt an einen systemischen Familienansatz an und ist durch ihre Anlage (Kombination quantitativer und qualitativer Methoden) im deutschsprachigen Raum als eine der wichtigsten detaillierten Studien zum Thema Fernsehen und Familie anzusehen.

Hurrelmann u. a. orientieren sich an der ökopsychologischen Sozialisationstheorie von Bronfenbrenner mit seiner Differenzierung in Mikro-, Meso-, Exo- und Makrosystem und ordnen Familien dem Mikro und das Fernsehen dem Exosystem zu, also einem Lebensbereich der Familie, der nicht unmittelbar zu dem Familiensystem gehört, aber in dieses hineinwirkt (ebd., S. 22). Im Unterschied zu anderen Exosystemen (Verkehr, Verwaltung etc.) greife das Fernsehen „mit seinen Kommunikationsofferten viel unmittelbarer in die familialen Interaktions- und Kommunikationsprozesse selbst ein" (ebd.). So nehme es teil an der „Strukturierung des gemeinsamen Alltags", mache sich geltend als „gruppendynamischer Faktor" und vermittle „Ansichten der gesellschaftlichen Außenwelt direkt in den Binnenraum der Familie hinein" (ebd.). Durch seine Allgegenwart im familialen Alltag werde das Fernsehen, vor allem wenn man dessen sozialisatorische Funktion berücksichtige, zu einem zusätzlichen „Familienmitglied" (ebd., S. 23).

Hurrelmann u. a. unterscheiden empirisch verschiedene Familienkonstellationen: Ein-Eltern und Zwei-Eltern-Familien mit je einem, zwei oder mehr als zwei Kindern (vgl. ebd., S. 26). Diese Differenzierung trifft die Forschergruppe vor dem Hintergrund der entwicklungspsychologischen „elementaren Einsicht", dass sich „je nach Kinderzahl (und Zahl der Erwachsenen) in der Familie die innerfamilialen Beziehungsmuster grundsätzlich

2 Vgl. entsprechende Weiterentwicklungen des Gruppendiskussionsverfahrens in Loos/Schäffer (2004).

unterscheiden“ (ebd., S. 19) und reflektiert die unterschiedlichen Möglichkeiten die innerfamiliale Kommunikation zu gestalten (z. B. hat ein „Einzelkind“ andere Möglichkeiten, Beziehungen innerhalb der Familie aufzubauen, als ein Kind mit zwei Geschwistern). In Bezug auf das „Familienmitglied Fernsehen“ gehen die Autoren hierbei von drei Annahmen aus: 1. Der Annahme, dass sich die Funktionen des Fernsehens in der „Alltagsorganisation der Familie je nach Familienkonstellation“ unterscheiden, 2. Der Annahme, dass die Rolle, die das Fernsehen „in der Gestaltung innerfamiliärer Familienformen spielt, je nach Familienform unterschiedlich ist“ und 3. Der Annahme, dass „die Art, in der das Fernsehen in die Vermittlung der gesellschaftlichen Außenwelt einbezogen wird, sich je nach Familienform unterschiedlich darstellt (vgl. ebd., S. 21).

Zur Untersuchung dieser Fragestellung, die zudem noch mit zusätzlichen Vorannahmen über die soziale Situation bestimmter Familientypen einhergeht, führten Hurrelmann u. a. eine Fragebogenerhebung mit 200 Familien aus den „vier am häufigsten in der Bundesrepublik vorkommenden Familienformen“ (ebd., S. 30) durch: Ein-Eltern-Familien, Zwei-Eltern-Familien mit einem Kind, Zwei-Eltern-Familien mit zwei Kindern und Zwei-Eltern-Familien mit mehr als zwei Kindern. Die Stichprobe wurde so ausgewählt, dass in jeder der vier Gruppen die Bildungs- und Altersstruktur sich in etwa entsprachen, sodass die Ergebnisse Rückschlüsse auf die Familienformen zuließen. Es wurden die Erwachsenen und jeweils ein Kind im Alter zwischen acht und neun Jahren interviewt. Zudem wurden Mütter, Väter und Kinder mit jeweils speziell auf ihre Bedürfnisse und Fähigkeiten zugeschnittenen speziellen Fragebögen befragt, um auf diese Weise Mehrperspektivität zu gewährleisten. Entsprechend der Vorannahme der Studie, dass „Fernsehen in Familien immer im Kontext der übrigen Lebensgestaltung, insbesondere des Familienalltags“ stattfindet, war die Befragung insgesamt darauf gerichtet, „neben der Erfassung der detaillierter Informationen über den Fernsehalltag der Familienmitglieder diesen Kontext zu erhellen“ (ebd., S. 32).

In einem nachgelagerten Schritt wurden dann für eine „Fallstudie“ aus allen vier Familientypen je fünf Familien ausgewählt, deren Kinder von den AutorInnen als „Vielseher“ eingestuft wurden. Unter diese Kategorie fallen Kinder, die mehr als zwei Stunden pro Tag fernsehen. Die Auswahl nach dem Kriterium „Vielseher“ geschah in der Hoffnung, dass diese „Extremgruppe“ die „besten Auskünfte über Fernsehen, Fernseherziehung und Probleme mit dem Fernsehen“ geben könnten und dass sich hier „idealtypische Zusammenhänge zwischen dem Fernsehkonsum und den Lebensbedingungen und Interaktionsmustern in den Familienformen“ aufzeigen ließen (ebd., S. 42). Als Kontrollgruppe kamen dann noch einmal pro Familientyp drei Familien hinzu, deren Kinder „durchschnittlich viel“ fernsahen, d. h. mit einer durchschnittlichen Sehdauer von 45 bis 75 Minuten. Insgesamt wurden also 32 Familien ausführlich unter Zuhilfenahme eines Interviewleitfadens befragt, der folgende thematische Komplexe berücksichtigte: „die Fernsehnutzung im Alltagsablauf der Familie; die Funktionen des Fernsehens für die Familienmitglieder; die kommunikative Einbettung des Fernsehens in die Kommunikationsstruktur der Familie; die pädagogischen Konzepte der Eltern in Bezug auf das Fernsehen; auf die Familienform bezogene Erzählvorgaben zur Konfliktsituationen um das Fernsehen“ (ebd., S. 42).

In die Ergebnisse der Forschungsgruppe fließen einige der bisher skizzierten gegenstandstheoretischen Vorannahmen ein. So hängen viele der familialen Interaktions- und Kommunikationsmuster von der Größe der Familien ab und bestimmen ihrerseits wiederum den Fernsehgebrauch der Familien. Dieser „gliedert sich in die Alltagsorganisation der Familie ein, konstituiert sie sogar nicht selten mit“ (ebd., S.160). In großen Familien dient das Fernsehen der „Stabilisierung und Differenzierung des Geschwistersubsystems einerseits und des Elternsystems andererseits". Hier findet das Fernsehen „häufiger zeitlich und räumlich getrennt statt". In kleinen Familien dagegen begegnet man einer generationenübergreifenden gemeinsamen Fernsehnutzung, gewissermaßen konstituiert sich hier Familie über die gemeinsame Aktivität des Fernsehens.

Bei der elterlichen Fernseherziehung spielt es „eine besondere Rolle, wie viel Nähe die Eltern zu dem Fernsehgebrauch ihrer Kinder erleben" (ebd., S. 160): In größeren Familien, in denen sich die Eltern- und Kindersubsysteme ausdifferenzieren können, erleben die Eltern im Vergleich zu Ein-Kind-Familien eine geringere Nähe zu dem Fernsehgebrauch ihrer Kinder. Dieser Grad der Nähe ist jedoch für die Eltern ein Indikator dafür, den Fernsehgebrauch ihrer Kinder einschätzen zu können, sodass in größeren Familien die Eltern aufgrund der geringeren Nähe zu dem Fernsehgebrauch ihrer Kinder oft über ein *geringeres Kontrollerleben* und eine *geringere Erziehungssicherheit* berichten als in Ein-Kind-Familien.

Die in dem Untersuchungsdesign besonders betonte Höhe des Fernsehkonsums wird nicht so stark wie angenommen von der elterlichen Fernseherziehung allein beeinflusst. Die Autoren verweisen auf ein komplexes, hohen Fernsehkonsum begünstigendes „Bedingungsgefüge" (vgl. ebd., S. 161), das je nach Familienform unterschiedlich ausfalle. Zu diesem Bedingungsgefüge gehöre das Vorbildverhalten der Eltern, deren Medienerziehung und das Vorhandensein alternativer Freizeitmöglichkeiten. Entscheidend bei hohem Fernsehkonsum sei auch der sozioökonomische Status der Familien: „Unterprivilegierte Familien" wiesen „häufig einen höheren oder im Hinblick auf die Entwicklung der Kinder problematischeren Fernsehkonsum" (ebd.) auf. Hiervon seien insbesondere kinderreiche unterprivilegierte Familien betroffen, in denen die Kinder den „Fernsehkonsum untereinander und ohne die Eltern" (ebd., S. 162) verhandelten und das Fernsehen so die „Gemeinsamkeit der ganzen Familie" eher verhindere, als sie zu ermöglichen. Das damit einhergehende geringe Kontrollerleben führe zu einer fatalistischen Haltung der Eltern hinsichtlich der Beeinflussbarkeit des Fernsehgebrauchs ihrer Kinder. Schließlich sei auch ein Teil der Ein Eltern-Familien im Vergleich zu Zwei-Eltern-Familien mit „Fernsehproblemen" besonders belastet. Als Probleme werden genannt: hoher Fernsehkonsum, Verarmung der Freizeitinteressen, Schwierigkeiten mit der Fernseherziehung und angstbesetzte Träume der Kinder nach dem Fernsehen.

Die Stärke der Studie von Hurrelmann u. a. liegt sicherlich in der Kombination von familien- und medientheoretischen Ansätzen, die üblicherweise von wechselseitiger Nichtwahrnehmung geprägt sind. Zu den Verdiensten gehört auch der Versuch, quantitative und qualitative Methoden zu triangulieren, wenngleich der qualitative Teil gegenüber dem quantitativen etwas abfällt und im Gesamtkontext eher einen Exemplifizierungsstatus zugewiesen bekommt.

Die im Folgenden zu diskutierende Studie von Angela Keppler aus dem Jahre 1994 (Keppler 1994) kapriziert sich dagegen ganz auf den qualitativen Aspekt und kommt hier mit einem entsprechend ausgefeilteren methodischem Setting und auch einer anderen theoretischen Rahmung daher: Es geht um die Konversationsanalyse von Familientischgesprächen.

4.3 Angela Keppler: Familiäre Tischgespräche über Medien

Die Autorin untersucht Formen kommunikativer Vergemeinschaftung am Beispiel familiärer Tischgespräche und orientiert sich dabei am Konzept der „kommunikativen Gattungen" von Thomas Luckmann. Ein Kapitel ist dem „Gesprächsstoff der Medien" in der Familie gewidmet (vgl. Keppler 1994, S. 211ff.). Keppler ist vorrangig daran interessiert, „in welcher Abhängigkeit oder Eigenständigkeit die Privatsphäre der Familie zur Sphäre der öffentlichen Kommunikationsmedien steht" (ebd., S. 212). Vor diesem Hintergrund fragt sie sich, wie Medieninhalte zu „alltäglichen Gesprächsthemen" in der Familie werden, wie sich die Familie „gegenüber der Berichterstattung, den Identitätsangeboten und den Kulten vor allem des Fernsehens" verhält und sie ist an der Rolle interessiert, die die Gespräche über die Medien für „die Beziehungen der Gruppenmitglieder untereinander spielen" (ebd.). Unter Zuhilfenahme des Instrumentariums der Konversationsanalyse analysiert sie Gesprächssequenzen von Familientischgesprächen über Medieninhalte und beschreibt beispielsweise in das Tischgespräch „eingebaute Medienreferenzen" (ebd., S. 222), etwa den „Kurzverweis" auf Medieninhalte, um eine Argumentation zu stützen oder abzulenken in unverfängliche Gefilde. Im familiären Diskurs wirkten solche Medienreferenzen deeskalierend, da mit ihr Dispute entpersönlicht werden: Eine Diskussion über den Schusswaffengebrauch der Polizei bspw. wird durch eine Umlenkung des Gesprächs auf die Fernsehserie „Miami Vice" entschärft. Ein derartiger „Rekurs auf Medienbeiträge", so das Resümee der Autorin, vergrößere die „Reichweite der familiären Themen erheblich, ohne jedoch die Struktur dieser Gespräche signifikant zu verändern" (ebd., S. 234). Von den „eingebauten Medienreferenzen" unterscheidet Keppler „eigenständige Medienrekonstruktionen" im Familiengespräch. Hier werden Medienbeiträge als solche rekonstruiert bzw. an manchen Stellen des Gespräches im Gespräch „reinszeniert" (ebd., S. 239). Keppler rekurriert hier u. a. auf eine mehrminütige Unterhaltung über ein Musikstück von Wolfgang Ambros. In solchen „kommemorativen Medienrekonstruktionen" wird sich gemeinsam bestimmter Medienerlebnisse vergewissert; den Reiz solcher Unterhaltungen für die Familienmitglieder macht die „gemeinsame Wiederaufführung und Wiederbelebung von etwas allseits Bekanntem" (ebd., S. 248) aus. Andere Formen sind die „akkumulierende Vergegenwärtigung" und die „interpretative Aneignung" von Medieninhalten, deren Funktion für die familiäre Kommunikation Keppler detailliert herausarbeitet. Vor dem Hintergrund ihrer Ergebnisse sieht Keppler die Wirkungen der Medien in der Familie als eher begrenzt an: „Dass aber die Produktionen der Medien auf eine so vielfältige Weise in das alltägliche Gespräch Eingang finden, ist eher ein Indiz für eine strukturelle Grenze ihrer Macht als für die Unbegrenztheit ihres Einflusses" (ebd., S. 262). Denn der Prozess der Medienaneignung im Kontext der Familie enthalte immer „zugleich Möglichkeiten der Distanzierung und Modifikation" (ebd.).

4.4 Jürgen Barthelmes und Eckehardt Sander: Medienerfahrungen von Jugendlichen in Familie und Peergroup

Die bisher referierten Studien zu Medien und Familie berücksichtigen die diacrone Perspektive allenfalls retrospektiv, also aus Erzählungen und Beschreibungen der Familienmitglieder. Hier setzen Jürgen Barthelmes und Eckhard Sander vom Deutschen Jugendinstitut mit einer *qualitativen Längsschnittuntersuchung* zu Medienerfahrungen von Jugendlichen in Familie und Peergroup an (vgl. Barthelemes/Sander 1999; 2001) und befragten 22 Jugendliche und ihre Eltern zwischen 1992, 1994 und 1998 insgesamt drei mal. Auf diese Weise wurden die Jugendlichen durch die Zeit ihrer Adoleszenz begleitet (von 13 bis 20 Jahren). Die Fragestellung des Projekts war zwar stark jugendfixiert, dennoch konnten die Autoren in Bezug auf die familiäre Einbettung des Medienumgangs und insbesondere auf die Rolle der „*medienbiographischen Erfahrungen* der Eltern für den Umgang der heranwachsenden Töchter und Söhne mit Medien“ interessante Ergebnisse herausarbeiten. Die Autoren entwerfen ein empirisch gesättigtes Phasenmodell über die jugendliche „Mediennutzung als Selbstvergewisserung“: Wenn Jugendliche ihre persönlichen Themen in Medieninhalten widergespiegelt sehen, kommt es zu „intensivem Medienerleben“ (Barthelmes 2001, S. 86), das zur Identitätsfindung beiträgt. In den verschiedenen Phasen dieses Prozesses treten die Jugendlichen dann über diese Medienerlebnisse in Kommunikation mit ihren Familien. Über die vielfältigen Medieninhalte, die z. T. auch tabuisierte Themen wie „Aids, Drogen, Sexualität, Trennung/Scheidung der Eltern“ (ebd., S. 88) aufgreifen, lernen sich die Jugendlichen und ihre Eltern „besser kennen“. Hinsichtlich dieser innerfamilialen Medienkommunikation werden die Ergebnisse von Angela Keppler bestätigt und zugleich differenziert: Über die Medieninhalte wird vorrangig bis zum 15ten Lebensjahr viel geredet, danach nimmt es jedoch, wie auch der Fernsehkonsum der Jugendlichen insgesamt, stark ab. Die Jugendlichen wollen sich nun „mehr mit den Freundesgruppen treffen sowie sich mehr von den Geschmackvorlieben und Alltagsgewohnheiten der Eltern absetzen.“ Auch werden in diesem Alter die „Themen Schule, Ausbildung und Beruf und die positiven und negativen Erfahrungen mit ihren Freundschaften wichtiger“ (Barthelmes 2001, S. 88). Die Eltern stehen dem Medienkonsum der Jugendlichen eher positiv gegenüber: „Die Söhne und Töchter sollen in Sachen Medien mitreden können“ (ebd., S. 89). Generell herrscht bei den Eltern die Überzeugung vor, dass sie sich „wegen des Medienumgangs und der Medienvorlieben ihrer Kinder unnötige Sorgen gemacht hätten“ (ebd.). Entgegengesetzt zu der verbreiteten Auffassung, dass der Peergroupeinfluss in Hinsicht auf die Mediennutzung den der Familie übersteige, gelangen die Autoren zu einem ganz anderen Ergebnis: Der Umgang mit den Medien seitens der Eltern prägt das Medienhandeln der Kinder. Das „familienspezifische kulturelle Erbe“ werde zwar „ab dem 15. oder 16. Lebensjahr stark infrage gestellt“, ein Teil dieses kulturellen Erbes bleibe aber erhalten und präge die Gewohnheiten der jetzt 19 oder 20-jährigen berufstätigen Jugendlichen: „Dabei pflegen sie (die Jugendlichen, B. S.) sogar dieselben Sitzarrangements und Vorlieben sowie jene Gewohnheiten, die sie aus ihrer jeweiligen Familie her kennen und als Kind erlebt haben“ (ebd., S. 89). Dieses zuletzt genannte Ergebnis stimmt mit den Ergebnissen einer quantitativen Sekundäranalyse von Kuchenbuch (2003) überein, die das Fernsehverhalten unterschiedlicher Milieus (Sinus) untersuchte und zu dem Schluss kommt, dass Eltern ihr „eigenes Nutzungsverhalten, das deutlich mit der Milieuzugehörigkeit korreliert, an ihre Kinder (vermitteln). Somit werden milieuspezifische Unterschiede im Fernsehverhalten von einer Generation an die nächste weitergegeben“ (ebd., S. 11).

4.5 Fazit: Fernsehen in der Familie

Die Einführung des Fernsehens hatte ab Mitte der 1960er Jahre offensichtlich einen großen Einfluss auf die innerfamiliale Interaktion und Kommunikation, auf die alltägliche

Reproduktion und auf die Außenbeziehungen des „Systems Familie“. Diesen Befund kann man als in der Forschung unumstritten ansehen. Je nach Forschungsansatz und -schwerpunkt ergeben sich unterschiedliche Differenzierungen und Detaillierungen: Die Morleysche Perspektive ist stark auf die Machtbeziehungen zwischen den Geschlechtern innerhalb der Familie abgestimmt und thematisiert die Einbindung des Fernsehens in geschlechtsspezifische Sehstile und deren Auswirkungen auf die Reproduktion innerfamiliärer Machtverhältnisse. Die Perspektive von Hurrelmann u. a. (1996) dagegen akzentuiert eine systemische Sichtweise, die zwischen verschiedenen, von der Größe abhängigen Familientypen unterscheidet. Der Befund, dass der Fernsehgebrauch je nach Größe und Struktur der Familie variiert, wird ergänzt durch eine auf den sozioökonomischen Status der Familie gerichteten Analysemodus. Hiermit gelingt es den AutorInnen die Folgen von Unterprivilegierungen in ein Verhältnis zu Familiengröße und Struktur zu setzen und in die Analyse des familiären Fernsehgebrauchs mit einzubeziehen. Im Vergleich zu allen bisher referierten qualitativen Studien nimmt Angela Keppler die methodisch-methodologisch reflektierteste Position ein. Mittels der Konversationsanalyse gelingt es ihr – mit Hurrelmann gesprochen –, die alltägliche Reproduktion des Systems Familie im Kontext von Tischgesprächen minuziös zu rekonstruieren. Ihre Ergebnisse in Hinsicht auf die Funktionen von Medieninhalten bei familiären Tischgesprächen deutet Keppler als strukturelle Begrenzung der Macht der Medien im familiären Rahmen. Schließlich machen Jürgen Barthelmes und Eckehardt Sander eine diacrone Perspektive stark. Sie verfolgten den Mediengebrauch von Familien in einer qualitativen Panelstudie über einen Zeitraum von sechs Jahren. Ihre Ergebnisse geben Hinweise auf den Einfluss der Medienbiografien der Eltern, auf die der Kinder im Familienkontext sowie auf das Verhältnis von Familie und Peergroup beim Mediengebrauch der Jugendlichen in der Familie.

5. Exkurs: Die Familie im Fernsehen

Die Produktion von Fernsehserien, bei denen eine Familie im Mittelpunkt steht, hat in Deutschland eine recht lange Tradition (vgl. Bleicher 1992). Die erste Familienserie des deutschen Fernsehens war die „Familie Schölermann“ (vgl. Abbildung 1), die mit insgesamt 111 Folgen von 1954 bis 1960 lief. Die Schölermanns wurden in den 1960er Jahren abgelöst von der „Firma Hesselbach“ (später die „Familie Hesselbach“, vgl. Abbildung 2), in deren Mittelpunkt ein kleiner Familienbetrieb (Druckerei) in Hessen stand. In beiden Serien steht klar eine von ihrer Umwelt abgegrenzte und sich abgrenzende Familie im Mittelpunkt. Alle Handlungsstränge werden gewissermaßen durch ein „familiäres Nadelöhr“ geführt. Derartige familienzentrische Produktionen wurden Anfang der 1970er Jahre von der Serie „Ein Herz und eine Seele“ persifliert (vgl. Abbildung 3). Hervorzuheben ist hier insbesondere die filmische Dekonstruktion des traditionellen Hierarchiegefüges mit dem Vater als unangefochtenem Familienoberhaupt, wie es kennzeichnend für die frühen Serien ist. In der Serie fordert „Alfred Tetzlaff“ (Heinz Schubert) diese Rolle zwar immer wieder vehement ein; sie wird ihm jedoch von den anderen Familienmitgliedern systematisch vorenthalten bzw. ihm wird die Lächerlichkeit seines Anspruchs in immer wieder neuen Varianten vor Augen geführt. Hieraus bezieht die Serie einen Großteil ihrer Komik.

Parallel zu den deutschen Produktionen wurden in der Anfangszeit des deutschen Fernsehens von den deutschen Sendern zumeist Serien aus den USA eingekauft: So wurde bspw. die Familienserie „Unser trautes Heim“ („Please, Don't Eat the Daisies“) ab 1969

Abbildung 1: Fam. Schöllermann

Abbildung 2: Fam. Hesselbach

Abbildung 3: Ein Herz und eine Seele

ausgestrahlt. Sie handelt von der Familie eines Englischprofessors, dessen Ehefrau als Kolumnistin berufstätig ist und sich dem Leitbild einer „guten Hausfrau" widersetzt. Für die Versorgung des Haushalts wird ein „Hausmädchen" reiferen Alters einstellt, das im Wesentlichen für die vier Jungen und den „Familienhund" zuständig ist. Aber auch Ein-Eltern-Familien werden inszeniert: Zwar ist die seit Anfang der 1960er Jahre ausgestrahlte Westernserie „Bonanza" (Abbildung 4) keine genuine Familienserie; es werden jedoch auch die Probleme eines allein erziehenden Vaters („Ben Cartwright") mit seinen Söhnen „Hoss", „Adam" und „Joe" thematisiert. Bei den ab 1975 ausgestrahlten „Waltons" wird eine Familie aus den 1930er Jahren (re-)inszeniert, die ein Sägewerk in Virginia betreiben. Das Besondere an dieser Serie ist die Idealisierung der Mehrgenerationenfamilie: Großeltern, Eltern und sieben (!) Kinder leben hier unter einem Dach (vgl. Abbildung 5).

In den 1980er Jahren differenzierten sich die in Deutschland gezeigten amerikanischen Familienserien in verschiedene Subgenres. Hierzu gehört die „Partridge Familie" (Abbildung 6), die mit ihrem Star David Cassidy gleichzeitig als Gesangsgruppe Millionenumsätze mit Plattenaufnahmen machte. Vor allem aber sind die Kultserien der 1980er Jahre, „Dallas" und „Denver Clan" zu nennen (Abbildungen 7 und 8). Während die bisher skiz-

Abbildung 4: Bonanza

Abbildung 5: Die Waltons

Abbildung 6: Die Partridge Familie

Abbildung 7: Dallas

Abbildung 8: Denver Clan

zierten Serien zumeist mit dem (impliziten und oft nicht eingelösten) Anspruch antraten, „normale", im Alltag anzutreffende, Familien zu porträtieren, zeichnen sich Dallas und Denver Clan dadurch aus, dass sie die Familienprobleme der US-amerikanischen Geld- und Ölaristokratie in den Mittelpunkt der Handlung stellen.

Die Produktionen aus dem angelsächsischem Raum wurden Mitte/Ende der 1990er Jahre zunehmend durch entsprechende deutschsprachige Eigenproduktionen aus dem Programm gedrängt (vgl. Festenberg 1996), die sich im Konzept zwar an den amerikanischen Vorbildern orientieren, aber stärker bundesdeutsche Gegebenheiten berücksichtigen. Zu nennen sind Serien wie etwa „Gute Zeiten schlechte Zeiten" (RTL), „Lindenstraße" (ARD, Abbildung 9) oder „Marienhof" (ARD, Abbildung 10). Diese Serien als genuine Familienserien zu bezeichnen, trifft nicht ganz den Kern, denn es werden größere Gemeinschaften (bspw. ein Mietshaus oder ein Hof) inszeniert, in denen *auch* Familien leben. In diesem Zusammenhang macht Dörner (2001, S. 173ff.) darauf aufmerksam, dass sich in der Lindenstraße serienspezifisch zugespitzt auch Individualisierungsprozesse der Familie spiegeln: „An die Stelle der klassischen ‚Normalfamilie' mit einem verheirateten Elternpaar und ein bis drei Kindern ist unter dem Druck dramatisch gestiegener Scheidungsquoten eine bunte Vielfalt von Eineltern – und Patchworkfamilien mit wechselnden Beteiligten gerückt." Auch in den anderen genannten neuen Formaten ist die Familie nicht mehr, wie bei den frühen Serien, ein „Fels in der Brandung", sondern ihr Wandel selbst dringt in den Vordergrund der Inszenierung (zur Lindenstraße vgl. Jurga 1995).

Abbildung 9: Lindenstraße

Abbildung 10: Marienhof

An den Familienserien neueren Formats lässt sich auch die oben bereits angedeutete Überlappung von Fernsehen und daran gekoppelten Internetangeboten studieren. Auf den entsprechenden Homepages der Serien (http://www.daserste.de/marie/vorschau.asp.; www.gzsz.de; www.lindenstrasse.de) werden Informationen rings um die Produktion und Rezeption dieser Formate angeboten und darüber hinaus diverse Zusatzangebote gemacht, die je nach Zielpublikum variieren. So kann man sich bspw. auf den Seiten von „Gute Zeiten schlechte Zeiten“ über die Musikstars informieren, die Gastauftritte in der Sendung hatten oder man kann sich eigene Fanseiten mit spezifischer Zugangskennung erstellen u. v. m. Die Internetseiten nutzen die von der Serie entworfene Sinnwelt als Einstieg in andere, nur noch mittelbar auf die Serie bezogene Aktivitäten (und natürlich auch als hervorragendes, weil zielgruppengenaues Werbeumfeld).

Bereits auf den ersten Blick dokumentiert sich auf den abgebildeten screenshots (Abbildungen 1 bis 10) eine Fülle an Unterschieden in der „Gemeinsamkeit Familienserie“, die mit den Mitteln der erziehungswissenschaftlichen Bild- und Filmanalyse erschlossen werden können (vgl. hierzu Ehrenspeck/Schäffer 2003). Die Unterschiede verweisen einerseits auf die historischen und kulturellen Besonderheiten der Produktionen selbst, andererseits aber auch auf das Referenzobjekt der Serien, die Familie. Familienserien stehen, wie alle Medienprodukte, in einem spezifischem Verhältnis zur Gesellschaft, in der sie produziert werden. Sie sind zwar nicht als Abbilder der jeweiligen historischen Familienbeziehungen oder -verhältnisse zur Zeit der Produktion zu sehen, sondern stellen vor allem kollektive Identifikations- und Projektionsmöglichkeiten dar, um sich mit „Familie“ auseinanderzusetzen. In ihnen werden soziale Konflikte und Themen be- und verarbeitet, bzw. die Gesellschaft verständigt sich in solchen Serien über sich selbst (vgl. Mikos 1994).

Aber ProduzentInnen und RegisseurInnen von Familienserien inszenieren diese natürlich nicht in einem luftleeren Raum, sondern orientieren sich an ihren eigenen Erwartungen in Bezug auf die Erwartungen ihres imaginierten Publikums. Die doppelte Struktur von Erwartungen, d. h. die „Erwartungserwartungen“[3] (Luhmann) daran, wie eine Familie zu inszenieren ist, führt im Endeffekt dann doch dazu, dass sich ein entsprechender sozialer Wandel der Familienstruktur mit einer entsprechenden zeitlichen Verzögerung (manchmal auch in Antizipation dieses Wandels) zwar nicht abbildhaft, aber doch signifikant in den Serien niederschlägt.

Darauf, dass der Erfolg von Familienserien auch davon abhängig ist, ob die kulturellen Codes der Produzierenden mit denen der Rezipierenden ansatzweise übereinstimmen, verweisen bereits die sinkenden Einschaltquoten für amerikanische family soaps in Deutschland. Noch eindrucksvoller zeigt sich dieser Befund, wenn man den angloamerikanischen und europäischen Kulturraum verlässt und sich anderer Vergleichshorizonte versichert. In diesem Zusammenhang sei hier verwiesen auf eine interessante Studie von Hilaria Gössmann (1996; 1998) über den Vergleich von Lebensentwürfen in japanischen und deutschen Familienserien. Gössmann verweist u. a. darauf, dass die in Deutschland so erfolgreiche Serie „Dallas“ in Japan „überhaupt keinen Erfolg“ (Gössmann 1996, S. 242) hatte und dass die unangefochtene Stellung des Vaters in japanischen Familienserien bereits Ende der 1960er Jahre durch sog. „mutterzentrierte Familiendramen“ (ebd., S. 245) in Frage gestellt wurde.

Insgesamt lässt sich festhalten, dass die Inszenierung von Familie in den Medien für die Erziehungswissenschaft in vielerlei Hinsicht ein interessantes Forschungsfeld darstellt. Gerade in Kombination mit medientheoretischen, (kunst-)historischen, soziologischen, psychologischen und kulturvergleichenden Ansätzen eröffnen sich hier neue interdisziplinäre Perspektiven. Als besonders fruchtbar erscheint insbesondere die Kombination der Analyse der Darstellung von Familien in den Medien mit der Analyse der Rezeption und Aneig-

3 Zu den Erwartungserwartungen in Bezug auf das Genre „Schulfilm“ vgl. Schäffer (2003b).

nung solcher Produkte der medialen Kultur im Alltagskontext von Familien. Im Bereich der Cultural Studies gibt es hier eine Tradition, sich der Rezeption und Aneignung derartiger populärer Formate zumeist unter Genderaspekten zu widmen (vgl. exemplarisch Brown 1994); hierauf kann an dieser Stelle jedoch nicht weiter eingegangen werden.

6. Neue Medien in der Familie

Der Wandel dessen, was wir heute unter „Familie" verstehen und dessen, was Familie ausmacht, wird u. a. *auch* durch die rasante Entwicklung der Medientechnologie angestoßen.[4] Diese Tendenz wird durch die „neuen", d. h. digitalen Medientechnologien vorangetrieben: Sie ermöglichen in ihrer Gesamtheit alternative Formen des gemeinsamen, aber auch des individualisierten Medienhandelns im Familienkontext. In Bezug auf den Heimcomputer hat dies als einer der ersten Seymor Papert erkannt und in einem überwiegend programmatisch gehaltenem Beitrag mit dem Titel „The Connected Family" Mitte der 1990er Jahre (vgl. Papert 1996) auf den Punkt gebracht. Er sieht in der Einführung des Computers in den familiären Rahmen vor allem eine Chance für die Familie, sich „ihrer Lernkultur bewusster zu werden und die Möglichkeit, an ihr zu arbeiten und sie allmählich zu verbessern" (ebd. 1998, S. 93).

Mit dem Siegeszug des WWW-Dienstes des Internets (Schäffer 2001), entstehen darüber hinaus gänzlich neue Kommunikations- und Partizipationsräume (vgl. Marotzki/Meister/Sander 2001). Diese tangieren implizit und bisweilen auch explizit die innerfamiliale Kommunikation und Interaktion (vgl. Hammer 2001). Sozialpsychologische Befunde aus der Internetforschung (vgl. Döring 2003) legen nahe, dass sich die vorhandenen Modi innerfamilialer Kommunikation zu wandeln beginnen bzw. mit Hilfe neuer Medien transformiert werden – man denke hier etwa an den intergenerationellen E-Mailverkehr zwischen nahen und fernen Verwandten. Auch verändert sich die Kommunikation der Familien mit dem verwandtschaftlichen Umfeld durch Familienhomepages.

Die mit den diversen neuen Medien einhergehenden Veränderungen in der Interaktions- und Kommunikationskultur von Familien im Einzelnen nachzuzeichnen übersteigt bei weitem den Rahmen dieses Beitrages und ist aufgrund der Schnell- und Kurzlebigkeit der Produkte z. T. auch gar nicht zu leisten. Aus diesem Grunde soll im Folgenden abschließend auf einen ausgewählten Aspekt näher eingegangen werden: den des Wandels der innerfamilialen *Generationenbeziehungen* (vgl. Ecarius 1998) durch neue Medien.

Die Darstellung basiert auf den Ergebnissen einer empirischen Studie zum Thema Medien und Generation (vgl. Schäffer 2003a). Es konnte herausgearbeitet werden, dass sich auf der Grundlage der Medienerfahrungen und -praxen zu einer gegebenen Zeit für die jeweiligen Jahrgänge in ihrer Jugendzeit eigenständige Formen und Stile des Handelns mit den zur Verfügung stehenden Medien ausbildeten. Diese Handlungsstile verdichten sich in *generationsspezifischen Medienpraxiskulturen* (ebd., S. 37ff.) und erscheinen den Handelnden in ihrer Jugendzeit als quasi „natürliche" Form des Umgangs mit Medien schlechthin. Medienpraxiskulturen haben die Tendenz, die Jahre zu überdauern und prädisponieren auf Ebenen, die den Handelnden bewusstseinsmäßig nicht oder nur mühsam zugänglich sind, deren aktuelles Handeln mit den jeweils neuen Medien. Überspitzt for-

4 Für das in den 1960er Jahren neue Medium Fernsehen hat dies Meyrowitz (1990a, 1990b) bereits Ende der 1980er Jahre herausgearbeitet.

muliert: Ein 1950 Geborener, der seine Jugendzeit Mitte der 1960er Jahre mit den analogen Medien Plattenspieler, Fernseher und Tonband verbrachte, nähert sich einem Computer oder dem Internet mit einer impliziten Handlungslogik, die sich an Erfahrungen mit analogen Medien orientiert.

In der Familie treffen diese impliziten Handlungslogiken nun unmittelbar aufeinander und es gehört zunehmend zu den familialen Bildungsaufgaben, diese, durch die Beschleunigung des medialen Wandels erzeugte, neue Qualität der innerfamilialen Generationendifferenz kommunikativ und interaktiv zu bearbeiten. Hierauf wird in der Studie mit dem Terminus *intergenerationelle Bildungsprozesse* eingegangen (vgl. ebd., S. 211ff.). Sie stellen sich dann ein, wenn die Mitglieder einer Familie Differenzerfahrungen angesichts der unterschiedlichen Medienpraxiskulturen und den damit verbundenen handlungspraktischen Kompetenzen in Hinsicht auf die neue Technologien machen. Das bezieht sich einerseits auf Differenzerfahrungen im Bereich der geschlechtsspezifischen Handlungskompetenzen, aber vor allem um Differenzerfahrungen im Bereich der generationsspezifischen Handlungskompetenzen mit den neuen Medien. Und hier stellen sich aufgrund des partiellen Wissensvorsprungs der Kinder in den Familien die Differenzerfahrungen zumeist so dar, dass die Eltern sich ihres eigenen Nichtwissens und die Kinder sich ihres Wissensvorsprungs bewusst werden. Die im Folgenden in Anlehnung an Schäffer (2005) skizzierten empirischen Ergebnisse zeigen klar, dass die Familie, neben der Schule und der Peergroup einen zentralen Ort darstellt, diese umfassenden generationsspezifische Differenzerfahrungen zu artikulieren und zu bearbeiten.

Bei den untersuchten Familien ist eine hohe intergenerationelle Unterstützung in medientechnischen Angelegenheiten anzutreffen, die auf eine Dolmetscherposition hinaus läuft: Die Jüngeren helfen den Älteren in den Bereichen, die ihnen vor dem Hintergrund ihres eigenen habituellen Wissens mit Medientechnik besser zugänglich sind, indem sie ihnen entweder die Arbeit am Computer abnehmen oder versuchen, den Älteren das jeweils anstehende Problem, bspw. die Installation einer neuen Grafikkarte, zu erklären. Hierdurch wird zweierlei erreicht: Zum einen erschweren sie, indem sie innerfamilial die Position des/der Lehrenden übernehmen, den Eltern ein eigenes Probehandeln mit der Medientechnik. Nur ein solches Probehandeln würde jedoch zum Aufbau eines ähnlichen Fonds habituell verankerten Wissens führen, dessen Nichtvorhandensein auf der Elternseite die Jugendlichen in den durchgeführten Gruppendiskussionen z. T. wortreich beklagen.

Zum anderen kommen durch diese Konstellation traditionelle Hierarchisierungen in Bezug auf die Wissensverteilung in der Familie in eine Schieflage, die die Eltern, wie aus den Schilderungen der Jugendlichen hervorgeht, durch entsprechende Kommunikationen bzw. Handlungen zu entschärfen versuchen: Sie loben die Jugendlichen aus deren Sicht unangemessen oder sie alimentieren „die Kinder" für deren innerfamiliäre Hilfestellung mit unangemessenen Geldbeträgen. Dies hat paradoxe Konsequenzen: Das auf der Inhaltsebene ausgesprochene Lob der Eltern an die Adresse der Jugendlichen als Medienexperten und damit als potenziell überlegene bzw. zumindest gleichberechtigte Interaktions- und Kommunikationspartner entwickelt durch seine Unangemessenheit auf der Beziehungsebene die Wirkung, den Jugendlichen ihren Abhängigkeitsstatus im System der Familie wieder deutlich zu machen. Bezogen auf die Frage nach dem Modus, in dem sich die intergenerationelle Begegnung abspielt, heißt das, dass die Älteren durch die „Strategie" des Lobes und der unangemessenen Alimentation danach trachten, eine herkömmliche generationale Ordnung wiederherzustellen, quasi die Folgen ihres Nichtwissens im medientechnischen Bereich zu kompensieren. Dies ist den computerversierten Jugendlichen jedoch bewusst, weshalb sie auch der Bewunderung der Älteren für ihr eigenes habituelles handlungspraktisches Wissen ambivalent gegenüber stehen: Sie erkennen in dem Lob und der Alimentation auch die pädagogische Rahmung und den Versuch, ihnen die im (Eltern-Kind-Verhältnis traditionelle) Position wieder zuzuschreiben.

Fazit: Innerhalb der Familie wird die kommunikative Bearbeitung der generationalen Differenzerfahrungen durch den familiären Erfahrungsraum dominiert bzw. überlagert. Die generationsspezifischen Differenzerfahrungen in Bezug auf das handlungspraktische Computerwissen werden dabei innerhalb des durch Familie und Verwandtschaft konstituierten Erfahrungsraumes gewissermaßen *solidarisch abgepuffert.* Dieser Modus der solidarischen Verarbeitung bildet die Grundlage für intergenerationelle Bildungsprozesse im innerfamiliären Rahmen, die als eine partielle Relationierung des traditionellen Wissensgefälles in der Familie angesehen werden können. Die Jugendlichen wie auch ihre Eltern durchlaufen hier einen intergenerationellen Bildungsprozess, der sich vor allem dadurch auszeichnet, dass neue Modi des innerfamiliären Wissensgefälles in den kollektiven Rahmen des Erfahrungsraumes Verwandtschaft/Familie integriert werden müssen. Die aufgezeigten Bearbeitungsmodi, insbesondere in ihren paradoxalen Ausprägungen, sind als „Bildungsaufgabe“, d. h. als Aufgabe, eine innerfamiliäre Neurelationierung zu finden, zu interpretieren.

7. Abschließende Bemerkungen: Familie, Medien, Bildung

Das Thema Medien und Familie bietet ein beinahe unerschöpfliches Reservoire für erziehungswissenschaftliche Fragestellungen. Wenn diese Fragehorizonte nicht vorschnell unter „Medienerziehung“ bzw. „Mediensozialisation der Kinder und Jugendlichen im Familienkontext“ subsumiert wird, kommt die Familie als System bzw. als komplexer Zusammenhang von aufeinander abgestimmten und aneinander orientierten sozialen Handlungen in den Blick. Von hier aus lassen sich Mediensozialisation und -erziehung weitaus präziser lokalisieren, als wenn der Blick vorschnell durch eine kindheits- und jugendzentrierte Perspektive auf die komplexen familialen Zusammenhänge verstellt wird. Zudem können von hier aus Medienbildungskonzepte für Erwachsene erstellt werden, die den Erwachsenen als Familienmitglied ansprechen. Darüber hinaus ist die Rolle der Medien bei der Reproduktion familialer Milieus noch viel zu wenig bekannt, was angesichts der durch die PISA-Studie abermals bestätigten Bildungsrelevanz der familiären Herkunft gar nicht genug betont werden kann. Insofern ist es zu bedauern, dass diesem Themenbereich seitens der Erziehungswissenschaft bisher nicht mehr systematische Aufmerksamkeit gewidmet wird.

Literatur

ARD Werbung Sales & Services, 2003: http://ard.de/intern/index_view.phtml?k2=4&k3=8&k4=3 vom 10.12. 2003.

Barthelmes, J., 2001: Funktionen von Medien im Prozess des Heranwachsens. In: Media Perspektiven, ARD-Werbung Sales & Services, 6. Jg., H. 2, S. 84-89.

Barthelmes, J./Sander, E., ^{2}1999: Medien in Familie und Peer-group. Vom Nutzen der Medien für 13- und 14-Jährige. Medienerfahrungen von Jugendlichen. Band 1, München.

Barthelmes, J./Sander, E., 2001: Erst die Freunde, dann die Medien. Medien als Begleiter in der Pubertät und Adoleszenz. Medienerfahrungen von Jugendlichen. Band 2, München.

Bleicher, J., 1992: Von der Musterfamilie zur Mietshausbesatzung. Zur Geschichte deutscher Familienserien von 1950 bis 1980. In: Schneider, I./Zimmermann, B. (Hrsg.): Wege zu Fernsehgeschichten. Ein Interview mit Rolf Hädrich. Einblicke in Seriengeschichten und Ergebnisse einer Umfrage zu Serien (Uni-GH Siegen: Arbeitshefte Bildschirmmedien 4). Siegen, S. 25-37.

Bourdieu, P. u. a., 1983: Eine illegitime Kunst. Die sozialen Gebrauchsweisen der Fotografie. Frankfurt am Main.

Brown, M.E., 1994: Soap Opera and Womens's Talk. The Pleasure of Resistance. London/Thousand Oaks/New Delhi.

Burkart, R., 1995: Kommunikationswissenschaft. Grundlagen und Problemfelder. Wien/Weimar.

Döring, N., [2]2003: Sozialpsychologie des Internet. Die Bedeutung des Internet für Kommunikationsprozesse, Identitäten, soziale Beziehungen und Gruppen. Göttingen.

Ecarius, J. (Hrsg.), 1998: Was will die jüngere mit der älteren Generation? Generationenbeziehungen in der Erziehungswissenschaft. Opladen.

Ehrenspeck, Y./Schäffer, B.(Hrsg.), 2003: Film- und Fotoanalyse in der Erziehungswissenschaft. Ein Handbuch. Opladen.

Elsner, M./Gumbrecht, H.U./Müller, T./Spangenberg, P.M., 1994: Zur Kulturgeschichte der Medien. In: Merten, K./Schmidt, J.S./Wieschenberg, S. (Hrsg.): Die Wirklichkeit der Medien. Eine Einführung in die Kommunikationswissenschaft. Opladen, S. 163-187.

Feierabend, S./Klingler, W., 2003: Kinder und Medien 2002. In: Media Perspektiven, ARD-Werbung Sales & Services, 8. Jg., H. 6, S. 278-289.

Festenberg, N. v., 1996: Die Fakten und die Quoten. In: Der Spiegel, Nr. 22, S. 222-224.

Fritz, K./Sting, S./Vollbrecht, R., 2003: Mediensozialisation. Pädagogische Perspektiven des Aufwachsens in Medienwelten. Opladen.

Fromme, J./Kommer, S./Mansel, J./Treumann, K.P., 1999: Selbstsozialisation, Kinderkultur und Mediennutzung. Opladen.

Gössmann, H., 1996: Von der Kernfamilie zu alternativen Lebensmodellen? Ein Vergleich der Lebensentwürfe in japanischen und deutschen Fernsehserien. In: Japanstudien. Jahrbuch des Deutschen Instituts für Japanstudien der Phillip-Franz-von-Siebold-Stiftung. München, S. 241-264.

Gössmann, H. (Hrsg.), 1998: Das Bild der Familie in den japanischen Medien. Monografien aus dem Deutschen Institut für Japanstudien der Phillip-Franz-von-Siebold-Stiftung, Band 20, München.

Hammer, V., 2001: Die Multimedia-Familie. Familiale Lebenswelten, Computer und Kommunikationsgesellschaft. Hamburg.

Hirsch, M., 1997: Family Frames. Fotografy Narrative and Postmemory. Cambridgde, Mass./London.

Hurrelmann, B., 1993: Mediengebrauch und Lesesozialisation in der Familie. Oldenburg.

Hurrelmann, B./Hammer, M./Stelberg, K., 1996: Familienmitglied Fernsehen. Fernsehgebrauch und Probleme der Fernseherziehung in verschiedenen Familienformen. Opladen.

Jurga, M. (Hrsg.), 1995: Lindenstraße. Produktion und Rezeption einer Erfolgsserie. Opladen.

Keppler, A., 1994: Tischgespräche: Über Formen kommunikativer Vergemeinschaftung am Beispiel der Konversation in Familien. Frankfurt am Main.

Kuchenbuch, K., 2003: Die Fernsehnutzung von Kindern aus verschiedenen Herkunftsmilieus. In: Media Perspektiven, ARD-Werbung Sales & Services, 8. Jg., H. 1, S. 2-11.

Loos, P./Schäffer, B., [2]2004: Das Gruppendiskussionsverfahren. Grundlagen und empirische Anwendung. Wiesbaden.

Marotzki, W./Meister, D./Sander, U. (Hrsg.), 2000: Zum Bildungswert des Internet. Opladen.

McLuhan, M., 1995: Die magischen Kanäle. Understanding Media. Basel.

Meyer, T., 2001: Mediokratie. Die Kolonisierung der Politik durch die Medien. Frankfurt am Main.

Meyrowitz, J., 1990a: Die Fernsehgesellschaft. Band 1: Überall und nirgends dabei. Weinheim/Basel.

Meyrowitz, J., 1990b: Die Fernsehgesellschaft. Band 2: Wie Medien unsere Welt verändern. Weinheim/Basel.

Mikos, L., 1994: Es wird dein Leben! Familienserien im Fernsehen und im Alltag der Zuschauer. Münster.

Morley, D., 1986: Family Television. Cultural Power and Domestic Leisure. London/New York: Routledge.

Papert, S., 1996: The Connected Family. Longstreet Press, USA.

Papert, S., 1998: Die vernetzte Familie. Stuttgart.

Pilarczyk, U., 2003: Blickbeziehungen. Generationsverhältnisse in Fotographien. In: Ehrenspeck, Y./Schäffer, B. (Hrsg.): Film- und Fotoanalyse in der Erziehungswissenschaft. Ein Handbuch. Opladen, S. 309-324.

Pilarczyk, U./Mietzner, U., 2003: Methoden der Fotographieanalyse. In: Ehrenspeck, Y./Schäffer, B. (Hrsg.): Film- und Fotoanalyse in der Erziehungswissenschaft. Ein Handbuch. Opladen, S. 19-36.

Schäffer, B., 2003a: Generationen – Medien – Bildung. Medienpraxiskulturen im Generationenvergleich. Opladen.

Schäffer, B., 2003b: „Ein Blick sagt mehr als tausend Worte". Zur generationsspezifischen Inszenierung pädagogischer Blickwechsel in Spielfilmen. In: Ehrenspeck, Y./Schäffer, B. (Hrsg.): Film- und Fotoanalyse in der Erziehungswissenschaft. Ein Handbuch. Opladen, S. 395-417.

Schäffer, B., 2004: Erwachsenenalter. In: Krüger, H.-H./Grunert, C. (Hrsg.): Wörterbuch Erziehungswissenschaft. Wiesbaden: VS Verlag für Sozialwissenschaften, S. 116-122.
Schäffer, B., 2005: Neue Medien als Katalysatoren intergenerationeller Lern- und Bildungsprozesse. Empirische Befunde aus Familie und öffentlichem Raum. In: Ecarius, J./Friebertshäuser, B. (Hrsg.): Literalität, Bildung und Biografie. Perspektiven der erziehungswissenschaftlichen Biografieforschung. Wiesbaden, S. 202-219.
Schorb, B. (Hrsg.), 1982: Familie am Bildschirm. Neue Medien im Alltag. Frankfurt am Main.
Six, U./Gimmler, R./Vogel, I., 2003: Medienerziehung in der Familie. Hintergrundinformationen und Anregungen für medienpädagogische Elternarbeit (Herausgeber: Unabhängige Landesanstalt für das Rundfunkwesen [URL] Kiel). Kiel.
Spence, J./Holland, P. (Hrsg.), 1991: Family Snaps. The Meanings of Domestic Fotografy. London.
Thomas, G., 1996: Medien, Ritual, Religion. Zur religiösen Funktion des Fernsehens. Frankfurt am Main.
van Eimeren, B./Gerhard, H./Frees, B., 2003: Internetverbreitung in Deutschland: Unerwartet hoher Zuwachs. In: Media Perspektiven, ARD-Werbung Sales & Services, 8. Jg., H. 8, S. 338-358.
van Eimeren, B./Ridder, C.-M., 2001: Trends in der Nutzung und Bewertung der Medien 1970 bis 2000. In: Media Perspektiven, ARD-Werbung Sales & Services, 6. Jg., H. 11, S. 538-553.
Wittpoth, J., 1994: Rahmungen und Spielräume des Selbst. Ein Beitrag zur Soziologie der Erwachsenensozialisation im Anschluss an George H. Mead und Pierre Bourdieu. Frankfurt am Main.

Gesundheit

Stephan Sting

1. Einleitung

Die enge Beziehung von Gesundheit und Familie erscheint auf den ersten Blick evident. Familie ist von Geburt an Ort der primären Pflege und Betreuung, was die Sorge um die Gesundheit mit einschließt. Ebenso entscheiden familiale Sozialisation und Erziehung darüber, welche Bedeutung Gesundheit in der alltäglichen Lebenspraxis erlangt. Und schließlich beeinflussen gesundheitliche Belastungen und Krankheiten einzelner Familienmitglieder wesentlich die Handlungsroutinen und Lebensgestaltung der jeweiligen Familie. Vor diesem Hintergrund ist es erstaunlich, dass die Familie im Gesundheitsdiskurs bisher eine relativ geringe Rolle spielt. Eine Annäherung an die Beziehung von Familie und Gesundheit muss daher in vieler Hinsicht über Umwege gesucht werden, indem die Familie betreffende Erkenntnisse aus Themenbereichen wie der Gesundheit von Frauen, der gesundheitsbezogenen Sozialisation von Kindern und Jugendlichen oder der herkunftsbezogenen gesundheitlichen Ungleichheit abgeleitet werden.

Diese Annäherung soll im Folgenden in mehreren Schritten erreicht werden: Nach einer Auseinandersetzung mit der Vernachlässigung der Familie im aktuellen Gesundheitsdiskurs (2) werden historische Perspektiven zum Zusammenhang von Familie und Gesundheit aufgezeigt (3). Im Anschluss daran wird die Bedeutung der Familie für die Gesundheit in unterschiedlichen Kontexten dargestellt (4). Neben Studien zu gesundheitsrelevanten Einzelaspekten werden der Einfluss des familiären Zusammenlebens auf die Gesundheit und die gesundheitlichen Konsequenzen des familialen Wandels reflektiert. Im nächsten Abschnitt geht es um den Stellenwert, den gesundheitsbezogene Aktivitäten innerhalb der Familie einnehmen (5). Dabei ist das gesundheitsbezogene Alltagshandeln von der expliziten Beschäftigung mit chronischen Erkrankungen und Pflegebedürftigkeit zu unterscheiden. Schließlich werden Möglichkeiten der familienbezogenen Gesundheitsförderung diskutiert (6), indem von einem historischen Rückblick ausgehend einige aktuelle Arbeitsansätze vorgestellt werden, um daraus Kriterien für die familienbezogene Gesundheitsförderung zu gewinnen.

2. Zur Vernachlässigung der Familie im Gesundheitsdiskurs

Die Beziehung von Familie und Gesundheit stellt einerseits eine „alltagspraktische Selbstverständlichkeit“ dar, andererseits ist sie bisher „wissenschaftlich wenig durchdrungen“ (Grunow 1994, S. 11). Dies mag daran liegen, dass Politik und Wissenschaft generell wenig Interesse für diese Thematik aufbringen (vgl. Schnabel 2001, S. 17). Zugleich scheinen aber auch in der Sache selbst liegende Schwierigkeiten eine breitere Aufarbeitung zu verhindern. So ist gesundheitsbezogenes Handeln ebenso wie Erziehungshandeln in der

Familie von einer geringen öffentlichen Sichtbarkeit geprägt. Die Privatsphäre der Familie bleibt nach wie vor „hinter den Kulissen" des öffentlichen Lebens (vgl. Elias 1981). Zwar wird die Familie mit vielen gesundheitsbezogenen Erwartungen und Aufgaben konfrontiert (von der Säuglingspflege bis zur Betreuung pflegebedürftiger Senioren); die Einsicht in die dazu notwendigen Rahmenbedingungen und Anforderungen und die damit verknüpften Handlungsdynamiken bleibt jedoch weitgehend ausgespart. Das Konzept der „Gesundheitsförderung" der Weltgesundheitsorganisation (WHO), das Gesundheit als eine sozialpolitische Aufgabe aller Politikbereiche und unterschiedlicher gesellschaftlicher Handlungsebenen definiert, berücksichtigt die Familie nicht. Gesundheitsförderung liegt in der Verantwortung von Individuen, Gruppen, Gemeinwesen, Institutionen und Organisationen sowie der Gesellschaft insgesamt – aber nicht der Familie (vgl. Ottawa-Charta 1995). Grunow (1994, S. 12) weist darauf hin, dass Gesundheitserziehung und -förderung vor allem in öffentlichen Kontexten unterstützt werden. Als „mikrosoziale Gebilde" haben bisher nur gesundheitsbezogene Selbsthilfegruppen eine intensive Förderung erfahren, obwohl diese für nur ca. 2 bis 3 % der Bevölkerung von Interesse sind, während die Realgruppe „Familie" einen weit größeren Teil der Gesellschaft betrifft.

Ein umfassender Zugang zur Gesundheit legt es nahe, sich mit dem Zusammenhang von Gesundheit und Familie zu beschäftigen. Gesundheit wird seit der Ottawa-Charta zur Gesundheitsförderung (1986) nicht nur als Abwesenheit von Krankheit, sondern als eigenständiges, positives Ergebnis von Kompetenzen und Ressourcen beschrieben. Sie ist von sozialen Voraussetzungen wie angemessenen Wohn- und Lebensbedingungen, Bildung und sozialer Gerechtigkeit abhängig, die wesentlich in den Lebenslagen von Familien zum Ausdruck kommen. Und sie ist an die gesundheitsrelevante Lebenspraxis gebunden, die wesentlich durch den milieuspezifischen, gruppengebundenen Lebensstil der Familie geprägt ist (vgl. Ottawa-Charta 1995; Laaser/Hurrelmann 1998, S. 395ff.; Hörmann 1999, S. 14ff.). Der familiäre Lebensstil tritt dabei zwar in Konkurrenz zu anderen Lebensstilperspektiven (z. B. Arbeit, Schule, Freizeit), doch enthält der Familienalltag – im Gegensatz zu anderen Lebensbereichen – einen expliziten Gesundheitsbezug: Das Ziel der Gesunderhaltung genießt in der Familie einen hohen Stellenwert; zugleich finden sich in der Familie Kompensationsaktivitäten zu gesundheitlichen Belastungen in anderen Bereichen (vgl. Grunow 1994, S. 17f.). Darüber hinaus beeinflussen familiäre Ressourcen und familiäre Lebenserfahrungen die Herausbildung des „Kohärenzgefühls", das im Konzept der Salutogenese von Antonovsky als zentrales Kriterium für die psychosoziale Gesundheit gilt. Das Kohärenzgefühl bezeichnet ein Gefühl des Vertrauens, der Übereinstimmung mit sich und der umgebenden Welt, das über positive soziale Naherfahrungen erworben wird und damit wesentlich an das Aufwachsen im familiären Kontext gekoppelt ist (vgl. Antonovsky 1997).

3. Historische Perspektiven

Die Diskrepanz zwischen der hohen Gesundheitsrelevanz der Familie und der geringen wissenschaftlichen und professionellen Auseinandersetzung mit dieser Thematik scheint zumindest zum Teil ein Resultat der Geschichte der Gesundheitsfürsorge in Deutschland zu sein. Im historischen Rückblick lässt sich erkennen, dass der Zusammenhang von Familie und Gesundheit im ersten Drittel des 20. Jahrhunderts starke Beachtung fand. Bloch (2000, S. 22f.) berichtet von einem englischen Gemeinschaftsexperiment, das die Familie als zentralen Baustein betrachtete, um den herum eine umfassende Gesundheitsversorgungs- und gesundheitsvermittelnde Struktur geschaffen wurde. Ausgehend von einem „Familienklub" wurde im Peckham-Experiment im Südwesten Londons 1926 ein Gesundheitszentrum mit Sporteinrichtungen, einer gesundheitsbezogenen Verhaltenskultivierung und jährlichen Gesundheitsuntersuchungen eingerichtet, das die gesunde Familie zum Ziel des Gemeinschaftslebens erhob.

Gleichzeitig etablierte sich in der Weimarer Republik die „Gesundheitsfürsorge" als dritte Säule des sozialen Sektors. Neben gruppenbezogenen Dienstleistungen für besonders Gefährdete oder Kranke (z. B. Mütter, Säuglinge, Tuberkulöse, Alkoholiker) trat die familienbezogene Arbeit der „Gesundheitsfürsorgerin", die auf der Basis sozialhygienischer Erkenntnisse eine breite Palette gesundheitlicher und sozialer Hilfen anbot: „Wirtschaftliche Hilfe unter gesundheitlichen Gesichtspunkten, zugehende Familien- und Jugendfürsorge als Gesundheitsfürsorge und Gesundheitserziehung [waren] in einer Person vereinigt" (Labisch 1992, S. 174f.).

Die Verbesserung der gesundheitlichen und sozialen Lebenssituation ging einher mit dem Eindringen von Überwachung und Kontrolle in die Privatsphäre der Unterschichts- und Arbeiterfamilien in Form von Hausbesuchen und mit der Ausbreitung eines gesundheitsorientierten Lebensstils in Form von gesundheitlicher Beratung, Aufklärung und Erziehung. Die von den Gesundheitsfürsorgerinnen durchgeführte „Kontroll-Pflege" beförderte eine umfassende Kolonisation und Assimilation der Lebenspraxis der Unterschichten an das moderne „Normalitätsprofil Familienleben" (Böhnisch/Arnold/Schröer 1999, S. 179). Trotz dieses kritischen Aspekts werden die Bemühungen um die Gesundheitsfürsorge auch von arbeiternahen Zeitgenossen überaus positiv eingeschätzt. So erkennt z. B. Mennicke (2002, S. 108ff.) auf dem Gebiet der Sozialhygiene „die meisten und umfangreichsten Ergebnisse ... hinsichtlich der sozialpädagogischen Formgebung". Das soziale Streben der niedrigeren Bevölkerungsgruppen nach einer Verbesserung des ökonomischen, sozialen und kulturellen Lebensstandards ist für ihn eng verschränkt mit der „sozialhygienischen Bildung" (ebd.).

Die Verschiebung der Perspektive der Gesundheitsfürsorge hin zur „Rassenhygiene" und „Eugenik" in der Zeit des Nationalsozialismus zog eine verhängnisvolle Herrschaft der „öffentlichen Gesundheit" über das Wohlbefinden der Einzelnen nach sich. Das Eindringen in die Familien im Dienst der Gesunderhaltung der Allgemeinheit, um für „lebensunwert" erklärtes Leben sowie als „rassisch minderwertig" bezeichnetes Erbgut zu vernichten, diskreditierte den Bereich der öffentlichen Gesundheitspflege in Deutschland nachhaltig (vgl. Hurrelmann/Laaser 1998, S. 20f.). Dies führte zu einer starken Individualisierung des Gesundheitswesens, in dem bis heute wenig Raum für die soziale und damit auch familienbezogene Dimension von Gesundheit bleibt. Während in Deutschland das Individuum vorrangiger Bezugspunkt des Gesundheitswesens ist, hat sich z. B. in den USA seit den 80er Jahren des 20. Jahrhunderts die „Familienmedizin" als eigenständiges Fach aus der Allgemeinmedizin heraus entwickelt. Im Zuge der Weiterentwicklung zum Paradigma der „Collaborative Family Health Care" werden Gesundheitsprobleme zusehends im sozialen Kontext der „Familie" betrachtet, was eine interdisziplinäre Kooperation von Medizin, Pflege, psychosozialer Betreuung und Beratung erfordert (vgl. Bloch 2000, S. 40-45).

Die bisherigen Ausführungen machen deutlich, dass es sich bei dem Zusammenhang von Familie und Gesundheit um ein vielfältig verschränktes Feld handelt, bei dessen näherer Untersuchung zwei Betrachtungsebenen unterschieden werden können: erstens die Bedeutung der Familie für die Gesundheit – die Gesundheitsrelevanz der sozialen Lebensbedingungen, Sozialisationserfahrungen, Lebensgestaltungen und kulturellen Gepflogenheiten in Familien; und zweitens der Stellenwert der familialen „Gesundheitsarbeit" (Waller 2001, S. 303) – der familiäre Umgang mit Gesundheitsproblemen, z. B. mit chronischen Erkrankungen, der Zugang zu gesundheitlicher Versorgung und die alltägliche Herstellung und Aufrechterhaltung von Gesundheit in der Familie (vgl. Schnabel 2001, S. 76ff.; Bloch 2000, S. 17).

4. Die Bedeutung der Familie für die Gesundheit

4.1 Einzelstudien zum Zusammenhang von Familie und Gesundheit

Zur Bedeutung der Familie für die Gesundheit liegen bisher überwiegend Einzeluntersuchungen zu spezifischen familienbezogenen Problemstellungen vor. Eine von Bartholomeyczik u. a. herausgegebene Studie aus dem Jahr 1988 fragt nach den Gesundheitsproblemen von Frauen angesichts der Doppelbelastung durch familiäre und berufliche Anforderungen. Sie zeigt auf, dass gesundheitliche Belastungen und Risikofaktoren vor allem aus der Männerperspektive und deren Erwerbsorientierung betrachtet werden, während bei Frauen diskontinuierliche Berufsbiografien und nichtberufliche Arbeit in der Familie zu anderen Belastungsmustern führen. Frauen fühlen sich häufig überfordert, sehen sich im Alltag mit Koordinationsproblemen konfrontiert und gehen auf ihre persönlichen Probleme erst an letzter Stelle ein (vgl. Bartholomeyczik u. a. 1988, S. 78ff.). Zugleich bildet die Familie einen „schichtspezifischen Lebensstil" aus, der z. B. in Arbeiterfamilien zu einem relativ hohen Aufwand für die Hausarbeit führt und dessen Einfluss auf die gesundheitlichen Belastungen größer ist als der Einfluss der Familienzusammensetzung (vgl. ebd., S. 19, 88ff.). Familie stellt in dieser Studie letztlich keinen eigenen Faktor dar, sondern sie wird in ihrer Relation zur *Gesundheit der Frauen* thematisiert.

Eine breitere Thematisierung hat die Familie in der Auseinandersetzung mit der *gesundheitsbezogenen Sozialisation von Kindern und Jugendlichen* erfahren. Wie in anderen Bereichen ist die Familie auch im Bereich der Gesundheit die primäre Sozialisationsinstanz. Die kindliche Entwicklung enthält die gesundheitliche Entwicklung als einen wesentlichen Bestandteil. Und dieser ist stärker als andere Aspekte der Sozialisation durch den Einfluss der Familie bestimmt, da die Familie entscheidender als andere Sozialisationsinstanzen (z. B. Kindergarten, Schule, Peergroup) für die Gesundheit ihrer Mitglieder zuständig ist. Hinsichtlich der physischen Entwicklung ist die Überlieferung von genetischen Dispositionen innerhalb der Familie nicht zu unterschätzen (vgl. Schnabel 2001, S. 76f.). Daneben betrachtet Hurrelmann (1990, S. 83) eine stabile Eltern-Kind-Beziehung als Voraussetzung für die soziale, psychische und körperliche Entwicklung und für die Sicherung der Gesundheit von Kindern. Innerhalb der Familie werden gesundheitsrelevante Einstellungen und Verhaltensweisen sowie körperbezogene Praktiken vermittelt. Beispielsweise gibt es kein eindeutigeres Risikomerkmal für eine Suchtentwicklung als die Herkunft aus einer Familie, in der bereits Suchtprobleme bestehen (vgl. Sidler 1991). Familie fungiert als Vermittlungsinstanz für die „somatische Kultur", mit der Rittner (1999) die Gesamtheit der körperbezogenen Aspekte der kulturellen Alltagspraxis bezeichnet. Der Umgang mit Rauschsubstanzen, Ernährung, sportliche Aktivitäten, Körperstilisierung und -pflege, Gesundheitsbewusstsein und die Auseinandersetzung mit Gesundheitsproblemen sind Bestandteil der somatischen Kultur, die im Verlauf der familialen Sozialisation angeeignet wird und die auf diese Weise eine familienspezifische Formung und Prägung erhält.

In der gegenwärtigen Gesellschaft zeichnet sich derzeit ein *Wandel der somatischen Kultur* ab. Alte körperliche Zwänge lockern sich, neue Zwänge (z. B. des „Cool"-seins, „Locker"-seins) breiten sich aus. Anzeichen dafür sind eine breite Thematisierung von Körper und Gesundheit in den unterschiedlichsten Medien (z. B. Talkshows, Familien- und Frauenzeitschriften) und eine verstärkte Körperthematisierung durch jugendliche Stilbildungen, Trendsportarten, neuartige Rauscherfahrungen und Erlebnispädagogik. Die Veränderungen der somatischen Kultur führen dazu, dass der Umgang mit dem Körper und die Orientierung an Gesundheit ihre Selbstverständlichkeit verlieren. „Es finden sich die Extreme von Formen expliziter Körperinszenierung wie die der Körperverdrängung" (Rittner 1999, S. 115). Gerade bei Kindern und Jugendlichen ruft diese Entwicklung Verunsicherungen hervor. Der Körper wird einerseits zum Medium von Selbstdarstellungen und von Prozessen lebensstilbezogener Identitätsbildung; andererseits wird die alltägliche Körperlichkeit destabilisiert, was zu motorischen Defiziten, koordinativen Minderleistungen und zu neuartigen gesundheitlichen Beeinträchtigungen (wie z. B. Essstörungen) führen kann.

Der skizzierte Wandel der somatischen Kultur hat zur Folge, dass Körper und Gesundheit immer mehr zum Gegenstand eigener Aktivität und der Aushandlung in sozialen Kontexten (z. B. der Familie) werden. In der Ottawa-Charta (1995) wird „Gesundheitsförderung" als eine eigenständige, positive Aufgabe von der bloßen Vermeidung von Krankheiten abgegrenzt. Noch zugespitzter wird in der Nachfolge Gesundheit als dynamischer Prozess einer „aktiv betriebenen Herstellung und Erhaltung der sozialen, psychischen und körperlichen Aktionsfähigkeit eines Menschen im gesamten Lebensverlauf" beschrieben (Laaser/Hurrelmann 1998, S. 402). Der Wandel der somatischen Kultur geht einher mit einem Wandel der Arbeitswelt, die höhere Anforderungen an Mobilität, Kommunikationsfähigkeit und Arbeitsbereitschaft stellt. Gesundheit und körperliche Leistungsfähigkeit sind hierzu zentrale Voraussetzungen. Der Erhalt und die Förderung von Gesundheit werden zunehmend zu einer „Pflicht", die aktive Anstrengungen erfordert und soziale und individuelle Verantwortlichkeiten akzentuiert (vgl. Labisch 1992, S. 321ff.; Herzlich 1991, S. 298).

4.2 Der Einfluss des familiären Zusammenlebens auf die Gesundheit

Im Kontext der gestiegenen Bedeutung von Gesundheit erfährt die sozialisatorische und erzieherische Zuständigkeit der Familie für die Gesundheit ihrer Mitglieder eine stärkere Beachtung. Hurrelmann (1994) betrachtet die Familie vor allem in ihrer sozialisatorischen Relevanz für die Gesundheit der Heranwachsenden, während sich die Familie selbst als mikrosoziales Gebilde mit den Veränderungen der somatischen Kultur auseinandersetzen muss und dabei einen eigenen, mehr oder weniger gesundheitsbezogenen *familiären Lebensstil* ausbildet. „Verhaltensbedingte gesundheitliche Risikofaktoren häufen sich innerhalb von Familien, da die Familienmitglieder sich in ihrer Ernährungsweise, in Art und Ausmaß körperlicher Aktivitäten und dem Gebrauch von Tabak, Alkohol oder illegalen Drogen ähneln" (Campbell 2000, S. 226). Campbell stellt fest, dass fast jedes wichtige Gesundheitsverhalten auf einem familiären Muster beruht.

Ein wichtiger Aspekt sind in diesem Zusammenhang gemeinschaftliche Rituale und Ritualisierungen des Alltagshandelns in Familien. So bringt die Untersuchung von Familienritualen durch Audehm und Zirfas zum Vorschein, dass familiäre Tisch- und Esssituationen explizite Gesundheitsbezüge enthalten (z. B. durch die Auswahl der Speisen, durch die Zubereitung des Essens und der Schulbrote, durch gesundheitsbezogene Kommentare in den Tischgesprächen), die über sozialisatorische Effekte hinaus auf eine bewusste erziehungswirksame Auseinandersetzung mit Gesundheitsfragen hindeuten (vgl. Wulf u. a. 2001, S. 55ff., 63f.). Die Familie wird auf diese Weise gerade in den frühen Lebensabschnitten zur wesentlichen Instanz für die Herausbildung „handlungsbestimmender Lebensstile", die den körperlichen Habitus und gesundheitsrelevante Verhaltensweisen und Einstellungen in den nachfolgenden Lebensphasen determinieren (vgl. Lohaus 1993, S. 25; Palentien u. a. 1998, S. 79). Der familäre Einfluss beschränkt sich aber nicht nur auf die Einwirkung der Eltern auf die Kinder. In ähnlicher Weise üben die (Ehe- oder Beziehungs-)Partner einen größeren wechselseitigen Einfluss auf das je eigene Gesundheitsverhalten aus als jede andere Person. Vor allem bei Verhaltensänderungen (z. B. Raucherentwöhnung, Veränderung der Essgewohnheiten infolge einer chronischen Erkrankung) wird dieser Einfluss bewusst und sichtbar (vgl. Campbell 2000, S. 226).

In verschiedenen Untersuchungen wurde die *Bedeutung der Familieninteraktion* für die Gesundheit der Familienmitglieder nachgewiesen. Familale Interaktionsmuster wirken sich z. B. auf die Bewältigung von chronischen Erkrankungen innerhalb der Familie aus. Eine Konstellation, die ein hohes Maß an affektiver Verstrickung mit überprotektivem Verhalten, Rigidität oder Konfliktvermeidung enthält, ist als „psychosomatische Familie" bezeichnet worden. Bei Diabetiker-Kindern konnte gezeigt werden, dass familiärer Stress und hohe Affektivität den Blutzuckerspiegel direkt beeinflussen. Hierbei wird von einer doppelten Einwirkung ausgegangen: Erstens löst die familiäre Interaktionsdynamik direkt physiologische Reaktionen aus, und zweitens beeinflusst die Familie gesundheitsbezogene Verhaltensweisen (z. B. bezüglich Mahlzeiten, Tabletteneinnahme) (vgl. Campbell 2000, S. 234ff.). Eine Studie von Eickhoff (2000, S. 32ff.) unterstreicht die generelle gesundheitliche Relevanz von familialen Kommunikationsstrukturen. So kann gezeigt werden, dass Kinder aus so genannten „Konfliktfamilien" mit problematischen Interaktionsmustern einen höheren Substanzkonsum aufweisen als Kinder aus so genannten „Partnerfamilien", die sich durch ein positives und kooperatives Interaktionsklima auszeichnen.

Eine starke gesundheitliche Auswirkung haben auch *kritische Lebensereignisse* innerhalb der Familie. Campbell identifiziert den Tod des Ehepartners als das belastendste Lebensereignis, das vor allem in den sechs Folgemonaten mit einer erhöhten Sterblichkeit des hinterbliebenen Partners einher geht. Weitere gravierende Einschnitte stellen Scheidung bzw. Trennung und die chronische Erkrankung eines Familienmitglieds dar (vgl. Campbell 2000, S. 229f.). Hurrelmann (1990, S. 101f.) hebt die schwerwiegenden Auswirkungen von Arbeitslosigkeitserfahrungen auf Kinder hervor, da dadurch die Beziehungsqualität, die Lebensrhythmen sowie die Sicherheit und Verlässlichkeit von Bezugspersonen infrage gestellt werden. Insbesondere Langzeitarbeitslosigkeit und Armut scheinen Tendenzen von „Demoralisierung" zu begünstigen, die eine Verfestigung psychischer und körperlicher Krankheiten wie Magen-Darm-Erkrankungen, asthmatische Beschwerden, Depressionen, Bronchitis und Herz-Kreislauf-Störungen bei den Betroffenen selbst nach sich ziehen (vgl. Grobe/Schwartz 2003) und bei den Kindern eine erhöhte Unfallneigung und Anfälligkeit für Infektionskrankheiten zur Folge haben (vgl. Klink 2000, S. 49ff.). Die enormen gesundheitlichen Probleme, die Arbeitslosigkeit mit sich bringt, finden in der gegenwärtigen

Gesundheitsdiskussion zunehmend Beachtung (vgl. auch Elkeles/Bormann 2002; Harych/Harych 1997). Unterhalb der Schwelle kritischer Lebensereignisse stellt Rolland (2000) fest, dass es eine generelle Beziehung zwischen den Ereignissen im „familialen Lebenszyklus“ und der Entwicklung von Krankheiten und Krankheitsverläufen innerhalb der Familie gibt. Übergangsphasen wie Heirat, Geburt des ersten Kindes, Auszug des letzten Kindes, stellen krankheitssensible, d. h. „vulnerable Perioden“ dar, „da bestehende individuelle, familiale, krankheitsbezogene Lebensstrukturen neu beurteilt und im Licht veränderter Entwicklungsaufgaben gesehen werden“ (Rolland 2000, S. 82f.).

Die Familie stellt oft die wichtigste *Quelle für Stress sowie für soziale Unterstützung* dar (vgl. Campbell 2000, S. 228f.). Durch ihre zentrale Stellung im sozialen Netzwerk einer Person entscheidet die Familie maßgeblich darüber, in welchem Ausmaß Lebensereignisse und Alltagserfahrungen als „Belastungen“ erlebt werden, und inwiefern im sozialen Nahfeld „Ressourcen“ zur „Bewältigung“ vorhanden sind (vgl. Hurrelmann 1994, S. 75). Beispielsweise hängt die Belastung durch Schulerfahrungen wesentlich vom elterlichen Erwartungs- und Leistungsdruck und der familiären Verarbeitung von Schule ab. Nach Hurrelmann führt der gestiegene Qualifikationsdruck dazu, dass der elterliche Wunsch nach dem Abiturabschluss für das eigene Kind von 37 % im Jahr 1979 auf 57 % im Jahr 1990 angestiegen ist – eine Entwicklung, die auch bei Arbeiterfamilien erkennbar ist (vgl. ebd. 1994, S. 95). Gleichzeitig ist die Bewältigung von Schule durch die kulturellen, ökonomischen und sozialen Ressourcen der Familie beeinflusst, was dazu führt, dass zwar 50 % der 15-jährigen Schüler aus Familien der obersten sozialen Klasse das Gymnasium besuchen, aber nur 10 % der 15-jährigen Schüler aus der Schicht der un- und angelernten Arbeiter (vgl. Deutsches PISA Konsortium 2001, S. 355). Dies zeigt, dass die Diskrepanz zwischen Leistungserwartungen und unterstützenden Ressourcen je nach sozialer Lage unterschiedlich groß ist, wobei vor allem in den unteren Schichten ein hohes Belastungspotenzial zu vermuten ist.

Wie andere soziale Netzwerke ist die Familie eine Instanz „sozialer Unterstützung“, die auf zwei Wegen als „Schutzfaktor“ gegenüber gesundheitlichen Beeinträchtigungen und Belastungen fungiert: Erstens übt soziale Unterstützung einen „Puffereffekt“ aus, indem sie gegenüber bedrohlichen und beeinträchtigenden Umgebungsfaktoren abschirmt. Durch konkrete Hilfen, Beratung und emotionalen Rückhalt im Problemfall rückt soziale Unterstützung „wie ein Puffer zwischen belastende Lebensereignisse und psychische oder physische Symptomatik“ (Nestmann 2000, S. 135). Zweitens übt soziale Unterstützung einen generellen gesundheitsförderlichen „Haupteffekt“ aus, indem die Integration in ein soziales Netzwerk und die Erfahrung von sozialem Rückhalt auch unabhängig von Belastungen und Stress das „Gefühl des Wohlseins und Wohlbefindens fördert“ und damit „Zuversicht und positive Stimmung begünstigt“ (Nestmann 2000, S. 136).

Neben der Unterstützungsfunktion kann Familie wie andere soziale Netzwerke durch problematische Interaktionsformen und Handlungspraxen und durch soziale Kontrolle auch gesundheitlich belastende Effekte erzeugen; insgesamt scheinen jedoch die positiven Effekte zu überwiegen. Trotz vielfältiger familienbedingter Beeinträchtigungen dominieren „in der Gesamtbilanz die gesundheitsförderlichen Aspekte von Ehe und Familienbeziehungen (selbst dann, wenn sie nicht besonders positiv bewertet werden)“ (Grunow 1994, S. 19). In ähnlicher Weise konstatiert Schnabel nach der Durchsicht einer Reihe von statistischen Erhebungen, „dass der Umstand, verheiratet zu sein und innerhalb einer Familie zu leben, die Gesundheit und die Lebenserwartungen beider Geschlechter günstig beeinflusst“ (Schnabel 2001, S. 77).

4.3 Auswirkungen des familialen Wandels

Dieser in Bezug auf gesundheitliche Fragen positive Blick auf die Familie wird in den letzten Jahren allerdings durch zwei Entwicklungen infrage gestellt. Auf der einen Seite führt der Strukturwandel der Gesellschaft zu einer *Veränderung der Formen familiären Zusammenlebens.* Tendenzen wie die Zunahme von Scheidungen und Alleinerziehenden, die wachsende Berufstätigkeit beider Eltern und der Rückgang der Geburtenraten und Geschwisterzahlen signalisieren, dass das traditionelle Modell des Familienlebens unter Druck geraten ist. Hurrelmann betont die Gefahr, dass der Wandel der Familienformen „auf Kosten der sozialen, psychischen und körperlichen Bedürfnisse der Kinder“ erfolgt, was mit dem Eindruck eines generellen „ökonomischen Unwerts“ von Kindern in der heutigen Gesellschaft einher geht (vgl. Hurrelmann 1994, S. 70; ebd. 1990, S. 98ff.).

Die Spannung zwischen dem nach wie vor dominanten Ideal der Kleinfamilie und der Pluralisierung von Familienformen auf Grund von veränderten gesellschaftlichen Lebensbedingungen hat zur Folge, das eine Reihe von Familienkonstellationen mit Schwierigkeiten in der alltäglichen Lebensführung konfrontiert sind, die sie als „Risikofamilien“ erscheinen lassen. Hurrelmann (1990, S. 88ff.) betrachtet z. B. das Auftreten von Gewalt gegen Kinder als Indikator für eine „stark beeinträchtigte Lebensqualität aller Familienmitglieder“, als Ausdruck einer Konfrontation der Familie mit besonderen wirtschaftlichen, sozialen oder psychischen Belastungen: Arbeitslosigkeit und daraus resultierende finanzielle Probleme, Konflikte zwischen den Eltern, Isolation im sozialen Umfeld usw. Schnabel (2001, S. 80ff.) identifiziert darüber hinaus typische Familienkonstellationen, die generell ein höheres Risikopotenzial aufweisen: Familien in niedriger Soziallage, Familien mit mehr als zwei Kindern, Ein-Eltern-Familien, Stieffamilien, unverheiratet zusammenlebende Partner mit Kindern.

Auch in der Gesundheitsforschung stellt sich die Frage, was als Familie zu gelten hat bzw. was die Bezugsgröße für die Identifikation einer Familie darstellt. Grunow (1994, S. 15) merkt zu Recht an, dass Familie und gemeinsamer Haushalt sich nicht decken. Familien können sowohl kleiner als auch größer als ein Haushalt sein, da der Haushalt auch nicht zur Familie gehörige Personen umfassen kann und die Familie wiederum nicht zum Haushalt gehörige Personen (z. B. getrennt lebende Partner, Großeltern) einbeziehen kann. Ecarius (2002) kann in ihrer empirischen Studie zur Familienerziehung belegen, dass die Bedeutung der Großelterngeneration als Erziehungs- und Unterstützungsfaktor in Zeiten der reflexiven Modernisierung und der veränderten demografischen Struktur der Gesellschaft zugenommen hat. In Zukunft wird es darauf ankommen, die Vielfalt der familiären Lebensformen zu berücksichtigen, die jeweils vorhandenen Ressourcen und Belastungen einzuschätzen und auch für nicht dem traditionellen Modell der Kleinfamilie entsprechende Familienformen adäquate Unterstützungsformen zur Erhaltung der Lebensqualität und des Wohlbefindens bereit zu stellen.

Schließlich wird in den letzten Jahren dem Problem der *gesundheitlichen Ungleichheit* verstärkte Aufmerksamkeit in der Gesundheitsdiskussion gewidmet. Auch in entwickelten Ländern mit einer breit ausgebauten gesundheitlichen Versorgung wie Deutschland lässt sich ein eindeutiger, linearer Zusammenhang zwischen dem sozio-ökonomischen und dem gesundheitlichen Status einer Familie nachweisen, dessen Ursachen nicht endgültig geklärt sind. Hierbei scheinen zunächst nach wie vor materielle Aspekte der Lebensqualität wie die Arbeitssituation, die Wohnbedingungen oder das Lebensumfeld eine Rolle zu spielen. Beispielsweise ergab eine Sekundäranalyse von britischen Studien für die 1- bis 14-jährigen

Kinder in der untersten sozialen Klasse ein fast viermal so hohes Risiko eines tödlichen Unfalls wie in der obersten sozialen Klasse (vgl. Schlack 1998, S. 53). Und nach einer Untersuchung der Gmünder Ersatzkasse ist die vorzeitige Sterblichkeit bei Langzeitarbeitslosen im Vergleich zu Berufstätigen um das 3,5-fache erhöht (vgl. Grobe/Schwartz 2003, S. 16).

Zweitens beeinflussen die soziale Position und die Wahrnehmung des eigenen sozialen Status die psychosoziale Lebensqualität, die Lebensbewältigung und den Umgang mit der eigenen Gesundheit, wobei ein niedrigerer Status zu einer erhöhten Stressbelastung und zu einem ungünstigeren Gesundheitsverhalten führt (bzgl. Rauchen, Hygiene, körperlicher Bewegung, Ernährung usw.). Eine Auswertung schulärztlicher Dokumente aus Hamburg brachte z. B. in Stadtgebieten mit schlechter sozialer Lage einen etwa doppelt so hohen Anteil von Kindern mit starkem Übergewicht zum Vorschein wie in Stadtgebieten mit guter sozialer Lage (vgl. Zimmermann u. a. 2000). Ähnliche Tendenzen finden sich im jüngsten Sozialstrukturatlas Berlins: Dort variiert der Anteil adipöser Kinder bei Einschulungsuntersuchungen zwischen 8 % im Stadtteil Zehlendorf, der einen hohen Sozialindex aufweist, und 21 % im Stadtteil Wedding, der durch einen niedrigen Sozialindex gekennzeichnet ist. Noch ausgeprägter schlägt sich die soziale Differenz im Bereich der Zahnhygiene und -gesundheit nieder; während in Zehlendorf bei 6 % der Einschüler Kariesprobleme festgestellt wurden, ist dies in Wedding bei 35 % der Einschüler der Fall (vgl. Senatsverwaltung 2004, S. 10).

Drittens blockieren soziale Barrieren und milieuspezifische Interaktionsstile die Inanspruchnahme von Präventions- und Vorsorgeangeboten sowie den Zugang zur gesundheitlichen Versorgung. Nach Mielck wurden bereits Mitte der 1990er Jahre – vor der Verschärfung von Zuzahlungsregelungen der Gesetzlichen Krankenkassen – 16 % aller Ausgaben der ambulanten Versorgung von Privathaushalten bestritten; beim Zahnersatz waren es sogar 35 % (vgl. Mielck 2000, S. 365; Helmert/Mielck 1998, S. 530). Der zunehmende Anteil privater Aufwendungen für die Gesundheit stellt für sozial schwächere Familien ein Zugangshindernis dar. Dazu kommt, dass viele Präventions- und Vorsorgeangebote mittelschichtsorientiert sind und sozial benachteiligte Personengruppen kaum erreichen. Soziale Position und sozialer Status werden primär über die Familie vermittelt; die Auseinandersetzung mit gesundheitlicher Ungleichheit erfordert deshalb einen Ansatz, der die Familie, die Verbesserung der familialen Lebensbedingungen und die familiale Lebensqualität ins Zentrum der Bemühungen rückt.

5. Der Stellenwert familialer Gesundheitsarbeit

5.1 Gesundheitsbezogenes Alltagshandeln

Der überwiegende Teil an Gesundheitsproblemen und Befindlichkeitsstörungen wird nicht vom Arzt oder anderen professionellen Helfern, sondern zu Hause mithilfe von Familienmitgliedern und/oder Freunden behandelt. Gesundheitsbezogenes Handeln in der Familie und durch die Familie findet im Kontext sozialer Alltäglichkeit statt. „Geprägt ist die Alltäglichkeit durch Figurationen, d. h. Handlungsprozesse, an denen in der Regel mehrere Personen (der Familie/des Haushaltes) beteiligt sind, die auf Wiederholung angelegt, zum Teil in starkem Maße bereits routinisiert und verselbstständigt sind. Sie bilden deshalb etwas ‚Selbstverständliches', nur selten oder angesichts besonderer Ereignisse ‚Hinterfragtes'". Selbst besondere Situationen wie die Notwendigkeit intensiver familiärer Pflege oder Unterstützungsleistungen nach Ausbruch einer chronischen Erkrankung werden im Laufe der Zeit „normalisiert" und in den Kreislauf alltäglicher Routinen und Rituale integriert, sodass ihre „Außergewöhnlichkeit" nur noch beim „bewussten und gezielten Vergleich mit anderen Familienalltagen" erkannt wird (Grunow 1994, S. 20). Die immensen gesundheitsbezogenen Aktivitäten innerhalb der Familie sind deshalb von einer geringen Sichtbarkeit geprägt; sie werden erst dann in vollem Umfang wahrgenommen und gewürdigt, wenn sie nicht oder nicht mehr erbracht werden.

Faltermaier (1994, S. 62f.) hat die enorme Bedeutung des gesundheitsbezogenen Alltagshandelns und -wissens untersucht, das nicht nur zur Bearbeitung gesundheitlicher Probleme dient, sondern auch den *Zugang zur professionellen gesundheitlichen Versorgung* reguliert. In ähnlicher Weise betont Campbell (2000, S. 231f.), dass die gesamte Familie und die bisherigen familiären Erfahrungen den Entscheidungsprozess für professionelle Hilfe beeinflussen. Ebenso ist der Arztbesuch von Kindern stark von den Gesundheits- und Krankheitskonzepten der Eltern abhängig, wobei sich familienspezifische Muster der Inanspruchnahme medizinischer Leistungen rekonstruieren lassen. Beispielsweise unterscheiden sich Eltern in ihren Ängsten im Hinblick auf spezifische Krankheiten, in ihrer Körperaufmerksamkeit und im Hinblick auf die Möglichkeiten und Wege, die sie sehen, um etwas gegen Krankheiten unternehmen zu können. Die Eltern sind als „Schlüsselfiguren" für das Erkennen von Auffälligkeiten und die Inanspruchnahme von Versorgungsangeboten identifiziert worden (vgl. BZgA 1998, S. 88).

Das hohe Ausmaß an gesundheitsbezogenen Alltagshandlungen in und durch die Familie brachte Grunow in verschiedenen Studien seit Mitte der 1980er Jahre zum Vorschein. Die Analyse von so genannten „Gesundheitstagebüchern" ergab, dass an 34,6 % der erfassten Personentagen gesundheitsbezogene Routineaktivitäten wie Medikamenteneinnahme, der Einsatz von Hausmitteln, Verhaltensratschläge usw. durchgeführt wurden, während nur an 1,5 % der Personentage professionelle Hilfe in Anspruch genommen wurde. Bei der Wahl von Unterstützern standen Haushalts- bzw. Familienmitglieder an erster Stelle (vgl. Grunow 1987, S. 36, 253). Die erfassten Anlässe stellen dabei nicht nur gesundheitliche „Kleinigkeiten" dar, sondern sie schließen auch ernsthafte Beeinträchtigungen des Alltags mit ein. Die *alltägliche Gesundheitsselbsthilfe* oder das gesundheitsbezogene „Laienhandeln" sind inzwischen als die „dritte Säule der Gesundheitssicherung" bezeichnet worden, die das quantitativ dominierende Moment in der Gesundheitsversorgung darstellt (vgl. Nestmann 2000, S. 130; Grunow 1994, S. 24). Die gesundheitliche Selbsthilfe greift zwar über die familiale Kernzone hinaus auch auf soziale Ressourcen im Bekannten- und Freundeskreis und in der Nachbarschaft zurück. Aber „es gibt bei im engeren Sinne gesundheitsbezogener Selbsthilfe eine deutliche Tendenz zur größeren Intensität und Häufigkeit der Interaktionen mit sehr engen Verwandten und zusammenlebenden Menschen der Kernfamilie" (Nestmann 2000, S. 132). Die Befragung von knapp 6.000 Haushalten ergab, dass sich 89 % aller Befragten zur gesundheitlichen Informationssuche zuerst an ein oder mehrere Haushaltsmitglieder wenden, zur praktischen Hilfe bei Gesundheitsproblemen und -fragen sind es sogar 91 %.

Die Hauptlast der alltäglichen Gesundheitsselbsthilfe tragen die Frauen. Während bei Beziehungsproblemen und psychosozialen Belastungen auch „Freundinnen" außerhalb der Familie eine Rolle spielen, sind Krankheit und somatische Probleme eine „ganz eindeutige Domäne der Ehefrauen und Mütter" (Nestmann 2000, S. 133). Frauen sind die häuslichen „Gesundheitsexpertinnen" – auch wenn sich in vielen Familien eine gewisse Arbeitsteilung eingespielt hat, nach der Männer noch am ehesten für den Bereich der „kleinen Chirurgie", d. h. der Bearbeitung von leichten Unfällen und Verletzungen zuständig sind (vgl. Grunow 1994, S. 31). Insgesamt werden Ehefrauen und Mütter mehr als viermal so oft bei Gesundheitsfragen aktiv als Ehemänner und Väter.

In den *gesundheitsbezogenen Alltagsaktivitäten* von Familien kann man zwischen einer generellen positiven Bewertung von Gesundheit, dem (implizit) gesundheitsrelevanten Alltagshandeln (z. B. Spazierengehen, Gartenarbeit, auf Schlaf und Erholung achten, Sport treiben) und dem gesundheitsbewussten Handeln (z. B. gesunde Ernährung, nicht rauchen, keinen oder wenig Alkohol trinken) im Familienalltag unterscheiden. Während Gesundheit allgemein als hoher Wert gilt, stellt das Gesundheitshandeln im Familienalltag „in der Regel Kompromisslösungen zwischen der ‚Eigenlogik' des familiären Lebensstils und den Erfordernissen der davon abweichenden Leitbilder von Arbeits-, Freizeit- und Konsumwelt" dar (Grunow 1994, S. 23). Auf der einen Seite ist die Familie nach wie vor eine zentrale gesellschaftliche Reproduktionsinstanz, die für den Erhalt der Arbeits- und Leistungsfähigkeit ihrer Mitglieder und damit auch explizit für die Aufrechterhaltung der Gesundheit sorgt (vgl. Schnabel 2001, S. 78). Auf der anderen Seite ist sie zwischen Anforderungen und Ansprüche unterschiedlicher Lebensbereiche mit je verschiedenen Erwartungshaltungen und Lebensstilvorgaben eingespannt, die auf die familiäre Handlungspraxis zurückwirken. Die Ausprägung eines bewussten „gesunden Lebensstils" findet sich daher selten; allerdings findet „(potenziell) gesundheitsbezogenes Alltagshandeln" (z. B. gesunde Ernährung, Sport treiben, für ausreichend Schlaf und Entspannung sorgen, sich an der frischen Lust aufhalten usw.) in weit größerem Maße statt „als gezielt und bewusst gesundheitsförderliches Verhalten". Während also Gesundheit nicht als explizite Leitorientierung für die familiäre Alltagspraxis dient, ist ein großer Teil alltäglicher Aktivitäten „implizit und unbewusst gesundheitsförderlich strukturiert", wobei das Ausmaß gesundheitsbezogener Aktivitäten zwischen verschiedenen Familientypen und Milieus stark variiert (vgl. Grunow 1994, S. 26ff.).

5.2 Krankheitsbewältigung in der Familie

Ein besonderer Fall familiärer Gesundheitsarbeit ist die *Betreuung und Behandlung von chronisch Kranken und Pflegebedürftigen* in der Familie. So findet die Altenpflege meist in den Familien statt. Nach Schnabel (2001) werden ca. 80 von 100 Pflegefällen in der Familie versorgt, was in vielen Fällen eine große Herausforderung für die familieninternen Selbsthilfepotenziale und ein Risiko für den Zusammenhalt sowie die Gesundheit der Mitglieder bedeutet. Auch bei der Betreuung psychisch Kranker spielt die Familie eine wichtige Rolle. Das Anfang der 1990er Jahre vom Bundesminister für Gesundheit initiierte Modellprojekt „Schizophreniebehandlung in der Familie" brachte zum Vorschein, dass „ein langwieriges Krankheitsgeschehen eines Familienmitglieds dazu führt, die gesamte Familie auf Dauer in Irritation und Besorgnis zu versetzen" (BMG 1993, S. 142). Durch die Betreuung eines psychisch kranken Mitglieds begibt sich die Familie selbst häufig in eine Situation der Hilfsbedürftigkeit. In diesem Zusammenhang wird konstatiert, dass „die verstärkten Bemühungen um ein Verstehen der besonderen Probleme eines psychisch Kranken als gegenläufige Entwicklung ein ‚immer-weniger-Verstehen' der Angehörigen mit sich gebracht hätten" (BMG 1993, S. 15). Schließlich ist die Diagnose einer ernsten oder lebensbedrohlichen Erkrankung „eine der am meisten gefürchteten Bedrohungen des Familienlebens", wobei die Familienangehörigen auch heute noch durch den eingeschränkten Kontakt mit Schwerkranken auf den Intensivstationen der Krankenhäuser und durch mangelnde Information über das Krankheitsgeschehen oft einer Situation der Hilflosigkeit ausgesetzt sind. Campbell (2000, S. 233f.) betont für diese Phase die Notwendigkeit der Information der Familienangehörigen. Eine Studie zum Herzinfarkt von Ehemännern ergab, dass insbesondere die umfassende Information der Ehefrau bei der Entlassung aus dem Krankenhaus die günstigste Prognose für die Erholung des Patienten bietet (vgl. ebd.).

Rolland (2000) plädiert dafür, die Bewältigung chronischer Erkrankungen in der Familie als ein Zusammenspiel von biologischen und psychosozialen Faktoren zu betrachten. Chronische Erkrankungen sind demnach im Kontext von drei Entwicklungslinien situiert: erstens der Entwicklung der Krankheit, zweitens der Entwicklung der individuellen Lebenslinie und drittens der Entwicklung der familialen Lebenszyklen. Ihre Bewältigung stellt einen dynamischen Prozess dar, in dem die verschiedenen Krankheitsphasen (z. B. akutes Krankheitsstadium, chronisches Stadium, terminales Stadium) unterschiedliche Anforderungen an die Familie stellen. Das Verhalten der Familie ist wiederum eingebettet in die „Familiengeschichte", die Stärken und Vulnerabilität einer Familie zum Teil erst in einer Mehrgenerationenperspektive sichtbar werden lässt. Dabei lassen sich familienspezifische Muster der Krankheitsbewältigung erkennen, die charakteristische Wiederholungen, Lücken und Veränderungen im Beziehungsgeflecht aufweisen und entlang von Familienmythen, Tabus, Katastrophenerwartungen und inneren Grundüberzeugungen in Bezug auf Gesundheit und Krankheit über Generationen hinweg tradiert werden (vgl. Rolland 2000, S. 63-81). Krankheiten wirken sich einerseits auf einzelne Familienmitglieder aus, an die Bewältigungsanforderungen gestellt werden. Andererseits wirken sie sich auf die Familie als Ganzes oder als „System" aus, indem sie gezwungen wird, „sich in ihrem Inneren neu zu ordnen". Es werden familiäre Entwicklungsprozesse angestoßen, die „Übergänge" oder eine verstärkte „Kohäsion" befördern können. Im günstigen Fall kann die Krankheit für eine Verbesserung der familiären Lebensqualität genutzt werden. „Schwere Erkrankungen machen uns aufmerksam auf die Vulnerabilität und den Wert menschlichen Lebens, andererseits bieten sie Familien Gelegenheit, Unerledigtes zu erledigen und spontanere, engere Beziehungen zu knüpfen" (Rolland 2000, S. 102ff.). Zugleich können Krankheiten aber auch als „phasenfremdes" Ereignis die familiäre Entwicklung beeinträchtigen, z. B. im Ablöseprozess von Heranwachsenden, zum Abschluss der Kleinkindererziehung oder beim Aufbau von Strukturen. Wesentliche Momente bei der Auseinandersetzung mit Krankheiten sind in beiden Fällen die „narrative Krankheitsverarbeitung" und die „bevorzugten Bewältigungsstrategien einer Familie", die den bisherigen familiären Erfahrungen, krankheitsbezogenen Einstellungen, Sinnkonstruktionen, Handlungs- und Kommunikationspraktiken und Familienritualen entspringen (vgl. Rolland 2000, S. 88ff.).

Sowohl in Bezug auf die alltägliche Gesundheitsförderung als auch in Bezug auf die Betreuung von Pflegebedürftigen und Kranken sind die Leistungen der Familien unersetzlich. Durch die Kennzeichen der Alltäglichkeit, der funktionalen Diffusität, der persönlichen Zuwendung, der wechselseitigen Betroffenheit und Verantwortungsübernahme sind familiäre Hilfeleistungen nur mit erheblichem Aufwand durch Alternativstrukturen zu leisten (vgl. Grunow 1994, S. 25). Die Unverzichtbarkeit der familialen Gesundheitsarbeit wird in der Regel dann evident, wenn entsprechende Leistungen nicht erbracht werden können. Grunow spricht in diesem Zusammenhang von sogenannten „präventionsbezogenen" oder „krankheitsbezogenen Mängelhaushalten", die durch wenig tragfähige primärsoziale Beziehungen, durch eine schwache Pufferfunktion bei Belastungen (z. B. aus Erfahrungsmangel im Umgang mit gesundheitsbezogenen Maßnahmen, aus fehlender Bereitschaft zur Selbsthilfe) und durch geringe Möglichkeiten zur Mobilisierung von Unterstützungsleistungen charakterisiert werden (vgl. ebd. 1994, S. 46f.). Darüber hinaus besteht die Gefahr, dass der Wandel der Familien deren gesundheitsbezogene Leistungen schwächt, weil sie immer weniger Personen umfassen, der Familienalltag quantitativ und qualitativ an Bedeutung verliert und die Hilfeleistungen zwischen den Generationen für die erwachsene Generation (die „Sandwichgeneration“ zwischen Heranwachsenden mit Betreuungsbedarf und älteren Menschen mit Pflegebedarf) immer anspruchsvoller und weniger bewältigbar werden (vgl. ebd. 1994, S. 50f.). Vor diesem Hintergrund erscheint eine Stärkung der *Gesundheitsressource Familie* und eine familienorientierte Gesundheitsförderung notwendig, um den Erhalt der gesundheitlichen Leistungen von Familien auch in Zukunft zu gewährleisten.

6. Familienbezogene Gesundheitsförderung

Die gesundheitlichen Leistungen der Familie werden inzwischen durchaus anerkannt. Eine vergleichende Studie zum Beitrag verschiedener sozialer Instanzen zur Gesundheitsförderung brachte zum Vorschein, dass der Familie sowohl in Deutschland als auch in den USA eine zentrale Rolle in der Gesundheitsförderung zugemessen wird (vgl. Hurrelmann 1994, S. 124f.). Und während die Ottawa-Charta zur Gesundheitsförderung noch keinen expliziten Familienbezug erkennen lässt, erklärt die WHO die Familie in Folgedokumenten zum „wichtigsten sozialen Ort zur Förderung von Gesundheit und Wohlbefinden“ (vgl. Campbell 2000, S. 226).

Zwischen der Wertschätzung der Familie als Ort einer primären Gesundheitserziehung und -förderung und ihrer relativ geringen Relevanz im Bereich der professionellen Gesundheitsförderung klafft eine Lücke. Die historische Diskreditierung der öffentlichen Gesundheitspflege hat es mit sich gebracht, dass familienbezogene Gesundheitsförderung und Prävention in Deutschland heute als defizitär eingeschätzt werden müssen (vgl. Bergmann/Bergmann 1997). Familienbezogenen staatlichen Interventionen wurde nach den Erfahrungen des Nationalsozialismus aus gutem Grund der Schutz der Privatsphäre übergeordnet.

Die sich daraus ergebende „Interventionsphilosophie“ weist spezifische Schwachstellen auf: Eine familienbezogene Gesundheitsförderung und Kompetenzbildung, die vermeidbaren Risiken zuvorkommen möchte, kann nur mit den Mitteln der freiwilligen Teilnahme an Gesundheitsbildungsangeboten operieren. Von diesen profitiert aber „in der Regel nur der weniger bedürftige Teil der Bevölkerung“; gerade Familien mit ungünstigen Voraussetzungen und „den meisten präventionsfähigen Belastungen“ nehmen derartige Angebote kaum in Anspruch (vgl. Schnabel 2001, S. 210f.). Darüber hinaus gilt das Subsidiaritätsprinzip, das besagt, „dass staatliche Unterstützung zur Aufrechterhaltung eines menschenwürdigen Lebens erst dann erfolgen soll, wenn der Mensch sich selbst nicht mehr zu helfen vermag und auch sonst keine informelle Hilfe von anderen oder von Sozialleistungsträgern erhält. (...) [Dem Subsidiaritätsprinzip zufolge] können Gesunde und Familien erst dann Anspruch auf Hilfe (Fürsorge) erheben, wenn deren Krankheit oder Zerrüttung ein Ausmaß erreicht haben, welches zu einer Bedrohung für die gesellschaftliche Funktionsfähigkeit der Menschen und ihrer Familien führen könnte“ (Schnabel 2001, S. 206). Ein positiv ausgerichteter Zugang zur Gesundheitsförderung, der auf die Kompensation von Defiziten oder die Stärkung von gesunderhaltenden Kräften setzt, wird auf diese Weise erschwert. Schnabel betont, dass die Subsidiarität auf Grund ihrer Schutzfunktion gegenüber disziplinierenden Übergriffen der Staatsmacht und auf Grund ihrer Akzentuierung der Selbstbestimmung und Eigeninitiative nicht aufgegeben werden sollte. Er fragt allerdings zu Recht, wie eine im Vorfeld ansetzende Unterstützung für sozial benachteiligte Familien verbessert werden kann und wie die an der Bedeutung der Familie für die Gesundheit erkennbaren sozialen Dimensionen der Gesundheitsförderung gegenüber den „Begehrlichkeiten des kurativen Sektors" an Relevanz gewinnen können.

Eine Voraussetzung für die Wirksamkeit familienbezogener Gesundheitsförderung besteht darin, dass sie sich nicht allein auf den Erhalt der idealisierten Kleinfamilie konzentriert, sondern die Lebenswirklichkeit heutiger Familien mit ihren pluralen Erscheinungsformen und deren konkrete Gesundheitsprobleme und Gesundheitspotenziale ins Zentrum stellt. *Sozialpädagogische Gesundheitsförderung* muss in diesem Zusammenhang die „Alltäglichkeit des familialen Gesundheitshandelns" berücksichtigen, das nur einen geringen Grad an Bewusstheit aufweist und auf Grund der Differenz der Lebenssituationen und Lebensstile eine begrenzte „Standardisierung" der Angebote zulässt (vgl. Grunow 1994, S. 44f.).

6.1 Zur Geschichte familienbezogener Gesundheitsförderung

In der Geschichte der familienbezogenen Gesundheitsförderung lassen sich drei Traditionen unterscheiden: Gesundheitserziehung, Risikofaktorenprävention und Gesundheitsförderung (vgl. Schnabel 2001, S. 191). Die *Gesundheitserziehung* kann auf eine bis ins 18. Jahrhundert zurück reichende Tradition blicken. Sie ist eng mit dem Prozess der kulturellen Modernisierung verwoben, der um 1800 „Reinlichkeit" zum Leitmodell für neue alltagsbezogene Verhaltensroutinen des Bürgertums erhob (vgl. Frey 1998). Im Reinlichkeitsdiskurs vermengten sich gesundheitliche und sittliche Argumentationen, um neue Formen einer spezifisch bürgerlichen Lebensstilisierung hervorzubringen, die im Verlauf des 19. und 20. Jahrhunderts durch eine an die Unterschichten gerichtete Gesundheitserziehung gesellschaftsweit ausgebreitet wurden. Auf diese Weise etablierte die Gesundheitserziehung eine spezifische „biologische Normativität" (Labisch 1992, S. 17), die Eingang in die Konstitution der modernen somatischen Kultur fand und deren Aufrechterhaltung in besonderen Gefährdungssituationen (z. B. bei Müttern, Säuglingen und Kleinkindern) mithilfe der öffentlichen Gesundheitspflege durchgesetzt wurde (vgl. Sting 2000, S. 56ff.; Homfeldt/Sting 2006, S. 53f.).

Mit dem epidemiologischen Übergang von den akuten Infektionskrankheiten zu den chronischen Erkrankungen (z. B. Krebs, Herz-Kreislauf-Erkrankungen, Atemwegserkrankungen) als dominiernden Gesundheitgefährdungen in den entwickelten Industriestaaten kommt nach dem Zweiten Weltkrieg die *Risikofaktorenprävention* als neuer Typ der Gesundheitsförderung auf (vgl. Schnabel 2001, S. 193f.). Ausgehend von der psychosomatischen Medizin und der Stressforschung wird der „Stress-Coping-Prozess" zum Ansatzpunkt für die Gesundheitsförderung, der es zunächst um die Reduktion von Stressoren bzw. Risikofaktoren ging. Stressoren umfassen physiologische, psychische und soziale Faktoren. Fette Nahrung, Alkohol oder Bluthochdruck gelten ebenso als Risikofaktoren wie kritische Lebensereignisse und berufliche oder soziale Spannungen. Die Risikofaktorenprävention hat auf der Grundlage der Stresstheorie ein „Vermeidungsregiment" etabliert, das die Verringerung von Stressoren zur Leitorientierung der Gesundheitsförderung erhoben hat und das neben der „*Verhaltens*prävention" (auf das gesundheitsbezogene Verhalten wie Ernährung, Bewegung, Konsum von Alkohol und Drogen gerichtete Maßnahmen) auch Maßnahmen zur „*Verhältnis*prävention" (z. B. zur Verbesserung der Arbeits-, Wohn- und Umweltbedingungen) einschließt. Im Grunde setzt die Risikofaktorenprävention die Gesundheitserziehung fort, indem sie den in der Sozialhygiene vorherrschenden Kampf gegen den „Schmutz" (der im 19. Jahrhundert ebenfalls verhältnisbezogene Maßnahmen wie den Ausbau der städtischen Kanalisation, Müllabfuhr, die Verbesserung des Arbeitsschutzes, der Nahrungsmittelkontrolle usw. beinhaltete; vgl. Labisch 1992, S. 131f.) durch den Kampf gegen den „Stress" ersetzt hat.

Eine Erweiterung stellt das von der WHO formulierte Konzept der *Gesundheitsförderung* dar, das ebenfalls am „Stress-Coping-Prozess" ansetzt, aber stärker den Aspekt der Stressbewältigung („Coping") und deren Voraussetzungen in den Blick nimmt. Statt Risikovermeidung werden Schutzfaktoren, die Stärkung von Kompetenzen und Ressourcen sowie der Einsatz für gesundheitsförderliche Lebensweisen und Lebensbedingungen ins Zentrum gestellt (vgl. Ottawa-Charta 1995). Die Gesundheitsförderung enthält eine ausgeprägte sozialpolitische Komponente, indem sie die gesundheitlichen Implikationen spezifischer Lebenssituationen thematisiert und die gesundheitlichen Lebensstile von Einzelnen und Familien im Kontext ihrer gruppen- und gesellschaftsbezogenen Formierung betrachtet. Gesundheitsförderung zielt weniger auf eine gesundheitsbezogene Beeinflussung des Verhaltens von Einzelpersonen und Familien als auf eine Bearbeitung der sozialen Rahmenbedingungen, der sozialen „Settings" wie Schule, Gemeinwesen, Betrieb oder Krankenhaus. Zugleich geht sie von einer „salutogenetischen" Perspektive aus, die auf die Stärkung der vorhandenen Gesundheitspotenziale zielt (vgl. Antonovsky 1997). Mit „Salutogenese" bezeichnet Antonovsky eine positiv auf Gesundheit bezogene Orientierung, die er als eigenständige Sichtweise der herkömmlichen „pathogenetischen Orientierung", die sich mit der Entstehung und Bekämpfung von Krankheiten beschäftigt, gegenüber stellt. Die Stärkung der gesunderhaltenden Kräfte erfordert eine differenzierte Analyse der jeweiligen Settings und die Entwicklung zielgruppenspezifischer Zugänge. In der Praxis dominieren allerdings bis heute generalistisch ausgerichtete, verhaltensbezogene Maßnahmen, die eher der Risikofaktorenprävention als einer salutogenetisch und sozialpolitisch orientierten Gesundheitsförderung zuzurechnen sind. Bauch und Bartsch (2003, S. 3f.) merken an, dass Gesundheitsförderung die „klassischen Ansätze" der Gesundheitserziehung und Prävention nicht ablöst, sondern in einer übergreifenden Perspektive einschließt und „aufhebt". Gesundheitsförderung wird dementsprechend heute als umfassender Überbegriff für Maßnahmen der Prävention, der Gesundheitserziehung, -bildung und -förderung verwendet, wobei sich jeweils die Frage stellt, inwiefern in diesem Spektrum von Aktivitäten im engeren Sinn positive, gesundheitsförderliche Ansätze zur Geltung kommen.

6.2 Ansätze und Kriterien der familienbezogenen Gesundheitsförderung

Konkrete Ansätze zur *familienbezogenen Gesundheitsförderung* sind bisher nur vereinzelt anzutreffen. Im Rahmen des Modellprojektes „Schizophreniebehandlung in der Familie" wurden nach amerkanischem Vorbild medizinische „Family-Care-Teams" eingerichtet, die eine aufsuchende Betreuung und Behandlung in der Familie ermöglichten. Im Projektverlauf wurde deutlich, dass zur Unterstützung von Familien mit psychisch oder chronisch Kranken niedrigschwellige Angebote erforderlich sind, die sich in das bestehende Familienmilieu integrieren und die Auseinandersetzung mit der familiären Alltagsgestaltung zur Etablierung einer „neuen Normalität" befördern. Darüber hinaus zeigte sich, dass hierfür multiprofessionelle Teams, die auch pädagogische Berufsgruppen umfassen, besser geeignet sind als ein rein medizinischer Zugang (vgl. BMG 1993, S. 142-148). Dass diese Form der aufsuchenden Gesundheitsarbeit auch bei anderen Erkrankungsformen (z. B. Schlaganfall, Krebs) hilfreich ist, wurde in verschiedenen Studien nachgewiesen (vgl. Schnabel 2001, S. 198f.). Eine psychosoziale und pädagogische Begleitung, die Familien bei manifesten gesundheitlichen Belastungen unterstützt, kann also zur Aufrechterhaltung und Stärkung der Gesundheitspotenziale von Familien beitragen. Sie muss sich zu dem Zweck am vorhandenen „mikrosozialen Kontext der Familie" ausrichten (vgl. Grunow 1994, S. 59) und die gesundheitsförderlichen Aktivitäten in die bestehende Lebenspraxis und Lebenssituation der Familie einpassen.

Ein weiterer, bisher vernachlässigter Ansatzpunkt der familienbezogenen Gesundheitsförderung sind werdende und junge Familien, bei denen ein hohes Informationsbedürfnis und eine Offenheit für Gesundheitsthemen konstatiert wird. Eine Expertise zum Präventionsbedarf dieser Personengruppe förderte eine große Nachfrage nach einer „intensiven vorausschauenden Beratung" zu Tage, die auf die Krankheitsvermeidung bei Säuglingen und Kleinkindern gerichtet ist (vgl. Bergmann/Bergmann 1997, S. 19ff.). Der daraus abgeleitete „Leitfaden für eine vorausschauende Beratung im Rahmen der Kindervorsorge" trägt der Tatsache Rechnung, dass eine Beschränkung auf die spezifischen Gesundheitsprobleme des Kindesalters nicht hinreichend ist, da gerade werdende Familien Orte der Herausbildung gesundheitsbezogener Lebensstile und Verhaltensweisen sind. Der empfohlene Zugang über die Kinderärzte und die Auflistung von Handlungsanweisungen bleibt jedoch expertokratisch und wissensorientiert (vgl. ebd. 1997, S. 35-55). Er berücksichtigt weder die vorhandenen Lebenserfahrungen und Lebenspraxen der Familien noch die in der sozialpädagogischen Gesundheitsförderung allgemein konstatierte Diskrepanz zwischen Gesundheitswissen und Gesundheitshandeln, zu deren Überbrückung eine Einbeziehung pädagogischer Fachkenntnisse sinnvoll erscheint.

Eine besondere Herausforderung stellt die *Gesundheitsförderung für sozial benachteiligte Familien* dar, die durch Angebote der gesundheitlichen Versorgung und Prävention generell schwer erreicht werden. Eine wichtige Voraussetzung ist die Entlastung der Familien durch externe Hilfen (z. B. Kindergartenbetreuung, Ganztagsschulen, Sozialstationen), damit diese die nicht substituierbaren gesundheitlichen Aufgaben des Familienalltags auch weiterhin erledigen können. Grunow (1994, S. 61f.) plädiert in Anlehnung an Erfahrungen in den USA für eine Neubewertung der Hausärzte als „Familienärzte", um diese für ein breiteres Spektrum an familienbezogener Beratung und Hilfe zu profilieren. Hurrelmann (1994, S. 131f.) schlägt die Einrichtung von stadtteilbezogenen, multiprofessionellen „Gesundheitszentren" vor, die nach amerikanischem Vorbild an Schulen angesiedelt werden könnten.

Im Rahmen der „Healthy-City"-Projekte der Stadt Köln wurden Aktivitäten zur Gesundheitsförderung durch die Kooperation unterschiedlicher sozialer und gesundheitlicher Akteure vor Ort realisiert. Die Ausrichtung auf sozial benachteiligte Bevölkerungsgruppen wurde durch die Konzentration der Projekte in sozial benachteiligten „Regionen" oder Stadtteilen erreicht. Vor allem das Projekt „Ergänzende Förderung für auffällige Kinder" wies einen expliziten Familienbezug auf. Es zielte auf die Früherkennung und Frühförderung bei Entwicklungsproblemen, um die gesundheitliche Situation der Kinder möglichst frühzeitig positiv zu beeinflussen. Zu dem Zweck wurde es im Kindergarten angesiedelt, und es beinhaltete ein abgestimmtes Vorgehen der Kindertageseinrichtungen, des Jugendärztlichen Dienstes, der niedergelassenen Kinderärzte und des Zentrums für Frühbehandlung und -förderung. Neben der Kooperation von Medizinern und Pädagogen stellte die Elternarbeit einen besonderen Schwerpunkt des Projekts dar, bei deren Umsetzung wichtige Erkenntnisse zur Spezifik der Gesundheitsförderung mit sozial benachteiligten Familien gewonnen werden konnten. Abel betont z. B. die besondere Bedeutung von Schlüsselpersonen, die Sensibilität im Umgang mit Begriffen aufgrund der Angst vor Stigmatisierung, den hohen Informations- und Beratungsbedarf und die Notwendigkeit eines indirekten, vermittelten Zugangs, da gesundheitliche Beratung selten direkt aufgesucht wird (vgl. Abel 2000).

Schnabel (2001, S. 147ff.) berichtet von dem amerikanischen Vorbeugungsprogramm „Super Stars", das sich an einkommensschwache Minderheitenfamilien richtet und zum Zweck der Suchtprävention auf die „Herstellung von ethnischem Selbstbewusstsein und kulturellen Bindungen" sowie auf die „Unterstützung von Schutzfaktoren" zielt. Familien-Trainingsprogramme sollen auf der familiären Ebene den Zusammenhalt, die erzieherischen Kompetenzen der Eltern, das Kommunikations- und Konfliktlösepotenzial und das familiäre Selbstbewusstsein fördern, um damit die „Fähigkeit zu kollektivem Stressmanagement" zu verbessern. Eickhoff (2000, S. 104ff.) betrachtet eine positive Familienkommunikation als zentrale gesundheitsfördernde Ressource, die es erst ermöglicht, vorhandenes gesundheitliches Wissen umzusetzen. Deshalb empfiehlt auch sie Familientrainings zur Verbesserung des Kommunikationsverhaltens. In ähnlicher Weise plädiert Campbell (2000, S. 236f.) für eine Verschränkung von „psychoedukativen Programmen", die gesundheitsbezogene Informationen und Fähigkeiten zur Problemlösung vermitteln, mit „Kommunikationstrainings" für Ehepaare und Familien.

In allen Ansätzen zur familienbezogenen Gesundheitsförderung wird deutlich, dass sie verschiedene *Kriterien* erfüllen müssen, um Erfolg versprechend zu sein:

1. Sie müssen auf die Lebenssituation und das Lebensumfeld der Familien Bezug nehmen. Dies erfordert eine niedrigschwellige, wohnort- und alltagsnahe Organisation (vgl. Hurrelmann 1990, S. 122ff.), was am besten durch die Verschränkung mit bestehenden Einrichtungen des Bildungs-, Gesundheits- und Sozialwesens zu erreichen ist (Kindergärten, Schulen, Kinderärzte, Jugendärztlicher Dienst usw.).
2. Sie müssen die bestehende Lebenspraxis der Familien respektieren und davon ausgehend Perspektiven einer gesundheitlichen Lebensgestaltung entwickeln. Dies beinhaltet die Aufrechterhaltung der Freiwilligkeit und des Angebotscharakters der Aktivitäten sowie das Anknüpfen an die bestehenden Gesundheitpotenziale und Ressourcen der Familien, was eine Orientierung an der Leitvorstellung des „Family Empowerment" (der Stärkung des Selbstbewusstseins, der Unterstützungsmöglichkeiten und Handlungsoptionen der Familien) nahe legt (vgl. Schnabel 2001, S. 150f., 199f.).
3. Die Familie muss als ganze in die gesundheitliche Perspektive einbezogen werden, da Gesundheitsprobleme einzelner Mitglieder die gesamte Familie betreffen und an Einzelne gerichtete Aktivitäten der Gesundheitsförderung mit der familiären Lebenssituation und Lebensgestaltung konfrontiert sind. Egal ob die Familie als „System", als „Milieu" oder als „soziales Feld" betrachtet wird – sie stellt eine relativ eigenständige soziale Instanz mit spezifischen Einflüssen auf den Lebensstil, den Habitus und die Lebensbe-

dingungen ihrer Mitglieder dar (vgl. Bourdieu 1998, S. 126-136), die in pädagogischen Kontexten einer besonderen Berücksichtigung bedarf.

4. Eine pädagogische Einflussnahme auf das Gesundheitshandeln von Familien muss die sozialstrukturelle Positionierung der Familie und die daraus sich ergebenden Lebensperspektiven zur Kenntnis nehmen. Die Zusammenhänge zwischen sozialem und gesundheitlichem Status sind überdeutlich, sodass sie in der sozialpädagogischen Gesundheitsförderung nicht ignoriert werden können (vgl. z. B. Mielck 2000; Wilkinson 2001; Klocke 2001). Auf der einen Seite bringt dies eine Differenz der Problemwahrnehmung, der Kommunikationsformen, der Sensibilitäten und Motivlagen mit sich, die bei der Frage nach dem Zugang zu Familien zu beachten sind (vgl. Abel 2000, S. 190f.). Auf der anderen Seite erfordert dies eine stärkere Akzentuierung der sozialpolitischen Dimension der Gesundheitsförderung, die auf eine Verbesserung der Lebensbedingungen und der gesundheitlichen Infrastruktur für sozial Benachteiligte sowie auf eine Auseinandersetzung mit dem Problem der sozialen Ungleichheit zielt. An dem Punkt, wo diese Aufgabe die Auseinandersetzung mit konkreten, lebensweltnahen sozialen Settings überschreitet, ist allerdings eine in der Gegenwart stark unter Druck geratene gesellschaftsweite Sozialpolitik gefragt, die den begrenzten Horizont gesundheitlicher Problemstellungen verlässt (zur Kritik des Utopismus der Gesundheitsförderung: vgl. Bauch/Bartsch 2003, S. 4).

Literatur

Abel, M.S., 2000: Stadtteilorientierte Projekte zur Verbesserung der Gesundheitschancen von Kindern. In: Altgeld, T./Hofrichter, P. (Hrsg.): Reiches Land – kranke Kinder? Frankfurt am Main, S. 179-192.

Antonovsky, A., 1997: Salutogenese. Tübingen.

Bartholomeyczik, S. u. a., 1988: Beruf, Familie und Gesundheit bei Frauen. Berlin.

Bauch, J./Bartsch, N., 2003: Gesundheitsförderung als Zukunftsaufgabe. Zur Ortsbestimmung von Gesundheitsförderung und Gesundheitserziehung. In: Prävention, 26. Jg., H. 1, S. 3-6.

Bergmann, K.E./Bergmann, R., 1997: Krankheitsprävention und Gesundheitsförderung in der Familie. Berlin.

Bloch, D., 2000: Systemische Familienmedizin: Rückblick auf eine kurze Geschichte. In: Kröger, F./Hendrischke, A./Mc Daniel, S. (Hrsg.): Familie, System und Gesundheit. Systemische Konzepte für ein soziales Gesundheitswesen. Heidelberg, S. 17-48.

Böhnisch, L./Arnold, H./Schröer, W., 1999: Sozialpolitik. Weinheim/München.

Bourdieu, P., 1998: Praktische Vernunft. Frankfurt am Main.

Bundesminister für Gesundheit (BMG) (Hrsg.), 1993: Modellprojekt „Schizophreniebehandlung in der Familie" (im Modellverbund Psychiatrie). Baden-Baden.

BZgA (Bundeszentrale für gesundheitliche Aufklärung) (Hrsg.), 1998: Gesundheit von Kindern. Epidemiologische Grundlagen. Köln.

Campbell, T.L., 2000: Familie und Gesundheit. Zum Stand der Forschung. In: Kröger, F./Hendrischke, A./Mc Daniel, S. (Hrsg.): Familie, System und Gesundheit. Systemische Konzepte für ein soziales Gesundheitswesen. Heidelberg, S. 225-241.

Deutsches PISA Konsortium, 2001: PISA 2000. Opladen.

Ecarius, J., 2002: Familienerziehung im historischen Wandel. Eine qualitative Studie über Erziehung und Erziehungserfahrungen von drei Generationen. Opladen.

Eickhoff, C., 2000: Schutz oder Risiko? Familienumwelten im Spiegel der Kommunikation zwischen Eltern und ihren Kindern. Köln.

Elias, N., 1981: Über den Prozess der Zivilisation, Band 1. Frankfurt am Main.

Elkeles, T./Bormann, C., 2002: Arbeitslose. In: Homfeldt, H.-G./Laaser, U./Prümel-Philippsen, U./Robertz-Grossmann, B. (Hrsg.): Studienbuch Gesundheit. Neuwied/Kriftel, S. 11-28.

Faltermaier, T., 1994: Gesundheitsbewusstsein und Gesundheitshandeln. Über den Umgang mit Gesundheit im Alltag. Weinheim.

Frey, M., 1998: „Bürger riechen nicht". Die Hygienisierung des bürgerlichen Alltags durch Wasser und Seife im achtzehnten und frühen neunzehnten Jahrhundert. In: Roeßiger, S./Merk, H. (Hrsg.): Hauptsache gesund! Gesundheitsaufklärung zwischen Disziplinierung und Emanzipation (Ausstellungskatalog). Marburg, S. 9-21.
Grobe, T.G./Schwartz, F.W., 2003: Arbeitslosigkeit und Gesundheit (Gesundheitsberichterstattung des Bundes: Heft 13). Berlin.
Grunow, D., 1994: Die Bedeutung der Familie für das Gesundheitsverhalten ihrer Mitglieder. In: Grunow, D./Hurrelmann, K./Engelbert, A.: Gesundheit und Behinderung im familialen Kontext. München, S. 9-66.
Grunow, D., 1987: Ressourcen wechselseitiger Hilfen im Alltag. In: Keupp, H./Röhrle, B. (Hrsg.): Soziale Netzwerke. Frankfurt am Main, S. 245-267.
Harych, H./Harych, P., 1997: Arbeitslosigkeit und gesundheitliche Folgen in Ostdeutschland. Berlin/Hamburg.
Helmert, U./Mielck, A., 1998: Gesundheitliche Ungleichheit. In: Hurrelmann, K./Laaser, U. (Hrsg.): Handbuch Gesundheitswissenschaften. Weinheim/München, S. 519-535.
Herzlich, C., 1991: Soziale Repräsentationen von Gesundheit und Krankheit und ihre Dynamik im sozialen Feld. In: Flick, U. (Hrsg.): Alltagswissen über Gesundheit und Krankheit. Heidelberg, S. 293-302.
Hörmann, G., 1999: Stichwort: Gesundheitserziehung. In: Zeitschrift für Erziehungswissenschaft, 2. Jg., H. 1, S. 5-29.
Homfeldt, H.-G./Sting, S., 2006: Soziale Arbeit und Gesundheit. München.
Hurrelmann, K./Laaser, U., 1998: Entwicklung und Perspektiven der Gesundheitswissenschaften. In: Hurrelmann, K./Laaser, U. (Hrsg.): Handbuch Gesundheitswissenschaften. Weinheim/München, S. 17-45.
Hurrelmann, K., 1994: Die Rolle der Familie für die Gesundheitsentwicklung von Kindern und Jugendlichen. In: Grunow, D./Hurrelmann, K./Engelbert, A.: Gesundheit und Behinderung im familialen Kontext. München, S. 67-136.
Hurrelmann, K., 1990: Familienstress, Schulstress, Freizeitstress. Gesundheitsförderung für Kinder und Jugendliche. Weinheim/Basel.
Klink, F., 2000: Psychosoziale und gesundheitliche Auswirkungen bei von Arbeitslosigkeit betroffenen und bedrohten Jugendlichen – geschlechtsspezifisch betrachtet. In: Altgeld, T./Hofrichter, P. (Hrsg.): Reiches Land – kranke Kinder? Gesundheitliche Folgen von Armut bei Kindern und Jugendlichen. Frankfurt am Main, S. 43-64.
Klocke, A., 2001: Armut bei Kindern und Jugendlichen (Gesundheitsberichterstattung des Bundes: Heft 3). Berlin.
Laaser, U./Hurrelmann, K., 1998: Gesundheitsförderung und Krankheitsprävention. In: Hurrelmann, K./Laaser, U. (Hrsg.): Handbuch Gesundheitswissenschaften. Weinheim/München, S. 395-424.
Labisch, A., 1992: Homo hygienicus. Gesundheit und Medizin in der Neuzeit. Frankfurt am Main/New York.
Lohaus, A., 1993: Gesundheitsförderung und Krankheitsprävention im Kindes- und Jugendalter. Göttingen u. a.
Mennicke, C., 2002: Sozialpädagogik. Grundlagen, Formen und Mittel der Gemeinschaftserziehung. Weinheim/München.
Mielck, A., 2000: Soziale Ungleichheit und Gesundheit. Bern u. a.
Nestmann, F., 2000: Gesundheitsförderung durch informelle Hilfe und Unterstützung in sozialen Netzwerken. Die Bedeutung informeller Hilfen im Alltag von Gesundheitssicherung und Gesundheitsförderung. In: Sting, S./Zurhorst, G. (Hrsg.): Gesundheit und Soziale Arbeit. Weinheim/München, S. 128-146.
Ottawa-Charta zur Gesundheitsförderung. In: Göpel, E./Schneider-Wohlfart, U. (Hrsg.): Provokationen zur Gesundheit. Frankfurt am Main, S. 279-283.
Palentien, C./Settertobulte, W./Hurrelmann, K., 1998: Gesundheitsstatus und Gesundheitsverhalten von Kindern als Grundlage der Prävention. In: BZgA (Bundeszentrale für gesundheitliche Aufklärung) (Hrsg.): Gesundheit von Kindern. Epidemiologische Grundlagen. Köln, S. 79-89.
Rittner, V., 1999: Körper und Identität. Zum Wandel des individuellen Selbstbeschreibungsvokabulars in der Erlebnisgesellschaft. In: Homfeldt, H.-G. (Hrsg.): „Sozialer Brennpunkt" Körper. Baltmannsweiler, S. 104-116.
Rolland, J.S., 2000: Krankheit und Behinderung in der Familie. Modell für ein integratives Behandlungskonzept. In: Kröger, F./Hendrischke, A./Mc Daniel, S. (Hrsg.): Familie, System und Gesundheit. Systemische Konzepte für ein soziales Gesundheitswesen. Heidelberg, S. 62-104.
Schlack, H.G., 1998: Lebenswelten von Kindern als Determinanten von Gesundheit und Entwicklung. In: Bundeszentrale für gesundheitliche Aufklärung (Hrsg.): Gesundheit von Kindern. Köln, S. 49-59.
Schnabel, P.-E., 2001: Familie und Gesundheit. Bedingungen, Möglichkeiten und Konzepte der Gesundheitsförderung. Weinheim/München.
Senatsverwaltung für Gesundheit, Soziales und Verbraucherschutz (Hrsg.), 2004: Sozialstrukturatlas Berlin 2003 (Kurzfassung). Berlin.
Sidler, N., 1991: Risikogruppen – gibt es die? Adressaten spezifischer Fragen der Suchtgefährdung. In: Carlhoff, H.-W./Wittemann, W. (Hrsg.): Drogenbekämpfung und Suchtprävention. Stuttgart, S. 83-92.

Sting, S., 2000: Gesundheit als Aufgabenfeld sozialer Bildung. In: Sting, S./Zurhorst, G. (Hrsg.): Gesundheit und Soziale Arbeit. Weinheim/München, S. 55-68.

Waller, H., 2001: Sozialepidemiologie und Sozialarbeit: Zur Bedeutung und zu den Umsetzungsmöglichkeiten sozialepidemiologischer Forschungsergebnisse in der Sozialen Arbeit. In: Mielck, A./Bloomfield, K. (Hrsg.): Sozialepidemiologie. Weinheim/München, S. 301-308.

Wulf, Ch. u. a., 2001: Das Soziale als Ritual. Zur performativen Bildung von Gemeinschaften. Opladen.

Zimmermann, I./Korte, W./Freigang, M., 2000: Kinder-Gesundheit und Armut aus der Sicht der Gesundheitsberichterstattung in Hamburg. In: Altgeld, T./Hofrichter, P. (Hrsg.): Reiches Land – kranke Kinder? Frankfurt am Main, S. 109-125.

Religion

Ulrich Schwab

1. Einleitung

Im folgenden Artikel wird zunächst in einer historischen Übersicht das Verhältnis von Familie und Religion beleuchtet. Dem schließt sich in einem zweiten Kapitel die Darstellung empirischer Ergebnisse zur Religiosität in der Gegenwart an. Auf dieser Grundlage baut dann das dritte Kapitel auf, in dem es insbesondere um die Frage nach einer spezifischen Familienreligiosität und ihre Auswirkungen auf die Erziehung geht.

2. Familie und Religion – historische Übersicht

Religionsgeschichtlich haben Familie und Religion in vielfältiger Weise miteinander zu tun. Familiengruppen waren wohl die frühesten Träger religiöser Rituale und damit zugleich eine Form religiöser Gemeinschaften. Die Sozialform Familie und ihre Beziehungen zwischen Vater-Mutter-Kinder dient in vielen Religionen als Strukturmuster für das Verhältnis zwischen einer transzendent verstandenen Macht und den Menschen. Häufig brechen Verwandtschaftsbeziehungen selbst durch den Tod nicht ab, sondern spielen über den Tod hinaus eine bedeutsame Rolle als Brücke in eine jenseitig gedachte Welt (Totenkulte). Religiöse Rituale haben hier die Aufgabe, die Ahnen als Schutzmächte in den Dienst zu nehmen oder ihnen zumindest auch in der jenseitigen Welt die notwendige Ehrerweisung zu gewähren.

Das Judentum und mit ihm später das Christentum und der Islam kennen keine religiös strukturierte Pflege verwandtschaftlicher Beziehungen im Sinne der Ahnenverehrung. Die Gottesvorstellungen des Judentums waren vielmehr auf den Bund zwischen Gott und Mensch im Diesseits ausgerichtet. Freilich zeigt sich auch in der frühen Religionsgeschichte des Judentums eine Form der Gottesvorstellung, die eng an Familie und Sippe angegliedert ist (Gerstenberger 2001). Gott ist hier noch nicht der Gott eines Volkes, sondern einer Familie, einer Sippe: der Gott Abrahams, Isaaks etc. Erst in späterer Zeit wird Gott gelegentlich auf sein Vatersein für Israel angesprochen (Hosea 11,1-3), was auf eine einmalige Beziehung zwischen Gott und Israel hinweisen soll. Im Neuen Testament wird im Anschluss an die Verkündigung Jesu der Anruf „Vater“ aufgenommen und ausgeweitet. Jeder, der glaubt, rückt in die Gotteskindschaft ein. Die Verehrung der „Gottesmutter Maria“ stammt dagegen aus späteren Epochen der Kirchengeschichte. Solche Darstellungen sind seit dem 3. Jahrhundert bekannt. Im Islam wird die Gottesvorstellung ab dem 7. Jahrhundert eher am Bild eines Fürsten als an einer Vaterfigur ausgerichtet. Eine religiöse Verehrung von Familien findet sich in keiner dieser Religionen. Die gleichwohl vorhandene Wertschätzung der Familie geschieht eher im Kontext allgemeiner patriarchaler Gesellschaftsstrukturen und ist deutlich von diesen geprägt. Als Ort religiöser Erziehung spielt die Familie in Judentum, Christentum und Islam eine überaus prominente Rolle. So heißt es z. B. schon im Buch Exodus: „Wenn eure Kinder euch dann fragen: ‚Was bedeutet denn der heilige Brauch, den ihr da übt?‘ so sollt ihr sagen: ‚Das ist das Passaopfer für den Herrn (...)‘" (Ex 12,26 f.). Und im Christentum ist es seit dem 2. Jahrhundert vor allem die Kindertaufe, die die Frage nach einer religiösen Unterweisung in der Familie aufwirft. Hier hat dann auch die Einrichtung des Patenamtes eine ihrer Wurzeln (Schwab 1995a). Zugleich zeigen viele Texte aus der Kirchengeschichte, dass die Familien diese Funktion in den Augen der Theologen nur selten hinreichend ausüben. Martin Luther etwa begründet die Forderung an die Landesherren, allgemeinbildende Schulen aufzurichten, nicht zuletzt damit, dass die Eltern dieser Aufgabe gar nicht gerecht werden könnten (Luther 1524). Mit der konfessionellen Differenzierung des Christentums einerseits und dem Auseinandertreten von Theologie und Kirche, von privater Frömmigkeit und kirchlichem Dogma andererseits entsteht in der Neuzeit vor allem im Protestantismus eine neue Form religiöser Pluralität, die von Seiten der Kirchen als religiöse Tradierungskrise beschrieben wird. Während etwa Jean-Jacques Rousseau (1712-1778) religiöse Erziehung im glatten Widerspruch zu einer vernünftigen Erziehung sieht und damit den Einfluss der Kirche auf die Erziehung am liebsten ganz abschaffen möchte, verhält sich die deutsche Aufklärung gegenüber der Religion wesentlich freundlicher. Bei dem deutschen Philanthropen Christian Gotthilf Salzmann (1744-1811) werden gleichermaßen religiöse Erziehung in der Familie als auch in der Schule zu reformieren gesucht. Einen pädagogischen Impuls des Pietismus aufnehmend will man weg von der bloßen Auswendiglernerei und hin zu einer auf Verständnis zielenden kindgerechten Unterweisung. Friedrich Daniel Ernst Schleiermacher (1768-1834) räumt in seiner pädagogischen Vorlesung im Jahre 1826 der unmittelbaren Einwirkung der Familie in der religiösen Erziehung die höchste Priorität ein. Dies begründet er aus der Natur der Religion, die sich stets individuell manifestiere und als solche nur durch lebendige Anschauung vermittelt werden könne. In der preußischen Schule seiner Zeit sieht er dagegen keine Möglichkeit für eine solche lebendige Vermittlung der Religion. Der wahre Ort religiöser Erziehung ist deshalb nach Schleiermacher das Zusammenleben in der Familie. Nur dann, wenn hier keine Religiosität vermittelt werde, möchte er ersatzweise einen kirchlichen Unterricht einführen. Schleiermacher kennt keinen besseren Ort für eine religiöse Erziehung als das gelebte Vorbild im Familienkreis und will deshalb die Autonomie der religiösen Erziehung in der Familie stützen.

Anders als von ihm gedacht wird die defizitäre Einschätzung der religiösen Erziehung in der Familie in der Folgezeit aber zur Regel. Die religiöse Erziehung in der Familie wird als nicht hinreichend betrachtet und dies soll durch vermehrte kirchliche und schulische Anstrengungen kompensiert werden. Religiöse Erziehung unterliegt damit im 19. und 20. Jahrhundert einer zunehmenden Institutionalisierung. Neben den Religionsunterricht treten nun der Konfirmandenunterricht und auch die Jugendarbeit, die in ihrer Anfangszeit in der ersten Hälfte des 19. Jahrhunderts zwar noch stark auf soziale Notlagen bezogen ist, gleichwohl jedoch auch Tendenzen einer Katechetisierung beinhaltet.

Das Interesse an einer Erforschung gelebter Religion, die nicht nur als Nachweis des allgemeinen religiösen Niedergangs dienen wollte, kommt erst wieder stärker zu Beginn des 20. Jahrhunderts auf, als der Theologe Paul Drews (1858-1912) eine „Religiöse Volkskunde" im Zusammenhang mit einer „Religiösen Psychologie" konzipiert. Während die „Religiöse Volkskunde" das spezifische religiöse Gepräge einer jeden Bevölkerungsgruppe als Forschungsgegenstand hat, soll die „Religiöse Psychologie" die Bedingungen, unter denen sich individuelle Religiosität entfaltet, untersuchen (Drews 1910). Damit wird im Kontext liberaler Theologie erstmals die Notwendigkeit empirischer Forschung auch in der Theologie proklamiert.

Dieses Programm findet eine theoretische Grundlegung bei Ernst Troeltsch (1865-1923) und seinem Ansatz einer Theorie christlicher Kultur in der Moderne. Troeltsch will durch eine Analyse der konkreten gegebenen Verhältnisse die entstehende Pluralität der Moderne akzeptieren und daraus gleichzeitig eine Neubestimmung der Funktion von Kirche ableiten (Troeltsch 1911a). Kirche wird hier zum Sachanwalt der Autonomie des Subjekts: „Die Leute haben das volle Recht, sich ihre religiöse Anschauung selbst zu bilden, und sind weder so zu behandeln, als seien sie alle Christen oder als seien sie wenigstens lauter Missionsobjekte, die in erster Linie bekehrt werden müssen" (Troeltsch 1911b, S. 124f.). Troeltsch entwirft damit im Kontext einer Kulturtheorie der Moderne das Programm einer solchen Kirche, die den Einzelnen bei der Entwicklung seines eigenen religiösen Stils unterstützt. Damit hat Troeltsch dem Schleiermacherschen Ansatz von der religiösen Individualität neue Aktualität verliehen. Gelebte Religiosität, und mit ihr dann auch die Weitergabe von Religiosität in Familien, kann mit einem solchen Ansatz unabhängig von religiösen Verfallsparadigmen sichtbar gemacht werden. Die Theologie und mit ihr die empirische Erforschung von Religiosität ist diesem Programm im 20. Jahrhundert aber lange nicht gefolgt. Martin Doerne entwirft in den 30er Jahren die Idee einer „pädagogischen Ordnungskirche", die mehr denn je verpflichtende Ordnungen für alle Kirchenglieder vorsehen soll (Doerne 1936). Die neu entstandene Vielfalt religiöser Stile begreift Doerne als Krisenphänomen der Volkskirche und will sie wieder in eine theologisch verantwortete Homogenität zurückführen. Dies gilt auch noch für die in den 50er Jahren des 20. Jahrhunderts entstandenen ersten Ansätze zu einer empirischen Untersuchung von Religiosität, die geprägt sind von theologischen Normvorgaben.

3. Empirische Erforschung von Religion im 20. Jahrhundert

Die ersten Ansätze einer empirischen Untersuchung von Religion stammen aus der Zeit vor und nach dem Ersten Weltkrieg. Sie befassen sich meistens mit der Religiosität der Arbeiterklasse, die kirchlicherseits als besonders schwer zugänglich erschien. Fast wie Berichte aus einem exotischen Land sind diese Studien darauf angelegt, in der bürgerlich-kirchlichen Welt Verständnis für die spezifischen Fragestellungen der Arbeiter und Arbeiterjugendlichen zu wecken. Waren es zunächst vor allem auf persönlicher Erfahrung beruhende Beschreibungen, die hier geboten wurden (z. B. Göhre 1891; Heitmann 1913/1920), so legten Adolf Levenstein 1912 und Günther Dehn 1926 bereits auf Interviewbasis erstellte Studien vor. Paul Piechowski befragte in den zwanziger Jahren 5.000 Arbeiter, und 1930 erschien von Hans Leitner eine religionspsychologische Arbeit zur jugendlichen Religiosität im Methodismus, in der er zeigen konnte, dass die Erweckungsbereitschaft eines Jugendlichen sehr stark milieu- und sozialbedingt ist.

Nach dem Zweiten Weltkrieg beschreibt Hans-Otto Wölber in seiner damals mit Hilfe des EMNID-Instituts 1959 erstellten empirischen Untersuchung Formen jugendlicher Religiosität. Hier wurde die Differenziertheit des Mitgliedschaftsverhaltens in der Volkskirche deutlich: „Ein Drittel bis zwei Fünftel der Gesamtheit bekunden ein religiöses Motiv, welches über das Sozialprestige weit hinausreicht. Nur ein kleiner Prozentsatz von diesen praktiziert dann tatsächlich in Form von Kernkirche. Misst man Kirchentreue an regelmäßiger Gruppenarbeit oder an den weltanschaulichen Bekundungen im Rahmen der überlieferten Form und Aussage, so liegt, wie auch sonst von der Kirchenstatistik belegt werden kann, diese Art Kirchentreue unterhalb der 10 %-Linie" (Wölber 1959, S. 114). Freilich wird bei Wölber auch ersichtlich, dass er diese „Religion ohne praktizierte Entscheidung für die Teilnahme am kirchlichen Gemeindeleben", die sich bei der Mehrheit zeige, unter kirchlich-institutionellen Vorgaben bewertet. Der „freie Protestantismus", den es historisch spätestens seit der Aufklärung gibt (Rendtorff 1966), ist seine Sache nicht.

Auch die in den Jahren 1961 bis 1964 durchgeführte österreichische Untersuchung von Vaskovics zur religiösen Sozialisation in Familien ist im Wesentlichen noch auf Kirchlichkeit, hier katholische Familien, bezogen (Vaskovics 1970). Die 269 befragten katholischen Familien teilte er in „kirchlich", „kirchenfreundlich" und „kirchenfremd" ein. 91 % der „kirchlichen" Gruppe, 50 % der „kirchenfreundlichen" Gruppe und 3 % der „kirchenfremden" Gruppe erachteten Religiosität als wichtiges Erziehungsziel. Dabei stellt Vaskovics eine Tendenz zum konformen Verhalten der untersuchten Familienmitglieder fest: entweder gehen alle in die Kirche oder keiner. „Es lässt sich allgemein feststellen, dass ein Großteil der Eltern durch die Ausübung ihrer Erziehungspraktiken ihre Kinder im Sinne ihres eigenen kirchlichen Wert- und Normsystems erziehen, und ihre Erziehungspraktiken auf die Übernahme der eigenen Einstellungen und Verhaltensweisen durch die Kinder abzielen" (Vaskovics 1972, S. 348). Während Kinder einerseits also zu dem von den Eltern praktizierten kirchlichen Teilnahmeverhalten angehalten werden, ist aber auch bei Vaskovics schon festzustellen, dass kirchliche Wertvorstellungen selektiv, d. h. nach den Kriterien eines subjektiven Bedürfnisses tradiert werden. Liegt dem eine relative „Verselbständigung der Familien gegenüber religiöser Organisationen" (ebd., S. 349) zugrunde, so beschreibt Vaskovics damit am Ort der Familie das für neuzeitliche Religiosität typische Auseinanderdriften von Religiosität und Kirchlichkeit, welches nun zunehmend auch im katholischen Milieu greift. Der Religionssoziologie Joachim Matthes (Matthes 1964) und der protestantische Theologe Trutz Rendtorff (Rendtorff 1969) fordern in den 1960er Jahren eindringlich dazu auf, diese Differenzierung in der empirischen Forschung anzuwenden.

In diesem Sinne ist die Untersuchung von Ursula Boos-Nünning differenzierter als Vaskovics (Boos-Nünning 1972). In ihrer Repräsentativ-Umfrage unter 18- bis 70-jährigen Katholiken im Ruhrgebiet bezieht sich Boos-Nünning auf eine weiterentwickelte Form der Dimensionen der Religiosität von Charles Y. Glock, die über eine nur institutionelle Perspektive hinausgehen. Im Einzelnen nennt sie die ritualistische Dimension (religiöse Praxis), eine ideologische Dimension (Inhalte des persönlichen Glaubens), eine intellektuelle Dimension (religiöses Wissen), die Dimension der religiösen Erfahrung (Bedeutung von Glaubenserfahrungen im eigenen Leben), die Dimension der Konsequenzen aus religiösen Überzeugungen für die Lebensführung sowie eine neue, von Boos-Nünning hinzugefügte Dimension der Bindung an die Pfarrgemeinde. Das hat seine Begründung darin, dass es Boos-Nünning nicht um die Untersuchung von Religiosität allgemein geht, sondern um die Frage nach der Religiosität von Katholiken. Die institutionelle Bindung an die Kirche ist dabei also bei den befragten Personen stets mit gesetzt. Im Ergebnis zeigt Boos-Nünning auf, dass die von ihr untersuchte Religiosität zwar nach wie vor kirchlich beeinflusst, aber doch nicht mehr kirchlich abhängig ist. So bejahen 79 % der Befragten den Glauben an ein höheres Wesen. Der Grad der Zustimmung wird jedoch um so geringer, je mehr der Gottesbegriff konkretisiert wird. Mit der Lehre von der leiblichen Auferstehung, eines der zentralen Elemente kirchlicher Lehrtradition, sind nur noch 34 % der Befragten „ganz" oder „ziemlich" einverstanden. Die einzelnen Dimensionen erweisen sich

– mit Ausnahme der intellektuellen Dimension – als hochgradig miteinander verbunden: die errechneten Korrelationskoeffizienten liegen hier zwischen .73 und .83. Durch eine Faktorenanalyse werden schließlich sechs Faktoren der Religiosität extrahiert: „Allgemeine Religiosität", „Kirchliche Kommunikation und Information", „Ehe und Sexualmoral", „Glaube an Gott", „Öffentliche religiöse Praxis" und „Kirchliches Wissen". Die befragten Katholiken erweisen sich hier als in besonderer Weise religiös gebunden. 24 % von ihnen werden als „äußerst religiös" und weitere 21 % als sehr religiös eingeschätzt. Nur 5 % gelten als „überhaupt nicht religiös". Beim zweiten Faktor „Kirchliche Kommunikation und Information", in dem es um den Kontakt zur Pfarrgemeinde geht, haben dagegen 56 % der Katholiken keine Bindung und weitere 24 % nur eine geringe Bindung an die Pfarrgemeinde. Die Ehe- und Sexualmoral der Katholischen Kirche ist für 74 % nicht oder nur wenig relevant, der Glaube an Gott (ohne Spezifika der kath. Lehre) gilt für 81 % als sehr wichtig oder wichtig, die „Öffentliche religiöse Praxis" als Wahrnehmung der religiösen Angebote einer Pfarrgemeinde wird wiederum nur von 21 % als stark genutzt eingestuft. Der Faktor „Kirchliches Wissen", der auf das Wissen um die Bedeutung kirchlicher Sakramente zielt, zeigt keine spezifische Verteilung. Je ein Drittel haben demnach ein gutes, ein mittleres oder ein geringes Wissen. Deutlich arbeitet Boos-Nünning heraus, dass die Funktion großstädtischer Kirchengemeinden als Standort und Stabilisierungsfaktor der Religion zurück geht.

Dieses Ergebnis lässt sich anhand von Zahlen zur Entwicklung der Kirchenmitgliedschaft untermauern. Der Kirchenaustritt wurde erstmals 1870 in Sachsen und 1873 in Preußen ohne größere zivilrechtliche Konsequenzen freigegeben. Während in den ersten Jahren die Zahl der Ausgetretenen noch verschwindend gering war, änderte sich dies deutlich in den Jahren nach 1918. In den Anfangsjahren der Weimarer Republik traten jährlich 0,6 % bis 0,8 % aus der Evangelischen Kirche aus. Einen zweiten Höhepunkt gab es in den Jahren 1936-39, als durchschnittlich 0,7 % bis 0,8 % austraten. Danach stieg die Zahl der Austritte erst wieder 1969 (0,4 %) deutlich an und stabilisierte sich in den folgenden Jahrzehnten auf etwa 0,5 %, um in den Jahren nach der Wiedervereinigung 1992-95 eine Höhe von etwa 1 % zu erreichen. In den letzten Jahren sank die Zahl wieder auf etwa 0,7 % (Pollack 2001, S. 1055). Am 31.12.2002 gehörten in Deutschland 26,211 Millionen Menschen einer Evangelischen Kirche an, das sind 31,8 % der Bevölkerung. Die Austrittsrate für 2002 liegt bei 0,65 %.

Die Austritte aus der Katholischen Kirche in Deutschland waren im 20. Jahrhundert lange auf niedrigerem Niveau angesiedelt, haben sich aber in den 1990er Jahren deutlich den evangelischen Austrittszahlen genähert. In den Jahren 1918-20 treten etwa 0,2 % aus, 1937-38 etwa 0,4 %, 1974 sind es 0,38 %, bis dahin der Spitzenwert im 20. Jahrhundert, 1991-95 sind es ca. 0,6 %, danach sinkt die Zahl wieder auf durchschnittlich 0,47 %. Für das Jahr 2002 errechnen sich 26,466 Millionen Katholiken in Deutschland, das macht einen Bevölkerungsanteil von 32,1 % aus. Für beide Kirchen gilt, dass die Mitgliederzahlen insgesamt zurückgehen. Das hat seinen Grund aber nicht nur in den Austritten, sondern auch in der geringeren Zahl der Taufen, die vor allem durch den Rückgang der Geburtenzahlen bedingt ist. Allerdings gibt es in der Mitgliederentwicklung große regionale Unterschiede. So ist deutlich neben dem West-Ost-Gefälle auch ein Süd-Nord-Gefälle auszumachen. Während etwa im Saarland (86 %) oder in Bayern (81,4 %) der Anteil der Mitgliedschaft in einer christlichen Kirche noch sehr hoch ist, sinkt er in Hamburg auf 43,7 % und in Sachsen-Anhalt auf 21,9 %. Der starke Rückgang der Kirchenmitgliedschaft im Osten Deutschlands ist einerseits durch eine gegenüber den Kirchen sehr restriktive Politik des alten DDR-Regimes verursacht. Andererseits ist in manchen dieser Gebiete (Thüringen, Sachsen-Anhalt) aber auch schon vor 1933 eine besonders hohe Distanzierung von der Kirche, vor allem im Bereich der Arbeiterschaft, festzustellen (Wehler 1995, S. 1171ff.; Nipperdey 1990, S. 428ff.).

Waren 1871 noch 98 % der deutschen Bevölkerung Mitglied in einer der beiden christlichen Kirchen (Hohorst/Kocka/Ritter 1978, S. 53), so sind es 1970 in Deutschland (West) immer noch 93,6 % und in der DDR 63 %. Heute ist die Verteilung nach Religionszugehörigkeit wesentlich vielfältiger. Zu Beginn des 21. Jahrhunderts sind in Deutschland 67,7 % Mitglied einer christlichen Kirche (röm.-kath., evang., orthod.), 3,9 % sind Muslime (3,2 Millionen) und 0,6 % gehören einer anderen Religion an: Juden (ca. 200.000), Buddhisten (ca. 200.000), Hindus (ca. 100.000). 28,7 % der Deutschen gehören keiner religiösen Bekenntnisgemeinschaft an (Zahlen nach Internetangaben von REMID).

Diese Zahlen zeigen sehr deutlich, dass die Institution Kirche für Religiosität in der Moderne zwar keineswegs irrelevant, aber doch auch nicht der allein maßgebliche Faktor sein kann. Dementsprechend entwickelte auch die Theologie wieder ein lebhaftes Interesse an der Religiosität des Menschen als Bestandteil einer anthropologisch fundierten Theologie (Pannenberg 1983). Die Religion im Alltag wird dem dogmatischen Lehrgebäude gleichberechtigt gegenübergestellt und zu einem wichtigen Fixpunkt praktisch-theologischer Forschung (Luther 1992; Fechtner/Haspel 1998).

In der Erforschung der Religiosität rückt damit auch die „unsichtbare Religion" (Luckmann 1991) stärker in den Blick und mit ihr die Loslösung der Religiosität von institutionellen Vorgaben. Religiosität stellt sich heute dar als ein vielfältiger Markt, in dem neben den großen Weltreligionen auch Esoterik, Psycho- und Weltanschauungsgruppen um ihre Anteile kämpfen (Gasper/Müller/Valentin 2001).

Auch in der Religiosität der Kinder und Jugendlichen finden wir heute eher Mischformen des Religiösen, so wie es eben ihrer Umwelt entspricht. James Fowler hat in seinem in Anlehnung an Jean Piaget und Erik H. Erikson entwickelten Modell der Glaubensentwicklung des Menschen (Fowler 1991) herausgearbeitet, wie wichtig gerade in jungen Jahren der soziale Kontext für die Entwicklung von Religiosität ist.

Vergleicht man die Ergebnisse der ersten Shell-Jugendstudie aus dem Jahre 1954 (Jugendwerk 1954) mit aktuellen Zahlen, so fällt auf, dass die Angabe zum Gottesdienstbesuch sich deutlich reduziert hat: 1953/54 gaben noch 59 % der befragten Jugendlichen an, in den letzten vier Wochen zum Gottesdienst gegangen zu sein, während dies im Jahr 2000 nur noch 17 % waren. Mit Fowler wird man dahinter aber nicht nur eine eigenständige Entscheidung der Jugendlichen gegen den Gottesdienst vermuten können, als vielmehr auch das Befolgen einer Konvention: Der Besuch des Gottesdienstes wird insgesamt in der Bevölkerung zunehmend nicht mehr als fraglos selbstverständliche Veranstaltung gesehen, sondern wird zu einem speziellen Vorhaben an besonderen Feiertagen. So besuchen heute z. B. an Heilig Abend etwa 35 % aller Evangelischen einen Gottesdienst, während dies an einem „normalen" Sonntag nur etwa 4,5 % tun (Katholiken 15 %). Auf der anderen Seite ist aber auch zu sehen, dass neben dem Gottesdienst natürlich noch viele andere Veranstaltungen in einer Kirchengemeinde stattfinden. 25 % der Kirchenmitglieder nehmen ein- oder mehrmals im Jahr an kirchenmusikalischen Veranstaltungen teil, etwa 20 % mindestens einmal jährlich an einer Veranstaltung kirchlicher Erwachsenenbildung (Kirchenamt 2003b). Die Zahl der Jugendlichen, die Mitglied in einer kirchlichen Jugendgruppe sind, hat sich seit 1953 kaum verändert: es sind zwischen 6 und 7 %. Höher ist demgegenüber die Zahl der Jugendlichen, die von einzelnen Veranstaltungen kirchlicher und christlicher Verbandsjugendarbeit erreicht werden. Hier geben der BDKJ (Bund der deutschen katholischen Jugend) sowie die AEJ (Arbeitsgemeinschaft Evangelische Jugend) an, etwa 1,5 Millionen Jugendliche zu erreichen. Die Sternsingeraktion, die 1959 vom Kindermissionswerk gegründet und seit 1961 gemeinsam mit dem BDKJ in der Zeit zwischen Weihnachten und Heilig-Drei-König veranstaltet wird, gilt heute als die größte Aktion der Arbeit mit Kindern in Kirchen und Verbänden in Deutschland. Jährlich nehmen etwa 500.000 Kinder und 100.000 Ehrenamtliche daran teil. Die evangelischen und katholischen Kirchentage, die im 2-Jahres-Rhythmus abgehalten werden, werden etwa von 50.000 Jugendlichen besucht.

Etwas mehr als die Hälfte aller deutschen Jugendlichen (55 %) betrachtet sich selbst als „nicht religiös" (Shell 2000). Dabei sehen sich eher die jungen Männer (57 %) als die jungen Frauen (47 %) so. Unter den arbeitslosen Jugendlichen geben 61 % an, nicht religiös zu sein. Auch hier macht sich der Unterschied zwischen Ost und West deutlich bemerkbar. In den Ost-Bundesländern votieren 78 % aller Jugendlichen so; in den West-Bundesländern sind es demgegenüber nur 47 %. Die in der 13. Shell-Jugendstudie (Deutsche Shell 2000) befragten italienischen und türkischen Jugendlichen mit deutschem Wohnsitz gaben zu 30 % an, sich nicht als religiös einzustufen. All das bleibt natürlich nicht ohne Auswirkung auf religiöse Sozialisation und Erziehung und es stellt sich dabei insbesondere die Frage, welchen spezifischen Beitrag Familien heute zur religiösen Sozialisation von Kindern und Jugendlichen leisten können.

4. Familienreligiosität – Religiöse Traditionen im Prozess der Generationen

4.1 Familie und Religion

Häufig wird heute angenommen, dass Religiosität in Familien kaum noch eine Rolle spielt. Das gilt sicherlich nicht für muslimische Familien in Deutschland, die in hohem Maße an den religiösen Pflichten des Islam festhalten. Das wirkt sich dann auch insgesamt auf die Kinder aus, wie die Shell-Studie 2000 aufzeigt (Deutsche Shell 2000). Befragt danach, ob sie ihre eigenen Kinder später einmal religiös erziehen würden, antworten 29 % aller deutschen Jungen und 40 % aller deutschen Mädchen mit „auf jeden Fall" oder „wahrscheinlich". Bei den türkischen Jungen sind es dagegen 64 % und bei den türkischen Mädchen 74 %. Muslimische Jugendliche in Deutschland zeichnen sich durch ein wesentlich höheres Zugehörigkeitsgefühl zu ihrer Religion aus, als dies bei christlich getauften Jugendlichen der Fall ist. Der Besuch der Koranschule gilt vielen muslimischen Eltern als Garantie für die Aufrechterhaltung der eigenen kulturellen Identität bei den Kindern. Allerdings lässt auch bei muslimischen Jugendlichen durch den Einfluss der westlich geprägten Kultur die starke Bindung an ihre Religion nach, was dann nicht selten Anlass für Generationskonflikte ist. In ihrem autobiografischen Roman *Schwarzer Tee mit drei Stück Zucker* (Demirkan 1991) schildert die 1955 in Ankara geborene Schauspielerin Renan Demirkan, wie sie und ihre Schwester die Eltern veranlassen, deutsche Gewohnheiten zu übernehmen. Dazu gehören Sonntagskaffee, Ostereier, Schützenfest und vor allem das Weihnachtsfest. Der Konflikt mit den Eltern bleibt nicht aus. Die Eltern sind gläubig am fremden Ort, für die Kinder ist der fremde Glaube bereits Teil des eigenen Alltags (Theis/Schwab 2001).

Anders dagegen in den christlich geprägten Familien. Die explizite Vermittlung religiöser Fertigkeiten, zu denen früher einmal in vielen – nicht in allen – Familien solche Bräuche wie Morgen- und Abendgebet, Tischgebet oder Kirchgang gehörten, findet in der Tat nicht mehr selbstverständlich statt. Religiosität und Kirche sind allenfalls eine Option, das heißt eine Möglichkeit für das Familienleben, aber sie sind keine allseits verbindliche Norm mehr. Trotzdem bleiben auch hier die Zahlen für die klassischen Kasualien hoch. Nach der Vierten EKD-Erhebung über Kirchenmitgliedschaft aus dem Jahre 2003 sprechen sich 95 % aller Evangelischen im Westen dafür aus, ihr Kind taufen zu lassen. 1972 lag diese Zahl bei nur 82 % (Kirchenamt 2003a, S. 22). Nach wie vor werden fast alle Kinder evangelischer Paare auch getauft (98 %). Ähnliches gilt auch für die Konfirmation bzw. Erstkommunion im Westen. Auch hier sind es in der Regel im Westen – landeskirchlich verschieden – über 90 % eines Jahrgangs, die sich zur Konfirmation/Erstkommunion anmelden.

Rückläufig sind dagegen die Zahlen bei den kirchlichen Trauungen. Während im evangelischen Bereich noch etwa zwei Drittel aller Paare der zivilen Eheschließung die kirchliche Trauung folgen lässt, werden im katholischen Bereich nur noch 30 % aller Paare mit wenigstens einem katholischen Partner kirchlich getraut. Für das Jahr 2002 gibt die EKD an, dass bei 57,8 % aller evangelischen Trauungen beide Partner evangelisch waren, in 25,8 % waren einer katholisch, sonstige Fälle 16,1 % (Kirchenamt 2004). Auf katholischer Seite waren 2002 in 64,1 % aller Trauungen beide Partner katholisch, in 26,3 % war einer evangelisch, sonstige Fälle 9,6 % (Sekretariat 2004). Der deutliche Rückgang der kirchlichen Trauungen hat wohl verschiedene Ursachen. Zum einen ist eine nachlassende Bindung an das eigene Verwandtschaftssystem festzustellen, welches die hohen Kosten für eine große Hochzeitsfeier als obsolet erscheinen lässt. Dann kommt hinzu, dass die Zahl derer wächst, die nach einer Scheidung zum zweiten Mal heiraten möchten, was in der Katholischen Kirche grundsätzlich nicht möglich ist. Schließlich wächst auch die Zahl derer, die ohne Trauschein zusammenleben. Bis gegen Ende des 19. Jahrhunderts war es in Deutschland selbstverständlich, dass Ehen im Rahmen einer kirchlichen Trauung geschlossen wurden. Durch das kirchliche Eherecht hatten die Kirchen großen Einfluss auf das Verständnis von Ehe. Im März 1874 wird in Deutschland die Zivilehe eingeführt und mit ihr auch das Scheidungsrecht. Trauungen ohne vorherige standesamtliche Eheschließung sind seither verboten. Von der Gesamtzahl der Eheschließungen in Deutschland im Jahre 2002 (388.000) folgte in 29,2 % aller Fälle auch noch eine kirchliche Trauung. Während die Evangelischen Kirchen die Ziviltrauung als rechtmäßige Eheschließung betrachten und die kirchliche Trauung sich dann als Segenshandlung anschließt, wird nach katholischem Kirchenrecht bis heute eine Eheschließung nur dann als gültig angesehen, wenn die Trauung kirchlich vollzogen wurde. Dabei gilt die Trauung im römisch-katholischen Verständnis als eines der sieben Sakramente. Sie ist grundsätzlich unauflöslich, ein Ehe-Nichtigkeitsverfahren kann aber durch den Vatikan oder durch das jeweils zuständige Diözesangericht aufgrund vorgegebener Gründe vollzogen werden. Jährlich werden in der Katholischen Kirche in Deutschland bei 1000 Anträgen etwa 750 Ehen als nichtig erklärt.

Anders dagegen die kirchlichen Bestattungen, die immer noch zu etwa 95 % von den Kirchenmitgliedern in Anspruch genommen werden. Insgesamt erweisen sich die Kasualien als immer noch hoch relevant für die Kirchenmitglieder, auch wenn es bei der Trauung doch deutliche Rückgänge gibt. Die religiöse Dimension eines Familienfestes aufzunehmen und in das kirchliche Leben hineinzustellen, ist heute eine wichtige Aufgabe des Gemeinde-Pfarramts (Schwab 1996; Fechtner 2003).

Ob dann im Anschluss an eine Kasualie auch eine Beziehung zur Kirchengemeinde aufgebaut wird, hängt aber nicht nur vom jeweiligen Angebot ab, sondern auch vom sozialen Kontext, in den eine Familie eingebettet ist. Dazu ein Fallbeispiel:

Andi ist 28 Jahre alt, evangelisch, Student und lebt mit seiner Freundin und dem dreijährigen Sohn in einer gemeinsamen Wohnung in einer süddeutschen Großstadt. Zur Kirche steht er ambivalent. Sofern es sich dabei um „die unteren Instanzen" handelt, hat er hohen Respekt vor dem Engagement einzelner Leute. Aber institutionskritisch fügt er hinzu: „je höher es dann geht, desto desto ähm sinnloser kommt mir die ganze Geschichte vor. Also Kirchenarbeit ist irgendwo, ist irgendwie eine Basissache finde ich, wo halt jeder Einzelne sich einbringen kann und so weiter". An seinem neuen Wohnort haben er und seine Lebenspartnerin kaum Kontakt zur Kirchengemeinde, vermissen das bisher auch nicht. Nun wollen sie ihren Sohn taufen lassen. Der Sohn soll den Namen „Ali" bekommen, weil dieser Name den jungen Eltern gut gefällt. Der katholische Vater von Andi ist damit aber gar nicht einverstanden. Es folgen lange Debatten und man einigt sich auf den Namen „Ali Lukas". Der Vater erzählt hierzu:

„Also mein, mein großer Sohn (...) der hat ein Kind bekommen, und hat das Ali, hat gesagt, er tauft es Ali. Hab' ich gesagt: warum? Er: ‚Weil das ein total guter Name ist.' Dann sag ich: ‚Du, das mag stimmen' , Ali hat ja im Islam glaub ich auch die Bedeutung ‚von Gott kommend' oder so, ist also ein durchaus islamisch-religiöser Name, Ali. Dann hab ich gesagt: ‚Du, aber sei so lieb, der wird auch mal 50, dann heißt er vielleicht nicht mehr so wahnsinnig gern Ali, dann gebt's ihm einen christlichen Namen noch dazu' – und da haben wir dann den Lukas durchgedrückt, das war eher Überzeugungsarbeit, und dann hab' ich gesagt, wenn er will, kann er's dann einmal umdrehen, aber denkt auch ein bisschen an das Kind, und nicht, ob ihr jetzt irgendwas total gut findet (...)" (nach Schwab 1995b, S. 66ff.)

Der Vater interveniert gegen die Entscheidung seines Sohnes, es kommt zu einem Streitgespräch mit „Überzeugungskraft", am Ende steht ein Kompromiss. All dies sind Hinweise darauf, wie weit eine solche Entscheidung eingebunden sein kann in intergenerative familiale Netze: Für den Vater hängt daran eine christliche Tradition, die er mit der Namensgebung verbindet, andererseits aber auch die Befürchtung, dass das Kind später mit diesem Namen als Erwachsener nicht glücklich wäre. Für Andi ist dagegen nicht einsehbar, dass er Entscheidungen seiner Lebensführung an institutionellen Vorgaben wie dem Namen eines katholischen Heiligen festmachen soll. Er orientiert sich vor allem an seinem Freundeskreis und daran, dass er den Namen „Ali" einfach schick findet.

Wie sehr in den Aufbau solcher Einstellungen aber auch familieneigene Traditionen hineinspielen können, wird in einem weiteren Beispiel sichtbar, in dem die Distanz zur Institution Kirche bereits in der Großelterngeneration verankert ist. Es handelt sich hier um eine Arbeiterfamilie, in der die Eltern-Generation vom Land in die Großstadt gezogen ist. Beide Eltern sind noch berufstätig, er als Facharbeiter, sie als Lageristin, die zum Zeitpunkt der Befragung 28-jährige Tochter ist ebenfalls bereits verheiratet und arbeitet im Geschäft ihres Mannes mit. Die Distanz zur Kirche, verknüpft mit einer am Alltagsgeschehen individuell ausgerichteten Religiosität, verbindet hier die Familienmitglieder untereinander. Es zeigen sich allerdings unterschiedliche Faktoren für diese Entwicklung: das Übersiedeln der Familie in eine anders strukturierte Region, die Schichtzugehörigkeit, der Zusammenhalt der Familie, Diasporaerfahrungen und der Verlust personaler Beziehungen zu kirchlichen Repräsentanten. Keineswegs ist hier also die Distanz zur Kirche monokausal ableitbar, bzw. ein Phänomen nur der jüngsten Generation. Religiosität hat hier durchgängig eine stabilisierende Funktion für den Lebenslauf. Trotz aller Fremdheitserfahrungen wird in dieser Familie auf Kasualien großer Wert gelegt, so als ob erst dadurch alles seine Richtigkeit habe. Als die Tochter einen Mann heiratete, der selber schon ein kleines Kind mit in die Ehe brachte, war es für die Familie unerlässlich, dass auch dieses Kind nachträglich getauft und später konfirmiert wird – das betont die Mutter nachdrücklich. Auch in diesem Fall war es keine Entscheidung, die einer allein trifft, sondern ein komplexes Geschehen innerhalb der Generationen. Beachtenswert ist darüber hinaus, dass auffallend selten von Hilfeleistungen der Kirche in Glaubensfragen berichtet wird. Die Konstruktion des persönlichen Glaubens vollzieht sich im privaten Bereich. Die dogmatische Kompetenz der Kirche kommt da nicht zum Tragen, wo vertrauensvolle personale Beziehungen fehlen. Für die Tochter verlieren dann auch Kasualkontakte dort ihre Relevanz, wo sie nicht an den vertrauensvollen Beziehungen anknüpfen kann. Der Bezug zur Kirchengemeinde wird schließlich zur personalen Option. Eine strukturelle Notwendigkeit, sich in ihren alltäglichen Lebensvollzügen an die Kirchengemeinde zu halten, sehen diese Familienangehörigen nicht. Unabhängig davon gilt aber auch, dass alle Familienmitglieder nicht auf den Glauben verzichten, sondern an ihm, quasi im Schatten ihrer Beziehung zur Kirche, festhalten. Im „Schatten" deshalb, weil es einerseits aus institutioneller Perspektive schwer fallen dürfte, die Konturen dieses Glaubens wahrzunehmen. Dafür sind die Kontakte auf Gemeindeebene wohl doch zu gering. Andererseits orientieren sich aber die Inhalte dieses Glaubens nach wie vor am traditionellen Rahmen, freilich ohne dabei die Hilfe für ihre Glaubenskonstruktion in Anspruch zu nehmen, die die Tradition den Familienmitgliedern bieten könnte.

Woher kommen diese unterschiedlichen Einstellungen? Dies hängt in besonderem Maße mit dem Eingebundensein der jeweiligen Familie in einen weiteren sozialen Kontext zusammen. Die durch traditionale Vorgaben geprägten sozialen Kontexte haben sich durch den gesellschaftlichen Wandel verändert, sind abgeschmolzen. An ihre Stelle treten *Lebensstile*, die durchaus noch Elemente der ehedem festgefügten Sozialmilieus in sich aufgenommen haben, diese aber in ganz anderen Kontexten zur Entfaltung bringen. Auch die Familien haben einen solchen Lebensstil und entwickeln damit zugleich eine eigene *Familienreligiosität*. Und auch hier gilt, dass sich dieser religiöse Familienstil von den ehedem strikten Konventionen der Kirchen löst. Religiöse Themen fallen deswegen nicht einfach aus. Sie werden so transformiert, dass sie im neuen sozialen Kontext bestehen können.

Die jüngste EKD-Mitgliedschaftsstudie (Kirchenamt 2003a), für die 2700 Personen befragt wurden, trägt dieser Entwicklung Rechnung, indem sie sich auf das soziologische Konzept der Lebensstil- und Milieuforschung bezieht. Dieser vielversprechende Ansatz will angesichts gesellschaftlicher Individualisierung und Pluralisierung soziale Ungleichheit durch soziokulturelle Unterschiede erklären (Bourdieu 1982; Schulze 1992; Vester u. a. 2001). Gefragt wird hier nach dem Zusammenhang von modernen Lebensstilen und Religiosität. Hierzu werden zunächst drei grundlegende Dimensionen von Lebensstilen eingeführt (Müller 1992): das expressive Verhalten (Freizeitaktivitäten, Konsumverhalten), das interaktive Verhalten (Freundeskreis, Mediennutzung) und schließlich evaluative Aspekte der Lebensführung (Werte, Motive). Mit Hilfe dieser Dimensionen werden dann Lebensstile analysiert und mit sozialstrukturellen Merkmalen (Familien- und Haushaltsform, Bildungs-, Einkommens- und Berufsgruppen) verknüpft. Die Konstruktion der Lebensstiltypen wird über eine Faktoren- und Clusteranalyse der Daten erstellt. In der vorliegenden Untersuchung der EKD lassen sich sechs Lebensstile der evangelischen Kirchenmitglieder herausarbeiten:

1. **Hochkulturell und sozial integrativer Lebensstil:** Diesem Stiltyp gehören 13 % der Befragten an. Er zeichnet sich durch eine hochkulturelle Orientierung im Freizeit- und Musikbereich aus und verbindet sich durchaus mit politischem wie gesellschaftlichem Engagement. Die normative Orientierung ist eher traditionell, die Aufgabe der Frau wird eher in der Kindererziehung gesehen. Auch enge Nachbarschaftskontakte gehören dazu. Dieser Lebensstil ist typisch für ältere, zumeist weibliche Kirchenmitglieder (Durchschnittsalter 63 Jahre). Besonders hoch ist hier der Anteil an leitenden Angestellten, Beamten und freiberuflich Tätigen, die ein überdurchschnittliches Einkommen haben.
2. **Geselliger und nachbarschaftsbezogener Lebensstil:** Diesem Lebensstil werden 16 % der Befragten zugeordnet. Er zeichnet sich vor allem durch Geselligkeit und Nachbarschaftskontakte aus. Zudem findet sich hier eine ähnliche traditionelle Normorientierung wie im Typ 1. Zu jugendkulturellen Freizeit- und Geschmacksmustern besteht ebenso eine Distanz wie zu den hochkulturellen Orientierungen von Stil 1. Dominant ist dagegen das Interesse an Volksmusik. Lebensgenuss und Unabhängigkeit als Lebensziel werden eher abgelehnt. Dieser Lebensstil ist charakteristisch für meist weibliche Kirchenmitglieder im Rentenalter. Einkommens- und Bildungsniveau sind niedriger als der Durchschnitt. Es finden sich hier viele angelernte Arbeiter und Beamte des mittleren Dienstes, der Stil gehört also zum älteren kleinbürgerlichen Milieu.
3. **Jugendkultureller und am Lebensgenuss und Unabhängigkeit orientierter Lebensstil:** Diesem Stil gehören 22 % der Befragten an. Jugendkulturelle Freizeitgestaltung verbindet sich hier mit moderner wie hedonistischer Lebensweise. Hierzu gehören Kinobesuch, Tanzen, Computer und Aktivsportarten sowie Rock- und Popmusik. Partnerschaftliches Verhalten in Ehe und Familie sind ebenso charakteristisch wie die Ablehnung hochkultureller Orientierungen. Das Interesse an nachbarschaftlichen Kontakten ist unterdurchschnittlich. Zu diesem eher hedonistischen Lebensstil rechnen sich vorwiegend Jugendliche und junge Erwachsene (Durchschnittsalter 29 Jahre) mit mittlerem oder höherem Einkommen sowie einem überdurchschnittlichem Bildungsniveau. Bei diesen Angehörigen der mittleren Mittelschicht (neues Arbeitnehmermilieu) sind die Ledigen am häufigsten vertreten.
4. **Hochkulturell und jugendkulturell orientierter Lebensstil:** Kennzeichnend für die 14 % der Befragten, die hier eingeordnet werden, ist eine stark überdurchschnittliche hochkulturelle Orientierung in Freizeit und Musikgeschmack. Anders als bei Typ 1 verbindet sich diese Orientierung jedoch mit jugendkulturellen Freizeitinteressen (Kino, PC, Rockmusik, Aktivsport). Großstädtisches Wohnen gehört ebenso zu dieser Gruppe wie eher spärliche nachbarschaftliche Kontakte. Hier finden sich überdurchschnittlich (66 %) viele Frauen (Durchschnittsalter 44 Jahre) mit einer modernen normativen Einstellung, die vertretenen Berufsgruppen sind leitende Angestellte, Beamte und Freiberufler und gehören zum klassischen linksliberalen Milieu.
5. **Lebensstil des Do-it-yourself und der Nachbarschaftskontakte:** Für 18 % der Befragten ist dieser Lebensstil typisch, der dem dörflichen und kleinstädtischem Bereich zugehörig ist. Neben einem Interesse für jugendkulturelle Arten der Freizeitgestaltung gehören hier auch Gartenarbeit, Baumarktkontakte und nachbarschaftliche Kontakte hinzu. Von allen sechs Typen ist dies die Gruppe mit dem höchsten Männeranteil. 55 % der Personen dieser Gruppe sind männlich und im Durchschnitt 42 Jahre alt. Es zeigt sich eine modern-partnerschaftliche Haltung hinsichtlich der Familienorganisa-

tion. Die Einkommen dieser mittleren Mittelschicht (modernes Arbeitnehmermilieu) liegen im mittleren bis höheren Bereich.

6. **Zu Hoch- und Jugendkultur distanzierter Lebensstil sozial gering Integrierter:** Dieser Gruppe werden 16 % der Befragten hinzugerechnet. Es zeigt sich eine Distanz sowohl zur Hoch- als auch zur Jugendkultur. Geselliges Freizeitverhalten und Nachbarschaftskontakte werden besonders abgelehnt. Ein eher zurückgezogener und unauffälliger Lebensstil verbindet sich mit einer Vorliebe für Volksmusik und traditionelle Werte. Typischer Berufsstatus für diese Gruppe ist der un- und angelernte Arbeiter. Der Altersdurchschnitt dieser Gruppe liegt bei 53 Jahren. In gleichen Teilen finden sich hier Familien, Verheiratete und Paare ohne Kinder, wobei kinderlose Paare hier im Vergleich zu den anderen Gruppen überdurchschnittlich vertreten sind.

Fragt man nun weiter, wie sich die Lebensstiltypen mit Formen der Kirchenmitgliedschaft verbinden, so werden hierzu in der EKD-Studie aus den Dimensionen Religiosität und Kirchlichkeit zunächst folgende **Typen an Kirchenmitgliedschaft** erstellt, die sich dann in einem zweiten Schritt mit den Lebensstil-Typen verknüpfen lassen:

Typen an Kirchenmitgliedschaft:

- **Typ 1: religiös und kirchennah:** die klassischen Kernmitglieder, mit einer großen Übereinstimmung mit christlichen Überzeugungen und hoher Kirchenverbundenheit (16 % der Befragten)
- **Typ 2: wenig religiös und kirchennah:** lehnen christliche Glaubensüberzeugungen eher ab, nehmen aber trotzdem am kirchlichen Leben teil (10 %)
- **Typ 3: religiös und kirchenfern:** zeichnen sich durch Zustimmung zu christlichen Glaubensüberzeugungen aus, nehmen aber kaum am kirchlichen Leben teil (13 %)
- **Typ 4: etwas religiös und etwas kirchennah:** zeichnen sich durch eine mittlere Zustimmung und fühlen sich der Kirche „etwas verbunden“ (42 %)
- **Typ 5: nicht religiös und kirchenfern:** zeichnen sich durch eine ablehnende Haltung gegenüber christlichen Überzeugungen aus und nehmen auch nicht am kirchlichen Leben teil (20 %)

Fragt man nun nach der Häufigkeit der Verteilung der Lebensstiltypen auf die Mitgliedschaftstypen, so ergibt sich das aus Tabelle 1 folgende Bild.

Auffallend ist hier, dass die sog. Kernmitglieder der Kirche (Typ 1) mehrheitlich entweder durch Lebensstil 1 oder 2 gekennzeichnet sind. Wichtig für beide Gruppen ist eine altruistische Einstellung, Naturverbundenheit und ein Bezug zu traditionellen Werten. Mit diesen Lebensstilen verbinden sich etablierte Sozialmilieus und sie sind eher für ältere Kirchenmitglieder typisch. Jüngere Kirchenmitglieder, die einen jugendkulturellen Lebensstil pflegen und die Lebensziele Ungebundenheit und Lebensgenuss haben, sind stark überdurchschnittlich kirchenfern und nicht-religiös. Die Kirchenmitglieder des linksliberalen Milieus (Lebensstil-Typ 4) sind stark in der Gruppe der „etwas Religiösen und etwas Kirchennahen“ zu finden. Ähnliches gilt für den Lebensstil-Typ 5, sie bilden jedoch auch die stärkste Gruppe unter den wenig Religiösen, aber Kirchennahen. Hier könnte sich die familienbezogene Einstellung vieler aus dieser Gruppe auswirken, die Kontakt zur Kirche vor allem über die Kinder hat, oder aber sich eine Einstellung ausgebildet hat, die zwar eine Zugehörigkeit zur Kirche als bedeutsam erachtet, dabei jedoch christliche Grundüber-

Tabelle 1: Häufigkeit der Verteilung der Lebensstiltypen auf die Mitgliedschaftstypen

	1 hochkulturell und sozial-integrativer Lebensstil	**2 Geselligkeit und Nachbarschafts-kontakte**	**3 Jugendlich-modern, an Lebensgenuss orientiert**	**4 hochkulturell und jugendkulturell**	**5 jugendkulturell und Do-it-yourself**	**6 Distanz zu Hoch- und Jugendkultur**	**Ge-samt**
Typ 1: religiös und kirchennah	45,1 %	27,4 %	1,5 %	17,5 %	8,9 %	4,5 %	15,5 %
Typ 2: wenig religiös und kirchennah	10,7 %	4,9 %	7,9 %	10,0 %	16,9 %	7,2 %	9,6 %
Typ 3: religiös und kirchenfern	9,0 %	15,3 %	10,5 %	10,8 %	13,2 %	16,8 %	12,6 %
Typ 4: etwas religiös und etwas kirchennah	33,5 %	44,1 %	33,8 %	45,8 %	43,9 %	47,6 %	42,2 %
Typ 5: nicht religiös und kirchenfern	1,7 %	8,3 %	41,8 %	15,9 %	17,2 %	24,0 %	20,1 %
n =	233	288	392	251	326	292	1782

Quelle: Kirchenamt (2003a, S. 65).

zeugungen nur schwer mit dem eigenen Lebensstil verbinden kann. Lebensstil-Typ 6 findet sich schließlich vor allem im Bereich der etwas Religiösen und etwas Kirchennahen, ist jedoch auch stark in der Gruppe der weder religiösen noch kirchlichen Mitglieder vertreten.

Der hier verwendete neue Forschungsansatz der EKD-Studie lässt die herkömmliche grobe Einteilung in Kirchennahe, kirchlich Distanzierte und Kirchenferne hinter sich und ermöglicht ein wesentlich differenzierteres Bild. Die Studie kann auch besser als andere verständlich machen, wie schwierig es für manche Lebensstil-Typen sein kann, sich in der Kirche zu beheimaten. Dies gilt insbesondere dann, wenn man berücksichtigt, dass Lebensstil-Typ 1 und 2 weithin milieuprägend innerhalb der Kirchengemeinden sind und von daher eine mögliche soziale Zugangsbarriere für jüngere Kirchenmitglieder darstellen. Weitere Forschungen auf diesem Gebiet könnten auch für unterschiedliche Handlungsfelder kirchlicher Praxis von großem Nutzen sein.

4.2 Religiöse Erziehung in den Familien

Neuere Untersuchungen aus den USA und Großbritannien zeigen, dass in den Familien der hochindustrialisierten westlichen Gesellschaftsformen in der Regel keine derartige religiöse Erziehung in der Familie mehr stattfindet, die kirchlich-religiöse Werte und Einstellungen gleichsam naturwüchsig vermittelt (Francis/Brown 1991). Joseph A. Erickson stellt zum Einfluss der Eltern auf die Religiosität von Jugendlichen fest: „Direct parental religious activity doesn't appear to be a particularly strong influence during the adolescent years. (...) There is evidence from these data that parents direct their children to other social influencers, and it is these influencers which are more salient" (Erickson 1992, S. 149). Eltern versuchen also eher, die Einflussgruppen ihrer Kinder zu steuern, als dass sie in diesem Bereich direkt Einfluss nehmen. Sie bieten ihren Kindern andere Instanzen an: soziale Kontakte zu bestimmten institutionellen Angeboten wie z. B. verbandliche oder kirchengemeindliche Angebote der Jugendarbeit, oder den schulischen Religionsunterricht, den viele Eltern heute bewusst als Ersatz ausbleibender eigener direkter religiöser Erziehung an den Kindern ansehen.

Wie sehr dabei der Wohnort als soziales Umfeld eine Rolle spielt, zeigt eine Auswertung von Zinnecker und Silbereisen aus dem Jahre 1996 mit einer Stichprobe von 3000 Jugendlichen und jungen Erwachsenen zwischen 13 und 29 Jahren (vgl. Tabelle 2).

Hier wird deutlich, dass bewusste religiöse Erziehung in kleinen Kommunen sich noch stärker erhalten hat als in urbanen Zentren. Auf der anderen Seite ist jedoch bemerkenswert, dass die explizite religiöse Erziehung offensichtlich nicht allein entscheidend für die sich entfaltende Religiosität der Kinder ist. Die Ergebnisse für die Frage nach dem persönlichen Gott sowie die Frage nach dem Glauben an ein Weiterleben nach dem Tod liegen nur wenige Prozentpunkte auseinander. Zinnecker und Silbereisen können dabei zeigen, dass sich im Westen bei den Kindern, die nicht ausdrücklich religiös erzogen wurden, trotzdem kirchlich-religiöse Praxen finden, während dies in den neuen Bundesländern kaum der Fall ist. Hier wirken sich unterschiedlich säkularisierte Gesellschaftsformen deutlich aus. Für 80 % der Eltern, die ihre Kinder bewusst religiös erziehen, gilt, dass sie dies nach den Grundsätzen einer bestimmten Religion tun. Hier stellen Zinnecker und Silbereisen keinen Unterschied zwischen Ost und West fest. Während aber für westdeutsche Eltern gilt, dass mehr als die Hälfte angibt, religiös erzogen worden zu sein und auch

Tabelle 2: Kirche und Religion im Kinder- und Familienleben in Kleingemeinden und in Großstädten. Ein Vergleich von Kontrastgruppen (nur Westdeutschland)

	Wohngemeinden bis 5.000	Wohngemeinden mehr als 500.000
Mütter ohne Religionszugehörigkeit	7 %	31 %
Väter ohne Religionszugehörigkeit	4 %	28 %
Mütter erziehen Kinder religiös	67 %	46 %
Väter erziehen Kinder religiös	64 %	37 %
Kinder fühlen sich religiös erzogen	57 %	34 %
Kinder besuchten Gottesdienst in den letzten vier Wochen	59 %	35 %
Kinder beten	58 %	37 %
Kinder glauben an einen persönlichen Gott	64 %	63 %
Kinder glauben an ein Weiterleben nach dem Tod	57 %	62 %

Quelle: Zinnecker (1996, S. 338).

die eigenen Kinder religiös zu erziehen, geben nur noch 25 % der ostdeutsche Eltern an, religiös erzogen worden zu sein und 15 % bekräftigen, auch ihre eigenen Kinder religiös erziehen zu wollen. Insgesamt ist jedoch noch für Ost und West von einem „positiven Transfer religiöser Erziehung" (Zinnecker/Silbereisen 1996, S. 348) auszugehen, wenngleich auf unterschiedlichem Niveau:

Tabelle 3: Positiver Transfer eigener religiöser Erziehung an die nächste Generation aus Sicht der Eltern

Mütter West	77 % Weitergabe
Väter West	69 % Weitergabe
Väter Ost	56 % Weitergabe
Mütter Ost	48 % Weitergabe

Quelle: Zinnecker/Silbereisen (1996, S. 348).

Dabei taucht hier auch ein konfessioneller Unterschied auf. In Ost und West haben katholische Kinder eine 15-20 % höhere Wahrscheinlichkeit, von ihren Eltern religiös erzogen zu werden als protestantische Kinder. Kinder ohne Religionszugehörigkeit werden zu 90-95 % säkular erzogen. Für alle Kinder gilt, dass der Wegfall klassisch-kirchlich geprägter Formen religiöser Erziehung nicht einfach zum religionslosen Lernraum in Familien führt (Ebertz 1988; Schwab 1995b; Zinnecker 1998). In ihrer Familie werden Kinder und Jugendliche immer mit dem konfrontiert, was Eltern, Großeltern und Geschwistern wichtig und heilig ist. Dieser Einfluss – so diffus er auch sein mag – prägt die Kinder und Jugendlichen und mit diesem Einfluss beschäftigen sie sich vor allem dann besonders intensiv, wenn es zu Konflikten in der Familie kommt. Das existentielle Grundverständnis einer Familie, von Eltern und Großeltern, bleibt Kindern nicht verborgen. Sie spüren das, auch wenn es nicht explizit ausgesprochen wird und sie brauchen dieses Gespür auch für ihre eigene Orientierung. Auf die Notwendigkeit solcher Orientierungsmuster für die kindliche Entwicklung hat nicht zuletzt schon Erik H. Erikson hingewiesen (Erikson 1981).

Unter solchen veränderten Bedingungen findet auch religiöse Erziehung in Familien zu neuen Formen. Grundlegend dürfte dabei sein, dass Eltern lernen, ihre eigenen Glaubensvorstellungen sichtbar und damit für Kinder nachvollziehbar werden zu lassen. Der erlebbaren Gestaltung des eigenen Glaubens in der Familie kommt damit also für die religiöse Erziehung eine wichtige Rolle zu. Kinder sind sehr sensibel dafür, ob es sich um authentische Formen der Gestaltung handelt, oder ob man den Kindern religiöse Inhalte vorsetzt, weil man sie bestenfalls für die Kinder, nicht aber für sich selbst als relevant einstuft. Man kann mit Kindern nicht überzeugend beten, wenn man selbst keinen Zugang zum Gebet mehr hat (Schwab 2003).

Eine religiöse Erziehung, die sich dem Kontext der Moderne nicht widersetzt, sondern ihn fruchtbar zu nutzen versucht, muss die Kinder und Jugendlichen als Subjekte im Erziehungsprozess begreifen lernen. Sie sind nicht nur Botenträger der Tradition, sondern eigenständige Geschöpfe mit eigenständigen Entwicklungslinien. Das bedeutet, dass es zunächst einmal gilt wahrzunehmen, auf welche Weise Kinder und Jugendliche selbst ihre Religiosität entwickeln. Wir wissen heute, dass es auch im Bereich der Religiosität eine eigenständige Entwicklungslogik gibt, die von konkreten Gottesbildern zu zunehmend abstrakteren Vorstellungen führt (Fowler 1991). Es macht also wenig Sinn, mit Kindern von Gott als dem „Sein-an-Sich" zu reden, bloß um eine möglicherweise dem kritischen Verstand späterer Jahre nicht gewachsene Gottesvorstellung von vornherein zu verhindern. Subjektorientierung im Kontext religiöser Erziehung heißt eben auch, bereit zu sein, Kinder so zu akzeptieren, wie sie sind. Dazu gehört dann auch der Mut, in sehr konkreten Bildern von Gott sprechen zu können (Hull 1997). Das, was sie von Gott hören, binden sie in ihr vorstrukturiertes Alltagswissen entsprechend ein. Es ist wichtig für sie, dass Erwachsene sich auf diese Sicht zunächst einmal einlassen und in dieser Vorstellungswelt mit den Kindern ins Gespräch kommen. So lernen sie im Vertrauten mit dem Unbekannten umzugehen und es in ihre Welt einzubauen. Sicher entstehen dabei ganz eigene Vorstellungen von Gott. Wir wissen heute auch, dass Kinder keineswegs bis zum Beginn der Pubertät die religiösen Vorstellungen ihrer Familie oder ihrer Umwelt einfach übernehmen. Vielmehr entwickeln sie von Anfang an eine eigene Gedankenwelt, die oft nur gelegentlich im Gespräch mit den Eltern aufblitzt. Auf jeden Fall ist es ein Trugschluss zu glauben, die Religion der Kinder wäre bloß durch das Elternhaus übernommen. Religiöse Erziehung sollte hier eine Hilfestellung geben, dass Kinder und Jugendliche ihren eigenen Weg finden und durchhalten können (Schweitzer 2000).

Es wäre ein lohnendes Bild für die Kirche, wenn sie sich selbst mehr als ein solches Forum einer subjektorientierten Aneignung religiöser Inhalte verstehen könnte. Ihre Aufgabe bestünde dann darin, Menschen zu helfen, ihren individuellen Weg in Auseinandersetzung mit der Tradition zu gehen. Und dies wäre dann auch das Modell für eine zeitgemäße religiöse Erziehung in der Familie, die sich in ihrer Subjektorientierung letztlich versteht als andauernde religiöser Bildung im Prozess der Generationen (Kirchenamt 1998).

Literatur

Behnken, I./Zinnecker, J., 1993: Kirchlich-religiöse Sozialisation in der Familie. Fallstudien zum Wandel von Kindheit und Kirchengemeinde in den letzten drei Generationen. In: Hilger, G./Reilly, G. (Hrsg.): Religionsunterricht im Abseits? München, S. 147-170.

Boos-Nünning, U., 1972: Dimensionen der Religiosität. München.

Bourdieu, P., 1982: Die feinen Unterschiede. Frankfurt am Main.

Dehn, G., ³1926: Die religiöse Gedankenwelt der Proletarierjugend. Berlin.

Demirkan, R. 1991: Schwarzer Tee mit drei Stück Zucker. Köln.
Deutsche Shell (Hrsg.), 2000: Jugend 2000. 13. Shell-Jugendstudie. Opladen.
Doerne, M., 1936: Neubau der Konfirmation. Gütersloh.
Drews, P., 1910: Das Problem der Praktischen Theologie. Tübingen.
Ebertz, M.N., 1988: Heilige Familie? In: Deutsches Jugendinstitut (Hrsg.): Wie geht's der Familie? Ein Handbuch zur Situation der Familien heute. München, S. 403-413.
Erickson, J.A., 1992: Adolescent Religious Development and Commitment: A Structural Equation Model of Role of Family, Peer Group, and Educational Influences. In: Journal for the Scientific Study of Religion, 31. Jg., S. 131-152.
Erikson, E.H., 1981: Jugend und Krise. Frankfurt am Main/Berlin/Wien.
Fechtner, K./Haspel, M., 1998: Religion in der Lebenswelt der Moderne. Stuttgart/Berlin/Köln.
Fechtner, K., 2003: Kirche von Fall zu Fall. Kasualpraxis in der Gegenwart – eine Orientierung. Gütersloh.
Fowler, J., 1991: Stufen des Glaubens: die Psychologie der menschlichen Entwicklung und die Suche nach Sinn. Gütersloh.
Francis, L.J./Brown, L.B., 1991: The Influence of Home, Church and School on Prayer among Sixteen-Year-Old Adolescents in England. In: Review of Religious Research, 33. Jg., S. 112-122.
Gabriel, K., 1994: Jugend, Religion und Kirche im gesellschaftlichen Modernisierungsprozess. In: Gabriel, K./Hobelsberger, H. (Hrsg.): Jugend, Religion und Modernisierung. Opladen, S. 53-73.
Gasper, H./Müller, J./Valentin, F., [7]2001: Lexikon der Sekten, Sondergruppen und Weltanschauungen. Freiburg im Breisgau.
Gerstenberger, E.S., 2001: Theologien im Alten Testament. Stuttgart.
Göhre, P., 1891: Drei Monate Fabrikarbeiter und Handwerksbursche. Leipzig.
Heitmann, L., 1913/1920: Großstadt und Religion. 2 Bände. Hamburg.
Hohorst, G./Kocka, J./Ritter, G.A., [2]1978: Sozialgeschichtliches Arbeitsbuch Bd. II. München.
Hull, J.M., 1997: Wie Kinder über Gott reden. Gütersloh.
Jugendwerk der Deutschen Shell, 1954: Jugend zwischen 15 und 24. Bielefeld.
Kirchenamt der EKD, 1998: Gottes Gabe und persönliche Verantwortung. Zur ethischen Orientierung für das Zusammenleben in Ehe und Familie. Hannover.
Kirchenamt der EKD, 2003a: Weltsichten, Kirchenbindung, Lebensstile. Vierte EKD-Erhebung über Kirchenmitgliedschaft. Hannover.
Kirchenamt der EKD, 2003b: Statistik über Äußerungen des kirchlichen Lebens in den Gliedkirchen der EKD im Jahr 2000. Hannover.
Kirchenamt der EKD, 2004: Evangelische Kirche in Deutschland. Zahlen und Fakten zum kirchlichen Leben. Hannover.
Leitner, H., 1930: Psychologie jugendlicher Religiosität innerhalb des deutschen Methodismus. München.
Levenstein, A., 1912: Die Arbeiterfrage. München.
Luckmann, T., 1991: Die unsichtbare Religion. Frankfurt am Main.
Luther, H., 1992: Religion und Alltag. Bausteine zu einer Praktischen Theologie des Subjekts. Stuttgart.
Luther, M., 1524: An die Ratsherren aller Städte deutschen Landes, dass sie christliche Schulen aufrichten und halten sollen (WA 15, 27ff.) Ausgewählte Werke, hrsg. von Borcherdt, H.H. u. G. Merz, Bd. 5. München, 1962, S. 81-104.
Matthes, J., 1964: Die Emigration der Kirche aus der Gesellschaft. Hamburg.
Mitterauer, M./Sieder, R., [4]1991: Vom Patriarchat zur Partnerschaft. Zum Strukturwandel der Familie. München.
Müller, H,. 1992: Sozialstruktur und Lebensstile. Frankfurt am Main.
Nipperdey, T., 1990: Deutsche Geschichte 1866-1918. München.
Pannenberg, W., 1983: Anthropologie in theologischer Perspektive. Göttingen.
Piechowski, P., [2]1927: Proletarischer Glaube. Die Gedankenwelt der organisierten deutschen Arbeiterschaft nach sozialistischen und kommunistischen Selbstzeugnissen. Berlin.
Pollack, D., 2001: Art. Kirchenaustritt I., in: RGG[4], Bd. IV. Tübingen, Sp. 1053-1056.
Paulus, C., 1999: Interreligiöse Praxis postmodern. Frankfurt am Main.
Rendtorff, T., 1966: Kirche und Theologie. Die systematische Funktion des Kirchenbegriffs in der neueren Theologie. Gütersloh.
Rendtorff, T., 1969: Christentum außerhalb der Kirche. Hamburg.
Schleiermacher, F.D.E., 1799/[6]1967: Über die Religion. Reden an die Gebildeten unter ihren Verächtern. Göttingen.
Schleiermacher, F.D.E., 1826/[2]1964: Theorie der Erziehung. Die Vorlesungen aus dem Jahre 1826. Hrsg. von Ernst Lichtenstein. Paderborn.
Schulze, G., 1992: Die Erlebnisgesellschaft. Kultursoziologie der Gegenwart. Frankfurt am Main/New York.
Schwab, U., 1995a: Die Taufpaten. Praktisch-theologische Erwägungen zu Genese und Gestalt einer Institution. In: Zeitschrift für Theologie und Kirche, 92. Jg., S. 396-412.

Schwab, U., 1995b: Familienreligiosität. Religiöse Traditionen im Prozess der Generationen. Stuttgart.
Schwab, U., 1996: Amtshandlungen und Familienreligiosität. In: Pastoraltheologische Informationen, 1. Jg., S. 95-110.
Schwab, U., 2003: Familienreligiosität heute. Religiöse Erziehung im Zusammenhang der Generationen. In: Christenlehre/Religionsunterricht – Praxis, 56. Jg., H. 4, S. 11-16.
Schweitzer, F., 2000: Das Recht des Kindes auf Religion. Ermutigungen für Eltern und Erzieher. Gütersloh.
Sekretariat der Deutschen Bischofskonferenz, 2002: Katholische Kirche in Deutschland. Statistische Daten 2002. Bonn.
Sekretariat der Deutschen Bischofskonferenz, 2004: Aktuell – Zahlen und Fakten (http://dbk.de/daten-07.html vom 9.6.2004).
Theis, S./Schwab, U., 2001: Religiosität in Kindheitsbiografien. In: Behnken, I./Zinnecker, J. (Hrsg.): Kinder. Kindheit. Lebensgeschichte. Ein Handbuch. Seelze-Velber, S. 822-836.
Troeltsch, E., 1911a: Die Kirche im Leben der Gegenwart. In: Troeltsch, E.: Zur religiösen Lage. Religionsphilosophie und Ethik. Gesammelte Schriften, Bd. 2. Neudruck: Aalen 1981, S. 91-108.
Troeltsch, E., 1911b: Religiöser Individualismus und Kirche. In: Ders., Zur religiösen Lage, Religionsphilosophie und Ethik. Gesammelte Schriften, Bd. 2. Neudruck: Aalen 1981, S. 109-133.
Vaskovics, L., 1970: Familie und religiöse Sozialisation. Wien: Notring.
Vaskovics, L., 1972: Religion und Familie – Soziologische Problemstellung und Hypothesen. In: Wössner, J. (Hrsg.): Religion im Umbruch. Stuttgart, S. 328-352.
Vester, M./von Oertzen, P./Geiling, H., 2001: Soziale Milieus im gesellschaftlichen Strukturwandel. Frankfurt am Main.
Wehler, H.-U., 1995: Deutsche Gesellschaftsgeschichte. Dritter Band 1849-1914. München.
Wölber, H.-O., 1959: Religion ohne Entscheidung. Volkskirche am Beispiel der jungen Generation. Göttingen.
Wolf, C., 1995: Religiöse Sozialisation, konfessionelle Milieus und Generation. In: Zeitschrift für Soziologie, 24. Jg., S. 345-357.
Zinnecker, J./Silbereisen, R.K., 1996: Kindheit in Deutschland. Weinheim/München.
Zinnecker, J. 1998: Die Tradierung kultureller Systeme zwischen den Generationen. Die Rolle der Familie bei der Vermittlung von Religion in der Moderne. In: Zeitschrift für Soziologie der Erziehung und Sozialisation, 18. Jg., S. 343-356.

E Familie und sozialpädagogische Arbeitsfelder

Familienrecht

Britta Tammen

1. Einleitung

Das Familienrecht ist ein umfangreiches Rechtsgebiet mit zahlreichen detaillierten und komplexen Regelungen. Allein im Bürgerlichen Gesetzbuch (BGB) wird die Materie mit den §§ 1297 bis 1921 in rund 620 Vorschriften geregelt. Darüber hinaus sind auch andere Gesetze von Bedeutung und insbesondere im Unterhaltsrecht hat die Rechtsprechung der Familiengerichte ein differenziertes und für die Praxis überaus bedeutendes Richterrecht geschaffen. Dieser Beitrag kann schon wegen seiner Kürze nicht den Anspruch erheben, die Regelungsmaterie in ihrer Gesamtheit zu erörtern. Im Folgenden sollen die bedeutendsten Entwicklungslinien der vergangenen rund 100 Jahre, die wichtigsten Grundstrukturen des Familienrechts und verschiedene inhaltliche Regelungen von zentraler Bedeutung dargestellt werden.

Zunächst erfolgt ein Überblick über die historischen Entwicklungen auf diesem Rechtsgebiet. Ausgehend von der Rechtslage zu Beginn des 20. Jahrhunderts werden die bedeutendsten familienrechtlichen Reformen und damit der Weg zur heutigen Rechtslage aufgezeigt (1). Im Anschluss daran werden die verfassungsrechtlichen Grundlagen des Familienrechts betrachtet, die das herrschende Grundverständnis der Rechtsbeziehungen zwischen Mann und Frau sowie zwischen Kindern, ihren Eltern und dem Staat zum Ausdruck bringen und aus denen sich damit auch die Vorgaben für die Grundlinien der einfachgesetzlichen Regelungen ergeben (2).

Aufbauend auf den historischen und verfassungsrechtlichen Grundlagen erfolgt dann ein Überblick über die wesentlichen Inhalte des Familienrechts auf einfachgesetzlicher Ebene, wobei die relevanten Vorschriften des BGB den größten Raum einnehmen (3). Zunächst wird dabei der Blick auf die Ehe gerichtet (3.1). Darauf folgend werden die eheähnliche Gemeinschaft und die eingetragene Lebenspartnerschaft als andere Formen der Partnerschaft thematisiert (3.2). Schließlich werden mit dem Abstammungsrecht, dem Recht der elterlichen Sorge und dem Unterhaltsrecht wichtige Regelungsgebiete aus dem Bereich der Verwandtschaft angesprochen (3.3).

2. Historische Entwicklungen

Das Familienrecht im engeren Sinne ist seit mehr als 100 Jahren im BGB geregelt (zu der Situation in früheren Jahrhunderten vgl. Duncker 2004). Während dieses Zeitraums haben politische und gesellschaftliche Wandlungen zahlreiche Veränderungen seiner Inhalte mit sich gebracht.

Das BGB ging bei seinem In-Kraft-Treten am 1. Januar 1900 von einem *patriarchalischen Familienmodell* aus, in dem der Ehemann als Haupt der Familie begriffen wurde.

Dementsprechend räumte ihm das Gesetz auch die überwiegenden Entscheidungsbefugnisse *innerhalb* der Familie sowie die Vertretungsbefugnis der Familie *nach außen* hin ein. Schon die damals gewählte Terminologie macht dies deutlich, so wurde dem Vater die „väterliche Gewalt" über seine ehelichen Kinder zugesprochen. Die schwache Rechtsstellung der Mütter zeigte sich ganz besonders bei unehelichen Kindern. Hier bestand keine väterliche Gewalt; nach den gesetzlichen Regelungen bestand nicht einmal ein Verwandtschaftsverhältnis zwischen dem Kind und seinem (biologischen) Vater, womit auch Unterhalts- oder Erbansprüche von vornherein ausgeschlossen waren. Dennoch stand auch in diesen Fällen nicht der Mutter die elterliche Gewalt über ihr unehelich geborenes Kind zu, sondern es musste ein Vormund für das Kind bestellt werden.

Auch gegenüber seiner Frau war der Ehemann zur Regelung aller das eheliche Leben betreffenden Angelegenheiten berechtigt. Sein Name war automatisch der gemeinsame Ehename, er bestimmte den gemeinsamen Wohnort, und im Rahmen des Güterrechts war er zur Verwaltung und Nutznießung am Vermögen der Frau berechtigt. Die Ehefrau hatte die gesetzlich zugewiesene Rolle, das „gemeinschaftliche Hauswesen" zu leiten. Nahm sie ein Arbeitsverhältnis auf, das „die ehelichen Interessen beeinträchtigte", konnte der Ehemann mit Ermächtigung des Vormundschaftsgerichts den Arbeitsvertrag seiner Frau kündigen (vgl. im Einzelnen Coester-Waltjen 1992).

Die Grundlagen für *erste Reformen* wurden während der Zeit der Weimarer Republik geschaffen. Die Weimarer Verfassung beinhaltete sowohl einen allgemeinen Gleichheitsgrundsatz, als auch eine ausdrückliche Regelung dazu, dass die Ehe auf der Gleichberechtigung der Geschlechter beruht. Zudem wurde die Aufforderung an den Gesetzgeber gerichtet, unehelichen Kindern die gleichen Entwicklungsmöglichkeiten wie ehelichen Kindern einzuräumen. Die Verbindlichkeit dieser verfassungsrechtlichen Vorgaben wurde jedoch vom Gesetzgeber nicht hoch eingeschätzt. Auf keinem der angesprochenen Gebiete kam es daher tatsächlich während der Weimarer Republik zu Gesetzesänderungen.

Sowohl der Grundsatz der *Gleichheit von Mann und Frau* als auch die Bemühungen um die *Gleichstellung unehelicher Kinder* wurden im Grundgesetz der Bundesrepublik Deutschland 1949 wieder aufgegriffen (zum Familienrecht in der DDR vgl. Münder 2005, S. 35f.). Auch hier blieb der Gesetzgeber bezüglich der Umsetzung der verfassungsrechtlichen Vorgaben zunächst untätig; die alte familienrechtliche Gesetzeslage des BGB bestand über Jahre hinweg unverändert fort. Erst 1958 kam es mit dem Gleichstellungsgesetz zu einem zaghaften Ansatz zur Umsetzung des Gleichheitsgrundsatzes. Eine grundlegende Reform war mit dem Gesetz jedoch nicht verbunden.

Gesetzesänderungen in Bezug auf die Gleichstellung nichtehelicher mit ehelichen Kindern brachte das *Nichtehelichengesetz*, das am 1. Juli 1970 in Kraft trat. Erst mit diesem Gesetz erhielten die Mütter nichtehelicher Kinder für diese die elterliche Gewalt und es entfiel die bislang notwendige Vormundschaft für diese Kinder, die seit 1924 in Form von Amtsvormundschaften durch die Jugendämter geführt worden war. Ihr Sorgerecht war jedoch in zentralen Bereichen eingeschränkt: Gemäß § 1706 BGB a. F. erhielt das Kind für die Wahrnehmung von drei Angelegenheiten einen Pfleger. Umfasst waren hiervon die sog. Statusangelegenheiten, die in erster Linie die Feststellung der Vaterschaft betrafen, Unterhaltsangelegenheiten und schließlich erbrechtliche Fragen. In diesen Bereichen stand der Mutter des nichtehelichen Kindes nicht die elterliche Sorge zu, sondern in aller Regel wiederum dem Jugendamt, dem nun die Rolle als Pfleger für nichteheliche Kinder nach § 1709 BGB a. F. zugewiesen wurde. Das Nichtehelichengesetz regelte auch erstmals die

Verwandtschaft zwischen dem nichtehelichen Kind und seinem Vater und daraus resultierende Unterhalts- und Erbersatzansprüche.

Wenige Jahre später, 1977, erfolgte auch im Bereich der Gleichstellung zwischen Mann und Frau eine weitreichende Gesetzesreform. Das *Erste Gesetz zur Reform des Ehe- und Familienrechts* (1. EheRG) legte in Abkehr von der bisherigen Hausfrauenehe fest, dass die Ehepartner die Haushaltsführung in gegenseitigem Einvernehmen regeln und räumte ausdrücklich beiden das Recht zur Erwerbstätigkeit unter Verpflichtung zur gegenseitigen Rücksichtnahme ein. Zudem war nunmehr jeder der beiden Ehegatten berechtigt, Geschäfte zur Deckung des Lebensbedarfs der Familie mit Wirkung auch für den anderen Ehegatten zu besorgen. Als Ehename konnten jetzt entweder der Name des Mannes oder der Name der Frau gewählt werden. Konnten sich die Partner in dieser Frage nicht einigen, sah § 1355 Abs. 1 Satz 2 BGB a. F. den Geburtsnamen des Mannes als Ehenamen vor – eine Regelung, die wegen ihres Verstoßes gegen den Gleichheitsgrundsatz 1991 vom Bundesverfassungsgericht für verfassungswidrig erklärt wurde.

Ein weiterer Bereich, in dem das 1. EheRG wichtige Reformen vornahm, war das *Scheidungsrecht*. Bislang hatte hier das Verschuldensprinzip gegolten: Voraussetzung für eine Ehescheidung war danach, dass einer der beiden Ehepartner die Ehe entweder gebrochen oder schuldhaft zerrüttet hatte. Wer der „schuldige" Ehepartner gewesen war, bzw. in welchem Verhältnis sich eventuelles beiderseitiges Verschulden verteilte, war auch von Bedeutung für die Frage von Unterhaltsansprüchen. In der Praxis hatte sich das Verschuldensprinzip schon weitgehend überholt. Die große Mehrheit der Scheidungen erfolgte im Wege der sog. „Konventionalscheidung", indem beide Ehepartner erklärten, jeweils in gleichem Umfang die Schuld an der Zerrüttung der Ehe zu tragen (vgl. Münder 2005, S. 52). Durch das 1. EheRG wurde nun das Verschuldensprinzip durch das Zerrüttungsprinzip abgelöst. Danach ist Voraussetzung der Scheidung nur noch, dass die Ehe zerrüttet und damit gescheitert ist. Auf die Ursachen hierfür und auf die Frage, welcher Ehepartner in welchem Umfang dazu beigetragen hat, kommt es hingegen nicht mehr an.

Die bislang letzte bedeutende Reform des Familienrechts im BGB fand 1998 mit der *Kindschaftsrechtsreform* statt. Auch hier ging es in weiten Teilen um Gleichstellungen: die letzten verbliebenen Ungleichheiten zwischen ehelichen und nichtehelichen Kindern wurden abgeschafft, und es wurden Gleichstellungen zwischen miteinander verheirateten und nicht miteinander verheirateten Eltern in Bezug auf ihre rechtliche Position dem Kind gegenüber vorgenommen (zu den Gründen der Rechtsreform und den Diskussionen im Vorfeld vgl. Knittel 1997, S. 355ff.; Münder 1998a, S. 7ff.). Bedeutende Veränderungen, die mit der Kindschaftsrechtsreform bewirkt wurden, sind insbesondere der Wegfall der Amtspflegschaft für nichteheliche Kinder, die Möglichkeit der gemeinsamen elterlichen Sorge nicht miteinander verheirateter Eltern und das Fortbestehen der gemeinsamen elterlichen Sorge im Regelfall nach einer Trennung oder Scheidung. Darüber hinaus kam es durch die Kindschaftsrechtsreform noch zu einer Fülle sonstiger Gesetzesänderungen, etwa im Bereich der Vaterschaftsanfechtung, des Namens- und Umgangsrechts oder im Bereich des gerichtlichen Verfahrens.

Eine weitere bedeutende Reform des Familienrechts im weiteren Sinne stellt das 2001 in Kraft getretene Gesetz über die *eingetragene Lebenspartnerschaft* (LPartG) dar. Hiermit wurde nach langen Auseinandersetzungen erstmalig eine institutionalisierte Form der Partnerschaft zwischen gleichgeschlechtlichen Personen geregelt.

Im Rückblick auf über 100 Jahre Familienrecht im BGB lässt sich feststellen, dass die Regelungen im Laufe der Zeit mehr und mehr von vorgegebenen Rollenbildern und der

Ausrichtung auf gesellschaftliche Normen abgewichen sind. Die wesentlichen Reformen befassten sich überwiegend mit der Gleichstellung der Geschlechter, der Angleichung der Rechtsverhältnisse ehelicher und nichtehelicher Kinder und der Entkoppelung der Scheidungsfolgen von Schuldzuweisungen.

3. Verfassungsrechtliche Grundlagen des Familienrechts

Wie alle Rechtsgebiete, so hat auch das Familienrecht seine Grundlagen im Verfassungsrecht. Das Grundgesetz und darunter die einzelnen Landesverfassungen sind die ranghöchsten Normen in unserem Rechtssystem. Das Verfassungsrecht trifft zentrale Grundentscheidungen, an denen alles staatliche Handeln und somit auch die Gesetzgebung auszurichten ist. Die zentrale Grundentscheidungen zu Ehe und Familie finden sich in Art. 6 GG, und hier insbesondere in den Absätzen 1 und 2.

Das Grundrecht des *Art. 6 Abs. 1 GG* stellt Ehe und Familie unter den besonderen Schutz des Staates. Grundrechte sind ihrem Charakter nach in erster Linie Abwehrrechte gegen staatliche Eingriffe in geschützte Rechtspositionen. So beinhaltet Art. 6 Abs. 1 GG eine Abwehrfunktion gegen schädigende oder störende Einflüsse in die Privatsphäre von Ehe und Familie durch den Staat. Ein Beispiel für die Wirkungen dieser Abwehrfunktion findet sich im Ausländerrecht: Hier sind Bindungen durch Ehe bzw. Familie zu berücksichtigen, wenn es etwa um die Frage der Abschiebung einer Person ins Ausland geht (vgl. BVerfG NJW 1994, S. 3155). Über diese Abwehrfunktion hinaus besteht auch eine Verpflichtung des Staates zur positiven Förderung von Ehe und Familie, etwa durch Sozialleistungen (vgl. BVerfGE 82, S. 60ff.).

In Verbindung mit dem allgemeinen Gleichheitsgrundsatz des Art. 3 Abs. 1 GG ergibt sich aus der staatlichen Schutzpflicht gegenüber Ehe und Familie nach Art. 6 Abs. 1 GG auch das Verbot, verheiratete Personen und Familienangehörige schlechter zu stellen als andere Menschen in vergleichbaren Lebenssituationen. Dieses Schlechterstellungsverbot hat vor allem Auswirkungen im Arbeitsrecht, im Sozialrecht und im Steuerrecht. So dürfen z. B. Arbeitsverhältnisse zwischen Familienangehörigen arbeits- und steuerrechtlich nicht benachteiligt werden (vgl. BverfGE 20, S. 379ff.). Ehepaare dürfen auch beim Bezug von Sozialleistungen hinsichtlich des erforderlichen gegenseitigen Einsatzes von Einkommen und Vermögen nicht gegenüber eheähnlichen Gemeinschaften benachteiligt werden.

Art. 6 Abs. 2 GG legt fest, dass Pflege und Erziehung das natürliche Recht der Eltern und die zuvörderst ihnen obliegende Pflicht sind, über deren Betätigung die staatliche Gemeinschaft wacht. Damit wird eine klare Vorrangstellung der Eltern bei der Erziehung ihrer Kinder gegenüber staatlichen Erziehungsrechten begründet. Dem liegt die Überzeugung zu Grunde, dass in der Regel den Eltern das Wohl ihres Kindes mehr am Herzen liegt als irgendeiner anderen Person oder Institution (vgl. BVerfGE 59, S. 376). Sie können in eigener Verantwortung die Ziele und Inhalte der Erziehung bestimmen. Nach der Rechtsprechung des Bundesverfassungsgerichts handelt es sich dabei um ein sog. *fremdnützeiges Grundrecht.* Den Eltern ist das Recht nicht zu ihrem eigenen Nutzen eingeräumt worden, sondern sie haben es zum Nutzen und im Interesse ihrer Kinder auszuüben (vgl. BVerfGE 24, S. 144). Die staatliche Gemeinschaft hat in diesem Zusammenhang die Aufgabe, zu überwachen, ob die Interessen der Kinder und Jugendlichen tatsächlich gewahrt werden, oder ob sich die Pflege und Erziehung zu ihrem Schaden auswirkt. Ist im Einzelfall die Gefahr einer Schädigung durch die elterliche Pflege- und Erziehungssituation gegeben, sind staatliche Eingriffe in das Elternrecht im Interesse der Minderjährigen möglich.

Für den Bereich der Ehe ist neben Art. 6 GG auch das Gleichheitsgrundrecht des Art. 3 GG von zentraler Bedeutung. In *Art. 3 Abs. 2 GG* wird die Gleichberechtigung von Männern und Frauen festgeschrieben. Zudem fördert der Staat die tatsächliche Durchsetzung der Gleichberechtigung von Frauen und Männern und wirkt auf die Beseitigung bestehender Nachteile hin.

Im Rahmen des Verhältnisses zwischen Eltern und ihren Kindern sind schließlich auch *Grundrechte der Minderjährigen* von Bedeutung. Träger von Grundrechten ist jeder Mensch von Geburt an, sie sind somit nicht an Altersgrenzen gebunden. Kinder und Jugendliche können aus ihrem Recht auf Menschenwürde aus Art. 1 Abs. 1 GG in Verbindung mit ihrem Recht auf freie Entfaltung ihrer Persönlichkeit aus Art. 2 Abs. 1 GG einen Erziehungsanspruch ableiten. Insofern sind sie auch gegenüber ihren Eltern als autonome Rechtssubjekte anerkannt (vgl. ausführlich Jean d'Heur 1993).

4. Grundzüge des Familienrechts auf einfachgesetzlicher Ebene

Das Familienrecht wird schwerpunktmäßig im Vierten Buch des BGB geregelt. Das Buch umfasst die §§ 1297 bis 1921 und gliedert sich in insgesamt drei Abschnitte. Der erste Abschnitt enthält die Regelungen zur bürgerlichen Ehe, Abschnitt zwei regelt die Verwandtschaft und der dritte Abschnitt behandelt die Vormundschaft.

4.1 Die bürgerliche Ehe

Die Regelungen zur Ehe im ersten Abschnitt des Buches „Familienrecht" des BGB lassen sich grob in Vorschriften über die Eheschließung, über die Wirkungen der Ehe sowie über die Ehescheidung und ihre Folgen einteilen.

4.1.1 Die Eheschließung

Im Vorfeld der Ehe regelt das Familienrecht zunächst in den §§ 1297 bis 1302 das ***Verlöbnis.*** Die Verlobung beinhaltet das formlose gegenseitige Versprechen, miteinander die Ehe einzugehen. Die praktische Relevanz des Verlöbnisses ist heute gering. Allerdings werden Verlobte in vielen Rechtsgebieten als Angehörige betrachtet und erhalten als solche eine besondere Rechtsstellung. Insbesondere steht ihnen in gerichtlichen Verfahren ein Zeugnisverweigerungsrecht zu (hierzu und zu weiteren Folgen in anderen Rechtsgebieten vgl. Bauer/Schimke/Dohmel 2001, S. 142).

In den §§ 1303 bis 1312 BGB sind die Voraussetzungen der Eheschließung geregelt. Vom Grundsatz her herrscht *Eheschließungsfreiheit,* d. h. dass einerseits niemand verpflichtet ist, eine Ehe einzugehen und andererseits jeder dazu berechtigt ist, dies zu tun. Die Berechtigung zur Eheschließung besteht jedoch nicht völlig uneingeschränkt. Es gibt sowohl Voraussetzungen, die im positiven Sinne vorliegen müssen, damit eine Eheschließung möglich ist, und es gibt auf der anderen Seite auch Hindernisse, bei deren Vorliegen die Eheschließung nicht möglich ist, sogenannte Eheverbote.

Die erste Voraussetzung für eine Eheschließung wirkt zunächst banal, ist aber vor dem Hintergrund z. B. der Diskussionen um das Lebenspartnerschafts-Gesetz keinesfalls selbstverständlich: Die Eheschließung ist nur zwischen einem Mann und einer Frau möglich, nicht also zwischen gleichgeschlechtlichen Partnern bzw. Partnerinnen. Für diese greift seit 2001 das Gesetz über die eingetragene Lebenspartnerschaft.

Eine weitere Voraussetzung für eine Eheschließung betrifft das Alter: Grundsätzlich sind nach § 1303 BGB nur volljährige Personen ehemündig. Ausnahmsweise kann jedoch auch eine minderjährige Person heiraten, wenn sie das 16. Lebensjahr vollendet hat, der Partner volljährig ist und das Familiengericht eine Befreiung vom Erfordernis der Volljährigkeit erteilt. Erforderlich ist neben dem Mindestalter auch die Geschäftsfähigkeit der Beteiligten. Jemand, der – etwa auf Grund einer Geisteskrankheit – an einer tiefgreifenden Störung der Geistestätigkeit leidet, kann keine Ehe eingehen. Personen, die ausländischem Recht unterliegen, also nicht Inhaber der deutschen Staatsbürgerschaft sind, sollen gemäß § 1309 BGB eine Bescheinigung beibringen, aus der sich ergibt, dass nach dem Recht ihres Staates der geplanten Eheschließung keine Hindernisse entgegenstehen.

In den §§ 1306 bis 1308 BGB sind *Eheverbote* geregelt. Da dem Modell der Ehe im hiesigen Kulturkreis nur die Einehe entspricht, kann keine weitere Ehe eingegangen werden, wenn bereits eine Ehe besteht. Die Bedeutung dieses Eheverbots zeigt sich auch im Strafrecht: Gemäß § 172 StGB wird mit Freiheitsstrafe bis zu drei Jahren oder mit Geldstrafe bestraft, wer eine Ehe schließt, obwohl er bereits verheiratet ist oder (wissentlich) mit einem Verheirateten die Ehe schließt. Die übrigen Eheverbote betreffen die Ehe unter nahen Verwandten. Eine Eheschließung zwischen Personen, die in gerader Linie miteinander verwandt sind, sowie zwischen Voll- und Halbgeschwistern ist ausgeschlossen. Eine Begünstigung liegt hier für den Fall vor, dass die Verwandtschaft durch eine Adoption begründet wurde. In diesen Fällen „soll" eine Ehe zwar nicht geschlossen werden, es besteht aber kein absolutes Eheverbot. Auch zum Verbot der Verwandtenehe gibt es eine strafrechtliche Parallelvorschrift. Hier ist zwar nicht die Heirat zwischen Verwandten unter Strafe gestellt, nach § 173 StGB macht sich jedoch strafbar, wer mit Verwandten in gerader Linie oder Geschwistern den Beischlaf vollzieht. Wird eine Ehe entgegen einem zwingenden Verbot dennoch geschlossen, so kann sie aufgehoben werden (§ 1314 BGB).

Liegen alle Voraussetzungen für eine Eheschließung vor und stehen ihr auch keine Eheverbote entgegen, so bestimmt § 1310 BGB, wie die *Eheschließung* zustandekommt. Es gilt das Prinzip der sog. Zivilehe, d. h., dass die Ehe vor einer staatlichen Stelle zu schließen ist. Eine ausschließlich kirchliche Heirat ist grundsätzlich nicht ausreichend. Zuständig für die Eheschließung sind Standesbeamte oder Personen, die eine entsprechende spezielle Berechtigung besitzen.

4.1.2 Die Wirkungen der Ehe

In den §§ 1353 ff. BGB sind die Wirkungen der Ehe geregelt, wobei die weitaus meisten Regelungen das eheliche Güterrecht betreffen. Zahlreiche gesetzlich geregelte Ehewirkungen lassen sich durch einen Ehevertrag außer Kraft setzen.

Hinsichtlich der persönlichen Beziehung der Ehepartner zueinander trifft § 1353 Abs. 1 BGB die Aussage, dass die Ehegatten einander zur *ehelichen Gemeinschaft* verpflichtet sind. Mag der Gesetzgeber des BGB von 1900 noch recht konkrete Vorstellungen davon gehabt haben, was genau unter der ehelichen Gemeinschaft zu verstehen ist und welche Pflichten daraus resultieren, so ergeben sich angesichts der Pluralisierung von Lebensformen aus dieser Generalklausel heute nur noch sehr allgemeine Aussagen. Anerkannt ist, dass sich aus der ehelichen Gemeinschaft eine besondere gegenseitige Beistands- und Fürsorgepflicht ergibt. Wie sie im Einzelfall auszufüllen und zu konkretisieren ist, obliegt der gemeinschaftlichen partnerschaftlichen Entscheidung.

Ausführlichere und deutlich konkretere Regelungen enthält das Gesetz zum *Güterrecht* und damit zu den wirtschaftlichen Folgen der Ehe. Auch hier besteht der Vorrang individueller Regelungen zwischen den Ehepartnern: Sie können ihren Güterstand durch einen Ehevertrag regeln. Hierfür sieht das Gesetz zwei Formen des Güterstandes vor, die wiederum vertraglich modifiziert werden können. Gesetzlich geregelt sind der Güterstand der Gütertrennung und der Gütergemeinschaft. Nehmen die Ehepartner keine Regelung durch einen Ehevertrag vor, kommt der gesetzliche Güterstand der Zugewinngemeinschaft zum Tragen.

Entscheiden sich die Ehepartner für eine *Gütertrennung*, bleibt das jeweilige Vermögen beider Partner völlig getrennt voneinander. Beide Partner können ihr eigenes Vermögen selbst verwalten und unbeschränkt ohne Einflussmöglichkeit des Ehegatten darüber verfügen.

Praktisch eine entgegengesetzte Gestaltung beinhaltet die *Gütergemeinschaft*. Hier wird das Vermögen beider Ehepartner ganz überwiegend zu gemeinschaftlichem Vermögen, das auch gemeinschaftlich verwaltet wird. Bestimmte individuelle Vermögenspositionen sind demgegenüber sogenanntes Sondergut eines der beiden Partner. Hierunter fallen z. B. Schmerzensgeldansprüche. Dieses Sondergut wird vom jeweiligen Inhaber allein verwaltet. Über das Sondergut hinaus können weitere Vermögensgegenstände aus dem Gesamtgut herausgenommen werden, indem sie im Ehevertrag zum sogenannten Vorbehaltsgut erklärt werden. Auch diese Gegenstände werden dann von ihrem jeweiligen Inhaber selbstständig verwaltet.

Üblich ist der Güterstand der *Zugewinngemeinschaft*, der eintritt, wenn die Ehepartner keine individuellen Regelungen treffen. Hierbei handelt es sich um eine modifizierte Form der Gütertrennung. Grundsätzlich bleiben die Vermögen beider Partner getrennt und können vom jeweiligen Inhaber auch selbstständig verwaltet werden. In einigen Bereichen ist die Verfügungsbefugnis jedoch eingeschränkt. Von Bedeutung ist in diesem Zusammenhang vor allem § 1365 Abs. 1 BGB, der für die Verfügung eines Ehegatten über sein Vermögen im Ganzen die Zustimmung des Partners verlangt. Das Vermögen im Ganzen kann z. B. aus einem Grundstück oder einem Unternehmen bestehen, wenn dies praktisch das gesamte Vermögen der betreffenden Person ausmacht. In diesem Fall wäre etwa ein Verkauf von der Zustimmung des Ehepartners abhängig. Wird diese verweigert, so kann sie auf Antrag durch das Familiengericht ersetzt werden. Voraussetzung dafür ist jedoch nach § 1365 Abs. 2 BGB, dass das beabsichtigte Rechtsgeschäft „den Grundsätzen einer ordnungsgemäßen Verwaltung" entspricht. Die Vorschrift soll verhindern, dass durch leichtfertiges oder unwirtschaftliches Verhalten die wirtschaftliche Grundlage der Familie gefährdet wird. Weniger gravierend ist die zweite Verfügungsbeschränkung: Nach § 1369 Abs. 1 BGB kann ein Ehegatte über ihm gehörende Gegenstände des ehelichen Haushalts nur verfügen, wenn der andere Partner einwilligt. Beide Verfügungsbeschränkungen entfalten nicht nur zwischen den Ehepartnern Wirkung, sondern auch gegenüber Dritten: Wird ein Vertrag über das Vermögen als Ganzes oder über Haushaltsgegenstände ohne Einwilligung des Ehepartners geschlossen und auch nicht nachträglich von ihm genehmigt, so ist der Vertrag unwirksam.

Eine weitere Modifikation der Zugewinngemeinschaft gegenüber der Gütertrennung ist der in § 1363 Abs. 2 Satz 2 BGB geregelte Zugewinnausgleich. Zwar bleiben die Vermögen beider Ehepartner getrennt, hinsichtlich des Vermögensteils, der während der Ehe hinzugekommen ist, dem sog. Zugewinn, findet jedoch nach Beendigung der Ehe ein Ausgleich zwischen den Partnern statt. Übersteigt der Zugewinn des einen Ehegatten den Zugewinn des anderen, steht gemäß § 1378 Abs. 1 BGB die Hälfte des Überschusses dem anderen Ehegatten zu. Durch diese Regelung soll sichergestellt werden, dass beide Ehepartner in gleicher Weise von dem während der Ehe erwirtschafteten Vermögen profitieren. Dies spielt besonders dann eine große Rolle, wenn einer der beiden Partner zumindest vorübergehend seine Erwerbstätigkeit aufgegeben hat, um im Interesse der Familie den Haushalt oder gemeinsame Kinder zu versorgen.

Weitere zentrale Ehewirkungen sind ein gesetzlich verankertes *Erbrecht* des hinterbliebenen Ehepartners sowie gegenseitige *Unterhaltsansprüche* der Ehepartner. Es besteht jedoch die Möglichkeit zur vertraglichen Vereinbarung eines vollständigen oder teilweisen Unterhaltsverzichts. Konflikte im Zusammenhang mit der gegenseitigen Unterhaltsverpflichtung werden in der Regel erst im Fall von Trennung oder Scheidung relevant.

4.1.3 Trennung und Scheidung

Gemäß § 1353 Abs. 1 BGB wird die Ehe auf Lebzeiten geschlossen. Dies entsprach bei In-Kraft-Treten des BGB zu Beginn des 20. Jahrhunderts in aller Regel auch der Realität. Heute jedoch endet ca. ein Drittel der Ehen nicht mit dem Tod eines der beiden Partner, sondern mit Trennung und Scheidung (zu den Einzelheiten vgl. Haibach/Haibach 2003).

Der Begriff des *Getrenntlebens* wird in § 1567 Abs. 1 BGB erläutert. Danach leben die Ehegatten getrennt, „wenn zwischen ihnen keine häusliche Gemeinschaft besteht und ein Ehegatte sie erkennbar nicht herstellen will, weil er die eheliche Lebensgemeinschaft ablehnt. Die häusliche Gemeinschaft besteht auch dann nicht mehr, wenn die Ehegatten innerhalb der ehelichen Wohnung getrennt leben." Damit von einem Getrenntleben in einer gemeinsamen Wohnung ausgegangen werden kann, ist es erforderlich, dass die Ehepartner getrennt leben und schlafen. Das BGB trifft für den Fall der Trennung Regelungen zur Ehewohnung, zum Hausrat und zur Frage des Unterhalts.

Wird die Trennung von (zumindest) einem der beiden Partner gewünscht oder ist sie bereits erfolgt, so kann nach § 1361b Abs. 1 BGB ein Ehegatte verlangen, dass ihm der andere die *Ehewohnung* oder einen Teil zur alleinigen Benutzung überlässt, soweit dies notwendig ist, um eine schwere Härte zu vermeiden. Eine solche schwere Härte kommt z. B. bei schweren Störungen des Familienlebens infrage, wie z. B. durch unkontrollierten Alkoholkonsum. Auch die Notwendigkeit, Kinder zu betreuen, spielt dabei eine Rolle (vgl. Münder 2005, S. 51). Hat einer der Ehegatten gegen den anderen Gewalt angewandt oder angedroht, so ist dem anderen in der Regel die gesamte Wohnung zu überlassen (§ 1361b Abs. 2 BGB). Es sind zudem Schutzauflagen nach dem Gewaltschutzgesetz möglich.

§ 1361a BGB und die Hausratsverordnung regeln die *Haushaltsverteilung* bei Getrenntleben. Es wird dabei zwischen Haushaltsgegenständen unterschieden, die im alleinigen Eigentum eines der beiden Ehepartner stehen und solchen, die beiden gemeinsam gehören. Im Ergebnis ist die Verteilung jedoch in beiden Fällen letztlich eine Frage der Billigkeit.

Den *Unterhalt* bei Getrenntleben regelt § 1361 BGB. Ob bzw. in welchem Umfang ein Unterhaltsanspruch eines der beiden Ehepartner gegen den Anderen besteht, hängt von den Lebensverhältnissen und den Erwerbs- und Vermögensverhältnissen ab. Voraussetzung für einen Unterhaltsanspruch ist zunächst, dass der betreffende Ehepartner bedürftig ist: Dies ist nur dann der Fall, wenn er nicht in der Lage ist, seinen Unterhalt selbst zu bestreiten. War ein Ehepartner während des Zusammenlebens innerhalb der Ehe nicht erwerbstätig, so ist er nicht verpflichtet, unmittelbar nach der Trennung eine Erwerbstätigkeit aufzunehmen. Es wird ihm bis zur intensiven Bemühung um einen Arbeitsplatz eine Frist von einem Jahr bis zu drei Jahren zugestanden (vgl. Münder 2005, S. 51), da noch nicht eindeutig feststeht, ob die Ehe tatsächlich endgültig gescheitert ist. Voraussetzung für einen Unterhaltsanspruch ist auch, dass der andere Ehepartner, der in Anspruch genommen werden soll, leistungsfähig ist. Hier, wie auch hinsichtlich der für die Höhe des Unterhalts maßgeblichen Kriterien ergeben sich keine wesentlichen Abweichungen vom Scheidungsunterhalt.

Auf die Trennung der Ehepartner folgt in den meisten Fällen die *Scheidung*. Obwohl die Ehe als privatrechtlicher Vertrag zwischen den beiden Partnern geschlossen wird, kann sie nicht durch Kündigung oder einen vergleichbaren Rechtsakt von ihnen selbst wieder gelöst werden. Es bedarf vielmehr der gerichtlichen Überprüfung des Scheiterns der Ehe und schließlich eines rechtsgestaltenden Urteils – ein Zeichen für die große Bedeutung, die der Ehe auf der Gesetzesebene noch beigemessen wird.

Zuständig für das Scheidungsverfahren sind die Familiengerichte. Das Verfahren wird durch Antrag zumindest eines der beiden Ehepartners eingeleitet. Es besteht hierfür (noch) Anwaltszwang, d. h. der Antragsteller muss sich durch einen Rechtsanwalt gerichtlich vertreten lassen. Ist der andere Ehepartner nicht ebenfalls anwaltlich vertreten, so wird ihm auf Grund der Bedeutung des Scheidungsverfahrens in aller Regel durch das Gericht von Amts wegen ein Rechtsanwalt beigeordnet.

Voraussetzung für die Scheidung ist gemäß § 1565 Abs. 1 BGB das *Scheitern der Ehe*, ohne dass es dabei auf bestimmte Gründe, schuldhaftes Verhalten der Ehepartner o. Ä. ankommt. Die Ehe ist nach dieser Vorschrift gescheitert, wenn die Lebensgemeinschaft der Ehegatten nicht mehr besteht und nicht erwartet werden kann, dass die Ehegatten sie wieder herstellen. Dafür, dass die Ehe in diesem Sinne zerrüttet ist, stellt § 1566 BGB sog. *Zerrüttungsvermutungen* auf, die an bestimmte Fristen des Getrenntlebens anknüpfen. Diese Fristen werden durch kurze Phasen des Zusammenlebens mit dem Ziel der Versöhnung während der Trennungszeit nicht beeinträchtigt. Am kürzesten ist die erforderliche Trennungszeit bei der sogenannten einverständlichen Scheidung: Es wird unwiderlegbar vermutet, dass die Ehe gescheitert ist, wenn die Ehepartner seit einem Jahr getrennt leben und gemeinsam die Scheidung beantragen. Eine Trennungszeit von drei Jahren ist dagegen erforderlich, wenn nur ein Ehepartner die Scheidung wünscht. Diese Fristen können in besonderen Härtefällen entweder verkürzt oder verlängert werden. Eine Scheidung vor Ablauf des Trennungsjahrs ist dann möglich, wenn die Fortsetzung der Ehe für den scheidungswilligen Partner eine unzumutbare Härte darstellen würde. Umgekehrt soll eine Ehe nach § 1568 BGB, auch wenn sie gescheitert ist, nicht geschieden werden, solange ihre Aufrechterhaltung im Interesse der aus der Ehe hervorgegangenen minderjährigen Kinder aus besonderen Gründen ausnahmsweise erforderlich ist, oder wenn sie für einen Ehepartner – wiederum auf Grund außergewöhnlicher Umstände – eine schwere Härte darstellen würde. Die Vorschrift ist ohne große praktische Relevanz, da derartige besondere Gründe oder eine schwere Härte im Sinne der Regelung nur selten anerkannt werden. Infrage kommt hier etwa die ernsthafte Suizidgefahr eines Kindes für den Fall der Scheidung (vgl. OLG Hamburg FamRZ 1986, S. 469ff.).

Mit der Scheidung ist die Ehe beendet. Sofern die Partner während der Ehe im Güterstand der Zugewinngemeinschaft gelebt haben, erfolgt nun der *Zugewinnausgleich*, d. h. das während der Dauer der Ehe erwirtschaftete Vermögen wird unter beiden Ehepartnern aufgeteilt. Parallel dazu erfolgt ein *Versorgungsausgleich* zwischen den nunmehr geschiedenen Ehepartnern. Hierbei werden die Versorgungsansprüche, d. h. die Anwartschaften und Ansprüche auf Alters- und Invaliditätsversorgung miteinander verglichen, die beide Partner während der Zeit der Ehe erlangt haben. Ebenso wie beim Zugewinnausgleich werden die betreffenden Anwartschaften und Ansprüche gleichmäßig auf beide Partner verteilt (zu den Einzelheiten des komplizierten Verfahrens vgl. Borth 1998). Dadurch soll auch hinsichtlich der Versorgungsansprüche eine Schlechterstellung des Ehepartners vermieden werden, der seine Erwerbstätigkeit im Interesse der Familie eingeschränkt hat. Ebenso wie der Zugewinnausgleich lässt sich auch der Versorgungsausgleich vertraglich ausschließen.

Eine weitere wichtige Folge der Scheidung sind mögliche *Unterhaltsansprüche* eines der geschiedenen Ehepartner gegen den anderen. Voraussetzung für den Unterhaltsanspruch ist gemäß § 1569 BGB, dass ein Ehegatte nach der Scheidung nicht selbst für seinen Unterhalt sorgen kann. Dies wiederum hängt davon ab, ob der betreffende Ehepartner einer angemessenen Erwerbstätigkeit nachgeht bzw. ob ihm zuzumuten ist, eine solche aufzunehmen. § 1574 Abs. 2 BGB regelt die Kriterien für eine angemessene Erwerbstätigkeit. Hiernach ist eine Erwerbstätigkeit angemessen, die der Ausbildung, den Fähigkeiten, dem Lebensalter und dem Gesundheitszustand des geschiedenen Ehegatten sowie den ehelichen Lebensverhältnissen entspricht. Über den Hinweis auf die ehelichen Lebensverhältnisse wird der Standard geschützt, der für das Leben der Eheleute prägend war, auch wenn dieser sich aus der Position des anderen Partners ergeben hat. War z. B. die Ehefrau eines gut situierten Arztes während der Ehe selbst nicht erwerbstätig und verfügt sie auch über keine hohe berufliche Qualifikation, so war dennoch die berufliche Position des Ehemannes so prägend für die ehelichen Lebensverhältnisse, dass nach der Scheidung die Aufnahme einer Tätigkeit z. B. als Verkaufshilfe für die Frau nicht angemessen wäre. Allerdings verlangt § 1574 Abs. 3 BGB vom geschiedenen Ehepartner, sich ausbilden, fortbilden oder umschulen zu lassen, soweit dies zur Aufnahme einer angemessenen Erwerbstätigkeit erforderlich ist und ein erfolgreicher Abschluss zu erwarten ist.

Das BGB regelt einen abgeschlossenen Katalog von Fallkonstellationen, in denen eine *Unterhaltsberechtigung* eines der geschiedenen Ehepartners besteht. Häufigster Fall des Scheidungsunterhalts ist der Unterhalt wegen Betreuung eines gemeinsamen Kindes nach § 1570 BGB. Bis zum Schuleintritt des Kindes und teilweise auch für kurze Zeit darüber hinaus wird es für den das Kind betreuenden Elternteil als unzumutbar betrachtet, einer Erwerbstätigkeit nachzugehen. Anschließend wird bis zum 16. Lebensjahr des Kindes in der Regel eine Halbtagsbeschäftigung für zumutbar gehalten, danach eine Vollzeittätigkeit. Je nach Gesundheitszustand und Entwicklungsstand des Kindes können hier im Einzelfall andere Altersgrenzen zum Tragen kommen.

Weitere Fallkonstellationen für den Scheidungsunterhalt sind der Unterhalt wegen Alters, wegen Krankheit oder Gebrechlichkeit. Hat der an sich zur Erwerbstätigkeit verpflichtete geschiedene Ehegatte Schwierigkeiten, einen angemessenen Arbeitsplatz zu finden, so kann nach § 1573 Abs. 1 BGB Anspruch auf Unterhalt bis zur Erlangung einer angemessenen Erwerbstätigkeit bestehen. Geht der geschiedene Ehepartner einer Erwerbstätigkeit nach, reicht diese jedoch nicht aus, um einen angemessenen Lebensunterhalt sicherzustellen, so kommt ein Anspruch auf sog. Aufstockungsunterhalt nach § 1573 Abs. 2 BGB infrage (zur Berechnung vgl. Münder 2005, S. 56f.). Hat allerdings der Ehepartner nach der Scheidung einen Arbeitsplatz gehabt, der seinen Lebensunterhalt nachhaltig gesichert hat und ist es dann zum Verlust der angemessenen Erwerbstätigkeit gekommen, so lebt der Unterhalt gegen den anderen geschiedenen Ehegatten nicht wieder auf. Hat ein Ehegatte in Erwartung der Ehe oder während der Ehe davon abgesehen, eine Ausbildung aufzunehmen oder eine bereits begonnene Ausbildung abgebrochen, so kann er nach der Scheidung gemäß § 1576 BGB vom anderen Ehepartner für eine Ausbildung Unterhalt verlangen. Um die Fälle aufzufangen, in denen die Versagung von Unterhaltsansprüchen grob unbillig wäre, die aber keiner der genannten Fallkonstellationen zugeordnet werden können, räumt schließlich § 1576 BGB einen Anspruch auf Unterhalt aus Billigkeitsgründen ein.

Voraussetzung für einen Unterhaltsanspruch ist stets die *Leistungsfähigkeit* des Verpflichteten. Der Unterhaltsverpflichtete hat sein Einkommen, sein Vermögen und seine Arbeitskraft einzusetzen. Davon hat ihm allerdings zur Abdeckung der eigenen Bedürfnisse ein angemessener Unterhalt oder zumindest der notwendige Eigenbedarf zu verbleiben. Nur insoweit als Vermögen, Einkommen oder Arbeitskraft hierüber hinausgehen, kommt es zur Unterhaltsverpflichtung des geschiedenen Ehepartners. Der Verweis auf den notwendigen Einsatz der Arbeitskraft bewirkt, dass es dem Unterhaltspflichtigen verwehrt ist, sich durch bewusste Herabsetzung seiner Einkünfte oder durch ein Absehen von an sich möglicher Erwerbstätigkeit seiner Unterhaltspflicht zu entziehen. Dies ist z. B. der Fall bei Herabsetzung der Arbeitszeit, oder bei Aufgabe des Arbeitsplatzes, um ein Studium aufzunehmen (vgl. m. w. N. Münder 2005, S. 104). In solchen Fällen werden dem Unterhaltsverpflichteten die Einkünfte, die er bei pflichtgemäßem Verhalten erzielen könnte, als sogenannte fiktive Einkünfte angerechnet. Damit kann es zur Unterhaltspflicht kommen, obwohl tatsächlich keine Einkünfte vorhanden sind. Für den entsprechenden Zeitraum laufen bei dem Verpflichteten Schulden auf.

Die *Höhe des Scheidungsunterhalts* bestimmt sich nach den ehelichen Lebensverhältnissen. Steht allerdings die Dauer der Ehe in keinem Verhältnis zu der seit der Scheidung bereits vergangenen Zeit, sieht § 1578 BGB vor, dass die Höhe abweichend von den ehelichen Lebensverhältnissen nach dem aktuellen tatsächlichen Lebensbedarf des Unterhaltsberechtigten bemessen wird. Zudem ist der Unterhaltsanspruch nach § 1579 BGB zu versagen, herabzusetzen oder zeitlich zu begrenzen, soweit die Inanspruchnahme grob unbillig wäre. Hier werden insgesamt sieben Fallkonstellationen genannt, die zu einer solchen Unbilligkeit führen können. Neben der kurzen Dauer der Ehe sind dies durchgängig gravierende Verfehlungen des Unterhaltsberechtigten gegenüber dem Unterhaltsverpflichteten oder seinen nahen Angehörigen. Problematisch ist § 1579 Nr. 6, der ohne nähere Konkretisierung ein „offensichtlich schwerwiegendes, eindeutig bei ihm liegendes Fehlverhalten gegen den Verpflichteten" als möglichen Grund für eine Herabsetzung oder Versagung des Unterhalts anführt. Auf dieser Grundlage können trotz Abschaffung des Schuldprinzips im Scheidungsrecht moralische Wertungen erhebliche Auswirkungen auf die Betroffenen entfalten. Ein derartiges schwerwiegendes Fehlverhalten kann etwa in der Aufnahme einer intimen Beziehung zu einem Dritten oder in der Abkehr von der Ehe gegen den Willen des Partners liegen (vgl. Wellenhofer-Klein 1995, S. 905ff.). Eine Auffangfunktion erfüllt § 1579 Nr. 7 BGB, der einen Ausschluss, eine Herabsetzung oder zeitliche Beschränkung des Unterhalts auch ermöglicht, wenn „ein anderer Grund vorliegt, der ebenso schwer wiegt wie die in den Nummern 1 bis 6 aufgeführten Gründe". In diesem Zusammenhang finden häufig neue Partnerbeziehungen der unterhaltsberechtigten Person Berücksichtigung (vgl. BGH FamRZ 1995, S. 540).

Von den angesprochenen Besonderheiten abgesehen wird der Scheidungsunterhalt, sofern keine unterhaltsberechtigten Kinder vorhanden sind, in der Regel in der Weise ermittelt, dass dem Unterhaltsverpflichteten vom vorhandenen Nettoeinkommen 4/7 verbleiben, während der unterhaltsberechtigte geschiedene Ehepartner 3/7 erhält. Diese Berechnung beruht auf einer nahezu gleichmäßigen Verteilung des Einkommens zwischen den geschiedenen Ehepartnern, wobei dem unterhaltsverpflichteten erwerbstätigen Partner ein sog. Erwerbstätigenbonus von 1/7 des Einkommens eingeräumt wird (zur Kritik und zu Modifikationen der Berechnung vgl. Münder 2005, S. 60). Erzielt der unterhaltsberechtigte geschiedene Ehegatte selbst Einkommen und hat er lediglich Anspruch auf den sog. Aufstockungsunterhalt, so kommen zwei unterschiedliche Berechnungsweisen infrage. Die Berechnung mittels der sogenannten Differenzmethode wirkt sich günstig für den Unterhaltsberechtigten aus, während die sogenannte Anrechnungsmethode zu einem niedrigeren Unterhalt führt (zu den Einzelheiten vgl. ebd. 2005, S. 60f.)

Sofern neben dem geschiedenen Ehepartner auch Kinder unterhaltsberechtigt sind, wird der Unterhalt anhand standardisierter Tabellen ermittelt, von denen der sogenannten Düsseldorfer Tabelle und der Berliner Tabelle die größte Bedeutung zukommt.

4.2 Andere Formen der Partnerschaft

4.2.1 Die eheähnliche Gemeinschaft

Während die Bedeutung der Ehe während der letzten Jahrzehnte abgenommen hat, wie sich anhand gesunkener Zahlen von Eheschließungen und angestiegener Scheidungsraten erkennen lässt, ist die Bedeutung der eheähnlichen Gemeinschaft demgegenüber deutlich angestiegen.

Ausdrückliche gesetzliche Regelungen der eheähnlichen Gemeinschaft sind nicht vorhanden. Sie würden wohl auch dem Charakter einer Gemeinschaft zuwiderlaufen, die in vielen Fällen gerade wegen ihrer weitgehenden rechtlichen Unverbindlichkeit gewählt wird. Eine Definition des Begriffs hat das Bundesverfassungsgericht vor einigen Jahren vorgenommen. Danach handelt es sich um „eine Lebensgemeinschaft zwischen einem Mann und einer Frau, die auf Dauer angelegt ist, daneben keine weiteren Lebensgemeinschaften gleicher Art zulässt, und sich durch innere Bindungen auszeichnet, die ein gegenseitiges Einstehen der Partner füreinander begründet, also über die Beziehung in einer reinen Haushalts- und Wirtschaftsgemeinschaft hinausgehen" (BVerfGE 87, S. 264f.).

Maßgeblich für die Rechtsbeziehungen zwischen den Partnern einer eheähnlichen Gemeinschaft (zu den Einzelheiten vgl. Fischer 2003) sind deren *individuelle Vereinbarungen.* Von ihnen hängt es z. B. ab, ob bzw. in welchem Umfang sich die Partner finanziell unterstützen, in welcher Weise gemeinsame Kinder versorgt und betreut werden, ob gemeinschaftliches Eigentum erworben wird, etc. In den wenigsten Fällen liegen schriftliche Vereinbarungen zwischen den Partnern vor (zu entsprechenden Partnerschaftsverträgen vgl. Grziwotz 1998), sondern sie werden mündlich oder auch nur stillschweigend getroffen.

Im *Rechtsverhältnis* der eheähnlichen Gemeinschaft *nach außen* zeichnet sich ein Trend in Richtung der Anerkennung des Partners als Angehöriger ab, auch wenn dies bislang noch nicht einheitlich erfolgt. Der Partner einer eheähnlichen Gemeinschaft tritt z. B. im Mietrecht gemäß § 569a BGB nach dem Tode des anderen als Familienangehöriger in dessen Mietvertrag ein (vgl. BGHZ 121, S. 166ff.). An zahlreichen Stellen fehlen demgegenüber Privilegierungen, die Ehepartnern zugebilligt werden. So haben Partner einer eheähnlichen Gemeinschaft in Gerichtsverfahren, die den anderen betreffen, kein Zeugnisverweigerungsrecht, sofern sie nicht miteinander verlobt sind. Andererseits werden auf eheähnliche Gemeinschaften in einigen Bereichen Regelungen angewandt, die ursprünglich für Ehepartner getroffen wurden. So werden bei der Prüfung eines Anspruchs auf bedürftigkeitsabhängige Sozialleistungen bei der Frage der Bedürftigkeit des Antragstellers auch Einkommen und Vermögen des Partners mit angerechnet, da eheähnliche Gemeinschaften hinsichtlich der Berücksichtigung von Einkommen und Vermögen des Partners nicht besser gestellt werden dürfen als Ehepaare (vgl. § 9 Abs. 2 i. V. m. § 7 Abs. 3 Nr. 3c SGB II, § 19 i. V. m. § 20 SGB XII). Diese Regelungen sind hochproblematisch, da sie zunächst die Klärung der Frage voraussetzen, ob überhaupt im Einzelfall eine eheähnliche Gemeinschaft vorliegt. Die vom Bundesverfassungsgericht getroffene Definition macht den Begriff abhängig von inneren Einstellungen und Motivationen, die den zuständigen Sozialleistungsbehörden nicht zugänglich sind. Der Gesetzgeber hat im Rahmen des SGB II versucht, das Problem zu lösen, indem in § 7 Abs. 3a SGB II bei Vorliegen bestimmter äußerer Indizien eine gesetzliche Vermutung für den wechselseitigen Willen, Verantwortung füreinander zu tragen und füreinander einzustehen, begründet wurde. Die Versuche, innere Bindungen anhand von äußeren Indizien zu überprüfen, bringen zwangsläufig gravierende Eingriffe in die Privatsphäre der beteiligten Personen mit sich. Zudem lässt sich die Ablehnung eines Sozialleistungsanspruchs unter Berufung auf Einkommen oder Vermögen des Partners einer eheähnlichen Gemeinschaft kaum rechtfertigen, da innerhalb der eheähnlichen Gemeinschaft keinerlei Anspruch auf Unterhalt oder sonstige Beteiligung an Vermögenswerten des Partners besteht. Während in der Ehe ein solcher Unterhaltsanspruch gegeben und erforderlichenfalls auch gerichtlich durchsetzbar ist, findet sich der Partner einer eheähnlichen Gemeinschaft in beiden relevanten Rechtsbeziehungen rechtlos wieder: Ein Anspruch auf öffentlich-rechtliche Sozialleistungen steht ihm auf Grund der eheähnlichen Gemeinschaft nicht zu und innerhalb dieser Gemeinschaft kann er ebenfalls keine Ansprüche geltend machen.

Die eheähnliche Gemeinschaft kann jederzeit ohne sachliche oder formale Voraussetzungen von einem der beiden Partner beendet werden – sicherlich in vielen Fällen ein Grund für die Wahl dieser Lebensform der Ehe gegenüber. Für das *Ende der Gemeinschaft* gelten in erster Linie die Vereinbarungen, die die Partner für diesen Fall getroffen haben. Wurden keine solchen Vereinbarungen getroffen, so bestehen zumeist weder Unterhaltsansprüche zwischen den Partnern, noch findet im Regelfall ein nachträglicher Ausgleich von Leistungen statt, die während der bestehenden eheähnlichen Gemeinschaft erbracht wurden. Hat also z. B. ein Partner während der Beziehung den überwiegenden Teil des Lebensunterhalts bestritten, um den anderen während seiner Ausbildung zu unterstützen und wurden keine Vereinbarungen über einen Ausgleich im Fall der Trennung getroffen, so kann er nicht im nachhinein Ersatz für seine Aufwendungen verlangen. Eine Ausnahme besteht allerdings, wenn innerhalb der eheähnlichen Gemeinschaft Vermögenswerte geschaffen wurden, die formal einem der beiden Partner zugeordnet sind. Hier wird von der Rechtsprechung – zumeist über gesellschaftsrechtliche Konstruktionen (vgl. BGH NJW 1997, S. 3371) – ein Ausgleich zwischen den Partnern vorgenommen. Ein solcher Fall ist etwa gegeben, wenn unter Mitwirkung und finanziellem Einsatz beider Partner ein Haus gebaut oder eine sonstige Immobilie angeschafft wurde, für die im Grundbuch nur einer der Partner als Eigentümer eingetragen ist (vgl. Münder 2005, S. 81f.). Ein gesetzlicher Unterhaltsanspruch besteht nur, wenn ein gemeinsames Kind vorhanden ist. In diesem Fall hat der Vater des Kindes der Mutter für die Dauer von sechs Wochen vor und acht Wochen nach der Geburt des Kindes Unterhalt zu gewähren (vgl. § 1615l Abs. 1 BGB). Der Elternteil, der das Kind anschließend betreut, kann von dem anderen während der ersten drei Lebensjahre des Kindes Unterhalt verlangen. In Ausnahmefällen kann dieser Zeitraum verlängert werden (vgl. § 1615l Abs. 2 BGB).

4.2.2 Die Lebenspartnerschaft

Nach jahrzehntelangen Diskussionen um die Stellung gleichgeschlechtlicher Partnerschaften und begleitet von heftigen Kontroversen ist am 1. August 2001 das Gesetz über die eingetragene Lebenspartnerschaft (LPartG) in Kraft getreten. Mit dem Gesetz wurde das neue und eigenständige Rechtsinstitut der Lebenspartnerschaft eingeführt und damit dem Wunsch vieler gleichgeschlechtlicher Paare nach einer Institutionalisierung ihrer Partnerschaft entsprochen.

Die Grundzüge der Lebenspartnerschaft sind im LPartG für *gleichgeschlechtliche Lebensgemeinschaften parallel zu den Regelungen über die Ehe* im BGB gestaltet (zu den Einzelheiten vgl. Kornmacher 2004). Auch hier findet sich ein Verbot der Doppelpartnerschaft bzw. der Begründung einer Lebenspartnerschaft mit einer Person, die verheiratet ist und Lebenspartnerschaften zwischen Verwandten sind entsprechend den Regelungen zur Ehe ausgeschlossen. Nur volljährige Personen können wirksam eine Lebenspartnerschaft eingehen, allerdings gibt es im Gegensatz zur Ehe keine Ausnahmeregelungen für Minderjährige, die das 16. Lebensjahr bereits vollendet haben.

Nach § 2 LPartG sind die Lebenspartner einander zu Fürsorge und Unterstützung sowie zur gemeinsamen Lebensgestaltung verpflichtet und tragen füreinander Verantwortung. Sie können einen gemeinsamen Namen bestimmen und sind einander in entsprechender Anwendung der Unterhaltsbestimmungen des Eherechts im BGB zum angemessenen Unterhalt verpflichtet. Ebenso wie für die Ehe ein Güterstand zu wählen ist, haben die Lebenspartner eine Erklärung über den Vermögensstand abzugeben. Sie können hierzu entweder einen Lebenspartnerschaftsvertrag abschließen, oder den Vermögensstand der Ausgleichsgemeinschaft wählen, der der Zugewinngemeinschaft im Eherecht entspricht.

Das LPartG regelt parallel zu den Befugnissen von Stiefeltern ihren Stiefkindern gegenüber sorgerechtliche Befugnisse des Lebenspartners hinsichtlich der Kinder, denen gegenüber sein Partner das alleinige Sorgerecht hat. Ebenso wie die Ehe begründet auch die eingetragene Lebenspartnerschaft einen Erbanspruch des hinterbliebenen Partners. Der Lebenspartner gilt als Familienangehöriger des anderen Partners und die Verwandten eines Lebenspartners gelten als mit dem anderen Lebenspartner verschwägert.

Für den Fall der Trennung trifft das LPartG bezüglich des Unterhalts, der Hausratsverteilung und der Wohnungszuweisung parallele Regelungen zum Eherecht. An Stelle einer Scheidung erfolgt zur Beendigung der Lebenspartnerschaft nach § 15 LPartG die Aufhebung. Sie erfolgt nach einjähriger Trennungszeit auf überreinstimmenden Wunsch der Partner, nach einer Trennungszeit von 36 Monaten auf Wunsch eines Partners oder wenn die Fortsetzung der Lebenspartnerschaft eine besondere unzumutbare Härte für einen der

Partner wäre. Hinsichtlich des nachpartnerschaftlichen Unterhalts verweist das Gesetz auf die Regelungen zum Scheidungsunterhalt im BGB.

Insgesamt sind nennenswerte Unterschiede zum Eherecht kaum vorhanden. Lediglich im Beamtenrecht und im Steuerrecht gibt es Abweichungen. Mit der Einführung eines eigenständigen Rechtsinstituts für die eingetragene Lebensgemeinschaft wurde dem traditionellen Ehebild Rechnung getragen, mit dem eine Öffnung der Ehe für gleichgeschlechtliche Gemeinschaften nicht vereinbar gewesen wäre, schon weil es im Grundsatz auf die Begründung einer Familie durch gemeinsame leibliche Kinder angelegt ist.

4.3 Verwandtschaft

In den §§ 1589 bis 1772 BGB erfolgen Regelungen zur Verwandtschaft. Hierbei stehen Fragen der Abstammung, der Unterhaltspflicht und der Rechtsverhältnisse zwischen Kindern und ihren Eltern im Zentrum.

Zunächst regelt das Gesetz in § 1589 BGB allgemein den Begriff der Verwandtschaft. Miteinander verwandt sind danach Personen, die von derselben dritten Person abstammen. Lässt sich dabei eine Linie bilden, in der die eine Person von der anderen abstammt, liegt Verwandtschaft in gerader Linie vor. Dies ist im Verhältnis von Kindern zu ihren Eltern, Großeltern, Urgroßeltern usw. sowie umgekehrt der Fall. Ist dies nicht gegeben, besteht Verwandtschaft in der Seitenlinie. Dies gilt z. B. für Geschwister, die von gemeinsamen Eltern abstammen, oder für Cousins und Kusinen, die gemeinsame Großeltern haben. Der Grad der Verwandtschaft bestimmt sich nach der Zahl der sie vermittelnden Geburten. Danach sind Verwandte ersten Gerades Kinder im Verhältnis zu ihren Eltern, Verwandtschaft zweiten Gerades liegt z. B. zwischen Enkeln und ihren Großeltern oder zwischen Geschwistern vor. Die Verwandten eines Ehegatten sind mit dem anderen Ehegatten verschwägert. Ebenfalls als verschwägert gelten die Verwandten eines Partners einer eingetragenen Lebenspartnerschaft mit dem anderen Lebenspartner.

4.3.1 Abstammungsrecht

Das Abstammungsrecht befasst sich mit der Frage, wer im rechtlichen Sinne die Eltern eines Kindes sind. § 1591 BGB regelt, wer die *Mutter* eines Kindes ist. Dies schien bis vor kurzem so eindeutig zu sein, dass eine Regelung nicht erforderlich war. Durch die Möglichkeit der Leihmutterschaft ergab sich allerdings Klärungsbedarf und so wurde im Rahmen der Kindschaftsrechtsreform eine Klärung vorgenommen. Mutter eines Kindes ist danach die Frau, die es geboren hat.

Komplizierter ist die Regelung der Frage, wer der rechtliche *Vater* des Kindes ist. Hier bestehen gemäß § 1592 BGB drei unterschiedliche Möglichkeiten, wie die Vaterschaft im rechtlichen Sinne zu Stande kommen kann: Die Vaterschaft kann kraft Gesetzes bestehen, sie kann von einem Mann anerkannt werden, oder sie kann gerichtlich festgestellt werden. Biologische und rechtliche Vaterschaft müssen nicht übereinstimmen.

Ist die Mutter des Kindes zum Zeitpunkt der Geburt verheiratet, so ist gemäß § 1592 Nr. 1 BGB ihr Ehemann kraft Gesetzes Vater des Kindes. Nach § 1599 Abs. 1 BGB gilt dies jedoch nicht, wenn auf Grund einer *Vaterschaftsanfechtung* rechtskräftig festgestellt ist, dass dieser Mann nicht der (biologische) Vater des Kindes ist (vgl. ausführlich Grün

2003). Zur Anfechtung der Vaterschaft sind der Mann selbst, die Mutter, das Kind und in engen Grenzen auch der biologische Vater des Kindes berechtigt. Im Zuge der derzeit bestehenden Tendenz, die Rechtsstellung des biologischen Vaters zu stärken, wurde dem leiblichen Vater des Kindes aufgrund einer Entscheidung des Bundesverfassungsgerichts (vgl. BVerfG NJW 2003, S. 2151; Roth NJW 2003, S. 3153) 2004 in engen Ausnahmefällen ein Recht auf Anfechtung der Vaterschaft eines anderen Mannes eingeräumt. Er ist nur dann anfechtungsberechtigt, wenn zwischen dem Vater im rechtlichen Sinne und dem Kind keine sozial-familiäre Beziehung besteht (§ 1600 Abs. 2 BGB). Besteht eine solche sozial-familiäre Beziehung zwischen rechtlichem Vater und dem Kind, so hat der leibliche Vater kein Anfechtungsrecht. Der Aufklärung der biologischen Vaterschaft wird dann weniger Bedeutung beigemessen als der Stabilität der Familie, die – sei es in Kenntnis der bestehenden Zweifel oder ohne Kenntnis hiervon – die Vaterschaft des rechtlichen Vaters akzeptiert (vgl. auch die Argumentation von BGH NJW 1999, S. 1632f.).

§ 1600b BGB räumt für die Anfechtung eine Frist von zwei Jahren ein. Sie beginnt für jeden Berechtigten individuell zu laufen, wenn er von den Umständen erfährt, die gegen eine Vaterschaft sprechen. Für das Kind kann bis zum Eintritt der Volljährigkeit nur der gesetzliche Vertreter – dies sind in aller Regel die Eltern – die Vaterschaft anfechten. Hat dieser es trotz Kenntnis von den Umständen, die gegen die Vaterschaft sprechen, nicht rechtzeitig getan, so kann das Kind nach Eintritt der Volljährigkeit selbst anfechten.

Wird die Vaterschaft gerichtlich angefochten, so wird in diesem Verfahren durch entsprechende Gutachten, insbesondere der DNA-Analyse festgestellt, ob der Mann, dessen gesetzliche Vaterschaft bislang besteht, biologischer Vater des Kindes ist.

Erleichtert wird die Beseitigung der Vaterschaftsvermutung des Ehemannes der Mutter nach § 1599 Abs. 2 BGB in den Fällen, in denen ein Kind nach Anhängigkeit eines Scheidungsantrags geboren wird. Hier sind nach der Lebenserfahrung die Zweifel daran, dass der Ehemann noch als Vater in Betracht kommt, so groß, dass der Gesetzgeber das Erfordernis der Vaterschaftsfeststellung eingeschränkt hat. Erkennt hier ein Dritter innerhalb eines Jahres nach Rechtskraft des Scheidungsantrags mit Zustimmung der Mutter und ihres Ex-Ehemannes die Vaterschaft für das Kind an, so fällt die Vaterschaft des Ex-Ehemannes weg und der anerkennende Dritte wird rechtlicher Vater des Kindes.

Nach § 1592 Nr. 2 BGB ist Vater eines Kindes der Mann, der die Vaterschaft anerkannt hat (vgl. ausführlich Grün 2003). Die Anerkennung setzt die Zustimmung der Mutter und des Kindes – vertreten durch seinen gesetzlichen Vertreter – voraus. Sie wird in der Regel vor dem Jugendamt erklärt und beurkundet. Eine wirksame *Vaterschaftsanerkennung* ist nur möglich, wenn noch kein anderer Mann im rechtlichen Sinne Vater des Kindes ist. Ist eine Vaterschaft bereits gegeben, kann sie nur durch Anfechtung durch den engen Kreis der anfechtungsberechtigten Personen oder die gerade angesprochene Ausnahmeregelung für den Fall der Geburt des Kindes nach Anhängigkeit des Scheidungsantrags beseitigt werden. Ist also ein Mann der Auffassung, Vater des Kindes zu sein, ist aber der Ehemann der Mutter nach § 1592 Nr. 1 BGB rechtlicher Vater oder hat ein anderer Mann bereits die Vaterschaft anerkannt, so hat er keine Möglichkeit zur Anerkennung, sofern er nicht nach § 1600 Abs. 2 BGB berechtigt ist, zunächst die bestehende Vaterschaft anzufechten. Auch hier gilt, dass die Einigkeit über die Vaterschaft des Kindes im Regelfall nicht durch rechtliche Maßnahmen dritter Personen erschüttert werden soll.

Nach § 1592 Nr. 3 BGB schließlich ist Vater eines Kindes der Mann, dessen Vaterschaft gerichtlich festgestellt ist. Während sich bei Anerkennung der Vaterschaft alle Beteiligten darüber einig sind, dass der betreffende Mann Vater des Kindes sein soll, fehlt es bei der gerichtlichen *Vaterschaftsfeststellung* an dieser Einigkeit. Ebenso wie bei der Vaterschaftsanfechtung sind auch hier die Mutter, das Kind und der (vermeintliche) Vater antragsberechtigt. Voraussetzung ist ebenso wie bei der Anerkennung der Vaterschaft, dass noch kein anderer Mann im rechtlichen Sinne Vater des Kindes ist bzw. dass die Vaterschaft erfolgreich angefochten worden ist. In dem Verfahren wird wiederum anhand von Gutachten festgestellt, ob der Mann, gegen den die Klage durch die Mutter oder das Kind erhoben worden ist bzw. der selbst die Klage erhoben hat, biologischer Vater des Kindes ist.

4.3.2 Die elterliche Sorge

An die Abstammung ist im Grundsatz die elterliche Sorge angeknüpft. Nach § 1626 BGB haben die Eltern die Pflicht und das Recht, für das minderjährige Kind zu sorgen. Die elterliche Sorge umfasst die Sorge für die Person des Kindes (*Personensorge*) und das Vermögen des Kindes (*Vermögenssorge*). Inhaltliche Regelungen dazu, was konkret dies beinhaltet, liegen kaum vor. Das Gesetz gibt jedoch in Absatz 2 einen Hinweis auf die Grundlinie der Erziehung. Hiernach berücksichtigen die Eltern die wachsende Fähigkeit und das wachsende Bedürfnis des Kindes zu selbstständigem verantwortungsbewusstem Handeln. Sie besprechen mit dem Kind, soweit es nach dessen Entwicklungsstand angezeigt ist, Fragen der elterlichen Sorge und streben Einvernehmen an. Nach § 1631 Abs. 2 BGB hat das Kind ein Recht auf gewaltfreie Erziehung. Körperliche Bestrafungen, seelische Verletzungen und andere entwürdigende Maßnahmen sind unzulässig.

Die Eltern des Kindes sind hier wie im Weiteren ausschließlich Mutter und Vater im rechtlichen Sinne. Steht die Vaterschaft eines Mannes nicht im rechtlichen Sinne fest, kann er auch nicht Inhaber der elterlichen Sorge sein. Ohne dass dies an dieser Stelle ausdrücklich erwähnt wird, bezieht sich die Regelung des § 1626 BGB, die automatisch beiden Eltern die gemeinsame Sorge zuweist, nur auf die miteinander verheirateten Eltern eines Kindes. Für Eltern, die nicht miteinander verheiratet sind, gilt davon abweichend § 1626a BGB. Hiernach steht diesen Eltern die gemeinsame Sorge dann zu, wenn im Wege der *Sorgeerklärung* beide Elternteile erklären, dass sie die gemeinsame Sorge wünschen (vgl. ausführlich Löhnig 2004). Gegen den Willen des anderen Elternteils kann weder die Mutter noch der Vater die gemeinsame Sorge herbeiführen. Wird keine Sorgeerklärung abgegeben, so hat die Mutter die alleinige elterliche Sorge. Die Vorschrift wurde im Wege der Kindschaftsrechtsreform 1998 eingeführt, um die Rechtsstellung der Väter außerhalb einer Ehe geborener Kinder zu verbessern (vgl. BVerfGE 84, S. 168ff.). Die durch den Gesetzgeber gewählte Lösung ist nicht unumstritten. Teilweise wird eine Benachteiligung der Väter darin gesehen, dass die Mutter automatisch sorgeberechtigt ist, der Vater des Kindes jedoch auf die Abgabe der Sorgeerklärung und damit auf das Einverständnis der Mutter angewiesen ist, sofern er nicht mit ihr verheiratet ist. Auch in dieser Frage hat das Bundesverfassungsgericht in jüngerer Zeit eine Entscheidung zur Stärkung der Rechtsstellung der Väter getroffen, von der allerdings nur sogenannte „Altfälle" betroffen sind (vgl. BVerfG NJW 2003, S. 955ff.): Haben nicht miteinander verheiratete Eltern längere Zeit mit dem Kind zusammengelebt und sich dann vor dem 1. Juli 1998 getrennt, so kann der Vater bei dem Familiengericht beantragen, dass die Sorgeerklärung der Mutter ersetzt wird. Hiermit soll dem Umstand Rechnung getragen werden, dass der Vater während des Zusammenlebens mangels einer entsprechenden gesetzlichen Regelung keine Möglichkeit hatte, an der elterlichen Sorge beteiligt zu werden, obwohl zu damaliger Zeit möglicherweise beide Eltern den Wunsch danach gehabt hätten. Auf der Grundlage dieser Entscheidung wurde zum 31.12.2003 eine entsprechende gesetzliche Regelung in Art. 224 § 2 Abs. 3 EGBGB getroffen. Voraussetzung für die Ersetzung der Sorgeerklärung der Mutter ist, dass die gemeinsame Sorge dem Wohl des Kindes dient.

Haben Eltern die gemeinsame Sorge – sei es durch Heirat oder durch eine Sorgeerklärung –, lässt sich diese nur durch eine gerichtliche Entscheidung wieder ändern. Auch im Falle der Scheidung bleibt seit der Neuregelung dieser Frage im Rahmen der Kindschaftsrechtsreform die gemeinsame Sorge unverändert. Möchten beide Eltern oder ein Elternteil allein im Falle der Trennung die gemeinsame Sorge beenden, so ist nach § 1671BGB ein *Antrag an das Familiengericht* zu stellen. Sind sich die Eltern darüber einig, dass einem von ihnen die alleinige Sorge ganz oder teilweise übertragen werden soll, so muss das Gericht eine entsprechende Regelung treffen. Eine Ausnahme besteht nur, wenn das Kind das 14. Lebensjahr bereits vollendet hat und der Übertragung widerspricht. In diesem Fall muss das Gericht prüfen, ob die Übertragung dem Wohl des Kindes am besten entspricht. Die selbe Überprüfungspflicht besteht, wenn ein Elternteil die Übertragung der gemeinsamen Sorge gegen den Willen des anderen beantragt.

Sind beide Eltern Inhaber der gemeinsamen elterlichen Sorge, leben jedoch getrennt, so erleichtert § 1687 BGB die Erziehungstätigkeit des Elternteils, bei dem sich das Kind gewöhnlich aufhält. Dieser muss sich nicht in jeder einzelnen Frage mit dem getrennt lebenden anderen Elternteil abstimmen, sondern kann Entscheidungen in *Angelegenheiten des täglichen Lebens und der tatsächlichen Betreuung* selbst entscheiden. Dies sind etwa Fragen der Schlafenszeiten, des Besuchs von Schulkameraden, der Wahl der Kleidung etc. Nur in Angelegenheiten, deren Regelung für das Kind von erheblicher Bedeutung ist, ist Einvernehmen beider sorgeberechtigter Eltern nötig. Hierunter fallen z. B. gravierende ärztliche Eingriffe, längere Auslandsaufenthalte, die Wahl der weiterführenden Schule oder die Aufnahme einer besonders gefährlichen Sportart.

Um den Schutz von Minderjährigen zu gewährleisten und das *staatliche Wächteramt* aus Art. 6 Abs. 2 GG umzusetzen, räumt § 1666 BGB dem Staat Eingriffsrechte in die elterliche Sorge ein. Wird das körperliche, geistige oder seelische Wohl des Kindes oder sein Vermögen durch missbräuchliche Ausübung der elterlichen Sorge, durch Vernachlässigung des Kindes, durch unverschuldetes Versagen der Eltern oder durch das Verhalten eines Dritten gefährdet, so hat nach § 1666 Abs. 1 BGB das Familiengericht, wenn die Eltern nicht gewillt oder nicht in der Lage sind, die Gefahr abzuwenden, die zur Abwendung der Gefahr erforderlichen Maßnahmen zu treffen. Die möglichen Gefährdungslagen werden in der Vorschrift abstrakt angesprochen und bewusst weit gefasst. Ihr Vorliegen ist in jedem Einzelfall zu prüfen. Infrage kommen etwa Fälle der körperlichen oder seelischen Misshandlung, die Verweigerung der Zustimmung zu medizinisch notwendigen ärztlichen Behandlungen (vgl. z. B. OLG Celle NJW 1995, S. 792) oder die Unterversorgung insbesondere kleiner Kinder im Hinblick auf die Abdeckung ihrer Grundbedürfnisse (vgl. ausführlich Münder/Mutke/Schone 2000). Durch die Bezugnahme auf das unverschuldete Versagen der Eltern wird klargestellt, dass es bei der Frage des staatlichen Eingriffs nicht auf schuldhaftes Verhalten der Eltern ankommt, sondern ausschließlich auf die Situation, in der sich das Kind befindet. Auch wenn die Eltern oder der allein erziehende Elternteil auf Grund von Überforderung oder Krankheit nicht in der Lage sind, eine bestehende Gefahr für das Wohl des Kindes abzuwenden, kommt es zu Maßnahmen des Familiengerichts nach § 1666 BGB. Gleiches gilt, wenn zwar nicht das Verhalten der Eltern selbst zu einer Gefährdung führt, sie aber nicht gewillt oder nicht in der Lage sind, die drohende Schädigung durch einen Dritten, etwa durch sexuellen Missbrauch, abzuwenden.

Auch die Rechtsfolge wird in § 1666 BGB bewusst sehr weit gefasst, indem nicht ausgeführt wird, um welche Art von Maßnahmen es sich handelt, die das Familiengericht zur Abwehr der Gefahr ergreifen kann. Hier ist das Spektrum sehr breit: Es reicht von Auflagen an die Eltern, z. B. ihr Kind regelmäßig zur Schule oder in eine Kindertageseinrichtung zu schicken, über die Ersetzung ihrer Einwilligung etwa zu einer Operation oder Bluttransfusion bis zum teilweisen oder vollständigen Entzug der elterlichen Sorge. Das Gericht hat stets das mildeste Mittel zu wählen, mit dem die Gefahr abgewandt werden kann. Wird die elterliche Sorge zum Teil entzogen, so erhält das Kind für diese Teilbereiche nach § 1909 BGB einen Pfleger, während die Eltern oder der allein sorgeberechtigte Elternteil im Übrigen sorgeberechtigt bleiben. Ist es jedoch angesichts der bestehenden Gefahr nicht vertretbar, den Eltern auch nur Teile der elterlichen Sorge zu belassen und wird sowohl die Personensorge als auch die Vermögenssorge in vollem Umfang entzogen, so erhält das Kind gemäß § 1773 BGB einen Vormund, der nunmehr die gesamte elterliche Sorge inne hat. Gleiches gilt, wenn die sorgeberechtigten Eltern oder der allein sorgeberechtigte Elternteil sterben. Auch in diesem Fall wird ein Vormund für das Kind bestellt.

Unabhängig davon, wem die elterliche Sorge zusteht, hat das Kind gemäß § 1684 Abs. 1 BGB ein Recht auf *Umgang* mit beiden Eltern. Die Eltern ihrerseits sind zum Umgang mit dem Kind berechtigt und verpflichtet. Besteht die Sorge, dass das Kind durch den Umgang mit einem Elternteil gefährdet werden könnte, so kann das Familiengericht nach § 1684 Abs. 4 BGB anordnen, dass das Umgang in Begleitung einer geeigneten Person stattfindet.

4.3.3 Unterhaltsrecht

Ebenso wie zwischen den (geschiedenen) Ehepartnern, ist auch innerhalb der Verwandtschaft die Frage des gegenseitigen Unterhalts von Bedeutung. Hier stellt § 1601 BGB den Grundsatz auf, dass *Verwandte in gerader Linie* verpflichtet sind, einander Unterhalt zu gewähren. Die Unterhaltspflicht besteht also nicht in der Seitenlinie, d. h. nicht zwischen Geschwistern, zwischen Cousins und Kusinen etc.

Generell gilt zu den Voraussetzungen für einen Unterhaltsanspruch ebenso wie zwischen Ehegatten, dass immer Bedürftigkeit des Unterhaltsberechtigten und Leistungsfähigkeit des Unterhaltspflichtigen vorliegen muss. Da verschiedene Personen als Unterhaltsverpflichtete infrage kommen können, legt das Gesetz eine Rangfolge fest: Vorrangig ist nach § 1608 BGB die Haftung des Ehegatten. Danach folgt die Haftung der Verwandten, wobei nach § 1606 BGB die Abkömmlinge vor den Verwandten der aufsteigenden Linie unterhaltspflichtig sind. Dabei haften jeweils die näheren Verwandten vor den entfernteren.

Von besonderer Bedeutung ist die Unterhaltsverpflichtung der Eltern ihren minderjährigen unverheirateten Kindern gegenüber. Seit der Kindschaftsrechtsreform sind diesen diejenigen Kinder gleichgestellt, die zwar bereits volljährig sind, das 21. Lebensjahr jedoch noch nicht vollendet haben, noch im Haushalt der Eltern oder eines Elternteils leben und sich in der allgemeinen Schulausbildung befinden. Dieser Gruppe gegenüber besteht eine besonders weitgehende, sog. *gesteigerte Unterhaltsverpflichtung* der Eltern. Nach § 1603 BGB sind sie verpflichtet, alle ihnen zur Verfügung stehenden Mittel für den Unterhalt einzusetzen. Ihnen selbst bleibt kein Anrecht auf einen angemessenen Unterhalt, sondern es steht ihnen nur der sog. notwendige Eigenbedarf zu, der zurzeit bei monatlich 770 € für nicht erwerbstätige Personen und 890 € für Erwerbstätige liegt.

Die Berechnung des Unterhalt im Einzelnen ist kompliziert, vor allem in sog. Mangelfällen, wenn einem Unterhaltsverpflichteten mehrere unterhaltsberechtigte Personen gegenüberstehen und das Einkommen des Verpflichteten nicht ausreichend ist, um seinen eigenen Unterhalt bzw. Selbstbehalt und die Ansprüche der Unterhaltsberechtigten abzudecken (vgl. ausführlich zur Unterhaltsberechnung Wendl u. a. 2004). Durch die Rechtsprechung sind zur Feststellung der Höhe des Unterhalts Tabellen entwickelt worden, die Standardbeträge für verschiedene Fallkonstellationen regeln und anhand derer der Unterhalt im Einzelfall ermittelt wird. Am bedeutendsten ist in diesem Zusammenhang die sogenannte Düsseldorfer Tabelle. Sie ist zugeschnitten auf einen gegenüber einem Ehegatten und zwei minderjährigen Kindern Unterhaltspflichtigen (im Einzelnen vgl. Münder 2005, S. 119ff.). Für die neuen Bundesländer und den Beitrittsteil Berlins ist ergänzend zur Düsseldorfer Tabelle die Berliner Tabelle von Bedeutung.

5. Schlussbetrachtung

Abschließend lässt sich feststellen, dass die familienrechtlichen Regelungen im Laufe der Zeit mehr und mehr von vorgegebenen Rollenbildern abgewichen sind, um den Betroffenen mehr Autonomie bei der Regelung ihrer familiären Verhältnisse einzuräumen. Dies gilt sowohl für die Wahl der Lebensform als auch für deren inhaltliche Ausgestaltung. Weggefallen sind auch moralisierende Regelungen, die noch während eines großen Teils des 20.Jahrhunderts der Einhaltung gesellschaftlicher Normen große Bedeutung beigemessen und ihre Abweichung sanktioniert haben. Zudem sind geschlechtsspezifische Benachteiligungen abgebaut und neben der Rechtsposition der Frauen ist auch die rechtliche Stellung von Minderjährigen gestärkt worden.

Was demgegenüber geblieben sind, sind die Grundprinzipien des Verständnisses der Gestaltung von Partnerschaften und Familien und der in diesem Zusammenhang bestehenden Verantwortlichkeiten der Betroffenen. So knüpfen sich an die Verwandtschaft und an die Ehe sowie die eingetragene Lebenspartnerschaft als institutionalisierte Formen der Partnerschaft nach wie vor gegenseitige Unterhaltsansprüche. Uneingeschränkt geblieben ist auch der Vorrang elterlicher vor staatlicher Erziehungsverantwortung, wobei die Rechte der leiblichen Eltern eines Kindes von besonderer Bedeutung sind und unter speziellem Schutz stehen. Dieser Aspekt kommt gerade im Zusammenhang mit der aktuellen Tendenz zur Stärkung der Rechtsstellung des biologischen Vaters eines Kindes deutlich zum Tragen. Besondere Bedeutung hat trotz steigender Scheidungsraten schließlich nach wie vor die Institution der Ehe, an deren Grundzügen sich auch die Ausgestaltung der eingetragenen Lebenspartnerschaft orientiert.

Literatur

Bauer, J./Schimke, H./Dohmel, W., [2]2001: Recht und Familie. Rechtliche Grundlagen der Sozialisation. Neuwied u. a.

Borth, H., 1998: Der Versorgungsausgleich in der anwaltschaftlichen und familiengerichtlichen Praxis. Neuwied u. a.

Coester-Waltjen, D., 1992: Die Rolle der Geschlechter im deutschen Familienrecht seit 1900. In: Das Standesamt (StAZ), 119. Jg., H. 2, S. 34-45.

Duncker, A., 2004: Gleichheit und Ungleichheit in der Ehe. Persönliche Stellung von Frau und Mann im Recht der ehelichen Lebensgemeinschaft 1700-1914. Köln/Weimar.

Fieseler, G./Herboth, R., [6]2005: Recht der Familie und Jugendhilfe. Neuwied u. a.

Fischer, R., 2003: Nichteheliche Lebensgemeinschaft. Baden-Baden.

Grün, K.-J., 2003: Vaterschaftsfeststellung und -anfechtung. Berlin.

Grziwotz, H., 1998: Partnerschaftsverträge für nichteheliche Lebensgemeinschaften. München.

Haibach, U./Haibach, R., 2003: Trennung und Scheidung. Bonn.

Jean d'Heur, B., 1993: Verfassungsrechtliche Schutzgebote zum Wohl des Kindes und staatliche Interventionspflichten aus der Garantienorm des Art. 6 Abs. 2 Satz 2 GG. Berlin.

Knittel, B., 1997: Reform des Kindschaftsrechts vor dem Ziel. In: Zentralblatt für Jugendrecht, 84. Jg., H. 10, S. 355-361.

Kornmacher, S., 2004: Chancen und Risiken der eingetragenen Lebenspartnerschaft. Rechtliche Auswirkungen und Gestaltungsmöglichkeiten. Norderstedt.

Löhnig, M., 2004: Das Recht des Kindes nicht miteinander verheirateter Eltern. Berlin.

Münder, J., 1998: Alleinerziehende im Recht. Münster.

Münder, J., 1998a: Das neue Kindschaftsrecht. München.

Münder, J., 2005: Familienrecht. Neuwied.

Münder, J./Mutke, B./Schone, R., 2000: Kindeswohl zwischen Jugendhilfe und Justiz. Professionelles Handeln in Kindeswohlverfahren. Münster.

Roth, W., 2003: Vaterschaftsanfechtung durch den biologischen Vater. In: Neue Juristische Wochenschrift (NJW), 56. Jg., H. 44, S. 3153-3160.

Wellenhofer-Klein, M., 1995: Die „Abkehr von der Ehe" als Unterhaltsausschließungsgrund nach § 1579 Nr. 6 BGB. In: Zeitschrift für das gesamte Familienrecht (FamRZ), 42. Jg., H. 15, S. 905-915.

Wendl, P. u. a., 2004: Das Unterhaltsrecht in der familienrichterlichen Praxis. München.

Kinder- und Jugendhilfe

Johanna Mierendorff / Thomas Olk

1. Einleitung

Einer der zentralen Grundkonflikte seit der Herausbildung und Etablierung der deutschen Jugendhilfe zu Beginn des 20. Jahrhunderts besteht in der Frage, ob der Staat die elterliche Erziehungstätigkeit lediglich von außen in ihrer Handlungsfähigkeit stützen oder aber eigenständige Sozialisations- bzw. Erziehungsinstanzen bereitstellen solle, die einem familienersetzenden oder aber zumindest familienergänzenden Selbstverständnis folgen. Ein zweiter Grundkonflikt entzündete sich immer wieder aufs Neue an der sich daran anschließenden Frage, wer gegebenenfalls Träger außerfamilialer Bildungs-, Betreuungs- und Erziehungsinstitutionen sein solle – der Staat oder aber freigemeinnützige Träger. Die freigemeinnützige Wohlfahrtspflege beanspruchte von Beginn an eine größere Nähe zur Familie und den privaten Lebensgemeinschaften und begründete dies mit dem Wertbezug von Erziehungsvorstellungen und Erziehungsleitbildern und dem daraus abgeleiteten Recht der Eltern, eine außerfamiliale Erziehung und Bildung ihrer Kinder nach eigenen Wertorientierungen und religiösen Bindungen auswählen zu dürfen. Die Schule ist die einzige Institution, die sich zu einem historisch frühen Zeitpunkt als unangefochtene zentrale und staatliche Sozialisationsinstanz neben der Institution Familie etablieren konnte. Diese zwei Seiten eines Grundkonflikts in Bezug auf die Familie und die staatliche Etablierung eines Kontroll- und Hilfesystems beherrscht die Diskurse um die Gestaltung der Jugendhilfe über deren gesamtes Bestehen hinweg und ist – so unsere These – einer der neuralgischen Punkte für den immer wieder beklagten geringen Stellenwert der Jugendhilfe im wohlfahrtsstaatlichen Gefüge.

In diesem Beitrag wollen wir keinen allgemeinen Überblick über Geschichte, Funktionsweise und Handlungsfelder der Kinder- und Jugendhilfe im klassischen Sinne liefern – hierzu stehen bereits gute und umfangreiche Überblickswerke zur Verfügung (vgl. exemplarisch Münder 2003; Peuckert/Münchmeier 1990; Wiesner 2002).Vielmehr wollen wir ein Thema behandeln, dass zwar in vielen Beiträgen zur Jugendhilfe gestreift, aber nie systematisch aufgearbeitet wurde: gemeint ist die historische Entwicklung des Verhältnisses von Jugendhilfe und Familie. Wir sind uns durchaus der Grenzen eines solchen Unternehmens bewusst. Als Erstes haben wir es in einem historischen Rückblick bis ins 19. Jahrhundert mit einer Materialfülle zu tun, die es zu bewältigen und zu strukturieren gilt. Unser Quellenstudium musste begrent werden und reduzierte sich auf die Analyse ausgewählter Parlamentsdebatten, Gesetzestexte oder -entwürfe, die Kinder- und Jugendberichte seit Gründung der Bundesrepublik Deutschland sowie einige zeitgenössische Fachaufsätze zur Jugendhilfe bzw. Sozialpädagogik. Für die Systematisierung haben wir uns entschieden, keine vollständige Beschreibung von Entscheidungen und Diskursen zu liefern, sondern historische Phasen idealtypisch voneinander abzugrenzen, in denen sich strukturelle Unterschiede des Verhältnisses von Jugendhilfe und Familie herausarbeiten lassen. Wir weisen darauf hin, dass diese Phasen lediglich als „Idealtypen" zu verstehen sind, historische Entwicklungen aber generell als ein andauernder, sich stetig vollziehender Prozess im Sinne von Norbert Elias zu fassen sind. Demnach sind parallele Diskurse und Entscheidungslinien, also die „Gleichzeitigkeit des Ungleichzeitigen", möglich. Die sechs im folgenden Kapitel herausgearbeiteten Phasen sind nicht als sich chronologisch ablösende, in sich geschlossene Phasen zu verstehen. Vielmehr wird versucht, Tendenzen in der Haltung zur Familie aufzuzeigen, die als Hauptströmungen bezeichnet werden können und sich in staatlichen Regulierungsprozessen durchgesetzt haben.

2. Jugendhilfe und Familie: Von Kontrolle zur Partnerschaft

Grundlegend für die folgenden Annäherungen an das sich wandelnde Verhältnis von Jugendhilfe und Familie und vor allem für die heuristische Einteilung in Phasen ist die Annahme, dass dieses Verhältnis immer wieder dann in die öffentliche, politische und sozialpädagogische Diskussion kam und neu bestimmt wurde, wenn gesellschaftliche bzw. ökonomische Krisen wahrgenommen wurden. Im Folgenden werden wir sechs historische Phasen[1] voneinander abgrenzen, in denen sich das Verhältnis von Jugendhilfe und Familie in der Folge von Krisen verändert hat, in denen aber der oben dargestellte Grundkonflikt immer wieder zum Ausdruck kommt. Die Analyse setzt bei der allmählichen Herausbildung eines organisierten Handlungsfeldes der Sozialpädagogik an, deren Beginn wir auf das letzte Drittel des 19. Jahrhunderts datieren – als Beginn einer wohlfahrtsstaatlich organisierten und regulierten Jugendhilfe fassen wir die Verabschiedung (1922) und das in Kraft treten (1924) des Reichsjugendwohlfahrtsgesetzes.

2.1 Phase 1: Zum Funktionsverlust von Familie

2.1.1 Die Zeit vor Inkrafttreten des RJWG – 1870 – 1922

Am Beginn der Entwicklung einer institutionalisierten Jugendhilfe stand die Diagnose einer mangelnden Erziehungsfähigkeit insbesondere proletarischer Familien. Sie war der Anlass für die Entwicklung eines eigenständigen Methodenrepertoires und sozialpädagogischer Interventionsformen; dieser reaktive und kontrollierende Impetus prägte das sich etablierende Handlungsfeld nachhaltig.

Seit dem letzten Drittel des 19. Jahrhunderts bestand bei den herrschenden Eliten des Kaiserreiches weitgehend Konsens darüber, dass die proletarische Familie durch den sozialen und wirtschaftlichen Wandel, durch Industrialisierung und Verstädterung (Kirchen: Säkularisierung) dem Sittenverfall ausgesetzt sei und die notwendigen Sozialisationsaufgaben nicht mehr erbringen könne. Im Zentrum der Beobachtung stand zum einen die von Armut bedrohte Arbeiterfamilie, zum anderen die unvollständige Familie, in der in der Regel der männliche Haushaltsvorstand fehlte. Staat und gesellschaftliche Gruppen, vor allem die christlichen Religionsgemeinschaften, sahen in der Erosion der traditionellen Strukturen der Familie eine Gefährdung der Stabilität der Gesellschaft als Ganzes. Konkrete Ursachen wurden in den unzureichenden Erwerbseinkommen, der Erwerbstätigkeit

1 Eine Übersicht zu den einzelnen Phasen befindet sich auf S. 563.

der Arbeitermütter, den unhaltbaren Wohnzuständen, den mangelnden Sozialstrukturen und damit der Abnahme der informellen Hilfstätigkeiten in den Städten, dem schwindenden Einfluss der Werte und Sittlichkeit vermittelnden Kirchen und dem Alkoholismus gesehen. Durch Eingriffe in die Familie, Kontrolle der schulentlassenen Jugend und Vormundschaft über die Kinder von allein erziehenden Elternteilen sollte eine negative Gesamtentwicklung aufgehalten werden. Der (proletarischen) Familie, aber auch den proletarischen sozialen Netzwerken im weiteren Sinne, wurde ein Funktionsverlust hinsichtlich ihrer Erziehungsfähigkeit attestiert, den es öffentlich zu ersetzen galt.

Hinsichtlich des Umgangs mit diesem Krisenphänomen war in weiten Kreisen bürgerlicher und kirchlicher Entscheidungs- und Verantwortungsträger die Haltung verbreitet, dass der Staat vorrangig ordnungspolitische Funktionen (also Jugendfürsorge, Schutz der Jugend in Notsituationen bzw. Schutz der Gesellschaft vor Jugendnot) und keine sozialgestalterischen Funktionen (Jugendpflege) zu übernehmen habe. Die konkrete Sorge um und Pflege der gefährdeten Jugend und deren Familien sollten ausschließlich in den Händen freier Träger – der „freien Liebestätigkeit" – liegen, da davon ausgegangen wurde, dass nur die kleineren Gemeinschaften, die im direkten Bezug zur familialen Lebenssituation stehen, die gewünschten Werte, Normen, Arbeitsorientierungen und vor allem Fähigkeiten zur Selbsthilfe vermitteln und damit zur Überwindung materieller und sittlicher Not beitragen könnten. Auseinandersetzungen um eine allgemeine Erziehung der Jugend außerhalb der Schule gab es kaum. Dem Staat mit seinem bürokratischen Verwaltungsaufbau wurde die Fähigkeit zur Erziehung abgesprochen. Diese Haltung wurde vor allem von den Kirchen vertreten, die dem Ideal der „freien Liebestätigkeit" folgten und gegen die „Verstaatlichung" der Aufgaben und dem Verlust der eigenen Zugriffsmöglichkeiten auf Familie intervenierten.

Auch in der Arbeiterbewegung bestand von Anfang an ein gespaltenes Verhältnis zu dem sich herausbildenden sozialpädagogischen Handlungsfeld sowie zu sozialpädagogisch motivierten Interventionen und Erziehungsansprüchen. Entgegen bürgerlichen Konzepten sollten zum einen Familien durch die Arbeiterbewegung selbst hinsichtlich ihrer Erziehungsverantwortung geschult werden (bspw. Erziehungsbeilagen in sozialistischen Wochenzeitungen) (vgl. Zetkin 1957, S. 413). Zum anderen stand die Schaffung besserer Lebensbedingungen, angemessene Entlohnung und vor allem die politische Aufklärung der Jugend im Zentrum einer Politik für die Jugend. Grundsätzlich wurde die Individualisierung und Pädagogisierung von gesellschaftlichen Phänomenen zurückgewiesen. Karl Liebknecht (1952, S. 80) und Clara Zetkin (1957, S. 79f.) forderten in programmatischen Reden die Verwirklichung von Angeboten der außerschulischen Erziehung und eine breite Organisation der proletarischen Jugend neben der Schule und in Opposition zu staatlichen Institutionen.

Mit Beginn des 20. Jahrhunderts gewannen angesichts der wachsenden sozialen Not, im Zuge allgemeiner sozialstaatlicher Reformbemühungen sowie mit dem Erstarken sozialistischer Jugendorganisationen (1904 „Verein der Lehrlinge und Jugendlichen Arbeiter", 1908 „Zentralstelle für die arbeitende Jugend" und später die „Ferienaktionen" für Kinder in verschiedenen Städten) reformpädagogische Stimmen in den politischen Debatten an Bedeutung, die öffentliche präventive und sozialpolitisch orientierte Erziehungsmaßnahmen sowie die Vereinheitlichung der in viele Aufgabenbereiche zersplitterten Jugendhilfe forderten (vgl. Nohl 1907; später auch Bäumer 1929). Die funktionale Aufgabenteilung zwischen Staat (= ordnungspolitische Maßnahmen) und Kirchen (= erzieherische Maßnahmen) wurde angesichts dieser Entwicklung und der Sorge, breite Schichten der Familien nicht zu erreichen, als nicht mehr ausreichend angesehen. Der defizitären Familienerziehung sollten öffentliche Erziehungsmaßnahmen entgegengesetzt werden, die nicht erst nach einem fürsorgerischen Eingriff beginnen sollten – es entstanden erste Ideen des Ineinandergreifens von präventiven jugendpflegerischen und traditionell reaktiven fürsorgerischen Maßnahmen.

2.1.2 Institutionalisierung der zersplitterten Jugendhilfe nach dem Ersten Weltkrieg

Bis zum Ende des Ersten Weltkriegs blieben jedoch alle Reformbemühungen erfolglos. Politisch gab es im Kaiserreich keinen Boden für eine einheitliche Jugendhilfe, im Sinne einer einheitlichen gesetzlichen Grundlegung. Der Widerstand gegen die Ausweitung staatlicher Zuständigkeiten, der Einfluss der Kirchen und der monarchistischen Kräfte war zu stark. Breitere sozialgestalterische Bedeutung gewann diese Position erst nach dem Ende des Ersten Weltkrieges in der Diskussion um die Verabschiedung des Reichsjugendwohlfahrtsgesetzes. Motor für das Einlenken konservativer Kräfte war nach den Novemberunruhen von 1918 und angesichts der desolaten wirtschaftlichen Zustände die Angst vor dem politischen Erstarken der Arbeiterbewegung – insbesondere die Angst vor der inzwischen breit organisierten sozialistisch-politischen Jugendbildungsarbeit. Der Gedanke einer präventiven Jugendpflege mit einem eigenständigen Erziehungsanspruch als Gegengewicht zu der als unzureichend erachteten Familienerziehung floss in den Gesetzgebungsprozess ein.

In den Reichstagsdebatten um den Stellenwert von Familienerziehung und staatlicher Erziehung, die der Verabschiedung des RJWG voraus gingen, spiegelt sich teils das negative, gespaltene Verhältnis zur proletarischen Familie wieder, vor allem aber die politische und geistige Spaltung zwischen reformerischen, konservativen und kommunistischen Kräften in der Weimarer Republik. VertreterInnen der SPD sahen das RJWG als zentralen Ausgleich für den Funktionsverlust der Familie: „wer seelische und körperliche Kindernot und ihren Umfang kennt, weiß, daß es noch nicht genug ist und sein kann, was in diesem Gesetz enthalten ist ... Wir sehen in dem Reichsgesetz für Jugendwohlfahrt einen Anfang. Wir hoffen, dass diesem Gesetz noch eine ganze Reihe gesetzlicher Bestimmungen folgen werden, die in das große Gebiet der Jugendwohlfahrt hineingehören. Wenn nach § 1 jedes Kind ein Recht auf Erziehung zur gesellschaftlichen Tüchtigkeit haben soll, so schließt das ganz logischerweise mehr ein ... Es verlangt auch das Hineinbeziehen weiterer Gebiete der Jugendwohlfahrt, das einer späteren Gesetzgebung vorbehalten sein muss“ (Marie Juchacz in einer Reichstagsdebatte am 13. Juni 1922, zitiert in AGJ 1982, S. 25). Konservative Vertreter sahen darin hingegen die Gefahr der Zerstörung der Familie und der Aufhebung des natürlichen Elternrechts, Kinder zu pflegen und zu erziehen. So vertrat Paul Hensel (DVP) die Ansicht: „Der Antrag der von unabhängiger Seite eben eingereicht worden ist, zeigt uns ja, daß auch Teile der Mitglieder dieses Hauses anscheinend den Wert der Familienerziehung hinter die öffentliche Erziehung zurückstellt. Wir müssen – so die Argumentation – die öffentliche Erziehung durchaus ablehnen ... Das Recht und die Pflicht der Eltern zur Erziehung werden ja vielfach durch dieses Gesetz eingeschränkt“ (zitiert in AGJ 1982, S. 26). Vertreter der kommunistischen Partei sahen die Notwendigkeit von Reformen weniger in der Etablierung eines Jugendgesetzes als vielmehr in der Anhebung des Wohlstands der Arbeiter.

Die Ausführungen geben einen kleinen Einblick in den Spagat, der im RJWG überwunden werden musste, damit ein Konsens entstehen konnte. Dabei ging es nicht allein um den Wert von Familienerziehung, sondern vor allem um machtpolitische Elemente. Insbesondere die freie Wohlfahrtspflege respektive die Kirchen kämpften um den Zugriff auf die Familie. So argumentiert Agnes Neuhaus aus der Zentrumspartei in der oben genannten Reichstagdebatte: „Ich kann nicht verhehlen, dass in den Kreisen, die uns nahe stehen, noch große Bedenken gegen dieses Gesetz bestanden und noch bestehen. Vor allem sind es zwei Punkte ...: Das erste Bedenken ist sehr leicht mit dem Wort Verstaatlichung der freien Liebestätigkeit zu charakterisieren. Der Staat übernimmt mit diesem Gesetz die gesamte Jugendfürsorge, auch diejenige, die bisher ausschließlich von der freien Wohlfahrtspflege geleistet wurde" (zitiert in AGJ 1982, S. 24). Dass letztendlich ein Konsens gefunden wurde, lag in der mit der wirtschaftlichen Krise einhergehenden Krise der bürgerlichen Gesellschaft begründet und der Angst konservativer, teils monarchistischer Kräfte, dass die eigenständigen linksorientierten Jugendbünde bzw. die Jugendorganisationen der Arbeiterbewegung angesichts dieser Krise einen großen Teil der Arbeiterjugend dauerhaft an sich binden und damit eine ungewollte politische Bewegung in Gang setzen könnten. So ist mit der Kodifizierung des Anspruch auf Erziehung in § 1 des RJWG „Jedes deutsche Kind hat ein Recht auf Erziehung zur leiblichen, seelischen und gesellschaftlichen Tüchtigkeit", also mit dem Rechtsanspruch des Kindes (nicht der Eltern!) nicht etwa ein bürgerrechtlicher Anspruch durchgesetzt worden, sondern vielmehr der potenzielle staatliche Zugriff auf Kindheit und Jugend legitimiert und gegen Einwände durchgesetzt worden. Die Krise der bürgerlichen Gesellschaft machte einen solchen Konsens möglich.

Aus einer familienbezogenen Perspektive lassen sich zwei Pole formulieren, die im RJWG integriert wurden:

A) Der durch den Staat garantierte Kinderschutz – im Zentrum steht das vulnerable, (arme) zu schützende Kind: Organ war die familienersetzende Fürsorge.
B) Die durch den Staat geförderte präventive Jugendpflege mit einem eigenen Erziehungsanspruch – im Zentrum steht die bildungsbedürftige Jugend in einer ausdifferenzierten Gesellschaft: Organ war die familienergänzende Jugendpflege.

Während in erster Position die versagende Familie kontrolliert und gegebenenfalls ersetzt wird und der Staat nur in dieser Situation eingreift, wird in zweiter Position generell die gewandelte Familie ergänzt, die nicht mehr alle Reproduktions- und Sozialisationsfunktionen übernehmen kann und bestimmte Funktionen nach außen verlagert. Anders als in späteren Phasen nach dem zweiten Weltkrieg steht nicht die Stützung der Familienerziehung und die Entlastung der Familie im Vordergrund (durch Beratung, Begleitung, Anleitung etc.), sondern das Kind oder der Jugendliche, den es (vor seiner Familie und vor schädlichen Einflüssen) zu schützen und außerhalb der Familie zu bilden gilt. Obwohl insbesondere von Frauen der bürgerlichen Frauenbewegung (vgl. Gertrud Bäumer, Alice Salomon) Familien- bzw. Elternbildung zur Stärkung der elterlichen Erziehungstätigkeit immer wieder angemahnt worden war, fand diese zwar Erwähnung, jedoch in der Jugendhilfepraxis kaum Umsetzung. Das Verhältnis zwischen staatlicher Jugendhilfe und Familie kann als einseitig kontrollierend und eingreifend bezeichnet werden.

Angesichts der Weltwirtschaftskrise und der Notstandsverordnungen von 1923/24 konnten sich 1924 vor dem Inkrafttreten des 1922 verabschiedeten RJWG jene Kräfte durchsetzen, die mit Bezugnahme auf die fiskalischen Notstände das Gesetz und damit die Jugendhilfe auf die fürsorgerische, eingreifende Tätigkeit reduzieren und die jugendpflegerischen, sozialpädagogischen Aspekte als Kann-Bestimmungen ins Abseits katapultieren wollten. Der nicht ausgetragene Zwiespalt zwischen familialer und öffentlicher Erziehung, also die Halbherzigkeit bei der Geburt des Gesetzes setzten den reformerischen Bemühungen ein fiskalisch begründetes Ende – ein eigenständiger Erziehungsanspruch war zwar von reformerischen Kräften in das Gesetz eingebracht und begründet worden, konnte sich aber in der politischen und gesellschaftlichen Praxis, unter der sich das neue Gesetz etablieren musste, nicht durchsetzen. So kommt Münder zu dem rückblickenden Fazit: „Auch wenn das Gesetz programmatisch vom Anspruch des Kindes auf Erziehung spricht, so ist im Verständnis des RJWG die Jugendhilfe der Familienerziehung nachgeordnet: Jugendhilfe ist Ausfallbürge dann, wenn Familienerziehung nicht funktioniert. Eine eigenständige Profilierung von Hilfe und Erziehung kommt der Jugendwohlfahrt nicht zu" (Münder 1990b, S. 3).

Zusammenfassend lässt sich sagen, dass der nicht bis zum Ende ausgetragene Zwiespalt in der Entstehungszeit der Jugendhilfe die Jugendhilfepraxis nachhaltig prägte. Faktisch fand der reformpädagogische Gedanke, gesellschaftliche Verantwortung für die Erziehung der Jugend über die schulische Bildung hinaus zu nehmen, trotz seiner Einbettung in die Gesetzgebung in der fachlichen Praxis und dem gesellschaftlichen und politischen Denken kaum Akzeptanz. Das RJWG bleibt ein ander These des Funktionsverlustes von Familie orientiertes und damit in seiner Funktion auf Kontrolle und Reaktion eingeschränktes Gesetz.

2.2 Phase 2: Familie als bevölkerungspolitisch benutzte Institution

Mit der Machtübernahme der Nationalsozialisten gab es einen Bruch mit der in der Weimarer Republik ambivalenten Haltung zur Familie sowie mit dem halbherzig durchgesetzten eigenständigen Erziehungsanspruch in der Jugendhilfe. Der bisherige Erziehungsanspruch in der Jugendhilfepraxis wurde als zu pluralistisch, zu liberal, vor allem aber als zu individualistisch abqualifiziert. Ein klares Verhältnis zur Familie sowie zu staatlicher Erziehung wurde binnen kurzer Zeit und mit äußerster Radikalität geschaffen. Es stand nicht mehr allein die proletarische Familie im Zentrum der Kritik, sondern generell die reaktionäre Familie – die bürgerliche wie die jüdische – die einer nationalsozialistischen Menschenbildung und Zukunft durch „individualistische" Erziehung entgegenstanden.

Aus bevölkerungspolitischer Motivation wurde die deutsche, arische Familie ideologisch aufgewertet – die familienbezogene Defizitrhetorik verschwand komplett aus Öffentlichkeit und Politik und wurde durch die Propagierung der modernen und gesunden Familie, die das Familienleben und die Familienerziehung vollständig den nationalsozialistischen Zielen unterstellt, ersetzt. Familien, die nicht diesem Ideal folgten, wurden ausgelesen, allgemein in ihrer Erziehungstätigkeit beschnitten. Parallel dazu wurde die erzieherische Vormachtstellung des Staates spätestens seit 1936 mit dem „Gesetz über die Hitlerjugend", in dem die Hitler-Jugend zur Staatsjugend erhoben wurde, weitgehend rechtlich legitimiert und propagiert. In § 2 des Gesetzes heißt es: „Alle Jungen und Mädchen der Hitler-Jugend unterstehen der öffentlich-rechtlichen Erziehung nach Maßgabe der Bestimmung, die der Führer und Reichskanzler erläßt." Der Oberbürgermeister der Reichshauptstadt Berlin legte in einem „Bericht über die Tätigkeit des Landes-, Wohlfahrts- und Jugendamtes" dieses Gesetz wie folgt aus: „Nächst der Familie wird im Dritten Reich die HJ (die Hitler-Jugend) als wichtige und grundlegende Erziehungsmacht gewertet. Durch das

Reichsgesetz vom 1. Dezember 1936 hat der Führer bestimmt, dass in der HJ die gesamte deutsche Jugend außerhalb des Elternhauses und der Schule körperlich, geistig und sittlich im Geiste des Nationalsozialismus zum Dienst am Volk und zur Volksgemeinschaft erzogen werden soll" (zitiert in AGJ 1982, S. 44). Außerschulische Erziehung erlangte einen zentralen Stellenwert, der über den der Familie und der Schule gestellt wurde und eine Loslösung der Jugend aus der Familie forcierte, da der größte Teil der Familien als nicht fähig angesehen wurde, den nationalsozialistischen Fortschritt tatsächlich voranzutreiben (vgl. Steen 1987, S. 130).

Innerhalb der Jugendhilfe fand ebenfalls ein radikaler Bruch mit den Auslegungen des RJWGs der Weimarer Republik statt (vgl. Otto/Sünker 1986). Obwohl es nur zu einer eingeschränkten Gesetzesnovelle 1939 kam[2], verschob sich das Gewicht zwischen Jugendfürsorge und Jugendpflege in erheblichem Ausmaß. Primäres Objekt staatlichen Handelns wurde die „normale" und „gesunde" Jugend, die es zu „ertüchtigen" und zu nationalsozialistischen Hoffnungsträgern zu erziehen galt. „Das Aufgabengebiet der Jugendwohlfahrt ist ebenfalls neu geordnet worden. An erster Stelle steht jetzt nicht mehr die Fürsorge für die verwahrloste, abnorme oder kranke Jugend, sondern die Ertüchtigung der normalen, erbbiologisch gesunden Jugend" (Der Oberbürgermeister von Berlin 1937, zitiert in AGJ 1982, S. 44). Die traditionelle Fürsorge, die in der Jugendhilfepraxis der Weimarer Republik ein starkes Übergewicht hatte und möglichst breite Schichten der Arbeiterjugend und -familien zu kontrollieren suchte, erhielt eine nachgeordnete Existenz. Es sollten nur noch diejenigen „Fälle" Fürsorge genießen, die nicht durch die staatliche Massenorganisation erzogen werden konnten, bei denen aber dennoch Aussicht auf erfolgreiche Umerziehung und „Integration in den Volkskörper" bestand. „Nicht-erziehbare Kinder und Jugendliche" wurden im Sinne der Auslese von jugendpflegerischen und jugendfürsorgerischen Maßnahmen kategorisch ausgeschlossen und in Arbeitslagern quasi „weggeschlossen" (vgl. Peuckert/Münchmeier 1990, S. 27f.).

Zusammenfassend kann das Verhältnis von Jugendhilfe und Familie im Nationalsozialismus wie folgt gekennzeichnet werden: Jugendhilfe verfolgt einen dem nationalsozialistischen Geist untergeordneten totalen Erziehungsanspruch, der sich gegen individualistische, schädliche Familienerziehung wendet. Familie wird nur dann akzeptiert, wenn sie dem nationalsozialistischen Gedankengut ergeben scheint, die unabhängige Jugend wird zum Hoffnungsträger einer neuen Zukunft, einer neuen Familie. Einmalig in der Geschichte der Jugendhilfe ist, dass der staatliche Erziehungsanspruch so weitgehend und rigide gegen Familie durchgesetzt wurde – nicht etwa nur dann, wenn das Kindeswohl gefährdet war, sondern auch dann, wenn Erziehung nicht im nationalsozialistischen Sinne gewährleistet wurde. Die selektiven Mechanismen der Jugendhilfe mutierten zum Instrument der Ausmerzung unwerter Familien.

2 Nach der Machtergreifung durch die Nationalsozialisten wurde im RJWG lediglich die Kollegialverfassung des Jugendamtes mit der Novelle des Gesetzes vom 01.02.1939 aufgehoben (Abschaffung des Jugendwohlfahrtsausschusses) und das Führerprinzip eingeführt – ansonsten blieben alle Regelungen so belassen wie in der Weimarer Republik.

2.3 Phase 3: Die Kernfamilie als Normalisierungsgarantie[3]

Unmittelbar nach Kriegsende, noch unter der Führung des Alliierten Kontrollrats, setzten die Diskussionen um die Neugestaltung der Jugendhilfe und damit der Versuch einer Neubestimmung des Verhältnisses zwischen Familie und staatlichem Erziehungsanspruch ein. Die Diskussionen in den westlichen Besatzungszonen (und nach 1949 in der BRD) waren durch zwei ideologische Eckpunkte bestimmt: auf der einen Seite durch die Forderung nach politischer Bildung und Umerziehung der ideologisierten Jugend, auf der anderen Seite durch das Gebot absoluter Zurückhaltung des Staates gegenüber der Familie und dem Schutz der Familie vor staatlichen Eingriffen. Im Zentrum stand allerdings ganz pragmatisch der Wiederaufbau der zerstörten Lebensverhältnisse und institutionellen Gefüge. Armut, Elternlosigkeit, Wohnungslosigkeit bzw. das Leben in Auffanglagern und chaotische Familienverhältnisse (Flüchtlingsfamilien, aus dem Krieg zurückkehrende oder fehlende Väter, unvollständige Familien) und Jugendarbeitslosigkeit waren die Herausforderungen der ersten Nachkriegsjahre.

Die Jugendhilfe zielte vor allem darauf ab, angesichts des breite Schichten betreffenden Massenelends (vgl. Peuckert/Münchmeier 1990, S. 32ff.) – das nicht mehr spezifische Randgruppen betraf – Normalverhältnisse wieder herzustellen, in denen familiäre und institutionelle Erziehung wieder möglich werden konnten. Damit entstand in der unmittelbaren Nachkriegszeit eine kurze Phase der konzeptionellen Offenheit, in der die alte Randgruppenorientierung der Weimarer Republik noch nicht wieder virulent war und strukturell hätte überwunden werden können. Dennoch wurde ein Wechsel der Jugendhilfepraxis und des Jugendhilferechts nach dem Zweiten Weltkrieg nicht realisiert. Zum einen wurden die Institutionen der Jugendhilfe nach dem Vorbild der Gegebenheiten der Weimarer Zeit wieder hergestellt und dem Jugendamt eine zentrale Rolle als Stabilitätsgarant zugewiesen – Peuckert/Münchmeier formulieren die These, dass auf gesellschaftliche Unordnung mit einer Stärkung der Bürokratie, nicht aber mit einem generellen Umdenken geantwortet wurde (vgl. ebd., S. 35). Zum anderen wurde in der Jugendhilfepraxis versucht, normale familiäre Verhältnisse wiederherzustellen, die am Leitbild der bürgerlichen Kleinfamilie orientiert waren, sowie die „verwahrloste" Jugend wieder erwerbsfähig zu machen und in Normalerwerbs- und Normalfamilienverläufe zurückzuführen. Diese Vorstellung der Herstellung und Stabilisierung von Normalverhältnissen einerseits und einer starken Bürokratie zur Bändigung von „Unordnung" andererseits prägte die Jugendhilfe, insbesondere die Jugendfürsorge, bis weit in die 1960er Jahre hinein nachhaltig. Mit der Fixierung auf diese beiden Prinzipien war eine grundlegende Neugestaltung der Jugendhilfe schon ideologisch kaum denkbar.

Ende der 1950er Jahre wurden allmählich die latenten Widersprüche zwischen dem massiven Ausbau fürsorgerischer Maßnahmen und Einrichtungen der Jugendhilfe einerseits und der Ideologie der „heilen bürgerlichen Familie" andererseits offensichtlich: So wurde beispielsweise im Ersten Jugendbericht der Bundesregierung von 1961 beklagt, dass immer mehr Familien aus Überforderung ihre Kinder in Heimerziehung gaben und nicht bereit seien, Verantwortung für die Erziehung zu übernehmen. Im gleichen Atemzug aber wurde der Ausbau und die Professionalisierung von Heimerziehung gefordert, um mehr

3 In den folgenden Abschnitten wird die Auseinandersetzung mit der Entwicklung der Jugendhilfe auf das Gebiet der westlichen Besatzungszonen bzw. später der BRD begrenzt. Die Autoren sind sich der hierdurch eingehandelten Verkürzungen bewusst.

betroffenen Kindern eine umfassende demokratische Erziehung zukommen zu lassen. Während die innerfamiliale Erziehung komplett der Familie überlassen wurde, wurde die Jugendfürsorge intern professionalisiert und ausgebaut: Erst gegen Ende der 1950er Jahre konnten sich Ansätze einer Familienberatung durchsetzen, die den Spagat zwischen „guter" Familienerziehung versus Heimerziehung zu überwinden versuchten.

Auch die Familienbildung wurde nach dem Zweiten Weltkrieg als sozialpädagogisches Arbeitsfeld wieder hergestellt und nach dem Subsidiaritätsprinzip an die freien Träger der Wohlfahrtspflege delegiert. Erst in den 1960er Jahren bildeten sich Programme der Volksbildung heraus, die hauptsächlich von den Kirchen getragen wurden, aber quantitativ nach wie vor keine herausragende Rolle spielten (vgl. Nave-Herz 1965; Erler 2001).

Parallel zum Wiederaufbau der Jugendfürsorge wurde auch die Jugendpflege neu organisiert. Im Gegensatz zur Weimarer Republik wurde angesichts der breiten Masse an Jugendlichen, die im Nationalsozialismus erzogen worden waren, der politischen Bildung als ein Mittel der Umerziehung und Demokratisierung potenziell aller Jugendlicher ein erheblicher Stellenwert eingeräumt. Jugendpflege (Jugendgruppenarbeit, Jugendbildung) war also nicht mehr ausschließlich als Randgruppenarbeit konzipiert.

Obwohl der Jugendpflege normativ eine andere Bedeutung als in der Weimarer Republik beigemessen wurde – unmittelbar nach Kriegsende wurden bedeutende Bildungsstätten durch die Besatzungsmächte zur Umerziehung der Jugend aufgebaut[4] – wurde eine weitgehende Reform des Jugendhilferechts verhindert, in der Jugendbildung und Jugendpflege einen verpflichtenden und neben der Fürsorge gleichberechtigten Status hätten erhalten können. Das RJWG, das im Nationalsozialismus fast unverändert fortbestanden hatte, wurde zwar bereits 1945 wieder in den Wortlaut von 1924 zurückversetzt (Wiedereinsetzung der Kollegialverfassung, siehe Münder 1990b, 4), aber inhaltlich auch nach 1949 in der wirtschaftlichen und politischen Aufbauphase unter der von Konrad Adenauer geführten christlich-liberalen Regierung kaum modifiziert. Die Reduzierung der Jugendpflege auf eine freiwillige Aufgabe der Kommunen und Städte, also die Einschränkungen, die 1924 unter fiskalischen Gesichtspunkten vorgenommen worden waren, wurden nicht zurückgenommen. Eine stärkere Einheit von Jugendfürsorge und Jugendpflege wurde auf diese Weise strukturell verhindert. In der Novelle des RJWG von 1953 konnte eine minimale Aufwertung der Jugendpflege durchgesetzt werden, jedoch waren die „Förderverpflichtungen für die Jugendpflegeaufgaben (...) so beschrieben, daß Kommentatoren des Gesetzes sie als bedingte Pflichtaufgaben interpretierten. Bei Sparbeschlüssen in den Gemeinden hatte dies die absurde Folge, dass sie wie freiwillige Leistungen behandelt wurden" (AGJ 1982, S. 50). Auch in der Novelle des RJWG von 1961 wurde außer der Änderung des Gesetzesnamen zum Jugendwohlfahrtsgesetz (JWG) und der Neuordnung der Paragraphen keine umfassende Reform und Neustrukturierung der Jugendhilfe realisiert.

Legitimiert durch die Abgrenzung zur völkischen und eingreifenden Familien- und Jugendpolitik der Nationalsozialisten auf der einen Seite und die wirtschaftlich prekären Bedingungen im Nachkriegsdeutschland auf der anderen Seite, konnten sich konservative Kräfte bei der Neugestaltung der Jugendhilfe gegen Auffassungen eines eigenständigen staatlichen Erziehungsauftrags außerhalb der Schule dauerhaft durchsetzen. Es setzt sich für die folgenden Jahre ein Erziehungsleitbild durch, in dem Familie als wichtigste Soziali-

4 Vgl. 1. Jugendbericht von 1961: die demokratische Erziehung der Jugend, die Bildungsarbeit in allen demokratischen Institutionen hatte in diesem Bericht absoluten Vorrang vor der Auseinandersetzung mit fürsorgerischen Aufgaben der Jugendhilfe. Vgl. auch Giesecke (1971) und Rössner (1967).

sationsinstanz galt, Schule als sekundäre, aber eigenständige Erziehungsinstanz und Jugendpflege dagegen als nachrangige Familienergänzung verstanden wurde, die durch freie Träger gewährleistet werden sollte. Die familiären Realitäten, die nach dem Krieg diesem Bild lange Zeit so gar nicht entsprechen wollten, sollten durch moralische Bemühungen auf der einen Seite und dem Unterlassen außerfamilialer Unterstützungsleistungen auf der anderen Seite verändert werden. Familie erhielt in neuer Weise ideologischen Wert und damit Bedeutung für die Gesellschaft: die kleine intakte Vater-Mutter-Kind-Familie wurde zum normativen Garanten des wirtschaftlichen Aufbaus und der Normalisierung des gesellschaftlichen Lebens nach dem Zweiten Weltkrieg und dem Ende der Diktatur durch die Nationalsozialisten. Dieses Familienleitbild wurde prägend für die kommenden Jahrzehnte und war fest in den Vorstellungen und Handlungsmustern eines großen Teils der Entscheidungsträger aus Politik, Verwaltung und Verbänden, später auch in weiten Teilen der Bevölkerung verankert. Staatliche Einmischung in die Familie wurde gemäß Artikel 6 des Grundgesetzes zurückgewiesen. Insgesamt kann man diese Phase als zentrale normative Weichenstellung kennzeichnen, eine Phase, die die Rechtsprechung und Jugendhilfepraxis über viele Jahre bestimmt und Neustrukturierungen verhindert hat.

2.4 Phase 4: Familie als defizitäre Sozialisationsinstanz

Nachdem das traditionelle bürgerliche Familienleitbild in der unmittelbaren Nachkriegszeit eine ungeahnte normative Renaissance erlebte, setze eine Phase ein, in der angesichts des wirtschaftlichen Aufschwungs und der Vollbeschäftigung, dem zunehmenden Mangel an gut qualifizierten Arbeitskräften seit dem Mauerbau 1961 und der Konkurrenz zum Bildungs- und Erziehungssystem der DDR erstmalig generelle Defizite der Familie zum öffentlichen Diskussionsgegenstand wurden. Nicht erst nachdem Georg Picht 1964 im Nachhall des Sputnik-Schocks (1957) und der Systemgegensätze mit seinem viel beachteten Werk die „Deutsche Bildungskatastrophe" ausgerufen hatte und die DDR große Bildungserfolge hinsichtlich der Zahl der Abiturienten und Ingenieure vorweisen konnte, setzte auch in der BRD Mitte der 1960er Jahre eine Debatte über die Notwendigkeit stärkerer außerfamilialer Bildungsbemühungen ein. Diese konzentrierten sich anfangs vorrangig auf Hochschulen und Schulen, reichten jedoch mit den Diskussionen um Erziehung im Vorschulalter bis in die Jugendhilfe (Kindergarten) hinein. Insgesamt setzte Ende der 1960er Jahre mit der sozialliberalen Koalition unter Willy Brandt eine innenpolitische Reformphase ein, die erheblich an dem bisherigen familienpolitischen Leitbild rüttelte (vgl. Gerlach 1996, S. 193f.) und damit auch Auswirkungen auf die Jugendhilfepraxis hatte. Zur Erosion des traditionellen Familienleitbildes trug auch die stärker werdende feministische Bewegung bei, die die Reduktion von Frauen auf den Hausfrauenstatus bekämpfte und eine gleichberechtigte Teilhabe am Erwerbssystem forderte. Diese Bestrebungen fielen zusammen mit dem wirtschaftlichen Bedarf an weiblicher Arbeitskraft. So bildete sich neben der Bildungsdebatte auch eine Debatte um die Betreuung von Kindern erwerbstätiger Mütter heraus – und damit auch um die Legitimität außerfamilialer Erziehung im Vorschulalter (bspw. Tagesmütterprojekt). Insgesamt kann festgehalten werden, dass das traditionelle Familienleitbild der 1950er Jahre, das die Ausgestaltung der Jugendhilfe in der Nachkriegszeit prägte, nun als gesellschaftlich teilweise disfunktional abgewertet wurde. Wurde in der vorangegangenen Phase die „eigensinnige" Nachkriegsfamilie eher gedrängt, einem ernährerehemannzentrierten Familienleitbild zu folgen und die im Nationalsozialismus und Krieg geschädigte Sozialisationsfunktion gerade in der frühen Kindheit komplett wieder zu übernehmen, setze jetzt ein Wandel in der Argumentation ein.

Schule und außerschulische Institutionen gerieten als zentrale Sozialisationsinstanzen neben der Institution Familie aus einer ökonomischen Perspektive in den Blick. Das wirtschaftliche Wachstum wurde als gefährdet angesehen, wenn es dem Staat nicht gelänge, die brach liegenden Bildungspotenziale zu mobilisieren. Familie wurde zunehmend als defizitäre Sozialisationsinstanz betrachtet, die Bildung in den ersten sprach- und kognitionsrelevanten Lebensjahren nicht ausreichend vermitteln kann (schichtspezifische Begründung). Auf breiter Ebene setzte sich die Haltung durch, dass diesem familialen Funktionsdefizit nur mittels kompensatorischer Erziehung begegnet werden könne (vgl. du Bois-Reymond 1971), in der Elternbildung durchaus zur Sprache kam, jedoch nicht als zentraler Ansatzpunkt galt. Chancengleichheit im Bildungssystem wurde zum regulativen Prinzip gesellschaftlich politischer Reformbemühungen (vgl. Dahrendorf 1965; Cloer 1979, S. 186). Die Familie sollte durch eigenständige Bildungsinstitutionen im Vorschul-, Primar- sowie Sekundarbereich von ihrer Bildungsfunktion noch weitgehender entlastet werden als bisher (vgl. 1970 Strukturplan des Deutschen Bildungsrates sowie Bildungsbericht '70).

Das wirtschaftliche Interesse an einer Ausweitung außerschulischer Bildung berührte sich in einigen Punkten mit dem Interesse sozialistischer und marxistischer Gruppen an außerfamilialer Jugendbildung, wenn hier auch Bildung mehr aus einer Totalitarismuskritik als Grundbedingung für demokratische Erziehung zum politisch mündigen und aufgeklärten Bürger denn als Voraussetzung für ökonomischen Erfolg angesehen wurde (Vertreter der kritischen Theorie wie Jürgen Habermas). In diesen Kreisen wurde die bürgerliche Familie teils als Ursprung allen Konservativismus und Totalitarismus, teils als Ursprung für die Aufrechterhaltung kapitalistischer Strukturen angesehen. Am radikalsten drückte das wohl der Marxist und Psychoanalytiker Wilhelm Reich aus: „Die Familie erzeugt den autoritätsfürchtigen, lebensängstlichen Untertanen und schafft derart immer neu die Möglichkeit, daß Massen durch eine Handvoll Machthabender beherrscht werden können" (Reich 1936/Die Schrift wurde in den 1960er/70er Jahren mehrfach wieder aufgelegt und häufig als Basis für eine radikale Familienkritik genommen). Hier wurde nicht am traditionellen Bild der defizitären bzw. unvollständigen Arbeiterfamilie angesetzt, sondern vielmehr an der funktionierenden bürgerlichen Familie, die an verkrusteten Strukturen festhält und politische Reformen verhindert.

In diesem von unterschiedlichen gesellschaftlichen und wirtschaftlichen Strömungen getragenen Bildungs- und Erziehungsdiskurs erhielt die Jugendhilfe als Träger von außerschulischer Bildung und Betreuung im Vorschulalter eine erhebliche Aufwertung. Die Perspektive von Familie als defizitärer bzw. „falscher" Sozialisationsinstanz prägte die Weiterentwicklung der Strukturen der Jugendhilfe sowie deren Stellung in der Gesellschaft in erheblichem Maße. Familie wurde als direkter Bezugspunkt von Hilfen eher in den Hintergrund gerückt. Vielmehr stand der quantitative und qualitative Ausbau außerfamilialer Handlungsfelder der Jugendhilfe im Zentrum, weniger die Fortentwicklung familienstützender Maßnahmen und Methoden.

Flankiert wurde diese Phase von der Etablierung einer kontinuierlichen und umfangreichen Berichterstattung im Bereich Bildung, Jugend und Familie[5] (vgl. Richter/Coelen

5 Mit der Novelle des JWG 1961 war die Pflicht zur Jugendberichterstattung eingeführt worden (vgl. Richter/Coelen 1997; Hornstein 1997). Seit 1968 wurden regelmäßig Familienberichte verfasst (Gerlach 1996,

1997), d. h. Politikgestaltung wurde auf die Basis von Faktenwissen gestellt. Auch an der thematischen Entwicklung der Jugendberichterstattung kann man den Paradigmenwechsel in der bundesrepublikanischen Bildungs- und Erziehungsdebatte nachvollziehen. Während sich der Erste Jugendbericht (1965) unter dem Eindruck der „Halbstarkenproteste“ generationenbezogen noch primär mit der Lage und dem Verhalten der Jugend in ihren verschiedenen Lebensbereichen auseinandersetzt und damit um ein Verständnis für eine fremd gewordene Generation ringt, um Maßstäbe und Vorstellungen für die Jugendhilfe zu entwickeln, drehen sich der Zweite und Dritte Jugendbericht ganz zentral um die institutionellen und fachlichen Rahmenbedingungen der Jugendhilfe (1968: Mitarbeiter der Jugendhilfe und 1972: Jugendamt). Mit diesem veränderten Schwerpunkt – weg vom gruppenbezogenen hin zu einem institutionenbezogenen Fokus – ist ein Zeichen für die Relevanz außerfamilialer Sozialisationsinstanzen und der Entwicklung eigenständiger Methoden innerhalb dieser Institutionen gesetzt worden. Auch der Vierte Jugendbericht (1977), der die betriebliche Sozialisation von Jugendlichen ins Zentrum rückt, ist orientiert an diesem Ringen um gute gesellschaftliche Sozialisationsbedingungen – jedoch jetzt bereits unter dem Zeichen der ersten Wirtschaftskrise der Nachkriegszeit in den 1970er Jahren und der damit einhergehenden Jugendarbeitslosigkeit sowie der zunehmenden Kritik an kompensatorischer Erziehung und einer Aufwertung der Familienerziehung.

In diese Phase der mehrstimmigen Kritik an Familie fiel dann auch die erneut aufflammende Diskussion um die Reform des Jugendhilfegesetzes von 1961. Es entstand ein erneuter Versuch, über eine Reform des Gesetzes einen eigenständigen Erziehungsanspruch in der Jugendhilfe zu etablieren. 1972 wurde im Rahmen des Dritten Jugendberichts eine Diskussionsvorlage „Eckpunkte der Jugendhilfereform“ vorgelegt (BMFG 1972; vgl. Merchel 2003, S. 17). In diesen Eckpunkten konturiert sich ein Programm von Jugendhilfe

- als einem zwar auf andere Erziehungsinstanzen bezogenen, aber eigenständigen Sozialisationsbereich,
- der auf einem rechtlich festgelegten und einklagbaren Erziehungsanspruch von Kindern und Jugendlichen beruht,
- dementsprechend mit konkreten Leistungsansprüchen verbunden ist und
- bei dem präventive Hilfen im Sinn von vielfältigen unterstützenden Angeboten im Zentrum der Angebotsstruktur stehen (vgl. Merchel 2003, S. 17).

In dieser Diskussion bildet sich der Begriff der „offensiven Jugendhilfe“ heraus, der ein Leitbegriff – für einige ein Hoffnungsträger, für andere eher ein rotes Tuch – für die kommenden Jahre werden sollte. Ziel dieser Reformbemühungen war es, Jugendhilfe als eigenständige Erziehungsinstanz mit einem fest umschriebenen und einklagbaren Maßnahmenkatalog zu etablieren- nicht nur als Korrektur- und Kontrollinstanz der Familie, sondern als präventiv arbeitende Institution. Es sollte eine „konzeptionelle Ablösung von anderen Sozialisationsinstanzen“ vollzogen werden (vgl. Merchel 2003, S. 18). Zur Umsetzung dieses Konzeptes in Form eines Gesetzesentwurfs kam es nicht, vielmehr wurde das Eckwertepapier in der Diskussion um die Angemessenheit des Ausbaus einer eigenständigen Jugendpflege zerrieben.

Zusammenfassend kann gesagt werden, dass sich Ende der 1960er Jahre eine bildungsbezogene Diskussion etablierte, in der Familie primär als Defizitmodell, nicht aber als Sozialisationsinstanz mit zentralen Aufgaben, Erwähnung fand. Es erfolgte eine deutliche

S. 193). 1968: Erster Familienbericht (Lage der Familie), 1975: Zweiter Familienbericht (Familie und Sozialisation – paradigmatisch für die Zeit), 1979: Dritter Familienbericht (Lage der Familie).

Aufwertung und Ausweitung außerfamilialer Sozialisationsinstanzen – sowohl in quantitativer als auch in qualitativer Hinsicht wurde die außerschulische Kinder- und Jugendarbeit sowie -bildung nicht nur im Kindergarten, sondern auch in den Jugendbildungsstätten ausgeweitet. Es wurden weniger die familienstützenden Dienste als vielmehr vorrangig außerschulische Bildungs- und Sozialisationsinstanzen gefördert.

2.5 Phase 5: Nicht Funktionsverlust sondern Funktionswandel von Familie – Renaissance der Familie

Bereits Mitte der 1970er Jahre – also parallel zur Realisierung der Bildungsreform – kristallisierte sich Kritik an dem explizit bildungsorientierten Sozialisationsmodell heraus. Von den unterschiedlichsten politischen und gesellschaftlichen Positionen aus wurde bemängelt, dass der Ansatz zu stark (mittel-)schichtorientiert sei, dass er lediglich darauf abziele, einseitig bildungsbezogene Chancenungleichheit auszugleichen sowie dass zentrale familiale Vermittlungsfunktionen im Sozialisationsprozess fast vollständig ignoriert würden, Familienerziehung werde insgesamt in der Defizitrhetorik nachrangig behandelt.[6] Von erziehungswissenschaftlicher Seite aus wurde mit Rekurs auf Bronfenbrenners sozial-ökologischem Sozialisationsansatz (vgl. Bronfenbrenner 1974, 1986) die starke Verengung auf kompensatorische Erziehung als einzige Antwort auf familiale Defizite in Frage gestellt (vgl. Zusammenfassung bei Cloer 1979, S. 187ff.). Damit reihten sich in die Kritik nicht allein konservative Kräfte ein, sondern auch solche, die durchaus in der Tradition der kritischen Theorie standen und die die staatlich-kontrollierende Übermacht in der Jugendhilfe kritisierten (wie bspw. Mollenhauer/Brumlik/Wudtke 1975). In einer am Deutschen Jugendinstitut angesiedelten Arbeitsgruppe um Jürgen Zimmer wurde schon zu Beginn der 1970er Jahre die Reduktion vorschulischer Erziehung auf die Vermittlung kognitiven Wissens kritisiert (vgl. Zimmer 1973, exempl. später auch Ehrhard-Kramer u. a. 1987).

Aufwertung erhielt Familienerziehung auch aus der Kritik an der bestehenden Heimpraxis. 1969 wurde mit der spektakulären Berliner „Heimkampagne" auf die desolaten Zustände in Kinder- und Jugendheimen aufmerksam gemacht. Einerseits wurde mit dieser Kampagne für eine Politisierung der Jugend gekämpft, andererseits wurden im breiteren Kontext dieser Heimkritik erste Konzepte für Familienhilfen entwickelt und umgesetzt. Es wurde die These vertreten, dass über intensive Familienhilfen Heimunterbringungen vermieden werden könnten – Familien sollten in die Lage versetzt werden, problematische Situationen im Familienkontext zu lösen (vgl. Hofgesang 2001, Nielsen/Nielsen/Müller 1986). Die professionellen Instrumente der Familienhilfe entwickelten sich parallel zur Bildungsplanung erheblich weiter.

Als es 1982 zum Regierungswechsel zu einer christlich-liberalen Regierung unter Helmut Kohl kam, hatte sich ein Klima für die Familie entwickelt, so dass sich die politisch forcierte so genannte „geistig-moralische Wende" in diesem eingeschränkten Sinne vollziehen konnte. Familie erhielt nicht erst durch die neuen Akzente der christlich-liberalen Familienpolitik eine erhebliche Aufwertung. Unter der von Heiner Geissler bereits 1976 proklamierten „neuen sozialen Frage" (vgl. Geissler 1976), konnte sich erneut ein starkes Familienleitbild in Politik und Praxis durchsetzen (vgl. auch Gerlach 1996, S. 193f.). Selbst

6 Was nicht ganz nachzuvollziehen ist, da sowohl Claessens/Millhofer (1973) als auch du Bois-Reymond (1971) auf die Notwendigkeit der Elternschulung hingewiesen haben.

ein Teil der Frauenbewegung proklamierte trotz der nach wie vor bestehenden Kritik an patriarchalen Familienverhältnissen die neue „Mütterlichkeit" und das Recht von Frauen, Lebenszeit nicht allein in Ausbildung und Erwerbstätigkeit zu investieren, sondern auch in das Zusammenleben mit Kindern und in deren Erziehung (vgl. Müttermanifest 1986). Getragen von einem breiten gesellschaftlichen Konsens – der allerdings erst rückblickend als ein solcher beschreibbar ist – fand eine Rückbesinnung auf die Erziehungsleistungen der Familie, also eine Renaissance der Familienerziehung statt, die erhebliche Konsequenzen für das Verhältnis von Jugendhilfe und Familie sowie später Ende der 1980er Jahre für die Reform des Jugendhilfegesetzes haben sollte.

Im Jahre 1980, als sich das Klima gegenüber der Familie bereits zu wandeln begonnen hatte und der Bundesrat durch konservative Mehrheitsverhältnisse bestimmt war, scheiterte dann auch der von der sozial-liberalen Bundesregierung verabschiedete Gesetzentwurf zur Reform der Jugendhilfe. Die Zurückweisung der Reformvorlage wurde fiskalisch (massiver Ausbau der außerschulischen Jugendarbeit) und familienpolitisch (Jugendhilfe als eigenständige Sozialisationsinstanz, Schwächung des Elternrechts) begründet. Die Idee eines eigenständigen Sozialisationsanspruchs der Jugendhilfe, der ausführlich in dem Eckpunktepapier von 1972 (s. o.) für die Reform der Jugendhilfe („offensiven Jugendhilfe") begründet worden war, war damit endgültig ad acta gelegt. Die Familienorientierung in der Gestaltung der Jugendhilfe konnte sich in allen Reformbemühungen politisch durchsetzen.

Unter der christlich-liberalen Regierung wurde 1988 erneut ein Reformentwurf für das Jugendhilfegesetz vorgelegt. Zu Beginn der 1990er Jahre, zeitgleich mit der Wiedervereinigung, kam es nach zähem Ringen dann endlich zur Verabschiedung eines reformierten Jugendhilferechts: Das Kinder- und Jugendhilfegesetz (KJHG) trat 1990 in den neuen Bundesländern und 1991 in den alten Bundesländern in Kraft. Nach Merchel (2003) ist die Verankerung des KJHG im Sozialgesetzbuch (SGB VIII) ein weiteres deutliches Zeichen für die Abkehr von der „offensiven Jugendhilfe". Jugendhilfe wurde nicht mehr als eigenständige Sozialisationsinstanz konzipiert, sondern als soziale Dienstleistung (vgl. ebd., S. 32).

Dennoch waren die Familienkritiker nicht gänzlich von der politischen Bühne verschwunden. Münder (1990 a, b) kritisierte die starke Familienorientierung, genauer: die starke Elternorientierung des KJHGs seit seiner Entstehung und sieht darin eher einen Rückschritt im Verhältnis zum JWG (vgl. auch Borsche 1990). Im Zentrum seiner Kritik steht, dass die Dienstleistungen an die Eltern, nicht aber an die Kinder als Rechtsträger gerichtet sind. Deutlich werde die Familialisierung der Jugendhilfe vor allem darin, dass § 27 des KJHG (Hilfen zur Erziehung) sich an die Eltern richtet und nicht mit dem Rechtsanspruch des Kindes auf Erziehung (§ 1) begründet ist (vgl. Münder 1990a, 208; auch 2000). In der Tat wird das KJHG von allen Experten als familienzentriertes Gesetz bezeichnet. Wiesner wendet jedoch ein, dass im KJHG zwar ein starkes Elternrecht verankert ist, dieses aber fremdnützig und auf das Wohl des Kindes gerichtet sei und seine Grenze im Kindeswohl erfahre (vgl. Wiesner 2003, S. 163). Die Ausformulierung der Hilfen zur Erziehung waren ein Kernstück der Reformen. Der Leistungskatalog wurde wesentlich stärker ausdifferenziert als im JWG. Dabei wurde auf Formen zurückgegriffen, die sich bereits unter den rechtlichen Regelungen des § 5 JWG in der Jugendhilfepraxis entwickelt hatten (vgl. Münder 1990b).

Zusammenfassend kann gesagt werden, dass das KJHG darauf zielt, geeignete Bedingungen für die Entwicklung von Kindern zu schaffen, d. h. konkret, Eltern die Möglichkeiten zu eröffnen, entwicklungsfördernde Bedingungen herzustellen. „Nicht mehr die Behebung von Defiziten und Korrekturen der familialen Erziehung (Defizitorientierung) ist Ansatz und Richtung der Tätigkeit der Jugendhilfe, sondern die Entwicklung von Fähigkeiten, Strategien und Ressourcen für eine eigenständige Lebensführung, der Aufbau von positiven und aktiven Gefühlen und Kompetenzen für die eigenverantwortliche Partizipation am gesellschaftlichen Leben (‚Ressourcenorientierung' bzw. ‚Empowerment')" (Wiesner u. a. 2000, S. 189).

Insgesamt lässt sich an der langen Diskussion um die Reform des Jugendhilfegesetzes deutlich die allmählich Abkehr von der Idee einer „offensiven Jugendhilfe" zu einer familienunterstützenden Dienstleistung ablesen. Auch in der thematischen Jugendberichterstattung lässt sich diese Wende von einer familienbezogenen Defizitrhetorik hin zur gesellschaftlichen Anerkennung familialer Leistungen bereits vor dem Regierungswechsel nachvollziehen. Im Fünften Jugendbericht (1980) wurden in Bezug auf die Problemlagen von Kindern und Jugendlichen in ungünstigen Lebensverhältnissen sowie behinderten Kindern und Jugendlichen erstmals Familienarbeit und Erziehungshilfen an prominenter Stelle erwähnt. Hier sieht man einen ersten Übergang zur Familienorientierung in der Jugendhilfe, wenn auch noch die Auseinandersetzung mit Chancengleichheit und Benachteiligung von Kindern und Jugendlichen aus unterprivilegierten Schichten Vorrang haben. Merten und Olk (1991, S. 141) weisen darauf hin, dass sich hier bereits erste Veränderungen der Modernisierungsstrategien der Jugendhilfe abzuzeichnen beginnen – nicht mehr der Ausbau und die Verbesserung professioneller Strukturen in den Institutionen der Jugendhilfe standen im Mittelpunkt, es rückte vielmehr allmählich ein Verständnis von Wohlfahrtspluralismus in das Bewusstsein – Familie wurde zunehmend als Teil der kooperativen Erzeugung von Wohlfahrt für Kinder und Jugendliche durch öffentliche Institutionen, freie Träger und familiale Netze anerkannt. Der Sechste Jugendbericht (1984), der die Chancengleichheit von Mädchen und Jungen in den Mittelpunkt stellt und noch unter der Regierung Schmidt in Auftrag gegeben worden war, ist noch einmal in der „alten Denkweise" formuliert. Im Siebten Jugendbericht (1986) wird der Familie jedoch bereits ein zentraler Stellenwert eingeräumt: Ausgangspunkt des Berichts ist die Analyse der Familienleitbilder der 1960er und 1980er Jahre. Erziehungsleistungen, Umweltbedingungen und Handlungsfreiräume der Familie stehen im Mittelpunkt. Die Handlungsfelder der Jugendhilfe werden familienzyklisch gegliedert, der Familienarbeit wird als einem zentralen Bereich der Jugendhilfe ein großer Stellenwert eingeräumt. Jugendhilfe wird aus der Perspektive der Bedeutung für die Familie analysiert – damit wird ein Bruch zum 2., 3. und auch noch 4. Jugendbericht vorgenommen und endgültig eine Wende hin zur Familialisierung der Jugendhilfe vollzogen (vgl. Richter/Coelen 1997, S. 191f.).

*2.6 Phase 6: Familie als Potenzial **und** Defizit – Funktionsteilung zwischen Staat und Familie (Geteilte Zuständigkeit)*

Die letzte und derzeit anhaltende Phase der Entwicklung im Verhältnis zwischen Familie und Jugendhilfe steht im Zeichen eines grundlegenden Umbaus des Sozialstaats. Die Diagnose einer „Krise" des Sozialstaats und die Debatte um Auswege und Reformstrategien ist keineswegs neu. Neu ist, dass Kinder, Familien und Frauen in den Fokus sozialstaatlicher Umbaustrategien gerückt werden. Bislang konzentrierte sich die Debatte um den Umbau des Sozialstaats vornehmlich auf Phänomene wie die anhaltende Massenarbeitslosigkeit, die Kosten der deutsch-deutschen Einigung und die Globalisierung mit ihren jeweiligen Auswirkungen auf die Funktionsweise der arbeitsmarktzentrierten sozialen Sicherungssysteme. Inzwischen haben aber die gerade in Deutschland niedrige Geburtenrate, fehlenden Kinderbetreuungsangebote, steigenden Qualifikationserwartungen einer wissensbasierten Wirtschaft, die Alterung der Bevölkerung sowie das schlechte Abschneiden deutscher Schülerinnen und Schüler bei internationalen Schulleistungsstudien (TIMMS, PISA etc.) dafür gesorgt, dass der Reformbedarf in den Bereichen von Bildung, Erziehung und sozialen Diensten für Kinder und Familien in den Mittelpunkt der Aufmerksamkeit gerückt werden. Damit findet die deutsche Sozialstaatsdiskussion Anschluss an die europäische Debattenlage: sowohl prominente sozialwissenschaftliche Politikberater als auch die Gremien von OECD und EU werden seit einigen Jahren nicht müde, „Investitionen in Kinder, Frauen und Familien" als Schlüssel für die Bewältigung der aktuellen Herausforderungen westlicher Wohlfahrtsstaaten zu identifizieren (vgl. Esping-Andersen u. a. 2002; vgl. für die EU Dienel 2004). Um die Herausforderungen einer wissensbasierten, international verflochtenen Ökonomie angesichts des demografischen und soziokulturellen Wandels bewältigen zu können und Phänomene wie soziale Spaltung sowie die Ausbreitung von Bildungsarmut und funktionalem Analphabetentum zu vermeiden, müssen – so die Argumentation – die quantitativen und qualitativen Investitionen in das Humanvermögen der deutschen Bevölkerung gesteigert werden.

Im Kontext dieser Debatten gerät die „überkommene Familie" erneut in das Visier der Kritik: Während bisherige Debatten um die Krise und Reform des Sozialstaates um Phänomene des Markt- und Staatsversagens kreisten, wird nun ein „Familienversagen" diagnostiziert: Denn mit dem Wandel zu einer wissensbasierten Dienstleistungsökonomie, den Umbrüchen in den Geschlechterverhältnissen und den demografischen Trends erweist sich die herkömmliche „Ernährer-Ehemann-Hausfrauen-Familie" als „Bremse" für die Bewältigung der ökonomischen und sozialen Herausforderungen der Zukunft. Dementsprechend werden seit dem Übergang zum 21. Jahrhundert auch in Deutschland Maßnahmen der Förderung der Erwerbsbeteiligung von Frauen – und hier insbesondere von Müttern mit kleinen Kindern –, Maßnahmen der Vereinbarkeit von Familie und Beruf, die Weiterentwicklung von Elternzeitprogrammen sowie der quantitative und qualitative Ausbau außerfamilialer Kinderbetreuung intensiv betrieben. Mit der Durchsetzung des Modells der „Zweiverdiener-Familie" und der Ausweitung öffentlicher Bildungsleistungen und Dienste für Kinder und Familien sollen sowohl die relativ hohe Kinderarmut gesenkt, neue Beschäftigungsmöglichkeiten im Dienstleistungssektor geschaffen als auch die Vererbung sozialer Ungleichheit abgebaut werden.

Der Umbau sozialstaatlicher Reformstrategien auf der Grundlage von Konzepten des „aktivierenden Sozialstaates" bzw. der „sozialinvestiven" Politik hat weit reichende Konsequenzen für die Bestimmung der Aufgaben der Jugendhilfe. Wenn sich sozialstaatliche Politik nicht mehr vornehmlich auf die Sicherung von Risiken der Arbeitnehmerexistenz (Arbeitslosigkeit, Unfall, Krankheit, Alter) konzentriert, sondern an der Verbesserung von Teilhabechancen durch Investition in Bildungskapital orientiert ist, dann werden auch die Angebote und Maßnahmen der Jugendhilfe in diese Investitionsstrategie integriert. Unter der Herrschaft der Sozialinvestitions-Idee wird „Bildung" zur neuen Leitidee einer modernen Jugendhilfe. Die einzelnen Leistungsbereiche und Angebote der Jugendhilfe – von der offenen Jugendarbeit bis zur Jugendsozialarbeit und den Hilfen zur Erziehung – müssen sich nun als Bildungsorte profilieren (vgl. z. B. Münchmeier u. a. 2002).

Damit sortiert sich auch die gesellschaftspolitische Bedeutung der einzelnen Handlungsfelder und Arbeitsbereiche der Jugendhilfe neu; insbesondere die offene Kinder- und Jugendarbeit droht dabei in einem zentrifugalen Prozess der Neustrukturierung zerrieben zu werden: denn unter einer bildungspolitischen Perspektive konzentriert sich die reformpolitische Energie zum einen auf Maßnahmen und Programme der frühkindlichen Bildung (wovon insbesondere die Tagesbetreuung von Kindern als ein Leistungsbereich der Jugendhilfe profitiert); zum anderen werden im Kontext der Ausweitung ganztagsschulischer Angebote nur noch solche Leistungen und Arbeitsbereiche der Jugendarbeit gefördert, die sich als schulbezogene Jugendarbeit als Projekte der Kooperation von Jugendhilfe und Schule verstehen. Der eigenständige Auftrag einer sich emanzipatorisch verstehenden, am sozialen und politischen Lernen orientierten offenen Kinder- und Jugendarbeit droht dabei verloren zu gehen.

Diese Entwicklung lässt aber das Verhältnis zwischen Jugendhilfe und Familie keineswegs unberührt. Im Rahmen dieses aus ökonomischen Effizienzgründen geführten Bildungsdiskurses (Bildung für die Wissensgesellschaft) wird die Familie in ein widersprüchliches Licht gerückt: Zum einen wird sie selbst als ein eigenständiger, spezifischer Bildungsort rekonstruiert und im Rahmen eines erweiterten Bildungskonzepts in seiner Bedeutung aufgewertet. Die Familie – so die Argumentation – vermittelt in der frühen Kindheitsphase basale Kompetenzen und ist auch flankierend zu weiteren Bildungsorten wie Kindertagesstätte, Schule etc. eine zentrale Bildungsinstitution (vgl. Wissenschaftlicher Beirat für Familienfragen 2002). Einmal auf ihre Kernfunktionen zurückgeführt, erweist sich die Familie also im Konzert sämtlicher Bildungsorte und Bildungsinstitutionen in ihrer Eigenart als unersetzbar. Auf der anderen Seite werden ihre Defizite schonungslos aufgedeckt: Ein Nebenresultat der PISA-Studie besteht darin, dass in politischen Diskursen der Nachweis herausgelesen wird, dass es die Familien sind, die aufgrund ihrer milieuspezifischen Einflüsse unerwünschte Ungleichheiten in den Bildungs- und damit auch späteren Lebenschancen reproduzieren; die Schule wird lediglich dafür gescholten, dass es ihr nicht gelingt, diese herkunftsbedingten Ungleichheiten zumindest teilweise zu kompensieren. Damit wird ein widersprüchliches Bild von der modernen Kleinfamilie konstituiert: In ihren besonderen Leistungen ist sie unverzichtbar – und muss daher unterstützt werden. In ihren selektiven Effekten im Hinblick auf die Reproduktion von sozialer Ungleichheit aber ist sie eine ernsthafte Gefahr für die übergreifenden Ziele der Bildungsmobilisierung und der Abmilderung sozialer Ungleichheiten durch eine sozialinvestive Chancenangleichungspolitik. Vor diesem Hintergrund haben die alten Positionen, die sich am klassischen Familienmodell orientiert, und entweder die Familie abgelehnt oder aber als unverzichtbar hypostasiert hatten, ausgedient. Nicht mehr die Frage „Wer erzieht besser?" sondern vielmehr die Frage danach, wer welche Aufgaben übernimmt, steht nun im Vordergrund; gestritten wird um die Neujustierung der Aufgaben im Bereich von Bildung, Betreuung und Erziehung zwischen Familie, Staat, Markt und gemeinnützigen Organisationen. Der Elfte Kinder- und Jugendbericht (2002) bringt diese Debatte auf die Formel „Aufwachsen in öffentlicher Verantwortung". Ohne die Mithilfe öffentlicher Bildungs- und Erziehungsinstitutionen – so die implizite These – können die Bildungspotenziale der nachwachsenden Generation unter heutigen Bedingungen von Wirtschaft, Arbeitsmarkt und Familienleben nicht optimal gefördert und soziale Ungleichheiten nicht angemessen reduziert werden. Vor diesem Hintergrund wird nicht mehr ernsthaft diskutiert, ob der Staat (und weitere gesellschaftliche Akteure) im Bereich von Erziehung, Sozialisation und

Bildung eine Rolle spielen sollte; die Funktions*teilung* scheint inzwischen allgemein akzeptiert, die Funktions*verteilung* aber ist noch lange nicht geklärt.

Unumstritten ist *erstens*, dass Familie unersetzbar für die Reproduktion im eigentlichen Sinne, für die Primärsozialisation, die flankierende Unterstützung von Sozialisationsprozessen anderer Instanzen und die Regeneration ist. Franz-Xaver Kaufmann (vgl. 1995) vertritt die inzwischen weithin akzeptierte These, dass die Familie in zunehmendem Maße die Aufgabe übernimmt, die sich ausdifferenzierenden Lebensbereiche für die einzelnen Familienmitglieder zu integrieren und insbesondere für Kinder eine zentrale Vermittlungsfunktion im Hinblick auf die Zugänglichkeit und Nutzbarmachung der Leistungen anderer Funktionssysteme übernimmt. So lässt sich z. B. für kleine Kinder zeigen, dass es die Eltern sind, die ihnen einen Zugang zu außerfamilialen Leistungsbereichen, also etwa sozialen Diensten, Kindertageseinrichtungen, Schulen etc. eröffnen (vgl. Engelbert/Kaufmann 2003).

Unumstritten ist *zweitens* auch, dass die Familie unter heutigen Bedingungen zentralen Bildungsanforderungen nicht mehr allein genügen kann. Angesichts der Berufstätigkeit von Vätern *und* Müttern, der Verkleinerung der Familienhaushalte durch den Rückgang der Geschwisterzahl und der Funktionsentmischung öffentlicher Räume muss soziales Lernen und die Weitergabe von kulturellem und sozialem Kapital als kooperativer Prozess von Familien und außerfamilialen Bildungsinstanzen organisiert werden. Analysiert wird dieser Prozess nicht als Funktionsverlust, sondern als Funktionswandel der Familie: Während sich die Familie auf originäre Aufgaben der Primärsozialisation konzentriert, sollen außerfamiliale Sozialisationsinstanzen komplementäre Bildungsleistungen bereit stellen. Eine funktionale Arbeitsteilung zwischen Staat, Gesellschaft und Familie – wie sie bereits bei Gertrud Bäumer (1929) angelegt war – hat weiter an Legitimation gewonnen. Proklamiert wird die Vielfalt von Bildungs- und Lernorten – wobei die Familie nur einer dieser Bildungsorte ist, während Jugendhilfe, Schule, Peers, Medien und weitere Bildungsorte komplementäre Bildungsleistungen erbringen.

In der bildungstheoretischen Debatte wird die Vernetzung unterschiedlicher Bildungsorte durch einen erweiterten Bildungsbegriff begründet: Danach findet in Familie und Gleichaltrigen-Gruppen informelles Lernen, in der Jugendhilfe non-formelles Lernen und in der Schule formales Lernen statt (vgl. die Beiträge in Hungerland/Overwien 2004 sowie in Otto/Rauschenbach 2004). Familie, Jugendhilfe und Schule begegnen sich nun als Bildungs- und Lernorte – wenn auch mit je unterschiedlichen Möglichkeiten und Stärken. Dies schließt Hierarchisierungen zwischen einzelnen Lernorten keineswegs aus – aber es ist ebenso klar, dass jeder einzelne dieser Lern- und Bildungsorte spezifische Leistungsstärken aufweist, und deshalb im Kontext einer umfassenden Bildungsstrategie unverzichtbar ist. Und es liegt auf der Hand, dass aus dieser Perspektive auch neue Formen einer kompensatorischen Erziehung entwickelt werden können.

Die Notwendigkeit hierfür wird im aktuellen Bildungsdiskurs nachdrücklich verkündet. Heute ist es nicht mehr die proletarische Familie des 19. Jahrhunderts, die die Bildungspolitik auf den Plan ruft. Es sind die Angehörigen der „sozialen Unterklasse", die als arbeitsmarktfern, kulturell demoralisiert und vor allem als bildungsfern tituliert werden sowie darüber hinaus vor allem die Kinder aus Familien mit Migrationshintergrund, die den Platz der proletarischen Familie im neuen bildungspolitischen Diskurs eingenommen haben. Das „Menetekel der Bildungsgesellschaft" ist nicht die Einkommensarmut sondern die Bildungsarmut. Teilhabe durch Bildung für diese Bevölkerungsgruppen zu schaffen, ist also die neue kompensatorische Aufgabe. Die alte Hoffnung der 1960er und 1970er Jahre, wonach bereits eine rein quantitative Expansion des Bildungssystems und eine Professionalisierung des Personals schichtspezifische Bildungs- und Kompetenzniveaus nivellieren könnte, kann heute nicht mehr überzeugen. Stattdessen versuchen neue kompensatorische Bildungsstrategien die Kooperationsbeziehungen zwischen Familie und außerfamilialen Bildungsinstitutionen zu intensivieren und die Arbeitsteilung zwischen ihnen neu zu justieren. Den Zeichen der Zeit entsprechend, schlägt diese kompensatorische Strategie allerdings auch völlig neue Töne an: Hier geht es weniger um ein Recht auf Bildung für die benachteiligten Bevölkerungsgruppen, sondern um ihre Pflicht, alle ihre Kräfte und Möglichkeiten zu mobilisieren, um durch Investitionen in die eigene Qualifikation das eigene Leben in den Griff zu bekommen. Unter der Maxime von „Fordern und Fördern" wird die Mitmachbereitschaft sowohl von Unterklassenangehörigen als vor allem auch Migranten vehement eingefordert – sei es durch die Teilnahme an Sprachkursen und Sprachtests, sei es durch die Teilnahme an zusätzlichen Qualifizierungskursen im Übergang von Bildung zum Beruf. Auch hier gerät die Familie in ein zwiespältiges Licht: Zum einen kann sie eine wichtige Ressource zur Mobilisierung der Bildungsanstrengungen sein, was sich in Maßnahmen wie Bildungsverträgen zwischen Eltern und Schule und der Intensivierung von Elternarbeit in Kindertagesstätten, Schulen und weiteren Bildungseinrichtungen niederschlägt. Zum anderen wird auch hier die Familie zur Quelle des eigentlichen Übels, etwa wenn Eltern aus „bildungsfernen" Schichten unterstellt wird, sie investierten nicht genug in das Bildungskapital ihrer Kinder oder wenn Eltern von Migrantenfamilien vorgeworfen wird, sie bremsten von dem Hintergrund eigener kultureller Orientierungen die Bildungsbemühungen des staatlichen Bildungswesens aus.

Darüber hinaus wird auch auf der rechtlichen Ebene eine neues Verständnis der Arbeitsteilung deutlich: So stellt das Recht auf einen Kindergartenplatz das erste echte Kinderrecht auf eine staatliche Leistung nach dem Kinder- und Jugendhilfegesetz dar: „Das Gesetz weist den Anspruch dem Kind, nicht den Eltern zu und macht damit deutlich, dass die Förderung des Kindes in einer Kindergartengruppe heute eine Leistung darstellt, die die moderne Kleinfamilie strukturell nicht mehr erbringen kann und die damit eigenständigen Charakter hat" (Wiesner 2003, S. 165). An der Etablierung dieses Rechts als Rechtsanspruch des Kindes und nicht als Rechtsanspruch der erwerbstätigen Eltern zeigt sich laut Münder, dass sich im Gegensatz zur Ausgangslage des KJHG Ende der 80er Jahre nun die strenge Bezogenheit auf Eltern, wie sie noch im § 27 zum Ausdruck kommt – nämlich der Hilfen zur Erziehung als Dienstleistung für die Eltern, dass „die Ausrichtung des SGB VIII auf eine auf die Institution Familie und Elternschaft bezogene Politik des KJHG selbst sich nicht durchhalten ließ" (Münder 2000, S. 55).

Zeiher (2005, S. 214) macht ebenfalls deutlich, dass man inzwischen von einer Scholarisierung von Kindheit sprechen kann. Bildungsangebote greifen weit in den außerschulischen und vorschulischen Bereich ein und es geht – anders als in der Phase nach dem Zweiten Weltkrieg – nicht mehr primär um Aufgaben wie politische Bildung und demokratische Erziehung, sondern vielmehr um die Vermittlung von grundlegenden kognitiven Kompetenzen (wie Sprache, logisches Denken, musische und künstlerische Erziehung, Motorik), die als relevant für den individuellen Bildungsverlauf und den späteren Berufseinstieg angesehen werden.

Unumstritten ist darüber hinaus *drittens*, dass die Familie nicht mehr wie im bisherigen Umfang die Aufgabe der Betreuung der Kinder übernehmen kann. Der Kindergarten ist daher nicht länger als ein Ausfallbürge ausschließlich für benachteiligte oder berufstätige Eltern zu fassen, sondern durch den Rechtsanspruch als Regelangebot für alle Kinder zunächst ab drei Jahren zu verstehen. Im Kontext der beschäftigungspolitischen Mobilisierung von Frauen für den Arbeitsmarkt wird inzwischen längst auch über die Normalisierung der außerfamilialen Betreuung für die unter dreijährigen Kinder nachgedacht, wie das Inkrafttreten des Tagesbetreuungsausbaugesetzes zum 01.01.2005 deutlich gemacht hat. Diese Maßnahme beweist, in Kombination mit der Novellierung der Elternurlaubs- und Elterngeldregelungen durch die große Koalition, dass es hier sowohl um bildungspolitische als auch um beschäftigungspolitische Ziele geht.

Der Ausbau sozialpädagogischer Bildungs- und Dienstleistungsangebote für Kinder und Familien wurde in konzeptioneller Hinsicht durch den Aufstieg der „Dienstleistungsorientierung" begleitet. So hatte das Kinder- und Jugendhilfegesetz von 1990 in vielen rechtlichen Regelungen und Paragraphen den repressiven Eingriffscharakter sozialpädagogischer Maßnahmen zugunsten eines freiwillig zu nutzenden Dienstleistungsangebots zurückgedrängt (vgl. Münder 1995). Kurz danach wurde im Neunten Kinder- und Jugendbericht (1994) die „Dienstleistungsorientierung" als eine neue fachliche Leitlinie sozialpädagogischen Handelns propagiert. Auch im Rahmen der kommunalen Verwaltungsreform im Namen des „Neuen Steuerungsmodells" wurde die Dienstleistungsorientierung als Leitmotiv für eine modernisierte Jugendhilfe herausgestellt – hier allerdings aus einer betriebswirtschaftlichen Perspektive (vgl. Olk u. a. 2003). Diese Entwicklung bestärkt noch einmal unsere These, dass die Jugendhilfe sich selbst nicht mehr primär als Kontrollorgan gegenüber der Familie, sondern als „Dienstleister" für die Familie versteht. Während – wie gezeigt – in der ersten Hälfte des 20. Jahrhunderts Kinder und Jugendliche aus der Sicht des sich neu formierenden Sozialstaates vor den Eltern geschützt und durch den Staat vertreten werden sollten, wird Eltern – auch aus unteren sozialen Schichten – heutzutage die emotionale und erzieherische Grundversorgung ihrer Kinder durchaus zugetraut. Dies ist unter heutigen Bedingungen allerdings auch leichter, da Kindheit – wie gezeigt – inzwischen viel stärker institutionalisiert ist und Kinder damit viel mehr unter öffentlicher Kontrolle stehen als noch zu Beginn des 20. Jahrhunderts. Heute übernimmt der Staat viel mehr Leistungen für Kinder und Jugendliche als vor einem Jahrhundert. Diese Leistungen werden allerdings nicht mehr damit begründet, dass ein Teil der Eltern – nämlich die Eltern aus dem proletarischem Milieu – ihre Sozialisationsaufgaben schlecht oder gar nicht wahrnehmen und Kinder vor solchen Verhältnissen geschützt werden müssen, sondern dass der Staat – und damit die Jugendhilfe – bestimmte Funktionen von Bildung und Erziehung übernehmen muss, die die heutige moderne Familie strukturell nicht mehr leisten kann. Damit wird die Teilung der Verantwortung für das Aufwachsen der jungen Generation zwischen Staat und Familie zu einer normalen, alle Familien betreffenden Angelegenheit: Jugendhilfe wird gewissermaßen demokratisiert und verallgemeinert. Im Visier sozialpädagogischer Angebote und Maßnahmen stehen nicht die armen und von Ausgrenzung bedrohten Bevölkerungsgruppen, sondern tendenziell alle Kinder und Jugendlichen.

Diese Normalisierung von „geteilten Zuständigkeiten" lässt sich auch anhand der thematischen Entwicklung der Jugendberichte nachvollziehen. So entwickelt der Achte Jugendbericht (1990) sein Konzept einer „lebensweltorientierten Jugendhilfe" als fachliche Reaktion auf den Wandel von Kindheit und Jugend im gesellschaftlichen Prozess der Individualisierung. Ein ausgefächertes Spektrum niederschwelliger lebensweltorientierter Maßnahmen und Angebote soll eine individualisierte Kindheits- und Jugendphase flankieren und präventiv absichern. Im Neunten Jugendbericht (1994), der sich auf den Aufbau der Jugendhilfe in den neuen Bundesländern konzentriert, wird das fachliche Konzept der Dienstleistungsorientierung entworfen, das gegenüber herkömmlichen angebotsdominierten Sichtweisen die Nachfrageseite der Adressaten und Nutzer in den Vordergrund rücken soll. Im Zehnten Kinder- und Jugendbericht (1998) wird zum ersten Mal explizit die Lebenssituation von Kindern in Abgrenzung zu einer jugendbezogenen Betrachtung in den Mittelpunkt gerückt. Obwohl der äußere Anlass für diesen „Kinderbericht" im Kontext der UN-Konvention über die Rechte des Kindes und den hiermit übernommenen Berichtsverpflichtungen der Bundesregierung zu sehen ist, markiert dieser Bericht zusätzlich eine inhaltliche Blickverschiebung: während sich der fachliche Diskurs im Bereich der Kinder- und Jugendhilfe traditionell auf die Gruppe der Jugendlichen im Übergang vom allgemeinbildenden Schulsystem in Ausbildung und Beruf bzw. auf die Innovationspotenziale einer „unruhigen Jugend" konzentriert hatte, wird mit dem ersten echten Kinderbericht erstmals die neue Relevanz frühkindlicher Entwicklungs- und Bildungsprozesse sowie generationaler Fragen in einer alternden Gesellschaft deutlich.

Dieser Perspektivenwechsel erhält mit der Losung des „Aufwachsens in öffentlicher Verantwortung" im Elften Kinder- und Jugendbericht (2002) eine konsequente Fortsetzung: Der skizzierte Umbruch von der klassischen sozialpolitischen Absicherung der Risiken der Arbeiterexistenz auf eine neue sozialinvestive Betrachtungsweise kommt sowohl in diesem Leitmotiv als auch in der politischen Forderung nach „Diensten vor Geld" prägnant zum Ausdruck. Die Strategie der damaligen rot-grünen Bundesregierung unter Bundeskanzler Gerhard Schröder, nicht die monetären Transfers sondern vielmehr die Bildungs- und Sozialdienstleistungen für Kinder und Familien auszuweiten, wird durch diesen Bericht fachpolitisch sekundiert und als die Strategie der Zukunft propagiert. Diese Richtung wird schließlich durch den Zwölften Kinder- und Jugendbericht von 2005 bestätigt und weiter ausgebaut. Unter dem Titel „Bildung, Betreuung und Erziehung vor und neben der Schule" thematisiert der Bericht mit der frühkindlichen Bildung und der Kooperation von Jugendhilfe und Schule die Brennpunkte einer bildungspolitisch motivierten Weiterentwicklung der Jugendhilfe. Dabei liegt der Bezug zur Familie wiederum offen zu tage: Sowohl durch die Ausweitung und qualitative Weiterentwicklung frühkindlicher Betreuung- und Bildungsangebote als auch durch die Kooperation von Schule und Jugendhilfe in Ganztagsangeboten geht es sowohl darum, die moderne „Zweiverdienerfamilie" von Betreuungsaufgaben zu entlasten als auch darum, die nachwachsende Generation für die wissensbasierte Ökonomie der Zukunft besser zu qualifizieren.

3. Resümee

Im zweiten Abschnitt hatten wir in den idealtypisch dargestellten Phasen den Wandel des Verhältnisses von Jugendhilfe und Familie als einen Prozess von Kontrolle zu Partnerschaft charakterisiert. Der Übersicht halber werden diese Phasen noch einmal stichpunktartig zusammengefasst:

Phasen des Verhältnisses zwischen Jugendhilfe und Familie

	Jugendhilfe und	**deren Leitbild von Familie***
1870er	*1878/79 – 1922* • Gründungsphase Sozialpädagogik als Handlungsfeld • JH als Kontroll- und Sozialisationsinstanz für (proletarische) Familien/familienersetzende Leistungen	*1870er – 1933* • Funktionsverlust von (proletarischen) Familie, • bürgerliche Familie als Leitbild
1920er **1930er**	*1924 – 1928/33* • Institutionalisierung und Professionalisierung der Sozialpädagogik (Einheit der Jugendhilfe + JH als eigenständige Sozialisationsinstanz kann sich nicht durchsetzen, JH ist Kontrollinstanz für nicht „normale" Familien)	
	1933 – 1945 • Nationalsozialismus: Totale Verstaatlichung der Jugendpflege und Jugendfürsorge • Jugendhilfe/Jugendpflege als eigenständige Sozialisationsinstanz	*1933 – 1945* • Familie als bevölkerungspolitisches Instrument/Familie als potenzieller „Verhinderer" von nationalsozialistischem Gesellschaftswandel
1940er	*1945 – 1960er* • Normalisierung der Lebensverhältnisse – Renaissance der bürgerlichen Familie	*1945 – 1960er* • Traditionelle bürgerliche Familie als Normalisierungsgarantie
1950er **1960er**	• Jugendhilfe als Kontroll- und Sozialisationsinstanz zur Durchsetzung von Normalverhältnissen, Jugendpflege als Mittel zur Umerziehung und Demokratisierung der nazifizierten Jugend	
1970er	*1970er* • Politisierung der Jugendhilfe/Entwurf Jugendhilfe als eigenständige Sozialisationsinstanz (Offensive Jugendhilfe) • Gleichzeitig in der Praxis Kritik an staatlicher Kontrollmacht	*1970er* • Familie als defizitäre Sozialisationsinstanz (verhindert Chancengleichheit, gesellschaftlichen Wandel und Demokratisierungsprozesse)
1980er **1990er**	*1982 – 1990er* • Geistig moralische Politikwende – Stützung familialer Leistungen und Sozialisationsfähigkeit durch wohlfahrtsstaatliche Hilfe, Pädagogisierung der Jugendhilfe	*1980er – 1990er* • Nicht Funktionsverlust, sondern Funktionswandel der Familie
2000er	*Seit 2000* • Programmatische Anerkennung der Wohlfahrtspluralismus (Familie – Staat – Markt –Dritter Sektor) • Komplementäre Beiträge von Schule, Jugendhilfe und Familie	*Seit 2000* • Familie als Potenzial und Defizit: Funktionsteilung zwischen Staat und Familie

* Kriterien für die Phaseneinteilung: a) Tendenzielle Anerkennung familialer Leistungen, b) Heraushebung des Paradigmas der eigenständigen Sozialisationsinstanz Jugendhilfe, c) Verhältnis zwischen Hilfe und Kontrolle der Familie und deren Kinder.

Bei der Entstehung einer staatlich organisierten Jugendhilfe war das Verhältnis zur Familie durch die Vorstellung von einem mächtigen, die väterliche Gewalt ggf. ersetzenden Organ sowie von einem bürgerlichen Familienleitbild gekennzeichnet, das das proletarische als defizitär diskreditierte. Der Wandel zu einem anscheinend „partnerschaftlichen Verhältnis" von Jugendhilfe und Familie vollzog sich langsam über das 20. Jahrhundert hinweg. Immer wieder wurden Versuche in den politischen, fachlichen und rechtsdogmatischen Diskursen aber auch in der Rechtsrealität unternommen, Jugendhilfe als eigenständige Erziehungsinstanz zu etablieren – lange Zeit unter dem Leitbild einer defizitären Familie, die es zu ersetzen oder ergänzen galt – nur in der Zeit des Nationalsozialismus kann dies in pervertierter Form als weitestgehend durchgesetzt angesehen werden. Erst über die bildungs- und sozialstaatsbezogenen Reformdiskurse im ausgehenden 20. Jahrhundert konnte sich dann allmählich eine Vorstellung entwickeln, in der die moderne Familie allgemein als zentrale, aber nicht mehr ausreichende Sozialisationsinstanz wahrgenommen wurde. Damit öffente sich das Tor für die Vorstellung einer wechselseitigen, komplementären Funktionsteilung zwischen Staat, dem dritten Sektor und Familie. Der Fokus richtet sich nun nicht mehr auf die proletarische defizitäre, sondern auf die moderne Familie schlechthin, die nur einen begrenzten Teil der immer ausdifferenzierter werdenden Sozialisationsaufgaben bedienen kann. Staatliche oder gesellschaftliche Sozialisationsinstanzen argumentieren nicht mehr „kompensationstheoretisch" wie in den 1970er Jahren, sondern „komplementärtheoretisch" – es geht nicht mehr um Kompensation familialer Erziehung, sondern um ein komplementäres Zusammenarbeiten im Sozialisationsprozess. Die Familie hat die „normative Allmacht" in der Erziehung und Sozialisation verloren – eine Vorstellung, der kaum widersprochen wird. Damit hat der Staat, respektive die Jugendhilfe, so unsere abschließende These, einen deutlich engeren Zugriff auf Familie als im ausgehenden 19. Jahrhundert – wenn dieser hier auch nicht im Sinne ordnungspolitischen repressiven Handelns zu verstehen ist. Denn dieser „Zugriff" ist nicht staatlich autoritär eingreifend und sanktionierend, sondern wird vielmehr über andauernde Diskurse hinsichtlich der sozialisationsrelevanten Grundbedingungen in das Denken der Akteure transportiert. Sehr viel subtiler erfolgt der „Zugriff" also über die Angst der Elterngeneration, dass die Kinder von ökonomischer Integration langfristig ausgeschlossen sein könnten, sollte die Bildungskarriere nicht „richtig" gestaltet sein. Die Familie ist reduziert auf die Kernaufgaben der Sozialisation, alle anderen Aufgaben sollten idealer Weise von professionellen Trägern außerfamilialer Sozialisation übernommen werden – das ist ein bedeutender Wandel! In diesem Sinne unterstützt der Staat die Familie partnerschaftlich über Dienstleistungen, die Familie im Gegenzug die Bildungsprozesse der Kinder und Jugendlichen in den Institutionen. Klassische Fürsorgethemen spielen in diesem modernen Jugendhilfediskurs kaum mehr eine Rolle – vermutlich nicht nur, weil sie einem partnerschaftlichen Leitbild entgegenstehen, was an dieser Stelle nicht ausgeführt werden kann. Erstauen zeigt sich in der Öffentlichkeit stets dann, wenn zum einen Familien doch nicht in der Lage sind, die basale, reduzierte Kernfunktion zu erfüllen, und zum anderen der Staat parallel dazu seiner nach wie vor auch kontrollierenden Funktion im Sinne der Überwachung des Kindeswohls nicht ausreichend nachkommt. Übrig geblieben ist von dem klassischen „Proletarier bezogenen" Diskurs über die defizitäre Familie lediglich das Thema der schwierigen Integration von so genannten „Unterschichts- und Migrantenfamilien" in den öffentlichen Bildungsprozess und den Grenzen, die hierfür unter gegebenen Bedingungen bestehen.

Literatur

Arbeitsgemeinschaft für Jugendhilfe (Hrsg.), 1982: 60 Jahre Gesetz für Jugendwohlfahrt. 1922 – 1982. Bonn.

Bäumer, G., 1929: Die historischen und sozialen Voraussetzungen der Sozialpädagogik und ihre Theorie. In: Handbuch der Pädagogik, hrsg. von Nohl, H./Pallat, L., Bd. 5. Langensalza, S. 4-17.

Beck, U., 1986: Risikogesellschaft. Frankfurt am Main.

Bronfenbrenner, U., 1986: Ökologische Sozialisationsforschung. Stuttgart.

Bundesverfassungsgericht, 1968: Urteil des Bundesverfassungsgericht vom 19. Juli 1968. Entscheidungen des Bundesverfassungsgerichts Bd. 24, S. 119-145.

Claessens, D./Millhofer, P., 1973: Familiensoziologie. Frankfurt am Main.

Cloer, E., 1979: Familienerziehung. Bad Heilbrunn.

Dahrendorf, R., 1965: Bildung ist Bürgerrecht! (Programmschrift) MS. Frankfurt am Main.

Dienel, Ch., 2004: Eltern, Kinder und Erwerbsarbeit: Die EU als familienpolitischer Akteur. In: Leitner, S./ Ostner, I./Schratzenstaller, M. (Hrsg.): Wohlfahrtsstaat und Geschlechterverhältnis im Umbruch. Wiesbaden, S. 285-307.

Deutscher Bildungsrat, 1970: Empfehlungen der Bildungskommission. Strukturplan für das Bildungswesen. Stuttgart.

Ehrhardt-Kramer, A. u. a., 1987: Der Familienbezug in der Erzieherausbildung. Materialien zum Siebten Jugendbericht, Bd. 8, hrsg. Vom Deutschen Jugendinstitut München. München.

Engelbert, A./Kaufmann, F.-X., 2003: Der Wohlfahrtsstaat und seine Kinder. In: Kränzl-Nagl, R./Mierendorff, J./Olk, T. (Hrsg.): Kindheit im Wohlfahrtsstaat. Frankfurt am Main/New York, S. 59-95.

Esping-Andersen, G. u. a., 2002: Why We Need a New Welfare State. New York.

Geissler, H., 1976: Die neue soziale Frage. Analysen und Dokumente. Freiburg im Breisgau.

Gerlach, I., 1996: Familie und staatliches Handeln. Opladen.

Giesecke, H., ^{5}1980/1971: Die Jugendarbeit. Bd. 13. München.

Hofgesang, B., 2001: Sozialpädagogische Familienhilfe. In: Otto, H.-U./Thiersch, H. (Hrsg.), Handbuch Sozialarbeit Sozialpädagogik. Neuwied/Kriftel, S. 529-539.

Hornstein, W./Lüders, Ch., 1997: Jugendberichterstattung zwischen Wissenschaft und Politik. In: Richter, H./ Coelen, Th. (Hrsg.): Jugendberichterstattung. Weinheim/München, S. 33-47.

Hungerland, B./Overwien, B. (Hrsg.), 2004: Kompetenzentwicklung im Wandel. Wiesbaden.

Jordan, E./Münder J., 1987 (Hg.): 65 Jahre Reichsjugendwohlfahrtsgesetz – ein Gesetz auf den Weg in den Ruhestand? Münster.

Kaufmann, F.-X., 1995: Zukunft der Familie im vereinten Deutschland. München.

König, R., 1974: Materialien zur Soziologie der Familie. Köln.

Klumcker, Ch.J., 1931/1998: Kinderfürsorge und Erziehung", In: Thole, W./Galuske, M./Gängler, H. (Hg.): KlassikerInnen der Sozialen Arbeit. Neuwied/Kriftel, S. 199-217.

Kuhlmann, C., 1989: Erbkrank oder erziehbar? Weinheim.

Liebknecht, K., 1952: Ausgewählte Reden, Briefe, Aufsätze. Berlin.

Merchel, J., 2003: Zehn Jahre Kinder- und Jugendhilfegesetz – Zwischenbilanz zur Reform der Jugendhilfe. In: Kinder- und Jugendhilfe im Reformprozess, hrsg. von Sachverständigenkommission Elfter Kinder- und Jugendbericht, Materialien zum Elften Kinder- und Jugendbericht, Bd. 1, S. 9-142.

Mollenhauer, K., 1959: Die Ursprünge der Sozialpädagogik in der industriellen Gesellschaft. Berlin.

Mollenhauer, K./Brumlick, M./Wudtke, H., 1975.: Die Familienerziehung. München.

Münchmeier, R./Otto, H.-U./Rabe-Kleberg, U. (Hrsg.), 2002: Bildung und Lebenskompetenz. Herausgegeben im Auftrag des Bundesjugendkuratoriums. Opladen.

Münder, J., 1990a: Das neue Kinder- und Jugendhilfegesetz. In: Soziale Arbeit, 6, S. 206-213.

Münder, J., 1990b: Das Jugendhilferecht. MS, Technische Universität Berlin.

Münder, J., 2000: 10 Jahre Kinder- und Jugendhilfegesetz: Renovierungs-, Modernisierungs- Reformbedarf. In: Recht der Jugend und des Bildungswesens, 48. Jg., H. 2, S. 123-132.

Münder, J., 1995: Die maßgeblichen gesetzlichen Stellwerke für Jugendhilfe als Dienstleistung. In: Jugendhilfe, 33. Jg., H. 4, S. 212-217.

Natorp, P., 1907: Gesammelte Abhandlungen zur Sozialpädagogik, 3 Bände. Stuttgart.

Natorp, P., 1899: Sozialpädagogik. Theorie der Willensbildung auf der Grundlage der Gemeinschaft, Stuttgart.

Nave-Herz, R., 1964: Die Elternschule. Neuwied.

Neidhardt, F. ^{3}1971: Die Familie in Deutschland.

Nielsen, H./Nielsen, K./Mueller, C.W., 1986: Sozialpädagogische Familienhilfe. Weinheim.

Nohl, H., 1965: Die geistigen Energien der Jugendwohlfahrtsarbeit. In: Aufgaben und Wege der Sozialpädagogik. Vorträge und Aufsätze, hrsg. C.-L. Furck, Bd. 35. Weinheim.

Olk, Th., 2005: Lebenssituation von Kindern und Familien – Herausforderungen für Politik und Gesellschaft. In: Esch, K./Mezger, E./Stöbe-Blossey, S. (Hrsg.): Kinderbetreuung – Dienstleistung für Kinder. Wiesbaden, S. 39-72.
Olk, Th./Merten, R., 1992: Modernisierung der Sozialpädagogik. In: Otto, H.-U./Hirschauer, P./Thiersch, H. (Hrsg.): Zeit-Zeichen sozialer Arbeit. Neuwied/Berlin/Kriftel, S. 135-144.
Olk, Th./Otto, H.-U./Backhaus-Maul, H., 2003: Soziale Arbeit als Dienstleistung – Zur analytischen und empirischen Leistungsfähigkeit eines theoretischen Konzepts. In: Olk, Th./Otto, H.-U. (Hg.): Soziale Arbeit als Dienstleistung. München/Unterschleißheim, S. IX-LXXII.
Peuckert, D.J.K./Münchmeier, R., 1990: Historische Entwicklungsstrukturen und Grundprobleme der deutschen Jugendhilfe. In: Sachverständigenkommission 8. Jugendbericht (Hrsg.): Jugendhilfe – Historischer Überblick und neue Entwicklung. Materialien zum 8. Jugendbericht, Bd. 1. München, S. 2-49.
Reich, W., 1936: Die sexuelle Revolution. Frankfurt am Main.
Richter, H./Coelen, Th. (Hrsg.), 1997: Jugendberichterstattung. Weinheim/München.
Ristau, M., 2005: Der ökonomische Charme der Familie. In: Aus Politik und Zeitgeschichte, B 23-24, S. 16-23.
Rossner, L., 1967: Offene Jugendbildung. München.
Salomon, A., 2003: „Die Familie in der privaten Fürsorge" (1932). In: Feustel, A. (Hrsg.): Alice Salomon, Frauenemanzipation. Bd. 3, S. 523-531.
Stehen, J., 1987: Jugend im nationalsozialistischen Frankfurt, hrsg. vom Historischen Museum Frankfurt am Main. Kleine Schriften des Historischen Museums, Bd. 19. Frankfurt am Main.
Wichern, J.H., 1958: Sämtliche Werke, Bd. III, hrsg. von Meinhold, P. u. a. Berlin.
Wiesner, R. u. a., ^{2}2000: SGB VIII. Kinder- und Jugendhilfe. München.
Wiesner, R., 2003: Die rechtliche Stellung von Kindern im Sozialstaat. In: Kränzl-Nagl, R./Mierendorff, J./Olk, T. (Hrsg.): Kindheit im Wohlfahrtsstaat. Frankfurt am Main/New York, S. 153-182.
Wissenschaftlicher Beirat für Familienfragen, 2002: Die bildungspolitische Bedeutung der Familie – Folgerungen aus der PISA-Studie. Herausgegeben vom BMFSJ, Schriftenreihe Band 224. Stuttgart.
Zeiher, H., 2005: Der Machtgewinn der Arbeitswelt über die Zeit der Kinder. In: H. Hengst/H. Zeiher (Hrsg.), Kindheit soziologisch. Wiesbaden, S. 201-226.
Zetkin, C., 1957: Ausgewählte Schriften und Reden, Bd. I. Berlin.
Zimmer, J., 1973: Curriculumentwicklung im Vorschulbereich. 2 Bd. München.

Verzeichnis der Jugend- und Familienberichte

Jugendberichte

„Erster Jugendbericht" Bericht über die Lage der Jugend und die Bestrebungen auf dem Gebiet der Jugendhilfe in der Bundesrepublik und Berlin (West), Der Bundeskanzler (Hg.), Bonn 1965.
Zweiter Jugendbericht: Zweiter Bericht über die Lage der Jugend und die Bestrebungen auf dem Gebiet der Jugendhilfe gemäß § 25 Abs. 2 des Jugendwohlfahrtsgesetzes, hrsg. von Willy Brandt, Bonn 1968.
„Dritter Jugendbericht" Bericht über Bestrebungen und Leistungen der Jugendhilfe gemäß § 25 Abs. 2 des Jugendwohlfahrtsgesetzes, hrsg. von Bundesminister für Jugend Familie und Gesundheit, Bonn 1972.
„Vierter Jugendbericht" Sozialisationsprobleme der arbeitenden Jugend in der Bundesrepublik Deutschland. Konsequenzen für Jugendhilfe und Jugendpolitik, hrsg. von Bundesministerium für Jugend Familie und Gesundheit, Bonn 1977.
„Fünfter Jugendbericht" Bericht über Bestrebungen und Leistungen der Jugendhilfe, hrsg. von Bundesminister für Jugend, Familie und Gesundheit, Bonn 1980.
„Sechster Jugendbericht", Verbesserungen der Chancengleichheit von Mädchen in der Bundesrepublik Deutschland, hrsg. von Bundesministerium für Jugend, Familie und Gesundheit, Bonn 1984.
„Siebenter Jugendbericht" Jugendhilfe und Familie – die Entwicklung familienunterstützender Leistungen der Jugendhilfe und ihre Perspektiven, hrsg. von Bundesministerium für Jugend, Familie und Gesundheit, Bonn 1986.
„Achter Jugendbericht". Bericht über Bestrebungen und Leistungen der Jugendhilfe, hrsg. von Bundesminister für Jugend, Familie, Frauen und Gesundheit, Bonn 1990.
„Neunter Jugendbericht". Bericht über die Situation der Kinder und Jugendlichen und die Entwicklung der Jugendhilfe in den neuen Bundesländern, hrsg. von Bundesministerium für Familie, Senioren, Frauen und Jugend, Bonn 1994.
„Zehnter Kinder- und Jugendbericht". Bericht über die Lebenssituation von Kindern und die Leistungen der Kinderhilfen in Deutschland, hrsg. von Bundesministerium für Familie, Senioren, Frauen und Jugend, Bonn 1998.

„Elfter Kinder- und Jugendbericht". Bericht über die Lebenssituation junger Menschen und die Leistungen der Kinder- und Jugendhilfe in Deutschland, hrsg. von Bundesministerium für Familie, Senioren, Frauen und Jugend, Bonn 2002.
„Zwölfter Kinder- und Jugendbericht". Bericht über die Lebenssituation junger Menschen und die Leistungen der Kinder- und Jugendhilfe in Deutschland, hrsg. Bundesministerium für Familie, Senioren, Frauen und Jugend, Berlin 2005.

Familienberichte

„Erster Familienbericht" Bericht der Bundesregierung über die Lage der Familien in der Bundesrepublikdeutschland, hrsg. von Bundesminister für Frauen und Jugend, Bonn 1968.
„Zweiter Familienbericht" Familie und Sozialisation – Leistungen und Leistungsgrenzen der Familie hinsichtlich des Erziehungs- und Bildungsprozesses der jungen Generation, hrsg. von Bundesminister für Familie, Jugend und Gesundheit, Bonn 1975.
„Dritter Familienbericht" Bericht über die Lage der Familien in Deutschland, hrsg. von Bundesminister Familie, Jugend und Gesundheit, Bonn 1979.
„Vierter Familienbericht" Die Situation der älteren Menschen in der Familie, hrsg. von Bundesminister für Jugend, Familie, Frauen und Gesundheit, Bonn 1986.
„Fünfter Familienbericht" Familie und Familienpolitik im geeinten Deutschland – Zukunft des Humanvermögens, hrsg. von Bundesministerium für Familie und Senioren, Bonn 1994.
„Sechster Familienbericht" Familien ausländischer Herkunft in Deutschland. Leistungen, Belastungen und Herausforderungen, hrsg. von Bundesministerium für Familie, Senioren, Frauen und Jugend, Bonn 2000.
„Siebter Familienbericht" Familie zwischen Flexibilität und Verlässlichkeit. Perspektiven für eine lebenslaufbezogene Familienpolitik, hrsg. vom Bundesministerium für Familie, Senioren, Frauen und Jugend, Berlin 2006.

Hilfen zur Erziehung

Mechthild Seithe

1. Hilfen zur Erziehung

Als Hilfen zur Erziehung werden sozialpädagogische Angebote bezeichnet, die für Kinder, Jugendliche und ihre Familien im Rahmen von Jugendhilfeleistungen erbracht werden. Als Jugendhilfeleistungen sind diese Hilfen sehr stark verrechtlicht (SGB VIII). Der Zugang erfolgt in der Regel durch Antragstellung an den öffentlichen Jugendhilfeträger (Jugendamt), der prüft, ob im Antragsfall die Gewährungsvoraussetzungen gegeben sind. Die Hilfen werden als pädagogische Sozialleistungen erbracht und sind für die Eltern – von der Einforderung der „Haushaltsersparnis" im Falle einer Unterbringung des Kindes außerhalb des Elternhauses abgesehen (§§ 91, 93 SGB VIII) – kostenfrei.

Als sozialpädagogische Hilfen zeichnen sich diese Hilfeansätze besonders aus durch ihre Alltagsorientierung, den ganzheitlichen und systemischen Handlungsansatz sowie durch eine Verpflichtung auf die Handlungsmaxime der Integration und Partizipation (vgl. BMFSFJ 1990, S. 85ff.). Maßnahmen im Rahmen der Berufsausbildung sowie therapeutische und heilpädagogische Hilfen können ebenfalls Teil einer Hilfe zur Erziehung sein.

Der von der Sache her kontraproduktiven Trennung zwischen Jugendhilfe einerseits und medizinisch, psychiatrischer und therapeutischer Behandlung von Kindern außerhalb der Jugendhilfe andererseits, wie sie in der Praxis zu Zeiten des Jugendwohlfahrtsgesetzes (JWG) bis 1990 an der Tagesordnung war, könnte hiermit endlich Einhalt geboten werden. Erreicht werden sollte auf dieser gesetzlichen Basis nunmehr eine überschaubare und vernetzte Hilfelandschaft sowie eine transparente und abgestimmte Hilfeplanung.

1.1 Historische und aktuelle Entwicklung

Hilfen zur Erziehung im Rahmen von Jugendhilfe gibt es bereits seit dem Reichsjugendwohlfahrtsgesetz (RJWG) von 1922. In ihrer heutigen Ausprägung existieren sie seit der 1990 erfolgten Verabschiedung des SGB VIII (KJHG). Heimerziehung gab es allerdings schon in früheren Jahrhunderten, ebenso Vorformen des Pflegekinderwesens.

Das 1922 verabschiedete RJWG und auch die Jugendhilfegesetze, die in beiden Teilen Deutschlands nach dem Zweiten Weltkrieg gültig waren, stellten die Heimunterbringung sehr stark in den Vordergrund. Andere Hilfen zur Erziehung konnten sich lange Zeit nur schwer durchsetzen (in Westdeutschland erst ab 1968; in Ostdeutschland erst nach der Wende).

Kinder- und Jugendheime hatten dabei lange Zeit weniger den Charakter von Erziehungs*hilfe*einrichtungen als den von Erziehungs*anstalten.* Von Pädagogen wie Pestalozzi oder Wichern wurden schon in den vergangenen Jahrhunderten Reformen im Heimbereich eingefordert und angestoßen (vgl. Müller 1995). Auch in der Zeit nach dem Zweiten

Weltkrieg war es z. B. im Westen Deutschlands immer noch möglich, ohne erzieherische Ausbildung Erzieher in Kinder- und Jugendheimen zu werden (ebd.). Das an das RJWG angelehnte Jugendwohlfahrtsgesetz (JWG 1960) sah noch immer Heimerziehung mit „Anordnungscharakter" vor, die so genannte „Fürsorgeerziehung" (FE), die auch ohne Einwilligung der Beteiligten vollzogen wurde. Zusätzlich kannte es die so genannte „Freiwillige Erziehungshilfe" (FEH).

Die „Heimcampagne" in den 1968er Jahren, die mit scharfer Kritik an der „totalen Institution Heim" ansetzte, stellte im Rahmen der Studentenbewegung einen wichtigen Reformanstoß für die Jugendhilfe dar (vgl. z. B. Müller 2001). Seit dieser Zeit entwickelten sich zunehmend ambulante Hilfen. Und speziell dem Pflegekinderwesen schenkte man eine größere Beachtung. Die sehr unscharf formulierten §§ 5 und 6 des JWG wurden ab den 1970er Jahren alternativ zur FE und FEH immer öfter zur Begründung und Finanzierung neuer und anders verstandener Hilfen zur Erziehung herangezogen. Im stationären Bereich schuf man veränderte Hilfebedingungen und im ambulanten Bereich entwickelte sich eine Reihe gänzlich neuer Hilfeansätze.

In der DDR gab es außer der Heimerziehung bis zur Wende wenig Alternativen. Die Jugendwerkhöfe glichen ebenfalls weniger Erziehungshilfeeinrichtungen als Anstalten, in denen Jugendliche umerzogen werden sollten (vgl. BMFSFJ 1994).

Das SGB VIII, das zum 3. Oktober 1990 im Osten Deutschlands (in reduziertem Verpflichtungsgrad) und am 1.1.1991 im Westen Deutschlands (vollständig) in Kraft trat, geht von einem neuen Verständnis der Hilfe zur Erziehung und von einer großen Vielfalt von ambulanten, teilstationären und stationären Hilfen aus. Die Jugendhilfegesetzgebung hat mit dem KJHG eine Wandlung vollzogen von einem *repressionsorientierten Eingriffs-* zu einem *hilfegewährenden Leistungsgesetz*, das den Betroffenen Sozialleistungen im Sinne pädagogischer Unterstützung zur Verfügung stellt.

Insbesondere steht laut SGB VIII die Mitwirkung und Partizipation der Betroffenen im Vordergrund (Hilfeplanverfahren nach § 36 SGB VIII). Hilfen sind außerdem entsprechend dem Bedarf und der Situation des individuellen Falles zu entwickeln und flexibel zu handhaben. Den ambulanten Hilfen gibt das Gesetz den Vorrang. Es verpflichtet die Jugendhilfe (vgl. auch § 1666a BGB) immer dort, wo ein Verbleib des Kindes oder des Jugendlichen in seiner eigenen Familie möglich scheint, wenn gleichzeitig entsprechende Unterstützung, Beratung und wenn nötig auch konkrete Hilfe zur Erziehung im Alltag der Betroffenen umgesetzt werden, diese ambulante Hilfe zur Erziehung einer „Fremdplatzierung" vorzuziehen.

Trotz des Auf- und Ausbaus ambulanter und teilstationärer Hilfen zur Erziehung kann allerdings auch heute nicht davon die Rede sein, dass Heimerziehung überflüssig geworden wäre. Inzwischen ist Heimerziehung jedoch inhaltlich stark verändert.

Bei dem Kanon der verschiedenen Hilfen, den das SGB VIII aufführt (§§ 28ff. SGB VIII), handelt es sich um eine Aufzählung der Hilfekonzepte und Praxismodelle, die sich zur Zeit der Verabschiedung des KJHG im Westen Deutschlands in der Praxis entwickelt und etabliert hatten. Der Hilfekanon des SGB VIII soll „insbesondere" herangezogen werden, d. h. andere, veränderte oder auch neue Hilfen sind denkbar und müssen bei Bedarf entwickelt werden (vgl. § 27 Abs. 2 SGB VIII). Der Hilfekanon des SGB VIII hat also keinen abschließenden Charakter (vgl. BMFSFJ 1998; Klatetzki 1995; Peters u. a. 1998; Winter 1998). Die in den §§ 28 bis 35 SGB VIII aufgeführten Hilfeangebote sind jedoch vom öffentlichen der Jugendhilfe vorzuhalten.

Mit der Einbeziehung der Personengruppe der seelisch behinderten bzw. von seelischer Behinderung bedrohten Kinder und Jugendlichen (§ 35a SGB III) in den Zuständigkeitsbereich des SGB VIII und mit der Einbindung der notwendigen Hilfen in den Kanon der Hilfen zur Erziehung verfolgte der Gesetzgeber bestimmte Absichten (vgl. Wiesner/Zarbock 1991): Unterbunden werden sollte die vor dem SGB VIII bestehende Trennung zwischen Hilfen der Jugendhilfe einerseits und therapeutischen und psychiatrischen Hilfen andererseits, die bis dahin unabhängig finanziert, organisiert und geplant wurden. Die Einbindung der therapeutischen Hilfen für diese Zielgruppe in die Jugendhilfe versprach eine stärkere Integration der betreffenden Minderjährigen in den normalen Lebenskontext und eine Vermeidung von Stigmatisierung durch die Psychiatrie. Hintergrund war ferner die Erkenntnis, dass psychische Behinderungen und Symptome nicht selten die gleichen Zusammenhänge aufweisen wie „normale" Verhaltensauffälligkeiten, Erziehungsprobleme oder Entwicklungsdefizite und -verzögerungen. Der Zusammenhang mit Problemlagen in Elternhaus und anderen Lebensfeldern des betroffenen Kindes besteht auch bei seelischen Behinderungen (vgl. z. B. Graeßner u. a. 1993).

Ob die Absichten des Gesetzgebers nach mehr als zehn Jahren KJHG als erreicht gelten können, muss allerdings infrage gestellt werden. Nach wie vor behandelt und erlebt Jugendhilfe die Thematik der seelischen Behinderung sehr oft als eine Art „Kuckucksei" in ihrem Nest, für das sie keinerlei Qualifikation besitzt und keine Planungsverantwortung übernehmen kann. Die hier gefragte psychotherapeutische Kompetenz wird in der Praxis nach wie vor nicht kollegial in die Hilfeplanung einbezogen sondern erscheint – mit der Berufsgruppe des Psychiaters – als Fachinstanz, die die Jugendhilfe zu akzeptieren hat und die ihr die eigene fachliche Entscheidung abnehmen kann (vgl. Fegert 1996; Richters 1997; Homfeldt 2005).

Mehr als zehn Jahre nach In-Kraft-Treten des SGB VIII hat sich die Erziehungshilfelandschaft weiterentwickelt. Die im SGB VIII erwähnten Hilfebeispiele haben sich flächendeckend etabliert. Ihre Nutzung weist jedoch deutliche Unterschiede in Häufigkeit und regionalem Bezug auf (vgl. BMFSFJ 1998).

In der Frage, wer den Rechtsanspruch auf Hilfe zur Erziehung hat, entspricht die Rechtssituation des SGB VIII nicht mehr der des JWG. Dort war der Minderjährige Anspruchsinhaber der Hilfe zur Erziehung. An dieser Stelle hat das SGB VIII die Betonung von Elternverantwortung und Elternrechten gegenüber der Rechtslage im JWG verschärft (vgl. Münder u. a. 2002). Eigenständige Rechte von Kindern sieht das SGB VIII nur an wenigen Stellen vor (vgl. z. B. Gernert 1993). Die Diskussionen um das SGB VIII im Vorfeld seiner Verabschiedung verliefen an dieser Stelle kontrovers: Viele hatten ein „Kindergesetz" erwartet und verlangt, dass die Rechte der Kinder (z. B. durch Installierung eines Kinderbeauftragten, eines Anwaltsrechtes der Kinder vor dem Familiengericht) sehr viel stärker im Gesetz verankert würden; diesem Anspruch hat das SGB VIII jedoch in seiner 1990/91 in Kraft getretenen Form nicht genügt. Das neue Kindschaftsrecht hat mit dem Verfahrenspfleger eine Verbesserung geschaffen (vgl. Münder 1998; Salgo u. a. 2002).

1.2 Hilfe zur Erziehung als Leistungsangebot der Jugendhilfe

1.2.1 Rechtsanspruchsinhaber und Nutznießer der Hilfen zur Erziehung

Ziel und Sinn der Leistungen des Kinder- und Jugendhilfegesetz (SGB VIII) sind grundsätzlich die Förderung der Entwicklung und Erziehung der Minderjährigen (§ 1 Abs. 1 SGB VIII im Sinne der Verwirklichung ihres geistigen, seelischen und körperlichen Wohls). Es ist Aufgabe der Jugendhilfe, die Eltern zu beraten und zu unterstützen, damit diese ihre Kinder „zu einer eigenverantwortlichen und gemeinschaftsfähigen Persönlichkeit" (§ 1 SGB VIII) erziehen können.

Diesem Grundsätzen folgend, liegt der Rechtsanspruch für Hilfe zur Erziehung (mit Ausnahme der §§ 35a und 41 SGB VIII) bei den Personensorgeberechtigten. Die Hilfe soll es ihnen ermöglichen, ihrer Aufgabe der Erziehung und Versorgung besser nachkommen können (vgl. § 1 Abs. 2 SGB VIII). Auch eine Unterbringung außerhalb der Familie wird als ein Angebot an Eltern gesehen, das ihnen helfen soll, ihrer Erziehungsaufgabe besser nachzukommen. Die Eltern sind es, die Hilfe zur Erziehung beanspruchen und – bei Verweigerung im Anspruchsfall – auch einklagen können.

Bei Interessenidentität von Eltern und Kindern ist dies kein Problem. Fakt ist aber, dass die konkrete Problemlage (eine das Wohl des Kindes nicht gewährleistende Erziehung, vgl. § 27 SGB VIII) in den meisten Fällen vor allem für den Minderjährigen Leid und Belastung, Behinderung seiner Entwicklung und möglicherweise sogar Gefährdung bedeutet. Wenn aber Eltern die Bedürfnisse und Problemlagen ihrer Kinder oder Jugendlichen unterschätzen, sie möglicherweise übersehen oder auch negieren oder wenn Eltern und Minderjährige unterschiedliche Vorstellungen von der Notwendigkeit und der Art oder der Ausgestaltung der Hilfe haben, kann es zu Konflikten kommen (vgl. z. B. Schrapper 1998). Im Rahmen des neuen Kindschaftsrechts wurde deshalb die Möglichkeit geschaffen, vom Familiengericht einen Verfahrenspfleger einzusetzen, der vor Gericht die Interessen des Minderjährigen vertritt (Münder 1998; Salgo u. a. 2002).

1.2.2 Freiwilligkeit in der Hilfe zur Erziehung

Alle Leistungen der Jugendhilfe (vgl. §§ 11 bis 35a SGB VIII) und demnach auch die Hilfen zur Erziehung sind als Angebote an die Klientel zu verstehen. Die Jugendhilfe macht den potenziellen Nutzern Hilfeangebote, um sie zu fördern und zu unterstützen. Leistungen der Jugendhilfe sind somit grundsätzlich freiwillig. Sie können nicht verordnet oder angeordnet werden. Auch Hilfe zur Erziehung ist eine Leistung der Jugendhilfe. Für sie gilt ebenso, dass ihre Inanspruchnahme freiwillig erfolgt. Auch z. B. die Heimunterbringung oder die Unterbringung in einer Pflegefamilie sind Angebote und keine Eingriffe oder Anordnungen. Sie würden es nur dann sein, wenn ein Familiengericht das Sorgerecht (teilweise) entzogen hat und das Jugendamt dann mit Einverständnis des Vormundes eine entsprechende Hilfe einleitet. Gegen den Willen der Eltern und ohne ihr Einverständnis kann Hilfe zur Erziehung nicht geleistet werden, solange sie sorgeberechtigt sind.

Faktisch ist die Freiwilligkeit bei den Hilfen zur Erziehung jedoch eingeschränkt (vgl. hierzu auch Merchel 1994): Von Freiwilligkeit im Sinne einer völlig unabhängigen und ungebundenen Entscheidung kann aus verschiedenen Gründen bei den Hilfen zur Erziehung nicht gesprochen werden.

- Zum einen besteht das Angebot „Hilfe zur Erziehung“ nicht grundsätzlich im Sinne offener Zugänglichkeit, sondern ist von der Erfüllung konkreter Bedingungen abhängig (§ 27 SGB VIII).
- Zum Zweiten ist die Freiwilligkeit innerhalb des Angebotes „Hilfe zur Erziehung“ inhaltlich eingeschränkt. Das Wunsch- und Wahlrecht der Klienten bezieht sich bei den Hilfen zur Erziehung auf die Ausgestaltung, aber nicht auf die Auswahl der geeigneten Hilfe.
- Auch heute ist es nicht die Regel, dass Klienten Hilfen für Erziehung für sich einfordern. Vielmehr geht die Initiative für Hilfe zur Erziehung sehr oft von der Jugendhilfe aus und es bedarf meist einer nicht unerheblichen Vorarbeit und Motivierung, um die Betroffenen auf die bereitstehende – bzw. (dringend) erforderliche – Hilfe aufmerksam zu machen, um dann mit ihnen in Hilfeplanungsgespräche eintreten zu können.
- Tatsächlich sind sogar nicht selten die Bedingungen, die zur Notwendigkeit von Hilfe zur Erziehung führen (und damit zur Inanspruchnahme berechtigen) selbst ein Grund dafür, dass die Eltern den Kontakt zur Jugendhilfe meiden. Eine vernachlässigende Haltung gegenüber den Kindern z. B. oder eine verzerrte Problemwahrnehmung können Eltern davon abhalten, die erforderliche Hilfe für sich und ihre Kinder einzufordern.
- Schließlich ist das im Rahmen der Hilfe zur Verfügung gestellte Angebot nicht nur und nicht immer nur angenehm. Es erfordert aktive Mitarbeit und nicht selten auch die Bereitschaft, eigene Positionen und Verhaltensweisen zu überdenken, ggf. auch eigene Positionen aufzugeben und unangenehmen Wahrheiten ins Gesicht zu sehen. Gerade bei Familien, bei denen nicht bereits ein (intrinsischer) Leidensdruck besteht, werden Hilfen zur Erziehung oft weniger aus eigenem Antrieb gewünscht und eingeholt, sondern vielmehr auf Grund eines – nicht selten massiven – äußeren Drucks, z. B. durch Schule, Polizei, Familiengericht, Allgemeiner Sozialdienst (ASD), Kindergarten, Nachbarschaft etc.

Der 8. Jugendbericht betont die Freiwilligkeit der Leistungen der Jugendhilfe. Gleichzeitig aber wird – mit Blick auf die Hilfen zur Erziehung – festgestellt: „In der Realität belasteter und bornierter Verhältnisse aber ist oft die gleichsam vorlaufende Arbeit, damit Menschen sich helfen lassen, nicht weniger entscheidend wie dann die eigentliche Hilfe selbst“ (BMFSFJ 1990, S. 89). Das Gesetz scheint davon auszugehen, dass Eltern als beste Erzieher ihrer Kinder grundsätzlich in der Lage und bereit sind, sich Hilfe für ihre Erziehungsaufgaben zu holen, wenn sie merken, dass sie Hilfe brauchen. Realität ist jedoch, dass Hilfen zur Erziehung oft erst nach einer gewissen Überzeugungsarbeit durch Dritte (Allgemeiner Sozialer Dienst, Schule, Kindertagesstätte, Arzt) von Eltern überhaupt angenommen werden.

Die Motivierung für eine freiwillige, wirklich auch gewollte Inanspruchnahme der Hilfe zur Erziehung ist nicht nur aus rechtlichen, sondern auch aus fachlichen Gründen erforderlich. Es handelt sich bei sozialpädagogischen Leistungen – insbesondere auch bei der Hilfe zur Erziehung – um Kooperationsleistungen, die erst dann voll zum Tragen kommen, wenn es gelungen ist, einen Dialog zwischen Empfänger und Anbieter der Leistung herzustellen. Der Empfänger wird im Verlaufe der Kooperation zunehmend zum Koproduzenten der Leistung (s. B. Müller 1997). Hilfen zur Erziehung werden wie alle Leistungen erst dann psychologisch und pädagogisch wirksam, wenn die Betroffenen das Angebot annehmen und darin selbst einen aktiven Part übernehmen (vgl. ebd., S. 107ff.). Die oft erforderliche Motivationsarbeit für eine Inanspruchnahme von Hilfe zur Erziehung muss deshalb als ein wichtiger erster Schritt im Sinne der Hilfe zur Erziehung angesehen werden.

2.2.3 Zugangsvoraussetzungen

Hilfen zur Erziehung unterscheiden sich von den anderen Leistungen des SGB VIII durch spezifische Voraussetzungen, an die ihre Gewährung gebunden ist. Der Gesetzgeber spricht von der „Nichtgewährleistung einer dem Wohle des Kindes oder des Jugendlichen entsprechenden Erziehung" als der Voraussetzung für die Gewährung von Hilfen zur Erziehung (vgl. § 27 SGB VIII). Darüber hinaus soll die Hilfe für die Entwicklung des Minderjährigen *geeignet* und *notwendig* sein. Diese oder vergleichbare „Zugangsvoraussetzungen" bestehen für die sonstigen Leistungen nach dem SGB VIII nicht.

Die „Nichtgewährleistung einer dem Wohle des Minderjährigen entsprechenden Erziehung" kennzeichnet eine bestimmte, zu definierende Lebenssituation von Minderjährigen, in der die vorhandenen Sozialisationsbedingungen nicht ausreichen, um eine angemessene Entwicklung und Entfaltung zur eigenverantwortlichen Persönlichkeit zu gewährleisten (vgl. Münder 2002; Seithe 2001).

Bei der Nichtgewährleistung des Kindeswohls handelt es sich nicht um die im BGB definierte „Kindeswohlgefährdung" im Sinne des Missbrauchs elterlicher Sorge (§ 1666 BGB). „Die Begriffe ‚Nichtgewährleistung einer dem Wohle des Minderjährigen entsprechende Erziehung' nach § 27 SGB VIII und ‚Gefährdung des Wohls des Minderjährigen' nach § 1666 BGB sind nicht deckungsgleich", betont Münder (2003, S. 242). Der Begriff des Nichtgewährleistens bedeutet für die Sozialisationslage des Minderjährigen eine niedrigere Schwelle als die der Gefährdung. Hilfen zur Erziehung werden schon im Vorfeld der Kindeswohlgefährdung gewährt.

In der Praxis fällt die Abgrenzung der beiden Tatbestände („Nichtgewährleistung einer dem Wohle des Minderjährigen entsprechenden Erziehung" und „Kindeswohlgefährdung") nicht leicht. Erfahrung und subjektive Einstellung der verantwortlichen SozialarbeiterIn spielen letztlich eine nicht zu unterschätzende Rolle bei der Beurteilung der Sozialisationslage. Im Vorfeld der eindeutigen Kindeswohlgefährdung gibt es eine Grauzone, bei der man oft nicht weiß, ob man einen Zustand noch mit dem Begriff der Nichtgewährleistung des Kindeswohls richtig beschreibt, oder ob man bereits von Kindeswohlgefährdung sprechen müsste.

Mit Blick auf die Gewährung und Durchführung von Hilfen zur Erziehung muss jedoch festgehalten werden: Eine Kindeswohlgefährdung ist immer auch eine „Nichtgewährleistung einer dem Wohle des Kindes entsprechende Erziehung". Beide Ausgangslagen erfüllen die Bedingung für die Gewährung von Hilfe zur Erziehung bzw. machen sie erforderlich. Dabei ist zu beachten:

- Handlungsbedarf für Hilfe zur Erziehung ist bereits im Vorfeld der Kindeswohlgefährdung gegeben. Es wäre falsch, erst bei drohender oder faktischer Kindeswohlgefährdung die Notwendigkeit für Hilfe zur Erziehung anzusetzen.
- Nicht jede Kindeswohlgefährdung erfordert die Einschaltung des Familiengerichtes oder gar einen Sorgerechtsentzug.
- Auch eine Fremdunterbringung des betroffenen Minderjährigen ist nicht zwangsläufige Folge von Kindeswohlgefährdung.

- Um im Falle einer Kindeswohlgefährdung mit ambulanten Hilfen zur Erziehung den gewünschten Erfolg erzielen zu können, müssen diese Hilfen in der Lage sein, die Gefährdung auszuschalten und die ursächlichen Hintergründe und Bedingungen zu verändern (grundlegende Hilfen) (vgl. Seithe 2001).

2.2.4 Zugang zu Hilfen zur Erziehung

Der Zugang zu Hilfen zur Erziehung erfolgt in der Regel über den Allgemeinen Sozialen Dienst der Jugendämter. Der zuständige Sozialarbeiter nimmt zum Fall Stellung. Im Rahmen der Entscheidungskonferenz des Jugendamtes (Zusammenwirken mehrerer Fachkräfte; vgl. § 36 SGB VIII) wird über diesen Antrag beraten und ggf. ein inhaltlicher Hilfevorschlag erarbeitet. Gewährt wird die Hilfe auf der Basis des danach mit den Klienten zusammen ausgehandelten Hilfeplanes. Die fallzuständige MitarbeiterIn des Allgemeinen Sozialdienstes vom Jugendamt ist federführend für die Hilfeplanung verantwortlich und bleibt bis zum Abschluss der Hilfe fachlich, d. h. auch inhaltlich zuständig.[1]

Der Anstoß und Vorschlag für eine Hilfe zur Erziehung kommt häufig vom Allgemeinen Sozialdienst selbst. Oft schlagen aber auch andere pädagogische Kräfte (ErzieherInnen, LehrerInnen) oder Ärzte sowie MitarbeiterInnen von Erziehungshilfeeinrichtungen Hilfe zur Erziehung vor und schicken die Eltern zum Jugendamt. Die Wahrscheinlichkeit, dass betroffene Eltern oder auch Minderjährige sich direkt und aus eigenem Antrieb mit der Bitte um Gewährung von Hilfe zur Erziehung ans Jugendamt wenden, ist in der Realität eher gering. (Eine besondere Rolle spielen die Fälle von Selbstmeldern bei Inobhutnahme nach § 42 SGB VIII. Hier handelt es sich jedoch nicht um die Bitte zur Gewährung von Hilfe zur Erziehung, sondern um ein Schutzbegehren der Minderjährigen.)

Eine Ausnahme hinsichtlich des Zugangs zur Hilfe bildet die Erziehungsberatung nach § 28 SGB VIII. Eine Erziehungsberatungsstelle kann von Klienten spontan aufgesucht werden. Dieser freie Zugang entspricht der präventiven Orientierung des SGB VIII (vgl. BMFSFJ 1998) und wurde 2005 im KICK (Kinder- und Jugendhilfeerweiterungsgesetz; Art. 1, Abs. 12.2) ausdrücklich bestätigt und prinzipiell auf alle ambulanten Hilfen zur Erziehung ausgeweitet. Ist die Hilfe nach § 28 SGB VIII auf längere Zeit angelegt (in der Praxis geht man dabei von etwa einem Vierteljahr aus), wäre nach § 36 SGB VIII auch hier eine Hilfeplanung erforderlich.

Eine andere Besonderheit im Zugang zu Hilfen zur Erziehung besteht bei den Hilfen, die gleichzeitig Hilfen nach dem Jugendgerichtsgesetz (JGG) sind (z. B. Betreuungshelfer, der inhaltlich/pädagogisch dem Erziehungsbeistand nach § 30 SGB VIII entspricht oder der Erziehungskurs, der inhaltlich/pädagogisch mit der Hilfe zur Erziehung nach § 29 [Soziale Gruppenarbeit] korrespondiert). Im Falle des Einsatzes von Betreuungshelfern oder bei Erziehungskursen erfolgt der Zugang über die Jugendgerichtshilfe. Die Weisung eines Jugendgerichtes für einen Betreuungshelfer oder einen Erziehungskurs nach JGG ist verbindlich für den Betroffenen, aber ersetzt für die Jugendhilfe nicht die Notwendigkeit, über die Gewährleistung dieser Hilfe nach § 27 SGB VIII zu entscheiden (vgl. Münder 2002).

1 Bei der Hilfe für seelisch behinderte und von Behinderung bedrohte Kinder und Jugendliche (§ 35a SGB VIII) wird in der Praxis in Anlehnung an den § 39 BSHG eine medizinische bzw. psychologische Diagnose der seelischen Behinderung zur Vorlage beim Jugendamt verlangt. Das KICK (2005) schreibt dieses Vorgehen fest.

2.2.5 Charakter und Inhalt der Hilfen

Der § 27 des SGB VIII formuliert die zentralen Aussagen zu den Hilfen zur Erziehung. Hier wird auch definiert, wie die Hilfe inhaltlich und organisatorisch gestaltet werden muss. Dabei sind folgende Aspekte besonders hervorzuheben:

- Die Wahl und Ausgestaltung der Hilfe zur Erziehung sollte individuell, nach dem erzieherischen Bedarf im Einzelfall, erfolgen (§ 27 Abs. 2 SGB VIII). Das Gesetz fordert dazu auf, Hilfe zur Erziehung nicht angebotsorientiert, sondern nachfrageorientiert zu gewähren und zu entwickeln. Hilfen müssen auf die konkrete Lebenssituation und den konkreten Bedarf abgestimmt sein. Dies setzt in jedem Einzelfall eine sozialpädagogische Lebensweltanalyse voraus.
- Die vom Gesetzgeber geforderte Einbeziehung und Berücksichtigung des sozialen Umfeldes eines Betroffenen in die Hilfe zur Erziehung (§ 27 Abs. 2 SGB VIII) verweist zum einen auf die Notwendigkeit, die bestehende Lebenswelt nach Möglichkeit zu erhalten (also ambulante und teilstationäre Hilfen – wenn angezeigt – vorzuziehen) und zum anderen auf den lebensweltorientierten Ansatz der Hilfe zur Erziehung.
- Neben pädagogischen Hilfen werden im Gesetz auch therapeutische Hilfen als mögliche Leistungen genannt (§ 27 Abs. 3 SGB VIII). Neben der Aufnahme des § 35a in das SGB VIII (Hilfe für seelisch behinderte und von seelischer Behinderung bedrohte Kinder und Jugendliche) ist dies der entscheidende Hinweis im Kinder- und Jugendhilfegesetz darauf, dass therapeutische Hilfen – wenn sie im Rahmen von Jugendhilfe bzw. Hilfe zur Erziehung notwendig werden – Teil der Jugendhilfe sind.
- Bei Bedarf sind auch Ausbildungs- und Beschäftigungsmaßnahmen (im Sinne des § 13 Abs. 2 SGB VIII) Leistungen der Hilfe zur Erziehung.

Ziel jeder Hilfe zur Erziehung ist die Schaffung einer Lebenssituation, die das „Wohl der Minderjährigen" wenigstens in ausreichendem Maße (wieder) gewährleistet. Das Beenden einer möglicherweise bestehenden Kindeswohlgefährdung ist damit immanenter Bestandteil der Zielsetzung einer Hilfe zur Erziehung.

Ziele der Hilfen zur Erziehung richten sich vorrangig auf Lebens- und Entwicklungsbe dingungen der Betroffenen. „Mit der Bezugnahme auf Sozialisationsbedingungen", so Münder (2003, S. 236), „wurde die stark individualisierende Zuschreibung verlassen und generell auf Defizitsituationen abgestellt. Somit musste keine individuelle Schädigung oder Gefährdung vorliegen ..., sondern entscheidend war, ob das, was für die Sozialisation, Ausbildung und Erziehung Minderjähriger erforderlich ist, tatsächlich vorhanden ist" (Münder 2003, S. 236).

Diese Orientierung hat Konsequenzen für die diagnostischen Aspekte der Hilfeplanung sowie für die Intervention im Rahmen der eigentlichen Hilfe selbst.

- Die sozialpädagogische Diagnose sollte vor allem auf die Sozialisationsbedingungen der jeweiligen Minderjährigen zielen. Es reicht nicht, bestehende Auffälligkeiten oder Symptome der Kinder oder Jugendlichen zu beschreiben.
- Die inhaltliche Orientierung von Hilfe zur Erziehung auf die Verbesserung und Veränderung der bestehenden Sozialisationsbedingungen unterscheidet die Sozialpädagogik deutlich von einer symptomorientierten Herangehensweise.

Andererseits sind Symptome, die Kinder und Jugendliche in unzureichenden Kindeswohllagen entwickeln, ernst zu nehmen. Nicht selten können sie regelrecht als Signale gewertet werden, mit denen Kinder und Jugendliche auf ihre Lage aufmerksam machen (vgl. Harnach-Beck 2003).

2.2.6 Angebotsspektrum der Hilfe zur Erziehung

In den §§ 28 bis 35 SGB VIII nennt das Gesetz konkrete Hilfebeispiele. Hilfen seien, so wird im § 27 SGB VIII festgelegt, insbesondere zu gewähren nach Maßgabe der §§ 28 bis 35 SGB VIII. Wenn der Gesetzgeber von „insbesondere" spricht, heißt das, dass die angeführten Beispiele keinen abschließenden Katalog von Hilfen darstellen (vgl. Münder 2002). Gerade im Zusammenhang mit der Verpflichtung zur individuellen Gestaltung der Hilfe ist diese Aussage von besonderer Bedeutung. Wenn der vorgegebene Katalog von Hilfearten (§§ 28ff. SGB VIII) auf einen konkreten Einzelfall nicht passt, wenn er nicht ausreicht, wenn der Katalog nicht die notwendige Hilfe bereithält, dann können und müssen (!) Varianten bestehender Hilfen, Kombinationen und andere Hilfeformen entwickelt werden.

Um jeweils entscheiden zu können, ob der konkrete, abgeleitete Hilfebedarf im Einzelfall über den bestehenden Hilfekatalog abzusichern ist oder aber, ob andere Hilfen zu entwickeln oder bestehende Hilfekonzepte zu verändern und zu variieren sind, braucht eine SozialpädagogIn gute und differenzierte Kenntnisse über die vorgehaltenen Hilfen und die Hilfen des SGB VIII-Katalogs. Sie muss beurteilen können, welche Hilfeformen die Bedingungen bietet, die im konkreten Fall benötigt werden. Im Folgenden sollen deshalb die einzelnen Hilfeangebote stichpunktartig skizziert werden.

- *Erziehungsberatung (§ 28 SGB VIII)*

Erziehungsberatung ist eine ambulante Erziehungshilfe und wird von Erziehungsberatungsstellen geleistet. Dies sind Einrichtungen mit multiprofessionellen Teams, häufig in freier Trägerschaft und in der Regel amtsfern untergebracht. Gearbeitet wird mit den Eltern, mit ganzen Familien und mit Teilsystemen. Im Rahmen von Kindertherapie wird auch mit Kindern alleine gearbeitet, allerdings immer begleitet von Elternarbeit.

Erziehungsberatung ist insbesondere geeignet für alle psychologisch relevanten Themen, insbesondere für Beziehungs- und Erziehungsprobleme. Systemische Familienprobleme gehören in den Fokus eines Gespräches in der Erziehungsberatung. Das soziale Umfeld wird vor allem über die Gespräche mit den Klienten einbezogen. Es sind Kontakte zur Schule möglich. Seltener sind Hausbesuche und zugehende Arbeitsansätze. Es besteht überwiegend eine Komm-Struktur.

Von der Klientel wird eine gewisse Verbalisierungs- und Abstraktionsfähigkeit erwartet sowie die Fähigkeit, mit dem beraterischen Setting (Termine, Komm-Struktur, Zeitbegrenzung, fremde Umgebung usf.) zurechtzukommen. Beratungsgespräche finden üblicherweise max. eine Stunde pro Woche statt, häufig in größeren Abständen. Die Dauer der Beratung variiert von wenigen Wochen bis zu mehreren Jahren.

Erziehungsberatung ist die Erziehungshilfe, die laut 10. Kinder- und Jugendbericht (BMFSFJ 2000) den größten Anteil der ambulanten Erziehungshilfen ausmacht. Sie zeichnet innerhalb der Erziehungshilfelandschaft auf Grund ihrer besonderen Zugangsbedingungen, auf Grund der spezifischen Tradition (Orientierung an psychotherapeutischen Praxisfeldern) und der vorherrschenden psychologischen Ausrichtung eine gewisse Exklusivität aus, die mitunter zu der irrigen Annahme führt, Erziehungsberatung sei nicht eine

Möglichkeit unter anderen innerhalb eines Gesamtangebotes, sondern eine grundsätzliche Alternative zu den Angeboten der Hilfen zur Erziehung. Erziehungsberatung sollte sich verstärkt darum bemühen, auch denjenigen Klienten gerecht zu werden und ihnen mit organisatorischen und methodischen Ansätzen entgegenzukommen, die Schwierigkeiten haben, z. B. mit dem hier üblichen beraterischen Setting umzugehen (vgl. BMFSFJ 2000).

■ *Soziale Gruppenarbeit (§ 29 SGB VIII)*

Die Hilfe richtet sich unmittelbar an die betroffenen Minderjährigen, meist an ältere Kinder oder Jugendliche. Die Arbeit in der Gruppe thematisiert in der Regel bestimmte Probleme und belastende Lebensweltaspekte der betroffenen Jugendlichen (z. B. Trennungsabsichten der Eltern, Kontaktschwierigkeiten, kriminelle Delikte); eine Arbeit in den Lebensfeldern der einzelnen Jugendlichen findet in der Regel nicht statt. Ist die soziale Gruppenarbeit jedoch organisatorisch in ein bestimmtes Lebensfeld integriert (z. B. Schule), so spielt dieses Lebensfeld für die sozialpädagogische Arbeit eine zentrale Bedeutung. Die Hilfe bietet keine Möglichkeit, problematische familiäre Situationen zu verändern (Janssen u. a. 1993), da Elternarbeit hier, wenn überhaupt, nur flankierend geleistet werden kann.

In der Fachliteratur finden sich hinsichtlich der zeitlichen Intensität und Dauer der Hilfe unterschiedliche Modelle, die von einer Gruppensitzung pro Woche bis zur täglichen sozialpädagogischen Arbeit in der Nachmittagsgruppe (z. B. Projekte für Schulverweigerer) reichen und häufig erlebnispädagogische Unternehmungen am Wochenende einschließen. Manche Ansätze gehen von einer festgelegten Anzahl von Gruppenstunden aus, bei anderen Konzepten ist eine längere Dauer vorgesehen oder die Gruppen bleiben als Angebote erhalten und nehmen immer wieder neue Personen auf.

Soziale Gruppenarbeit gehört zu den ambulanten Hilfebeispielen, die am wenigsten mit festen Konzepten und etablierten Organisationsformen in Verbindung gebracht wird. Hier liegen beträchtliche Gestaltungsräume. Am bekanntesten sind die im Kontext des JGG entwickelten „Sozialen Trainingskurse". Auch bei den sozialen Trainingskursen ist letztlich die freiwillige Annahme des Angebotes die Voraussetzung für ihren Erfolg. Auch eine vom Jugendrichter angeordnete Maßnahme wird nur greifen, wenn es den SozialpädagogInnen gelingt, den oder die Jugendliche zur persönlichen Akzeptanz und aktiven Teilnahme der Hilfe zu bewegen.

■ *Erziehungsbeistand/Betreuungshelfer (§ 30 SGB VIII)*

Auch diese ambulante Hilfe ist auf die Minderjährigen selbst ausgerichtet; ihr Ziel ist es, Kindern und Jugendlichen bei der Bewältigung ihrer Entwicklungsprobleme zu helfen. Elternarbeit wird hier nur flankierend geleistet; gleichwohl ist ein intensiver Kontakt oft notwendig, um den Bezug zur Familie zu erhalten (Janssen u. a. 1993).

Die sozialpädagogische Arbeit findet in der Lebenswelt statt und hat z. T. *zugehenden* Charakter. Die Einbeziehung verschiedener Lebensweltebenen ist möglich und wird praktiziert (z. B. Schule, Familie, Peers, Wohngebiet, Freizeit).

Notwendige Voraussetzung, damit die Hilfe greifen kann, ist die Bereitschaft des Minderjährigen, sich auf die Beziehung einzulassen und bestimmte Vereinbarungen einzuhalten. Dies gilt auch für nach JGG angewiesene Hilfen. Hier ist die Freiwilligkeit durch die Weisung rechtlich aufgehoben, pädagogisch ist sie aber Voraussetzung für das Gelingen der Hilfe.

In der Fachliteratur wird von einer zeitlichen Intensität von fünf bis zehn Stunden pro Woche ausgegangen. Die Hilfe ist i. d. R. auf mindestens ein Jahr anzulegen. Hilfen mit Jugendlichen werden jedoch häufig durch die Jugendlichen selbst vorzeitig beendet. Der Erziehungsbeistand ist – zumindest dem Begriff nach – eine der wenigen Hilfen zur Erziehung, die bereits im Jugendwohlfahrtsgesetz (JWG) genannt wurden (§§ 55ff. JWG). Die Hilfe zur Erziehung „Erziehungsbeistand" nach SGB VIII und die „Erziehungsbeistandschaft" nach JWG haben jedoch nicht viel gemeinsam. Wenn nach JWG ein Erziehungsbeistand 100 oder vielleicht auch nur 30 Jugendliche betreute, konnte es sich wohl kaum um eine Hilfe zur Erziehung handeln, die auf einer intensiven persönlichen Beziehung aufbaut, so wie dies nach § 30 SGB VIII angelegt ist.

Der Erziehungsbeistand ist mit seinen spezifischen Möglichkeiten einer intensiven Arbeit mit dem Minderjährigen eine ernst zu nehmende, durchaus Erfolg versprechende sozialpädagogische Hilfe zur Erziehung, die allerdings hinreichend mit Zeitkontingenten auszustatten ist und wie jede andere Hilfe zur Erziehung durch sozialpädagogisch qualifizierte Erziehungshelfer geleistet werden sollte.

Andererseits macht ein Erziehungsbeistand dann keinen Sinn, wenn im konkreten Fall eigentlich systemische Familienarbeit notwendig wäre, d. h. wenn die erzieherischen Probleme nur über eine Arbeit mit dem Familiensystem langfristig zu beheben sind (vgl. Seithe 2001).

■ *Sozialpädagogische Familienhilfe (SPFH; § 31 SGB VIII)*

Die sozialpädagogische Arbeit dieser intensiven ambulanten Hilfe zur Erziehung findet unmittelbar in der alltäglichen und familiären Lebenswelt der Klientel statt. Der sozialpädagogische Ansatz ist alltagsorientiert und systemisch. Die Hilfe hat *zugehenden* Charakter und bezieht die verschiedensten Lebensweltebenen in die Hilfe ein. Sozialpädagogische Familienhilfe ist eine Form systemischer Familienarbeit. Beziehungsarbeit und Erziehungsarbeit sind die elementaren Inhalte der Sozialpädagogischen Familienhilfe. Fragen der Alltagsbewältigung werden mitbearbeitet, interessieren letztlich aber nur mit Blick auf die Sozialisationsbedingungen für die Kinder. Man könnte SPFH als eine eher lebenspraktische und handlungsorientierte Form der Erziehungsberatung bezeichnen.

Damit sozialpädagogische Familienhilfe greifen kann und Veränderungen zweiter Ordnung im Familiensystem möglich werden (vgl. Hantel-Quitmann 1997), muss bei allen Familienmitgliedern die Bereitschaft vorhanden sein, die HelferIn in den Binnenraum der Familie hinein zu lassen, eigenes Verhalten und eigene Gefühle infrage zu stellen und bestimmte Vereinbarungen einzuhalten.

Um alltagsorientiert, systemorientiert und mit der dargestellten Allzuständigkeit für Probleme und Personen ganzheitlich arbeiten zu können, ist eine ausreichende Mindeststundenzahl angezeigt. Es ist außerdem notwendig, die zur Verfügung gestellten Zeitkontingente flexibel zu gestalten (z. B. Einstiegs- und Auslaufphase mit geringerer Stundenzahl). In den letzten Jahrzehnten neu praktizierte Hilfen wie „Familie im Mittelpunkt" (FiM; vgl. Galuske, 2003) und „Stationäre Familienhilfe", bei der die gesamte Familie „fremdplatziert" wird und die intensive Arbeit mit der Familie in einem neuen Wohnumfeld stattfindet, sind Variationen der sozialpädagogischen Familienhilfe. Sie wurden entwickelt, weil die übliche SPFH immer mehr auf eine Art „Erziehungsberatung vor Ort" mit einem minimalen Stundeneinsatz reduziert wurde und bei komplexen und eskalierten Problemlagen nicht mehr greifen konnte. In gewissem Sinne stellen sie eine Neuentdeckung der Möglichkeiten der SPH dar. Die sozialpädagogische Familienhilfe ist eine hochwirksame, intensive ambulante Hilfe, wenn sie mit den notwendigen Zeitkontingenten und mit der erforderlichen hohen fachlichen Qualität ausgestattet wird.

Im Widerspruch zu dieser Option steht die Erfahrung, dass man ihr oft nicht all zu viel zutraut, sie nicht selten als „Versuchsballon" einsetzt, ohne wirklich an ihre Möglichkeiten zu glauben. Die in der Literatur (vgl. BMFSFJ 1998) kritisierte Tendenz, Sozialpädagogische Familienhilfe z. B. mit ABM-Kräften durchzuführen oder auch die Tendenz, die Stundenzahlen so weit zu reduzieren, dass nicht mehr viel vom alltagsorientierten Ansatz übrig bleibt, sollten zurückgedrängt und Sozialpädagogische Familienhilfe qualitativ angemessen ausgebaut werden (vgl. Schattner im vorliegenden Handbuch).

■ *Erziehung in einer Tagesgruppe (§ 32 SGB VIII)*

Die teilstationäre Hilfe zur Erziehung Tagesgruppe wendet sich unmittelbar an betroffene Kinder (meist im Schulalter) und jüngere Jugendliche. Die Kinder werden in Gruppen betreut. Neben der sozialen Gruppenarbeit findet auch individuelle Förderung der Kinder statt. Oft leisten Tagesgruppen heilpädagogische Hilfe. Es wird in der Regel vergleichsweise intensiv mit Eltern gearbeitet.

Im Unterschied zur Unterbringung im Heim vermeidet die Tagesgruppe als teilstationäre Hilfe für die Betroffenen den Bruch mit der bestehenden Lebenswelt. Sie eröffnet die Möglichkeit, Kinder intensiv zu betreuen, zu fördern und die familiär bedingten Sozialisationsdefizite auszugleichen, ohne dem Kind gleichzeitig die bisherige Lebenswelt zu nehmen. Sie kann zudem durch die räumliche Eingebundenheit in die Lebenswelt zur Integration der Betroffenen beitragen und mit den anderen Lebensweltinstanzen (z. B. Schule) intensiv kooperieren.

Tagesgruppen sind im Vergleich z. B. zur Heimerziehung oder zur Sozialpädagogischen Familienhilfe nicht sehr verbreitet. Laut 10. Kinder- und Jugendbericht wurden im gleichen Zeitraum in den alten Bundesländern sechsmal so viele Unterbringungen nach § 34 SGB VIII begonnen wie teilstationäre Unterbringungen (BMFSFJ 1998). Nicht selten ist die Tagesgruppe eine Durchlaufstation vor Heimerziehung oder sozialpädagogischer Familienhilfe.

Meistens kann davon ausgegangen werden, dass familiäre Belastungen oder Defizite dazu geführt haben, dass für das Kind die Alternative Tagesgruppe erforderlich wurde. Eine Rückführung in die eigene Familie findet in der Tagesgruppe täglich und an jedem Wochenende statt. Wenn sich im Elternhaus und im Familiensystem nicht entscheidende Änderungen einstellen, wird das Kind ständig weiter mit seinen Problemen zu Hause konfrontiert und es wird am Ende einer unverändert problematischen, wenn nicht sogar verschärften Familiensituation ausgeliefert. Die pädagogische Arbeit mit den Kindern kann noch so viel Qualität haben – die Wirksamkeit der Erziehung in einer Tagesgruppe steht und fällt mit der Frage, ob die jeweiligen Bemühungen ausreichen, um die Situation des Kindes im Elternhaus zu verbessern. Tagesgruppen müssen sich deshalb in jedem Fall kritisch fragen, ob das, was sie real an Elternarbeit leisten können, zu einer hinreichenden Veränderung der Lebensbedingungen im häuslichen Milieu wirklich ausreicht. Andernfalls sind zur Arbeit in der Gruppe zusätzliche familienbezogene Hilfen erforderlich (vgl. z. B. Krüger u. a. 1998).

■ *Vollzeitpflege (§ 33 SGB VIII)*

Die Unterbringung in einer Pflegefamilie ist eine *stationäre* Hilfe zur Erziehung. Kinder werden vorübergehend oder auf Dauer in anderen Familien untergebracht. Das Kind lebt 24 Stunden am Tag in der Pflegefamilie.

Pflegeverhältnisse können von sehr unterschiedlicher Dauer sein: Es gibt vorübergehende Pflegeverhältnisse von mittlerer Dauer (etwa bis zu zwei Jahren), die durch eine Rückführung in die Herkunftsfamilie beendet werden. Schließlich ist die Dauerpflege zu nennen, die bis zur Volljährigkeit bzw. Verselbstständigung der Kinder führen kann.

Insbesondere bei Pflegeverhältnissen, die auf längere Dauer angelegt sind, wird von beiden Elternparteien viel verlangt: Die Herkunftsfamilien müssen akzeptieren, dass neue Bindungen für ihr Kind in der Pflegefamilie entstehen, die für das Kind wichtig sind. Hierbei brauchen sie im Verlaufe der Hilfe unbedingt Unterstützung vom Jugendamt und durch eine entsprechende Haltung der Pflegefamilie.

Pflegeeltern müssen einerseits bereit sein, das fremde Kind vorbehaltlos anzunehmen und wie ein eigenes Kind zu behandeln, zu betreuen und zu versorgen. Sie müssen gleichzeitig in der Lage sein, dieses Kind nach einer gewissen Zeit wieder gehen zu lassen und auch schon während der Pflegesituation die Beziehung der Kinder zu ihren leiblichen Eltern zu pflegen und zu fördern. Auch dann, wenn keine Rückführung anvisiert wird, haben Kinder einen Anspruch auf Kontakt zu ihrer Ursprungsfamilie. Dieser Kontakt muss von den Pflegeeltern nicht nur geduldet, er muss gefördert und unterstützt werden.

Die bindungstheoretische Denkrichtung, dass Kinder immer an ihre Biografie und Herkunft gebunden bleiben und es für ihre Entwicklung notwendig ist, dass sie diese Bindungen erhalten und sich offen mit ihrer Herkunft auseinandersetzen können (vgl. z. B. Hansen 1993), hat sich in den letzten Jahren innerhalb des Pflegekinderwesens durchgesetzt. Mögliche Rückführungsoption und die Kontaktpflege mit der Herkunftsfamilie sind damit Anforderungen und Themen, die innerhalb einer Pflegebeziehung eine entscheidende Rolle spielen.

Das ist ein hoher Anspruch auch an die Fachkräfte der Jugendämter. Er erfordert vom Fachamt eine kritische Pflegeelternauswahl und eine intensive Vorbereitung und Begleitung von Pflegeverhältnissen. Die Personen, die hier die Hilfe zur Erziehung durchführen sind keine Professionellen; sie brauchen unbedingt fachliche Unterstützung (Pflegekinderwesen) und Supervision. Im Fall der Betreuung eines Kindes mit ganz besonderen Problemlagen (§ 35a SGB VIII) ist eine spezielle Schulung für die Aufgabe unabdingbar.

■ *Heimerziehung, sonstige betreute Wohnform (§ 34 SGB VIII)*

Eine stationäre Unterbringung im Heim oder in einer sonstigen betreuten Wohnform *ersetzt* für die betroffenen Minderjährigen die bisherige alltägliche Lebenswelt (vgl. Chassé/v. Wensierski 2002). Die neue Lebenswelt soll – besser als die bisherige – den Entwicklungsbedürfnissen der Minderjährigen gerecht werden. Unterbringungen nach § 34 SGB VIII können von unterschiedlicher Dauer sein. Es gibt vorübergehende Unterbringungen von mittlerer Dauer, die durch eine Rückführung in die Herkunftsfamilie beendet werden. Möglich ist auch eine Dauerunterbringung, die bis zur Volljährigkeit bzw. Verselbstständigung der Kinder bzw. Jugendlichen führen kann.

Die betroffenen Kinder müssen in die Lage versetzt werden, sich auf die neue Lebenswelt einlassen zu können (Trauerarbeit, ggf. Abschied nehmen von unerfüllbaren Hoffnungen auf eine Rückkehr, klare Optionen für die eine mögliche Rückkehr). Die Arbeit mit der Herkunftsfamilie (durch das Jugendamt und das Heim oder den Träger der Wohngruppe) und die Kontakte zwischen Herkunftsfamilie und Kind sind im Falle einer geplanten Rückführung unabdingbar zu realisieren. Und auch wenn die Minderjährigen nicht ins Elternhaus zurück können, ist Elternarbeit im Interesse der Kinder und Jugendlichen wichtiger Bestandteil der pädagogischen Arbeit im Rahmen der Hilfe zur Erziehung.

Heimerziehung war lange Zeit die vorrangig praktizierte Form der Hilfe zur Erziehung. Die Weiterentwicklung der Hilfen zur Erziehung begann in den 1970er Jahren mit einer Kritik an den bestehenden Heimstrukturen und hat insbesondere dazu geführt, dass sich Heimerziehung heute den Prinzipien der Regionalisierung, der Integration, der Entspezialisierung und der Abwendung vom Versorgungsprinzip verpflichtet fühlt und die Verwaltungsstrukturen tendenziell nicht mehr die pädagogischen Entscheidungen dominieren (vgl. z. B. Wolf 1993). Die Tendenz zu kleineren, altersgemischten und möglichst lebensweltorientierten Formen der Unterbringung hat sich im Wesentlichen durchgesetzt. Neben familienähnlichen Heimformen hat sich vor allem die Betreute Wohngruppe für Jugendliche im Verselbstständigungsprozess etabliert. Stationäre Hilfen sind heute nicht selten mit teilstationären und auch ambulanten Hilfen gekoppelt oder organisatorisch verbunden. Die Befähigung der im Heim lebenden Kinder und Jugendlichen zur Selbstständigkeit und zur Lebensbewältigung, das Bemühen um ihre soziale Integration und Ansätze von Partizipation sind erklärtermaßen wesentliche Ziele und Merkmale innerhalb moderner Heimerziehung.

■ *Intensive sozialpädagogische Einzelbetreuung (§ 35 SGB VIII)*

Diese Hilfe ähnelt formal dem Erziehungsbeistand, verfügt jedoch über größere zeitliche Kapazitäten und reagiert auf massivere Probleme von meist älteren Minderjährigen. Sie steht in Konkurrenz zu anderen, für die Betroffenen durchaus auch attraktiven Lebenswelten (z. B. Straße, Zuhälter, Drogenszene). Die Hilfe kann bis zu 40 Stunden pro Woche umfassen bzw. eine Vollzeithilfe sein.

Wegen der meist ausgeprägten Problematik und wegen des jugendlichen Alters der Betroffenen ist der Rechtsanspruch der Eltern hier kaum mehr als ein formaler Aspekt. Sehr häufig sind diese Jugendlichen von ihren Familien abgelöst und haben kaum noch Kontakt nach Hause.

In die Arbeit einbezogen werden alle möglichen Lebensweltebenen, die für den Jugendlichen von Bedeutung sind. Zum Teil wird versucht, im Rahmen der Hilfe für die Betroffenen eine neue Lebenswelt aufzubauen (z. B. Ausstieg aus Prostitution). Die Hilfeform stellt bewusst zunächst wenig Anforderungen und kaum Forderungen an die Betroffenen. Von den Klienten wird nur die Bereitschaft erwartet, sich auf die Beziehung einzulassen und bestimmte, mitunter zunächst erst nur minimale Vereinbarungen einzuhalten. Die intensive sozialpädagogische Einzelbetreuung wird in der Literatur und der Praxis nicht selten mit „flexibler Hilfe“ gleichgesetzt. Sie ist in der Tat eine Hilfe, die ohne ein hohes Maß an Flexibilität der HelferIn und auch der Behörden nicht vorstellbar wäre. Hier ist nichts festgelegt und hier ist nichts unmöglich. Das hängt vermutlich mit der Dramatik und der tendenziellen „Hoffnungslosigkeit“ der betreffenden Fälle zusammen. Man ist sich darüber im Klaren, dass Hilfe zur Erziehung hier nichts bewegen wird, wenn sie sich nicht in jeder Hinsicht über das übliche Maß hinaus anstrengt: zeitlich, personell, verwaltungsmäßig und finanziell. Ein scheinbar hoffnungsloser Fall wird oft mit hohem personellem und finanziellem Aufwand betreut (z. B. erlebnispädagogische Projekte im Ausland). Nicht selten ist diese Hilfe das letztmögliche Angebot, das Jugendhilfe machen kann.

Mit Blick auf das Konzept der „flexiblen Erziehungshilfe" kann festgehalten werden, dass im Rahmen dieser Hilfeform Jugendhilfe bereit ist, das umzusetzen, was für Hilfe zur Erziehung insgesamt zu fordern wäre: wenig Bürokratie, ein hohes Maß an Klientenorientierung und Nachfrageorientierung.

■ *Hilfe für seelisch behinderte Kinder und Jugendliche (§ 35a SGB VIII)*

Diese Hilfen richten sich vorrangig an die betroffenen Minderjährigen. Auf Grund der rechtlichen Hintergrundtradition der Behindertenhilfe im BSHG (§ 39 BSHG) besteht hier der Rechtsanspruch für die Betroffenen selbst, also die Kinder und Jugendlichen.

Die Hilfen für seelisch behinderte oder von Behinderung bedrohte Kinder und Jugendliche umfassen alle Leistungen, die im „Herkunftsgesetz" dieser Hilfe, dem Bundessozialhilfegesetz (§ 39 BSHG), verankert waren. Sie sind angezeigt bei Formen seelischer Behinderung (Neurosen, Verhaltensauffälligkeiten, psychosomatische Krankheiten, massiver Mangel an Förderung und emotionaler Zuwendung usf.) und können grundsätzlich in ambulanter Form (z. B. heilpädagogische Einzeltherapie, Kindertherapie, Eltern-Kind-Spieltraining), teilstationärer (z. B. heilpädagogischer Kindergarten; heilpädagogische Tagesgruppe) oder stationärer Form (Unterbringung in besonders ausgestatteten Heimen oder in Pflegestellen nach § 33a SGB VIII) erbracht werden.

Mit der Einbeziehung der Personengruppe der seelisch behinderten bzw. von seelischer Behinderung bedrohten Kinder und Jugendlichen in den Zuständigkeitsbereich des SGB VIII verfolgte der Gesetzgeber die Absicht, die bestehende Trennung zwischen Hilfe der Jugendhilfe einerseits und therapeutischen und psychiatrischen Hilfen andererseits aufzulösen. Die hier notwendigen Hilfemaßnahmen sind zum großen Teil den Hilfen zur Erziehung ganz ähnlich. Zwar ist es im Rahmen der Hilfe nach § 35a SGB VIII immer auch erforderlich, auf die seelische Behinderung und die speziellen Symptome unmittelbar und direkt einzugehen, die Hintergründe aber, die diese Problemlagen mit verursachen, aufrechterhalten und möglicherweise verstärken, müssen im Rahmen der komplexen Hilfeplanung mitbedacht und mitbehandelt werden.

2.2.7 Flexible Erziehungshilfe – wie weit ist das Hilfespektrum festgelegt?

Weiter oben wurde bereits darauf hingewiesen, dass eine Orientierung am eben dargelegten Beispielkanon des SGB VIII (§§ 28 bis 35 SGB VIII) nicht einer bürokratischen Anwendung von Handlungsalternativen im Sinne eines Schubladendenkens und im Sinne pauschaler Hilfezuweisungen Vorschub leisten darf. Die Abgleichung mit bestehenden Hilfeangeboten sollte immer erst am Ende der Überlegungen zur geeigneten Hilfe stehen und nicht etwa vorher schon den gesamten Diagnose- und Indikationsprozess „heimlich" steuern.

Der 10. Jugendbericht (BMFSFJ 1998) sieht die Gefahr, dass durch das angebotsorientierte, versäulte Denken in der Hilfe zur Erziehung „Problemsituationen von Kindern und Familien mehr unter dem Blickwinkel der verfügbaren Hilfeformen betrachtet werden als unter dem der optimalen Hilfe für ihre spezielle Problemlage" (BMFSFJ 1998, S. 256). Es ist zu befürchten, dass auf Grund der ausdifferenzierten und gefestigten Strukturen nur noch schwer Übergänge und individuelle Gestaltungsformen von Hilfen möglich sind und schließlich ein zunehmend besser ausgestattetes Jugendhilfesystem immer weniger Kinder und Jugendliche erreichen kann.

Durch seine beispielhafte Aufzählung von Hilfemöglichkeiten in den §§ 28ff. verführt das SGB VIII allerdings selbst zu einer Praxis, die einer „Versäulung" der Hilfen Vorschub leistet und einen individuellen und flexiblen Umgang mit Hilfeangeboten eher verhindert. Die rechtliche Verankerung jedes einzelnen Hilfeangebots führt z. B. in der Verwaltung dazu, einzelnen Hilfeformen eigene Haushaltsstellen zuzuweisen (die oft nicht einmal untereinander deckungsfähig sind). Hilfen zur Erziehung werden durch jeweils auszuhandelnde Pflegesätze unterschiedlich bewertet (vgl. dagegen das Konzept der Fachleistungsstunde als Finanzierungsmodell, das konsequent von einer Gleichwertigkeit der Hilfearten ausgeht; vgl. Haferkamp 1995). Hinzu kommt, dass freie Träger nicht selten nur eine bestimmte Hilfeart anbieten, sodass der Wechsel einer Hilfeart für das betroffene Kind oder den Jugendlichen zwangsläufig zum Wechsel der Bezugsperson führen muss (vgl. dazu das Konzept der „Hilfe unter einem Dach" und der „Hilfe aus einer Hand"; Seithe 2001).

Winter (1998) stellt darüber hinaus fest, dass je nach fachlichem Hintergrund des Helfersystems die Gefahr besteht, dass Kinder und Jugendliche oder auch ihre Eltern vorschnell intuitiv bestimmten Hilfeformen und Einrichtungen zugewiesen werden. Richtlinien, die sich bemühen, die im SGB VIII-Katalog aufgeführten Hilfen weiter zu untersetzen und qualitativ zu bestimmen, können ebenfalls zur Verhärtung des versäulten Denkens in der Hilfe zur Erziehung führen und nicht zuletzt die Leistungs- und Produktbeschreibungen bringen es mit sich, dass Ansätze von Flexibilität im Umgang mit und in der Sicht auf den Beispielkatalog des SGB VIII zurückgedrängt werden.

Soll sich Hilfe zur Erziehung weiter entwickeln und individuellen Bedarfen und gesellschaftlichen Entwicklungen zunehmend gerecht werden, so muss sie sich von einem angebotsorientierten Denken im Sinne versäulter Hilfeformen und von spezialisierten Diensten und Organisationen im eigenen Amt und bei den Trägern der Hilfe zur Erziehung verabschieden zu Gunsten eines nachfrageorientierten Denkens (vgl. z. B. Klatetzki 1995; Seithe 2001).

Historische und gesellschaftliche Veränderungsprozesse werden andere Hilfearten entstehen lassen und vielleicht in den Vordergrund rücken. Andere gesellschaftliche Bedingungen (z. B. die Situation in den neuen Bundesländern) erfordern und ermöglichen andere Hilfen und andere Varianten der im SGB VIII genannten Hilfekonzepte. Inzwischen haben sich in der Erziehungshilfelandschaft z. B. verschiedene Hilfeformen und Angebote entfaltet, die am konkreten Bedarf neu entwickeltet wurden und sich für spezifische Zielgruppen bewährt haben. Als Beispiel seien hier der Täter-Opfer-Ausgleich genannt oder die verschiedenen Projekte für Schulverweigerer.

2.2.8 Hilfeplanung, Mitwirkung und Aushandlung

Rechtlich ist die Gewährung von Hilfe zur Erziehung an die Mitwirkung der Betroffenen bei der Erarbeitung des Hilfeplanes (§ 36 SGB VIII) gebunden: Die Betroffenen entscheiden sich für die Hilfe, sie handeln die geeignete Hilfe mit den Fachkräften aus und sind an der Ausgestaltung beteiligt. Der Hilfeplan wird gemeinsam von Fachkräften und Betroffenen aufgestellt. Das Gesetz schreibt vor, dass der Prozess der Hilfeplanung regelmäßig im Verlauf der Hilfe wiederholt wird und der Hilfeplan fortgeschrieben, d. h. überarbeitet, geprüft und fortgeführt werden muss.

Auch andere Leistungen der Jugendhilfe können nur dann ihre pädagogische Wirkung entfalten, wenn das jeweilige Angebot nicht nur angenommen, sondern im Rahmen dieses Angebotes ein kooperatives Verhältnis zwischen Nutzer und Anbieter bzw. Klient und Helfer eingegangen wird. Für die Hilfen zur Erziehung ist die aktive Mitwirkungsrolle der Klientel im Gesetz als Mitwirkungspflicht und Mitwirkungsrecht festgeschrieben. Die Hilfeplanung ist damit als wesentlicher Bestandteil des Hilfeprozesses definiert.

Der gesamte Prozess im Verlauf einer Hilfe zur Erziehung, von dem Moment an, in dem die ersten Überlegungen für Hilfe zur Erziehung in einem konkreten Fall auftauchen, bis zum Tag, an dem eine Hilfe (einschließlich evtl. erforderlicher Nachbetreuung) beendet ist, kann als „Hilfeprozess" bezeichnet werden.

Man kann den gesamten Hilfeprozess in mehrere Phasen unterteilen (vgl. z. B. auch Schrapper 1994; Jordan/Schrapper 1994; Janssen 1993; Seithe 2001). Im Prozessverlauf lassen sich – vereinfacht als zeitliche Abfolge – folgende Einheiten identifizieren:

A. Vorbereitungs- und Planungsphase
- Vorbereitende Gespräche, Aufklärung, Motivierung
- Erarbeitung der Ziele einer Hilfe zur Erziehung mit den Betroffenen,
- Sozialpädagogische Anamnese
- Lebenswelt- und Fallanalyse
- Klärung der Gewährungsvoraussetzungen nach § 27 Abs. 1 SGB VIII durch die fallzuständige SozialarbeiterIn
- Indikationsstellung (Entwicklung eines fachlichen Vorschlages für eine geeignete Hilfe, § 27 Abs. 2 SGB VIII) durch die Entscheidungskonferenz der öffentlichen Jugendhilfe
- Aushandlung und Erstellung des ersten Hilfeplanes „Basishilfeplan" mit den Klienten
- Gewährungsbescheid

B. Durchführung der Hilfe
- Hilfebeginn (Erziehungshilfeplanung, Beginn der Hilfe; ggf. Probezeit)
- Hilfeplanung nach Ablauf der Probe- bzw. Eingewöhnungszeit (1. Fortschreibung des Hilfeplans)
- Fortführung der gewährten Hilfe oder einer veränderten Hilfe
- Fortschreibung der Hilfeplanung
- Wiederholung (gegebenenfalls mehrfach) der Schritte 3 und 4 ...
- Beendigung der Hilfe

Der § 36 SGB VIII (Mitwirkung, Hilfeplan) definiert wesentliche Merkmale des Hilfeprozesses im Rahmen von Hilfe zur Erziehung:

- Er definiert den Hilfeprozess als einen geplanten, fachlichen Prozess, der der Vorbereitung und immer wieder der Überprüfung bedarf (Hilfeplanung und Fortschreibung), der Teamarbeit und multidisziplinäre Fachlichkeit herausfordert und sich als Vernetzung aller im konkreten Fall angebotenen Hilfen versteht.
- Er verdeutlicht, dass es sich beim Hilfeprozess nicht um einen Vorgang mit linearem Ablauf handelt, sondern um einen komplexen, zirkulären Prozess, der an vielen Stellen seines Verlaufes Rückkopplungsschleifen enthält (vgl. z. B. Münder 2002).

- Er definiert schließlich den Hilfeprozess als einen Kommunikationsprozess zwischen Helfern und Klienten (Dialogcharakter der Hilfeplanung) und macht deren Mitwirkung zum Gegenstand der gesetzlichen Voraussetzungen der Hilfegewährung.

Die Umsetzung der letzten Bedingung ist im Einzelfall der Hilfeplanung konkret und fallangemessen zu realisieren. Die Ansprüche des § 36 SGB VIII müssen inhaltlich mit Leben gefüllt werden. Sie sind nicht auf formalem Wege (Formulare, Abhaken der Mitwirkung, sobald Betroffene anwesend waren u. Ä.) zu erfüllen, sondern durch die sozialpädagogische Gestaltung des jeweils spezifischen Mitwirkungsprozesses im Einzelfall.

Merchel (1994, S. 57) stellt mit Blick auf die Hilfeplanung fest, dass „zwischen diesem pädagogischen und nun auch jugendhilferechtlich kodifizierten Grundsatz einerseits und der Realität der Jugendhilfe andererseits" erhebliche Brüche festzustellen sind. Gerade deshalb aber, so Merchel (1994, S. 58), „muss der Herstellung von Betroffenenbeteiligung im Prozess der Hilfeplanung besondere Aufmerksamkeit gewidmet werden."

2.3 *Qualitätsentwicklung der Hilfe zur Erziehung*

2.3.1 *Qualität und Effektivität in der Hilfe zur Erziehung*

Das SGB VIII setzt qualitative und quantitative Standards für die Hilfe zur Erziehung, deren Verwirklichung noch vieler Anstrengungen bedarf. Zu Zeiten immer knapperer Ressourcen muss befürchtet werden, dass eine fachlich qualifizierte und quantitativ hinreichend ausgestattete Hilfe zur Erziehung immer mehr infrage gestellt wird. Themen wie Budgetierung, Neue Steuerung und Leistungsbeschreibung thematisieren die Qualitätsentwicklung und -sicherung im Kontext der Frage nach größtmöglicher Effektivität und Effizienz. Letztlich geht es darum, dass Hilfe zur Erziehung ihre Effektivität nachweist und dass sie ihre Leistungen nach Möglichkeit effektiver erbringt.

Zweifellos muss sich auch Sozialarbeit, und damit auch die kostenintensive Hilfe zur Erziehung, nach dem Erfolg und dem Kosten/Nutzen-Verhältnis ihrer Arbeit fragen lassen wie alle anderen volkswirtschaftlich relevanten Bereiche auch. In jüngerer Zeit wurde deshalb zunehmend versucht, in den eigenen Reihen offensiv die Debatte um Effektivität, um Qualitätsentwicklung und Qualitätssicherung zu führen (z. B. Merchel 2000; Blandow u. a. 1999; Flösser/Otto 1996; Meinhold 1996; Merchel/Schrapper 1996; Müller 1996).

Die Diskussion um eine Neue Steuerung bietet einen guten Anlass für die fachliche Diskussion um Qualität und Standards Sozialer Arbeit. Sie zwingt z. B. im Rahmen der Leistungsbeschreibung dazu, die wesentlichen Qualitätsmerkmale der eigenen Arbeit zu konkretisieren und die erforderliche fachliche Qualität sowie die daraus abzuleitende Quantität (Personal, Zeitkontingente, Sachmittel, Kosten) zu definieren. In diese Leistungsbeschreibung gehören unabdingbar – konkretisiert und operationalisiert und letztlich auch kostenwirksam – die spezifischen Qualitätsmerkmale der Hilfe zur Erziehung (und der Sozialen Arbeit generell; vgl. z. B. Münder u. a. 2002). Dies sind vor allem die Lebensweltorientierung und insbesondere deren Handlungsmaxime Partizipation. Weiter unten sollen die beiden genannten zentralen Qualitätsmerkmale moderner Hilfe zur Erziehung erläutert und in ihren handlungsleitenden Konsequenzen benannt werden.

Die kritiklose Übertragung betriebswirtschaftlichen Denkens auf Bereiche Sozialer Arbeit birgt andererseits die Gefahr in sich, die Spezifik dieser Arbeit zu ignorieren und damit letztlich die fachliche Qualität in der Sozialarbeit zu unterlaufen. Diese Gefahr besteht gerade in Zeiten „knapper Kassen“, in denen sich Träger bemühen (müssen), das Produkt Hilfe zur Erziehung möglichst kostengünstig anbieten zu können, um den Zuschlag von den Jugendämter zu bekommen

2.3.2 Qualitätskriterium Lebensweltorientierung

Bereits der 8. Jugendbericht (BMFSFJ 1988) hat die Lebensweltorientierung als die zentrale Handlungsorientierung der modernen Sozialarbeit herausgestellt. Trotzdem ist Lebensweltorientierung innerhalb der Jugendhilfe und auch innerhalb der Hilfe zur Erziehung heute keineswegs selbstverständlich. Insbesondere die folgenden Aspekte der Lebensweltorientierung sind für eine Qualitätsentwicklung der Hilfe zur Erziehung von maßgeblicher Bedeutung:

■ *Lebenswelterhaltung*

Ausgehend von wissenschaftlichen Erkenntnissen über die mögliche Schädigung junger Menschen durch eine Trennung von ihrer bisherigen Lebenswelt und ihren wichtigen Bezugspersonen (vgl. Spitz 1973; Spangler/Zimmermann 1999; Thiersch 1999; vgl. auch die Orientierung der 1975 verabschiedeten Psychiatrieenquête) ist Hilfe zur Erziehung bemüht, solche Sozialisationsbrüche zu vermeiden. Ambulante und teilstationäre Hilfe zur Erziehung scheint diesen Vorstellungen und Anforderungen eher gerecht zu werden. Die Handlungsmaxime Lebenswelterhaltung kann jedoch da nicht verwirklicht werden, wo das Wohl der betreffenden Minderjährigen im Rahmen der bestehenden Lebenswelt nicht zu sichern wäre.

Bei der Auswahl der geeigneten Hilfe sind die Bemühungen, Hilfen lebensweltnah zu gestalten, der Versuch, die bisherige Lebenswelt nach Möglichkeit zu erhalten, zu verbessern und zu stabilisieren und der Versuch, die bisherige Lebenswelt möglichst intensiv in die Hilfe einzubeziehen, entscheidende Qualitätsmerkmale.

■ *Sozialraumorientierung*

Die Bedeutung des Sozialraumes und damit die Bedeutung der Stabilität dieses Sozialraumes für die Identität, die psychische Gesundheit des Menschen, für die Entwicklung der Kinder und jungen Menschen und für die Lebensqualität insbesondere der weniger mobilen Teile der Bevölkerung (z. B. Senioren, kinderreiche Familien) wurde in der Fachliteratur breit diskutiert (vgl. z. B. Böhnisch 1996; Zeiher/Zeiher 1994). Die Umsetzung der Handlungsmaxime Lebensraum- und Sozialraumbezug in konkrete organisatorische Schritte ist deshalb im Rahmen der Hilfen zur Erziehung von großer Bedeutung und sollte nicht auf ein „Sozialraumbudget“ reduziert werden (vgl. Merten 2002):

- Hilfeangebote sollten z. B. durch zugehende Arbeit und Alltagsorientierung möglichst innerhalb des Lebensraumes der Klientel realisiert werden.
- Einrichtungen der Hilfe zur Erziehung können dezentral und möglichst innerhalb von Wohngebieten angesiedelt werden, um für die Betroffenen Alltagsnähe und um Integration zu gewährleisten.
- Die Vernetzung von Einrichtungen der Hilfe zur Erziehung und auch von anderen sozialen, kulturellen und bildungsspezifischen Angeboten und Einrichtungen innerhalb re-

gionaler Verbünde ist für die Hilfe zur Erziehung von großem Vorteil, wenn es um die Schaffung von Übergängen zwischen unterschiedlichen Erziehungshilfen geht. Außerdem ist Hilfe zur Erziehung immer darum bemüht, für die betroffnen Kinder und Jugendlichen in ihrer Lebenswelt Angebote und Leistungen im Vorfeld der Hilfe zur Erziehung zu erschließen.

■ *Alltagsorientierung*

Aufgabe der Jugendhilfe und damit auch der Hilfe zur Erziehung ist Lebensbewältigung. Lebensbewältigung orientiert auf Hilfe und Unterstützung bei den Problemlagen, die im Hier und Jetzt, im konkreten Lebensalltag auftreten. Hilfe zur Erziehung gestaltet konkreten Alltag und versucht, mit den Klienten zusammen, im Alltag Lösungen für bestehende Schwierigkeiten zu finden (vgl. Thiersch 1993, 1999a). Hilfe im Alltag ist immer auch ganzheitliche Hilfe, die der komplexen Struktur von Lebenswelt und Alltag gerecht zu werden sucht.

Methodisch bedeutet Alltagsorientierung im Wesentlichen handlungsorientiertes Lernen. Lernen findet unmittelbar im Handeln und im alltäglichen Tun des betroffenen Klienten, oft auch in seiner unmittelbaren Lebenswelt statt. Hier ergeben sich die Lernanlässe und Lernthemen.

Alltags- und handlungsorientierte sozialpädagogische Arbeit kommt den Lernstrukturen und Lernmöglichkeiten der spezifischen Klientel der Jugendhilfe entgegen und grenzt sich methodisch deutlich ab vom klassischen Beratungssetting z. B. einer Familientherapie (vgl. u. a. Galuske 2003; Merchel 1994; Spiegel 2004).

Handlungsorientiertes Arbeiten und zugehende Arbeit bedürfen spezifischer organisatorischer Strukturen und hinreichender Zeitkontingente, um wirksam werden zu können sowie für die sozialpädagogischen Fachkräfte ausreichende Möglichkeiten für Reflexion und Supervision.

■ *Flexibilität und Klientenorientierung*

Das Konzept der flexiblen Erziehungshilfe (vgl. Klatetzki 1995; Peters 1998; Seithe 2001) stellt folgende Aspekte für die weitere Entwicklung der Hilfen zur Erziehung in den Vordergrund:

- Erforderliche Flexibilität im Prozess der Herleitung einer Hilfe anhand der individuellen Lebenslage und Lebenswelt der Betroffenen.
- Notwendige Flexibilität im Umgang mit dem Beispiel-Katalog der Hilfe zur Erziehung im SGB VIII.
- Notwendigkeit flexibler Organisationsstrukturen innerhalb der öffentlichen Jugendhilfe.

Die Konzeption flexibler Erziehungshilfe orientiert darauf, lernfähige und flexible Organisationen innerhalb der Hilfe zur Erziehung dazu zu befähigen, ad hoc im Einzelfall die jeweils passende Hilfe zu entwickeln. Klatetzki (1995) spricht in diesem Kontext von dem Prinzip „des fortwährenden Organisierens" im Sinne einer nachfrage- und klientenorientierten Hilfe zur Erziehung.

Der Begriff „flexible Erziehungshilfe" wird häufig mit bestimmten Organisationsmodellen z. B. der Jugendhilfestation (vgl. Klatetzki 1995), gleichgesetzt. Sinnvoller scheint es zu sein, das Konzept der flexiblen Erziehungshilfe im Sinne aller drei angeführten Aspekte weiter zu fassen und als geeignetes Konzept zur Orientierung der Hilfe zur Erziehung insgesamt zu nutzen (Seithe 2001).

■ *Bedeutung systemischer Eltern- und Familienarbeit in der Hilfe zur Erziehung*

Wenn sich die Ziele der Hilfe zur Erziehung auf erforderliche Lebensweltveränderungen im Familiensystem beziehen, z. B. auf elterliches Verhalten und die Elternkompetenz, dann muss das Familiensystem selbst auch im Zentrum der Hilfe stehen. Dies gilt für ambulante, teilstationäre und stationäre Hilfen gleichermaßen.

Systemische Elternarbeit ist nicht immer beliebt bei Klienten. Sie erfordert von Eltern ein hohes Maß an Selbstkritik, an emotionalem Engagement und die Bereitschaft, das Familienleben zu durchleuchten und auch für Außenstehende durchschaubar zu machen. Nicht selten scheuen Eltern vor einer solchen Anforderung zurück. Wenn jedoch Arbeit mit dem das Problem verursachenden oder aufrechterhaltenden Familiensystem erforderlich ist, bringt eine kindzentrierte ambulante oder teilstationäre Hilfe zur Erziehung und bringt flankierende Elternarbeit nicht viel, und es ist zu befürchten, dass über kurz oder lang doch eine Fremdunterbringung erforderlich wird (vgl. Seithe 2001).

Systemische Elternarbeit wird z. B. von der sozialpädagogischen Familienhilfe geleistet und müsste in vielen Fällen auch im Rahmen von Tagesgruppenarbeit erfolgen (vgl. Krüger u. a. 1998; Lambach/Thurnau 1992) – entweder vom Team der Tagesgruppe oder aber durch eine zusätzliche familienorientierte Hilfe zur Erziehung.

Bei stationären Hilfen hängen das notwendige Ausmaß und das Ziel der Elternarbeit davon ab, ob eine Rückführungsoption besteht, d. h. ob absehbar oder geplant ist, dass das Kind oder der Jugendliche nach einer gewissen, definierten Zeit wieder zurück in sein Elternhaus kommen soll. Ist dies der Fall, so muss Elternarbeit im Rahmen der Hilfeplanung so angelegt werden, dass nach der Rückführung ins Elternhaus dort eine dem Wohle des Kindes entsprechende Erziehung stattfinden kann. Diese Form von Elternarbeit muss nicht unbedingt vom Heim oder der Wohneinrichtung selbst geleistet werden.

Im Fall der Unterbringung in einer Pflegefamilie erfordert eine Rückführungsoption die Realisierung eines sehr intensiven Kontaktes zwischen der Herkunftsfamilie und dem Kind sowie zwischen der Herkunftsfamilie und der Pflegefamilie. Eine sozialpädagogische Begleitung beider Familien im Kontext des Pflegeverhältnisses ist unabdingbar.

2.3.3 Partizipation in der Hilfe zur Erziehung

Partizipation ist für die Jugendhilfe deshalb eine zentrale Handlungsmaxime, weil ihre Klientel traditionell eher zu den Teilen der Bevölkerung gehört, die von sozialer Benachteiligung, von Ausgrenzung und von geringer Teilhabe am gesellschaftlichen Reichtum betroffen sind. Die Inanspruchnahme von Hilfe zur Erziehung wird gerade von dieser Klientel oft nicht als selbstverständliches Recht angesehen, sondern eher als Beweis ihres Versagens und ihrer scheinbaren Inkompetenz. Diese Ausgangssituation erschwert es ihnen, sich als Subjekte und als aktive und kompetente Manager ihres eigenen Lebens (vgl. Thiersch 1999) zu begreifen. Aber gerade weil sich hier so viele Schwierigkeiten einer Betroffenenbeteiligung entgegenzustellen scheinen, muss die Jugendhilfe – so betont z. B. Merchel (1994) – besondere Bemühungen an den Tag legen, diesen Prozess so interaktiv wie möglich und im Sinne einer wirklichen, inhaltlichen Mitwirkung der Klientel zu gestalten.

„Das Herstellen von Betroffenenbeteiligung wird zu einer zentralen sozialpädagogischen Aufgabe im Hilfeprozess selbst" (Merchel 1994, S. 57f.).

Hilfen zur Erziehung können so angelegt sein, dass sie letztlich bevormundend wirken oder aber bemündigend, sie können von Hilfe abhängig machen oder Hilfe zur Selbsthilfe leisten. „Die Erkenntnis, dass mit einem rein äußerlichen Einverständnis von Adressaten in vielen Fällen keine hinreichende Konstellation für einen erfolgreichen Hilfeverlauf gegeben ist, sondern eine für den Hilfeprozess notwendige aktive Mitarbeit der Adressaten ohne ihre innere Zustimmung nicht zu Stande kommt, zwingt die Fachkräfte der Jugendhilfeeinrichtungen dazu, Kommunikationsformen zu entwickeln, die eine reale Beteiligung Betroffener erlaubt und diese fördert" (Merchel 1994, S. 57f.).

Innerhalb der Hilfeplanung, dem Prozess, der eine Hilfe zur Erziehung begleitet und selbst wesentlicher Teil dieser Hilfe ist, spielt die Partizipation eine zentrale Rolle. Die Mitwirkung der Klientel sollte sich nicht auf formale Kriterien (Anwesenheit und Unterschrift) beschränken, sondern inhaltlich umgesetzt werden (vgl. hierzu Blandow 1999). Dies betrifft insbesondere auch die Minderjährigen. Kinder und Jugendliche fühlen sich dem Hilfeplanverfahren und dem Hilfeplangespräch oft ausgeliefert. Für sie ist entscheidend, ob im Amt eine Vertrauensperson für sie existiert, mit der sie ihre Sorgen und Wünsche wirklich besprechen können (vgl. z. B. Kriener/Petersen 1999).

Die in der Hilfeplanung vorgesehene Aushandlung der geeigneten Hilfe bezieht sich auf die Verhandlung und Vereinbarung der zu leistenden Hilfe (vgl. Merchel 1994; Jordan/Schrapper 1994), die sich an die Entscheidungskonferenz anschließt. Hier wird auf der Basis der Vorgespräche und der Lebensweltanalyse sowie des Indikationsvorschlages der Fachkräfte zwischen Betroffenen und Fachleuten verbindlich ein gemeinsam getragener Plan für die bevorstehende Erziehungshilfe erarbeitet. Er ist Grundlage des nun zu erstellenden Hilfeplanes.

Ziel ist jedoch nicht, dass die Eltern das unterschreiben, was das Amt ihnen vorschlägt, sondern dass sie etwas unterschreiben, was sie wirklich wollen und auch überblicken und dass dieser Hilfeplan gleichzeitig fachlich sinnvoll und akzeptabel ist.

Klienten haben ganz persönliche Sichtweisen auf die bestehenden Probleme und sie haben lange vor der Aushandlung eines gemeinsamen Hilfeplans sowie vor dem Beginn der Hilfeplanung „individuelle Hilfepläne" (Schefold u. a. 1998; Merchel 1998) entwickelt. Dieser individuelle Hilfeplan ist nicht fachlicher, sondern höchst subjektiver Natur. Klienten bemängeln an den von ihnen erfahrenen Hilfeplanverfahren sehr häufig die „Ferne" und Distanz der fallzuständigen Fachleute zu ihrer eigenen Lebenswelt, was Gefühle der Ohnmacht und Fremdheit erzeugt (Schefold u. a. 1998). Abweichende Vorstellungen und Wünsche der Klientel dürfen deshalb nicht mit Verweis auf die Fachlichkeit des Vorschlags der Entscheidungskonferenz übergangen werden. Nur wenn es gelingt, diese Widersprüche „auf den Tisch zu bekommen", gemeinsam zu bearbeiten, zu klären und für beide Seiten akzeptable Lösungen zu erarbeiten, nur dann wird es auch gelingen, dass die betroffenen Klienten in der Hilfe zur Erziehung die aktive und mitgestaltende Rolle spielen, die erforderlich ist, damit Hilfe zur Erziehung greift.

Der „Aushandlungsprozess" ist vor allem deshalb wichtig, weil er den Subjektstatus der Klientel betont. Es ist die Aufgabe der Jugendhilfe, die Selbsthilfekräfte der Betroffenen zu stärken (vgl. Merchel 1998). Dies ist ein zentrales Anliegen der modernen Sozialpädagogik, das – angesichts einer oft immer noch bestehenden (heute verdeckten) Praxis von Bevormundung und von Stigmatisierung im Zusammenhang mit Hilfe zur Erziehung – in seiner Wichtigkeit nicht unterschätzt werden darf.

Angesichts der neueren Entwicklungen in der Jugendhilfe und auch speziell in der Erziehungshilfe, die vordergründig mit den „knappen Kassen" begründet wird, scheint es, dass partizipative und auch integrative Handlungsansätze verstärkt zurückgedrängt werden. Es ist deshalb notwendig, die Lebensweltorientierung als zentrales Merkmal eines fachlichen Verständnisse von Sozialpädagogik und hier von Hilfe zur Erziehung zu betonen und gegen ein neoautoritäres Verständnis zu verteidigen (vgl. auch Böhnisch u. a. 2005).

Literatur

Blandow, J./Gintzel, U./Hansbauer, P., 1999: Partizipation als Qualitätsmerkmal in der Heimerziehung. Eine Diskussionsgrundlage. Münster.

Böhnisch, L., 1996: Pädagogische Soziologie. Weinheim/München.

Böhnisch, L./Schröer, W./Thiersch, H., 2005: Sozialpädagogisches Denken. Wege zu einer Neubestimmung. Weinheim.

BMFSFJ (Bundesministerium für Familie, Senioren, Frauen und Jugend) (Hrsg.), 1990: Achter Jugendbericht. Bericht über die Bestrebungen und Leistungen der Jugendhilfe. Bonn.

BMFSFJ (Bundesministerium für Familie, Senioren, Frauen und Jugend) (Hrsg.), 1994: Neunter Jugendbericht. Bericht über die Situation der Kinder und Jugendlichen und die Entwicklung der Jugendhilfe in den neuen Bundesländern. Bonn.

BMFSFJ (Bundesministerium für Familie, Senioren, Frauen und Jugend) (Hrsg.), 1998: Zehnter Kinder- und Jugendbericht. Bericht über die Lebenssituation von Kindern und die Leistungen der Kinderhilfen in Deutschland. Bonn.

Chassé, K.-A./v. Wensierski, H.-J. (Hrsg.), ^{2}2002: Praxisfelder der sozialen Arbeit. Eine Einführung. Weinheim/München.

Fegert, J., 1996: Was ist seelische Behinderung. Anspruchsgrundlage und kooperative Umsetzung von Hilfen nach § 35a. Münster.

Flösser, G./Otto, H.-U. (Hrsg.), 1996: Neue Steuerungsmodelle für die Jugendhilfe. Neuwied/Kriftel/Berlin.

Gernert, W. (Hrsg.), 1993: Das Kinder- und Jugendhilfegesetz 1993. Anspruch und praktische Umsetzung. Eine Einführung in das achte Buch Sozialgesetzbuch (SGB VIII). Stuttgart.

Graeßner,G./Mauntel, C./Püttbach, E. (Hrsg.), 1993: Gefährdungen von Kindern. Opladen.

Galuske, M., 2003: Methoden der Sozialen Arbeit. Weinheim.

Haferkamp, R., 1995: Ohne Fleiß keinen Preis. Die Fachleistungsstunde als Steuerungsinstrument flexibel organisierter Erziehungshilfen im Finanzierungssystem der Jugendhilfe. In: Klatetzki, T. (Hrsg.): Flexible Erziehungshilfen. Ein Organisationskonzept in der Diskussion. Münster, S. 42-52.

Hansen, K.-P., 1993: Das Recht der elterlichen Sorge nach Trennung und Scheidung. Bedeutung und Tragweite einer systemorientierten Perspektive im Familienrecht. Neuwied/Kriftel/Berlin.

Hantel-Quitmann, W., 1997: Beziehungsweise Familie. Arbeits- und Lesebuch Familienpsychologie und Familientherapie. Band 1: Metamorphosen: Familienzyklen und Familienformen. Band 2: Grundlagen: Von Freud zu Bateson. Theoretische, historische und methodische Grundlagen. Freiburg im Breisgau.

Harnach-Beck, V., ^{4}2003: Psychosoziale Diagnostik in der Jugendhilfe. Grundlagen und Methoden für Hilfeplan, Bericht und Stellungnahme. Weinheim/München.

Homfeldt, J. (Hrsg.), 2005: § 35a SGB VIII. Chancen sozialpädagogischer Professionalisierung. Baltmannsweiler.

Janssen, K./Knipper, K./Legemann, M./Rheinhard, W., 1993: Hilfeplan – prozesshafte Gestaltung von Erziehungshilfen. Vieselbach/Erfurt.

Jordan, E./Schrapper, C. (Red.), 1994: Hilfeplanung und Betroffenenbeteiligung. In: Soziale Praxis, H. 15. Münster.

Kinder- und Jugendhilfegesetz (KJHG; SGB VIII). 1990.

Klatetzki, T. (Hrsg.), 1995: Flexible Erziehungshilfen. Ein Organisationskonzept in der Diskussion. Münster.

Kriener, M., 1999: Beteiligung als Chance für mehr Demokratie in der Heimerziehung. In: Kriener, M./Petersen, K. (Hrsg.): Beteiligung in der Jugendhilfepraxis. Sozialpädagogische Strategien zur Partizipation in Erziehungshilfen und bei Vormundschaften. Münster, S. 112-129.

Krüger, E., 1998: Pädagogische Elternarbeit in Tagesgruppen. In: Krüger, E./Reuter-Spanier, D./Trede, W./Wegehaupt-Schlund, H. (Hrsg.): Erziehungshilfe in Tagesgruppen. Entwicklung, Konzeptionen, Perspektiven. Frankfurt am Main, S. 161-171.

Lambach, R./Thurnau, H./Planungsgruppe PETRA, 1992: Bestand, Entwicklung und Leistungsmöglichkeiten von Tagesgruppen. Frankfurt am Main.

Meinhold, M., 1996: Qualitätssicherung und Qualitätsmanagement in der Sozialen Arbeit. Freiburg im Breisgau.
Merchel, J., 1994: Von der psychosozialen Diagnose zur Hilfeplanung – Aspekte eines Perspektivenwechsels in der Erziehungshilfe. In: Jordan, E./Schrapper, C. (Hrsg.): Hilfeplanung und Betroffenenbeteiligung (Soziale Praxis, H. 15). Münster, S. 44-63.
Merchel, J., 1998: Hilfeplanung bei den Hilfen zur Erziehung. Stuttgart.
Merchel, J., 2000: Qualitätsentwicklung in Einrichtungen und Diensten der Erziehungshilfe. Frankfurt am Main.
Merchel, J./Schrapper, C. (Hrsg.), 1996: Neue Steuerung. Tendenzen der Organisationsentwicklung in der Sozialverwaltung. Münster.
Merten, R. (Hrsg.), 2002: Sozialraumorientierung. Zwischen fachlicher Innovation und rechtlicher Machbarkeit. Weinheim/München.
Müller, B., 1996: Qualitätsprodukt Jugendhilfe. Freiburg im Breisgau.
Müller, B., 1997: Sozialpädagogisches Können. Ein Lehrbuch zur multiperspektivischen Fallarbeit. Freiburg im Breisgau.
Müller, C.W. (Hrsg.), 1995: Einführung in die soziale Arbeit. Weinheim 1995.
Müller, C.W., 2001: Helfen und Erziehen. Soziale Arbeit im 20. Jahrhundert. Weinheim.
Münder, J. u. a., [4]2002: Frankfurter Kommentar zum SGB VIII: Kinder- und Jugendhilfe. Münster.
Münder, J., 1998: Das neue Kindschaftsrecht. München.
Peters, F./Trede, W./Winkler, M. (Hrsg.), 1998: Integrierte Erziehungshilfen. Frankfurt am Main.
Richters, C. 1997: Haben sich durch § 35a KJHG Auftrag und Arbeitsweisen der Hilfen geändert? In: Jugendhilfe, 35. Jg., H. 2, S. 91-101.
Salgo, L. u. a. (Hrsg.), 2002: Verfahrenspflegschaft für Kinder und Jugendliche. Ein Handbuch für die Praxis. Köln.
Schefold, W./Glinka, H.-J./Neuberger, C./Tielemann, F., 1998: Hilfeplanverfahren und Elternbeteiligung. Gelsenkirchen.
Schone, R./Gintzel, U./Güthoff, F., 1991: Lebensweltorientierung in der Jugendhilfe. In: ASD. Beiträge zur Standortbestimmung (Soziale Praxis, H. 9). Münster.
Schrapper, C., 1994: Der Hilfeplanungsprozess – Grundsätze, Arbeitsformen und methodische Umsetzung. In: Jordan, E./Schrapper, C. (Hrsg.): Hilfeplanung und Betroffenenbeteiligung (Soziale Praxis, H. 15). Münster, S. 64-78.
Schrapper, C., 1998: Beratung und Begleitung statt Eingriff und Kontrolle? In: Beinroth, R. (Hrsg.): Familie und Jugendhilfe. Herausforderungen des Kinder- und Jugendhilfegesetzes an eine familienorientierte Jugendhilfe. Neuwied/Kriftel, S. 31-50.
Seithe, M., 2001: Praxisfeld: Hilfe zur Erziehung. Fachlichkeit zwischen Lebensweltorientierung und Kindeswohl. Opladen.
Spangler, G./Zimmermann, P., 1999: Die Bindungstheorie. Grundlagen, Forschung und Anwendung. Stuttgart.
Spiegel, H. v., 2004: Methodisches Handeln in der Sozialen Arbeit. Grundlagen und Arbeitshilfen für die Praxis. München/Basel.
Thiersch H., 1993: Ganzheitlichkeit und Lebensweltbezug als Handlungsmaximen der sozialen Arbeit. In: Greese, D./Güthoff, F./Kersten-Rettig, P./Noak, B. (Hrsg.): Allgemeiner Sozialer Dienst. Jenseits von Allmacht und Ohnmacht. Münster, S. 140-154.
Thiersch, H., 1999: Ambulante Erziehungshilfen und das Konzept Lebensweltorientierung. In: Chassé, K.A./v. Wensierski, H.-J.: Praxisfelder der sozialen Arbeit. Weinheim/München, S. 121-133.
Wiesner, R./Zarbock, W.-H. (Hrsg.), 1991: Das neue Kinder- und Jugendhilfegesetz und seine Umsetzung in die Praxis. Köln u. a.
Winter, H., 1998: Flexibel organisierte erzieherische Hilfen. In: Beinroth, R. (Hrsg.): Familie und Jugendhilfe. Herausforderungen des Kinder- und Jugendhilfegesetzes an eine familienorientierte Jugendhilfe. Neuwied/Kriftel, S. 159-182.
Wolf, K. (Hrsg.), 1993: Entwicklungen in der Heimerziehung. Münster.
Zeiher, H.J./Zeiher, H., 1994: Orte und Zeiten der Kinder. Soziales Lernen im Alltag von Großstadtkindern. Weinheim/München.

Verzeichnis der Abkürzungen

ASD	Allgemeiner Sozialer Dienstag
BGB	Bürgerliches Gesetzbuch
BMFSFJ	Bundesministerium für Familie, Senioren, Frauen und Jugend
BSHG	Bundessozialhilfegesetz
FE	Fürsorgeerziehung
FEH	Freiwillige Erziehungshilfe
JGG	Jugendgerichtsgesetz
JWG	Jugendwohlfahrtsgesetz
KJHG	Kinder- und Jugendhilfegesetz
RJWG	Reichsjugendwohlfahrtsgesetz
SGB	Sozialgesetzbuch
SGB VIII	Sozialgesetzbuch VIII: Kinder- und Jugendhilfe

Sozialpädagogische Familienhilfe

Heinz Schattner

1. Einleitung

Bei einer Sozialpädagogischen Familienhilfe (SPFH) ist die Regel, was Hemminger (1982, S. 246) bei der Psychotherapie kritisch vermisst: „Sobald ich vom ersten Psychotherapeuten höre, der seine Praxis gelegentlich verlässt und sich mit einem Patienten in dessen Wohnung zum Kaffeetisch setzt, um über die anstehenden Probleme zu sprechen, werde ich beginnen zu glauben, dass es eines Tages doch so etwas wie eine funktionierende Psychotherapie geben könnte." Jenseits dessen lassen sich hier noch andere Unterschiede nennen:

- Die SPFH ist ein Regelangebot der Jugendhilfe an Eltern und schließt die ganze Familie ein.
- Sie ist speziell für Familiensituationen gedacht, in denen „eine dem Wohl des Kindes oder des Jugendlichen entsprechende Erziehung nicht gewährleistet ist".
- Sie ist für die Familien kostenlos.

War in den Anfangsjahren der Sozialpädagogischen Familienhilfe deren vorrangiges Ziel, Fremdplatzierungen zu vermeiden – besonders von teuren Heimunterbringungen bei kinderreichen Familien –, so sind inzwischen noch weitere Möglichkeiten hinzugekommen. SPFH wird auch unter der Schwelle von sorgerechtlichen Verfahren eingesetzt. Weiterhin kann eine SPFH die Reintegration von Kindern in ihre Familie unterstützen.

Auch die Wege in eine SPFH sind vielfältiger geworden. Es gibt Familien, die selbst um die Hilfe nachsuchen. Sie wenden sich etwa an das Jugendamt oder an einen Freien Träger der Kinder- und Jugendhilfe und erfahren dort etwas über die verschiedenen Hilfemöglichkeiten. Andere Familien stehen schon seit einiger Zeit in Kontakt mit der Jugendhilfe, die Hilfe wird hier auch seitens der Jugendhilfe vorgeschlagen. Diese Gruppe der Familien ist wahrscheinlich die größte.[1] Wenn die SPFH in Krisen- und Gefährdungssituationen eingesetzt wird, in denen sorgerechtliche Maßnahmen drohen, dann kann dies auch von Eltern als Zwangskontext erlebt werden.

Je nach der Ausgangslage beginnt die SPFH also mit einem aktiven Suchen der Eltern nach einer Hilfe, manchmal ist die Zustimmung zur SPFH nicht ganz freiwillig, manchmal bleibt den Eltern keine Wahl, wenn sie die Kinder in der Familie halten wollen. Schon die Ausgangsbedingungen zeigen, dass Sozialpädagogische Familienhilfen mit ambivalenten Gefühlen verbunden sein können. Sie können trotzdem oder gerade deswegen erfolgreich sein.

1 In der Erhebung des DJI zur Bayerischen Situation war etwa die Hälfte der Familien der Bezirkssozialarbeit länger als vier Jahre vor der SPFH bekannt (vgl. Blüml/Helming/Schattner 1994).

Parallel zu den erweiterten Ausgangsbedingungen bei den Familien hat sich die SPFH selbst verändert. Weiterhin entwickelten sich benachbarte Beratungsformen jenseits der SPFH. Die fachlich interessante Frage ist hier: Wo liegen bei aller Unterschiedlichkeit die Gemeinsamkeiten?

2. Ein erster Überblick

Wie bereits eingangs gesagt, haben Personensorgeberechtigte gegenüber der Jugendhilfe Anspruch auf eine „Hilfe zur Erziehung", „wenn eine dem Wohl des Kindes oder des Jugendlichen entsprechende Erziehung nicht gewährleistet ist" (§ 27 SGB VIII). Hier wird auch betont, dass diese Leistungen „insbesondere die Gewährung pädagogischer und damit verbundener therapeutischer Leistungen" einschließen sollen.

Die im § 27 SGB VIII beschriebene Situation des Kindeswohls bedeutet, dass hier noch nicht eine Kindeswohlgefährdung (§ 1666 BGB) erreicht ist (vgl. Wiesner 2000, S. 4). Dementsprechend kann eine Hilfe nach § 27 SGB VIII als eine „präventive" Hilfe bezeichnet werden (vgl. Proksch 1995, S. 93f.). Hier lässt sich jedoch anmerken, dass auch während einer SPFH eine Kindeswohlgefährdung eintreten kann. In der Praxis wird es immer auch Grenzbereiche hierzu geben. Den Fachkräften ist auch hier aufgegeben, für die Sicherheit der Kinder zu sorgen, sie stehen in der „Garantenstellung" (zur Garantenstellung von Fachkräften vgl. Wiesner 2000).

Zur Gestaltung der Hilfen zur Erziehung stehen verschiedene Hilfeformen zur Verfügung, darunter die Sozialpädagogische Familienhilfe. Diese Hilfen sind teilweise kombinierbar und es werden damit nicht andere Möglichkeiten ausgeschlossen. Im § 31 SGB VIII sind die Aufgaben und Ziele der SPFH beschrieben: „Die Sozialpädagogische Familienhilfe soll durch intensive Betreuung und Begleitung Familien in ihren Erziehungsaufgaben, bei der Bewältigung von Alltagsproblemen, der Lösung von Konflikten und Krisen, sowie im Kontakt mit Ämtern und Institutionen unterstützen und Hilfe zur Selbsthilfe geben. Sie ist in der Regel auf längere Dauer angelegt und erfordert die Mitarbeit der Familie." Zwei zentrale Aussagen des Gesetzestextes sind hier „auf die ganze Familie gerichtet" und das Ziel „Hilfe zur Selbsthilfe". Die Aufgabenbeschreibung ist weit; sie geht über die Beratung bei den Erziehungsaufgaben hinaus. Die SPFH ist eine ambulante Hilfe; sie findet in der Regel in der Wohnung und im Lebensfeld der Familien statt. Die Fachkräfte besuchen die Familien regelmäßig mit einem wöchentlichen Zeitaufwand zwischen zwei und 20 Stunden, der Schwerpunkt liegt bei 10 Stunden. Die durchschnittliche Dauer der SPFH beträgt 16 Monate (vgl. Statistisches Bundesamt 2005).

Fachkräfte der SPFH haben überwiegend eine Grundqualifikation der Sozialpädagogik oder der Sozialarbeit (knapp 80 %), ein geringer Anteil sind ErzieherInnen oder haben einen sozialwissenschaftlichen Abschluss einer Universität. Ein deutlicher Anteil der Fachkräfte hat entweder eine Zusatzqualifikation bzw. befindet sich in einer betreffenden Ausbildung oder hat an Fortbildungen teilgenommen. Die SPFH ist – immer noch – ein überwiegend weibliches Berufsfeld (gut 85 %). Die Tätigkeit ist kein Arbeitsgebiet von Berufsanfängerinnen (vgl. Blüml/Helming/Schattner 1994, S. 204f.).

Sozialpädagogische Familienhilfen werden – zunehmend – häufig von Fachkräften der freien Jugendhilfe durchgeführt. Im Jahre 2001 übertraf der Anteil der freien Träger erstmals den der öffentlichen Jugendhilfe, im Jahre 2004 waren es bei den begonnenen SPFHs bereits 56,7 %. In den neuen Bundesländern sind dies vergleichsweise mehr kleinere, örtlich-begrenzte Träger als in den alten Bundesländern. Bei der Kooperation zwischen der öffentlichen Jugendhilfe und den freien Trägern bestehen eine Reihe wesentlicher Fragen hinsichtlich der Erwartungen an die Hilfe und der Abstimmung der Konzeption, der Bewertung der Familienhilfen, der Indikation und Zuteilung der Familien, der Beteiligung bei der Hilfeplanung und der Finanzierung. Diese Bereiche der Kooperation und Aushandlung erfordern von den Fachkräften und Leitungen eine eigene Qualifikation jenseits der Beratungsarbeit.

Unter den Familien, die SPFH erhalten, sind alle Familienformen vertreten. Im Vergleich zur Gesamtbevölkerung sind dabei Ein-Elternteil-Familien und Stieffamilien überrepräsentiert.[2] Die Familien sind kinderreicher als es im Bundesdurchschnitt der Fall ist. Im Jahre 2004 lebten in den SPFH-Familien im Schnitt 2,27 Kinder und Jugendliche, der Landesdurchschnitt bei den Familien mit Kindern unter 18 Jahren lag lediglich bei 1,63 (Mikrozensus 2004). Die SPFH erreicht Kinder und Jugendliche aller Altersbereiche. Im Vergleich zu anderen Hilfen ist hier erwartungsgemäß der Anteil jüngerer Kinder größer. In knapp einem Viertel (24,6 %) der Familien, die Ende des Jahres 2004 SPFH erhielten, war das älteste Kind jünger als 6 Jahre alt, in gut über der Hälfte (55,5 %) war das älteste Kind unter 12 Jahre.

Bei den Familien ist eine Häufung von mindestens zwei Unterversorgungslagen in den Bereichen Finanzen, Bildung, Gesundheit, Wohnung und Arbeit wahrscheinlich. Dies schließt auch eine mangelnde Verfügbarkeit außerfamilialer Ressourcen im Sinne des Nicht-Nutzen-Könnens ein. Je nach Sprachregelung gelten viele der Familien als „Multiproblemfamilien", als „Familien mit Mehrfachbelastungen" oder als „Multilösungsfamilien" (vgl. Berg 1992). Die Bundesstatistik, für deren jährliche Fragebogenerhebung höchstens drei Anlässe der SPFH genannt werden können, nennt Erziehungsschwierigkeiten, Entwicklungsauffälligkeiten und Beziehungsprobleme als häufigste Gründe.

2.1 Die Sozialpädagogische Familienhilfe – eine Hilfeform mit Karriere

Verglichen mit anderen Hilfen zur Erziehung – der Heimunterbringung und den Pflegefamilien – ist die SPFH eine relativ junge Hilfeform. „Erfunden" wurde sie im Jahre 1969 in Berlin als eine Alternative zur Heimerziehung. Ab dem Jahre 1977 wurde sie zunehmend von Jugendämtern des Bundesgebietes übernommen (vgl. Kreft/Müller 1986; Nielsen/Nielsen 1990).

Die SPFH entwickelte sich zu einer häufigen Hilfeform. Am Ende des Jahres 2004 (Stichtag 31.12.2004) erhielten in Deutschland 27.413 Familien Sozialpädagogische Familienhilfe, in denen 62272 Kinder und Jugendliche lebten (vgl. Statistisches Bundesamt 2005). Beigetragen zum Ausbau der SPFH über die Jahre haben, neben deren fachlicher Anerkennung, sicherlich finanzielle Aspekte zweierlei Art: Einmal wurde zunehmend auf örtlicher Ebene akzeptiert, dass die personalintensive SPFH[3] auf Dauer auch Kosten spart, zum andern unterstützten Landesförderprogramme mit Personalzuschüssen den Ausbau (vgl. BMJFFG 1990, S. 194f.).

2 Der Anteil der Familienformen bei der SPFH (vgl. Statistisches Bundesamt 2005): Kernfamilien 31,8 %, Alleinerziehende 49,8 %, Stieffamilien 16,1 %.

3 Je nach den Fällen gibt es hier deutliche Variationen. Im Schnitt kann jedoch gesagt werden, dass von einer Fachkraft mit einer ganzen Personalstelle drei bis vier Familien betreut werden.

Die Karriere der SPFH betrifft nicht nur deren zahlenmäßige Entwicklung, sondern auch andere Aspekte, sie ist auf dem Stand der Zeit. Damit ist gemeint:

- Die Hilfe entspricht modernen Vorstellungen von den Rechten von Menschen; sie entspricht den Intentionen des SGB VIII.
- Die SPFH wurde kontinuierlich beforscht. Es lassen sich Aussagen zu ihren Strukturen, Möglichkeiten und Grenzen machen.
- Ihre Methoden lassen sich theoretisch einordnen und sie entsprechen auch den ethischen Intentionen der Hilfe.
- Die SPFH ist eine sehr flexible Hilfeform und kann sich auf gesellschaftliche Entwicklungen einstellen. Es gibt örtlich unterschiedliche Modelle und verwandte Arbeitsansätze zur SPFH.

2.2 *Der Kontext der SPFH*

Familienhilfen ereignen sich in einem übergeordneten gesellschaftlichen Kontext (Makrosystem), der für die Familien und die SPFH Bedeutung hat. Dazu gehören so unterschiedliche Gegebenheiten wie die Arbeitsmarktlage, Normvorstellungen von Familie und Elternschaft oder gesetzliche Ausführungen wie das Grundgesetz oder das SGB VIII. Bei einer SPFH haben Familien mit ihren privaten Strukturen mit Fachkräften zu tun, die in die Strukturen und Regelwerke der Jugendhilfe eingebunden sind (Exosystem). Die Rahmenbedingungen der Fachkräfte wiederum beeinflussen deren Handeln. An dem Prozess der SPFH sind die Familien und die Fachkräfte der Jugendhilfe aktiv beteiligt. „Mitspieler“ sind aber auch noch andere Institutionen, wie etwa das Familiengericht, andere Beratungs- und Hilfemöglichkeiten, Kindergärten, Schulen und mehr oder weniger zahlreiche private Personen (Mesosystem).

Die SPFH als Prozess findet unter bestimmten „Feldbedingungen“ statt. Die Familien befinden sich in Notlagen und Krisen. Die Zustimmung zu einer SPFH kann evtl. in einem Zwangskontext erfolgen. Der Hilfeprozess hat notwendigerweise und unvermeidlich den Charakter von Problemlösungsprozessen, also den von „Versuch und Irrtum“. Die Dimension „Zeit“ gehört ebenfalls zu den Feldbedingungen der SPFH, die Veränderungen finden in einem variablen, aber nicht beliebig ausdehnbaren Zeitrahmen statt, der durchaus zur Diskussion steht – etwa durch kurzzeitorientierte Ansätze (vgl. Kühling u. a. 1997; Golz 2002).

2.3 *Zur rechtlichen Grundlage und zur jugendhilfepolitischen Bedeutung der SPFH*

Trotz der erst 35-jährigen Geschichte steht die rechtliche Verankerung der SPFH im Zusammenhang mit einer lebhaften Entwicklung, eingebettet in die Entwicklung des Jugendhilferechts. Bis zum Kinder- und Jugendhilfegesetz des Jahres 1990/1991 waren die rechtliche Grundlage der SPFH die §§ 5 und 6 des „alten“ Jugendwohlfahrtsgesetzes. Die Sozialpädagogische Familienhilfe wurde erstmals in einem Referentenentwurf zur Neuordnung des Jugendhilferechts des Jahres 1984 (§ 26 a) genannt. Das nach langjährigen Diskussionen und zahlreichen Referentenentwürfen beschlossene KJHG (vgl. Wiesner u. a.

2000, S. 2f.) bedeutete den Übergang von einem mehr eingriffs- und ordnungsorientierten Ansatz zu einem präventiven, familienunterstützenden Arbeiten. Damit war auch eine größere Vielfalt der Hilfen verbunden. Zu bedenken ist, dass eine solche Entwicklung durch eine parallele fachliche Weiterentwicklung – eine „Professionalisierung" – der Fachkräfte ermöglicht wurde. Selbstverständlich wurden im KJHG teilweise bereits schon vollzogene Entwicklungen und bestehende Vorstellungen gefasst. Es sollten damit aber auch Impulse gesetzt werden. Der § 36 SGB VIII, der der Beteiligung der Fachkräfte und der Familien bei der Auswahl, der Ausgestaltung und Überprüfung einen gesetzlichen Rahmen gegeben hat, steht hier als Beispiel für den „Perspektivenwechsel" (vgl. Merchel 2000).

Die SPFH beruht auf einem Leistungsanspruch. Die Grundsituation bei einer SPFH ist Folgende: BürgerInnen in Not, aber mit Rechten, haben mit staatlich beauftragen BürgerInnen zu tun, die für diese Beratungsaufgabe professionell ausgebildet sind.

3. Der Forschungsstand

Forschung im Rahmen der SPFH hat verschiedene Funktionen: eine „dichte Beschreibung" (Geertz) des Kontextes, die Darstellung der Perspektiven der einbezogenen Personen, Aussagen zum Erfolg unter den gegebenen Bedingungen, Vorschläge zur Weiterentwicklung der SPFH. Dem weiten Kontext der SPFH folgend, gab es über die Jahre hinweg einige umfassende Untersuchungen (vgl. detailliert Helming u. a. 1998, S. 16f.). Sie bilden die Entwicklung der SPFH ab hinsichtlich der organisatorischen Einbettung in das Jugendhilfesystem, der Professionalität der Fachkräfte und deren Rahmenbedingungen, der Anlässe für die SPFH, der Familien, des Verlaufs, der Dauer der SPFH und einer Bewertung der Ergebnisse.

Informationen anderer Art enthalten die Jahresberichte örtlicher Träger, die in Kombination mit den Konzepten über spezielle Erfahrungen berichten. Sie geben einen guten Eindruck von Entwicklungen, beschreiben die Familien und bewerten auch die Ergebnisse.

Daneben sollte noch die amtliche Jugendhilfestatistik gesehen werden. Auch sie kann Auswertungs- und Erkenntnismöglichkeiten für die Weiterentwicklung des SGB VIII ermöglichen (vgl. Rauschenbach/Schilling 1997a, S. 175f.; 1997 b). Seit 1991 werden vom Statistischen Bundesamt jährlich auch Daten zur Sozialpädagogischen Familienhilfe im gesamten Bundesgebiet erhoben. Die Statistik gibt es in einer Gesamtdarstellung für Deutschland und in einer Länderaufschlüsselung (www.destatis.de).

Veränderungen der Statistik hinsichtlich der Darstellung und evtl. auch der erhobenen Werte und Verrechnung werden von der „Arbeitsstelle Kinder- und Jugendhilfestatistik" der Universität Dortmund bearbeitet. Von dort können aufbereitete Daten abgerufen werden (http://www.akj-stat.fb12.uni-dortmund.de). Inzwischen liegen aus dem Projekt auch zahlreiche Expertisen und Monografien vor.

Nicht vergessen werden sollte, dass die Praxis der SPFH ein gemeinsamer Erkundungs- und Erfahrungsprozess von Fachkräften und Familien ist. Dies kann auch als eine Art „Praxisforschung" verstanden werden. Die Dokumentation des Verlaufs der SPFH in den Hilfeplänen – einschließlich einer abschließenden Bewertung durch alle Beteiligte – dient u. a. der Qualitätssicherung und stellt zumindest auch Information für die wissenschaftliche Auswertung dar.

Einige Schritte weiter gehen hier Ansätze zur Qualitätsentwicklung in der Kinder- und Jugendhilfe, die zwar moderiert werden und sich an Qualitätsmodellen ausrichten, die aber wesentlich von den Beteiligten getragen werden. Für die SPFH liegt ein Bericht von vier Jugendämtern (der Städte Herne, Lüdenscheid, Menden und des Kreises Unna) zu einer solchen Qualitätsentwicklung vor (vgl. BMFSFJ: QS Heft Nr. 30).

■ *Projekte und Ergebnisse*

Letzten Endes werden von der Forschung Antworten auf die generelle Frage erhofft: Erfüllen sich die Erwartungen an die SPFH, eine erfolgreiche Hilfe für Familien und damit für deren Kinder in Notlagen zu sein? Eine solch umfassende Frage kann bei dem weiten Kontext der SPFH nicht beantwortet werden, ohne Unterscheidungen zu treffen: in welchen Situationen befinden sich die Familien und die Kinder, wie sind die Strukturen der Jugendhilfe, unter welchen Rahmenbedingungen arbeiten die Fachkräfte, welcher Art ist der fachliche Hintergrund der Fachkräfte, wie verlaufen die Beratungsprozesse während der SPFH, wie wird das Ergebnis der SPFH beurteilt und natürlich auch, welche Kosten sind mit optimalen Strukturen verbunden? Pointiert formuliert: In welchem Zusammenhang stehen die Ergebnisqualität (bei den Familien) mit der Strukturqualität (der Jugendhilfe) und der Prozessqualität (des Hilfeverlaufs)? In der folgenden Übersicht (S. 598) sind größere Untersuchungen in der zeitlichen Abfolge aufgeführt.

Durchgehend werden in den Untersuchungen die Familien ähnlich beschrieben. Es sind überwiegend solche mit Mehrfachbelastungen, die teilweise schon länger andauern. Dies war so bereits bei den Erhebungen zur Berliner SPFH und entsprechend wird dies auch bei der Jugendhilfeeffektestudie (vgl. Schmidt u. a. 2002) geschildert. Hier gibt es jedoch eine sehr große Variabilität. Ein Teil der Familien lässt sich dabei als „Modernisierungsverlierer" (vgl. Allert u. a. 1994) beschreiben, es bestehen teilweise biografische Belastungen, bei anderen haben sich Krisensituationen aus Veränderungen der Familiensituation entwickelt (z. B. Trennungs- und Scheidungssituationen). Grundsätzlich kann gesagt werden, dass es eine zirkuläre Wechselwirkung zwischen den psychischen und den materiellen Belastungen und Lösungsmöglichkeiten gibt, die sich auch auf die Situation der Kinder auswirkt.

Die Fragen der Indikation und die des Erfolgs der SPFH stehen in einem Zusammenhang. Nielsen/Nielsen/Müller (1986) kamen bei ihren Untersuchungen zu Langzeiteffekten noch zu dem Urteil, dass nur Familien in Einzel- und Strukturkrisen, nicht aber solche in chronischen Krisen von einer SPFH profitieren würden. Diese Aussagen sind allerdings im Zusammenhang mit der (damaligen) Berliner Situation der Familienhelfer zu sehen. In der Bestandsaufnahme der SPFH in Bayern zeigte sich, dass durchaus auch Familien mit chronischen Strukturkrisen[4] von einer SPFH profitieren können bzw. dass die Erfolge der SPFH in einem engen Zusammenhang mit dem fachlichen Hintergrund stehen. Die günstigsten Ergebnisse (Ziele erreicht: 48,9 %; Teilziele erreicht: 31,9 %) zeigten sich hier bei dem Vorliegen von drei Gegebenheiten: die Familiendynamik ist der erste Arbeitsbereich; die SupervisorIn hat eine therapeutische Ausbildung/Praxis; die Fachkraft hat eine mehr als dreijährige Berufserfahrung.

4 Die Begriffe der Einzel-, Struktur- und chronischen Strukturkrisen lassen sich durchaus kritisch diskutieren. Es sind übergeordnete Kategorien, die die Veränderungsmöglichkeiten und Ressourcen, auf die es im Einzelfall ankommt, nicht genug berücksichtigen.

Thema der Untersuchung	Literatur
Modellprojekt SPFH Kassel (1978-1981) Eine umfassende Studie zur Organisation, den Familien, des Konzeptes und Arbeitens; Falldarstellungen	Pressel 1981
SPFH in Westberlin (1980-1982) Aktenanalysen, Interviews mit Sozialarbeitern, Familienhelfern und Familien	Nielsen/Nielsen (1984) Sozialpädagogisches Institut Berlin (spi-Berlin)
Bestandsaufnahme der SPFH in der Bundesrepublik Deutschland (1983-1985) Fragebogen an Jugendämter (mit und ohne SPFH) und an freie Träger; Daten zu Familien in Nordrhein-Westfalen	Christmann/Müller/Elger (1986) Sozialpädagogisches Institut Berlin (spi-Berlin) ISA Münster
Langzeiteffekte der SPFH (1983-1985) Berliner Familienhilfen, Interviews, Falldarstellungen; Erfolg der SPFH bei Familien in Einzel- und Strukturkrisen, kaum bei chronischen Strukturkrisen	Nielsen/Nielsen/Müller (1986) Sozialpädagogisches Institut Berlin (spi-Berlin)
SPFH in Hessen – Bestandsaufnahme, Probleme und Weiterentwicklung (1987-1989) Fragebogen, Interviews	Bieback-Diel/Oberle (1989); Institut für Sozialarbeit und Sozialpädagogik (ISS)
Die Klientel der SPFH Aktenanalysen in Nordrhein-Westfalen	Elger (1986)
Begleituntersuchung von Projekten der sozialpädagogischen Familienhilfe im ländlichen Raum (1987-1989) Hessen + Baden-Württemberg; Fallstudien, Typen der Problemgenese; u. a. Familien als Modernisierungsverlierer	Allert/Bieback-Diel/Oberle/Seyfarth (1994) Institut für Sozialarbeit und Sozialpädagogik (ISS)
Bestandsaufnahme der SPFH in Bayern (1990-1993) Fragebogen zu laufenden und abgeschlossenen Familienhilfen, zu Struktur- und Professionsbedingungen; Interviews mit Familien	Blüml/Helming/Schattner (1994) Deutsches Jugendinstitut
Handbuch Sozialpädagogische Familienhilfe (1994-1997) Interviews, Praxisberichte, theoretische und methodische Zusammenfassungen	Helming/Schattner/Blüml (1998) Deutsches Jugendinstitut
Effekte erzieherischer Hilfen und ihre Hintergründe (1995-2000) Repräsentative Vergleichsstudie der Erziehungshilfen: Erziehungsberatung, Erziehungsbeistand, SPFH, Tagesgruppe, Heim; Aktenanalysen, Erhebungen laufender SPFH, Interviews; Ergebnisse zur Struktur-, Prozess- und Ergebnisqualität	Schmidt u. a. (2002) Deutscher Caritasverband

Die neueste größere Untersuchung – die „Jugendhilfeeffektestudie“ (Schmidt u. a. 2002) – kommt zu grundsätzlich ähnlichen Aussagen: „Die Strukturqualität und vor allem die Prozessqualität im Rahmen von Hilfeprozessen übertreffen die Rolle der Ausgangsmerkmale eines Kindes und seiner Familie für das Hilfeergebnis“ (ebd., S. 526).

Die Ausgangsmerkmale werden unter dem Begriff der „Kriterien“ diskutiert. Dabei ist zu fragen, ob hier neben den Belastungen auch relevante Ressourcen der Familien und besonders auch der Kinder erhoben werden. Zu bedenken ist dabei wiederum, dass Ressourcenarbeit eine zentrale Zielstellung der SPFH ist, dass vorab kaum exakte Prognosekriterien gestellt werden können. Je nach den Erfahrungen werden in der Praxis – soweit es die Entscheidungsfreiheit gibt – die Kriterien verändert von anfänglich umfangreichen Mindestanforderungen plus Ausschlusskriterien bis hin zu einem Verzicht auf Kriterien (vgl. Blüml/Helming/Schattner 1994, S. 147f.).

Was sind die Effekte von SPFH? Bereits in der Erhebung zur Bayerischen Situation als auch in der Jugendhilfeeffektestudie zeigen sich Unterschiede von umfeld-, familien- und kindbezogenen Effekten. Bei der SPFH werden offensichtlich die günstigsten Veränderungen bei den Kindern erreicht. Zu berücksichtigen ist, dass hier ein Teil der Kinder in der Regel keine gravierenden klinischen Störungen zeigt.

Insgesamt kann man im positiven Fall sagen, dass es mit der Hilfeform SPFH gelingen kann, Familien mit Mehrfachbelastungen soweit zu stärken, dass sie wieder einigermaßen selbst zurecht kommen oder sich Hilfe organisieren können. Dies bedeutet, dass sie sich und ihre von ihnen beeinflussbare Umwelt verändert haben. Davon profitieren neben den Eltern besonders die Kinder. Weiterhin kann sich während einer SPFH auch herausstellen, dass trotz aller Bemühungen die Kinder nicht in ihrer Familie bleiben können. Dann kann gerade in der SPFH ein kindgerechter neuer Lebensort gesucht werden, wobei die Eltern verantwortlich an einer freiwilligen Fremdunterbringung beteiligt werden können.

Sollen weitergehende Veränderungen erreicht werden, dann sind umfassendere Ansätze nötig (vgl. z. B. Ries 1995. Die Gesamtdauer der SPFH beträgt hier fünf Jahre, sie ist aber anders strukturiert als die herkömmlichen Formen. Zu dem Ansatz liegt eine Evaluationsstudie vor (Ries 1993).

4. Entwicklungen der SPFH und benachbarte Ansätze

Den Veränderungen der SPFH in der relativ kurzen Zeit ihres Bestehens lassen sich drei Phasen zuordnen (vgl. Schrapper 1997; Späth 1997):

- pionierhafte Anfangsphase,
- Phase der Konsolidierung,
- Phase der Rekonstruktion, also der Veränderung.

Die *pionierhafte Phase* gab es nicht nur in Berlin, sondern mehr oder weniger in fast allen Orten, in denen SPFH eingerichtet wurde. In den alten Bundesländern waren dies die 1970er und 1980er Jahre, in den neuen Bundesländern begann diese Phase erst Anfang der 1990er Jahre. Die SPFH wurde hier in wenigen Jahren flächendeckend aufgebaut (vgl. Kühl 1997). Für die Fachkräfte ergaben sich dabei zumindest zwei Bereiche, für die viel Engagement nötig war: die Arbeit mit den Familien und die Anerkennung des Fachsystems. Die Ansätze der SPFH waren mehr lebenspraktischer Art, die Rahmenbedingungen eher unzureichend. Trotzdem konnten bei einem hohen Aufwand durchaus Erfolge erzielt werden, die den guten Ruf der SPFH begründeten.

Die *Konsolidierungsphase* war spätestens im ersten Drittel der 1990er Jahre erreicht. Gelegentlich wurde festgestellt, dass die Entwicklung der SPFH abgeschlossen sei. Schwerpunkte der Diskussionen waren fachliche Gesichtspunkte der Arbeit, vor allem die Einbeziehung systemischer Ansätze. Es ging um die Sicherung von Qualität, also um Professionalisierung, Zusatzausbildungen, Gruppenarbeit, Supervision, teilweise auch Evaluation. Die Konzepte wurden fortgeschrieben, ein systemischer Ansatz und ein ressourcenorientiertes Arbeiten darin aufgenommen. Es entwickelten sich unterschiedliche Modelle einer qualifizierten SPFH, teilweise mit einem bewussten Stadtteilbezug und Kontaktmöglichkeiten, um den Familien einen niedrigschwelligen Zugang zu ermöglichen.[5] Das „Produkt Sozialpädagogische Familienhilfe" wird im Rahmen der „neuen Steuerung der Jugendhilfe" formuliert (vgl. KGST 1994).

Die *Phase der Rekonstruktion* wurde von mehreren Faktoren beeinflusst, nicht zuletzt durch das SGB VIII mit seinen Forderungen nach einer „notwendigen" und „geeigneten" Hilfe, dem Wunsch- und Wahlrecht der Eltern sowie den Vorgaben des § 36 SGB VIII zur Auswahl, Gestaltung und Überprüfung der Hilfen. Die verschiedenen Hilfen zur Erziehung wurden vermehrt unter dem Stichwort „Versäulung" anstatt der Differenzierung diskutiert, wobei die Versäulung mehr eine Abschottung der Hilfeformen untereinander meinte, die vor Ort häufig bei verschiedenen Trägern angesiedelt waren. Weiterhin waren Forderungen nach einer bezahlbaren Jugendhilfe mitbestimmend. Die Hilfen sollten also nicht nur bedarfsgerechter, sondern möglichst auch kostengünstiger sein.

Verschiedene Freie Träger antworteten mit flexiblen Ansätzen. Einmal waren dies die Jugendhilfestationen in Mecklenburg-Vorpommern. Aufsehen und Anerkennung hat die Jugendhilfestation Greifswald als Vorreiter erhalten (vgl. Hamar/Schliebner 1996). Der Anspruch ist hier, geeignete Betreuungsarrangements für die jeweiligen Einzelfälle zu entwickeln. Möglich werden soll dies durch eine Entspezialisierung der Fachkräfte, die für einen überschaubaren Sozialraum zuständig sind und dadurch, dass verschiedene Unterstützungsmöglichkeiten unter einem Dach erfolgen können (zum theoretischen Ansatz bei Jugendhilfestationen vgl. Klatetzki 1995). Abgerechnet wird nach sozialpädagogischen Fachleistungsstunden (vgl. Witt 1995).

Während die Jugendhilfestationen eine Antwort in einem neuen Bundesland waren, indem dort mit dem KJHG erst (mit Unterstützung des Rauhen Hauses) neue Jugendhilfestrukturen aufgebaut wurden, entwickelten sich in den alten Bundesländern verschiedene flexible Ansätze in bestehenden differenzierten Jugendhilfestrukturen. Die Basis bilden Teams, die neben der SPFH noch andere Hilfen anbieten können, oder es wird eine intensivere Kooperation zwischen den Fachkräften verschiedener Hilfen angestrebt. Auch wenn betont wird, nicht spezialisiert zu sein, so kann man eher von einer *Mehrfachspezialisierung* der Fachkräfte sprechen. Die systemischen und ressourcenorientierten Ansätze sind weiterhin unbestritten. Die mit der Flexibilisierung verbundene Erwartung ist, von einer eher *additiven SPFH* – also einer SPFH mit zusätzlichen Hilfen – zu einer mehr *integrierten Erziehungshilfe* zu kommen. Integration hat hier zwei Bedeutungen: einmal eine flexibler abgestimmte Kooperation der Fachkräfte sowie leichtere Übergänge und Kombinationen von Hilfen und zum anderen eine Integration der Familien in ihr Umfeld, was auch ein vermehrtes sozialräumliches Arbeiten – eine Regionalisierung – bedeutet. Beispiele hierzu sind das Sozialpädagogische Zentrum in Kerpen sowie der Kinder- und Mutterschutz in München.

Im Sozialpädagogischen Zentrum in Kerpen, einem Verband dreier Träger, wird ein integriertes Erziehungshilfeangebot von Sozialpädagogischer Familienhilfe, Erziehungsbeistandschaft und Betreutem Wohnen vorgehalten. Das Team stellt als Ganzes das Angebot sicher (vgl. detailliert Sozialpädagogisches Zentrums 2002).

Bei der Ambulanten Erziehungshilfe (AEH) des Kinder- und Mutterschutz (und anderer Münchener Träger) sind die Soziale Gruppenarbeit, der Erziehungsbeistand und die So-

5 Einige Konzepte unter vielen: Ries (1993); Arbeitsgemeinschaft zur Förderung von Kindern und Jugendlichen (1999); Dachauer Familienhilfe (1999); vgl. auch Hargens (1997), hier werden verschiedene systemische Ansätze der SPFH geschildert; vgl. den „Dormager Qualitätskatalog der Jugendhilfe" (Stadt Dormagen 2001).

zialpädagogische Familienhilfe zusammengefasst. Grundlage ist hier wiederum eine Sozialraumorientierung. Eingebunden ist diese Entwicklung in eine verstärkte regionale Ausrichtung des Münchener Sozialreferates. Das Motto lautet „Umbau statt Ausbau" (vgl. Jahresbericht 2000).

■ *Benachbarte Ansätze zur SPFH*

Etwa ab Mitte der 1980er Jahre entwickelten sich einige ambulante und teilstationäre Ansätze[6], die bei ähnlichen Familiensituationen wie den bei SPFH-Familien eingesetzt werden (vgl. BMFSFJ 1998, S. 258f.; Helming 1998; Helming u. a. 1998, S. 476f.). Diese Ansätze sind in der Regel von einer geringeren Dauer und intensiver als die SPFH und offensichtlich erfolgreich. Dies bedeutet, dass bei aller Verschiedenheit die benachbarten Formen und die SPFH auch voneinander lernen können.

Im Ortenaukreis und folgend im Landkreis Biberach entstanden erfolgreiche Ansätze einer *systemisch begründeten Therapie/Beratung bei Familien mit Mehrfachbelastung* im Rahmen Sozialer Arbeit (vgl. Karolus 1995; Wnuk-Gette/Wnuk 1995; 1997; 2002; Landkreis Biberach 1999).

Bemerkenswerterweise entwickelte sich ein weiterer Ansatz, die *„Aufsuchende Familientherapie"* ebenfalls in Berlin (vgl. Conen u. a. 2002), wo zwei Jahrzehnte vorher die SPFH begonnen hatte. Hier gehen – ebenso wie etwa in Biberach – zwei Familientherapeuten/-innen in Co-Arbeit in die Familien.

Während die Aufsuchende Familientherapie alternativ zur SPFH zu sehen ist, konzentriert sich das *Familienaktivierungsmanagement* (FAM) auf eine spezielle Situation – eine Krisensituation von Familien, bei der eine Fremdplatzierung droht (vgl. Römisch 1997). Die Beratungsphase ist kurz – 6 Wochen – und dementsprechend intensiv. Die SPFH ist hier eine häufige Anschlusshilfe. Das FAM kann auch als Clearungsmöglichkeit eingesetzt werden.

Im *FIM – Familien im Mittelpunkt* (Gehrmann/Müller 2001) – ist eine Kombination kurz- und langfristiger Hilfen im Rahmen einer SPFH möglich. Grundlegend – dies wird besonders betont – ist hier ein sozialarbeiterisches Verständnis.[7]

Im Margaretenstift in Saarbrücken wurde eine Kombination von ambulanten und kurzzeitigen stationären Phasen für die gesamte Familie entwickelt, erprobt und variiert – die *„Integrative Familienhilfe"* (FOREG 1999). Eine Besonderheit ist hier, dass sowohl während der stationären als auch bei den ambulanten Phasen auf die Arbeit mit den Familiengruppen besonders Wert gelegt wird. Der Ansatz wird inzwischen auch von einigen anderen Orten übernommen.

Von den genannten professionellen Familienhilfen sind deutlich Unterstützungen von Familien durch ehrenamtliche Laien zu unterscheiden, wie sie in der letzten Zeit in „Familienpatenschaften" im Zusammenhang mit der Initiative „Lokale Bündnisse für Familie" (www.lokale-buendnissse-fuer-familie.de) an verschiedenen Orten entstehen oder bereits erprobt werden (Zentrum Aktiver Bürger 2005 in Nürnberg; Deutscher Kinderschutzbund Augsburg 2005).

---

6 Siehe zu den alternativen Ansätzen auch den Zehnten Jugendbericht.

7 Dem FAM und dem FIM liegt ein ähnliches, eher am Verhalten orientiertes Verständnis zugrunde (Families-First-Program aus Michigan bzw. niederländische Ansätze und Erfahrungen). In Absetzung dazu der mehr lösungsorientierte Family-Based-Service von Berg (vgl. May 2002).

Der Aufgaben- und Wirkungsbereich der Familienpaten ist die Alltagsunterstützung und die präventive Stärkung von Familien. Sie werden jedoch nicht – wie die SPFH – im Zusammenhang von Kindeswohlgefährdung eingesetzt. Sie bieten vielmehr in einer Notlage für eine begrenzte Zeit ein fehlendes nachbarschaftliches Netzwerk. Die Familienpaten werden fachlich unterstützt, sie erhalten Fortbildungen und eine Reflexionsmöglichkeit ihrer Tätigkeit. In der Regel ist auch der Allgemeine Soziale Dienst bei der Auswahl der Familien beteiligt. Die Familienpaten sind jedoch nicht in das Hilfeplanverfahren eingebunden.

Im Rahmen einer SPFH könnte es gelegentlich sinnvoll sein – etwa im Laufe der Beendigung der SPFH – das Netzwerk der Familie mit einem Familienpaten anzureichern.

5. Die Praxis der SPFH

Die durchschnittliche Dauer der SPFH ist 16 Monate.[8] Knapp die Hälfte (47,5 %) wird in den ersten zwölf Monaten beendet, gut ein Fünftel (21,6 %) dauert länger als zwei Jahre (vgl. Statistisches Bundesamt 2005). Was passiert in diesen mehr oder weniger langen Zeiträumen? In der Praxis durchläuft eine SPFH[9] verschiedene Phasen:

- Entscheidung für die SPFH,
- Probephase (oder Orientierungsphase),
- Hauptphase (oder Intensivphase),
- Ablösephase,
- Zeit der Nachbetreuung.

Als Dauer der SPFH gelten die Zeiten der Probe-, Haupt- und Ablösephase. Diese drei Phasen könnten, bei aller Variation, bei einer durchschnittlichen SPFH von 16 Monaten etwa folgendermaßen aufgeteilt sein: Probephase 3 Monate, Hauptphase 11 Monate, Ablösephase 2 Monate.

Um zur Problembearbeitung bzw. zur Lösungsfindung der Hauptphase zu gelangen, müssen erst die Familien und die Fachkräfte zu dem Entschluss kommen, dass diese Hilfe „geeignet“ und „notwendig“ ist. Zum Tragen kommen hier die §§ 27 und 36 SGB VIII. Der Weg hierzu ist durchaus umstritten. Die verschiedenen Positionen betonen hier einmal stärker die fachliche Verantwortung der Fachkräfte und auf der anderen Seite mehr einen gemeinsamen Auswahl- und Entscheidungsprozess von Fachkräften und Familien (vgl. Merchel 1995, 1997; Maas 1997; Schefold 1999; BMFSFJ 1998, S. 262f; Wiesner u. a. 2002, S. 347f.). Hier bilden sich zwei grundsätzliche Positionen ab: eine, die sich mehr von einer traditionell wissenschaftlichen Zugangsweise erwartet und eine, die mehr auf einen verstehenden, hermeneutischen Prozess setzt. Zur Gestaltung des Hilfeprozesses gibt es im § 36 SGB VIII Ausführungen hinsichtlich der Beteiligung der Eltern und der Kinder an der Auswahl sowie Gestaltung der Hilfe, der Absicherung des fachlichen Handelns und der Überprüfung der Hilfe.

8 Hier sind auch die Abbrüche eingerechnet. Die Bundesstatistik selbst führt keine Beendigungsgründe auf. In der Bayerischen Untersuchung (vgl. Blüml/Helming/Schattner 1994) betrug der Anteil der Abbrüche durch die Eltern und Fachkräfte insgesamt etwa 20 %.

9 Die folgende Darstellung der Praxis ist die einer eher „konservativen“ SPFH, also einer SPFH, in deren Verlauf entsprechende Zusatzhilfen gegeben werden.

Ist die Entscheidung zur SPFH gefallen, müssen weiterhin in der mehrmonatigen Probephase die Grundlagen der Zusammenarbeit gelegt, Ziele konkretisiert werden. Hier, wie auch später, können die Familien oder die Fachkräfte auch zu dem Entschluss kommen, nicht weiter zu machen. Spätestens dann sollte eine beidseitige Hoffnung bestehen, zu einem Erfolg zu kommen, der auch formulierbar ist. Ein Minimum einer gemeinsamen Formulierung könnte sein „Wir arbeiten daran, dass Sie (die Familie) uns (die Sozialarbeit) wieder los werden" (Conen 1996). Bereits in der Probezeit kommen die Fachkräfte wie in der folgenden Hauptphase regelmäßig über mehrere Stunden in die Familie.

Grundsätzlich ergeben sich in den drei Phasen der SPFH die gleichen Tätigkeitsbereiche. Unterschiede bestehen mehr im zeitlichen Umfang, im Anteil der Aktivitäten der Familien und Fachkräften. Eine Analyse der Beratungsbereiche der SPFH ergab bei 330 Familienhilfen (in der Reihe des Arbeitsaufwands) vier Faktoren (vgl. Blüml/Helming/Schattner 1994):

1. Ein erwachsenenzentrierter, familiendynamischer Ansatz (gezielte Förderung der Elternpersonen, Arbeit an der Eltern-Partner-Beziehung).Tätigkeiten in diesem Bereich werden am häufigsten genannt – bei 92 % der Familien.
2. Der zweite Faktor bezieht sich auf die Verbesserung der Situation von Erwachsenen und Kindern durch gezielte Außenkontakte, bei 89 % der Familien genannt. Die gezielte Förderung der Kinder erfolgt vor allem in Form der Organisation von Zusatzhilfen: Vermittlung zu Schulen und sonstigen Institutionen, Hausaufgabenhilfe, gemeinsames Spielen mit Eltern und Kindern, Freizeitunternehmungen; hier geht es auch um den Bereich der Antragstellung und der sonstigen Kontakte zu Behörden.
3. Der dritte Faktor ist ein lebenspraktischer Ansatz, bei 61 % der Familien genannt; hier geht es um die Verbesserung der Wohnsituation und um die Anleitung der Erwachsenen in praktischen Dingen.
4. Der vierte Faktor bezieht sich auf die Verbesserung der materiellen Grundlagen, bei 57 % der Familien: Schuldenregulierung und Verbesserung der Einkommenssituation sind hier die Themen.

In 41 % der Familien der SPFH sind die Fachkräfte in allen vier Bereichen tätig; in weiteren 26 % in drei Bereichen. Ein ausschließlich lebenspraktischer Ansatz wird nur bei 2,5 % der Familien angegeben. Am häufigsten sind lebenspraktische und erwachsenenzentriert-familiendynamische Ansätze miteinander verbunden. Die Tätigkeit der SPFH lässt sich dementsprechend als „ganzheitlich" kennzeichnen.

Die Fachkräfte berichten auch über die Erfolgsaussichten verschiedener Bereiche (vgl. Helming u. a. 1994, S. 106f.): Die relativ geringsten Erfolge bestehen bei materiellen Veränderungen (Wohnsituation, Einkommen, Arbeitssuche); mittlere Erfolge ergeben sich bei innerfamiliären Beziehungen (Paarbeziehung, Eltern-Kind-Beziehungen), die besten Erfolge werden bei Behördenkontakten und besonders der Kinderförderung erzielt.

5.1 Hilfe zur Selbsthilfe

Die Herausforderung an die fachliche Arbeit der SPFH ergibt sich u. a. daraus, dass im § 31 SGB VIII „Hilfe zur Selbsthilfe" als wesentliche Aufgabe der SPFH genannt wird und dass häufig gerade diejenigen Familien SPFH erhalten, denen auf Grund ihrer Lebensumstände eine eigenständige Gestaltung ihres Lebens kaum zugetraut wird. Jenseits des grundsätzlich notwendigen Vertrauens der Fachkräfte in die Selbsthilfemöglichkeiten der Familien ist eine Klärung dieses vieldeutigen Begriffs für das praktische Arbeiten notwendig. Einmal ist die Fähigkeit zur Selbsthilfe nicht absolut, also keine Fähigkeit, die man entweder hat oder nicht hat. May (1996, S. 229) hat für die SPFH sechs Stufen einer möglichen Selbsthilfe beschrieben:

Selbsthilfe, Hilfe und Fremdhilfe	Suchrichtung	Leitgedanken als praktische Hypothesen zur Umsetzung
1. Stufe	Selbsthilfe	„Was Personen selbst lösen können, ist von SPFH nicht zu übernehmen und bei diesen Personen anerkennend zu belassen" • Beispiele: Hervorhebung von Vorhandenem, Würdigen, Loben
2. Stufe	Selbsthilfe und Hilfe	„Was Personen noch nicht lösen können, kann SPFH zeitweise vermitteln" • Beispiele: Gespräch, Beratung, Therapie
3. Stufe	Zukünftige Selbsthilfe und Hilfe	„Was Personen noch nicht können in der Zeit, die SPFH zur Verfügung steht, kann SPFH bestenfalls auf die Zukunft hin vermitteln helfen" • Beispiele: Krippe, Kindergarten, Heilpädagogische Tagesstätte, Frühförderung
		Übergang zur Fremdhilfe
4. Stufe	Fremdhilfe neben Selbsthilfe	„Was Personen nach gemeinsamer Bemühung und übereinstimmender Einschätzung voraussichtlich nicht, auch später nicht, lösen können, kann SPFH möglicherweise in Fremdhilfe vermitteln helfen" • Beispiele: freiwillige Anbahnung von – auch zeitlich befristeter – Fremdunterbringung
5. Stufe	Selbsthilfe im Zweifelsfall vor Fremdhilfe	„Was Personen nach gemeinsamer Bemühung und ambivalenter Einschätzung vielleicht nicht, vielleicht auch später nicht, lösen können, kann SPFH im Zweifelsfall in Selbsthilfe vor Fremdhilfe vermitteln helfen" • Beispiele: Selbsthilfe auf Bewährung, evtl. mit Scheitern
		Grenze zur Fremdhilfe
6. Stufe	Fremdhilfe vor Selbsthilfe	„Was Personen und SPFH nach gemeinsamen Bemühungen und nicht übereinstimmender Einschätzung vielleicht nicht, vielleicht auch später nicht, lösen können, d. h. wenn eine Kindesgefährdung nicht abgebaut werden kann, vermittelt SPFH als Aufgabe an die Familie und die öffentliche Jugendhilfe zurück."

Weiterhin gelten hier die grundlegenden Gegebenheiten von Ressourcen: Die Fähigkeit zur Selbsthilfe ist situations- und kontextabhängig, sie ist mit Bewertungen verbunden. Dies bedeutet, dass es einerseits Bereiche geben wird, bei denen Selbsthilfe bereits schon möglich ist und andererseits, dass die Fähigkeit zur Selbsthilfe in kleinen Schritten und verschiedenen Bereichen erweitert werden kann. Eine erfolgreiche SPFH ist dementsprechend auch mit einem vermehrten Selbstwertgefühl verbunden.

Selbsthilfe geschieht im konkreten Alltagsleben einer komplexen und dynamischen Gesellschaft, deren BürgerInnen in unterschiedlichen Belastungssituationen leben und über ungleiche Ressourcen und Fähigkeiten verfügen. Die grundsätzliche Situation der Individuen ist dabei die Eingebundenheit in gesellschaftliche Strukturen und das Nutzen und Gestalten von individuellen Möglichkeiten und Freiheiten (vgl. hierzu Voß/Pongratz 1997). Eine umfassende Hilfe bei „Problemfamilien" – dies gilt sinngemäß auch für die SPFH – wird/sollte dementsprechend immer „zweigleisig" sein (vgl. Goldbrunner 1989). Damit ist gemeint, dass nicht eindeutig zwischen materiellen und psychischen Bereichen getrennt werden kann, sondern beide Bereiche miteinander verbunden werden sollten.

Einer SPFH, die eigenständiges Handeln fördern will, liegt ein theoretisch-methodisches Konzept zu Grunde. Weiterhin gehört dazu auch ein Menschenbild, das ein Bedürfnis nach Eigenaktivität und Verantwortung beinhaltet. Ein bestimmtes Menschenbild erlaubt zwar noch nicht, daraus das konkrete Handeln abzuleiten, es gibt aber eine Richtung an und es kann ein Maßstab der Praxis sein (vgl. Ries 1995, S. 34f.). Bei der sozialpädagogischen Beratung von Familien gehen weiterhin Vorstellungen von Familien und deren „Ordnungen" (vgl. Karsten/Otto 1996) ein. Mehr Selbsthilfe ist manchmal mit veränderten Rollenbildern verbunden.

5.2 *Die SPFH als sozialpädagogische Aufgabe*

Das Thema der SPFH ist die „Alltägliche Lebensführung" in Familien unter der Spannung von strukturellen Gegebenheiten und individuellen Handlungsmöglichkeiten (vgl. Voß/Weihrich 2001; ferner Ritscher 2002, S. 165f.). Unter einem sozialpädagogischen Blickwinkel lassen sich die Aufgabenstellung und das Angebot des § 31 SGB VIII so kennzeichnen: In der SPFH gibt es in einem umfassenden Sinn Alltagswissen für Familien in Notlagen zu erlernen.

Alltagswissen ist anwendbares Wissen für den Alltag. Angewandtes Wissen hat drei Komponenten: zum *theoretischen Wissen* kommen noch *Handlungswissen* hinzu und *sinnliches, emotionales Wissen.* Diese drei Komponenten lassen sich weitgehend in allen Alltagshandlungen entdecken – beim Kochen, einem erzieherischen Verhalten oder einem Behördengang. Dementsprechend ist SPFH ein Prozess des Sprechens, des Handelns, des Erfahrens und Bewertens. Dies schließt zwar lebenspraktische Themen ein, beschränkt sich aber nicht darauf. In der SPFH geht es um Veränderungen, Herausforderungen und Wagnisse, auch um die Angst vor Veränderungen (vgl. Conen 2002, S. 35f.). Man kann dies als ein erweitertes Erlernen von Selbsthilfe verstehen. Dies kann nur gelingen, wenn die Familien einen aktiven Part übernehmen und zwischen ihnen und den Fachkräften Vertrauen entstanden ist.

Was sind Bestandteile von sozialpädagogischen Prozessen? Welche Folgerungen ergeben sich für eine psychosoziale Beratung bei einer SPFH? Zu diesen Fragen gibt es Antworten bei der Therapieforschung, die grundsätzlich auch bei der Beratung im Rahmen Sozialer Arbeit gelten. Man muss sie für den speziellen Beratungsbereich entsprechend übersetzen, hier für die SPFH. Miller u. a. (2000) haben zentrale Ergebnisse der Therapieforschung zusammengefasst, die unabhängig von den Therapieformen sind. Die vier Wirkungselemente und ihr Einfluss auf den Beratungserfolg sind:

1. Erwartungen und Hoffnungen der Klienten: Sie beeinflussen zu etwa 15 % den Beratungserfolg.
2. Die Beziehung von Klient und Berater: Beziehungsfaktoren wie Wertschätzung, einfühlendes Verstehen und Echtheit haben den zweitgrößten Einfluss auf den Erfolg

(ca. 30 %). Dabei ist die Einschätzung der Beziehungsqualität durch den Klienten wesentlicher, als die Beurteilung durch den Berater.
3. Beraterische Initiativen, Strategien und Techniken: Ihr Einfluss auf den Beratungserfolg beträgt ca. 15 %.
4. Wirkungen außerhalb der Beratung: Den größten Einfluss haben Ereignisse und Umstände, die in der Lebenswelt der Beratenen liegen. Sie machen etwa 40 % des Beratungserfolges aus.

Akzeptiert man die Ergebnisse, dann hat das für die SPFH Konsequenzen:

1. Die Kontaktgestaltung, die Fähigkeit Wertschätzung vermitteln zu können, ist grundlegend für den Erfolg. Der Kontaktgestaltung zwischen den Familie und den Fachkräften wird – auch in den Konzepten – anfangs viel Zeit gegeben, sie kann manchmal ein halbes Jahr dauern. Auch wenn die Eltern einer SPFH zustimmen, so dauert es doch manchmal lange, bis das Misstrauen der Familien besänftigt ist und eine Kooperationsbasis entsteht Wertschätzung und Neugier seitens der Fachkräfte sind hier – auch erlernbare – Haltungen und Verhaltensweisen. Die Wertschätzung schließt die Anerkennung der Autonomie ein.
2. Die SPFH sollte Hoffnung erlauben – positive Erwartungen sollten konkret formulierbar sein. Ohne Hoffnung ist ein Arbeitsbündnis kaum denkbar. Generell kann zu Beginn der SPFH Hoffnung durch die Nennung von übergeordneten Zielen entstehen, die von den Familien und den Fachkräften geteilt werden. Zumindest sollte ein für beide Seiten annehmbarer Kompromiss möglich sein. Allerdings kann ein erstes kleines, erreichbares Ziel manchmal schon wirksam sein. Während der SPFH fördert ein lösungsorientiertes Arbeiten die Entstehung und Aufrechterhaltung von Hoffnung, da hier grundsätzlich auch – teilweise – bestehende positive Erfahrungen einbezogen werden.
3. In die SPFH sollten laufend Ereignisse und Umstände aus der Lebenswelt der Beratenen einbezogen werden. Die SPFH ist lebensweltorientiert. Dies vor allem dadurch, dass die Fachkräfte in die Familien gehen und ebenso auch außerfamiliale Strukturen und Ressourcen einbeziehen. Weiterhin sind vor allem auch die Erfahrungen interessant, die die Familien zwischen den Besuchen der Familienhelferinnen in ihrer Lebenswelt machen.
4. Es ist nicht letztlich entscheidend, welcher Beratungsschule eine Fachkraft verpflichtet ist. Die gewählten Strategien und Methoden sollten aber ein inner- und außerfamiliäres Arbeiten entsprechend der Aufgabenstellung der SPFH erlauben, sie sollten zu den Familien und zur Fachkraft passen. Es ist angebracht, als Fachkraft über einen variablen Methodenpool zu verfügen. Eine eklektische Verwendung der Methoden ist erlaubt (vgl. May 1996; Ritscher 2002, S. 269f; Lillig u. a. 2002, S. 374f.).

Die SPFH ist sozusagen auch ein Training für die Familien, wieder vermehrt bewährte menschliche Methoden in ihren Alltag einzubauen – eben angewandtes Alltagswissen.

5.3 Theorien für die Praxis: Ressourcen und Krisen

Eine grundlegende Veränderung des Arbeitsansatzes lässt sich mit dem Begriff des „Empowerment“ (vgl. Stark 1996) fassen: Hier ist es Aufgabe der Professionellen einen Prozess zu ermöglichen und anzustoßen, durch den die Familien Ressourcen persönlicher, organisatorischer und gemeinschaftlicher Art entdecken können, die sie somit befähigen, größere Kontrolle über ihr eigenes Leben auszuüben.

Der Ansatz des Empowerment hat für die SPFH zwei Schlussfolgerungen. Einmal führt es zu einer vermehrten ressourcenorientierten Arbeit, zum anderen spricht es für einen lebensweltorientierten Ansatz: „Müssen neue Fähigkeiten und Konsequenzen gelernt werden, so sind sie am besten in der natürlichen Welt, statt in künstlichen Programmen zu lernen, in denen jeder Beteiligte weiß, dass in Wirklichkeit der Experte die Zügel in der Hand hält" (Rappaport 1985, S. 271). Dies bedeutet auch, dass die SPFH zunehmend auch den engeren Sozialraum von Familien einbezieht.

So leicht ein ressourcenorientiertes Arbeiten zu fordern ist, so anspruchsvoll ist dessen Umsetzung in der Praxis. Es genügt keinesfalls, nur nach „Stärken" zu suchen. Ressourcen haben viele Aspekte. Dies gilt ebenso für den Krisenbegriff. Für die Praxis der SPFH, die einem ressourcenorientierten Arbeiten bei Familien in Krisen verpflichtet ist, sind diese beiden Themen grundlegend.

5.3.1 Ressourcen

Ressourcen (vgl. Petzold 1997) sind Möglichkeiten und günstige Umstände für Problemlösungen, der Lebensbewältigung, der Lebensfreude, des Glücks (vgl. Csikszentmihalyi 1998). Ressourcen sind damit mehr als nur Mittel zur Bewältigung von Schwierigkeiten. Grawe (1999) hebt die Bedeutung der Ressourcen hervor: „Die Ressourcen sind wichtiger als das Problem." Man kann Ressourcen einteilen in persönliche, materielle, familiale und außerfamiliale Ressourcen informeller und formeller Art. Drei grundlegende Gegebenheiten von Ressourcen:

- Es besteht eine Wechselwirkung zwischen den verschiedenen Ressourcen.
- Ressourcen stehen grundsätzlich in einem Person-Umwelt-Bezug. Dies bedeutet, dass Personen und Umwelten nicht isoliert gesehen werden können. Ressourcen sind situations- und kontextabhängig.
- Ressourcen sind mit Bewertungen verbunden – eigenen Bewertungen und der Bewertung durch andere, was durchaus verschieden ausfallen kann. Ressourcen werden nicht neutral erlebt.

Die Erkundung von Ressourcen ist ein erster wesentlicher Schritt in der SPFH. Dies kann mit Methoden unterstützt werden (z. B. durch Ressourcenkarten, vgl. Straus 1993). Grundzüge eines ressourcenorientierten Handelns (vgl. Petzold 1997) sind Fragen und Erkundungen wie:

- Was steht den Personen in ihrer Lebenswelt bereits an Ressourcen zur Verfügung?
- Welche Ressourcen werden – obwohl im Lebensfeld vorhanden – nicht wahrgenommen oder nicht genutzt?
- Wie werden Ressourcen genutzt?
- Was könnte erschlossen werden oder angemessener genutzt werden?
- Welche Ressourcenerweiterung erfordert die Kooperation mit anderen Personen oder Diensten?

- Wie werden die genützten und ungenützten Ressourcen von welchen Personen bewertet?
- Aber auch: Welche Risikofaktoren sollten/könnten gemildert oder beendet werden? Kann man hierbei auf Ressourcen der Person, des Lebensfeldes zurückgreifen?

Es ist sinnvoll, diese Erkundungen mehr systematisch durchzuführen. Dies bedeutet etwa, die Ressourcen der verschiedenen Systeme zu erkunden: des Mikrosystems (Familie); des Mesosystems (Nachbarschaft, Freunde, Kindergarten, Schule etc); des Exosystems (Jugendhilfe, Sozialamt); des Makrosystems (Rollenbilder) (vgl. Ritscher 2002, S. 255f.). Netzwerkarbeit kann eine Konsequenz der Erkundung von Ressourcen sein (vgl. Straus 1995).

5.3.2 Krisen

„Krise" ist auch in der Sozialpädagogik ein vielverwendeter Begriff (vgl. Mennemann 2000; zur Differenzierung von Krisen Wnuk-Gette/Wnuk 1995). Es bestehen Ergebnisse zu den drei Fragen, die auch für die SPFH Bedeutung haben: „Wie kommt es zu Krisen?", „Welche Verhaltensweisen zeigen sich in Krisen?", „Wie kommt man wieder aus Krisen?" Es lassen sich kaum eindeutige Ursachen nennen, wie es zu Krisen kommt. Unter den vielen Möglichkeiten des Lebens, aus dem Gleichgewicht zu kommen, seien hier zwei genannt: ein *Ressourcenverlust* und ein *Auspowern von Ressourcen.* Es bestehen hier zwei Gefahren: eine Individualisierung der Krisen und damit von gesellschaftlichen Ursachen abzusehen und ein Leugnen individueller Einflüsse (vgl. Ulich 1987, S. 70f.). Faltermeier (2000) hat mit einem biografischen Ansatz das Hilfeverständnis und die erzieherischen Ressourcen von Eltern untersucht, deren Kinder in Vollzeitpflege kamen (vgl. auch Schefold 1999). Er fand deutliche Unterschiede zwischen dem Hilfeverständnis von Fachkräften der Jugendhilfe und den Eltern. Mit Hilfe und Unterstützung verbinden sie die Vorstellung des „letzten Rettungsankers", weniger eine auf lange Sicht abgestellte Hilfestrategie. Die Ressourcen von Eltern, die in langanhaltenden Krisen leben, sind weniger Ressourcen, die es erlauben, die Krisen zu beenden, sondern in ihnen das Notwendigste zu tun. Faltermeier nennt etwa die Ressourcen des „Aushaltens" und des „Kämpfens". Handlungen sind weniger pädagogisch, sondern existenzsichernd. Als angemessen erscheinen ihnen: Versorgung sichern, Kinder vor extremen Gefährdungen in Sicherheit bringen. In dieser Hinsicht erleben sie sich durchaus als kompetent.

Nicht die Krisen an sich, sondern der Umgang mit Krisen entscheidet die weitere Entwicklung (vgl. Ulich 1987; Rutter 1993, S. 27). In diesem Sinn ist SPFH ein Lern- und Erfahrungsprozess, wie man wieder aus Krisen herauskommt. Die Therapieforschung hat gezeigt, dass es „eine grundlegende Struktur der Veränderung gibt, die weder auf Techniken basiert, noch problemspezifisch ist" (Miller u. a. 2000, S. 104). Danach ergeben sich sechs unterschiedliche Schritte der Veränderung, die entweder langsam und kontinuierlich, mit Rückschlägen, mit Teilerfolgen oder sehr schnell durchlaufen werden können. Die sechs Schritte oder Phasen der Veränderung sind:

1. *Präkontemplation:* Es besteht kein Bewusstsein darüber, dass ein Problem existiert, zumindest kann nicht gesehen werden, dass man selbst am Bestehen des Problems Anteil hat.

2. *Kontemplation:* Es entwickelt sich ein Problembewusstsein. Allerdings besteht noch eine Unentschlossenheit, ein Schwanken, ob sich die Mühen der Veränderung lohnen.
3. *Vorbereitung:* Hier ist es entschieden, eine Veränderung anzustreben. Es ist zu klären, was konkrete Ziele sein können, welches die geeigneten Strategien und Schritte sein könnten. Es sollte darauf geachtet werden, dass die Wahlfreiheit erhalten bleibt. Hier ist das Anbieten von Alternativen und Ermutigung hilfreich.
4. *Handeln:* Es wird konsequent gehandelt, experimentiert, es bestehen Zukunftspläne.
5. *Aufrechterhaltung:* Hier setzt sich die Veränderung fort, es wird jedoch besonders darauf geachtet, wie Erfolge gesichert werden können, wie die Motivation weiter aufrecht erhalten werden kann.
6. *Beendigung:* Diese Stufe, bei der das Ausgangsproblem überhaupt nicht mehr besteht, bei der Zuversicht da ist, dass es auch nicht wieder auftauchen wird, wird eher selten erreicht. Häufiger erreicht man die Phase der Aufrechterhaltung, bei der immer wieder auch darauf geachtet wird, dass erreichte Veränderungen beibehalten werden.

Akzeptiert man diese empirisch gefundenen Veränderungsschritte, dann ergeben sich für die SPFH einige Konsequenzen:

- SPFH kann/sollte ein Fortschreiten bei den Veränderungsphasen sein.
- Es ist klug, den Gesprächen mit den Eltern Zeit zu geben. Dies sind Gelegenheiten um der Lebensgeschichte einen (neuen) Sinn zu geben, um Ressourcen zu entdecken, um zu Entschlüssen zu kommen. Hier werden Grundlagen für das Handeln gelegt.
- Handlungen (Phase 4) haben nur Sinn, wenn vorhergehende Schritte erreicht sind. Ein (Teil-)Erfolg besteht in einem Erreichen einer weiteren Phase.
- Die Absicherung eines Erfolges auf der Handlungsebene sollte bei Ende der SPFH Thema sein.

6. Ausblick

Sicherlich ist die Entwicklung der SPFH nicht abgeschlossen – dies haben die stetigen Veränderungen der Vergangenheit gezeigt. Zu fragen ist hier aber nach zeitlosen Bestandteilen der SPFH und nach variablen Gestaltungsmöglichkeiten. So ist etwa die Bedeutung des Kontaktes zwischen den Familien und den Fachkräften oder die Lebensweltorientierung eher zeitlos – wie dies geschehen kann, ist variabel. Ebenso kann gesagt werden, dass es bei der SPFH immer auch um die Gestaltung des Alltags und um soziale Integration geht. Was dies aber für ein Alltag ist, das ist durchaus auch zeitbezogen. Dies kann auch von Erziehung gesagt werden, dem Thema der Hilfen zur Erziehung. Hier sind interessanterweise für die Kinder ähnliche Gegebenheiten eher zeitlos, die auch für eine Beratung im Rahmen der SPFH gelten: Der Kontakt und das Vertrauen, eine Hoffnung auf das Leben, die Einbeziehung der Lebenswelt und selbstverständlich – aber nicht von der größten Bedeutung –, die Methoden, hier also die Erziehungstechniken. Die Gestaltungsmöglichkeiten der SPFH sind nicht nur durch die verschiedenen Ansätze der Fachkräfte, sondern auch vom „Eigenwillen“ und „Eigensinn“ der Familien abhängig. Man muss es offensichtlich akzeptieren und schätzen, dass Familien nicht nur „Kunden“, sondern auch Mitgestalter der SPFH sind.

Literatur

Allert T. u. a., 1989: Praxisforschungsprojekt: Begleituntersuchung von Projekten der sozialpädagogischen Familienhilfe im ländlichen Raum. (Institut für Sozialarbeit und Sozialpädagogik) Frankfurt am Main.
Arbeitsgemeinschaft zur Förderung von Kindern und Jugendlichen, 1999: Heidelberger Modell der Sozialpädagogischen Familien- und Erziehungshilfe. Stuttgart.
Berg I.K., 1992: Familien-Zusammenhalt(en). Dortmund.
Blüml H./Helming E./Schattner H., 1994: Sozialpädagogische Familienhilfe in Bayern. Abschlussbericht. (Deutsches Jugendinstitut) München.
BMJFFG (Bundesministerium für Jugend, Familie, Frauen und Gesundheit) (Hrsg.), 1990: Achter Jugendbericht.
Bundesministerium für Jugend, Familie, Frauen und Gesundheit, 1998: Zehnter Jugendbericht.
Bundesministerium für Jugend, Familie, Frauen und Gesundheit, 2000: Qualitätsentwicklung in der ambulanten Kinder- und Jugendhilfe. QS-Heft Nr. 30.
Conen, M.-L., 1996: Wie können wir Ihnen helfen, uns wieder loszuwerden. Aufsuchende Familientherapie mit Multiproblemfamilien. In: Zeitschrift für systemische Therapie, 14. Jg., H. 3, S. 178-185.
Conen, M.-L., 2002: Wo keine Hoffnung ist, muss man sie erfinden. Aufsuchende Familientherapie. Heidelberg.
Csikszentmihalyi, M., 1998: Das Geheimnis des Glücks. Stuttgart.
Dachauer Familienhilfe, 1999: 10 Jahre Dachauer Familienhilfe. Dachau (Mittermayerstr. 14, 85221 Dachau).
Deutscher Kinderschutzbund Augsburg (2005): Familienpaten 2004 im Bündnis für Augsburg. Adresse: Volkhartstr. 2, 86152 Augsburg.
Elger, W., 1986: Die Klientel sozialpädagogischer Familienhilfe. In: Mitteilungen des Landesjugendamtes. Landschaftsverband Westfalen–Lippe, 86, S. 15–24.
Elger W./Christmann C., 1989: Sozialpädagogische Familienhilfe. In: Blandow, J./Faltermeier, J. (Hrsg.): Erziehungshilfen in der Bundesrepublik Deutschland – Stand und Entwicklung. Frankfurt am Main.
FOREG, 1999: Jugendhilfe in Bewegung. Universität Trier (erhältlich durch: Caritas Jugendhilfeeinrichtung Margaretenstift, Am Schönetal 15, 66113 Saarbrücken).
Gehrmann, G./Müller, K.D., 2001: Praxis sozialer Arbeit: Familie im Mittelpunkt. Effektives Krisenmanagement für Familien. Regensburg.
Goldbrunner, H., 1989: Arbeit mit Problemfamilien. Mainz.
Grawe, K., 1999: Ressourcenaktivierung. Ein primäres Wirkprinzip der Psychotherapie. In: Psychotherapeut, H. 2, S. 63-73.
Grote, H., 1997: Das Berliner Honorarmodell. Ambulant-aufsuchende Hilfen zwischen Pädagogik und Therapie. Prozessdynamik und Hilfestruktur. Eine Fallstudie. (Freie Universität Berlin, Fachbereich Philosophie und Sozialwissenschaften; unv. Diss.) Berlin.
Hamar, B./Schliebner, M., 1996: Die Jugendhilfestation Greifswald – Theorie und Praxis flexibel orientierter Hilfen zur Erziehung. In: Forum Erziehungshilfen, 2. Jg., H. 1, S. 8-10.
Hargens, J. (Hrsg.), 1997: Klar helfen wir Ihnen! Wann sollen wir kommen? Dortmund.
Helming, E., 1998: „Wir können nicht im Voraus wissen, ob eine Situation hoffnungslos ist" – Hilfen für Familien in Krisensituationen: Vom „Homebuilders Model" über das „Families First Program" zu Familienaktivierungs-Konzepten in der Bundesrepublik Deutschland. In: Zeitschrift für Pädagogik, Beiheft „Sozialpädagogik".
Helming, E./Schattner, H./Blüml, H. u. a., ^{3}1999: Handbuch Sozialpädagogische Familienhilfe. Stuttgart.
Hemminger, H., 1982: Kindheit als Schicksal? Reinbek bei Hamburg.
Institut für soziale Arbeit (Hrsg.), 1986: Sozialpädagogische Familienhilfe – ein neues Praxisfeld der Jugendhilfe (Soziale Praxis: Heft 1). Münster.
Karolus, S., 1995: Von der familienorientierten Hilfe zu einem systemischen Beratermodell im Ortenaukreis. In: Nachrichtendienst des Deutschen Vereins für öffentliche und private Fürsorge, 75. Jg., H. 6, S. 226-228.
Karsten, M.-E./Otto, H.-U. (Hrsg.), 1996: Die sozialpädagogische Ordnung der Familie. Beiträge zum Wandel familialer Lebensweisen und sozialpädagogischer Interventionen. Weinheim/München.
KGST (Kommunale Gemeinschaftsstelle), 1994: Outputorientierte Steuerung der Jugendhilfe (KGSt-Bericht: Nr. 9).
Kinder und Mutterschutz e.V., 2000: Ambulante Erziehungshilfe. Erziehungshilfe nach Maß. Jahresbericht 2000. München (Liebherrstr. 5, 80538 München).
Klatetzki, T. (Hrsg.), 1995: Flexible Erziehungshilfen. Ein Organisationskonzept in der Diskussion. Münster.
Kreft, D./Nielsen, H./Nielsen, K., 1986: Sozialpädagogische Familienhilfe – Entwicklung, Bestandsaufnahme, Perspektiven, Modelle, Standards. In: Nachrichtendienst des Deutschen Vereins für öffentliche und private Fürsorge, 66. Jg., H. 10, S. 389-397.

Kühl, W., 1997: Kompetenzentwicklung der Sozialpädagogischen Familienhilfe in den neuen Bundesländern. Neue Praxis, 27. Jg., H. 2, S. 154-168.

Kühling, L./Schweyer, E./Herwig-Lempp, J., 1997: Warum kurz, wenn's auch lang geht? Kurzzeittherapeutische Konzepte in der Sozialpädagogischen Familienhilfe. In: Hargens, J. (Hrsg.): Klar helfen wir Ihnen! Wann sollen wir kommen? Dortmund, S. 13-41.

Landkreis Biberach, 1999: Familienberater-Projekt im Landkreis Biberach. Eine Auswertung nach fünfjähriger Arbeit (internes Arbeitspapier). Biberach.

Lillig, S./Helming, E./Blüml, H./Schattner, H. u. a., 2002: Familiäre Bereitschaftsbetreuung. Empirische Ergebnisse und praktische Empfehlungen. Stuttgart.

Maas, U., 1997: Das missverstandene KJHG. In: Zentralblatt für Jugendrecht, 84. Jg., Nr. 3, S. 70-76.

May, G.-R., 1996: Sozialpädagogische Familienhilfe: Aus der praktischen Arbeit – Kommunikation und Sprache, Lösung und Kontext. Überlegungen, Erfahrungen und Beispiele. Expertise (DJI-Arbeitspapier: Nr. 5-123). München.

May, G.-R., 2002: Plan F. München (Innere Mission München).

Mennemann, H., 2000: Krise als ein Zentralbegriff der (Sozial-)Pädagogik – eine ungenutzte Möglichkeit? In: Neue Praxis, 30. Jf., H. 3, S. 207-226.

Merchel, J., 1995: Rechtliche Aspekte der Beziehung zwischen MitarbeiterInnen der Jugendhilfe und den Hilfe-Empfängern beim Entscheidungsprozess und während der Gewährung einer Hilfe zur Erziehung nach § 31 KJHG (Sozialpädagogische Familienhilfe). Expertise (DJI-Arbeitspapier: Nr. 5-113). München.

Merchel, J., 1997: Der missverstandene Charakter von Hilfeplanung: Anmerkungen zum Beitrag von Udo Maas in „Zentralblatt für Jugendrecht“ 3/97. In: Zentralblatt für Jugendrecht, 84. Jg., Nr. 10, S. 368-373.

Merchel, J., 2000: Das KJHG: Impulsgeber für die fachliche Entwicklung in der Jugendhilfe? Zwischenbilanz nach einem Zeitraum von 10 Jahren Jugendhilfe mit dem Kinder- und Jugendhilfegesetz. In: Bundesministerium für Familie, Senioren, Frauen und Jugend (Hrsg.): Mehr Chancen für Kinder und Jugendliche. Stand der Jugendhilfe in Deutschland. Band 2. Münster, S. 64-85.

Miller, S.D./Duncan, B.L./Hubble, M.A., 2000: Jenseits von Babel. Wege zu einer gemeinsamen Sprache in der Psychotherapie. Stuttgart.

Nielsen, H./Nielsen, K., 1984: Familienhelfer als Familienanwalt. Frankfurt am Main.

Nielsen, H./Nielsen, K., 1990: Sozialpädagogische Familienhilfe. In: Textor, M.R. (Hrsg.): Hilfen für Familien. Ein Handbuch für psychosoziale Berufe. Frankfurt am Main, S. 438-448.

Petzold, H.G., 1997: Das Ressourcenkonzept in der sozial-interventiven Praxeologie und Systemberatung. In: Integrative Therapie, 4. Jg., S. 435-471.

Pressel, I., 1981: Modellprojekt Familienhilfe in Kassel. Frankfurt am Main.

Proksch, R., 1995: Prävention als Leitlinie des neuen Kinder- und Jugendhilferechts – Konsequenzen für die sozialpädagogische Praxis. In: Zentralblatt für Jugendrecht, 82. Jg., H. 3, S. 89-95.

Rappaport, J., 1985: Ein Plädoyer für die Widersprüchlichkeit: Ein sozialpolitisches Konzept des „empowerment“ an Stelle präventiver Ansätze. In: Verhaltenstherapie und psychosoziale Praxis, 17. Jg., H. 2, S. 257-278.

Rauschenbach, T./Schilling, M., 1997a: Die Kinder- und Jugendhilfe und ihre Statistik. Band I: Einführung und Grundlagen. Neuwied/Kriftel.

Rauschenbach, T./Schilling, M., 1997b: Die Kinder- und Jugendhilfe und ihre Statistik. Band II: Analysen, Befunde und Perspektiven. Neuwied/Kriftel.

Ries, H.A., 1993 : Evaluation des Modellprojektes „Hilfe zur Selbsthilfe für alleinerziehende junge Frauen in schwierigen psychosozialen Problemlagen im Stadtteil Trier-Nord“. Abschlussbericht, Büro für Sozialplanung Jensen und Kappenstein, Trier. Unveröffentlichtes Manuskript: Universität Trier, Abt. Sozialpädagogik.

Ries, H.A., 1995: Sozialpädagogische Familienhilfe als stadtteilbezogene Beratungseinrichtung auf ganzheitlicher Grundlage. Expertise (DJI-Arbeitspapier: Nr. 5-111). München.

Ritscher, W. u. a., 2002: Systemische Modelle für die Soziale Arbeit. Ein integratives Lehrbuch für Theorie und Praxis. Heidelberg.

Römisch, K., 1997: FAM – Familienaktivierungsmanagement. Referat beim Kongress „Sozialpädagogische Familienhilfe in der Bundesrepublik Deutschland – Bestand und Perspektiven“, 20./21.10.1997, Berlin (DJI-Arbeitspapier: Nr. 5-134). München.

Schefold, W., 1999: Erfahrungen von Eltern im Hilfeplanverfahren. Expertise für das Projekt des DJI: Bereitschaftspflege/Familiäre Bereitschaftsbetreuung (DJI-Arbeitspapier: Nr. 5-169). München.

Schefold, W., 1999: Sozialstaatliche Hilfen als „Verfahren“. Pädagogisierung der Sozialpolitik – Politisierung Sozialer Arbeit? In: Zeitschrift für Pädagogik, 39. Beiheft. Weinheim/Basel, S. 277-290.

Schmidt, M./Schneider, K./Hohm, E./Pickartz, A./Macsenaere, M./Petermann, F./Flosdorf, P./Hölzl, H./Knab, E., 2002: Effekte erzieherischer Hilfen und ihre Hintergründe. Stuttgart.

Schrapper, Ch., 1997: Sozialpädagogische Familienhilfe aktuell – Entwicklungen, Positionen und Perspektiven einer modernen Jugendhilfeleistung. In: Deutscher Caritasverband (Hrsg.): Jugendhilfe-Monopoly. Die Sozialpädagogische Familienhilfe im Kräftespiel der Jugendhilfe. Fachtagung vom 14. bis 16. Mai in Mainz. Freiburg im Breisgau, S. 7-31.

Sozialpädagogisches Zentrum, 2002: Einblicke in die Arbeit des Sozialpädagogischen Zentrums Kerpen-Horrem. Kerpen-Horrem (VHS-Video).

Sozialpädagogisches Zentrum, 2002: Von der Sozialpädagogischen Familienhilfe zur integrierten Ambulanten Erziehungshilfe. Kerpen-Horrem (Adenauer Str. 23a, 50169 Kerpen-Horrem).

Späth, K., 1997: Aktuelle Entwicklungen in der Sozialpädagogischen Familienhilfe. In: Deutscher Caritasverband (Hrsg.): Jugendhilfe-Monopoly. Die Sozialpädagogische Familienhilfe im Kräftespiel der Jugendhilfe. Fachtagung vom 14. bis 16. Mai in Mainz. Freiburg im Breisgau, S. 38-48.

Stadt Dormagen (Hrsg.), 2001: Dormagener Qualitätskatalog der Jugendhilfe. Opladen.

Stark, W., 1996: Empowerment. Neue Handlungskompetenzen in der psychosozialen Praxis. Freiburg im Breisgau.

Statistisches Bundesamt, 2005: Statistiken der Kinder- und Jugendhilfe. Sozialpädagogische Familienhilfe 2004. Wiesbaden; www.destatis.de.

Statistisches Bundesamt, 2005: Leben in Deutschland. Ergebnisse des Mikrozensus 2004. Wiesbaden; www.destatis.de.

Straus, F., 1993: Zur Frage der Methodenintegration in der Sozialpädagogischen Familienhilfe (Expertise – DJI). München.

Straus, F., 1995: Netzwerke in der Sozialpädagogischen Familienhilfe – leistungsinhaltliche und methodische Aspekte. In: Bayerisches Landesjugendamt (Hrsg.): Bericht über die 9. Arbeitstagung für Fachkräfte in der SPFH vom 17.-19. Juli. München, S. 6-27.

Ulich, D., 1987: Krise und Entwicklung. München/Weinheim.

Voß, G.G./Pongratz, H.J., 1997: Subjektorientierte Soziologie. Opladen.

Wiesner, R., 1997: Die jugendhilfepolitische Bedeutung der Sozialpädagogischen Familienhilfe als Leistungsangebot für Familien (DJI-Arbeitspapier: Nr. 5-140). München.

Wiesner, R., 2000: Zur strafrechtlichen Garantenstellung von Sozialarbeiterinnen und Sozialarbeitern (Spektrum, Landeswohlfahrtsverband Württemberg-Hohenzollern, H. 4).

Wiesner, R./Mörsberger, T./Oberloskamp, H./Struck J., ^{2}2000: SGB VIII – Kinder und Jugendhilfe. München.

Witt, H.-P., 1995: Vor- und Nachteile der Finanzierungsform der sozialpädagogischen Fachleistungsstunde für die Jugendhilfe. In: Klatetzki, T. (Hrsg.): Flexible Erziehungshilfen. Ein Organisationskonzept in der Diskussion. Münster, S. 152-163.

Wnuk-Gette, G./Wnuk, W.P.E., 1995: Familientherapeutische Projektarbeit in den Sozialen Diensten des Ortenaukreises. In: Nachrichtendienst des Deutschen Vereins für öffentliche und private Fürsorge, 75. Jg., H. 6, S. 228-232.

Wnuk-Gette, G./Wnuk, W.P.E., 1995: Krisen in Familien. Fallbeispiele und Lösungswege in der systemischen Familientherapie. In: Kurz-Adam, M./Post, I. (Hrsg.): Erziehungsberatung und Wandel der Familie. Opladen, S. 129-137.

Wnuk-Gette, G./Wnuk, W.P.E., 1997: Systemisch-integrative Familientherapie/-beratung in sozialen Diensten. In: System Familie, 10. Jg., S. 81-87.

Wnuk-Gette, G./Wnuk, W.P.E., 2002: Systemische Familienberatung/Familientherapie in mehrfach belasteten Familien im Kontext sozialer Dienste. In: Wirsching, M./Scheib, P. (Hrsg.): Paar- und Familientherapie. Berlin u. a., S. 621-639.

Zentrum Aktiver Bürger, 2005: Familienpatenschaften. Ein niedrigschwelliges Unterstützungsangebot für Familien in Nürnberg. Adresse: Gostenhofer Hauptstraße 63, 90433 Nürnberg

Zwischen Elternrecht und Kindeswohl

Petra Bauer / Christine Wiezorek

1. Einleitung

Dieser Beitrag thematisiert den sich im Spannungsfeld von Elternrecht und Kindeswohl konstituierenden sozialpädagogischen Blick auf Familie. Sozialpädagogisches Handeln ist, so schreiben Karsten und Otto (1996, S. 10), „ohne einen dezidierten oder verborgenen Familienbezug nicht denkbar. Soziale Arbeit im weitesten Sinn als Element gesellschaftlich-öffentlicher Gestaltung von Lebensformen findet seit ihren Ursprüngen in Auseinandersetzung mit, in Absetzung von oder an Stelle der privat-familialen Lebensgestaltung statt und zielt dabei auf gelingende (familiale) Privatheit hin, wobei sich Gelingen oder Misslingen an der jeweils gültigen, typisierten Normalität bemisst“. Es ist bisher kaum empirisch geklärt, wie Normalitätsvorstellungen und normative Entwürfe von Familie gerade in Zeiten des Wandels und der Ausdifferenzierung unterschiedlichster familialer Lebensformen konkret in sozialpädagogisches Handeln einfließen (vgl. Grosser 2006, S. 65f.). Zeigen lässt sich aber, dass es strukturelle Bedingungen gibt, die dem sozialpädagogischen Familienbezug zu Grunde liegen: Zum einen wird der sozialpädagogische Zugang zur Familie über juristische Normen und Gesetze legitimiert. Zentral für den sozialpädagogischen Handlungsbezug ist hier die Frage nach dem *Kindeswohl*. Der Schutzauftrag für das Kind besteht in allen sozialpädagogischen Handlungsfeldern, und er korrespondiert mit dem Wächteramt, das der Staat über das *Erziehungsrecht* der Eltern ausübt. Zum anderen zeigt sich in der Beschäftigung mit der Institutionalisierungsgeschichte der Jugend- und Familienfürsorge zu Beginn des 20. Jahrhunderts, dass hier Leitbilder von „guter“ Familie oder „richtiger“ Erziehung zum Maßstab des Handelns wurden, die stark am Normalitätsmodell der bürgerlichen Familie orientiert waren. Dabei bildete das Konzept der Verwahrlosung einen zentralen Bezugspunkt sozialpädagogischen Handelns (vgl. Ramsauer 2000; Wilhelm 2005). Die Familie kommt in diesem Konstituierungsprozess in erster Linie unter dem Gesichtspunkt der Erziehungsfähigkeit der Eltern in den Blick (vgl. Funk 2002).

Diese beiden historischen Entwicklungslinien begründen einen spezifischen Blick Sozialer Arbeit auf Familie, der weniger auf die Familie als Ganzes, sondern stark auf das Kind einerseits und die Eltern andererseits gerichtet ist. Diese perspektivische Trennung des sozialpädagogischen Blickes auf Familie folgt der begründeten Annahme, dass Elterninteressen und Kinderbedürfnisse nicht zwangsläufig ineins gehen. Sie trägt damit der gesellschaftlichen Entwicklung Rechnung, dass Kinder und Jugendliche zunehmend als selbstständige Individuen, die ein zu respektierendes Eigenleben haben, wahrgenommen wurden (vgl. Stein-Hilbers 1994, S. 30ff.). Die Ausrichtung an den Bedürfnissen der Kinder und die Vorstellung von Kindheit als einem schützenswerten Frei- und Schonraum wurden dabei zu pädagogischen Leitlinien. Es ist vor allem diese (neue) Einstellung zum Kind, die bis heute die Begründung dafür bildet, dass Familie überwiegend als kindlicher Sozialisationsraum und Eltern vorwiegend unter dem Aspekt ihrer Erziehungskompetenzen betrachtet werden. Allerdings resultieren aus der perspektivischen Trennung der sozialpädagogischen Bezugnahme auf Familie zwei Problematiken: Einerseits läuft Soziale Arbeit damit Gefahr, „die Interdependenz individueller Entwicklungen in der Familie und ihre Abhängigkeit von der jeweiligen (individuell geprägten) Familienstruktur“ (Zenz 1979, S. 69) zu missachten. Andererseits folgt aus der dichotomisierenden Sicht auf die Familie und der Fokussierung auf ein inhaltlich-normatives Konzept der Erziehungsfähigkeit die Degradierung von bestimmten familial verankerten, milieuspezifischen Erziehungsformen, was „für deren Träger zur Folge [hat, d. A.], dass sie sich auf ihren Lebensvollzug nicht als auf etwas beziehen können, dem innerhalb ihres Gemeinwesens eine positive Bedeutung zukommt“ (Honneth 1992, S. 217). Auch wenn z. B. der klassische „Proletarier bezogene“ Diskurs als überwunden gilt, stellt sich dieses gesellschaftliche Anerkennungsproblem aktuell nach wie vor in Bezug auf Unterschichts- und Migrantenfamilien.

Beide Problematiken lassen die Notwendigkeit deutlich werden, die strukturellen Bedingungen, die den sozialpädagogischen Blick auf Familie prägen, zu thematisieren.

Im Folgenden soll dabei über die Betrachtung historischer Entwicklungslinien des staatlichen Kinderschutzes die Konstitution der dichotomisierenden sozialpädagogischen Perspektive auf die Familie nachgezeichnet werden (2). Anschließend soll veranschaulicht werden, wie dieser Aspekt der Dichotomisierung im sozialpädagogischen Familienbezug aktuell in unterschiedlichen sozialpädagogischen Handlungsfeldern zum Tragen kommt (3). Auf die Ambivalenz und die nicht intendierten Folgen eines dichotomisierenden sozialpädagogischen Blickes, die die Notwendigkeit einer theoretisch-reflektierenden Debatte um einen sozialpädagogischen Familienbegriff begründen, wird daran anschließend eingegangen (4).

2. Historische Entwicklungslinien des sozialpädagogischen Familienbezugs

Die folgenden beiden Abschnitte beleuchten die Herausbildung des spezifischen sozialpädagogischen Blicks auf Familie erstens vor dem Hintergrund gesellschaftlicher Entwicklungsprozesse, die mit der Entwicklung eines eigenständigen schützenswerten Rechtsstatus des Kindes einhergingen, und die zur grundgesetzlichen Verankerung von Elternrechten führten. Zweitens sollen die für die Institutionalisierung der Jugend- und Familienfürsorge am Beginn des letzten Jahrhunderts bedeutsamen sozialpädagogischen bzw. fürsorgerischen Leitbilder des Zugangs auf Familie herausgearbeitet werden. Dabei wird deutlich, dass die fürsorgerischen Eingriffe in die Familie auch dazu dienten, ein bestimmtes Familienmodell – das der bürgerlichen Familie – „normativ, institutionell und sozial“ durchzusetzen (Lenz/Böhnisch 1997, S. 19).

2.1 Elternrecht, Kinderschutz und Wächteramt – Die Konstitution des sozialpädagogischen Familienbezuges über gesetzliche Grundlagen

■ *Die Etablierung des eigenständigen Rechtsstatus des Kindes – Kindesrecht, Elternverantwortung und staatliche Schutzpflicht zu Beginn des 20. Jahrhunderts und in der Weimarer Republik*

Dass Kindern ein eigenständiger Rechtschutz gewährt wird, ist ein historisch recht junges Phänomen. „Kinder waren im Laufe der Geschichte immer wieder Misshandlungen ausgesetzt, deren Art und Ausmaß zeitspezifische Gemeinsamkeiten und Veränderungen erkennen lassen. Mord, Ritualopfer, Aussetzung, Verstümmelung, Verkauf, harte Züchtigung und die Ausnutzung der kindlichen Arbeitskraft bis zum gesundheitlichen Ruin – dies sind nur einige der Misshandlungsformen, die von Historikern ... dokumentiert worden sind" (Zenz 1979, S. 19). Erst im Laufe der letzten drei Jahrhunderte hat sich ein gesellschaftliches Bewusstsein von Kindheit als einer eigenständigen Lebensphase etabliert (vgl. Aries 1982, S. 48, S. 209ff.). Diese Entwicklung mündete auch darin ein, dass dem Kind ein eigenständiger Rechtsstatus zugesprochen wurde, was sich schließlich in der Konzeption von staatlichen Schutzrechten niederschlug.

In Deutschland entstanden mit den Fürsorgegesetzen Ende des 19. Jahrhunderts einerseits und der Einführung des Bürgerlichen Gesetzbuches (BGB) im Jahr 1900 andererseits Rechtsgrundlagen, die in jeweils unterschiedlicher Weise den Eingriff des Staates zum Schutze des Kindes regelten. So gab es einen Interessenkonflikt – von dem auch die verschiedenen Gesetze gekennzeichnet waren – zwischen unterschiedlichen gesellschaftlichen Kräften, die zum einen „an Kriminalitätsverhütung und Erziehung zu sozialer und ökonomischer Leistungsfähigkeit (und -bereitschaft)" (Zenz 1979, S. 48), zum anderen an der Bewahrung der Autonomie der Familie und darüber hinaus an der Gewährleistung der Persönlichkeitsrechte des Kindes orientiert waren (ebd.). Dieser Interessenkonflikt fand – auch, weil die Abgrenzung der einzelnen Rechtsgrundlagen voneinander unklar blieb (vgl. Zenz, 1979, S. 49) – seinen Ausdruck darin, dass sich die Kinderschutzrechtsbestimmungen schließlich auf eine spezifische Klasse von Eltern beschränkten: „Während arme und delinquente Eltern bzw. Eltern delinquenter Kinder unter bestimmten Umständen jedes Mitspracherecht bei der Erziehung ihrer Kinder verloren, billigte man im Übrigen den Eltern (genauer: dem Vater) innerhalb ihrer (bürgerlichen) Familien weiterhin nahezu absolute Macht über ihre Kinder zu" (Zenz 1979, S. 67f.). Damit war bereits in dieser Zeit das Verhältnis zwischen Kindesrecht, Elternverantwortung und staatlicher Schutzpflicht spannungsreich konstituiert,.

Im Jahr 1919 wurde das elterliche Erziehungsrecht in der Weimarer Verfassung (WRV) in den Rang eines Verfassungsrechtes gehoben. Der Grund hierfür lag darin, eine „befürchtete sozialistische Gemeinschaftserziehung" (Böckenförde 1989, S. 56) abzuwehren sowie die Erziehungsposition der Eltern gegenüber dem Staat zu sichern – dies vor dem Hintergrund „einer nicht mehr institutionell christlichen staatlichen Obrigkeit und eines Erstarkens der Staatsschule" (ebd.). Dabei war in dieser Fassung des Elternrechtes die Pflicht der Eltern zur Erziehung ihres Kindes dem Recht auf Erziehung noch vorgeordnet. Auch gab es inhaltliche Zielbestimmungen für die elterliche Erziehung, die in der „Erziehung des Nachwuchses zur leiblichen, seelischen und gesellschaftlichen Tüchtigkeit" (Artikel 120 WRV) bestanden. Die familiäre Erziehung unterlag zudem einer staatlichen Überwachungsbefugnis (vgl. Böckenförde 1980, S. 56).

Die Rangfolge und der gegenseitige Bezug der verschiedenen Rechtsnormen zum Kinderschutz und zur Kindererziehung zu- und aufeinander wurde durch die verfassungsrechtliche Verankerung des Elternrechts jedoch nicht geklärt. Auch die Verabschiedung des Reichsjugendwohlfahrtsgesetzes (JWG) im Jahr 1922 änderte daran nichts (vgl. Zenz 1979, S. 49), wenngleich das Zugriffsrecht des Staates bei rechtswidrigem Verhalten der Eltern hierdurch modifiziert wurde: Unterhalb eines rechtlich-sanktionierenden Zugriffs des Staates wurden mit der Verabschiedung des JWG zwar gesetzliche Grundlagen für die Arbeit der öffentlichen Jugendhilfe und damit für eine Zusammenarbeit von Eltern und den in der Jugendfürsorge und Jugendhilfe tätigen PädagogInnen geschaffen. Die verschiedenen gesetzlichen Grundlagen des BGB und des JWG implizierten für die fürsorgerische, sozialpädagogische und juristische Praxis letztlich aber eine unterschiedliche Rechtsanwendung, wie Zenz (1979) an einem Beispiel ausführt: „Um nur einige Unterschiede zu nennen, die im Überschneidungsbereich beider Gesetze deutlich werden: Erzieherische ‚Vernachlässigung' eines vierzehnjährigen Mädchens (i. S. des § 1666 BGB), die zur ‚Verwahrlosung' (i. S. des § 64 JWG) geführt hat, kann richterliche Maßnahmen nach der einen oder anderen Norm nach sich ziehen. Im einen Fall muß dann den Eltern nach tradierter Auslegung des § 1666 BGB ein Verschulden nachgewiesen werden, im anderen nicht. Im Verfahren ist die Anhörung des Kindes nach JWG obligatorisch, nach dem BGB nicht. Erweist sich die Unterbringung des Kindes außerhalb seiner Familie als erforderlich, so ist sie nach BGB mit einer Einschränkung oder Entziehung des Sorgerechts verbunden, nach JWG soll nur die ‚Ausübung' der Personensorge tangiert sein" (Zenz 1979, S. 50).

Der Anspruch des JWG war, das „Recht des Kindes auf Erziehung (§ 1 JWG) zu konkretisieren und die Voraussetzungen in der Person des Kindes zu bestimmen, die eine Gefährdung dieses Rechts anzeigten und staatliche Hilfe erforderten" (Zenz 1979, S. 49), während das Elternrecht vor allem an der Wahrung der Familienautonomie gegenüber staatlichen Zugriffen orientiert war. Damit ist bereits in der Zeit der Konstituierung der gesetzlichen Grundlagen des Kinderschutzes in Deutschland die Ausbildung einer dichotomisierenden sozialpädagogischen Perspektive auf Familie angelegt.[1] Sowohl das Elternrecht als auch die Kinderschutzbestimmungen im JWG wurden nach dem Ende des Zweiten Weltkrieges in ihren wesentlichen Bestandteilen weitergeführt, bevor 1991 mit der Einführung des Kinder- und Jugendhilfegesetzes (SGB VIII) das Elternrecht explizit durch seine Aufnahme in das Gesetz (§ 1 Abs. 2) auch für die Jugendhilfe zu einer ihrer handlungsleitenden Normen wurde. Bevor auf diese aktuell gültigen Regelungen eingegangen wird, soll im Folgenden zunächst – mit einem knappen Hinweis auf die diesbezüglichen Regelungen in der damaligen DDR – die Weiterführung der nebeneinander existierenden gesetzlichen Regelungen zum Elternrecht und zur Jugendhilfe betrachtet werden.

■ *Die Konstitution des Elternrechts nach 1945 in beiden deutschen Staaten*

Nach 1945 bildete die Bestimmung des Elternrechts aus der Weimarer Verfassung im Westen Deutschlands die Grundlage für die Regelung der elterlichen Erziehungsautono-

1 Wie Zenz am Beispiel der Kinderschutzaktivitäten in den USA Anfang des 20. Jahrhunderts ausführt, ist die Entwicklung des Kinderschutzes nicht notwendig mit der Entstehung einer dichotomisierenden Perspektive auf die Familie verbunden: „Von Anfang an wurde hier [in den seit 1909 regelmäßig einberufenen staatlichen ‚White House Conferences of Children', d. A.] der Grundsatz herausgestellt, daß kein Kind allein aufgrund der Armut seiner Eltern von ihnen getrennt werden dürfe, und daß Dienstleistungen und Hilfsprogramme zu entwickeln seien, die auf den Schutz der Familie ausgerichtet sein müssten, statt die Eltern zu bestrafen und die Kinder aus der Familie herauszunehmen" (Zenz 1979, S. 50f.).

mie, wie sie auch heute gültig ist. Dabei ist die Grundrechtsverbürgung des Grundgesetzes (GG) gegenüber der Weimarer Verfassung grundlegend verändert worden: Während damals der Gesetzgeber selbst nicht an die Grundsätze gebunden war, gewährleisten die im Grundgesetz nach 1945 festgeschriebenen Grundrechte die individuelle Freiheit auch gegenüber dem staatlichen Zugriff. Das heißt, dass der Gesetzgeber selbst, der Staat, an die Grundrechte gebunden ist (vgl. Böckenförde 1980, S. 57). Anders, als es die Weimarer Verfassung noch vorgab, ist nach 1945 auch das Recht der Eltern auf die Erziehung ihrer Kinder ihrer Verpflichtung zur Erziehung vorgeordnet worden, was den *Grundrechts*charakter noch bestärkt. Demnach sind „Pflege und Erziehung der Kinder ... das natürliche Recht der Eltern und die zuvörderst ihnen obliegende Pflicht. Über ihre Betätigung wacht die staatliche Gemeinschaft" (Art. 6 GG Abs. 2). Das heißt, in der Neukonzeption des elterlichen Erziehungsrechtes hat sich die grundlegende Überwachungsbefugnis des Staates zum staatlichen Wächteramt gewandelt, das gegenüber dem Erziehungsprimat der Eltern einen subsidiären, nachgeordneten Charakter aufweist (Böckenförde 1980, S. 76).

Dabei bedeutet das Erziehungsprimat der Familie jedoch nicht den Wegfall eines normativen Leitbildes von Erziehung im Elternrecht. Das elterliche Erziehungsrecht ist auch heute nicht als „‚freie', sachherrschaftlich strukturierte Bestimmungsmacht der Eltern [definiert, d. A.], sondern nur [als, d. A.] eine auf das Kind als Person bezogene und durch das Entfaltungsrecht des Kindes inhaltlich gebundene" (ebd., S. 63) konzipiert. Das normative Leitbild der Erziehung wird dabei im weitgefassten Erziehungsziel der mündigen Persönlichkeit gesehen (ebd., S. 65). Eine stärkere inhaltliche Ausrichtung verbot sich für die Verfassungsväter und -mütter vor dem Hintergrund der unmittelbaren Erfahrung der NS-Herrschaft: „Es sollte nicht zuletzt in Erinnerung an die NS-Zeit, gerade die freie Entscheidung der Eltern über die Erziehungsziele als Inhalt des Erziehungsrechts gesichert und gegenüber staatlichen Eingriffen und Manipulationen geschützt werden" (ebd., S. 66).

Auch in der DDR war das Elternrecht verfassungsrechtlich verankert. In ihm wurde allerdings ein gesellschaftliches Leitbild von Familie und Familienerziehung postuliert, das gerade auf die Übereinstimmung familialer und gesellschaftlicher Zielstellungen ausgerichtet war. Nicht die freie Entscheidung der Eltern über Erziehungsziele und -inhalte bestimmten das Elternrecht, sondern die Unterstellung der Gleichheit persönlicher und gesellschaftlicher Interessen. So wurde in der Verfassung der DDR den Eltern das Recht und die Pflicht zugesprochen, „ihre Kinder zu gesunden und lebensfrohen, tüchtigen und allseitig gebildeten Menschen, zu staatsbewussten Bürgern zu erziehen" (Art. 38 Verfassung DDR); und auch das Familiengesetzbuch definierte die elterliche Erziehung als „staatsbürgerliche Erziehung" (§ 42 (1) FGB DDR; vgl. hierzu Gysi 1989, S. 122ff.; Busch 1998; Wiezorek 2005, S. 76ff.). Damit wurden gleichsam normative Anforderungen an die Familienerziehung geprägt, durch die die Frage nach der Erziehungsbefähigung potenziell auch auf die Systemloyalität von Eltern bezogen, auf alle Eltern ausgeweitet und für den Fall der Erziehungsvernachlässigung im Sinne eines unmittelbaren gesellschaftlichen (nicht professionellen) Interventionsbedarfs ausbuchstabiert werden konnte (vgl. Wiezorek 2005, S. 90ff.; für die Jugendhilfe in der DDR: Hornstein/Schefold 1998, S. 296ff.). Ein eigenständiges, d. h. von den staatlichen Interessen unabhängiges Elternrecht wurde mit einer Gesetzesänderung vom Juli 1990 (GBl. I S. 1038) rechtskräftig, kurz bevor die DDR im Oktober 1990 mit der Wiedervereinigung dem bundesdeutschen Rechtsgebiet beitrat.

In jüngerer Zeit gab es eine inhaltlich-normative Korrektur des Erziehungsrechtes der Eltern insofern, als dass die inhaltliche Bindung an das Entfaltungsrecht des Kindes hinsichtlich der Wahl von gewaltförmigen Erziehungsmitteln konkretisiert wurde: Seit der Änderung des § 1631 BGB (und flankierend § 16 SGB VIII) im Jahr 2000 wird dem Kind das *Recht auf eine gewaltfreie Erziehung* zugestanden. Dieser Umstand macht gleichsam deutlich, dass die ehemals stark elternrechtorientierten Normstrukturen des BGB sich zunehmend am Kindeswohl orientieren.

■ *Die Weiterführung des eingriffsorientierten Jugendwohlfahrtsgesetzes nach 1945 und seine Ablösung durch das präventiv orientierte Kinder- und Jugendhilfegesetz 1991*

Die Kinder- und Jugendhilfe wurde nach 1945 im Westen Deutschlands im Wesentlichen auf der Grundlage des Jugendwohlfahrtgesetzes von 1922 weitergeführt. Zwar gab es z. B. 1961 eine als Novelle zum bisherigen Gesetz konzipierte Gesetzesüberarbeitung. Allerdings wurde hier die starke ordnungsrechtliche Ausrichtung des JWG beibehalten, was seinerzeit in der Fachöffentlichkeit nicht ohne Kritik blieb. So hieß es im 3. Jugendbericht der Bundesregierung 1972: „Noch in seiner jetzigen Fassung ist das JWG durch seine Herkunft aus dem Polizeirecht (Pflegekinderschutz) und Strafrecht (FE) und durch obrigkeitliche Vorstellungen von einer eingreifenden Verwaltung geprägt" (3. Jugendbericht BMJFG 1972, S. 31, zit. nach Münder u. a. 2003, S. 77). Daneben blieb die Kindorientierung im Jugendwohlfahrtsgesetz und die Orientierung am Elternrecht im Bürgerlichen Gesetzbuch eher unvermittelt nebeneinander bestehen, was dazu führte, dass auch die normativ aufgeladene Zweiteilung der Klassifizierung von Eltern, die aus den Anfängen des Kinderschutzrechtes herrührte, bis in die 1970er Jahre weitertradiert wurde. Zenz (1979) spricht diesbezüglich von einer „bis heute bestehenden Differenz zwischen dem Jugendwohlfahrtsrecht, das freizügigere Eingriffe in die elterlichen Erziehungsrechte (gegenüber Eltern ‚verwahrloster' Kinder) erlaubt, und dem Familienrecht des Bürgerlichen Gesetzbuches, das die Rechte aller übrigen Eltern strikter gegenüber staatlichen Eingriffen abschirmt, zugleich aber die völlige Entrechtung solcher Eltern beibehält, die ihre Rechte durch ein am Kind begangenes Verbrechen oder Vergehen ‚verwirkt' haben" (Zenz 1979, S. 68).

Mit der Einführung des SGB VIII wurde 1991 das Kinder- und Jugendhilferecht neu geordnet; die eingriffs- und ordnungsrechtlichen Bestimmungen des JWG wurden nun durch ein präventiv orientiertes Leistungsgesetz zwischen Sozialpädagogik und Ordnungsrecht abgelöst (vgl. Münder u. a. 2003, S. 80). Zugleich sollte die strukturelle Dichotomisierung in Kindorientierung einerseits, Elternorientierung andererseits dadurch aufgehoben werden, dass das grundgesetzliche Elternrecht in § 1 Abs. 2 des SGB VIII wiederholt wurde: Über das Elternrecht wird die freie Entscheidung der Eltern darüber geschützt, *wie* sie ihrer Erziehungsverantwortung gerecht werden wollen; das Eingriffsrecht des Staates ist daran gebunden, dass sich Eltern ihrer Erziehungsverantwortung *entziehen* (Wiesner 2004, S. 163). Neu ist im Kinder- und Jugendhilferecht auch, dass neben den Kindern und Jugendlichen die Eltern Adressaten von Leistungs- und Hilfeangeboten darstellen; bei den Hilfen zur Erziehung sind sie es (sofern sie die Personensorgeberechtigten nach § 1666 BGB sind) und nicht das Kind, die einen Leistungsanspruch geltend machen können. Mit dieser Ausweitung von Beratungs- und Hilfeangeboten für die Eltern bzw. die Familie insgesamt gilt das SGB VIII als ein familienorientiertes Erziehungsgesetz (vgl. Wiesner 2004, S. 164).

Trotz dieser allgemeinen Familienorientierung bleibt der vorrangige Auftrag der Jugendhilfe, Interessenvertretung für junge Menschen zu sein; die Jugendhilfe ist nicht entbunden „von der Durchsetzung eigenständiger Bedürfnisse und Rechte Minderjähriger. Die

Tatsache, daß Familie nicht der Garant einer Harmonie zwischen Eltern und Kindern war und ist, hat schon immer die Jugendhilfe gefordert“ (Münder u. a. 2003, S. 88; vgl. Münder u.a. 2000, S. 21f.). Der Auftrag der Kinder- und Jugendhilfe konstituiert sich damit heute in einer komplexen und nicht widerspruchsfreien Leitnorm (Wiesner 2004, S. 164), die auch den Blick auf die Familie widersprüchlich werden lässt. Demnach soll sie gleichzeitig

- Interessensvertretung für Kinder bzw. Jugendliche sein, soll diese „in ihrer individuellen und sozialen Entwicklung fördern, und dazu beitragen, Benachteiligungen zu vermeiden und abzubauen“ (§ 1 Abs. 3 SGB VIII),
- in der Anerkennung der „Familie als Ort primären Aufwachsens“ und als „zentrales Sozialisationsfeld“ (Münder u. a. 2003, S. 84) „positive Bedingungen für junge Menschen und ihre Familien ... schaffen“ (§ 1 Abs. 3 SGB VIII) sowie
- in der Anerkennung als die zuvorderst Erziehungsberechtigten (§1 Abs. 2 SGB VIII) „die Eltern ... bei der Erziehung beraten und unterstützen“ (§ 1 Abs. 3 SGB VIII) und schließlich
- das staatliche Wächteramt sicherstellen, d. h. „Kinder und Jugendliche vor Gefahren für ihr Wohl schützen“ (§ 1 Abs. 3 SGB VIII).

Kinderschutz – Elternrecht – Wächteramt: Aktuelle Regelungen im Kontext der Kindeswohlgefährdung

Die Schutzpflicht des Staates für das Kind resultiert inzwischen aus seiner Rechtsstellung als eigenständiger Träger von Grundrechten gemäß den Artikeln 1 Abs. 1 und 2 Abs. 1 des Grundgesetzes (BVerfGE 24, S. 119; vgl. Wiesner 2004, S. 163; Heilmann/Salgo 2002, S. 958). Aus dieser Rechtsstellung leitet sich sein Anspruch auf den Schutz durch den Staat ab, dieser Schutz korrespondiert mit der Verpflichtung des Staates gegenüber dem Kind, seine „Pflege und Erziehung sicherzustellen“ (BverfGE 24, S. 119, zitiert nach Wiesner 2004, S. 163). Die Aufgabe zur Pflege und Erziehung des Kindes wird dabei vorrangig in der Verantwortung der Eltern gesehen, „über deren Betätigung ... die staatliche Gemeinschaft (wacht)“ (Art. 6 Abs. 2 GG Satz 2). Hierin, d. h. in dieser grundrechtlichen Formulierung, ist das staatliche Wächteramt begründet, das immer dann greifen muss, „wenn und solange Eltern nicht gewillt sind oder in der Lage sind, für das Wohl des Kindes zu sorgen“ (Wiesner 2004, S. 163; § 1666 BGB, Abs. 1). Diese aktuellen gesetzlichen Grundlagen des Kinderschutzes lassen erkennen, dass die Orientierung an der Familienautonomie und dem Erziehungsprimat und die Orientierung am Kindeswohl einer Klärung zugeführt wurden: Einerseits ist die Nachrangigkeit des staatlichen Erziehungsauftrages vor dem elterlichen Erziehungsprimat auch als handlungsleitende Norm für die Jugendhilfe festgeschrieben. Andererseits kommt in der Verpflichtung des Wächteramtes aber auch zum Ausdruck, dass die Jugendhilfe dort eingreifen muss, wo sich Eltern ihrer Erziehungsverantwortung entziehen. Aus der gesetzlichen Aufgabenstellung für die Kinder- und Jugendhilfe ergibt sich hier eine Garantenpflicht, die unmittelbar mit spezifischen Handlungspflichten für die SozialarbeiterInnen einhergeht (vgl. Wiesner 2004, S. 168f.). Der Zugriff auf das elterliche Erziehungsrecht seitens der Jugendhilfe ist also an die Gefährdung des Kindeswohls gebunden; unterhalb dieser Gefährdung sollen unterschiedliche Leistungsangebote der Jugendhilfe den Eltern im Bedarfsfall helfend zur Verfügung stehen.

Mit dem Begriff des *Kindeswohls* wird im Gesetz auf drei Komponenten der Integrität des Kindes Bezug genommen, und zwar auf die „körperliche", die „geistige" sowie die „seelische" (§ 1666 BGB). Dabei ist der Begriff des Kindeswohls selbst nicht konkretisiert, sondern nur über seine Grenze, die Kindeswohl*gefährdung* bestimmt, die ja erst das staatliche Wächteramt aktiviert. Für den jeweils im Einzelfall zu legitimierenden Eingriff in die elterliche Erziehungsautonomie ist danach unabdingbar, dass sich im Hinblick auf die Entwicklung des Kindes eine Schädigung mindestens einer der drei genannten Persönlichkeitsbereiche relativ deutlich vorhersagen lässt. Das konkrete, gegenwärtige Vorhandensein der „Gefahr, daß sich bei der weiteren Entwicklung eine erhebliche Schädigung des Kindes mit ziemlicher Sicherheit voraussehen läßt" (Heilmann/Salgo 2002, S. 964 unter Verwendung eines Zitats des Bundesgerichtshofs 1956, siehe ebd.), stellt die Voraussetzung dafür dar, dass im juristischen Zusammenhang von einer Gefährdung für das Kindeswohl ausgegangen wird, die den Eingriff in elterliche Rechte rechtfertigt (vgl. auch Münder u. a. 2000, S. 23).[2]

Der Eingriff in die elterliche Erziehungsverantwortung muss immer über eine Entscheidung des Familiengerichtes legitimiert sein; den in der Jugendhilfe Tätigen kommt aus ihrer Garantenstellung hier die Aufgabe zu, bei der Annahme einer konkreten Kindeswohlgefährdung die Eltern darauf aufmerksam zu machen, diese in Hinsicht auf die Gefahrenabwendung zu beraten (§ 8a SGB VIII) sowie das Familiengericht zu informieren (§ 8a Abs. 3 SGB VIII). Wenn „dringende Gefahr (besteht, d. A.) und ... die Entscheidung des Gerichtes nicht abgewartet werden (kann, d. A.), ... ist das Jugendamt verpflichtet, das Kind oder den Jugendlichen in Obhut zu nehmen" (§ 8a Abs. 3 SGB VIII). Für den Fall, dass Eltern nicht bereit oder in der Lage sind, zur Abwendung der Kindeswohlgefährdung beizutragen, können vor dem Familiengericht Ermahnungen ausgesprochen oder Auflagen erteilt werden, womit sich der ursprüngliche Angebotscharakter von Hilfeleistungen wie den Hilfen zur Erziehung in staatliche eingriffsorientierte Anordnungen wandeln. Weiter ist auch der teilweise oder vollständige Entzug der elterlichen Sorge möglich (Münder u. a. 2000, S. 32ff.; Münder 2004, S. 111). Hier zeigt sich, dass in Fragen des Eingriffes in das elterliche Erziehungsrecht eine Abstufung erfolgt, d. h. dass die richterliche Entscheidung daran gebunden ist, der weitgehenden Wahrung des Elternrechtes den Vorrang zu gebieten (vgl. Münder u. a. 2000, S. 33).

Der komplexe Auftrag der Jugendhilfe zwischen der Interessenvertretung des Heranwachsenden, der Achtung des Elternrechts und der Förderung der Familie als dem zentralen Sozialisationsfeld spitzt sich im Kontext der Wahrnehmung des staatlichen Wächteramtes nochmals zu: Einerseits intendiert der Schutzauftrag für das Kind – gerade wenn es im Zuge der Kindeswohlgefährdung zur Anrufung des Familiengerichtes kommt – fast zwangsläufig eine Dichotomisierung der Wahrnehmung von Elterninteressen einerseits und Bedürfnissen des Kindes andererseits, die auch in Eingriffe in die elterliche Erziehungsverantwortung münden kann. Diese Dichotomisierung wird über die Zusammenarbeit mit dem Familiengericht, vor allem wenn „Mitarbeiter der Jugendämter von ... Richtern ... in die Rolle von Staatsanwälten gedrängt werden, und von ihnen erwartet wird, Beweise für die vermutete bzw. behauptete Kindeswohlgefährdung vorzulegen" (Wiesner 2004, S. 167), noch polarisiert. Andererseits aber besteht – auch wenn es zu Eingriffen in

2 Münder u. a. (2000) unterscheiden sechs Kategorien der Kindeswohlgefährdung: die Vernachlässigung, körperliche Kindesmisshandlung, seelische Kindesmisshandlung, sexueller Missbrauch, Erwachsenenkonflikte um das Kind sowie Autonomiekonflikte zwischen (jugendlichen) Kindern und ihren Eltern (ebd., S. 48ff.).

das Elternrecht kommt – weiterhin die Aufgabe für die Jugendhilfe, mit den Eltern in einer helfenden Bezugnahme auf die gesamte Familie weiterzuarbeiten – dies wird vor allem im Zuge der Anordnung von Hilfen zur Erziehung zur Abwendung der Kindeswohlgefährdung deutlich. Insgesamt steht die Jugendhilfe im Hinblick auf die Feststellung von Kindeswohlgefährdungen also vor der großen Schwierigkeit „einen komplexen Lebenssachverhalt und seine einzelnen Elemente, wie die Tragfähigkeit familiärer Beziehungen, die Verlässlichkeit, Veränderungs- und Lernbereitschaft von Eltern, die Belastungsfähigkeit von Kindern prognostisch einzuschätzen und daraus den Schluss zu ziehen, ob die Gefährdung des Kindeswohls besser durch umfassende Hilfe für die Familie abgewendet werden kann oder aber durch Maßnahmen des Familiengerichtes, die häufig eine Trennung des Kindes von der Familie zur Folge haben" (Wiesner 2004, S. 166f.).

Insgesamt sind die juristischen Regelungen für diese evaluierende Bezugnahme auf die Familie für die Jugendhilfe eher unbestimmt, was einzelfallbezogene Entscheidungen ermöglichen und der pauschalen Diskriminierung von milieu- oder lebenslagenbezogenen Lebens- und Verhaltensweisen vorbeugen soll (vgl. Münder u. a. 2003, S. 88). Die im SGB VIII festgelegten rechtlichen und administrativen Regelungen stellen hier – nicht nur für den Fall der Kindeswohlgefährdung – den normativen Rahmen dar, innerhalb dessen der sozialpädagogischen Profession eine eigene Definitionsmacht ihres Arbeitsfeldes zugestanden und abverlangt wird (vgl. Münder u. a. 2003, S. 70f.; Münder 2004, S. 50). Hier, in der konkreten Definition von Sachverhalten, in der Beurteilung von Problemlagen fließen dann auch die Leitbilder und Normvorstellungen der sozialpädagogischen Professionellen ein (vgl. Kutscher 2006).

2.2 *Die bürgerliche Familie als Gegenmodell zur Verwahrlosung von Kindern und Jugendlichen*

■ *Verwahrlosung als Basiskonzept in der Konstituierungszeit der Kinder- und Jugendfürsorge Ende des 19. Jahrhunderts*

Mit der „Entstehung der Kindheit", das heißt, mit der gesellschaftlichen Konstruktion von Kindheit als eigenständiger, von der Erwachsenenexistenz zu unterscheidbarer Lebensphase, treten Kinder als Wesen in den Blick, denen nicht nur besondere Schutzbedürfnisse zugesprochen werden, sondern darüber hinaus auch eine spezifische Erziehungsbedürftigkeit (vgl. Honig 1999, S. 36ff.). Mit der Entwicklung der Kinder- und Jugendfürsorge zum organisatorisch und professionell eigenständigen Teilbereich der sozialen Fürsorgebestrebungen, die Ende des 19. Jahrhunderts ihren Anfang nahm (vgl. z. B. Hering/Münchmeier 2003, S. 63ff.; Kuhlmann/Schrapper 2001, S. 290ff.; Ramsauer 2000, S. 47ff.; Peukert 1986; Wilhelm 2005), tritt daher mit dem Kinderschutz eine Dimension in besonderer Weise in den Vordergrund: das Recht des Kindes auf angemessene Erziehung (vgl. Peukert 1986, S. 128; Ramsauer 2000, S. 31). Dabei verbindet sich die praktische Einforderung dieses Rechts mit konkreten Erwartungen an die Eltern, sich pädagogisch so zu verhalten, dass sie der spezifischen Erziehungsbedürftigkeit der Kinder gerecht werden können. Modelle von „richtiger" Erziehung und konkrete Vorstellungen darüber, wie insbesondere familiale Erziehung gestaltet sein sollte, stellen die pädagogischen Leitlinien dar, unter denen sich die Konstitution der Kinder- und Jugendfürsorge zu jener Zeit vollzieht. Das Bestreben um die Durchsetzung dieser Erziehungsmodelle und Familienvorstellungen bildet einen wesentlichen Motor der Institutionalisierung der Kinder- und Jugendfürsorge, wie Ramsauer (2000) am Beispiel des Vormundschaftswesens in der Schweiz materialreich entfaltet: Waren im Rahmen der traditionellen Armenfürsorge vor allem verwaiste und uneheliche Kinder und Jugendliche Subjekte und Objekte staatlicher und auch privatwohltätiger Fürsorgebestrebungen, so führte die rechtliche Grundlegung und Etablierung des Kinderschutzes als Recht auf Erziehung zu einer enormen Ausweitung des potentiellen Klientels und der gesellschaftlichen Ansprüche der Kinder- und Jugendfürsorge (ebd., S. 30ff.).

Den zentralen Topos zur Rechtfertigung fürsorgerisch vermittelter staatlicher Eingriffe bildete hierbei das Konzept der *Verwahrlosung*, das mit Hilfe der – immer mehr Bedeutung erlangenden – pädagogischen, medizinischen und psychiatrischen Wissenschaften einer breiten Interpretation zugeführt wurde. „In der Kinder- und Jugendfürsorge wurde unter dem Begriff der ‚Verwahrlosung' vereint, was die Kindheit und Jugend bedrohte (die ‚gefährdete' Kindheit) und was sie bedrohlich machte (die ‚gefährliche' Jugend)" (Wilhelm 2005, S. 73). Das Konzept der Verwahrlosung diente dabei gleichermaßen der Beschreibung eines Zustandes, der Interpretation seiner Ursachen wie der Planung von Strategien pädagogischer Eingriffe vor allem auch und gerade in die Familie (vgl. Ramsauer 2000, S. 161ff.). Dabei lassen sich verschiedene Entwicklungslinien erkennen, die sich im Laufe der wissenschaftlichen und praktischen Auseinandersetzungen um dieses fürsorgerische Zentralkonzept ablösten und überlagerten. So standen zu Beginn der Etablierung dieses Konzepts am Anfang des 20. Jahrhunderts noch „ökonomische" und „sozialdeterministische" Auffassungen im Mittelpunkt, die Verwahrlosung als Folge der „prekären wirtschaftlichen Verhältnisse" und der „Mehrfachbelastung von erwerbstätigen Müttern" (ebd., S. 168) betrachteten, die vor allem durch konkrete materielle Hilfe abzufedern sei. Bereits wenige Jahre später trat das ökonomische Erklärungsmuster in den Hintergrund und wurde abgelöst von stärker moralisierenden Erklärungen, die Verwahrlosung „zusehends auf die moralisch-charakterlichen Qualitäten der Fürsorgeempfänger" zurückführten und mit „Degenerationsvorstellungen der Gesellschaft" (ebd., S. 171) verbanden. Sie wurden ergänzt durch biologisch-medizinische Sichtweisen, die im Laufe der 20er Jahre des letzten Jahrhunderts auch in der eugenischen Ausformulierung zunehmend an Bedeutung gewannen.

Verwahrlosung erwies sich trotz bzw. gerade wegen der Unklarheit des Begriffs als ideales Konstrukt, das auf der Grundlage ganz unterschiedlicher Logiken ausgearbeitet werden konnte und in der Lage war, verschiedene Interessen zu vereinen (vgl. Wilhelm 2005, S. 104). Mit der Aufnahme in das Reichsjugendwohlfahrtsgesetz wurde Verwahrlosung nicht nur in der schweizerischen Kinder- und Jugendfürsorge, sondern auch in Deutschland zu einem sozialpädagogischen Schlüsselbegriff, dessen sozialwissenschaftlicher Status in der Folge zwar sehr umstritten blieb (vgl. Vaskovics 1989), mit dem aber bis zur Ablösung des Reichsjugendwohlfahrtsgesetzes durch das KJHG im Jahre 1990 die (Zwangs-)Einweisung von Kindern und Jugendlichen in öffentliche Fürsorgeeinrichtungen legitimiert wurde (vgl. hierzu auch Hering 2006).

■ *Das Modell der bürgerlichen Familie als Norm jugendfürsorgerischen Handelns am Beginn des 20. Jahrhunderts*

Mit der wissenschaftlichen Grundlegung dieses Konzeptes und seiner institutionellen und professionellen Umsetzung gewann der fürsorgerische Blick auf Familie zu Beginn des 20. Jahrhunderts eine durch und durch moralisierende Ausrichtung: Die Erziehungsfähigkeit der Eltern wurde beispielsweise bemessen an Kriterien der Sauberkeit der häuslichen Verhältnisse, der Häuslichkeit der Mutter, der generellen Sittlichkeit des Verhaltens der Eltern, wobei auch hier der Konsum von Rauschmitteln bzw. Wirtshausbesuche eine prominente Rolle als Indikatoren für unsittliches und moralisch zweifelhaftes Verhalten spielten. Aus der Wahrnehmung des Verhaltens der Eltern wurde dann eine Diagnose ihrer Erziehungsbefähigung abgeleitet (vgl. Ramsauer 2000, S. 142ff.). Spätestens mit der Durchsetzung dieser Sichtweise, die den Eltern und deren „unsittlichem" Lebenswandel die Hauptschuld an der wahrgenommenen Verwahrlosung ihrer Kinder zusprach, fokussierte die Kinder- und Jugendfürsorge ihren Blick auf die Wahrnehmung der Erziehungsfähigkeit der Eltern und auf die Suche nach Kriterien zu deren Beurteilung. Auf diese Weise leistete das Konzept der Verwahrlosung einen zentralen Beitrag zur Neuordnung der Beziehungen in der Familie durch die Kinder- und Jugendfürsorge: Die Kinder mussten sowohl richtig ernährt und angeleitet, als auch in einer bestimmten körperlichen und seelischen Verfassung sein (vgl. Wilhelm 2005, S. 269). Damit wurden die Eltern und insbesondere die Frau und Mutter zu dem Ort, „an dem alle Strategien der Jugendfürsorge zukünftig zusammenlaufen sollten ... In der schwangeren und gebärenden, in der stillenden und pflegenden, in der sorgenden und erziehenden Mutter, in der zukünftigen moralischen Instanz der Gesellschaft, die von nun an für das Gedeihen der Individuen sowie der Gesellschaft verantwortlich war" (ebd., S. 105).

Damit aber bildete das Konzept der Verwahrlosung zugleich den Anknüpfungspunkt für die Beteiligung der Kinder- und Jugendfürsorge an der ideologischen Durchsetzung des Leitbildes von der bürgerlichen Familie als zentraler Norm für die Beschaffenheit eines geeigneten Sozialisationsmilieus für Kinder und Jugendliche.

Die Durchsetzung des bürgerlichen Familienleitbildes stellt allerdings einen Prozess dar, der weder auf die Kinder- und Jugendfürsorge beschränkt ist, noch von dieser ausgeht (vgl. auch Lenz/Böhnisch 1997, S. 19ff.). Die gezielte und offensive Propagierung und Gestaltung einer bürgerlichen Familienkindheit mit eigenen Erziehungs- und Sozialisationspraktiken ging vor allem einher mit der schrittweisen Institutionalisierung der Schule und der Durchsetzung der gesetzlichen Schulpflicht im 19. Jahrhundert (vgl. Büchner 2002). Sie führte einerseits zur Etablierung von pädagogischen Schonräumen für Kinder, die zu wichtigen Mechanismen der Statusreproduktion der Familie wurden; sie hatte andererseits den fast vollständigen Verlust von pädagogisch unkontrollierten Räumen zur Folge (vgl. Tyrell 1987). Auch wenn sich regional und kulturell ganz unterschiedliche Familienformen ausgebildet haben (vgl. Segalen 1998), bildete sich insgesamt ein übergreifendes bürgerliches Familienideal heraus, das auf drei zentralen Vorstellungen beruht: dem „trauten Heim" als Inbegriff eines von der Öffentlichkeit abgegrenzten und abzugrenzenden Raumes (ebd., S. 39); der Gattenliebe als Basis für die Entstehung und Erhaltung der Familie und dem hohen Rang der Kindererziehung (ebd., S. 39ff.). Die Umsetzung dieses bürgerlichen Familienideals basiert auf dem Prinzip einer geschlechtsspezifischen Arbeitsteilung und der damit verbundenen Polarisierung der Geschlechtszuschreibungen, in dem die Frau und Mutter zur Garantin für den Ausbau und die Sicherung der häuslichen Sphäre wird und in gleichem Maße die Hauptverantwortung für die tatsächliche Erziehung der Kinder übernimmt (vgl. Hausen 1978). Mit der Herausbildung des bürgerlichen Familienmodells gilt die auf die unmittelbaren Familienmitglieder (Großeltern, Eltern, Kinder) begrenzte Familie als der Ort, an dem sich die Beziehungen zwischen Eltern und Kind und die Erziehung der Kinder am besten verwirklichen: das Aufwachsen innerhalb einer intakten Familie wird von da an als kaum ersetzbarer Entfaltungsraum begriffen, in dem sich ein Höchstmaß an Schutz, Zuwendung und Fürsorge realisiert (vgl. Stein-Hilbers 1994, S. 12).

In der Praxis der sich konstituierenden Kinder- und Jugendfürsorge bildete das Ideal der bürgerlichen Familie den zentralen Maßstab für die Beurteilung der Gewährleistung einer angemessenen Erziehung. Wie die bereits angeführte Untersuchung von Ramsauer (2000, S. 133ff.) zur Frühphase der amtvormundschaftlichen Praktiken in der Schweiz zeigt, war der Blick der ersten hauptamtlich tätigen Fürsorgerinnen sehr stark geprägt durch ihre Herkunft. Die überwiegend aus dem Bildungs- und Besitzbürgertum stammenden Fürsorgerinnen legten ihren Urteilen eine am bürgerlichen Arbeits- und Geschlechterethos entwickelte moralisierende Wahrnehmung der – fast ausschließlich der Arbeiterschicht zuzurechnenden – Familien zu Grunde. Die von überlangen Arbeitszeiten, katastrophalen Wohnverhältnissen und mangelnder Ernährung bestimmten Lebensbedingungen der proletarischen Familien konnten den Anforderungen an Sauberkeit, Hygiene, Aufsicht und Pflege der Kinder und den damit verbundenen Erziehungsvorstellungen der Fürsorgerinnen nur schwer gerecht werden (vgl. auch Stein-Hilbers 1994, S. 41). Dabei mischten sich in der konkreten Begründungspraxis der Vormundschaftsbehörde soziale, erzieherische und medizinische Erklärungen mit stigmatisierenden Wertungen. „Gemeinsam war den Erklärungsmustern, dass die bevormundeten Familienmitglieder aus der Sicht der Behörden die bürgerlichen Untugenden in sich vereinten." (Ramsauer 2000, S. 221). Damit werden letztlich nicht nur konkrete Erziehungspraktiken zur Grundlage der Beurteilung der Erziehungsfähigkeit der Eltern, sondern diese wird vielmehr aus angenommenen Charaktereigenschaften und Persönlichkeitsmerkmalen der Eltern abgeleitet: So bildete beispielsweise im Jahr 1914 die Kritik an der Erziehung der Eltern in rund einem Viertel aller Fälle den Grund für den Entzug der elterlichen Gewalt, dicht „gefolgt von einer generell negativen Beurteilung der Persönlichkeit der Eltern durch die Vormundschaftsbehörde" (Ramsauer 2000, S. 220), die in Kategorisierungen wie „‚willenlos', ‚verkommen', ‚klatschsüchtig', ‚bös' oder ‚moralisch tiefstehend'" gefasst wurden (ebd.). Die so zustande gekommenen Beurteilungen der Fürsorgerinnen bestimmten wiederum die Entscheidungen der Amtsvormünder. Die Bevormundung und die mögliche Kindswegnahme wurde damit zur latenten Bedrohung für alle Familien aus der Arbeiterschicht, während das bürgerliche Familienmodell zum Leitbild und gleichermaßen zum Gegenmodell und Gegenbegriff der Verwahrlosung von Kindern und Jugendlichen avancierte (vgl. Ramsauer 2000, S. 43; vgl. auch Lenz/Böhnisch 1997, S. 19ff. und Mierendorff/Olk in diesem Band). Die Auswertung der Vormundschaftsakten der Stadt Zürich ergibt dann auch, dass sich die Vormundschaften und die sich zum Teil daran anschließenden Kindswegnahmen in dem von Ramsauer untersuchten Zeitraum zwischen 1914 und 1934 auf Familien aus der Arbeiterschicht konzentrierten. „Kinder von verwitweten Eltern wurden viel seltener bevormundet. Diese unvollständigen Familien lebten aus der Sicht der Vormundschaftsbehörde unbescholten, indem die Abweichung vom bürgerlichen Familienideal unverschuldeterweise zustande gekommen war" (Ramsauer 2000, S. 213).

2.3 Kindeswohl als zentraler Bezugsbegriff aktueller familialer und professioneller Erziehungsbemühungen

■ *Kindeswohl als Maxime für die alltägliche Gestaltung des Familienlebens*

Inzwischen haben sich die materiellen und normativen Bedingungen für die Gestaltung der Familienkindheit gesamtgesellschaftlich radikal verändert, der Zwang zur Konformität hat dabei drastisch abgenommen, es manifestiert sich eine Vielfalt von Formen des Familienlebens (vgl. Büchner 2002; Mierendorff/Olk in diesem Band). Die Pluralisierung der Familienformen geht einher mit einem *Wandel der elterlichen Erziehungsvorstellungen* und der generellen Erwartungen an Erziehung. Auch hier handelt es sich um vielschichtige Entwicklungen, in deren Verlauf sich Erziehungsformen durchsetzen, die auf eine „neue Balance im Generationenverhältnis" (du Bois-Reymond 1998, S. 85) abzielen. Sie sind dadurch charakterisiert, dass Kindern sehr viel größere Spielräume zugestanden werden, als gleichberechtigte Partner am Familienleben teilzuhaben. Konflikte werden nicht autoritär, z. B. durch Strafen gelöst, sondern durch kommunikative Aushandlungsstrategien zu bewältigen versucht (ebd., S. 85ff.). Die veränderten Erwartungen an Erziehung lassen sich somit auch als Übergang von der Elternbestimmtheit zur Kindbezogenheit der Eltern beschreiben. Damit wird das Bemühen, die Bedürfnisse und Erfordernisse des Kindes angemessen wahrzunehmen, zur Kernaufgabe der Familie (ebd., S. 20).

Allerdings entfaltet sich auch in diesen auf die Familie bezogenen Entwicklungen die grundlegende Ambivalenz der Modernisierungsprozesse: Vor allem infolge der vielfach gewachsenen Möglichkeiten der Familienplanung und vor dem Hintergrund einer enttraditionalisierten, individualisierten Lebensplanung werden Kinder mehr und mehr zum Ausdruck elterlicher Wünsche nach Selbstverwirklichung und Erfüllung einer Paarbeziehung (ebd., S. 12.). Diese hohe Bedeutung von Kindern für die persönliche Selbstverwirklichung der Eltern verbunden mit dem Leitbild einer harmonischen Familie ist gleichermaßen Ausgangspunkt für individuelle Sehnsüchte wie Maßstab, mit dem sich praktische Anforderungen verbinden: „Unsere Vorstellungen von einer guten Mutter enthalten heute die Aufforderung, sich Ausruhzeiten, Quellen von Selbstbewußsein, von Handlungsmöglichkeiten zu schaffen, damit ich Konflikte zu Hause ausgleichen, aushalten und ein harmonisches Klima immer neu herstellen kann" (Funk 2002, S. 684). Das Ideal ist auf diese Weise beständig gegen gegenläufige Alltagserfahrungen zu verteidigen und bildet dennoch die Grundlage für die alltagsweltliche Beurteilung von Eltern, die diesem Ideal nicht entsprechen und bei den Bemühungen, es zu verwirklichen, scheitern (ebd.). Die häufig zu beobachtende medienwirksame Skandalisierung von Einzelfällen, in denen Eltern ihre Kinder so misshandeln und vernachlässigen, dass dies (fast) zum Tode der Kinder führt, kann als Indiz dafür betrachtet werden, dass das potenziell immer mögliche Scheitern von Eltern bei der Verwirklichung dieses Ideals als gesellschaftliche Erfahrung nicht zugelassen wird, sondern prinzipiell als individuelles Versagen erscheint (ebd., S. 683).

Wie dieses Beispiel verdeutlicht, scheint der gesellschaftliche Druck auf Eltern eher noch zugenommen zu haben, sich der Erziehungsverantwortung gegenüber ihren Kindern zu stellen und den damit verbundenen Alltagsanforderungen und den pädagogischen Normen gerecht zu werden (vgl. Büchner 2002). Die Maxime des Kindeswohls wird zur zentralen Norm für alle Eltern auch und gerade bei der alltäglichen Gestaltung des Familienlebens. Sie werden damit „vor Aufgaben gestellt, die sie nur unter besonders günstigen Umständen bewältigen können, auch wenn die Bereitschaft von Eltern dies zu tun, nie zuvor stärker entwickelt gewesen zu sein scheint als gerade in der zweiten Hälfte des 20. Jahrhunderts" (Büchner 2002, S. 488).

■ *Die sozialpädagogische Ausrichtung am Kindeswohl*

Vor diesem Hintergrund hat sich auch die sozialpädagogische Fürsorge für Kinder und Jugendliche in allen Bereichen tiefgehend gewandelt. Ihr repressiver und sozialdisziplinierender Charakter wurde weitgehend zurückgedrängt, sie orientiert sich sowohl in ihren rechtlichen Grundlegungen als auch in ihrer praktischen Ausgestaltung am Charakter eines bedarfsorientierten Hilfeangebots, das auf Aushandlungsprozesse und weit reichende Partizipation der Klienten setzt (vgl. z. B. Münder u. a. 2000, S. 355; Münder u. a. 2003, S. 70). Erhalten geblieben ist allerdings die strukturelle Ausgangslage der Kinder- und Jugendhilfe: die pädagogisch fundierte und rechtlich bestimmte Anwaltschaft für Kinder und Jugendliche (vgl. Abschnitt 2.1), die dazu beiträgt, dass Eltern in erster Linie als Garanten zur Sicherung des Kindeswohls wahrgenommen werden.

Die perspektivische Fokussierung des sozialpädagogischen Blicks auf die Bedürfnisse von Kindern und Jugendlichen begründet die Notwendigkeit, geeignete Maßstäbe zu entwickeln, mit denen die Erfüllung dieser Bedürfnisse und deren Gewährleistung durch die Eltern beurteilt werden können. Dass es hier nach wie vor unmöglich ist, zu eindeutigen und klar begründbaren Einschätzungen und „Diagnosen" zu kommen, ist weder der Untätigkeit der Disziplin noch der Unfähigkeit der PraktikerInnen geschuldet, sondern liegt in der Natur der Sache selbst begründet. Dies belegen die Diskussionen um die richtige und frühzeitige Einschätzung der Gefährdungslagen von Kindern und die Schwierigkeiten und die Bemühungen, den diffusen Begriff des Kindeswohls in seinen interdisziplinären Verflechtungen zu präzisieren, sehr deutlich (vgl. Münder u. a. 2000; Urban 2004). Die klare sozialpädagogische Parteinahme für Kinder und Jugendliche führt aber auch dazu, dass – strukturell betrachtet – die Familie als Ganzes, d. h. die Interdependenz der Familienmitglieder, die Wechselwirkungen ihrer Verhaltensweisen, ihre Abhängigkeit von der Familienstruktur und ihr jeweiliger Beitrag zur Gestaltung der Familiendynamik aus dem Blick geraten (vgl. Zenz 1979, S. 70f.). Sie leistet damit einer normativen und stigmatisierenden Sicht auf Familie Vorschub, durch die den Eltern schnell die Schuld an Problemlagen in der Familie zugesprochen wird.

Dieser Blick auf die Familie, der als Ausdruck von gesellschaftlichen Normalitätsvorstellungen von Familie und guter Erziehung zwischen einem bürgerlich geprägten Familienideal und Erklärungsmustern zur Verwahrlosung von Kindern und Jugendlichen historisch gewachsen ist, und der daneben als „logischer" Ausdruck einer Ausrichtung sozialpädagogischen Handelns an den rechtlichen Grundlagen erscheint, die am differenziertesten für den Gefährdungsfall ausbuchstabiert ist, scheint dabei genau diese Normalitätsvorstellungen zu bestätigen und zu reproduzieren: Gerade vor dem Hintergrund der Anwaltsfunktion der Jugendhilfe für Kinder und Jugendliche bietet sich die Annahme der (potenziellen) Gefährdung als Ausgangslage und Richtlinie des sozialpädagogischen Handelns nur allzu offensichtlich an. Die Betrachtung der Erziehungskompetenz der Eltern unter dem Gefährdungspotenzial wird dabei auch dadurch unterstützt, dass es z. B. für die Gewährung von Hilfen zur Erziehung eine Voraussetzung ist, dass „eine dem Wohl des Kindes oder des Jugendlichen entsprechende Erziehung nicht gewährleistet ist" (§ 27 Abs. 1 SGB VIII): Vor dem Hintergrund eines gesellschaftlichen Familienideals, das es individualisierend als Aufgabe den Eltern zuschreibt, die mit dem Familienleben verbundenen Alltagsanforderungen zu meistern, und gleichzeitig ihrer Erziehungsverantwortung über die Ausrichtung ihres Handelns an pädagogischen Normen gerecht zu werden, erscheint die Beantragung von Hilfen durch die Eltern damit auch als Eingeständnis eigener (dem Ideal) nicht genügender Erziehungskompetenz und damit als individuelles Versagen (vgl. Brandhorst/Kohr 2005, 11ff.; Reuter-Spanier 2003, S. 127ff.).

Dass Eltern insbesondere unter dem Aspekt der Sicherstellung des Kindeswohls in den sozialpädagogischen Blick geraten, wird also besonders deutlich in Bezug auf die Hilfen zur Erziehung, er zeigt sich aber auch in anderen Arbeitsfeldern der Kinder- und Jugendhilfe (vgl. bspw. Wiesner 2004, S. 162). Wie sich Familie hier als Bezugsdimension von Sozialer Arbeit präsentiert, wird im Folgenden thematisiert.

3. Die Dichotomisierung der sozialpädagogischen Perspektive auf die Familie in unterschiedlichen Handlungsfeldern der Kinder- und Jugendhilfe

Die sozialpädagogische Arbeit mit Kindern und Jugendlichen hat sich, wie im historischen Abriß deutlich wurde, vor allem im Rahmen der Kinder- und Jugendhilfe als ein eigenständiges Handlungs- und Praxisfeld etabliert, hier haben sich ganz unterschiedliche Arbeitsfelder der Bildung, Erziehung und Betreuung von Kindern und Jugendlichen ausdifferenziert (vgl. z. B. Müller 2002). Dabei umfasst die Kinder- und Jugendhilfe kein in sich und gegen andere Handlungsfelder der Sozialen Arbeit eindeutig abgrenzbares Feld (vgl. hierzu ausführlich Bock/Seelmeyer 2005). Sozialpädagogische Arbeit mit Kindern und Jugendlichen findet sich beispielsweise auch im klinischen und schulischen Bereich, wo sie institutionell und disziplinär nicht automatisch der Kinder- und Jugendhilfe zugeordnet ist.

Auch wenn sich der sozialpädagogische Familienbezug in verschiedenen Arbeitsfeldern auf ganz unterschiedliche Weise konstituiert hat, zeigt sich die dichotomisierende Perspektive auf Familie (fast) überall. Dies soll im Folgenden exemplarisch an drei Handlungsfeldern deutlich gemacht werden – der offenen Kinder- und Jugendarbeit, der Familienbildung und den Hilfen zur Erziehung.

Die *offene Kinder- und Jugendarbeit* als der auf Prävention gerichtete pflegende Teil der Jugendhilfe war von Beginn an ein zentrales Element einer umfassenden wohlfahrtsstaatlich begründeten Konzeption von Sozialpädagogik (vgl. z. B. Bäumer 1929). „Im Zuge der Herausbildung der Jugend als eigenständige Lebensphase und Generation im 19. Jahrhundert konstituierte sich mit leichter Verzögerung über die Gründung von Jugendverbänden, die Entstehung der bürgerlich-autonomen Jugendbewegung jenes Handlungsfeld, das wir heute als Kinder- und Jugendarbeit bezeichnen“ (Thole/Küster 2005, S. 495). Die verschiedenen Traditionsstränge einer weltanschaulich gebundenen Jugendarbeit, einer am Ideal von Jugend als Gegenwelt zur Gesellschaft orientierten Jugendbewegung (vgl. Münchmeier 1995) und einer an jugendschützerischen und fürsorglichen Motiven orientierten Jugendpflege (vgl. Gängler 2005) prägten dabei das Selbstverständnis der sich entwickelnden Kinder- und Jugendarbeit. Gemeinsam ist allen Traditionssträngen ein spezifischer AdressatInnenbezug: die Konzentration auf Kinder und Jugendliche. Ein zentrales Ziel der offenen Kinder- und Jugendarbeit ist es, Freiräume für Kinder und Jugendliche bereit zu halten und Gelegenheitsstrukturen für selbsttätige Aneignungsprozesse der Jugendlichen zu schaffen (vgl. Böhnisch/Münchmeier 1990). Eine auf diesen Prämissen beruhende Kinder- und Jugendarbeit ist vor allem Teil der jugendlichen Peergruppenwelt: „Die selbständigen, den eigenen Raum suchenden und sich in ihrer Jugend gegenüber der Erwachsenengesellschaft abgrenzenden Jugendlichen waren und sind das Leitbild der Jugendarbeit“ (vgl. Böhnisch u. a. 1998, S. 8). Das Verhältnis zu den Eltern konstituiert sich vor diesem Hintergrund in der Regel als ein über die Kinder und Jugendlichen vermitteltes. Familie hat für die Jugendarbeit selbst keine unmittelbare Relevanz, ohne dass damit unterstellt wäre, dass Familie keine Bedeutung für die Jugendlichen hätte. Dennoch scheint sich offene Kinder- und Jugendarbeit heute insgesamt konzeptionell so zu positionieren, dass die Kontaktaufnahme zu den Eltern der Jugendlichen und die Einbeziehung der Eltern unter programmatischen Blickwinkel eher als kontraindiziert betrachtet wird. So fehlt auch im jüngst erschienenen Handbuch zur Offenen Kinder- und Jugendarbeit eine Bezugnahme auf Familie (vgl. Deinet/Sturzenhecker 2005). Zugespitzt formuliert: *Das spezifische pädagogische Arbeitsbündnis in der offenen Kinder- und Jugendarbeit konstituiert sich durch den pädagogisch begründeten Ausschluss der Eltern als ein eigenständiges Arbeitsbündnis zwischen den SozialpädagogInnen und den Heranwachsenden.*

In der *Familienbildung* scheint sich demgegenüber das Verhältnis zu den Eltern dagegen umzukehren, weil hier die Arbeit mit (zukünftigen) Eltern im Vordergrund steht und die gesamte Familie (einschließlich der Kinder) nur zu einem kleineren Teil Adressatin familienbildender Angebote ist (sogenannte Familienbildung i. e. S., siehe Textor in diesem Band). Das Handlungsfeld der Familienbildung differenzierte sich zu Beginn des 20. Jahrhunderts mit der Gründung von Mütter- und später Elternschulen aus, die zunächst der Unterrichtung junger Frauen in Fragen der (medizinischen) Säuglingspflege dienten, sich später mit Bildungsangeboten zu kindlicher Entwicklung aber auch an die Väter wandten (vgl. Ufermann 1989, S. 74f.). Im Laufe der Zeit wurde die Bildungs- und Beratungsbedürftigkeit von Eltern im Hinblick auf die Gestaltung des Familienlebens und die Erziehung ihrer Kinder unterschiedlich bewertet: So wurden die Mütterschulen etwa dadurch legitimiert, dass sich der Gedanke durchsetzte, dass für die Pflege und Erziehung des Kleinkindes auch erlerntes Wissen notwendig sei (Nave-Herz 1964, S. 21); Elternbildungsangebote sollten den Bildungsstand der Arbeiter- oder der Mittelschicht anheben; schließlich richteten sich eltern- bzw. familienbildende Angebote der Jugendhilfe bis in die 1970er Jahre hinein speziell an Eltern, denen Defizite in ihrer Erziehungskompetenz zugeschrieben wurden (Ufermann 1989, S. 76). Auch wenn also die Beratungs- und Bildungsbedürftigkeit von Eltern unterschiedlich bewertet wurde, wird der Leitgedanke von Familienbildung deutlich, Eltern im Hinblick auf ihren Umgang mit den Kindern zu bilden, zu beraten, sie in ihrer Erziehungsbefähigung zu unterstützen. Gleichsam kommt hierin die Skepsis gegenüber einer Haltung zum Ausdruck, die die Erziehungsfähigkeit von Eltern als etwas nur Natur-Gegebenes ansieht. Durch die Unterweisungs- und Unterrichtungsform der Familienbildung ist *das pädagogische Arbeitsbündnis eher unter dem Ausschluss der Kinder zwischen den PädagogInnen und den Eltern als ein asymmetrisches Lehr-Lern-Verhältnis institutionalisiert worden, das den Eltern den Status der Nichtwissenden, der Beratung und Hilfe Suchenden und den PädagogInnen den Status der Wissenden, der Hilfe und Beratung Gebenden zuweist.* Neuere Konzepte der Familienbildung grenzen sich zum Teil sehr deutlich von dieser Tradition ab (vgl. Tschöpe-Scheffler 2006). Hier wird versucht, die Asymmetrie zwischen PädagogInnen und Eltern dadurch aufzuheben, dass die Erziehungskompetenzen und Stärken der Eltern in den Mittelpunkt gerückt werden und eine partnerschaftliche Beziehungsgestaltung zum Leitkonzept wird. Dennoch entgehen diese Konzepte, solange sie an einem „Qualifikationsbedarf“ von Eltern ansetzt (vgl. Textor in diesem

Band) und per definitionem von der Lernbedürftigkeit der Eltern ausgeht, nicht der prinzipiellen asymmetrischen Strukturierung des Arbeitsbündnises.

Die *Hilfen zur Erziehung* beruhen auf gesetzlichen Grundlagen, die sich aus dem eigenständigen Schutzauftrag des Staates für Kinder und Jugendliche ergeben, dessen Träger die öffentliche Jugendhilfe ist (vgl. Wiesner 2004). In Hinsicht auf die Gewährleistung einer „dem Wohl des Kindes oder des Jugendlichen entsprechende(n) Erziehung“ (§ 27 SGB VIII) stellen sie die Zusammenarbeit von Eltern und SozialpädagogInnen auf eine rechtliche Grundlage: Eltern stellen dabei Anspruchsberechtigte von Beratungs- und Hilfeleistungen dar, die auf die Unterstützung und Förderung der familialen Erziehung zielen (vgl. 2.1). Damit wird hier ein spezifisches Dreiecks-Verhältnis zwischen Eltern, Kindern und Staat – vermittelt durch den öffentlichen oder freien Träger der Jugendhilfe – konstituiert: Die Eltern sind Leistungsberechtigte von Hilfen, die vorrangig auf die sozialpädagogische Arbeit mit ihrem Kind zielen, die rechtliche Grundlegung legt die defizitäre Wahrnehmung der Erziehungsleistungen der Eltern als Begründung des Hilfeanspruchs zumindest nahe. Zwar wird das Erziehungsrecht der Eltern zumeist nicht infrage gestellt, über die Aufgabenstellungen, die hier der Jugendhilfe zukommen – und die gerade im Hinblick auf die Wahrnehmung der elterlichen Erziehungsverantwortung im Gefahrenfall auch die Verpflichtung zur Einschaltung des Familiengerichtes enthalten (§ 8a Abs. 3 SGB VIII) –, wird dennoch vor allem ein Zugang zu Eltern impliziert, der zwischen Anforderung, Kontrolle und Hilfeleistung liegt, und der sich gerade durch die dichotomisierende Sicht auf die Familie auszeichnet. *Das pädagogische Arbeitsbündnis im Handlungsfeld der Hilfen zur Erziehung ist, gleichwohl hier Eltern wie Kinder bzw. Jugendliche die Adressaten der Arbeit sind, strukturell durch diese dichotomisierende Wahrnehmung der Familie „belastet“.* Über das asymmetrische Verhältnis zwischen Eltern und pädagogisch professionell Tätigen, das auf Seiten der Professionellen durch Hilfsbereitschaft und Kontrollausübung, auf Seiten der Eltern durch Hilfsbedürftigkeit und Beschränkung von Handlungs- und Entscheidungsspielräumen gekennzeichnet ist, wird diese Wahrnehmung unter Umständen verstärkt (vgl. Brandhorst/Kohr 2005; Solf/Wittke 2006).

Die hier nur angedeuteten strukturellen Unterschiede sozialpädagogischer Familienorientierung konstituieren also ganz unterschiedliche Formen des Arbeitsbündnisses zwischen pädagogischen Professionellen, Kindern, Jugendlichen und deren Eltern. Gemeinsam ist ihnen jedoch der spezifische Blick auf die Familie, der wesentlich durch die Trennung der Perspektiven auf das Kind einerseits und die Eltern andererseits bestimmt ist.

Diese Dichotomisierung der sozialpädagogischen Akteure geht zudem offensichtlich noch immer mit spezifischen (milieugebundenen) Normalitätsvorstellungen von Familie einher; ein Umstand, der – z. B. in der Kommentierung zum SGB VIII – durchaus auch problematisiert wird, indem darauf hingewiesen wird, dass die „professionellen Akteure der Jugendhilfe ... nicht selten aufgrund ihrer eigenen Sozialisationserfahrungen eine stärker an den Normen der Mittelschicht orientierte Ausrichtung“ (Münder u. a. 2003, S. 87f.) haben.

4. Die Bedeutung der Familie als primärer Ort des Aufwachsens

Die perspektivische Trennung der Sicht auf die Familie lässt sich insgesamt also zurückführen auf das zentrale Anliegen sozialpädagogischer Arbeit, die Interessen von Kindern und Jugendlichen zu vertreten. In einem Verständnis, das dieser Interessenvertretung aber vor allem durch die *Entgegenführung* der elterlichen und kindlichen Interessenlagen gerecht zu werden sucht, droht der Blick für die unterschiedlichen und ambivalenten Bezugnahmen der Familienmitglieder verloren zu gehen. Honig (1996) beschreibt es als die Paradoxie der (autonomen) Subjekthaftigkeit des Kindes, dass sich auch bzw. gerade in Bezug auf die Rechte des Kindes „das Wohl des Kindes von den Ansprüchen auf Kinder nicht kategorial unterscheiden läßt, weil die Protagonisten des Kampfes ums Kind ihre Interessenstandpunkte mit den wohlverstandenen Interessen der Kinder begründen" (Honig 1996, S. 202). Das theoretische Konstrukt, dem auch die dichotomisierende Sicht auf die Familie folgt, ist – in der Kritik an einem naturalistischen Kindheitsverständnis – ein modernes, individualistisches, nach dem „das Kind niemandem anderen gehören soll als sich selbst" (ebd., S. 201). Diese Überzeugung impliziert aber „die Negation des Angewiesenseins und der Bezogenheit. Dem Kind wird Subjekthaftigkeit nur insoweit zugestanden, als es sich ablöst, trennt von den Bindungen, denen es letztlich seine Existenz verdankt" (ebd.). Für die eigene Individuation bedürfen Kinder der Erwachsenen, für Kindheit ist das Eingebundensein in generationelle Sorgebeziehungen das konstitutive Moment, das Kind ist verwiesen auf konkrete Andere, in Bezug zu denen es die eigene Identität erst entfalten kann (vgl. Honig 1996; Helsper u. a. 2005, S. 183). In aller Regel ist die Familie dieser intersubjektive, generationale Kontext, der der Individuation des Kindes vorausgeht (vgl. Hildenbrand 1997). Eltern stellen unabhängig von der Frage, ob oder wie sie ihrer Erziehungsverantwortung gerecht werden, die ersten signifikanten Anderen für das Kind dar, über die es in die soziale Welt (der Familie, des Milieus, der Gesellschaft) einsozialisiert und durch die die eigene Identität begründet wird.[3] Diese Bedeutung der Eltern konstituiert gerade im Fall des Zuwiderlaufens der Interessen des Kindes und der Eltern eine hohe Ambivalenz in den Beziehungen zwischen den Generationen: Wiesner (2004) weist z. B. darauf hin, dass die Trennung des Kindes von den Eltern bei Sorgerechtsentzug „nicht immer als Befreiung, sondern auch als Strafe und Verlust" (ebd., S. 167) angesehen wird. Beiderwieden u. a. (1990) sehen in der Kindesmisshandlung von Eltern, die ja zum Entzug des Sorgerechtes für die Eltern führen kann, auch den „Versuch ... [der Eltern, d. A.], im familialen Milieu den Zusammenhalt der Generationen um jeden Preis zu erzwingen" (ebd., S. 37).

3 Dies bestätigen nicht zuletzt empirische Befunde: So können bspw. Bohnsack u. a. (1995) den Umstand, dass der Aufbau von Perspektivenreziprozität und einhergehend von personaler Identität bei den untersuchten Hooligans nicht gelingt, auf das fehlende Vertrauen in die Perspektive der Eltern bzw. die fehlende Kommunikation zwischen Eltern und Heranwachsendem zurückführen. Wiezorek (2001) zeichnet in einer Fallstudie zu einem fremdenfeindlichen Gewalttäter den Ausfall der Familie als Ort sozialisatorischer Interaktion nach, der zu „Leerstellen" in Bezug auf die Identitätsausbildung führt, denen der Biographieträger durch seinen Anschluss an die gewaltbereite, rechtsextreme Jugendszene begegnet. Krumenacker und Boller (2004) zeigen in der Kasuistik zu einem Mädchen, das in einer Erziehungsstelle lebt, exemplarisch die hohe Bedeutung der Bindung an den Vater und – nach dessen Tod – des Verlustes des Vaters für die Entwicklung des Kindes auf. Vor allem Hildenbrand (1998, 1999) hat die Bedeutung der Familie als Ort der sozialisatorischen Interaktion und der sozialen Konstitution des Subjektes der *fallrekonstruktiven Familienforschung* perspektivisch zugrunde gelegt.

Hier wird, wenngleich nur skizzenhaft umrissen, zumindest ansatzweise die grundlegende Problematik deutlich, die mit der Trennung des sozialpädagogischen Blicks auf die Familie als Perspektive auf das Kind einerseits und auf die Eltern andererseits einhergeht: *die Missachtung der grundlegenden Bedeutung der Familie als Ort sozialisatorischer, identitätsstiftender Interaktion.* Mit dieser Missachtung gehen (implizit) weitere Problematiken einher: Durch die Konzentration des sozialpädagogischen Blickes auf die Bedürfnisse und Ansprüche des Kindes drohen einerseits die Eltern als Personen mit eigenen Ansprüchen und Bedürfnissen aus dem Blick zu geraten (vgl. Funk 2002; Reuter-Spanier 2003). Andererseits wird durch die Missachtung der Bedeutung, die die Familie als primärer Ort des Aufwachsens innehat, die Vorenthaltung von Anerkennung der elterlichen Erziehungsleistungen induziert: dies zum einen auf der Ebene familialer (milieubezogener) Lebensformen, die auch mit eigenen Erziehungsvorstellungen einhergeht, wenn diese vor dem Hintergrund von professionellen oder gesellschaftlichen Leitbildern guter Erziehung (einseitig) abwertend evaluiert werden. Dabei wird den Eltern über das Erziehungsrecht eine Freiheit darin zugesprochen, wie sie ihrer Erziehungsverantwortung gerecht werden, also gerade eine Freiheit in Hinsicht auf ihre Erziehungsvorstellungen, soweit diese auf das Kindeswohl bezogen sind. Mit der Missachtung dieser Freiheit geht damit zum anderen auch die Missachtung des Status der Eltern als den zuvorderst Erziehungsberechtigten einher. Die Vorenthaltung von Anerkennung gegenüber den Eltern hat für die Kinder wiederum zur Folge, dass sie sich nur schwer auf ihre Familie als Zusammenhalt und als identitätsstiftenden Ort beziehen können, als auf etwas, dem durch die Außenwelt eine positive Bedeutung beigemessen wird. Und wird die Vorenthaltung von Anerkennung auf allgemeinere Muster des familialen Lebensvollzugs ausgeweitet, aus denen auch die Erziehungskompetenz der Eltern abgeleitet wird, schafft dies Bedingungen, durch die sowohl die Reproduktion der bestehenden gesellschaftlichen Sozialstruktur als auch des gesellschaftlichen bürgerlich geprägten Familienideals befördert werden können.

Die Anerkennung der Familie in ihrer Bedeutung als Ort des primären Aufwachsens für das Kind bedeutet dabei noch nicht per se Akzeptanz des bzw. Gleichgültigkeit gegenüber dem familialen Erziehungsgeschehen. So zitiert Wiesner (2004) einen Sozialarbeiter der darauf abhebt, dass „wenn die Eltern nicht einverstanden sind, ... man nichts tun" (Wiesner 2004, S. 164, Fußnote 11) könne. Eine Verallgemeinerung dieser sozialpädagogischen Auslegung des Wächteramtes würde lediglich bedeuten, das Erziehungsrecht der Eltern im Hinblick auf die Familie als primärem Sozialisationsort radikal unter der Absehung von Kinderrechten und dem Schutzauftrag des Staates zu erhöhen. Es geht auch nicht darum, die perspektivische Trennung der Familie in Eltern und Kind zugunsten einer Betonung der Familie als Einheit und als primären Sozialisationsort einfach auszutauschen. Eine vollständige Aufhebung dieser Trennung wird also der Komplexität des pädagogischen Auftrages der Kinder- und Jugendhilfe im Spannungsfeld von Elternrecht und Kindeswohl ebenso wenig gerecht.[4] Vielmehr stellt es sich als Aufgabe für die Sozialpädagogik, einen mehrdimensionalen Blick auf die Familie und familiale Erziehung zu entwickeln bzw. zu explizieren, mit dem die Jugendhilfe ihrem komplexen Auftrag gerecht werden kann.

4 Betrachtet man die derzeitige Praxis der Jugendhilfe im Bereich der Hilfen zur Erziehung, so gibt sie durchaus zur Vermutung Anlass, dass inzwischen – nicht zuletzt unter dem Verdikt des Sparzwanges – die Losung gilt, die Familie auch in kritischen Situationen um (fast) jeden Preis zu erhalten und so lange wie möglich, mit niederschwelligen – kostengünstigeren – Maßnahmen wie Sozialpädagogischer Familienhilfe zur besseren Bewältigung schwieriger familialer Problemlagen beizutragen (vgl. z. B. die Fallbeispiele in Münder u. a. 2000).

5. Schlussbemerkung – Die Aktualität der Reflexionsbedürftigkeit des sozialpädagogischen Familienbezugs

Vor diesem Hintergrund, so ist abschließend zu konstatieren, geht es bei der Thematisierung des sozialpädagogischen Blickes auf die Familie nicht primär um Überlegungen, die einfach auf eine Verbesserung konkreter sozialpädagogischer Interventionspraktiken in der Jugendhilfe zielen. Hier zeigt sich, dass sich – vor allem seit der flächendeckenden Einführung der Sozialpädagogischen Familienhilfe in den 1970er Jahren – durchaus Praxisformen etabliert haben, die auch auf die Familie als Ganzes gerichtet sind (vgl. Schattner in diesem Band). Es geht vielmehr um die stärkere Reflexion der zentralen sozialisatorischen Bedeutung der Familie insbesondere im Prozess der sozialpädagogischen Diagnoseerstellung und Maßnahmenplanung. Hier müsste das Eingebundensein und die Verankerung der betroffenen Kinder und Jugendlichen in einen mehrgenerationalen Familienkontext sehr viel deutlicher Berücksichtigung erfahren als dies bisher der Fall ist (vgl. Bohler 2006). Dass hier auch und gerade aus Sicht der Praxis ein Defizit besteht, das letztlich immer wieder verhindert, dass die anvisierten Zielsetzungen sozialpädagogischer Interventionen erreicht werden können, zeigt u. E. die breite Rezeption systemisch-familientherapeutischer Ansätze in der Jugendhilfe (vgl. Ritscher 2005), die allerdings nicht bruchlos vom klar umrissenen familientherapeutischen Setting auf das offene alltagsbezogene Handlungsfeld der sozialpädagogischen Arbeit übertragen werden können. Deutlich wird dies ebenso im konsequenten Ausbau und der fachlichen Fundierung von Elternarbeit, wie sie in der Praxis der Jugendhilfe derzeit schon seit längerer Zeit erfolgt (vgl. z. B. Brandhorst/Kohr 2005; Hofer 2005; Schulze-Krüdener 2005; Solf/Wittke 2006). War die Elternarbeit gerade im stationären und teilstationären Bereich der Hilfen zur Erziehung über lange Zeit eine eher ungeliebte und zum Teil auch als überflüssig betrachtete Zusatzbelastung für die sozialpädagogischen Professionellen, so steht inzwischen die Frage im Mittelpunkt, wie auch bei einer stationären oder teilstationären Unterbringung des Kindes oder Jugendlichen von einer gemeinsam geteilten Verantwortung für das Kind ausgegangen werden kann und muss. Auch hier geht es letztlich darum, die beiden Pole – Gewährleistung des Wohl des Kindes und Bewertung des familialen Erziehungsmilieus einerseits, Anerkennung der grundlegenden sozialisatorischen Bedeutung der Familie und ihrer Erziehungsleistungen andererseits – in ihrer Widersprüchlichkeit zusammen zu denken.

Der dichotomisierende Blick auf die Familie ist also durchaus nicht (mehr) der einzige Blickwinkel, unter dem die Familie in der Jugendhilfe angesehen wird. Aber die für weite Felder der sozialpädagogischen Arbeit „typische" Sensibilität für Gefährdungslagen von Kindern und Jugendlichen bringt es nach wie vor mit sich, dass der perspektivischen Trennung von Eltern und Kind in der sozialpädagogischen Sicht auf Familie weit mehr Beachtung geschenkt wird als der Bedeutung der Familie als Ganzes. Gerade Diskussionen um die Einführung von ärztlichen Pflichtuntersuchungen für Kinder ab dem Säuglingsalter, mit dem Ziel, früher auf gefährdete Kinder aufmerksam zu werden und Kinder im Zweifelsfall möglichst frühzeitig aus der Familie herauszunehmen, zeigen, dass die Anliegen des Kinderschutzes strukturell betrachtet eng verbunden sind mit einem grundlegenden Misstrauen gegenüber der Erziehungskompetenz von Eltern. Hier erscheint es notwendig, das skizzierte Spannungsfeld in seinen Implikationen sehr viel stärker als bisher auch in der theoretischen Auseinandersetzung zu reflektieren. Auf Seiten der Disziplin gehört hier eine breitere Debatte um einen eigenen (sozial-)pädagogischen Familienbegriff dazu, im Zuge derer systematisch und empirisch geklärt werden könnte, welche Leitbilder von Familie den professionellen Bewertungen von SozialpädagogInnen in der Jugendhilfe zu Grunde liegen und wie das Spannungsverhältnis zwischen Elternrecht und Kindeswohl produktiv aufgenommen und gestaltet werden kann.

Literatur

Ariès, P., 1982: Die Geschichte der Kindheit. München.

Bäumer, G., 1998: Die historischen und sozialen Voraussetzungen der Sozialpädagogik und die Entwicklung ihrer Theorie. In: Gängler, H./Galuske, M./Thole, W. (Hrsg.): KlassikerInnen der Sozialen Arbeit. Neuwied, S. 149-161.

Bauer, P./Brunner, E.J., 2006a: Elternpädagogik – Von der Elternarbeit zur Erziehungspartnerschaft. Eine Einführung. In: Bauer, P./Brunner, E.J. (Hrsg.): Elternpädagogik. Von der Elternarbeit zur Erziehungspartnerschaft. Freiburg/Br., S. 7-19.

Bauer, P./Brunner, E.J., (Hrsg.) 2006b: Elternpädagogik. Von der Elternarbeit zur Erziehungspartnerschaft. Freiburg/Br.

Beiderwieden, J./Windaus, E./Wolff, R., 1990: Jenseits der Gewalt. Hilfen für mißhandelte Kinder. Basel/ Frankfurt am Main.

Bock, K./Seelmayer, U., 2001: Kinder- und Jugendhilfe. In: Otto, H.-U./Thiersch, H. (Hrsg.): Handbuch Sozialarbeit/Sozialpädagogik. Neuwied Kriftel, S. 985-1000.

Böckenförde, E.W. 1980: Elternrecht – Recht des Kindes – Recht des Staates. Zur Theorie des verfassungsrechtlichen Elternrechts und seiner Auswirkung auf Erziehung und Schule. In: Krautscheidt, J./Marré, H. (Hrsg.): Essener Gespräche zum Thema Staat und Kirche, Band 14. Münster, S. 54-98.

Böhnisch, L./Rudolph, M./Wolf, B., 1998: Jugendarbeit als pädagogische Herausforderung. Konzeptionell und historische Zugänge. In: Böhnisch, L./Rudolph, M./Wolf, B. (Hrsg.): Jugendarbeit als Lebensort: jugendpädagogische Orientierungen zwischen Offenheit und Halt. Weinheim/München, S. 7-10.

Bohler, K.F., 2006: Familie und Jugendhilfe in krisenhaften Erziehungsprozessen. Erscheint in: ZBBS, 7. Jg., H. 1.

Bohnsack, R./Loos, P./Schäffer, B./Städtler, K./Wild, B., 1995: Die Suche nach Gemeinsamkeit und die Gewalt der Gruppe. Hooligans, Musikgruppen und andere Jugendcliquen. Opladen.

Brandhorst, K./Kohr, A., 2005: Gute Elternarbeit aus professioneller Sicht. In: Unsere Jugend, 57. Jg., H. 1, S. 10-19.

Büchner, P., 2002: Kindheit und Familie. In: Grunert, C./Krüger, H.-H. (Hrsg.): Handbuch Kindheits- und Jugendforschung. Opladen, S. 475-496.

Bundesministerium für Jugend, Familie und Gesundheit (Hrsg.), 1986: Jugendhilfe und Familie – die Entwicklung familienunterstützender Leistungen der Jugendhilfe und ihre Perspektiven. Bonn.

Busch, F.W., 1998: Familie und Kindheit. In: Führ, C./Furck, C.L. (Hrsg.): Handbuch der deutschen Bildungsgeschichte. Band VI: 1945 bis zur Gegenwart. Zweiter Teilband, Deutsche Demokratische Republik und neue Bundesländer. München, S. 101-116.

Busch, M., 2002: Kindeswohlgefährdung und Garantenstellung – (k)ein Thema der Jugendhilfe. In: Unsere Jugend, 54. Jg., H. 2, S. 82-89.

Deinet, U./Sturzenhecker, B. (Hrsg.), 2005: Handbuch Offene Kinder- und Jugendarbeit. Wiesbaden.

Du Bois-Reymond, M., 1998: Der Verhandlungshaushalt im Modernisierungsprozeß. In: Büchner, P./Du Bois-Reymond, M./Ecarius, J./Fuhs, B./Krüger, H.-H.: Teenie-Welten. Aufwachsen in drei europäischen Regionen. Opladen, S. 83-112.

Dwertmann, M., 2003: Zwei Jahre „Gesetz zur Ächtung der Gewalt in der Erziehung“ – Rückblick, erste Ergebnisse, Projekt und Ausblick. In: Berliner Forum Gewaltprävention, Sondernummer 6. Berlin, S. 50-55.

Funk, H., 2002: Elternarbeit. In: Schröer, W./Struck, N./Wolff, M. (Hrsg.): Handbuch Kinder- und Jugendhilfe. München, S. 681-692.

Gängler, H., 2005: Die Anfänge der Offenen Kinder- und Jugendarbeit. In: Deinet, U./Sturzenhecker, B. (Hrsg.): Handbuch Offene Kinder- und Jugendarbeit. Wiesbaden, S. 503-509.

Grosser, C., 2006: Familienbilder in der Familienforschung. In: Bauer, P./Brunner, E.J. (Hrsg.): Elternpädagogik. Von der Elternarbeit zur Erziehungspartnerschaft. Freiburg/Br., S. 61-77.

Gysi, J. (Hrsg.), 1989: Familie in der DDR. Berlin (Ost).

Hering, S., 2006: Die Macht der ‚Diagnosen‘ – und die Geduld der Opfer. Mädchen in der Fürsorgeerziehung 1945-1965. In: Sozial Extra, 30. Jg., H. 12.

Hafeneger, B., 2005: Geschichte der Offenen Kinder- und Jugendarbeit seit 1945. In: Deinet, U./Sturzenhecker, B. (Hrsg.): Handbuch Offene Kinder- und Jugendarbeit. Wiesbaden, S. 510-518.

Heilmann, S./Salgo, L., 2002: Der Schutz des Kindes durch das Recht – Eine Betrachtung der deutschen Gesetzeslage. In: Helfer, M.E./Kempe, R.S./Krugman, R.D.: Das mißhandelte Kind. Körperliche und psychische Gewalt, sexueller Missbrauch, Gedeihstörungen, Münchhausen-by-proxy-Syndrom, Vernachlässigung. Frankfurt am Main, S. 955-989.

Helsper, W./Sandring, S./Wiezorek, Ch., 2005: Anerkennung in pädagogischen Beziehungen – Ein Problemaufriss. In: Heitmeyer, W./Imbusch, P. (Hrsg.): Integrationspotnziale einer modernen Gesellschaft. Wiesbaden, S. 179-206.

Hering, S./Münchmeier, R., [2]2003: Geschichte der Sozialen Arbeit. Eine Einführung. Weinheim u. a.

Hildenbrand, B., 1997: Die Ehe und die Konstruktion der Wirklichkeit – Überlegungen zu einem Aufsatz aus dem Abstand von 30 Jahren. In: Wicke, E. (Hrsg.): Konfigurationen lebensweltlicher Strukturphänomene – Soziologische Varianten phänomenologisch-hermeneutischer Welterschließung. Opladen, S. 104-123.

Hildenbrand, B., 1998: Biographieanalysen im Kontext von Familiengeschichten: Die Perspektive einer Klinischen Soziologie. In: Bohnsack, R./Marotzki, W. (Hrsg.): Biographieforschung und Kulturanalyse. Opladen, S. 205-224.

Hildenbrand, B., 1999: Fallrekonstruktive Familienforschung. Opladen.

Hausen, K., 1978: Die Polarisierung der „Geschlechtscharaktere" – eine Spiegelung der Dissoziation von Erwerbs- und Familienleben. In: Rosenbaum, H. (Hrsg.): Familie und Gesellschaftsstruktur. Materialien zu den sozioökonomischen Bedingungen von Familienformen. Frankfurt am Main, S. 161-191.

Hofer, B., 2005: Qualifizierungsangebote für MitarbeiterInnen zur Elternarbeit. In: Unsere Jugend, 57. Jg., H. 1, S. 2-9.

Honig, M.S., 1996: Wem gehört das Kind? Kindheit als generationale Ordnung. In: Liebau, E./Wulf, C. (Hrsg.): Generation. Versuch über eine pädagogisch-anthropologische Grundlegung. Weinheim, S. 201-217.

Honig, M.S., 1999: Entwurf einer Theorie der Kindheit. Frankfurt am Main.

Honneth, A., 1992: Kampf um Anerkennung. Zur moralischen Grammatik sozialer Konflikte. Frankfurt am Main.

Hornstein, W./Schefold, W., 1998: Sozialpädagogik. In: Führ, C./Furck, C.L. (Hrsg.): Handbuch der deutschen Bildungsgeschichte. Band VI: 1945 bis zur Gegenwart. Zweiter Teilband, Deutsche Demokratische Republik und neue Bundesländer. München, S. 281-315.

Jung, H.P. (Hrsg.), 2006: SGB VIII Kinder- und Jugendhilfe. Kommentar zum SGB VIII mit Schriftsatz- und Vertragsmustern. Freiberg/Berlin.

Karsten, M.-E., [2]1996: Die „arme" Krisenfamilie ist die Familie der Sozialarbeit. In: Karsten, M.-E./Otto, H.-U. (Hrsg.): Die sozialpädagogische Ordnung der Familie. Beiträge zum Wandel familialer Lebensweisen und sozialpädagogischer Intervention. Weinheim/München, S. 202-220.

Karsten, M.-E./Otto, H.-U., [2]1996: Einleitung: Die sozialpädagogische Ordnung der Familie. In: Karsten, M.-E./Otto, H.-U. (Hrsg.): Die sozialpädagogische Ordnung der Familie. Beiträge zum Wandel familialer Lebensweisen und sozialpädagogischer Intervention. Weinheim/München, S. 9-34.

Krumenacker, F.J./Boller, M., 2004: Aufwachsen im „System Erziehungsstelle". In: Neue Sammlung, 44. Jg., H. 1, S. 91-115.

Kuhlmann, C./Schrapper, C., 2001: Geschichte der Erziehungshilfen von der Armenpflege bis zu den Hilfen zur Erziehung. In: Birtsch, V./Münstermann, K./Trede, W. (Hrsg.): Handbuch Erziehungshilfen. Leitfaden für Ausbildung, Praxis und Forschung. Münster, S. 282-328.

Kutscher, N., 2006: Die Rekonstruktion moralischer Orientierungen von Professionellen auf der Basis von Gruppendiskussionen. In: Bohnsack, R./Przyborski, A./Schäffer, B. (Hrsg.): Das Gruppendiskussionsverfahren in der Forschungspraxis. Opladen, S. 189-201.

Küster, E.U./Thole, W., 2005: Wie Kinder- und Jugendarbeit zum Beruf wurde. Eine historische Skizze. In: Deinet, U./Sturzenhecker, B. (Hrsg.): Handbuch Offene Kinder- und Jugendarbeit. Wiesbaden, S. 495-503.

Lenz, K./Böhnisch, L., 1997: Zugänge zu Familien – ein Grundlagentext. In: Böhnisch, L./Lenz, K (Hrsg.): Familien. Eine interdisziplinäre Einführung. Weinheim u. a., S. 9-63.

Müller, B., 2002: Kinder und Jugendliche in sozialpädagogischen Institutionen. In: Grunert, C./Krüger, H.-H. (Hrsg.): Handbuch Kindheits- und Jugendforschung. Opladen, S. 685-702.

Münchmeier, R., 1995: Die Vergesellschaftung von Wertgemeinschaften: Zum Wandel der Jugendverbände in der Nachkriegs-Bundesrepublik. In: Rauschenbach, T./Sachße, C./Olk, T. (Hrsg.): Von der Wertgemeinschaft zum Dienstleistungsunternehmen. Jugend- und Wohlfahrtsverbände im Umbruch. Frankfurt am Main, S. 201-227.

Münder, J. u. a., [4]2003.: Frankfurter Kommentar zum SGB VIII: Kinder- und Jugendhilfe. Weinheim/Berlin/Basel.

Münder, J./Mutke, B./Schone, R., 2000: Kindeswohl zwischen Jugendhilfe und Justiz. Professionelles Handeln in Kindeswohlverfahren. Münster.

Münder, J., [5]2004: Kinder- und Jugendhilferecht. München/Unterschleißheim.

Nave-Herz, R., 1964: Die Elternschule. Neuwied.
Peukert, D.J.K., 1986: Grenzen der Sozialdisziplinierung. Aufstieg und Krise der deutschen Jugendfürsorge von 1878 bis 1932. Köln.
Ramsauer, N., 2000: „Verwahrlost". Kindswegnahmen und die Entstehung der Jugendfürsorge im schweizerischen Sozialstaat 1900 – 1945. Zürich.
Reuter-Spanier, D., 2003: Elternarbeit – mit oder gegen Eltern? In: Jugendhilfe, 41. Jg., H. 3, S. 124-131.
Ritscher, W., 2005: Systemische Kinder- und Jugendhilfe. Anregungen für die Praxis. Heidelberg.
Schulze-Krüdener, J., 2005: Elternarbeit ist kein Luxus, sondern sollte integraler Bestandteil sein. In: Unsere Jugend, 57. Jg., H. 1, S. 20-29.
Segalen, M., 1997: Die industrielle Revolution: Vom Proletarier zum Bürger. In: Burguière, A./Klapisch-Zuber, C./Segalen, M./Zonaben, F. (Hrsg.): Geschichte der Familie. Band 4: 20. Jahrhundert. Darmstadt.
Solf, C./Wittke, V., 2006: Elternarbeit in der Tagesgruppe als ambulante Hilfe zur Erziehung. In: Bauer, P./ Brunner, E.J. (Hrsg.): Elternpädagogik. Von der Elternarbeit zur Erziehungspartnerschaft. Freiburg/Br., S. 129-155.
Stein-Hilbers, M., 1994: Wem gehört das Kind? Neue Familienstrukturen und veränderte Eltern-Kind-Beziehungen. Frankfurt am Main/New York.
Tschöpe-Scheffler, S., 2006: Stärkung der elterlichen Erziehungsverantwortung durch Angebote der Elternbildung. In: Bauer, P./Brunner, E.J. (Hrsg.): Elternpädagogik. Von der Elternarbeit zur Erziehungspartnerschaft. Freiburg/Br., S. 173-192.
Tyrell, H., 1987: Die „Anpassung" der Familie an die Schule. In: Oelkers, J./Tenorth, H.-E. (Hrsg.): Pädagogik, Erziehungswissenschaft und Systemtheorie. Weinheim/Basel, S. 102-124.
Ufermann, K., 1989: Elternbildung und Elternarbeit im Rahmen der Vorschulerziehung. In: Hohmeier, J./Mair, H. (Hrsg.): Eltern- und Familienarbeit. Familien zwischen Selbsthilfe und professioneller Hilfe. Freiburg, S. 72-89.
Urban, U., 2004: Professionelles Handeln zwischen Hilfe und Kontrolle. Sozialpädagogische Entscheidungsfindung in der Hilfeplanung. Weinheim u. a.
Vascovics, L.A., 1989: Nichtseßhaftigkeit, Verwahrlosung und Heimerziehung von Jugendlichen. In: Markefka, M./Nave-Herz, R. (Hrsg.): Handbuch der Familien- und Jugendforschung. Bd. 2: Jugendforschung, S. 779-792.
Wiesner, R., 2004: Das Wächteramt des Staates und die Garantenstellung der Sozialarbeiterin/des Sozialarbeiters zur Abwehr von Gefahren für das Kindeswohl. In: Zentralblatt für Jugendrecht. Kindheit, Jugend, Familie, 91. Jg., H. 5, S. 161-172.
Wiezorek, Ch., 2001: Fallbeispiele zur biographischen Genese von Gewalt und Fremdenfeindlichkeit. In: Wahl, K. (Hrsg.): Fremdenfeindlichkeit, Antisemitismus, Rechtsextremismus. Drei Studien zu Tatverdächtigen und Tätern. Texte zur inneren Sicherheit (Schriftenreihe des Bundesministeriums des Innern). Berlin, S. 268-295.
Wiezorek, Ch., 2005: Biographie, Schule und Anerkennung. Eine fallbezogene Diskussion der Schule als Sozialisationsinstanz. Wiesbaden.
Wilhelm, E., 2005: Rationalisierung der Jugendfürsorge. Die Herausbildung neuer Steuerungsformen des Sozialen zu Beginn des 20. Jahrhunderts. Bern/Stuttgart/Wien.
Zenz, G., 1979: Kindesmißhandlung, Kinderschutz und Kindesrechte im geschichtlichen Überblick. In: dies.: Kindesmißhandlung und Kindesrechte. Erfahrungswissen, Normstruktur und Entscheidungsrationalität. Frankfurt am Main, S. 19-76.

Gewalt in der Familie

Kai-D. Bussmann

1. Umfang und Entwicklung

1.1 Gewalt in der Partnerschaft

Im Jahre 2004 wurden 211.172 Fälle von Gewaltkriminalität registriert (vgl. PKS 2004, S. 231). Dies klingt viel, ist jedoch gemessen am Gesamtaufkommen der Kriminalität relativ wenig, ohne die Delikte verharmlosen zu wollen. Von den 6,6 Millionen jährlichen Straftaten sind nur etwa 3 % Gewaltdelikte. Der Informationsgehalt dieser Statistik ist jedoch nur begrenzt, denn es handelt sich um eine reine *Anzeigestatistik*. Sie gibt insofern keine Auskunft über das tatsächliche Kriminalitätsaufkommen; sondern genau genommen nur über die Anzeigebereitschaft der Bevölkerung. Das Dunkelfeld bleibt hierdurch, wie der Begriff sagt, letztlich unbekannt.

Die Polizeiliche Kriminalstatistik informiert zudem nur mittelbar über den Anteil der Gewaltdelikte in der Familie. Immerhin wird die Täter-Opfer-Beziehung erhoben und auch zwischen Verwandten und Bekannten unterschieden (vgl. PKS 2004, S. 63ff.). Hiernach waren 27,6 % der Opfer und Täter eines vollendeten oder versuchten Mordes miteinander verwandt, bei Straftaten gegen die sexuelle Selbstbestimmung galt dies für 18,2 % und bei Körperverletzungsdelikten für 13,9 % der Täter-Opfer-Beziehungen. Folgt man somit der Polizeilichen Kriminalstatistik betrifft die Mehrzahl der Fälle gerade nicht den engeren persönlichen Kreis der Betroffenen; in der Regel kannten sich Täter und Opfer nicht. Gewalt in engen sozialen Beziehungen musste folglich lange Zeit unterschätzt werden.

Die offizielle Kriminalstatistik entwirft indes ein *stark verzerrtes Bild* von der Wirklichkeit. Die Gewalt in Partnerschaften und in der Familie ist aus verschiedensten Gründen in einzigartiger Weise sozial unsichtbar. Dies gilt bereits, weil die Wahrscheinlichkeit einer Strafanzeige mit zunehmendem Bekanntheitsgrad zwischen Täter und Opfer abnimmt, sodass die Mehrheit der Fälle polizeilich und somit statistisch unentdeckt bleiben muss. So werden nach Dunkelfeldstudien innerhalb eines Jahres 10 % der Frauen Opfer physischer Gewalt in der Familie, während dies außerhalb der Familie nur für 1-2 % der männlichen und weiblichen Bevölkerung gilt (vgl. Erster Periodischer Sicherheitsbericht 2001, S. 69). Zudem ist das Viktimisierungsrisiko für Frauen außerhalb der Familie noch deutlich niedriger.

Befinden sich Opfer vor der Entscheidung zur Strafanzeige schon in einer psychisch besonders belastenden Situation, so müssen sie auch danach mit verstärkten Aggressionen seitens des Täters rechnen (während der Scheidung: vgl. Rottleuthner-Lutter 1995, S. 268ff.), wenn dieser weiß, dass die Ermittlungen allein von der Initiative des Opfers abhängen. Sie sind dem schlagenden Partner demnach weiterhin ausgeliefert, wenn die Beziehung nicht sofort beendet wird – wofür häufig der Mut fehlt, finanzielle Abhängigkeiten bestehen oder gemeinsame Kinder vorhanden sind (vgl. Schall/Schirrmacher 1995, S. 16).

Außerdem bedeutet der Schritt zu einer Strafanzeige, dass Opfer sich selbst über die Abgeschlossenheit und Anonymität des Privaten hinwegsetzen und die Öffentlichkeit des Rechts suchen müssen. Das Recht sendete seinerseits bis in unsere heutige Zeit überwiegend Signale des Desinteresses (vgl. Sick 1995). In den letzten Jahren hat allerdings sein Interesse am Problem körperlicher und sexueller Gewalt in der Familie deutlich zugenommen. Zu nennen sind insbesondere das 1997 eingeführte Verbot der Vergewaltigung in der Ehe, das Verbot von Gewalt in der Erziehung (vgl. § 1631 Abs. 2 BGB, 2001) sowie jüngst das *Gewaltschutzgesetz* (2001), das vor allem den Betroffenen schneller und leichter gerichtlich Beistand gewährt, um Gewalttäter der Wohnung zu verweisen (vgl. Rupp/Grosa 2005). Grundidee ist, nicht mehr die zumeist weiblichen Opfer sollen weichen, sondern die Täter.

Für eine strafrechtliche Verfolgung stellt das Recht allerdings nach wie vor erhebliche Hürden auf und verweist die Betroffenen de facto häufig auf die „Selbstheilungskräfte" des Privaten. Viele der angezeigten leichteren Delikte sind *Privatklagedelikte* für die das Strafrecht (vgl. bspw. für Körperverletzung, Beleidigung, §§ 374 ff. StPO) nur bei *Vorliegen eines öffentlichen Interesses* den weiteren Gang des Verfahrens vorsieht. Gerade ein solches wird aber praktisch häufig verneint, weil die Auffassung vorherrscht, dass Familienstreitigkeiten „Privatsache" sind. Außerdem sind die leichteren Delikte so genannte *Antragsdelikte* (vgl. bspw. Körperverletzung, § 230 StGB), sodass ein Strafantrag des Verletzten erforderlich ist und die Staatsanwaltschaft nur selten von sich aus tätig werden kann. Nur im Falle eines *besonderen öffentlichen Interesses* kann die Strafverfolgung auch ohne Strafantrag eingeleitet werden. Ein solches besonderes Verfolgungsinteresse bejaht die Staatsanwaltschaft bei Körperverletzungen auf Grund bundeseinheitlicher Richtlinien in der Regel nur im Falle einer rohen Tat, Misshandlung oder erheblichen Verletzung (vgl. Nr. 233 Richtlinien für das Straf- und Bußgeldverfahren).

Die Eingriffsschwelle liegt somit hoch. Nur für die Kindesmisshandlung gelten strengere Kriterien. Eine Strafverfolgung *ohne* Strafantrag und *ohne* den Verweis auf den Privatklageweg geschieht daher in der Praxis nur im Ausnahmefalle (vgl. Bannenberg u. a. 1999, S. 21), etwa bei schweren Vergehen oder gar Verbrechen wie Vergewaltigung oder sexueller Missbrauch von Kindern; allein hier besteht rechtlich ein Verfolgungszwang (Legalitätsprinzip).

Wird die Mehrzahl der Fälle somit auf das Privatklageverfahren verwiesen, ist ein solches für die meisten Opfer überhaupt nicht durchführbar. Faktisch kann nämlich ein Privatstrafverfahren nur betreiben, wer eine gewisse Machtposition innehat. Gerade daran wird es bei Gewalttaten in Paarbeziehungen aber häufig fehlen. Wenn insbesondere weibliche Opfer von Gewalttaten in der Beziehung somit den Schutz des Strafrechts erwarten, kommt die Verweisung auf den Privatklageweg faktisch der Verweigerung dieses strafrechtlichen Schutzes gleich.

Schließlich sieht sich das Strafrecht Erwartungen seitens der Opfer gegenüber, die es nicht erfüllen kann und wohl auch nicht will. Dabei ist eine Anzeige häufig als Signal zu verstehen, dass zum einen die private Konfliktregelungskompetenz erschöpft ist und zum anderen eine Wiederholung der Tat verhindert, eine Schadenswiedergutmachung geleistet sowie Unrechtseinsicht vom Täter gefördert werden soll (vgl. Baurmann/Schädler 1996, S. 76f.). Opfer erwarten hingegen nicht, was ihnen mehrheitlich passiert, nämlich die Einstellung des Strafverfahrens auf Grund mangelndem öffentlichen Interesse unter Verweisung auf den Privatklageweg (vgl. Bannenberg u. a. 1999, S. 36).

Folglich zeigt das Strafjustizsystem bei leichten und zuweilen mittelschweren Gewaltdelikten – gerade bei Taten im privaten Bereich – zu wenig Interesse, das gerade einer Gewaltprävention keinesfalls förderlich ist. Wird das Strafrecht in dieser Weise den Erwartungen der Opfer *nicht* gerecht, verwundert es kaum, dass Opfer auf eine Anzeige verzichten und plausible Gründe für eine Selbstregelung oder einen Regelungsverzicht haben. Die außerdem befürchtete Verdoppelung der Viktimisierung durch das Strafverfahren (*sekundäre Viktimisierung*) verhindert zusätzlich die Offenbarung gegenüber den strafrechtlichen Instanzen. Jenseits der offiziellen Kriminalstatistiken wird darum ein erhebliches Dunkelfeld vermutet.

Generell gelten *Sexualdelikte* wegen ihrer niedrigen Verfolgungswahrscheinlichkeit sogar als relativ risikoarme Straftaten oder als „perfekte Delikte" (Sick 1995, S. 281). Sie sind die Ausnahme von der kriminologischen Regel, dass mit zunehmendem Schweregrad der Straftaten die Anzeigebereitschaft der Opfer eigentlich zunimmt. Die Anzeigequote wird für Sexualdelikte innerhalb des sozialen Nahbereichs von Partnerschaften deutlich unter 10 % geschätzt (vgl. Erster Periodischer Sicherheitsbericht 2001, S. 72).

Für Formen von Gewalt in der Familie stellt sich zusätzlich das Problem der besonders *geringen Sichtbarkeit* der Delikte. Auf Grund der Anonymität und Privatheit einer Intimbeziehung sind für Außenstehende Gewalttaten innerhalb der Familie bzw. Partnerschaft im Vergleich zum öffentlichen Raum kaum erkennbar. Darüber hinaus verhindert aber auch ein gesamtgesellschaftliches Tabu weitgehend jegliche Kommunikation über derartige Vorfälle. Die in der Familie auftretenden Problemlagen werden als „Privatangelegenheiten" angesehen, in die man sich weder einzumischen noch darüber zu sprechen wagt. Dies gilt für die betroffenen Opfer ebenso wie für Außenstehende (Nachbarn, Freunde usw.). Dieses Tabu erstreckt sich demgemäß erst recht auf die Inanspruchnahme des Rechts und seiner Instanzen (vgl. Frehsee/Bussmann 1994).

Die *Polizei* spiegelt diese Problematik zudem, wenn sie auf „Ruhestörungen" und „Familienstreitigkeiten" weniger mit strafrechtlichen Maßnahmen reagiert, sodass im Gegensatz zur Gewalt in der Öffentlichkeit seltener die Verbindung zum Kriminaljustizsystem hergestellt wird (vgl. Bannenberg u. a. 1999, S. 13; Feltes 1996). Sie gibt allen Recht (wie Nachbarn, Freunden), die möglichst lange warten wollen, bevor man Hilfe herbeiholt. Dabei erzwingt die Strafprozessordnung keine Hauptverhandlung oder gar strenge Strafen, sondern ermöglicht *Einstellungen* unter familientherapeutischen Auflagen (vgl. Beulke 1994). Gleichwohl erfolgte nur in etwa 30 % der Fälle, in denen die Polizei zu Familienstreitigkeiten hinzugerufen wurde, überhaupt eine Strafanzeige (vgl. Feltes 1996, S. 197). In der Regel wurde der Streit geschlichtet und die rechtliche Situation erläutert (zu 72 % bzw. 65 %). Diese polizeiliche Handlungspräferenz ist zwar nicht unbedingt zu kritisieren, sie erklärt aber die Verzerrungen in der Polizeilichen Kriminalstatistik, da die Mehrheit der strafbaren familialen Gewaltdelikte im Dunkelfeld verbleibt.

Die Polizeiliche Kriminalstatistik informiert auch über die differenzielle Betroffenheit der Geschlechter. Dabei gilt, dass weibliche Opfer häufiger innerhalb ihrer Verwandtschaft viktimisiert wurden (Mord, Totschlag 47,3 %; Straftaten gegen die sexuelle Selbstbestimmung 18,3 %; Körperverletzung 27,8 %). Allerdings korrigieren Dunkelfeldstudien dieses Bild der amtlichen Statistik. Immerhin waren hiernach 68 % der Männer und 58 % der Frauen partnerschaftlicher Gewalt ausgesetzt (vgl. Habermehl 1989, S. 195). Forschungen aus den USA bestätigen ebenfalls ein hohes Maß an Gewalt von Frauen gegenüber ihren männlichen Partnern (vgl. Straus/Gelles/Steinmetz 1980; Lupri 1990). Partnergewalt scheint somit keineswegs ausschließlich Männergewalt zu sein. Indes sind diese Befunde insoweit zu relativieren als Frauen häufiger schwerere Gewalttätigkeiten und Verletzungen erfahren (vgl. Erster Periodischer Sicherheitsbericht 2001, S. 75), sodass sich auch hieraus die geringere Anzeigeneigung der Männer erklären dürfte. Partnerschaftliche Gewalt kann somit nur im unteren und mittleren Schwerebereich als ubiquitär eingestuft werden.

Das offiziell in der Kriminalstatistik entworfene Bild über Gewalt in der Familie ist folglich in vielfacher Hinsicht fehlerhaft. Zum einen wird das Phänomen als solches nicht thematisiert und zum anderen wird das wahre Ausmaß mehr verhüllt denn aufgedeckt. Zwar erlauben Dunkelfeldstudien nur Schätzungen, die teilweise stark differieren (vgl. Schall/Schirrmacher 1995, S. 13; Schwind/Baumann 1990, Bd. 1, Rn. 189f.), aber nach mehr als dreißig Jahren Familiengewaltforschung ist man sich heute sicher: Das Risiko Opfer einer Gewalttat zu werden, ist innerhalb des sozialen Nahraums mit Abstand am höchsten. Von niemandem sonst werden Kinder, Frauen und Männer so oft geschlagen wie von ihren nächsten Angehörigen (vgl. Habermehl 2002, S. 419). Die Risikolagen werden somit vollständig falsch eingeschätzt; vom Partner, Freund und Bekannten geht das höchste Gefährdungspotenzial aus. Nicht ohne Grund bezeichnen manche Familiengewaltforscher die Familie gar als *„Schlachtfeld“* (Steinmetz 1977, S. 11) oder *„gewalttätige Institution“* (Frehsee 1992, S. 41).

Insbesondere für Frauen gilt: Nirgendwo in der Gesellschaft werden sie so häufig Opfer gewalthaltiger Übergriffe wie hier. Außerhalb der Familie oder Partnerbeziehung droht ihnen kein vergleichbares Viktimisierungsrisiko. Auf diese Weise erklärt sich wahrscheinlich auch, dass der kritische Blick verstärkt auf die männlichen Partner gerichtet ist, obwohl diese ebenfalls ein erhöhtes innerfamiliales Viktimisierungsrisiko tragen.

Misshandlungen des weiblichen Ehepartners werden noch für die alte Bundesrepublik auf bis zu 4 Millionen geschätzt (vgl. Schwind/Baumann 1990, S. 75). Nach der umfassenden Dunkelfeldstudie des Kriminologischen Forschungsinstituts Niedersachsens waren Frauen im Zeitraum von 1987-1991 zu 16,1 % Opfer körperlicher Gewalt, davon 4,6 % sogar schwerwiegender körperlicher Gewalt. Generell gilt, dass das Viktimisierungsrisiko mit zunehmendem Alter sinkt. 3,5 % der Frauen gaben an, in den letzten fünf Jahren Opfer einer Vergewaltigung oder sexuellen Nötigung gewesen zu sein, bei 2,6 % geschah dieser innerhalb des häuslichen Bereichs. Dabei handelte es sich bei den Tätern in 76 % der Fälle um den Ehemann bzw. in 16,7 % um den nicht-ehelichen Lebenspartner (Nachweise und Daten: vgl. Erster Periodischer Sicherheitsbericht 2001, S. 75).

Gewalt in Partnerschaften gilt zudem nicht als ausschließliches *Unterschichtsproblem* (vgl. Schall/Schirrmacher 1995, S. 12), wenn auch Frauen aus den unteren sozio-ökonomischen Statusgruppen ein höheres Viktimisierungsrisiko trifft (vgl. Erster Periodischer Sicherheitsbericht 2001, S. 75). Immerhin entstammt von den jährlich ca. 40.000 Frauen in mehr als 320 Frauenhäusern ein Großteil den unteren sozialen Schichten. Allerdings ist zu berücksichtigen, dass Frauen der Mittel- und Oberschicht andere Alternativen zur Verfügung stehen, um sich ihren gewalttätigen Männern zu entziehen.

Diese blinden Flecken gesellschaftlicher Wahrnehmung erlauben erst die Aufrechterhaltung einer Tabuzone, die die Familie gegen Beobachtungen und Kommunikation weitgehend abschirmt und auf diese Weise sogar den Nährboden für familiale Gewalt bildet. Gewalttäter können sich nirgendwo so sicher vor sozialer Kontrolle fühlen wie innerhalb des Familienverbands.

1.2 Gewalt gegenüber Kindern

Die Familiengewaltforschung weiß seit den 1970er Jahren, dass von allen Familienmitgliedern Kinder das höchste Viktimisierungsrisiko trifft. Das lange Zeit weltweit geltende Züchtigungsrecht verhinderte jegliches Problembewusstsein und jegliche Wahrnehmung. Dagegen kann bereits die Polizeiliche Kriminalstatistik über diese besondere Betroffenheit von Kindern informieren; sie wird in der öffentlichen Aufgeregtheit um die Jugendgewalt jedoch kaum zur Kenntnis genommen. Zwar waren im Jahre 2004 von 242.989 offiziell registrierten Opfern von Gewalt (innerhalb und außerhalb von Familien) 63,2 % älter als 21 Jahre, aber 6,9 % waren Kinder (unter 14 Jahre), 16,4 % Jugendliche (unter 18 Jahre) und 13,5 % Heranwachsende (unter 21 Jahre).

Junge Menschen tragen folglich gemessen an ihrem Bevölkerungsanteil auch das höchste Viktimisierungsrisiko in unserer Gesellschaft, wobei zudem die hohen Dunkelziffern in Folge häuslicher Gewalt noch nicht berücksichtigt sind. Auch werden in der gesellschaftlichen Wahrnehmung die auch in quantitativer Hinsicht noch bedeutsameren Fälle der *Vernachlässigung* von Kindern nicht als Formen passiver Gewalt verstanden. Sexuelle wie auch körperliche Kindesmisshandlung stellen zusammen mit Vernachlässigung unzweifelhaft eines der immer noch gravierendsten Missstände in der familialen Erziehung dar (vgl. Überblick in Deegener/Körner 2005). Die amtliche Polizeiliche Kriminalstatistik (PKS) gibt hiervon nur ein sehr schemenhaftes Bild.

Immerhin wurden in Deutschland 2004 rund 15.300 Fälle von sexuellem Missbrauch von Kindern bei der Polizei angezeigt. Zu 96,4 % handelte es sich um männliche Tatverdächtige und 77,1 % der Opfer waren weiblich (vgl. PKS 2004, S. 137ff.). Dunkelfeldstudien kommen infolge unterschiedlicher Definitionen und Untersuchungsmethoden zu sehr divergierenden Schätzungen. Nach einer jüngsten deutschen Studie haben immerhin 18,1 % der Frauen und 7,3 % der Männer sexuelle Übergriffe in ihrer Kindheit bzw. Jugend erfahren. Legt man mit einigen Dunkelfeldstudien somit eine weite Definition zu Grunde, ergibt sich, dass fast jedes fünfte Mädchen und jeder zehnte Junge von sexuellen Übergriffen betroffen ist (vgl. Volbert 1995, S. 54). Differenziert man zwischen den einzelnen Delikten und Handlungen, erlitten 2,6 % der Frauen und 0,9 % der Männer einen sexuellen Missbrauch (Nachweise: vgl. Erster Periodischer Sicherheitsbericht 2001, S. 86). Die Deutsche Forschungsgemeinschaft schätzt, dass Jahr für Jahr mindestens 300.000 bis 400.000 (ca. 3 % aller 11 Mio. Kinder und Jugendlichen in den alten Bundesländern) körperlich misshandelt bzw. sexuell missbraucht werden (vgl. Buskotte 1992, S. 71). Dies spiegelt sich auch in der quantitativen Zunahme familien- und vormundschaftsgerichtlicher Verfahren mit sexueller Missbrauchsproblematik wider (vgl. Steller 1995, S. 60). Weiterhin kommt sexueller Missbrauch in jeder sozialen Schicht vor (vgl. Kluck 1995, S. 56).

Bemerkenswert ist wiederum das Anzeigeverhalten: Im Unterschied zu anderen Delikten gilt auch bei Kindern, je gravierender der sexuelle Übergriff, desto unwahrscheinlicher wird eine Strafanzeige. Aus Sicht Erwachsener handeln die betroffenen Kinder zumeist nicht vernünftig, ihre Coping-Strategien sind aus verschiedenen Gründen heraus nur in seltenen Fällen auf eine Enthüllung der Missbrauchs gerichtet (vgl. Hoese/Orth 2005). Die Anzeigequote ist gegenüber exhibitionistischen Handlungen am höchsten (14,1 %), während sie bei sexuellem Missbrauch mit Körperkontakt am niedrigsten (7,4 %) und besonders selten bei Vorfällen in der Familie ausfällt (2 %). Mehr als 40 % der Befragten haben zudem noch nie zuvor über ihre Missbrauchserlebnisse gesprochen (vgl. Erster Periodischer Sicherheitsbericht 2001, S. 87). Das gesellschaftliche Tabu gilt – trotz aller Aufweichungen – weiterhin ungebrochen.

Verschiedene größere deutsche Dunkelfeldstudien haben zudem die große Verbreitung *körperlicher Gewalt* von Eltern gegen ihre Kinder belegt (vgl. Frehsee/Bussmann 1994; Bussmann 1996; Habermehl 1989; Wetzels 1997). Nach neueren Forschungen zur körperlichen Gewalt haben mindestens 20 % aller Kinder und Jugendlichen während ihrer Erziehung mindestens einmal schwerste Gewalt durch einen Elternteil erfahren. Hiernach dürften von den derzeit in Deutschland lebenden 12,2 Millionen Kindern und Jugendlichen über 2 Millionen Misshandlungserfahrungen gemacht haben (vgl. Bussmann 2005a). Auch nach den jüngsten Studien können wir die Familien grob in drei Gruppen einteilen, in denen Gewalt in der Erziehung sehr unterschiedlich eingesetzt wird (vgl. Bussmann 2005a). Folgt man den Selbstreports der betroffenen Kinder und Jugendlichen, so

- kennen etwa 32 % aller Kinder und Jugendlichen keine oder nur in sehr seltenen Ausnahmen körperliche Bestrafungen.
- erleben 47 % der Kinder und Jugendlichen neben zahlreichen anderen Sanktionen häufiger leichte körperliche Strafen. Schwere Körperstrafen kennen sie praktisch jedoch nicht.
- erfahren 21 % der Kinder und Jugendlichen nicht nur häufiger psychische Formen von Gewalt, sondern auch öfter schwere körperliche Züchtigungen (wie Tracht Prügel, kräftig Po versohlen). Ihre Erziehung ist gewaltbelastet.

Vor allem diese Gruppe der gewaltbelasteten Familien ist verantwortlich für zahlreiche *Entwicklungsrisiken* auf Seiten der Kinder und Jugendlichen, wie schwere psycho-soziale Auffälligkeiten, Entstehung von anti-sozialen Verhaltensweisen und nachfolgende Delinquenz (vgl. Spatz Widom 1989; Smith/Thornberry 1995; Straus/Sugarman/Giles-Sims 1997; Pfeiffer u. a. 1998; Wetzels 1997). Außerdem korrelieren sexuelle und körperliche Übergriffe miteinander. Sexuelle Missbrauchsopfer erfahren häufiger als Andere körperliche Züchtigungen in der Familie. Ferner besteht für weibliche Opfer eines sexuellen Missbrauchs ein erhöhtes Risiko, erneut Opfer sexueller Gewalt zu werden (sog. Reviktimisierung; Nachweise: vgl. Erster Periodischer Sicherheitsbericht 2001, S. 88).

Die öffentliche Aufgeregtheit über die Jugendgewalt ignoriert hingegen die familialen Wurzeln vieler Gewaltübergriffe von jungen Menschen, obwohl empirisch eindeutig belegt. Trotz des festzustellenden Rückgangs der Gewalt in der Erziehung bestehen diese Risiken für die nachwachsende Generation weiterhin, denn noch immer ist die Wahrscheinlichkeit selbst strafbare Körperverletzungen zu begehen, umso höher, je gewaltgeprägter die eigene familiale Erziehung ist. Jugendliche, die in gewaltbelasteten oder gar misshandelnden Familien aufwachsen (21 %, siehe oben), weisen eine dreimal häufigere und gravierendere Gewaltaktivität auf (vgl. Bussmann 2005).

Außerdem sind Jugendliche aus einer gewaltförmigen Erziehung zugleich häufiger *Opfer* von Gewalt. Dies lässt sich auf die eigene Gewalttätigkeit, auf aggressives Verhalten, mangelnde Konfliktfähigkeit und auf einen entsprechend provozierenden Habitus zurückführen. Besonders hoch ist die Viktimisierung durch andere Jugendliche, bei den gewaltbelastet Erzogenen mehr als doppelt so hoch (vgl. Bussmann 2005). Die Folgen für Kinder aus Familien mit einer gewaltgeneigten Erziehung sind somit in jeder Hinsicht fatal: Neben ihren ohnehin höheren Entwicklungsrisiken werden sie nicht nur häufiger selbst zu Tätern, sondern auch außerhalb ihrer Familie zu Opfern von Gewalt – sie werden genau genommen doppelt viktimisiert.

Hinsichtlich der *schichtspezifischen* Verteilung zeigt sich zwar, dass Hauptschüler etwas häufiger und Gymnasiasten seltener zu Hause geschlagen werden. Auch weisen Eltern, die ihre Kinder häufiger und schwerer schlagen, im Durchschnitt einen etwas schlechteren Bildungsgrad auf. Dennoch sind Unterschiede zwischen den Bildungsschichten nicht so ausgeprägt, dass der Gebrauch von Gewalt in der Erziehung einer bestimmten Schicht primär zugeordnet werden kann. Dem Ideal einer gewaltfreien Erziehung scheinen sich mittlerweile alle Bevölkerungsgruppen unabhängig von ihrer Bildung und ihrem sozialen Status weiter angenähert zu haben (vgl. Bussmann 2005).

Bezüglich der beiden *Geschlechter* zeigte sich in Übereinstimmung mit der überwiegenden Familiengewaltforschung, dass Mütter ihre Kinder auf Grund ihrer intensiveren Erziehungstätigkeit etwas häufiger schlagen. Nach anderen Studien wurde fast die Hälfte der Kinder durch ihre Mutter misshandelt, 42 % durch ihren Vater (vgl. Habermehl 1989, S. 156ff.). Allerdings haben Mütter im Gegensatz zu Vätern generell eine zunehmend kritischere Haltung zum Gebrauch von Gewalt in der Erziehung (vgl. Bussmann 2003). Da wir zudem wissen, dass sich die häusliche Erziehungspraxis (noch) weitgehend an den Müttern orientiert (vgl. Stattin u. a. 1998), lässt dies künftig einen weiteren Rückgang von Gewalt in der Erziehung vermuten.

Bei der weiteren Frage, ob *Jungen* häufiger als *Mädchen* geschlagen werden, zeigt sich, dass männliche Kinder und Jugendliche generell mehr Erziehungsstrafen erfahren, nicht nur mehr körperliche, sondern auch häufiger psychische Strafen und Verbotssanktionen. Mädchen werden insbesondere wesentlich seltener mit schweren Körperstrafen traktiert als Jungen. Das Risiko schwerer oder gar letaler Verletzungen ist zudem bei den *Jüngsten* und *Kleinkindern* am höchsten. Die zuweilen übersteigerte öffentliche Erregung gegenüber pädophilen Sexualstraftätern für unsere Kinder entspricht somit nicht der tatsächlichen Risikolage; wenn Kinder getötet werden, waren es in der Mehrzahl der Fälle die eigenen Eltern (vgl. Dörmann 1983, S. 476f.).

In den letzten Jahrzehnten ist ein deutlicher *Wandel* sowohl in den Einstellungen als auch im Gebrauch von körperlichen Bestrafungen festzustellen. Vergleichsstudien über einen Zeitraum von 10 Jahren zeigen eine signifikante Abnahme der Gewalt, die zudem nicht durch psychische Gewalt kompensiert wurde. Soweit die Jugendlichen teilweise über eine Zunahme leichter psychischer Gewaltformen und anderer Sanktionen berichten, kann dies eher auf die zwischenzeitlich angestiegene Sensibilität und veränderte Erwartungshaltung gegenüber einer modernen Erziehung zurückgeführt werden. Der prozentuale Anteil der vorherrschenden Erziehungsmaßnahme Ohrfeigen ist auf ca. 60-70 % zurückgegangen. Besonders hoch war der Rückgang bei schweren Körperstrafen; über *Po versohlen* berichten heute ca. 27 % und über eine *Tracht Prügel* nur noch ca. 5 % der Kinder und Jugendlichen (vgl. Bussmann 2005; 2005a). Es wurde somit noch nie mit so wenig Gewalt erzogen wie heute.

Entsprechend der Forschung zum generellen *Wertewandel* in der Erziehung zeigte sich, dass für die meisten Eltern heute eine gewaltfreie Erziehung sogar ihr Ideal darstellt (92 %). Deutlich bevorzugt werden zunehmend Varianten eines diskursiven Erziehungsstils. Vielmehr geschehen für die meisten Eltern körperliche Bestrafungen aus Hilflosigkeit und auf Grund situativ bedingter Überforderung. Bemerkenswert ist zudem, dass 75 % der gewaltbelasteten Eltern ebenfalls eine gewaltfreie Erziehung anstreben und somit dieses Ideal konsensfähig ist. Insgesamt ist festzustellen, der Einsatz von Gewalt gilt mittlerweile als unzeitgemäß; nur noch eine Minderheit von Eltern hält Körperstrafen für ein taugliches Erziehungsmittel (vgl. Bussmann 2005; 2005a).

2. Ursachen und theoretische Erklärungen

Die Wahrnehmung des Phänomens Gewalt gegen Kinder ist allerdings in der Öffentlichkeit immer noch nicht von ihrer Normalität, sondern Abnormalität geprägt. Die Erkenntnis der Allgegenwärtigkeit von Gewalt gegen die Schwächsten in der Familie als Bestandteil familiärer Intimbeziehungen wurde lange Zeit vollständig verdrängt oder erst gar nicht in dieser Form wahrgenommen (vgl. Frehsee 1992). Gewalt in der Familie, sei es gegenüber dem Partner oder dem Kind konnte man sich nur als Ausnahme vorstellen. Im Übrigen schrieb man sie Geisteskranken und sozial randständigen Personen, allenfalls besonders belasteten Familien zu (vgl. Schneider 2001, S. 203f.). Vor diesem Hintergrund gestaltete sich folglich auch die Suche nach den Ursachen familialer Gewalt als langsamer Prozess der *„Entmystifizierung"* in Form einer Entwicklung von individualisierenden hin zu sozialstrukturellen und systemtheoretischen Ansätzen. Gerade die letzteren Erklärungsansätze legten immer mehr nahe, dass es einen hohen Grad an Gemeinsamkeiten zwischen der Gewalt gegen Partner wie auch gegen Kinder gibt. Abgesehen vom konkreten Einzelfall mit seinen spezifischen Ursachenkonstellationen, galt es zunehmend Gewalt in der Familie als gesellschaftliches Phänomen zu erklären.

Zunächst wurden jedoch psycho-pathologische Ursachen in der Täterpersönlichkeit vermutet (vgl. Steele/Pollock 1978), sei es durch „Fehlentwicklungen" in Form von Instinktperversionen (vgl. Spiel/Pilz 1983) oder auf Grund von Ich-Diffusionen mit schweren Verlassenheitsängsten (vgl. Ammon 1979). In die Richtung von Konditionierungsmodellen tendierten ferner Auffassungen, die die familiäre Problemlösung durch Gewalt als unbewusst ablaufende Tat ansahen, die zwanghaft nach dem Muster des Verhaltens der Eltern oder anderer Bezugspersonen verläuft (vgl. Zuppinger 1983). Aber alle Versuche, einen *typischen Misshandlungstäter* zu identifizieren und durch psychopathologische oder psychologisch defizitäre Besonderheiten zu kennzeichnen, schlugen fehl (Überblick: vgl. Schneider 2001, S. 203ff.). Studien auf Basis von Persönlichkeitseigenschaften erwiesen sich auf Grund ihrer hohen Selektivität als ungeeignet, Muster aufzudecken, die mit Misshandlungen assoziiert sind (vgl. Wolfe 1985, S. 465).

Die anfangs noch zu stark auf klinische Untersuchungen fokussierte Forschung vermochte zuwenig den Blick auf die Zusammenhänge im Dunkelfeld zu richten und unterlag häufig den methodischen Restriktionen reiner Hellfeldanalysen. So zeigte sich, dass bei diesen Ansätzen die besondere psychosoziale Situation des Familienverbands zu wenig berücksichtigt wurde, der vor allem auch von Abgeschlossenheit und Intimität geprägt ist. Vielmehr stellte sich in komplexeren Familiengewaltforschungen immer wieder die „Normalität" der meisten Täter sowohl hinsichtlich des sexuellen Missbrauchs (vgl. Kavemann/Lohstöter 1984) wie auch bezüglich der körperlichen Misshandlung heraus (vgl. Ziegler 1990). Heute geht die Familiengewaltforschung davon aus, dass es nicht *den* typischen Misshandler gibt (vgl. Frehsee 1992, S. 39).

Dementsprechend richtete sich der wissenschaftliche Fokus zunehmend auf die „Pathologie" der Familie selbst, die entweder Bedingungen schaffe, die die Wahrscheinlichkeit erhöhen, dass ein Familienmitglied den Handlungen eines anderen böswillige Absichten zuschreibt (vgl. Hotaling 1980) oder aber selbst in hohem Maße Stress ausgesetzt ist, für Stressbewältigung indes schlecht ausgerüstet ist und so ein Frustpotenzial schafft, welches sich in Gewalt äußert (vgl. Farrington 1980). Hierbei kann es zu Konfliktspiralen kommen. Ein Großteil der schweren Taten beruht somit auf ungelösten und jahrelang eskalierenden Konflikten (vgl. Schneider 1993, S. 117).

Gewalt im sozialen Nahraum liegt somit häufig ein langer interaktiver Prozess zu Grunde, der sich im „*Battered Woman Syndrom*" äußern kann (vgl. Marth 1995, S. 292). Das Auftreten von Gewalt ist zumeist kein einmaliges Phänomen, sondern unterliegt einer besonderen Dynamik, bei der verschiedene Misshandlungsformen ineinander übergehen und in ihrer Intensität von psychischen und ökonomischen Beeinträchtigungen bis hin zu körperlichen und sexuellen ansteigen (vgl. Bannenberg u. a. 1999, S. 37). Frauen schlagen auch zu, um Angst, Verletzungen und Verzweiflung zu zeigen, während Männer häufiger die Gewaltanwendung für die Erhaltung ihres Machtverhältnisses instrumentalisieren und dabei oft alkoholisiert zuschlagen.

Von einer gewissen Normalität müssen wir auch hinsichtlich der *sozialstrukturellen* Merkmale ausgehen. Dunkelfelduntersuchungen stellten zwar immer wieder eine Korrelation zwischen Kindesmisshandlung und Zugehörigkeit zu unteren sozialen Schichten fest sowie zu familialen Belastungen wie Arbeitslosigkeit, massive Partnerkonflikte oder Überforderung der Mütter durch mehrere Kleinkinder (vgl. Engfer 1986, S. 73ff.). Auch scheinen Kinder in strukturell unvollständigen Familien („broken home") für sexuellen Missbrauch erhöht gefährdet zu sein (Nachweise: vgl. Erster Periodischer Sicherheitsbericht 2001, S. 87). Gleichwohl besteht jenseits gewisser Risikofaktoren ein grundsätzliches Risiko für Gewalt in allen Familien bzw. Partnerschaften.

Andere Ansätze begreifen deshalb die Familie als ein *Machtsystem*, in dem Individuen dazu bewegt werden, Absichten anderer zu dienen. Gewalt wird dann als ein dafür notwendiges soziales Mittel verstanden, welches auch wesentliches Element des Familiensystems ist. Die Wahrscheinlichkeit, dass ein Individuum Gewalt einsetzt, erhöhe sich dann, wenn alternative Ressourcen (wie ökonomische Variablen, Prestige oder Liebe) seltener verfügbar seien (vgl. Goode 1971). Dies rückt Familiengewalt jedoch in die Nähe unterer sozialer Schichten und erklärt nicht, warum in besser gestellten Familien ebenfalls geschlagen wird.

Soziokulturelle Ansätze hingegen verschieben den Fokus erneut und begreifen die Gewalt in der Familie als in den Werten, Strukturen und Dynamiken der Gesellschaft begründet (vgl. Gil 1979). Gewalt ist danach vor allem Ausdruck traditioneller Vorstellungen über Familienwerte und traditionellen männlichen Rollenverhaltens, z. B. den Glauben daran, dass der Mann die dominante Person sein sollte (vgl. Bannenberg u. a. 1999, S. 41). Dies begründet jedoch nur männliche Gewalt in der Familie. So weist die feministische Kriminologie zu Recht darauf hin, dass Gewalt keineswegs mit naturalisierten Geschlechtern, sondern mit Formen der *Machtausübung*, dem Patriarchat als Herrschaftsform und der Auseinandersetzung um Ressourcen, Definitionen und Erfüllung von Leistungen zusammenhängt (vgl. Kersten/Steinert 1997, S. 9). Auf diese Weise erklärt sich auch die Gewalt von Müttern gegen ihre Kinder in Form körperlicher Bestrafungen. Die traditionelle Rolle von Vätern wie Müttern, die lange Zeit durch das Züchtigungsrecht gestützt wurde, erwartet von ihnen geradezu den Gebrauch dieser Disziplinierungsformen.

Schließlich werden systemtheoretische Ansätze zur Erklärung familialer Gewalt herangezogen, die die Familie als zweckdienliches, zielstrebiges, adaptives *soziales System* begreifen und Gewalt als dessen Systemprodukt (vgl. Straus 1983). Verschiedentlich wird familiale Gewalt wegen des besonderen Näheverhältnisses als integraler Teil des intimen Zusammenlebens angesehen (vgl. Honig 1992, S. 46; Lupri 1990, S. 497f.). Dies ist insofern plausibel als sich angesichts der Abgrenzbarkeit der Kommunikation in der Familie leicht ein innerfamilialer Diskurs bildet, der sich vom gesellschaftlichen weitgehend abgekoppelt, sich zudem mit zunehmenden familialen Problemen zu isolieren droht (vgl. Bussmann

2000, S. 230). So betonte Garbarino bereits 1977 die Notwendigkeit der Einbeziehung bestehender kultureller Rechtfertigungsmuster und die Berücksichtigung der sozialen Isolation von Kindern und Eltern. Letzteren Aspekt fasste er in dem Satz zusammen, *„Child abuse ‚feeds' on privacy"*. Immerhin ergab die Gewaltforschung, dass misshandelnde Eltern häufig sozial isoliert sind und die Umwelt ihrerseits zu wenige Unterstützungsangebote zur Verfügung stellt (Überblick: vgl. Bussmann 2000, S. 135ff.).

Auf dieser Basis ist es möglich, dass sich eigene normative Bewertungsmodelle auf Grund der Erfahrungen aus der eigenen Kindheit entwickeln und familiale Gewalt als völlig „normal" erlebt wird (vgl. Schall/Schirrmacher 1995, S. 13ff.). Als Normal gilt in frappierender Weise, was zu Hause üblich ist. Damit fügen sich insbesondere Kinder in eine familiale gewalthaltige Normalität ein, an deren Ende ein *„Cycle of Violence"* droht (vgl. Steinmetz 1977). Innerhalb der Familie werden danach vor allem Assoziationen zwischen Gewalt und Zuneigung erzeugt, die sie auch unempfänglich für empathische Nachempfindungen macht (vgl. Frehsee 1992, S. 42). Kinder lernen in der Familie, dass Subjekte der Zuneigung gleichzeitig diejenigen sind, die man schlagen darf. Körperliche Bestrafung wird angewandt, um dem Kind zu verdeutlichen, dass gefährliche oder verbotene Dinge vermieden oder unterdrückt werden müssen. Damit findet die Etablierung einer moralischen Rechtfertigung von Gewalt statt (vgl. Bannenberg u. a. 1999, S. 41).

Dieser auch lerntheoretisch begründbare Zusammenhang des *Cycle of Violence* gilt als empirisch gesichert. In der Kindheit und Jugend erfahrene oder mitangesehene Gewalt stellt einen erheblichen Risikofaktor für spätere Gewaltdelinquenz, aber auch Opferwerdung dar (vgl. Bussmann 2000, 2003; Buskotte 1992, S. 74; Pfeiffer/Wetzels 1997, S. 346ff.; Fuchs/Lamnek/Luedtke 1996; Wetzels 1997, S. 192ff.). Gewalterfahrungen in der Kindheit führen demnach zur Internalisierung von Gewaltstrategien und zur normativen Billigung und Akzeptanz familialer Gewalt (vgl. Habermehl 2002, S. 429f.). Demzufolge ist der untergeordnete Status, den die Gesellschaft dem Kinde innerhalb der Familie zugesteht, folgenreich, ja der Gewalt förderlich. Selbst das Recht räumte dem Kind generell und in der Familie im Besonderen nur eine schwache Position ein, ja adelte und förderte sogar noch bis in unsere Zeit die Gewalt als legitime Form der Erziehung (vgl. Frehsee 1993; Steinmetz 1977, S. 28ff.).

Fasst man zusammen, so kann abgesehen von Einzelfällen im Allgemeinen Gewalt in der Familie bzw. in Partnerschaften gerade nicht mit Psycho-Pathologien der Täter erklärt werden, sondern ein großer Teil der Taten entsteht aus der besonderen psycho-sozialen Dynamik der Familie, die ihrerseits gerade auf Grund der weitgehenden Abgeschlossenheit der Familie bzw. Partnerschaft unkontrolliert in Gewalt eskalieren kann. Das Schweigen der Umwelt und der Schutz vor jeglicher sozialer Beobachtung gelten insoweit als Nährboden familialer Gewalt. Spezifische Gewalterfahrungen der Familienmitglieder und fehlende Konfliktkompetenzen sowie besondere familiale Belastungen erhöhen in dieser Situation das Risiko gewalthaltiger Übergriffe.

3. Gewaltprävention

Entgegen der öffentlichen Meinung kann allerdings von einem generellen Rückgang der Gewalt in unserer gesamten Gesellschaft und somit auch in Familien ausgegangen werden. Dies gilt für körperliche wie ebenso für sexuelle Formen von Gewalt, sei es gegen Erwachsene oder auch Kinder. Zwar treten immer wieder spektakuläre Fälle sexuell motivierter

Tötungen von Kindern auf, die in der Presse häufig als Beleg für ein wachsendes Bedrohungspotenzial angeführt werden. Die Zahlen sind indes nach allen Studien seit Jahrzehnten deutlich rückläufig.

Generell müssen wir seit den 1950er Jahren sowohl in der offiziellen Polizeilichen Kriminalstatistik als auch nach Langzeitstudien von einer Abnahme sexueller Gewaltdelikte ausgehen. Auch amerikanische und britische Dunkelfeldstudien berichten über einen Rückgang im Laufe der letzten beiden Dekaden (Nachweise: vgl. Erster Periodischer Sicherheitsbericht 2001, S. 73ff.). Zwar ist empirisch noch nicht gesichert, inwieweit dieser erfreuliche Rückwärtstrend auch für Gewalt in Partnerbeziehungen und in der Familie gilt, aber alle Indikatoren sprechen auch hier für eine deutliche Abnahme (vgl. Habenicht 2002; vgl. auch Erster Periodischer Sicherheitsbericht 2001, S. 87f.). Als empirisches Indiz kann unter anderem auf das zuvor berichtete Ideal einer gewaltfreien Erziehung bei nunmehr über 90 % der Eltern hingewiesen werden (vgl. Bussmann 2005, 2005a).

Der phasenweise zu beobachtende Anstieg in den amtlichen Statistiken wird deshalb auf die wachsende öffentliche *Sensibilisierung* zurückgeführt, wie sich beispielsweise am vorübergehenden Anstieg des sexuellen Missbrauchs von Kindern in der Kriminalstatistik zeigen lässt (vgl. Rapold 2004, ab Mitte der 1980er bis 1990). Generell geht man in der Kriminologie somit heute von zwei gegenläufigen Entwicklungen aus. Zum einen steigt die Anzeigeneigung gegenüber Gewaltstraftaten an, zum anderen sinkt deren tatsächliche Häufigkeit im Dunkelfeld. Als Hauptursache gilt für beide Phänomene die zunehmende Sensibilisierung der Gesellschaft für Gewalt, gegenüber sexueller wie auch körperlicher. Es handelt sich somit um eine *Paradoxie*, die das Sichtbarwerden des sinkenden Dunkelfelds eher behindert. Ein deutliches Absinken von Gewaltdelikten in der amtlichen Polizeilichen Kriminalstatistik, somit im Hellfeld, ist nur langfristig zu erwarten.

Diese insgesamt erfreuliche Entwicklung rechtfertigt keine Entwarnung, sondern sie sollte zu weiteren präventiven Bemühungen ermutigen. Die Lehre ist vielmehr, dass wir der Gewalt auch in Intimbeziehungen nicht hilflos ausgesetzt sind. Als Konsequenz empfehlen sich für eine effiziente Gewaltprävention drei Strategien, die ihrerseits einander bedingen und unterstützen. Sie bewegen sich auf drei Dimensionen, gesellschaftliches Bewusstsein, normative Struktur der Gesellschaft sowie psycho-soziale Unterstützung und Betreuung. Konkret bedeutet dies:

1. Enttabuisierung familialer Gewalt, Erhöhung der Sensibilität,
2. Verbesserung von Rechtspositionen,
3. Mehr Angebote und Unterstützung für Täter und Opfer familialer Gewalt.

Mittlerweile existieren für alle Ebenen und Berufsgruppen elaborierte Interventions- und Präventionskonzepte (Überblick: vgl. Deegner/Körner 2005), deren Hauptprobleme sind derzeit jedoch die häufig mangelhafte Mittelausstattung, aber auch fehlende Vernetzung und Abstimmung miteinander. Ferner bedarf es oft noch intensiver wissenschaftlicher Evaluierung der postulierten Wirksamkeit einzelner Maßnahmen.

Voraussetzung für eine effiziente Präventionsarbeit ist jedoch, dass jegliche unkritische Mystifizierung der Familie als Hort der Harmonie und Gewaltfreiheit selbst als essenzieller Teil der Probleme anzusehen ist. Generell gilt, die *Tabuisierung* eines sozialen Problems verhindert nicht, sondern stellt sogar sein Nährboden dar. Die Einstellungen zur *Privatheit der Familie* haben sich deshalb in vielen Studien als gewaltfördernd erwiesen (Überblick: vgl. Bussmann 2000, S. 119ff.). Eine Abhilfe ist nur durch verschiedene Maßnahmen möglich, die sowohl auf Aufklärung in Schulen und in den Massenmedien wie auch auf eine entsprechende Reaktion des Rechts setzen. Dabei werden alle Strategien dem Phänomen auch unter präventiven Gesichtspunkten am besten gerecht, wenn die Normalität von Gewalt kommuniziert, jegliche Pathologisierung und auch überzogene Moralisierung vermieden wird; jeder soll sich angesprochen fühlen. Dies gilt insbesondere für die sehr verbreitete Erziehung mit Gewalt.

In besonderer Weise hat sich das Recht hinsichtlich des Schutzes einzelner Familienmitglieder vor gewaltförmigen Übergriffen lange Zeit seiner Verantwortung entzogen und sich durch seine Duldsamkeit sogar eher gewaltfördernd ausgewirkt. Für Gewalt in der Familie fühlte sich insbesondere das Strafrecht sowohl in materiellrechtlicher wie auch in strafprozessualer Hinsicht wenig zuständig. Vielmehr wurde lange abgewartet bis es ab einem gewissen Schweregrad mit geradezu destruktiver Härte reagierte. Besonders augenfällig wird dies an den zahlreichen Duldungen familialer Gewalt im unteren und mittleren Bereich, die hinsichtlich ihrer wertvermittelnden Symbolik nicht zu unterschätzen sind.

Zur öffentlichen Aufklärung müssen rechtliche Reformen korrespondieren, denn jede pädagogische, psychologische und sozialpädagogische Arbeit bedarf einer normativen Struktur in der Gesellschaft, da es andernfalls bereits an einer umfassenden Wahrnehmung der Probleme fehlen wird. Je mehr Familienmitglieder als rechtliches Subjekt denn als Objekt wahrgenommen werden, desto geringer sind die Hemmungen vor dem Gebrauch von Gewalt zur Durchsetzung von Bedürfnissen, Interessen und Ansichten. Am Beispiel von schweren körperlichen Bestrafungen ließ sich empirisch nachweisen, dass Kinder umso häufiger geschlagen werden, je rechtloser sie angesehen werden (vgl. Bussmann 2000, S. 310ff., 342ff.).

Insofern war es auch unter dem Aspekt einer Wertvermittlung zur Gewaltlosigkeit bedeutsam, dass das Züchtigungsrecht des Ehemanns gegenüber seiner Ehefrau bereits 1900 und nunmehr, wenn auch sehr spät, das korrespondierende Recht der Eltern gegenüber ihren Kindern abgeschafft wurde. Seit November 2000 gilt folgende Regelung: *„Kinder haben ein Recht auf gewaltfreie Erziehung. Körperliche Bestrafung, seelische Verletzungen und andere entwürdigende Maßnahmen sind unzulässig“* (§ 1631 Abs. 2 BGB). Unter dem Gesichtspunkt der Wertevermittlung kam beispielsweise ebenfalls dem 1997 eingeführten Verbot der Vergewaltigung in der Ehe eine wichtige symbolische Bedeutung zu, auch wenn sich bereits zuvor eine Strafbarkeit aus dem Tatbestand der sexuellen Nötigung ergab.

Für Kinder erfolgten des Weiteren zahlreiche Korrekturen im Familien- und Kindschaftsrecht, aber auch im Kinder- und Jugendhilferecht, die ihnen nicht nur symbolisch eine stärkere Subjektstellung zuerkannten. Immerhin sind Körperstrafen nunmehr erkennbar untersagt. Dies gilt auch für die immer noch sehr verbreitete Ohrfeige. Strafrechtliche und familienrechtliche Konsequenzen können aus der gesetzlichen Regelung folgen, wenn auch aus der Formulierung *„Kinder haben ein Recht auf gewaltfreie Erziehung“* sich keine Unterlassungs- bzw. Verpflichtungsansprüche des Kindes gegenüber seinen Eltern ergeben. Allerdings bedeutet die Neuregelung, dass seine *Wertungen* im Familienrecht bei der Bestimmung einer möglichen Gefährdung des Kindeswohls zu berücksichtigen sind (vgl. §§ 1666, 1666a BGB). Insbesondere kann sich dies bei familiengerichtlichen Entscheidungen über das Sorgerecht auswirken (vgl. § 1671 Abs. 2 Nr. 2 BGB, siehe im Einzelnen Bussmann 2002). Das Gewaltverbot bietet Familiengerichten nunmehr klarere und verbindlichere Kriterien. Eltern können insoweit nicht mehr auf ihr Erziehungsrecht verweisen (vgl. Bussmann 2002). Erste konkrete Folgen zeigen sich bereits bei der Bewertung von selbst leichten Körperstrafen durch die Strafgerichte (vgl. Riemer 2005).

Durch die gesetzliche Ächtung von Gewalt in der Erziehung wurden daher nicht nur Eltern Orientierungshilfen geboten, sondern auch der Justiz. Gerichtliche Entscheidungen wie noch in den späten 1980er Jahren, wonach selbst das Schlagen eines Kindes mit einem dicken Wasserschlauch nicht gegen das damalige Verbot entwürdigender Erziehungsmaßnahmen verstoße (Details vgl. in Bussmann 2000, S. 21ff.), sind heute vollkommen undenkbar. Diese Mischung aus symbolischer Orientierungsfunktion und subtilen rechtlichen Konsequenzen für das Zusammenleben darf nicht unterschätzt werden. Eltern können Anderen gegenüber (vgl. Nachbarn, Lehrer, Beratungs- und Hilfeeinrichtungen, Jugendämtern usw.) nicht mehr erwidern, sie würden alleine darüber entscheiden, welche Erziehungsmethoden bei ihren Kindern angebracht sind. Eltern verfügen, soweit Gewalt im Spiel ist, über keinen rechtlichen Rechtfertigungsgrund mehr. Das ihnen weiterhin in Art. 6 Abs. 2 GG grundrechtlich verbürgte Erziehungsrecht deckt nicht mehr den Einsatz von Gewalt als Erziehungsmittel. Alle befinden sich nunmehr im Recht, wenn sie die Einhaltung dieser Regel gegenüber schlagenden Eltern einfordern und sie darauf ansprechen.

Zu diesen verschiedenen noch eher subtilen juristischen Konsequenzen gesellen sich andere Wirkungen. In der Evaluation der ersten Auswirkungen des *Rechts auf gewaltfreie Erziehung* zeigte sich, dass es für rechtliche Grenzen in der Erziehung (vgl. Anstieg des Rechtsbewusstseins) und für Gewalt in der Erziehung sensibilisiert sowie Diskussionen über Erziehungsstile und deren rechtliche Grenzen stimuliert (vgl. Bussmann 2003). Infolge der Rechtsreform thematisieren Eltern und Jugendliche häufiger rechtliche Grenzen in der Kindererziehung, sie entwickeln ein wachsendes Rechtsbewusstsein und sie sind für Gewalt in der Erziehung sensibler. Obgleich ein rechtliches Verbot nur Orientierungen vorgibt, wirkt es sich somit auf subtile Weise aus. An dieser Stelle zeigt sich das Ineinandergreifen von Recht und gesellschaftlicher Kommunikation. Eine Thematisierung und somit Enttabuisierung wird sogar innerhalb gewaltbelasteter Familien gefördert, weil das Recht nunmehr einen zusätzlichen Anlass gewährt und ausdrücklich verbindliche Wertungen vorgenommen hat. Symbolisches Recht muss nicht wirkungslos bedeuten.

Der Gesetzgeber kann außerdem einen *strukturellen Rahmen* für Angebote und Unterstützung von familialer Gewalt Betroffener schaffen. Zu nennen ist hier unter anderem das Gesetz zur Verbesserung des zivilrechtlichen Rechtsschutzes zur Bekämpfung von Gewalt gegen Frauen (sog. *Gewaltschutzgesetz* 2001 BT-Drs. 14/4529, kritisch: vgl. Frommel 2001, S. 87f.). Hiernach können nunmehr Opfer von häuslicher Gewalt insbesondere das Recht erhalten, in der Wohnung zu verbleiben, während der Täter zu weichen hat. Das Gewaltschutzgesetz wird zudem durch landespolizeirechtliche Regelungen flankiert, die es der Polizei erlauben, den Schläger aus der Wohnung vorübergehend zu verweisen, bis gerichtlicher Schutz einsetzen kann. Die erste Evaluation zeigte, wie groß der Bedarf war und wie sehr dieses rechtliche Verfahren mittlerweile in der Praxis angenommen wird (vgl. Rupp/Grosa 2005).

Darüber hinaus sind in der polizeilichen Arbeit in den vergangenen Jahren vielfältige organisatorische Veränderungen vorgenommen worden, wie die obligatorische Vernehmung weiblicher Sexualopfer durch weibliche Beamte. Ferner wurden spezielle Lehrgangskonzeptionen für Polizeibeamte entwickelt, die sie für die spezifischen Problemlagen schulen und sensibilisieren sollen (vgl. Marth 1995, S. 293).

4. Fazit

Das Zurückdrängen pathologisierender und individualisierender Erklärungsansätze zur Gewalt in der Familie erlaubte erst einen Blick auf gesamtgesellschaftliche Zusammenhänge, der auch ihre normativen und rechtlichen Grundlagen kritisch hinterfragte. Komplexe Ursachengeflechte wurden sichtbar, arbeitsteilige Problembearbeitungen zwischen verschiedenen Wissens- und Berufsdisziplinen nunmehr eingefordert. Mit der Ausdehnung des analytischen Horizonts konnte ein Reformkurs eingeleitet werden, der die vielfachen Interdependenzen des Problems „Gewalt in der Familie" zu fokussieren begann. Erst die Verzahnung verschiedenster Maßnahmen wird zum weiteren Rückgang der Gewalt beitragen. Dabei wird die Gesellschaft stärker als bisher zu akzeptieren haben, dass eine effektive Gewaltprävention zuvörderst in der Familie und Erziehung ansetzen muss und nicht erst auf der polizeilichen oder gar justiziellen Stufe.

Die Gesellschaft wird sich außerdem künftig mehr denn je fragen müssen, welche Unterstützung sie Familien angesichts einer zunehmend rigider werdenden globalisierten Marktwirtschaft zur Erfüllung ihrer Funktionen bereitstellen sollte. Neue Gefahren für das familiale Zusammenleben und somit auch Gewaltursachen ziehen am gesellschaftlichen Horizont womöglich auf, bevor die alten überhaupt befriedigend aufgelöst werden konnten. Gewalt in der Familie bleibt vermutlich auch in der Zukunft eine Herausforderung für alle gesellschaftlichen Subsysteme und ihre Berufsgruppen.

Literatur

Ammon, G., 1979: Kindesmißhandlung. München.

Bannenberg, B./Weitekamp, E.G.M./Rössner, D./Kerner, H.-J., 1999: Mediation bei Gewaltstraftaten in Paarbeziehungen. Baden-Baden.

Baurmann, M./Schädler, W., 1996: Opferbedürfnisse und Opfererwartungen. In: BKA (Hrsg.): Das Opfer und die Kriminalitätsbekämpfung. BKA-Arbeitstagung 1995. Wiesbaden, S. 67-101.

Beulke, W., 1994: Gewalt im sozialen Nahraum – Zwischenbericht eines Modellprojektes. In: Monatsschrift für Kriminologie und Strafrechtsreform, 77. Jg., S. 360-376.

Buskotte, A., 1992: Gewalt in der Familie. In: Gernert, W. (Hrsg.): Über die Rechte des Kindes. Impulse für die Jugendhilfe zum Schutz des Kindes durch Familie, Gesellschaft und Staat. Stuttgart u. a., S. 71-78.

Bussmann K.-D., 1996: Changes in Family Sanctioning Styles and the Impact of Abolishing Corporal Punishment. In: Frehsee, D./Horn, W./Bussmann, K.-D. (Hrsg.): Family Violence Against Children. Berlin/New York, S. 39-61.

Bussmann K.-D., 2005: Verbot elterlicher Gewalt gegen Kinder – Auswirkungen des Rechts auf gewaltfreie Erziehung. In: Deegener, K./Körner, W. (Hrsg.) Kindesmisshandlung und Vernachlässigung. Ein Handbuch. Göttingen u. a., S. 243-258.

Bussmann K.-D., 2005a: Ergebnisbericht zur Studie 2005: Auswirkungen des Gesetzes zur Ächtung der Gewalt in der Erziehung. Eltern-, Jugend- und Expertenstudie. Halle/Saale http://bussmann.jura.uni-halle.de/forschung/familiengewalt/index.de.php.

Bussmann, K.-D., 2000: Verbot familialer Gewalt gegen Kinder. Zur Einführung rechtlicher Regelungen sowie zum (Straf-)Recht als Kommunikationsmedium. Köln u. a.

Bussmann, K.-D., 2002: Das Recht auf gewaltfreie Erziehung aus juristischer und empirischer Sicht. In: Familie, Partnerschaft, Recht, 7. Jg., S. 289-293.

Deegener, G./Körner, W., 2005: Kindesmisshandlung und Vernachlässigung. Ein Handbuch. Göttingen u. a.

Dörmann, U., 1983: Vollendete Tötungsdelikte an Kindern. In: Kriminalistik, 37. Jg., S. 476-477.

Engfer, A., 1986: Kindesmisshandlung. Stuttgart.

Erster Periodischer Sicherheitsbericht, 2001: Herausgegeben vom Bundesministerium des Innern und Bundesministerium der Justiz. Fassung abrufbar unter www.bmj.bund.de bzw. www.bmi.bund.de.

Farrington, K.M., 1980: Stress and Family Violence. In: Straus, M.A./Hotaling, G.T. (Hrsg.): The Social Causes of Husband – Wife Violence. Minneapolis, S. 94-114.

Feltes, T., 1996: The Position of the Police between Calls for Help in Crisis and the Criminal Prosecution in the Conflict Field of Family Violence. In: Frehsee, D./Horn, W./Bussmann, K.-D. (Hrsg.): Family Violence against Children. Berlin u. a., S. 39-61.
Frehsee, D., 1992: Die staatliche Förderung familiärer Gewalt an Kindern. In: Kriminologisches Journal, 24. Jg., S. 37-49.
Frehsee, D., 1993: Zum gesellschaftlichen Umgang mit Gewalt an und von Kindern. In: Hey, G./Müller, S./Sünker, H. (Hrsg.): Gewalt – Gesellschaft – soziale Arbeit. Über die Belastbarkeit von Individuen und Systemen. Frankfurt am Main, S. 111-122.
Frehsee, D./Bussmann, K.-D., 1994: Zur Bedeutung des Rechts in Familien. In: Zeitschrift für Rechtssoziologie, 26. Jg., S. 153-168.
Frommel, M., 2001: Zivilrechtlicher Rechtsschutz gegen häusliche Gewalt? In: Kritische Justiz, 34. Jg., S. 87-88.
Fuchs, M./Lamnek, S./Luedtke, J., 1996: Schule und Gewalt. Realität und Wahrnehmung eines sozialen Problems. Opladen.
Gil, D.G., 1979: Confronting Societal Violence by Recreating Communal Institutions. In: Child Abuse and Neglect, 3. Jg., S. 1-7.
Goode, W.J., 1971: Force and Violence in the Family. In: Journal of Marriage and the Family, 33. Jg., S. 624-636.
Habenicht, A., 2002: Gründe für eine veränderte Sichtbarkeit sexueller Gewalt. In: Neue Kriminalpolitik, 14. Jg., S. 101-105.
Habermehl, A., 1989: Gewalt in der Familie, Ausmaß und Ursachen körperlicher Gewalt. Hamburg.
Habermehl, A., 2002: Gewalt in der Familie. In: Albrecht, G. (Hrsg.): Handbuch soziale Probleme. Opladen, S. 419-433.
Hoese, M./Orth, C., 2005: Paradoxes Verhalten von Kindern als Opfer sexuellen Missbrauchs. In: Monatsschrift für Kriminologie und Strafrechtsreform, 88. Jg., S. 174-180.
Honig, M.-S., ^{2}1992: Verhäuslichte Gewalt, mit einem Nachwort zur Taschenbuchausgabe: Sexuelle Gewalt von Kindern. Frankfurt am Main.
Hotaling, G.T., 1980: Attribution Processes in Husband – Wife Violence. In: Straus, M.A./Hotaling, G.T. (Hrsg.): The Social Causes of Husband – Wife Violence. Minneapolis, S. 136-154.
Kavemann, B./Lohstöter, I., 1984: Väter als Täter. Reinbek bei Hamburg.
Kersten, J./Steinert, H., 1997: Einleitung: Kriminalität als Bewerkstelligung von Geschlecht. „Starke Typen" mit Risiken und Nebenwirkungen. In: Kersten, J./Steinert, H. (Hrsg.): Starke Typen: Iron Mike, Dirty Harry, Crocodile Dundee und der Alltag von Männlichkeit. Baden-Baden, S. 7-11.
Kluck, M.-L., 1995: Verdacht auf sexuellen Mißbrauch und familiengerichtliches Verfahren – Probleme der Entstehung und der Prüfung. In: Familie, Partnerschaft, Recht, 2. Jg., S. 56-59.
Lupri, E., 1990: Harmonie und Aggression. Über die Dialektik ehelicher Gewalt. In: Kölner Zeitschrift für Soziologie und Sozialpsychologie, 42. Jg., S. 474-501.
Marth, D., 1995: Verhaltenstraining der Polizei für Fälle der Gewalt gegen Frauen. In: Familie, Partnerschaft, Recht, 2. Jg., S. 292-293.
Pfeiffer, C./Wetzels, P., 1997: Kinder als Täter und Opfer. Eine Analyse auf der Basis der PKS und einer repräsentativen Opferbefragung. In: DVJJ-Journal, 4. Jg., Nr. 158, S. 346-366.
PKS, 2004: Polizeiliche Kriminalstatistik, Bundesrepublik Deutschland 2004, Bundeskriminalamt (Hrsg.). Wiesbaden.
Rapold, M., 2004: Der Diskurs über sexuellen Kindesmissbrauch". In: Kriminologisches Journal, 36. Jg., S. 38-41.
Riemer, M., 2005: Mutter ohrfeigt Tochter – 75 Euro Geldstrafe. Das elterliche Züchtigungsrecht nach dem „Gesetz zur Ächtung von Gewalt in der Kindererziehung". In: Zeitschrift für Jugendkriminalrecht und Jugendhilfe, 16. Jg., S. 403-408.
Rottleuthner-Lutter, M., 1995: Ehescheidung und Gewalttätigkeit. In: Familie, Partnerschaft, Recht, 2. Jg., S. 268-271.
Rupp, M./Grosa, A., 2005: Rechtstatsächliche Untersuchung zum Gewaltschutzgesetz. Bundesministerium der Justiz (Hrsg.) Köln.
Schall, H./Schirrmacher, G., 1995: Gewalt gegen Frauen und Möglichkeiten staatlicher Intervention. Stuttgart.
Schneider, H.J., 2001: Kriminologie für das 21. Jahrhundert. Münster u. a.
Schneider, U., 1993: Gewalt in der Familie. Grundformen, Verbreitung, Auswirkungen, Ursachen, Vorbeugung. In: Der Bürger im Staat, 43. Jg., S. 117-122.
Schwind, H.-D./Baumann, J. u. a. (Hrsg.), 1990: Ursachen, Prävention und Kontrolle von Gewalt. Gewaltkommission. Bände I-IV. Berlin.
Sick, B., 1995: Die sexuellen Gewaltdelikte oder Der Gegensatz zwischen Verbrechensempirie und Rechtswirklichkeit. In: Monatsschrift für Kriminologie und Strafrechtsreform, 78. Jg., S. 281-293.

Smith, C./Thornberry, T.P., 1995: The Relationship between Childhood Maltreatment and Adolescent Involvement in Delinquency. In: Criminology, 33. Jg., S. 451-481.
Spatz Widom, C., 1989: Child Abuse, Neglect, and Adult Behavior: Research Design and Findings on Criminality, Violence, and Child Abuse. In: American Journal of Orthopsychiatry, 3. Jg., S. 355-367.
Spiel, W./Pilz, E., 1983: Zur Psychologie der mißhandelnden Mütter. In: Haesler, W.T. (Hrsg.): Kindesmißhandlung. Diessenhofen, S. 103-115.
Stattin, H./Janson, H./Klackenberg-Larsson, I./Magnusson, D., 2000: Corporal Punishment in Everyday Life: An Intergenerational Perspective. In: McCord, J. (Hrsg.): Coercion and Punishment in Long-term Perspectives. Cambridge, S. 315-347.
Steele, B.F./Pollock, C.B., 1978: Eine psychiatrische Untersuchung von Eltern, die Säuglinge und Kleinkinder misshandelt haben. In: Helfer, R.H./Kempe, C.H. (Hrsg.): Das geschlagene Kind. Frankfurt am Main, S. 161-243.
Steinmetz, S.K., 1977: The Cycle of Violence. Assertive, Aggressive, and Abusive Family Interaction. Connecticut.
Steller, M., 1995: Verdacht des sexuellen Missbrauchs – Begutachtung in familien- und vormundschaftsgerichtlichen Verfahren. In: Familie, Partnerschaft, Recht, 2. Jg., S. 60-62.
Straus, M./Sugarman, D./Giles-Sims, J., 1997: Spanking by Parents and Subsequent Antisocial Behavior of Children. In: Arch Pediatric Adolescent Medicine, 151. Jg., S. 761-767.
Straus, M.A., 1983: Ordinary Violence, Child Abuse, and Wife Beating. What Do They Have in Common? In: Finkelhor, D./Gelles, R.J./Hotaling, J.T./Strauss, M.A. (Hrsg.): The Dark Side of Families. Beverly Hills, S. 213-234.
Straus, M.A./Gelles, R.J./Steinmetz, S.K., 1980: Behind Closed Doors – Violence in the American Family. New York.
Volbert, R., 1995: Sexueller Missbrauch von Kindern – Definition und Häufigkeit. In: Familie, Partnerschaft, Recht, 2. Jg., S. 54-55.
Wetzels, P., 1997: Gewalterfahrungen in der Kindheit. Sexueller Missbrauch, körperliche Misshandlung und deren langfristige Konsequenzen. Baden-Baden.
Wolfe, D.A., 1985: Child-Abusive Parents: An Empirical Review and Analysis. In: Psychological Bulletin, 97. Jg., S. 462-482.
Ziegler, F., 1990: Kinder als Opfer von Gewalt, Ursachen und Interventionsmöglichkeiten. Freiburg (CH).
Zuppinger, K., 1983: Misshandelte Kinder und ihre Eltern: Erfahrungen der Arbeitsgruppe an der Kinderklinik Bern. In: Haesler, W.T./Amman, A. (Hrsg.): Kindesmisshandlung. Diessenhofen, S. 227-336.

Familie, Familientherapie und Beratung

Stefan Schmidtchen

1. Einleitung

Im Folgenden möchte ich kurz die in der Überschrift angegebenen Begriffe definieren. Es handelt sich um die Begriffe: *Familie, Familientherapie* und *Beratung.*

Als Familie soll eine Lebensgemeinschaft verstanden werden, in der mindestens zwei Generationen in Form einer Eltern- und Kindergeneration zusammenleben. Die Art des Zusammenlebens definiert sich im Wesentlichen durch eine intime Bezogenheit zwischen den beiden Generationen. Unter diesem psychischen Beziehungsaspekt ist es nicht notwendig, dass das Elternpaar verheiratet ist oder in einer gemeinsamen Wohnung lebt. Es ist auch möglich, dass ein allein erziehender Elternteil die primäre Verantwortung für die Kinderversorgung übernimmt. Außerdem sind in dieser Form des Familienverständnisses Adoptivfamilien, Pflegefamilien, Stieffamilien, Familien mit unverheirateten Partnern und homosexuelle Partnerschaften mit einem Kind eingeschlossen. Jedoch wird ein Paar, das keine Kinder hat, nicht als Familie bezeichnet (vgl. Schmidtchen 1997; Schneewind 1999).

In einer *Familientherapie* bezieht sich die seelische Behandlung auf alle Familienmitglieder, anstatt nur auf die Person des Kindes oder Jugendlichen. Sie wird in der Regel von einem psychologischen oder medizinischen *Psychotherapeuten* durchgeführt, der eine entsprechende Ausbildung und staatliche Approbation erhalten hat. Die Psychotherapie betrifft seelische Erkrankungen von Kindern und Jugendlichen, die z. B. in Form von Ängsten, affektiven Störungen, Hyperkinetischen Störungen, Ess-Störungen etc. auftreten können. Üblicherweise wird die Familienbehandlung im Rahmen einer *Kinder- und Jugendlichenpsychotherapie* durchgeführt, in der die kind- bzw. jugendlichenzentrierten Maßnahmen durch die Einbeziehung von Methoden der Familientherapie ergänzt werden (vgl. Schmidtchen 2001). In Abhängigkeit vom Konzept der Krankheitsentstehung werden dabei unterschiedliche dysfunktionale Interaktionen zwischen den Familienmitgliedern (insbesondere zwischen den Eltern und Kindern bzw. Jugendlichen) als Störungsursache angesehen.

Die *Familientherapiemethoden* kommen jedoch nicht nur in der Kinder- und Jugendlichenbehandlung zum Einsatz, sondern auch als Paartherapie oder Organisationsberatung (vgl. Schlippe/Schweitzer 1998). Werden die Behandlungsmaßnahmen außerhalb eines psychologisch- bzw. medizinisch-therapeutischen Rahmens angeboten, dann können sie auch von anderen Berufsgruppen eingesetzt werden. In diesem Fall wird der „Therapiebegriff" nicht im oben skizzierten engen gesetzlichen Sinn verwendet.

Eine *Beratung* kann sich nicht nur auf Familien, sondern auch auf Einzelpersonen, Paare oder Institutionen beziehen. Sie hat nicht das Intensitätsausmaß wie eine Psychotherapie und erfordert nicht die oben geschilderte Approbation als Psychotherapeut. Sie kann deshalb auch von verschiedenen Berufsgruppen wie Sozialpädagogen, Lehrern, Ärzten, Psychologen, Betriebswirten, Juristen etc. durchgeführt werden. Bezogen auf die Familie besteht die zentrale Aufgabe der *Familienberatung* in der Unterstützung der Familie bei der Lösung von Problemen der verschiedensten Art (z. B. Schulproblemen, Eheproblemen, Erziehungsproblemen). Dabei gründet sich die Beratung auf eine kooperative Beziehung des Beraters mit den Familienmitgliedern und hat das Ziel, allein durch Informationen und Argumente Selbsthilfepotenziale der Familienmitglieder zur Problemlösung zu aktivieren (vgl. Sander 1999; Schmidtchen/Hirsch 2000).

Nach Schneewind (1999, S. 230) „kann die Familienberatung als Bestandteil eines umfassenden Konzeptes von Hilfen für Familien gesehen werden. Im gemeinnützigen Sektor unseres Gesellschaftssystems werden diese Hilfen von einer Reihe unterschiedlicher Träger, d. h. in öffentlicher (z. B. Jugendämter) und freier Trägerschaft (z. B. Kirchen, Wohlfahrtsverbände) angeboten. Das wichtigste Ziel dieser Hilfe ist die Stärkung der Erziehungskraft und der Selbsthilfe der Familie durch Verbesserung ihrer sozialen und wirtschaftlichen Lage sowie durch Erholungs-, Betreuungs- und Bildungsangebote für Eltern und Kinder."

Der Schwerpunkt der folgenden Darstellung soll aus Hinweisen zur Gestaltung der therapeutischen Arbeit mit Familien bestehen, in denen ein Kind oder ein Jugendlicher unter einer *seelischen Erkrankung* leidet. Dabei wird aufgrund eines biopsychosozialen Ätiologieverständnisses davon ausgegangen, dass die Erkrankung durch eine Wechselwirkung von biologischen, psychosozialen und personalen Risikofaktoren verursacht worden ist und dass sich die Behandlung auf die Beseitigung oder Eindämmung dieser Risikofaktoren konzentrieren muss. – Im Einzelnen sollen in den folgenden Kapiteln Aussagen über die *Art und Ursache* von seelischen Erkrankungen bei Kindern bzw. Jugendlichen sowie über die verschiedenen *Störungsannahmen* und *Behandlungstechniken* in der Familientherapie gemacht werden.

2. Art und Ursache seelischer Erkrankungen von Kindern und Jugendlichen

Seelische Erkrankungen (bzw. seelische Störungen) von Kindern und Jugendlichen haben eine Auftretenshäufigkeit von ca. 10 bis 15 %. Diese Angabe besagt, dass zwischen 10 bis 15 % einer repräsentativen Stichprobe von Kindern und Jugendlichen einer *Psychotherapie* bedarf. Da in der Öffentlichkeit jedoch eine erhebliche Skepsis gegenüber einer seelischen Behandlung besteht und da zudem zu geringe Psychotherapieangebote vorhanden sind, lassen sich nur ca. 3 % der erkrankten Kinder bzw. Jugendlichen professionell behandeln, wobei die Hälfte der Betroffenen einen Arzt für Allgemeinmedizin oder Pädiater aufsucht und nur der Rest einen kompetenten psychotherapeutischen Fachmann (vgl. Schmidtchen 2001).

Diagnostizieren lassen sich die seelischen Erkrankungen von Kindern und Jugendlichen durch zwei international gültige Klassifikationssysteme: die *ICD-10 (International Classification of Diseases)* oder das *DSM-IV (Diagnostical and Statistical Manual).* Die ICD-10 (Dilling u. a. 2000) umfasst 398 seelische Erkrankungen, die in zehn Störungshauptklassen aufgeteilt worden sind. Zu diesen Hauptklassen gehören u. a.: Verhaltensstörungen durch psychotrope Substanzen, Schizophrenie, affektive Störungen, Angststörungen, somatoforme Störungen, Ess-Störungen, Persönlichkeitsstörungen, Intelligenzminderung,

Entwicklungsstörungen sowie Verhaltens- und emotionale Störungen. Die Bennennungen der einzelnen Erkrankungen gelten sowohl für Kinder und Jugendliche als auch für Erwachsene, sodass für alle Altersgruppen eine einheitliche Krankheitsbezeichnung vorliegt.

Im DSM-IV (Sass u. a. 1998) wird eine ähnlich große Anzahl von Erkrankungen genannt, wobei in Einzelfällen abweichende Bezeichnungen verwendet werden. Will man jedoch eine spezielle Klassifikation nur für Kinder und Jugendliche vornehmen, so bietet sich das *Multiaxiale Klassifikationsschema (MAS)* für psychiatrische Erkrankungen im Kindes- und Jugendalter von Remschmidt u. a. (2001) an. Für die Beschreibung von Ursachenerklärungen der einzelnen seelischen Erkrankungsbilder von Kindern bzw. Jugendlichen gibt es mittlerweile eine große Anzahl von Fachveröffentlichungen, wobei insbesondere auf die Bücher von Remschmidt (1999), Esser (2001), Lauth u.a (2001) und Petermann (2000a, 2000b) zu verweisen ist.

Verursacht werden die seelischen Erkrankungen durch eine Reihe von unterschiedlichen *Risikofaktoren*, die miteinander in Wechselwirkung stehen können. Gemeinhin nimmt man an, dass sich biologische, psychologische, familiäre und sozioökologische Risikofaktoren miteinander verknüpfen und dass sie das Kind bzw. den Jugendlichen durch eine Dauerwirkung dazu veranlassen, die in der ICD-10 bzw. im DSM-IV genannten seelischen Erkrankungen auszubilden. Dabei zählen genetische und neuro-psychologische Belastungen zu den *biologischen* Risikofaktoren; ein feindseliges emotionales Klima oder ein gewalttätiges Erziehungsverhalten zu den *familiären* Belastungsfaktoren; eine Ablehnung in der Peer-Gruppe, ein Misserfolg in der Schule oder eine Arbeitslosigkeit der Eltern zu den *sozioökologischen* Risiken und eine eingeschränkte Affektregulation, ein unsicheres Bindungsverhalten oder eine suizidale Tendenz zu den *psychologischen* Belastungen (vgl. Remschmidt 1999; Schmidtchen 2001).

Glücklicherweise muss das Vorhandensein von Risikofaktoren nicht immer zur Ausbildung von seelischen Erkrankungen führen, denn die Risiken können durch biopsychosoziale Schutzfaktoren abgefedert werden. Zu den *Schutzfaktoren* gehören z. B. eine gute körperliche und seelische Konstitution des Kindes bzw. Jugendlichen; eine gute Intelligenz; ein wertschätzendes familiäres Klima; ein gewaltfreies Erziehungsverhalten; ein liebevolles Eheleben; eine Akzeptanz in der Peergruppe; ein gewisser Wohlstand in der Familie etc.

Wegen des Vorhandenseins von Schutzfaktoren führen kurzfristige seelische Probleme von Kindern und Jugendlichen in der Regel nicht zu einer Ausbildung von seelischen Erkrankungen. Im Allgemeinen geht man davon aus, dass die Häufigkeit von kurzfristigen Problemen ca. 10 bis 20 Mal so hoch ist wie die Häufigkeit einer seelischen Erkrankung im Sinne der ICD-10 oder des DSM-IV (vgl. Oerter u. a. 1999). Auf Grund dieser Tatsache ist es sinnvoll der Familie zu helfen, die seelischen Probleme durch *präventive Maßnahmen* in Form von sozialpädagogischen, schulischen oder psychologischen Unterstützungen zu bewältigen. Dabei kommt Erziehungsberatungsstellen eine besondere Bedeutung zu, weil in ihnen eine breite professionelle Kompetenz zur Problemlösung angeboten wird (vgl. Körner/Hömann 1998, 1999; Romeike/Imelmann 1999).

3. Spezielle Störungsannahmen in der Familientherapie

Die folgenden *speziellen Störungsannahmen* der Familientherapie beziehen sich auf die oben genannten familiären Risikofaktoren und im Wesentlichen auf die Interaktionen zwischen Mutter und Kind, Vater und Kind sowie Vater und Mutter als Elternpaar. Die Richtung der Interaktionen ist dabei wechselseitig (kreisförmig), sodass in der Analyse auch die Interaktionen des Kindes zur Mutter oder zum Vater berücksichtigt werden. Wann eine familiäre Interaktion als gestört oder dysfunktional angesehen wird, ist von der Störungslehre der Familientherapie abhängig, wobei leider kritisch anzumerken ist, dass es keine einheitliche Störungskonzeption gibt, sondern dass die vorhandenen Therapieschulen unterschiedliche Erklärungsansätze anbieten. Dabei kommt *systemischen Erklärungsansätzen* eine besondere Bedeutung zu (Schlippe/Schweitzer 1998; Schiepek 1999; Sydow 2000).

In der weiteren Darstellung familientherapeutischer Störungsannahmen soll eine *integrative Position* vertreten werden, wobei im Sinne der eingangs skizzierten Definition eines Familiensystems besonders auf Interaktion zwischen Eltern und Kindern sowie zwischen den Eltern als Paarsystem Bezug genommen werden soll. Außerdem wird davon ausgegangen, dass die Interaktionen so gestört sind, dass sie zu einer seelischen Erkrankung eines Kindes bzw. Jugendlichen geführt haben. Im Einzelnen werden Störungen in folgenden Interaktionskomponenten angenommen. Im Rahmen der: (a) Bindungsgestaltung und Grenzsetzung; (b) Kommunikation und Bedeutungsgebung; (c) Zielsetzung und Aufgabenausführung und (d) Stress- und Problembewältigung.

3.1 Dysfunktionale familiäre Bindungsgestaltung und Grenzsetzung

Die Familie kann aus systemtheoretischer Sicht als ein Netz von sich ergänzenden *Bindungen* angesehen werden, deren Qualitäten Aussagen über die Art und Intensität des *Zusammenhaltes* (bzw. der Kohäsion) des Gesamtsystems machen. Dabei können die Bindungen in Form der Eltern-Kind-Beziehung sowie der elterlichen Paarbeziehung auftreten.

Nach der Bindungstheorie (vgl. Spangler/Zimmermann 1999; Grossmann/Grossmann 2001) kann die Bindung zwischen den Qualitäten: sicher, unsicher-vermeidend, unsicher-ambivalent und unsicher-desorganisiert schwanken. Ein funktional-konstruktiver Familienzusammenhalt ist dann vorhanden, wenn die Bindungen zwischen Eltern und Kind und zwischen dem Elternpaar in einer *sicheren* Qualität vorliegen. Ein dysfunktionaler Familienzusammenhalt tritt im Allgemeinen dann ein, wenn die Bindungsqualitäten innerhalb des Systems vorwiegend einen *unsicheren* Charakter aufweisen; d. h. von einer unsicher-vermeidenden, unsicher-ambivalenten oder unsicher-desorganisierten Art sind. Dabei können die drei unsicheren Bindungsqualitäten in unterschiedlicher Weise miteinander kombiniert auftreten.

Wichtig für die Ausbildung der seelischen Erkrankung eines Kindes ist die Art der Beziehung des Kindes zu den beiden Elternteilen. Ist sie von einer *sicheren* Qualität, dann ist die Wahrscheinlichkeit der Entstehung von psychischen Erkrankungen gering; ist sie jedoch von einer *unsicheren* Qualität, dann kann auch eine sichere Paarbeziehung der Eltern diesen Mangel nicht ausgleichen. Hingegen kann eine sichere Eltern-Kind-Beziehung die belastende Wirkung einer unsicheren elterlichen Paarbeziehung kompensieren.

Die Art der Eltern-Kind-Bindung hat im Wesentlichen einen Einfluss auf die Entwicklung des kindlichen *Selbstkonzeptes.* Dieses ist davon abhängig, dass die Eltern die körperlichen, emotionalen, motorischen und kognitiven Eigenschaften des Kindes wertschätzen, in ihrer Differenziertheit erkennen und kindbezogen widerspiegeln. Durch die Art der Rückmeldung ist es Kindern möglich, ein einzigartiges und differenziertes Kernselbst aufzubauen und dieses dann in der Folge von den Selbstkonzepten der Geschwister und Eltern abzugrenzen. Insbesondere die Förderung der Abgrenzung des kindlichen Selbsts von dem der Eltern ist ein zentrales Ziel der elterlichen Entwicklungshilfe (vgl. Stern 1992, 1998).

Auf der Elternpaarebene stellt eine *maligne Verklammerung* des Paares eine Belastung für das Kind dar, weil der elterliche Clinch das familiäre Klima vergiftet und eine einvernehmliche kindbezogene elterliche Kooperation verhindert. Stattdessen herrscht ein offenes oder verdecktes aggressives Klima vor, in dem Entwicklungstendenzen des Kindes oder der einzelnen Elternteile misstrauisch – wegen der partnerschaftlichen Verlustängste – verhindert werden (vgl. Willi 1985). – Belastend ist auch die Erweiterung der elterlichen Paarbeziehung durch die Einbeziehung eines Kindes. Dieses elterliche Beziehungsproblem wird als *Triangulation* bezeichnet. Durch eine dysfunktionale Bündnisbildung z. B. des Vaters mit der Tochter gegen die Ehefrau kann der Mann versuchen, seine mangelhafte Akzeptanz durch die Frau auszugleichen. Dabei produziert er jedoch für seine Tochter ein unlösbares Problem, weil diese durch die Missachtung der Generationsgrenzen mit Konflikten des elterlichen Paarsystems konfrontiert wird, die sie nicht lösen kann bzw. deren Lösung sie u. U. sogar unbewusst verhindert. Außerdem kann die Tochter durch die hohe emotionale Beanspruchung bei der Beschäftigung mit ihren Entwicklungsaufgaben gestört werden.

Aus den geschilderten Beispielen wird ersichtlich, dass eine deutliche *Grenzsetzung* zwischen dem Eltern- und Kindersystem erforderlich ist (vgl. Minuchin/Fishman 1985). Die Notwendigkeit einer solchen Abgrenzung gilt aber auch zwischen den Einzelsystemen von Mann und Frau, der Geschwister oder Eltern und Großeltern sowie der Familie als Gesamtsystem gegenüber anderen Familien. Durch die Grenzen sollen die Besonderheiten der einzelnen Subsysteme mit ihren Aufgaben, Funktionen, Ressourcen, aber auch Mängeln gekennzeichnet werden. Trotz der Abgrenzung soll eine Kooperation der Subsysteme zum Zwecke von z. B. einer gegenseitigen Bedürfnisbefriedigung, Entwicklungsförderung, Problemlösung etc. ermöglicht werden, sodass die Grenzen in einem gesunden System zwar *klar definiert*, jedoch *offen* für einen gegenseitigen Austausch mit anderen Systemen sein sollten.

Als ungesund bzw. dysfunktional gelten *verstrickte* oder *nicht vorhandene* Grenzen, die die Unterschiede zwischen den Subsystemen verwischen oder missachten. Besonders bei verstrickten Grenzen zwischen dem Eltern- und Kindersystem wie im Fall einer *Delegation* von unbewussten Elternwünschen an ein Kind (z. B. wenn ein Kind stellvertretend für die Mutter „Karriere" machen soll) können Gefühle von Überforderung, Kontrollverlust oder Angst bei den Kindern auftreten, weil diese mit Anforderungen konfrontiert werden, die nicht zu ihren Entwicklungsaufgaben gehören. Seelische Belastungen für Kinder treten auch immer dann auf, wenn die Kinder Elternfunktionen im Rahmen einer *Parentifizierung* übernehmen müssen. Das kann z. B. dann sein, wenn sie bei einem drogen- oder alkoholabhängigen Elternteil Fürsorgefunktionen ausüben oder bei einer allein erziehenden Mutter für die Geschwister sorgen müssen.

3.2 Dysfunktionale familiäre Kommunikation und Bedeutungsgebung

Nach der Systemtheorie werden familiäre Systeme als sich selbst organisierende (autopoietische) Ganzheiten angesehen, die im Austausch mit ihrer Umgebung bestrebt sind, ihren Erhalt und ihre Entwicklung zu gewährleisten. Der Austausch geschieht durch verbale und nicht-verbale Interaktionen sowie Prozesse der Bedeutungsgebung. Er findet sowohl innerhalb des Familiensystems als auch zwischen der Familie und ihrer Umgebung statt.

Die Austauschprozesse dienen im Wesentlichen dazu, die interne *Wir-Orientierung* (vgl. Schneewind 1999) zu gewährleisten und dafür zu sorgen, dass die Beziehungen innerhalb des Systems quantitativ intensiver und qualitativ produktiver sind als die Beziehungen der Familienmitglieder zu außerfamiliären Systemen (vgl. Willke 1991). Damit wird erreicht, dass der *Familienzusammenhalt* bestehen bleibt, auch wenn einzelne Familienmitglieder (z. B. ein auswärts arbeitender Vater oder eine zu Hause ausgezogene Heranwachsende) nicht immer oder nicht mehr im Haushalt wohnen. In letzterem Fall müssen jedoch die „aushäusigen" Familienmitglieder darauf achten, aktive bindungs- und aufgabenzentrierte Beiträge zur Wir-Orientierung zu liefern. Diese können z. B. aus regelmäßigen Telefonaten, Interessebekundungen am täglichen Familienablauf oder dem Einhalten wichtiger Familienkonzepte bestehen. Zusammenhaltsfördernd ist, dass jedes Familienmitglied das Gefühl hat, dass die (bzw. der) „Aushäusige" weiter zur Familie gehören will.

Die bindungs- und aufgabenzentrierte verbale und nicht-verbale Interaktion zwischen den Systemmitgliedern wird *Kommunikation* genannt. Sie geschieht aufgrund von Regeln und Zielen, die sich nach Schulz von Thun (2002) durch vier Aspekte charakterisieren lassen: (1) Dem *Sachinhalt* einer Nachricht, der die inhaltlich zu übermittelnden Informationen enthält (z. B. Kannst du bitte zehn Äpfel und fünf Brötchen einkaufen?). (2) Der *Selbstoffenbarung* des Senders (z. B. Ich bitte dich um den Einkauf, weil ich schnell zum Arzt muss!). (3) Dem *Appell* an den Empfänger, in dem der Sender signalisiert, was er vom Empfänger erwartet (z. B. dass das Kind der Einkaufsbitte der Mutter nachkommt) und (4) der *Beziehung* zwischen Sender und Empfänger. Letztere ist von großer Bedeutung, da in der Beziehung mehrere Aspekte auf einmal zum Ausdruck kommen (z. B. Aspekte der Wertschätzung, Abhängigkeit, Fürsorglichkeit, Macht, Konkurrenz etc.).

Wegen der großen Bedeutung des Beziehungsaspektes (vgl. Watzlawick u. a. 1969) ist eine dysfunktionale Kommunikation im Wesentlichen durch Beziehungsprobleme gekennzeichnet, die in der Regel des Ergebnis von unsicheren Bindungen sind (vgl. Kap. 3a) und die aus kompensatorischen Erwartungen oder „Schuldgefühlen" an den Bindungspartner resultieren. Diese Beziehungsprobleme können sich nach Schulz von Thun (2000) in acht *dysfunktionalen Beziehungsstilen* ausdrücken (vgl. Satir 1990). Einem: (a) bedürftig-abhängigen Stil; (b) helfenden Stil; (c) selbstlosen Stil; (d) aggressiv-entwertenden Stil; (e) sich beweisenden Stil; (f) bestimmend-kontrollierenden Stil; (g) sich distanzierenden Stil und (h) mitteilungs-freudig-dramatisierenden Stil.

Interessant an den Stilen ist, dass eigentlich auch positiv klingende Stile wie ein helfender oder selbstloser Stil in unsicheren Bindungskonstellationen zu dysfunktionalen Interaktionen führen können. Besonders belastend ist jedoch ein aggressiv-entwertender Stil, der die Entstehung von Minderwertigkeits- und Angstgefühlen fördern kann oder ein bedürftig-abhängiger Stil (z. B. einer kranken Mutter), der u. U. Überforderungen und Parentisierungen herbeiführt. Problematisch ist auch ein bestimmend-kontrollierender Stil, der kindliche Abhängigkeitsreaktionen und im Extremfall Missbrauchserlebnisse bewirken kann. Alle genannten elterlichen Stile können unter ungünstigen Bedingungen die Autonomie des Kindes oder Jugendlichen einschränken und damit dessen Möglichkeit zur Entwicklung.

Da wir die uns umgebende „Wirklichkeit" nicht objektiv erfassen können, sondern immer nur durch *subjektive Konstruktionen*, stellt auch die Kohärenzherstellung bezüglich der *Bedeutungsgebungen* der einzelnen Familienmitglieder eine wichtige Aufgabe dar. Diese

Aufgabe bezieht sich im Wesentlichen auf Bedeutungen (bzw. Interpretationen), die bestimmte *Inhalte des Familienkonzeptes* betreffen: z. B. bestimmte Rituale zur Gewährleistung der Wir-Orientierung; bestimmte traditionswahrende Ziele der Berufswahl sowie Bewertungen wichtiger sinngebender Strebungen wie Ehrlichkeit, Zuverlässigkeit, Gewaltfreiheit, gegenseitiger Fürsorge etc.

Liegt eine *Uneinigkeit* in der Bedeutungsgebung vor, dann besteht die Gefahr von Auflösungserscheinungen und damit eine Bedrohung des Zusammenhalts. Diese Uneinigkeit kann die gleiche störende Wirkung haben wie bindungsbelastende Interaktionen, sodass in der modernen Familientherapie auch der *bedeutungsgebende* Kommunikationsprozess berücksichtigt wird. Dieser Aspekt ist Teil einer „narrativen Familienpsychologie", die sich auch in der Art des Umgangs mit Familiengeschichten, Familiengeheimnissen, Familienstammbäumen etc. ausdrückt (vgl. Schlippe/Schweitzer 1998).

3.3 *Dysfunktionale familiäre Zielsetzung und Aufgabenerfüllung*

Der Zusammenschluss zweier Erwachsener zu einem Paar und die gemeinsame Entscheidung dieses Paares, ein Kind zu zeugen und damit eine Familie zu gründen, führt zu einer Erweiterung der ursprünglichen Ich-Orientierung in Richtung auf eine *Wir-Orientierung*. Die Herstellung dieser Wir-Orientierung ist für jedes Familienmitglied mit bestimmten Lernaufgaben verbunden, die sich über den gesamten Lebenszyklus von ca. 50 bis 60 Jahren erstrecken. Die Aufgaben müssen dabei auch die *Phasen der Familienentwicklung* (vgl. Schneewind 1999) berücksichtigen, die u. a. aus folgenden Stadien bestehen können: (1) Paarbildung der zukünftigen Eltern; (2) Geburt des ersten Kindes; (3) Vorschulzeit des Kindes; (4) Schulalter des Kindes; (5) Adoleszenz; (6) Entlassung des jungen Erwachsenen aus dem Familienverband; (7) nachelterliche Gefährtenschaft des Paares; (8) Erweiterung der Kernfamilie durch die Heirat des Kindes; (9) Großelternschaft; (10) beruflicher Rückzug der Eltern; (11) Seniorenalter; (12) u. U. Pflegeabhängigkeit der Eltern von den Kindern.

Die geschilderten Stadien des familiären Lebenslaufes machen deutlich, wie zahlreich die zu bewältigenden *familiären Zielsetzungen* sind und wie diese Ziele von Entwicklungsanforderungen an die Eltern, das Kind, die Paarbeziehung und von den individuellen Bedürfnissen von Mutter und Vater abhängig sind. Nach Oerter (1995, S. 121f.) müssen die *Entwicklungsanforderungen* nicht nur die individuellen Systemaspekte berücksichtigen, sondern auch die wir-bezogenen. Auf diese Weise werden die Einzelaspekte des menschlichen Wahrnehmens, Erlebens und Handelns erheblich komplexer und bekommen einen sozialen Bezug, der sich nicht nur auf das Leben in Familien auswirkt, sondern auch auf das in Gruppen und anderen sozialen Gemeinschaften.

Im Wesentlichen drückt sich der soziale Zielbezug durch die Befolgung folgender *intimer sozialer Ziele* aus (vgl. Nelson-Jones 1990): (1) Verantwortung zeigen; (2) Achtung zeigen; (3) innere Verpflichtung zeigen; (4) sich kümmern und fürsorglich sein; (5) offen für andere und sich selbst sein; (6) sich beim Geben und Empfangen von Feedback sicher fühlen; (7) andere verstehen und ihnen dies zeigen; (8) Ärger konstruktiv verarbeiten und zeigen; (9) Konflikte gemeinsam regeln; (10) Sex (sofern er Definitionsbestandteil einer Beziehung ist) in nicht ausbeutender Weise ausüben; (11) gemeinsame Aktivitäten planen und durchführen; (12) Freude am gemeinsamen Verbringen von Zeit haben etc. – *Dysfunktionalitäten* in diesen Zielsetzungen bestehen in der Regel in einer Nichtbeachtung der

Merkmale; also in einem Mangel an gegenseitiger Verantwortung, Achtung, Fürsorge, Offenheit gegenüber sich selbst und Familienmitgliedern etc. – Auch die Nichtberücksichtigung von Anforderungen, die sich aus den verschiedenen Phasen des familiären Lebenslaufes ergeben (z. B. aus Phase 2), kann zu dysfunktionalen Zielsetzungen führen. Diese können z. B. aus einer fehlerhaften Koordination der Säuglingspflege oder einer mangelhaften Umorganisation des Intimitätsverhaltens und des kindbezogenen Zeitmanagements bestehen.

Neben einer dysfunktionalen familiären Zielsetzung kann aber auch die *Qualität der Aufgabenerfüllung* dysfunktional sein. Damit ist gemeint, dass z. B. die eben geschilderten Aufgaben der 2. Phase des familiären Lebenslaufes in einer *inkompetenten Weise* ausgeführt werden. So kann sich die Inkompetenz beispielsweise auf Aufgaben der Säuglingspflege, Säuglingsfütterung oder -beruhigung beziehen. Da in der heutigen Zeit von Mann und Frau erwartet wird, dass die Kinderversorgung von beiden Elternpartnern in gleicher Kompetenz ausgeübt wird und dass traditionelle geschlechtsbezogene Aufgaben (z. B. Zuständigkeiten im Haushalt, Beruf oder der Verwandtschaftsbetreuung) aufgegeben werden, müssen Männer und Frauen erheblich mehr Aufgaben lernen als in früheren Zeiten. Dies kann zu einer Erhöhung der Inkompetenzen in der Aufgabenerfüllung und damit zu familiären Konflikten führen.

3.4 Dysfunktionale familiäre Stress- bzw. Problembewältigung

Die Art der *familiären Stress- bzw. Problembewältigung* hat eine große Bedeutung für die Entstehung von seelischer Gesundheit oder Krankheit. Stress und Probleme sind in der Regel das Resultat von biopsychosozialen Belastungsfaktoren, die auf die Familie für längere Zeit einwirken. Dies kann z. B. eine chronische Erkrankung des Kindes bzw. Jugendlichen sein (z. B. Diabetes mellitus) oder die Erkrankung eines Elternteiles (z. B. eine Depression); die Geburt eines Geschwisterkindes; ein Schulproblem des Kindes (z. B. Nichtversetzung); eine Arbeitslosigkeit der Eltern etc. Besonders häufig treten Stressbelastungen in *Übergangsphasen* von einem Entwicklungsabschnitt des Kindes in den nächsten auf: z. B. beim Schuleintritt oder bei Beginn der Pubertät.

Die Übergangsphasen erfordern von den Familienmitgliedern die Loslösung von gewohnten Transaktionen und den Erwerb von neuen Verhaltensweisen, um eine neue Stabilisierung des Familiensystems auf dem veränderten Entwicklungsniveau zu erreichen. Leider gelingt nicht allen Familiensystemen eine solche Neuanpassung, weil häufig *dysfunktionale Problemlösungen* gefunden werden. Diese resultieren vorrangig daraus, dass: (a) die Stressreize nicht lösungswirksam bewertet werden; (b) zu wenig Bewältigungsressourcen vorhanden sind und (c) keine angemessenen Bewältigungsschritte gewählt werden (vgl. Schneewind 1999, S. 101ff.). Die geschilderten dysfunktionalen Bewältigungsformen sollen im Folgenden kurz beschrieben werden.

Damit *Stressreize* erfolgreich überwunden werden können, müssen sie als Belastung erkannt und als *lösbar* bewertet werden. Besonders bei der Bewältigung von kindbezogenen Entwicklungsaufgaben (z. B. beim Eintritt des Kindes in die Schule) ist es lösungssteigernd, wenn die Eltern die Vorteile einer erfolgreichen Problemlösung auf der neuen Entwicklungsstufe des Kindes sehen. Dysfunktional ist es hingegen, wenn sie vor der Lösung der vielfältigen schulbezogenen Aufgaben verzweifeln.

Des Weiteren ist die Nutzung der in der Familie vorhandenen *Bewältigungsressourcen* von großer Bedeutung. Sie gibt Sicherheit und steigert das antizipierte familiäre Selbstwirksamkeitsverhalten. Zu den Bewältigungsressourcen gehört das Bildungsniveau, der ökonomische Wohlstand, die soziale und berufliche Kompetenz, das Selbstwertgefühl oder die Hilfsbereitschaft von Freunden, Geschwistern oder Großeltern. Dysfunktionale Bewältigungsressourcen liegen vor, wenn ein Mangel an den geschilderten Schutzfaktoren vorherrscht oder wenn die Familie die vorhandenen Ressourcen nicht nutzen will.

Nachdem die Stressoren für lösbar befunden worden sind und eine Bestandsaufnahme der Bewältigungsressourcen stattgefunden hat, müssen von der Familie *Bewältigungsformen* gesucht und angewendet werden. Dabei ist die Nutzung eines Problemlösungs-Ablaufprogrammes hilfreich (vgl. D'Zurilla/Goldfried 1971; Liebeck 2000). Das Programm besteht aus sieben Schritten, die wie folgt lauten: (1) Beschreibung bzw. Definition des Problems; (2) Aktivierung einer positiven Lösungseinstellung; (3) Analyse der Problembedingungen; (4) Bestimmung der Lösungsziele; (5) Planung der Lösungsmöglichkeiten; (6) Ausprobieren der Lösungsmöglichkeiten; (7) Bewertung des Probehandelns und Überprüfung der Angemessenheit von Lösungswegen. – Dysfunktionale Problemlösungen bestehen in einer nicht angemessenen Durchführung der genannten Lösungsschritte; also in einer: Fehlinterpretation des Problems; Hoffnungslosigkeit bezüglich der Lösung; verwirrenden oder irrealen Analyse der Problembedingungen; Uneinigkeit bezüglich der anzustrebenden Lösungsziele; Nichterprobung von Lösungsmöglichkeiten und mangelhaften Überprüfung der Effektivität des Lösungsverhaltens.

4. Behandlungstechniken in der Familientherapie

Eine Familientherapie findet in der Regel in Form einer gemeinsamen therapeutischen Arbeit mit allen Familienmitgliedern, also den Eltern, dem Problemkind sowie u. U. dem Geschwisterkind statt. Im Verlauf der Sitzungen ist es möglich, dass phasenweise nur mit den Eltern gearbeitet wird. Um die Heilung der seelischen Krankheitssymptome des Problemkindes zu beschleunigen, werden die gemeinsamen Eltern-Kind-Kontakte mit *begleitenden individuellen Behandlungskontakten* des Kindes kombiniert. Diese können in Form einer Spieltherapie oder Verhaltenstherapie stattfinden (vgl. Schmidtchen 2001).

Die Durchführung einer begleitenden individuellen Kinder- oder Jugendlichentherapie ist notwendig, um die *Effektivität* der Therapie zu verbessern. So wurden für eine alleinige Familientherapie ohne parallele störungsbezogene Behandlung des Kindes Effektstärke-Werte von ES = 0,45 bis 0,63 gefunden (vgl. Grawe u. a. 1994; Shadish u. a. 1995), während bei einer kombinierten Eltern-Kind-Therapie Effektstärke-Werte von ES = 0,86 für den Abbau der seelischen Erkrankung auftraten (vgl. Döpfner 2001).

Im Folgenden sollen überblicksartig die wichtigsten *Behandlungstechniken* der Familientherapie genannt werden. Dabei werden vorwiegend *systemische* und *verhaltenstherapeutische* Techniken berücksichtigt. Im Einzelnen lauten die Techniken: (a) Beziehungsgestaltung und Aufklärung über die Aufgaben von Therapeuten und Familienmitgliedern; (b) systemorientiertes Fragen und Beobachten zur Verbesserung des familiären Interaktionsverhaltens; (c) Einsichtsförderung durch Informationen, Umdeutungen, Geschichten und paradoxe Interventionen; (d) krankheitszentrierte Hilfen durch Anweisungen, Trainings- und Hausaufgaben.

4.1 Beziehungsgestaltung und Aufklärung über die Aufgaben von Therapeuten und Familienmitgliedern

Damit die einzelnen Familientherapietechniken ihre volle Wirkung entwickeln können ist es wichtig, dass der Familientherapeut zu *allen* Familienmitgliedern eine wertschätzende, emotional warme und verständnisvolle *Beziehung* aufbaut. Eine Parteinnahme oder Ablehnung einzelner Familienmitglieder sollte vermieden werden, sodass eine gleich bleibende *Allparteilichkeit* ausgeübt werden kann. Um die Selbsthilfepotenziale aller Familienmitglieder freizusetzen, sollte es des Weiteren vermieden werden, sich als „Macher" des Interventionsgeschehens darzustellen. Stattdessen sollte der Therapeut ein Kommunikationsförderer, Organisator und helfender Partner sein, der seine Beziehung zu den Familienmitgliedern *ressourcenfördernd* gestaltet (vgl. Schiepek 1999).

In den Familientherapiesitzungen sollen die *Therapeutenaufgaben* – wenn möglich – auf *zwei Personen* aufgeteilt werden. Auf diese Weise können sich die beiden Therapeuten in der ca. 60-minütigen Sitzung gegenseitig entlasten und Hilfestellung geben. Bei der krankheitszentrierten Zielsetzung kann dabei einer der Therapeuten der Behandler des Kindes sein und der andere die Eltern betreuen. Im klassischen systemischen Therapieansatz der Mailänder Schule in Form des *Zwei-Kammer-Modells* (vgl. Selvini Palazzoli u. a. 1977) arbeiten sogar mehrere Therapeuten im Rahmen von zwei Teams zusammen. Ein Team arbeitet vor einer Einwegscheibe oder Videokamera mit den Familienmitgliedern und das andere Team beobachtet hinter der Scheibe oder am Videoschirm das Verhalten der Familienmitglieder und des ersten Therapeutenteams. Die Einflussnahme des Beobachterteams besteht darin, die Therapiesitzung durch einen Telefonanruf zu unterbrechen, um dem ersten Therapeutenteam hilfreiche Anregungen zu geben. Gegen Sitzungsende entwickeln beide Teams in Form einer „Schlussintervention" Anweisungen für das Verhalten der Familienmitglieder im häuslichen Umfeld.

Da im klassischen Modell der systemischen Familientherapie davon ausgegangen wird, dass die entscheidenden therapeutischen Veränderungen *außerhalb* des Behandlungszimmers stattfinden, verhalten sich die Therapeutenteams relativ distanziert oder sogar unsichtbar, um auf diese Weise die intrafamiliäre Kommunikation zur besseren Nutzung der „Schlussinterventionen" zu stärken (vgl. Schlippe/Schweitzer 1998).

Aus ethischen Gründen wird das geschilderte Zwei-Kammer-Modell heute nicht mehr praktiziert; stattdessen wird die oben geschilderte achtungsvolle Beziehungsgestaltung angestrebt und eine offene Absprache über die *Aufgaben der Familienmitglieder.* Dabei sind die Aufgaben der Eltern und des Kindes unterschiedlich. Die *Eltern* bekommen in der Regel die Aufgabe, ihre Paarprobleme ohne Anwesenheit des Kindes zu lösen und ihre dysfunktionalen Kommunikationsweisen durch funktionale zu ersetzen und das *Kind* bekommt die Aufgabe, seine Probleme im Rahmen einer Spielbehandlung oder Verhaltenstherapie zu bewältigen. Dabei bestehen seine Behandlungsziele im Wesentlichen im Erwerb von krankheitsersetzenden Verhaltensweisen (vgl. Döpfner u. a. 2001; Lauth u. a. 2001; Petermann 2003).

4.2 Systemorientiertes Fragen und Beobachten zur Verbesserung des familiären Interaktionsverhaltens

Um die Familienmitglieder anzuregen, die Besonderheiten ihres destruktiven Interaktionsverhaltens zu erkennen, werden eine Vielzahl von *systemorientierten Fragetechniken* eingesetzt. Man unterscheidet dabei zwischen linearen, zirkulären, strategischen und reflexiven Fragen. *Lineare* Fragen dienen zur Feststellung von Sachverhalten; *zirkuläre* Fragen richten sich an die Familienmitglieder mit dem Auftrag mitzuteilen, was ein bestimmtes Mitglied vermutlich mit einem bestimmten Interaktionsverhalten bewirken möchte (hier werden Interpretationen von „verdeckten" Senderbotschaften erarbeitet); *strategische* Fragen beinhalten direkte Aufforderungen (z. B.: Wie lange soll dieser Zustand noch andauern?) und *reflexive* Fragen dienen dazu, Anregungen zu neuen Sichtweisen zu entwickeln. So kann z. B. gefragt werden: Was würde geschehen, wenn das Kind sein Problemverhalten aufgibt? oder: Wenn Sie einen Zauberstab hätten, welches Interaktionsverhalten würden Sie sich als Erstes herbeiwünschen?

Durch die genannten Fragen geben die Therapeuten den Familienmitgliedern *indirekte Hinweise*, um problematische Kommunikations- bzw. Interaktionsweisen erkennen und – wenn möglich – verändern zu können. Außerdem erhalten die Mitglieder einen Eindruck von der Vernetztheit der familiären Interaktionen und damit von den zahlreichen Interpretationsmöglichkeiten der Interaktionsweisen. Auch wird deutlich gemacht, dass Ursache-Wirkungs-Erklärungen mit der Annahme, einer sei an einem bestimmten Verhalten „schuld", nicht gelten, sondern dass jedes Verhalten wechselseitig verursacht worden ist. Durch den *indirekten Charakter* der Therapeutenbeeinflussung sollen alle Familienmitglieder dazu angeregt werden, sich zu überlegen, was die Therapeuten mit ihren Fragen wohl gemeint haben könnten. Auf diese Weise soll das intrafamiliäre Kommunikationsverhalten aktiviert werden.

Eine andere Technik zur Verbesserung der familiären Interaktionsweisen besteht in der Anleitung zu einem *systemorientierten Beobachten.* Im Rahmen dieser Anleitung können im Therapiezimmer problematische Familiensituationen (z. B. eine chaotische elterliche Schularbeitshilfe) im *Rollenspiel* simuliert und auf *Videofilm* aufgezeichnet werden. Dieser Film kann dann von den Familienmitgliedern analysiert und aus verschiedenen Blickwinkeln interpretiert werden.

Des Weiteren kann einem Familienmitglied die Aufgabe erteilt werden, alle Familienangehörigen in zeichnerischer Weise als „Tiere" darzustellen. Diese Bilder können eine intensive Anregung zur Hypothesenbildung (z. B. unter dem Machtaspekt,) sein. Eine ähnliche Anregung kann auch durch die Erstellung einer *Familienskulptur* erreicht werden. Zu diesem Zweck kann z. B. das Kind gebeten werden, die anderen Familienmitglieder in Form einer „lebenden Plastik" so im Raum zu platzieren, dass symbolisch die vorherrschenden Beziehungsverhältnisse abgebildet werden. Auf diese Weise können *nicht bewusste* Sichtweisen zu Tage treten und einen kommunikativen Ausdruck finden.

4.3 *Einsichtsförderung durch Informationen, Umdeutungen, Geschichten und paradoxe Interventionen*

Um die Selbsthilfepotenziale der Familienmitglieder zum Abbau der dysfunktionalen Interaktionen und des seelischen Krankheitsverhaltens zu nutzen, werden allen Mitgliedern einsichtsfördernde *Informationen* über mögliche dysfunktionale Interaktionsweisen bei Kohärenz-, Grenzsetzungs-, Bindungs- oder Erziehungsproblemen gegeben. Besonders wichtig sind dabei Informationen zum Abbau des seelischen Krankheitsverhaltens (vgl. Kap. 4.4). Die Informationen werden im Verlauf der gemeinsamen Gespräche mündlich übermittelt. Um den Familienmitgliedern jedoch genügend Zeit zum eigenständigen Studium der Informationen zu gewähren, sollten wichtige Mitteilungen auch in *schriftlicher* Form vorliegen.

Die Technik der *Umdeutung* (engl. reframing) nimmt wie die Technik des Geschichtenerzählens und der paradoxen Intervention (s. u.) Einfluss auf den *Bedeutungsgehalt* von Kommunikationsnachrichten. Durch den Einsatz dieser Technik soll eine ursprünglich unangenehme Sichtweise in einen neuen *Hintergrundsrahmen* (engl. frame) gesetzt werden, der die Familienmitglieder dazu veranlassen kann, die negative Sichtweise umzuinterpretieren. So kann der Therapeut einem Elternpaar, das sich beständig über einen gegenseitigen Mangel an Zuwendung und Bedürfnisbefriedigung streitet (Vordergrundsbetrachtung) umdeutend sagen: Sie scheinen eine sehr enge Beziehung zu einander zu haben, denn Sie kennen Ihre gegenseitigen Bedürfnisse so genau, wie man sie nur in einer engen Bindung erlangt (vgl. Watzlawick u. a. 1969). Durch diesen neuen Betrachtungsrahmen soll das Ehepaar dazu angeregt werden, sein vordergründig geäußertes Abneigungsverhalten infrage zu stellen und zu der Erkenntnis zu gelangen, dass es realistischer ist, nach anderen Ursachen seiner Unzufriedenheit zu suchen. (Vielleicht wollen die Ehepartner wegen der Enge ihrer Beziehung zuweilen etwas Abstand voneinander haben?).

Einen besonderen Stellenwert in systemischen Interventionen hat die Verwendung von *Geschichten* (Metaphern, Gleichnissen etc.). Die Geschichten sprechen die Seele der Familienmitglieder auf einer Fantasieebene an und verwenden dabei Elemente, die der *Traumtätigkeit* ähnlich sind. So können unangenehme Gefühle oder Gedanken (z. B. Ängste, verdrängte Wut, abgelehnte Selbstanteile) im Rahmen einer Geschichte eine Ausdrucksform bekommen (z. B. in Form eines „Monsters" oder einer „bösen Hexe"), in der die abgelehnten Gefühle oder Selbstanteile verbotslos ausgelebt werden können. Auch können durch die Erfindung eines „guten Menschen" oder eines „Zauberers" Gegenkräfte aktiviert werden, die die „bösen" Interaktionen der Hexe überwinden können. Die Geschichten tragen somit durch die Möglichkeit einer *kognitiven Umstrukturierung* dazu bei, neue Denkschemata aufzubauen (vgl. Schiepek 1999, S. 92ff.).

Paradoxe Interventionen in Form von *Symptomverschreibungen* waren in der Anfangsphase der systemischen Therapie (vgl. Selvini Palazzoli u. a. 1977) ein probates Mittel, um starre elterliche Reaktionsweisen auf ein Symptom (z. B. das aggressive Verhalten eines Kindes) aufzulösen. So kann man den Eltern und dem aggressiven Kind mit einem Augenzwinkern z. B. den Auftrag bzw. die Verschreibung geben, sich jeden Dienstag und Samstag zu einer bestimmten Uhrzeit eine „Aggressionszeit" zu nehmen, in der das Kind und die Familienmitglieder zeigen können, dass sie in der Lage sind, ohne einen besonderen Anlass Aggressionen zu produzieren. Damit soll den Eltern und dem Kind veranschaulicht werden, wie sich aggressive Verhaltensweisen gegenseitig verstärken und zu einem „Teufelskreis“ von gegenseitiger Verletzung ausweiten können, der nur durch die bewusste Entscheidung zu einem Aggressionsverzicht unterbunden werden kann.

4.4 Krankheitszentrierte Hilfen durch Anweisungen, Trainings und Hausaufgaben

Die Technik der *krankheitszentrierten Hilfen* für Eltern und Kinder bzw. Jugendliche kommt im Wesentlichen aus dem Methodenrepertoire der *Verhaltenstherapie*. Letztere geht davon aus, dass die Symptome der seelischen Erkrankung gelernt und dass die Therapeuten deshalb dem Kind (oder Jugendlichen) sowie den Eltern konkrete Hinweise geben müssen, wie das gestörte seelische Verhalten verlernt werden kann. Da die Heilungsprozesse in vielen Fällen schneller und effektiver vorangehen, wenn sich die Hilfen nicht nur auf das Verlernen von gestörten Verhaltensweisen, sondern auf das *Erlernen* von *gesundem Verhalten* beziehen, sind beide Zielsetzungen der Schwerpunkt einer verhaltenstherapeutisch orientierten Familientherapie.

Typisch für eine krankheitszentrierte Zielsetzung ist des Weiteren, dass die Therapie *spezifisch* auf die Heilung bestimmter seelischer Erkrankungen von Kindern und Jugendlichen ausgerichtet ist; so z. B. auf die Heilung von Hyperkinetischen Störungen, Essstörungen, Angst- und Zwangsstörungen, depressiven Verhaltensweisen, Asthma, Regulationsstörungen der frühen Kindheit, Autismus, Bettnässen, Einkoten etc. (vgl. Petermann 2000b; Lauth u. a. 2001; Groen/Petermann 2002). Von besonderer Bedeutung sind des Weiteren familientherapeutische Hilfen zur Behandlung von chronisch kranken Kindern und Jugendlichen, die z. B. an Diabetes mellitus oder an einer Krebserkrankung leiden (vgl. Warschburger 2000).

Als Beispiel für die Art der störungsabhängigen *Anweisungen* an Eltern und Kinder im Rahmen eines verhaltenstherapeutischen Familientherapieprogrammes sollen folgen Hinweise von Döpfner u. a. (1998) zur Behandlung von Hyperkinetischen Störungen gegeben werden. Die Anweisungen beziehen sich auf den Einsatz von *elterlichen Aufforderungen* zur Verringerung des unruhigen und oppositionellen Problemverhaltens der Kinder. Die Anweisungen lauten: (1) Stellen Sie nur Anforderungen, wenn Sie bereit sind, sie auch beim Kind durchzusetzen. (2) Verringern Sie jegliche Ablenkung des Kindes, bevor Sie eine Anforderung geben. (3) Sorgen Sie dafür, dass Ihr Kind aufmerksam ist, wenn Sie die Anforderung geben. (4) Äußern Sie die Anforderung eindeutig und nicht als Bitte. (5) Stellen Sie immer nur eine Anforderung etc.

Neben dem angemessenen Stellen von Anforderungen werden in der verhaltenstherapeutischen Familientherapie auch *Trainings* durchgeführt. In ihnen werden Interaktionsweisen zum Abbau des gestörten kindlichen Verhaltens geübt (z. B. die Verwendung von Verstärkerentzug) oder positive Erziehungskompetenzen trainiert, um die Interaktion zwischen Eltern und Kindern zu verbessern. Ein solches Trainingsprogramm liegt z. B. von Sanders (1999) in Form des *Triple P – Positive Parenting Programm: Positives Erziehungsprogramm* vor. Als Ziele dieses Triple P-Programmes werden in Übungen beispielsweise angestrebt: (1) Herstellung einer sicheren und interessanten Umgebung. (2) Anregung des Kindes zum Lernen. (3) Übung von konsequentem Verhalten. (4) Reduzierung von Erwartungen. (5) Beachtung der eigenen Bedürfnisse (vgl. Schmelzer 1999; Warnke u. a. 2001).

Hausaufgaben sind nach Bellingrath (2001) ein fester Bestandteil der verhaltenstherapeutischen Arbeit mit Eltern und Kindern. Sie haben die Funktion, die Eigenaktivität der Betroffenen zu fördern und das in den Übungen gelernte Verhalten zu Hause durchzuführen. Sie erfordern von den Adressaten eine hohe Umsetzungsdisziplin und Mitarbeitsbereitschaft. Des Weiteren betreffen Hausaufgaben auch Verhaltensbeobachtungen im Rahmen der *Eingangsdiagnostik* (vgl. Döpfner u. a. 2000). – Einen Überblick über die Inhalte von störungsspezifischen Hausaufgaben für Eltern und Kinder gibt Petermann (2000b, 2003).

5. Fazit und Ausblick

Integriert man die empirisch wirksamen Techniken aus den verschiedenen Verfahren der Familientherapie in einem kohärenten Therapiekonzept (z. B. Schmidtchen 2001), dann lässt sich durch die Behandlung aller Familienmitglieder eine hohe therapeutische Effektivität erzielen. Diese bezieht sich auf den Abbau von seelischen Erkrankungen, die Verbesserung eines entwicklungsmäßig angemessenen Verhaltens und das erzieherische Verhalten der Eltern. Die wesentlichen Impulse für diesen integrativen Ansatz stammen aus der *systemischen Familientherapie* und der *Verhaltenstherapie.* Beide Therapiekonzeptionen bemühen sich, die Eigeninitiative der Eltern und des Kindes bzw. Jugendlichen zu fördern, vorhandene Ressourcen zu nutzen, gegenwarts- und zukunftsorientiert zu arbeiten, die Lösung konkret definierter Probleme anzustreben, Verhalten als Wechselwirkung zwischen dem Symptomträger und seinen Eltern oder anderen wichtigen Bezugspersonen (z. B. Lehrern, Klassenkameraden, Lehrherren) anzusehen, die Individualität der einzelnen Realitätskonstruktionen zu berücksichtigen und die Interventionsziele auf den Abbau biopsychosozialer Risikofaktoren auszurichten.

Außerdem wird in beiden Ansätzen die Herstellung einer wertschätzenden, verständnisvollen, motivationsfördernden und lösungsorientierten Beziehung sowohl zwischen den Familienmitgliedern als auch zum Therapeuten angestrebt. Nach Schiepek (1999, S. 128ff.) sollte die Therapeut-Familien-Beziehung „kundenorientiert" gestaltet sein, auf Schuldzuschreibungen verzichten, Sicherheit und Stabilität gewährleisten, eine transparente Darstellung und Durchführung der Interventionstechniken vornehmen und die Wahlfreiheit der therapeutischen Angebote durch die Familienmitglieder gewährleisten. Die Fachkompetenz des Therapeuten sollte durch eine aktive Strukturierung der Familientherapiesitzungen sowie der außertherapeutischen Empfehlungen bzw. Hausaufgaben kundgetan werden. Um die Therapie effektiv zu gestalten, sollten beständig Rückmeldungen über die Wirksamkeit der Empfehlungen eingeholt werden.

Das Besondere der hier skizzierten *systemisch-verhaltenstherapeutischen* Familienbehandlung von seelischen Erkrankungen bei Kindern und Jugendlichen besteht darin, dass die Verantwortung für die Heilung der Erkrankung gleichermaßen bei den Kindern (bzw. Jugendlichen) und den Eltern liegt. Dabei steigt das Ausmaß der Mitbeteiligung der Eltern umgekehrt proportional zum Alter der Kinder, sodass z. B. bei der Behandlung von kindlichen Regulationsstörungen vorwiegend mit den Eltern gearbeitet wird (vgl. Papousek 1999; Wolke 1999), während in der Jugendlichenbehandlung die Elternarbeit nachrangig ist (vgl. Schmidtchen 2003). Generell gilt jedoch für jede Psychotherapie von Kindern und Jugendlichen, dass sie das Familiensystem berücksichtigen und immer aus einer Kombination von kind- bzw. jugendlichenzentrierten Maßnahmen und einer Familienbehandlung bestehen muss.

Literatur

Bellingrath, J., 2001: Selbstbeobachtungsverfahren als Hausaufgaben im diagnostisch-therapeutischen Prozess. In: Borg-Laufs, M. (Hrsg.): Lehrbuch der Verhaltenstherapie mit Kindern und Jugendlichen. Band II. Tübingen, S. 193-210.

Borg-Laufs, M. (Hrsg.), 2001: Lehrbuch der Verhaltenstherapie mit Kindern und Jugendlichen. Band II: Interventionsmethoden. Tübingen.

Dilling, H./Mombour, W./Schmidt, M.H. (Hrsg.), 2000: Internationale Klassifikation psychischer Störungen. ICD-10 Kapitel V (F). Bern.

Döpfner, M., 2001: Ergebnisse der Therapieforschung zur Verhaltenstherapie mit Kindern und Jugendlichen. In: Borg-Laufs, M. (Hrsg.): Lehrbuch der Verhaltenstherapie mit Kindern und Jugendlichen. Band I. Tübingen, S. 153-185.

Döpfner, M./Schürmann, S./Fröhlich, J., 21998: Therapieprogramm für Kinder mit hyperkinetischem und oppositionellem Problemverhalten (THOP). Weinheim.

Döpfner, M./Borg-Laufs, M., 2000: Diagnostik, Therapieplanung und Evaluation in der Kinder- und Jugendlichenverhaltenstherapie. In: Borg-Laufs, M. (Hrsg.): Lehrbuch der Verhaltenstherapie mit Kindern und Jugendlichen. Band I. Tübingen, S. 299-360.

Döpfer, M./Rademacher, C./Wolff Metternich, T./Freund-Braier, I., 2001: Verhaltenstherapeutische Eltern-Kind-Therapie. In: Borg-Laufs, M. (Hrsg.): Lehrbuch der Verhaltenstherapie mit Kindern und Jugendlichen. Band II. Tübingen, S. 605-630.

D'Zurilla, T.J./Goldfried, M.R., 1971: Problemsolving and Behavior Modification. In: Journal of Abnormal Psychology, 78. Jg., S. 107-126.

Esser, G. (Hrsg.), 2001: Lehrbuch der Klinischen Psychologie und Psychotherapie des Kindes- und Jugendalters. Stuttgart.

Grawe, K./Donati, R./Bernauer, F., 1994: Psychotherapie im Wandel – Von der Konfession zur Profession. Göttingen.

Groen, G./Petermann, F., 2002: Depressive Kinder und Jugendliche. Göttingen.

Grossmann, K.E./Grossmann, K.E., 2001: Bindungsqualität und Bindungsrepräsentation über den Lebenslauf. In: Röper, G./Hagen, C. v./Noam, G. (Hrsg.): Entwicklung und Risiko. Stuttgart, S. 143-168.

Körner, W./Hörmann, G. (Hrsg.), 1998: Handbuch der Erziehungsberatung. Band I. Göttingen.

Körner, W./Hörmann, G. (Hrsg.), 1999: Handbuch der Erziehungsberatung. Band II. Göttingen.

Lauth, G.W./Brack, U.B./Linderkamp, S. (Hrsg.), 2001: Verhaltenstherapie mit Kindern und Jugendlichen – Praxishandbuch. Weinheim.

Liebeck, H., 2000: Problemlösetraining. In: Linden, M./Hautzinger, M. (Hrsg.): Verhaltenstherapiemanual. Berlin, S. 275-281.

Minuchin, S./Fishman, N.H., 1985: Praxis der strukturellen Familientherapie. Freiburg im Breisgau.

Nelson-Jones, R., 1990: Human Relationship Skills. London: Cassell.

Oerter, R., 1995: Kultur, Ökologie und Entwicklung. In: Oerter, R./Montada, L. (Hrsg.): Entwicklungspsychologie. Weinheim, S. 84-127.

Oerter, R./Schneewind, K.A./Resch, F., 1999: Modelle der Klinischen Entwicklungspsychologie. In: Oerter, R./ Hagen, C. v./Röper, G./Noam, G. (Hrsg.): Klinische Entwicklungspsychologie. Weinheim, S. 79-118.

Papousek, M., 1999: Regulationsstörungen der frühen Kindheit. Entstehungsbedingungen im Kontext der Eltern-Kind-Beziehungen. In: Oerter, R./Hagen, C.v./Röper, G./Noam, G. (Hrsg.): Klinische Entwicklungspsychologie. Weinheim, S. 148-169.

Petermann, F. (Hrsg.), 2000a: Fallbuch der Klinischen Kinderpsychologie und -psychotherapie. Göttingen.

Petermann, F. (Hrsg.), 2000b: Lehrbuch der Klinischen Kinderpsychologie und -psychotherapie. Göttingen.

Petermann, F. (Hrsg.), 2003: Kinderverhaltenstherapie. Baltmannsweiler.

Petermann; F./Döpfner, M./Lehmkuhl, G./Scheidthauer, H., 2000: Klassifikation und Epidemiologie psychischer Störungen. In: Petermann, F. (Hrsg.): Lehrbuch der Klinischen Kinderpsychologie und -psychotherapie. Göttingen, S. 29-56.

Remschmidt, H., 1999: Kinder- und Jugendpsychiatrie. Stuttgart.

Remschmidt, H./Schmidt, M./Poustka, S. (Hrsg.), 2001: Multiaxiales Klassifikationsschema. Bern.

Romeike, G./Imelmann, H. (Hrsg.), 1999: Hilfen für Kinder. Weinheim/München.

Sander, K., 1999: Personzentrierte Beratung. Köln.

Sanders, M.R., 1999: Triple P – Positive Parenting Program: Towards an Empirically Validated Multilevel Parenting and Family Support Strategy for the Prevention of Behaviour and Emotional Problems in Children. In: Clinical Child and Family Psychology Review, 2. Jg., S. 71-90.
Saß, H./Wittchen, H.U./Zaudig, M. (Hrsg.), 1998: Diagnostisches und Statistisches Manual psychischer Störungen. DSM-IV. Göttingen.
Satir, V., 1990: Kommunikation, Selbstwert, Kongruenz. Paderborn.
Schiepek, G., 1999: Die Grundlagen der systemischen Therapie. Göttingen.
Schlippe, A.v./Schweitzer, J., 1998: Lehrbuch der systemischen Therapie und Beratung. Göttingen.
Schmelzer, D., 1999: Probleme und Möglichkeiten begleitender Elternarbeit. In: Borg-Laufs, M. (Hrsg.): Lehrbuch der Verhaltenstherapie mit Kindern und Jugendlichen. Band I. Tübingen, S. 361-400.
Schmidtchen, S., 1997: Familienberatung und -therapie. In: Vaskovics, L.A. (Hrsg.): Familienleitbilder und Familienrealitäten. Opladen, S. 129-150.
Schmidtchen, S., 2001: Allgemeine Psychotherapie für Kinder, Jugendliche und Familien. Stuttgart.
Schmidtchen, S., 2003: Plädoyer für eine eigenständige Jugendlichentherapie. In: Michels, H.P./Borg-Laufs, M. (Hrsg.): Schwierige Zeiten. Beiträge zur Psychotherapie mit Jugendlichen. Tübingen, S. 27-50.
Schmidtchen, S./Hirsch, A., 2000: Beratung. In: Linden, M./Hautzinger, M. (Hrsg.): Verhaltenstherapiemanual. Berlin, S. 75-78.
Schneewind, K.A., 1999: Familienpsychologie. Stuttgart.
Schulz von Thun, F., 2000: Miteinander reden. Band II. Stile, Werte und Persönlichkeitsentwicklung. Reinbek bei Hamburg.
Schulz von Thun, F., 2002: Miteinander reden. Band I. Störungen und Klärungen. Reinbek bei Hamburg.
Selvini Palazzoli, M./Boscolo, L./Cecchin, G./Prata, G., 1977: Paradoxon und Gegenparadoxon. Stuttgart.
Shadish, W.R./Ragsdale, K./Glaser, R.R./Montgomery, L.M., 1995: The Efficacy and Effectiveness of Marital and Family Therapy: A Perspective from Meta-analysis. In: Pinsow, W./Wynne, L. (Hrsg.): Family Therapy Effectiveness. Current Research and Theory. Washington, D.C.: American Association for Marriage and Family Therapy, S. 345-360.
Spangler, G./Zimmermann, P., 1999: Bindung und Anpassung im Lebenslauf: Erklärungsansätze und empirische Unterlagen für Entwicklungsprognosen. In: Oerter, R./Hagen, C. v./Röper, G./Noam, G. (Hrsg.): Klinische Entwicklungspsychologie. Weinheim, S. 170-194.
Steinhausen, H.C. (Hrsg.), 2000: Hyperkinetische Störungen bei Kindern, Jugendlichen und Erwachsenen. Stuttgart.
Steinhausen, H.C. (Hrsg.), 2001: Entwicklungsstörungen im Kindes- und Jugendalter. Stuttgart.
Stern, D., 1992: Die Lebenserfahrung des Säuglings. Stuttgart.
Stern, D., 1998: Die Mutterschaftskonstellation. Eine vergleichende Darstellung verschiedener Formen der Mutter-Kind-Psychotherapie. Stuttgart.
Sydow, K. v., 2000: Systemische Psychotherapie mit Familien, Paaren und Einzelnen. In: Reimer, C./Eckert, J./Hautzinger, M./Wilke, E. (Hrsg.): Psychotherapie. Ein Lehrbuch für Ärzte und Psychologen. Berlin, S. 294-332.
Warnke, A./Beck, N./Hemminger, U., 2001: Elterntrainings. In: Borg-Laufs, M. (Hrsg.): Lehrbuch der Verhaltenstherapie mit Kindern und Jugendlichen. Band II. Tübingen, S. 631-656.
Warschburger, P., 2000: Chronisch kranke Kinder und Jugendliche. Psychosoziale Belastungen und Bewältigungsanforderungen. Göttingen.
Watzlawick, P./Beaven, J.H./Jackson, D.D., 1969: Menschliche Kommunikation: Formen, Störungen, Paradoxien. Bern.
Willke, H., 31991: Systemtheorie. Eine Einführung in die Grundprobleme der Theorie sozialer Systeme. Stuttgart.
Willi, J., 1985: Koevolution. Die Kunst des gemeinsamen Wachsens. Reinbek bei Hamburg.
Wolke, D., 1999: Interventionen bei Regulationsstörungen. In: Oerter, R./Hagen, C.v./Röper, G./Noam, G. (Hrsg.): Klinische Entwicklungspsychologie. Weinheim, S. 351-380.

Erziehungsratgeber

Markus Höffer-Mehlmer

1. Einleitung

Erziehungsratgeber für Eltern sind zu einem wichtigen Bestandteil des Buchmarktes geworden. Jede größere Buchhandlung präsentiert diese Literatur in eigenen Regalreihen, die zusätzlich oft nach Altersstufen, Themenbereichen oder Problemgruppen unterteilt sind. Auch wenn diese Literatur nicht immer schon in ihrer heutigen Vielfalt und Breite existierte, lassen sich ihre Wurzeln bis weit in die Vergangenheit hinein verfolgen. Im Folgenden wird zunächst das Genre der Elternratgeber im Hinblick auf wesentliche Merkmale eingegrenzt. Nach einem Überblick über die Geschichte des Genres erfolgt eine systematische Einordnung sowie eine Darstellung des Forschungsstandes. Den Abschluss bilden einige Überlegungen zum Zusammenhang von Erziehungswissenschaft, Erziehungstechnologie und Erziehungsratgebern.

2. Das Genre

Unter „Erziehungsratgebern" werden hier Bücher verstanden, in denen Fragen der Kindererziehung und -pflege behandelt werden. Sie sind direkt an Eltern bzw. Mütter oder Väter gerichtet und ihr erklärter Zweck besteht in der Beratung bei der Pflege und Erziehung von Kindern bzw. Heranwachsenden.

Innerhalb des deutschen Sprachraums hat es sich eingebürgert, Bücher den Kategorien Fachbuch, Sachbuch oder Belletristik zuzuordnen. Gegenüber dem Fachbuch soll mit dem Sachbuch ein breiteres Publikum erreicht werden, vom belletristischen Werk unterscheidet es sich dadurch, dass hier im weitesten Sinne um die Informationen vermittelt werden. Innerhalb der Gruppe der Sachbücher stellen Ratgeber eine Unterform derjenigen Bücher dar, in denen nicht Wissen im Allgemeinen, sondern in irgendeiner Form verwendbares Wissen verbreitet wird. Innerhalb der Gruppe der technologischen Sachbücher gehören Erziehungsratgeber zu denjenigen Werken, in denen es um soziales Handeln geht, das „seinem von dem oder den Handelnden gemeinten Sinn nach auf das Verhalten anderer bezogen wird" (Weber 1980, S. 1). In diesen Büchern werden neben Erziehungsfragen unter anderem Themen wie Rhetorik oder Umgangsformen behandelt. Auch dort geht es zwar um die Beeinflussung anderer Menschen, die es beispielsweise durch Gesprächs- und oder Redegestaltung für *etwas* oder durch gute Manieren für *sich* einzunehmen gilt, doch ist Erziehen eine besondere Form sozialen Handelns, der Versuch, Kinder bzw. Heranwachsende in der Herausbildung ihrer Persönlichkeit zu beeinflussen. Zu den Ratgebern, in denen dies behandelt wird, gehören nicht nur solche für Eltern bzw. Elternteile, sondern auch Bücher für berufsmäßig Erziehende wie etwa Lehrer, die typologisch gesehen durch stärkere Überschneidungen bzw. Übergänge zum Fachbuch gekennzeichnet sind.

Erhebliche Probleme ergeben sich, will man einen Gesamtüberblick über die Entwicklung der Ratgeber-Literatur gewinnen. Dies liegt vor allem an der Fülle der veröffentlichten Werke und an den sich daraus immer wieder ergebenden Zuordnungsproblemen. Eine einschlägige und nach Kriterien geordnete Bibliografie liegt bislang nicht vor. In der deutschen Nationalbibliografie (für Werke ab Beginn des 20. Jahrhunderts), in Bücherlexika und Verzeichnissen lieferbarer Bücher werden unterschiedliche Schlagworte und Zuordnungen verwendet, sodass die Suche mithilfe von Kategorien wie „Familienerziehung", „Kindererziehung", „häusliche Erziehung" oder „Kinderpflege und -erziehung" jeweils unterschiedliche Ergebnisse erbringt. Die Zuordnungen weisen nicht nur je nach Katalog oder Bibliografie zum Teil erhebliche Unterschiede auf, sondern verändern sich auch im zeitlichen Verlauf.

Zu den aus dieser Lage resultierenden Erhebungsproblemen kommen Zuordnungsschwierigkeiten für diejenigen Bücher, die vom oben skizzierten Typus des Elternratgebers mehr oder minder stark abweichen. Relativ einfach ist die Zuordnung bei „Reinformen", also bei Werken, in denen der angesprochene Leserkreis „Eltern" bzw. „Mütter" oder „Väter" bereits im Titel oder Untertitel aufgeführt wird („Die Mutter und ihr erstes Kind") oder die in entsprechenden Reihen („Elternbücherei") erscheinen. Daneben gibt es eine Reihe von Büchern, die sich nicht in dieser Klarheit zuordnen lassen. Dies gilt etwa für Veröffentlichungen über pädagogische, psychologische oder medizinische Fragen kindlicher Entwicklung, in denen Eltern als spezifische Lesergruppe nicht ausdrücklich oder nur neben anderen angesprochen werden. Hinzu kommen Werke, in denen für eine grundlegende Reform von Erziehung unter Einschluss der Familienerziehung plädiert wird oder auch Bücher, in denen Kinderpflege und -erziehung als ein Teilbereich derjenigen Arbeiten und Funktionen behandelt werden, die im Haushalt anfallen. Ähnliche Abgrenzungs- und Zuordnungsprobleme gibt es allerdings auch in anderen Bereichen literarischer Produktion. Der Genre- oder Gattungsbegriff dient im Allgemeinen dazu, Stoffe, Motive und Bearbeitungsformen zu ordnen und so nicht nur Zugehörigkeiten, sondern auch Überlappungen und Weiterentwicklungen festzustellen.

3. Historischer Überblick

Unter den Bedingungen verbreiteter Illiteralität gab es die Variante des schriftlichen Ratgebers nur für Angehörige gehobener und lesekundiger Schichten etwa in Form von Prinzen- oder Fürstenspiegeln, während Erziehungsratschläge ansonsten mündlich verbreitet wurden. Auch Predigt- oder Haustafelsammlungen sowie Pflegeanleitungen für Hebammen und Geburtshelfer basierten nur indirekt auf schriftlicher Fixierung und waren nicht für die Eltern selbst, sondern für die jeweils mit Fragen der Kindererziehung befassten Berufsgruppen als „Multiplikatoren" konzipiert.

Die „Hausväterliteratur" für den Haushaltsvorstand des bäuerlichen oder handwerklichen Haushalts stellte eine recht frühe Form der an den lesenden „Endverbraucher" gerichteten Ratgeberliteratur dar (stilbildend und erfolgreich war hier insbesondere Coler 1645). Das Aufwachsen und die Erziehung der Kinder wurde hier als eine Fassette im Aufgaben- und Verantwortungsbereich des Hausvaters behandelt. Dabei beschränkten sich die Autoren überwiegend auf funktionale Fragen der Einordnung der Kinder in das Geflecht der Aufgabenverteilung innerhalb des Haushaltes. Hierfür und für die Gewöhnung des Kindes an Gehorsam war der Hausvater verantwortlich, während seiner Frau die Verantwortung für Pflege und Ernährung oblag, für die es in Form von Pflegebüchern gesonderte Handreichungen gab.

3.1 Die Aufklärung und ihre Folgen

Das ausgehende 18. und beginnende 19. Jahrhundert kann als die Zeit gelten, in der das heute etablierte Genre der Erziehungsratgeber differenzierte Gestalt gewinnt. Die nun in bislang unbekannter Vielzahl und Vielfalt erscheinenden Ratgeber sind kein Abbild der Familienerziehung, ja sollen es gar nicht sein, vielmehr werden hier Leitbilder und Wege künftiger Erziehung wie auch dessen entworfen, was man bürgerliche oder moderne Familie nennt. Funktionelle Spezialisierung, Emotionalisierung und Intimisierung, die als Merkmale der modernen Familie gelten, werden in den Ratgebern bereits gefordert oder vorausgesetzt. Zum verbreiteten Leitbild wird diese Familie dann im Laufe des 19. Jahrhunderts. Wenn man die Ratgeber als Medium der Selbstvergewisserung darüber betrachtet, was bürgerliche Familie und Familienerziehung ausmacht, so lassen sich eine Reihe der in den Ratgebern erörterten grundlegender Erziehungs- und Pflegefehler zwei unterschiedlichen Grundmustern zuordnen:

- Die Autoren wenden sich gegen Unwissenheit, Desinteresse und Lieblosigkeit von Eltern, die ihre Kinder im Unrat liegen lassen, sie Lebensgefahren aussetzen oder sie ihrer Entwicklungschancen durch festes Einwickeln oder zu frühes Arbeiten berauben. Hier richtet sich der Blick in der sozialen Hierarchie gewissermaßen nach unten, insbesondere auf die Erziehung im ärmlichen Bauernhaus.
- Die zweite Gruppe von Erziehungs- und Pflegefehlern resultiert nicht aus Armut oder Unwissenheit, sondern ist vielmehr durch Überfluss, übertriebenen Luxus und Degeneration gekennzeichnet. Wenn die Autoren die Vernachlässigung der Stillpflicht und das Ammenwesen, die Verzärtelung von Kindern statt ihrer Abhärtung, die übertriebene Förderung durch „Zwang, Künstelei und alles, was zu schnelle Reifung bewirken könnte" (Hufeland 1800, S. 1) oder auch die Fehlernährung durch zu vieles Fleisch oder gewürztes Essen kritisieren, haben sie Familien im Blick, bei denen nicht der Mangel, sondern vielmehr der Überfluss das zentrale Erziehungsproblem darstellt. „Natürlichkeit" und „Einfachheit" sind die Leitbegriffe, an denen Erziehung ausgerichtet werden soll, die diese Fehler vermeidet. Während Rousseau mit diesen Begriffen Gesellschaft, Kultur und Erziehung des Ancien Régime mit einem Dekadenz-Verdikt belegte, geht es den Ratgeber-Autoren mehr um Orientierungshilfen für eine richtige Erziehung, entsprechend der Formel John Lockes', dass „Edelleute ihre Kinder behandeln sollten wie rechte Gutspächter und wohlhabende Bauern die ihren" (Locke 1897, S. 83).

Jenseits der durch Unwissenheit, Entbehrung und Abstumpfung gekennzeichneten Erziehung unterer und der luxuriös-dekadenten Naturferne oberer Schichten wird so ein eigener Weg der Erziehung entworfen, der mit einem spezifischen Ideal des Familienlebens korrespondiert. Im Kanon derjenigen Aufgaben, die es im Haushalt zu erledigen gilt, soll die Kindererziehung einen zentralen Platz einnehmen und zu einem Bereich werden, dem man sich mit großer Aufmerksamkeit sowie unter Berücksichtigung geeigneter Ratschläge widmet. Der Haushalt als Produktionsstätte, wie er in der Lehre vom ganzen Haus gedacht und im zeitgenössischen Bauern- und Handwerkerhaushalt praktiziert wird, verliert demgegenüber tendenziell an Bedeutung, auch wenn er in den Dorfromanen und -utopien wie Zacharias Beckers „Noth- und Hülfsbüchlein“, Salzmanns „Konrad Kiefer“ oder Pestalozzis „Lienhard und Gertrud“ auf Grund der Orientierung am Lebensumkreis der Landfamilie noch eine größere Rolle spielt.

Die im Gefolge der Aufklärung verstärkte Beschäftigung mit Erziehung und Bildung führte erstmals zu einer Ratgeberliteratur, die in breite Schichten hinein wirken sollte und nicht nur für einen kleinen Kreis Bessergestellter abgefasst war. Dabei wirkten die kulturellen Bestrebungen, durch aufklärende Bildung von Eltern zu einer besseren Kindererziehung und durch beides zu einer aufgeklärten Gesellschaft der Zukunft beizutragen, mit der Verbreitung der Lesefähigkeit und der Ausbreitung von Buchdruck, Verlagen und Buchhandel zusammen und führten zu einem regelrechten „Boom“ der Ratgeberliteratur, auch wenn Auflagenhöhe und Verbreitung dieser Bücher gemessen an heutigen Verhältnissen meist noch recht gering waren. Unter dem Leitbegriff der „physischen Erziehung“ propagierten viele Autoren jener Zeit Erziehungskonzepte, in denen die Pflege und Förderung der körperlichen, intellektuellen und sittlichen Entwicklung von Kindern als zusammengehörig betrachtet wurden.

Mit Blick auf Körper und Gesundheit des Kindes wollten sie mit ihren Ratgebern zum Abschied von riskanten Pflege- und Ernährungspraktiken, zur Bekämpfung von abergläubischen Vorstellungen und Handlungsweisen und zum Überleben wie auch zur gesunden körperlichen Entwicklung von Kindern beitragen. Die „Natur“ war für sie der Bezugspunkt, die zeitgenössischen wissenschaftlichen Erkenntnisse über diese Natur waren die Quelle ihrer Ratschläge. Die Autoren rieten ihrer Leserschaft zur naturgemäßen Behandlung der Kinder, die bereits während der Schwangerschaft beginnen sollte. Breite Aufmerksamkeit widmeten sie der Säuglingsernährung. Dabei hielten sie durchweg zum Selbststillen an, da sie hierin die naturgemäße Ernährungsform sahen und die insbesondere in hygienischer Hinsicht außerordentlich riskante künstliche Ernährung als wesentliche Ursache für die hohe Säuglingssterblichkeit betrachteten. Für die Pflege des Kindes nach dem Säuglingsalter war „Abhärtung“ der Schlüsselbegriff einer naturgemäßen Erziehung. Der kindliche Körper sollte sukzessive den Segnungen (frische Luft, klares Wasser, Sonnenlicht usw.) wie auch den Unbilden der Natur ausgesetzt werden. Dabei rieten die Autoren allerdings in aller Regel zur Mäßigung und warnten vor Übertreibungen. Rousseau, auf den sich viele von ihnen zu Recht als einflussreichen Geist beriefen, war deutlich radikaler in seinen Forderungen und unbekümmerter um die Folgen, die brachiale Abhärtung haben konnte (vgl. hierzu bspw. Struve 1803, S. 246ff.).[1]

Auch hinsichtlich der im weiten Sinne intellektuellen (geistigen, sprachlichen, sensomotorischen) Entwicklung des Kindes rieten die Autoren zu naturgemäßem Handeln von Eltern, die insbesondere darauf verzichten sollten, dem Entwicklungsgang des Kindes durch verfrühte oder übertriebene Förderung vorzugreifen oder ihn durch Hemmung kindlicher Neugier und Erprobungslust zu behindern. Richtiges Elternhandeln sollte sich ähnlich wie bei Pflege und Ernährung zwischen zwei Polen, hier zwischen Überforderung/Überförderung und Vernachlässigung, entfalten. So riet Salzmann seinen Lesern im „Konrad Kiefer“, dass die richtige Förderung zunächst vor allem darin bestehen sollte, das Kind möglichst vielfältige Natur- und Umwelterfahrungen machen zu lassen und ihm dabei lenkend, erklärend oder vorbildlich selbst entdeckend zur Seite zu stehen.

1 Zu den Grenzen der Abhärtung durch kaltes Wasser und demgegenüber Rousseau (1971, S. 35), der darauf hinwies, dass „viele Völker die Neugeborenen in Flüssen oder im Meer“ wuschen.

Die sittliche Erziehung war nach der Ansicht der Ratgeber-Autoren jener Zeit zunächst eng mit der körperlichen Erziehung verbunden. So sollte mit der häufig geforderten „Abhärtung" ein hohes Maß an Unabhängigkeit gegenüber äußeren Einflüssen und körperlichen Bedürfnissen erreicht werden und ging damit über die bloße Einwirkung (bzw. das bloße Einwirken-Lassen) auf die kindlichen Physis hinaus. Die Gewöhnung an bestimmte Zeitrhythmen von Pflege und Ernährung, Schlaf- und Wachphasen usw. sollte schon beim Säugling die Grundlagen für ein geordnetes Leben legen. Im weiteren Verlauf des Heranwachsens sollte direktes erzieherisches Einwirken darauf aufbauen. Die Eltern sollten durch Lob und Tadel, Ermahnung und Strafe auf das Kind einwirken und es zu gesittetem Verhalten anhalten. Bei ihren Empfehlungen zur Strafpraxis griffen zwar viele Autoren Rousseaus Gedanken über „natürliche Strafen" auf, gingen aber in zwei Richtungen über sie hinaus. Zum einen hielten sie es nicht für möglich, ausschließlich darauf zu setzen, dass die Konsequenzen des Handelns das Kind in allen Fällen und in ausreichendem Maße zu richtigem Handeln führen würden, und glaubten daher, nicht auf „künstliche Strafen" verzichten zu können. Außerdem setzten sie große Hoffnungen auf den Diskurs zwischen Eltern und Kind, der die Strafe, wenn nicht gänzlich ersetzen, dann jedenfalls begleiten und sie durch Einsicht des Kindes erzieherisch wirksam werden lassen sollte.

Familienerziehung wurde nun gleichsam als Handwerk betrachtet, das Eltern sukzessive erlernen und angepasst an den Entwicklungsstand des Kindes und die jeweiligen situativen Gegebenheiten ausüben und methodisch verfeinern sollten. Das damit verbundene technologische Versprechen einer erfolgreichen Erziehung lässt sich vor allem durch eine umfassende Pädagogisierung des Haushalts- und Familienlebens einlösen. Alltagssituationen und -abläufe sollen in ihrer erzieherischen Bedeutung betrachtet und genutzt, Prägung durch Umgang, Vorbild und Mittun sollen reflektiert und gesteuert und die davon unterscheidbaren Situationen direkter Einwirkung auf das Kind sollen erzieherisch motiviert und zielführend gestaltet werden.

3.2 Vom Beginn des 19. Jahrhunderts bis zum Ende des Ersten Weltkriegs

Gegenüber den pädagogisierend-technologischen Werken, wie sie insbesondere im Kontext des Philanthropismus entstanden, kann Jean Pauls „Levana" als ein frühes Beispiel romantischer Ratgeberliteratur gelesen werden. Die romantisierende Sicht auf Kind und Kindheit verhilft Jean Paul zu differenzierten Einsichten in die Zusammenhänge der Persönlichkeitsentwicklung, einer Entwicklung, die deutlich mehr ist als die bloße Entfaltung innerer Anlagen, nämlich die Herausbildung von Individualität. Legt man die von Schleiermacher herausgearbeiteten konstitutiven Spannungsverhältnisse der Erziehung zu Grunde, kann man sagen, dass hier die Herausbildung von Eigentümlichkeit gegenüber der Angleichung an das kulturell-gesellschaftliche Ganze, die Gegenwart des Kindes gegenüber der Zukunft als Erwachsener, das Spiel gegenüber der Übung gestärkt werden. Hieraus ergibt sich für das Erziehen und für den Erziehungsratschlag ein Legitimitäts- und ein Technologieproblem. Zum einen stellt sich die Frage, mit welcher Begründung die Gegenwart des Kindes der Zukunft geopfert werden soll, zum Zweiten, ob es in Anbetracht der geforderten hochgradigen Individualisierung überhaupt generalisierbare Formen und Regeln erzieherischer Einwirkung geben kann, deren Existenz ja die Voraussetzung dafür ist, dass Ratschläge erteilt werden können. Das Legitimitätsproblem löst Jean Paul, indem er sich auf den dem Aufklärungsdenken entstammenden Entwicklungs- und Fortschrittsgedanken bezieht. Das Kind ist für ihn der kleine Wilde, Aufwachsen der Nachvollzug zivilisatorischer Menschheitsentwicklung. Das von ihm beschworene Paradies der Kindheit ist als solches zwar unvergänglich und dem Erziehenden stets aufs Neue Quell der Bereicherung und des Lebensgenusses, die Vertreibung des einzelnen Kindes aus diesem Paradies aber unvermeidlich. Das Technologieproblem löst Jean Paul zum einen pragmatisch, indem er den Lesern Deutungs- und Handlungshilfen etwa zum Umgang mit schreienden Kindern oder dem Kinderspiel gibt, zum anderen systematisch, indem er auf der Grundlage einer polaren Geschlechteranthropologie eine Arbeitsteilung zwischen Vätern und Müttern entwirft. Den Müttern obliegt die Fürsorge und Behütung, den Vätern die Herausführung aus der Familie und die Einführung in die Gesellschaft, wobei der Geschlechteranthropologie folgend bei den zu erziehenden Mädchen die Einführung in die Gesellschaft, bei den Jungen der Verbleib im Schutze der Mutter schwächer entwickelt ist.

Diese Unterteilung entspricht dem Modell der bürgerlichen Familie, das im Laufe des 19. Jahrhunderts zum generellen Familienleitbild, wenn auch nicht zur allein realisierten Familienform wird. Zur gleichen Zeit löst sich die enge Verbindung von medizinisch-pflegerischen und im engeren Sinne erzieherischen Fragen, wie sie im Gefolge der Aufklärung bestanden hatte. Stattdessen erscheinen Ratgeber, die im Wesentlichen entweder dem einen oder dem anderen Themenbereich zuzuordnen sind. Dies korrespondiert mit der Entwicklung in der Medizin bzw. Kinderheilkunde auf der einen und der Pädagogik auf der anderen Seite. In beiden Bereichen entwickelt sich ein zunehmend ausdifferenziertes Expertensystem mit spezialisierten Ausbildungsgängen, Forschungen, Institutionen und Kommunikationsformen. Hieraus resultieren gänzlich andere Bedingungen für das Ratgeben in Sachen Kindererziehung und -pflege, als sie noch zu Beginn des Jahrhunderts bestanden hatten. Insbesondere vergrößert sich die Kluft zwischen der für das jeweilige Expertenpublikum, für die Wissenschaftler und Praktiker geschriebenen Fach- und der für Laien geschriebenen Sachliteratur.

Wie vielfältig die Erkenntnisse und Behandlungsmethoden im Laufe des 19. Jahrhunderts geworden waren, zeigt beispielhaft der 1906 erstmals von dem Professor für Kinderheilkunde Philipp Biedert herausgegebene Sammelband „Das Kind. Seine körperliche und geistige Pflege von der Geburt bis zur Reife“ (Biedert 1906). Hier werden über die bereits in früheren und zeitgenössischen medizinischen Ratgebern gängigen Themen wie Schwangerschaft, Geburt, Wochenbett, Ernährung und Pflege in verschiedenen Altersstufen hinaus medizinische Fragen etwa zu Krankheiten von Augen und Ohren oder zu Missbildungen und Verletzungen behandelt. Die Autoren sind bestrebt, ihre Leser in möglichst verständlicher Weise mit den Erkenntnissen der medizinischen Forschung vertraut zu machen, ihnen praktische Hinweise, Pflege- und Ernährungsregeln sowie Erklärungs- und Diagnosehilfen für alltägliche Gesundheitsprobleme zu bieten und sie nicht zuletzt auf diejenigen Krankheiten oder Auffälligkeiten hinzuweisen, bei denen unbedingt ein Arzt zu konsultieren ist. Hier wird erkennbar, dass angesichts der fortgeschrittenen Differenzierung und Spezialisierung „Popularisierung“ nicht nur Verbreitung wissenschaftlichen Wissens an Laien bedeutete, sondern auch als Information über die Expertensysteme an Bedeutung gewann.

Die Entwicklung des schulischen Bildungswesens während des 19. Jahrhunderts lässt sich in ähnlicher Weise wie die der medizinischen Versorgung als Expansion und Differenzierung beschreiben. Hier entwickelte sich mit der Volksschule auf der einen, dem Gymnasium sowie (ab der Mitte des Jahrhunderts) den Realgymnasien und Oberrealschulen auf der anderen Seite ein prinzipiell alle Kinder erfassendes Schulsystem, in dem, auch dies eine Parallele zur Medizin, die Versorgung mit Ressourcen und Lebenschancen allerdings ausgesprochen ungleich verteilt war. Die Vertreter des in diesem Kontext sich etablierenden Berufsstandes der Lehrer veröffentlichten neben der sich ausweitenden Fachliteratur immer wieder auch Sachbücher, darunter Ratgeber für die Familienerziehung. Dass berufsmäßig Erziehende Ratgeber verfassten, war kein neues Phänomen, denkt man etwa an Salzmann oder Jean Paul, doch geschah dies nun unter den Bedingungen einer stärkeren Professionalisierung, d. h. bei einem recht klaren Berufsbild mit normierten Zugangsvoraussetzungen und geregelter Ausbildung. In der Familienerziehung wurde demgegenüber weiterhin von Laien erzogen, die hierfür weder ausgewählt wurden, noch ausgebildet waren.

Hier trat nun mit der Entwicklung der Reformpädagogik insofern eine veränderte Situation ein, als sich die in ihrem Zusammenhang entwickelten Gedanken und Konzepte als grundlegende Kritik an diesem Expertensystem und der dort angewandten „Erziehungstechnologie“ verstehen lassen. So wurde bspw. vonseiten der Kunsterziehungsbewegung das, was als curriculare Errungenschaft gegliederter und geordneter Lehr- und Stoffpläne galt, als Gängelung und Korsettierung der Entwicklung musischer Erlebnisfähigkeit interpretiert, für bewährt gehaltene Unterrichtsmethoden wurden im Kontext der Arbeitsschulbewegung als Lernbehinderung zugunsten stärkerer (geistiger bzw. handwerklicher) Selbsttätigkeit der Schüler verworfen, etablierte Formen und Wege schulischen Berechtigungs- und Platzierungswesens wurden mit dem Ansatz der Einheitsschule für überholt erklärt. Die Familienerziehung wurde, insbesondere in der „Pädagogik vom Kinde aus“, von Kritik und Reformvorschlägen nicht ausgenommen, doch ließ die Technologiekritik der Reformpädagogik ihren „laienhaften“ Charakter tendenziell in einem besseren Licht erscheinen, ja die Individualität, Beiläufigkeit und Alltäglichkeit des Erziehens und Belehrens in der Familie konnte sogar zum Vorbild für den als uniformierend und lebensfern kritisierten Schulunterricht werden.

Ellen Key ruft in ihrem „Jahrhundert des Kindes“ zu einer grundlegenden Veränderung der Erziehung in der Schule, aber auch in der Familie auf. Das romantische Bild des Kindes wird bei ihr, anders als bei Jean Paul, zur Grundlage einer radikalen Kritik am Erziehungssystem, die sich in den Kontext verschiedener reformpädagogischer Ansätze einfügt. Heinrich Lhotzky, ein Anhänger der von Ellen Key vertretenen Vorstellungen, geht in seinem Ratgeber „Die Seele deines Kindes“, dem Bestseller in der Zeitspanne zwischen Jahrhundertwende und Ende der Weimarer Republik, noch über Key hinaus. Er fordert keine Reform, sondern die Abschaffung der Erziehung. Metaphernreich entfaltet er ein romantisches Bild des Kindes als sich selbst entfaltende Individualität zur Begründung seiner Forderung. Das bereits bei Jean Paul erörterte Problem, wie sich Romantisierung und Individualisierung mit Ratschlägen fürs Erziehen vereinbaren lassen, erscheint bei Lhotzky zur Paradoxie gesteigert, fordert er doch in einem Ratgeber *für* die Erziehung ihre Abschaffung. Bei näherer Betrachtung zeigt sich, dass Lhotzky (wie schon vor ihm Ellen Key) vor allem die Prügelstrafe im Blick hat, wenn er sich gegen Erziehung wendet. Den nach Abzug drakonischer Strafen übrig bleibenden „Rest“ erzieherischer Einwirkungen behandelt er als gleichsam mechanische Vorgänge; zunächst erfolgt die „Herstellung des Gehorsams“ (Lhotzky 1907, S. 76), dann kann die freie Entfaltung des Kindes beginnen.

Richard Kabisch wendet sich, wie andere Ratgeber-Autoren nach ihm (vgl. bspw. Prüfer 1925; Haarer 1934), in seinem kurz vor Beginn des Ersten Weltkriegs erschienenen Ratgeber „Das neue Geschlecht“ (Kabisch 1913) gegen die von Key, Lhotzky und anderen geforderte Reform der Familienerziehung. Er fordert stattdessen eine im engen Sinn des

Wortes „spartanische" Erziehung durch Abhärtung, durch die ein „neues Geschlecht" gegen Entbehrungen und Schmerzen unempfindlicher und dadurch kriegsfähiger Menschen heranwachsen soll. Kabischs Buch ist nicht nur im Hinblick auf das Erscheinungsjahr, sondern auch vom Anliegen und der stilistischen Gestaltung her ein Kriegsbuch, das nach dem Ersten Weltkrieg nicht wieder aufgelegt wird.

3.3 Weimarer Republik und Nationalsozialismus

Das Jahr 1918 stellt mit dem Ende des Ersten Weltkrieges und der Gründung der Weimarer Republik eine deutliche Zäsur dar. In einem Teil der Ratgeberliteratur wurde es, wenn es überhaupt thematisiert wurde, als Jahr einer nationalen Niederlage betrachtet, nach der nun nicht zuletzt die Familienerziehung aufgerufen sei, ihren Beitrag zum Neuaufstieg und zur Tilgung der Schmach zu leisten (vgl. bspw. Rein/Selter 1927, S. IV). Während der folgenden Jahre entwickeln sich innerhalb der sozialistischen Bewegung (bereits in der Wilhelminischen Zeit in Ansätzen bestehende) Bestrebungen zur Reformierung von Bildung und Erziehung, zu denen auch Versuche gehören, die Erziehung in Arbeiterfamilien durch Zeitschriften, Veranstaltungen und Ratgeber zu verbessern. Mit Otto Rühle (1924) und Heinrich Schulz (1926) wenden sich zwei prominente Bildungspolitiker und Autoren an interessierte Eltern. Beide knüpfen aufs Ganze gesehen an einige Traditionen der Ratgeberliteratur an, was insofern nicht selbstverständlich ist, als innerhalb der sozialistischen Bewegung ein revolutionärer Attentismus durchaus verbreitet war, wonach der Familienerziehung in der kapitalistischen Gegenwart kaum zu helfen sei und sie in der sozialistischen Zukunft ohnehin von kollektiv-planmäßigen Formen der Erziehung abgelöst werde. Rühle und Schulz orientieren sich an einem demokratischen Erziehungsstil und gehen dabei über die Ablehnung drakonischer Strafen hinaus. Vor allem bei Schulz finden sich häufige Verweise auf die Lebenssituation seiner Leserinnen, auf die sich das Programm einer „Erziehung *trotz* Mangels" bezieht, die deutlich von der in der bürgerlichen Literatur häufig empfohlenen „Erziehung *durch* Mangel" absticht. Bei beiden Autoren wird gleichsam die volkspädagogische Perspektive eingenommen, der Blick in sozialer Hinsicht nach unten gerichtet, wie dies in den Ratgebern der Aufklärungszeit als Pendant zum Blick nach oben, auf die naturferne, verzärtelnde und gekünstelte Erziehung oberer Schichten, verbreitet war.

Die Entwicklung der Ratgeberliteratur wie auch von einschlägigen Zeitschriften, Verbänden und Zusammenschlüssen während der Weimarer Zeit war mit den bildungspolitischen Auseinandersetzungen über die Reform des Schulsystems, über die Stellung der Kirchen und das Auslese- und Berechtigungswesen verbunden. In diesen Auseinandersetzungen entstanden in den verschiedenen politischen bzw. konfessionellen Lagern Elternverbände, die mit Veranstaltungen, Elternzeitschriften, Broschüren und Buchreihen nicht nur die jeweilige politische Position vertreten, sondern auch Elternbildung betreiben wollten. Zusätzliche Bedeutung erlangte die Elternbildung durch die Verbreitung von Mütterkursen, Angeboten der Volksbildung und durch die Einrichtung von Erziehungsberatungsstellen während der Zeit der Weimarer Republik. In diesem Kontext spielte die sich nun rasch entwickelnde Kinderpsychologie eine wichtige Rolle. In der Ratgeberliteratur wurden neben den bislang vorherrschenden Berufsgruppen der Pädagogen und Mediziner auch Psychologen als Autoren tätig, die bestrebt waren, die Erkenntnisse der Kinderpsychologie zu verbreiten.

Hildegard Hetzer (1930) legt mit ihrem über Jahrzehnte immer wieder neu aufgelegten Ratgeber *„Seelische Hygiene – lebenstüchtige Kinder"* ein Buch vor, in dem vor allem die Erkenntnisse der noch neuen Disziplin der Entwicklungspsychologie verbreitet werden. Die von Jean Paul bereits ausgesprochen detailliert erörterten Fragen der kindlichen Entwicklung (der Bedeutung des Kinderspiels hierfür etc.) werden von Hetzer nüchtern und um präzise Angaben bemüht dargestellt. Sie will den Lesern, wie dies bereits im Untertitel angekündigt wird, *Richtlinien* für eine dem Alter entsprechende erzieherische Einwirkung und für die Überprüfung des Entwicklungsstandes des einzelnen Kindes an die Hand geben.

Nach dem Machtantritt der Nationalsozialisten werden die Medien insgesamt, so auch die Herstellung und der Vertrieb von Ratgeberliteratur der staatlichen Kontrolle unterworfen. Werke aus dem linken bzw. aus dem reformorientierten Spektrum können nicht mehr gedruckt und vertrieben werden. Viele Autoren von neu erscheinenden Ratgebern erweisen nun in Vorworten oder Widmungen dem NS-Regime ihre Ergebenheit. Als durchgängig von nationalsozialistischem Gedankengut geprägt können die Ratgeber der Ärztin Johanna Haarer gelten. Ihr Werk „Die deutsche Mutter und ihr erstes Kind" (Haarer 1934) war hinsichtlich der Auflagenhöhe der erfolgreichste Ratgeber der ersten Jahrhunderthälfte. Sie propagiert eine im engeren Sinne spartanische Erziehung. Schon beim Umgang der Mutter mit dem Säugling soll hierfür die Voraussetzung entstehen. Die von ihr empfohlene systematische Vermeidung von Zärtlichkeit und die Beschränkung von Körperkontakten auf das technisch-pflegerisch Notwendige lässt sich als Verhinderung einer engen Mutterbindung interpretieren. Die daneben immer wieder auftauchenden Beschwörungen der Familie und des Mutterseins als Erfüllung der Frau bilden hierzu einen eigenartigen Kontrast. Beides entspricht der Familien- und Erziehungspolitik des NS-Regimes, das auf der einen Seite der Familie, Familienförderung und -politik (für den „rassisch" bzw. „erbbiologisch" wertvollen Teil der Bevölkerung) eine zentrale Stellung einräumte und auf der anderen Seite bestrebt war, Kinder und Jugendliche möglichst früh und umfassend außerhalb der Familie zu erfassen und zu erziehen.

In der Ratgeberliteratur der NS-Zeit stellt Friedrich Schneiders „Katholische Familienerziehung" (Schneider 1939) insofern eine Ausnahme dar, als der Autor, beim Machtantritt noch Professor, vom Regime mit Berufsverbot belegt wurde und eine recht deutliche Distanz zum NS-Staat zeigt. Schneider will die religiöse Erziehung in der Familie bis hin zu einer Art Religionsunterricht ausbauen, um so die Beschränkungen, die dem schulischen Religionsunterricht mittlerweile auferlegt waren, auszugleichen.

3.4 Der Zeitraum nach 1945

Nach dem Zweiten Weltkrieg und dem Ende des NS-Regimes wurde die Produktion von Ratgebern wie von Druckerzeugnissen insgesamt unter Aufsicht der Besatzungsmächte wieder aufgenommen. In der sowjetischen Besatzungszone wurden zwar die offen nationalsozialistischen Ratgeber der Johanna Haarer indiziert (vgl. Deutsche Verwaltung für Volksbildung in der sowjetischen Besatzungszone 1946, S. 155), ansonsten erschienen aber unveränderte Neuauflagen von Werken aus der Zeit vor 1945[2] und neue Bücher, in

2 Vgl. bspw. das unveränderte Vorwort in der Neuauflage von Hildegard Hetzer, in dem die Autorin „Gesundheitsführung in der Kindheit" wie in den früheren Auflagen als „die Voraussetzung für Gesundheit und Le-

denen eine Neuorientierung im Sinne demokratischer Erziehung nicht zu erkennen war (vgl. bspw. Degkwitz 1946). Ausdrückliche Bezugnahmen auf den Nationalsozialismus und seine Überwindung waren eher selten (vgl. bspw. Flirtler 1948).

Nach der Gründung der Bundesrepublik und der DDR entwickelte sich die Ratgeberliteratur in beiden Staaten recht unterschiedlich. In der DDR griffen Partei- und Staatsführung steuernd in die Produktion und den Vertrieb von Büchern ein. Pädagogische Ratgeber für Eltern wurden dabei als ein Instrument politischer Beeinflussung verstanden, mit denen die Eltern dazu angehalten wurden, ihre Kinder nicht zuletzt durch eigenes Vorleben zu sozialistischen Bürgern zu erziehen. Die reformpädagogisch inspirierte Linie sozialistischer Ratgeberliteratur, wie sie während der Weimarer Republik etwa von Otto Rühle und Heinrich Schulz repräsentiert worden war, wurde nicht aufgenommen, deren Positionen lehnte man als „individualistisch“ oder „anarchistisch“ ab. Während man sich zunächst vor allem auf die Herausgabe von „Klassikern“ des Marxismus bzw. marxistischer Pädagogik[3] und Übersetzungen sowjetischer Ratgeber beschränkte (vgl. bspw. Nisowa 1963), wurde ab Mitte der 1960er Jahre mit der Entwicklung einer auf möglichst umfassende Wirkung angelegten und offiziell so betitelten *„pädagogischen Propaganda“* die Produktion von Ratgebern in ein Gesamtsystem der Elternbildung eingebettet, zu dem Veranstaltungen und Einrichtungen der Elternbildung, Elternarbeit von Kindertagesstätten, Schulen und staatliche Jugendorganisationen, Zeitschriften und Zertifikatskurse für Eltern gehörten. Damit sollten Eltern, und durch sie die Kinder, zwar weiterhin im systemkonformen Sinne beeinflusst werden, doch sollte zugleich der möglichst dichte Anschluss an erziehungsrelevante wissenschaftliche Erkenntnisse und die Übernahme entsprechender Praktiken ermöglicht werden. In struktureller Hinsicht unterschied sich die Ratgeberliteratur in der DDR von der bundesrepublikanischen durch die hohe Planungsdichte und die Tatsache, dass weitaus weniger Werke erschienen, wobei der Verlag Volk und Wissen nicht nur für Schulbücher zuständig war, sondern auch „nahezu ein Monopol für die ‚Elternliteratur‘“ (Busch 1972, S. 260) besaß. Hinsichtlich der Erziehungsvorstellungen fällt auf, dass in einigen Fragen, etwa der von elterlichen Erziehungsstrafen oder von Geschlechtererziehung, bereits recht früh eher liberale bzw. egalitäre Vorstellungen vertreten wurden. Als grundlegendes Ziel jeder Erziehung galt, dies wurde mal stärker, mal schwächer betont, die Einordnung in eine Gesellschaft, die als die bestmögliche dargestellt wurde. In den 1970er und 80er Jahren zeichnet sich eine gewisse Entideologisierung ab. Es hat den Anschein, als ob die Ursachen für Erziehungsprobleme nun nicht mehr als Resultat westlich-kapitalistischer Einflüsse exterritorialisiert oder die Probleme gänzlich geleugnet wurden und dass man sich stärker auf Ergebnisse psychologischer und erziehungswissenschaftlicher Forschung stützte, während Verweise auf Klassiker des Marxismus-Leninismus oder auf Parteitagsreden zum offenbar kaum vermeidbaren Beiwerk verkümmerten.

In der Bundesrepublik hat die Ratgeberliteratur insbesondere seit Beginn der 1970er Jahre einen derartigen Umfang angenommen, dass hier nur eine erste grobe Systematisierung vorgenommen werden kann. In der Ratgeberliteratur der 1950er und beginnenden 1960er Jahre, die im Wesentlichen vom Typus des allgemeinen Erziehungs- und Pflegeratgebers dominiert wurde, kam einerseits die Idealisierung der bürgerlichen Familie zum

benstüchtigkeit des Erwachsenen, für seine Einsatzfähigkeit im Dienste der Volksgemeinschaft“ bezeichnet (Hetzer 1946, S. 3).

3 Hierzu zählten neben Aufsatz- und Redensammlungen Clara Zetkins vor allem Makarenkos „Ein Buch für Eltern“ und „Vorträge über Kindererziehung“, die bereits im 4. Band der ab 1951 erschienenen Gesamtausgabe enthalten waren und später immer wieder als Separatdrucke erschienen.

Ausdruck. Andererseits finden sich aber auch Ansätze zu einem partnerschaftlicheren und weniger an der rigiden Durchsetzung von Normen orientierten Verständnis von Erziehung. Erstmals erlangten in jener Zeit auch Übersetzungen ausländischer Ratgeber, etwa des international außerordentlich erfolgreichen *„Baby and child care"* von Benjamin Spock (1952), eine gewisse Bedeutung.

Das Ende der 1960er Jahre, als im Gefolge der Studentenbewegung eine grundlegende Liberalisierung der Kindererziehung gefordert und mit mehr oder minder weitreichender politischer Programmatik verbunden wurde, stellte für die Entwicklung der Ratgeberliteratur eine deutliche Zäsur dar. Das Autoritätsverhältnis zwischen Eltern und Kindern wurde nun grundlegend infrage gestellt, was in der Folgezeit zu dauerhaften Kontroversen führte, die auch in der Ratgeberliteratur ausgetragen wurden. Während auf der einen Seite ein eher permissiv orientierter Erziehungsstil oder sogar von „antipädagogischen" Autoren ein Ende jeglicher Erziehung gefordert wurde, sahen sich andere Ratgeber-Autoren veranlasst, daran zu erinnern, dass *„Kinder ... feste Regeln"* (Gürtler 1993) brauchen oder gar *„Mut zum Erziehen"* (Meves 1970) zu fordern.

Die Frage nach Ausmaß und Grenzen der Erziehungsautorität wurde und wird in der Ratgeberliteratur wie auch in den publizistischen Debatten bis in die 1990er Jahre gegensätzlich und kontrovers behandelt. Obwohl dies kein prinzipiell neues Phänomen ist, denkt man etwa an die von Ellen Keys „Jahrhundert des Kindes" ausgelösten Debatten nach der Jahrhundertwende, zeigt sich in den neueren Kontroversen insbesondere im Hinblick auf die elterliche Strafpraxis ein grundlegender Wandel hin zu einer Abflachung des Autoritätsgefälles zwischen Eltern und Kindern. Auch wenn Ratgeber-Autoren immer wieder betonen, dass Erziehen bedeutet, Grenzen zu setzen, ist die Prügelstrafe aus dem Spektrum des Denk- und Diskutierbaren verschwunden, werden Strafen im Allgemeinen zurückhaltend behandelt und wird verstärkt von „Konflikten" und „Kommunikation" bzw. „Verstehen" gesprochen, während sich Ratgeber-Autoren früher häufig stärker auf das Fehlverhalten von Kindern konzentrierten.

Das Ende der 1960er Jahre stellt auch insofern eine Zäsur dar, als nun eine Expansion der Ratgeberliteratur begann, die bis zur heute vorfindbaren Breite und Vielfalt des Genres führte. In der mittlerweile erreichten thematischen Ausdifferenzierung, der Publikation von speziellen Büchern über einzelne Fragen und Probleme, ist zum Teil eine gewisse Pluralisierung schon angelegt, da mit der öffentlichen Thematisierung von Erziehungsproblemen und Normabweichungen eine Enttabuisierung verbunden ist. Dies gilt beispielsweise für Ehetrennung und -scheidung und ihre erzieherischen Auswirkungen. In früheren Ratgebern blieb dieses Thema in der Regel unerwähnt, während heute hierzu eigene Werke angeboten werden.

Trotz der Differenzierung kann nicht von einer grundsätzlichen Zerfaserung der Ratgeberliteratur gesprochen werden. Sie wird vielmehr weiterhin von allgemeinen Werken über die Pflege und Erziehung von Kindern und Heranwachsenden bestimmt, doch haben sich gewissermaßen an den Rändern einzelne Sonderformen für spezielle Fragen und Probleme entwickelt. Eine Frage, der bei einer genaueren Analyse nachzugehen wäre, ist, welchen Stellenwert Ratgeber in verschiedenen sozial-kulturellen Milieus besitzen. Die Ratgeber für den gehobenen Bürgerhaushalt, in denen die erzieherische Bedeutung des Kindermädchens und des sonstigen Hauspersonals erörtert wurde bzw. generell Erziehungsfragen im Horizont dieser sozialen Gruppe behandelt wurden, sind nach dem Zweiten Weltkrieg[4]

4 Kühl von Kalcksteins (1947) „Jugend zwischen zwölf und siebzehn" war eines der letzten Werke, in denen die Dienstboten- bzw. Kindermädchen-Frage behandelt wurde.

ebenso verschwunden wie bereits vorher, mit dem Machtantritt der Nationalsozialisten, die Bücher für sozialistisch eingestellte Eltern bzw. Mütter der Arbeiterschicht. Dies ist nicht gleichbedeutend mit einer völligen Homogenisierung des Genres, nur sind vermutlich subtilere Unterscheidungen als die herkömmliche nach sozialer Schicht nötig, um die Unterschiede herauszuarbeiten.

4. Systematische Einordnung

Aus anthropologischer Perspektive kann die Ratbedürftigkeit von Erziehenden als Pendant zur Erziehungsbedürftigkeit der Zu-Erziehenden konstatiert werden. Erziehen wird gelernt und muss gelernt werden. Sind schon die Motive fürs Erziehen nur in geringem Maße triebförmig biologischer Natur (etwa als Reflex auf das so genannte Kindchenschema), so gilt dies verstärkt für Praktiken des Erziehens.

4.1 Grundformen des Ratgebens

Erziehen als Einführung in Kultur ist selbst gewissermaßen eine Kulturtechnik, die weitergegeben und stets aufs Neue angeeignet werden muss. In dieser Aneignung spielt der von anderen gegebene Rat neben der Orientierung an Normen, der Reproduktion selbst erlebter Erziehung, der gegenständlichen Tradierung (etwa in Form von Pflege- und Ernährungsmitteln oder Spielzeug) generell eine wichtige Rolle. Dieser Rat wird systematisch gesehen in drei Elementarformen gegeben:

- *Beratung durch Mentoren*, die selbst Erfahrungen als Erziehende gesammelt haben, wie etwa die eigenen Eltern, Verwandte, Nachbarn etc.
- *Beratung durch Professionelle*, die als Hebammen, Ärzte, Priester oder Lehrer mit Fragen der Kinderpflege bzw. -erziehung befasst sind. Hier lassen sich individuelle Formen des Ratgebens des Gesprächs, der Seelsorge etc. von kollektiven Formen des Vortrags, der Rede bzw. der Predigt unterscheiden. Mit den im 20. Jahrhundert entwickelten Institutionen und Formen der Familienbildung und -beratung wird hier eine neue Stufe der Spezialisierung erreicht, ohne dass vorgängige Formen aber dadurch bedeutungslos geworden sind.
- *Mediale Beratung*, die entweder *direkt* an Eltern oder *indirekt* an Multiplikatoren gerichtet sein kann.

Erziehungsratgeber zählen zum Typus direkter medialer Beratung, die heute auch in Zeitschriften, im Rundfunk, im Fernsehen oder im Internet stattfindet. Die sich in dieser Literatur zu Wort meldenden Ratgebenden wiederum sind durchweg bestrebt, sich als Mentoren auszuweisen. Eigene Erziehungserfahrung als Vater oder als Mutter ist das zentrale und durchgängige Qualifikationsmerkmal von Ratgeber-Autoren. In den meisten Fällen kommt ein professioneller Hintergrund hinzu. Die Autoren sind Ärzte, (heute nur noch selten) Priester oder Lehrer bzw. berufsmäßig Erziehende, seit den 20er Jahren des 20. Jahrhunderts und der Etablierung der Psychologie als Wissenschaft und Berufsgruppe auch Psychologen.

Im Unterschied zu Ge- und Verboten, mit denen die Erziehung in der Familie gesellschaftlich reglementiert wird, ist der Rat durch geringere Verbindlichkeit gekennzeichnet.

„Die *Ratgebung* enthält zwar Notwendigkeit, die aber bloß unter subjektiver zufälliger Bedingung, ob dieser oder jener Mensch dieses oder jenes zu seiner Glückseligkeit zähle, gelten kann ..." (Kant 1920, S. 44). Daher ist die Frage nach der Verlässlichkeit des Ratschlags, nach der Sicherheit der mit ihm verbundenen Erfolgsprognose und schließlich die nach der Quelle des Ratschlags von zentraler Bedeutung.

4.2 Quellen und Motive des Ratgebens

Als Quellen des Erziehungsratschlags lassen sich systematisch Erfahrung, Wissen und Charisma unterscheiden. Erfahrung ist in diesem Feld die wichtigste Quelle, aber auch Wissen, insbesondere empirisch erlangtes Wissen, gewinnt mit der Entwicklung und Ausdifferenzierung der Humanwissenschaften an Bedeutung. Hierbei handelt es sich allerdings keineswegs um einen linearen Prozess, vielmehr gab es gleichsam Konjunkturen stärker wissensbasierter Ratgeber und Zeiten, in denen stärker der Erfahrungsbezug, bisweilen in wissenschaftsskeptischer Zuspitzung, oder auch das Charisma des Ratgebenden als intuitiv erfolgreich Erziehendem betont wurde.

Im Hinblick auf Anlässe für das Ratgeben bzw. damit korrespondierend auf Motive für die Ratsuche lassen sich im Wesentlichen folgende Typen unterscheiden:

- *Neue Entwicklungsaufgaben:* Schwangerschaft, Geburt und die ersten Lebensjahre, aber auch die weiteren Entwicklungsschritte sind mit jeweils neuen Lern- und Entwicklungsaufgaben aufseiten der Eltern verbunden. Insbesondere Geburt und erste Lebensjahre wurden und werden in der Ratgeberliteratur durchgängig am häufigsten thematisiert.
- *Risiken und Probleme:* Körperliche, seelische oder Verhaltensprobleme und -risiken sind immer wieder zentrale Themen der Ratgeberliteratur. Insbesondere in den letzten Jahrzehnten haben sich hier vielfältige Sonderbereiche entwickelt. Dies ist nicht nur medienökonomisch auf die Ausdifferenzierung des Buchmarktes zurückzuführen, sondern ist zugleich Ausdruck wie Motor von Pluralisierungstendenzen. Dies zeigt sich z. B. am Thema Trennung bzw. Scheidung, das in der Ratgeberliteratur bis in die 60er Jahre des 20. Jahrhunderts hinein nahezu gänzlich ausgeblendet wurde.[5]
- *Besondere Bedürfnisse:* Aus Behinderungen oder chronischen Krankheiten von Kindern ergeben sich dauerhaft besondere Bedürfnisse im Hinblick auf Erziehung. Auch hier zeigt sich in der Ratgeberliteratur der letzten Jahrzehnte die oben angesprochene Pluralisierung.
- *Optimierung:* Mit wissenschaftlichen oder auch technischen Fortschritten verbinden sich häufig Hoffnungen darauf, dass sich Erziehen nun besser bewerkstelligen lasse. Dem entsprechen Ratgeber, die als Popularisierungen jeweils als relevant erklärter Erkenntnisse und Praktiken angekündigt werden. Dieses Motiv tritt erstmals im Kontext der Aufklärung deutlich zu Tage. Bisweilen klingt es bereits in Buchtiteln an, wenn dort zum Beispiel von „neuesten Erkenntnissen" (der Medizin, Pädagogik, Psychologie etc.) die Rede ist oder von „moderner" Erziehung gesprochen wird.
- *Veränderte Bedingungen:* Veränderte Bedingungen des Aufwachsens und des Erziehens lassen bislang verbreitete Vorstellungen und Praktiken obsolet erscheinen und Ratbedürftigkeit aufkommen. Ein zentrales und wiederkehrendes Thema der Ratgeberlitera-

5 Eines der wenigen Gegenbeispiele findet sich bei Czerny (1919, S. 94), der auf die erzieherische Bedeutung des Umgangsrechts nach der Scheidung eingeht.

tur seit der Aufklärung sind insbesondere die Medien, deren Einfluss als „geheime Miterzieher“ es zu steuern und zu begrenzen gilt. Synchron zur Medienentwicklung beziehen sich entsprechende Rat-Angebote zunächst auf Bücher, dann auf Zeitschriften, im 20. Jahrhundert dann auf Film, Rundfunk, Fernsehen und schließlich auf den Computer als Multimedium.

5. Zur Erforschung und Analyse von Elternratgebern

Für die historische Erziehungs- oder Familienforschung stellen Elternratgeber wichtige Quellen dar, aus denen man auf das jeweilige zeitgenössische Erziehungsdenken schließen kann.[6] In Werken über die Geschichte der Pädagogik werden Ratgeber zumindest dann berücksichtigt, wenn ihre Autoren zu den Hauptvertretern der dort behandelten pädagogischen Richtungen zählen, wie dies beispielsweise für Vertreter des Philanthropismus, Jean Paul oder Pestalozzi gilt.

Die Ratschläge und Regeln für Haushalts- und Eheführung wie auch für die Erziehung der Kinder, die in den Hauspredigten, Katechismen und in den Werken der Hausväterliteratur gegeben werden, wie auch deren Wurzeln in der Antike und im frühen Christentum hat Hoffmann untersucht (vgl. Hoffmann 1959).

Die Ratgeberliteratur des 18. und 19. Jahrhunderts wurde in mehreren Analysen bearbeitet. Kunze (1971) greift im Titel ihrer Analyse populärer Schriften zur Gesundheitserziehung in der Medizin der Aufklärung auf deren Programmbegriff der „physischen Erziehung“ zurück. Sie konzentriert sich vorrangig auf die Vorstellungen zeitgenössischer Medizin-Autoren über die Neugeborenen- und Säuglingspflege und ordnet diese in den ideengeschichtlichen Zusammenhang der Aufklärung ein.[7] Das Ende der von der Aufklärung stark beeinflussten Phase der Medizingeschichte sieht sie in den ersten Jahrzehnten des 19. Jahrhunderts erreicht (vgl. Kunze 1971, S. 17). Mit von Ärzten verfassten Ratgebern des 19. Jahrhunderts beschäftigt sich Raspe (1973), der die pädagogische Bedeutung ärztlicher Pflege- und Ernährungsratschläge betont.[8] In einer außerordentlich materialreichen Untersuchung analysiert Marré eigens für Mütter verfasste Ratgeber aus der Zeit von 1762 bis 1851, die von Ärzten, Pädagogen und Theologen stammen (vgl. Marré 1986). Erziehungsratgeber des 19. Jahrhunderts hat Fuchs untersucht und deren Bedeutung für die Reproduktion bürgerlicher Lebensformen herausgearbeitet (vgl. Fuchs 1997).

Seit einigen Jahren richtet sich eine Reihe von Untersuchungen (als Beispiele vgl. Shorter 1977 und Rosenbaum 1982) auf die kulturelle Formung oder „historische Konstruktion der modernen Familie“.[9] Ein besonderes Interesse findet dabei die Entstehung und der Wandel heute verbreiteter Vorstellungen über Mutterschaft.[10] In diesem Zusammenhang setzt sich Schütze mit den Veränderungen des Deutungsmusters „Mutterliebe“ aus-

6 Vgl. beispielsweise Tornieporth (1998, S. 176ff.) zum Wandel von Erziehungsvorstellungen in Deutschland nach dem Zweiten Weltkrieg oder Arnups Untersuchung über den Wandel des Mutterbildes im Kanada des 20. Jahrhunderts (vgl. Arnup 1994).

7 Vgl. beispielsweise zu Leibniz' Einfluss auf die Medizin bis zum ersten Drittel des 19. Jahrhunderts Kunze (1971, S. 16f.).

8 Vgl. beispielsweise zur pädagogischen Bedeutung von Ernährungsregeln Raspe (1973, S. 27ff.).

9 So der Untertitel der Studie von Morant Deusa; Bolufer Peruga (1998) über die Herausbildung moderner Konzepte von Familie und Mutterschaft.

10 Vgl. hierzu insbes. Badinter (1993, erstmals 1980), die konstatiert, der „Mutterinstinkt“ sei „ein Mythos“ (S. 469), sowie Dally (1983).

einander und stützt sich dabei unter anderem auf zeitgenössische Ratgeber als Quellen (vgl. Schütze 1986; 1992). Aus Schützes Sicht kann man hier nicht von einer durchgehend evolutionären Entwicklung, sondern „eher von Wellenbewegungen sprechen" (Schütze 1992, S. 39).

„Bis zur Wende des 19. Jahrhunderts geht es um die Ausführungen der von den Ärzten definierten Regeln im Umgang mit dem Körper des Kindes. Ab dem letzten Drittel des 19. Jahrhunderts wird die Unterdrückung von Affekten und Gefühlen im Dienste von Disziplin und Unterordnung gefordert. Ab den 50er Jahren des 20. Jahrhunderts aber wird nicht mehr die Beherrschung von Affekten, sondern deren Erzeugung zur Norm erhoben. Erst seit den 80er Jahren lassen sich Tendenzen ausmachen, die insofern auf eine Lockerung des Musters hindeuten, als die Persönlichkeitsstruktur der Mutter nicht mehr vollständig in den Dienst des Kindes gestellt wird ..." (Schütze 1992, S. 39).

Im Unterschied hierzu hat unter anderem Shorter (1977) eine evolutionäre Herausbildung moderner Muster von Mutterliebe bzw. generell der Liebe zum Kind konstatiert, deren positive Bedeutung für das Überleben und Aufwachsen von Kindern er eingehend würdigt. Hiervon lassen sich wiederum andere Autoren unterscheiden, die die Ratgeberliteratur zwar auch als Teil einer evolutionären Entwicklung betrachten, diese aber in der Gesamtschau eher kritisch als wachsenden technokratischen Zugriff auf Kinder wie auf die sie erziehenden Eltern bewerten (vgl. in diese Richtung Rutschky 1993; Gstettner 1981). Eine gemäßigt kritische Position nimmt unter anderem Arnup (1994) ein, die sich in ihrer Untersuchung der „Erziehung zur Mutterschaft" im Kanada des 20. Jahrhunderts unter anderem auf Erziehungsratgeber, insbesondere die von Regierungsstellen verbreiteten, stützt, die sie neben Filmen, Vorträgen, Vorsorgeuntersuchungen usw. als Teil breit angelegter Campagnen zur Bekämpfung der Kindersterblichkeit (vgl. Arnup 1994, S. 14ff.), zur Verbesserung von Kindererziehung und -pflege (ebd., S. 32ff.) aber auch zu einer von ihr eher kritisch bewerteten *„Medikalisierung von Mutterschaft"* (ebd., S. 57) analysiert.

Im deutschsprachigen Raum sind von den Ratgebern dieses Jahrhunderts insbesondere Werke aus der Zeit des Nationalsozialismus in den vergangenen Jahren analysiert worden (vgl. Chamberlain 1997; Dill 1999). Dabei stand die Frage im Mittelpunkt, inwieweit sich die Erziehungsvorstellungen des NS-Regimes in diesen Büchern widerspiegeln. Ein knapper, zusammenfassender Gesamtüberblick über die Ratgeberliteratur findet sich bei Berg, die auch kurz auf Werke aus diesem Jahrhundert eingeht und zutreffend anmerkt, dass *„die Lektüre der Ratgeberliteratur – von einigen ergötzlichen oder kuriosen Exemplaren und Zeitbedingtheiten abgesehen – keine reine Freude"* (Berg 1991, S. 709) bereite.

Während Berg eine grundsätzlich kritische Distanz zur Ratgeberliteratur und den in ihr gemachten Wirkungsversprechen erkennen lässt, entwickelt Hefft (1978) in ihrer als Ratgeber-Ratgeber bzw. als Käuferberatung konzipierten Darstellung, die interessante Einblicke in die Ratgeberliteratur der 1970er Jahre vermittelt, Qualitätskriterien für pädagogisch sinnvolle Ratgeber.

„Erziehungswissenschaftliche Gehversuche" im *„unwegsamen Gelände"* (Lüders 1994) der heutigen Ratgeberliteratur hat Lüders unternommen und dabei das Verhältnis von Erziehungswissenschaft, Erziehungshandeln und Ratgeberliteratur näher bestimmt. Er betont die in doppeltem Sinne unübersehbare Breite dessen, was an medial vermitteltem Ratschlag in Büchern, Zeitschriften, Rundfunk- und Fernsehbeiträgen etc. verbreitet wird, und unterscheidet verschiedene Wissenssysteme und Vermittlungsformen, die pädagogisches Wissen von Eltern beeinflussen. Dieses Wissen *„ist nicht disziplinär geordnet"* (Lüders 1994, S. 167), die Ratsuche von Eltern ist, vermutet er, vor Allem am Erfolg orientiert:

„Hauptsache, es funktioniert" (Lüders 1994a, S. 179). Er hält die Ratgeberliteratur für einen wichtigen Forschungsgegenstand bei der Untersuchung der gesellschaftlichen *„Konstruktion familialer Erziehung"* (Lüders 1994a, S. 180). Demgegenüber setzt sich Oelkers (1995, S. 108ff.) kritisch mit Trivialitäten und unterkomplexen Erklärungsansätzen sowie weit reichenden Wirkungsversprechen heutiger Ratgeberliteratur auseinander.

Der Autor dieses Beitrags hat eine historische Gesamtdarstellung des Genres in Deutschland vorgelegt, auf die hinsichtlich weiterführender Hin- und Nachweise verwiesen sei (vgl. Höffer-Mehlmer 2003). Nach einer knappen Gesamtdarstellung der Genre-Entwicklung in einzelnen geschichtlichen Phasen werden in diesen Phasen jeweils erfolgreiche Werke dort näher dargestellt und untersucht.

6. Erziehungswissenschaft, Erziehungstechnologie, Erziehungsratgeber

Die Untersuchung von Elternratgebern als Quelle zeitgenössischen Erziehungsdenkens ist in erziehungswissenschaftlicher Hinsicht zunächst einmal unproblematisch, sieht man davon ab, dass sich aus der im Zeitverlauf wachsenden Vielzahl von Werken nicht nur Recherche-, sondern auch Auswahl- und Gewichtungsprobleme ergeben, und dass es nicht immer ganz einfach ist, diese Literatur als normative, nicht aber deskriptive Quellen zu betrachten, in denen eben nicht über Erziehung, wie sie jeweils ist, sondern über Erziehung, wie sie idealerweise sein soll, berichtet wird.

Deutlich schwieriger und konfliktträchtiger wird die Lage, wenn es um Möglichkeit und Berechtigung von Erziehungsratschlägen geht. Die Frage danach, ob es eine Technologie der Erziehung im Sinne eines hinreichend gesicherten handlungsleitenden Wissens geben könne und dürfe, zählt zu denjenigen, bei denen die Antwort unter Erziehungswissenschaftlern außerordentlich umstritten ist (vgl. hierzu die Beiträge in Luhmann/Schorr 1982). Die einen sehen die Erforschung und Entwicklung von Erziehungstechnologie gewissermaßen als Kerngeschäft der Erziehungswissenschaft, oft verbunden mit einer Kritik an der zeitgenössischen Disziplin, sie erledige dieses Geschäft nicht ausreichend oder überhaupt nicht.[11] Die Gegner dieser Position verweisen in der Regel auf die historische und kulturelle Bedingtheit von Erziehungszielen, auf die „Mannigfaltigkeit der pädagogischen Funktionen" (Nohl 1933, S. 5), vor allem aber darauf, dass die burschikose Forderung nun endlich Handlungswissen für erzieherische Einwirkung zu liefern, dem zentralen Spannungsverhältnis von Erziehung in der Moderne nicht gerecht wird, das Kant auf die knappe Frage „Wie kultiviere ich die Freiheit bei dem Zwange?" (Kant 1991, S. 711) gebracht hat.

Dementsprechend finden sich immer wieder Erziehungswissenschaftler bzw. in weiter zurück liegenden Zeiten Klassiker pädagogischen Denkens, die nicht davor zurückschrecken, Eltern Rat zu geben. Hier sei nur an den **Philanthropen** Christian Gotthilf Salzmann (1792), den Herbartianer Wilhelm Rein (1924) und den katholischen Erziehungswissenschaftler Friedrich Schneider (1939) erinnert. Auf der anderen Seite werden immer

11 Als Beispiel vgl. etwa Siegfried Bernfeld (1925) in seinem „Sisyphos": „Sinn und Funktion der Pädagogik ist die Rationalisierung der Erziehung. Aber gerade als Rationalisierungsinstanz ist sie in keimhaftem Zustand, jung, unentwickelt, unentfaltet, schwach." Vgl. Bernfeld (1979, S. 15), in ähnlicher Richtung auch Brezinka (1995, S. 31ff.).

wieder Trivialität und mangelnde Komplexität der Elternratgeber betont (vgl. bspw. Oelkers 1995, S. 108ff.). Wenn man bestrebt ist, zur Rationalisierung von Erziehung beizutragen, ist die Popularisierung mit den Risiken der Verballhornung, Trivialisierung und des Dilettantismus immer allenfalls die zweitbeste Lösung gegenüber einer systematischen Ausbildung. Beispiele dafür, welches Schicksal die in einzelnen Forschungs- und Experteninstitutionen gewonnenen Einsichten auf dem Weg ins Populäre erleiden, sind Legion, sodass es nahe liegt, über die Popularisierung von Erziehungswissen hinauszugehen und eine Professionalisierung der Erziehenden anzustreben. Kants Vorschlag, Pädagogik müsse ein Studium werden, „ein in Erziehung Verdorbener erzieht sonst den anderen" (Kant 1991, S. 704), wird bisweilen bis zur Forderung, „einen allgemeinen zwangsmäßigen Pflichtunterricht für angehende Eltern" (Lochner 1975, S. 374) einzuführen, gesteigert.

Gegenüber der hier auf die Spitze getriebenen Forderung nach einer Rationalisierung der Familienerziehung ist zu konstatieren, dass die Möglichkeiten der Rationalisierung begrenzt sind und begrenzt sein sollen. Dass sie begrenzt sind, zeigt gerade das Genre der Elternratgeber, dass sie es sein sollen, hängt mit den spezifischen und kaum ersetzbaren Leistungen von Familienerziehung zusammen.

Literatur

Arnup, K., 1994: Education for Motherhood. Advice for Mothers in Twentieth-century Canada. Toronto/Buffalo/London.

Badinter, E., 1993: L'amour en plus. Histoire de l'amour maternel (XVIIe – XXe siècle). Paris.

Beichler, C., 1982: Was tue ich, wenn mein Kind lügt, nascht, stielt... Freiburg im Breisgau.

Berg, C., 1991: „Rat geben". Ein Dilemma pädagogischer Praxis und Wirkungsgeschichte. In: Zeitschrift für Pädagogik, 37. Jg., H. 5, S. 709-734.

Biedert, P. (Hrsg.), 1906: Das Kind, seine körperliche und geistige Pflege von der Geburt bis zur Reife. Stuttgart.

Brezinka, W., ^{3}1995: Erziehungsziele, Erziehungsmittel, Erziehungserfolg. Beiträge zu einem System der Erziehungswissenschaft. München/Basel.

Coler, J., 1645: Oeconomia ruralis et domestica. Mainz.

Czerny, A., ^{5}1919: Der Arzt als Erzieher des Kindes. Leipzig/Wien.

Dally, A., 1983: Inventing Motherhood. The Consequences of an Ideal. New York.

Degkwitz, R., 1946: Über die Erziehung gesunder Kinder. Berlin.

Deutsche Verwaltung für Volksbildung in der sowjetischen Besatzungszone (Hrsg.), 1946: Liste der auszusondernden Literatur. Berlin.

Flirtler, F. (Hrsg.), 1948: Nur die Liebe kann erziehen. Ein Buch für Eltern und Erzieher. Stuttgart.

Fuchs, M., 1997: „Wie sollen wir unsere Kinder erziehen?" Bürgerliche Kindererziehung im Spiegel der populärpädagogischen Erziehungsratgeber des 19. Jahrhunderts. Wien.

Gstettner, P., 1981: Die Eroberung des Kindes durch die Wissenschaft. Aus der Geschichte der Disziplinierung, Reinbek bei Hamburg.

Gürtler, H., 1993: Kinder brauchen feste Regeln. Zickzackkurs macht Erziehung schwer. München.

Haarer, J., 1934: Die deutsche Mutter und ihr erstes Kind. München.

Hefft, G., 1978: Elternbücher. Eine pädagogische Analyse. München.

Hetzer, H., 1930: Seelische Hygiene – lebenstüchtige Kinder. Richtlinien für die Erziehung im Kleinkindalter. Dresden.

Hetzer, H., ^{7}1946: Seelische Hygiene, lebenstüchtige Kinder. Richtlinien für die Erziehung im Kleinkindalter. Lindau.

Höffer-Mehlmer, M., 2001: Didaktik des Ratschlags: Zur Methodologie und Typologie von Ratgeber-Büchern. In: Faulstich, P./Wiesner, G./Wittpoth, J. (Hrsg.): Wissen und Lernen, didaktisches Handeln und Institutionalisierung. Dokumentation der Jahrestagung 2000 der Sektion Erwachsenenbildung der Deutschen Gesellschaft für Erziehungswissenschaft. Bielefeld, S. 155-164.

Höffer-Mehlmer, M., 2003: Elternratgeber. Zur Geschichte eines Genres. Baltmannsweiler.

Hoffmann, J., 1959: Die „Hausväterliteratur" und die „Predigten über den christlichen Hausstand". Lehre vom Hause und der Bildung für das häusliche Leben im 16., 17. und 18. Jahrhundert. Weinheim/Berlin.

Hufeland, C.W., 1800: Guter Rath an Mütter über die wichtigsten Punkte der physischen Erziehung der Kinder in den ersten Jahren. Berlin.

Kabisch, R., 1913: Das neue Geschlecht. Ein Erziehungsbuch von Richard Kabisch. Göttingen.

Kant, I., 1920: Grundlegung zur Metaphysik der Sitten. In: Kant, I.: Sämtliche Werke in sechs Bänden. Fünfter Band. Leipzig, S. 7-101.

Kant, I., [8]1991: Über Pädagogik. In: Kant, I.: Schriften zur Anthropologie, Geschichtsphilosophie und Pädagogik 2. Werkausgabe Band XII. Mit Gesamtregister. Hrsg. von W. Weischedel. Frankfurt am Main, S. 691-761.

Key, E., 1905: Das Jahrhundert des Kindes. Berlin.

Kühl von Kalckstein, C., 1947: Jugend zwischen zwölf und siebzehn. Häusliche Erziehungslehre. Murnau/München.

Kunze, L., 1971: „Die physische Erziehung der Kinder". Populäre Schriften zur Gesundheitserziehung in der Medizin der Aufklärung. Marburg (unv. Diss.).

Lhotzky, H., 1907: Die Seele deines Kindes. Königstein i. Taunus/Leipzig.

Locke, J., [2]1897: Gedanken über Erziehung. Eingeleitet, übersetzt und erläutert von E. von Sallwürk. Langensalza.

Lüders, C., 1994: Elternratgeber oder: Die Schwierigkeit, unter pluralistischen Bedingungen einen Rat zu geben. In: Heyting, F./Tenorth, H.-E. (Hrsg.): Pädagogik und Pluralismus. Deutsche und niederländische Erfahrungen im Umgang mit Pluralität in Erziehung und Erziehungswissenschaft. Weinheim, S. 149-158.

Luhmann, N./Schorr, K.E. (Hrsg.), 1982: Zwischen Technologie und Selbstreferenz. Fragen an die Pädagogik. Frankfurt am Main.

Marré, B., 1986: Bücher für Mütter als pädagogische Literaturgattung und ihre Aussagen über Erziehung (1762-1851). Ein Beitrag zur Geschichte der Familienerziehung. Weinheim/Basel.

Matthias, A., [3]1899: Wie erziehen wir unseren Sohn Benjamin? Ein Buch für deutsche Väter und Mütter. München.

Meves, C., 1970: Mut zum Erziehen. Erfahrungen aus der psychagogischen Praxis. Hamburg.

Morant Deusa, I./Bolufer Peruga, M., 1998: Amor, matrimonio y familia. La construcción histórica de la familia moderna. Madrid.

Neill, A.S., 1971: Theorie und Praxis der antiautoritären Erziehung. Das Beispiel Summerhill. Reinbek bei Hamburg.

Nisowa, A.M., 1963: Kinder schreiten ins Leben. Aufzeichnungen einer Mutter. Berlin (Ost).

Nohl, H., 1933: Die Theorie der Bildung. In: Nohl, H./Pallat, L. (Hrsg.): Entwicklung des Bildungswesens. Band 1: Die Theorie und die Handbuch der Pädagogik. Berlin/Leipzig, S. 3-80.

Oelkers, J., 1995: Pädagogische Ratgeber. Erziehungswissen in populären Medien. Frankfurt am Main.

Prüfer, J., 1925: Pädagogische Vorträge für Eltern. Im Auftrage der Deutschen Gesellschaft zur Förderung häuslicher Erziehung e.V. unter Mitwirkung zahlreicher Eltern, Lehrer und Ärzte. Leipzig/Berlin.

Raspe, H.-H., 1973: Kinderärzte als Erzieher. Ein spezieller Beitrag zur allgemeinen Geschichte der deutschen Pädiatrie (1800-1908). Freiburg im Breisgau (unv. Diss.).

Rein, W., 1924: Die Erziehung des Kindes. Stuttgart.

Rein, W./Selter, P. (Hrsg.), [3]1927: Das Kind, seine körperliche und geistige Pflege von der Geburt bis zur Reife. Stuttgart.

Richter, J.P.F., 1910: „Levana". In: Lange, K. (Hrsg.): Jean Paul Friedrich Richters Levana nebst pädagogischen Stücken aus seinen übrigen Werken und dem Leben des vergnügten Schulmeisterleins Maria Wurz in Auental. Langensalza, S. 1-310.

Rosenbaum, H, 1982: Formen der Familie. Untersuchungen zum Zusammenhang von Familienverhältnissen, Sozialstruktur und sozialem Wandel in der deutschen Gesellschaft des 19. Jahrhunderts. Frankfurt am Main.

Rousseau, J.-J., 1971: Emil oder Über die Erziehung. Paderborn u. a.

Rühle, O., 1924: Umgang mit Kindern. Grundsätze, Winke, Beispiele. Dresden.

Rutschky, K. (Hrsg.), [6]1993: Schwarze Pädagogik. Quellen zur Naturgeschichte der bürgerlichen Erziehung. Frankfurt am Main.

Salzmann, C.G., 1961: Konrad Kiefer oder Anweisung zu einer vernünftigen Erziehung der Kinder. Ein Buch für's Volk. Hrsg. von Theo Dietrich (als Buch erstm. 1796). Bad Heibrunn/Obb.

Salzmann, C.G., [3]1792: Krebsbüchlein oder Anweisung zu einer unvernünftigen Erziehung der Kinder. Erfurt.

Schneider, F., [3]1939: Katholische Familienerziehung. Freiburg im Breisgau.

Schulz, H., [9]1926: Die Mutter als Erzieherin. Ratschläge für die Erziehung im Hause. Berlin.

Schütze, Y., 1992: Das Deutungsmuster „Mutterliebe" im historischen Wandel. In: Meuser, M./Sackmann, R. (Hrsg.): Analyse sozialer Deutungsmuster. Beiträge zur empirischen Wissenssoziologie. Pfaffenweiler, S. 39-48.

Schütze, Y., 1986: Die gute Mutter. Zur Geschichte des normativen Musters „Mutterliebe". Bielefeld.

Shorter, E., 1977: Die Geburt der modernen Familie. Reinbek bei Hamburg.

Spock, B., 1952: Dein Kind – dein Glück. Stuttgart.

Tornieporth, G., 1998: „Familie, Kindheit, Jugend". In: Führ, C./Furck, C.-L. (Hrsg.): Handbuch der deutschen Bildungsgeschichte. Band VI: 1945 bis zur Gegenwart. Erster Teilband: Bundesrepublik Deutschland. München, S. 159-216.
Weber, M., ^{5}1980: Wirtschaft und Gesellschaft. Grundriss der verstehenden Soziologie. Besorgt von Johannes Winckelmann. Tübingen.

Stichwortverzeichnis

Ablösungskonflikte 264
Abstammung 46, 107, 158, 220f., 223f., 226, 521, 535, 537
Affinalität 220
Akademikerinnen 181, 273
Alleinerziehende 42, 145, 152, 180, 240
Alleinwohnende 40
Alltagshandeln 490
- gesundheitsbezogenes 480, 489f.
Alter 37, 48ff., 62ff., 66f., 70, 73, 79, 100, 104, 140, 146, 160, 167, 170, 172f., 175, 190, 199, 204, 208ff., 215, 222, 227f., 230, 233f., 239, 243, 270f., 273ff., 278, 280, 286f., 321, 348, 367, 435, 450, 454, 466, 526, 557, 640, 666f.
Alter und Familie 11
Alters-Survey 88f.
Ambivalenz 32, 34, 94, 120, 123, 148, 201, 229, 321
Anerkennung 81, 129, 171, 190, 213, 227f., 244, 246, 305, 309, 311, 330, 358, 410, 431, 434, 436, 532, 536f., 556, 563, 595, 600f., 607, 620
- des Fremden 128
Anthropologie 18, 25
Arbeiterfamilie 30, 482f., 486, 508, 543, 676
Arbeitsteilung
- familiale 67f., 73, 108
- geschlechtliche 97, 188
Arrangement 428, 433
- szenisches 433
Ärzte 324, 574, 653, 680, 682f.
Aufklärung Aufklärung 13, 32, 45, 187, 294, 322f., 446f., 482, 501, 503, 536, 544, 584, 647f., 661f., 671f., 674, 681f.
Aushandlung 240, 484, 589
Austauschbeziehungen 200, 206, 436
Austauschprozesse 141, 215

Befehlshaushalt 27, 52, 143f., 149, 454
Behandlungstechniken 654, 661
Beratung 13, 140f., 175, 235, 296, 361ff., 372, 375, 377f., 381, 482, 486, 495, 546, 569, 576, 594, 606f., 610, 653, 669, 680
Berufsorientierung 49, 99, 181, 264
Beziehung 26, 30, 32, 38f., 41ff., 45ff., 49, 51ff., 60, 65, 69f., 72, 74, 85ff., 94f., 108, 115, 118ff., 122ff., 139, 142, 148, 152f., 157ff., 172, 174ff., 183f., 199f., 203ff., 212, 214f., 222, 226, 228ff., 272ff., 279f., 300, 306f., 310f., 321, 326, 330, 333, 350, 355, 357, 376, 389, 391, 401, 406, 410, 425, 428, 431, 441, 445ff., 449ff., 466, 480, 486, 491f., 500, 508f., 526, 531f., 536, 577f., 580f., 604, 606, 637f., 656, 658f., 662, 664, 666
Beziehungsgestaltung 50
Bildung 9f., 12, 30ff., 54, 69, 78, 82, 84f., 90, 96, 98, 115f., 128, 137, 140, 146, 182, 187f., 193, 247, 285, 288f., 292, 309, 312, 322ff., 327f., 331, 333, 342f., 345, 351, 354, 360ff., 368, 376, 380, 391ff., 399, 428, 432, 437, 446, 477, 481f., 515, 542, 547, 549f., 552, 557, 559f., 562, 595, 643, 672, 676
Bildungsarmut 557, 559
Bildungsaspiration 82, 119, 122, 151, 329
Bildungsbeteiligung 116, 179, 336, 393
Bildungserfolg 115f., 121, 168, 327f., 335, 393, 551
Bildungsexpansion 37, 53, 63, 143, 328, 352
Bildungsklima 354
Bildungsleistungen, familiale 141
Bildungsprozesse, intergenerationelle 476f.
Bildungsrahmenpläne 289
Bildungsschicht 88f., 293, 643
Bildungssystem 84, 115ff., 121, 128, 138, 288, 335f., 343, 352, 370f., 392, 400, 402, 407, 552, 560
Bildungstitel 325, 393
Bildungsverhalten 352
Bindung 25, 28, 47, 85f., 117ff., 125, 140f., 144, 147, 159ff., 164ff., 169, 183f., 191, 203, 205, 223f., 226f., 229, 232ff., 263, 273, 306, 369, 373, 435, 445, 496, 503f., 506f., 524, 532f., 542, 580, 656, 658, 664
Bindungsgestaltung 656
Bindungsrepräsentation 160f., 169
Biografisierung der Lebensalter 273

Care-Ethik 96, 103

Das ganze Haus 18, 671
Dekulturation 390
Deszendenz 220f., 223
Dichotomisierung 12, 128, 615
Differenzbearbeitung 309, 426, 428, 431, 434
Differenzerfahrung 185, 427, 476
– generationale 477
Diskriminierung 116, 121
Drei- und Mehrgenerationenhaushalte 46

Early Excellence Center 297
Ehe 18, 21, 25, 28ff., 36ff., 47, 52, 54, 57, 60, 65, 68f., 97f., 100f., 145, 223ff., 240, 261, 263, 267, 355, 369, 372f., 449, 486, 504, 509f., 521ff., 528ff., 540, 648
Ehe- und Elternratgeber 367, 379
Ehebildung 369, 373, 375, 382
Ehescheidung 36, 39, 42, 60, 152, 322, 355, 523, 525
Ehesystem 138
Eheverbote 222
Ehevorbereitung 367, 369, 373, 375ff., 382, 384
Einzelbetreuung 581
Elementarbereich 9, 250, 285
Elementarerziehung 285, 288ff., 296
– elterliche 301
Elternarbeit 9, 11, 33, 127, 250, 291, 293ff., 334, 372, 377, 496, 560, 576f., 579, 581, 588, 633, 666, 678
Elternbildung 10, 369, 375ff., 382, 546, 552, 676, 678
Elternbriefe 379
Elternhaus und Schule 300, 302ff., 311f., 324, 336
Eltern-Initiativen 11, 287
Eltern-Kind-Beziehung 45, 51, 118f., 125, 157, 160, 162f., 165f., 168, 174f., 183, 228, 310, 316, 321f., 330f., 333, 372, 389, 392, 445, 448, 483, 604, 656
Elternkompetenz 588
– intuitive 164
Elternpartizipation 334
Elternrecht 12, 301, 303, 311, 545, 570, 614
Elternrolle 43, 51f., 368, 462
Elternschaft 18, 27, 29f., 37, 41ff., 51ff., 71, 179
– fragmentierte 27, 44f.
Elternzeit 48f., 183, 190
Elternzeitschrift 379ff., 676
Emergenz 402f.
Enkelforschung 201, 215
Enkelkinder 72, 120, 151, 202f., 207ff., 214, 270, 272, 278
Enkulturation 390, 400, 406
Entgrenzung 11, 241, 243, 254, 300, 304
Entwicklung 12, 18ff., 29, 34, 36, 42ff., 49, 52, 57, 60, 68, 74, 90, 94, 98, 105ff., 117, 119f., 123, 138, 141, 149, 151, 157ff., 166, 170, 175, 181, 183ff., 187ff., 191ff., 204, 206f., 215, 223, 240ff., 252, 261, 266, 271, 275ff., 280, 288ff., 294, 296, 300, 304, 307, 321f., 325, 328, 330, 337, 342, 355f., 361f., 367, 369f., 372f., 377, 381, 384, 392, 403, 407, 410f., 413, 416, 419, 421, 428, 432, 436f., 441f., 446, 449f., 454, 457, 461, 467, 475, 483f., 486f., 490f., 494, 502, 504f., 508f., 514, 521, 542ff., 553, 555f., 558, 561, 670
– demographische 215, 223, 240, 442
– kinderliterarische 449
Entwicklungshemmnisse 290
Entwicklungstendenzen des Mediensystems, familienrelevante 461
Erbrecht 28f., 220, 225f., 528
Erbschaft 29, 79, 86, 88ff., 214
Erfahrungen 120, 122, 125, 142, 144, 146, 148, 157, 161f., 174, 185, 193, 212, 230, 265, 275, 296f., 307, 315f., 330, 353, 361f., 366ff., 378, 390, 401, 407, 427, 431, 444, 454, 469, 489, 491f., 495, 597, 599, 607, 646, 680
– medienbiographische 469
Erinnerung 408ff., 412, 417, 419, 445, 463
Erkrankungen 207, 480, 483, 485, 491, 493
– seelische 653ff., 661, 665f.
Erstgeburtsalter 63
Erstheiratsraten 60
Erwachsenenbildung 129, 343, 345, 349, 360, 368, 372, 374, 376, 505
Erwerbsarbeit 49f., 66, 95, 98ff., 103, 126, 251, 286, 353
Erzählen 442f., 445f., 449, 453, 664
Erzählsituation 445f.
Erzählung 147, 406f., 409ff., 416, 418, 446, 468
Erzieherin 183, 192, 288, 290ff., 366, 370, 377, 380, 383f., 574, 594

Erziehung 9ff., 29, 31ff., 51f., 98, 104, 108, 112f., 117, 128, 137ff., 144, 146ff., 179ff., 185, 187f., 193, 210ff., 239, 246, 252, 265, 268, 278f., 285, 296, 300, 302f., 306, 309, 311f., 321f., 324, 336, 366ff., 371f., 375, 377f., 380, 390, 410f., 414ff., 428ff., 432, 437, 446ff., 454, 480, 500f., 506, 513ff., 524, 537, 542, 544ff., 551ff., 559f., 562, 564, 568ff., 578ff., 593ff., 601, 610, 641ff., 646ff., 670ff., 675ff., 684
- funktionale 137
- öffentliche 285, 293, 545
- religiöse 322, 500f., 513f., 677
Erziehungsbeistand 574, 577f., 581, 601
Erziehungsberatung 574, 576, 578
Erziehungseinstellung 9, 142, 162, 232
Erziehungshaltung 142, 328
- elterliche 330
Erziehungshilfe 556, 569, 576, 582, 587, 589f., 601
- flexible 582, 587
Erziehungsleitbilder 143
Erziehungsrecht 301f., 524, 648f.
Erziehungsschwierigkeiten 211, 376f., 595
Erziehungsstil 9, 104, 115, 137f., 140ff., 167, 173, 203, 262, 268, 366, 373, 433, 643, 649, 676, 679
Erziehungsverantwortung 52, 367, 540, 544, 619
Erziehungsverhalten 51, 105, 142, 143, 151, 310, 655
europäische Länder 57, 63f.

Familialisierung von Schule 304
Familie und Elternschaft 560, 596
Familie und Schule 12, 121, 300, 302, 305, 307, 309, 316, 321f., 324ff., 334ff., 450, 463
Familien
- bürgerliche 20, 25, 36, 97, 356, 446, 549, 552, 563, 625, 671, 674, 678
- katholische 503
- ko- und präfigurative 397
- postfigurative 397
Familienberatung 550, 654
Familienbeziehung 67, 72f., 75, 86ff., 90, 118, 130, 157ff., 174f., 229, 234f., 272, 275, 310, 328, 331, 441, 448, 450, 452, 474, 486
Familienbezug, sozialpädagogischer 628
Familienbildung 12, 245, 342, 348f., 360ff., 366ff., 550, 680
Familienbildungsstätte 348, 360ff., 367f., 374ff., 384
Familiendefinition 24, 26f., 158
Familienentwicklung 659
Familienentwicklungsaufgaben 160
Familienerziehung 10f., 137ff., 141f., 144f., 147f., 153, 180f., 193, 285, 311, 366, 368, 377, 379, 381, 395, 429f., 487, 545ff., 550, 553ff., 618, 670f., 675ff., 685
- defizitäre 545
Familienformen 11, 19, 21, 23, 26f., 29, 36, 69, 71, 75, 95, 140, 145, 152f., 175, 187, 190, 193, 227f., 276, 322, 368, 374, 379, 431, 466, 487, 595, 624, 626
Familienforschung 9, 17ff., 24f., 27, 72, 119, 124, 137, 141, 157, 164, 170, 201, 215, 245, 322, 382, 392, 396, 406, 411f., 419, 421, 430f., 682, 695f.
Familiengedächtnis 12, 89, 406f., 410ff., 416ff.
Familiengenerationen 46, 72, 75, 78f., 81, 88, 90, 271, 273, 275f., 279, 391, 393f., 396, 401
Familiengeschichte 20, 23, 27f., 30, 113, 125, 152, 213, 233, 407, 418, 444, 491, 659
Familiengewalt 640f., 643ff.
Familiengründung 10, 41, 57, 63ff., 67, 75, 78, 80, 98, 189, 207, 351f., 356, 358, 369
Familienhilfe 554, 578, 596, 602, 604, 697
- sozialpädagogische 12, 578f., 588, 593ff., 601, 632f.
Familienkindheit 32, 239, 241, 251, 254, 624, 626
Familienleitbild 13, 20, 412, 551, 554, 556, 564, 624, 674
Familienmythen 17f., 20, 24, 411, 491
Familienorientierung 263f., 268, 555f., 619, 630
Familienpolitik 21, 64, 286, 370, 381, 457, 554
Familienrecht 12, 224, 521ff., 619, 648, 698
Familienreligiosität 500, 506, 509
Familienrituale 245, 424, 430ff.
Familienselbsthilfe 368, 375, 378, 383f.
Familienserie 470f., 474
Familienstrategie 406, 413, 417, 419
Familienstrukturen 10, 31, 34, 57, 65, 231, 271, 316, 327, 407, 446
Familienthemen 12, 145, 147f., 151f., 230
Familientherapie 13, 401, 587, 602, 653ff., 659, 661f., 665f., 698

Familienzyklus 11, 160f., 163, 166, 170, 173, 175, 271, 371, 375
family soaps 474
family time 412
Fernsehkonsum 464, 466f.
Festritual 432f., 435ff.
Fortsetzungsfamilien 44, 66, 68ff., 179, 355
Frauen 263f., 268
– geschlagene 97, 640
Frauenerwerbstätigkeit 67
Frauenrolle 48
Freiwilligkeit 12, 378, 496, 571f., 577
Funktionswandel der Familie 21, 32, 270, 559, 563
Fürsorgeerziehung 569, 592

Geburten 37, 52, 58, 75, 90, 181, 207, 225f., 535, 674
– außereheliche 60ff., 69, 75
Geburtenniveau 36, 65
Gedächtnis 87, 161, 406ff., 411
Gemeinschaft 20, 22, 25, 30, 36, 41, 50, 102, 104, 107, 125f., 356, 398, 408, 410, 412, 414, 420, 424, 426f., 430, 432ff., 524, 526ff., 533, 620
– eheähnliche 521, 532f.
Generation 19, 21, 25, 72, 90, 94f., 98, 104, 112, 119f., 123ff., 129, 143f., 146f., 150f., 158, 163, 193, 199, 201, 203, 206, 212, 235, 240, 244, 251, 260ff., 267, 273f., 276, 278, 280, 316, 389f., 395ff., 399ff., 407, 413ff., 418f., 432, 450, 452, 469, 475, 492, 508, 514, 553, 558, 561f., 628, 642
Generationenbeziehungen 9, 27, 30f., 72, 80, 148, 201, 204, 206, 214, 240, 242, 272, 274f., 280f., 356, 359, 362, 389, 397, 436, 475
Generationendifferenz 201, 432ff., 436, 476
Generationenforschung 201
Generationenkonflikte 407
Generationenprofile 407
Generationensolidarität 79, 81, 86, 89f., 170, 229
Generationentransfer 86, 88, 273f.
Generationenverhältnis 25, 137, 145, 202, 204, 206, 265, 274, 276, 279, 431f., 434ff., 626
Generationenvertrag 46, 87, 274
Generationsbeziehungen 9, 11, 114, 123ff., 146f., 149, 322, 406f., 416, 446, 456
Gerechtigkeit 102f., 162, 481
Geschichte der Familie 10, 17ff., 29ff., 34
Geschlecht 94f., 97, 138, 144ff., 151, 172f., 184, 220f., 235, 243, 327, 331, 348, 368, 378, 675f.
Geschlechterbeziehung 94, 325, 452
Geschlechterbilder 108
Geschlechterverhältnisse 84, 96, 101, 179, 270, 557
Geschwister 29, 32, 37, 122, 171, 173, 221, 225ff., 230f., 235, 271, 350, 415, 446, 535, 657
Gesundheitserziehung 304, 481f., 492ff., 682
Gesundheitsförderung 481, 484, 491ff.
– familienbezogene 480, 492, 495f.
Gesundheitsfürsorge 245, 481f.
Gewalt in der Erziehung 638, 642, 649
Gewaltprävention 639, 646f., 650
Gewaltschutzgesetz 528, 638, 649
Gewaltübergriffe 642
Gewalt und Opfer 642
Gewaltverbot 648
Gottesbegriff 503
Gottesbilder 515
Grenzsetzung 426, 428, 434, 656f., 664
Großeltern 11, 25, 30f., 46, 71f., 89f., 120, 125, 139, 141f., 144, 146f., 149, 151, 163, 179, 199ff., 221f., 225f., 231ff., 236, 240, 271, 273, 279, 366, 395f., 399, 471, 487, 514, 535, 624, 657, 661
Großelternengagement 210
Großeltern-Enkel-Beziehungen 119, 199, 201f., 204, 206f., 214f.
Großelternforschung 201, 203ff., 214f., 278
Großelternrolle 72, 199f., 203, 215, 276, 278f.
– geschlechtsspezifische 214
Großelternschaft 72, 199ff., 203, 205, 213ff., 278ff., 659
Großelterntätigkeit 209
Grundschulalter 104, 174, 302, 306, 310, 313, 441f.
Grundschule 11, 33, 98, 103, 106, 109, 300f., 303, 305f., 308ff.
Güterrecht 526f.

Habitus 116, 141, 193, 246, 325, 331, 337, 351f., 389, 401, 426, 431, 485, 496, 642
Handlungskompetenz 407ff., 411, 413, 416, 421, 426, 428, 437, 476
Handlungszentrum 409

Hausarbeit 50, 68, 95, 98ff., 103f., 252, 277, 358, 371, 483
Hausaufgaben 141, 250, 254, 275, 300, 313f., 316, 331f., 373, 661, 665f.
Haushaltsaufgaben 101
Haushaltsfamilie, große 20
Hauswirtschaft, neue 361
Heimerziehung 549, 568f., 579ff., 595
Heiratsneigung 38, 60, 239
Heiratsstrategien 223
Herkunftseffekt 85
Hilfe, krankheitszentrierte 568, 661, 665
Hilfe zur Erziehung 569ff., 576, 578ff., 594
Hilfe zur Selbsthilfe 371, 589, 594, 604
Hilfeplanung 568, 570, 574f., 582ff., 588f.
Hilfeprozess 584f., 589, 596

Identität 139, 153, 213, 406ff., 413f., 416, 420f., 429, 431, 506, 586, 631
Identitätsbildung 308, 407ff., 420, 431, 484
Immigranten 115
Individualisierung 22f., 36, 40, 53, 109, 119, 126, 145, 191, 243, 324, 355f., 369, 420, 458, 461, 482, 509, 544
Inkorporierung 426, 431
Institutionen, vorschulische 285, 288, 290, 297
Institutionensystem, öffentliches 277, 280
Inszenierung 245, 426, 433, 473f.
Integration 84, 114f., 117, 126f., 129f., 232, 249, 251, 371, 408, 414f., 424, 430ff., 434, 486, 548, 564, 568, 570, 579, 581, 586, 601, 610
Integrationsbilanz 260
Interaktionen, dysfunktionale 653, 658, 664
Internet 82, 275, 349, 375, 380ff., 384, 456ff., 460f., 473, 475f., 505, 680
Interventionen, paradoxe 664
Investment, parentales 163
Islam 500f., 506, 508

Jugendalter 159, 164, 166ff., 170, 175, 200, 203, 462, 655
Jugendarbeit 374f., 378, 384, 501, 513, 554f., 557f., 628f.
Jugendbericht 290, 549, 553, 556, 558, 561f., 572, 576, 579, 582, 586, 602, 619
Jugendbiografie 262
Jugendforschung 141, 260f., 381
Jugendfürsorge 482, 544, 546, 548ff., 563, 617, 622ff.
Jugendhilfe 9f., 12, 114, 129, 278, 296, 366ff., 382ff., 542ff., 561ff., 568ff., 574f., 582, 584ff., 593ff., 598, 601, 609, 617ff., 627ff., 632ff.
– offensive 555
Jugendhilfegesetz 288, 360, 367, 555, 560f., 571, 575, 592, 596, 619
Jugendhilfeleistungen 568
Jugendhilfestatistik 597
Jugendliche 83, 86, 104, 113, 118f., 121, 140, 146, 160, 167f., 184, 245, 247, 261ff., 268, 325, 330, 337, 366, 369, 378, 382, 384, 406, 452, 457, 462, 506, 510, 514f., 525, 546, 548, 556, 561, 568f., 574ff., 581ff., 588f., 595, 614, 620, 623f., 627ff., 641ff., 649, 655, 665, 677
Jugendpflege, präventive 545
Jugendstudien 140, 167, 261ff., 505f.
Jugendwohlfahrtsgesetz 550, 568f., 578, 592, 596, 619

Kapital, kulturelles 11, 95f., 142, 216, 304, 325, 327, 391ff., 396, 399, 417, 559
Kinder und Familie 9, 239, 309
Kinder- und Jugendbericht 290, 558, 561f., 576, 579
Kinder- und Jugendhilfegesetz(KJHG) 288, 360, 367, 555, 560f., 568ff., 571, 575, 592, 596f., 601, 619, 623
Kinder- und Jugendliteratur 446, 449, 451f.
Kindergarten 32, 95, 115, 246, 286, 288f., 291ff., 309ff., 462, 483, 496, 551, 554, 560, 572, 582, 609
Kindergenerationen 240
Kinderleben und Schule 315
Kinderliteratur 446, 450ff., 454
Kinderpflege 670, 680
Kinderschutz 373, 546, 602, 615ff., 619f., 622f., 633
Kindertageseinrichtung 9, 286, 289, 294, 296, 368, 372, 377, 384, 496, 539, 555
Kindeswohl 12, 46, 548, 555, 564, 573, 575, 594, 614, 619ff., 626ff., 632
Kindeswohlgefährdung 573ff., 594, 603, 620ff., 648
Kindheit 9ff., 20, 31ff., 39, 53, 81, 90, 104, 146, 157, 160ff., 168, 170ff., 186, 201, 207, 212, 215, 233, 239f., 242, 246, 254, 315f., 331, 369, 381, 400, 442, 447, 454, 546, 560f., 614, 616, 622f., 631, 641, 646, 665, 673f., 677

– frühe 81f., 104, 113, 161, 164, 172, 175, 552, 558
Kindschaftsrechtsreform 43, 523, 535, 537ff.
Kirche 30f., 69, 223, 322, 349, 360, 367, 375, 377, 394, 400, 402, 500ff., 513ff., 543ff., 550, 654, 676
Kirchenaustritt 504
Kleinfamilie, moderne 36, 40, 360, 558, 560
Kompetenzen, sprachliche 115
Kompetenzentwicklung, kindliche 247, 251
Kriminalstatistik 637, 639ff., 647
Krippe 286f., 289f., 294ff.
Krisen 36, 39, 69, 72, 119, 166, 200, 211, 371, 377, 410, 427, 502, 543f., 593f., 596, 598, 602, 607ff.
Kultur, somatische 483f., 493
Kulturalisierung 242f., 247f.

Landerziehungsheime 302
Laufbahn, soziale 351f.
Lebenschancen 82, 393, 558, 675
Lebenserwartung 25, 37, 40, 72ff., 78, 99, 170, 175, 205ff., 270, 276, 486
Lebensführung 10, 36, 90, 113, 145, 150, 168, 189, 212, 243, 247ff., 251, 262, 334, 354f., 369, 487, 503, 508f., 606
Lebensgemeinschaft, nichteheliche 40f., 44, 47f., 54, 60ff., 75, 78, 98, 100, 179, 225, 231, 322, 356f.
Lebenslauf 11, 78f., 81, 85, 90, 174, 189, 350, 355, 410, 508
Lebenspartnerschaft 42, 521, 523, 526, 534f., 540
– eingetragene 521
Lebensplanung 53, 263, 267f., 358, 377, 414, 626
Lebensqualität 86, 487f., 491, 586
Lebensstil 26, 481, 483f., 496, 509ff.
Lebensweltorientierung 585f., 590, 610
Lehrer 32f., 98, 180, 304, 306ff., 312ff., 317, 322, 324f., 329, 334ff., 390, 450, 649, 669, 675, 680
Leistungen 9ff., 79, 84, 86, 88, 129, 140f., 144, 153, 191, 199, 226, 228, 230, 233, 235, 239, 241, 243f., 247, 250, 254f., 274, 277ff., 281, 305ff., 312, 327, 332, 334f., 361, 367f., 383, 389, 416, 450, 489, 491f., 533, 550, 556, 558f., 561, 563, 571ff., 575, 582, 584f., 587, 594, 645, 685
– familiale 244
Lernen 31, 139, 243, 247, 289, 313, 332f., 342f., 345f., 354, 397ff., 442, 558f., 587, 665
– lebenslanges 342, 354
Lese- und Fernsehverhalten 452
Lesekompetenz 82ff.
Lesemotivation 441ff., 452
Lesesozialisation 82, 444, 456
Literatur und Lesen 442

Mädchen und junge Frauen 263f., 268
Mädchenliteratur 448
Magie 425
Märchen 444ff.
Maßnahmen 21, 49, 85, 117, 127, 158, 175, 192, 251, 285, 290f., 302ff., 368f., 373, 377f., 382ff., 435, 492, 494, 536ff., 544f., 548f., 552, 557f., 560f., 568, 593, 617, 622, 632, 639, 647f., 650, 653, 655
– schulpädagogische 303
Mediatisierung 242f., 247f.
Medien 9f., 12, 22, 37, 44, 145, 189, 191, 230, 248, 254, 275, 370, 400, 432, 442ff., 456ff., 460ff., 468, 470, 474ff., 484, 559, 677
– neue 370, 444, 461ff., 475f.
Medienangebot 457
Medienerziehung 456, 461f., 467, 477
Mediennutzung 461ff., 509
Medienpraxiskulturen, generationsspezifische 475f.
Mediensozialisation 456, 461f., 477
Mehrgenerationenfamilie 25, 47, 199f., 203, 208, 223, 244, 471
– multilokale 203
Mehrgenerationenhaushalte 31, 46, 272
Menschen 19, 30f., 40, 46f., 53f., 63f., 72, 78f., 94, 102, 114, 137, 146f., 151, 157, 163, 171, 179, 187, 200, 206f., 209, 228, 233f., 243f., 260f., 270ff., 274ff., 306ff., 323, 336, 347, 350f., 354f., 358f., 361f., 366ff., 408, 412, 420, 428f., 445, 449, 453f., 484, 489, 492, 500, 504f., 515, 524, 572, 586, 596, 619f., 641f., 664, 669, 676
– alte 280
Migranten 112ff., 116ff., 126f., 129f., 560
Migrantenfamilie 113, 117, 125, 129
Migrantenjugendliche 114, 117, 119, 128
Migrantinnen 112ff., 116ff., 123, 125, 127, 371
Migration 9, 112ff., 117ff., 126ff.
Missbrauch 638
– sexueller 539, 621, 641f., 644f., 647

Mitwirkungsrechte der Eltern 303
Mobilität 86, 112, 207, 241, 272, 276, 369, 420, 484
Mutterliebe 98, 181f, 187, 682f.
Mutterschaft 37, 43, 46, 99, 179, 181, 186ff., 202, 205, 226f., 252f., 535, 682f.
Mütterschulen 359f., 367, 629

Nachhilfe 333

Ökonomisierung 241ff.

Partizipation 121, 129, 240, 294, 326, 334f., 348, 457, 568f., 581, 585, 588f., 627
Partnerschaft und Elternschaft 41, 100
Patriarchat 19, 185, 411, 645
Personalpolitik 361
Persönlichkeit 174, 181, 292, 305, 311, 399, 401, 415, 417, 525, 571, 573, 618, 625, 669
Persönlichkeitsentwicklung 43, 45, 53, 166, 168, 174, 391, 406, 673
Pflege 37, 47, 95, 112, 130, 146, 164, 173, 180f., 207, 246, 252, 276ff., 280, 300, 302, 312, 324, 360, 412, 480, 482, 500, 524, 544, 620, 625, 629, 669, 672ff., 679
Pflegefälle 490
Philanthropen 501, 684
PISA-Studie 30, 82ff., 117, 285, 328, 332, 360, 411, 477, 558
Prävention 289, 367, 492, 494f., 628
Praxen 180, 223, 350, 361, 395, 398, 425ff., 429, 436, 456, 513
- performative 427, 429
Privatheit 53, 96f., 102, 239, 412, 417, 614, 639, 647
Privatheitstypus, kindorientierter 145
Privatklagedelikte 638
Problemfamilien 606
Professionalisierung 12, 323, 360, 400, 549, 560, 563, 597, 600, 675, 685
Psychotherapie 593, 653f., 666

Qualitätsentwicklung 585f., 598

Rahmung 101, 147, 403, 436, 467, 477
räumliche Nähe 173, 208, 229ff., 235f., 272, 295
Reformpädagogik 302, 675
Reichsjugendwohlfahrtsgesetz 543, 545, 568, 592, 617, 623
Reife 171, 175, 376, 674
Reife, filiale 171
Religion 10, 12, 260, 394f., 399, 425, 436, 500ff., 504ff., 513ff.
- gelebte 501
- unsichtbare 505
Religionssoziologie 503
Religiosität 150, 436, 500ff., 511, 513, 515
Reproduktion 9, 30, 96, 128, 139, 148, 216, 363, 371, 390, 392, 401ff., 424, 470, 477, 558f., 632, 680, 682
- kulturelle 403
Ressourcen 78f., 81, 86, 88, 90, 99, 141, 161, 209, 224, 246ff., 263, 268, 274, 278f., 296f., 329, 333, 336, 351, 353, 360, 363, 392, 435, 462, 481, 486f., 489, 494, 496, 585, 595, 598f., 605, 607ff., 645, 657, 661, 666, 675
Risikofaktoren 52, 165, 483f., 609, 645, 654f., 666
Risikofamilien 487
Risikokinder 310
Rituale 10, 12, 148, 309, 411, 413, 424ff., 432, 437, 485, 500, 659

Salutogenese 481, 494
Scheidung 39f., 43f., 69ff., 74, 78f., 98, 151ff., 160f., 184, 206, 211, 225, 240, 254, 355, 366, 381, 454, 485, 507, 523, 528ff., 534, 538, 637, 681
Scheidungshäufigkeit 66, 68ff.
Schenkung 89
Schulanfang 300, 309, 316
Schule 9, 12, 22, 32f., 52f., 80ff., 96, 106, 109, 115f., 121f., 125, 127f., 140, 246f., 260, 285f., 288, 291, 293, 297, 300ff., 321ff., 330f., 333ff., 349f., 353f., 381, 384, 390, 400, 434, 441f., 446, 450, 452f., 462f., 476, 481, 483, 486, 494, 501, 538f., 542, 544, 548, 550, 552, 558ff., 562f., 572, 576f., 579, 609, 624, 655, 660, 662, 675
Schuleingangsstufen 303, 311
Schüler 83ff., 116, 300ff., 305ff., 311ff., 315, 321f., 324, 329f., 332f., 335ff., 400, 450, 452, 486, 557, 675
Schulerfolg 106, 122, 316, 327, 394
Schulgeschichte 300
Schulkind 307
Schulpflicht 145, 300f., 309, 322, 325, 624
Schutzraum 94, 97, 226
Schwangerschaft 38, 43, 52, 189, 366, 373, 672, 674, 681
Selbstkonstruktion 123, 126f.

Selbstsozialisation 398, 402, 462
Sexualdelikte 639
SGB VIII 288, 294, 367f., 382ff., 555, 560, 568ff., 587, 592, 594, 596f., 601, 603f., 606, 617, 619ff., 627, 630
Shell Jugendstudien 21, 140, 261ff., 506
Situationsansatz 288ff., 294
Solidarität 36, 69, 87, 90, 199, 203f., 229f., 274f., 277, 280, 372, 400, 411, 424, 432f.
- familiale 277
Sorge 21, 31, 33, 95f., 102ff., 185, 187, 211, 239, 245, 252, 279, 445, 480, 521, 523, 537ff., 544, 573, 621
- elterliche 537
Sozialarbeit 21, 103, 585f., 594, 604
Sozialisation 10, 139f., 189, 243, 246, 251, 290, 305f., 308f., 321, 328, 330, 350, 370f., 390f., 395, 397f., 411, 415, 442f., 462, 483, 503, 506, 553, 558, 564, 575
- gesundheitsbezogene 483
- retroaktive 397f.
Sozialschicht 81, 83f., 173, 329
Sozialstaat 556
Sozialstruktur 10, 78f., 81, 86, 88, 90, 96, 112, 242, 632
Statuspassagen 180, 437
Stieffamilien 40, 44f., 47, 145, 151, 153, 181, 186, 228, 232, 240, 376, 378, 382, 487, 595, 653
Störungen 39, 43, 46, 172, 378, 528, 600, 653ff., 665
- seelische 654
Strafanzeige 637ff., 641
Strafen 51, 167, 300f., 448, 526, 626, 631, 639, 642f., 673, 675f., 679
Strafrecht 226, 526, 619, 638f., 648
Stress 161, 485f., 644, 660
Subsidiaritätsprinzip 383, 492, 550

Tagesgruppe 579, 582, 588
Tausch, generalisierter 228
Therapeutenaufgaben 662
Tischgespräch 413, 433f., 468, 470, 485
Tischritual 432ff.
Transfer 89, 274, 389ff., 397, 400ff., 514
- kultureller 392f., 397
Transferbeziehungen 12, 46, 389, 391ff., 399f., 403
Transmission 213, 390f., 396, 398, 400f.
Trauung 507
Trennung 11, 20, 39, 43, 45, 69, 102, 107, 151ff., 160f., 182, 206, 211, 228, 272, 300, 311, 323, 326, 366, 381, 418, 426, 450, 485, 523, 528f., 533f., 538, 568, 570, 582, 586, 614, 622, 630ff., 681

Umdeutungen 661, 664
Umwelt 52, 81, 139, 149, 173, 175, 187, 248, 250, 254, 289, 306, 429, 437, 470, 505, 515, 600, 646
- geteilte 173, 175
Ungleichheit 33, 79f., 88f., 116, 270, 314, 336, 352, 480, 488, 497
- gesundheitliche 480, 487f.
- soziale 10, 30, 81f., 85, 90, 116, 120, 127f., 141f., 145, 148, 251, 309, 336, 347, 359, 392, 399, 497, 509, 557f.
Unterhaltsansprüche 528, 530, 533, 540
Unternehmer 83, 414f.
Unternehmerfamilie 413, 416, 419
Unterstützung 43, 66, 70, 72, 87ff., 105, 113, 122, 126, 142, 149, 151, 157, 160f., 163, 170f., 174, 200, 205, 209, 214, 228f., 231, 233, 235f., 246, 254f., 274, 277, 279, 289, 311f., 330, 332, 354, 359, 368, 376, 378, 381, 447, 476, 486, 492f., 495f., 534, 559, 569, 580, 587, 601, 609, 630, 647, 649f.
- soziale 43, 151, 229, 486
Urelternschaft 271

Vaterforschung 181f., 184, 186
Vaterschaft 46, 107, 153, 179f., 182ff., 192f., 207, 376, 522, 535ff.
Vaterschaftsanerkennung 536
Vaterschaftsanfechtung 523, 535, 537
Vaterschaftsfeststellung 536f.
Vererbung 10, 86, 88ff., 392f., 397, 557
Verhandlungshaushalt 27, 51, 53, 108, 143ff., 149, 322, 454
Verlöbnis 525
Vermittlung 96, 102, 113, 125, 137, 146f., 162, 166, 213, 244, 250, 312, 354, 394, 400, 403, 410, 446, 466, 501, 507, 554, 560, 604
- transgenerationale 162, 166
Vermögensübertragung 88ff.
Versorgerehe, modernisierte 99, 358
Verwahrlosung 614, 617, 622ff., 627
Verwandtschaft 11, 24f., 26, 30, 71f., 125, 220ff., 236, 271, 273, 477, 500, 507, 521f., 525f., 535, 539f., 639, 660
- im Alter 233

– von Migranten 235
Verwandtschaftsbeziehungen 222f., 225ff., 229f., 234ff.
Verwandtschaftsnetz 129, 227ff., 234f.
Verwandtschaftsrecht 224
Verwandtschaftsverbände 223
Verwandtschaftsverhältnisse 158, 224
Verwitwung 73
Vielseher 466
Viktimisierung 639, 642
Viktimisierungsrisiko 13, 637, 640f.
Volkshochschulen 344, 347ff., 367f., 375f.
Vorlesen 82, 105, 441ff.
Vorstellungsmythen 18

Wächteramt 538, 614, 616, 620f.
Wandlungsprozesse, demographische 36
Websites 380ff., 384, 456
Weiterbildung 9, 129, 342f., 353f., 359, 361, 363, 368, 370
Wertebereiche Jugendlicher 262
Werthaltungen 21, 57, 61, 64f., 75, 416
Wertvorstellungen 261f.
– kirchliche 503
Wohlfahrtspflege 374, 542, 546, 550

Die Autorinnen und Autoren

Audehm, Kathrin, 1968, Dr. phil., Wissenschaftliche Mitarbeiterin im Sonderforschungsbereich „Kulturen des Performativen", Freie Universität Berlin. *Arbeitsschwerpunkte:* Poststrukturalismus in den Erziehungswissenschaften, ethnografische Familien- und Ritualforschung

Bauer, Petra, 1963, Dr. phil., Wissenschaftliche Assistentin im Arbeitsbereich Sozialpädagogik, Freie Universität Berlin. *Arbeitsschwerpunkte:* Kooperation zwischen Familie und Schule, Elternarbeit, Schulsozialarbeit, Supervision und Organisationsberatung, pädagogische Organisationsforschung

Brake, Anna, 1964, Dr. phil., Wissenschaftliche Assistentin am Lehrstuhl für Soziologie und empirische Sozialforschung, Universität Augsburg. *Arbeitsschwerpunkte:* Quantitative und qualitative Methoden der empirischen Sozialforschung, Soziologie der Mehrgenerationenfamilie, Außerschulische Bildungsprozesse, Neue Dimensionen sozialer Ungleichheit

Büchner, Peter, 1941, Dr. rer. soc., Universitätsprofessor für Erziehungswissenschaft (Schwerpunkt: Soziologie der Erziehung und des Bildungswesens), Philipps-Universität Marburg. *Arbeitsschwerpunkte:* Kindheits- und Familienforschung, Bildungs- und Generationenforschung

Busse, Susann, 1971, Dipl.-Päd., derzeit Promotionsstudentin und Mitarbeiterin im DFG-Projekt „Pädagogische Generationsbeziehungen in Familie und Schule" am Zentrum für Schulforschung, Martin-Luther-Universität Halle-Wittenberg. *Arbeitsschwerpunkte:* Hermeneutisch-rekonstruktive Bildungs- und Jugendforschung, Pädagogische Generationsbeziehungen, Verhältnis von Familie und Schule

Bussmann, Kai-D., 1955, Dr. iur., Professor für Strafrecht und Kriminologie, Martin-Luther-Universität Halle-Wittenberg. *Arbeitsschwerpunkte:* Evaluations- und Präventionsforschung (Gewalt in der Familie, Sozialtherapie von Sexual- und Gewaltstraftätern, Wirtschaftskriminalität)

Ecarius, Jutta, 1959, Dr. phil., Professorin für Erziehungswissenschaft mit dem Schwerpunkt Pädagogik des Jugendalters, Justus-Liebig-Universität Gießen. *Arbeitsschwerpunkte:* Kindheitsforschung (aktuell, historisch und interkulturell), Jugendforschung (aktuell und historisch), Familien- und Generationenforschung (aktuell und historisch), Hochschulsozialisationsforschung

Fölling-Albers, Maria, 1946, Dr. paed., Professorin für Grundschulpädagogik und -didaktik, Universität Regensburg. *Arbeitsschwerpunkte:* Kindheitsforschung, Kibbutzerziehung, „Veränderte Kindheit" und ihre Auswirkungen auf die Grundschule, Untersuchung von Lehr-Lern-Prozessen

Friebertshäuser, Barbara, 1957, Dr. phil., Professorin für Allgemeine Erziehungswissenschaft, Johann Wolfgang Goethe-Universität Frankfurt am Main. *Arbeitsschwerpunkte:* Allgemeine Erziehungswissenschaft, Empirisch-pädagogische Geschlechterforschung, Qualitative Forschungsmethoden

Fried, Lilian, 1949, Dr. phil., Universitätsprofessorin für Pädagogik der frühen Kindheit, Universität Dortmund. *Arbeitsschwerpunkte:* Pädagogik der frühen Kindheit; Sprache im Kindergarten; Wissensaneignung von Kindern; Pädagogische Diagnostik

Fuhs, Burkhard, 1956, Dr. phil., Professor für Lernen und Neue Medien, Schule und Kindheitsforschung, Universität Erfurt. *Arbeitsschwerpunkte:* Kindheitsforschung, Neue Medien und Medienpädagogik, Grundschulpädagogik, Modernisierung

Fux, Beat, 1958, PD Dr. phil., Oberassistent am Soziologischen Institut, Universität Zürich. *Arbeitsschwerpunkte:* Familienwandel, Sozialpolitik, International vergleichende Forschung

Gloger-Tippelt, Gabriele, 1944, Dr. phil., Professorin für Entwicklungspsychologie und Pädagogische Psychologie am Erziehungswissenschaftlichen Institut, Heinrich-Heine-Universität Düsseldorf. *Arbeitsschwerpunkte:* Familienpsychologie, Entwicklungspsychologie, Elternschaft, Bindungsforschung

Groppe, Carola, 1964, Dr. phil., Professorin für Erziehungswissenschaft, insbesondere Historische Bildungsforschung, Helmut-Schmidt-Universität Hamburg. *Arbeitsschwerpunkte:* Geschichte des Bildungssystems; historische Sozialisationsforschung; Geschichte von Familie, Kindheit und Jugend; Theorie und Geschichte der Erziehung und Bildung

Hamburger, Franz, 1946, Dr., phil., Professor für Sozialarbeit und Sozialpädagogik am Pädagogischen Institut, Johannes Gutenberg-Universität Mainz. *Arbeitsschwerpunkte:* Sozialpädagogik, Migration, Internationaler Vergleich

Heinzel, Friederike, 1962, Dr. phil., Professorin für Erziehungswissenschaft mit dem Schwerpunkt Grundschulpädagogik, Universität Kassel. *Arbeitsschwerpunkte:* Verbindung von Grundschul- und Kindheitsforschung, Demokratie und Partizipation in der Schule, Interaktive Lehr-Lern-Arrangements, Methoden der Kindheitsforschung, Interpretative Unterrichtsforschung, Grundschulentwicklung, Geschlechterforschung

Helsper, Werner, 1953, Dr. phil., Professor für Schulforschung/Allgemeine Didaktik am Fachbereich Erziehungswissenschaften, Geschäftsführender Direktor des „Zentrums für Schulforschung und Fragen der Lehrerbildung" (ZSL), Martin-Luther-Universität Halle-Wittenberg. *Arbeitsschwerpunkte:* Schulforschung, Lehrerprofessionalität, Schultheorie, Jugendforschung

Höffer-Mehlmer, Markus, 1958, PD Dr. phil., Hochschuldozent am Pädagogischen Institut, Universität Mainz. *Arbeitsschwerpunkte:* Historische und vergleichende Sozial- und Bildungsforschung, Bildungsmanagement, Evaluation, Lehr-Lern-Methoden, Medien

Höpflinger, François, 1948, Dr. phil., Titularprofessor für Soziologie am Soziologischen Institut, Universität Zürich, Forschungsdirektion Universitäres Institut „Alter und Generationen" (INAG), Sion. *Arbeitsschwerpunkte:* Familienforschung, Demografie, Altersforschung

Hummrich, Merle, 1970, Dr. phil., Wissenschaftliche Mitarbeiterin im Projekt „Pädagogische Generationsbeziehungen in Familie und Schule" am Zentrum für Schulforschung und Fragen der Lehrerbildung (ZSL), Martin-Luther-Universität Halle-Wittenberg. *Arbeitsschwerpunkte:* Qualitative Forschungsmethoden, Soziale Ungleichheitsforschung

Lange, Andreas, 1960, PD Dr. rer. soc., Wissenschaftlicher Referent, DJI e.V. München. *Arbeitsschwerpunkte:* Soziologie der Familie und der Kindheit

Matzner, Michael, 1963, Dr. phil., Lehrbeauftragter, Ruprecht-Karls-Universität Heidelberg. *Arbeitsschwerpunkte:* Geschlechterforschung, Familienerziehung, Soziale Arbeit

Mierendorff, Johanna, 1966, Dr. phil., Wissenschaftliche Assistentin im Arbeitsbereich Sozialpädagogik/Sozialpolitik, Martin-Luther-Universität Halle-Wittenberg. *Arbeitsschwerpunkte:* Armutsforschung, Kindheitsforschung, Biografie- und Lebenslaufforschung

Münchmeier, Richard, 1944, Dr. rer. soc., Universitätsprofessor für Sozialpädagogik, Freie Universität Berlin. *Arbeitsschwerpunkte:* Jugendforschung, Theorie und Geschichte der Jugendhilfe

Olk, Thomas, 1951, Dr. phil., Universitätsprofessor für Sozialpädagogik und Sozialpolitik, Martin- Luther-Universität Halle/Wittenberg. *Arbeitsschwerpunkte:* Professionalisierung helfender Berufe, Dritte-Sektor- und Wohlfahrtsverbändeforschung, Kindheits- und Jugendforschung, Armutsforschung, Jugendhilfeforschung, Sozialpolitikforschung, Engagementforschung

Peuckert, Rüdiger, 1944, Dr. rer. pol., Dr. phil., Professor für Soziologie, Universität Osnabrück. *Arbeitsschwerpunkte:* Familiensoziologie, Abweichendes Verhalten, Soziale Ungleichheit

Rendtorff, Barbara, 1951, PD Dr. phil., Vertretungsprofessorin an der Abteilung für Allgemeine Didaktik und Schulpädagogik, Universität zu Köln. *Arbeitsschwerpunkte:* Geschlechtstypische Erziehung, Entwicklung und Sozialisation; Theorie der Geschlechterverhältnisse; Tradierung von Geschlechterbildern in pädagogischen Kontexten

Richter, Karin, 1943, Dr. phil., Professorin für Literarische Erziehung/Kinder- und Jugendliteratur, Universität Erfurt. *Arbeitsschwerpunkte:* Kinderliteratur – Theorie, Geschichte, Didaktik; Leseforschung; Kinderliteratur in der Grundschule; Medienpädagogik

Rothmüller, Ninette, 1971, Dipl.-Sozialwiss., Doktorandin am Policy, Ethics and Life Sciences Research Institute (PEALS) der University Newcastle upon Tyne, UK; affiliierte Doktorandin am Fachbereich Erziehungs- und Kulturwissenschaften der Universität Osnabrück. *Arbeitsschwerpunkte:* Geschlechterpolitik in den Biowissenschaften, Soziologie des Körpers, Verhältnis zwischen Kunst und Wissenschaft

Schäffer, Burkhard, 1959, Dr. phil., Professor für Erwachsenenbildung/Weiterbildung, Universität der Bundeswehr München. *Arbeitsschwerpunkte:* Medienpädagogik, Erwachsenen-/Weiterbildung, Jugend-, Medien- und Generationenforschung, Rekonstruktive Sozialforschung (Gruppendiskussionen, Film- und Photoanalyse)

Schattner, Heinz, 1940, Dipl.-Psych., bis zur Pensionierung etwa 25-jährige Tätigkeit als Wissenschaftlicher Referent am Deutschen Jugendinstitut. *Arbeitsschwerpunkte:* Praxisforschung zum Themenbereich von Familie und Sozialer Arbeit: Tagespflege, Pflegekinderbereich, Stieffamilien, Sozialpädagogische Familienhilfe, Familiäre Bereitschaftsbetreuung

Schmidtchen, Stefan, 1942, Dr. phil., Universitätsprofessor und Direktor der Abteilung für Kinderdiagnostik und Kinderpsychotherapie, Universität Hamburg. *Arbeitsschwerpunkte:* Familientherapie, Spieltherapie, Angstprävention für Kinder

Schwab, Ulrich, 1957, Dr. theol., Professor für Praktische Theologie mit dem Schwerpunkt Religionspädagogik, Leiter der Forschungsstelle Jugend und Kirche, Ludwig-Maximilians-Universität München. *Arbeitsschwerpunkte:* Jugend und Kirche, Gruppendynamik in religions-pädagogischen Handlungsfeldern, Religionspädagogik in der Moderne

Schweppe, Cornelia, 1955, Dr. phil., Professorin für Sozialpädagogik, Johannes Gutenberg-Universität Mainz. *Arbeitsschwerpunkte:* Sozialpädagogik als Disziplin und Profession, Sozialpädagogische Forschung, Internationalität und Interkulturalität in der Sozialpädagogik, Altersforschung, Generationenforschung

Seithe, Mechthild, 1948, Dr. phil., Professorin für Sozialarbeit/Sozialpädagogik, FH Jena. *Arbeitsschwerpunkte:* Methoden der Sozialen Arbeit, Beratung, Hilfen zur Erziehung, Schulsozialarbeit

Stecher, Ludwig, 1961, Dr. phil., Projektkoordinator der Studie zur Entwicklung von Ganztagsschulen (StEG), Deutsches Institut für Internationale Pädagogische Forschung, Frankfurt am Main. *Arbeitsschwerpunkte:* Bildungsforschung, Kindheits- und Jugendforschung

Sting, Stephan, 1958, Dr. phil., Professor für Sozial- und Integrationspädagogik, Alpen-Adria-Universität Klagenfurt. *Arbeitsschwerpunkte:* Gesundheit und Soziale Arbeit, Bildungstheorie, pädagogische Literalitätsforschung, Migration und Interkulturalität

Szydlik, Marc, 1965, Dr. phil., Professor für Soziologie, Universität Zürich. *Arbeitsschwerpunkte:* Sozialstruktur, Arbeitsmarkt, Lebensläufe, Generationen, Empirische Sozial- und Wirtschaftsforschung

Tammen, Britta, 1965, Ass. iur., Wissenschaftliche Mitarbeiterin, Forschungsprojekt „Fortentwicklung der Jugendhilfepraxis zum Kindschaftsrecht", Darmstadt. *Arbeitsschwerpunkte:* Kinder- und Jugendhilferecht, Familienrecht, Sozialhilferecht

Textor, Martin R., 1954, Dr. phil., Wissenschaftlicher Angestellter, Staatsinstitut für Frühpädagogik, München. *Arbeitsschwerpunkte:* Elementarpädagogik, Familienbildung

Wiezorek, Christine, 1969, Dr. phil., Wissenschaftliche Mitarbeiterin am Institut für Erziehungswissenschaft, Friedrich-Schiller-Universität Jena. *Arbeitsschwerpunkte:* Qualitative Bildungs- und Sozialisationsforschung, Jugendforschung, Biografieforschung, Theorien der Sozialisation, institutioneller Erziehung (Schule, Familie) und gesellschaftlicher Rahmenbedingungen des Aufwachsens

Wittpoth, Jürgen, 1952, Dr. phil., Professor für Erziehungswissenschaft mit dem Schwerpunkt Erwachsenenbildung, Ruhr-Universität Bochum. *Arbeitsschwerpunkte:* Kulturwissenschaftliche Grundlagen der Bildung Erwachsener, Funktionen von Weiterbildung im gesellschaftlichen Strukturwandel, Institutionen, Struktur- und Organisationsentwicklung in der Weiterbildung, Medien im Alltag und in Bildungsprozessen Erwachsener

Wulf, Christoph, 1944, Dr. phil., Professor für Allgemeine und Vergleichende Erziehungswissenschaft, Mitglied des Interdisziplinären Zentrums für Historische Anthropologie und des Sonderforschungsbereichs „Kulturen des Performativen", Freie Universität Berlin. *Arbeitsschwerpunkte:* Historische Anthropologie, Pädagogische Anthropologie, Mimesis- und Ritualforschung, Kulturelle Vielfalt und interkulturelle Bildung

Zinnecker, Jürgen, 1941, Dr. phil., Professor für Erziehungswissenschaft und Sozialpädagogik, Universität Siegen. *Arbeitsschwerpunkte:* Geschichte von Kindheit, Jugend und Familie im 20. Jahrhundert; Sozialisationsforschung; Familiale Sozialisation

Zirfas, Jörg, 1961, PD Dr. phil., Akademischer Rat (Apl. Prof.) am Institut für Pädagogik, Friedrich-Alexander-Universität Erlangen-Nürnberg. *Arbeitsschwerpunkte:* Historische Pädagogische Anthropologie; Erziehungs- und Bildungsphilosophie; Pädagogische Ethik, Qualitative Sozialforschung, Kulturpädagogik